KB171326

제 2 판

인간발달 : 문화적 접근

Jeffrey Jensen Arnett 지음 | 정영숙, 박영신, 정명숙, 안정신, 노수림 옮김

Σ 시그마프레스

인간발달 : 문화적 접근, 제2판

발행일 | 2018년 7월 20일 1쇄 발행
2023년 2월 10일 2쇄 발행

저 자 | Jeffrey Jensen Arnett
역 자 | 정영숙, 박영신, 정명숙, 안정신, 노수림
발행인 | 강학경
발행처 | (주)시그마프레스
디자인 | 강경희
편 집 | 이지선

등록번호 | 제10-2642호
주소 | 서울시 영등포구 양평로 22길 21 선유도코오롱디지털타워 A401~402호
전자우편 | sigma@spress.co.kr
홈페이지 | http://www.sigmapress.co.kr
전화 | (02)323-4845, (02)2062-5184~8
팩스 | (02)323-4197

ISBN | 979-11-6226-098-2

Human Development : A Cultural Approach, 2nd Edition

Authorized translation from the English language edition, entitled HUMAN DEVELOPMENT: A CULTURAL APPROACH, 2nd Edition, 9780133792423 by ARNETT, JEFFREY J., published by Pearson Education, Inc, publishing as Pearson, Copyright © 2016

All rights reserved. No part of this book may be reproduced or transmitted in any form or by any means, electronic or mechanical, including photocopying, recording or by any information storage retrieval system, without permission from Pearson Education, Inc.

KOREAN language edition published by SIGMA PRESS, INC., Copyright © 2018

이 책은 Pearson Education, Inc.와 (주)시그마프레스 간에 한국어판 출판 · 판매권 독점 계약에 의해 발행되었으므로 본사의 허락 없이 어떠한 형태로든 일부 또는 전부를 무단복제 및 무단전사할 수 없습니다.

* 책값은 책 뒤표지에 있습니다.
* 이 도서의 국립중앙도서관 출판예정도서목록(CIP)은 서지정보유통지원시스템 홈페이지(http://seoji.nl.go.kr)와 국가자료공동목록시스템(http://www.nl.go.kr/kolisnet)에서 이용하실 수 있습니다.(CIP제어번호 : CIP2018021305)

역자 서문

이 책은 Jeffrey Jensen Arnett 교수가 2016년에 출판한 *Human Development: A Cultural Approach* 제2판을 번역한 것으로, 시간에 따른 개인의 발달에 초점을 두어왔던 기존의 인간발달 교재와 달리 문화적 기반을 토대로 발생하는 인간발달에 초점을 맞춘 문화적 접근을 취한다는 차별점이 있다.

인간의 발달은 진공 속에서 이루어지지 않는다. 사람은 각자가 속한 지역적 조건과 그 지역에서 형성된 특정 문화적 맥락 속에서 행동과 사고를 배우며 성장한다. 이처럼 인간발달이 내재적으로 문화적 기반을 지니고 있음에도 불구하고, 대부분의 인간발달 교재는 연령에 따라 개인에게 나타나는 변화 양상의 보편성에 초점을 맞추어왔다. 이런 관점으로 인해 대다수의 발달 연구자들은 미국인의 발달 양상이 아시아인의 발달 양상과 다를 수 있음에 주목하지 못하였다. 이 책은 바로 저자의 오랜 경험을 통해 인간발달이 다양한 문화권에서 다양한 방식으로 발달할 수 있음에 주목하여 집필된 참신한 교재라 하겠다.

특히 이 교재에서 주목할 점은 저자인 Arnett 교수가 성인 초기에 앞서 새로운 인생 단계인 성인진입기(emerging adulthood)를 제안하고 있다는 점이다. 성인진입기는 고등학교를 졸업하고 성인기를 준비하는 18세에서 29세에 해당되는 시기로, 저자는 이 시기가 결혼, 부모 되기, 직장생활 등 인생의 주요 생애구조인 일과 결혼을 준비하고 시작하는 역동적 인생 단계로 간주하며 그 중요성에 주목하였던 것이다. 독자 여러분도 이렇게 활발하고 새로운 성인진입기의 특성에 주목하여 인간발달을 살피는 것이 흥미로울 것이다.

이 책은 전 생애 발달에 관한 입문 교재로 생애 단계를 다루는 총 13장으로 구성되어 있으며, 각 장은 신체적 영역, 인지적 영역, 사회정서적 영역의 발달을 다루고 있다. 이 교재를 통해 학생들이 인간발달의 다양한 시기별 구분이 왜 중요한지, 그리고 각 시기의 발달이 갖는 함의가 무엇인지를 배움으로써 인생 전반에 대한 발달적 이해를 높일 수 있는 기회가 되길 바란다.

이 교재는 인간발달에 관심을 갖고 있는 5명의 교수가 번역에 참가하였다. 부산대학교의 정영숙 교수와 안정신 교수, 경북대학교의 박영신 교수, 꽃동네대학교의 정명숙 교수, 충남대학교의 노수림 교수가 바쁜 가운데 기꺼이 번역에 참여해주었다. 우리 모두는 물리적으로 서로 떨어져 있지만 용어를 통일하려고 애썼고, 학생들이 보다 쉽게 읽을 수 있도록 노력하였다. 그러나 여전히 번역에서 매끄럽지 못하거나 자연스럽지 못한 부분이 있다. 이는 역자들의 탓으로 돌려주길 바란다. 학생들이 편하게 읽을 수 있도록 거친 초고를 읽어준 대학원생 여러분에게도 감사드린다. 정해진 시간을 훨씬 지나 원고를 넘겨주었음에도 불구하고 치밀하게 교정을 봐주시고 멋진 편집을 해주신 시그마프레스 관계자 모두에게 감사드린다.

2018년 7월
역자 일동

저자 서문

독자 여러분을 환영한다. 이 책은 최신 발달 연구 및 광범위한 발달 주제뿐만 아니라 최근 관심이 증가하고 있는 미국 내 문화적 다양성에 대한 내용을 담고 있다. 개정 과정에서 나는 피어슨 팀과 긴밀하게 협력하여 책의 내용과 문화적 접근 방식이 독자의 관심을 모을 수 있게 많은 상호작용적 요소들을 함께 제공하도록 만들었다.

이 책에서 제공하는 상호작용적 요소들은 다른 인간발달 교재와 비교할 수 없다는 것을 알게 될 것이다. 그러나 무엇보다도 이 책이 다른 책들과 차별화되는 점은 넓은 범위에 걸쳐 문화적 다양성을 다루며 인간발달에 대한 기술을 제공한다는 것이다. 수년간 인간발달을 강의해오면서 많은 관련 책들을 참고해왔지만, 대부분의 책들이 다루는 내용의 범위가 좁다는 사실에 놀랐었다. 참고한 책들의 대부분은 미국 내 발달 양상이 인간발달의 전형적인 패턴인 것처럼 다루고 있었으며, 가끔 다른 세계 지역 사람들에 대해 언급하는 정도였다. 여러분이 이러한 책에서 읽은 것 외에는 인간발달에 대해 아무것도 모른다면, 인구의 95%가 미국에 거주한다는 결론을 내리게 될지도 모른다. 그러나 미국은 실제로 전 세계 인구의 5% 미만을 차지할 뿐이며, 세계 전역에 걸쳐 나타나는 인간발달 양상의 대부분은 미국의 주류 모델과는 현저히 다르게 나타난다. 그리고 미국 내에서조차도 일반적인 책에서 기술되는 것보다 문화적 다양성이 훨씬 크게 나타난다.

그래서 나는 이 책을 쓰면서 문화적 접근 관점을 취하기로 결정했다. 나는 사람들이 각자가 속한 지역 조건과 상상력을 바탕으로 창의적으로 고안해낸 다양한 문화적 패턴을 통해 나타나는 인간발달을 기술하기로 했다. 나의 목표는 학생들에게 **문화적 사고방식**을 가르쳐서 자신의 일과 삶에서 인간발달 원리를 적용할 때 언제 어디서나 발달에 문화적 기반이 있다는 것을 이해하게끔 하는 것이다. 이러한 문화적 접근법에는 발달의 문화 간 차이에 따른 연구 결과를 비판하는 방법을 배우는 것도 포함된다. 나는 학생들이 이 책을 다 읽고 나서 스스로 할 수 있도록 이 책 전반에 걸쳐 여러 관점에서 이런 비판을 넣었다.

나는 오랜 교사 경험을 통해 인간발달이 다양한 문화권에서 다양한 방식으로 나타난다는 것을 배우는 것이 학생들에게 매우 매력적이라는 사실을 알게 되었으며, 문화적 접근이 주는 실질적인 이점에 대해서도 배우게 되었다. 경제의 세계화와 질병과 기후 변화, 국가 간 국경 분쟁과 같은 많은 문제들로 인해 학생들이 세상에 대한 더 넓은 지식을 갖는 것은 그 어느 때보다도 중요하다. 발달에 대해 문화적 시각으로 바라보고 문화적 접근을 적용하는 것은 학생들이 전 세계를 여행하거나 고향에 머물거나, 다양한 문화와 국제화된 세계에서 만난 친구나 이웃과 상호작용을 할 때나, 직장에서 다른 문화권의 학생, 동료 또는 환자와 상호작용을 하는 데 있어 많은 이점을 가져다줄 수 있다.

여러분은 이 책 표지의 디자인이 개구리 모양이라는 것을 알았는가? 중국 속담에 "우물 안 개구리는 큰 바다를 알지 못한다"는 말이 있는데, 이는 자신에게 해당하는 진실이 다른 모든 사람들에게도 적용될 것이라고 가정하지 말라는, 즉 우리 자신의 경험을 넘어서서 생각하라는 교훈으로 사용된다. 나는 우리 모두가 그런 개구리 같다고 생각한다. 우리는 특정 문화적 맥락에서 자랐고 인생에 대해 특정한 방식으로 생각하는 법을 배워왔다. 우리 대부분은 우리를 둘러싼 세계가 얼마나 광범위하고 다양한지 깨닫지 못한다. 나의 희망은 이 책을 통해 더 많은 학생들이 우물에서 벗어나고 인간발달의 멋진 다양성을 제대로 이해할 수 있는 것이다.

문화적 접근 방식이라는 점에서 이 책이 다른 전 생애 발달 교재와 많이 다르기도 하지만 그 밖에도 다른 차별화되는 점이 있다. 이 책은 유아기와 생애 첫 2~3년에 대한 별도의 장을 포함한 유일한 책이다. 나는 항상 다른 교재가 유아기를 언급하는 방식에 대해 의문을 가지고 있었다. 보통 많은 교재가 2세를 '영아기'의 일부로, 3세를 '초기 아동기'에 포함하고 있는데, 많은 부모들이 2세와 3세가 그 이전·이후와 비교하여 상당히 다르다고 생각하며, 나 또한 쌍둥이 아빠로서의 경험에 비추어 이점에 동감한다. 영아들은 걷거나 말할 수 없으며, 2세와 3세 때 비로소 이 두 가지를 하게 되면서 겪는 경험과 이들 부모의 경험은 완전히 바뀌게 된다. 유아는 또한 정서적 자기조절과 자신의 문화에서 받아들여지는 행동에 대한 인식이 훨씬 제한적이라는 점에서 노인과는 또 다르다.

이 책은 성인기를 성인진입기, 성인 초기, 성인 중기 및 성인 후기 단계로 구분한 유일한 책이다. 성인진입기는 지난 50년 동안 선진국에서 생겨난 새로운 삶의 단계로 약 18~29세에 속하는 성인이 결혼생활, 부모로서의 삶, 안정된 직장생활과 같은 대부분의 문화에서 성인의 삶을 구성하는 활동에 전념하는 기간이다. 다른 책에서는 18~40세 사이의 성인을 보통 '청년기'라는 기간으로 부르는데, 대부분의 선진국에서 18~29세와 30~40세 시기가 많은 면에서 다르다는 점에서 이 구분은 거의 의미가 없다. 성인진입기 장을 따로 두고 성인 초기와 성인 중기를 합쳐서 '성인기'로 구분하는 책들도 있지만, 이 구분 역시 성인기를 25~60세를 합쳐 한 생애 단계로 본다는 점에서 거의 의미가 없다. 나는 실제로 2000년도에 성인진입기 이론을 제안했고, 이제는 사회과학 분야에서 이 용어가 널리 사용되고 있다. 나는 이 시기가 대단히 흥미롭고 역동적인 생애 단계라고 생각하며, 이 책을 보는 많은 학생들이 이 단계에 있거나 최근에 이 단계를 통과했기 때문에 성인진입기에 대해 배우는 것이 매우 즐거울 것이라도 생각한다.

이 책은 인간발달에 관한 다른 대부분의 교재와 비교하여 다소 짧은 편이다. 생애 각 단계별로 총 13장으로 구성되어 있고, 각 장은 신체적·인지적·사회정서적 발달 영역에 해당하는 3개의 주요 장으로 나뉘어 있다. 이 책은 입문 교재이며, 주요 목표는 학생들에게 인간발달의 모든 측면에 걸쳐 많은 것을 가르치려는 것이 아니라, 인간발달에 관한 지식의 기초를 제공하여 다른 수업들과 인생 전반에 걸쳐 더 많이 배울 수 있도록 영감을 불어넣는 데 있다.

문화 초점 : 여러 문화에서의 대근육 운동발달

여기에서 기술된 대부분의 연구는 미국의 걸음마기 유아에 대한 것이다. 전통 문화의 유아는 어떨까? 제4장의 내용을 생각해보면 전통 문화에서는 영아를 안전하게 보호하기 위해서 항상 안거나 업고 다닌다. 걸음마기 유아는 영아처럼 가만히 있지 않기 때문에 약간 더 움직이게 해주지만 깨어 있는 시간의 반은 안고 있거나 업고 다닌다(Levine, 1977 ; Morelli, 2015).

그럼에도 불구하고 이들의 대근육 운동발달은 선진국 유아와 차이가 없다(Greenfield, 2003). 사실, (아프리카계 미국인 유아뿐 아니라) 아프리카 유아는 유럽계 유아보다 대근육 운동발달이 더 빠르다(Kelly et al., 2006).

걸음마기 유아의 운동을 제한하는 이유는 영아의 운동을 제한하는 이유와 동일하다. 아이들을 안전하게 보호하고 피해를 입지 않게 하는 것이다. 전통 문화의 농촌 지역에서는 불이 특히 위험하다. 왜냐하면 낮에는 음식을 준비하기 위해서 밤에는 난방을 위해서 하루 종일 불을 피워두기 때문이다. 다른 위험은 벼랑에서 떨어지는 것, 호수나 강으로 떨어지는 것, 가축에게 밟히는 것이다. 아이들을 하루 종일 안거나 업고 다니면 이런 위험이 줄어든다.

비슷한 안전상의 이유로 선진국의 부모들도 아이가 움직이기 시작하면 날카로운 물체와 위험한 물체를 치워서 집을 안전하게 만든다(McKenzie, 2004). 아이가 떨어지는 것을 막기 위해서 계단의 꼭대기에 문을 만들고, 날카로운 물체와 집에서 쓰는 화학물질을 넣어 둔 캐비닛을 열쇠로 잠그고, 감전사를 막기 위해서 콘센트를 덮개로 막고, 피해나 부상을 막기 위해서 여러 가지 방법으로 대비를 한다(Eisenberg et al., 2008).

복습문제

부모들은 자녀가 다른 아동들보다 걷는 것이 늦어지면 걱정을 해야 하는가? 그 이유는 무엇인가? 아니면 그럴 필요가 없는가?

◀ 문화다양성에 대한 폭넓은 강조

모유수유 관습, 운동발달, 결혼 및 가족관계, 일과 퇴직 같은 다양한 발달 측면에 문화가 미치는 영향을 강조하였다.

▼ 새로운 연구와 삽화 추가

학생들이 다양성을 인식하고 문화, 인종, 사회경제적 지위(SES) 및 기타 요인이 인간발달에 미치는 영향을 이해할 수 있도록 돕는 새로운 연구와 관련 삽화를 포함하였다.

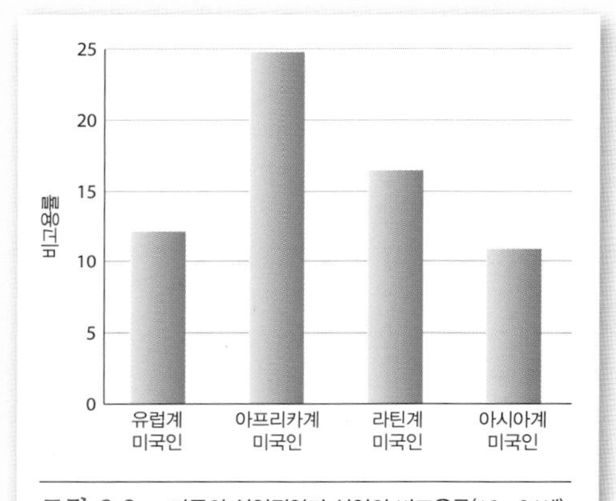

그림 9.9 미국의 성인진입기 성인의 비고용률(16~24세)

인종 집단에 따라 차이가 나는 이유가 무엇일까?

출처 : Based on Bureau of Labor Statistics (2014)

연구 초점 : 쌍생아 연구 : 오스카와 잭 연구

유전자와 환경의 상호작용은 인간발달 연구에서 가장 중요하고 복잡하고 흥미로운 주제 중 하나이다. 이러한 상호작용을 밝혀내는 데 도움이 되었던 한 가지 접근은 쌍생아 연구, 특히 생애 초기에 분리되어 각기 다른 환경에서 자란 쌍둥이들에 관한 연구이다. 분리되어 자란 쌍둥이들에 관한 연구는 자연 실험의 좋은 예를 제공한다. 자연 실험은 연구자의 중재 없이 이루어지지만 중요한 과학적 정보를 제공할 수 있다.

미네소타대학교의 토머스 J. 부샤드가 이끄는 미네소타 분리성장 쌍생아 연구는 1979년 이후로 분리된 쌍둥이들을 연구하고 있으며, 그 결과는 획기적이고 때로 놀라운 것이었다.

미네소타 연구에서 가장 주목할 만한 사례는 오스카와 잭이라는 일란성 쌍생아에 대한 이야기이다. 이들은 1933년에 트리니다드에서 태어났으나, 이들이 출생한 지 6개월 만에 부모가 헤어졌다.

오스카는 가톨릭 신자인 어머니와 함께 독일로 갔고, 잭은 유대인 아버지의 보호를 받으며 트리니다드에 머물렀다. 따라서 대부분의 분리된 쌍생아들이 적어도 동일한 문화와 국가에서 성장한 것과는 달리, 오스카와 잭은 유전자형은 동일했지만 각기 다른 문화와 국가에서 다른 종교를 가지고 성장하였다.

더욱이 오스카는 1933년 어머니와 함께 독일로 이주했는데 독일에서는 그 해에 나치가 권력을 잡았다. 잭은 나치가 유대인을 몰살 대상으로 삼은 시기에 유대인으로 양육되었다.

어떤 면에서 이 쌍둥이들의 아동기 가정 환경은 비슷하였다. 즉 비슷한 정도로 비참하였다. 오스카의 어머니는 곧 이탈리아로 이주했고 오스카는 독일에 남겨져서 엄격하고 냉혹한 할머니 손에서 자랐다. 잭의 아버지는 잭을 무시하거나 때리기를 번갈아 했다. 이런 유사성에도 불구하고 이들이 성장한 문화는 매우 달랐다. 오스카는 히틀러유겐트(독일 나치당이 만든 청소년 조직 – 역주)의 열성적 단원이었으며, 유대인을 경멸하였고 절반은 유대인인 자신의 배경을 숨기는 것을 배웠다. 잭은 유대인으로 성장하였고 16세에 아버지에 의해 이스라엘 해병대로 보내졌는데, 거기서 유대계 미국인을 만나 결혼을 하였다. 그는 21세 때 아내와 함께 미국으로 이주하였다.

이 놀라운 자연 실험은 이 두 남성의 성인기 발달에 어떤 결과를 가져왔을까? 일주일 동안 두 남성에 대해 검사와 인터뷰를 실시하고 가족과 가까운 지인들을 인터뷰하는 등 미네소타 팀이 광범위하게 수집한 자료는 성인기에 그들의 성격이 매우 유사했다는 것을 보여주었다.

쌍둥이 본인들과 주변 사람들 모두 이 쌍둥이들이 둘 다 성질이 급하고 요구가 많으며 건망증이 심하다고 기술하였다. 이와 더불어 이 쌍둥이들은 특이하고 별난 개인적 습관을 여럿 가지고 있었다. 둘 다 책을 뒤에서부터 앞으로 가며 읽었고, 엘리베이터에서 크게 재채기를 하였으며, 손목에 고무밴드를 차는 걸 좋아하였고, 펜과 연필을 손으로 잡기 좋게 테이프로 둘둘 감아놓았다.

그러나 그들의 문화적 정체성과 세계관은 그들이 성장한 문화가 크게 다르다는 점을 고려할 때 상상할 수 있는 만큼 크게 차이가 있었다. 오스카는 성인이 되었을 때 자신이 히틀러유겐트 단원으로 활동했던 것을 뉘우쳤고 나치하에서 수백만 유대인의 생명을 앗아간 홀로코스트에 통탄의 심정을 감추지 못했다. 그러나 그는 자신을 독일인이라 생각했고, 그와 잭은 제2차 세계대전 동안 행해진 폭격과 여타 전쟁 행위에 대한 책임 및 정당화와 관련해서 격렬하게 이견을 드러냈다.

따라서 성격의 유사성에도 불구하고 서로 다른 문화적 환경 때문에 그들은 결국 매우 다른 정체성을 가지게 되었다. 즉 자신이 어떤 사람이며 주변 세상과 어떻게 어울리는지에 대한 이해가 완전히 달랐다. 오스카와 잭이 성인기에 다시 만났을 때 오스카는 잭에게 말했다. "우리가 서로 바뀌었다면 난 유대인이 되고 넌 나치가 되었을 거야."

복습문제

1. 따로 성장한 쌍생아를 대상으로 한 연구는 다음 중 무엇을 보여주는 좋은 예인가?
   a. 신뢰도, 그러나 타당도는 아님
   b. 타당도, 그러나 신뢰도는 아님
   c. 실험 연구
   d. 자연 실험
2. 다음 중 오스카와 잭의 유사점이 아닌 것은?
   a. 둘 다 건망증이 심하였다.
   b. 둘 다 성질이 급했다.
   c. 둘 다 독실한 유대교 신자였다.
   d. 둘 다 책을 뒤에서 앞으로 읽었다.

▶ 확대된 연구방법론의 활용

가정, 방법, 결과 및 제한을 포함하여 연구에 대한 자세한 설명을 제공한다. 글 마지막에 복습문제를 제공하여 학생들이 조사 연구 및 방법론을 확실하게 이해할 수 있도록 하였다.

비판적으로 생각하기

자신의 경험에 비추어 볼때 인간발달에 관한 프로이트와 에릭슨 이론 중 어느 것이 더 타당하다고 생각하는가?

◀ 지식을 적용할 수 있는 새로운 기회 제공

학생들이 발달 주제에 관해 더 깊고 비판적으로 생각할 수 있도록 독려한다. 모든 주요 장에 실려 있으며 인간발달에서 문화의 역할에 초점을 맞추고 있다.

요약차례

차례

CHAPTER 3 출산과 신생아

CHAPTER 4 영아기

CHAPTER 5 걸음마기

CHAPTER 6 초기 아동기

CHAPTER 9 성인진입기

CHAPTER 10 성인 초기

CHAPTER 11 성인 중기

CHAPTER 12 성인 후기

CHAPTER
13 죽음과 내세에 대한 믿음

chapter 1

인간발달에 관한 문화적 접근

1절 인간발달의 오늘과 그 기원

오늘날 인류의 인구통계학적 프로파일

인구 성장과 변화

국가 간 다양성

국가 내 다양성

인류의 기원과 문화의 탄생

우리의 진화적 시작

문화와 문명의 기원

인간의 진화와 오늘날의 인간발달

2절 인간발달의 이론

고대의 개념

과학적 개념

프로이트의 심리성적 이론

에릭슨의 심리사회적 이론

브론펜브레너의 생태학적 이론

문화-발달 모델

3절 인간발달의 연구 방법

과학적 접근

과학적 접근의 다섯 단계

발달 연구의 윤리

연구 방법과 설계

연구 방법

연구 설계

중국 속담에 사람들이 세상을 보는 편협한 방식을 지칭하는 정저지와(井底之蛙), 즉 “우물안 개구리”가 있다. 이 표현은 평생 조그만 우물 안에서 살았던 개구리에 관한 우화에서 비롯된다. 이 개구리는 자신이 사는 작은 세상이 전부라고 생각하고 세상의 진짜 크기에 대해서는 모른다. 그런데 지나가던 거북이가 동쪽에 거대한 바다가 있음을 말해주자 비로소 개구리는 자신이 알고 있었던 것보다 훨씬 더 큰 세상이 있음을 깨닫게 된다.

우리 모두가 이 개구리와 비슷하다. 우리는 어느 한 문화의 구성원으로 성장하며, 직간접 교육을 통해 우리에게 가장 익숙한 입장에서 세상을 바라보도록 학습한다. 대체로 우리 주변의 사람들은 이런 입장을 공유하기 때문에, 이에 대해 거의 의문을 제기하지 않는다. 개구리처럼 우리는 인류가 실제로 얼마나 거대하고 얼마나 다양할지에 대해서는 거의 생각하지 않는다.

이 책의 목적은 사람들이 전 생애에 걸쳐 성장하고 변화하는 방식인 **인간발달**(human development)을 이해하는 문화적 접근을 취함으로써 여러분을 그 우물에서 나오게 하는 것이다. 이는 이 책이 어느 한 문화의 구성원으로서 개인이 발달해가는 방식에 초점을 둔다는 것을 의미한다. **문화**(culture)는 집단의 관습, 신념, 예술, 그리고 기술의 전체 양상이라 할 수 있다. 달리 말하면 어느 한 문화는 한 세대에서 다음 세대로 전수되는 집단의 삶에 대한 공동 방식이다. 태어난 날로부터 우리 모두는 어느 한 문화의 구성원으로서의 삶을 체험하는데, 이는 우리가 발달하는 방식, 행동하는 방식, 세상을 보는 방식, 삶을 경험하는 방식에 심대하게 영향을 준다.

물론 생물학 역시 중요하며, 우리는 여러 지점에서 생물학적·문화적 또는 사회적 영향 간의 상호작용에 관해 논의할 것이다. 어디에 살든 인간은 근본적으로 동일한 생물학적 기초를 지니고 있지만 개인의 발달이 일어나는 문화가 어떤 문화이냐에 따라 전 생애를 거치는 개인의 길은 매우 달라진다.

이 책의 전 과정을 통해 나는 인간발달에로의 긴 여행의 광범위하고 다양하며 환상적인 문화적 파노라마에 주목하여 우물 밖으로 함께 나갈 수 있도록 여러분을 돕는 동료 개구리, 안내자, 친구가 될 것이다. 이 책은 여러분에게 이전에 알지 못했던 인간발달의 다양성과 문화적 훈련을 소개하여, 여러분이 새로운 관점으로 자기 나름의 발달과 문화적 훈련을 경험해보도록 이끌 것이다. 또한 우리는 문화를 고려한 연구와 그렇지 않은 연구를 분석하고 비판하는 것을 배우게 될 것이다. 이 책이 끝날 무렵에 여러분은 틀림없이 비판적으로 생각할 수 있게 될 것이다.

이 장에서는 이 책 전반에 걸친 인간발달을 이해하는 데 선행되는 기초적인 내용을 소개한다. 첫 번째 절은 오늘날 전 세계 인간의 삶에 대한 개략적 요약과 진화적 역사로부터 문화가 어떻게 발달하는지에 대한 고찰을 다룰 것이다. 두 번째 절에서는 이 책의 틀이 될 새로운 문화-발달적 이론과 함께 인간발달의 이론적 개념의 역사를 살펴볼 것이다. 끝으로 마지막 절에서는 과학적 영역으로서의 인간발달에 대한 개관을 다룰 것이다.

1절 인간발달의 오늘과 그 기원

학습목표

1.1 지난 1만 년에 걸쳐 인구가 어떻게 변화했는지 서술하고, 미국은 왜 다른 선진국과 다른 인구학적 길을 따르는지를 설명한다.

1.2 선진국과 개발도상국의 인구학적 프로파일을 문화적 가치, 수입, 교육의 관점에서 구분한다.

1.3 ‘사회경제적 수준(SES)’에 대한 정의를 내리고, SES, 성, 인종이 국가 내에서 왜 인간발달의 주요 측면이 되는지 그 이유를 설명한다.

1.4 자연선택 과정과 인류의 진화적 기원을 설명한다.

1.5 상부 구석기 시대 이후 인간 문화의 주요 변화를 요약한다.

1.6 인간 진화에 관한 정보를 오늘날 인간발달이 일어나는 방식에 적용한다.

인간발달의 오늘과 그 기원 : 오늘날 인류의 인구통계학적 프로파일

이 책의 목표는 여러분에게 전 세계의 문화 속에서 인간발달이 어떻게 발생하는지에 관한 이해를 제공하는 것이다. 먼저 21세기 초, 전 세계 인구의 인구학적 프로파일부터 시작하겠다.

인구 성장과 변화

지난 1만 년에 걸쳐 인구가 어떻게 변화했는지 서술하고, 미국은 왜 다른 선진국과 다른 인구학적 길을 따르는지를 설명한다.

아마도 오늘날 인구의 가장 놀랄 만한 특징은 그 수가 엄청나다는 것이다. 대부분의 역사에서 총인구 수는 1,000만 이하였다(McFalls, 2007). 대체로 여성은 4~8명 정도의 아이를 낳았지만 대부분이 영아기나 아동기에 죽어 재생산 연령에까지 이르지 못했다. 인구는 농업과 동물 가축화의 발달과 함께 대략 1만 년 전 무렵부터 눈에 띄게 증가하기 시작하였다(Diamond, 1992).

기원 후 초기 1,000년 동안 인구는 매우 천천히 성장하였고, 실제로 세계 인구가 500만에 도달한 것도 겨우 400년 전이다. 그 이후, 특히 20세기의 인구 성장은 놀라운 속도로 가속화되었다(**그림 1.1** 참조). 인구가 5억에서 10억으로 2배가 되는 데에는 단지 150년이 걸렸고, 그 시기는 1800년이다. 그 후 20세기에는 의학의 발전으로 천연두, 발진티푸스, 디프테리아, 콜레라 같은 치명적 질병이 사라지거나 발병률이 급격하게 낮아졌다. 그 결과, 1930년까지 20억이었던 인구가 1999년에는 60억으로 3배 증가하였다.

인간발달 전 생애에 걸쳐 사람들이 성장하고 변화하는 방식으로, 생물학적·인지적·심리적·사회적 기능이 포함됨

문화 어느 한 집단의 관습, 신념, 예술 그리고 기술의 종합 패턴

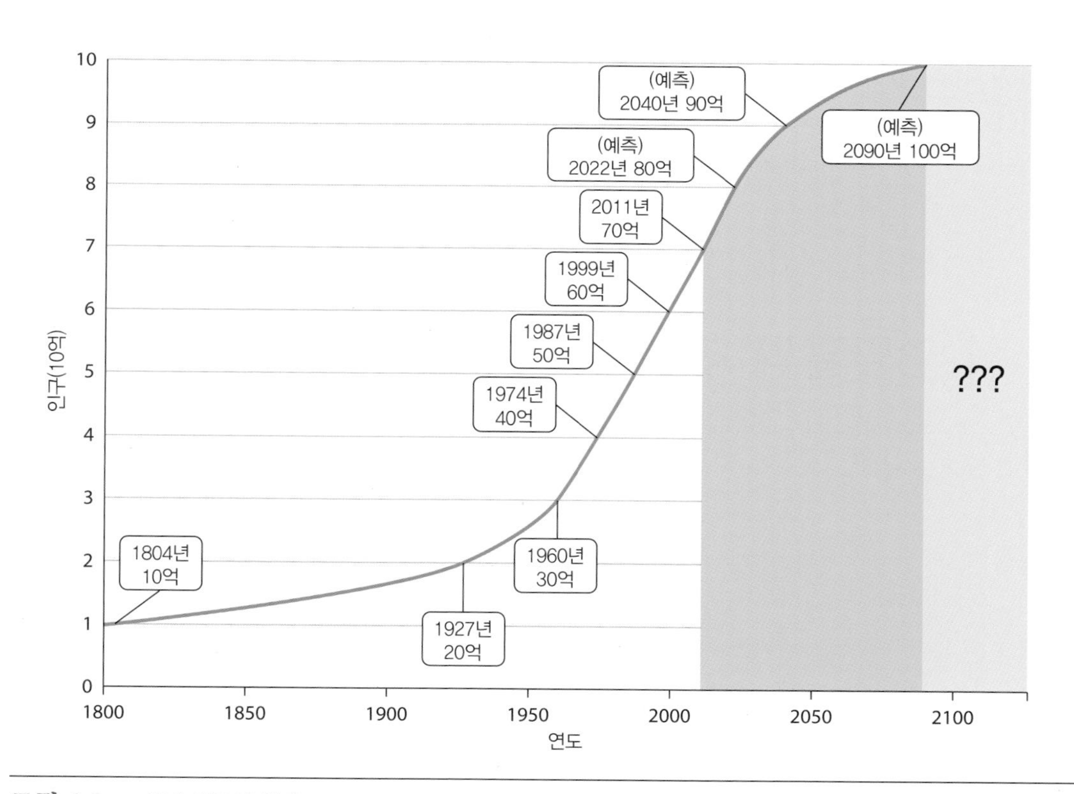

그림 1.1 **세계 인구의 성장**

최근 인간 역사에서 무엇이 이토록 극적인 인구 증가를 일으키는가?

출처 : Based on Population Reference Bureau (2014)

그로부터 12년 후인 2011년 초에는 70억을 넘어섰다.

인구는 얼마나 증가할 수 있을까? 정확히 말하기 어렵지만 대체로 인구는 2090년까지 100억 정도 될 것이고, 이후 안정화되어 약간 감소할 것으로 예상된다. 이런 예상은 최근 발생하고 있는 전 세계적 출생률 감소에 근거를 둔다. 세계 **총출산율**(total fertility rate, TFR; 여성 1인당 출생 수)은 현재 2.5명으로, 이는 안정된 인구의 **출산합계율**인 2.1명보다 실제로 더 높다. 그런데 총출산율은 지난 10년에 걸쳐 급격하게 감소하고 있으며, 현재 추세대로 계속된다면 2050년까지 2.1명으로 감소할 것이다(Population Reference Bureau, 2014).

총출산율(TFR) 전집에서 한 여성이 낳는 아이의 수

선진국 세계에서 가장 경제적으로 발달된 풍족한 나라로 수입과 교육 수준의 중앙값이 가장 높은 나라

개발도상국 선진국에 비해 수입과 교육 수준이 낮지만, 급격한 경제 성장을 하고 있는 나라

지금부터 2090년까지 전 세계의 인구 증가는 동일한 형태로 나타나지는 않을 것이다. 전 세계 인구의 20% 이하를 구성하는 경제적으로 발전한 나라와 세계 인구의 대다수를 차지하는 개발도상국 상태에 있는 나라 간의 냉혹한 '글로벌 인구학적 분리'가 있을 것이다(Kent & Haub, 2005). 다가올 수십 년 동안 거의 모든 인구 증가는 개발도상국에서 나타날 것이다. 반대로 대부분의 부유 국가는 출산율이 출산합계율보다 낮기 때문에 이후 인구가 계속 감소할 것으로 예상된다.

편의상 여기서 우리는 세계에서 가장 부유한 국가를 **선진국**(developed country)으로 지칭할 것이다. 선진국에 대한 구분은 다양하지만 대체로 여기에 해당되는 국가는 미국, 캐나다, 일본, 한국, 호주, 뉴질랜드, 칠레 그리고 대부분의 유럽 국가이다(OECD, 2014). ('서구 국가'라는 용어는 때때로 대부분의 선진국을 지칭하는데, 이는 일본과 한국을 제외한 대부분의 국가가 서반구에 있기 때문이다.) 논의를 위해 선진국은 **개발도상국**(developing country)과 대비될 것인데, 개발도상국은 선진국보다는 덜 부유하지만 세계화된 경제에 참여함으로써 급격한 경제적 성장을 하고 있는 나라들이다. 오늘날 많은 개발도상국이 급변하고 있다. 예를 들어, 인도는 개발도상국으로 대부분의 국민이 하루에 2달러 이하의 수입으로 산다(UNDP, 2014). 인도 어린이의 약 절반이 저체중이며 영양실조 상태에 있다(World Bank, 2011). 중학교를 졸업하는 청소년이 절반 이하이다. 성인 여성의 절반 정도, 그리고 성인 남성의 약 4분의 3이 문맹이다. 주로 젊은이들은 농촌에서 도시로 대이동을 하지만, 아직 인도 인구의 약 3분의 2가 농촌에 살고 있다. 그러나 인도의 경제는 지난 20년간 활성화되고 있으며 수억 명의 인도 사람들이 빈곤에서 벗어나고 있다(UNDP, 2014). 지금 인도는 제조, 통신, 서비스 업종에서 세계적 리더가 되고 있다. 현재 속도대로 계속 성장한다면 인도는 2050년에 이르면 경제 생산에서 세계를 이끌게 될 것이다(Price Waterhouse Coopers, 2011). 인도인의 삶은 급격하게 변하고 있으며, 오늘날 태어나는 아이들은 그 부모나 조부모들과는 매우 다른 경제적·문화적 맥락을 경험하게 될 것이다.

지금부터 2050년까지 거의 모든 세계 인구 증가는 개발도상국에서 일어날 것이다. 아래 사진은 인도 조드푸르의 사람들이 많은 거리의 모습이다.

선진국의 현재 인구는 전 세계 인구의 약 18%에 해당하는 13억 명이며, 개발도상국의 인구는 세계 인구의 82%에 해당하는 60억 명 정도이다(Population Reference Bureau, 2014). 미국은 향후 수십 년간 인구의 감소보다는 증가가 예상되는 몇 안 되는 선진국 중 하나이다. 현재 미국 인구는 대략 3억 1,600만 명인데, 2050년까지는 4억 정도 될 것이다. 대부분의 다른 선진국들은 지금부터 2050년까지 인구가 감소할 것으로 예상된다. 일본에서는 이런 하향 추세가 더 급격하여 현재 1억 2,000만 인구가 저출산율과 비이민 탓으로 2050년까지 9,700만 명 정도로 감소할 것으로 예측된다(Population Reference Bureau, 2014).

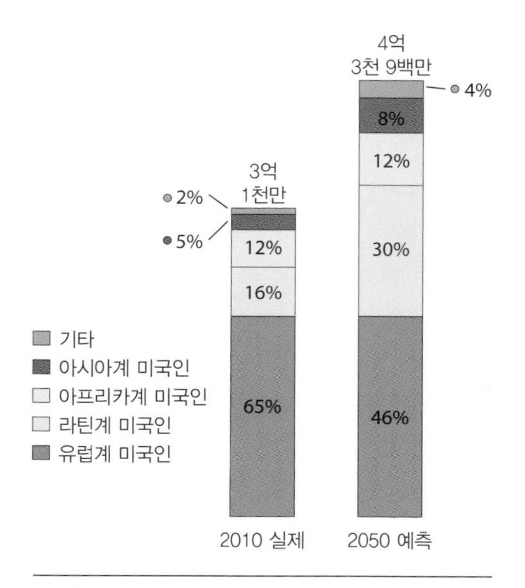

그림 1.2 2050년까지 미국 인구의 인종분포 변화 예측

앞으로 어느 인종 집단의 변화가 가장 크며, 왜 그럴까?
출처 : Based on Kaiser Family Foundation (2013)

미국이 대부분의 선진국과 다른 인구학적 방향을 따르는 것에는 두 가지 이유가 있다. 첫째, 미국의 총출산율은 1.9명으로 합산출산율 2.1명보다 약간 낮지만, 여전히 다른 대부분의 선진국보다 더 높다(Population Reference Bureau, 2014). 둘째, 보다 중요한 것으로 미국은 다른 선진국에 비해 더 많은 합법적 이민을 허용한다. 물론 수백만 명의 불법 이민자들도 많다(Suarez-Orozco, 2015). 지금부터 2050년까지 미국의 인구 증가는 전적으로 이민 덕분이라 하겠다(Martin & Midgley, 2010). 아시아와 다른 지역에서도 많은 이민자가 들어오지만, 미국으로 들어오는 합법 이민자와 불법 이민자는 모두 주로 멕시코와 중남아메리카 출신이다. 따라서 **그림 1.2**에서 보는 바와 같이, 2050년까지 미국 인구에서 라틴계 미국인이 차지하는 비율은 16%에서 30%로 증가할 것으로 예측된다. 캐나다, 영국, 호주 역시 상대적으로 개방적 이민정책을 취하기 때문에 대부분의 선진국에서 예상되는 인구 감소를 피할 수 있을 것이다(DeParle, 2010).

비판적으로 사고하기

지금부터 2050년 사이에 발생할 거의 1억 명 이상의 이민자와 라틴계 인구 비율 30%에 대응하기 위해 미국에서는 어떤 종류의 공공 정책 변화가 필요할 것인가?

국가 간 다양성

학습목표 1.2 선진국과 개발도상국의 인구학적 프로파일을 문화적 가치, 수입, 교육의 관점에서 구분한다.

개인주의 독립성과 자기표현 등을 중시하는 문화적 가치

나머지 다른 국가들과 비교하여 선진국이 지닌 인구학적 특성을 살펴보면 인구뿐 아니라 수입과 교육 같은 다른 영역에서도 큰 차이가 발견된다(**지도 1.1** 참조). 수입과 관련해서 보면, 세계 인구의 약 40%는 하루에 2달러 이하로 살며, 세계 인구의 80%는 전체 가족 수입이 1년에 6,000달러 이하이다(Population Reference Bureau, 2014). 대조적으로 선진국에 사는 10명 중 9명은 세계 수입 분포의 상위 20%에 속해 있다. 아프리카의 경제는 지난 수십 년에 걸쳐 성장했지만 여전히 아프리카는 세계에서 가장 가난한 지역이다(McKinsey Global Institute, 2010; UNDP, 2015).

10세까지 개발도상국의 많은 아동들이 학교에 다니지 않는다. 여기 카메룬에 사는 한 아동은 엄마가 밀가루 반죽 만드는 것을 돕고 있다.

부유 국가와 빈곤 국가 간의 교육에도 유사한 차이는 존재한다. 대부분의 국가에서 보면 대학생이 된다는 것은 드문 일이고 특권을 누리는 것이다. 선진국에서는 모든 아동이 초등교육과 중등교육을 받으며, 그들의 약 50%가 3차 교육(대학 또는 중등교육 이후의 다른 직업훈련 등)을 받는다. 반면에 개발도상국에서는 아동의 약 20%가 초등교육을 마치지 못하며, 이들의 50%만이 중등교육을 받는다(UNDP, 2014). 대학교육과 3차 교육은 부유한 엘리트만이 가능하다.

또한 선진국과 개발도상국 간에는 문화에서도 큰 차이가 있다. 한 가지 중요한 차이는 선진국, 특히 서구 선진국의 문화는 독립성, 자기표현과 같은 **개인주의**(individualistic) 가치에 근거를 둔다는 것이다(Greenfield, 2005). 반면에 개발도상국은 복종과 집단조화와 같은 **집단주의**(collectivistic) 가치를 중시하는 경향이 있다(Sullivan & Cottone, 2010). 이 둘은 상호배타적 범주는 아니며, 각 국가는 개인주의와 집단주의 가치 간에 균형을 지니고 있다. 뿐만 아니라 대부분의 국가는 다양한 문화를 포함하고 있는데, 상대적으로 개인주의적인 국가도 있고 집단주의적인 국가도 있다. 그럼에도 불구하고 개인주의와 집단주의라는 전반적 구분은 인류 집단의 다양한 차이를 단순화된 구분으로 서술하는 데 유용하다.

집단주의 복종과 집단 조화를 중시하는 문화적 가치

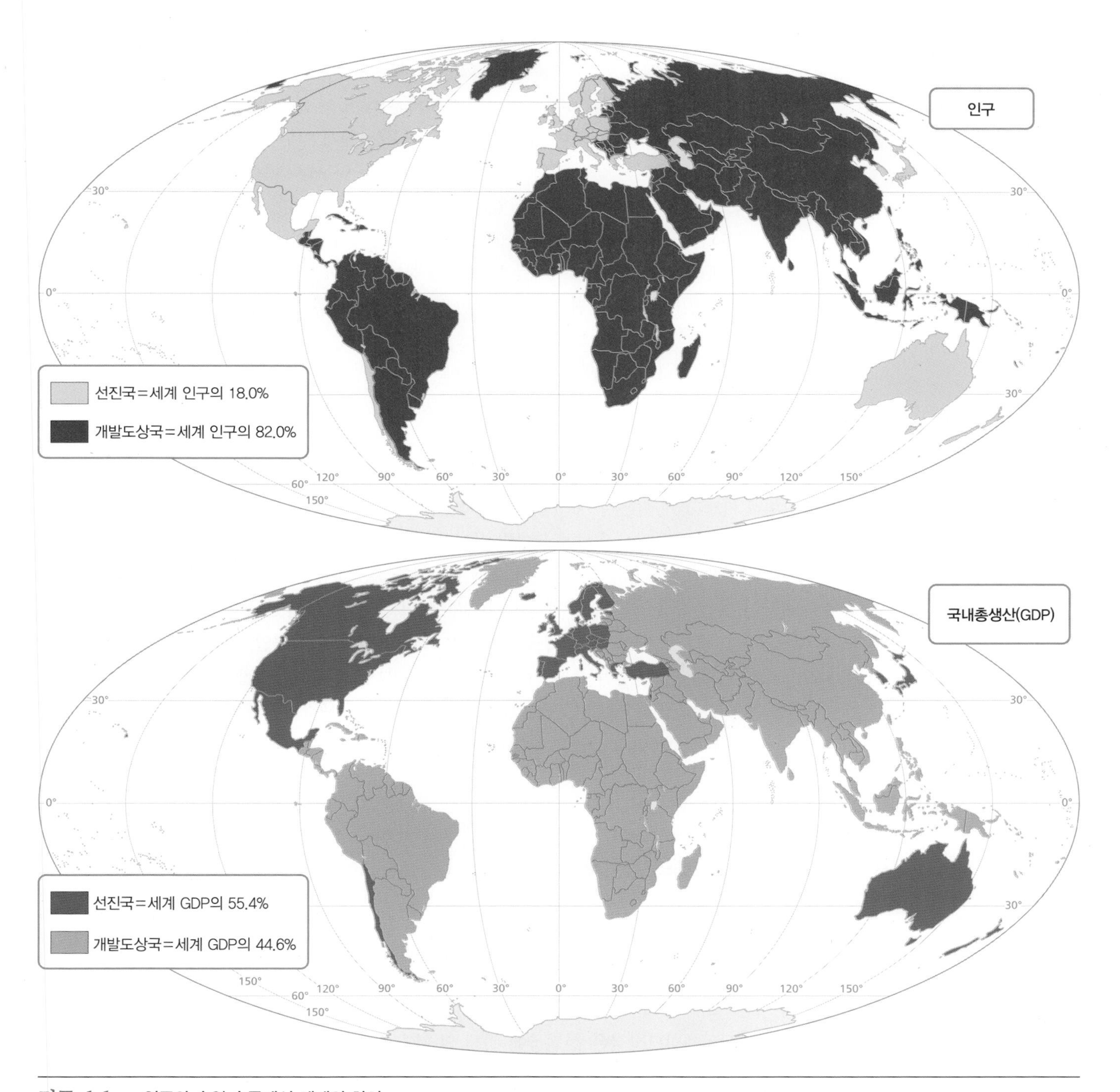

지도 1.1 **인구와 수입 수준에서 세계의 차이**

선진국은 세계 인구의 18%이지만 개발도상국보다 훨씬 더 잘 산다. 개발도상국이 선진국으로 재분류되려면 적절한 경제 발전 수준은 어느 정도여야 하는가?

전통 문화 개발도상국에서, 도시 사람에 비해 문화적 전통을 더 고수하는 농촌 문화

세계화 무역, 여행, 이민, 소통에서 세계의 여러 다른 지역들 간의 연결이 증가하는 것

개발도상국에서는 종종 도시와 농촌 간에 현격한 격차가 있는데, 도시에 사는 사람들은 수입이 더 높고, 교육 수준도 더 높으며, 더 좋은 의료 혜택을 받고 있다. 개발도상국의 도시에 사는 중산층의 삶은 농촌 지역에 사는 사람들과는 달리 여러 면에서 선진국 사람들의 삶과 비슷하다(UNDP, 2014). 이 책에서 **전통 문화**(traditional culture)란 용어는 개발도상국의 농촌 지역에 사는 사람들이 지향하는 문화를 지칭하는 데 사용될 것인데, 이 문화는 도시에 비해 역사적 전통에 보다 강하게 집착하는 경향이 있다. 또 전통 문화는 다른 문화에 비해 보다 집단주의적 성향이 강한데, 이는 농촌에서는 종종 경제적 필요에 의해 타인과의 밀접한 연대가 있기 때문이다(Sullivan & Cottone, 2010).

오늘날의 이러한 인구통계학적 프로파일은 인간발달을 이해하려면 세계 인구의 대다수를 차지하는 개발도상국에 사는 사람들의 삶을 이해하는 것이 결정적이라는 것을 보여준다. 그러나 대부분의 사회과학 연구, 특히 심리학에서는 발달의 보편적 원리를 추구하는 데 있어 문화가 무시되거나 배제되어왔다(Jensen, 2011; Rozin, 2006). 인간발달에 관한 대부분의 연구는 세계 인구 18%가 사는 선진국, 특히 세계 인구 5%에 해당하는 미국인의 삶에 관한 연구이다. 그 이유는 연구를 하는 데에는 돈이 필요하고, 선진국이 개발도상국보다 경제적으로 더 여유가 있기 때문이다(Arnett, 2008). 그러나 최근 이런 흐름은 변하고 있으며, 심리학과 다른 사회과학 분야에서 인간발달의 문화적 맥락에 대한 관심이 급증하고 있다(Jensen, 2015; Shweder, 2011). 점차 연구자들은 전 세계의 모든 곳에 있는 사람들에게 적용되는 인간발달을 서술하고 있으며, 미국 사회를 연구하는 연구자들은 백인 중산층에는 보이지 않는 미국 내의 문화에 주목하고 있다.

미국 밖에 세계 인류의 나머지 95%가 있다는 자각을 했다는 점이 중요하다. 세계는 이미 50여 년 전 사회철학자 마샬 맥루한(McLuhan, 1960)이 예측했던 세계화로 나아가고 있다. 최근 수십 년간 **세계화**(globalization) 과정이 가속화되고 있는데, 이 용어는 세계의 서로 다른 지역들이 무역, 여행, 이민, 소통을 통해 활발히 상호 연결되고 있음을 지칭한다(Arnett, 2002; Jensen et al., 2012; Hermans, 2015). 따라서 여러분이 세계 어느 곳에 살든지 개인생활이나 직업생활 과정에서 다른 문화권의 사람들을 많이 접하게 될 것이다. 만약 요양시설에서 일하게 된다면 아시아나 남아메리카 사람들처럼 다양한 문화적 배경을 지닌 환자들을 만날 수도 있을 것이다. 따라서 요양 전문가를 교육하는 기관에서는 아프리카나 유럽에서 이민 온 가족들이 있는 학생들도 가르쳐야 할 것이다. 여러분의 동료, 이웃, 심지어 친구와 가족까지도 매우 다양한 문화적 배경을 지닌 사람들이 될 수 있다. 그리고 인터넷, 이메일, 페이스북, 다른 소셜미디어, 유튜브, 그 외 새로운 기술 등을 통해 여러분은 세계에 있는 모든 사람과 접촉할 수 있다. 따라서 인간발달에 관한 문화적 접근을 이해하는 것은 삶의 모든 측면에서 유용하며, 다양하고 세계화된 세상에서 여러분이 다른 사람들과 소통하고 그들의 관점을 이해하도록 도와줄 것이다.

국가 내 다양성

'사회경제적 수준(SES)'에 대해 정의를 내리고, SES, 성, 인종이 국가 내에서 왜 인간발달의 주요 측면이 되는지 그 이유를 설명한다.

이 책에서는 상대적으로 부유한 국가와 상대적으로 가난한 국가를 구분하는 일반적 방식의 하나로서 선진국과 개발도상국이 자주 비교될 것이다. 그러나 각 국가 안에서 다양한 차이가 있음에 주목해야만 한다. 모든 선진국은 상대적으로 부유하지만 일본에서의 인간발달은 프랑스나 캐나다에서의 인간발달과는 매우 다르다. 모든 개발도상국은 선진국에 비해 덜 부유하지만 중국에서의 인간발달은 브라질이나 나이지리아에서의 인간발달과는 매우 다르다. 이 책을 통해 우리는 선진국과 개발도상국이란 큰 범주 안에서 인간발달의 변이를 탐색하게 될 것이다.

한 나라 안에서 사회경제적 지위(SES)는 인간발달에 영향을 주는 하나의 맥락이다. 이 사진은 미국의 저소득 가정이다.

선진국과 개발도상국은 각 국가 내에서 인간발달에서 중요한 변이가 있을 뿐만 아니라 부가적 변이도 있다. 오늘날 대부분의 국가는 나름의 규범과 기준의 대부분을 자체적으로 설정하며 정치·경제·지식·미디어의 권위를 지지하는 **다수 문화**(majority culture)를 갖고 있다. 그리고 인종, 종교, 언어 그 밖의 다른 특성으로 규정되는 많은 소수 문화도 있을 수 있다.

인간발달에서 나타나는 변이 역시 국가 안에서 개인의 삶이 속해 있는 배경과 환경의 차이 탓으로 발생한다. 인간발달 경로 변이에 기여하는 배경과 환경을 **맥락**(context)이라 칭한다. 맥락에는 가족, 학교, 지역사회, 미디어, 문화와 같은 환경적 배경이 포함되는데, 이 모든 것은 이 책에서 논의될 것이다. 맥락 이외에 변이에 기여하는 주목할 만한 세 가지 다른 중요한 측면은 사회경제적 지위, 성, 그리고 민족성이다.

사회경제적 지위(socioeconomic status, SES)는 흔히 개인의 **사회적 부류**를 지칭하는데, 여기에는 교육 수준, 수입 수준, 직업적 지위가 포함된다. 아동과 청소년은 성인이 될 때까지 아직 사회적 부류에 도달하지 못하기 때문에, 이 경우 사회경제적 수준은 일반적으로 이들 부모의 교육, 수입, 직업 수준을 지칭하는 것이 된다. 대부분의 국가에서 SES는 인간발달을 형성하는 데 매우 중요하다. SES는 영아 사망의 위험에서부터 아동 교육의 질과 기간, 그리고 성인들의 직업 종류, 성인 후기 건강 보호를 받을 가능성에 이르기까지 모든 것에 영향을 준다. SES의 차이는 특히 개발도상국에서 두드러진다(UNDP, 2014). 인도나 사우디아라비아, 페루 같은 나라에서는 건강과 교육 같은 자원적 접근에서 보면 경제적으로 최상위 엘리트가 된다는 것은 상대적으로 가난한 대다수 구성원이 된다는 것과는 매우 다르다. 그런데 선진국에서조차 인간발달의 전 과정에서 자원에 접근하는 데 SES의 중요한 영향을 받는다. 예를 들어, SES가 낮은 가정의 어머니는 임신 중 보살핌을 받기 어렵기 때문에 미국의 영아사망률은 SES가 높은 가정보다는 SES가 낮은 가정에서 더 높다(Daniels et al., 2006).

모든 문화에서 성(姓)은 전 생애 발달에서 핵심 요인 중 하나이다(Carroll & Wolpe, 2005; UNDP, 2014). 남성과 여성에 대한 기대는 그들이 태어날 때부터 다르다는 것이 여러 문화에서 사실로 나타난다(Hatfield & Rapson, 2005). 그러나 기대의 정도는 문화에 따라 다르다. 오늘날 대부분의 선진국에서는 그 차이가 상대적으로 적다. 즉 남성과 여성은 동일한 직업을 갖고 동일한 옷을 입으며(예 : 티셔츠와 청바지) 동일한 여가활동을 즐긴다. 선진국에서 성장한 사람이라면 많은 다른 문화권에서 현격한 성차가 어떻게 발생하는지를 논하는 장을 배우게 되면 놀랄지도 모른다. 그렇지만 여전히 선진국에서도 성에 대한 특정 기대는 존재한다.

끝으로 **민족성**(ethnicity)은 인간발달에서 결정적인 한 부분이다. 민족성에는 문화적 기원, 문화적 전통, 인종, 종교, 언어와 같은 다양한 요소가 포함될 수 있다. 소수 민족 집단은 이민의 결과로 발생할 수 있다. 민족 집단이 영구히 지속되고 다수 문화보다 시간적으로 더 앞서기까지 하는 나라도 있다. 최초의 유럽 이주자들이 호주에 도착하기 전에는 원주민이 오랜 세대 동안 호주에 살았다. 많은 아프리카 국가들은 19세기 유럽 국가들의 식민 지배적 힘으로 형성되었으며, 다양한 민족으로 구성되어 있다. 각 민족은 여러 세대를 거치면서 그 지역에 정착해 살고 있다. 종종 특정 국가 내 소수 민족은 대다수의 문화와는 다른 독특한 문화 양상을 지니고 있다. 예를 들어, 캐나다의 주 문화에서는 혼전 성관계가 흔한 일이

다수 문화 한 국가에서 규범과 기준의 대부분을 정하고 정치적·경제적·지적·미디어 권위의 대부분을 갖고 있는 문화적 집단

맥락 사회경제적 지위, 성, 인종, 가족, 학교, 지역사회, 미디어, 문화 등을 포함하여 인간발달의 다양한 경로에 기여하는 세팅과 환경

사회경제적 지위 교육 수준, 수입 수준, 직업적 지위가 포함된 개인의 사회적 계급

민족성 문화적 기원, 문화적 전통, 인종, 종교 및 언어와 같은 요소가 포함된 집단 정체감

개체발생적 한 종에서 개체발달의 특징적 양상

계통발생적 한 종의 전반적 발달에 관련된 것

자연선택 자신의 후손을 생산하는 데 가장 생존가가 높은 환경에 가장 잘 적응하게 되는 진화과정

인류의 조상 현대 인류가 나오게 된 진화적 라인

호모사피엔스 현생 인류의 종

지만, 캐나다의 아시아 소수 집단에서는 결혼할 때까지 여성의 처녀성은 여전히 가치 있는 것으로 간주된다(Sears, 2012). 많은 선진국에서는 대부분의 소수 민족 집단들이 다수 문화에 비해 덜 개인적이고 더 집단적인 가치를 갖고 있다(Suarez-Orozco, 2015).

인간발달의 오늘과 그 기원 : 인류의 기원과 문화의 탄생

인간발달에 대한 문화적 접근을 통해 우리는 인류가 살아가는 방식이 엄청나게 다양하다는 것을 알게 될 것이다. 그런데 이런 다양성은 어떻게 발생하는가? 인류도 하나의 종이다. 하나의 생물학적 기원에서 어떻게 그렇게 많은 다양한 삶의 방식이 발달되었을까? **개체발생적**(ontogenetic) 발달로 칭해지는 개인의 발달에 주목하기 전에, 인류 종의 발달인 **계통발생적**(phylogenetic) 발달을 이해하는 것이 중요하다. 이제 문화의 탄생과 오늘날의 개인 인간의 역사적 맥락을 이해하는 기초로서 인류의 진화 역사를 간단하게 살펴볼 것이다. 진화론에 반대하는 종교적 신념을 가진 학생들에게 이 부분은 도전이 될 것이라고 생각하지만, 그럼에도 불구하고 진화론과 이를 지지하는 증거에 관해 아는 것이 중요하다. 진화론은 실제로 모든 과학자들이 수용하는 인류 기원에 대한 관점이다.

우리의 진화적 시작

자연선택 과정과 인류의 진화적 기원을 설명한다.

인류의 기원을 이해하려면, 1859년 찰스 다윈이 그의 저서 종의 기원(*The Origin of Species*)에서 최초로 제안했던 진화론의 몇 가지 기본 원리를 아는 것이 중요하다. 진화론의 핵심은 종이 **자연선택**(natural selection) 과정을 통해 변화한다는 것이다. 자연선택에서 모든 종의 새끼는 다양한 특성에서 매우 넓은 범위의 변이를 갖고 태어난다. 일부는 상대적으로 크고 다른 것은 상대적으로 작을 수 있으며, 일부는 상대적으로 빠르고 다른 것은 상대적으로 느릴 수 있다. 어린 새끼 중 재생산을 할 수 있을 때까지 가장 잘 살아남을 수 있는 개체는 자기 환경에 최적으로 적응된 변이를 가진 개체일 것이다.

인류 진화는 언제 시작되었는가? 진화 생물학자에 따르면 인간, 침팬지 그리고 고릴라는 600~800만 년 전에는 공동의 영장류 조상을 가졌다(Shreeve, 2010). 그 무렵, 이 공동 조상은 침팬지와 고릴라 그리고 인간발달의 세 가지 길로 나누어졌다. 인간 쪽으로 오게 된 진화의 길이 **인류의 조상**(hominid)이다. 침팬지, 고릴라와 공유하는 우리 인류의 조상은 아프리카에 살았다. 침팬지, 고릴라가 오늘날 아프리카에서 살고 있듯 초기 인류의 조상 역시 아프리카에서 살았다.

20만 년 전까지 초기 인류의 조상은 **호모사피엔스**(Homo sapiens)로 진화하였다(Shreve, 2011; Wilson,

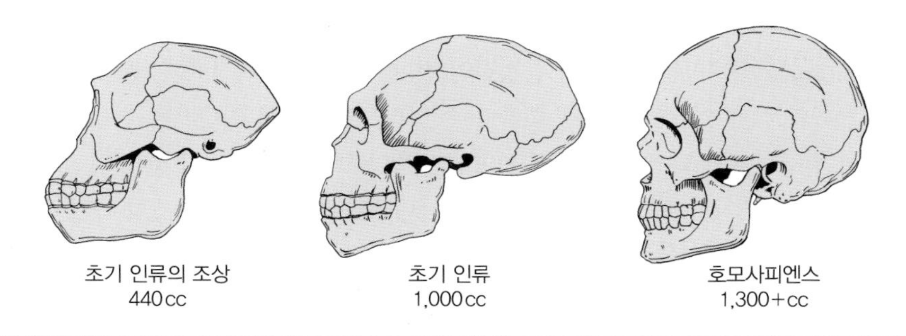

그림 1.3 **초기 인류에서 뇌의 크기 변화**

2012). 호모사피엔스로 이끈 수백만 년의 진화 기간 동안 초기 인류의 조상과 우리를 다른 영장류와 구분 지을 수 있게 하는 다음의 여러 가지 특성이 발달되었다.

초기 '인류'는 불을 지배함으로써 뇌의 크기가 급격하게 증가하였다.

1. **커진 뇌** 이 기간 동안 일어난 가장 혁혁하고 중요한 변화는 호모사피엔스의 뇌 크기였는데, 초기 인류의 뇌의 2배 정도 되었다(**그림 1.3** 참조; 뇌 크기는 세제곱센티미터로 나타나 있다).
2. **여성의 넓어진 골반** 여성 인류의 골반은 보다 머리가 큰 아이를 낳기 위해 더 넓어졌다.
3. **길어진 의존성** 초기 인류의 뇌가 커진 것은 인류의 조상에 비해 보다 덜 성숙하게 태어난다는 것을 의미한다. 그 결과 영아기와 아동기의 의존성이 길어진다.
4. **도구의 발달** 도구의 발명은 초기 인류가 음식을 더 잘 얻는 데 도움이 되었다. 가장 초창기의 도구는 하나의 돌을 다른 돌에 부딪혀 날카로운 모서리를 만들어낸 것이다. 이 도구는 동물의 고기를 자르거나 나무로 사냥을 위한 날카로운 막대기를 만드는 것과 같은 목적으로 사용되었다.
5. **불 다루기** 불을 다루는 능력은 초기 인류로 하여금 요리를 하게 만들었는데, 요리된 음식은 날 음식에 비해 신체에 훨씬 더 효율적으로 활용되어 뇌를 크게 만드는 데 기여하였다(Wrangham, 2009). 동시에 치아와 턱의 크기는 감소하였는데, 이는 요리된 음식이 날 음식에 비해 먹기가 훨씬 더 용이했기 때문이다.

영아기 의존성이 길어짐으로써 초기 인류 어머니들은 멀리 여행 가지 못하였고, 사냥이나 수렵을 하는 남성들을 따라가기 어렵게 되었다(Wrangham, 2009). 그래서 **수렵채집**(hunter-gatherer)의 삶의 방식이 발달하였는데, 여성은 상대적으로 안정적인 집에 머물러 아이들을 돌보고 주변에서 먹을 만한 식물을 모으는 반면, 남성은 사냥이나 먹이를 찾기 위해 바깥으로 이동하였다.

문화와 문명의 기원

학습목표 1.5 상부 구석기 시대 이후 인간 문화의 주요 변화를 요약한다.

신체적으로 보면 **호모사피엔스**는 20만 년 전부터 현재까지 변화가 거의 없다. 그러나 인간종의 발달에서 극적인 변화는 4만 년부터 약 1만 년 전에 해당되는 **상부 구석기 시대**(Upper Paleolithic period)에 일어났다(Ember et al., 2011; Wilson, 2012)(**그림 1.4** 참조).

처음으로 예술이 등장했다. 악기, 동굴 벽화, 옷에 부착된 작은 상아 구슬, 뼈, 뿔, 또는 조개로 만든 장식품, 상아로 조각되거나 흙으로 만들어진 사람과 동물 형상 등이 그것이다.

예술적 산물의 갑작스러운 출현과 함께 다음의 몇 가지 다른 중요한 변화가 상부 구석기 시대에 나타났다.

- 인류는 시신을 묻기 시작했다. 때로는 무덤에 예술품이 함께 묻혔다.
- 처음으로 집단 간의 문화적 차이가 발달하였는데, 이는 그 집단의 예술과 도구에서의 차이를 반영한다.
- 집단 간에 무역이 발생하였다.

수렵채집 사냥하고(주로 남성이 담당) 먹을 수 있는 식물을 채집(주로 여성이 담당)하는 것에 근거한 사회경제적 시스템

상부 구석기 시대 4만 년에서 1만 년 전에 해당되는 시기로, 분명한 인간 문화가 처음으로 발달된 시기

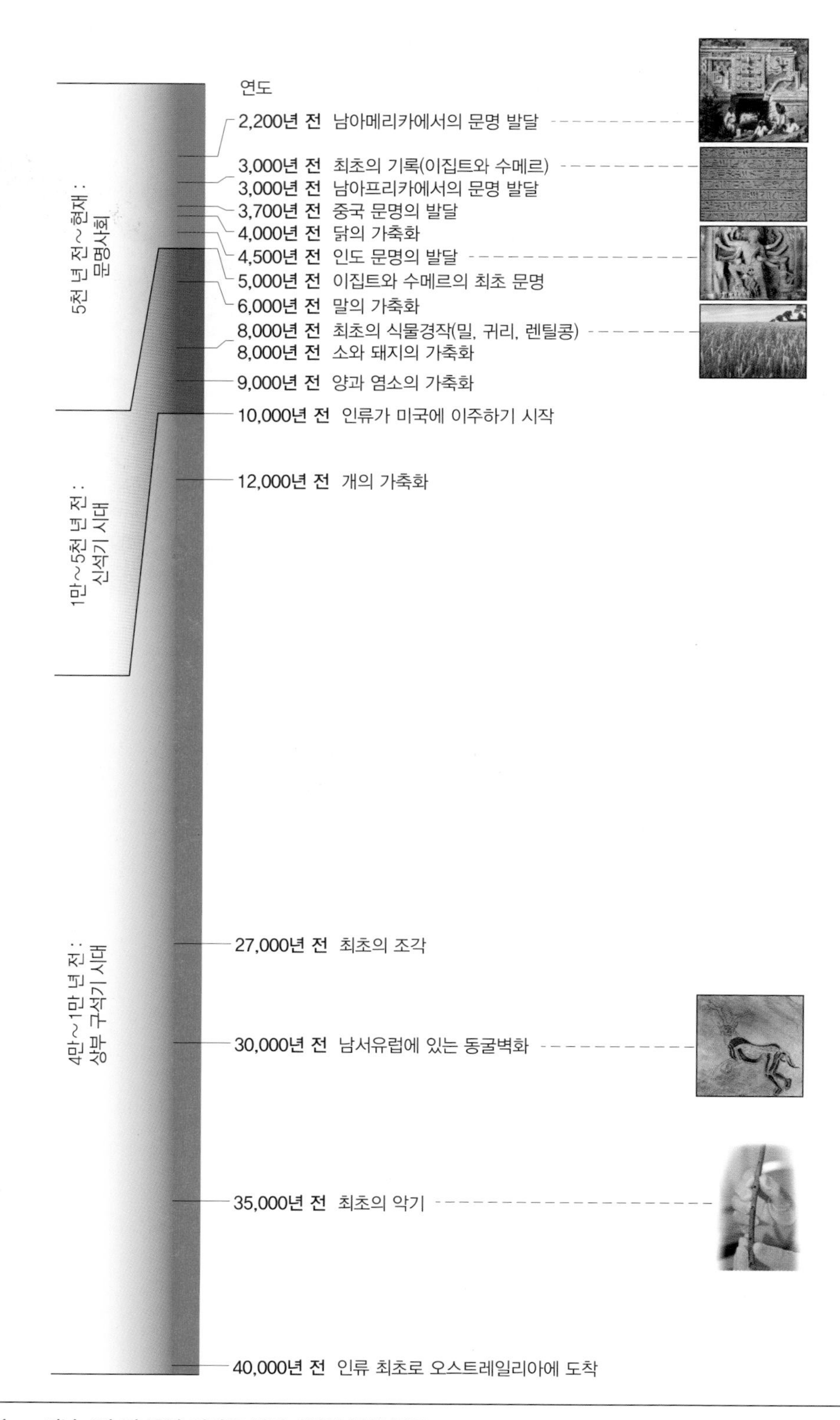

그림 1.4 지난 4만 년 동안 인간종 발달에서의 핵심 변화

- 활과 화살을 포함하여 도구의 발달에 급격한 가속화가 있었다. 여기에는 동물(또는 인간의 적)을 향해 던지는 창, 물고기를 잡기 위한 창살 등이 포함되어 있다.
- 최초의 배가 발명되었는데, 이로 인해 사람들은 호주와 뉴기니아에 도착하여 인구가 증가하는 일이 발생했다.

뇌와 몸에서의 변화에 대한 증거가 없는 상부 구석기 시대에 왜 이런 급작스러운 변화가 나타나는가? 일부 연구자들은 이를 최초로 언어가 발생했기 때문이라고 생각한다(Diamond, 1992; Leakey, 1994). 말하는 언어 능력에 대한 해부학적 증거는 적어도 30만 년 전이다(Wrangham, 2009). 따라서 지금으로서는 상부 구석기 시대에 일어난 혁명적 변화의 기원은 하나의 미스터리로 남아 있다.

극적인 변화의 다음 시기는 1만~5,000년 전인 **신석기 시대**(Neolithic period)로 알려져 있다(Johnson, 2005). 이 시기 동안 인간은 식물을 경작하고 동물을 길들임으로써 자신들의 식량을 확장하였다. 이 진전에 기여한 핵심 요인은 기후 변화였다. 상부 구석기 시대는 마지막 빙하기였다. 세계의 평균 기온이 약 섭씨 10도(화씨 50도)였는데, 이는 오늘날의 기온보다 낮은 것이다. 유럽은 오늘날 베를린이 위치하는 지점부터 남쪽까지 빙하에 덮여 있었고, 미국은 지금의 시카고 위도까지 빙하에 덮여 있었다. 신석기 시대에 이르면서 기후는 훨씬 더 따뜻해져 오늘날의 기후와 유사해졌다.

기후가 점점 더 따뜻해지고 습도가 높아지면서, 인간의 식량 자원으로 좋은 새로운 식물이 발달하였고, 인간은 자신이 좋아하는 식물을 더 많이 생산하려고 노력하기 시작하였다. 상부 구석기 시대에 사냥의 대상이었던 큰 동물은 사라졌는데, 과도한 사냥 또는 이 동물들이 기후 변화에 적응하지 못한 것을 멸종의 이유로 본다(Diamond, 1992). 동물의 가축화는 사라진 동물을 대신하여 식량원으로 활용하기 위해 발달했을 수 있다. 농업과 동물 관리를 따라 새로운 도구가 만들어졌다. 식물을 음식으로 만드는 데 필요한 절구와 막사발, 옷을 만들기 위한 목화와 울을 짜는 방추체와 베틀이 그것이다. 사람들이 식물과 동물을 기르기 위해 안정된 지역사회에 오래 머물렀기 때문에 보다 크고 견고한 주택(그리고 침대와 식탁 같은 가구)이 만들어졌다.

오늘날 우리가 사는 방식의 근거를 제공하는 주된 역사적 변화는 **문명사회**(civilization)의 발달과 함께 약 5,000년 전에 시작하였다(Ridley, 2010). 문명사회를 나타내는 특징에는 도시의 형성, 기록, 다양한 종류의 일의 분화, 부와 지위에서의 차별, 그리고 **국가**(state)라고 알려진 중앙집권화된 정치적 시스템이 포함된다. 최초의 문명은 비슷한 시기에 이집트와 수메르(지금의 이라크 지역)에서 발달하였다. 이 문명에서 살았던 사람들은 기록물을 유지하고 많은 물건을 생산하였기 때문에, 어떻게 살았는지에 관한 정보가 많다. 우리에게 알려진 바로 그 사람들은 법과 하수관 시스템을 갖고 있었으며, 사회적 지위에는 성직자, 군인, 공예가, 정부 행정관, 그리고 노예가 포함되어 있었다. 그들은 지금도 존재하고 있는 이집트의 피라미드처럼, 지도자들을 기념하는 건축물을 건설하였다. 또한 보석, 조각품, 보트, 바퀴 달린 마차, 칼 등을 포함하여 엄청나게 방대한 물건들을 생산하였다. 이후의 문명은 인도(4,500년 전), 중국(약 3,700년 전), 남부 아프리카(약 3,000년 전), 지중해 지역(그리스와 로마, 약 2,700년 전), 그리고 남아메리카(약 2,200년 전)에서 발달하였다.

왜 문명과 국가가 발생했는가? 관개시설의 발명 후 농산물의 생산이 효율적으로 이루어지면서, 한 문화 집단의 모든 사람이 식량 생산을 위해 일할 필요는 없게 되었다. 이로 인해 집단의 일부 사람들은 식량 생산 지역에서 벗어나 도시에 집중할 수 있게 되었는데, 그 결과 도시에는 상인, 예술가, 음악가, 관료, 종교와 정치적 지도자 등 다양한 직종이 특화될 수 있었다. 더 나아가 관개시설이 확장됨에 따라 국가는 시스템을 구축하고 감독하려는 욕구가 생겼고, 무역이 확장됨에 따라 도로와 같은 기본 인프라를 구축하려는 욕구가 일었다. 또한 무역은 공동 국가로 연합될 수 있는 보다 큰 문화 집단 속에서 사람들을 연결시켰다(Ridley, 2010).

신석기 시대 1만 년에서 5,000년 전의 인간 시대로, 동물과 식물이 처음으로 길들여진 시기

문명사회 약 500년 전에 시작된 것으로 도시, 기록, 직업의 분화, 국가가 포함된 인간의 사회적 삶의 형태

국가 문명화의 필수적인 특성으로, 중앙집권화된 정치 시스템

인간의 진화와 오늘날의 인간발달

인간 진화에 관한 정보를 오늘날 인간발달이 일어나는 방식에 적용한다.

한 종으로서 인간발달의 역사는 오늘날 우리에게 인간발달에 대해 무엇을 말해주는가? 첫째, 오늘날 우리가 어떻게 발달하는가 하는 것은 부분적으로 진화적 역사에 근거하고 있다는 것을 인지하는 것이 중요하다. 몸에 비해 큰 뇌, 성장하기까지 성인에게 의존해야 하는 비교적 장기간의 아동기, 사회적 집단에서의 협동적 삶처럼 우리는 여전히 우리 인류의 친척이나 조상과 많은 특성을 공유하고 있다. **진화심리학**(evolutionary psychology) 분야의 연구자들은 공격성과 배우자 선택 같은 인간발달의 많은 다른 특성들도 진화적 역사에 의해 영향을 받는다고 주장한다(Crawford & Krebs, 2008). 우리는 이 책을 통해 이런 주장을 살펴볼 것이다.

인간의 진화 역사에 관해 주목해야 할 두 번째 중요한 사실은 인간은 약 20만 년 전에 호모사피엔스 기원 이래 생물학적으로 거의 변하지 않았지만, 우리가 사는 방식은 놀라울 정도로 변해왔다(Ridley, 2010; Wilson, 2012)는 것이다. 우리 인간은 아프리카의 초원과 숲에서 기원한 한 종이지만, 지금은 산악에서부터 사막, 열대 정글, 극지에 이르기까지 지구 상의 모든 환경에서 살고 있다. 우리는 몇십 명의 소수의 작은 집단에서 진화한 종이지만, 지금은 대부분이 수백만 명의 타인과 도시에서 산다. 오랜 역사에서 여성은 가임기에 적어도 8명의 아이를 낳을 수 있었지만, 지금은 보통 하나 아니면 둘, 또는 세 명의 아이를 낳거나 아이를 아예 낳지 않기도 한다.

아프리카에서 기원하여 자연선택을 통해 수렵채집 방식으로 적응된 우리 인류 같은 동물이 지난 4만 년을 거치면서 어떻게 수렵채집 문화와는 전혀 닮지 않은 확연히 다른 문화로 발달될 수 있었는지에 관해서는 주목할 만하다. 인간종의 가장 두드러진 특징인 큰 뇌가 발달되면서 우리는 환경을 바꿀 수 있게 되었다. 따라서 우리가 어떻게 살 것인지를 결정할 수 있는 것은 더 이상 자연선택만이 아니었다. 그 대신 우리는 문화를 창조하였다. 화석으로부터 알 수 있듯 모든 초기 인류의 조상은 동일한 방식으로 살았다(Shreeve, 2010). 초기의 다양한 호모사피엔스조차 상부 구석기 시대 전에는 소규모 집단을 이루며 사냥꾼 또는 채집인으로서 비슷하게 살았던 것으로 보인다.

오늘날 우리 모두는 인간 공동체의 일부이지만 각기 고유한 삶의 방식을 지닌 수백 개의 상이한 문화를 가진 존재들이다. 영아 양육 방식, 아동에 대한 기대, 사춘기 변화를 대하는 방식, 노인을 존중하는 방식 등 우리가 사는 방식에는 매우 다양한 문화가 있다. 호모사피엔스의 구성원으로서 우리 모두는 유사한 생물학적 특성을 공유하지만, 문화는 생물학적 원재료를 전 생애에 걸쳐 매우 상이한 길로 가도록 만든다.

우리를 한 종으로서 고유하게 만드는 것도 문화이다. 다른 동물들은 특정 환경 조건에 적응하는 방식으로 진화했다. 동물들은 각 개체의 생애 동안 학습할 수 있지만 학습의 범위는 제한적이다. 자신의 환경이 변할 때 특정 개체가 생존하려면 새로운 환경에 필요한 새로운 기술을 배우기보다는 새로운 환경 조건에 유전적으로 가장 적합한 개체로 오래 생존하여 재생산할 수 있게 되는 자연선택 과정을 통해 환경에 적응해야 한다. 그렇지 않은 개체들은 생존하지 못할 것이다.

이와는 달리 일단 지금처럼 인간의 뇌가 발달되면, 인간은 생존에 필요한 새로운 기술과 방법을 발명하고 학습함으로써 어떤 환경에서도 생존할 수 있게 되고, 그다음 삶에 대한 문화적 방식의 일부로 다른 사람들과 어울리는 방향으로 나아가게 된다. 우리는 진화적 적응 환경과 매우 다른 조건에서도 생존하고 발전할 수 있는데, 이는 다른 동물들과 비교해볼 때 우리의 문화적 학습 역량이 커서 상대적으로 본능에 의해 고정된 것이 거의 없기 때문이다.

진화심리학 인간 기능과 행동 양상이 어떻게 해서 진화적 조건에 대한 적응으로부터 나오는지를 고찰하는 심리학의 한 분야

2절 인간발달의 이론

학습목표

1.7 전 생애 발달에 관한 세 가지 고대의 개념을 비교하여 대비한다.

1.8 프로이트의 인간발달에 관한 심리성적 이론을 요약하고, 이론의 한계점을 서술한다.

1.9 에릭슨의 인간발달에 관한 심리사회적 8단계 이론을 서술한다.

1.10 브론펜브레너의 생태학적 이론의 다섯 가지 시스템을 규정하고, 단계 이론과 어떻게 다른지 설명한다.

1.11 이 책의 구조가 될 문화-발달 모델을 요약하고 새로운 인생 단계로 떠오르는 성인진입기 단계를 서술한다.

인간발달의 이론 : 고대의 개념

학습목표 1.7 전 생애 발달에 관한 세 가지 고대의 개념을 비교하여 대비한다.

사회과학의 한 영역으로서 인간발달은 아직 역사가 짧지만, 사람들은 오랫동안 전 생애에 걸쳐 연령에 따라 인간이 어떻게 변하는지에 관해 생각해왔다. 이 절에서는 인간발달을 개념화하는 고대의 세 가지 방식을 살펴볼 것이다(**그림 1.5** 참조). 이 개념들을 읽으면서, 여러분은 세 가지 개념 모두 남성에 의해 남성들만을 위해 기록된 것임을 알 수 있을 것이다. 인간발달의 개념에 여성이 빠져 있는 것은 역사적으로 볼 때 대부분 문화에서 남성이 힘의 대부분을 갖고 있고, 인생 단계 개념을 안내하는 종교적 지도력과 철학과 같은 영역에서 여성이 배제되어왔다는 사실을 반영한다.

아마도 인생 과정에 대한 가장 오래된 개념은 약 3,000년 전에 쓰인 힌두교 성전인 다르마샤스트라(Dharmashastras)에 제시된 내용일 것이다(Kakar, 1998; Rose, 2004). 이 개념에서는 남성의 생애에 관한 네 단계가 있는데, 이상적 나이를 100세로 할 때 각 단계는 약 25년씩 지속된다.

견습생 : 0~25세	세대주 : 26~50세
숲속 거주자 : 51~75세	은둔자 : 75~100세

견습생 단계는 아동기와 청소년기를 포함한다. 이 단계는 소년이 성장하여 성인기에 필요한 기술을 배우게 되면서 부모에게 의존하는 단계이다. 세대주 단계에서 젊은 남성은 결혼하고 자기 가정을 떠맡는다. 이 단계는 아내와 가족을 위해 필요한 것을 제공하고, 노부모를 보살피며 생산적인 일을 수행하는 것 등 많은 책임을 지닌 시기이다.

세 번째 단계인 숲속 거주자는 남성의 첫 손자가 태어나면서 시작한다. 이 단계의 이상향은 남성이 세상으로부터 물러나 글자 그대로 숲속에 살면서 기도와 종교 연구에 몰두하며 인내와 자비심을 함양하는 시기이다. 그런데 실제로 숲속으로 물러나는 힌두인은 거의 없다. 이 단계의 사람에게 사람들은 사회 속에 머무르면서도 세상에 대한 애착으로부터 물러나기를 기대한다. 이는 성생활의 종말, 일에 대한 책임감의 감소, 세대주로서의 책임감이 가정의 아들로 전이됨의 시작을 의미한다.

생의 마지막 단계는 은둔자의 시기이다. 은둔자 단계는 세상과의 애착을 거부하는 데 있어 숲속 거주

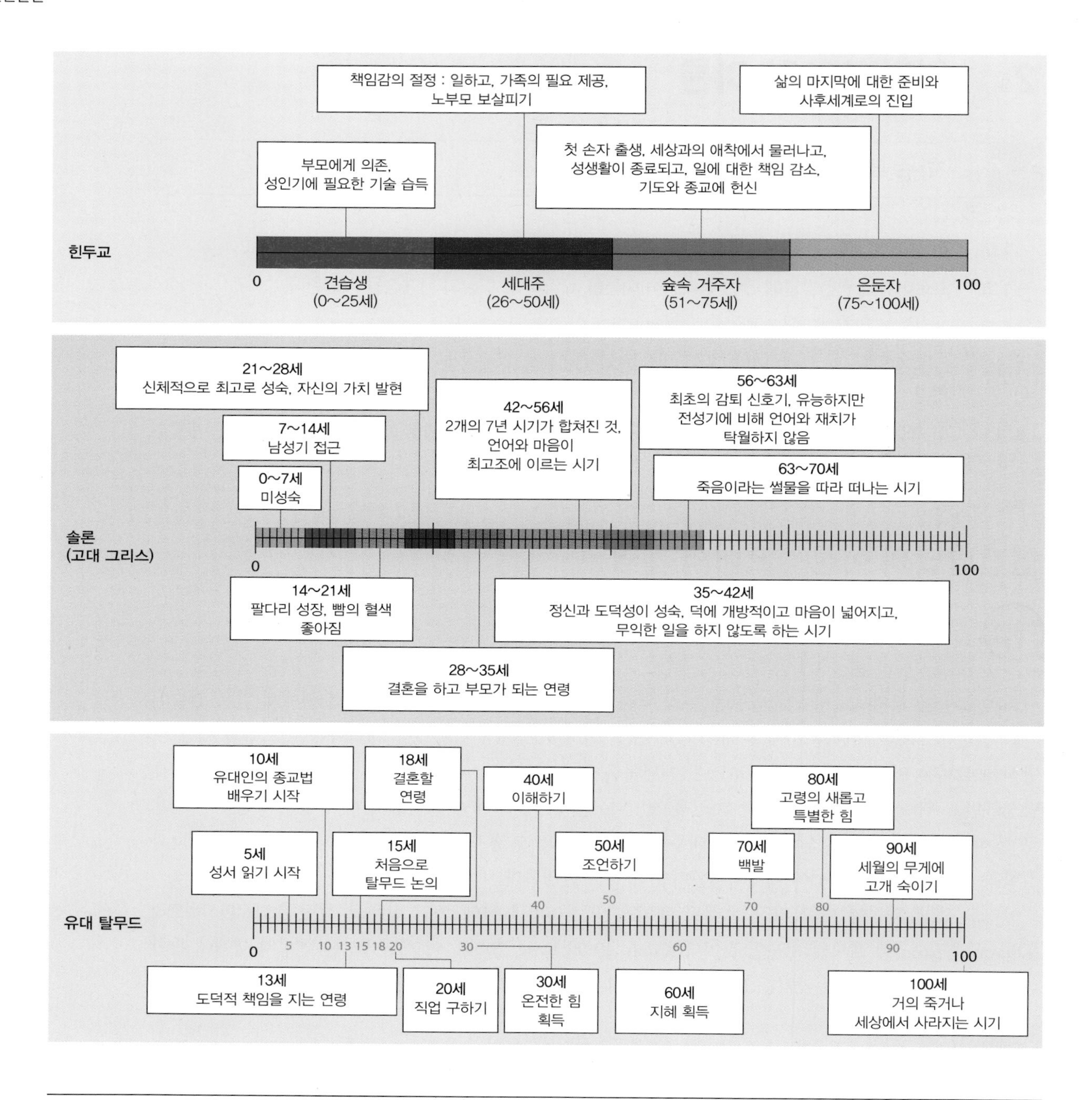

그림 1.5 **세 가지 전통에서 본 인생 과정**

자보다 한걸음 더 나아간다. 이 단계에서 삶의 목적은 삶의 마지막에 대한 준비와 사후 세계로의 진입을 준비하는 것이다(힌두교인은 환생을 믿는다). 이 단계는 75세에 시작하는데, **다르마샤스트라**가 쓰였던 수천 년 전에는 이 나이에 도달하는 사람이 거의 없었으며, 지금은 그 나이에 도달한 대부분의 사람들에게는 남은 삶의 시기가 매우 짧다는 것을 의미하기도 한다.

인생 단계에 대한 다른 개념은 2,500년 전 고대 그리스 철학자인 솔론에 의해 제안되었다(Levinson, 1978). 솔론에게는 전 생애를 출생부터 70세까지 7년 단위로 구분한 열 가지 단계가 있다(Levinson, 1976, p. 326).

0~7세 : '성숙하지 않은' 단계
7~14세 : '싹을 틔우는' 남성기로 접근하고 있다는 신호가 나타나는 단계
14~21세 : 팔다리가 자라고 턱을 만지면 양털처럼 푹신하고 뺨의 혈색이 좋아진다.
21~28세 : 이제 젊은이는 신체적으로 '최고로 성숙해지며', '자신의 가치가 명백해진다.'
28~35세 : 결혼하고 부모가 되는 연령으로, '이 시기가 배우자를 구하는 시기라고 생각하며, 자녀를 낳고 자신의 혈통을 보존'하고자 생각한다.
35~42세 : 정신과 도덕성이 성숙되는 시기로, 이 시기는 '덕이 개방적으로 확장되며 무익한 행위를 하도록 결코 부추기지 않는' 시기이다.
42~56세 : 이 시기에는 7년 시기 2개가 합쳐진 시기로, '14년 동안 언어와 마음이 최고조에 이르는' 시기이다.
56~63세 : 최초의 감퇴 신호기로, '유능하지만, 자신의 전성기만큼 재치와 언어가 민첩하지 않다.'
63~70세 : 생의 종말 시기로, 이 시점에서 사람은 '죽음이라는 썰물에 따라 떠나야 한다.'

생애 과정에 관한 세 번째 고대 개념은 약 1,500년 전에 쓰인 유대인의 성서 탈무드에서 나온다(Levinson, 1978). 힌두교의 **다르마샤스트라**처럼, 탈무드에서 인생 과정은 100세까지 보다 작은 단위로 서술되어 있다.

5세는 성서를 읽기 시작하는 연령이다.
10세는 유대인의 종교법을 배우기 시작하는 시기이다.
13세는 도덕적 책임을 지는 나이로, 소년이 성년식을 하게 되면 이제는 부모가 책임을 지는 것이 아니라 자신이 종교적 계율을 지켜야 할 책무가 있다.
15세는 처음으로 탈무드를 토론할 수 있다.
18세는 결혼을 할 연령이다.
20세는 직업을 구하는 연령이다.
30세는 온전한 힘을 획득하는 연령이다.
40세는 이해하는 연령이다.
50세는 조언을 하는 연령이다.
60세는 노인이 되어 지혜를 얻는 연령이다.
70세는 머리가 희어진다.
80세는 고령의 새롭고 특별한 힘에 도달하는 연령이다.
90세는 세월의 무게에 고개를 숙이는 연령이다.
100세는 고인이 되어 세상에서 사라지는 연령이다.

유대인의 신성한 책 탈무드에 따른 인생 과정에서 13세는 도덕적 책임을 지는 나이이다.

조금 전에 언급된 인간발달에 관한 이 세 가지 개념은 다양한 장소에서 다른 시기에 쓰였지만, 어떤 유사성을 공유하고 있다. 세 개념 모두 모든 것이 잘 진행된다고 가정했을 때 우리가 어떻게 발달하는가에 관한 이상적 상태를 보여준다. 즉 삶에 대한 준비는 청년기에 이루어지며, 전문성은 성인기에 획득되고, 지혜와 평화는 노년기의 열매이다. 세 개념 모두 청년기를 미성숙의 시기로, 성인기는 가장 책임감이 높고 최고의 생산성을 내는 시기로, 그리고 인생의 마지

막 단계는 죽음을 준비하는 시기로 본다. 이 개념들은 개인이 노년기까지 산다고 가정한다는 점에서 이상적인데, 이는 아주 최근까지 대부분의 사람들이 현실적으로 기대할 수 있는 것이 아니었다.

인간발달에 관한 이 세 가지 고대 개념 간의 한 가지 중요한 차이는 이 개념들이 인생 간격을 아주 다른 방식으로 나눈다는 것인데, 다르마샤스트라에서는 네 단계로 나누는가 하면 탈무드에서는 14단계로 나눈다. 이는 곤충이 애벌레, 유충, 성충의 단계를 거치는 방식처럼 인간에게서 전체 인생 단계는 명확하고 분명한 생물학적 특성으로, 실제로 잘 구분이 되지 않음을 알려준다. 인간발달에 관한 개념은 부분적으로만 생물학적이며(걷지 못하고 말하지 못하는 영아기, 사춘기를 경험하는 청소년기) 이외에 문화적인 것과 사회적인 것에 근거를 둔다.

인간발달의 이론 : 과학적 개념

인간발달에 관한 과학적 연구는 120년이라는 비교적 짧은 시간에 이루어졌다. 이 시기 동안 인간발달에 관한 세 가지의 주요 개념화가 이루어졌다. 심리성적 접근, 심리사회적 접근, 생태학적 접근이 그것이다.

프로이트의 심리성적 이론

학습목표 1.8

프로이트의 인간발달에 관한 심리성적 이론을 요약하고, 이론의 한계점을 서술한다.

인간발달에 관한 최초의 과학적 이론은 지그문트 프로이트(Sigmund Freud, 1856~1939)에 의해 제안되었다. 프로이트는 19세기 후반 오스트리아 비엔나의 정신과 의사였다(Breger, 2000). 다양한 정신건강 문제로 고통을 받는 사람들을 상대하면서 프로이트는 여러 환자에게서 일관되게 나타나는 주제가 아동기에 겪은 외상경험에 있다는 결론을 내리게 되었다. 외상은 자신의 무의식에 묻히게 되고, 이후 더 이상 그것을 기억할 수 없을 때조차 계속해서 개인의 성격과 정신 기능에 영향을 준다.

이런 문제를 해결하려는 노력으로 프로이트는 **정신분석학**이라 명명한 최초 정신치료의 한 가지 방법을 개발하였다. 정신분석학의 목적은 정신분석학자에 의해 주도되는 환자의 꿈과 아동기 경험에 관해 토론함으로써 환자의 무의식에 있는 억압된 기억을 의식으로 가져오는 것이었다. 프로이트에 따르면, 억압된 기억을 단지 의식화하는 것만으로 환자를 치유하기에 충분하다는 것이다.

정신분석학자로서 프로이트의 경험은 **심리성적 이론**(psychosexual theory)의 기초였다. 그는 성적 욕구가 인간발달 기저에 깔려 있는 원동력임을 제안하였다. 성적 욕구는 프로이트가 **원초아**(id)라 칭하는 마음의 부분에서 발생하고 **쾌락 원리**에 근거하여 작동하는데, 이는 원초아가 끊임없이 즉각적이고 무제한적인 만족을 추구한다는 것을 의미한다. 그런데 초기 아동기부터 성인은 아동의 욕구 만족을 제한하고 자신의 불복종에 대해 죄책감을 느끼게 만드는 양심 또는 **초자아**(superego)가 발달하도록 가르친다. 초자아가 발달하면서 원초아와 초자아를 중재하는 **자아**(ego)도 발달한다. 자아는 **현실 원리**에 따라 작동하는데, 자아는 아동으로 하여금 초자아가 부여한 제약 안에서 만족을 추구하도록 한다.

프로이트에 따르면, 발달에서 중요한 모든 것은 성인기 전에 발생한다. 실제로 프로이트는 성격은 6세 전에 완성되는 것으로 보았다. 프로이트 이론에서 성적 욕구는 전 생애를 통해 인간발달의 원동력이 되지만, 성적 욕구의 소재는 초기 발달 과정에서 신체 부위를 중심으로 이동한다(**표 1.1** 참조). 영아기는 **구강기**로, 성적 감각이 입에 집중되어 있다. 영아는 빨기, 씹기, 깨물기로부터 쾌감을 얻는다. 다음 단계는 1세 6개월에 시작하는 **항문기**로, 성적 감각이 항문에 집중된다. 걸음마기 아이들은 배설 행위로 최대의 쾌감을 얻고 배설물에 매료된다. 3세부터 6세까지의 **남근기**는 프로이트 이론에서 가장 중요한 단계이다.

심리성적 이론 성적 욕구가 인간발달에 기저하는 원동력임을 제안하는 프로이트의 이론

표 1.1 프로이트의 심리성적 단계

연령 시기	심리성적 단계	주요 특징
영아기	구강기	성적 쾌감이 입에 집중. 빨기, 씹기, 깨물기로부터 쾌락을 얻음
걸음마기	항문기	성적 쾌감이 항문에 집중. 배설물에 높은 관심. 배설로부터 쾌락을 얻음
초기 아동기	남근기	성적 쾌감이 성기로 옮겨감. 이성 부모를 향한 성적 욕망과 동성 부모에 대한 두려움
중기 아동기	잠복기	성적 욕망이 억압. 사회적 기술과 인지적 기술을 발달시키는 데 초점
청소년기	성기기	성적 욕구의 재출현. 가족 바깥으로 관심이 향함

이 단계에서 성적 흥분은 성기에 있으며, 아동의 성적 욕구는 이성 부모에게 집중된다. 프로이트는 유명한 그리스 신화의 주인공 오이디푸스가 했던 것처럼 모든 아동은 동성 부모 대신에 이성 부모에게로 성적 접근을 즐기는 **오이디푸스 콤플렉스**를 경험한다고 제안하였다.

프로이트에 따르면, 오이디푸스 콤플렉스는 동성의 부모가 자신의 성적 욕구를 처벌할지 모른다는 두려움을 느껴 성적 욕구를 포기하고, 동성 부모와 동일시하여 그와 보다 유사하게 됨으로써 해결된다. 프로이트 이론에서는 이 단계를 거쳐 심리성적 발달의 네 번째 단계인 **잠복기**로 나아가는데, 이 단계는 약 6세부터 시작하여 사춘기까지 지속된다. 이 기간 동안 아동은 성적 욕구를 억제하며 이 욕구에서 나오는 에너지를 사회적 기술과 지적 기술을 습득하는 데 집중한다.

프로이트 이론의 마지막이자 다섯 번째 단계는 **성기기**로, 사춘기 이후에 나타난다. 성적 충동이 다시 나타나는데, 이 시기에는 초자아가 수용하는 방식으로 가족 밖에 있는 사람들에게로 향하게 된다.

오늘날의 관점에서 보면, 심리성적 이론에는 많은 문제점이 있음을 쉽게 알 수 있다(Breger, 2000). 인간발달에서 성이 중요한 부분이라는 점은 분명하지만, 인간 행동은 복잡하여 단일 동기로 환원하기 매우 어렵다. 또한 프로이트의 이론은 생의 초기 6년이 결정적으로 중요하다는 것을 강조하지만, 프로이트는 결코 아동을 연구하지 않았다. 그의 아동관은 정신분석을 받기 위해 내담한 환자들, 주로 비엔나의 상류사회 여성들의 회고에 근거하고 있다(그런데 아이러니하게도 그의 심리성적 이론은 소년의 발달을 중시하고 소녀의 발달은 무시하고 있다). 그럼에도 불구하고 프로이트의 심리성적 이론은 20세기 전반 내내 인간발달을 보는 지배적 관점이었다(Robins et al., 1999). 오늘날 인간발달을 연구하는 학자들 중에 프로이트의 심리성적 이론에 집착하는 학자는 거의 없는데, 심지어 정신분석학자들마저도 그렇다(Grunbaum, 2006).

에릭 에릭슨은 인간발달의 전생애 이론을 제안한 최초의 사람이다.

에릭슨의 심리사회적 이론

에릭슨의 인간발달에 관한 심리사회적 8단계 이론을 서술한다.

반 세기 이상 심리학계에서 프로이트의 이론이 지배적이었지만, 많은 사람들이 인간발달의 기초로서 성적 욕구를 지나치게 강조하는 것을 처음부터 반대했다. 이를 반대한 학자들 중의 한 사람이 에릭 에릭슨(Erik Erikson, 1902~1994)이다. 에릭슨은 비엔나에서 프로이트 학파에서 정신분석학자로 훈련을 받았지만, 프로이트의 심리성적 이론의 타당성에 의문을 제기하였다. 에릭슨은 프로이트 이론과

심리사회적 이론 인간발달은 사회와 문화 및 환경을 통합하고자 하는 욕구에 의해 이끌려간다는 에릭슨의 이론

두 가지 측면에서 결정적 차이가 있는 발달 이론을 제안하였다. 첫째, 에릭슨의 이론은 **심리사회적 이론**(psychosocial theory)이었는데, 이는 발달에 깔려 있는 원동력은 성이 아니라 사회와 문화 및 환경을 통합하려는 욕구라는 것이었다. 둘째, 에릭슨은 발달이 프로이트 이론에서처럼 생의 초기 몇 년간에 의해서만 결정되는 것이 아니라 전 생애에 걸쳐 계속 이루어지는 것으로 보았다.

에릭슨(Erikson, 1950)은 여덟 가지 발달 단계를 제안하였다(**그림 1.6** 참조). 각 단계는 그 단계에서 개인이 해결해야만 하는 고유한 발달적 도전 또는 위기로 규정된다. 위기의 성공적 해결은 발달의 다음 단계를 잘 나아가도록 준비하게 한다. 그리고 어느 한 단계의 위기를 잘 해결하지 못한 개인은 다음 단계의 위기도 잘 해결하지 못할 상당한 위험을 안고 다음 단계에 들어간다. 단계는 서로서로 영향을 주는데, 한 단계가 좋으면 다음 단계도 좋고, 한 단계가 나쁘면 다음 단계도 나빠진다.

생의 첫 단계인 영아기의 발달적 도전은 **신뢰 대 불신**이다. 영아가 사랑을 받고 보살핌을 받으면, 세상은 좋은 곳이고 두려워할 필요가 없다는 기본 신뢰감이 발달한다. 반대로 영아기에 사랑받지 못하면, 아동은 타인을 불신하고 삶이 좋을 것이라는 것에 회의를 갖게 된다.

두 번째 단계인 걸음마기의 발달적 도전은 **자율성 대 수치심과 회의**이다. 이 단계 동안 아동에게 자신이 타인과 구분되는 존재라는 인식이 발달한다. 아동에게 선택할 수 있는 여지를 제공하면 건강한 자율감이 발달한다. 그러나 지나친 제한이나 처벌이 있으면 아동은 수치심과 회의감을 경험하게 된다.

세 번째 단계인 초기 아동기 동안의 발달적 도전은 **주도성 대 죄책감**이다. 이 단계에서 아동은 목적 지향 방식으로 활동을 계획할 수 있다. 이런 새로운 능력이 격려받으면 주도성이 발달하지만, 격려받지 못하고 매몰차게 대우받으면 아동은 죄책감을 느낀다.

중기 아동기에서 후기 아동기까지의 네 번째 단계는 **근면성 대 열등감** 단계이다. 이 단계에서 아동은 세상으로 더 나아가게 되고, 자신이 속한 문화에서 요구하는 지식과 기술을 배우기 시작한다. 아동이 격려받고 잘 배우게 되면, 배움에 대한 열정과 자신감을 갖고 필요한 기술을 습득하는 등의 근면성이 발달한다. 반면에 요구되는 학습을 잘하지 못하는 아동은 열등감을 느끼기 십상이다.

다섯 번째 단계는 청소년기로 발달적 도전은 **정체감 형성 대 정체감 혼미**이다. 청소년은 자신이 누구인지, 자신의 책임과 의무가 무엇인지, 자신이 속한 문화에서 소속감을 갖고 있는지에 대한 인식이 있어야 한다. 이것을 성취하지 못하는 사람들에게는 정체감 혼미가 발생한다.

여섯 번째 단계인 **친밀감 대 고립**은 성인 초기에 일어난다. 이 단계에서 초기 성인에게 일반적으로 결혼이라는 친밀 관계에 관여함으로써 새롭게 정체감을 형성해야 하는 도전이 있다. 친밀 관계를 형성할 수 없거나 그렇게 하지 않으려는 사람은 고립된다.

성인 중기의 일곱 번째 단계로 **생성감 대 침체**라는 도전이 있다.

영아기 :
신뢰 대 불신
주된 발달적 도전은 신뢰하는 양육자와 연대를 형성하는 것이다.

청소년기 :
정체감 형성 대 정체감 혼미
주된 발달적 도전은 안정되고 응집력 있는 정체감을 개발하는 것이다.

걸음마기 :
자율성 대 수치심과 회의
주된 발달적 도전은 자신을 타인과 구분되도록 개발하는 것이다.

성인 초기 :
친밀감 대 고립
주된 발달적 도전은 헌신된 장기적 사랑 관계를 형성하는 것이다.

초기 아동기 :
주도성 대 죄책감
주된 발달적 도전은 목적 지향 방식으로 활동을 주도하는 것이다.

성인 중기 :
생성감 대 침체
주된 발달적 도전은 타인을 보살피고 젊은 세대의 안녕에 기여하는 것이다.

중기 아동기 :
근면성 대 열등감
주된 발달적 도전은 해당 문화의 지식과 기술을 학습하는 것이다.

성인 후기 :
자아통합감 대 절망
주된 발달적 도전은 인생을 평가하고, 있는 그대로 수용하는 것이다.

그림 1.6 에릭슨의 심리사회적 발달의 8단계

성인 중기에 생산적인 사람은 타인들에게 필요한 것을 제공하거나 보살핌을 통해 다음 세대의 웰빙에 어떻게 기여할지에 초점을 둔다. 반대로 중년기에 자신의 욕구에 초점을 맞춘 사람들은 침체 상태에 있게 된다.

성인 후기인 여덟 번째 단계에서 도전은 **자아통합감 대 절망**이다. 이 단계는 자신이 살아온 경험을 돌아보고 회고하는 단계이다. 자신이 살아온 삶에서 좋은 것과 나쁜 것 모두를 수용하고 인생을 대체로 잘 보냈다고 결론짓는 사람은 자아통합감을 갖고 있는 것으로 볼 수 있다. 반대로 이 단계에서 삶에 대한 후회와 억울함으로 가득한 사람은 절망을 경험한다.

에릭슨의 심리사회적 이론은 프로이트 이론보다 더 지지를 받아왔다. 오늘날 인간발달을 연구하는 대부분의 연구자들은 발달이 평생 지속되며, 전 생애 동안 모든 단계에서 중요한 변화가 일어난다는 것에 동의할 것이다(Baltes, 2006; Lerner, 2006; Jensen, 2015). 마찬가지로 오늘날 인간발달을 연구하는 대부분의 연구자들은 발달의 사회적·문화적 기초를 중시하는 에릭슨의 의견에 동의할 것이다. 그러나 에릭슨이 제안한 생애의 모든 단계가 타당하거나 가치가 있는 것으로 수용되지 않는다. 연구자들에게 실질적으로 관심과 주목을 받는 것은 주로 청소년기의 정체감과 성인 중기의 생성감에 대한 에릭슨의 견해이다(Clark, 2010).

비판적으로 생각하기

자신의 경험에 비추어볼 때 인간발달에 관한 프로이트와 에릭슨의 이론 중 어느 것이 더 타당하다고 생각하는가?

브론펜브레너의 생태학적 이론

브론펜브레너의 생태학적 이론의 다섯 가지 시스템을 규정하고, 단계 이론과 어떻게 다른지 설명한다.

인간발달에 관한 최근의 중요한 한 이론이 유리 브론펜브레너의 **생태학적 이론**(ecological theory)이다(Bronfenbrenner, 1980; 1998; 2000; 2005). 브론펜브레너의 이론은 인간발달 단계에 초점을 둔 프로이트와 에릭슨이 제안하는 이론과는 차이가 있다. 브론펜브레너의 이론은 사회적 환경 속에서 인간발달 형성에 영향을 주는 다중 요인에 초점을 둔다.

브론펜브레너는 발달심리학에서 직접적 환경, 특히 어머니-아동의 관계를 지나치게 강조하는 것에 대한 대안이 되는 이론을 제안하였다. 브론펜브레너는 발달에는 직접적 환경도 중요하지만 아동발달에 더 많은 것이 포함된다고 생각하였다. 브론펜브레너의 이론은 발달하면서 경험하는 보다 광범위한 문화적 환경과 개인 환경의 다양한 수준이 상호작용하는 방식에 주목하고자 제안된 것이었다. 후기 저서(Bronfenbrenner, 2000, 2005; Bronfenbrenner & Morris, 1998)에서 브론펜브레너는 그의 이론 체계에 생물학적 차원을 추가하여, 현재는 **생물생태학적 이론**으로 불리기도 한다. 그러나 그의 이론이 기여하는 고유한 측면은 발달에서 문화적 환경의 중요성을 강조한 것이다.

브론펜브레너에 따르면, 인간발달에는 다섯 가지 핵심 수준 또는 시스템이 기여한다(**그림 1.7** 참조).

1. 미시체계는 직접적 환경, 즉 사람들이 일상적 삶에서 경험하는 환경을 칭하는 브론펜브레너의 용어이다. 대부분의 문화에서 미시체계에는 부모와의 관계, 형제와의 관계, 확대가족과의 관계, 또래나 친구와의 관계, 교사와의 관계, 다른 성인(코치, 종교 지도자, 고용주 등)과의 관계가 포함된다. 브론펜브레너는 이 미시체계에서 아동이 **능동적 주체**임을 강조한다. 예를 들어, 아동은 부모로부터 영향을 받지만 아동의 행동 역시 부모에게 영향을 준다. 아동은 친구들에 의해 영향을 받지만 누구를

생태학적 이론 브론펜브레너의 이론으로, 인간발달은 사회환경 속에서 상호 연결된 다섯 가지 시스템의 의해 형성된다고 보는 이론

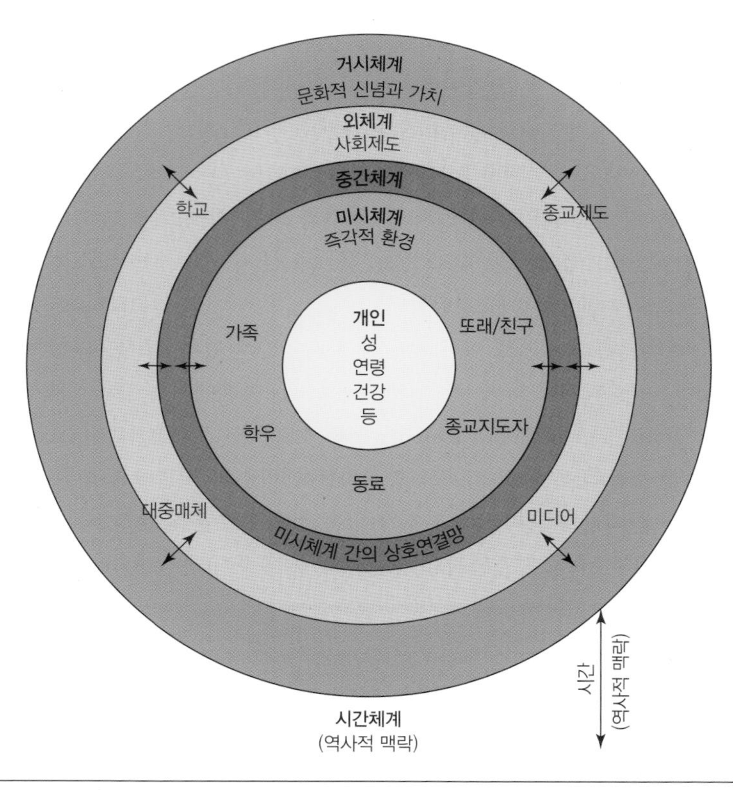

그림 1.7 브론펜브레너의 생태학적 이론의 시스템

인간발달에 관한 이 이론은 프로이트 이론과 에릭슨의 이론과 어떻게 다른가?

친구로 삼을지 선택도 한다. 미시체계는 발달심리학의 대부분의 연구에서 강조하는 부분이다. 그러나 오늘날 대부분의 발달심리학자들은 직접적 환경과 관계를 칭하는 데 미시체계보다는 **맥락**이라는 용어를 사용한다.

2. **중간체계**는 다양한 미시체계 간의 상호연결망이다. 예를 들어, 부모로부터 학대를 경험한 아동은 교사와의 관계를 형성하기 어렵다. 또는 부모의 고용주가 직장에서 더 오래 일하도록 요구하면 아동과 부모와의 관계에 영향을 받을 수 있다.
3. **외체계**는 간접적이지만 발달에 잠재적으로 중요한 영향을 미치는 사회적 제도를 칭한다. 브론펜브레너의 이론에서 이 제도에는 학교, 종교 단체, 미디어 등이 포함된다. 예를 들어, 한국 같은 아시아 국가에서는 대학에 입학하려는 경쟁이 매우 심하며, 입학은 고등학교 3학년 시절에 치르는 수능 성적에 의해 주로 좌우된다. 따라서 고등학교 시절은 극한 학업 스트레스를 받는 기간이 된다.
4. **거시체계**는 광범위한 문화적 신념과 가치 시스템, 그리고 이 신념과 가치에 근거하여 구성된 경제적 시스템과 정부 시스템을 아우르는 시스템이다. 예를 들어, 이란과 사우디아라비아 같은 나라에서는 문화적 신념과 가치가 이슬람 문화에 근거하고 있으며, 이 나라의 경제와 정부 시스템 역시 이슬람의 가르침에 근거하고 있다. 반대로 대부분의 선진국에서는 개인적 자유 가치에 대한 신념이

이란 같은 나라에서는 거시체계가 이슬람 종교에 근거하고 있는데, 이슬람 종교는 삶의 모든 영역에 영향을 준다.

자유시장 경제시스템과 대표 민주주의의 정부 시스템에 반영되어 있다.

5. 끝으로 **시간체계**는 시간에 따라 발달적 환경에서 발생하는 개인적 변화와 역사적 변화 둘 다와 관련된 변화를 지칭한다. 예를 들어, 개인적 발달과 관련하여 보면 15세 때의 실직과 45세 때의 실직은 매우 다르다. 역사적 변화와 관련해서 보면 많은 나라에서 50년 전에 비해 오늘날의 젊은 여성들에게 직업 기회가 더 많이 열려 있다.

이 책에서 강조하는 브론펜브레너의 생태학적 이론은 발달에 영향을 미치는 역사적 맥락의 중요성을 인식하고 있다. 또한 발달에서 아동과 청소년이 그저 외적 환경의 영향을 받는 수동적 존재가 아니라 능동적 주체임을 말하고 있는데, 이는 이 책 전체를 통해 강조되는 점이다.

문화-발달 모델

학습목표 1.11 이 책의 구조가 될 문화-발달 모델을 요약하고 새로운 인생 단계로 떠오르는 성인진입기 단계를 서술한다.

이 책의 구조는 에릭슨과 브론펜브레너 이론적 요소들을 통합하는 동시에 더 확장한다. 오늘날 연구자들과 이론가들 간에는 인간발달이 전 생애 동안 지속되고, 에릭슨이 제안했던 것처럼 전 생애에 걸쳐 중요한 변화가 발생한다는 것에 널리 동의하고 있다(Baltes, 2006). 또한 인간발달에서 중요한 것은 직접적 가족 환경보다는 다양한 방식으로 상호작용하는 다중 맥락이라는 브론펜브레너의 관점을 대다수가 지지한다(Lerner, 2006).

그런데 에릭슨과 브론펜브레너 모두 전 생애에 걸쳐 인간발달을 형성하는 데 문화가 핵심적으로 중요하다는 점을 충분히 인식하지는 않았다. 이 책의 틀은 인간발달에 관한 **문화-발달적 접근**이 될 것이다(Jensen, 2008; 2011; 2015). 이 접근의 핵심은 사람들은 전 생애에 걸쳐 문화적 신념, 기술, 지식을 전달하는 타인들과 지속적으로 상호작용하고 타협하고 협상하는 문화적 공동체 안에 살고 있다는 점을 인식하는 것이다. 사람들은 발달 과정에서 자신의 문화 방식을 학습하고 반응하며, 문화의 미래를 형성하는 참여자가 된다. 여러 가지 측면에서 발달의 생물학적 기초는 중요하지만, 문화는 우리가 학습하는 것, 되고자 바라는 것, 그리고 세상과의 관계에서 자신을 보는 방식을 결정한다. 문화-발달적 접근에 따르면, 인간발달을 온전하게 이해하기 위해서는 다양한 문화에 걸친 발달에 대한 연구가 필요하다. 또한 이 접근은 오늘날 세계화되고 있는 세상에서 문화적 변화가 급격하게 발생할 수 있으며, 개인이 하나 이상의 문화에 동화되는 것이 흔하지 않은 것이 아님을 강조한다.

이 책에서는 인간발달의 단계를 다음과 같이 구분할 것이다.

- 수정에서부터 출산까지의 태내발달
- 출생에서부터 12개월까지의 영아기
- 12~36개월의 생애 2, 3년차에 해당되는 걸음마기
- 3~6세의 초기 아동기
- 6~9세의 중기 아동기
- 청소년기
- 성인진입기
- 성인 초기
- 성인 중기
- 성인 후기

선진국에 사는 사람들은 종종 20대까지 계속 교육을 받는다.

성인진입기 선진국에서 새롭게 등장하는 인생 시기로, 10대 후반에서 20대까지가 해당되는데, 이 시기에 일과 사랑에서 성인의 책임을 지는 방향으로 점진적으로 나아감

앞의 용어 중 성인진입기를 제외하고 나머지는 여러분에게 친숙한 용어일 것이다. **성인진입기**(emerging adulthood)는 최근 주로 선진국에서 출현한 청소년과 성인 초기 사이에 있는 새로운 인생 단계를 지칭한다(Arnett, 2000, 2011, 2014, 2015). 성인진입기라는 새로운 단계가 등장한다는 것은 50년 전에는 10대 후기와 20대 초기에 해당되었던 그 시기가 연장되어, 최근에는 대부분의 사람들이 20대까지 계속 교육을 받은 후 20대 후기나 30대 초기가 되어서야 결혼하고 부모가 된다는 사실을 반영한다. 성인진입기는 대부분의 사람들이 아동기와 청소년기 시기처럼 부모에게 더 이상 의존하지 않으면서 동시에 성인기 삶의 구조가 되는 사랑과 일에서의 안정된 역할이 정해지지 않은 인생의 시기를 의미한다. 이 새로운 단계는 주로 선진국에 존재하는데, 그 이유는 개발도상국에서는 대부분 사람들의 경우 교육은 청소년기에 끝나고, 결혼과 부모 되기는 10대 후기나 20대 초기에 시작하기 때문이다(Arnett, 2015). 개발도상국에서도 점차 성인진입기가 일반화되고 있다(Jensen et al., 2012).

초기 발달 단계에서는 연령 범위가 구체화될 수 있다. 그러나 보다 후기 단계의 연령 범위는 다소 모호하고 가변적이다. 청소년기는 사춘기가 첫 번째 증거인데, 문화에 따라 사춘기는 9세나 10세처럼 일찍 시작될 수도 있고, 15세나 16세처럼 늦게 시작될 수 있다. 성인진입기는 일부 문화에는 있고 일부 문화에는 없다. 따라서 결혼이나 안정된 직업 같은 젊은 성인의 책임을 10대에 일찍부터 맡을 수도 있고 30대 초기처럼 늦게도 맡을 수 있다. 성인 중기와 성인 후기 또한 가변적이고 특정 문화에서 기대되는 수명에 따라 달라진다.

단계 개념은 각 연령의 고유한 특성에 주목하여 사람들이 시간에 걸쳐 어떻게 변하는지 이해하도록 돕기 때문에 인간발달을 개념화하는 유용한 방안이 된다(Arnett & Tanner, 2009). 그런데 대부분의 경우, 단계와 단계 사이에 뚜렷한 분기점이 없음을 알아야만 한다. 예를 들어, 걸음마기는 여러 가지 중요한 방식에서 초기 아동기와 다르지만, 전형적인 34개월 아동이 전형적인 37개월 아동과 뚜렷하게 다르지는 않다. 한 단계의 마지막을 나타내는 36개월과 다음 단계의 시작 사이에 획기적이거나 극적인 변화가 발생하지 않는다. 유사하게 성인 초기의 마지막과 중년기 시작을 나타내는 특정한 연령 간의 차이가 분명하게 나타나지 않는다. 따라서 일반적으로 인간발달 연구자들은 발달을 불연속적인 것이라기보다는 연속적인 것으로 간주한다(Baltes, 2006).

3절 인간발달의 연구 방법

학습목표

1.12 과학적 접근의 다섯 단계, 과학적 연구에서 가설의 의미와 기능, 표본, 절차를 생각해본다.

1.13 인간발달 연구에서 윤리적 기준을 서술한다.

1.14 인간발달 연구에 사용된 주요 방법을 서술한다.

1.15 인간발달 연구에 사용된 주요 연구 설계 유형을 서술한다.

인간발달의 연구 방법 : 과학적 접근

인간발달 분야는 과학적 연구에 근거하고 있으며, 이 책에 제시된 연구를 이해하기 위해서 과학적 절차를 수행하는 방법의 핵심 요소를 아는 것이 중요하다. 여기서는 과학적 연구 절차와 인간발달 연구에 이런 절차가 어떻게 적용되는지 살펴볼 것이다.

과학적 접근의 다섯 단계

과학적 접근의 다섯 단계, 과학적 연구에서 가설의 의미와 기능, 표본, 절차를 생각해본다.

전통적으로 **과학적 방법**(scientific method)에는 다섯 가지 기본 단계가 포함된다. (1) 연구 질문 확인, (2) 연구 가설 설정, (3) 연구 방법 선정과 연구 설계, (4) 가설 검증을 위한 자료 수집, (5) 결론 내리기와 새로운 질문과 가설 구성이 그것이다. **그림 1.8**에 이 단계들이 요약되어 있다.

1단계 : 과학적 관심을 가진 연구 질문 확인 모든 과학적 연구는 아이디어로 시작한다(Machado & Silva, 2007). 연구자는 관심을 갖고 있는 질문에 대한 답을 과학적 방법을 사용하여 확인하길 원한다. 예를 들어, 인간발달 연구에서 "모유를 먹는 영아와 우유를 먹는 영아는 신체발달과 사회성 발달에서 어떤 차이가 있는가?", "첫아이가 태어나면 젊은 부부의 결혼관계는 어떻게 변하는가?" 또는 "성인 후기에 신체건강과 정신건강을 결정하는 가장 중요한 결정 요인은 무엇인가?"와 같은 질문이 가능하다. 관련 질문은 어떤 이론이나 선행 연구에서 나오거나 연구자의 개인적 관찰 또는 경험으로부터 나온 것일 수 있다.

2단계 : 연구 가설 설정 1단계에서 만들어진 질문에 대한 답을 찾는 과정에서 연구자는 하나 이상의 가설을 제안한다. **가설**(hypothesis)이란 관련 질문에 대한 가능한 하나의 답변에 해당되는 연구자의 아이디어이다. 예를 들어, 연구자는 "막내 자녀가 집을 떠날 때 부모의 결혼만족도에 변화가 있는가?"와 같은 질문에 관심을 둘 수 있다. 그런 다음 "막내가 떠나면 부모는 부부관계에 더 많은 시간과 에너지를 갖기 때문에 결혼만족도가 증가할 것이다."라고 제안할 수 있다. 연구자는 이 가설을 검증할 수 있는 연구를 설계할 것이다. 연구 가설은 핵심적인 내용인데, 이는 표본, 연구 방법, 연구 설계, 자료 분석, 해석에 영향을 주기 때문이다.

3단계 : 연구 방법 선정과 연구 설계 가설이 만들어지면 연구자는 연구 방법과 연구 설계를 선택해야 한다(Salkind, 2011). **연구 방법**(research method)은 가설을 조사하는 접근이다. 예를 들어, 인간발달 연구에서 두 가지 일반적 연구 방법은 질문지와 면접이다. **연구 설계**(research design)는 연구에 필요한 자료를 언제 어떻게 수집하려는지에 관한 계획으로, 예를 들면, 자료를 한 시점에 수집할 것인지 아니면 여러 시점에서 수집할 것인지 결정하는 것이다. 연구 방법과 설계에 관한 보다 자세한 내용은 곧 소개할 것이다.

4단계 : 가설 검증을 위한 자료 수집 가설을 구성하고 연구 방법을 선정하고 설계를 한 후, 인간발달을 연구할 **표본**(sample)을 얻어야 한다. 표본이란 연구에 참여하는 사람 집단이다. 표본은 **모집단**(population)을 대표해야 하는데, 모집단은 표본이 나타내고자 하는 범주의 전체 사람들이다. 예를 들어, 피임에 관한 청소년의 태도를 연구하고자 한다면 청소년 전체가 모집단이며, 연구에 참여하는 특정 청소

과학적 방법 가설 구성, 연구 방법과 설계의 선택, 자료 수집과 분석, 그리고 결론 등을 통해 연구 질문을 확인하는 일련의 단계들이 포함된 과학적 고찰 과정

가설 과학적 절차에서 연구를 위해 던진 질문에 대해 가능한 하나의 답에 대한 아이디어

연구 방법 과학적 연구 과정에서 가설을 고찰하는 접근

연구 설계 한 연구에서 자료를 언제 어떻게 수집하는지에 대한 계획

표본 과학적 연구에서 자료가 수집되는 모집단의 하위 부분

모집단 연구에서 표본에 의해 대표되는 사람들의 전체 범주

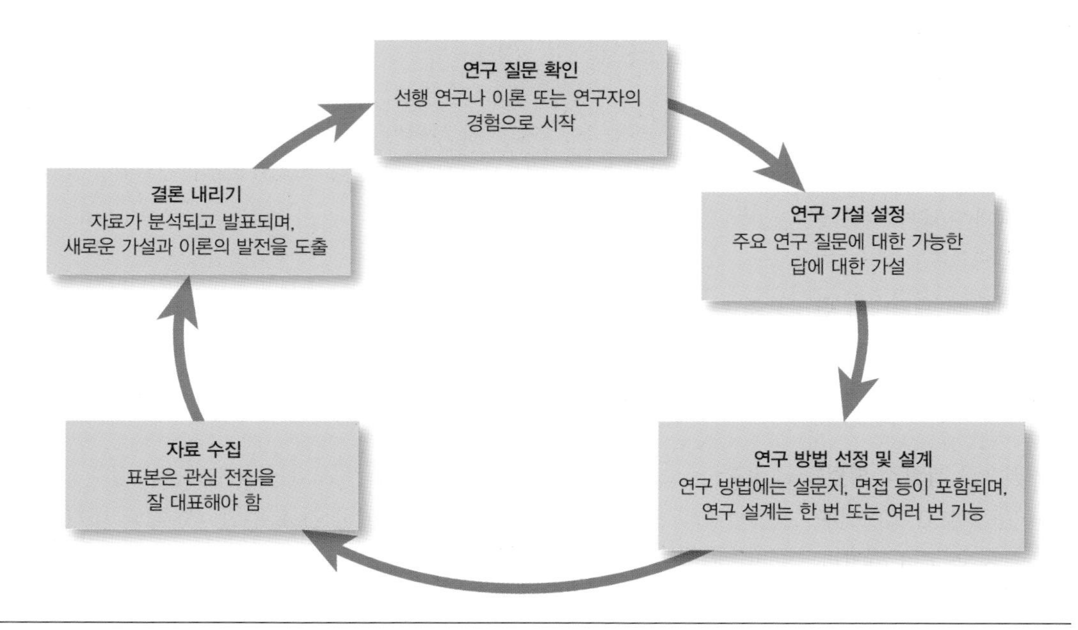

그림 1.8 과학적 방법의 단계

년이 표본이 된다.

표본 선정의 목표는 관련 모집단을 대표할 수 있는 표본을 찾는 것이다(Goodwin, 1995). 피임약 사용에 관한 청소년의 태도 연구의 예를 들자면, 피임 관련 서비스를 제공하는 클리닉 대기실은 표본을 찾는 데 좋은 장소가 아닐 것이다. 왜냐하면 피임클리닉에 온 청소년들은 보통 청소년에 비해 피임에 대해 더 우호적인 태도를 지닐 가능성이 높기 때문이다. 피임에 대해 우호적이지 않다면 청소년들이 왜 피임클리닉에 오겠는가? 관련 모집단이 보통 청소년이라면, 학교에서나 지역사회에서 무선적으로 선정된 전화조사를 통해 청소년을 표집하는 것이 더 좋을 것이다.

한편 연구자가 특별히 이미 피임약을 사용했거나 사용할 계획이 있는 청소년 모집단의 피임에 대한 태도에 관심이 있다면, 피임클리닉은 표본을 구하기에 좋은 장소가 될 것이다. 표본은 연구자가 연구하고자 하는 모집단과 연구자가 하려고 하는 질문에 따라 달라진다. 표본은 관련 모집단의 대표성을 띠어야 한다. 그렇게 되면 표본에서 얻은 결과는 모집단에 일반화될 수 있을 것이다. 달리 말하면, 표본을 통해 얻은 사실은 표본 자체에 관한 것이 아니라 그 표본이 대표하고자 했던 보다 큰 모집단에 관해 결론 내리게 하는 것이다.

연구 **절차**(procedure)란 연구가 수행되고 자료가 수집되는 방식이다. 연구 절차의 한 측면이 자료 수집의 조건이다. 연구자들은 편향되지 않은 방식으로 자료를 수집하려고 한다. 예를 들어, 연구자는 면접이나 질문에서 연구자가 바라는 반응을 유도하지 않도록 조심해야 한다. 또한 응답자들에게 응답 내용은 비밀로 보장될 것임을 확신시켜주어야 하는데, 특히 성행동이나 약물 사용과 같은 민감한 주제를 연구할 때는 더욱 그렇다.

5단계 : 결론 내리기와 새로운 질문과 가설 구성 연구 자료가 수집되면, 자료에 포함된 여러 변인 간의 관계를 검토하기 위해 통계적 분석이 이루어져야 한다. 종종 분석은 그 연구에서 도출된 가설들에 의해 결정된다. 예를 들어, 이론이나 선행 연구 결과에 근거하여 중기 아동기의 부모와의 관계를 연구하는 연구자가 이 단계의 아동은 아빠보다는 엄마와 더 가깝다고 가정할 수 있다. 그러면 연구자는 아동과 엄마와의 관계 질과, 아동과 아빠와의 관계 질을 비교하는 통계적 분석을 통해 가설을 검증할 것이다.

절차 연구가 수행되고 자료가 수집되는 방식

자료가 분석되면 해석 과정을 거친다. 예를 들어 학술지에 발표하기 위해 자신의 연구 결과에 관한 보고서를 작성할 때, 연구자들은 관련 이론과 선행 연구에 비추어 연구 결과를 해석한다. 연구에 사용된 방법을 논문에 서술한 후 연구자는 전문 학술지에 논문을 투고한다. 그러면 학술지 편집위원장은 투고 원고를 다른 연구자들에게 심사하도록 의뢰한다. 투고 원고에 **동료 심사**(peer-review)를 하게 하는 것은 과학적 정확성과 신뢰도를 위해, 그리고 그 연구가 해당 분야에 얼마나 중요하게 기여하는지를 파악하기 위해서이다. 대개 편집장은 투고 원고를 게재할지 아닐지를 결정하는데, 이는 동료 연구자들의 심사 결과에 따른다. 동료 심사위원들의 평가에 근거하여 편집장이 게재를 결정하면, 원고는 학술지에 게재된다. 연구 논문 이외에 대부분의 학술지에는 간혹 특별 이론 논문과 많은 다른 연구들에서 얻은 결과들을 통합한 개관 논문이 게재된다. 또한 인간발달을 연구하는 연구자들은 자기 연구의 결과를 책으로 발간하기도 하는데, 책은 종종 동료들의 검토를 받는다.

연구 결과는 이론 개발이나 이론의 수정의 토대가 된다. 좋은 **이론**(theory)이란 일련의 상호 연결된 아이디어를 창의적 방식으로 제시하거나 후속 연구에 영감을 주는 일종의 틀이다. 이론과 연구는 본래 서로 연결되어 있다. 어느 하나의 이론은 연구를 통해 검증할 수 있는 가설을 만든다. 그리고 연구를 통해 이론은 수정될 수 있는데, 수정된 이론은 새로운 가설과 후속 연구를 이끌어낸다. 이 책에는 별도의 이론의 장이 없다. 왜냐하면 이론과 연구는 애초에 서로 연결되어 있고 함께 제시되어야 하기 때문이다. 연구와 관련하여 매 장에 이론이 제시되는데, 이론은 구체적 연구를 생성해내고 후속 연구를 위한 질문을 제기하게 만든다.

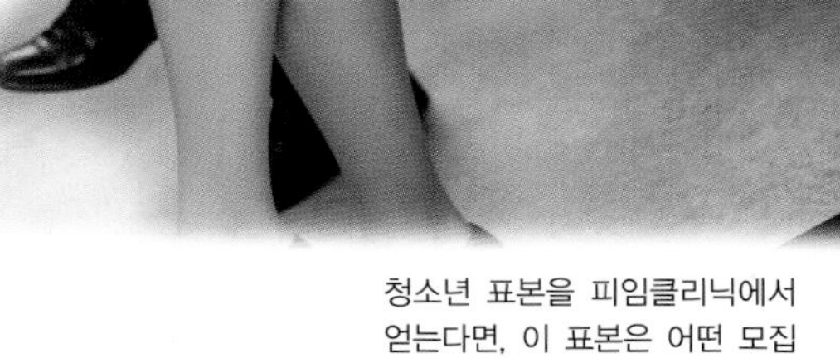

청소년 표본을 피임클리닉에서 얻는다면, 이 표본은 어떤 모집단을 대표하는가?

발달 연구의 윤리

인간발달 연구에서 윤리적 기준을 서술한다.

여러분이 언어발달에 관심을 갖는 인간발달 연구자라고 가정해보자. 그리고 부모가 걸음마기 아이에게 말한 발화량이 1년 후 아이가 사용하는 어휘 수에 영향을 줄 것이라는 가설을 설정했다. 이 가설을 토대로 연구자는 걸음마기 아이가 있는 가족 두 집단을 무선 배정하는 연구를 설계하였다. 한 집단은 부모가 걸음마기 아이에게 말을 많이 하는 집단이고, 다른 집단은 걸음마기 아이에게 말을 하지 않는 부모 집단이다. 이 연구는 윤리적으로 바르게 설계된 것인가?

이번에는 여러분이 결혼을 지속하거나 지속하지 못하게 하는 요인이 무엇인지를 알고 싶어 하는 인간발달 연구자라고 가정해보자. 30대 부부들을 실험실에 초대하여, 부부간에 서로 비밀로 하고 싶어 할 수 있는 목록을 주고 그중의 하나를 선택하여 연구자가 촬영하는 가운데 토론을 하는 상황을 제안하였다. 이 연구 설계는 윤리적인가?

또 다른 예로 여러분이 성인 후기 기억 손상을 방지할 수 있는 약물을 개발하려는 인간발달 연구자라고 가정해보자. 쥐를 대상으로 한 실험에서 그 약물은 기억을 증진시키는 효과가 있는 것으로 나타났다. 그 약물을 섭취한 후 쥐들은 이전보다 미로에서 더 성공적인 수행을 보였다. 그런데 그 약물을 섭취한 쥐들은 통제 집단의 쥐들보다 더 일찍 죽었다. 그렇다면 성인 후기 노인을 대상으로 그 약물을 먹은 집단과 그 약물을 먹지 않은 집단을 비교하는 연구를 수행하는 것이 과연 윤리적인 것일까?

앞에서 제시된 예들은 인간발달에 관한 연구 과정에서 발생하는 윤리적 이슈의 유형들이다. 윤리에 위반되는 것을 예방하기 위해 대학이나 연구 기관과 같은 연구 지원 기관들은 **연구윤리심의위원회**(IRB)의 승

동료 심사 과학 연구에서 다른 연구자들이 연구 원고를 읽고 그 원고가 출판할 만한 장점과 가치가 있는지 판단하는 시스템

이론 일련의 상호 연결된 아이디어를 독창적 방식으로 제안하고, 후속 연구에 영감을 주는 틀

사전동의 잠재적 참여자들에게 연구 참여의 목적과 일어날 수 있는 위험을 알려주고, 참여 여부에 대한 동의도 알려주는 사회과학 연구에 있는 표준 절차

인을 받은 연구계획서를 요구한다. 일반적으로 IRB 위원들은 연구 경험이 있는 사람들로 구성되어 제안된 연구가 합당한 연구 가이드라인을 따르고 있는지를 판단한다. IRB 이외에 SRCD(Society for Research on Child Development)와 같은 전문 조직은 연구자들을 위한 일련의 윤리 가이드라인을 갖고 있다.

IRB의 요구와 전문 조직의 윤리 가이드라인에는 대체로 다음의 요소가 포함되어 있다(Fisher, 2003; Rosnow & Rosenthal, 2005; Salkind, 2011).

1. **신체적 손상과 심리적 손상이 일어나지 않도록 보호하기** 인간발달 연구에서 가장 중요하게 고려해야 할 사항은 연구에 참여하는 사람들이 연구로 인해 해를 입지 않아야 한다는 것이다.
2. **연구 참여 전 사전 동의 받기** 인간발달 연구에서 기본적으로 요구하는 것은 **사전 동의**(informed consent)이다. 모든 과학적 연구에 참여하는 사람들에게는 연구 참여 전에 **동의서**를 제공해야 한다. 전형적으로 동의서에는 연구자가 누구인지, 연구의 목적이 무엇인지, 연구에서 참여자가 할 일이 무엇인지, 연구 참여 시 일어날 수 있는 위험이 있는지, 연구 참여에 대한 대가로 참여자가 무엇을 받는지 등에 관한 정보가 포함된다. 또한 일반적으로 동의서에는 연구자가 연구에 자발적으로 참여한다는 것과 연구 참여 중 언제라도 그만둘 수 있다는 진술이 포함된다. 18세 이하 참여자에게는 대체로 연구 절차의 일부로 부모의 동의가 요구된다.
3. **비밀 보장** 연구자에게는 인간발달 연구에 참여한 사람들이 제공한 모든 정보에 대해 비밀을 보장해야 하는 윤리적 과정이 요구된다. 이는 참여자에 관한 정보를 연구 집단 이외의 외부 어느 누구와도 공유하지 않으며, 연구 결과에 참여자의 이름을 밝히지 않을 것임을 의미한다.
4. **속임수와 해명** 가끔 인간발달 연구에서 속임수를 사용할 수 있다. 예를 들어, 연구 목적이 아동이 게임에 질 때 어떤 반응을 보이는지를 알기 위해 아동들에게 게임을 하게 하되 그 게임에서 지도록 만드는 연구를 할 수 있다. IRB는 연구자에게 제안된 연구의 속임수가 아동에게 해를 끼치지 않음을 보여주어야 한다. 또한 윤리적 가이드라인은 속임을 당한 연구 참여자들에게는 **해명**할 것을 요구하는데, 이는 연구자는 연구 참여자들에게 연구 참여 후 연구의 진짜 목적과 속임수를 사용해야만 하는 이유를 설명해야 한다는 것이다.

비판적으로 사고하기

여기서 언급된 세 가지 가상 연구 중 여러분은 어느 연구가 IRB의 승인을 받고, 어느 연구가 승인을 받지 못할 것이라고 생각하는가?

인간발달의 연구 방법 : 연구 방법과 설계

모든 인간발달 연구자들은 연구 시 과학적 방법을 따르지만, 연구 질문을 고찰하는 방식에는 차이점이 존재한다. 연구에서 사용되는 방법과 설계는 다양하다.

연구 방법

인간발달 연구에서 사용된 주된 방법을 서술한다.

연구자들은 심리학, 사회학, 인류학, 교육학, 사회사업, 가족학, 의학 등 다양한 학문 분야에서 인간발달

을 연구한다. 연구자들은 다양한 방법으로 연구를 진행하는데, 각 방법은 장점과 단점을 모두 갖고 있다. 우리는 주요 연구 방법을 살펴보고 모든 연구 방법에서 중요한 신뢰도와 타당도에 대해 살펴볼 것이다.

양적 자료 수적 형태로 수집된 자료

질적 자료 수적 형태가 아닌 자료

질문지 사회과학 연구에서 가장 널리 사용되는 방법은 질문지이다(Salkind, 2011). 일반적으로 질문지는 **폐쇄형 질문**으로 구성되어 있는데, 이는 응답자에게 주어진 문항에 특정 반응을 선택하도록 하는 형태이다(Shaughnessy et al., 2011). 가끔 **개방형 질문**으로 구성되어 있는데, 이는 응답자가 특정 질문에 따라 자신의 반응을 적도록 하는 것이다. 폐쇄형 질문의 한 가지 장점은 비교적 짧은 시간에 많은 사람들로부터 반응을 수집하고 분석할 수 있다는 것이다. 모든 사람이 동일한 반응 선택지가 있는 동일한 질문에 응답한다. 이런 이유로 폐쇄형 질문은 대규모 조사에서 사용되어왔다.

질문지가 인간발달 연구에서 가장 많이 사용되는 방법이지만, 질문지 사용에는 한계가 있다(Arnett, 2005). 폐쇄형 질문은 응답 가능한 반응 범위가 이미 규정되어 있어 응답자는 주어진 반응들 중에 선택해야만 한다. 연구자는 가장 그럴듯하고 가능성이 가장 높은 반응을 반영하려고 노력하지만, 간단한 몇 개의 선택지 안에 인간 경험의 깊이와 다양성을 구현해낸다는 것은 불가능하다. 예를 들어, "당신은 배우자와 얼마나 가깝습니까?"와 같은 질문에, '(1) 매우 가깝다, (2) 조금 가깝다, (3) 조금 가깝지 않다, (4) 전혀 가깝지 않다'가 있다면, '매우 가깝다'를 선택한 사람은 '전혀 가깝지 않다'로 응답한 사람보다 실제로 배우자와 더 가까운 것이 사실일 것이다. 그러나 이것만으로는 결혼관계의 복잡성을 모두 담아낼 수는 없을 것이다.

면접 면접은 일반적으로 질문지로 부족한 개별성과 복잡성을 제공하기 위해 사용된다. 면접을 통해 연구자는 사람들이 자신의 말로 자신의 삶을 고유하고 풍부한 내용으로 서술하는 것을 들을 수 있다. 또한 면접은 연구자가 전체로서의 개인을 알고 개인의 삶의 다양한 부분들이 어떻게 서로 연결되어 있는지를 파악하게 한다. 예를 들어, 청소년의 가족관계에 대한 면접은 청소년과 어머니와의 관계가 청소년과 아버지와의 관계에 의해 어떤 영향을 받을 수 있는지, 그리고 전체 가족이 특정 사건(예 : 가족 구성원의 실업, 심리적 문제, 건강 문제, 약물 남용 등)에 의해 어떤 영향을 받을 수 있는지 밝힐 수 있다.

면접은 질문지 자료와 같은 **양적 자료**(quantitative data)와 대조적인 **질적 자료**(qualitative data)를 제공하는데, 질적 자료는 흥미로우며 많은 정보를 제공한다(질적 자료는 비수치적이며, 면접 자료뿐만 아니라 서술적 관찰, 비디오 기록 또는 사진과 같은 또 다른 비수치 방법도 포함된다). 그런데 질문지와 마찬가지로 면접에도 한계가 있다(Shaughnessy et al., 2011). 면접은 질문지처럼 구체적 반응 범위를 제한하지 않기 때문에, 어떤 기준에 따라 반응이 분류되어야 한다. 예를 들어, 만약 여러분이 성인진입기에 있는 사람들에게 "성인이 되는 기준이 무엇이라고 생각하는가?"란 질문으로 면접한다면, 엄청나게 다양한 반응을 얻을 수 있을 것이다. 그런데 얻은 자료를 의미 있게 만들고, 과학적 형태로 제시하려면, 얻은 반응들을 일정한 분류(예 : 법적 표식, 생물학적 표식, 성격 특성 등)에 따라 부호화해야 할

관찰은 자기보고와 달리 행동을 직접 평가할 수 있다. 여기서는 영아의 인지발달이 측정되고 있다.

문화기술적 연구 연구 대상이 되는 사람들 사이에서 많은 시간을 보내는 연구 방법

것이다. 이런 식으로 해야만 자신이 얻은 표본에서 나온 반응 유형에 관해 무언가를 말할 수 있게 될 것이다. 면접 자료를 분류하는 데에는 시간, 노력, 비용이 든다. 이것이 면접보다 질문지를 사용한 연구를 더 많이 수행하는 이유가 된다.

관찰 연구자가 인간발달에 관해 알 수 있는 또 다른 방식은 **관찰**을 통해서이다. 이 방법을 사용한 연구는 사람들을 관찰하고 그들의 행동을 비디오나 수작업으로 기록하는 것이 포함된다. 일부 연구에서는 관찰이 일상생활에서 이루어진다. 예를 들어, 아동의 공격 행동에 관한 연구가 학교 운동장에서 수행될 수 있다. 다른 연구에서는 실험실에서 관찰이 일어난다. 예를 들어, 어린 영아와 엄마와의 애착에 관한 많은 실험실 연구는 부모가 실험실을 잠깐 떠난 후, 부모가 없는 동안 그리고 부모가 돌아왔을 때 영아의 행동을 관찰하는 상황에서 진행된다. 일상생활이든 실험실이든 관찰이 끝나면 그 자료는 기록되고 분석된다.

관찰법은 행동에 대한 자기보고가 아니라 실제 행동이 포함된다는 점에서 질문지와 면접에 비해 장점이 있다. 관찰법의 단점은 관찰당하고 있는 사람들이 관찰자가 있음을 알고 있고, 이런 자각이 정상적 조건하에서와 다르게 행동할 수 있게 만든다는 점이다. 예를 들어, 자신의 아이와 실험실 상황에 있는 부모는 집에서 아이에게 하는 것보다 더 좋게 대할 수 있다.

문화기술적 연구 연구자들은 **문화기술적 연구**(ethnographic research)를 통해 인간발달을 연구해왔다(Jessor et al., 1996). 이 방법을 사용하여 연구자는 상당한 시간을 자신이 연구하고 싶은 사람들을 연구하는 일에 사용하는데, 종종 그들과 실제로 함께 살기도 한다. 전형적으로 문화기술적 연구에서 얻은 정보는 연구하려는 사람들에 대한 연구자의 관찰, 경험, 그리고 비형식적 대화로부터 나온다. 문화기술적 연구는 인류학자들이 흔히 사용하는 것으로, 주로 비서구적 문화 연구에 사용된다. 일반적으로 인류학자들은 문화기술지에 연구 결과를 보고하는데, **문화기술지**는 인류학자가 특정 문화의 삶이 어떤지에 관한 관찰을 보여주는 책이다. 문화기술적 연구는 고유한 한 문화의 특정 측면을 연구하려는 요즈음의 사회과학자들이 사용하기도 한다(예 : Douglass, 2005).

문화기술적 연구의 주된 장점은 연구자에게 일상생활에서 사람들이 어떻게 행동하는지를 알려준다는 것이다. 다른 방법들은 사람들의 삶의 한 측면이나 삶의 요약을 포착하는 반면, 문화기술적 방법은 일상적 경험의 전체에 대한 통찰을 제공해준다. 문화기술적 연구의 주된 단점은 시간이 많이 들고, 연구자가 많은 헌신과 희생을 해야 한다는 것이다. 이는 연구자들이 알고자 하는 사람들 속에 살기 위해서는 몇 주에서부터 몇 년간에 걸쳐 상당 기간 자신의 삶을 포기해야만 한다는 의미이다. 또한 문화기술적 연구자들은 연구 대상이 되는 사람들과의 관계를 형성할 가능성이 높기 때문에 결과 해석이 편향적으로 될 수 있다는 단점도 있다.

문화기술적 연구에서는 해당 문화 속에서 사람들과 함께 산다. 여기서는 유명한 인류학자 마거릿 미드가 파푸아뉴기니 마누스 문화 속에 사는 한 어머니와 이야기하고 있다.

사례 연구 사례 연구법은 한 사람이나 소수의 사람들의 삶을 아주 자세하게 고찰한다. 이 방법에 대한 보다 자세한 것은 다음의 유명한 사례 연구에서 살펴볼 것이다(**연구 초점 : 다윈의 일기, 사례 연구** 참조).

생물학적 측정 생물학적 변화는 인간발달의 핵심 부

분이다. 따라서 호르몬 기능, 뇌 기능, 발달의 유전적 기초와 같은 영역에서 생물학적 지표들이 연구에 포함될 수 있다. 이런 유형의 연구에서는 호르몬 수준과 같은 생물학적 특성을 측정하고, 이 결과를 공격 행동에 관한 질문지처럼 다른 방법을 사용한 자료와 연결시킨다. 종종 뇌 기능에 관한 연구는 음악을 듣거나 수학 문제를 푸는 것처럼 상이한 행동을 하는 동안 뇌의 활동을 측정한다. 유전에 관한 연구에서는 점차 유전자의 구조를 직접 연구하는 방향으로 나아가고 있다.

생물학적 방법은 인간 기능의 많은 측면을 정확하게 측정한다는 장점이 있다. 이 방법을 통해 연구자들은 발달의 생물학적 측면들이 인지적·사회적·정서적 기능과 어떻게 연결되는지에 관한 지식을 얻는다. 그런데 생물학적 방법은 값비싼 실험 장치에 의존하는 경향이 있다. 또한 생물학적 측정은 정확하지만, 종종 이 지표들과 다른 측면의 기능과의 관계는 정확하지 않다. 예를 들어, 특정 호르몬 수준과 공격 행동이 정적 관계를 보이면, 그 호르몬이 공격 행동을 유발할 수도 있고 아니면 공격 행동이 호르몬 수준을 높일 수도 있다. 뇌 연구 방법에서는 뇌의 전기 활동을 탐지하거나 다양한 활동을 수행하는 동안의 뇌 이미지 기록 자료를 얻지만, 그런 자료를 해석하는 것은 어려울 수 있다(Gergen, 2011).

실험 연구 특정 처치를 받은 실험 집단과 처치를 받지 않은 통제 집단을 비교하는 연구 방법

독립변인 실험에서 통제 집단과 다르게 실험 집단에 가해지는 변인

종속변인 실험에서 실험 집단과 통제 집단을 비교하는, 실험 결과를 알아내기 위해 측정되는 성과

개입 개인의 태도와 행동을 변화시키고자 구성된 프로그램

실험 연구 많은 과학적 연구에서 사용되는 한 접근은 **실험 연구**(experimental research method)이다. 이 설계의 가장 단순한 형태는 연구에 참여하는 대상자들이 특정 처치를 받는 **실험 집단** 또는 처치를 받지 않는 **통제 집단** 중 하나에 무선적으로 배정되는 것이다(Goodwin, 2009). 연구 참여자들이 실험 집단이나 통제 집단에 무선적으로 배정되기 때문에 이 두 집단이 실험 전에는 다르지 않음을 가정하는 것이 합리적이다.

실험에는 독립변인과 종속변인이 있다. **독립변인**(independent variable)은 통제 집단과 실험 집단을 다르게 대하는 변인이다. **종속변인**(dependent variable)은 실험의 결과를 산출하기 위해 측정된 성과이다. 예를 들어, 유명한 고전적 연구인 알버트 반두라와 동료들(Bandura et al., 1961)이 수행한 실험에서, 실험 집단에 속한 아동은 성인이 보보 인형에게 공격 행동을 보이는 동영상을 보았고, 통제 집단에 속한 아동은 성인이 보보 인형에게 공격행동을 보이지 않는 동영상을 보았다. 독립변인은 각 집단에 속한 아동들이 본 동영상의 내용이었다. 이후 놀이 상황에서 실험 집단에 속한 아동들은 통제 집단에 속한 아동보다 보보 인형에 더 공격적인 것으로 나타났다.

실험 연구에서 널리 사용되는 인간발달의 영역으로는 **개입**(intervention)이 있다. 개입은 연구 참여자의 태도나 행동을 바꾸고자 하는 목적을 지닌 프로그램이다. 예를 들어, 담배 광고에 대해 비판적 생각을 하도록 하거나 흡연을 또래 인정과 연계시키는 태도를 바꾸도록 시도함으로써 청소년들이 흡연을 시작하지 않도록 하는 다양한 프로그램이 개발될 수 있다(예 : Hor et al., 2005). 이런 연구에 참여하는 청소년은 개입을 받는 집단이나 개입이 없는 통제 집단 중 어느 한쪽에 무선적으로 할당된다. 개입 이후 두 집단 간의 흡연에 대한 태도와 행동이 평가된다. 개입이 원활하게 작동되었다면 실험 집단의 태도와 행동이 통제 집단의 태도와 행동에 비해 흡연에 대해 덜 우호적인 방향으로 되어야만 한다.

실험 연구의 장점은 연구자가 연구 참여자의 행동을 많이 통제할 수 있게 해준다는 것이다. 연구자는 자연스럽게 발생하는 행동을 탐지하기보다는 사람들을 실험 집단과 통제 집단에 할당함으로써 행동의 일반적 양상을 변화시키고자 한다. 이 방법은 일상적 삶에서가 아니라 실험적 조작을 통해 그 효과를 보다

개입 프로그램은 일종의 실험 연구이다. 여기서는 청소년들이 약물 사용 반대 프로그램에 참여하고 있다.

연구 초점 : 다윈의 일기, 사례 연구

사례 연구는 한 개인이나 소수의 사람들의 삶을 자세하게 탐구한다. 사례 연구의 장점은 한 사람이나 소수의 사람들을 기술할 때 자세하고 풍요롭게 서술한다는 것이다. 단점은 한 사람이나 소수의 사람들의 경험에 근거한 것을 더 많은 사람들에게 일반화하는 것이 어렵다는 점이다.

인간발달 연구의 역사에서 가장 영향력 있는 연구는 사례 연구들이다. 예를 들어, 장 피아제의 인지발달에 관한 아이디어는 자신의 세 아이에 대한 섬세한 관찰에 토대를 두고 있다. 또한 찰스 다윈도 그의 아들 도디의 생애 초기 몇 년간에 관한 집중적인 사례 연구를 기록하였다.

다윈은 1859년에 발간된 '종의 기원'이란 책으로 가장 잘 알려져 있는데, 이 책에는 그의 진화론이 제시되어 있으며, 자연과의 관계에서 인간이 자신을 보는 시각을 극적으로 바꾸어놓았다. 그런데 '종의 기원'이 발간되기 20년 전에 다윈은 색다른 프로젝트를 시작하였다.

다윈은 자신의 첫째 아이 도디의 발달에 관해 일기를 적기로 하였다. 이미 다윈은 동물의 종들이 서로 어떻게 그리고 왜 다른지에 집중적인 관심을 갖고 있었다. 도디의 발달에 관해 주의 깊게 기록함으로써 다윈은 다음과 같은 질문에 답변할 수 있는 증거를 발견하고자 바랐다. "무엇이 타고난 것이고 무엇이 학습되는 것인가?", "생후 1년 동안 어떤 기술이 나타나는가?", "인간의 아이와 다른 영장류는 어떻게 다른가?"

일기에서 다윈은 도디의 인지발달, 언어발달, 사회성 발달, 도덕성 발달에 관한 관찰과 통찰을 기록하였다.

도디의 인지발달을 관찰하면서 다윈은 생후 4개월경에 도디가 처음으로 단순한 행동을 협응할 수 있다는 것을 알게 되었다.

> 도디는 내 손가락을 잡아 자신의 입으로 가져갔다. 그리고 그런 방식으로 있는 자신의 손 탓에 평소처럼 자신의 손을 원 위치로 돌리지 못했다. 그러자 손을 놓았다. 그래서 내 손이 입으로 들어갔다. 이것은 우연이 아니다. 일종의 추론이다. (p. 12)

이런 식으로 행동을 협응하기 시작한다는 것은 심리학자들에 의해 초기 인지발달의 중요한 표식으로 간주된다.

사회성 발달과 관련하여, 이후의 연구자들이 그랬듯이 다윈은 도디의 첫 번째 미소가 의사소통이라기보다는 내적 상태의 표현이라는 것을 관찰하였다. "5주 이하의 어린 영아의 경우에는 웃지만 그것이 반드시 즐거워서 웃는 것은 아닐 수 있다"(p. 3). 이후 몇 개월에 걸쳐 다윈은 미소가 내적 감정의 표현에서 타인을 향한 사회적 행위로 어떻게 변하는지 기록하였다.

또한 다윈은 도디의 공격 행동에 주목하였다. 도디가 13개월이었을 때, 간호사가 자신의 케이크 한 조각을 가져가려고 하자 도디는 다음과 같이 화를 냈다. "도디는 간호사의 얼굴을 때리려고 했다. 얼굴이 빨개지고 고함지르며 머리를 흔들었다"(p. 29). 도디는 신체적 처벌을 받은 적이 없었기 때문에, 다윈은 이런 공격 행위가 학습된 것이라기보다는 본능적임에 틀림없다고 결론 내렸다.

오늘날 사례 연구는 가끔 특이한 사례를 기술하거나 정신건강 이슈의 특성을 특별히 생생하게 드러내는 정신건강 연구에 사용된다. 또한 개인의 삶 전체의 모습을 제공하는 방식으로서 다른 방법들과 조합해서 사용된다.

복습문제

1. 다음 중 다윈이 아들 도디의 발달 일기를 기술한 목적은 무엇인가?
   a. 아이가 모유 수유와 분유 수유 중 어느 것을 더 좋아하는지 알아보기 위해
   b. 아이가 반려동물에 어떻게 반응하는지 알아보기 위해
   c. 무엇이 본능이고 무엇이 학습된 것인지 알아보기 위해
   d. 우는 아이를 어떻게 달래야 할지 부모에게 가이드라인을 주기 위해

2. 다윈의 일기에 따르면, 도디가 13개월에 생생하게 보여준 정서는 어떤 것인가?
   a. 분노
   b. 슬픔
   c. 호기심
   d. 공포

명확하고 분명하게 측정하도록 해준다. 실험 연구의 단점은 장점의 반대 측면이 된다. 연구 참여자의 행동은 실험적 조작을 통해 변경되었기 때문에 그 결과가 일상적 삶에 적용될 것이라고 말하기 어렵다.

자연 실험 **자연 실험**(natural experiment)은 자연적으로 존재하는 상황이다. 달리 말하면, 연구자는 상황을 통제하지 않지만 통찰력 있는 관찰자에게는 흥미로운 과학적 정보를 제공한다(Goodwin, 2009). 인간발달 연구에서 자주 사용되는 한 가지 자연 실험은 입양이다. 대부분 가정과 달리 입양가정의 아동은 유전적 관련이 없는 성인에 의해 양육된다. 입양의 경우 아동에게 유전자를 제공한 부모도 있고, 아동에게 환경을 제공하는 부모도 있으므로, 아동발달에 기여하는 유전자와 환경의 상대적 기여를 고찰하는 것이 가능하다. 부모와 아동이 유전적으로 무관하므로, 입양한 부모와 입양된 아동 간의 유사성은 입양 부모가 제공하는 환경 탓이라 할 수 있다. 반대로 입양 아동이 성장한 환경은 생물학적 부모가 제공하지 않았기 때문에, 입양 아동과 생물학적 부모와의 유사성은 유전자 탓이라 할 수 있다.

자연 실험 자연적으로 존재하지만 흥미로운 과학적 정보를 제공하는 상황

신뢰도 과학적 연구에서 서로 다른 여러 시기에 걸친 측정의 일관성

타당도 과학적 연구에서, 연구 방법이 측정하고자 하는 것을 측정하는 정도

표 1.2 연구 방법 : 장점과 단점

방법	장점	단점
질문지	대규모 표본, 자료 수집의 신속성	사전 반응 선정, 깊이 없음
면접	개별성과 복잡성	코딩하는 데 시간과 노력 필요
관찰	실제 행동, 자기 보고가 아님	관찰이 행동에 영향을 줄 수 있음
문화기술적 연구	일상적 삶의 전체를 망라함	연구자가 참여자와 함께 살아야 함, 편파 가능
사례 연구	풍요롭고 자세한 자료	결과 일반화의 어려움
생물학적 측정	정확한 자료	고비용, 행동 간의 관계가 분명하지 않음
실험 연구	통제, 원인과 효과 확인	실생활을 반영하지 못할 수 있음
자연 실험	유전-환경 관계를 밝힘	특이 환경, 희귀성

자연 실험은 유전과 환경 간에 특별한 통찰을 제공하는 장점이 있다. 그런데 단점도 있다. 아동을 입양한 가정은 무선적으로 선정된 것이 아니라 스스로 원한 자원자이며, 다양한 선정 절차를 거쳐 통과된 것이다. 따라서 입양 연구 결과는 생물학적 가정에 일반화하기 어렵다. 또한 자연 실험은 드물게 발생하고 예측하기 어려운 경향이 있다. 따라서 자연 실험 연구는 제한된 질문에만 답을 제공할 수 있을 것이다.

신뢰도와 타당도 과학적 연구에서는 연구 방법이 **신뢰도**와 **타당도**를 지니는 것이 중요하다. **신뢰도**(reliability)는 측정의 일관성을 의미한다(Salkind, 2011). 신뢰도의 유형은 다양하지만, 일반적으로 어떤 방법이 여러 상황에서 유사한 결과를 얻는다면 그 방법은 신뢰도가 높다고 할 수 있다. 예를 들어, 고등학교 2~3학년 여학생들에게 첫 생리가 언제였는지 질문한다면, 어느 한 시점에 응답한 대부분의 여학생들이 6개월 이후 동일한 질문을 받았을 때도 동일한 대답을 한다면 그 질문지는 신뢰성이 있다고 간주한다. 성인 후기에 손자와의 관계 질에 관해 면접을 받은 노인이 서로 다른 2명의 면접원에게 동일한 답변을 했다면 그 측정치는 신뢰할 수 있는 것이 될 것이다(Goodwin, 1995).

타당도(validity)는 방법의 진실성이다(Shaughnessy et al., 2011). 어떤 방법이 측정하고자 하는 것을 측정하면 그 방법은 타당한 것이다. 예를 들어, IQ 검사는 지적 능력을 측정하게 되어 있는데, 이 주장은 논란의 여지가 있다(제7장 참조). 그 논란은 IQ 검사가 타당하지 않다는 것이다(예 : 지능검사가 측정하고자 하는 것을 측정하지 않는다). 어떤 방법이 신뢰할 수 있다고 해서 반드시 타당한 것은 아님을 주목해야 한다. 일반적으로 서로 다른 시기에 측정한 IQ 검사가 유사한 결과를 보이면 IQ 검사가 신뢰할 만하다고 동의하지만, 검사의 타당성은 논란이 될 수 있다. 일반적으로 타당도는 신뢰도에 비해 확립하기가 더 어렵다. 이 책 전체를 통해 신뢰도와 타당도 문제를 다룰 것이다.

표 1.2를 보면, 각 연구 방법의 장단점이 나열되어 있다.

연구 설계

인간발달 연구에 사용된 주요 연구 설계 유형을 서술한다.

연구 방법을 선정하는 것에 덧붙여 연구자들은 자신의 연구에 대한 설계도 선정해야만 한다. 인간발달에 관한 연구에서 사용되는 일반적 연구 설계에는 횡단 설계와 종단 설계가 포함된다(**표 1.3** 참조).

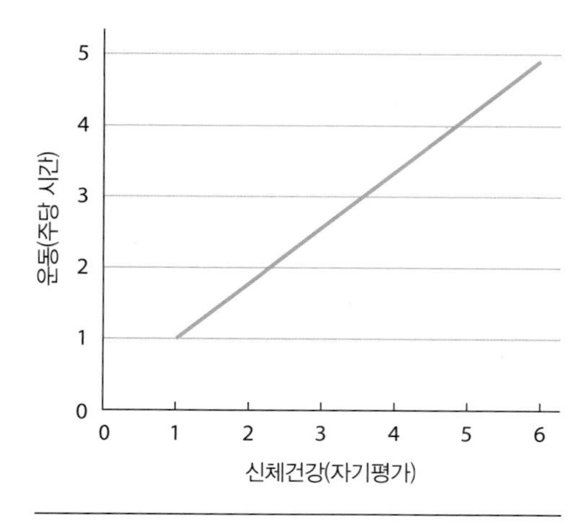

그림 1.9 **신체건강과 운동은 상관이 있지만, 어느 쪽이 다른 쪽의 원인이 되는가?**

횡단 연구 **횡단 연구**(cross-sectional research)는 인간발달 연구에서 가장 흔한 연구 설계 유형이다. 횡단 연구는 자료가 한 시점에서 수집된다(Goodwin, 2009). 연구자는 연구 가설에 근거하여 자료에 있는 변인들 간의 잠정 관계를 고찰한다. 예를 들어, 운동이 신체건강을 증진한다는 가설에 근거하여 연구자들은 성인 중기의 사람들에게 자신의 신체적 건강 상태와 운동을 얼마나 많이 하는지를 보고하는 질문지에 응답하도록 요청할 수 있다. 그다음 연구자들은 운동량이 신체건강과 관련되는지를 알아보기 위해 자료를 분석한다(이 관계의 가상적 예는 **그림 1.9** 참조).

횡단 연구는 장점과 단점이 모두 있다. 주된 장점은 적은 비용으로 빨리 완성될 수 있다는 것이다. 자료 수집이 한 번 만에 이루어져 연구가 끝난다. 이런 단순함이 연구자들이 횡단 연구를 널리 사용하는 이유이다.

그런데 횡단 연구 설계에 단점이 있다. 가장 중요한 것은 횡단 연구는 변인 간의 상관을 얻는다는 것인데, 상관은 해석하기 어려울 수 있다. **상관**(correlation)이란 두 변인 간의 통계적 관계로, 변인 중의 하나로 다른 하나를 예측할 수 있다. **정적 상관**은 한 변인이 증가하거나 감소하면 다른 변인도 같은 방향으로 변한다는 것을 의미한다. **부적 상관**은 한 변인이 증가하면 다른 변인은 감소한다는 의미이다. 조금 전의 예에서, 연구자는 운동과 신체건강 간의 정적 상관을 발견할 수 있다. 그런데 이것은 운동이 신체건강을 유발하거나 아니면 신체가 건강한 사람이 운동을 더 많이 할 수 있다는 의미도 되지 않는가? 횡단 연구만으로는 이를 구별할 방법이 없다.

상관이 인과관계를 내포하지 않는다는 것은 과학적 연구의 기본 통계 원리인데, 이는 두 변인이 상관이 있을 때 어느 한 변인이 다른 변인의 원인이 되는지 아닌지를 구분하는 것이 가능하지 않다는 것을 뜻한다. 그럼에도 불구하고 인간발달 연구에서 이 원리는 자주 간과되고 있다. 예를 들어, 부모 행동과 자녀의 기능 간에 상관이 있음을 보여주는 수백 개의 연구가 있다. 그런데 종종 이 상관이 부모의 행동이 자녀를 특정 방식으로 기능하게 하는 원인이 된다는 식의 인과적 관계로 해석되고 있다(Pinker, 2002). 아동의 성격이 부모를 특정 방식으로 행동하게 만들 수도 있고 아니면 부모와 아동 행동 둘 다가 사회경제적 수준이나 문화적 맥락과 같은 제3의 변인 탓에 의한 것일 수도 있다. 이런 주제와 **상관 대 인과**의 문제는 나중에 살펴보게 될 것이다.

횡단 연구 한번에 다양한 연령의 자료를 수집하는 연구 설계

상관 하나의 변인이 다른 변인을 예측할 수 있다는 것을 알 수 있는 두 변인 간의 통계적 관계

종단 연구 시간에 걸쳐 동일한 사람을 대상으로 두 번 이상 자료를 수집하는 연구 설계

종단 연구 횡단 연구의 한계로 인해 일부 연구자들은 **종단 연구**(longitudinal research) 설계를 사용하는데, 동일한 사람을 여러 시간에 걸쳐 추적하여 2개 이상의 시점에서 자료를 얻는다. 종단 연구 설계의 기간은 매우 다양하여 몇 주, 몇 달에서부터 수년간 또는 수십 년이 될 수 있다. 대부분의 종단 연구들은 1년 내외의 비교적 짧은 기간에 이루어지지만, 일부 연구는 영아기에서 노년기까지 전 생애에 걸쳐 표본을 추적한다(예 : Frieman & Martin, 2011).

종단 연구 설계의 최대 장점은 인간발달 연구자들에게 "시간의 흐름에 따라 사람들은 어떻게 변하는가?"란 인간발달 연구의 핵심 질문들을 고찰할 수 있도록 해준다는 것이다. 더욱이 종단 연구 설계는 연

표 1.3 **연구 설계 : 장점과 단점**

방법	정의	장점	단점
횡단 연구	어느 한 시점에 자료 수집	신속함과 저렴한 비용	상관 해석의 어려움
종단 연구	둘 이상의 시점에서 자료 수집	시간에 걸친 변화 탐지	시간, 비용, 탈락

구자들이 던지는 상관 대 인과 질문에 더 좋은 통찰을 얻게 해준다. 예를 들어, 성인 초기, 성인 중기, 성인 후기 사람들에 관한 횡단 연구에서 연령과 종교성 간의 상관이 얻어졌다고 가정해보자. 즉 나이가 들수록 자신들이 더 종교성이 높다고 보고한다(이 유형의 가상적 예는 **그림 1.10** 참조). 이것이 연령이 높아질수록 사람들을 더 종교인으로 만든다는 의미가 되는가? 횡단 연구에서는 그렇게 말하기가 어렵다. 그것은 세월이 흐르면서 문화가 바뀌면서 나이 든 사람들이 젊은이들보다 더 종교적인 시대에서 성장했을 수 있다. 이런 연령 차이를 **동시대 집단 효과**(cohort effect)라 부른다. 서로 다른 연령의 사람들이 다른 것은 서로 다른 동시대나 역사적 시기에 성장했기 때문이다. 그런데 종단 연구 설계를 사용하여 성인 초기부터 후기까지 추적한다면, 그들이 나이가 들면서 더 종교적으로 되었는지 살펴볼 수 있을 것이다. 그다음 나이가 더 종교적으로 이끌었는지 아닌지를 보다 분명하게 결론을 내릴 수 있을 것이다.

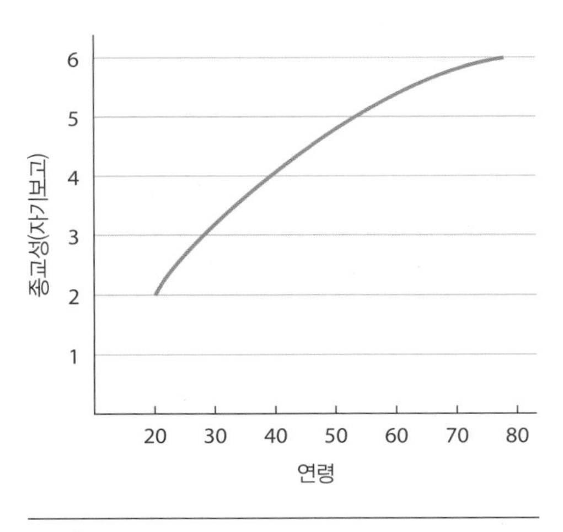

그림 1.10 연령에 따른 종교성 변화. 이것은 연령 효과인가 아니면 동시대 집단 효과인가?

종단 연구 설계 역시 단점이 있다. 중요한 것은 종단 연구는 횡단 연구 설계에 비해 더 많은 시간과 비용, 그리고 인내가 필요하다는 것이다. 연구자들은 몇 주, 몇 달, 또는 몇 년 후에라야 자신의 가설 연구에 대한 결과를 알 수 있다. 종단 연구에서 시간이 흐르면서 이런 저런 이유로 일부 사람들이 탈락하는 것은 불가피하다. 따라서 시기 1의 표본과 시기 2, 시기 3, 시기 4 때까지 남아 있는 표본이 달라질 가능성이 큰데, 이는 결론을 내리는 데 제약이 된다. 대부분의 연구에서 탈락은 사회경제 수준이 낮은 사람들에게서 가장 높은데, 이는 종단 연구 기간이 길어지면 길어질수록 모집단에서 사회경제 수준을 대표할 가능성이 점점 낮아질 가능성이 크다.

이 책 전체를 통해 다양한 연구 방법과 연구 설계가 사용된 연구들이 제시될 것이다. 지금으로서는 앞서 언급된 방법과 설계가 여러분에게 가장 흔히 사용되는 접근에 대한 안내가 될 것이다.

동시대 집단 효과 과학적 연구에서 연령이 다른 사람들 간에 나타나는 집단적 차이를 상이한 시대나 상이한 역사적 시기에 성장한 것에 근거하여 설명하는 것

종단 연구는 동일한 사람을 장시간에 걸쳐 추적한다. 여기 한 미국 소녀의 걸음마기, 초기 아동기, 중기 아동기, 청소년기의 사진이 있다.

chapter 2

유전과 태내발달

1절 유전이 발달에 미치는 영향

유전적 기초

유전자형과 표현형

성염색체

유전과 환경

행동유전학의 원리

유전-환경 상호작용 : 후성설과 반응 범위

유전자형이 환경에 미치는 효과 이론

유전자와 개체발달

정자와 난자의 형성

수정

2절 태내발달과 산전 건강관리

태내발달

배종기(첫 2주)

배아기(3~8주)

태아기(9주~출생)

산전 건강관리

산전 건강관리의 차이

기형유발 요인

3절 임신의 문제

출생 전 문제

염색체 장애

산전 진단

불임

원인과 치료

전 세계의 불임

임신은 장차 어머니가 될 전 세계 여성들에게 종종 기쁨과 희망, 그리고 공포의 조합으로 경험된다. 그러나 여기에도 발달의 다른 측면과 마찬가지로 경제적·문화적 맥락에 따라 경험에 큰 차이가 있다. 개발도상국의 농촌 지역에서 생활하는 대부분의 여성들은 태아의 건강한 발달을 촉진하는 테크놀로지나 의료서비스라 할 만한 것을 전혀 받지 못한다. 그 대신에 임신한 여성들은 민간신앙, 조산사의 오랜 경험, 확대가족의 사회적 지지에 의존하는 경우가 많다. 선진국에서는 대부분의 여성들이 임신기간 내내 의료서비스와 테크놀로지의 도움을 받는다. 그러나 예비 부모들은 경력을 추구하면서 조그만 아이를 키우는 데 필요한 일들을 할 수 있도록 자신의 삶을 변경해야 하는 엄청난 도전에 직면한다.

임신은 세계 여러 나라에서 다양한 다른 방식으로 경험되지만, 어디에서나 중요한 사건이다. 이 장에서는 유전적 시작부터 임신 마지막 달까지 태내에서 이루어지는 발달 과정을 살펴본다. 첫 번째 절에서는 유전의 기초와 새로운 생명이 어떻게 탄생하는지 알아본다. 다음 절에서는 태내발달 과정을 알아보고, 산모와 아기가 둘 다 건강할 확률을 높이기 위한 산전 건강관리에 대해 알아본다. 때로는 임신기간 중에 또는 처음에 임신될 때 문제가 생기므로 이 장의 마지막 절에서는 출생 전 합병증과 불임에 대해 알아본다.

1절 유전이 발달에 미치는 영향

학습목표

2.1 유전자형과 표현형을 구분하고 여러 유형의 유전적 전달에 대해 알아본다.

2.2 성염색체를 기술하고 무엇이 성염색체와 다른 염색체들의 차이를 가져오는지 알아본다.

2.3 행동유전학자들이 연구에서 유전성 추정치와 일치율을 어떤 방식으로 사용하는지 설명한다.

2.4 후성설 개념이 유전자-환경 상호작용을 어떤 틀에서 바라보는지 기술하고, 후성설과 반응 범위 개념을 연결한다.

2.5 유전자형이 환경에 미치는 효과 이론이 오랜 유전-환경 논란에 어떤 방식으로 새로운 빛을 던져주는지 설명한다.

2.6 생식세포 형성에서 감수분열 과정을 정리하고 이 과정이 남성과 여성에게 어떤 차이가 있는지 파악한다.

2.7 수정 과정을 기술한다.

유전이 발달에 미치는 영향 : 유전적 기초

인간을 포함한 모든 유기체에서 개체의 발달은 유전에서 시작된다. 인간발달에서 유전이 어떤 역할을 하는지 이해하기 위해서는 유전자와 그 기능에 대한 지식을 갖추는 것이 중요하다.

유전자형과 표현형

유전자형과 표현형을 구분하고 여러 유형의 유전적 전달에 대해 알아본다.

염색체 세포핵에 있는 소시지 모양의 구조로, 생식세포를 제외하고는 모두 쌍으로 이루어진 유전자가 들어 있음

인체의 거의 모든 세포에는 **염색체**(chromosome) 46개가 23개 쌍으로 들어 있는데, 각 쌍의 염색체는 하

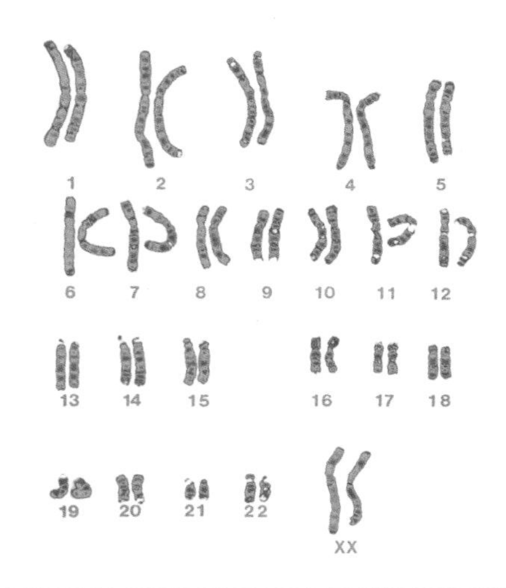

그림 2.1 인간 게놈

인간 게놈을 구성하는 46개 염색체는 23개 쌍으로 조직되어 있다. 이 그림에는 여성의 게놈이 제시되어 있다. 남성의 게놈에서는 23번째 쌍이 XX가 아니고 XY이다.

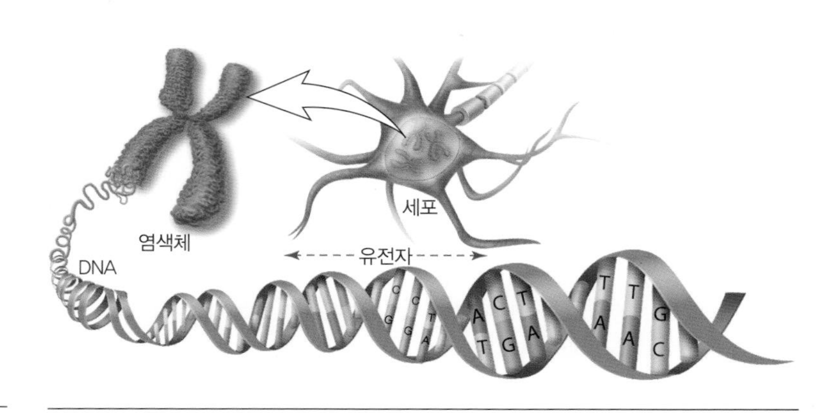

그림 2.2 DNA의 화학 구조

DNA는 뉴클레오티드 쌍들로 구성되어 있다.

나는 어머니로부터, 다른 하나는 아버지로부터 물려받는다(**그림 2.1** 참조). 염색체는 **디옥시리보핵산**(deoxyribonucleic acid), 즉 **DNA**라는 복잡한 분자들로 이루어져 있다(**그림 2.2** 참조). 염색체의 DNA는 유전 정보의 기본단위인 **유전자**(gene)로 조직되어 있다. 유전자는 뉴클레오티드라는 화학물질들이 쌍으로 연결되어 있고, 이 배열은 세포의 기능과 복제를 위한 지시를 담고 있다. 염색체 46개에는 약 23,000개의 유전자가 있고, 이러한 인간 **게놈**(genome) 전체는 300만 개가 넘는 뉴클레오티드 쌍으로 구성되어 있다(International Human Genome Sequencing Consortium, 2004).

DNA(디옥시리보핵산) 모든 생명체에서 유전 정보를 저장하고 전달하는 역할을 하는 길게 꼬인 세포물질

유전자 유기체의 성장과 기능을 지정하는 지시를 부호화하여 담고 있는 DNA 조각

게놈 유기체의 유전 정보를 모두 담고 있는 저장소

유전자형 유기체 고유의 유전 형질

표현형 유전자형에서 유래하는 유기체의 실제 특성

우성-열성 유전 염색체 쌍은 우성인자 하나와 열성인자 하나를 포함하고 있지만, 유성인자만이 표현형으로 나타나는 유전 양상

대립유전자 염색체 각 쌍에 있는 두 가지 형태의 유전자

불완전 우성 표현형이 일차적으로는 우성유전자의 영향을 받지만 열성유전자의 영향도 어느 정도 받는 우성-열성 유전의 일종

유전자 23,000여 개 모두가 발달 과정에서 표현되는 것은 아니다. 한 사람의 유전자 전체를 **유전자형**(genotype)이라 하고, 그 사람의 실제 특성을 **표현형**(phenotype)이라 한다. 유전자형과 표현형의 차이는 부분적으로 환경의 결과이다. 예를 들어 여러분이 뛰어난 음악적 능력을 포함하는 유전자형을 타고났다 할지라도 환경이 여러분으로 하여금 악기를 다루거나 음악교육을 받을 수 없게 한다면 이 재능은 결코 발달하지 못할 수도 있다. 결과적으로 유전자형에 존재하는 음악적 능력은 표현형에 나타나지 않을 것이다.

유전자형과 표현형의 관계에 영향을 미치는 유전적 기능의 또 다른 측면은 **우성-열성 유전**(dominant-recessive inheritance)이다(Jones, 2006). 염색체의 각 쌍에는 두 가지 형태의 유전자가 있는데 하나는 어머니로부터, 다른 하나는 아버지로부터 물려받은 것이다. 이들 각각을 **대립유전자**(allele)라 한다. 이들 대립유전자 쌍의 상당수에서 우성-열성 유전이 일어난다. 이는 두 유전자 중 하나(우성유전자)만이 표현형에 영향을 미치고, 열성유전자는 유전자형의 일부이기는 하지만 표현형에 영향을 미치지 않는다는 것을 의미한다. 예를 들어 여러분이 한쪽 부모로부터 곱슬머리 유전자, 다른 쪽 부모로부터 직모 유전자를 물려받았다면, 곱슬머리가 우성이고 직모가 열성이기 때문에 여러분은 곱슬머리일 것이다. 열성유전자가 표현형으로 나타나는 것은 다른 열성유전자와 짝지어졌을 때뿐이다. 우성-열성 유전의 패턴은 단일유전자에 의해 결정되는 특성들의 경우에만 분명하게 나타나는데, 앞으로 보게 되겠지만 대부분의 특성들은 단일유전자에 의해 결정되지 않는다. 우성-열성 특성의 다른 예들을 **표 2.1**에 제시하였다.

이 표는 우성유전자와 열성유전자의 분명한 예들을 보여주지만 때로는 **불완전 우성**(incomplete dominance)도 있다. 우성유전자가 표현형에 영향을 미치기는 하지만 그 영향이 완전하지는 않은 경우를 가리킨다. 불완전 우성의 예로 아프리카 흑인과 그들의 후손인 아프리카계 미국인(**그림 2.3** 참조)에게 흔히

표 2.1 단일유전자 우성-열성 유전이 되는 특질

우성	열성
곱슬머리	직모
검은 머리	금발머리
얼굴 보조개	보조개가 없음
정상 청력	난청
정상 시력	근시
주근깨	주근깨가 없음
분리형 귓불	부착형 귓불
혀를 U형으로 말 수 있음	혀를 U형으로 말 수 없음

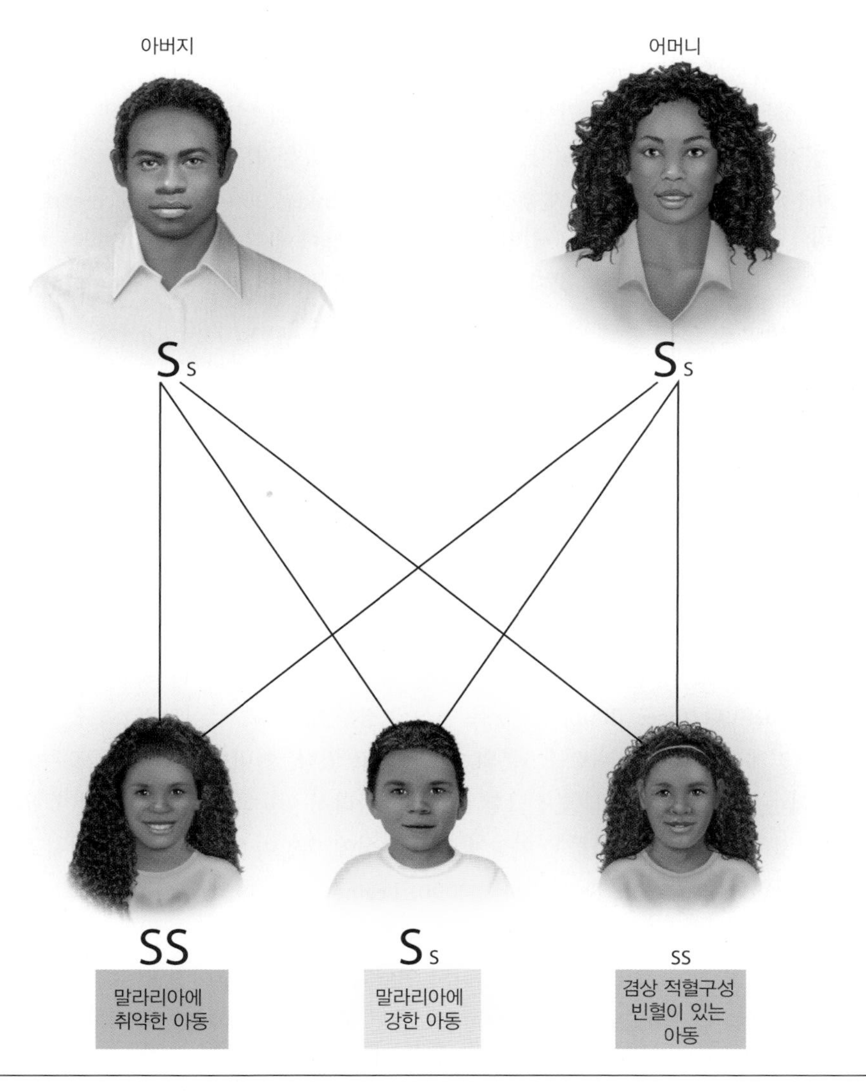

그림 2.3 겸상세포 유전의 불완전 우성

겸상세포 소질을 가진 열성유전자가 2개 있으면 겸상 적혈구성 빈혈이 나타나지만, 우성유전자 1개와 열성유전자 1개를 가지고 있으면 말라리아에 걸리지 않도록 보호받는다.

나타나는 겸상세포 소질을 들 수 있다. 대부분의 혈액세포는 원반 모양으로 생겼지만 겸상세포 소질을 지닌 열성유전자 2개를 물려받은 사람은 혈액세포가 낫 모양으로 생겼다. 이럴 경우 낫 모양의 혈액세포가 혈관을 막아서 통증, 질병취약성, 조기사망을 초래하는 **겸상 적혈구성 빈혈**이라는 질환이 나타난다. 아프리카인(그리고 아프리카계 미국인) 500명 중 1명 정도가 이 질환을 가지고 있으며, 조상이 인도나 지중해 지역 출신인 사람들에게도 (드물기는 하지만) 이 질환이 나타난다(Quinn et al., 2004).

그러나 정상적인 우성유전자를 하나 물려받고 겸상세포 소질을 가진 열성유전자를 하나만 물려받는다면 우성이 불완전하며, 혈액세포 전체가 아니라 일부만이 낫 모양을 하고 있을 것이다. 이 일부는 겸상 적혈구성 빈혈을 초래할 정도로는 많지 않지만, 모기가 전파하는 혈액성 질환인 말라리아에 대한 내성을 갖게 해주기에는 충분히 많다. 말라리아는 종종 치명적이고 설사 그렇지 않은 경우에도 뇌손상과 여타 만성적인 건강 문제를 초래할 수 있다. 말라리아는 전 세계적으로 개발도상국에서 광범위하게 발생하지만 특히 아프리카에서 많이 발생하며, 한 해에 100만 명 이상이 이로 인해 사망한다. 중앙아프리카의 많은 국가에서는 아동의 50% 이상이 이 질환을 가지고 있다(WHO, 2013).

이는 겸상세포 소질이 왜 아프리카인들에게 특히 중요한지를 설명해준다. 말라리아에 걸리면 그 결과가 심각하기 때문에 진화적 관점에서 보면 말라리아로부터 보호해주는 겸상세포 소질을 갖는 것이 설사 겸상 적혈구성 빈혈을 일으킬 위험이 더 높다고 하더라도 유전적으로 더 유리하다.

인간발달의 특징은 유전자 쌍 하나만으로 결정되는 경우가 거의 없다. 여러분은 '게이유전자'나 '종교유전자'나 '범죄유전자' 같은 것이 있다는 말을 들은 적이 있을지도 모르지만 그런 유전자는 발견된 적이 없을 뿐 아니라 그런 유전자가 존재할 가능성도 없다(Pinker, 2004; "Special report on the human genome", 2010). 겸상 적혈구성 빈혈에서처럼 단일유전자 쌍이 발달에 중요한 역할을 하는 경우가 있기는 하지만, 유전자의 영향은 한 유전자가 아니라 여러 유전자가 상호작용하는 **다원유전자성 유전**(polygenic inheritance)의 결과로 나타나는 것이 더 일반적이다(Lewis, 2005). 지능, 성격, 다양한 질병에 대한 취약성과 같은 특성뿐 아니라 키, 몸무게, 피부색 같은 특성의 경우에도 그러하다(Hoh & Ott, 2003; Karlsson, 2006; Rucker & McGuffin, 2010).

성염색체

성염색체를 기술하고 무엇이 성염색체와 다른 염색체들의 차이를 가져오는지 알아본다.

염색체 23쌍 중에서 하나는 나머지 22쌍과 차이가 있다. 그 사람이 여성일지 남성일지를 결정하는 **성염색체**(sex chromosome)이다(Jones, 2006). 이 쌍은 여성의 경우 XX이고, 남성은 XY이다. Y 염색체는 다른 염색체보다 눈에 띄게 작고, 유전 재료를 3분의 1만 가지고 있다. 어머니의 난자는 모두 X 염색체를 가지고 있지만, 정자는 X 또는 Y 염색체를 전달할 수 있다. 따라서 아동의 성을 결정하는 것은 아버지의 정자이다. 아이러니컬하게도 많은 문화들은 여성이 아동의 성에 책임이 있다고 잘못 생각하고 아들을 낳지 못하면 여성을 비난한다(DeLoache & Gottlieb, 2000; Levine et al., 1994).

많은 문화들은 또 아기의 성을 예측하는 방법에 대한 믿음을 가지고 있다(DeLoache & Gottlieb, 2000). 고대 마야인의 믿음에 따르면 성은 어머니의 연령과 수태가 이루어진 달로부터 예측할 수 있다. 둘 다 홀수이거나 짝수이면 딸이고, 하나만 홀수이고 다른 하나는 짝수이면 아들이라는 것이다. 중국 전통에도 이와 유사하게 어머니의 연령과 수태한 달에 근거한 계산법이 있다. 오늘날 서구에서는 많은 사람들이 산모가 아이를 '높게' 가지면, 즉 태아가 자궁 위쪽에 있는 것처럼 느껴지면 딸이고, '낮게' 가지면 아들이라고 믿는다. 산모가 단것을 많이 먹고 싶어 하면 딸을 낳을 것이고, 시거나 짠 음식을 먹고 싶

다원유전자성 유전 표현형의 특성이 여러 유전자들의 상호작용으로 인해 나타남

성염색체 남성(XY) 또는 여성(XY) 여부를 결정하는 염색체

어 하면 아들을 낳을 것이라고 믿기도 한다. 어떤 나라들에서는 산모의 오른쪽 유방이 왼쪽 유방보다 더 크면 아들을 낳을 것이고, 왼쪽 유방이 더 크면 딸을 낳을 것이라고 믿는다. 이런 믿음들은 과학적 근거가 전혀 없지만, 대부분의 문화에서 아기가 태어나기도 전부터 성별이 아기의 미래에 얼마나 중요한 것인지를 보여준다.

많은 문화들은 남아를 선호하는 편견이 있으며, 이를 달성하기 위해 태아의 성별에 따라 낙태를 함으로써 성비가 남아 쪽으로 치우치는 결과를 낳았다. 이런 현상은 남아선호사상이 유난히 강한 아시아 문화에서 특히 심하다(Abrejo et al., 2009).

발달하는 유기체의 성별은 출생 전 발달에 생물학적인 결과를 가져오기도 한다. X 염색체를 하나만 가지고 있는 남성은 여성에 비해 X 염색체와 관련된 다양한 열성장애들을 나타낼 가능성이 더 높다(Narayanan et al., 2006). 그 이유는 다음과 같다. 어떤 여성이 특정 장애를 일으키는 열성유전자를 포함하는 X 염색체를 하나 가지고 있다면, 다른 X 염색체에 있는 우성유전자는 열성유전자가 표현되지 않도록 막을 것이기 때문에 그 장애는 그 여성의 표현형에 나타나지 않을 것이다. 그 여성은 다음 세대에 그 장애를 전달하겠지만 자신은 그 장애를 갖지 않는다. 반면에 어떤 남성이 특정 장애를 일으키는 열성유전자를 포함하는 X 염색체를 하나 가지고 있다면, 그 열성유전자가 표현되지 않도록 막을 우성유전자를 포함하고 있을지도 모르는 다른 X 염색체가 없기 때문에 그 남성은 틀림없이 그 장애를 보이게 될 것이다. 그 남성의 Y 염색체는 이 기능을 할 수 없다. **그림 2.4**에 혈액이 제대로 응고되지 않아 조금만 다

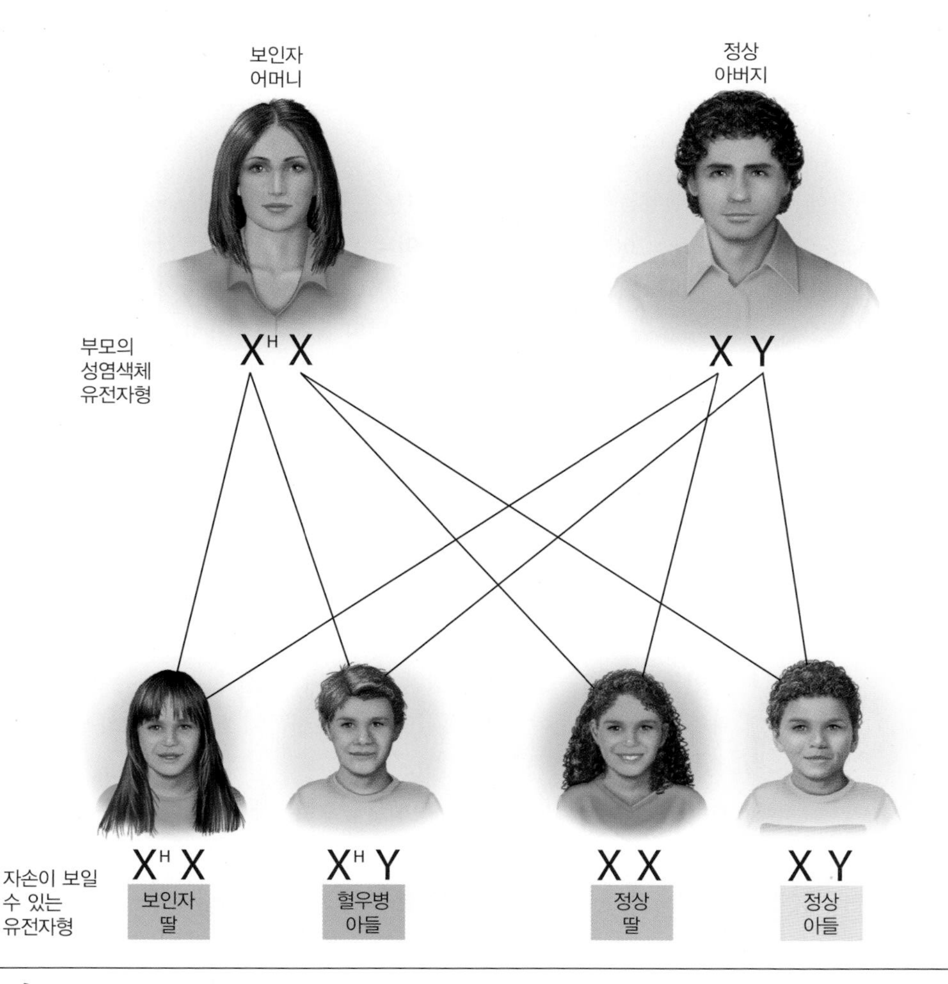

그림 2.4 혈우병의 X 염색체 관련 유전

남성이 X 염색체가 전달하는 열성장애에 더 취약한 이유는 무엇인가?

X 염색체 관련 유전 남성의 X 염색체를 통해 전달되기 때문에 열성 특성이 표현되는 유전 양상

선천성-후천성 논쟁 인간발달이 주로 유전에 의한 것인지 아니면 환경에 의한 것인지에 관한 학자들 간의 논쟁

행동유전학 유전자를 각기 다른 정도로 공유하고 있는 사람들을 비교함으로써 유전자가 행동에 어느 정도 영향을 미치는지를 밝히는 데 목표를 두고 있는 인간발달에 관한 연구 분야

일란성 쌍생아 유전자형이 정확하게 동일한 쌍둥이

이란성 쌍생아 여성이 1개가 아닌 2개의 난자를 배란하고 이 둘 모두가 정자에 의해 수정될 때 생겨나는 쌍둥이

유전성 유전자가 특정 모집단에 속하는 사람들 간의 차이를 가져오는 정도를 나타내는 통계적 추정치로, 0에서 1.00까지의 값을 가짐

쳐도 피를 너무 많이 흘려 사망할 수도 있는 질병인 혈우병을 예로 하여 **X 염색체 관련 유전**(X-linked inheritance)의 이러한 양상을 제시하였다. 남성들은 X 염색체 관련 유전 때문에 학습장애와 지적장애 같이 유전에 기초한 매우 다양한 문제를 일으킬 위험이 여성보다 더 높다(Halpern, 2000; James et al., 2006).

유전이 발달에 미치는 영향 : 유전과 환경

유전자가 인간의 발달에 일정한 영향을 미친다는 데에는 의문의 여지가 없지만 그 영향력의 크기는 어느 정도나 되는가? 학자들은 인간발달에서 유전자와 환경의 상대적 영향력에 대해 오랜 논쟁을 거쳤다. 이러한 **선천성-후천성 논쟁**(nature-nurture debate)에서 어떤 학자들은 발달이 유전자(선천성)에 의해 설명될 수 있고 환경은 거의 영향력이 없다고 주장한 반면에, 다른 학자들은 발달이 환경요인(후천성)에 주로 의존한다고 주장하였다(Baumrind, 1993; Scarr, 1993과 비교). 선천성과 후천성의 상대적 영향력에 대한 논란이 계속되고 있기는 하지만, 최근에는 대부분의 학자들이 유전자와 환경이 둘 다 인간의 발달에 중요한 역할을 한다는 데 의견을 같이한다(Dodge, 2007; Lerner, 2006; Pinker, 2004).

행동유전학의 원리

행동유전학자들이 연구에서 유전성 추정치와 일치율을 어떤 방식으로 사용하는지 설명한다.

유전자가 인간발달에 어느 정도 영향을 미치는가에 대한 질문은 **행동유전학**(behavior genetics) 분야의 핵심이다(Gottesman, 2004; Plomin, 2009). 행동유전학 분야의 연구자들은 주로 쌍생아 연구와 입양 연구를 통해 유전자를 각기 다른 정도로 공유하는 사람들을 비교함으로써 유전자가 발달에 미치는 영향을 추정한다. **일란성 쌍생아**(monozygotic twins)는 100% 공통된 유전자를 가지고 있다. **이란성 쌍생아**(dizygotic twins)와 형제들은 40~60% 공통된 유전자를 가지고 있다. 결과적으로 일란성 쌍생아가 이란성 쌍생아보다 더 유사하며, 이는 유전이 강력한 역할을 한다는 것을 보여준다. 입양된 아이들은 양부모 가족과 유전적 유사점이 없다. 결과적으로 입양 연구들은 입양된 아동이 어떤 행동이나 특질에서 친부모와 더 유사한지(유전의 영향력이 더 크다는 것을 보여줌) 아니면 입양가족과 더 유사한지(환경의 영향력이 더 크다는 것을 보여줌) 여부를 연구자가 알아볼 수 있게 해준다.

이와 같이 서로 다른 집단들을 비교함으로써 행동유전학자들은 **유전성**(heritability)이라는 통계치를 계산할 수 있다. 유전성은 유전자가 특정 모집단에 속하는 사람들 간의 차이를 가져오는 정도를 추정한 수치이다. 유전성 추정치는 0에서 1.00 사이에 위치한다. 유전성이 높은 특성일수록 유전학에 더 많은 영향을 받는 것으로 간주된다.

행동유전학은 지난 20년간 성행하였으며, 광범위한 특성들에 대한 유전성 추정치가 계산되었다. 지능의 경우 아동과 청소년의 유전성 추정치는 .50가량인 것으로 밝혀졌는데, 이는 IQ 점수 차이의 절반가량이 유전의 영향에서 비롯되었다는 것을 의미한다(Turkheimer et al., 2009). 성격특성과 관련해서는 사교성, 활동 수준, 심지어 종교 성향과 같은 다양한 특성들의 유전성 추정치가 .40에서 .50 사이에 위치한다(Bouchard & McGue, 2003).

일란성 쌍생아는 동일한 유전자형을 가지고 있다.

일치율 가족 구성원 중 두 사람이 보이는 표현형의 유사성 정도를 백분율로 나타냄

후성설 발달 과정에서 유전자와 환경 간에 이루어지는 연속적이고 양방향적인 상호작용

유전성 추정치는 유전이 발달에 미치는 영향에 대해 잘못된 인상을 준다는 점에서 비판을 받았다(Collins et al., 2000; Rutter, 2002). 비판자들에 따르면 어떤 특질이 유전될 수 있다는 말은 유전자가 발달에 얼마나 기여하는지를 우리가 정확하게 알고 있다는 것을 시사하지만 그것은 사실이 아니다. 유전성 추정치는 유전자 활동의 직접적 추정치가 아니라 공통의 유전 재료를 서로 다른 정도로 가지고 있는 사람들의 비교에 근거한 것일 뿐이다. 유전성 추정치는 유전적 영향뿐 아니라 환경이 유전자가 발현되게 해주는 정도를 나타내는 수치이다. 다른 말로 하면 유전성 추정치는 유전자형보다는 표현형을 측정한다.

이는 지능의 유전성이 아동기에서 성인기까지 증가한다는 결과를 내놓은 연구들에서 찾아볼 수 있다(McGue & Christensen, 2002). 유전자가 이 기간 동안 변화하지 않는 것은 분명하지만, 아동이 청소년으로 성장하면서 자신의 환경을 점차 더 많이 선택할 수 있게 됨에 따라(예 : 누구를 친구로 삼을 것인가?) 유전적 잠재력이 더 많이 표현되도록 환경이 변화한다. 다른 연구들은 지능의 유전성이 가난한 가정보다 중산층 가정에서 더 높다는 것을 발견하였다(McCartney & Berry, 2009; Turkheimer et al., 2009). 이는 중산층 가정이 가난한 가정과는 다른 종류의 유전자를 가지고 있기 때문이 아니라 중산층 가정이 가지고 있는 경제적 자원이 아동 지능의 유전적 잠재력을 표현형으로 드러나게 만들 가능성이 더 높기 때문이다.

행동유전학에서 사용된 유전적 영향력의 또 다른 통계치는 **일치율**(concordance rate)이다. 일치율은 가족 구성원 쌍들 간 표현형의 유사성 정도를 나타내는 백분율로, 0~100%의 범위에 걸쳐 있다. 일치율이 높을수록 두 사람은 더 유사하다.

많은 연구들은 일란성 쌍생아와 이란성 쌍생아들의 일치율을 비교한다. 일치율이 일란성 쌍생아가 이란성 쌍생아보다 더 높으면 그 특질의 기초가 부분적으로 유전이라는 것을 의미한다. 예를 들어 환각과 사고 및 행동의 장애 양상을 포함하는 심각한 정신장애인 조현병의 경우 일란성 쌍생아는 일치율이 50%이고, 이란성 쌍생아는 18%이다(Insel, 2010). 이는 일란성 쌍생아의 한쪽이 조현병일 때 다른 쪽도 조현병일 확률이 50%라는 것을 의미한다. 이란성 쌍생아의 경우 한쪽이 조현병일 때 다른 쪽도 조현병일 확률은 18%에 불과하다. 입양 연구도 때로 이 통계치를 사용하는데 부모와 입양아동, 부모와 친자녀, 입양형제와 친형제의 일치율을 비교한다.

유전-환경 상호작용 : 후성설과 반응 범위

후성설 개념이 유전자-환경 상호작용을 어떤 틀에서 바라보는지 기술하고, 후성설과 반응 범위 개념을 연결한다.

유전성 연구는 유전자가 발달에 영향을 미칠 뿐 아니라 환경이 유전자의 발현 방식에 영향을 미친다는 것을 보여준다. **후성설**(epigenesis)은 이와 관련된 개념으로서, 발달이 유전자형과 환경의 쌍방향적 상호작용에서 비롯된다는 것을 의미한다(Gottlieb, 2004; Gottlieb et al., 2007). 후성설에 따르면, 유전자의 작용은 환경의 영향력에 끊임없이 반응한다. 발달은 유전자의 영향을 받지만 유전자에 의해서만 결정되는 것은 아니다(Moffitt et al., 2006).

후성설의 예를 들어보자. 소녀들은 보통 11~16세경에 월경을 시작한다. 소녀들이 건강한 상태이면 월경은 이 범위의 아래쪽 연령에서 시작되고, 영양이 불충분하거나 의학적 문제가 있을 때는 위쪽 연령에서 시작된다(Neberich et al., 2010). 월경이 이 연령 범위의 한 시점에서 시작되는 것은 인간 여성의 표현형의 일부이며 구체적인 시작 시점은 환경 조건의 영향을 받는다. 더욱이 환경 조건이 변화하면 월경 패턴도 변화할 수 있다. 소녀들의 몸무게가 크게 감소하면 종종 월경은 중단된다(Roberto et al., 2008). 소녀들의 영양 섭취가 좋아지면 월경은 다시 시작된다. 이는 유전자형과 환경이 끊임없이 상호작용한다는 것을 보여준다. 월경은 사춘기의 일부로서 유전에 따라 시작되지만, 환경 조건이 나빠지면 중단되었다가

유전자는 키의 반응 범위를 설정하고, 환경은 특정인의 키가 그 범위의 어디쯤에 해당할 것인지를 결정한다. 이 사진의 여성들은 에티오피아에서 부족민들의 키가 매우 큰 것으로 알려진 헤이머 부족의 자매들이다.

영양 환경이 좋아지면 다시 시작된다.

이 예가 보여주듯이 유전자는 종종 정확한 특성을 지정하기보다는 환경이 영향력을 발휘하는 경계를 설정함으로써 인간의 발달에 영향을 미친다. 다시 말해 유전자는 잠재적 표현의 **반응 범위**(reaction range)를 설정하고, 환경은 표현형이 그 범위 내 어느 부분에 위치할 것인지를 결정한다(McCartney & Berry, 2009). 다른 예를 들면, 키는 유전자의 영향을 받는 것으로 알려져 있다. 다른 가족 구성원들과 여러분 자신의 키를 비교해보면 알 수 있을 것이다. 그러나 키 유전자는 반응 범위의 상하 경계를 설정할 뿐이고, 실제의 키 즉 표현형이 어디에 해당할 것인지는 영양과 질병 같은 환경요인에 의해 결정된다.

지난 세기 동안 전 세계의 많은 사회에서 나타난 키의 변화 양상을 살펴보면 이를 뒷받침하는 증거가 확연하게 드러난다. 대부분의 서구사회에서는 영양과 건강관리가 증진됨에 따라 20세기 초반에 평균 키가 꾸준히 증가하였다(Freedman et al., 2006). 모집단의 유전자가 한두 세대 사이에 변화할 수는 없었을 것이다. 그보다는 환경 개선이 사람들로 하여금 키의 유전적 반응 범위의 더 높은 쪽에 도달할 수 있게 했을 것이다. 중국과 한국 같은 국가에서는 영양과 건강관리 개선이 20세기 후반에야 이루어졌고, 따라서 이 국가들에서는 키가 최근에야 증가하였다(Wang et al., 2010). 그러나 인간의 키가 3~6미터까지 자라는 것은 있을 수 없는 일이다. 최근 수십 년간 서구사회에서는 평균 키가 전혀 변화하지 않았는데, 이는 이들 국가에서 사람들의 키가 반응 범위에서 상위 경계에 도달했다는 것을 보여준다.

유전자형이 환경에 미치는 효과 이론

유전자형이 환경에 미치는 효과 이론이 오랜 유전-환경 논란에 어떤 방식으로 새로운 빛을 던져주는지 설명한다.

행동유전학 이론 중에서 영향력 있는 한 가지 이론은 Sandra Scarr와 Kathleen McCartney가 제안한 **유전자형이 환경에 미치는 효과 이론**(theory of genotype → environment effect)이다(Plomin, 2009; Scarr, 1993; Scarr & McCartney, 1983). 이 이론에 따르면 유전자형과 환경은 둘 다 인간발달에 중요한 역할을 한다. 그러나 유전자는 우리가 실제로 어떤 종류의 환경을 경험하는지에 영향을 미치기 때문에 유전과 환경의 상대적 영향력을 밝혀내기는 어렵다. 우리는 유전자형에 기초하여 상당한 정도로 우리 자신의 환경을 창조한다.

반응 범위 유전자가 설정하는 발달경로의 가능한 범위. 환경은 발달이 그 범위 내의 어느 지점에서 이루어지도록 할지를 결정함

유전자형이 환경에 미치는 효과 이론 유전자가 우리가 경험하는 환경의 종류에 영향을 미친다고 제안하는 이론

유전자형이 환경에 미치는 수동적 효과 생물학적 가족에서 부모가 자녀에게 유전자와 환경을 둘 다 제공한다는 사실에서 비롯됨

유전자형이 환경에 미치는 효과의 세 가지 유형 이러한 유전자형이 환경에 미치는 효과는 수동적 효과, 촉발적 효과, 능동적 효과라는 세 가지 유형으로 나뉜다.

- **유전자형이 환경에 미치는 수동적 효과**(passive genotype → environment effect)는 생물학적 가족 내에서 발생한다. 부모는 자녀에게 유전자와 환경을 둘 다 제공하기 때문이다. 이는 당연한 이야기 같지만 우리가 발달에 대해 어떤 방식으로 사고해야 하는지에 대해 중요한 시사점을 던진다. 아버지와 딸의 예를 들어보자. 아버지는 어렸을 때부터 그림을 잘 그렸고 지금은 그래픽 아티스트로 생활하고 있다. 아버지는 어느 생일날에 어린 딸에게 색연필을 선물로 준다. 딸이 성장하고 그림 그리기를 배

울 준비가 된 것처럼 보일 때 아버지는 딸에게 여러 가지 데생기술을 가르친다. 딸은 대학에 가서 건축학을 전공하고 건축가가 되는 길로 들어선다. 딸이 타고난 그림 능력을 발휘하도록 많은 자극을 주는 환경을 생각할 때 딸이 어떻게 해서 그림을 잘 그리게 되었는지 알기는 어렵지 않다.

이것이 전부가 아니다. 아버지가 딸에게 자극이 많은 환경을 제공한 것은 사실이지만 그는 딸이 가진 유전자의 절반도 제공하였다. 공간추리와 소근육 운동협응 유전자 등 그림 실력에 기여하는 유전자가 있다면 딸은 아버지로부터 그것도 물려받았을 것이다. 요지는 생물학적 가족 내에서 **부모는 유전자와 환경을 둘 다 제공하며** 자신들이 유전자를 통해 자녀에게 제공했던 경향성을 강화하는 환경도 제공할 가능성이 높기 때문에 이 둘의 영향력을 분리하기가 매우 어렵다는 것이다.

부모와 자녀가 유사할 때 그 유사성은 유전 때문인가 아니면 환경 때문인가?

따라서 여러분은 부모의 행동이 생물학적 자녀가 갖는 특성의 원인이라고 주장하는 연구들을 읽을 때 의문을 가져야 한다. 제1장의 다음 내용을 기억해보자. 상관은 인과관계를 의미하지 않는다! 부모의 행동과 아동의 특성 간에 상관이 있다고 해서 부모의 행동이 아동이 그러한 특성을 갖게 만든 원인으로 작용했음을 의미하는 것은 아니다. 인과관계가 작용했을지도 모르지만 생물학적 가족 내에서는 그것을 알아내기가 어렵다. 이 문제를 해결할 좋은 방법은 입양 연구를 하는 것이다. 입양 연구는 유전자형이 환경에 미치는 수동적 효과의 문제를 피할 수 있다. 아이에게 유전자와 환경을 제공한 부모가 각각 따로 있기 때문이다. **연구 초점 : 쌍생아 연구 : 오스카와 잭**에서 탁월한 입양 사례를 살펴보기로 하자.

- **유전자형이 환경에 미치는 촉발적 효과**(evocative genotype → environment effect)는 아동이 물려받은 특성이 환경 내의 다른 사람들로부터 반응을 촉발할 때 발생한다. 아들이 세 살에 책을 읽기 시작하고 독서를 좋아하는 것처럼 보인다면 여러분은 아마도 이 아이에게 책을 더 많이 사줄 것이다. 여러분의 딸이 열두 살에 6미터 거리에서 점프슛을 할 수 있다면 여러분은 아마도 딸을 농구캠프에 보낼 것이다. 여러분은 아이들이 많은 곳에서 일을 하거나 아이들을 돌본 적이 있는가? 그렇다면 아이들이 사교적이고 협동적이고 말을 잘 듣는 정도에서 각기 차이가 있다는 것을 발견했을 것이다. 거꾸로 여러분도 아이들의 특성에 따라 자신이 다른 반응을 보인다는 것을 발견했을 것이다. 읽기 능력, 운동 능력, 사회성 같은 특성들이 최소한 부분적으로 유전에 근거하고 있다는 전제와 함께, 이것이 유전자형이 환경에 미치는 촉발적 효과가 의미하는 바이다.
- **유전자형이 환경에 미치는 능동적 효과**(active genotype → environment effect)는 사람들이 자신의 유전적 특성에 부합하는 환경을 찾아 나서는 **적소추구**(niche-picking) 과정에서 발생한다. 또래들보다 빨리 달리는 아이는 스포츠 팀에서 활동할 동기를 가질 것이다. 음악 재능이 있는 청소년은 피아노 교습을 받고자 할 것이다. 읽기가 항상 느리고 힘들었던 사람은 성인진입기에 대학에 진학하기보다는 고등학교를 졸업하고 바로 전일제 직장에 다니기를 선호할 것이다. 매우 사교적인 젊은 성인들은 하루 종일 다른 사람들과 함께 일하는 경력을 추구할 것이다. 여기서 핵심은 사람들은 자신이 물려받은 능력에 부합하는 환경에 끌린다는 것이다.

유전자형이 환경에 미치는 촉발적 효과 개인이 물려받은 특성이 환경 내의 다른 사람들로부터 반응을 촉발할 때 나타남

유전자형이 환경에 미치는 능동적 효과 사람들이 자신의 유전자형 특성에 부합하는 환경을 추구할 때 나타남

연구 초점 : 쌍생아 연구 : 오스카와 잭 연구

유전자와 환경의 상호작용은 인간발달 연구에서 가장 중요하고 복잡하고 흥미로운 주제 중 하나이다. 이러한 상호작용을 밝혀내는 데 도움이 되었던 한 가지 접근은 쌍생아 연구, 특히 생애 초기에 분리되어 각기 다른 환경에서 자란 쌍둥이들에 관한 연구이다. 분리되어 자란 쌍둥이들에 관한 연구는 자연 실험의 좋은 예를 제공한다. 자연 실험은 연구자의 중재 없이 이루어지지만 중요한 과학적 정보를 제공할 수 있다.

미네소타대학교의 토머스 J. 부샤드가 이끄는 미네소타 분리성장 쌍생아 연구는 1979년 이후로 분리된 쌍둥이들을 연구하고 있으며, 그 결과는 획기적이고 때로 놀라운 것이었다.

미네소타 연구에서 가장 주목할 만한 사례는 오스카와 잭이라는 일란성 쌍생아에 대한 이야기이다. 이들은 1933년에 트리니다드에서 태어났으나, 이들이 출생한 지 6개월 만에 부모가 헤어졌다.

오스카는 가톨릭 신자인 어머니와 함께 독일로 갔고, 잭은 유대인 아버지의 보호를 받으며 트리니다드에 머물렀다. 따라서 대부분의 분리된 쌍생아들이 적어도 동일한 문화와 국가에서 성장한 것과는 달리, 오스카와 잭은 유전자형은 동일했지만 각기 다른 문화와 국가에서 다른 종교를 가지고 성장하였다.

더욱이 오스카는 1933년 어머니와 함께 독일로 이주했는데 독일에서는 그 해에 나치가 권력을 잡았다. 잭은 나치가 유대인을 몰살 대상으로 삼은 시기에 유대인으로 양육되었다.

어떤 면에서 이 쌍둥이들의 아동기 가정 환경은 비슷하였다. 즉 비슷한 정도로 비참하였다. 오스카의 어머니는 곧 이탈리아로 이주했고 오스카는 독일에 남겨져서 엄격하고 냉혹한 할머니 손에서 자랐다. 잭의 아버지는 잭을 무시하거나 때리기를 번갈아 했다. 이런 유사성에도 불구하고 이들이 성장한 문화는 매우 달랐다. 오스카는 히틀러유겐트(독일 나치당이 만든 청소년 조직 – 역주)의 열성적 단원이었으며, 유대인을 경멸하였고 절반은 유대인인 자신의 배경을 숨기는 것을 배웠다. 잭은 유대인으로 성장하였고 16세에 아버지에 의해 이스라엘 해병대로 보내졌는데, 거기서 유대계 미국인을 만나 결혼을 하였다. 그는 21세 때 아내와 함께 미국으로 이주하였다.

이 놀라운 자연 실험은 이 두 남성의 성인기 발달에 어떤 결과를 가져왔을까? 일주일 동안 두 남성에 대해 검사와 인터뷰를 실시하고 가족과 가까운 지인들을 인터뷰하는 등 미네소타 팀이 광범위하게 수집한 자료는 성인기에 그들의 성격이 매우 유사했다는 것을 보여주었다.

쌍둥이 본인들과 주변 사람들 모두 이 쌍둥이들이 둘 다 성질이 급하고 요구가 많으며 건망증이 심하다고 기술하였다. 이와 더불어 이 쌍둥이들은 특이하고 별난 개인적 습관을 여럿 가지고 있었다. 둘 다 책을 뒤에서부터 앞으로 가며 읽었고, 엘리베이터에서 크게 재채기를 하였으며, 손목에 고무밴드를 차는 걸 좋아하였고, 펜과 연필을 손으로 잡기 좋게 테이프로 둘둘 감아놓았다.

그러나 그들의 문화적 정체성과 세계관은 그들이 성장한 문화가 크게 다르다는 점을 고려할 때 상상할 수 있는 만큼 크게 차이가 있었다. 오스카는 성인이 되었을 때 자신이 히틀러유겐트 단원으로 활동했던 것을 뉘우쳤고 나치하에서 수백만 유대인의 생명을 앗아간 홀로코스트에 통탄의 심정을 감추지 못했다. 그러나 그는 자신을 독일인이라 생각했고, 그와 잭은 제2차 세계대전 동안 행해진 폭격과 여타 전쟁 행위에 대한 책임 및 정당화와 관련해서 격렬하게 이견을 드러냈다.

따라서 성격의 유사성에도 불구하고 서로 다른 문화적 환경 때문에 그들은 결국 매우 다른 정체성을 가지게 되었다. 즉 자신이 어떤 사람이며 주변 세상과 어떻게 어울리는지에 대한 이해가 완전히 달랐다. 오스카와 잭이 성인기에 다시 만났을 때 오스카는 잭에게 말했다. "우리가 서로 바뀌었다면 난 유대인이 되고 넌 나치가 되었을 거야."

복습문제

1. 따로 성장한 쌍생아를 대상으로 한 연구는 다음 중 무엇을 보여주는 좋은 예인가?
   a. 신뢰도, 그러나 타당도는 아님
   b. 타당도, 그러나 신뢰도는 아님
   c. 실험 연구
   d. 자연 실험
2. 다음 중 오스카와 잭의 유사점이 아닌 것은?
   a. 둘 다 건망증이 심하였다.
   b. 둘 다 성질이 급했다.
   c. 둘 다 독실한 유대교 신자였다.
   d. 둘 다 책을 뒤에서 앞으로 읽었다.

유전자형이 환경에 미치는 효과의 시간에 따른 변화 세 가지 유형의 유전자형이 환경에 미치는 효과는 아동기, 청소년기, 성인기에 걸쳐 작용하지만 상대적 균형은 시간에 따라 변화한다(Scarr, 1993). 아동기에는 유전자형이 환경에 미치는 수동적 효과가 특히 현저하게 나타나며, 유전자형이 환경에 미치는 능동적 효과는 상대적으로 약하다. 이는 아동이 어릴수록 아동이 경험하는 일상적 환경을 부모가 더 많이 통제하며 아동이 가족 밖의 환경적 영향을 추구할 자율성을 더 적게 가지고 있기 때문이다.

그러나 아동이 청소년기와 성인기로 진입하면서 이 균형은 변화한다(Plomin, 2009). 부모의 통제가 줄어들고 그와 함께 유전자형이 환경에 미치는 수동적 효과도 줄어든다. 자율성이 증가하면서 유전자형이 환경에 미치는 능동적 효과도 증가한다. 성인기에는 유전자형이 환경에 미치는 수동적 효과가 완전히 사라지고(성인기에도 부모와 함께 생활하는 문화에서는 예외) 유전자형이 환경에 미치는 능동적 효과가 전면으로 이동한다. 유전자형이 환경에 미치는 촉발적 효과는 아동기에서 성인기에 이르기까지 별다른 변화 없이 그대로 유지된다.

비판적으로 사고하기

여러분의 능력 중 한 가지에 대해 생각해보고, 유전자형이 환경에 미치는 다양한 효과가 그 능력의 발달에 어떻게 관여해왔는지에 대해 기술하라.

유전이 발달에 미치는 영향 : 유전자와 개체발달

개별 인간의 발달은 언제 시작되는가? 이에 대한 답변은 여러분에게 놀라움을 안겨줄지도 모르겠다. 새로운 인간을 형성하는 과정은 사실 정자와 난자가 만나기 오래전부터 시작된다. 정자와 난자 자체가 발달의 과정을 거친다. 이 절에서는 정자와 난자의 형성에서 시작되는 태내발달의 유전적 기초를 살펴본다.

정자와 난자의 형성

생식세포 형성에서 감수분열 과정을 정리하고 이 과정이 남성과 여성에게 어떤 차이가 있는지 파악한다.

인체 세포 중에서 46개 염색체가 들어 있지 않은 유일한 세포는 **생식세포**(gamete), 즉 남성의 정자와 여성의 **난자**(ovum)이다. 생식세포는 **감수분열**(meiosis) 과정을 통해 남성의 고환과 여성의 난소에서 만들어진다(**그림 2.5** 참조). 감수분열은 **유사분열**(mitosis)의 변형이다. 유사분열은 염색체가 복제되고 해당 세포가 2개의 세포로 분리되는 정상적인 세포복제 과정으로, 분리된 두 세포는 각각 원세포와 동일한 수의 염색체를 가지고 있다(Pankow, 2008). 감수분열에서는 23쌍의 염색체로 시작한 세포들이 먼저 단일염색체 46개로 분리되고 뒤이어 스스로를 복제한 후 2개의 세포로 분리되는데, 이 두 세포는 각각 원세포처럼 23쌍의 염색체를 갖는다. 지금까지의 과정은 유사분열과 같다. 그러나 이어서 염색체 쌍들이 단일염색체들로 분리되고, 그에 뒤이어 이번에는 원래의 염색체 46개 대신에 짝지어지지 않은 염색체 23개를 갖는 생식세포로 분열된다. 따라서 감수분열 과정이 끝나면 고환이나 난소의 원세포로부터 4개의 새로운 세포가 만들어지며, 이들 세포 각각은 염색체를 23개씩 가지고 있다.

감수분열 과정에는 몇 가지 중요한 성차가 있다(Jones, 2006). 남성의 감수분열은 정자가 방출되기 전에 완료되지만, 여성의 감수분열은 난소가 정자에 의해 수정되었을 때에만 마지막 단계에 도달한다(이에 대해서는 곧 좀 더 자세히 살펴보기로 한다). 또한 남성의 경우에는 감수분열의 결과로 생존 가능한 정자가 4개 만들어지지만, 여성의 경우에는 기능이 없는 3개의 극체(polar bodys : 난세포가 성숙 분할될 때 배출되는 작고 기능이 없는 세포 — 역주)와

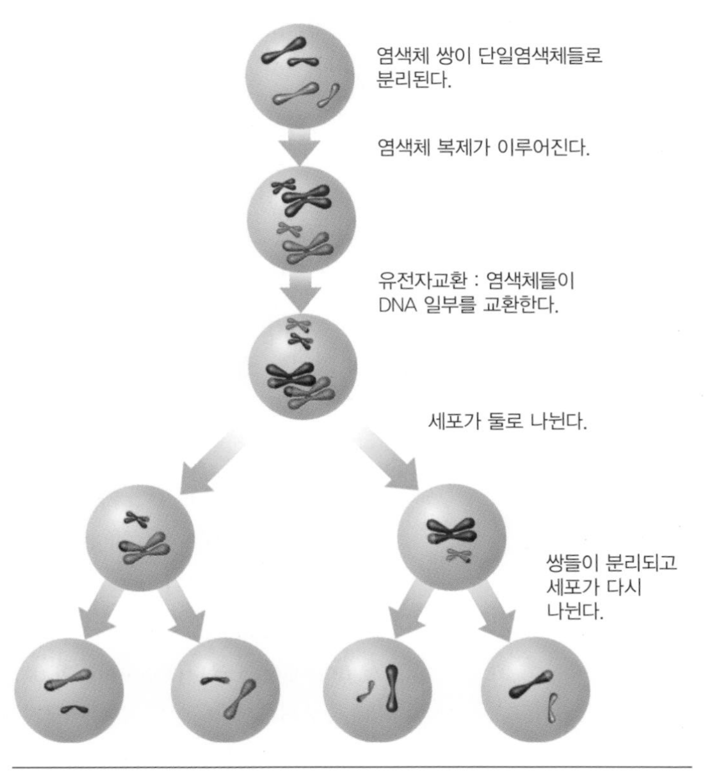

그림 2.5 감수분열을 통한 생식세포의 형성

감수분열은 유사분열과 어떻게 다른가?

생식세포 각 성에 고유한 세포(여성의 난소에 있는 난자세포와 남성의 고환에 있는 정자)로 생식과 관련이 있음

난자 인간 여성의 경우 대략 28일마다 한 번씩 난소에서 발달하는 성숙한 난자

감수분열 원세포에 들어 있는 염색체 쌍의 분리와 복제를 통해 원세포 염색체 수의 절반을 가진 새로운 생식세포 4개가 만들어지는 과정

유사분열 세포의 염색체들이 자기복제를 하고 이 세포가 둘로 분리되는 복제 과정. 분리된 각 세포는 원세포와 동일한 수의 염색체를 가짐

세포질 수정된 난자가 자궁에 도달해서 모체로부터 영양을 공급받기 시작할 때까지 수정 후 첫 2주 동안 영양분을 제공하는 액체

유전자 교환 감수분열이 시작될 때 염색체 쌍들 간에 일어나는 유전물질의 교환

난포 여성의 생식주기 동안 난자와 이 난자를 둘러싸고 영양분을 제공하는 세포들

함께 생존 가능한 난자가 하나만 만들어진다. 난자는 수정 후 며칠 동안 사용될 영양분의 주된 원천이 될 **세포질**(cytoplasm)을 다량 비축하지만 극체는 거의 남겨지지 않는다.

여러분은 자신과 형제 또는 자매가 다 같이 부모로부터 염색체를 23개씩 받았는데도 불구하고 서로 다른 이유가 무엇인지 생각해본 적이 있는가? 나는 내가 쌍둥이 자매와 얼마나 차이가 있는지에 끊임없이 놀라고 있다. 형제의 다양성은 다음과 같이 설명된다. 감수분열 과정 초기에 매우 흥미롭고 놀라운 일이 벌어진다. 염색체들이 처음으로 분리되고 복제된 후, 그러나 아직 세포가 분열되기 전에 각 쌍의 대립유전자들 간에 유전물질 일부가 교환되는데 이 과정을 **유전자 교환**(crossing over)이라 한다(다시 그림 2.5 참조). 유전자 교환은 염색체에 들어 있는 유전자들의 조합을 뒤섞어놓음으로써 어머니와 아버지로부터 유래한 유전물질들을 무한수의 방식으로 재배열한다(Pankow, 2008). 여러분의 부모는 둘이서 수십 명, 수백 명, 심지어 수백만 명의 아이들을 만들 수 있었고(가설적으로!) 그중 아무도 여러분과 유전적으로 동일하지 않을 것이다(여러분이 일란성 쌍생아가 아니라면).

생식세포의 생산과 관련해서 또 하나의 흥미로운 사실이 있다. 남성은 사춘기에 이르렀을 때 매일 수백만 개의 정자를 생산하기 시작한다. 남성이 사정을 할 때 보통 10~30억 개의 정자가 생성된다(Johnson, 2008). 반면에 여성은 어머니 자궁 속에 있을 때 자신이 평생 가지게 될 모든 난자를 이미 생산하였다. 유전자 교환은 난자가 만들어질 때 시작되기 때문에, 이는 인간 각자의 독특한 유전자형 발달이 그 사람의 어머니가 태어나기도 전에 시작된다는 것을 의미한다!

여성들은 100만 개가량의 난자를 가지고 태어나지만, 이 숫자는 사춘기에 도달할 무렵이면 4만 개 정도로 줄어들고 이 중 400개 정도만 가임기 동안 성숙할 것이다(Johnson, 2008; Moore & Persaud, 2003). 대부분의 여성들은 40대에 난자가 모두 소진되지만 남성들은 성인기 내내 정자를 생산한다(정자의 양과 질은 나이가 들면서 감소하겠지만)(Finn, 2001).

수정

수정 과정을 기술한다.

남성과 여성이 성교를 하면 남성이 생산한 수십억 개의 정자가 여성의 생식기관, 즉 처음에는 질 안으로 들어가고 그다음 자궁경관과 자궁을 거쳐서 나팔관을 지나 난소를 향해 나아가기 시작한다. 수십억 개의 정자는 너무 많은 게 아닌가 생각할 수도 있지만, 정자는 23개의 염색체와 꼬리 하나가 달린 단일세포로 되어 있어서 이러한 항해에 그다지 능숙하지 못하다는 점을 염두에 두어야 한다. 질에서 난소까지의 거리는 정자같이 작은 물체한테는 참으로 멀다. 게다가 여성의 신체는 정자가 이물질인 것처럼 반응하고 즉각 죽이기 시작한다. 보통 정자 몇백 개만이 나팔관에 도달하고 수정이 이루어질 수 있다(Jones, 2006).

여성의 몸속에는 난소가 2개 있고 매달 번갈아가며 난자를 방출한다. 여성 생리주기의 첫 부분에서 이 난자가 성숙하여 **난포**(follicle)가 된다. 난포는 난자와 이 난자를 둘러싸고 영양분을 제공하는 다른 세포들로 구성되어 있다. 생리주기의 14일째 무렵 성숙한 난포가 파열되고 나팔관으로 난자가 방출되면서 배란(ovulation)이 이루어진다(**그림 2.6** 참조). 난자는 매우 많은 세포질을 포함하고 있어서 정자보다 2,000배가량 크다(Johnson, 2008). 세포질은 만약 난자가 수정된다면 이 난자가 자궁에 도달하여 어머니로부터 영양분을 가져오기 시작하기까지 첫두 주 동안 성장하는 데 필요한 영양분을 제공해줄 것이다.

수정은 난자가 나팔관에 들어간 지 처음 24시간 동안에만 이루어질 수 있다. 정자가 나팔관까지 가는 데에는 몇 시간에서 하루가 걸린다. 따라서 성교가 배란일이나 그 이틀 전에 이루어진다면 수정이 될 가

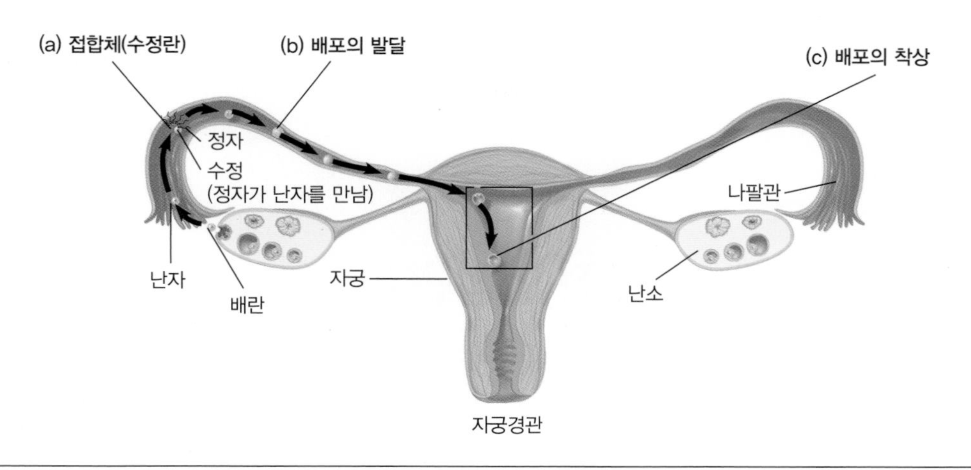

그림 2.6 배란 과정
2개의 난소는 1개월 주기로 매월 번갈아가며 배란을 한다.

능성이 높다(Wilcox et al., 1995). 정자는 여성의 신체에 들어온 뒤 최장 5일까지 생존할 수 있지만 대부분은 2일 이상 생존하지 못한다(Johnson, 2008).

접합체 수정 이후 정자와 난자의 결합으로 형성된 새로운 세포

정자의 끝부분에는 난자의 세포막을 녹이는 화학물질이 있는데, 정자는 난자에 도달할 때 이 화학물질의 도움을 받아 난자세포의 표면을 침투하기 시작한다. 정자가 난자의 세포막을 뚫고 들어가면 정자의 머리는 꼬리와 분리되고 꼬리를 바깥에 남겨둔 채 세포핵을 향해 계속 나아간다. 정자가 뚫고 들어가는 순간, 난자의 세포막에 화학적 변화가 일어나면서 다른 정자가 들어오지 못하도록 막는다.

정자의 머리가 난자의 핵에 도달할 때 난자에서는 감수분열의 마지막 단계가 시작된다(Johnson, 2008). 난자에서 온 염색체 23개가 정자에서 온 염색체 23개와 짝지어지고 2개의 생식세포로부터 **접합체**(zygote)라는 새로운 세포가 만들어지면서 수정이 이루어진다. 접합체의 짝지어진 염색체 46개는 수정의 순간에 새 유기체의 독특한 유전자형을 최종적으로 구성한다.

수정은 보통 이렇게 이루어지지만 때로는 변이가 일어난다. 가장 흔하게 나타나는 변이 중 하나는 여성의 난자가 1개가 아니라 2개가 방출되고, 이 2개가 다 정자에 의해 수정되어 이란성 쌍생아가 되는 경우이다. 이런 경우는 25번의 출생에 1번 발생하는 나이지리아에서 700번의 출생에 1번 발생하는 일본에 이르기까지 인종에 따라 상당히 큰 차이가 있기는 하지만, 전반적으로 60번의 출생에 1번꼴로 발생한다(Gall, 1996). 일반적으로 이란성 쌍생아 비율은 아시아인에서 가장 낮고 아프리카인에서 가장 높다(Mange & Mange, 1998). 인종 배경만이 아니라 쌍생아 가족력, 연령(나이 든 여성일수록 난자 2개를 한꺼번에 방출할 가능성이 더 높다), 영양(건강한 식습관을 가진 여성이 이란성 쌍생아를 가질 확률이 더 높다)도 이란성 쌍생아를 낳을 확률을 높이는 요인이다(Bortolus et al., 1999). 오늘날 이란성 쌍생아를 낳을 확률을 높이는 또 다른 원인은 불임치료인데, 이 장의 후반부에서 더 자세히 다루기로 하겠다.

수정은 난자가 나팔관으로 들어온 지 첫 24시간 이내에만 이루어질 수 있다.

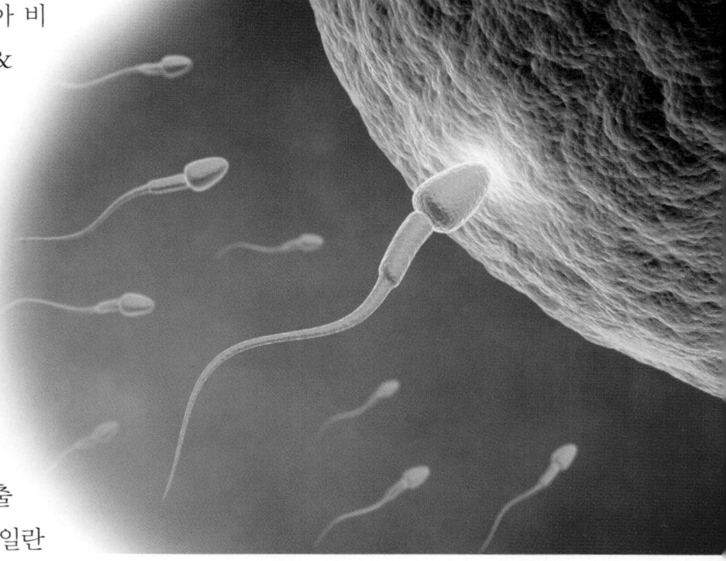

세포가 분리되는 과정을 막 시작한 접합체가 2개의 별도 세포군으로 분리되어 일란성 쌍생아가 되는 경우에도 쌍생아가 탄생한다. 일란성 쌍생아는 이란성 쌍생아보다 출생률이 더 적은데, 285번의 출생 중에 1번꼴로 출생한다(Zach et al., 2001). 이란성 쌍생아와 달리 일란

성 쌍생아는 인종에 따른 출생빈도에 차이가 없다. 전 세계에서 비슷한 빈도로 나타난다. 또한 이란성 쌍생아와는 달리 가족 내에서 계승되지 않으며, 연령이나 영양 상태에 의해 예측할 수도 없다.

2절 태내발달과 산전 건강관리

학습목표

2.8 배종기에 형성되는 구조들을 기술하고, 착상이 언제 이루어지는지 확인한다.

2.9 배아기의 주요 사건들을 요약하고 그런 사건들이 언제 발생하는지 알아본다.

2.10 태아기의 주요 사건들을 기술하고 언제 생존 능력이 생기는지 알아본다.

2.11 전통 문화와 선진국의 산전 건강관리를 비교하고 대조한다.

2.12 개발도상국과 선진국의 주요 기형유발 요인들을 알아본다.

태내발달과 산전 건강관리 : 태내발달

정자와 난자가 합쳐져서 접합체가 되면 놀라운 과정이 작동된다. 모든 일이 순조롭게 진행되면 약 9개월 후에는 완전히 형성된 인간이 탄생할 것이다. 이제 수정부터 출생까지의 이 과정을 자세히 살펴보기로 한다(**그림 2.7** 참조).

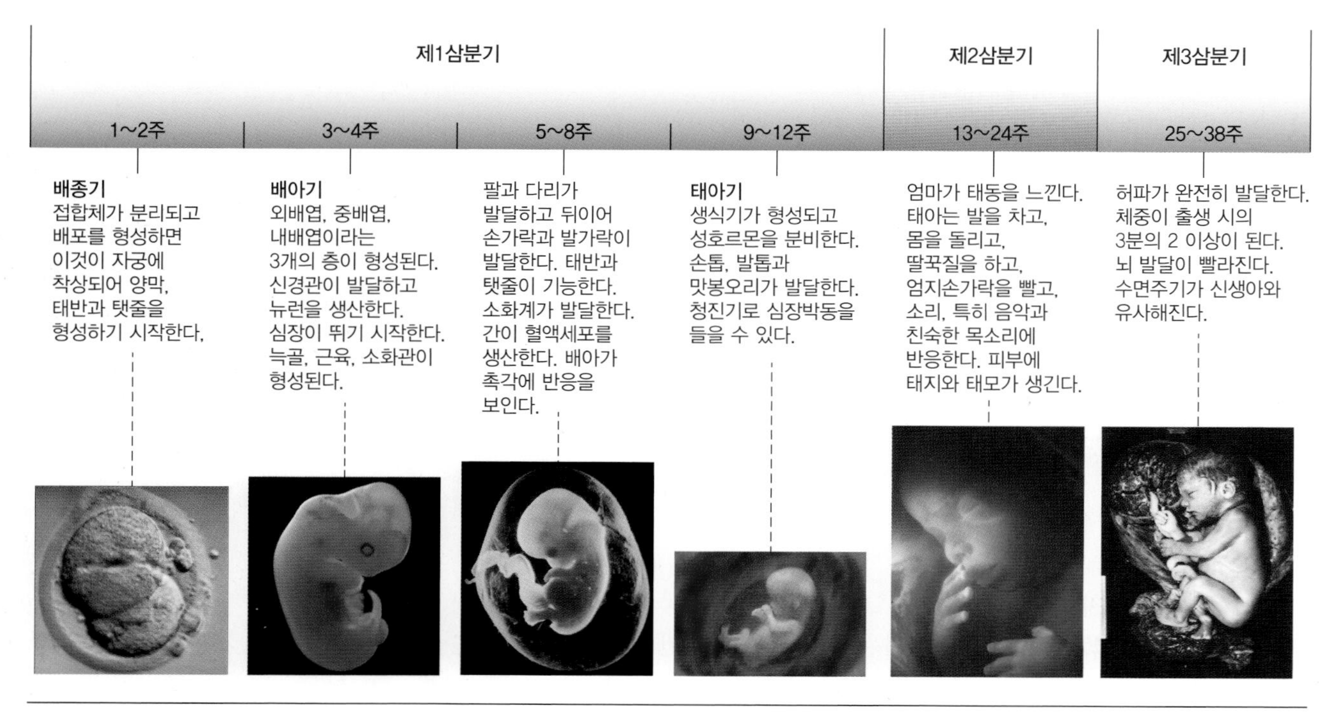

그림 2.7 **태내발달의 주요 단계**

배종기(첫 2주)

학습목표 2.8 배종기에 형성되는 구조들을 기술하고, 착상이 언제 이루어지는지 확인한다.

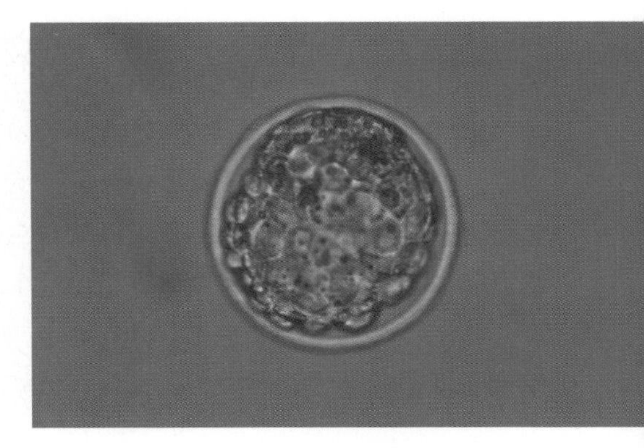
세포분열은 수정 후 30시간이 지나고 시작된다.

수정 후 첫 2주는 **배종기**(germinal period)라 불린다(Jones, 2006). 접합체가 나팔관을 거쳐 자궁으로 가서 자궁벽에 착상하는 시기이다. 접합체는 자궁으로 가는 중에 세포분열과 분화를 시작한다. 첫 번째 세포분열은 수정 후 30시간이 지나야 이루어지지만, 그 후에는 세포분열이 더 빠른 속도로 진행된다. 수정 후 1주가 지나면 100개가량의 세포로 구성된 공 모양의 **배포**(blastocyst)가 만들어진다. 배포는 2개의 층으로 분리된다. **영양막**(trophoblast)이라 불리는 외부 층은 보호와 영양을 제공하는 구조를 형성할 것이고, **배아원반**(embryonic disk)이라는 내부 층은 새 유기체의 배아가 될 것이다.

수정 후 두 번째 주에는 배포가 자궁내막에 단단히 자리를 잡으면서 착상이 이루어진다. 난자가 난소에서 방출된 이후 이 난자를 방출한 난포는 호르몬을 생성함으로써 자궁이 배포를 받아들이기 위한 준비로 혈액이 가득 찬 내막을 조성하게 만든다. 이제 배포는 이 혈액으로부터 영양을 공급받는다.

영양막은 이 두 번째 주에 몇 개의 구조로 분화하기 시작한다. 그중 일부는 발달하는 유기체를 둘러싸고 액체로 채워져 있는 **양막**(amnion)을 형성함으로써 유기체가 일정한 온도를 유지하도록 돕고 모체의 움직임이 일으키는 마찰로부터 유기체를 보호한다(Johnson, 2008). 자궁내막과 배아원반 중간에서 **태반**(placenta)이 발달하기 시작한다. 태반은 모체에서 발달하는 유기체로, 영양분이 통과하게 해주며 폐기물이 제거되게 해준다. 태반은 또 모체의 혈액에 들어 있는 박테리아와 폐기물로부터 발달하는 유기체를 보호하는 문지기 역할을 하며, 자궁내막에 혈액을 유지하고 산모의 가슴에서 젖이 나오게 하는 호르몬을 생산한다. **탯줄**(umbilical cord)도 발달하기 시작하여 태반과 자궁을 연결한다.

모든 것이 순조롭게 진행된다면 배종기의 최종 결과는 착상이다. 그러나 대개의 경우 세포분열의 속도를 늦추거나 세포분열을 중단시키는 염색체 문제로 인해 배포의 절반 이상은 성공적으로 착상되지 못하는 것으로 추정된다(Johnson, 2008). 착상이 되지 못하면 배포는 다음 월경기간에 혈액이 가득한 자궁내막과 함께 여성의 몸에서 배출될 것이다.

배종기 수정 후 첫 2주

배포 수정 후 일주일 정도의 기간에 형성된 100개가량의 세포로 구성된 공 모양의 덩어리

영양막 배아에게 보호와 영양을 제공하는 구조를 형성하게 될 배포의 외부 층

배아원반 배아를 형성하게 될 배포의 내부 층

양막 자궁에서 발달하는 아기를 둘러싸고 보호하는 액체로 가득 찬 막

태반 모체의 혈액 속에 들어 있는 박테리아와 폐기물들로부터 태아를 보호하고, 자궁내막의 혈액을 유지하며 모체에서 젖이 나오게 하는 호르몬을 생산하는 등 모체와 자궁 속 태아 사이에서 문지기 역할을 함

탯줄 태반을 모체의 자궁과 연결하는 구조

배아기(3~8주)

학습목표 2.9 배아기의 주요 사건들을 요약하고 그런 사건들이 언제 발생하는지 알아본다.

배종기 동안 영양막은 배아원반보다 더 빠른 속도로 분화하여 임신기간 동안 유기체를 보호하고 영양을 제공하는 구조들이 발달하게 만든다. 배아기에는 배아원반에서 분화가 급속도로 진행된다. **임신**(gestation) 3주에서 8주까지 6주간의 **배아기**(embryonic period)에 거의 모든 주요 기관들이 형성된다(Fleming, 2006).

배아기의 첫 주(수정 후 3주차)에 배아원반은 3개의 층을 이룬다. **외배엽**(ectoderm)은 피부, 모발, 손발톱, 감각기관과 신경계가 될 것이다. **중배엽**(mesoderm)은 근육, 뼈, 생식기관과 순환기관이 될 것이다. **내배엽**(endoderm)은 소화기관과 호흡기관이 될 것이다.

신경계는 가장 먼저, 가장 빨리 발달한다(Johnson, 2008). 수정 후 3주차 끝 무렵이면 외배엽의 일부는 나중에 척수와 뇌가 될 **신경관**(neural tube)을 형성한다. 신경관은 일단 형성되면 엄청난 양의 **뉴런**(neuron, 신경계 세포)을 분당 25만여 개의 속도로 생산하기 시작한다. 4주차가 되면 머리 모양이 분명해지고 눈, 코, 입과 귀가 형성되기 시작한다. 이 주에 심장이 뛰기 시작하며, 늑골, 근육, 소화관이 생겨난

임신 태내발달에서 수정 이후의 경과시간

배아기 태내발달에서 3~8주간의 시기

외배엽 배아기의 세포 바깥 부분으로 나중에 피부, 머리카락, 손톱, 감각기관 및 신경계(뇌와 척추)가 됨

중배엽 배아기의 3개 세포층에서 중간층으로, 이후 근육, 뼈, 생식기관과 순환기관이 됨

내배엽 배아기 세포의 내부 층으로, 이후 소화기관과 호흡기관이 됨

신경관 나중에 척수와 뇌가 될 배아기 외배엽의 일부

뉴런 신경계의 세포

태아기 태내발달에서 9주부터 출생까지의 기간

삼분기 3개의 3개월 기간으로 이루어진 태내발달의 한 기간

태지 출생 시 아기는 미끄럽고 끈적이는 물질로 덮여 있는데 이는 자궁에서 아기의 피부가 트지 않게 보호해줌

다. 4주가 끝날 무렵의 배아는 0.6센티미터 정도밖에 안 되지만 이미 상당한 분화를 이루었다. 그럼에도 불구하고 발생학 전문가조차도 이 시점에는 배아가 장차 물고기가 될 것인지 새가 될 것인지 포유류가 될 것인지 판단하기 어렵다.

5~8주 동안 발달이 빠른 속도로 진행된다. 5주차에는 팔다리가 될 싹이 나타나서 물갈퀴가 있는 손가락과 발가락으로 발달하며 8주차에는 물갈퀴가 없어진다. 태반과 탯줄이 완벽하게 기능한다(Jones, 2006). 소화기가 발달하고 간이 혈액세포를 생산하기 시작한다. 심장은 몇 개의 공간으로 구분된다. 신경관 윗부분은 계속 발달해서 뇌가 되지만, 아랫부분은 5주차에는 꼬리처럼 보이다가 점차 줄어들어서 8주차에는 척수의 모양을 갖추기 시작한다.

8주가 끝날 무렵의 배아는 길이 2.5센티미터에 무게 1그램에 불과하다. 그러나 성 기관을 제외한 모든 주요 기관이 형성됨에 따라 주요 신체 부위는 모두 형성되었다. 게다가 이 조그만 배아는 접촉 특히 입 주변의 접촉에 반응을 보이며, 움직일 수도 있다(Moore & Persaud, 2003). 이제 배아는 확연히 인간처럼 보인다(Johnson, 2008)

태아기(9주~출생)

태아기의 주요 사건들을 기술하고 언제 생존 능력이 생기는지 알아본다.

수정 후 9주차부터 출생까지 지속되는 **태아기**(fetal period)에는 앞서 형성된 기관들이 계속 발달한다. 태아기 초기에는 무게가 1그램이고 길이가 2.5센티미터였다가 출생 시에는 평균 3.4킬로그램과 51센티미터에 달할 정도로 엄청난 성장을 한다.

3개월이 끝날 무렵이면 성기가 형성된다. 형성이 끝난 성기는 뇌 조직, 신체 크기, 활동 수준 등 출생 전 발달의 나머지 부분에 영향을 미치는 호르몬을 분비하는데, 남자아이가 평균적으로 더 크고 더 활동적이 된다(Cameron, 2001; DiPietro et al., 2004). 3개월차에는 또 손톱, 발톱, 맛봉오리가 발달하기 시작한다. 청진기로 심장박동을 들을 수 있는 정도로 심장이 발달한다.

전형적인 태아는 3개월이 지나면 무게가 85그램 정도이고 길이는 7.6센티미터이다. 이것을 기억하는 좋은 방법은 100일, 100그램, 100밀리미터이다. 태내발달은 **삼분기**(trimester)라는 3개의 3개월 기간으로 나뉘고, 세 번째 달의 마지막이 제1삼분기의 마지막 달이다.

제2삼분기 동안 태아는 더 활동을 많이 하고 환경에 반응하기 시작한다(Henrichs et al., 2010). 네 번째 달 끝 무렵에 산모는 태동을 느낄 수 있다. 제2삼분기 동안 태아의 움직임은 점점 더 다양해진다. 제2삼분기가 끝날 무렵이면 양수를 들이쉬고 내쉬며, 발을 차고 몸을 돌리고 딸꾹질을 한다. 엄지손가락을 빨기도 한다. 친숙한 목소리, 특히 엄마의 목소리를 선호하는 등 사람의 음성이나 음악과 같은 소리에도 반응을 보인다. 피부를 덮고 있는 **태지**(vernix)라는 점액질의 흰 물질은 양수에 피부가 트지 않도록 보호하며, 태모라는 보송보송한 솜털은 태지가 피부에 들러붙지 않게 해준다. 태아는 출생 무렵이면 대개는 태모가 없지만, 때로 태모를 가지고 태어나는 아기들도 있고 이 태모는 생후 몇 주 내에 사라진다.

제2삼분기, 즉 수정 후 6개월이 지나면 전형적인 태아는 길이는 36센티미터이고 무게는 0.9킬로그램이 나간다. 행동의 많은 측면이 잘 발달한 것처럼 보이지만, 최고로 발달한 테크놀로지의 도움을 받는다 해도 자궁 밖에서 살아남을 수 있는 **생존력**(viability)은 그리 높지 않다. 제2삼분기의 끝 무렵인 26주차에도 생존율은 50%밖에 되지 않으며, 생존하는 경우에도 장애를 가지는 경우가 많다. 14%는 심한 정신장애가 있고, 12%는 광범위한 신체적·신경적 장애를 수반하는 뇌성마비를 가지고 있다(Lorenz et al., 1998). 이 생존율은 선진국이나 개발도상국의 부유한 가정에 태어난 아기들에게만 해당된다. 전 세계 많은 국가

에서는 제2삼분기가 끝나기 전에 태어난 아기들은 첨단의료에 의한 건강관리를 받지 못하며, 따라서 생존하지 못한다(OECD, 2009).

제3삼분기가 시작될 때 생존력의 주요 걸림돌은 허파의 미성숙이다. 허파는 생존을 가능하게 해주는 마지막 주요 기관이다. 7개월 또는 8개월 초반에 태어난 아기조차도 호흡기가 있어야 호흡을 제대로 할 수 있을 것이다. 체중 증가도 중요하다. 마지막 삼분기 동안 전형적 태아는 2.3킬로그램이 증가하고 이렇게 증가한 체중은 생명을 지속하는 데 도움을 준다. 2.5킬로그램보다 적은 체중으로 태어난 아기들은 다양한 문제들을 일으킬 위험에 처한다. 이 내용은 제3장에서 자세히 다루게 될 것이다.

제3삼분기에 뇌는 허파보다 더 미성숙한 상태이지만 뇌의 미성숙은 생존력에 장애로 작용하지 않는다. 제1장에서 살펴본 대로, 인간에게 초기 뇌의 미성숙은 진화 과정에서 일어나는 적응으로서 유난히 큰 인간의 뇌가 출산 시에는 산도를 무사히 통과할 수 있게 해준다. 인간은 다른 어떤 동물보다도 미성숙한 뇌를 가지고 태어나며, 이것이 인간의 아기들이 다른 동물들에 비해 더 취약하고 부모의 보살핌을 더 오래 받아야 하는 이유이다. 그럼에도 불구하고 태내발달의 마지막 2개월 동안 이전 어느 시기보다 뇌가 많이 발달한다. 1분에 최대 50만 개의 속도로 엄청난 수의 뉴런이 만들어지며, 이들 간의 연결이 점차 정교해진다(Gross, 2008).

제3삼분기에 28주 된 태아는 수면주기가 신생아와 유사해지는 지점까지 뇌의 발달이 진행된다. 태아는 점차 외부 환경을 인식하게 되는데, 특히 소리를 듣고 기억하는 능력이 발달한다(James, 2010). 한 연구에서 임신한 여성들은 임신 마지막 6주간 동안 뱃속의 태아에게 매일 닥터 수스의 *The Cat in the Hat* 이라는 이야기를 읽어주라는 요청을 받았다(DeCasper & Spence, 1986). 출생 후에 아기들은 엄마의 목소리가 나오는 녹음기를 틀기 위해 플라스틱 젖꼭지를 빠는 것으로 엄마 목소리에 대한 선호를 나타냈다. 아기들은 이전에 듣지 못한 비슷한 동화를 읽는 엄마의 목소리보다는 *The Cat in the Hat*을 읽는 엄마의 목소리를 듣기 위해 젖꼭지를 더 강하게 빨았다. 태아들은 내부 환경에 대해서도 반응을 보인다. 엄마가 크게 스트레스를 받으면 태아의 심장이 더 빨리 뛰고 신체의 움직임이 증가한다(DiPietro et al., 2002).

태내발달과 산전 건강관리 : 산전 건강관리

태내발달은 산모와 태아 둘 다에게 위험을 가져다줄 수 있으므로 모든 문화에서는 건강한 결과를 촉진하기 위한 제도와 관습을 발전시켰다. 먼저 전통 문화에서 산전 건강관리를 어떻게 하는지 살펴보고, 다음으로는 최근에 발달한 과학적인 산전 건강관리 방법을 알아보기로 한다.

산전 건강관리의 차이

전통 문화와 선진국의 산전 건강관리를 비교하고 대조한다.

모든 문화에는 여성이 임신기간에 해야 하거나 하지 말아야 하는 일에 대한 조언이 많다(DeLoache & Gottlieb, 2000). 여러분은 어떤 지침 또는 조언을 들었는가? 여러분은 어머니, 할머니 또는 여러분이 알고 있는 다른 어머니들에게 그들이 어떤 조언을 따랐고 그 조언을 어디서 들었는지 물어봤을지도 모르겠다.

임신과 관련한 어떤 조언들은 실용적이고 합리적이다. 실용적 조언은 여성들이 각자 자신의 경험에 기초하여 여러 세대에 걸쳐 서로에게 전수하는 축적된 지혜를 반영한다. 또 다른 경우에는 그러한 조언이 괴상하게 여겨질 때도 있는데 그 문화에 속하지 않는 사람들에게 특히 그러하다. 외부인에게 괴상하게 여겨지는 관습은 임신이 산모와 태아 둘 다에게 위험한 경우가 많기 때문에 생겨났을 것이다. 많은 문화들은 임신이 성공적으로 진행되기를 바라는 강한 욕망을 가지고 있지만 그러한 통제를 가능하게 해줄 과학적 지식이 없을 때 산전관습을 만들어낸다.

몇 가지 예를 들어보자. 서아프리카 코트디부아르의 벵 부족은 임신한 여성이 임신 초기에 야자술을 마시지 말아야 한다는 조언을 한다(Gottlieb, 2000). 이것은 임신 중에 술을 마시고 좋지 못한 결과를 맞은 여성들의 경험에서 우러나온 현명하고 실용적인 조언이다. 반면에 산모들은 임신 중에 영양의 고기를 먹지 말라는 조언도 듣고, 영양 고기를 먹으면 아기가 태어날 때 영양처럼 줄무늬를 가지고 있을지도 모른다는 경고를 받는다.

수천 마일 떨어진 인도네시아의 섬 발리에서는 임신한 여성들이 가지, 망고, 문어로 요리한 '뜨거운' 음식을 먹지 말아야 한다(Diener, 2000). 또한 임신한 여성은 월경 중인 여성이나 최근에 가족 내에 죽은 이가 있는 사람처럼 영적으로 불순한 사람으로부터 음식을 받아서는 안 된다. 임신한 여성과 태어나지 않은 아이의 피가 마녀들을 끌어당긴다고 생각되기에 임신한 여성은 부적을 구해서 벨트에 붙이거나 대문에 매달아서 보호를 받으라는 조언을 듣는다.

방금 언급한 산전 관습들 중에서 몇 가지는 이상하게 여겨질 것이다. 그러나 이런 관습들은 매우 중요하지만 미스터리한 사건들을 통제하려는 인간적인 시도로 이해할 수 있다.

오랜 과학적 전통을 가지고 있는 선진국에서조차 수십 년 전까지만 해도 과학적 관점의 산전 건강관리에 대해서는 알려진 것이 별로 없었다. 20세기 중반에도 선진국 여성들은 임신기간에 체중 증가를 7킬로그램까지로 제한하라는 의사들의 충고를 들었다(Eisenberg et al., 2011). 최근의 과학적 연구들은 임신기간에 산모의 체중이 11~16킬로그램 증가해야 하며, 9킬로그램보다 적게 증가한 여성들은 조산아나 저체중아를 낳을 위험이 있다는 것을 보여주었다(Ehrenberg et al., 2003).

최근 수십 년 사이에 다른 영역에서도 산전 건강관리에 대한 과학적 지식이 광범위하게 축적되었다. 이 연구의 중요한 결론 한 가지는 수태 후 가급적 빠른 시간 내에 산모와 태아의 건강을 모니터하고 임신이 잘 진행될 수 있도록 임신한 여성이 숙련된 보건 전문가로부터 정기적으로 평가를 받아야 한다는 것이다. 선진국의 여성들은 대부분이 훌륭한 산전 건강관리를 제공할 수 있는 의사, 간호사 또는 공인 조

조산사 임신한 여성의 산전건강관리와 출산 과정을 돕는 사람

문화 초점 : 임신과 여러 문화의 산전 건강관리

많은 문화들은 임신에 대해 과학적 또는 실제적 근거가 없는 민간신앙을 가지고 있지만, 상당수는 임신한 여성에게 진정한 위안을 제공하는 관습들도 가지고 있다. 많은 전통 문화에서 보편적으로 사용되는 산전 건강관리 방법 중에서 도움이 되는 한 가지는 마사지이다(Field, 2010; Jordan, 1994). 출생 전 마사지는 보통 **조산사**(midwife, 임신하고 출산하는 여성을 돕는 사람)가 임신한 여성을 방문할 때 실시한다. 조산사는 마사지를 할 때 여성에게 임신이 어떻게 진행되고 있는지에 대해 다양한 질문을 한다. 조산사는 마사지의 일부로 자궁에서 태아의 위치를 알아보기 위한 조사를 한다. 태아의 자세가 잘못되어 머리가 아니라 발이 먼저 나올 가능성이 높을 것 같으면 조산사는 태아의 머리가 질 쪽을 향하도록 역위를 시도할 것이다. 이것은 때로 고통스럽지만, 제3장에서 보았듯이 머리가 먼저 나오는 출산이 다리가 먼저 나오는 출산보다 산모와 아기 둘 다에게 훨씬 더 안전하다.

출생 전 마사지는 많은 문화에서 오랜 역사를 가지고 있다(Jordan, 1994). 최근에는 선진국의 조산사, 간호사, 의사들도 사용하기 시작하였다. 지금까지 마사지가 산모와 태아에게 도움이 된다는 것을 지지하는 상당량의 연구가 축적되었다. 산모의 허리 통증이 줄어들고 관절이 덜 붓고 잠을 더 푹 잘 수 있다는 장점이 있다(Field, 2004, 2010). 어머니가 출생 전 마사지를 받는 아기들은 출생 초기 몇 주 내에 신체적·사회적 기능 척도에서 점수가 더 높다(Field et al., 2006).

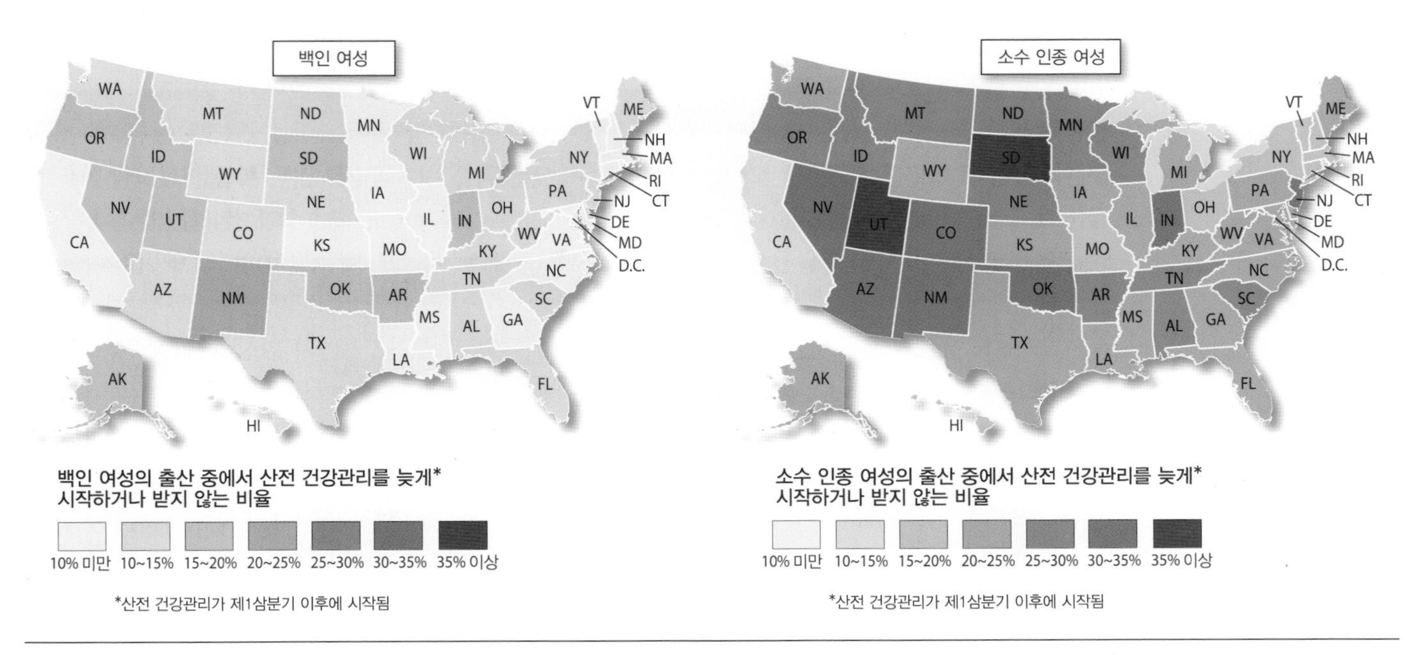

지도 2.1 미국 내 산전 건강관리의 인종 간 차이

백인 여성이 받는 산전 건강관리는 다른 인종의 여성에 비해 어떤 점에서 차이가 있는가? 어떤 경제적 요인들이 이러한 차이를 설명할 수 있는가?

산사의 도움을 받을 수 있다. 그러나 특히 미국의 일부 가난한 여성들은 그런 관리를 받지 못할 수 있다. 제1삼분기에 산전 건강관리를 받기 시작하는 미국 여성의 비율은 **지도 2.1**에 나타난 대로 인종과 SES에 따라 크게 차이가 있다.

개발도상국의 임신한 여성들은 선진국 여성들에 비해 숙련된 보건 전문가로부터 산전 건강관리를 받을 가능성이 훨씬 적다. 세계보건기구의 임신을 더욱 안전하게 프로그램은 각국 정부가 임신한 여성에게 그러한 관리를 제공하는 프로그램을 설정하도록 하는 데 초점을 맞춰왔다(WHO, 2009). 현재 산모와 아기의 사망은 개발도상국에서 99%(선진국에서는 단 1%)가 발생하며 WHO 프로그램은 사망률이 가장 높은 아프리카와 남아시아의 70개국에 초점을 맞추고 있다.

산전 건강관리 지침은 주로 세 가지 핵심 영역에 초점을 두는데 식사, 운동, 기형유발 요인이라는 잠재적으로 유해한 영향요인을 피하는 것이다(**표 2.2** 참조; WHO, 2009).

중간 수준의 운동은 훌륭한 산전 건강관리의 일부이다.

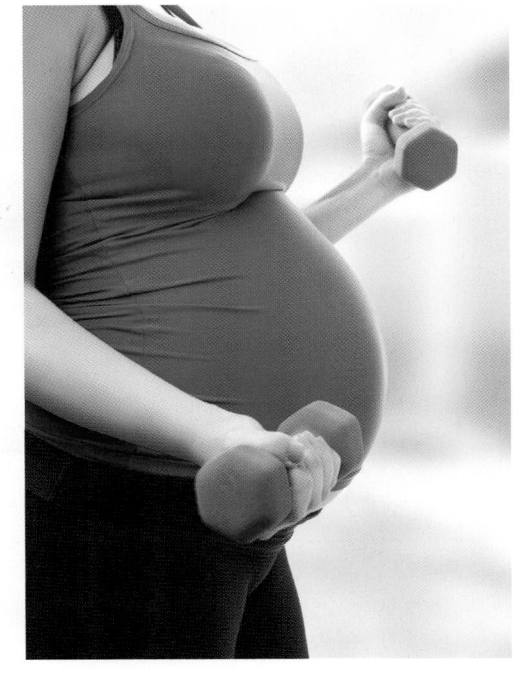

비판적으로 사고하기

여러분의 문화에는 여성이 임신 전이나 임신기간 중에 무엇을 먹어야 한다거나 먹지 말아야 한다는 데 대해 어떤 믿음이 있는가? 수정에서 임신까지 연속선상의 어느 시점에서 동일한 믿음이 남성에게도 적용되는가?

표 2.2 산전 건강관리의 필수요소

임신 전
• 출생 전 발달에 영향을 미칠 수 있는 질환이 없는지 의학적 검사를 받는다. 예방접종 주사를 전부 다 맞지 않았다면 출생 전 발달에 해를 끼칠 수 있는 풍진 같은 질병을 예방할 주사를 맞는다(예방접종은 임신 중에는 안전하지 않을 수 있다).
• 임신하기 어렵게 만들거나 태내발달에 해를 끼칠 수 있는 담배와 술과 기타 약물을 피한다.
임신 중
• **식사** 단백질, 곡물, 과일, 채소를 포함하는 균형 잡힌 식사를 한다. 과도한 지방과 설탕을 피하고 충분한 철분과 요오드를 섭취한다. 총 11~16킬로그램까지 체중을 늘린다. 체중을 지나치게 늘리거나 지나치게 감량하지 않는다. 여성들은 또 평소보다 임신 중에 수분을 더 많이 섭취해야 한다. 태아가 건강하게 발달하기 위해서는 수분을 필요로 할 뿐 아니라 임신한 여성의 몸도 수분이 더 많이 필요하기 때문이다.
• **운동** 순환계와 근육을 자극하기 위한 에어로빅 운동과 질 근육을 강화하기 위한 케겔 운동을 포함하여 가벼운 운동에서 중간 정도까지의 운동을 규칙적으로 한다. 걷거나 뛰거나 수영을 하는 등의 에어로빅 운동은 여성 신체의 순환계와 근육을 자극한다(Schmidt et al., 2006). 그러나 격렬한 운동이나 장거리 달리기, 접촉 스포츠, 활강, 수상스키, 승마와 같이 매우 위험한 스포츠는 피하는 것이 중요하다.
• **기형유발 요인** 담배, 술과 기타 약물은 피한다. X-선, 유해한 화학물질, 전염성 질환에 노출되지 않도록 한다.

기형유발 요인

개발도상국과 선진국의 주요 기형유발 요인들을 알아본다.

기형유발 요인 태내발달 훼손에 영향을 주는 행동, 환경 또는 신체적 조건

훌륭한 산전 건강관리의 주요 부분은 **기형유발 요인**(teratogens), 즉 발달하는 유기체에 해를 끼칠 수 있는 행동, 환경 및 신체 상태를 피하는 것이다(Haffner, 2007). 배아와 태아 둘 다 다양한 기형유발 요인에 취약하다. 특히 배아기는 태내발달의 결정적 시기이다. **그림 2.8**이 보여주듯이, 배아기는 모든 주요 기관이 빠른 속도로 형성되고 있는 시기이기 때문에 기형유발 요인이 이후의 발달에 특히 심대하고 항구적인

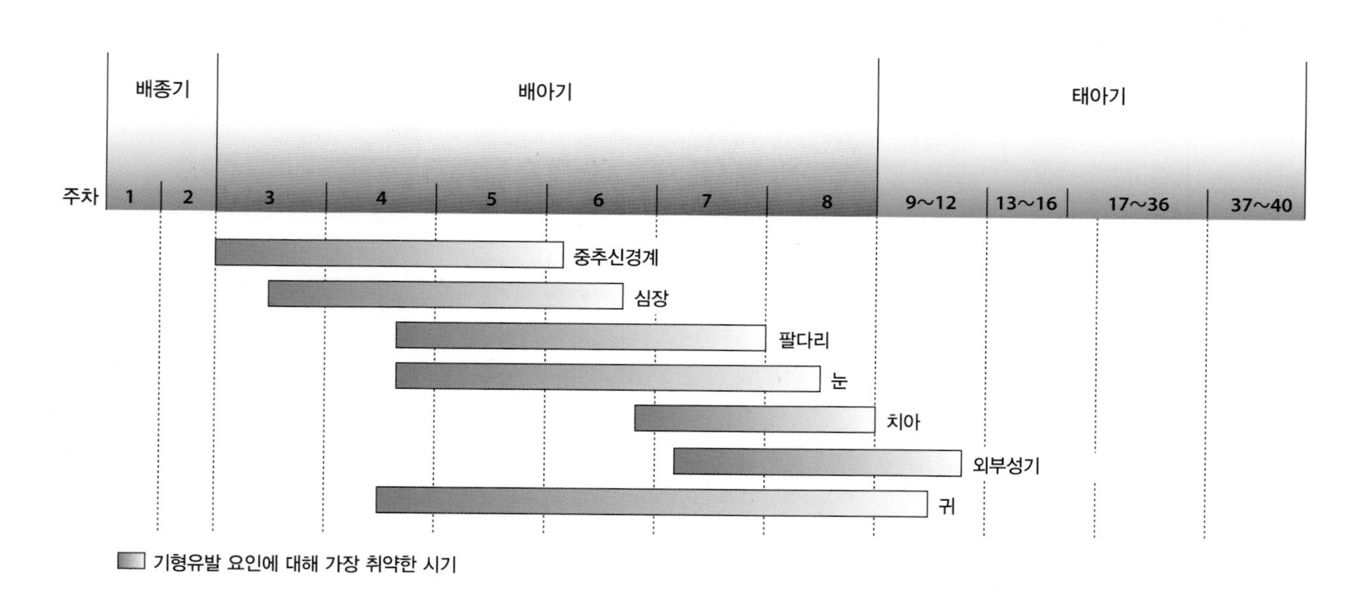

그림 2.8 기형유발 요인의 발생시점

기형유발 요인에 대한 취약성은 배아기에 가장 높다.
출처 : Based on Moore, 1974

효과를 미칠 수 있는 시기라는 의미이다. 그러나 어떤 기형유발 요인들은 태아기에 해를 끼칠 수 있다. 주요 기형유발 요인으로 영양실조, 전염성 질환, 알코올, 담배가 있다.

영양실조는 개발도상국에서 흔히 나타나는 기형유발 요인이다. 이 사진의 여성은 잠비아 농촌 지역의 임신한 여성이다.

영양실조 아마도 전 세계에서 가장 흔한 기형유발 요인은 영양실조일 것이다. 의학 전문가들은 임신한 여성들에게 체중을 11~14킬로그램 더 늘릴 것과 단백질, 곡물, 과일, 채소 등의 건강하고 균형 잡힌 식사를 할 것을 권장한다(Martin et al., 2002). 그러나 제1장에서 언급했듯이, 전 세계 인구의 40%가 하루에 2달러보다 적은 돈으로 생활한다면 그 40%에 해당하는 어머니들은 임신기간에 이상과는 거리가 먼 식사를 한다고 생각할 수 있을 것이다.

더욱이 전 세계 인구의 절반가량은 농촌 지역에서 살고 있는데, 농촌 지역 사람들의 식사는 종종 계절에 따라 큰 차이를 보인다. 그들은 농작물이 생산되는 여름과 가을에는 음식을 상당히 잘 먹을 수 있지만, 신선한 음식을 구할 수 없는 겨울과 봄에는 그만큼 잘 먹지 못할 것이다. 결과적으로 산전 건강 상태는 아이를 언제 수태하느냐에 크게 좌우될 수 있다.

중국은 최근 수십 년간 이 효과를 지지하는 극적인 증거를 보여주었다(Berry et al., 1999). 1980년대 중국에서는 두 가지 심각한 태아장애가 세계에서 가장 많이 발생하였다. 뇌의 일부분이 없거나 기형이 된 **무뇌증**과 척추의 모양이 극도로 왜곡된 **이분척추**이다. 이 두 장애의 주요 원인은 과일과 채소에 특히 많이 들어 있는 영양소인 엽산이라는 것이 밝혀졌다. 더욱이 연구자들은 중국에서 전통적인 결혼 시기는 1월과 2월이며, 대부분의 부부가 결혼 후 가능하면 빨리 아이를 갖고자 한다는 것을 관찰하였다. 결과적으로 임신 초기 몇 달은 전형적으로 농촌 여성들이 과일과 채소를 섭취할 가능성이 가장 적은 시기인 겨울과 초봄이다. 이런 패턴이 발견된 후 중국 정부는 산모들에게 엽산보충제를 제공하는 전국적인 프로그램을 수립하였으며, 그 이후로 무뇌증과 이분척추 발생률은 급격히 감소하였다(CDC, 2011).

다른 많은 국가들도 임신한 여성들의 엽산결핍을 줄이기 위한 조치를 취했다. 엽산이 무뇌증과 이분척추를 예방하는 열쇠라는 것이 밝혀진 후 많은 국가의 정부들이 시리얼, 빵, 파스타, 밀과 쌀 같은 곡류 제품에 엽산을 추가해야 한다는 법률을 통과시켰다. 두 장애의 발생률은 거의 즉각적으로 크게 줄어들었다(Honein et al., 2001). 의학 전문가들은 이제 여성들이 임신하기 위해 노력하고 있을 때에도 엽산보충제를 복용하고 채소와 과일을 충분히 섭취하기 시작할 것을 권장한다. 엽산결핍으로 인한 손상은 임신했다는 것을 분명하게 알기 전인 임신 초기 몇 주 동안에 발생할 수 있기 때문이다(de Villarreal et al., 2006).

임신기간에 흔히 결핍되기 쉬운 다른 두 가지 영양소는 철분과 요오드이다. 쇠고기, 오리, 감자(껍질 포함), 시금치, 견과류와 같이 철분이 풍부한 음식들은 산모와 태아에게 혈액을 공급하는 중요한 역할을 한다. WHO는 전 세계에서 거의 절반가량의 여성들이 철분이 부족하여 조산아나 저체중아를 낳을 위험에 처해 있다고 추산한다(WHO, 2009). 철분이 풍부한 음식들을 포함하는 건강한 식사를 하는 경우에도 보건 전문가들은 임신 12주 이후로는 철분보충제를 복용할 것을 권장한다.

요오드도 중요하다. 임신기간에 요오드를 적게 섭취하면 유산, 사산, 그리고 태아의 뇌발달에서 기형을 초래할 위험이 증가하기 때문이다. 선진국에서는 1920년대 이후로 소금을 요오드 처리하고 있으므로 여성들은 일상 식사에서 적정량의 요오드를 섭취한다. 그러나 개발도상국에서는 대부분의 여성들이 요오드화된 소금을 사용하지 않으며, 결과적으로 요오드결핍을 겪는 경우가 많다. 최근에 WHO와 다른 주요

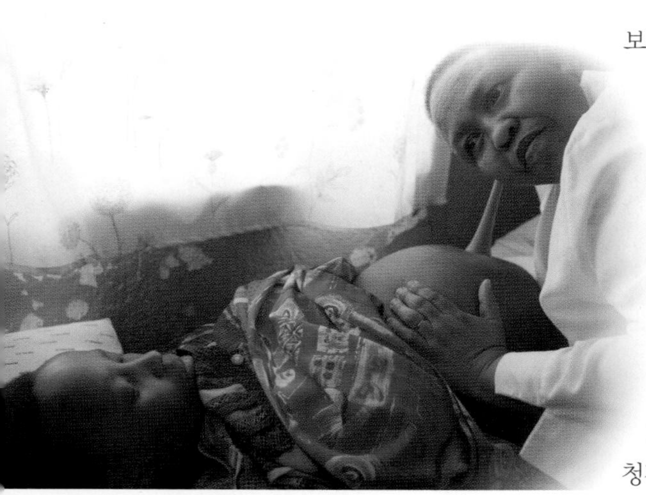

개발도상국에서 AIDS에 걸린 산모들은 적절한 의학적 치료를 받는 경우가 드물다. 이 사진에서는 레소토의 한 여성이 HIV/AIDS 클리닉에서 치료를 받고 있다.

보건기구들은 개발도상국에서 요오드보충제를 쉽게 구할 수 있게 하려는 시도를 강력하게 추진하였다. 이 내용은 제3장에서 더 자세히 다루게 될 것이다.

전염성 질환 전염성 질환은 선진국보다 개발도상국에서 훨씬 더 많이 발생한다(WHO, 2009). 이러한 질환의 상당수가 태내발달에 영향을 미친다. 이 중에서 가장 많이 발생하는 위중한 질병은 (독일홍역으로도 알려져 있는) 풍진이다. 배아기는 풍진에 노출되기 쉬운 결정적 시기이다. 이 시기에 풍진에 걸린 산모의 아기들은 절반 이상이 시각상실, 청각상실, 지적장애, 심장이나 생식기나 장기의 이상과 같은 심각한 문제를 갖는다(Eberhart-Phillips et al., 1993). 태아기에는 풍진의 효과가 이보다는 덜 심각하지만 아기들이 저체중, 청각 문제, 골격 기형을 가지고 태어날 수 있다(Brown & Susser, 2002). 선진국에서는 1960년대 이후로 아동에게 예방접종을 실시한 결과 풍진 발생이 드문 일이 되었지만, 아동에게 예방접종을 잘하지 않는 개발도상국들에서는 풍진이 흔히 발생한다(Plotkin et al., 1999; WHO, 2009).

태내발달에서 자주 나타나는 또 다른 전염성 질환은 면역계를 손상시키는 HIV가 초래하는 성병인 **AIDS**(acquired immune deficiency syndrome, 후천성면역결핍증후군)이다. HIV/AIDS는 태내발달이 이루어지는 동안 혈액을 통해, 출산하는 동안, 또는 모유를 통해 어머니가 아이에게 전달할 수 있다. HIV/AIDS는 출생 전에 뇌발달을 손상시키는데, HIV가 있는 아기들은 AIDS가 아주 흔한 개발도상국에서는 구하기 어려운 값비싼 약물인 '칵테일'을 복용하지 않는 한 성인기까지 생존할 가능성이 별로 없다. 개발도상국에서 HIV/AIDS의 모자간 전달은 (1) 출산 전에 어머니들에게 제공되는 효과적인 의약품, (2) AIDS에 감염된 어머니들에 대한 제왕절개, (3) 모유 대신 분유 수유라는 세 가지 전략을 통해 최근 들어 극적으로 감소하였다(WHO, 2010). 그러나 모든 HIV 감염의 95%는 아프리카에서 발생하며, 아프리카 어머니들이나 아기들은 HIV/AIDS를 효과적으로 예방하는 세 가지 전략을 사용하는 경우가 거의 없다.

알코올 선진국에서 태내발달에 가장 광범위하게 손상을 초래하는 기형유발 요인은 알코올이다(Mattson et al., 2010; Sokol et al., 2003). 임신기간 중 적당량의 알코올 섭취는 아무런 해도 끼치지 않을 것이라는 믿음과는 달리 최근 연구는 임신한 여성에게 안전한 알코올의 양은 **전혀 마시지 않는** 것이라는 결과를 내놓았다. 한 주에 며칠을 한두 잔씩만 마셔도 아이가 출생 시 키와 몸무게 및 머리 크기가 덜 자란 상태로 태어날 위험이 있고, 아동기에 지능이 낮고 더 공격적일 위험도 있다(Willford et al., 2004).

어머니가 임신 중에 술을 많이 마시면 아기가 얼굴 기형, 심장 문제, 팔다리 기형, 지적장애와 주의력 및 기억의 결함 등 다양한 인지적 문제를 보이는 **태아알코올스펙트럼장애**(fetal alcohol spectrum disorder, FASD)에 걸릴 위험이 높다(Mattson et al., 2010). FASD를 가지고 태어난 아기들은 평생 어려움을 겪게 되며, 어머니가 임신 중에 술을 많이 마셨을수록 문제가 더 심각할 가능성이 높다(Barr & Streissguth, 2001). 아동기와 청소년기에는 인지적 결함으로 인해 학교에서 학업이나 사회관계를 제대로 해내기 어렵다(Korkman et al., 2003). 청소년기에는 FASD가 비행, 알코올 및 약물 남용, 우울과 여타 정신건강상의 문제가 생길 위험을 높인다(Baer et al., 2003; Mattson et al., 2010). 알코올 중독이 만연해 있는 미국 원주민과 캐나다 원주민 마을들에서 FASD 비율이 10%나 된다는 점이 특히 우려스럽다(Caetano et al., 2006; Tough et al., 2007).

AIDS(후천성면역결핍증) HIV에 의해 초래되는 성매개 질환으로 면역계에 손상을 일으킴

태아알코올스펙트럼장애(FASD) 얼굴기형, 심장 문제, 팔다리기형과 다양한 인지적 문제 등 임신 중 어머니가 술을 많이 마심으로써 발생하는 문제

담배 어머니의 흡연은 태내발달에 광범위하게 해로운 영향을 미친다. 임신 중에 담배를 피우는 여성들

은 유산과 조산을 할 위험이 더 높고, 흡연은 선진국에서 출생 시 저체중을 초래하는 주요 원인이다(Espy et al., 2011). 어머니의 흡연은 아기가 심장 기능 손상과 호흡곤란 등의 건강 문제를 가질 위험을 높이며 심지어 사망에 이르게 하기도 한다(Jaakkola & Gissler, 2004). 태내에서 흡연에 노출되면 아동기와 청소년기에 언어 기술이 뒤떨어지며 주의력과 기억력의 문제, 행동 문제 등을 일으킬 수 있다(Cornelius et al., 2011; Sawnani et al., 2004).

간접 흡연 흡연자 근처에 있는 사람들이 들이마시는 담배연기

아버지의 흡연도 태내발달에 위험 요소이다. 아버지의 흡연으로 인한 **간접 흡연**(secondhand smoke)은 출생 시 저체중과 소아암에 걸릴 위험을 높인다(Ruckinger et al., 2010). 흡연율은 개발도상국보다 선진국에서 더 높지만 전 세계의 개발도상국들도 경제가 성장함에 따라 흡연율이 급속히 높아지고 있다(WHO, 2011).

다른 기형유발 요인 영양실조와 전염성 질환은 개발도상국에서, 알코올과 담배는 선진국에서 가장 흔한 기형유발 요인이다. 그러나 다른 많은 잠재적 기형유발 요인이 있다. 어머니가 코카인, 헤로인, 마리화나 같은 약물을 복용하면 아기가 신체적·인지적·행동적 문제를 일으킬 수 있다(Messinger & Lester, 2008; National Institute on Drug Abuse, 2001). 일부 처방약물도 해를 끼칠 수 있다. 예를 들어 심한 여드름을 치료하는 데 사용되는 약물인 어큐테인은 배아발달 기간에 뇌와 심장 같은 주요 기관들에 엄청난 손상을 끼칠 수 있다(Honein et al., 2001). 감기약같이 처방전 없이 살 수 있는 약들도 태내발달에 해를 끼칠 수 있으므로 임신을 했거나 하고자 하는 여성들은 어떤 약을 복용하든지 그에 대해 항상 의사와 상의를 해야 한다(Morgan et al., 2010). X-선, 유해화학물질, 전염성 질환 같은 기형유발 요인에 노출되는 일이라면 임신기간 중에 그런 일을 하지 않는 것이 최선이다. 그밖에도 잠재적 기형유발 요인으로 환경 공해, 방사능, 어머니의 심한 스트레스 등이 있다.

3절 임신의 문제

학습목표

2.13 염색체 장애가 어떻게 생겨나는지 설명한다.

2.14 산전 진단의 세 가지 주요 기법을 기술하고, 유전상담을 누가 어떤 목적으로 받고자 하는지 설명한다.

2.15 남성과 여성 각각에 대한 주요 불임 원인들을 열거하고, 최근의 치료법들을 기술한다.

2.16 전 세계의 불임률을 비교하고, 불임에 대한 선진국과 개발도상국의 관점을 대조한다.

임신의 문제 : 출생 전 문제

대부분의 임신은 큰 문제없이 진행되며 건강한 아기의 출생으로 마무리된다. 그러나 태내발달 과정에서 많은 것이 잘못될 수 있다. 이 절에서는 흔히 나타나는 염색체 장애 몇 가지를 살펴보고 유전상담 기법을 알아보기로 한다.

염색체 장애

염색체 장애가 어떻게 생겨나는지 설명한다.

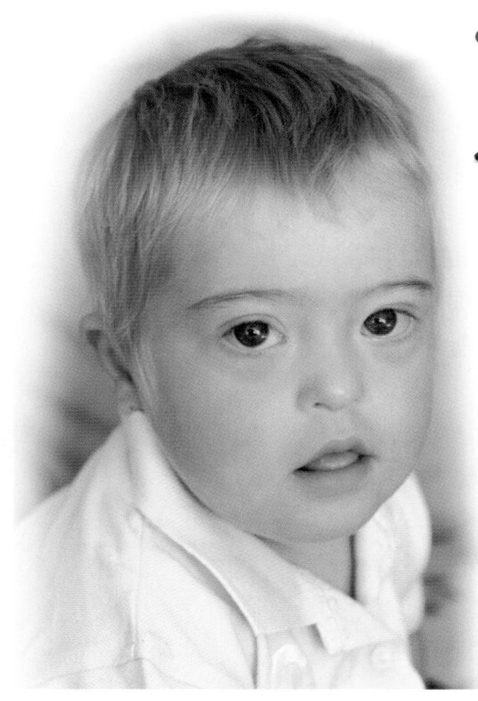

다운증후군이 있는 사람들은 전형적으로 다양한 신체적·인지적 문제를 겪는다.

감수분열이 일어나면서 생식세포가 형성되는 과정에서 때로 오류가 발생하고 염색체가 제대로 분리되지 못하는 경우가 있다. 그 결과 각 세포의 염색체가 46개가 아니라 45개나 47개(매우 드물게는 48개나 49개)가 되고 문제가 발생한다. 모든 수정의 절반 정도에서 염색체가 너무 많거나 적게 생기는 것으로 추정되지만, 이런 경우 대부분의 접합체가 아예 처음부터 발달하지 않거나 임신 초기에 자연적으로 유산된다(Borgoankar, 1997; Johnson, 2008). 정상 출산으로 태어난 아기 200명 중 1명은 염색체 장애를 가지고 있다. 염색체 장애에는 두 가지 중요한 유형이 있다. (1) 성염색체와 관련된 장애와, (2) 21번째 염색체 쌍에서 발생하고 다운증후군이라는 질환을 가져오는 장애이다.

성염색체 장애 성염색체는 염색체 장애와 관련될 가능성이 특히 높다. 어떤 사람은 X 염색체를 하나 더 가지고 있거나(XXX 또는 XXY), Y 염색체를 하나 더 가지고 있거나(XYY), 아니면 X 염색체를 하나만 가지고 있고 두 번째 염색체는 없을 수도 있다. 500명 중 1명 정도가 성염색체 장애를 가지고 있다.

성염색체 장애는 흔히 두 가지 결과를 초래한다(Batzer & Rovitsky, 2009). 한 가지는 장애가 있는 아동이 (경도에서 중등도의) 지적장애, 학습장애 또는 언어손상과 같은 인지적 결함을 보이는 것이다. 다른 종류의 문제는 사춘기에 남자아이는 고환과 음경이 제대로 발달하지 않고 여자아이는 배란이 되지 않는 등 생식계통 발달에 이상을 일으키는 것이다. 성염색체의 기능 중 하나는 성호르몬 생산을 관리하는 것인데, 성염색체가 너무 적거나 너무 많으면 이 과정에 문제가 생긴다. 그러나 호르몬대체요법은 이 문제를 바로잡는 데 종종 효과를 발휘한다.

다운증후군 21번째 쌍에 염색체가 하나 더 있는 상태를 **다운증후군**(Down syndrome) 또는 삼염색체성-21이라 한다. 다운증후군이 있는 사람들은 작고 다부진 몸집, 유난히 납작한 얼굴, 커다란 혀, 눈꺼풀 위 피부의 접힘 등 특이한 신체적 특징을 가지고 있다. 또한 지적장애와 언어 문제 등 인지적 결함도 가지고 있다(Pennington et al., 2003). 상당수는 청각손상과 심장결함 등의 신체발달상의 문제도 가지고 있다.

이들의 사회적 발달은 상호 간에 큰 차이가 있다. 다운증후군 아동 중 일부는 다른 사람들보다 잘 웃지 않고 눈을 맞추기도 어려워하지만 다른 아동들은 매우 행복하고 사랑스럽게 행동한다. 지지하고 격려하는 부모들은 다운증후군 아동이 더 순조롭게 자라도록 도움을 준다(Hodapp et al., 2012; Sigman, 1999). 유아기와 학령 전기의 중재 프로그램들은 이들의 사회적·정서적·운동적 기술을 향상시키는 것으로 밝혀졌다(Carr, 2002; Hodapp et al., 2012). 성인기에는 적절한 지원을 받으면 대다수가 고도로 구조화되고 단순한 과제들로 이루어진 직업을 수행할 수 있다.

다운증후군이 있는 사람들은 다른 사람들보다 노화속도가 더 빠르다(Berney, 2009). 뇌의 전체 용적이 20대에 이미 감소하기 시작한다. 백혈병, 암, 알츠하이머병, 심장질환과 같이 다른 사람들에게는 성인 후기에나 나타날 다양한 신체질환이 이들에게는 30~40대부터 나타나기 시작한다(Hassold & Patterson, 1999). 결과적으로 이들의 수명은 일반 대중에 비해 많이 짧다. 그러나 의학적 치료를 받으면 이들 대부분이 적어도 50~60대까지 살아갈 수 있다(Hodapp et al., 2012).

다운증후군 21번째 염색체 쌍에 별도 염색체가 추가됨으로써 생기는 유전장애

부모의 연령과 염색체 장애 염색체 장애를 가진 아동의 부모들은 거의 항상 장애가 없다(Batzer & Ravitsky, 2009). 염색체 장애는 부모가 유전적 문제를 가지고 있고 이것을 자녀에게 물려주는 것이 아니라 대개는 부모, 특히 어머니의 연령 때문에 발생한다. 예를 들어 다운증후군이 생길 위험은 20대에 1,900명당 1명에서, 45세에는 30명당 1명으로 어머니의 연령에 따라 증가한다(Meyers et al., 1997). 염색체 장애가 발생할 위험은 20대 어머니들에게는 매우 낮고 30대에 약간 증가하지만 40대에는 크게 증가한다(**그림 2.9** 참조; Umrigar et al., 2014).

여성의 생식세포 생산은 그 여성이 어머니 자궁 속에 있을 때 이루어진다는 사실을 상기하자. 여성이 나이가 들수록 그 난자들은 그 여성의 난소 안에 더 오래 있은 것이다. 수정이 이루어지고 나서 난자에서 감수분열의 마지막 단계가 완료될 때 그 여성이 나이가 많을수록 그 염색체들이 감수분열의 최종 단계에 그만큼 더 오래 머물러 있었으므로 제대로 분리되지 않을 가능성도 그만큼 더 커진다. 아버지의 정자가 염색체 장애의 원인인 경우는 5~10%이지만, 아버지의 나이가 많을수록 위험이 증가하는지 여부는 아직 확실히 밝혀지지 않았다(Crow, 2003; Fisch et al., 2003; Muller et al., 2000).

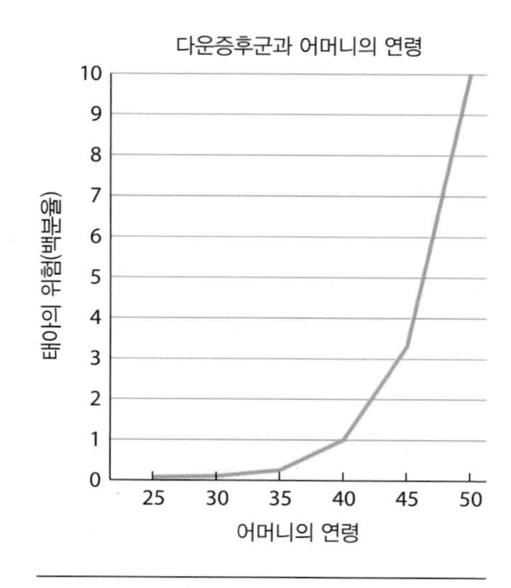

그림 2.9 다운증후군과 어머니의 연령

40세 이후로 위험이 가파르게 증가하는 이유는 무엇인가?

출처 : Based on Umrigar et al. (2014)

산전 진단

산전 진단의 세 가지 주요 기법을 기술하고, 유전상담을 누가 어떤 목적으로 받고자 하는지 설명한다.

출생 전 발달의 과정을 관리하기 위해 다양한 기법이 사용된다. 문제가 생길 위험이 있는 부부들은 자신들이 직면한 위험의 성격과 정도를 알아보기 위해 임신 전에도 출생 전 유전상담을 받고자 한다.

산전 진단 기법 선진국에서는 태아의 성장과 건강을 점검하고 문제를 탐지하기 위해 다양한 기법을 사용한다. 초음파, 양수천자, 융모막융모 검사 등의 방법이 많이 사용된다.

초음파 음파를 사용하여 임신 중인 태아의 이미지를 만들어내는 기계

초음파 검사 **초음파**(ultrasound) 검사에서는 태아를 향해 고주파 음파를 보내고 그 음파가 태아에 부딪쳐 반사되어 나오면 컴퓨터가 이것을 스크린에서 볼 수 있는 이미지로 전환한다. 최근 들어 초음파 기법이 개선되었으며, 태아의 크기와 모양을 측정하고 태아의 활동을 점검하기에 충분할 정도로 또렷한 3D/4D 이미지를 얻을 수 있다(Mertz & Abramowicz, 2012). 연구들은 또 초음파 이미지를 보는 것이 출생 이전부터 부모의 몰입과 애착을 촉진하도록 돕는다는 것을 발견하였다(Righetti et al., 2005). 나는 초음파 모니터에서 내 쌍둥이 아이들을 보면서 느꼈던 흥분과 이 아이들이 2개의 세포덩어리에서 완전한 태아로 성장하는 것을 보고 느꼈던 경이로움을 잘 기억한다.

초음파 검사는 태내발달 13주차에 탐지할 수 있는 다운증후군을 선별하는 데 사용되기도 한다(Reddy & Mennui, 2006). 초음파 검사는 또 태아가 여럿인 임신을 위해서도 사용된다. 그 중 일부 태아는 제대로 발달하지 못한다는 점에서 상당히 위험한 임신이기 때문이다. 그러나 선진국에서는 고위험 임신만이 아니라 정상 임신에 초음파 검사를 점차 많이 사용하고 있다(Merz & Abramowicz, 2012). 이 검사는 저렴하고 손쉽고 안전

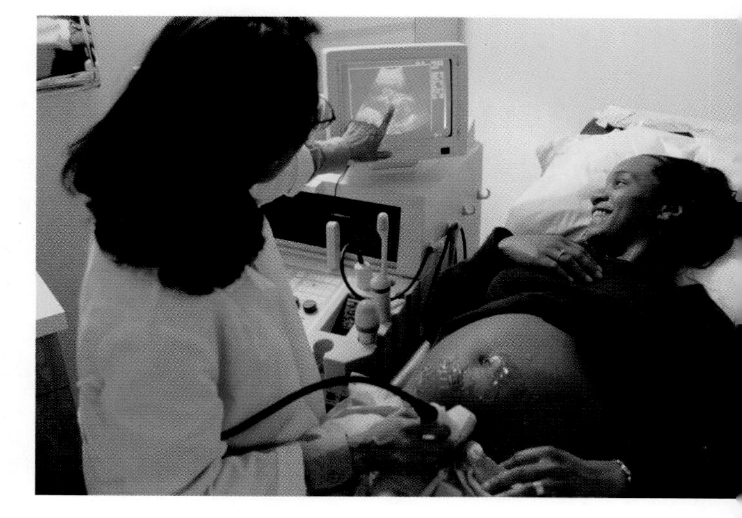

초음파 검사는 의학 전문가와 부모들이 출생 전 발달을 점검할 수 있게 해준다.

양수천자 바늘을 사용해서 태아 세포가 들어 있는 양수를 태반에서 추출하는 절차. 출생 전 문제를 탐지할 수 있게 해줌

융모막융모 검사(CVS) 임신 5~10주에 자궁 안으로 관을 삽입하여 세포 표본을 채취하는 등의 방법으로 유전적 문제를 진단하는 기법

불임 적어도 1년 동안의 정상적인 성관계 후에도 임신이 되지 않는 것

하며, 의사가 태아의 발달을 점검할 수 있게 해주고 부모에게는 태아가 자궁에서 자라는 모습을 보는 즐거움을 안겨준다. 또한 부모가 원한다면 아기의 성별을 출생 전에 알 수 있게 해준다.

양수천자 검사 **양수천자**(amniocentesis) 검사에서는 속이 비어 있는 기다란 바늘을 임신한 여성의 배에 삽입하고, 초음파 이미지의 안내를 받아가며 태아를 둘러싸고 있는 태반으로부터 양수표본을 채취한다. 양수에는 태내발달 과정에서 버려진 태아의 세포가 들어 있다. 이 세포를 검사하면 태아의 유전자형에 관한 정보를 얻을 수 있다. 양수천자 검사는 임신 15~20주차에 실시된다. 이 검사는 유산을 초래할 위험이 어느 정도 있기 때문에 가족력이나 연령(35세 이상)으로 인해 출생 전 문제가 생길 위험이 있는 여성에게만 사용된다. 태아의 발달 과정에서 생겨나는 각기 다른 40가지 결함을 100% 정확하게 탐지할 수 있다(Brambati & Tului, 2005).

융모막융모 검사 **융모막융모 검사**(chorionic villus sampling, CVS)는 양수천자 검사와 마찬가지로 임신 초기에 유전 문제가 있는지 탐지하기 위해 세포표본을 채취하고 분석하는 방법이다. 이 검사는 임신 5~10주에 실시하며, 탯줄을 형성하기 시작하는 세포에서 표본을 얻는다. 세포표본을 얻기 위해 초음파의 안내를 받아서 질을 통해 자궁 안으로 튜브를 삽입한다. 유산이 되거나 태아가 손상될 위험이 그리 높지는 않지만 분명히 있으므로, 이 방법은 유전적 이상의 가족력이 있거나 여성의 나이가 35세 이상일 때에만 사용한다(Brambati & Tului, 2005). 유전적 문제를 99% 정확하게 진단한다.

유전상담 가족력으로 인해 유전적 장애가 있는 아이를 낳을 위험이 있는 부부들은 임신하기 이전에도 위험이 있는지 알아내기 위해 예비부모의 가족력과 유전자형을 분석하는 유전상담을 받을 수 있다(Coughlin, 2009). 유전상담을 받을 만한 위험이 있는 사람으로는 유전질환을 물려받았거나 유전질환이 있는 가까운 친척이 있는 사람, 유산이나 불임의 내력이 있는 부부, 나이 든 부부(여성이 35세 이상이고 남성이 40세 이상)가 있다(Fransen et al., 2006). 유전상담을 받기로 결정하는 것은 쉬운 일이 아니다. 그 결과에 따라 부부가 유전적 장애가 있는 아이를 낳을 위험을 감수하고 임신하기 위해 노력하거나 아니면 임신을 하지 않기로 결정하는 선택을 해야 할지도 모르기 때문이다.

유전상담의 첫 번째 단계에서 상담자는 예비부모 각각으로부터 문제가 있는 열성유전자나 X 관련 유전자가 있는지 알아내기 위해 가족력을 포괄적으로 파악한다. 그런 다음 부부 각자는 어떤 문제가 생길 수 있는지 알아내기 위해 염색체 분석에 사용될 수 있는 혈액, 피부 또는 소변 샘플을 제공한다. 부부는 유전상담에서 얻은 정보를 바탕으로 자신들이 임신을 시도할 것인지 여부를 결정할 수 있다.

임신의 문제 : 불임

생식 능력이 있는 연령대(약 15~40세)의 여성들이 정기적으로 성교를 한다면 대부분이 한두 해 이내에 임신을 하게 될 것이다. 그러나 어떤 부부들은 임신을 하기가 그보다 어렵다.

원인과 치료

남성과 여성 각각에 대한 주요 불임 원인들을 열거하고, 최근의 치료법들을 기술한다.

최소 1년간 피임을 하지 않고 정기적으로 성교를 해도 임신을 할 수 없을 때 **불임**(infertility)이라 한다. 지

난 세기에 미국의 불임률은 10~15%가량으로 매우 일정하였다(Johnson, 2008; Marsh & Ronner, 1996).

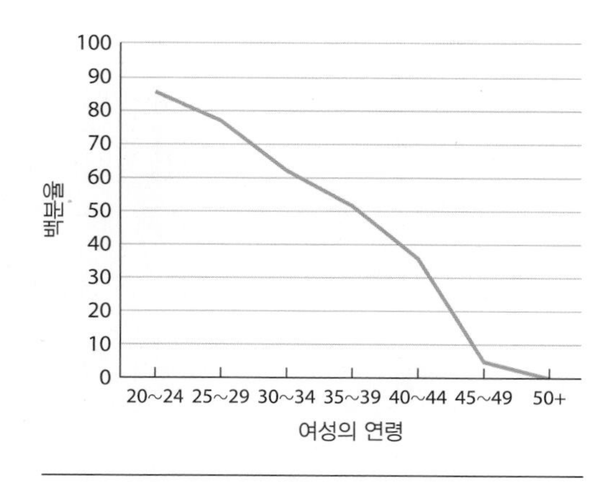

그림 2.10 생식 능력과 어머니의 연령

20대 중반 이후로 생식 능력이 감퇴하는 이유는 무엇인가?

불임의 원인 불임의 원인은 절반가량이 남성의 생식계통에 있고 절반가량은 여성의 생식계통에 있다(Jones, 2006). 남성의 경우 불임의 주요 원인은 다음의 세 가지이다(Jequier, 2011). (1) 정자가 너무 조금밖에 생산되지 않는다. (2) 고환의 질병이나 정자를 만드는 과정의 결함으로 인해 정자의 질이 좋지 못하다. (3) 정자가 운동성(motility)이 낮아서 나팔관까지 갈 수 없다. 이러한 문제는 유전성일 수도 있고 약물 남용, 알코올 남용 또는 흡연과 같은 행동이 원인일 수도 있다. 또는 단순히 연령 때문일 수도 있다. 정자 생산의 양과 질이 연령에 따라 감소하기 때문에 40세 이상인 남성이 배우자를 수태시키는 데에는 25세 남성에 비해 시간이 3배 걸린다(Patel, 2010).

여성의 불임은 배란이 문제인 경우가 가장 많다(National Women's Health Information Center, 2011). 배란이 안 되는 것은 질병 때문일 수도 있고, 약물 남용이나 알코올 남용이나 흡연 때문일 수도 있으며, 체중이 너무 적게 나가거나 너무 많이 나가기 때문일 수도 있다. 그러나 배란 불능의 가장 흔한 원인은 연령이다(Maheshwari et al., 2008). 이 장 앞에서 학습했듯이, 여성들은 난소에 자신이 평생 갖게 될 모든 난자를 가지고 태어나며, 난자의 질은 사춘기 이후로 점차 나빠진다. 여성의 생식 능력은 20대와 30대에 걸쳐 감소하지만, 배란을 하지 않은 채 월경을 할 가능성이 높아지는 40대 이후에 특히 크게 감소한다(**그림 2.10** 참조).

불임치료 우리는 이제 남성과 여성이 불임에 똑같이 기여한다는 것을 알고 있다. 그러나 이 지식은 매우 최근의 것으로 지난 50여 년 내에 생겨났다. 대부분의 문화와 대부분의 인간 역사에서는 불임을 거의 배타적으로 여성의 문제라고 간주하였고, 불임 여성을 불임이 아니라 '불모'로 기술하였다(Marsh & Ronner, 1996). 서구에서 기원전 4세기에서 18세기까지의 2,000여 년 동안 불임에 대한 지배적 설명은 수태를 하기 위해서는 남성과 여성이 둘 다 씨앗을 생산해야 하며 그 씨앗은 오르가슴을 통해 방출된다는 이론에 기초를 두고 있었다. 일반적으로 남성은 여성보다 오르가슴에 도달하기가 훨씬 더 쉽기 때문에 불임부부에게 주어지는 가장 큰 조언은 남편이 아내에게 성적 즐거움을 가져다주는 데 더 많은 관심을 기울여야 한다는 것이었다. 한 조언자가 1708년에 언급했듯이 "자궁은 기쁨의 상태에 있어야" 하며 그렇지 않으면 성은 결실이 없을 것이다(Marsh & Ronner, 1996, p. 15). 이 이론은 옳지 못하지만, 적어도 해를 끼치지는 않았다. 다른 불임치료법들은 여성의 생식해부학에 대한 수술이나 (팔에 있는 혈관을 잘라서 이른바 불균형이 회복될 때까지 피가 흘러나오게 하는) 정맥절개와 같이 그냥 효과가 없는 것이 아니라 여성의 건강에 해를 끼쳤다.

20세기 동안 불임치료는 과학적 기초를 다졌고 기술적으로 진보하였다. 오늘날에는 다양한 접근법이 존재한다. 이 방법들은 불임부부만이 아니라 게이와 레즈비언 커플이 사용하였고 독신 여성들도 사용하였다. 불임을 극복하기 위해 인공수정, 임신촉진제, 체외수정과 같은 다양한 방법들이 **생식보조의료**(assisted reproductive technology, ART)라는 이름 아래 모였다. 생식보조의료 기술은 남성이나 여성의 생식계통, 또는 둘 다의 다양한 불임 문제를 치료하는 데 사용된다(CDC, 2011).

생식보조의료(ART) 인공수정, 임신촉진제, 체외수정을 포함한 불임극복 방법

불임을 치료하는 가장 오래되고 효과적인 방법은 남성의 정자를 배란일에 맞추어 여성의 자궁에 직접 주입하는 **인공수정**(artificial insemination)이다(Schoolcraft, 2010). 이는 의사들이 불임의 주요 원인이 너무 좁은 자궁경관이라고 믿었던 19세기에 처음으로 개발되었다. 오늘날 인공수정은 남편이 아닌 남성

인공수정 정자를 자궁에 직접 주입하는 절차

다태아 분만은 종종 미디어로부터 과도한 관심을 받지만 그러한 분만의 결과는 유산, 조산, 심각한 발달장애 등 비극적인 결과를 초래하는 경우가 많다.

이 정자를 제공하는 정자기증으로 이루어지는 경우가 가장 많다. 이 절차는 남편의 정자생산에 문제가 있을 때 가장 많이 사용되지만, 레즈비언 커플이나 아이를 갖고 싶어 하는 독신 여성이 점차 많이 선택하고 있다. 인공수정은 가장 간단하고 효과적인 생식 기법으로서 성공률이 회당 70% 이상이다(Wright et al., 2004).

여성이 배란을 제대로 할 수 없는 것이 주요 문제라면 가장 흔히 쓰이는 접근법은 임신촉진제로 배란을 자극하는 것이다. 임신촉진제는 정상적으로 배란을 촉발하는 호르몬과 동일한 작용을 한다. 대개 임신촉진제는 각 주기에 난포의 질과 양을 자극한다. 이 약물을 복용하는 여성의 절반 이상이 6주기 내에 임신을 한다(Schoolcraft, 2010).

임신촉진제는 많은 여성에게 효과가 있지만 혈전, 신장손상, 난소손상과 같이 심각한 위험도 초래한다(Lauersen & Bouchez, 2000). 이 약의 목적은 난소에 있는 난포의 발달을 자극하는 것이지만 때로는 난포가 하나 이상 발달하여 난자가 둘, 셋 또는 그 이상으로 방출되기도 한다. 결과적으로 임신촉진제 사용은 약에 따라 10~25%가량의 높은 비율로 다태아 분만을 가져온다(Schoolcraft, 2010). 대개는 쌍둥이가 태어나지만 세 쌍둥이거나 그 이상일 가능성도 있다. 여러분은 여섯, 일곱, 여덟 쌍둥이에 관한 잡지기사나 TV쇼에서 그 아이들이 얼마나 사랑스러운지 보았을지도 모른다. 그러나 다태아 분만의 결과는 비극적인 경우가 많다. 아기를 한꺼번에 많이 잉태할수록 유산, 조산, 심각한 발달 문제가 일어날 위험이 더 높다.

임신촉진제로 임신에 성공하지 못한다면 생식보조의료의 다음 단계는 **체외수정**(in vitro fertilization, IVF)이다. 체외수정에서는 임신촉진제를 사용하여 여성의 난소에 있는 수많은 난포가 성장하도록 자극한 후 성숙한 난자를 떼어내서 남성의 정자와 결합하여 수정이 이루어지게 한다. 며칠 후면 어떤 접합체가 발달했고 어떤 접합체가 그렇지 못한지 알 수 있으므로, 그중 하나가 계속 발달할 것이라는 희망을 가지고 가장 유망한 2~3개를 여성의 자궁에 배치한다. 체외수정의 성공률은 최근 들어 꾸준히 향상되었으며, 요즘은 35세 이하 여성의 경우 1회 시도에 성공률이 40%가량이다(SART, 2014). 그러나 성공률은 연령이 높아질수록 감소하는데 38~40세 여성은 22%이고, 42세 이상인 경우에는 4%밖에 안 된다.

비판적으로 사고하기

임신촉진제는 다태아 분만을 가져오는 경우가 많으므로 이 약물이 사용될 수 있는 방법에 법적 제한이 있어야 하는가?

전 세계의 불임

전 세계의 불임률을 비교하고, 불임에 대한 선진국과 개발도상국의 관점을 대조한다.

체외수정(IVF) 임신촉진제를 사용하여 난소에 있는 많은 난포가 성장하도록 자극하고, 난포를 떼어내어 정자와 결합한 후 가장 전망이 있는 접합체를 자궁으로 옮기는 불임치료의 일종

어떤 문화에서든지 대부분의 사람들은 아이를 가지고 싶어 하며, 불임일 때 좌절과 고통을 겪는다(Balen & Inhorn, 2002). 그러나 불임을 얼마나 심각한 것으로 생각하고 사회적으로 어떻게 바라보는가 하는 데에는 분명한 문화적 차이가 있다. 개인주의적인 서구에서는 불임부부들이 종종 슬픔과 상실감을 경험한다. 스웨덴의 한 연구를 보면, 불임치료를 받고자 하는 부부들은 삶의 주요 부분이 누락된 것에 좌절

감을 느꼈으며, 이것이 성관계에 부정적인 영향을 미친다는 것을 경험하였다(Hjelmstedt et al., 1999). 이 부부들은 아이를 가져야 한다는 사회적·개인적 기대에 자신들이 부응하지 못했다고 느꼈다. 다른 연구들은 불임이 결혼관계에 종종 긴장감을 조성하곤 하지만 궁극적으로 이들 부부의 절반가량은 불임경험이 자신들의 관계를 더 친밀하고 강력하게 만들어주었다고 보고한다는 것을 발견하였다(Schmidt et al., 2005).

1978년에 최초의 체외수정 아기가 태어났을 때에는 이런 방식으로 수정된 아기들이 어떤 면에서든 정상이 아닐지도 모른다는 우려가 있었다. 그러나 현재 이런 아기들의 대다수가 아무 문제없이 성인기까지 성장하였다. 요즘은 매년 수천만 건의 임신이 체외수정에 의해 이루어지는데, 기술과 비용 문제 때문에 거의 모든 체외수정은 선진국에서 이루어진다.

서구 이외의 문화들은 집단주의적인 경향이 있으며, 불임은 훨씬 더 심각한 사회적 결과를 초래한다. 불임은 종종 크게 지탄을 받는다. 특히 여성이 지탄을 받는데, 흔히 이들 사회에서 불임은 거의 전적으로 여성의 책임이며, 그 사회에서 여성이 정체성과 위상을 갖추기 위해서는 어머니가 되는 것이 필수적이다(Inhorn & Balen, 2002; Sembuya, 2010). 많은 문화에서 불임은 부부가 아이를 키우는 즐거움을 놓친다는 것 이상의 의미를 갖는다. 불임은 조상을 기억하고 숭배하는 가족전통을 이어갈 사람이 없다는 것을 의미할 수도 있다. 아시아와 아프리카 문화에서는 흔히 장남에게 그 책임이 주어진다. 불임은 남편의 실패가 아니라 아내의 실패로 여겨지기 때문에 아내의 위상이 남편, 시댁식구들 및 공동체와 관련해서 낮아진다는 것을 의미할 수도 있다. 딸이 있다 해도 아들을 낳지 못하면 여전히 부족하다는 취급을 받을 수 있다. 이 장의 앞부분에서 논의했듯이 생물학적으로 아이의 성을 결정하는 것은 어머니가 아니라 아버지이므로 이것은 옳지 못하다.

개발도상국에는 임신촉진제나 체외수정 같은 생식 기술을 활용할 수 있는 사람이 거의 없다. 여성들은 조산사가 제공하는 한방치료를 시도해볼 수 있다. 초자연적인 치료법에 기대는 여성들도 있다. 예를 들어, 가나 여성들은 종종 자신에게 불임이라는 벌을 내린 것으로 생각되는 신의 분노를 가라앉히기 위해 샤먼(특별한 힘을 가지고 있다고 생각되는 종교 지도자)을 찾아 상담을 한다(Leonard, 2002).

많은 문화에서는 불임이 지속되면 이것이 남편이 아내와 이혼하고 다른 아내를 맞이할 근거라고 여긴다. 예를 들어 베트남에서 아내가 불임인 남성은 아내를 1명 이상 두는 것이 불법임에도 불구하고 다른 '아내'와 아이를 가지려는 시도를 할 것이다(Pashigian, 2002). 카메룬에서는 부부가 아이를 가질 수 없으면 남편의 가족은 남편이 이혼을 하고 이들이 결혼할 때 신랑가족이 신부가족에게 지급했던 '신부 값(bridewealth)'을 돌려받을 것을 권장하기도 한다(Felman-Savelsberg, 2002).

chapter 3

출산과 신생아

모든 문화권에서 인간의 출생은 즐거운 일이며 축하할 만한 일로 여겨진다. 동시에 출산 과정은 특히 현대의학의 도움이 없었을 때 엄마과 아기 모두에게 신체적으로 위협적이고 잠재적으로 위험한 과정이었다. 이 장에서는 출산 과정, 출산에 대한 생각과 믿음의 문화적 차이, 그리고 서양의 출산 역사와 오늘날 전 세계의 출산의 차이를 살펴볼 것이다. 그다음으로 신생아 돌봄과 신생아의 특성을 살펴보는 것으로 마무리할 것이다.

1절 출산과 문화적 맥락

학습목표

3.1 출산 과정의 3단계 및 출산의 통증을 완화시키는 방법을 설명한다.

3.2 출산 합병증의 두 가지 종류를 제시하고 어떻게 제왕절개 분만으로 합병증을 극복할 수 있는지를 설명한다.

3.3 15세기부터 오늘날까지 서양의 출산 역사를 요약한다.

3.4 출산 신념에 대한 문화적 차이를 설명하고 출산에 도움이 되는 사람들을 확인하다.

3.5 출산 과정을 수월하게 돕는 문화적 관습과 의학적인 방법을 비교하고 대조한다.

3.6 선진국과 개발도상국의 신생아 및 산모 사망률의 차이를 서술한다.

출산과 문화적 맥락 : 출산 과정

임신 과정이 끝날 무렵 호르몬 변화가 출산 과정의 시작을 불러일으킨다. 다른 무엇보다도 가장 중요한 것은 **옥시토신**(oxytocin) 호르몬이 여성의 뇌하수체에서 분비된다는 것이다. 예비엄마의 혈액에 옥시토신의 양이 한계 기준에 이를 때 자궁은 정기적이고 빈번하게 수축하기 시작하고 출산 과정이 시작된다.

출산 과정의 단계

출산 과정의 3단계 및 출산의 통증을 완화시키는 방법을 설명한다.

출산 과정은 **그림 3.1**에 표시된 것처럼 일반적으로 진통, 아기 분만, 태반과 탯줄 분만의 3단계로 나뉜다(Mayo Clinic Staff, 2011). 이 과정의 기간과 고통 정도는 많이 다를 수 있는데, 이는 주로 산모와 아기의 크기에 따라 다르다. 하지만 일반적으로 첫아기를 출산하는 것이 가장 시간이 오래 걸리고 가장 어렵다.

1단계 : 진통 첫 단계인 **진통**(labor)이 가장 오래 걸리고 가장 힘든 단계이며, 평균적으로 첫 출산은 약 12시간 정도이고 차후 출산은 약 6시간 걸린다(Lyons, 2007). 진통 중에 자궁근육의 수축이 자궁경관을 확장시켜서 아기 출산을 준비한다. 진통의 마지막에는 자궁경관이 약 10센티미터 정도 열린다. 자궁경관을 확장하고 태아를 자궁경 쪽으로 내려 이동시키기 위하여 자궁근육 수축의 강도와 빈도, 기간이 증가하기 때문에 진통은 매우 고통스럽다. 자궁경관의 수축도 같은 방식으로 (그리고 같은 이유로) 확장주기

옥시토신 분만을 시작하게 하는 뇌하수체에서 분비되는 호르몬

진통 출산의 첫 단계로, 자궁경관이 확장되고 자궁근육이 태아를 질에서 자궁경관 쪽으로 밀어냄

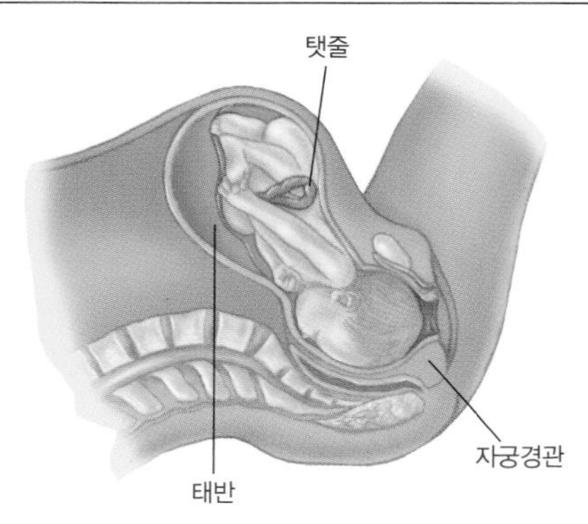

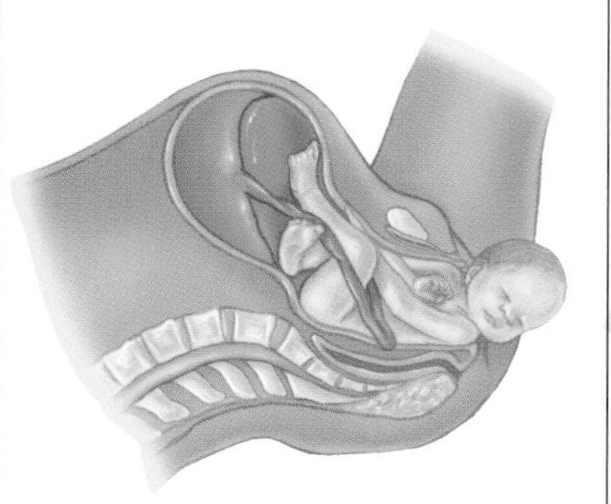

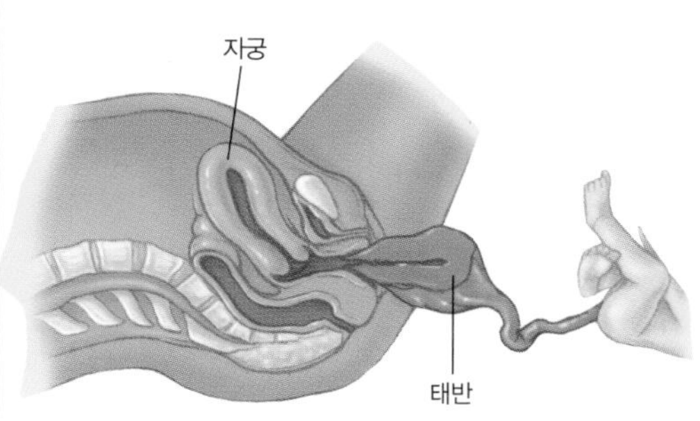

그림 3.1 출산 과정의 3단계

어느 단계가 가장 오래 걸리고 가장 고통스러운가?

동안 근육수축이 강하게 일어나므로 경련은 고통스럽다. 수축의 최대 지속시간은 60~90초이다.

분만 초기에는 자궁경관이 열리면서 질에서 탁하고 질기고 피가 섞인 이슬(bloody show)이라는 혈성분비물이 나온다. 분만이 지속됨에 따라 산모는 자주 심한 허리 통증을 경험한다. 구역질과 다리의 떨림 또한 흔해진다.

분만 산도를 지나 자궁경관으로부터 태아가 밀려나오는 출산의 제2단계

분만 과정에서 여성에게 정서적 지지는 중요하다(daMotta et al., 2006). 선진국에서는 남편이 출산 과정에 같이 있을 수 있지만 개발도상국에서는 주로 남편이 출산 과정에서 동참하지 못한다(DeLoache & Gottlieb, 2000). 그러나 어머니, 시어머니 또는 언니나 여동생은 산모 옆에 있을 수 있다. 또한 산파가 있을 수 있는데, 특히 개발도상국에서 그러하고 선진국에는 의료진들이 있을 수 있다. 이 돌보는 사람들은 산모에게 정서적 지지뿐만 아니라 고통을 줄이는 데 도움을 준다.

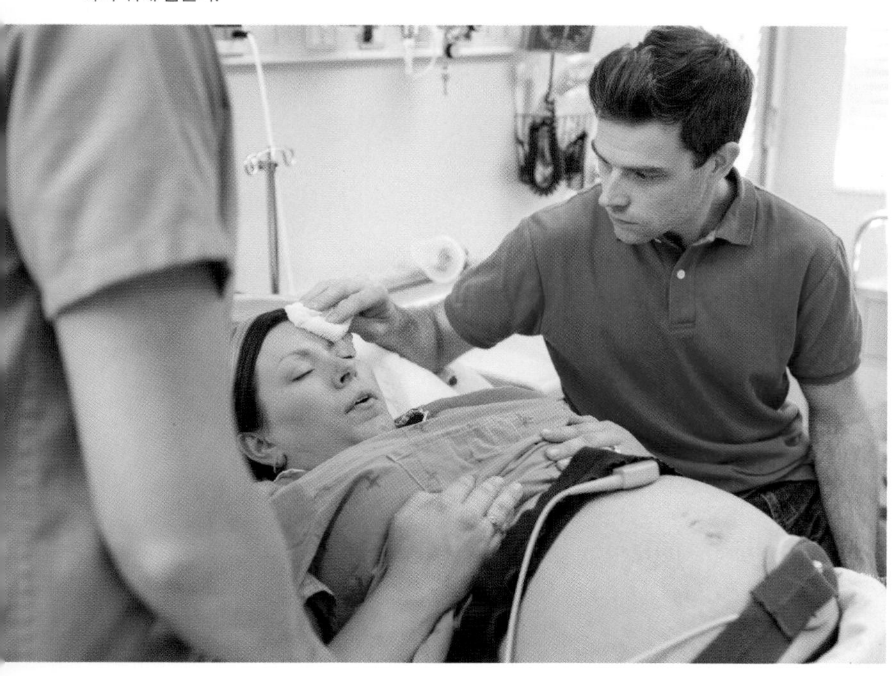

선진국에서는 종종 남편이나 다른 가족들이 출산 과정을 완화하기 위해 돕는다.

2~3단계 : 아기 분만 및 태반과 탯줄 분만 출산 과정의 두 번째 단계는 **분만**(delivery) 단계로 일반적으로 30분부터 1시간 정도 걸리지만, 이 또한 편차가 매우 크다(Murkoff & Mazel, 2008). 이 단계까지는 산모가 가능한 한 고통과 불편을 참는 것밖에 할 수 있는 것이 거의 없다. 그러나 산모의 태아를 밀어내기 위한 노력은 태아가 자궁경관과 자궁 밖으로 움직이는 데 도움을 줄 수 있다. 수축이 계속 도움이 되지만 이제 대부분의 산모에게 수축은 60~90초 정도 지속되기는 해도 빈도는 감소한다. 대개의 경우 산모들은 수축 동안 밀어내고자 하는 매우 강한 충동을 느낀다.

마침내 아기의 머리가 질의 외부로 나오는 머리출현이 발생한다. 태아의 머리 출현 시 종종 산모들은 질이 열리면서 얼얼한 느낌이나 작열감을 느

낀다. 이때 병원에서 아기를 낳으면 질을 더 크게 열기 위해 **회음절개**(episiotomy) 수술을 받을 수 있다. 이 수술의 목적은 아기 머리가 나올 수 있는 만큼의 크기로 산모의 질을 절개하고 출산 과정을 15~30분 정도 감소시키기 위해서이다. 하지만 회음절개 수술이 필요없다는 비판도 있는데, 이로 인해 미국에서 이 수술의 비율이 1970년 90%에서 2010년에 16%까지 감소되었다(Cassidy, 2006; Frankman et al., 2009; Leapfrog Group, 2014).

분만 단계는 아기가 질에서 나오는 것으로 끝나지만, 출산 과정이 아직 끝난 것은 아니다. 세 번째와 마지막 단계에서 수축이 지속되어 태반과 탯줄이 자궁으로부터 빠져나온다(Lyons, 2007). 이 과정은 보통 몇 분 이내에, 최대 30분 안에 일어난다. 수축은 심하지 않고 각각 1분쯤 지속한다. 태반이 전부 다 나오도록 해야 한다. 안 그러면 자궁이 제대로 수축할 수 없고 계속 출혈하게 되어 산모의 생명을 위협할 수도 있다. 신생아에게 모유수유하는 것은 수축을 일으켜 태반을 배출시키는 것을 돕는데, 의료처치가 가능하면 산모에게 같은 목적으로 인조 옥시토신 주사를 놓기도 한다.

산모가 회음절개 수술을 받았거나 질이 분만 단계에 찢어지면 이때 봉합해야 한다. 또한 탯줄도 이때 잘라서 묶어야 된다. 탯줄을 자르는 것과 태반 처리에 대한 흥미 있는 문화적 신념이 많은데 다음 장에서 알아볼 것이다.

출산 합병증

출산 합병증의 두 가지 종류를 제시하고 어떻게 제왕절개 분만으로 합병증을 극복할 수 있는지를 설명한다.

우리는 정상적인 출산 과정의 경우를 고려하였는데, 많은 경우 모든 것에 문제가 생길 수 있다. 가장 흔한 두 가지의 출산 합병증은 지연 분만과 둔위 분만이다.

지연 분만과 둔위 분만 '지연 분만(failure to progress)'은 여성의 출산 과정이 정상적 경우보다 시간이 더 많이 걸리는 것이다. 산모는 걷거나 낮잠을 자거나 관장함으로써 분만 과정을 활성화시키도록 한다. 또한 수축을 자극시키기 위하여 한약이나 인조 옥시토신을 사용할 수 있다.

둔위 분만(breech presentation)은 분만할 때 태아가 몸을 돌려 머리보다 발이나 엉덩이가 산도에서 먼저 나오는 것이다. 약 4%의 태아가 둔위의 자세로 나온다(Martin et al., 2005). 둔위는 출산 시 먼저 나오는 발이나 엉덩이가 탯줄을 위축시킬 수 있어서 몇 분 안에 산소 부족과 뇌 손상을 발생시킬 수 있기 때문에 태아에게 위험하다. 따라서 둔위 분만을 방지하기 위한 시도를 한다. 산파는 오랫동안 사용해온 기술을 이용해 산모의 복부를 마사지하고 머리가 먼저 나오도록 태아를 돌리는데(제2장 참조), 태반이 자궁벽에서 찢어지지 않게 하기 위하여 아주 조심스럽게 해야 된다. 오늘날 병원 의사들도 임신 37주에 태아의 위치를 돌리는 방법을 사용하고 있다. 의사들은 마사지로 태아를 돌릴 때 자궁의 근육을 이완시키기 위해 종종 약을 사용한다(Hofmeyr, 2002).

제왕절개 분만 과정에 문제가 생기거나 둔위를 돌릴 수 없는 경우, 또는 출산 과정 중 어떤 문제가 생기게 되면 산모는 **제왕절개**(cesarean delivery, c-section) 수술을 받게 된다. 제왕절개는 산모의 복부를 절개한 후 자궁에서 직접 태아를 꺼내는 수술이다. 제왕절개 수술은 생긴 지 오래되었는데, 전설에 따르면 로마의 왕 율리우스 카이사르가 2,000년 전에 이 방법으로 태어났다고 한다. 하지만 최근 몇십 년 전까지도 이 수술로 인해 아기는 안전하지만 산모가 사망하는 경우가 있었다. 일반 출산보다 제왕절개 수술을 받으면 산모가 회복하는 시간이 더 오래 걸리기는 하지만, 오늘날에는 소독절차의 표준화와 항생제의 이용으로 수술이 안전해졌다(Connolly & Sullivan, 2004). 제왕절개 분만은 아기에게도 안전하며, 산모가

회음절개 출산 과정에서 질을 더 넓히려고 절개하는 것

둔위 분만 분만 시 태아의 골반부가 아래쪽에 있고 머리는 위쪽에 있는 이상 태위

제왕절개 어머니의 배를 수술하여 자궁에서 직접 신생아를 꺼내는 것

HIV나 음부 헤르페스 등 성매개감염에 걸린 경우 제왕절개 수술이 출산 과정 중 질병에 걸릴 위험으로부터 벗어나도록 도와주기 때문에 일반 출산보다 더 안전하다.

지도 3.1은 세계 여러 나라의 제왕절개 분만의 비율을 보여주는데, 이 비율은 세계의 인구나 경제 발전 수준과는 관련이 없는 것으로 보인다(WHO, 2014). 세계보건기구는 한 나라의 제왕절개 분만의 비율을 15%를 초과하지 말라고 권유하지만(WHO, 2009), 미국을 포함한 여러 나라가 이 비율을 초과하고 있다.

제왕절개 분만의 비율이 필요 이상으로 높다는 비판이 있는데, 때로는 산모와 태아를 보호하기 위해서라기보다는 더욱 높은 의료비 청구를 위해(의사들만 부유하게 하기 위해) 수술이 행해진다는 비판이 있다(제왕절개 분만은 수술이기 때문에 일반 출산보다 비용이 많이 든다). 그러나 대부분 민영의료보험에 의존하고 의사가 더 많이 수술하면 더 많은 돈을 벌 수 있는 나라들(예 : 미국)의 제왕절개 수술의 비율이 중국, 이탈리아, 캐나다 등의 국민의료보험 시스템이 있으며 의사에게 수술당 비용을 지불하지 않는 나라보다 훨씬 높지는 않다. 제왕절개 분만 비율이 높은 것은 출산 과정 중 불상사를 막고자 하는 의사의 극단적인 신중함 때문이다.

제왕절개 분만의 비율이 낮은 나라가 출산 합병증의 비율도 낮은 것을 볼 때, 제왕절개 수술의 높은 비율은 불필요하다고 보인다(WHO, 2014). 특히 출산 합병증과 제왕절개 수술의 비율이 낮은 북유럽 나라들에서는 의사와 산모들이 출산 과정은 자연적으로 발생해야 하며 꼭 필요할 때만 기술적 개입을 해야 한다고 생각하는 문화를 공유한다(Ravn, 2005). 하지만 필요할 때 제왕절개 수술을 제공할 병원시설이 부족한 인도와 아프리카 등의 나라들도 제왕절개의 비율이 낮다(WHO, 2014).

제왕절개 수술을 받은 여성도 다음 아기를 나을 때는 일반 출산을 할 수 있는데, 이는 **제왕절개 후 자연분만**, 즉 VBAC(vaginal birth after cesarean section; Shorten, 2010)로 알려졌다. 선진국에서는 기술적인 출산에서 일반 출산으로 움직이는 추세로, 1980년대와 1990년대에 VBAC의 비율이 증가했고, 1990년대 후반에는 첫아기를 제왕절개 수술로 낳고 둘째 아기를 VBAC로 나은 여성의 비율이 4분의 1을 차지했다

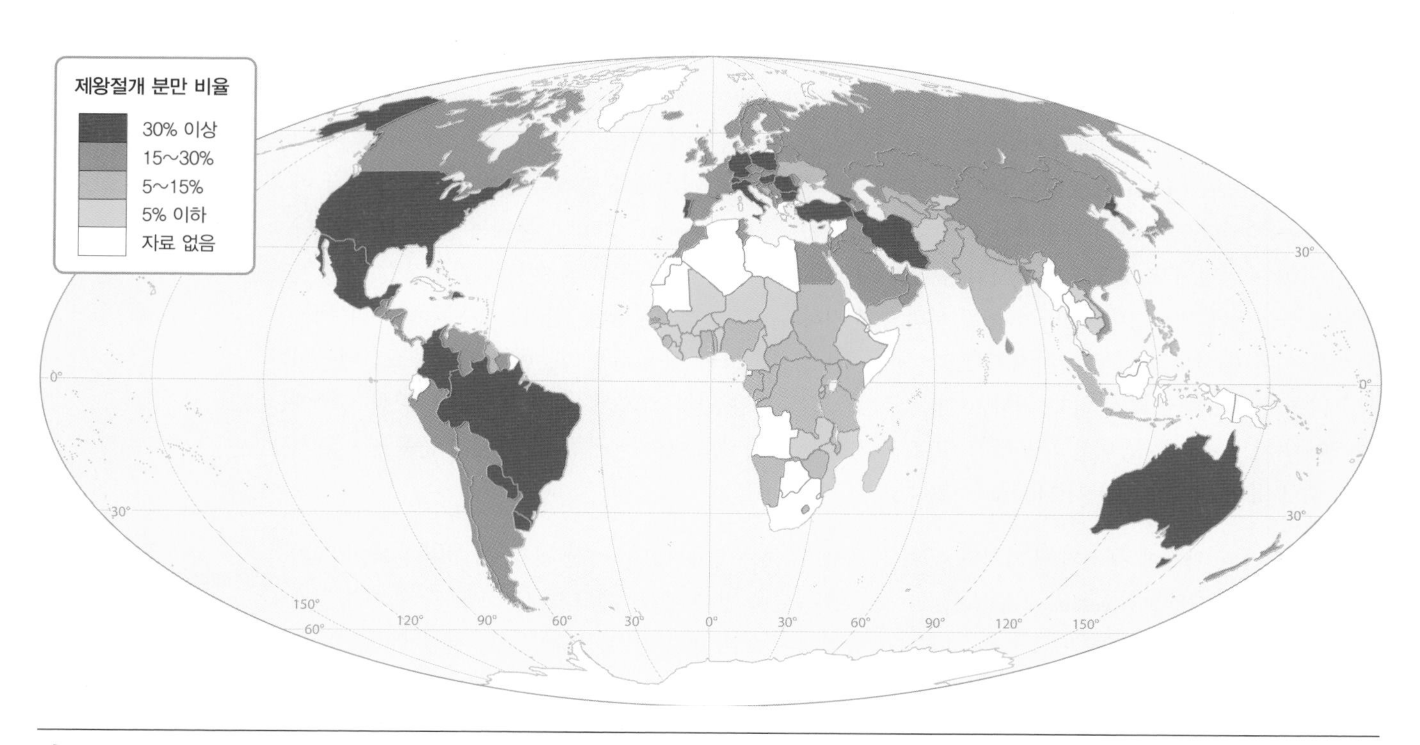

지도 3.1 여러 국가의 제왕절개 분만 비율

어떤 나라의 제왕절개 분만 비율이 가장 높은가? 비율이 낮은지 높은지를 결정하는 것은 무엇인가?
출처 : Based on WHO (2014)

(Roberts et al., 2007). 그러나 VBAC는 제왕절개 수술을 반복하기보다 여러모로 출산의 위험, 특히 자궁 파열의 위험을 높인다. 자궁 파열은 VBAC의 1%밖에 안 될 정도로 흔치 않은 경우지만 일단 발생하면 산모의 출혈로 산모와 태아 사망의 원인이 될 수 있다(webMD, 2011). 결과적으로 미국의 산부인과 의사들은 VBAC 시도 중 응급상황 시 제왕절개 수술이 가능하다는 가이드라인을 제시했고, 10년 후 미국 여성의 VBAC 비율은 10%로 급락했다(Shorten, 2010). 미국 국립보건원(National Institutes of Health, NIH)의 패널들이 증거들을 검토하여 VBAC는 거의 모든 여성에게 안전하다고 선언한 이후, 미국대학산부인과 의사들은 2010년 7월 "VBAC는 제왕절개 수술을 하고 난 대부분의 여성에게 안전하고 적절한 선택"이라고 가이드라인을 개정했다(WebMD, 2011, p. 2). 다른 선진국의 VBAC 가이드라인은 전문가 집단과 정책 입안자들의 변화하는 견해와 새로운 증거에 대한 반응에 따라 유동적이다.

출생과 문화적 맥락 : 역사적 차이와 문화적 차이

배종기, 배아기, 태아기 때의 놀랍고 극적이며 때로는 위험한 사건들을 견뎌내어 수태 후 약 9개월 뒤에 생존하면 아이가 태어난다. 9개월 후에 아이를 낳았을지라도 위험 요소는 아직 끝나지 않았다. 출산은 어머니나 자녀 또는 둘 모두에게 어려운 일이고 때로는 치명적이기 때문에 모든 문화권에서 출산의 강한 의지를 격려한다. 출생의 어려움과 위험은 인간종에게만 고유하다(Cassidy, 2006). 평균 체중이 227킬로그램인 북극곰의 어미는 인간 신생아의 머리보다 작은 머리를 가진 새끼를 낳는다. 우리의 가장 가까운 영장류인 고릴라조차도 출생 시 어머니 체중의 평균 2%인 아기를 낳지만 인간은 6%인 아기를 낳는다.

제1장에서 인간 진화 역사의 과정에서 뇌의 크기가 3배 이상 증가했다는 사실을 상기해보자. 그러나 여성의 신체는 3배 이상 커지지 않았고 골반 역시 3배가 되지 않았다. 결과적으로 큰 두뇌와 큰 머리를 가진 태아가 출산 통로를 통해 세상에 나오기가 점점 어려워짐에 따라 출산은 다른 동물보다 인간 사이에서 더욱 문제가 되었다.

인간은 분만이 왜 어려운지를 설명하고 통증을 경감시키며 엄마와 아기의 안전을 향상시키려는 문화적 신념과 관행을 발전시킴으로써 이러한 위험에 대응했다. 이러한 신념과 관습 중 일부는 분명 도움이 되었지만 어떤 것들은 명백히 해롭다. 가장 해로운 신념과 관습 중 일부는 전통 문화가 아니라 18~20세기 중반의 서구 의료 종사자들의 처치를 통해 생겨났다. 과학적 기반의 의학 지식에 의해 출산 과정에서 어머니와 아기에게 진정으로 도움이 되는 방법이 생겨난 것은 50년 정도밖에 되지 않는다.

서양 출산의 독특한 역사

15세기부터 오늘날까지 서양의 출산 역사를 요약한다.

인간의 역사를 통해 출산의 위험을 감안할 때 현대 과학 의약품이 개발되면서 어머니와 아기는 미신을 믿던 과거보다 안전해졌다고 가정할 수 있지만 꼭 그렇지는 않다. 반대로 출산이 '의료'적으로 되면서 엄마와 아기의 위험은 한 세기 동안 더 심해졌다.

초기 역사 : 산파에서 의사로 다른 문화와 마찬가지로 서양에서도 역사적으로 출산은 대부분 산파의 도움으로 이루어졌다(Ehrenreich, 2010). 산파의 역할은 널리 가치 있게 여겨졌고 존중되었다. 가족들이 종종 출산 후에 선물을 제공하기도 했지만 대부분의 산파는 거의 또는 전혀 대가를 받지 않았다.

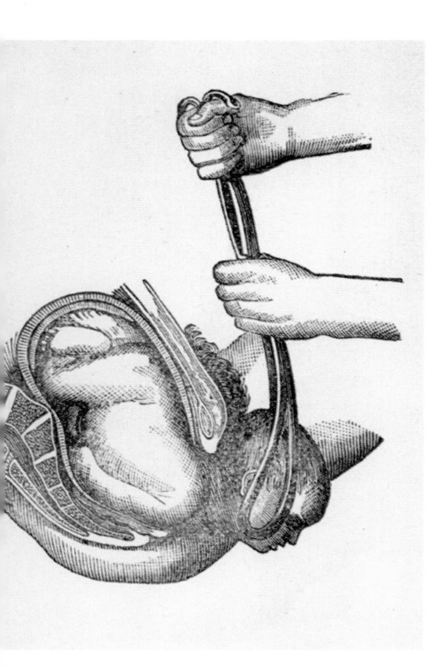

19세기의 겸자 사용을 보여주는 삽화

이것은 유럽에서 마녀사냥이 휩쓸고 지나가던 15세기에 변화하기 시작했다. 1486년에 영향력 있는 마녀사냥 설명서가 두 수도승에 의해 출간되었고, "산파보다 가톨릭 신앙에 해를 끼치는 사람은 없다."고 선언했다(Cassidy, 2006, p. 33). 산파는 마녀로 널리 의심을 받았고, 많은 이들이 사형을 당했다. 마녀사냥의 열기가 지나간 후에 산파는 되살아났지만 남은 마녀를 멀리하기 위해 산파는 가톨릭 교회로부터 면허증을 발급받아야 했다.

18세기 초반에 산파의 지위는 새로운 도전을 받았다. 유럽 전역에 의과대학이 설립되었으며, 산부의 보살핌과 원조는 의학 분야에서 **산과학**(obstetrics)이라고 불리는 확실한 분야가 되었다. 19세기에는 서구의 의사들이 출산을 돕기 위해 부름받는 것이 점차 보편화되었다. 하지만 유감스럽게도 의학 교육에 출산에 대한 내용은 거의 포함되지 않는 경우가 많았다. 모든 의대생은 남성이었고, 많은 의과대학에서 어떤 상황에서도 남성이 여성의 성기를 보는 것은 부적절한 것으로 간주되었다. 결과적으로 의대생들은 출산을 돕는 법을 책이나 강의를 통해서만 배웠다(Cassidy, 2006).

의사들은 자궁에서 아기의 머리를 정확히 빼내는 데 **겸자**(forceps)를 사용하는 것과 같이 출산을 돕는 새로운 방법을 개발했다. 19세기 말에 미국 출산의 절반이 겸자를 사용하였다(Ehrenreich, 2010). 겸자는 때로는 경험이 풍부하고 잘 훈련된 의사의 손에서는 유용했지만 어떤 의사들은 거의 경험이 없거나 훈련을 받지 못했다. 결과적으로 겸자를 사용하는 것이 아기나 어머니에게 종종 해를 입혔다. 20세기 동안 겸자로 인한 피해가 점점 증가하면서 사용이 감소했다. 21세기 초반에 겸자는 미국 출산의 4%에만 사용되었다(Cassidy, 2006).

산과학 태내 보살핌과 출산에 초점을 맞춘 의료 분야

겸자 출산 과정에서 자궁으로부터 태아의 머리를 끄집어내기 위해 사용되는 집게

19세기 의사가 보조하는 출산에서 겸자의 보편적이고 불필요한 사용보다 더 나쁜 것은 질병의 확산이었다. 그 당시에는 의사가 감염을 피하기 위해 환자를 검사하기 전에 손을 씻어야 한다는 사실을 아무도 이해하지 못했다. 결과적으로 병원은 질병의 공장이 되어버렸다. 엄청난 수의 여성들이 **산욕열**(childbed fever)이나 **산욕 패혈증**(puerperal sepsis)으로 사망했다. 기록에 따르면 19세기에 많은 유럽과 미국의 병원에서 20명의 어머니 중 약 1명이 산욕열로 사망했으며 때때로 전염병이 발생했을 때는 그 비율이 훨씬 더 높았다(Nuland, 2003). 1883년 한 보스턴 병원의 기록에 따르면 출산하는 어머니의 75%가 산욕열에 시달렸고, 20%는 그로 인해 사망했다(Cassidy, 2006).

20세기 초에 산파들은 여전히 출산의 약 50%를 도왔으나 1930년에 15%로 줄어들었고, 1973년에는 1%까지 줄었다(Cassidy, 2006). 최근 수십 년 동안 산파의 부흥이 있었으며 현재 미국에서 출생의 약 10%가 산파의 도움을 받고 있다(MacDorman et al., 2010). 많은 사람들이 예전처럼 산파의 기술을 단순히 배우는 것보다 이제는 공식적으로 훈련을 받고 간호사-산파 자격을 취득한다. 유럽, 특히 북유럽에서는 산파가 미국보다 훨씬 더 많고 흔하다. 예를 들어, 노르웨이에서는 산파가 출산의 96%를 돕는다(Cosminsky, 2003).

20세기 중반 선진국들에서는 종종 어머니가 심하게 약에 취한 '반마취 상태'에서 출산이 이루어졌다. 이 사진은 1946년에 런던 병원에서 출산한 후 진정제를 복용한 어머니의 사진이다.

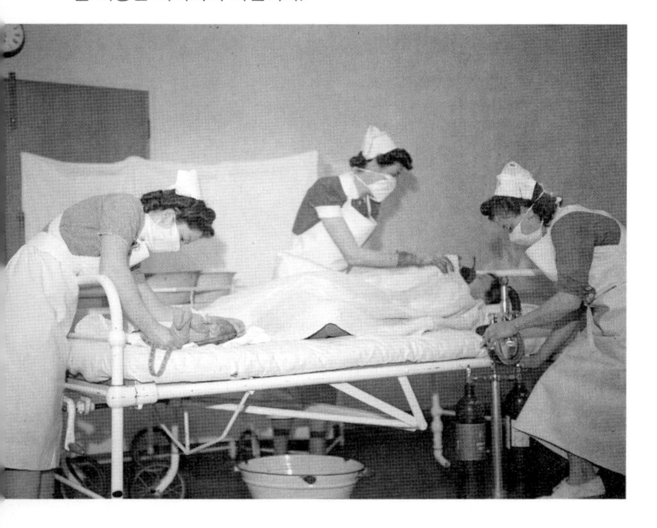

20세기 : 느린 진전 산부인과도 다른 의학 분야와 마찬가지로 20세기에 과학적인 기초 지식, 보호 및 치료가 개발되었다. 그러나 진전은 느렸다. 20세기 초반의 의료 훈련은 여전히 부적절했다. 산욕열은 지속적인 문제로 남아 있었다. 20세기 초반에 의사들 사이에서는 손을 씻는 것이 표준으로 자리를 잡았지만 부적절한 세척은 여전히 많은 사망을 초래했다. 미국과 유럽에서 산욕열이 마침내 정복된 것은 여성을 검사할 때 산부인과 의사들이 손을 씻고 고무장갑을 착용하는 것이 표준이 된 1940년대였다. 이 시기에 항생제가 개발됨으로써 산욕열을 치료할 수 있었다(Carter &

Carter, 2005).

20세기 초기에 어떤 면에서는 여성의 산과적 치료가 더 나빠졌다. 의학 권위자 중 일부가 어떠한 증거도 없이 회음절개술이 어머니와 아기에게 더 안전한 출산 방법이라고 주장하면서 유행하였다. 의사들은 출생 시 엄마의 고통을 덜어주기 위해 점점 더 많이 약을 사용했다. 19세기에 의사들은 출산 시 통증을 완화시키는 약물로 에테르와 클로로포름을 개발했다. 그러나 이러한 약물은 출산 이전에 일찍 사용하면 여성의 수축을 방해할 수 있기 때문에 출생 직전에서만 사용할 수 있었다. 또한 이 약물들은 산모의 출혈과 아기의 호흡 곤란을 초래할 수 있는 위험한 부작용이 있었다.

20세기 초반에 반마취 상태(twilight sleep)로 알려진 새로운 약물치료법이 개발되었다(Cassidy, 2008). 마취제(주로 모르핀)를 주사한 후 반마취 상태에서 출산을 하는데, 이는 수축 중에 긴장을 풀고 자궁경관의 확장을 촉진하는 것을 도와 겸자의 사용이 줄어들었다. 사실 여성은 여전히 고통을 느껴서 비명을 지르며 때리는 일이 반마취 상태에서 흔히 발생했기 때문에 여성에게 종종 헬멧을 씌우고 출산 침대에 수갑을 채웠지만, 이후에는 아무것도 기억하지 못했으므로 출산은 고통스럽지 않고 문제도 없었다. 1930년대부터 1960년대까지 반마취 상태를 위해 다른 약물치료법을 사용하는 것은 서양 국가의 병원에서 표준으로 시행되었으며, 여성들은 거의 모든 출산에 약물 처방을 매우 많이 받았다(Cassidy, 2006). 서양 국가에 거주한다면 할머니께 물어보라.

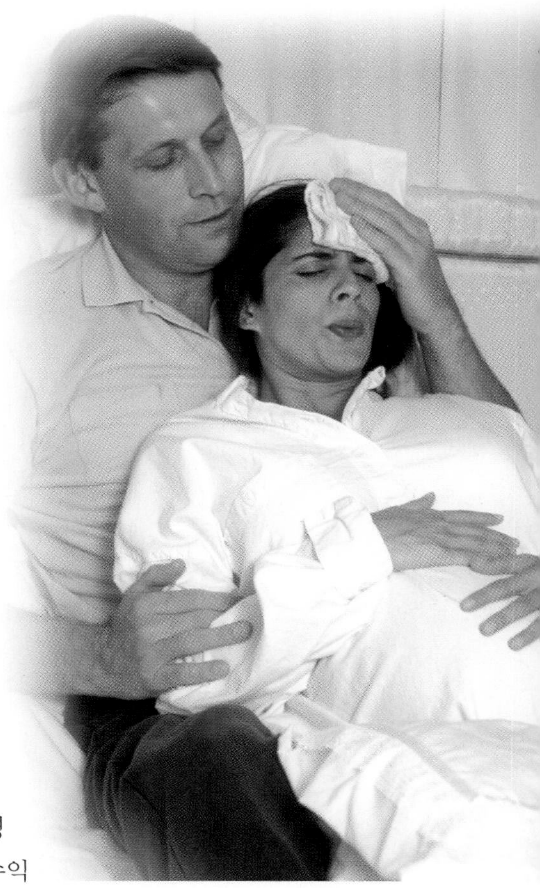

자연 분만 시 남편 또는 배우자가 고통을 줄이기 위해 호흡관리에 도움을 준다.

1960년대 후반에 출산의 의료화에 대한 반발이 생기기 시작했다(Lyon, 2009). 비평가들은 겸자, 회음절개술, 그리고 마취제 같은 의료 절차는 불필요하고 출산이 더 수익성이 있도록 하기 위해 주로 의료계에 의해 의도되었다고 주장했다. 이 비평가들은 대안으로 **자연 분만**(natural childbirth)을 주장했다. 이 용어는 1930년대에 처음 제안되었지만, 여권과 소비자 권리 추구의 일부로 자연 분만에 대한 관심이 커지면서 다양한 약물 및 기술이 없는 출산 접근법이 대중화된 것은 1960년대 이후였다(Thompson, 2005). 자연 분만 방법은 세부 사항이 다르지만 출산 과정에 도움이 되지 않거나 유해한 의료 기술 및 중재를 거부한다. 전제는 출산 과정에서 여성이 겪는 고통의 상당 부분은 의료 기술에 대한 두려움과 출생 과정에 대한 이해 부족으로 야기된 불안에 근거한다는 것이다. 따라서 자연 분만에는 부모가 출생 과정을 배우는 것이 포함한다. 출산에서 경험하는 나머지 통증은 휴식과 호흡 기술로 관리할 수 있다. 자연 분만 방법의 또 다른 중요한 요소는 임산부가 남편이나 배우자 또는 휴식과 호흡 기술을 보조할 수 있는 사람들의 신체적·정신적 지원을 받는 것이다.

출산이 의료 개입이 가능한 보건시설에서 이루어지는 한 자연 분만이든 의학적 방법을 사용하든 산모 및 신생아 건강의 결과에는 차이가 없다(Bergstrom et al., 2009). 자연 분만 방법에 참여한 대부분의 사람들은 출산에 대한 불안감이 줄여들며 출산 과정을 보다 잘 안다고 느끼게 된다(Westfall & Benoit, 2004). 자연 분만 방법은 오늘날 특히 북유럽에서 인기가 있다(Ravn, 2005).

자연 분만이 산모의 출산 경험을 향상시킬 수는 있지만 일부 연구에 따르면, '가정 출산' 경험이 있는 여성의 경우 가난하거나 치명적인 결과가 훨씬 더 많이 나타난다. 미국에서 1,300만 건의 출생에 대한 대규모 연구 결과에 따르면 집에서 태어난 아기의 신생아 사망률(첫 4주)은 병원 환경에서 태어난 아기보다 10배나 높았다(Grünebaum et al., 2014). 동일한 연구 대상자를 사용한 또 다른 분석에 따르면 집에서 태어난 아기는 출산 직후 호흡 곤란을 겪을 가능성이 10배 더 높기 때문에 영구적인 뇌 손상에 취약해

자연 분만 출산 시 의료적 기술이나 개입을 피하는 출산법

진다(Grünebaum et al., 2013). 우리가 앞서 살펴보았듯이, 인간은 어머니의 골반 크기에 비해 아기의 머리가 커서 다른 종보다 더 위험하기 때문에, 의료 개입은 필요할 수 있고 생명을 구할 수 있다. 위험성이 큰 임산부 또는 기존의 건강 문제를 가진 여성에게는 가정 출산을 추천하지 않으며 합병증이 발생하면 산모를 의료시설로 옮길 계획을 세우는 것이 좋다. 아프리카와 남아시아에서는 출산의 약 절반만이 보건시설을 이용하며 이는 이 지역의 신생아 사망률이 높은 이유 중 하나이다(UNICEF, 2014). 더 많은 지역이 현대 의료 기술에 접근할 수 있게 되어 전 세계적으로 신생아 사망률은 최근 수십 년 동안 급격히 감소하였다.

오늘날 선진국에서는 출산 과정이 산모와 아기 모두에게 이전보다 훨씬 좋아졌다. 자연 분만 운동은 출산이 주류 의약품에 의해 지원을 받는 데 매우 긍정적인 영향을 미쳐왔다. 선진국들의 대부분은 출산을 병원에서 하고, 의사 혼자 수행하는 수술과 달리 간호사(종종 간호-산파 포함)와 어머니 모두 같이하는 경우가 많아졌다. 어떤 부모들은 산모에게 신체적·정신적 및 정보 지원을 제공할 수 있는 경험이 있는 출산 도우미, 멘토나 코치에게 도움을 요청한다(Chen & Xu, 2013).

아버지, 배우자 및 다른 가족 구성원과 친구들도 자주 참여하게 되었다. 1970년대 이전에는 남편이 출산에서 완전히 제외되었지만, 1970년대 후반에 선진국 대부분에서는 아내가 출산할 때 남편들이 옆에 있게 되었다(Simkin, 2007). 일반적으로 아버지의 존재는 출생 시 어머니에게 도움이 되는 것처럼 보인다(Kainz et al., 2010). 아버지가 있을 때 어머니는 약간 더 짧은 시간 진통을 경험하고 출산 경험에 더 큰 만족을 표현한다(Hodnett et al., 2007). 아버지의 경우 출산 시 옆에 있는 것이 놀라움과 사랑에 대한 격렬한 느낌을 불러일으킨다(Erlandsson & Lindgren, 2009). 그러나 일부 아버지들은 어머니와 아기의 건강과 행복에 대한 두려움을 강하게 경험하기도 한다(Eriksson et al., 2007).

비판적으로 사고하기

만약 당신이 임신 중이거나 임산부의 파트너인 경우 어떤 '자연적'인 출산을 원하는가? 그 이유는 무엇인가?

출산에 대한 신념과 산례의 문화적 차이

출산 신념에 대한 문화적 차이를 설명하고 출산에 도움이 되는 사람들을 확인한다.

출산에 대한 문화적 신념은 때때로 어머니와 아기를 보호하기 위해, 때로는 그들을 고립시키고 다른 사람들을 보호하기 위해 고안되었다. 대부분의 문화에서 나이 든 여성들이 출산을 돕는 역할을 맡고 특히 산파로 지정된다.

출산과 관련된 신념과 의식 이 장의 처음에 언급한 바와 같이 모든 문화권에서 성공적인 출산은 즐거운 축하 행사로 기념된다(Newton & Newton, 2003). 예를 들어, 짐바브웨의 일라족에서는 출산에 참가한 여성들은 아기를 낳은 여성으로 칭송을 받는다. 출산 후에 남편은 산모를 축하하기 위해 들어오고 다른 남자 친지들도 그녀의 손을 꽉 쥐고 선물을 주려고 오두막으로 들어온다.

그러나 출산과 그 이후를 어느 정도의 두려움과 경계심으로 형성하는 문화적 관습들 또한 있다. 아마도 출산은 종종 위험하기 때문에 많은 전통 문화들에서는 출산을 하는 것이 여성을 영적으로 불결하게 만든다는 믿음을 발전시켜왔다(Newton & Newton, 2003). 어떤 문화권에서 출산은 대부분의 사람들이 거주하는 곳에서 떨어져서 행해야 하며, 다른 사람들이 그것에 의해 오염되지 않도록 해야 한다. 예를 들어, 뉴기니의 아라페시족에서 출산은 배설이나 생리 같은 다른 오염 활동을 위해 정해진 마을 변두리에서만 가능하다.

많은 문화권에서 산모는 출산 후 오랫동안 부정한 채로 남아 있고, 그들 자신뿐만 아니라 다른 사람들을 위해 떨어져 지내야 한다는 믿음을 가지고 있다(Newton & Newton, 2003). (오늘날은 아니지만) 베트남의 전통은 산모가 출산 후 적어도 30일까지는 아기와 산모를 위험하게 하거나 마을 주민들을 오염시키지 않기 위해 밖으로 나가지 않는다. 심지어 남편도 그녀의 방으로 들어갈 수 없고 문 앞에서만 얘기할 수 있었다. 일부 문화권에서는 여성들이 출산 후에 스스로를 정화하기 위한 의식을 갖고 있으며, 이는 비서구권만의 문화는 아니다. 성경의 레위기 12장에는 출산 후 여성들의 정화의식에 대해 서술되어 있고, 최근 수십 년까지 천주교회는 새로운 엄마들의 정화를 위한 특별한 의식을 가졌다.

그런 왜 신념들이 발달할까? 이러한 문화적 신념의 발생 동기는 통제를 향한 욕망이다(Jones & Kay, 2003). 출산은 보통 고통과 위험이 따른다. 이런 불쾌한 상황에 직면하게 되면 인간은 위험과 고통을 피하거나 최소한 최소화할 수 있는 신념을 개발한다. 엄마, 아기, 그리고 다른 모든 사람은 특정한 의식이 행해진다면 그 과정을 무사히 다치지 않고 지날 수 있을 것이라고 믿는 것이 위안이 된다.

태반은 종종 특별한 문화적 믿음을 지닌 출산 과정의 구성 요소이다. 아마도 태반의 출산은 잠재적으로 위험할 수 있기 때문에, 많은 문화들은 태반 자체가 잠재적으로 위험할 수 있고 불쾌한 결과를 초래하지 않도록 적절히 처분해야 한다는 신념을 발달시켜왔다(Jones & Kay, 2003). 그렇게 하지 않는 것은 작게는 뾰루지 같은, 크게는 아기의 죽음 같은 결과를 초래하는 것으로 믿는다.

어떤 문화권에서는 태반을 제거하는 방법이 명확하고 간단하다. 땅에 묻거나 불 태우거나 강에 던져 버리거나 또는 특별한 장소에 보관한다. 예를 들어, 미국 원주민 중 나바호족 문화에서는 조상의 땅에 아기의 유대를 쌓기 위해 태반을 신성한 장소에 매장하는 풍습이 있었다(Selander, 2011). 다른 문화권에서는 태반을 둘러싼 전통이 더 정교하고 태반이 그 자체에 정신이나 영혼을 가지고 있다는 믿음을 포함하고 있다. 이러한 문화권에서는 태반을 단순히 버리지 않고 사람과 유사하게 적절한 매장을 한다. 예를 들어, 가나, 말레이시아, 인도네시아를 포함한 세계 여러 곳에서 태반은 아기의 반 형제자매처럼 다룬다(Cassidy, 2006). 출산 후 산파는 태반을 씻고 사산아인 것처럼 묻는다. 어떤 문화권에서는 태반을 묻을 때 신생아와 산모에게 해를 입히지 않도록 기도하면서 묻는다.

선진국에서는 태반이 호르몬과 영양소의 원천으로서 특별한 가치를 지니고 있다고 여겨진다. 병원들은 과학자들에게나 또는 발모제 같은 상품을 만드는 데 사용하는 화장품 제조업자들에게 태반을 준다(Jones & Kay, 2003). 서양의 몇몇 사람들은 심지어 태반의 일부를 '태반 피자' 위에 또는 '태반 칵테일'에 혼합시킨다고 광고하기도 한다!(Weekley, 2007) 혹시 이것이 '태반'이라는 단어가 '케이크'라는 라틴 단어에서 유래된 이유를 설명하는 것인가?

글쎄, 아마도 아닐 것이다. 이 희귀한 습관은 많은 다른 포유동물, 쥐에서 원숭이까지의 어미들이 태반을 먹는다는 사실에서 유래되었다. 태반은 양육을 시작하기 위해 지친 산모에게 활력을 줄 수 있는 영양분으로 가득 차 있다. 그것은 또한 산후 출혈을 막는 데 도움을 주는 호르몬인 옥시토신을 함유하고 있다. 필리핀의 몇몇 지역에서 산파들이 산모에게 힘을 강화하기 위해 태반의 피를 섞은 포리지를 먹이는 관습이 있지만, 태반을 먹는 관습은 인간 문화권에는 거의 없다(Cassidy, 2006). 또 중국 전통적인 한의학에서는 말린 태반이 가끔 모유수유를 촉진하기 위해 사용한다(Tierra & Tierra, 1998).

누가 도와주는가 출산에 대한 신념에는 문화적 다양성이 있지만 출생을 돕는 사람에 대한 전통적인 문화 사이에는 상대적으로 편차가 적다. 대부분 항상 주로 도움을 주는 사람은 나이 든 여자들이다(Bel & Bel, 2007). 60개 전통 문화를 대상으로 한 출생 사례 초기 연구에서 58개의 문화권에서 도움을 주는 사람은 여성 노인이었다(Ford, 1945). 드물게 멕시코와 필리핀의 일부 지역에서만 남자들이 주요 출산 도우미로 발견된다. 전형적으로 모든 남자들은 출산 중에 옆에 있는 것조차 금지되어 있으며 도우미로서의 역할은 매우 드물다(Newton & Newton, 2003). 그러나 때로는 아기를 낳기 위해 몸을 기대거나 세우거나 웅크리고 있을 때 산모를 붙드는 데 남편이 도움을 주기도 한다.

일반적으로 출산 시 산모 옆에 여러 여성들, 특히 친족들이 옆에 있는데, 출산 과정을 관리하는 여성은 주로 산파와 같은 특별한 지위를 가진다. 산파는 자신도 자녀를 낳았었지만 이제는 가임 연령을 넘은 여성 노인이다. 그들은 출산의 직접 경험이 있었지만 더 이상 어린아이를 보살피는 일이 없으므로 부름이 있을 때 갈 수 있다.

산파가 되는 방법은 다양하다(Cosminsky, 2003). 과테말라에서나 북아메리카 원주민 중 오지브와족 등의 문화권에서는 꿈이나 환영에서의 초자연적 부름에 대한 믿음을 받아들인다. 다른 문화권에서 산파의 자리는 어머니로부터 딸에게로 이어진다. 하지만 어떤 문화권에서는 여성이 산파를 자청하면 허락해 준다. 어떻게 산파가 되는지에 상관없이 보통 산파가 될 여성이 출산을 돕기 전에는 몇 년을 경험이 많은 산파 곁에서 견습기간을 보낸다. 견습기간을 통하여 기본 위생의 원칙과 출산을 완화시키는 방법을 배우고 출산 전후 돌봄을 연습한다.

산파에게 어떻게 대하는지는 문화마다 다양하다. 대부분 산파는 자신의 문화권에서 존경받는 지위를 가지고 있으며, 그녀의 지식과 기술은 존중받는다. 그러나 일부 문화권에서는 산파를 경멸하거나 두려워하였다. 예를 들어, 인도에서 산파들은 지위가 가장 낮은 **카스트**(사회 지위 집단)에 있다(Cosminsky, 2003). 출산을 더럽고 오염된 것으로 여기므로, 가장 낮은 카스트만이 그 일에 합당한 것으로 간주되었다. 앞서 보았듯이, 서양 문화권에서 15~17세기의 산파들은 종종 마녀라고 고소당했고 많은 사람들이 처형당했다(Cassidy, 2006).

오늘날 선진국과 개발도상국에서 출산은 일반적으로 의료 환경에서 이루어지며 산부인과 의사와 1명 이상의 간호사 또는 간호-산파를 포함한 의료 인력이 감독한다. 또한 산모의 남편이나 배우자, 어머니, 시어머니, 자매도 출산 시 조수가 아닌 정서적 지원의 원천으로서 옆에 있을 수 있다(daMotta et al., 2006).

출산을 수월하게 돕는 방법의 문화적 차이

출산 과정을 수월하게 돕는 문화적 관습과 의학적인 방법을 비교하고 대조한다.

보통 개발도상국의 산파들은 시골 지역의 주된 출산 도우미이다. 여기에 한 산파가 캄보디아 마을에 있는 집에서 임신한 여성을 돌보고 있다.

이 장의 초반에 설명한 것과 같이 출산 과정에서 과학에 기초한 의학적인 도움은 최근에 발달된 것이고, 여전히 누구나 일반적으로 이용할 수는 없다. 결과적으로 출산 과정을 수월하게 하기 위해 시도하는 많은 전통적인 방법을 만들어 냈다. 그 방법은 다양하지만 확실히 공통되는 주제가 있다. 예를 들면, 그 전략들은 출산하기 오래전에 시작한다. 제2장에서 설명했듯이 종종 산파의 역할은 약 임신 4개월의 시작부터 몇 주마다 태아기 방문을 포함한다. 예비 엄마를 방문할 때 산파는 일반적으로 복부마사지를 해준다. 이것은 출산을 쉽게 만들어준다고 간주되며, 또한 산파가 태아의 위치를 알아낼수 있도록 한다. 만약 태아가 거꾸로 위치하고 있으면 위치를 바꾸려고 시도할 수도 있다.

임신한 여성의 복부를 마사지하는 것에 더해서, 산파는 종종 예비 엄마에게 유산을 예방하고 태아의 건강발달을 촉진하는 허브티를 준다. 또한 그녀는 예비 엄마에게 식단과 운동을 조언해준다. 아시아와 남아메리카의 많은 나라들에서 음식은 '뜨거운 것' 또는 '차가운 것'(문화적 정의로, 그것들이 실제로 뜨거운지, 차가운지에 대한 것이 아니다)으로 분류되고, 산모는 '뜨거운' 음식을 먹는 것이 금지된다(Cosminsky, 2003). 이러한 음식의 분류는 과학적인 근거는 없지만, 출산을 앞둔 산모를 안심시키는 것을 돕고 출산 과정에의 자신감을 향상시킨다.

산모가 진통을 시작할 때 산파를 부르고 출산을 앞둔 산모의 여성 친척들이 산모 주위로 모인다. 때때로 산파는 산모에게 진통과 출산의 고통을 가라앉히기 위해 약을 준다. 많은 문화권에서 약초를 사용해왔지만, 우크라이나에서는 전통적으로 진통을 하는 산모의 집에 산파가 도착했을 때 하는 첫 번째 행동은 산모에게 위스키 한 잔을 넉넉히 주는 것이었다(Newton & Newton, 2003). 출산을 앞둔 산모들은 다가올 진통에 그들의 힘을 강화하기 위해 특별한 음식을 먹을 수 있다. 어떤 문화권에서는 산모들에게 자궁 수축 사이에 조용히 누워 있도록 조언하지만, 다른 문화권에서는 산모들에게 주위를 걷거나 심지어 운동을 하라고 조언한다.

진통의 초반 동안 산파는 출산을 앞둔 산모에게 수축 사이 동안 어떤 일이 일어날지(얼마나 수축이 더욱더 자주 일어날 것인지, 산모가 결국에는 어떻게 아기를 밖으로 밀어내야만 하는지, 그리고 출산하는 동안 산모의 자세가 어떠해야 하는지)를 설명할 수 있다(Bel & Bel, 2007). 때때로 출산할 때 다른 여성들이 산파의 조언에 더해 스스로 자세를 묘사하거나 심지어 실제로 자세를 보여주기도 한다. 출산이 계속되면서 종종 산파와 다른 여성들은 산모가 진통하는 동안 격려와 가르침을 주는 '출산 대화'로 그녀를 격려해줄 것이고 심지어 때때로 산모가 너무 크게 소리 지르거나 너무 많이 불평하면 그녀를 야단칠 것이다(Bergstrom it al., 2009, 2010).

진통이 길어질수록 산모는 더 지치고 산모와 아이는 더 위험해진다. 결과적으로 빠른 출산을 돕고자 문화마다 다양한 관습을 만들었다. 대부분의 문화권에 가장 널리 퍼져 있는 접근은 열거나 방출과 관련된 상상이나 비유를 사용하는 것이다(Bates & Turner, 2003). 예를 들어, 필리핀에서는 열쇠(자궁경관을 열기 위한)와 빗(탯줄을 풀기 위한)을 진통하는 산모의 베개 아래에 둔다. 다른 문화에서는 밧줄 매듭을 풀어놓거나 병의 입구를 열어놓거나 동물들을 우리 밖으로 풀어놓는다.

몇몇 전통적인 문화권에서 산파는 **주술사**(종교 지도자로 특별한 힘과 영혼 세계의 지식을 가지고 있다고 간주되는)의 영적 도우미로 불린다. 예를 들어, 쿠나 인디언들의 전통적인 믿음을 따르면, 자궁의 정령인 '뮤'로부터 기인된, 이유가 분명하지 않은 어려운 출산은 '뮤'가 태아를 붙잡기로 결정하고 태아가 밖으로 나오는 것을 막고 있어서이다(Levi-Strauss, 1967). 주술사의 일은 자궁의 정령인 뮤와 전투를 벌이는 노래를 부르는 것으로 뮤의 손아귀로부터 태아가 해방되도록 주술을 부리는 것이다.

전통적인 관습들이 힘든 진통으로 고통을 받는 산모에게 효과가 있을까? 의학적으로 명백하게는 아니지만 주술 노래의 효과를 너무 쉽게 일축하기 전에 조심하라. 만약 사람들이 무엇인가 그들에게 영향을 준다고 믿으면, 실제 그렇다고 느끼는 **플라시보 효과**의 증거가 많이 있다. 고전적인 예로, 만약 사람들이 약물이 포함되지 않은 설탕 알약을 받고 그것이 진통제라고 들으면, 다수는 고통이 줄어들었다고 말할 것이다(Balodis et al., 2011). 그들의 고통을 줄여준 것은 설탕 알약이 아니라 그 알약에 대한 믿음이다. 주술사가 출산을 도와준 사례에서 주술 노래에 대한 믿음뿐만 아니라 주술사의 존재가 주는 정서적이고 사회적인 지지 덕분에 산모는 진짜 통증 완화를 느꼈을 수 있다(Bates & Turner, 2003).

정서적이고 사회적인 지지는 선진국의 산모들의 출산도 수월하도록 돕는다(daMott et al., 2006). 여기에 건강 전문가들이 추천하는 진통 중 산모의 불편함을 없애는 몇몇 비의료적인 전략이 있다(Mayo Clinic Staff, 2011).

- 흔들의자에 앉아 흔들기
- 가장 편안한 대로 빠르거나 느리게 일정한 리듬으로 숨쉬기
- 따뜻한 샤워나 목욕하기
- 이마에 차갑게 젖은 천 두기
- 진통하는 동안 걷거나 숨 참기
- 진통 사이에 마사지하기

오늘날 선진국에서 의학적인 개입은 일반적이다. 진통하는 산모들은 종종 깨어 있는 동안 고통을 조절하는 것을 돕기 위해 척수액으로 마취 주사를 맞는 **경막외 마취**(epidural)를 한다(Vallejo et al., 2007). 만약 올바른 정량으로 관리된다면, 경막외 마취는 산모가 시간이 다가올 때 아기를 밀어낼 수 있다고 느끼게 하지만 때때로 수축을 느리게 하기 때문에 인조 옥시토신으로 관리해야 한다. 선진국에서 자연 분만을 하는 산모들이 경막외 마취를 받는 비율은 크게 다른데, 예를 들면 미국은 76%, 스웨덴 52%, 캐나다 45%, 그리고 뉴질랜드 24%이다(Lane, 2009). 이 다양함에 대한 이유는 불분명하다.

몇몇 기술적인 발달은 산모와 아기 둘 다에게 출산 과정을 더 안전하게 했다. 태아의 머리에 붙여서 강하지만 일정하게 빨아들이는 기계에 연결된 컵인 '진공관'은 겸자와 같은 기능을 가졌지만 산모와 아기 둘 다에게 위험이 적다(WHO, 2011). **전자 태아 감지기**(electronic fetal monitoring, EFM)는 산모의 복부를 통하거나 또는 직접적으로 자궁경관에 선을 연결하고 태아의 두피에 센서를 둠으로써 태아의 심박 수를 추적한다. 미국에서 출산의 약 85%는 EFM을 사용한다(Martin et al., 2005). 태아의 심박 수 변화는 고통을 나타내거나 개입을 요구하는 것일 수 있다. 그러나 심박 수 변화는 해석하기 쉽지 않고 꼭 고통을 나타내는 것이 아닐 수도 있다. 그래서 EFM의 사용은 필요 이상의 제왕절개 수술의 비율을 증가시킬지도 모른다(Thaker & Stroup, 2003). EFM은 태아의 고통이 발생할 것 같을 때 조산이나 다른 고위험군 산모에게 가장 유용하다.

많은 문화권에서 출산을 완화하는 전략의 중요한 부분은 산모의 신체적 자세이다. 거의 모든 문화에서 똑바른 자세가 사용되고 무릎 꿇기나 앉아 있기도 흔하고 쪼그리거나 서 있는 자세도 사용된다(Newton & Newton, 2003). 종종 산모는 수축 동안에 해먹이나 침대에 등을 기대지만 출산이 임박해지면 보다 똑바로 자세를 취한다. 20세기 동안 선진국에서 똑바로 눕는 것이 출산의 자세로 가장 일반적이었지만 전통 문화에서는 거의 사용되지 않았고, 이 자세는 중력을 이용하지 못하게 함으로써 출산을 보다 어렵게 만들었다. 오늘날 선진국에서는 많은 병원들이 반쯤은 앉고 반쯤은 기대는 자세를 사용한다(Eisenberg et al., 2011).

출산하고 나서 일반적으로 태반과 탯줄이 자궁에서 떨어질 때까지 아기는 산모 배 위에 눕혀진다. 비록 아기의 출산에 기쁨과 안도감이 있을지라도 출산에 참석한 사람들과 산모는 즉시 태반의 출산에 주의집중을 한다. 마사지, 약물, 열림과 추방과 관련된 의식이나 산모가 재채기하거나 토하게 만드는 것과 같은 과정을 촉진시키는 다양한 전략이 사용된다(Newton & Newton, 2003). 가장 흔한 전략은 약초, 차의 복용 또는 질세척(질에 액체 물질을 두는)의 사용이다. 선진국에서 인조 옥시토신이 태반을 축출하는 수축을 향상시키는 데 사용될 수 있다(Eisenberg et al., 2011).

태반이 나오고 나서 탯줄이 잘린다. 보통 탯줄은 실이나 끈이나 섬유로 묶인다. 전통적인 문화에서 탯줄을 자르거나 다루는 몇몇 관습은 아기를 부지불식간에 위험하게 한다(Cosminsky, 2003). 대나무, 조개껍데기, 깨진 유리, 낫, 면도칼 등의 도구는 탯줄을 자르기 위해 사용되는데, 그것들은 깨끗하지 않아서 아기에게 질병의 전염을 야기한다. 인도 북부의 한 지역에서는 먼지와 섞은 소똥의 재를 탯줄을 자르는 방법에 포함하여 아기의 파상풍의 위험을 급격하게 증가시키는 것으로 알려져 있다.

경막외 마취 출산 과정에서 산모가 깨어 있는 동안 출산의 고통을 덜기 위해 산모의 척수액에 마취약을 주사하는 것

전자 태아 감지기(EFM) 어머니의 복부를 통해 외부에서 측정하거나 또는 자궁을 통해 직접적으로 선을 넣어서 태아의 두피에 센서를 붙여 태아의 심장박동을 추적하는 것

신생아 및 산모 사망률의 문화적 차이

선진국과 개발도상국의 신생아 및 산모 사망률의 차이를 서술한다.

지도 3.2에서 볼 수 있듯이 영아와 어머니의 사망률은 선진국보다 개발도상국에서 상당히 더 높다. 세계의 많은 지역에서 출산은 위험으로 남아 있다. 그러나 몇몇 희망적인 신호가 있다. 개발도상국에서 산모

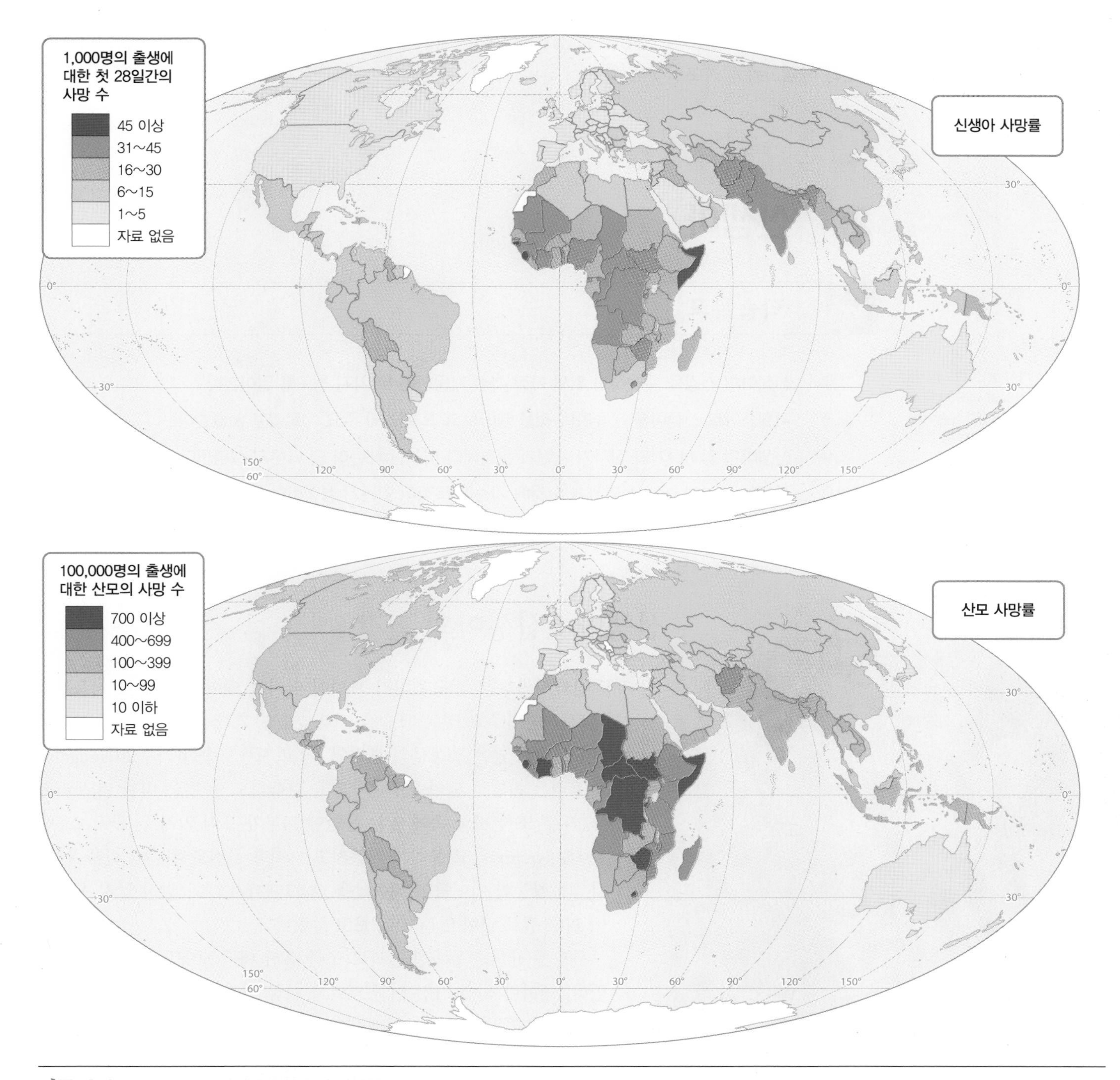

지도 3.2 **전 세계의 신생아와 산모의 사망률**

신생아와 산모의 사망률을 어떻게 비교할까? 왜 사망률이 선진국보다 개발도상국에서 더 높은지 어떤 요소들로 설명할 수 있을까?
출처 : (top) Based on UNCEF (2014); (bottom) Based on WHO (2014)

의 사망률은 영양의 향상과 의료 서비스의 접근 때문에 과거 30년 동안 상당히 감소하고 있다(Hogan et al., 2010; UNICEF, 2014).

신생아와 산모의 사망률은 선진국 내에서도 상당한 차이가 있고, 특히 미국 내에서도 그러하다(UNICEF, 2014). 주로 가난과 높은 수준의 의료적 보살핌의 접근이 낮은 아프리카계 미국인들의 신생아 사망률이 유럽계 미국인과 비교할 때 2배 이상이다(CDC, 2014). 그러나 1980년 이후로 미국에서 신생아 사망률은 모든 인종을 통틀어 급격하게 떨어졌다. 현재는 라틴계나 아시아계 미국인들은 유럽계 미국인들과 거의 비슷하다(CDC, 2014). 대조적으로 산모의 사망률은 정확하지 않은 이유로 1980년 이후로 꾸준히 증가하고 있다(U.S. Bureau of the Census, 2010). 신생아 사망률처럼 산모의 사망률도 다른 인종보다 아프리카계 미국인들이 훨씬 더 높다.

2절 신생아

학습목표

3.7 신생아의 건강을 측정하기 위해 가장 자주 사용하는 두 가지 척도를 알아본다.

3.8 저체중아로 신생아를 분류하는 것을 알아보고 그 결과와 주요 치료법을 서술한다.

3.9 신생아의 일어나기와 잠자기 패턴과 문화마다 이러한 패턴이 왜 다른지 설명한다.

3.10 신생아 반사에 대해 설명하고 이것에 기능적 목적이 있는지 설명한다.

3.11 촉각, 미각, 후각, 청각, 시각과 관련된 신생아의 감각 능력을 서술한다.

천문 출산 과정 동안 경도를 통해 빠져나오는 것을 돕도록 두개골과 두개골의 사이로 느슨하게 되어 있는 부드러운 지점

출산 시 태아들은 피부를 보호해주는 태지에 덮여 있다.

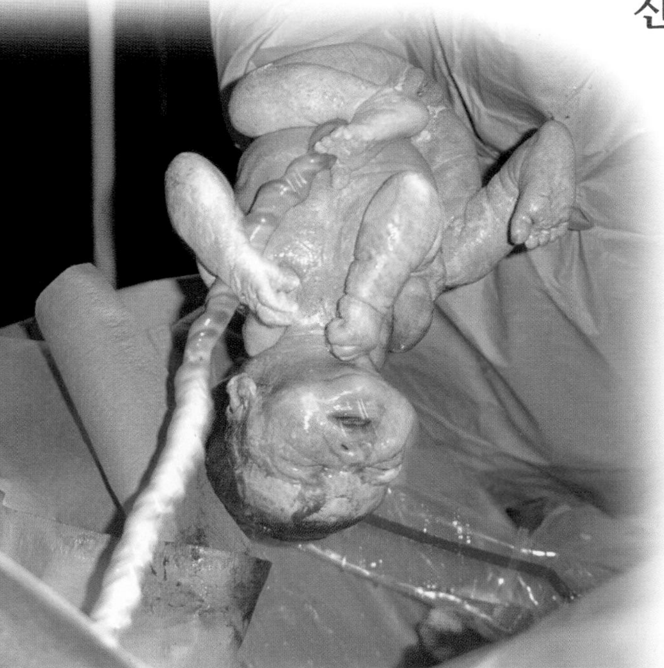

신생아 : 신생아의 건강

자궁 안에서 9개월 정도 있다가 드디어 아기가 태어난다. 만약 처음부터 귀엽고 껴안아주고 싶은 모습을 기대했다면 깜짝 놀랄 것이다. 아기는 아마도 털이 많은 조상들의 흔적인, 곱고 보송보송한 라누고(lanugo)라고 불리는 솜털로 덮여 있을 수 있다. 다행히도 이 털은 며칠 뒤 사라진다. 피부 또한 자궁 속에 있는 동안에 피부가 트지 않기 위해서 보호하는 태지(vernix)라고 불리는 기름지고 느끼한 물질로 뒤덮여 있을 수 있다. 내 쌍둥이 아이들이 태어났을 때 그때까지 내가 전혀 알지 못했던 이 흰 물질로 덮여 있는 것을 보고 놀랐다.

산도를 간신히 통과한 결과로 조금 흉한 머리 모양으로 태어날 수도 있다. 커다란 뇌를 가진 인간 태아가 자궁 밖으로 나오는 문제에 대한 진화론적 해법은 태아의 두개골이 아직 하나의 뼈로 모이지 않았다는 것이다. 대신에 몇 개의 느슨하게 결합된 조각들로 구성되어서 출생 과정 동안 필요에 따라 움직일 수 있다. 조각들 사이에는 **천문**(fontanels)이라고 불리는 2개의 부드러운 곳이 있는데, 머리 위에 하나가 있고 뒷머리

쪽에 또 다른 하나가 있다. 두개골의 조각들이 단단하게 결합되고 숨구멍이 사라지는 데 약 18개월이 걸린다.

9개월 전에 정자와 난자를 결합해서 단세포로 만들어졌지만, 신생아는 태어날 때 10조 개의 세포를 가지고 있다! 전형적으로 갓 태어난 아기, 또는 **신생아**(neonate)는 길이가 약 50센티미터이고 무게는 약 3.4킬로그램이다(첫 4주간은 신생아기이다). 신생아들은 처음 며칠 동안 몸무게의 약 10%를 잃는 경향이 있는데, 수분을 잃고 많이 먹지 못하기 때문이다(Verma et al., 2009). 다섯째 날부터 무게를 되찾고, 둘째 주가 지나면 출생 시 체중으로 돌아온다.

모든 신생아 중에 약 절반은 생후 첫 며칠 동안 피부와 눈이 노랗게 보일 것이다. **신생아 황달**(neonatal jaundice)로 알려진 이러한 상태는 간의 미성숙 때문이다(Madlon-Kay, 2002). 대개의 경우 며칠 후에 간이 정상적으로 작동하기 시작하면서 사라지지만, 만약 며칠 이상 지속된다면 치료받아야만 한다. 그렇지 않으면 뇌 손상을 일으킬 수 있다(AAP Committee on Quality Improvement, 2002). 가장 효과적인 치료법은 단순한 치료법인 광선 요법(phototherapy)으로 신생아에게 색이 있는 빛을 비춰주는 것인데, 파란색이 가장 효과적이다(AAP, 2009).

신생아 생후 4주까지의 새로 태어난 아이

신생아 황달 간의 미성숙으로 생의 초기 며칠 안에 나타나는 얼굴이 노랗게 창백해지는 것

산소결핍증 출생 과정에서 산소 부족으로 인해 몇 분 안에 심각한 신경학적 손상을 일으킴

아프가 척도 얼굴(색), 맥박(심장 박동률), 찡그림(과민성 반사), 활동(근육 긴장도), 호흡의 5개 하위 검사로 구성된 신생아 평가검사

신생아의 건강 측정

신생아의 건강을 측정하기 위해 가장 자주 사용되는 두가지 척도를 알아본다.

태내 환경에서 바깥세계로의 전환 과정에서 첫 몇 분은 매우 중요하다. 특히 신생아들에게 중요한 것은 엄마의 탯줄을 통해 산소를 얻어왔던 것과 달리 스스로 호흡하기 시작해야 한다는 것이다. 대부분의 신생아들은 탯줄이 잘리기 전에 공기에 노출되자마자 숨쉬기를 시작한다. 그러나 만일 그렇지 않으면 결과는 매우 빨리 심각해질 수 있다. 산소부족은 **산소결핍증**(anoxia)으로 알려진 상태로 신속하고 엄청난 뇌세포의 죽음을 초래한다. 만약 신생아가 몇 분간 산소결핍증을 앓는다면 결과는 영구적인 인지 손상이 될 수 있다.

태내 환경으로부터 세상으로의 전환은 중요하고 때때로 문제가 있을 수 있기 때문에, 신생아의 건강을 평가하기 위한 방법들이 개발되었다. 서구 나라들에서 가장 광범위하게 사용되는 두 가지 방법은 아프가 척도와 브라젤톤 신생아행동평가척도(NBAS)이다.

아프가 척도 **아프가 척도**(Apgar scale)는 그 창조자인 소아과 의사 버지니아 아프가(Apgar, 1953)의 이름을 따서 명명했다. *APGAR*라는 글자는 또한 척도를 구성하는 5개의 하위 검사의 앞글자에 해당한다. 외모(Appearance, 색), 맥박(Pulse, 심박동 수), 찡그린 표정(Grimace, 반사흥분성), 활동(Activity, 근육 긴장도), 호흡(Respiration, 숨쉬기)이다. 신생아는 각각의 다섯 가지 하위 항목으로 평가되며, 0, 1, 2(**표 3.1** 참조)의 점수를 받고, 합계 점수는 0~10의 범위로 평가된다. 신생아는 태어난 지 약 1분 후 첫 번째 그리고 5분 후에 두 번째 평가되는데, 이 시기 동안에 가끔은 신생아의 상태가 더 좋거나 더 나쁘게 변화할 수도 있기 때문이다.

7~10의 점수는 신생아가 좋거나 뛰어난 상태를 의미한다. 미국 아기들의 98% 이상이 이 점수를 받는다(Martin et al., 2003). 만일 점수가 4~6이면, 산소결핍증 가능성이 있으며 신생아의 호흡에 도움이 필요하다. 만일 점수가 3 또는 그 이하이면 생명이 위험하고, 즉각적인 의료 도움이 필요하다. 아프가 척도는 태어나자마자 즉시 유용하고, 또 생후 1개월 만에 사망할 위험성을 예측하여 의사에게 주의를 요하는 감시가 필요하다는 점을 경고할 수 있다(Casey et al., 2003).

표 3.1 아프가 척도

합계 점수 : 7~10 = 좋은 또는 뛰어난 상태, 4~6 = 호흡에 도움이 필요한 상태, 3 또는 그 이하 = 생명이 위험한 상태

하위 시험	0	1	2
Appearance – 외모(색)	파랗고 창백함	몸은 분홍색이지만 사지는 파란색	전체 몸이 분홍색
Pulse – 맥박(심박동 수)	부재	느림 – 분당 100회 미만	빠름 – 분당 100~140회
Grimace – 찡그린 표정(과민성 반사)	반응 없음	찡그린 표정	기침, 재채기, 울음
Activity – 활동(근육 긴장도)	축 처지고 늘어짐	약하고 비활동적이지만, 약간 사지를 구부림	강하고 활동적인 운동
Respiration – 호흡(숨쉬기)	1분 이상 숨을 쉬지 않음	불규칙하고 느림	정상적으로 울면서 호흡이 좋음

출처 : Based on Apgar (1953)

브라젤톤 척도 가장 광범위하게 사용되는 또 다른 척도는 **브라젤톤 신생아행동평가척도**(Brazelton Neonatal Behavioral Assessment Scale, NBAS)이다. NBAS는 반사(예 : 눈 깜빡임), 신체적 상태(예 : 흥분성과 민감성 등), 사회적 자극에 대한 반응, 중추경계 불안정(미동과 같은 증상으로 나타남)을 측정하는 27개 항목을 포함하고 있다. 이러한 27개 항목에 기초하여, 신생아는 '걱정됨', '정상' 또는 '우수'의 등급을 받는다(Nugent & Brazelton, 2000; Nugent et al., 2009).

출생 후 바로 시행하는 아프가 척도와 대조적으로 NBAS는 보통 태어난 지 약 하루 후에 수행되고, 2개월 안에 언제든지 시행될 수 있다. NBAS는 출생 하루 후에 그리고 약 일주일 후에 시행하면 미래 발달을 가장 효과적으로 예측할 수 있다. 두 시점 모두에서 정상 또는 우수한 점수를 받은 신생아 또는 걱정됨에서 정상까지 또는 우수로 '회복 곡선'을 보이는 신생아는 앞으로 수년간 발달 전망이 좋지만, 두 시점 모두에서 걱정됨 또는 정상이나 우수의 수준에서 걱정됨까지 점수가 감소하면 초기 발달 문제에 위험할 수 있다(Ohgi et al., 2003).

다른 아이들뿐 아니라 위험한 상태의 신생아들에게 NBAS는 부모와 아기 사이의 관계발달을 촉진시킬 수 있다. 브라질 어머니들의 연구에서 태어난 지 며칠 후에 일반적인 의료 정보만 받은 대조 집단의 어머니들과 비교하면 출생 후 얼마 안 되어 신생아의 NBAS 가이드 토론회에 참석한 어머니들은 한 달 후에 보다 많이 아이들에게 미소 짓고, 이야기하고, 눈을 마주친다(Wendland-Carro et al., 1999). 신생아와 조산아에 대한 미국 연구에서 NBAS 프로그램에 참여한 두 집단의 부모들은 참여하지 않은 부모들보다 아기들과 더 자신감을 가지고 상호작용하였다(Eiden & Reifman, 1996).

NBAS는 또한 문화 간 신생아 차이와 어떻게 그 차이점들이 부모의 양육 행동과 상호작용하는지를 조사하기 위한 연구에 사용되고 있다(Nugent et al., 2009). 예를 들어, NBAS로 미국의 아시아계와 유럽계 신생아들을 비교하는 연구에서 아시아 신생아들이 더 조용하고 덜 과민하다는 것을 발견했다(MuretWagstaff & Moore, 1989). 이 차이는 부분적으로는 생물학적인 것일 수 있지만, 또한 양육 차이와 관련이 있는 것으로 보인다. 아시아계 어머니들은 신생아들의 고통에 재빨리 대처하고 그들을 달래려고 노력한 반면, 유럽계 어머니들은 그들을 돌보기 전에 아기가 잠시 동안 난리치도록 내버려두는 경향이 있다. 또 다른 연구에서 잠비아의 많은 신생아들은 출생 시 저체중으로 태어나고 출생 후 NBAS에서 걱정됨 수준으로 평가되었다(Brazelton et al., 1976). 그러나 일주일 후에 대부분의 걱정됨 수준의 신생아들은 NBAS에서 정상이거나 우수의 수준이 되었다. 연구자들은 이러한 변화가 잠비아의 어머니가 하루

브라젤톤 신생아행동평가척도(NBAS) '걱정됨', '정상', '우수'로 신생아의 기능을 측정하는 27개 문항으로 구성된 척도

의 대부분을 아기의 감각에 자극을 줄 뿐만 아니라 아기를 자신들 몸 곁에 데리고 있는 편안한 위로를 주는 관습 때문으로 본다.

저체중아

저체중아로 신생아를 분류하는 것을 알아보고 그 결과와 주요 치료법을 서술한다.

태어난 아기의 몸무게는 건강한 발달과 생존을 예측하는 데 있어 가장 중요한 지표이다. 신생아들은 2.5킬로그램 이하로 태어날 때 **저체중아**(low birth weight)로 분류된다. 저체중아들의 일부는 임신 이후 40주의 적정 기간보다 3주 혹은 그 이상 더 빨리 태어난 **조산아**(preterm)이다. 다른 저체중아들은 같은 수태기간(임신 이후 주 수)을 가진 다른 신생아들의 평균 몸무게의 90%에 미달하는 적은 몸무게를 가진 것을 의미하는 **재태 주 수에 비해 작은**(small for date) 저체중아들이다. 재태 주 수에 비해 작은 신생아들은 특히 다른 조산아들보다 4배나 더 높은 사망률을 가진다(Arcangeli et al., 2012).

저체중아의 비율은 세계 지역마다 매우 다르다(UNICEF, 2014). **지도 3.3**에서 보면 세계 전체 비율은 15%이다. 아시아와 아프리카는 가장 높은 비율을 가지고 있고, 유럽이 가장 낮다. 미국(8%)과 캐나다(6%)에서의 비율은 개발도상국보다 낮지만 유럽보다 높다. 미국 내에서도 아프리카계 미국인의 조산아 비율은 다른 인종 집단의 비율보다 2배나 높은데, 그 이유는 좋은 출산 전 관리율이 낮고 스트레스 수준이 높기 때문이다(Casey Foundation, 2010; Giscombe & Lovel, 2005).

조산아 출산에 대한 이유는 전 세계 지역마다 매우 다르다. 개발도상국에서 산모들이 빈번하게 영양실조를 겪고 있으며 건강 상태가 나쁘고, 산전 건강관리를 전혀 또는 아주 조금밖에 받지 못하는 것이 주요 원인이다. 선진국 저체중 출산의 주요 원인은 산모들의 흡연이다(Rückinger et al., 2010). 다른 요인으로

저체중아 출생 시 2.5킬로그램보다 적은 신생아를 칭하는 말

조산아 임신 후 37주 이전에 태어난 아이

재태 주 수에 비해 작은 같은 수태기간을 보내고 태어난 90%의 다른 신생아들에 비해 체중이 더 적은 신생아에게 적용되는 용어

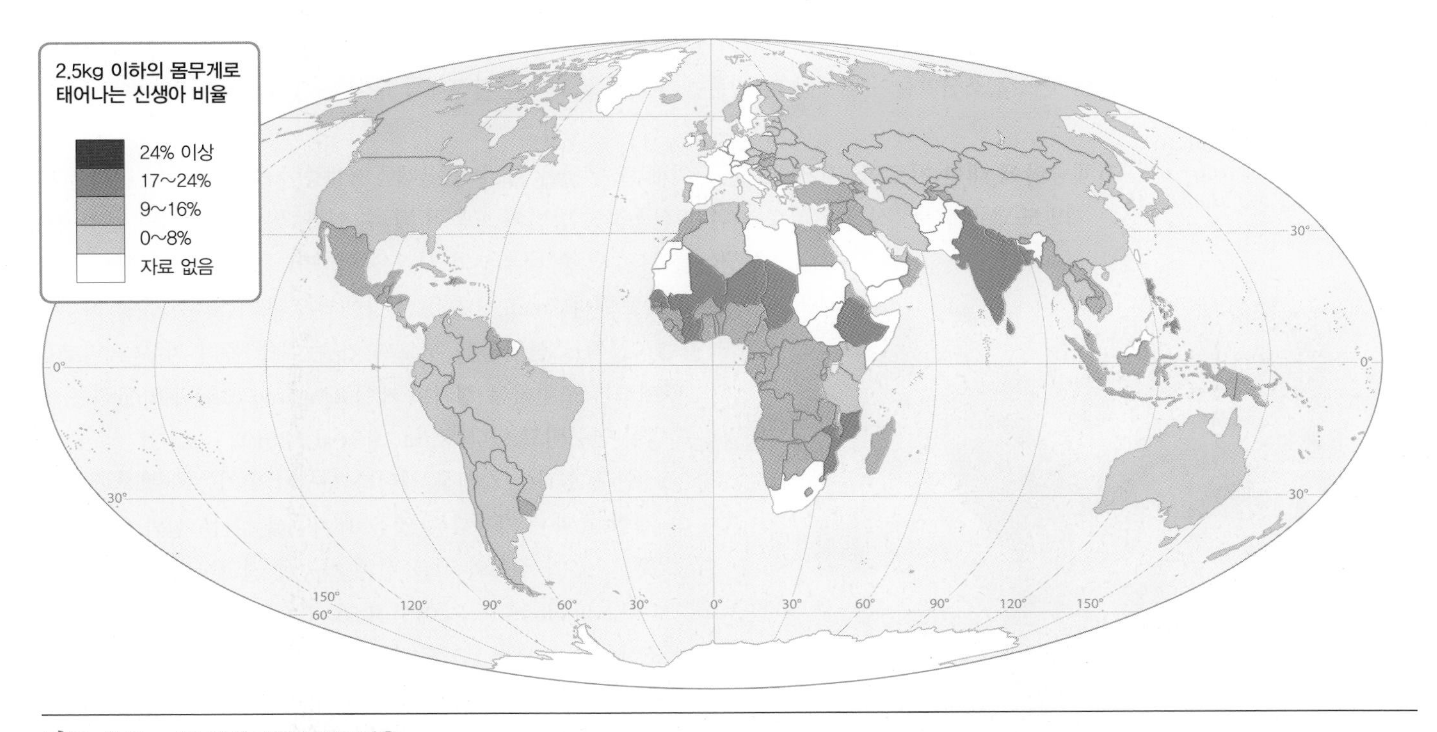

지도 3.3 전 세계 저체중아의 비율

개발도상국들에는 저체중아 비율이 왜 매우 높은가?

출처 : Based on UNICEF (2014)

초저체중아 출생 시 1.5킬로그램 이하인 신생아

극도의 저체중아 출생 시 1킬로그램보다 적은 신생아

계면활성제 호흡을 증진하고 폐의 공기 주머니가 붕괴되지 않도록 하는 폐에 있는 물질

캥거루 케어 조산아와 저체중 신생아를 위해 엄마나 아빠가 영아를 생의 초기 매일 2~3시간 정도 피부가 닿게 가슴에 안도록 권장하는 양육

는 다산(임신 횟수에 따라 신생아의 체중이 감소한다)과 임신 중 음주 또는 다른 약물의 사용 그리고 조산과 노산을 들 수 있다(17세 미만 또는 40세 이상)(Gavin et al., 2011).

저체중아의 결과 저체중아들은 생후 1년 안에 사망할 위험이 높다. 심지어 의료 기술이 발달한 선진국에서도 저체중은 유전 결함에 이은 두 번째로 가장 흔한 신생아의 사망 원인이다(Martin et al., 2005). 1.5킬로그램 이하의 **초저체중아**(very low-birth-weight)와 1킬로그램 이하의 무게가 나가는 **극도의 저체중아**(extremely low-birth-weight)는 특히 조기사망 위험이 높다(Tamaru et al., 2011). 심지어 세계에서 가장 선진화된 의료 기술을 가진 미국에서도 1.5~2.5킬로그램이 나가는 신생아들의 1%만이 1년 안에 사망하는 것과 비교해 1.5킬로그램보다 덜 나가는 저체중아들의 24%는 생후 1년 안에 사망한다(Child Trends, 2014). 저체중아 출산이 흔한 개발도상국에서 저체중으로 인한 사망이 전체 신생아 사망률에 높게 기여한다.

왜 저체중아들의 사망 위험이 높은 것일까? 태어날 때 재태 주 수에 비해 작은 저체중아라면 산모의 나쁜 영양 상태, 질병, 니코틴과 알코올 등 기형 유발 물질에의 노출 등과 같은 태내발달을 방해하는 요소들 때문일 가능성이 높다(제2장 참조). 결과적으로 그들은 태어났을 때 저체중의 위험을 포함하여 다른 신생아들보다 덜 건강하다.

대부분의 경우 저체중아들은 예정 출산일보다 몇 주전에 태어난다. 조산아의 경우 태어날 때 신체적 구조는 충분하게 발달되어 있지 않다. 그들은 감염에 매우 취약할 정도로 면역 체계가 미성숙하다(Stoll et al., 2004). 중추신경계 또한 미성숙해서 영양분을 얻기 위해 물고 빠는 기초적인 기능을 실행하는 것이 어렵다. 그들의 작은 몸은 자신을 보호할 충분한 지방을 가지고 있지 못하기 때문에 체온을 유지하지 못해 죽을 수도 있다. 가장 중요한 것은 폐가 미성숙하기 때문에 적절히 호흡하지 못해 죽을 수도 있다는 것이다. 성숙한 신생아의 폐는 숨쉴 때 폐 안에서 공기 구조를 유지하여 달라붙지 못하게 하는 **계면활성제**(surfactant)라 불리는 물질로 코팅되어 있으나(Porath et al., 2011), 조산아들은 종종 계면활성제를 발달시키지 못해서 잠재적으로 치명적인 결과를 가질 수 있다. 주로 선진국과 같이 선진화된 의료가 가능한 곳에서 조산아들이 태어날 때 생존을 높이기 위해 계면활성제를 투여한다(Mugford, 2006).

저체중아에 대한 치료법 저체중아들을 위해 또 무엇을 할 수 있을까? 저체중아 중 소수만이 치료를 받는 개발도상국에서는 신생아 치료를 위한 전통적인 방법이 도움이 될 수 있다. 많은 전통적인 문화에서 신생아들은 일상 중 대부분의 시간을 엄마의 몸 가까이에 끈으로 묶인 채로 보낸다(Small, 1998). 서양에서는 초기 몇 주 동안 하루에 2~3시간씩 조산아들을 부모의 가슴 위에 올려 피부와 피부를 맞대도록 조언하는 **캥거루 케어**(kangaroo care)라고 불리는 방법이 연구되고 있다(Warnock et al., 2010).

연구 결과는 캥거루 케어가 신생아의 기능에 굉장한 긍정적인 효과를 가진다는 것을 보여준다. 이는 심박 수, 호흡, 체온, 수면 주기와 같은 신체 기능을 견고하게 하고 조절한다(Ludington-Hoe, 2013; Reid, 2004). 캥거루 케어를 받은 조산아들은 생후 1년 후 생존할 확률이 높고 더 많이 자고 덜 울며 몸무게 증가 속도가 다른 조산아들보다 빠르다(Charpak et al., 2005; Kostandy et al., 2008). 캥거루 케어는 산모들에게도 유익하다. 이는 산모에게 작고 취약한 아기를 양육하는 데 있

저체중아로 태어난 유아들에게는 다양한 문제가 생긴다. 우간다에서 태어난 이 신생아와는 달리, 개발도상국에서 태어난 저체중아들은 고급 의료 서비스를 접하지 못한다.

어 더 많은 자신감을 심어주고, 모유수유의 성공으로 이어지게 한다(Feldman et al., 2003; Ludington-Hoe, 2013). 캥거루 케어가 미국 신생아 집중케어에서 4분의 3 이상 사용되고 북유럽에서는 거의 모든 조숙아에게 사용되고 있다는 점에서 저체중아에 대한 캥거루 케어의 효과가 잘 드러난다(Ludington-Hoe, 2013). 한 이탈리아의 연구는 캥거루 케어가 신생아 집중케어의 3분의 2 이상에서 실행되고 있는 것을 발견했다(de Vonderweid & Leonessa, 2009).

캥거루 케어는 저체중아들에게 많은 도움을 준다.

저체중아에게 도움이 되는 또 다른 전통적인 신생아 케어 방법은 **신생아 마사지**이다. 이것은 아시아, 인도, 아프리카에서 취약한 아기들뿐만 아니라 모든 아이들에게 널리 사용하는 관습이다(McClure, 2000). 서양에서 신생아 마사지가 발달되었는데, 저체중아들은 산소를 제공하고 온도를 제어하는 뚜껑 있는 무균실인 **미숙아 보육기** 안에 놓여지기 때문이다. 이 미숙아 보육기는 감염으로부터 신생아들을 보호하지만 감각적·사회적인 자극도 차단한다. 서양에서 티파니 필드와 동료들이 선구적으로 이끈 신생아 마사지는 신생아의 고립을 완화해주기 위해 만들어졌다(Field, 1998; Field et al., 2010).

현재 연구는 저체중아의 건강발달에 미치는 마사지의 효과를 입증하였다. 생후 첫째 날 세 번의 15분간 마사지를 받은 조숙아들은 다른 조숙아들보다 몸무게 증가속도가 빨랐고 더 활동적이고 기민하였다(Field, 2001; Field et al., 2010). 마사지는 몸무게 증가와 근육발달, 신경발달을 촉진하는 호르몬을 방출하게 한다(Dieter et al., 2003; Ferber et al., 2002; Field et al., 2010). 미국 병원의 38%는 신생아 집중관리실에서 마사지를 실시하고 있다(Field et al., 2010).

캥거루 케어와 마시지가 효과적이라 할지라도 저체중아들은 유년기, 청소년기, 성인기 내내 다양한 문제의 위험이 있다. 유년기 때 저체중아는 천식 같은 신체적 문제 및 언어 습득 지연과 낮은 학교 수행을 포함한 인지장애 등이 예측된다(Davis, 2003; Marlow et al., 2005). 저체중아는 청소년기 때 상대적으로 낮은 지능검사 점수와 유급의 가능성이 예측된다(Martin et al., 2008). 성인기 때 저체중아는 비정상적 두뇌와 주의력결핍 그리고 교육성취도가 낮을 것으로 예상된다(Fearon et al., 2004; Hofman et al., 2004; Strang-Karlsson et al., 2008).

태어날 때 몸무게가 더 적을수록 문제는 더 악화된다. 1.5~2.5킬로그램의 신생아들은 적절한 영양공급과 의료관리를 받는다면 생후 몇 년간은 주요 손상이 나타나지 않지만, 1.5킬로그램 이하의 몸무게를 가진 초저체중아나 극도의 저체중아들은 다양한 면에서 지속적인 문제를 가지기 쉽다(Child Trends, 2014; Davis, 2003). 보기 드물게 건강하고 풍족한 환경하에서는 매우 심한 저체중아라고 해도 부정적인 몇몇 결과들은 피할 수 있다(Doyle et al., 2004; Martin et al., 2008). 그러나 개발도상국은 물론이고 선진국에서도 저체중아들은 자원이 부족한 부모에게서 태어날 확률이 높다(UNICEF, 2014; WHO, 2011).

신생아 : 신생아의 신체적 기능

출생 후 첫 몇 주간의 신체적 기능은 나머지 생애와 비교할 때 몇몇 중요한 면에서 다르다. 신생아는 우리보다 잠을 더 많이 자고 반사신경의 범위도 넓다. 비록 신생아의 청각, 특히 시각의 발달은 성숙하는 데 몇 주 걸릴 수 있으나 그들의 감각은 일반적으로 출생 시 매우 잘 발달되어 있다.

급속 안구 운동 수면(렘수면) 눈꺼풀 아래에서 눈동자가 좌우로 빠르게 움직이는 수면 시기. 렘수면에 있는 사람은 다른 신체적 변화도 경험함

신생아의 수면 양상

신생아의 일어나기와 잠자기 패턴과 문화마다 이러한 패턴이 왜 다른지 설명한다.

제2장에서 논한 바와 같이 임신기간 약 28주부터는 자궁에 있는 동안에도 자고 깨는 주기가 있다. 일단 태어나면, 대부분의 신생아는 깨어 있는 시간보다 잠자는 시간이 더 많다. 신생아들의 수면 시간은 약 10시간부터 21시간까지 매우 큰 차이가 있을 수 있지만 평균 수면 시간은 하루 16~17시간이다(Peirano et al., 2003).

신생아들은 수면 시간이 길 뿐만 아니라 수면 패턴과 질이 신생아기와 그 이후가 다르다. 16~17시간 동안 계속 자기보다는 몇 시간 동안 잠자고 잠시 깨어났다가 또 몇 시간 동안 자고 다시 깨어난다. 그들의 수면-각성 패턴은 주위의 밝고 어두운 것과 상관없이 배고픈 시간에 따라 통제된다(Davis et al., 2004). 물론 신생아의 수면-각성 패턴은 성인들의 잠자는 패턴과 다르기 때문에 부모는 자녀의 출생 후 초반 몇 주 동안 잠자는 시간이 부족하다(Burnham et al., 2002). 생후 4개월부터 대부분의 신생아들은 밤에 6시간 정도 연속적으로 긴 시간 동안 잠을 자기 시작하고, 총수면 시간은 하루 14시간 정도로 줄어든다.

신생아 수면의 또 다른 독특한 면은 수면 동안 눈꺼풀 아래에서 눈을 좌우로 빠르게 움직이는 **급속 안구 운동 수면**[rapid eye movement (REM) sleep, 렘수면]이 전체 수면에서 많은 양을 차지한다는 것이다. 렘수면 중인 사람은 불규칙한 심박 수와 호흡, 또한 (남성의 경우) 발기 같은 생리적 변화도 경험하게 된다. 성인은 수면 시간의 20%를 렘수면으로 보내는데, 신생아들은 수면 시간의 절반을 렘수면으로 보낸다(Burnham et al.,2002). 뿐만 아니라 성인은 잠들고 약 1시간까지는 렘수면에 들어가지 않는데, 신생아는 잠들고 거의 즉시 렘수면을 시작한다. 생후 약 3개월에는 렘수면에 보내는 시간이 40%로 줄어들고 신생아들은 더 이상 렘수면으로 수면을 시작하지 않는다.

대부분의 신생아들이 하루에 16~17시간 정도 잠을 잔다.

성인의 경우 렘수면은 꿈을 꾸는 때이다. 신생아도 강한 렘수면 동안 꿈을 꿀까? 그것은 물론 아이들이 말해주지 않기 때문에 대답하기가 어렵지만, 이 분야의 많은 연구자들은 일반적으로 아니라고 결론짓는다. 신생아의 렘수면 동안 생기는 뇌파 패턴은 성인과 다르다. 성인의 렘수면 동안 생기는 뇌파는 깨어 있는 동안의 뇌파와 비슷하지만, 영아들의 렘수면 동안 생기는 뇌파는 깨어 있거나 비급속 안구 운동(NREM) 수면 동안 생기는 뇌파하고도 다르다(Arditi-Babchuck et al., 2009). 연구자들은 신생아들의 렘수면이 뇌의 발달을 자극한다고 믿는다(McNamara & Sullivan, 2000). 이는 태아의 렘수면 비율이 신생아보다 크고, 미숙아의 렘수면 비율이 만삭아보다 크다는 연구 결과에 의해 지지된다(Arditi-Babchuck et al., 2009; de Weerd & van den Bossche, 2003).

신생아들은 독특한 수면-각성 패턴에 더해 자주 변하는 다양한 각성 상태를 가지고 있다. 깨어 있을 때 정신이 초롱초롱할 수 있지만 졸리거나 멍하거나 수면-각성 전환 중일 수도 있다.

지금까지의 신생아의 수면-각성 패턴에 대한 설명들은 서양 국가 연구에 기초한 것이지만 아기를 돌보는 것은 수면-각성 패턴에 영향을 미칠 수 있는 문화적 변수가 많은 영역이다. 많은 전통 문화를 보면 신생아와 영아들은 어머니와 끊임없는 신체 접촉이 있으며, 그것이 아기의 각성 상태와 수면-각성 패턴에 중요한 영향을 미친다. 예를 들면, 케냐 킵시기스족의 어머니들은 출생 후 몇 개월 동안 아기를 등에 업고 다니면서 일상 활동을 하는 것을 볼 수 있다(Anders & Taylor,

표 3.2 신생아의 반사

반사	자극	반응	소실
보행 반사	유아의 발을 바닥에 닿도록 팔 아래에서 잡아준다.	보행 움직임을 한다.	2개월
모로 반사	갑자기 아래쪽으로 내리거나 또는 큰소리를 낸다.	등을 굽히고, 팔을 펴고, 다리를 밖으로, 부드럽게 팔을 폈다 오므렸다 한다.	3개월
바브킨 반사	양 손바닥을 누르고 어루만진다.	입을 열고, 눈을 감고, 머리를 앞으로 기울인다.	3개월
흡입 반사	입에 물체를 넣는다.	빤다.	4개월
포유 반사	볼이나 입을 만진다.	만지려고 돌아선다.	4개월
파악 반사	손바닥에 물체를 놓는다.	꽉 잡는다.	4개월
수영 반사	유아를 물속에 넣는다.	숨을 쉬고, 팔과 다리로 수영을 한다.	4개월
바빈스키 반사	발바닥을 쓰다듬는다.	발을 비튼다. 발가락을 편다.	8개월

1994; Super & Harknes, 2009). 어머니의 등에 아늑하게 업힌 아기는 선진국의 아기들보다 하루에 낮잠 자고 조는 시간이 더 많다.

킵시기스족 아기들은 밤에 따로 재우지 않고 어머니의 바로 옆에서 잠을 자기 때문에 원할 때마다 먹일 수 있다. 따라서 출생 후 1년까지 그들은 밤이나 낮에 3시간 동안 계속 자는 것이 드물다. 반면 출생 후 8개월이 된 미국 아기들은 일반적으로 밤에 8시간 내내 깨지 않고 잔다.

반사 특정 자극에 대해 나오는 자동 반응

포유 반사 신생아의 뺨이나 입 근처를 건드리면 신생아가 고개를 그쪽으로 돌리고 입을 벌리는 반사로, 엄마의 젖을 찾는 데 도움이 됨

모로 반사 큰 소리가 나거나 아이의 머리를 아래로 떨어뜨리면 보이는 반사로, 신생아가 등을 휘며 팔을 올려 두 손을 재빨리 안는 것 같은 반사

신생아의 반사

신생아 반사에 대해 설명하고 이것에 기능적 목적이 있는지 설명한다.

신생아를 보면 그들이 그냥 누워 있는 것 외의 다른 많은 것들을 하기 위해서는 몇 개월이 걸릴 수 있다고 생각할 수 있다. 사실 신생아들은 특정한 종류의 자극들에 자동적으로 반응하는 넓은 범위의 **반사**(reflex)를 가지고 있다. 출생 시 아니면 출생 바로 후 총 27개의 반사를 보인다(Futagi et al., 2009). 몇 가지의 예를 **표 3.2**에서 볼 수 있다.

몇몇 반사는 명확히 생존의 가치가 있다. 흡입 반사와 삼킴 반사는 신생아가 어머니의 모유에서 영양을 얻을 수 있도록 한다. **포유 반사**(rooting reflex)는 신생아가 어머니의 가슴을 찾는 것을 도와주는데, 이는 신생아의 볼 또는 입을 만질 때 머리를 돌리고 입을 열게 하기 때문이다. 파악 반사는 신생아의 손에 무언가 있을 때 붙잡게 한다. **모로 반사**(Moro reflex)도 비슷한 역할을 한다. 신생아가 뒤로 떨어지는 느낌이나 큰 소리에 반응해서 등을 굽히고, 팔을 폈다가, 팔을 빨리 안도록 한다. 기침, 구토, 재채기, 깜빡이기, 떨기 등의 반사들은 신생아의 감각기관을 조절하고 건강하지 못한 환경을 피하는 데 도움을 준다.

모로 반사는 출생 시 바로 나타나지만 3개월 후에 사라진다.

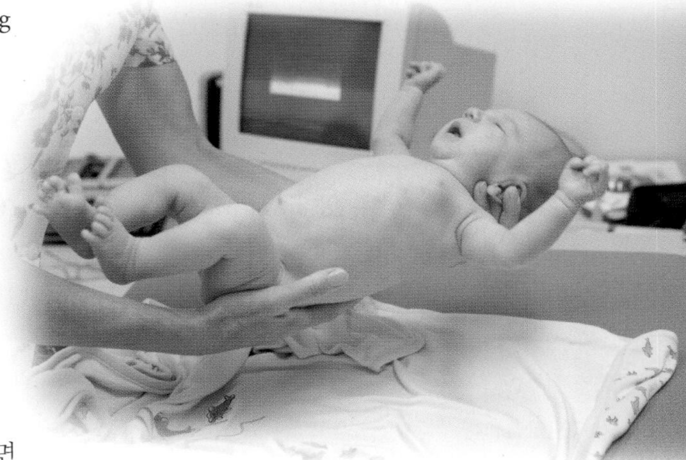

어떤 반사는 후에 발달될 자발적인 움직임의 전조이다. 보행 반사는 출생 후 한 달 정도에 신생아의 팔을 잡아주면서 바닥에 발을 닫게 하면

볼 수 있다. 보행 반사는 약 두 달 정도 후 사라지지만, 영아가 걷기 시작하는 1년 후 즈음 수의 운동으로 다시 나타난다. 수영 반사는 반사 중에 가장 놀랍고 경이로운 것이다. 출생 후 한 달 정도에 영아를 물속에 얼굴을 바닥으로 향하게 해서 넣으면 자동적으로 숨을 쉬고 조화로운 수영 움직임을 보인다. 약 네 달 정도 후에는 그러한 움직임이 사라지고 몇 년이 지난 후에야 자발적인 수영 움직임으로 다시 나타난다.

다른 반사는 흥미로운 가치 외에는 특별한 목적이 없다. **바브킨 반사**의 경우 신생아의 손바닥을 꾹 누르면 입을 열고 눈을 감고 머리를 앞으로 기울인다. **바빈스키 반사**는 신생아의 발바닥을 만지면 발가락을 쫙 펴고 발을 안쪽을 돌리는 반응을 하게 한다(Singerman & Lee, 2008).

대부분의 반사는 수의적 행동이 생기는 몇 개월 후 사라진다. 그러나 출생 후 몇 주 동안 반사는 정상적 발달과 건강한 기능의 중요한 지표 역할을 한다(Schott & Rossor, 2003). 아프가 척도와 NBAS 척도는 신생아의 신경학적 발달의 간접 척도로 반사에 관한 항목을 포함하고 있다.

신생아의 감각

촉각, 미각, 후각, 청각, 시각과 관련된 신생아의 감각 능력을 서술한다.

신생아의 감각은 출생 시 얼마나 잘 발달되었는지에 따라 매우 다르다. 촉각과 미각은 자궁에서도 잘 발달하지만 시각은 출생 후 몇 개월이 지날 때까지 미성숙하다. 신생아의 감각에 대해 발달이 가장 빠른 것부터 느린 것까지 하나씩 살펴보자.

촉각 촉각은 감각 중 가장 빠르게 발달한다. 임신 첫 2개월부터 포유 반사를 보인다. 만기 출생 2개월 전인 임신 7개월부터 태아의 모든 신체 부분은 촉각에 반응한다(Tyano et al., 2010). 신생아의 반사 대부분은 촉각에 대한 반응이다.

촉각이 매우 빠르게 발달되고 출생 시 고차적이라는 것을 고려해보면, 최근 몇십 년까지도 많은 의사들이 신생아는 아픔을 경험하지 못할 것이라고 믿었다는 것은 매우 놀랍다(Noia et al., 2008). 사실 신생아들은 보통 마취약을 사용하지 않고 수술했다. 의사들은 신생아들이 아픔을 느껴도 아주 잠시 느낀다고 믿었고, 고통은 어린 영아들이 마취하는 위험보다 덜 중요하다고 믿었다. 고통을 느끼는 신생아들(예 : 할례를 한 남자 아기들)이 종종 빨리 회복되고 조금 지나면 정상적으로 행동하거나 방어기제로 깊은 잠에 빠지거나 하기 때문에 이러한 믿음이 발달되었다. 발바닥을 찌르는 등과 같은 유형의 고통에 신생아들이 반응하는 것은 몇 달 뒤에 보일 반응보다 더 오래(몇 초 동안) 지속된다(Tyano et al., 2010).

최근 연구들은 신생아들이 아픔을 느낀다는 것을 명확히 했다. 신생아들의 아픔에 대한 신체적인 반응은 다른 연령 사람들의 반응과 매우 비슷하다. 심박동 수와 혈압이 오르고 손바닥에 땀이 나며 근육이 긴장되고 눈이 휘둥그레해진다(Warnock & Sandrin, 2004; Williams et al., 2009). 심지어 매우 높은 목소리로 강렬하게 울면서 아픔을 표현하기도 한다(Simons et al., 2003). 강렬한 아픔을 경험하는 신생아는 수면과 식사 시간에 방해를 받고 나중에 통증의 민감함을 높이는 스트레스 호르몬이 분비된다는 증거도 있다(Mitchell & Boss, 2002). 이러한 이유 때문에 의료 기관에서는 고통스러운 의료 절차를 겪는 신생아들에게 진통제를 추천한다(Noia et al., 2008). 마취의 위험을 피하기 위해서 설탕물 같은 비의료적인 방법이나 전신마취보다 국부마취를 사용할 수 있다(Holsti & Grunau, 2010).

미각과 후각 촉각과 같이 미각도 자궁에 있을 때부터 잘 발달한다. 자궁 안 태아가 떠다니는 양수에는 어머니가 최근에 먹은 음식의 풍미가 나는데, 출산 며칠 전에 신생아는 어머니의 식이에 대해 맛과 냄새에 대한 선호를 보인다(Schaal et al., 2000). 어떤 연구에서는 여성이 임신 중에 당근주스를 마실 때 신생아가 당근의 냄새와 맛을 더 좋아할 것이라고 했다(Menella, 2000). 신생아는 어머니의 양수 냄새에 노출되고 다른 여성의 양수는 그들 어머니의 양수에 대해 주의를 기울이게 한다(Marlier et al., 1998). 사실 신생아들은 어머니 양수의 냄새를 찾고 그것을 찾으면 덜 운다(Varendi et al., 1998).

자궁에서 익숙해진 것들에 대한 선호를 보여주는 데 더해서 신생아들은 미각과 후각에 대해 다양한 타고난 반응을 가지고 있다. 대부분의 아동과 성인처럼 신생아도 쓴맛과 신맛보다는 단맛을 더 선호한다(Booth et al., 2010). 쓰거나 신 것을 맛보거나 냄새 맡으면 코를 찡그리고 이마에 주름이 잡히며 입으로 불쾌한 표현을 보인다(Bartoshuk & Beauchamp, 1994).

단맛에 대한 선호는 출생 전부터 있다. 인공 감미료를 양수에 더하면 태아는 더 자주 양수를 삼킨다(Booth et al, 2010). 출생 후 단맛에 대한 선호는 기쁜 것처럼 보이는 얼굴 표정이나 더 먹고 싶은 듯한 표현으로 나타난다. 방금 언급한 바와 같이, 단맛을 느끼는 것은 통증을 느끼는 신생아들에게 진정 효과가 있다. 단맛을 선호하는 것은 모유가 약간 단맛이 있기 때문에 적응적인 것일 수 있다(Proges et al., 1993). 모유의 단맛을 즐기게 하는 것은 신생아를 보다 성공적으로 수유할 수 있게 할 것이다.

타고난 선호에 대한 더해서 신생아들은 출생 후 빠르게 냄새를 구별하기 시작한다. 출생 후 이틀 동안 모유를 먹는 신생아는 어머니와 다른 어머니의 가슴 냄새에 대한 반응에 차이가 없지만 4일 후부터는 자신의 어머니 냄새쪽으로 더 향한다(Porter & Reiser, 2005).

청각 청각 또한 출생 전에 잘 발달한 감각 중 하나이다. 제2장에서 언급한 바와 같이 태아들은 어머니의 목소리와 다른 소리에 익숙해진다. 출생 후 그들은 자궁에서 들었던 소리들을 명확히 인지한다.

신생아들은 태어날 때부터 뚜렷하게 사람의 언어에 대한 타고난 민감성이 있다(Vouloumanos & Werker, 2004). 이 주제에 관한 연구들은 일반적으로 신생아가 플라스틱 젖꼭지를 얼마나 힘차게 빠는지와 얼마나 자주 빠는지 소리에 대한 선호나 더 주의를 기울이게 되는 것에 대해 접근하였다. 이러한 방법을 사용함으로써 연구들은 신생아가 다른 여성들보다 자기 어머니의 목소리를, 다른 언어보다 모국어를 더 좋아한다는 것을 발견했다(Vouloumanos et al., 2010). 그러나 다른 남성의 목소리에 비해 아버지의 목소리를 더 좋아하지는 않는다(Kisilevsky et al., 2003). 이는 아마도 부분적으로는 그들이 자궁에 있을 때부터 아버지의 목소리를 적게 들었기 때문이고, 부분적으로는 신생아들이 일반적으로 낮은 톤의 목소리보다 높은 톤의 목소리를 더 좋아하기 때문일 수 있다.

신생아는 말하는 소리의 작은 변화들을 구별할 수 있다. 어떤 연구에서 신생아에게 빨 때마다 사람이 '바'라고 하는, 소리가 나는 젖꼭지를 주었다(Aldridge et al., 2001). 그들은 몇 분 정도는 열심히 빨았고 이후 소리에 익숙해지고 아마도 지루해지고 나서는 젖꼭지를 빠는 속도가 느려졌다. 그러나 그 소리를 '가'로 바꾸자 소리의 미묘한 변화를 인지하고 새로움에 반응하는 것을 보여주는, 즉 젖꼭지를 빨리 빠는 행동을 했다. 신생아의 빠는 패턴의 변화는 그들이 2음절과 3음절 단어의 차이, 그리고 마-마와 마-마 같은 강조점의 차이도 인식한다는 것을 보여준다(Sansavini et al., 1997).

언어 민감성에 더해서 신생아는 아주 초기부터 음악에 민감성을 보인다(Levitin, 2007). 출생 며칠 후에도 일련의 올라가고 내려가는 음표 변화에 반응한다(Trehub, 2001). 몇 개월이 지난 후에 신생아들은 여섯 음 멜로디의 한 음 변화와 음조의 변화에도 반응한다(Trehub et al., 1985). 어떤 연구는 신생아들이 락 음악보다 클래식 음악을 더 선호한다는 것도 발견했다(Spence & DeCasper, 1987).

언어 인식같이 음악적 인식도 출생 전에 시작한다. 신생아들은 출생 후 처음으로 어머

신생아와 유아들은 단맛을 신맛보다 선호한다.

음원 위치화 소리가 어디서 오는지 구분할 줄 아는 지각 능력

니가 불러준 노래보다 임신 중에 불러준 노래를 더 선호한다(Kisilevsky et al., 2003). 신생아들의 음악적 반응은 단순히 출생 전에 들었던 소리들이 익숙해서일 수도 있지만, 이는 또한 인간의 타고난 음악에 대한 반응을 나타내는 것일 수도 있다(Levitin, 2007). 음악은 인간들의 문화의식의 일부이고 음악에 대한 선천적 반응은 문화 집단 내의 응집성을 높여왔을 수 있다.

신생아는 여러 측면에서 소리를 잘 들을 수 있지만, 첫 2년이 지나서야 발달되는 청각 능력 같은 제한된 부분도 일부 있다(Tharpe & Ashmead, 2001). 이러한 제한의 이유 중 하나는 출생 후에 양수가 귀에서 빠져나가는 데 시간이 좀 걸리기 때문이다. 또 다른 이유는 청취 능력이 두 살이 되기 전까지는 생물학적으로 성숙되지 않아서이다.

신생아는 성인이 들을 수 있는 아주 부드러운 소리를 듣지 못한다(Watkin, 2011). 전체적으로 낮은 소리나 보통 소리보다 높은 소리를 잘 듣는다(Aslin et al., 1998, Werner & Marean, 1996). 그들은 소리가 어디서 오는지에 대한 **음원 위치화**(sound localization)에 어려움도 있다(Litovsky & Ashmead, 1997). 사실 음원 위치화에 대한 능력은 출생 후 첫 2개월 동안은 나빠지는데, 그 후 빠르게 향상되고 1년이 되면 성인 수준이 된다(Watkin, 2011).

시각 시각은 가장 늦게 발달하는 감각이다(Atkinson, 2000). (1) 사물로부터 거리에 따라 눈의 초점을 조절하는 **수정체**의 근육, (2) 시각 정보를 모으고 뇌로 보낼 수 있도록 형태를 변환하는 **망막**의 세포, (3) 색깔을 식별하는 **추상체**, 그리고 (4) 망막에서 뇌로 시각적 정보를 전송하는 **시신경** 같은 눈의 중요한 몇몇 구조들은 출생 시 여전히 미숙하다.

태어날 때 신생아의 시력은 20/200에서 20/600으로 추정되는데, 이는 정상적인 20/20 시력을 가진 사람이 20피트 떨어진 물체를 20으로 인지하는 명확도와 정확성이 똑같은 물체를 200~600피트 떨어져 봤을 때와 비견된다(Cavallini et al., 2002). 그들의 시력의 정확도는 20~36센티미터 거리에서 가장 좋다. 시력은 눈의 성숙함에 따라 꾸준히 향상되고, 첫해의 후반기에 20/20에 도달한다. 깊이와 움직임을 인지하며 두 눈으로부터의 정보를 결합하는 **양안시력**은 출생 시에 제한적이지만 약 3~4개월 정도 후면 빠르게 성숙한다(Atkinson, 2000). 색을 구분할 수 있는 시력은 거의 같은 속도로 성숙한다(Kellman & Arterberry, 2006). 신생아들은 빨간색과 흰색은 구분할 수 있지만 흰색과 다른색은 구분하지 못하는데, 이는 아마도 추상체가 성숙하지 못해서일 것이다. 생후 4개월 정도에는 영아들도 색깔을 구분하는 시력이 어른들과 유사하다(Alexander & Hines, 2002; Dobson, 2000).

미각과 청각도 마찬가지로 신생아들은 타고난 시각적 선호도를 보인다(Columbo & Mitchell, 2009). ('선호'는 다른 한 시각적 자극을 다른 자극과 비교하여 얼마나 오랫동안 보는지에 의해 측정된다. 더 오래 볼수록 그 자극을 더 선호하는 것으로 추정한다.) 태어난 지 얼마 안 되어서도 무작위 디자인보다 패턴을, 직선보다 곡선을, 2차원 물체보다 3차원 물체를, 회색 무늬보다는 색깔이 있는 무늬를 선호한다. 무엇보다도 다른 어떤 패턴보다 인간의 얼굴을 선호한다(Pascalis & Kelly, 2009). 이는 특정 유형의 시각적 패턴을 감지하고 선호하는 세포를 가지고 태어난 것을 나타낸다(Csibra et al., 2000).

비판적으로 사고하기

신생아의 시력에 대해 배운 것을 고려해볼 때 신생아 방의 모빌을 어떻게 디자인해야 할까?

3절 신생아 돌봄

학습목표

3.12 문화와 역사에 걸쳐 모유수유의 문화적 관습에 대해 설명한다.
3.13 모유수유의 장점과 어디서 그 장점의 가장 커지는지 확인한다.
3.14 문화에 따라 신생아 울음의 유형과 울음을 멈추게 하는 방법이 어떻게 다른지 설명한다.
3.15 어머니와 신생아 사이에 유대관계의 정도와 이 주장이 과장된 정도를 서술한다.
3.16 산후 우울증의 원인과 자녀에게 미치는 결과에 대해 서술한다.

신생아 돌봄 : 영양 : 모유는 최고인가

신생아에 대한 가장 많이 연구되는 주제 중 하나는 그들을 어떻게 먹여야 하는지에 대한 질문이다. 특히 모유수유가 모든 어린이에게 권장되어야 하는지, 그렇다면 얼마 동안 모유수유를 권장해야 하는지에 초점을 맞추고 있다. 여기서는 모유수유의 진화적이고 역사적인 기초와 그 장점에 대한 증거와 개발도상국에서 모유수유를 증진시키기 위한 노력 등을 살펴볼 것이다.

모유수유에 대한 역사적 및 문화적 시각

학습목표 3.12 문화와 역사에 걸쳐 모유수유의 문화적 관습에 대해 설명한다.

어머니와 아기 모두 모유수유를 위해 생물학적으로 준비되어 있다. 어머니의 경우 출산 전에 준비가 시작된다. 임신 초기에 가슴의 **유선**(mammary gland)은 모유 생산세포가 증식하고 성숙하면서 사이즈가 커진다. 임신 4개월이 되면 가슴은 모유를 생산할 준비가 된다. 출산 시 어머니 가슴의 **사출 반사**(let-down reflex)는 아기의 울음 소리를 듣거나 입이 벌어진 것을 보거나 모유수유를 생각할 때마다 젖꼭지 끝으로 젖이 흐르게 된다(Walshaw, 2010).

우리와 가장 가까운 영장류인 침팬지는 약 4년간 모유수유를 한다. 대부분 문화권의 고고학 및 역사적 증거들이 인간도 과거에는 신생아에게 모유를 주요 음식으로 2~3년 동안 먹였고, 이후 2~3년까지도 때때로 수유를 계속했음을 나타낸다. 또한 인간은 과거에 모유수유가 빈번한 간격으로 발생했다는 증거도 있다. 현대 사냥꾼 수렵채집 문화권인 중앙아프리카의 쿵산족 영아들은 생후 첫해에 평균 13분마다 먹인다(Sellen, 2001). 전통 문화에서는 신생아가 거의 계속적으로 자주 먹을 수 있도록 거의 항상 밤낮으로 어머니와 가깝게 지내며, 어머니에게 매여 있는 것이 전형적이다. 인류학자들은 아마도 이것이 인간 역사의 99%에 해당하는 패턴일 것이라고 결론을 내렸다(Small, 1998).

물론 이러한 수유는 어머니에게 매우 힘든 일이고, 많은 문화권에서는 이러한 책임을 쉽게 해줄 방법을 개발해왔다. 일반적인 방법 중 하나는 모유를 다른 종의 우유, 특히 많은 문화권에서 사육하고 있고 쉽게 구할 수 있는 소 또는 염소 우유로 대체하는 것이다. 또 다른 방법은 **유모**(wet nursing)를 고용하는 것인데, 이는 아기를 먹이기 위해 어머니 이외의 수유 중인 여성을 고용하는 것이다. 유모는 인류 역사의 기록만큼이나 오래된 널리 사용하는 풍습이다. 유럽의 기록에 따르면 일부 국가에서 1700년대에 여성 대

유선 아이에게 젖을 먹이도록 젖이 나오는 선

사출 반사 영아의 울음소리에 대한 반응으로, 젖꼭지에서 젖이 방출되도록 하는 반사. 모유수유에 관한 상상만 해도 가능함

유모 인간 역사에서 흔한 것으로 엄마를 대신하여 젖이 나오는 여성을 고용해 영아에게 젖을 먹이도록 하는 문화적 습관

다수가 유모를 고용하여 아기에게 젖을 수유했다(Fildes, 1995).

1800년대 후반 서양에서 보든과 네슬레 같은 대기업에 의해 농축우유와 분유같이 제조된 대용품들이 개발되고 시판되기 시작했다(Bryder, 2009). 기업들은 이 모유 대체물이 모유보다 편리할 뿐만 아니라 또한 더 깨끗하고 안전하다고 주장했다. 일부 회사로부터 돈을 받은 덕에 의사들은 이에 설득되었고, 새로운 어머니들에게 모유 대체물을 사용하도록 설득했다. 1940년대까지는 미국 아기의 20~30%만 모유수유를 했고, 그 비율은 1970년까지 그대로 머물렀다(Small, 1998). 그때까지 모유가 어떤 대체 물질보다 훨씬 우수하다는 과학적인 증거가 축적되었고 유니세프와 세계보건기구와 같은 보건기구가 모유수유를 촉진하기 위한 전 세계 캠페인을 시작했다.

최근에는 건강상의 장점을 내세우는 정부 후원 캠페인으로 인해 모유수유 비율이 미국과 캐나다에서 70% 이상으로 증가했고 북유럽에서 거의 일반적이 되었다(CDC, 2014; Ryan et al., 2006). 선진국에서는 어머니의 나이, 교육 수준, 사회경제적 지위가 높을수록 영유아에게 모유수유를 할 가능성이 높다(Schulze & Carlisle, 2010). 미국 내에서 모유수유 비율은 아프리카계 미국인(58%)보다 라틴계 미국인(80%)과 유럽계 미국인(75%)에게서 더 높았지만 최근 몇 년 동안 모든 인종 집단에서 증가하고 있다(CDC, 2013, 2014). 이 비율은 모든 인종에 걸쳐서 어떤 기간에라도 모유수유를 하는 결과임을 주목해야 한다. 모유수유를 시작한 신생아의 절반 이하가 6개월까지 여전히 모유수유를 하고 있다. 전 세계적으로 모든 신생아의 약 절반만이 짧은 기간 동안이라도 모유수유를 하고 있다(UNICEF, 2014).

유모 고용은 유럽에서 긴 역사를 가지고 있다. 이것은 1895년에 프랑스에서 유모가 아이와 같이 찍었던 사진이다.

모유수유의 효과

모유수유의 장점과 어디서 그 장점이 가장 커지는지 확인한다.

최근 수십 년 동안 과학적인 연구에 의해 입증된 모유수유의 장점은 무엇인가? 긴 목록은 다음을 포함한다.

질병 예방 모유는 항체와 아기의 면역 체계를 강화시키는 다른 물질을 함유하고 있으며, 모유수유는 디프테리아, 폐렴, 귀 감염, 천식 및 설사와 같은 광범위한 질병의 위험을 감소시키는 것으로 밝혀졌다(AAP Section on Breastfeeding, 2005; Godfrey et al., 2009).

인지발달 모유의 영양소가 초기 뇌발달을 촉진하기 때문에 모유수유 중인 신생아는 젖병으로 먹는 신생아보다 인지기능 측정에서 높은 점수를 받는 경향이 있다(Kramer et al., 2008). 이러한 결과는 부모의 지능과 교육 같은 다른 많은 요인을 통제한 후에도 계속 유지된다(Feldman & Eidelman, 2003). 이는 주로 조산아 또는 저체중아들에게 도움이 되며 결과적으로 인지 문제에도 유용하다(Ip

문화 초점 : 문화에 따른 모유수유 관행

거의 모든 인류 역사에서 최근 수십 년까지 모유수유는 생후 초기에 영양을 공급하는 방법으로 모든 문화권에서 실행되었다. 신생아들은 출생하자마자 모유수유를 할 준비가 되어 있다. 흡입 반사와 포유 반사는 출생 후 30분에 가장 강하다(Bryder, 2009). 이 장의 앞부분에서 언급했듯이 신생아는 며칠 이내에 엄마의 냄새와 목소리를 인식할 수 있어 수유에 도움이 된다.

모유수유는 영양을 제공할 뿐만 아니라 아기가 괴로울 때 진정시켜준다. 아기들은 배고프지 않을 때조차도 엄마의 가슴을 빨고 모유수유 중에 경험하는 친밀함과 따뜻함으로 인해 편안함을 얻는다.

et al., 2007; Schulze & Carlisle, 2010).

비만 감소 최소 6개월 동안의 모유수유는 유년기 비만의 가능성을 줄인다(AAP Section on Breast-feeding, 2005; Shields et al., 2010). 이것은 최근 몇십 년간 비만율이 급격히 상승한 선진국에서 특히 중요하다.

어린 시절과 성인기의 건강 증진 모유수유는 질병으로부터 보호하는 것 이외에도 뼈의 밀도를 높이고 시력과 심혈관계 기능을 향상시키는 것과 같은 다양한 방법으로 장기적인 건강을 촉진한다(Gibson et al., 2000; Owen et al., 2002).

어머니도 모유수유의 도움을 받는다(Godfrey & Meyers, 2009). 출산 후 며칠 동안 모유수유를 하면 옥시토신 호르몬의 방출이 촉진되어 자궁 내 출혈이 줄고 자궁이 원래 크기로 되돌아간다. 신생아를 돌보는 것 또한 산모가 임신 전 체중으로 되돌아갈 수 있게 하는데, 이는 하루 500~1,000칼로리를 태우기 때문이다. 신생아를 돌보는 것은 수년 후 엄마의 건강과 뼈의 강화, 난소 암 및 유방암 위험 감소에 장기간 영향을 미친다(IP et al., 2007). 그러나 모유수유는 영아의 정서발달이나 영아와 어머니 간의 사회적 관계에는 아무런 영향을 미치지 않는다(Schulze & Carlisle, 2010).

어머니는 아기에게 얼마 동안 모유를 먹여야 하는가? 세계보건기구는 모유를 보충하기 위해 이유식을 시작하는 6개월을 포함해서 2년간 모유수유를 권장한다. 오늘날 권장기간 동안 모유수유를 하는 여성은 거의 없다(**지도 3.4** 참조).

그러나 출산 이후 며칠 동안의 모유수유조차도 영아에게 중요한 이점을 제공한다. 어머니가 생산하는 첫 번째 모유는 **초유**(colostrum)인데, 이는 진한 황색 액체이며 신생아의 면역 체계를 강화시키는 단백질과 항체가 매우 풍부하다(Napier & Meister, 2000). 초유를 신생아에게 주는 것은 매우 중요하지만 이는 단지 며칠만 지속된다. 아마도 이상한 외형 때문에 많은 문화권에서는 초유가 아기에게 나쁜 것으로 잘못 믿고 있었다. 예를 들어, 인도에서 대부분의 엄마들이 그들의 아기에게 초유를 주는 것을 피하고, 건강음식이라고 믿고 있는 꿀이나 버터로 대체한다(Small, 1998).

초유 출산 후 처음 며칠 동안 어머니 젖에서 나오는 진한 노란색의 액체. 특히 영아의 면역체계를 당화하는 단백질과 항체가 풍부함

훌륭한 건강관리가 널리 이용되는 선진국들에서도 모유수유는 영아와 어머니에게 좋은 장점이 있다. 그러나 선진국에서는 모유수유의 장점은 **연구 초점 : 모유수유의 장점 : 상관관계와 인과관계 구분하기**에서 볼 수 있듯이 상대적으로 적다(Colen & Ramay, 2014). 반대로 모유수유는 많은 질병의 위험이 높고 유아가 선진국에서처럼 일상적인 예방접종을 받지 못하는 개발도상국에서 매우 결정적이다. 선진국에서는 모유수유를 통해 유아의 위장 감염과 같은 질병을 예방할 수 있지만 개발도상국에서 모유수유는 말 그대로 생사의 문제일 수 있다. 유니세프는 개발도상국에서 모유수유 대신 젖병으로 수유되어 매년 150만 명의 아기들이 사망한다고 추정한다(UNICEF, 2011). 이것은 모유수유의 장점을 잃는 것뿐만 아니라 곧 더 자세히 설명할 내용인 안전하지 않은 물로 영아용 조제우유를 만드는 데에서 비롯된다.

모유수유가 유아의 건강에 매우 중요하다면 왜 엄마들은 아기의 생애 초반에 모유수유를 하지 않을까? 일부 여성들은 모유수유에 어려움이 있는데, 그 이유는 유아가 제대로 모유수유 자세를 잡지 못하거나(종종 저체중아의 문제) 또는 모유가 부족하기 때문이다(Bryder, 2009). 그러나 실질적인 장애도 많다. 선진국에서는 많은 엄마들이 집 밖에서 일하기 때문에 모유수유가 더 어렵다(불가능한 것은 아니다. 일부는 유축기를 사용하여 부재 중에도 모유를 제공한다). 모유수유는 (모유를 유축기로 짜서 먹이는 경우를 제외하고) 양육에 아버지를 참여

모유수유의 장점은 초기 발달에 대한 위험이 높은 개발도상국에서 특히 중요하다. 여기 인도의 데시아 콘드족의 한 어머니가 아기를 수유하고 있다.

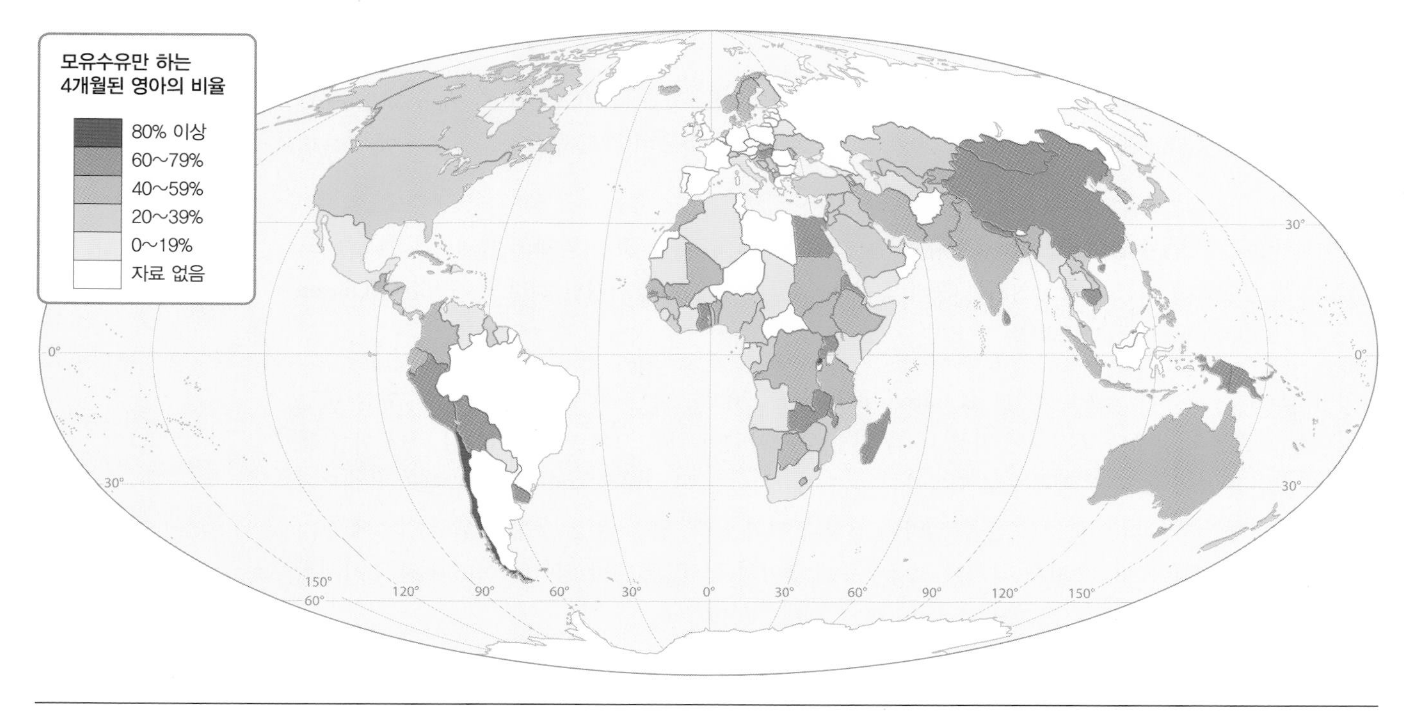

지도 3.4 **모유수유만 하는 4개월 된 영아의 비율**

시키는 것도 어렵게 만들고, 선진국의 많은 부부가 선호하는 것처럼 아버지와 어머니가 아기 보육을 어느 정도 똑같이 나누기를 더욱 어렵게 만든다(Gennesoni & Tallandini, 2009; Wolf, 2007). 아버지로서 나의 가장 소중한 추억 중 하나는 오전 3시에 일어나서 아이들에게 우유를 먹일 때 지친 아내를 포함하여 나를 둘러싼 모든 세계가 조용히 잠들어 있고 오직 나와 쌍둥이들만 있는 것이었다. 아버지가 신생아를 먹일 수 있을 때 어머니는 출산으로 인해 받은 육체적인 피로를 다시 회복할 수 있다(Simkin, 2007).

개발도상국에서는 때때로 모유를 통해 전염될 수 있는 HIV/AIDS, 결핵 또는 웨스트나일 바이러스와 같은 전염성 질환이 있는 어머니들이 간혹 있어서 그런 어머니들에게는 모유수유를 하지 않을 것을 권장한다(Centers for Disease Control & Prevention, 2002). 그러나 소수의 여성만이 그러한 질병을 앓고 있다. 낮은 수유 비율은 개발도상국의 많은 어머니들이 모유보다 영아용 조제우유가 실제로 유아에게 더 좋다고 믿게 만드는 영아용 조제우유 판매기업의 마케팅 캠페인에 넘어갔기 때문이다.

이것은 거짓이다. 오늘날 영아용 조제우유는 모유의 건강성분과 같은 구성성분들을 보강하였기 때문에 1세기 전의 응축우유나 분유보다는 우수하지만, 오늘날 최고의 영아용 조제우유조차도 모유만큼 유아에게 좋은 것은 아니다. 더욱이 영아용 조제우유는 일반적으로 물을 섞어 사용해야 하며, 개발도상국에서 사용 가능한 물은 정제되지 않았고 질병을 포함하고 있을 수 있다. 결과적으로 조제우유를 먹는 영아들은 모유의 건강상 장점을 놓칠 뿐만 아니라 가루 분유와 혼합된 물에 함유되어 있을 수 있는 질병에 감염될 수도 있다.

이러한 상황에 대한 대응으로 세계보건기구와 유니세프는 1990년대 초반에 전 세계적으로 모유수유를 촉진하기 위한 노력을 시작했다(UNICEF, 2011; WHO, 2000). 이 단체들은 여성에게 모유수유가 자신과 아기들에게 어떤 장점이 있는지에 대한 교육을 시키고자 하였다. 그들은 또한 신생아의 생애 첫날에 모유수유를 시작하기 위한 프로그램을 병원과 함께 시행했다. 이 '아기 친화 병원 계획'에서 병원 직원들은 출산 전에 모유수유에 대해 어머니들을 교육하고, 출산 직후 첫 모유수유를 돕고, 수유(우유 흐름)를 유지하는 방법을 보여주고, 모유수유 지원 단체를 구성하였다(Merewood et al., 2005; Merten et al., 2005).

세계보건기구와 유니세프의 계획은 성공적이었고, 시행했던 곳마다 모유수유 비율이 증가하였다(UNICEF, 2011). 그러나 오늘날 개발도상국은 대부분의 출산이 집에서 이루어지기 때문에 대부분의 엄마들은 아기 친화 병원 계획에 접근하지 못한다. 전 세계적으로 모유수유를 잠깐 동안이라도 하는 영아들은 절반뿐이고, 이는 개선의 여지가 명백히 남아 있다.

비판적으로 사고하기

선진국에서 모유수유의 장점이 있음에도 불구하고 실제 모유수유 비율이 적은 것을 볼 때, 공공 정책은 여성들이 더 많은 모유수유를 하도록 격려해야 할까 아니면 못하도록 해야 하는가? 모유수유가 여성의 직장 복귀를 어렵게 하고 어머니와 아버지가 영유아 보육을 똑같이 나누는 것을 어렵게 한다는 주장을 고려하라.

연구 초점 : 모유수유의 장점 : 상관관계와 인과관계 구분하기

많은 연구가 광범위한 분야에서 아기와 엄마를 위한 모유수유의 장점을 발견해왔다. 개발도상국에서 모유수유는 영아 건강에 매우 중요한데, 이는 여기 사는 사람들이 널리 퍼진 질병을 예방하기 위한 백신과 다른 의료 수단을 거의 받지 못하기 때문이다. 그런데 선진국에서는 어떠한가? 모유수유는 어린이의 장기적 발달에 얼마나 차이를 만드는가?

모유수유에 관한 연구들의 가장 종합적인 요약분석(메타분석)에서, 스탠리 입과 동료들(Stanley Ip et al., 2007)은 9,000건이 넘는 연구를 선별하여 그중에서 연구 방법 및 설계에 대한 기준을 충족한 약 500개의 연구를 선정하였다. 500개의 연구 결과에 대한 분석 결과는 일반적으로 이 장에서 언급했던 모유수유가 영유아와 엄마에게 다양한 이점을 제공한다는 결론을 지지하고 있다.

그러나 저자들은 독자가 인과관계를 추론해서는 안 된다고 경고했다. 왜 안 되는가? 모유수유의 장점에 대한 대부분의 연구들이 모유수유와 이점 사이의 상관관계를 발견했지만 상관관계가 인과관계를 뜻하는 것은 아니기 때문이다.

모유수유에 대한 연구에서 인과관계 주장에 회의적인 이유 중 하나는 모유수유는 여성이 모유수유를 할지 아닐지를 스스로 선택하는 자기 선택에 기반을 두며, 모유수유를 선택하는 여성은 그렇지 않은 여성보다 여러 면에서 다른 경향이 있다는 것이다.

저자가 관찰한 바로 가장 두드러진 것은 모유수유를 하는 여성은 일반적으로 교육 수준이 높고 IQ가 높다. 따라서 모유수유에 기인한 두 집단 간의 차이는 실제로 교육과 IQ의 차이 때문일 수도 있다.

교육은 산전 진료에 대한 관심, 건강관리 지원에 대한 접근성, 안정적인 배우자가 있을 가능성, 흡연의 가능성, 가정 수입 등과 같은 어머니의 삶의 여러 측면과 연관되는 경향이 있다. 모유수유와 아기의 발달과 상관관계는 이러한 차이와의 조합으로도 설명될 수 있다.

아기의 발달과 엄마의 건강에 모유수유가 얼마나 차이를 만드는지 정확히 파악하기 위해 무엇을 할 수 있을까? 윤리적인 기준에서는 새로운 엄마들을 모유수유 및 비모유수유 집단으로 배정하는 것을 금지한다. 그러나 캐나다 연구원인 마이클 크레이머와 동유럽의 벨라루스에 있는 동료가 수행한 한 연구는 이 연구 설계와 비슷하다. 연구자들은 31개의 산부인과와 진료소의 협력을 얻었고 이 연구에는 모유수유에 대한 의견을 밝힌 17,000명 이상의 여성이 참여했다.

크레이머와 동료들은 무작위로 여성을 두 집단으로 나누어 한 집단의 여성에게는 조언, 정보 및 교육을 제공함으로써 모유수유를 장려하고 지원하기 위한 개입을 제공했지만, 대조 집단의 여성에게는 개입을 하지 않았다.

여성들과 아기들은 크레이머와 동료들에 의해 7년간 추적되었다. 첫해 동안 중재 집단의 여성들은 모유수유만 할 확률이 높았고 이 집단의 아기들은 위장 감염 가능성이 낮았다. 6세 때, 중재 집단의 아이들은 6점차로 현저히 높은 IQ를 보였다. 모유수유의 인지 효과에 대한 대부분의 연구가 저체중아 출생 또는 저체중의 경우를 제외하고는 교육 및 기타 혼란 변수를 통제한 후에 영향이 없다는 것을 발견했기 때문에 이것은 특히 주목할 만하다. 크레이머와 동료들이 발견한 결과는 모유수유가 아동의 인지발달에 작지만 분명히 긍정적인 효과가 있다는 것을 나타낸다. 결정적으로 어머니와 아기가 무작위로 두 집단에 배정되었고 집단 할당을 제외하고는 모든 면에서 거의 유사하다고 가정할 수 있기 때문에 인과관계라기보다는 유사 인과관계를 보여준다.

복습문제

1. 스탠리 입이 요약한 연구 조사에 따르면 모유수유를 하는 엄마와 그렇지 않은 엄마를 구별하는 특성 중 하나가 아닌 것은 무엇인가?
   a. 보다 높은 IQ
   b. 임신 중 보다 활발한 신체 활동
   c. 안정적인 배우자를 가질 확률이 높음
   d. 산전관리를 받을 확률이 높음

2. 아기가 여섯 살에 되었을 때, 모유수유에 대한 조언과 지시가 제공된 중재 집단과 중재를 받지 않은 대조군으로 나누어진 크레이머의 연구의 주요 발견은 무엇인가?
   a. 중재 집단의 아기들은 더 자주 병이 생긴다.
   b. 중재 집단의 아기들은 엄마에게 더 가까운 애착을 가졌다.
   c. 중재 집단의 아기들은 평균 6점 높은 IQ를 가졌다.
   d. 중재 집단의 아기들은 평균 16점 높은 IQ를 가졌다.

신생아 돌봄 : 신생아 돌봄에 대한 사회적 및 정서적 측면

아기를 낳는 것보다 어른의 삶을 변화시키는 사건은 거의 없다! 내 아내와 나는 비교적 늦게 쌍둥이를 낳았다(나는 마흔두 살이었고 그녀는 서른세 살이었다). 그때까지 우리는 10년 넘게 커플로 지냈었다. 우리는 긴 저녁 식사를 늦게까지 하고, 주말에 게으르게 늦잠을 자고, 몇 시간 동안 독서를 하고, 긴 산책을 하곤 했다. 쌍둥이가 태어났을 때 그 모든 것이 창밖으로 나가버렸다. 초기에는 우리가 낮 동안 내내 그리고 밤의 절반 동안 하는 모든 것은 그들을 먹이고, 바꾸고, 옷을 갈아입히고, 산책시키고, 사랑하고, 숭배하는 것이었다.

신생아들은 보호와 영양분을 필요로 할 뿐만 아니라 사회적·정서적인 보살핌도 필요하다. 여기서는 문화마다 발달된 신생아의 울음 패턴 및 울음을 멈추게 하는 방법과 신생아들이 다른 사람들과 '유대'라고 불리는 첫 번째 사회적 접촉을 볼 것이다. 이 장의 마지막에서 우리는 새로운 어머니들이 가끔 겪는 산후 우울증을 살펴보겠다.

울기와 달래기

문화에 따라 신생아 울음의 유형과 울음을 멈추게 하는 방법이 어떻게 다른지 설명한다.

신생아는 인생의 초기 수개월 동안 미성숙하고 의존적이기 때문에 그들을 돌보는 사람들에게 자신의 요구를 알리는 방법을 필요로 한다. 가장 빈번하고 효과적인 신호는 울음이다. 어른들은 아기의 울음 소리를 참기 힘들기 때문에 그들을 달래기 위한 많은 창의적인 방법을 개발했다.

울기 세 가지 뚜렷한 울음 신호가 구분되었다(Wood & Gustafson, 2001).

소란 이것은 아기들이 약간 고통스러울 때, 일종의 워밍업 울음이다. 만약 바로 아무런 반응이 없다면, 완전한 울음으로 발전한다. 그것은 볼륨 면에서 꽤 부드러운 소리인데, 불안정한 훌쩍거림이 멈춤과 긴 호흡으로 간간히 중단되는 것이다.

화난 울음 성대을 통해 많은 양의 공기를 빼는 울음이다.

통증 울음 소란과 같은 예고 없이 갑작스럽게 시작된다. 아기는 숨을 크게 들이쉬고 참은 다음 놓는다.

대부분의 부모는 아기가 생후 한 달쯤 되면 화난 울음과 통증 울음의 차이를 구별할 수 있다(Zeskind et al., 1992). 그러나 아기들은 독특한 울음 이외에도 배고프거나 외롭거나 기저귀가 젖었거나 더러워졌거나 피곤하거나 불편하거나 너무 따뜻하거나 너무 춥거나 등 다양한 이유로 운다. 일반적으로 이 범주에 속하는 울음은 보통 **기본 울음**과 **불만 울음**이라고 한다(Wood & Gustafson, 2001).

신생아 돌봄 관습이 다른 다양한 문화권에 걸쳐 '울음 곡선'으로 알려진 울음 빈도에 따르면(Barr, 2009), 삶의 첫 3주 동안 안정적이고, 둘째 달 끝까지 지속적으로 상승하다가 정점에 도달한 후 감소한다. **그림 3.2**는 미국 영아들의 패턴을 보여준다. 때로는 울음의 분명한 원인이 있지만, 초기 몇 달 동안은 아무 이유 없는 울음도 많다. 부모들이 이것을 기억하는 것이 중요한데, 신생아들의 고통은 종종 그들 주변인들의 고통을 유발하기 때문이다(Out et al., 2010). **표 3.3**에서 생후 첫 3개월 동안 정상적인 울음의 특성을 기억하는 방법을 제시한다.

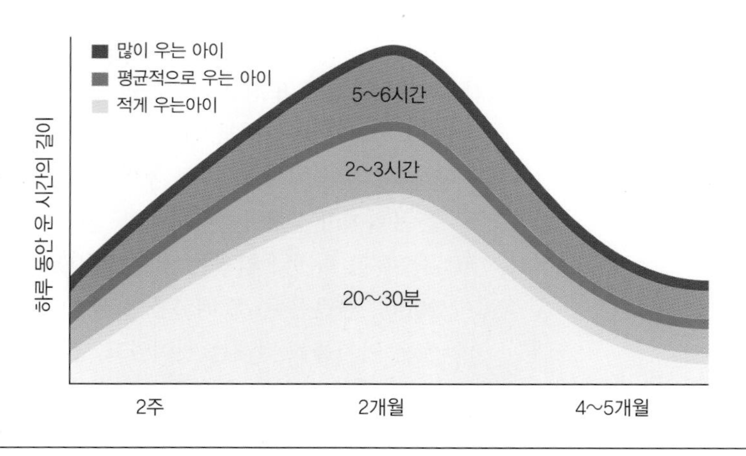

그림 3.2 초기 몇 달 동안 일상적 울음의 지속기간

생후 첫 몇 달 동안 영아들은 종종 뚜렷한 이유 없이 운다.
출처 : Barr, 2009

울음 달래기와 반응하기 모든 문화에 걸쳐서 인생의 초기에 일상적 울기는 일관성이 있어도, 영아기 울음의 지속 기간과 강도에는 문화마다 커다란 차이가 있다. 영아들이 많은 시간 혼자 있는 문화권에서는 우는 기간이 더 길고 더 강렬하며, 영아들을 주변에 데리고 다니는 문화권에서는 상대적으로 우는 기간이 적다. 미국 아기 중 5분의 4는 인생의 초기에 이유 없이 적어도 15분 정도 일상적으로 운다(Eisenberg et al., 2011). 반대로 하루에 대부분 업거나 안는 문화권의 신생아들은 울음기간이 거의 길지 않다. 예를 들어 미국과 한국의 영아를 비교하는 연구에서 미국 아이들이 더 많은 기간 우는데, 이는 육아 방법의 차이 때문으로 보인다(Small, 1998). 한국 영아들은 미국 영아들보다 혼자 보내는 시간이 적고 한국 엄마들은 미국 엄마들보다 2배나 더 아이들과 같이 시간을 보낸다. 미국 엄마들은 종종 영아가 울도록 두지만 한국 엄마들은 영아의 울음에 즉각 반응한다.

육아 방식과 영아의 울음 간의 관계는 실험적으로도 입증된다. 한 연구에서 연구자들은 미국인 어머니들과 신생아들을 두 집단으로 똑같이 나누었다(Hunzker & Barr, 1986). A 집단의 어머니들은 하루에 최소 3시간 이상 아이를 데리고 다니라고 하였고, B 집단의 어머니들에게는 아무 특별한 지시를 하지 않았다. 두 집단 모두의 어머니들은 아기들이 언제 그리고 얼마나 울었는지 기록하였다. 영아들이 8주가 되

표 3.3 초기 몇 달간 울기 PURPLE의 시기

사람들은 우는 아기를 견디기 힘들어하는데, 특히 울음이 빈번하고 분명한 이유가 나타나지 않을 때 그러하다. 여기 인생의 초기 울음의 정상적인 특징들을 부모와 다른 사람들에게 상기시키는 것이 있다.

P	정점 패턴(Peak Pattern)	울기가 두 달 즈음에 정점에 이르고 이후 감소
U	예측할 수 없음(Unpredictable)	초기 몇 달 동안은 아무 이유 없이 울고 예측할 수 없음
R	달래기를 저항함(Resistant to soothing)	달래려는 부모의 최선의 노력에도 불구하고 우는 것은 계속될 수 있음
P	아파 보이는 얼굴(Pain-like face)	우는 아기들은 아프지 않지만 아픈 것처럼 보임
L	오래 지속됨(Long lasting)	아기들이 초기 몇 달은 오랫동안 울고, 때로는 30~40분이나 그 이상 울음
E	저녁에 울기(Evening crying)	아기들은 대개 오후와 저녁에 울음

'기간' 이라는 단어는 울음이 시작과 끝을 가지고 있다는 것을 의미
출처 : Barr, 2009(http://www.purplecrying.info/sections/index.php?sct=1& 참조)

었을 때 두 집단 모두 울음의 빈도가 같았지만, A 집단 아기들의 울음 기간은 더 자주 울은 B 집단 아기들의 절반 정도밖에 안되었다.

전통적인 문화권에서 아기들은 하루의 대부분을 어머니나 다른 성인 여성 또는 큰 누이들에 의해 안겨 있었다. 전통 문화에서 신생아들이 울때 두 가지 가장 흔한 반응은 모유수유를 하거나 감싸는 것이었다(DeLoache & Gottlieb, 2000). 울음은 주로 배고픔의 신호여서 모유수유를 하는 것은 아기들을 달래는 것이었고, 심지어 아기들이 배고프지 않아도 선진국 아기들이 고무젖꼭지로 달래지는 것처럼 젖을 먹는 것에서 안정감을 얻을 수 있다.

감싸기(swaddling)는 아기들의 팔다리를 움직일 수 없게 천으로 단단히 감싸는 것이다. 종종 아기들은 아기의 주위와 요람의 널판 주위를 천으로 감싸서 요람위에 놓여진다. 감싸기는 6,000년 전부터 증거가 있는 고대 관습이다(DeMeo, 2006). 감싸기는 신생아들을 달래주고 잘 수 있도록 도우며 팔다리를 적당하게 자라도록 한다는 믿음에 따라 중국부터 터키, 남아메리카까지 많은 문화에서 널리 오랫동안 사용되어왔다(Thach, 2009).

신생아가 하루의 상당 부분 혼자 남겨지는 문화에서는 울음이 더 길고 더 강렬하다.

감싸기 천이나 담요로 영아를 꼭 감싸는 영아 보살핌 훈련

부모와 다른 양육자들이 우는 신생아를 달래는 다른 방법은 무엇이 있을까? 첫 번째로는 물론 아기가 배고프거나 춥거나 피곤하거나 불편하거나 다쳤거나 또는 기저귀를 갈아야 하는 등의 확실한 욕구를 충족시켜주는 것이다. 명확한 이유가 없는 울음에는 부모들이 다음과 같은 광범위한 방법들을 고안해왔다(Eisenberg et al., 2011).

- 아기를 안아 세워 어깨에 안기
- 부드럽게 앞뒤로 흔들거나 차나 유모차를 태우는 등의 반복적 움직임으로 달래기
- 노래나 선풍기, 청소기 또는 녹음된 해변에 부딪치는 파도 같은 자연의 소리 등으로 달래기
- 미지근한 물로 목욕하기
- 고무젖꼭지 또는 손가락 빨기
- 새로운 시각 또는 청각 자극으로 주의분산하기

울음을 줄이기 위해 아기를 포대기에 싸주는 것은 여러 문화권에서의 오래된 전통이다. 이 사진은 애리조나에 있는 나바호족 아이가 전통적인 포대기에 싸여 있는 모습이다.

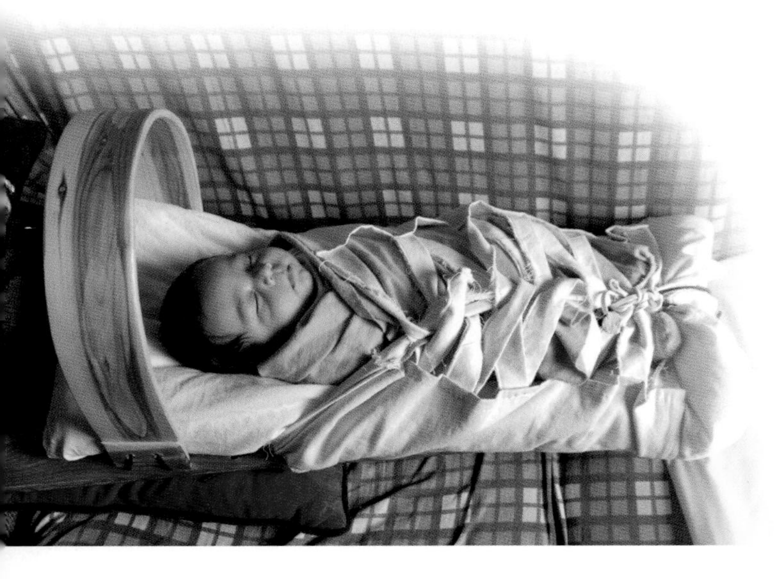

이러한 방법들의 공통적인 주제는 부드럽게 반복되는 새로운 감각적 자극을 제공하는 것으로 보인다. 나의 쌍둥이가 태어났을 때 우리는 주로 그들을 어깨에 안거나 노래를 불러줌으로써 달래려고 했으나, 이러한 방법들이 통하지 않으면 배터리로 작동되는 '움직이는 의자'라고 불리는 의자에 앉혔다. 우는 신생아의 부모는 종종 울음을 멈추기 위해 많은 시간을 보낼 것이고, 따라서 오늘날 시장에는 이러한 목표를 달성하기 위한 물품이 많이 생겼다.

또한 우는 아기가 멈출 때까지 반응하지 않는 선택도 있다. 수십 년 동안 발달심리학자들은 우는 것을 무시하는 것이 좋은 생각인지 나쁜 생각인지에 대해 논쟁해왔다. 어떤 학자들은 그것을 무시하는 것이 좋은 생각이라고 주장하는데(물론 아기가 음식이나 다른 돌봄에 대한 욕구가 확실할 때를 제외하고), 부모의

반응은 영아의 울음을 강화시켜 다음에 영아가 주의를 원할 때 울게 할 가능성이 높기 때문이다(Crncec et al., 2010; Gewirtz, 1977; van Ijzendoorn & Hubbard, 2000). 어떤 학자들은 울음을 무시하는 것은 나쁜 생각이라고 주장하는데, 울음을 무시당한 아기는 요구에 관심을 받기 위해서 더 많이 울 것이기 때문이다(Bell & Ainsworth, 1972; Lohaus et al., 2004). 다른 연구들은 서로 다른 연구 결과를 보고했기 때문에, 이 시점에서 결론 내릴 수 있는 것은 울음에 대한 반응은 아기의 발달과 강하게 연관되지 않는 것으로 보인다는 것이다(Alvarez, 2004; Hiscock & Jordan, 2004; Lewis & Ramsay, 1999).

서양 아기들의 약 10명 중 1명은 **배앓이**(colic)라고 알려진 심한 울음 기간이 있다. 아기들이 만약 '3규칙'에 맞는다면 배앓이으로 여겨진다(Barr, 2009). 울음이 3주 이상 3일에 한 번 이상 하루에 3시간 이상 지속된다. 배앓이는 보통 생후 2주 또는 3주에 시작하며, 6주에 정점에 이르고, 그 이후 감소하다가 약 3개월 즈음 사라진다(Barr & Gunnar, 2000; St. James-Roberts et al., 2003).

배앓이 3주 이상 동안 한 번에 3일에 걸쳐 하루에 3시간 이상 우는 영아의 울음 양상

각인 출생 후 처음으로 본 움직이는 대상에 영구적으로 애착되는 것

유대 인간의 경우 출생 후 최초의 몇 분 또는 몇 시간이 어머니와 영아와의 관계에 결정적이라는 개념

배앓이의 원인은 알려지지 않았지만 유아가 상대적으로 적은 시간 안겨 있는 서구 문화권에 주로 존재한다(Richman et al., 2010). 배앓이에 대한 처리 방안도 잘 알려져 있지 않다. 배앓이가 있는 아기는 잘 달래지지 않는다. 앞에서 설명한 달래기 방법들도 통하지 않는다. 다행히도 배앓이는 아기들의 신체적·정서적 또는 사회적 발달에 장기적 영향은 없는 것처럼 보인다(Barr, 2009; Eisenberg et al., 1996). 그러나 이것은 몇 주 동안 달래지지 않는 아기의 울음을 참아야 하는 부모에게는 위안이 되지 않을 수도 있다. 배앓이는 아기를 학대하는 부모를 유발하는 위험 인자이므로(Zeskind & Lester, 2001), 부모들이 스스로 한계점에 도달했다고 느낀다면 도움과 지원을 구하는 것이 중요하다.

유대 : 신화와 사실

학습목표 3.15 어머니와 신생아 사이에 유대관계의 정도와 이 주장이 과장된 정도를 서술한다.

어떤 종, 특히 거위와 같은 새들에게, 출생 후 처음 몇 분은 어미와 자식 사이의 관계에 중요한 시간이다. 거위는 **각인**(imprinting)이라 불리는, 태어나서 보는 첫 번째 움직이는 대상에 즉각적이고 지속적인 유대감을 형성한다. 보통 이 첫 번째 대상은 물론 어미이며, 출생 직후 주위를 뒤뚱거리며 걷기 시작할 때 어미를 따라가기 때문에 어미에 대한 각인은 그들의 생존을 빠르게 촉진한다. 각인 과정을 처음으로 확인한 콘래드 로렌츠(Lorenz, 1957)는 거위가 출생 직후에 움직이는 어떤 대상에도 각인한다는 것을 보여주었다(그를 포함하여, 사진 참조).

이 연구를 배우는 일부 의사들은 이를 인간에게 적용했으며, 인간 또한 출생 직후 몇 분과 몇 시간이 어머니-영아의 **유대**(bonding)에 중요하다고 주장했다(Klaus & Kennell, 1976). 출생 직후 어머니와 접촉하지 않으면 아기의 미래 발달이 위험하다고 의사들은 주장했다. 그러나 이 가설을 시험하기 위해 체계적인 연구가 수행되자 그것은 사실이 아님이 밝혀졌다(Lamb, 1994; Redshaw, 1997; Weinberg, 2004). 인간은 새가 아니고 출생 직후 몇 분, 몇 시간 또는 며칠 후에 양육자와 유대결속을 하지 않는다고 나중에 정서적이거나 사회적인 문제의 위험에 처하지 않는다.

새끼 거위는 그들이 처음으로 보는 움직이는 대상(보통 어미 거위지만 항상 그렇지는 않다)에 각인할 것이다. 이 사진은 생물 학자 콘래드 로렌츠가 세 마리의 새끼 거위를 수영하며 이끄는 모습이다.

그럼에도 불구하고 이는 잘못된 생각이지만 좋은 영향을 미치는 드문 예이다. 이 장의 앞에서 서술했듯이 개발도

산후 우울증 아이를 낳은 후 슬픔과 불안이 아주 심해 단순한 일상생활을 영위할 능력이 저해되는 것

상국에서는 1950~1960년대의 출산 과정이 지나치게 의학적이었다. 비록 유대에 대한 주장은 잘못되었어도, 그것이 사실일 가능성은 전 세계의 병원들이 출산 직후 어머니와 아이를 분리하고 어머니를 진정시키는 정책을 재검토하도록 이끌었다(Lamb, 1994). 그 후 1970년대 이후로 병원 정책이 바뀌어 어머니, 아기, 심지어 아버지까지 모두 출생 후 가까운 접촉을 유지할 수 있다. 이것은 아기의 성공적인 발육을 위해서 필요하지 않을지도 모르지만, 그것을 허락하지 않을 이유가 없고, 부모의 불안감을 완화시키고 새로 태어난 아이를 돌보는 데 있어 따뜻함과 자신감을 고양시킨다(Bergstrom et al., 2009). 부모-영아 관계 발달에 대해 제4장, 제5장과 제10장에서 더 제시할 것이다.

산후 우울증

학습목표 3.16 산후 우울증의 원인과 자녀에게 미치는 결과에 대해 서술한다.

아이의 출생은 일반적으로 기쁨으로 축하되지만, 일부 부모는 아기의 생애 초기에 정서적으로 어려움을 겪는다. 11개국의 새로운 어머니들에 대한 한 연구에서 **산후 우울증**(postpartum depression)은 약 10%로 모든 나라에서 비슷한 비율로 발견되었다(Oates et al., 2004). 서양 국가들에서 이 상태는 종종 의료종사자의 개입이 필요한 질병으로 여겨졌으나 서양 국가가 아닌 국가들에는서 가족 구성원의 사회적 지지로 극복할 수 있다고 보았다. 미국과 영국의 연구에서는 아버지의 약 4%가 자녀 출산 후 몇 달 동안 산후 우울증을 겪는다고 보고한다(Dennis, 2004; Ramchandani et al., 2005).

나라마다 약10%의 새로운 어머니가 산후 우울증을 겪는다.

출산 후 산모의 낮은 정서적 상태는 어머니의 몸에 있는 에스트로겐(estrogen)과 프로게스테론(progesterone)의 높은 농도가 정상 수준으로 돌아오는 호르몬의 빠른 변화 때문일 수 있다. 그러나 산후 우울증은 더 깊고 오래 간다. 슬픔과 불안감이 일상적인 정상 업무를 하는 데 방해가 될 만큼 매우 강렬하다. 다른 증상으로는 식욕의 극심한 변화와 수면의 어려움이 있다. 산후 우울증은 어머니의 호르몬이 정상 수준으로 돌아오는 출산 후 약 4주에 최고조에 달하고, 산후 우울증을 겪은 산모의 25~50%는 6개월 또는 그 이상의 시간이 걸린다(Beck, 2002; Clay & Seehusen, 2004).

왜 일부 여성들은 산후 우울증이 생기는가? 과거에 우울 증상이 있거나 우울증에 걸린 가까운 가족이 있는 경우 산후 우울증에 걸릴 위험이 더 크다(Bloch et al., 2006). 이는 산후 우울증도 다른 우울증의 형태와 마찬가지로 어떤 사람들은 심각한 인생 스트레스를 받을 때 우울증에 걸릴 수 있는 유전적 취약성이 있음을 시사한다. 배우자의 사회적 지원이 부족한 여성들도 산후 우울증에 걸릴 수 있는 가능성이 크다(Iles et al., 2011). 따라서 엄마가 우울증에 유전적 취약성이 있다고 할지라도 사회적 지원이 부족한 사회문화적 맥락을 경험하지 않으면 이는 표출되지 않을 수 있다. 아버지의 경우 산후 우울증은 자신의 개인적 및 일 관련 요구들과 아버지가 되기 위한 요구를 조화시키는 문제에서 비롯될 수 있다(Genesoni & Tallandini, 2009; Ramchandani et al., 2005).

어머니와 아버지의 산후 우울증은 영아기와 그 이후의 아동발달 문제와 관련 있다. 산후 우울증을 앓고 있는 산모에 대한 수많은 연구 결과에 따르면 그들의 영아들은 다른 영아들보다 과민하거나 먹고 자는 데 문제가 있거나 애착을 형성하는 데 어려움을 겪을 가능성이 높다(Herrera et al., 2004; Martins & Griffin, 2000). 이후 발달에서 이 아이들은 내성적이거나 반사회적인 행동을

나타낼 위험이 있다(Nylen et al., 2006). 산후 우울증을 앓는 아버지의 자녀들도 발달에 비슷한 위험을 가진 것으로 밝혀졌다(Kane & Garber, 2004; Ramchandani et al., 2005).

물론 이 모든 연구는 제2장에서 논의한 바와 같이 유전자형이 환경에 미치는 수동적 및 촉발적 효과의 대상이 된다. 즉 이 연구의 아이들은 부모로부터 환경뿐만 아니라 유전자도 받았고, 그들의 문제와 부모의 우울증 사이의 관계가 유전인지 아니면 환경(유전자형이 환경에 미치는 수동적 효과)에 의한 것인지 말하기는 어렵다. 또한 이 연구는 대개 어머니의 우울증이 어린이에게 영향을 미친다고 가정하지만 영아가 유난히 짜증을 내고 어렵기 때문에 어머니가 부분적으로 우울증에 걸릴 수도 있다(유전자형이 환경에 영향을 미치는 촉발적 효과). 그러나 산후 우울증을 가진 산모에 대한 관찰 연구에서 그들은 다른 산모보다 아기에게 말을 적게 하고, 아기를 적게 보는 경향이 있으며 또는 적게 만지고 미소도 덜 보이는 것이 나타났다(Righetti-Veltema et al., 2002). 이는 우울한 엄마의 행동이 유전자형이 환경에 미치는 수동적 및 촉발적 효과가 관련되어 있다고 하더라도 영아에게 영향을 미치는 방법이 다르다는 것을 제시한다.

chapter 4

영아기

삶의 어떤 발달 단계보다 더 영아의 일상생활은 어느 곳에서든 비슷해 보인다. 영아의 유동성은 제한되어 있으며 아직 언어를 사용하지 않는다('영아'를 뜻하는 *infant*라는 단어는 사실상 '말이 없는 것'을 의미한다). 그래도 영아들은 여러 가지 방법으로 소통한다. 영아들은 혼자 할 수 있는 것이 거의 없으며, 보살핌과 보호를 받기 위해서 다른 사람에게 전적으로 의존한다. 그러나 영아기에도 문화 간 차이는 크게 나타난다. 어떤 문화에서는 영아를 거의 하루 종일 데리고 다니며 모유수유도 자주 하는 반면, 다른 문화에서는 영아를 낮이나 밤이나 상당 부분 혼자 누워 있게 한다. 우리는 이 장에서 영아발달의 문화 간 유사성과 다양성을 살펴볼 것이다. 이 장을 시작으로, 각 장은 크게 신체발달, 인지발달, 그리고 정서와 사회성 발달의 세 부분으로 구성되어 있다.

1절 신체발달

학습목표

4.1 생후 첫 1년 동안 영아의 신체가 어떻게 변화하는지를 기술하고, 신체성장의 두 가지 기본 원리를 설명한다.

4.2 뇌의 다른 여러 부분을 구분하며 생후 첫 몇 년 동안 두뇌가 어떻게 변화하는지를 기술한다.

4.3 생후 첫 1년 동안 영아의 수면이 어떻게 변하는지를 기술하며, 부모와 함께 자는 것을 포함하여 영아돌연사증후군의 위험 요인과 관련된 연구 결과를 살펴본다.

4.4 영아의 영양섭취가 생후 첫 1년 동안 어떻게 변화하는지를 설명하고, 영아기 영양실조의 원인과 결과를 알아본다.

4.5 영아 사망의 주요 원인과 예방법을 열거하며 영아를 보호하기 위한 여러 문화적인 접근 방법을 기술한다.

4.6 영아기 대근육 및 소근육 운동발달의 주요한 변화를 기술한다.

4.7 영아의 깊이 지각과 통합 지각이 언제 어떻게 발달하는지를 기술한다.

신체발달 : 영아기 성장과 변화

우리는 이 장에서 신체발달(키와 몸무게), 첫 치아의 출현과 영아 두뇌발달을 알아보는 것으로 시작한다. 그러고 나서 수면 형태의 변화, 영아돌연사증후군의 위험, 그리고 영아가 어디에서 (그리고 누구와 함께) 자는가에 관한 문화적 다양성을 알아볼 것이다.

성장 유형

생후 첫 1년 동안 영아의 신체가 어떻게 변화하는지를 기술하고, 신체성장의 두 가지 기본 원리를 설명한다.

유아는 일생의 어떤 다른 시기보다도 생후 첫해 동안 가장 빠른 비율로 성장한다(Adolph & Berger, 2005). 출생 때의 몸무게는 생후 5개월쯤이면 2배가 되고, 생후 1년이 되면 거의 3배, 평균적으로 약 10킬로그램이 된다. 만일 이런 비율로 그다음 3년까지 계속 성장한다면 네 살에는 평균 약 272킬로그램이 될 것이다! 그러나 체중 증가의 비율은 생후 1년 후에 급격히 감소한다.

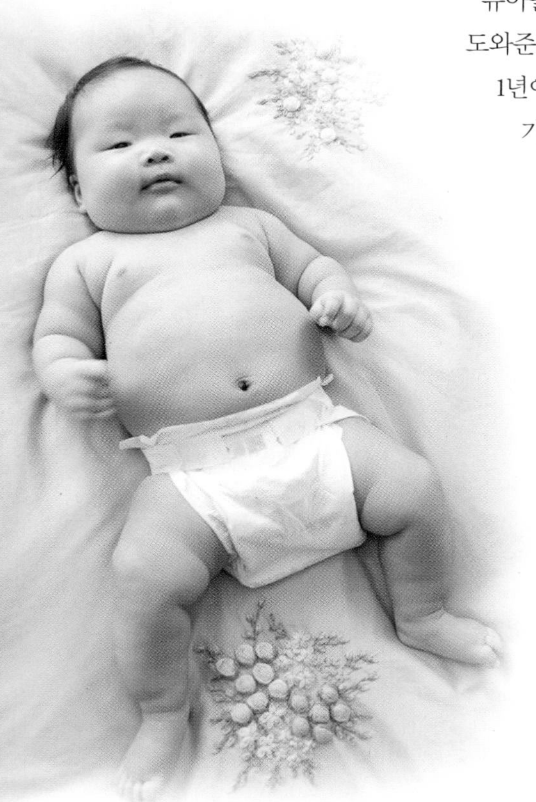

대부분의 아기들은 통통하고 몸에 비례해서 큰 머리를 가지고 있다.

유아들은 특별히 초기 몇 달 동안 지방을 축적한다. 이것은 체온을 일정하게 유지하는 것을 도와준다. 생후 6개월쯤 영양이 좋은 아기들은 통통하게 살이 찐 것같이 보인다. 그러나 생후 1년이 되면 아기들의 '젖살'이 많이 빠지고, 체중에서 차지하는 지방 비율이 낮아지는 추세가 사춘기까지 간다(Fomon & Nelson, 2002).

키도 생후 첫 1년간 극적으로 성장한다. 대체로 약 50센티미터부터 약 75센티미터까지 자라는데, 대략 한 달에 2.5센티미터의 비율로 성장한다. 체중과 다르게 키 성장은 생후 1년간 불규칙적이다. 키 성장을 자세히 관찰한 연구에서 영아는 며칠에서 일주일간 아주 조금 자라다가 하루나 이틀 만에 1.3센티미터가 빠르게 성장하는 것으로 나타났다(Lampl et al., 2001). 여아의 경우 생후 초반에서 사춘기까지 남아보다 키도 작고 체중도 가벼운 경향이 있다(Geary, 2010).

영아기에 키 성장이 비연속적으로 일어나는 이유는 머리가 몸의 아랫부분보다 더 빨리 성장하기 때문이다(Adolph & Berger, 2005). 이것을 **두미 방향 원리**(cephalocaudal principle)라 부른다(*cephalocaudal*이란 라틴어로 '머리부터 꼬리까지'라는 뜻이다). 예를 들면, 머리는 신생아 몸 길이의 4분의 1을 차지하고, 성인이 되면 8분의 1을 차지한다(**그림 4.1** 참조). 또 다른 신체 성장의 원리는 몸의 중심에서 바깥쪽으로 성장이 진행되는 **중심말단 방향 원리**(proximodistal principle)이다(*proximodistal*이란 라틴어로 '가까운 곳에서부터 먼 곳으로'라는 뜻이다). 몸통과 팔이 손과 손가락보다 먼저 자란다.

유치를 포함한 다른 신체적 변화도 있다. 거의 모든 영아의 첫 유치가 5~9개월 사이에 나는데, 이가 나면서 유발되는 불편함과 통증을 **이앓이**(teething)라고 한다. 영아의 이앓이는 지속적인 통증에서 전혀 불편함이 없는 정도까지 다양하게 나타난다. 첫 치아와 어금니는 특별히 더 아플 수 있다.

영아들은 어떤 것을 물 때 느껴지는 압력이 이앓이의 통증을 완화시키기 때문에 물 만할 다른 것이 없다면 자신들의 손을 물려고 한다(Trajanovska et al., 2010). 여러분의 손가락도 조심하라! 이앓이를 하는

두미 방향 원리 성장은 머리에서 시작하여 신체의 나머지 부위 방향으로 이루어진다는 생물학적 발달 원리

중심말단 방향 원리 성장이 신체의 중심에서 바깥 쪽으로 진행한다는 생물학적 발달의 원리

이앓이 영아의 새 이가 잇몸을 뚫고 나올 때 영아가 불편과 고통을 경험하는 기간

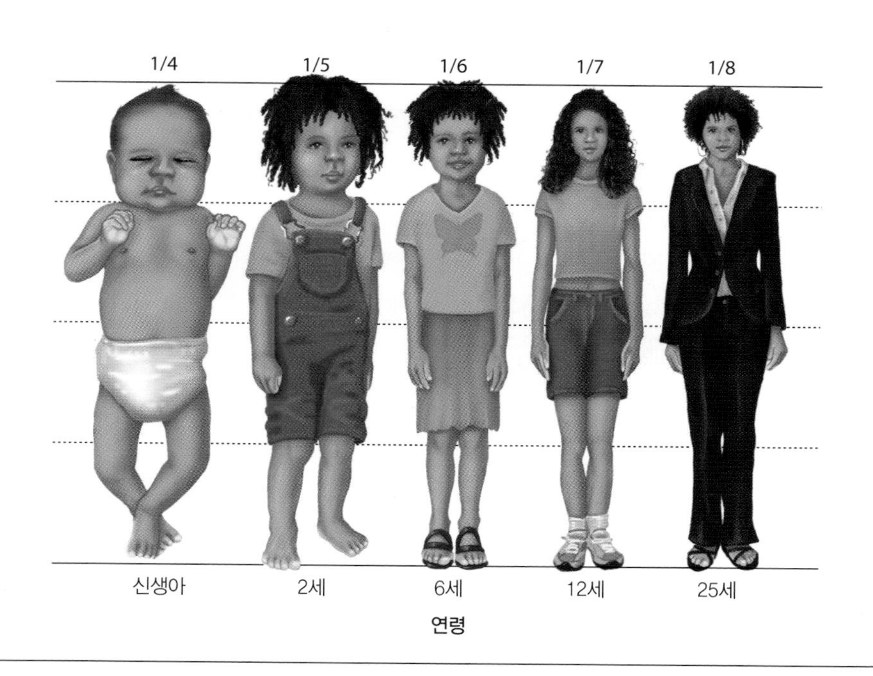

그림 4.1 신체성장의 두미 방향 원리

성장은 머리에서부터 시작해서 몸의 나머지 아랫부분까지 계속된다.

영아의 깨무는 힘의 강도에 여러분은 놀랄 것이다.

어떤 연령대이건 아플 때 즐거울 리가 없다. 따라서 이앓이를 하는 영아가 예민해지는 것은 결코 놀라운 일이 아니다. 어떤 영아들은 모유수유나 젖병으로 먹기를 꺼릴 수도 있다(다행히도 이앓이를 할 때쯤 되면 대부분의 영아들은 단단한 음식을 먹을 수 있다). 그리고 영아들은 이앓이 고통 때문에 밤에 깨기도 한다. 약 4개월쯤에 영아들이 "밤에 깨는 일 없이 계속 자는 것"이 시작되어 좋아했던 부모들은 영아들이 이앓이 고통으로 깨어 울기 시작하면서 이것이 일시적인 변화였다는 것을 깨닫게 된다(Sarrell et al., 2005).

다행히도 영아의 이앓이 고통을 완화하는 데 도움이 되는 방법들이 있다(Trajanovska et al., 2010). 깨물거나 씹을 수 있는 차가운 젖은 수건이나 이앓이 링 같은 것을 준비하여 잇몸에 압력을 주는 것으로 고통을 완화시킬 수 있다.

뇌발달

뇌의 다른 여러 부분을 구분하며 생후 첫 몇 년 동안 두뇌가 어떻게 변화하는지를 기술한다.

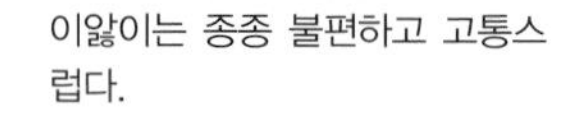

이앓이는 종종 불편하고 고통스럽다.

앞서 제3장에서 알아보았듯이 인간은 다른 동물들에 비해서 특별히 큰 두뇌를 가지고 태어난다. 이런 이유로 인간의 출생 과정은 더 고통스럽고 위험하다. 그러나 인간의 뇌는 태어날 때 크기가 큼에도 불구하고 성숙되어 있지는 않다(Johnson, 2001). 아이는 태어나야 할 때에 태어나야 한다. 그렇지 않으면 뇌가 너무 커져서 자궁을 통과하지 못할 것이기 때문이다. 결과적으로 다른 동물들은 많은 부분의 뇌발달이 출생 전에 이미 이루어지지만, 인간의 경우 생후 첫해 동안 발달한다. 예를 들면, 다른 동물들은 태어나자마자, 며칠 또는 몇 주 만에 걷지만, 인간은 6개월까지 기는 것도 할 수 없고 첫해가 지나야 걸을 수 있다.

이 장에서 우선 영아 뇌발달의 기본적인 것들을 살펴보고, 뇌 여러 부분의 전문화된 기능을 살펴볼 것이다. 그러고 나서 영아기 뇌발달의 특별한 민감성을 살펴볼 것이다.

뇌 성장 제2장에서 배웠듯이 임신 중기에 태아의 신경세포는 분당 25만 개씩 놀랄 만한 속도로 생겨나다가 임신 말기가 되면 발달의 초점이 다른 기관과 전반적인 크기로 전환되면서 그 속도가 점차 느려진다. 출생 후에 두뇌는 폭발적인 성장을 다시 시작한다. 신생아의 뇌는 성인 뇌 무게의 약 25%를 차지하며, 2세가 되면 약 70%에 이른다.

영아 뇌는 평균 100~200억 개의 신경세포, 즉 뉴런(neuron)을 가지고 있다(Kostovic et al., 2009). 신경세포는 몸속의 다른 세포와 달라 서로 직접적으로 연결되어 있지 않다. 대신 뉴런들은 **시냅스**(synapse)라 불리는 작은 틈새에 의해 연결되어 있다. 뉴런은 시냅스를 통과하는 **신경전달물질**(neurotransmitter)이라는 화학물질을 방출하여 다른 뉴런들과 정보를 주고받는다. 뉴런의 **축색돌기**(axon)는 다른 뉴런으로 신경전달물질을 방출하며, **수상돌기**(dendrite)는 이를 받는 역할을 한다(**그림 4.2** 참조).

생후 첫 2년 동안 뉴런은 거의 생성되지 않는다(de Haan & Johnson, 2003). 실제로 뉴런의 수는 2세가 되면 출생 초기보다 절반 정도로 감소한다. 그러나 두 가지 측면에서 영아기 동안 뇌의 급격한 성장이 일어난다. 첫째, 신경세포들을 연결하는 수상돌기가 놀라운 속도로 증가하는데, 이 과정을 **과잉생산**(overproduction) 또는 **무성함**(exuberance)이라고 한다(Kostovic et al, 2000). 출생 시 뉴런들 사이의 연결이 거의 이루어지지 않은 상태에서 2세가 되면 개별 뉴런은 수백에서 수천 개가 넘는 다른 세포들과 연결된다. 제5장에서 배우겠지만 시냅스 연결은 걸음마기에 최고조를 이룬다. 두 번째는 영아기 두뇌의 성

신경전달물질 뉴런이 시냅스를 통해 서로 소통하게 하는 화학물질

축색돌기 전기 자극을 전달하여 신경전달물질을 방출하는 뉴런의 한 부분

수상돌기 신경전달물질을 받아들이는 뉴런의 부위

과잉생산(무성함) 뉴런 간의 수상돌기 연결 생산이 급격히 증가하는 것

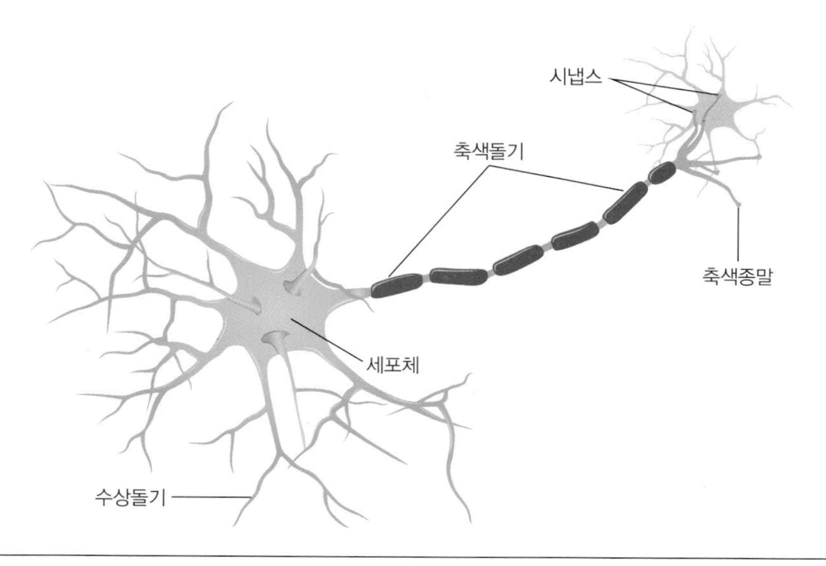

그림 4.2 시냅스

장은 **수초화**(myelination)를 통해 일어난다. 이 과정은 수초라고 불리는 지방질의 덮개가 축색을 둘러싸면서 뉴런들 간의 메시지의 전달 속도가 급격하게 증가하는 것을 말한다(Gale et al., 2004). 수초화는 생후 초기에 급격한 속도로 진행되다가 속도가 늦춰지면서 약 30세까지 지속된다(Taylor, 2006).

뉴런은 다른 뉴런들과 방대한 수상돌기 연결망을 만들면서 정보전달의 효율성과 정확성을 높인다. 사용되는 수상돌기 연결망은 더 강해지고 빨라지며, 사용하지 않는 연결망은 사라지는 **시냅스 가지치기**(synaptic pruning)가 이루어지는데, 이것은 "사용하지 않으면 잃는다"라는 원리가 잘 적용되는 예이다(Kostovic et al., 2009). 만일 여러분이 뒤뜰에 당근을 재배하는 데 1,000개 이상의 씨를 뿌렸다면 그것들이 어떻게 하면 더 번성할 것이라 생각하는가? 가장 좋은 방법은 약한 뿌리들은 뽑아버리거나 가지치기를 해서 강한 것들이 더 넓은 공간에서 더 많은 영양을 받으며 자라게 하는 것이다. 이것이 바로 두뇌가 하는 시냅스 가지치기이다. 이러한 가지치기를 통하여 아동기와 청소년기 동안 약 3분의 1의 시냅스가 제거된다(Gained et al., 2010).

수초화 뉴런의 축색돌기 주변의 수초 성장 과정

시냅스 가지치기 대뇌발달 과정에서 사용되지 않는 연결은 사라지고 사용되고 있는 수상돌기 연결은 더 강해지고 더 빨라지는 것

대뇌피질 서로 다른 기능을 하는 네 부분으로 구성된 뇌의 바깥 부분

대뇌 전문화 뇌 전체는 뉴런으로 구성되어 있지만, 뇌의 다른 여러 부분에 위치한 뉴런들은 전문적인 기능을 가지고 있다. 전체적으로 보면 뇌는 크게 후뇌, 중뇌, 전뇌를 포함한 세 부분으로 나뉘어 있다. 임신 초기에 이 세 영역의 신경세포는 영역별로 전문화되기 시작한다. 후뇌와 중뇌가 가장 먼저 성숙해지며 삶에서 필수적인 생물학적인 기능을 수행한다. 이 영역들에 위치한 뉴런들은 폐를 숨쉬게 하고 심장을 뛰게 하며 몸동작의 균형을 유지하게 한다.

전뇌는 변연계(limbic system)와 **대뇌피질**(cerebral cortex)로 나뉘어 있다. 변연계의 구조는 시상하부(hypothalamus), 시상(thalamus), 해마(hippocampus)를 포함한다. 시상하부는 땅콩 정도 크기로 작지만, 인간의 기본적인 기능인 배고픔, 갈증, 체온, 성욕, 호르몬 수준을 감시하며 조절하는 중요한 역할을 한다. 시상은 몸으로부터 입력되는 감각정보를 받아 뇌 전체에 전달하는 센터의 역할을 한다. 해마는 기억에 있어 결정적인 역할을 하며, 특히 단기기억을 장기기억으로 바꾸어준다.

가장 두드러진 인간의 뇌 구조는 전뇌의 가장 표면에 위치하고 있는 대뇌피질이다. 인간의 대뇌피질은 다른 동물들보다 많이 크다. 예를 들면, 성인의 몸무게는 성인 침팬지 몸무게와 거의 비슷하지만, 대뇌피질은 3~4배나 크다(Wrangham,2009). 대뇌피질은 뇌 전체 무게의 85%를 차지하며 출생 후 대부분의 뇌

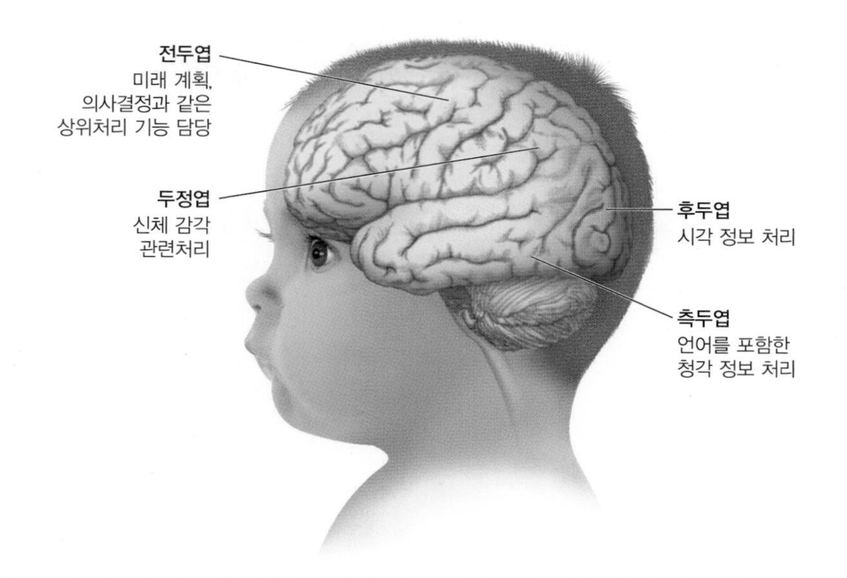

그림 4.3 뇌의 네 가지 엽

뇌의 각 영역의 고유한 기능은 무엇인가?

성장이 이곳에서 이루어진다. 대뇌피질은 독특한 우리 인간 능력의 기초가 되는 말하는 능력, 언어이해, 복잡한 문제해결, 개념, 사상, 상징을 통한 사고를 담당한다.

편재화 뇌의 양쪽 반구의 기능이 특수화되어 있다는 것

가소성 발달이 환경적 조건에 의해 영향을 받을 수 있는 정도

대뇌피질의 영역은 두 종류로 전문화되어 있다. 첫째, 대뇌피질은 좌반구와 우반구로 구성되며, 두 반구는 **뇌량**(corpus callosum)이라 불리는 신경섬유 묶음에 의해 연결되어 서로 소통한다. 대뇌피질을 구성하는 각 반구가 분리되어 각기 다른 기능에 전문화되어 있는 것을 **편재화**(lateralization)라고 한다. 일반적으로 좌반구는 언어 능력과 연속적이고 단계적 정보 처리에 전문화되어 있다(Harnad, 2012). 우반구는 공간 추론과 전체적 및 통합적 정보처리에 전문화되어 있다. 그럼에도 불구하고 두 반구의 전문성을 너무 과대평가해서는 안 된다. 왜냐하면 두 반구가 언어, 감정, 행동의 거의 모든 측면에서 함께 기능하기 때문이다. 완전히 '좌뇌형'이거나 '우뇌형'인 사람은 없다.

대뇌피질은 각 반구에서 4개의 영역 또는 특정 기능을 하는 엽들로 나뉘어 전문화되어 있다(**그림 4.3** 참조). **후두엽**(occipital lobe)은 각 반구 뒤쪽에 위치하며 시각 정보를 처리한다. **측두엽**(temporal lobe)은 각 반구 아래쪽에 위치하여 구어 이해와 같은 청각 정보를 처리한다. **두정엽**(parietal lobe)은 측두엽 위에 있으며 몸의 감각으로부터 오는 정보를 처리한다. **전두엽**(frontal lobe)은 이마 뒤에 있으며 가장 발달된 인간의 뇌 처리 센터로 구어산출, 미래 계획, 의사결정 등을 담당한다. 좌우반구와 마찬가지로 각각의 엽들의 전문성을 과대평가하지 않는 것이 중요한데, 뇌 기능은 뇌의 한 부분이 아니라 여러 다른 부분들이 상호작용한 결과이기 때문이다(Harnad, 2012; Knect et al, 2003).

영아 두뇌의 가소성 앞서 기술했듯이 태내에서부터 뇌는 반구 전문화를 위해 발달된다. 그럼에도 불구하고 신생아와 영아의 대뇌피질은 여러 면에서 아직 미숙하다. 왜냐하면 아직 영아의 두뇌는 이후의 발달 과정에서 전문화될 것처럼 전문화되어 있지 않기 때문이다. 따라서 영아의 뇌는 환경의 변화에 의해 변화할 수 있는 **가소성**(plasticity)이 매우 높다.

영아 두뇌가 가진 큰 가소성은 뇌를 적응적으로 만들지만 또한 취약하게도 한다(Gale et al., 2004). 긍정적인 측면을 살펴보면, 영아

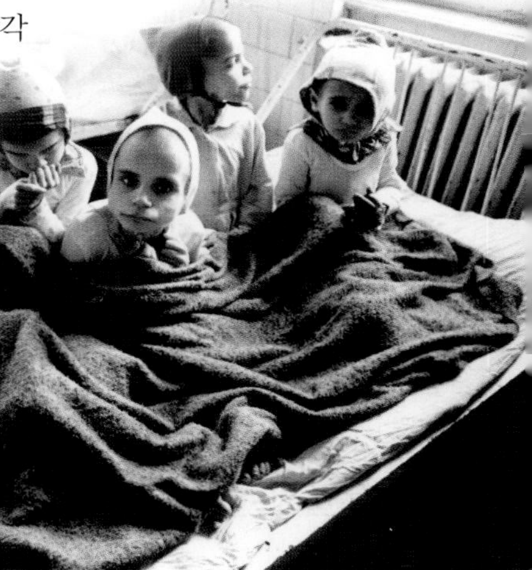

입양된 루마니아 고아들의 인지 회복 정도는 입양 시 연령에 따라 크게 차이 났다.

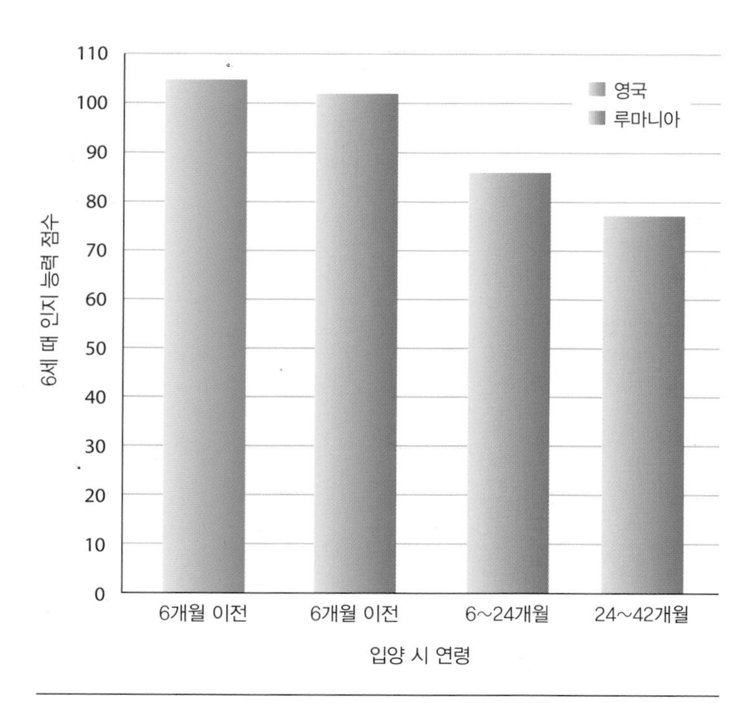

그림 4.4 루마니아 고아들의 입양 시 연령에 따른 인지 능력

입양 연령이 늦을수록, 인지 능력이 낮게 나타났다.
출처 : Based on Beckett et al., 2006

기 동안 발생한 사고나 질병으로 인해 두뇌에 손상을 입었을지라도 다른 뇌 부위가 손상된 영역의 기능을 대신할 수 있지만, 일단 크게 전문화가 이루어지고 나면 이후 발달에서 가소성의 가능성은 적어진다. 부정적인 측면으로는 환경적 박탈이 영아기에 일어난다면 뇌발달에 영구적인 영향을 미칠 수 있지만 이후에는 이러한 영향이 크지 않거나 오래 지속되지 않을 가능성이 높다.

만일 내일부터 여러분이 음식도 제한되고 사람들과의 만남도 적으며 흥미 있는 일도 할 수 없는 큰 박탈의 상황에서 3년 동안 살아야 한다고 상상해보라. 당장 틀림없이 배가 고플 것이며 행복하지도 않을 것이다. 그러나 길게 보면 여러분의 체중은 정상으로 돌아올 것이며 여러분의 지적 기술이나 능력도 그다지 영향을 받지 않을 것이다. 이것은 이런 상황에 처한 전쟁 포로들에게 흔히 일어나는 일이다(Moore, 2010).

만일 이런 종류의 박탈이 여러분의 생애 첫 3년 동안에 일어났다면, 그 결과는 더욱 심각할 것이며 더 견디기 어려울 것이다. 이와 관련된 한 예를 약 20년 전에 루마니아의 고아원에서 있었던 끔찍한 자연 실험에서 찾아볼 수 있다. 1990년대 초 동유럽에서 공산주의가 무너진 후 루마니아를 방문한 서구의 방문객들이 그곳의 고아원의 상태를 보고 깜짝 놀랐다. 고아원에 있는 영아와 유아들은 영양, 애정, 관심, 인지적 자극 측면에서 극도로 박탈된 상태에서 넓고 어두운 텅 빈 방에 갇혀 적은 수의 무관심한 보모들에 의해 보육되고 있었다. 이에 대한 분개가 확산되자 고아원은 곧 문을 닫았고, 대부분의 아이들이 캐나다와 영국의 가정으로 입양되었다.

아이들은 모두 박탈된 양육을 경험했지만 입양된 연령은 각기 달랐다. 입양된 아이들의 경과를 추적한 결과, 입양될 당시 아이의 연령이 인지발달에 미치는 영향이 큰 것을 알 수 있었다(O'Connor et al., 2000; Rutter et al., 2004).

입양 연령은 엄청난 차이를 만들었다. 모든 아이들이 새로운 가정에 입양된 지 1~2년 후에 신체적인 크기를 극적으로 회복하였다. 그러나 인지적 회복은 입양 연령에 의해 강하게 좌우되었다. **그림 4.4**가 보여주는 것처럼 6세가 되었을 때 6개월 이전에 입양된 루마니아 아동들은 같은 나이에 입양된 영국의 아동들과 비교하여 인지 능력 결함의 정도에 차이가 없었다(Beckett et al., 2006). 그러나 6~24개월에 입양된 루마니아 아동들은 그보다 일찍 입양된 루마니아 아동들이나 영국 입양 아동들 보다 인지 능력이 훨씬 낮았다. 그리고 24~42개월에 입양된 루마니아 아동들의 인지 능력이 가장 낮게 나타났다. 이 결과는 6개월 이후에는 초기 박탈로 인한 두뇌 손상이 이후에 충분한 자극을 주는 환경 속에서 지낼지라도 완전히 회복될 수 없다는 것을 보여준다. 영아의 뇌 가소성은 매우 높지만 생후 몇 년 동안에 급격히 감소한다.

수면 변화

첫 1년 동안 영아의 수면이 어떻게 변하는지를 기술하며, 부모와 함께 자는 것을 포함하여 영아돌연사증후군의 위험 요인과 관련된 연구 결과를 살펴본다.

제3장에서 기술한 바와 같이 신생아는 하루 종일 16~17시간 정도 잠을 자며, 수면시간의 절반은 렘수면

상태이다. 3~4개월경 영아는 길게 잘 때는 밤에 6~7시간을 깨지 않고 연속으로 자며, 렘수면은 40%쯤으로 줄어든다. 6개월경에는 문화적 관습이 영아의 수면시간에 영향을 미친다. 미국의 영아는 낮잠을 포함해서 하루에 14시간 정도를 잔다(Murkoff et al., 2009). 그러나 찰스 슈퍼와 사라 하크네스(Super & Harkness, 1986)의 연구에 의하면, 케냐의 킵시기스(Kipsigis)족의 영아들은 6개월경 하루에 12시간밖에는 자지 않는다. 아마도 이 부족의 영아들은 거의 하루 종일 엄마나 형제자매의 등에 업혀 있으므로 미국 영아들이 소비하는 것보다 에너지를 적게 소비하기 때문일 것이다. 슈퍼와 동료들(Super et al., 1996)은 다른 연구에서 네덜란드 영아들과 미국 영아들의 수면 습관을 비교 연구했다. 그 결과 네덜란드 영아들은 6개월 무렵에 하루에 16시간을 자는 것으로 나타났는데, 이는 미국의 영아들보다 2시간을 더 자는 것이다. 이러한 결과는 아마도 어린아이들의 휴식과 일찍 자는 것을 강조하는 네덜란드의 문화적 신념과 관련되어 보인다.

영아의 수면에 있어 두 가지 중요한 이슈는 잠자는 동안 사망의 위험과 누구와 함께 자야만 하는가에 관한 문제이다. 이 두 문제에 있어서 중요한 문화 간 차이가 있다.

영아돌연사증후군 2~4개월경에 **영아돌연사증후군**(sudden infant death syndrome, SIDS)의 위험이 가장 높다. SIDS로 죽는 영아는 뚜렷한 질병이나 장애를 가지고 있는 것이 아니라 잠들었다가 깨어나지 않는 것이다. 선진국에서는 SIDS가 1~12개월에 나타나는 영아 사망의 주요 발생 이유이다(OECD, 2014). 아시아계 영아들의 경우 유럽이나 아프리카계 영아들보다 SIDS에 의한 사망률이 낮으며, 아프리카계 미국인과 북아메리카 원주민 영아들의 경우 유럽계 미국인 영아들보다 SIDS에 의한 사망률이 4~6배가 높다(Pickett et al., 2005). 아프리카계 미국인과 북아메리카 원주민 영아들의 SIDS 사망률이 높은 이유는 산모의 빈약한 산전 관리부터 시작하여 생후 첫해에 더 큰 취약성이 지속되기 때문이다

그럼에도 불구하고 SIDS에 의한 사망 이유는 명확하지는 않은데, 몇 가지 알려진 SIDS 위험 요인은 다음과 같다(AAP Task Force on Sudden Infant Death Syndrome, 2011; Kinney & Thach, 2009).

- 등을 대고 똑바로 누워 자는 대신 엎드려 자는 것
- 저체중 출산 또는 낮은 아프가 점수
- 산모의 임신 중 흡연이나 영아기 동안 엄마의 흡연
- 푹신한 침대, 너무 더운 침실, 여러 겹의 옷을 입혀 재우는 것(SIDS 사망은 대부분 가을과 겨울에 일어난다)

한 이론에 따르면 생후 2~4개월경 SIDS에 대한 영아들의 높은 취약성이 반사적 행동으로부터 의도적인 행동으로의 전환을 반영한다고 한다(Lipsitt, 2003). 생후 2개월에 영아들은 숨이 막힐 때 이에 대한 반사 반응으로 머리를 흔들거나 손을 얼굴에 가져가거나 요인이 되는 방해물을 밀어내기도 한다. 2개월이 지나면서 반사 행동이 사라지면서 대부분의 영아들은 이러한 의도적이고 학습된 행동을 스스로 할 수 있게 된다. 그러나 어떤 영아들은 호흡기와 근육이 약하기 때문에 이러한 전환을 할 수 없다. 따라서 이러한 영아들이 수면 동안 호흡곤란을 겪게 될 때 사망할 확률이 높다.

한 가지 확실한 것은 영아를 엎드려 재우는 것 대신 똑바로 눕혀 재우는 것이 SIDS의 위험을 크기 감소시켰다는 것이다. 1994년에 영아가 엎드려 자는 것의 위험에 대한 연구 결과가 급증하면서 미국의 소아과 의사들이 부모와 건강 전문가들에게 영아들이 잘 때 똑바로 누워 자는 것의 중요성을 알리기 위해 '똑바로 눕혀 재우기' 캠페인을 발표했다. 그 후 10년 동안 미국 영아들을 엎드려 재우는 비율이 70%에서 20%로 줄었고, SIDS에 의한 사망률이 거의 절반으로 줄었다(AAP Task Force on Sudden Infant Death Syndrome, 2011; National Center for Health Statistics, 2005). 이 비슷한 캠페인을 다른 선진국

영아돌연사증후군(SIDS) 분명한 질병이나 장애 없이 미지의 이유로 생애 첫해에 발생하는 죽음

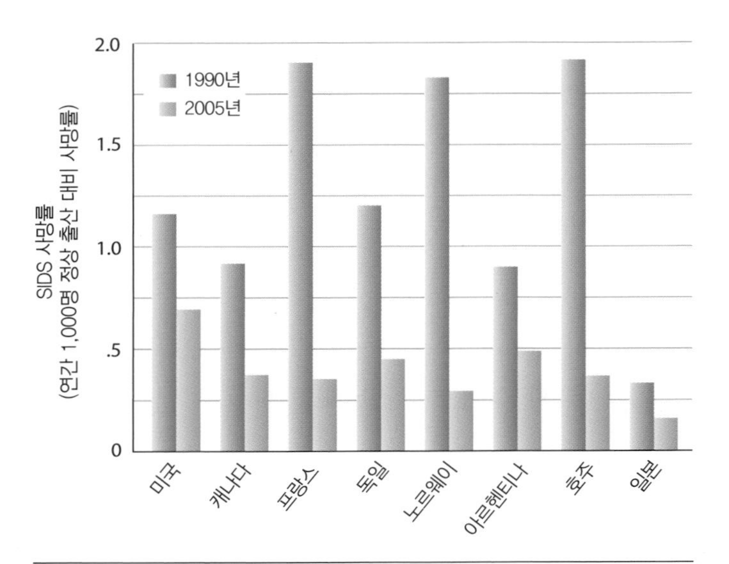

그림 4.5 예방 캠페인이 SIDS 발생 비율에 미치는 영향

왜 SIDS의 비율이 이 기간 동안에 많이 감소했는가?

에서도 실시한 결과 영국에서는 SIDS가 90%로 줄었으며, 다른 많은 선진국들에서도 50% 이상으로 줄었다(**그림 4.5** 참조; National Sudden and Unexpected Infant/Child Death & Pregnancy Loss Resource Center, 2010).

부모와 함께 자는 것은 아기에게 이로운가, 아니면 해로운가

영아들은 누구와 함께 자야만 하는가? 아기들은 아기침대에서 또는 그들의 방에서 혼자 자야만 하는가, 아니면 부모 옆이나 형제의 옆에서 같이 자야만 하는가?

만일 여러분이 서구 문화권의 구성원이라면 출생 후 몇 주 안에 영아들이 아기침대와 그들의 방에서 자는 것이 더 좋다고 생각할 것이다. 그렇게 함으로써 독립심도 배우고 부모는 방해 없이(최소한 많은 방해 없이) 결혼생활을 즐길 수 있다고 생각할 것이다. 미국이나 다른 서구 국가들의 유명한 소아과 의사와 건강 권위자들은 영아가 **부모와 함께 자는 것**(cosleeping)에 대한 위험성을 경고한다. 이들은 부모와 함께 자는 것은 영아에게 필요 이상의 의존심을 키우며, 영아의 정서적인 건강에도 해를 줄 수 있을 뿐만 아니라 SIDS 위험성을 높인다고 주장한다(AAP Task Force on Infant Positioning and SIDS, 2000; AAP Task Force on Sudden Infant Death Syndrome, 2011; Spock & Needleman, 2004).

그러나 이것은 이 책에서의 많은 이슈 중 하나이다. 서구 국가들에서 정상적이고 건강하고 '자연스러워' 보이는 것이 실제로 전 세계적으로 보면 매우 예외적인 것이다. 서구권 외 거의 모든 문화권에서 영아는 어떤 방식으로든 부모와 함께 잔다(Small, 2005). 이러한 문화권의 많은 부모들은 영아를 밤에 격리시키는 서구의 관습을 "유아 방치 또는 그보다 더 나쁘게" 본다(LeLoache & Gottlieb, 2000, pp. 16–17). 그들은 영아는 부상, 질병, 그리고 사망의 위험에 높게 노출되어 있기 때문에 엄마 옆에서 자면서 엄마가 그들을 보호해야 할 필요가 있다고 믿는다. 이런 방법이 모유수유를 하기도 쉽다. 밤 동안 필요할 때 다른 사람을 방해하지 않고 엄마 혼자 일어나면 되기 때문이다. 이러한 문화권에서 영아들은 일반적으로 다음 아이가 태어날 때까지 엄마와 함께 자며, 보통 아이가 2~4세 때까지 함께 잔다.

한 연구에서 과테말라 마야족 어머니들과 유럽계 미국인 어머니들의 잠자는 습관에 대해 인터뷰했다. 마야족 어머니들은 자신의 아이와 다음 아이가 태어날 때까지 함께 자며, 그 후에 아이는 아빠와 함께 자거나 엄마 옆에 침대를 놓고 갓 태어난 아기와 다 같이 잔다(Morelli et al., 1992). 그들은 함께 자는 것이 부모-아이 간 애착을 높이는 데 도움이 되며 이것은 집단주의 문화권에서는 높은 가치가 있다. 마야의 어머니들은 미국의 영아들이 특히 혼자 자는 것을 봤을 때 매우 놀랐다. 그리고 이런 관습이 매우 냉정하고 매정한 것이라 생각한다. 그와 반대로 미국 어머니는 아이가 독립적으로 자라기를 원하여 함께 잠자기를 하는 경우가 드물다. 그들은 함께 잠자는 아이들이 정서적인 문제나 지나친 의존성을 발달시킬 것이라고 믿는다.

그러나 함께 잠자기가 과테말라 마야족 같은 전통적인 문화권에서만 이루어지는 것은 아니다. 전 세계적으로 과학기술이 발달한 두 나라인 한국이나 일본에서도 대부분의 영아들이 어머니와 함께 자며, 많은 아동이 사춘기에 이를 때까지 부모와 함께 잔다(Mindell et al., 2010). 마야의 엄마들처럼 동양계 엄마들도 집단주의 관점을 강조한다. 그들은 함께 잠자는 것이 아동이 어렸을 때부터 상호의존성과 공동 책임의 테두리 안에서 타인과 가깝게 결속되어 있다는 것을 배우는 한 가지 방법이라고 설명한다.

부모와 함께 자는 것 영아나 때로는 더 나이 든 아동이 부모 중 한 사람이나 양부모 모두와 함께 자는 문화적 훈련

대부분의 문화에서, 엄마와 아기는 함께 잠을 잔다.

영아 수면 환경에 대한 문화적인 관습은 독특한 문화적 양식이며 문화의 신념에 기초를 두고 있는 **관습의 복잡성**(custom complex)을 보여주는 좋은 예이다. 함께 잠자는 것은 집단주의 신념을 반영하며, 집단주의 문화의 구성원들은 서로 가깝게 연결되어 있다(Small, 1998). 이와 반대로 영아를 혼자 재우는 것은 개인이 자립심을 갖는 것을 배워야 하며 필요 이상으로 다른 사람에게 의존하지 말아야 한다는 개인주의 문화의 신념을 반영한다.

개인주의 문화권의 부모들은 함께 자는 것이 영아나 유아의 의존심을 키우게 될 것을 걱정한다. 그러나 영아기 동안 부모와 함께 자는 유아는 실제로 함께 자지 않는 아이들보다 더 자립적이고(예 : 스스로 옷을 입는 것) 더 사회적으로 독립심이 있는 것(예 : 스스로 친구를 만드는 것)으로 보고되었다(Keller & Goldbert, 2004).

SIDS의 위험에 대해서는 어떠한가? 미국의 소아과 의사 대부분이 함께 잠자는 것이 SIDS의 위험 요인 중 하나라고 믿는 것과 반대로 SIDS는 함께 잠자는 것이 일반적인 문화권에서는 오히려 거의 발생하지 않는다(Hewlett & Roulette, 2014). 미국의 경우 거의 대부분의 부모들이 영아와 함께 자지 않는데도 세계에서 SIDS 발생 비율이 가장 높다.

이러한 양상에 대한 몇 가지의 이유가 있다(McKenna & McDade, 2005). 첫째, 함께 자는 문화권에서 거의 대부분의 부모와 영아는 딱딱한 표면, 즉 바닥 위에 깐 매트나 요 위에서 잠을 자기 때문에 SIDS와 위험 요인과 관련된 푹신한 침대를 피할 수 있다. 둘째, 부모와 함께 잠자는 영아는 그렇지 않은 영아보다 모유수유 빈도가 잦으며, 수유시간이 길기 때문에 이로 인해 밤 동안 각성의 빈도가 잦아 SIDS가 적게 일어난다. 셋째, 함께 잠자는 엄마는 모유수유를 위해서 엄마의 가슴을 더 쉽게 물게 하기 위하여 영아를 등을 대고 누워서 자도록 하는 경향이 있다. 그렇기 때문에 영아를 등을 대고 자게 하는 것이 SIDS의 위험을 줄인다는 연구 보고가 있기 훨씬 전부터 양육 관행으로 이어져 내려왔다.

미국 내에서도 아프리카계나 라틴계 미국인 사이에서는 영아와 함께 잠자는 것이 오래된 양육 관행이다(Barajas et al., 2011; Milan et al., 2007). 애팔래치아산맥 지방에서는 아기들이 두 살이 될 때까지 부모와 함께 잔다(Abbott, 1992). 많은 선진국의 연구 보고서에 따르면 최근 몇 년간 영아기 동안 영아가 부모와 함께 자는 비율이 높아지고 있는데, 이것은 함께 자는 것이 정서적으로 부정적인 영향을 미치지 않으며, SIDS 발생을 줄이기 때문이다(Mindell et al., 2010; Willinger et al., 2003). 만일 부모가 비만이거나 잠자기 전에 술이나 다른 약들을 복용한다면 아마도 아이와 함께 자는 것은 SIDS의 위험을 높일 수 있다. 그러나 그렇지 않다면 함께 잠자는 것이 SIDS의 위험 요인이라기보다는 오히려 보호 요인이 된다(McKenna & McDade, 2005).

관습의 복잡성 근본적인 문화적 신념을 반영하는 독특한 행동 양식

비판적으로 사고하기

부모와 함께 자는 것은 그것을 실행하는 문화에서 결혼관계에 대한 어떠한 기대를 나타내는 것일까?

신체발달 : 영아기 건강

영아의 건강은 문화 및 사회경제적 맥락을 포함한 태어난 환경에 의해 크게 좌우된다. 우선 영양 섭취가 생후 첫 1년 동안에 걸쳐 어떻게 변화하는지를 살펴보고, 영양실조의 유병률과 영향을 알아본다. 그다음 영아 사망의 비율과 이유, 예방접종, 아이를 보호하기 위한 문화적 신념과 관습에 대해 알아볼 것이다.

영양섭취

영아의 영양섭취가 생후 첫 1년 동안 어떻게 변화하는지를 설명하고, 영아기 영양실조의 원인과 결과를 알아본다.

영아는 많은 영양을 필요로 하며, 자주 필요로 한다. 실제로 생후 첫해 동안 체중당 영양 에너지 요구량은 일생의 어떤 시기보다 더 크다(Vlaardingerbroek et al.,2009). 영아들은 또한 신체의 성장과 (특히) 두뇌의 성장을 촉진하기 위해 삶의 어느 시점보다 더 많은 지방을 필요로 한다.

고형 음식물 섭취의 시작 제3장에서 살펴보았듯이 영아기 동안에 좋은 고지방 영양을 섭취하기 위한 가장 좋은 방법은 모유수유이다. 영아는 생후 첫해 동안 고형 음식물을 조금씩 먹기 시작한다. 영아에게 고형 음식물을 먹이는 시기는 문화에 따라 다양하여 태어난 지 겨우 몇 주 만에 먹이는 문화부터 생후 6개월까지 기다리는 문화까지 그 범위가 다양하며 일반적으로 4~5개월경에 영아에게 고형 음식물을 먹이기 시작한다. 이 시기에 영아들이 기대서 앉기 시작하며, 다른 사람들이 먹는 것에 관심을 보이기 때문이다(Small, 2005).

4~5개월에 영아는 아직 구토 반사를 하기 때문에 입속에 들어오는 딱딱한 물체를 뱉어낸다. 따라서 처음에는 고형 음식물이 영아의 입으로 들어가는 양보다 뱉어내는 양이 더 많다. 씹고 삼키는 능력은 생후 6개월 이후에 발달한다(Napier & Meister, 2000).

서구의 소아과 의사들은 보통 생후 5~6개월 후에 고형 음식을 먹이기를 추천한다(Seach et al, 2010). 보통 첫 고형 음식으로 쌀가루를 모유나 분유에 섞어서 먹이는데, 처음에 먹일 때는 묽게 만들고, 영아가 그것에 익숙해질 때까지 차차 걸쭉하게 만들어준다(National Center for Education in Maternal and Child Health, 2002). 여러 종류의 음식을 생후 6개월 후에 주기 시작하면 되는데, 이때 영아가 쉽게 먹고 소화할 수 있는 부드러운 음식으로 주어야 한다. 예를 들면, 당근을 삶아 갈은 것이나 사과소스 같은 종류이다.

전통 문화권에서 영아에게 주는 첫 음식은 삶은 채소를 으깨어 물을 조금 넣고 걸쭉하게 만든 음식, 조려서 체로 거른 음식이나 미리 씹어서 주는 식으로 주어왔다. 예를 들면, 인도네시아 있는 발리섬 사람들은 생후 첫 주부터 모유를 보충하기 위해서 바나나 같은 음식을 부드럽게 씹어서 아이에게 주었다(Deiner, 2000). 생후 첫해에 아기에게 주는 음식의 범위가 넓어지지만, 어머니는 보통 음식을 먼저 씹어서 준다.

영양결핍에서 오는 쇠약증인 소모증에 걸린 영아의 모습이다.

영아기 영양실조 영아는 영양 요구량이 높고 뇌와 신체가 빠른 속도로 성장하기 때문에 영아기 영양실조가 미치는 영향은 특히 심각하고 오래간다. 영아는 주로 모유와 생후 몇 개월 지난 후면 먹을 수 있는 약간의 고형 음식만으로 충분히 발육할 수 있기 때문에 영아기 영양실조는 보통 어머니가 모유수유를 할 수 없는 상황이거나 모유수유를 원하지 않기 때문에 발생한다. 보통 영아기 영양실조는 산모가 매우 아프거나 산모의 영양부족으로 모유수유를 할 만큼의 모유를 만들어낼 수 없는 경우에 발생한다. 또한 산모가 결핵에 걸렸거나 인체면역결핍바이러스(HIV)에 감염되어 모유로 아이에게 전염될 수 있기 때문에 모유수유를 하지 말 것을 충고받았을 경우에 발생하기도 한다. 어머니가 또한 자신의 아기를 위해서 모유보다 분유가 더 좋다고 믿는 경우에는(제3장 참조), 모유수유 대신 분유를 주는데, 이로 인해 충분한 영양이 영아에게 공급되지 않을 수도 있다. 만일 어머니가 사망하면(세계의 어느 곳에서도 발생하는 일이고, 이런 경우 영아의 영양실조는 흔히 있는 일이다) 모유수유를 대신해줄 수 있는 사람이 없거나 충분한 영양공급을 받을 수 없어 영아 영양실조가 발생하기도 한다.

영양실조에 걸린 영아의 경우 영양결핍에서 오는 쇠약증인 **소모증**(marasmus)에 걸릴 위험이 있다. 소모증에 걸리면 신체의 성장이 멈추고 근육이 위축되며, 점차 무기력해져 결국에는 죽음에 이르게 된다. 소모증에서 생존한 영아도 영양실조로 인해 이후 정상적인 발육이 힘들게 된다(Galler et al., 2010; Nolan et al., 2002). 그러나 과테말라와 다른 몇 개국에서 실시된 연구 조사에서는 빈곤한 환경의 영아에게 영양 보조식품을 섭취하도록 하자 영양실조에 걸렸던 영아들의 신체적·인지적·사회적 발달이 지속적으로 향상되는 것으로 나타났다(Pollitt et al, 1996).

소모증 영양 부족으로 신체가 쇠약해지는 질병

영아 사망

영아 사망의 주요 원인과 예방법을 열거하며 영아를 보호하기 위한 여러 문화적인 접근 방법을 기술한다.

생애 첫해는 항상 인류에게 위험한 시기였다. 여성들은 10대 후반부터 30대 후반까지 적어도 20년의 출산 기간을 가지며, 정상적인 육체적 관계를 가지는 여성들은 그 기간 동안 적어도 3~7명의 아이들을 출산할 수 있다. 그러나 제1장에서 살펴보았던 것처럼 최근까지 인류의 역사에서 전체 인구는 거의 증가하지 않았다. 이것은 많은 여아들이 재생산 연령에 도달하기 전에 사망했음을 의미하며, 최근 경향의 기준으로 볼 때 많은 사람들이 영아기에 사망했다는 것을 말해준다. 전 세계적으로 생후 첫해는 전 생애 어느 기간보다도 사망 위험이 가장 높다(UNICEF, 2004).

영아 사망의 원인과 예방 제3장에서 배웠듯이 대부분의 영아 사망은 사실 신생아 사망이다. 신생아 사망은 생후 첫 1개월에 발생하며, 보통은 선천적 장애, 저체중 또는 출산 시 어머니 사망의 간접적인 결과로써 영아 사망이 발생한다(UNICEF, 2014). 신생아 사망처럼 영아 사망의 비율은 선진국보다 개발도상국에서 훨씬 높다(**지도 4.1** 참조).

생후 한 달 이후 1년 내에 발생하는 영아 사망에서 질병에 의한 사망은 전 세계적 영아 사망의 또 다른 주요 원인이다. 말라리아는 모기에 의해서 전염되는 혈액질병(제2장 참조)으로, 영아 질병 사망의 주요 원인이며 주로 아프리카에서 발생하는데, 1년에 약 100만 명의 영아에게 발생하는 영아 사망의 원인이다(Finkel, 2007). 소화기관 질병인 이질 역시 가장 높은 영아 사망의 원인 중 하나이며, 특히 이질 박테리아가 서식하는 열대지방에서 많이 발생한다.

대체로 생후 한 달 이후 1년 내에 발생하는 영아 사망의 첫 번째 이유는 설사이다(UNICEF, 2014). 설사를 하는 영아들은 수분이 감소하고, 만일 치료하지 않으면 결국에는 탈수증으로 사망하게 된다. 설사는 다양한 소화기 질환에 의해 발생하며 비위생적인 환경에서 우유병으로 수유한 결과로 나타나기도 한다. 개발도상국에서 우유병으로 수유하는 영아들은 모유수유를 하는 영아에 비해 사망률이 약 5배가 높다(Lamberti, et al., 2010). 그리고 우유병으로 수유를 하는 영아의 사망률이 높은 이유는 분유를 깨끗하지 않은 물에 타서 먹여서 발생하는 설사로 인한 경우이다.

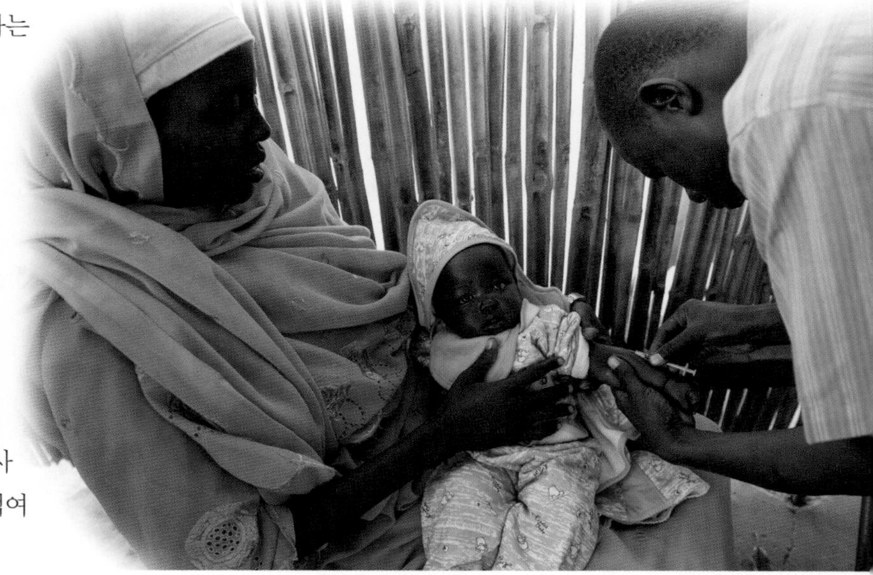
영아기 예방접종의 확산이 증가하면서 전 세계적으로 유아 사망률이 크게 감소했다. 남부 수단에서 한 아기가 예방접종을 받고 있다.

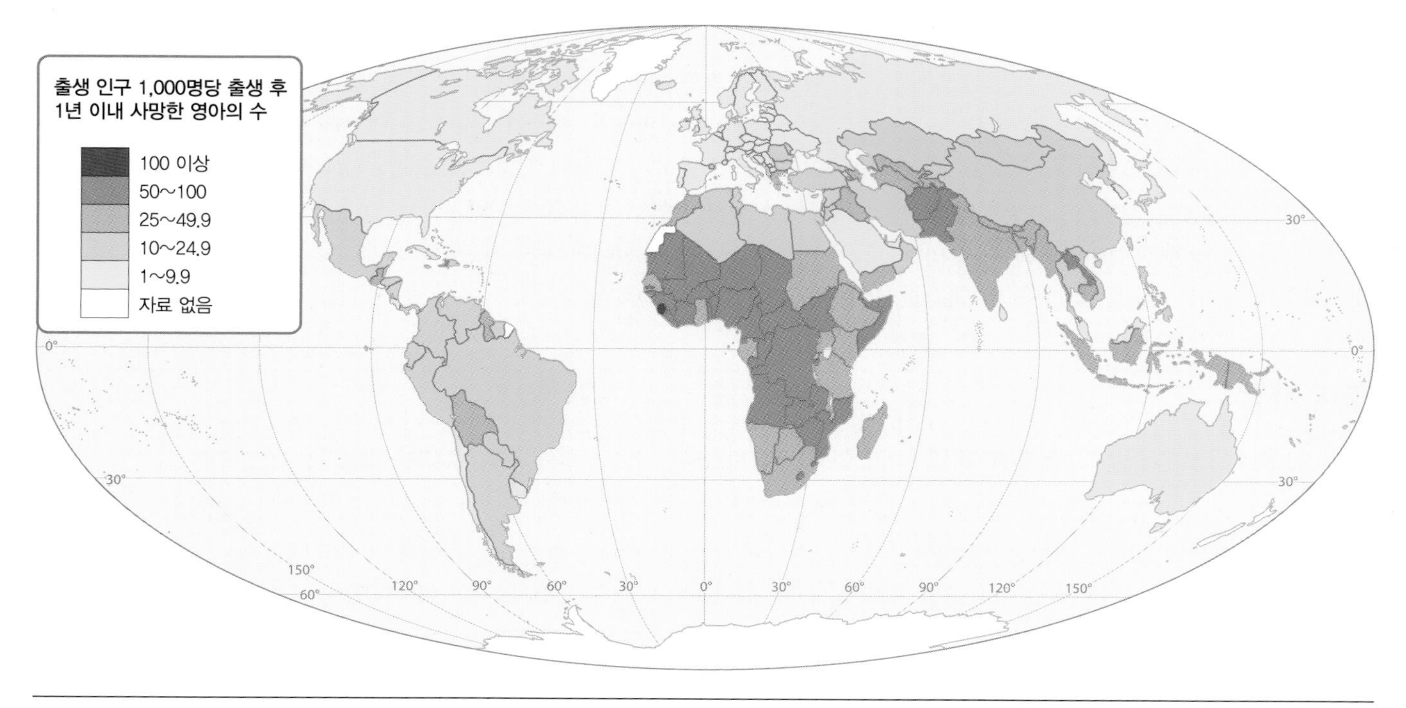

지도 4.1 **전 세계 영아 사망률**

영아 사망률과 신생아 사망률을 어떻게 비교하는가?(지도 3.2 참조) 개발도상국에서 영아 사망률이 높은 잠재적 원인은 무엇인가?
출처 : Based on UNICEF (2014)

구강탈수요법(ORT) 깨끗한 물에 소금과 당분을 녹여 마시게 하는 영아 설사에 대한 치료

설사는 간단하고 저렴한 **구강탈수요법**(oral rehydration therapy, ORT)을 통해 쉽게 치료할 수 있다. 구강탈수요법은 설사를 하는 영아들에게 소금을 깨끗한 포도당 물에 타서 마시게 하는 것이다. 1980년부터 세계건강기구에서는 구강탈수요법을 공급하여 영아 사망을 줄이기 위한 구제활동을 주도하고 있고, 그 노력으로 설사로 인한 전 세계 영아 사망률이 450만에서 200만 이하로 줄어들고 있다(Boschi-Pinto et al., 2009). 그러나 영아 설사가 흔한 지역에서는 이 간단하고 저렴한 처방도 구할 수가 없어서 현재까지도 매년 200만이나 되는 높은 영아 사망 비율이 발생한다.

세계적으로 매년 100만 명의 영아가 적당한 영양과 의학적인 도움을 받지 못해 사망하고는 있지만, 지난 반세기 동안 이전에 영아와 어린 아동을 사망하게 했던 많은 질병이 줄어들었으며, 예방접종을 위한 백신이 나오면서 사라지기도 했다. 천연두는 사라졌고, 홍역과 소아마비도 세계 많은 지역에서 사라졌다. 디프테리아, 파상풍, 황열병도 예방접종 프로그램에 의해 상당히 줄어들었다(Population Reference Bureau, 2014).

보편적으로 영아는 생후 첫해와 둘째 해에 이러한 질병들을 예방하기 위한 백신 주사를 맞는다. 그러나 아동에게 예방접종을 실시하는 정도는 지역마다 큰 차이가 있다. 2013년에 조사에서 주요 영아 백신접종 실시 정도는 아프리카와 서아시아에서는 70%밖에 되지 않았고, 유럽이나 미국에는 90% 이상으로 나타났다(UNICEF, 2013). 최근 몇 년간 모든 영아에게 예방접종을 공급하기 위한 한 중요한 활동으로 세계보건기구, 유니세프 그리고 개인 단체들에 의해 예방접종의 비율(특히 아프리카 지역)이 증가했다(UNICEF, 2013).

일부 예방접종은 실제로 어린이들에게 해를 끼칠 수 있다고 하는 소문이 돌기도 했지만(예 : 자폐증에 걸리거나 SIDS의 원인이 된다) 과학적 연구에서 이러한 주장은 아무 근거가 없는 것으로 밝혀졌다(CDC, 2010; Rodier, 2009). 불행히도 일부 부모들은 이러한 주장에 속아 백신접종을 거부하였고 이로

인해 아이러니하고 애석하게도 자신의 아이들과 다른 사람들의 아이들을 전염병에 걸릴 위험에 처하도록 하였다.

영아를 보호하기 위한 문화적 신념과 관습 전통 문화권에서 영아의 사회적 환경의 가장 두드러진 특징은 영아의 취약성을 부모가 확실히 인식하고 영아의 생존 가능성을 높이기 위해 할 수 있는 모든 것을 하려는 그들의 동기일 것이다. 생후 몇 주밖에 안 된 영아를 혼자 자도록 하거나 함께 자거나 주로 데리고 다니는 문화적 관습들은 인류가 높은 영아 사망률을 오랫동안 고통스럽게 겪어오면서 발전되어왔다.

역사적으로 부모는 자신의 아기를 위한 예방접종이나 기타 의료적 치료를 받지 못했지만 종종 아기를 죽음으로부터 보호하기 위해 많은 노력을 기울였다. 질병의 생리학적인 원인을 전혀 알지도 못하고 효과적인 의학적 치료법도 알지 못했지만, 자신들의 아이가 피해를 입지 않도록 하는 관습을 고안하였다. 예를 들면, 영아 3명당 1명이 첫 생일 전에 사망하던 중세 유럽에서는 영아 사망의 흔한 이유가 이앓이라고 믿었다(Fontanel & d'Hartcourt, 1997). 제1장에서 배운 것처럼 이는 상관관계와 인과관계를 혼동하는 인간의 일반적인 경향성을 보여주는 한 예이다. 이앓이는 보통 생후 6개월에 발생한다. 영아들이 이앓이를 시작한 후에 열이 나거나 설사하는 증세로 고생할 때면, 부모는 그 증세의 진짜 원인이 말라리아, 발진티푸스나 콜레라와 같은 질병이라는 생각을 전혀 못한 채 이앓이가 원인이라고 생각했다. 그래서 그들은 아기들의 목에 부적을 채우거나 아기의 잇몸에 거머리를 놓아 질병에 대처했으나, 안타깝게도 좋은 효과는 없었다(Reese, 2000).

오늘날에도 역시 영아의 질병을 치료할 의학적인 치료법이 부족한 문화권에서 부모는 때때로 영아를 질병과 사망으로부터 보호하려는 의도에서 주술적인 행위에 의존한다. 의료 혜택을 거의 받지 못하는 곳에서 관찰된 사실은 영아를 보호하기 위해 발전되어온 문화적 행위에 대한 많은 예를 제공한다. 예를 들면, 인도네시아의 발리섬 사람들은 영아를 신처럼 대우해야 한다고 믿었다. 왜냐하면 영아가 신들이 살고 있는 영혼의 세계로부터 막 도착했다고 생각했기 때문이다(Diener, 2000). 결과적으로 영아는 경건한 지위에 대한 존경심에서 계속 안겨 있어야 하며 절대로 땅을 접촉해서는 안 되었다. 만일 영아가 사망하면 사람들은 그 영아가 적절한 존경을 받지 못해서 영혼의 세계로 다시 돌아가기로 결정한 것이라고 해석했다.

서아프리카의 프라니족은 아기의 영혼을 가져가려 하는 마녀와 악령을 믿어 이들로부터 아기를 보호하기 위해서 항상 날카로운 칼 한 자루를 아기 가까운 곳에 놓아두었다(Johnson, 2000). 아기에 대한 칭찬은 어떤 대가를 치르더라도 피해야 한다. 아기에 대한 칭찬은 아이를 더 가치 있고 아름답게 보이게 하여 악령으로 하여금 더 매력적으로 보이게 하기 때문이다. 그대신 프라니족은 악령이 아기를 데려갈 가치가 없다고 생각하게끔 부모가 영아에게 '소똥' 같은 매력 없는 별명을 지어주어야 한다고 믿었다.

마지막으로 미크로네시아의 이파라루크족은 신생아가 생후 수 주 내에 땀을 흘리도록 천으로 덮어주어야 한다고 믿는데, 이는 땀을 흘리게 하는 것이 아기를 적절하게 자라도록 돕는다고 믿기 때문이다. 아기들은 하루에 세 번, 아침, 정오, 오후에 목욕을 시켜야 하지만, 저녁에는 시키면 안 된다. 악령이 나오기 때문이다. 언제든 아기가 바깥에 있을 때는 악령에게 들키지 않도록 천으로 덮어주어야 한다.

많은 문화들이 그들의 아기를 보호하기 위해 주술에 의존한다. 아래의 사진은 에티오피아 하머족의 한 아기가 어머니가 질병을 예방하기 위해 장식해준 보석을 착용하고 있는 장면이다.

대근육 운동발달 기는 것과 같은 전체 신체 운동과 균형과 위치잡기를 포함하는 운동 능력의 발달

소근육 운동발달 잡기와 사물 조정과 같은 손의 섬세한 운동이 포함되는 운동 능력의 발달

신체발달 : 운동과 감각 발달

신생아의 가장 놀라운 특징 중의 하나는 그들이 얼마나 적게 움직일 수 있냐는 것이다. 신생아를 일으켜 세우면 목 근육이 아직 큰 머리를 지탱할 만큼 튼튼하지 않아 머리가 한쪽으로 쳐진다. 하지만 첫해가 지나면서 신생아들은 움직일 수 없는 상태에서 크게 활동적인 상태로 발전하는데, 이것은 영아들의 삶뿐이 아니라 그들을 돌보는 사람들의 삶에도 큰 극적인 변화이다. 생후 첫해 동안 감각발달은 운동발달만큼은 아니지만, 특히 시각에서 많은 변화가 일어난다.

운동발달

학습목표 4.6 영아기 대근육 및 소근육 운동발달의 주요한 변화를 기술한다.

생후 첫해에 걸쳐 놀라운 발달이 운동발달에서 일어난다. 이러한 변화는 균형과 자세, 기어 다니기와 같은 전신 움직임을 포함하는 **대근육 운동발달**(gross motor development)과 물체를 잡고 조작하는 것과 같은 손을 좀 더 정교하게 조정하는 **소근육 운동발달**(fine motor development)을 포함한다.

여러 전통 문화에서의 영아는 하루의 대부분을 엄마의 등에 업혀 있다. 아래는 베트남 시골의 엄마와 아이의 사진이다.

대근육 운동발달 영아의 부모에게 새로운 소식을 물어보면, 최근에 아이가 성취한 대근육 운동발달의 새로운 이정표에 대하여 듣게 될 것이다. "엠마는 넘어지지 않고 혼자 스스로 앉을 수 있어요!" 또는 "주안은 갑자기 온 집안을 기어 다녀요!" 또는 "마루는 어제 첫걸음을 뗐어요!" 지탱해주는 것 없이 머리를 드는 것, 뒤집는 것, 도움 없이 혼자 앉는 것, 기는 것, 서는 것, 돌아다니는 것(어떤 것을 잡고 걸어 다니는 것), (일부 영아의 경우) 걷는 것 등을 포함하여 대근육 운동발달의 많은 성취가 생후 첫 1년 동안에 이루어진다. 거의 모든 아이들이 이러한 순서로 대근육 운동발달의 기술을 성취하지만 때때로 기술이 다양하게 나타나며 특정 단계를 건너뛰는 아이들도 있다. 각각의 대근육 운동기술 이정표를 성취하는 시기에는 큰 폭의 개인차가 존재한다. 아이들이 각 이정표를 성취하는 시기에서 보이는 몇 개월 차이는 정상이다. 영아들은 그 범위 내에서 어느 때이든 각 이정표에 도달할 수 있으며 정상적으로 발달할 수 있다.

대근육 운동발달의 어느 정도가 천성, 유전적 기반, 개별적 시간표에 따른 **개체발생적**인 결과로 나타나며, 학습과 경험의 결과로 나타나는 것은 어느 정도인가? 발달이 거의 모든 측면이 그렇듯이 운동발달도 유전과 환경의 영향을 받는다. 상당히 일정한 대근육 운동발달의 순서는 개체발생적 시간표에 의한 발달을 말해준다. 또한 유전적 집단의 차이에 대한 증거도 있다. 아프리카 혈통 영아들은 다른 혈통의 영아들에 비하여 대부분의 대근육 운동 이정표에 빨리 도달한다(Kelly et al., 2006). 그러나 대부분의 발달심리학자들은 영아기의 대근육 운동발달을 유전적 시간표, 뇌의 성숙, 운동기술 개발을 위한 성인의 지원 및 도움, 그리고 아기의 노력이 조합된 결과로 본다(Adolf & Berger, 2006; Thelen, 2001).

문화에 따른 영아의 대근육 운동발달을 살펴보는 것은 유전과 환경이 어떻게 상호작용하는지에 대한 생생한 예를 제공한다. 많은 전통 문화에서 아기들은 낮 시간의 대부분을 어머니의 등에 업혀 있다. 어머니가 농작물을 가꾸고 음식을 준비하는 등 일을 해야 하기 때문이다. 어떤 문화에서는 제3장에서 살펴본 것처럼 생후 첫 몇 개월 동안 아기의 몸을 포대기 같은 천으로 단단

히 감싸는 것을 흔히 볼 수 있다. 영아가 거의 하루 종일 어머니 등에 업혀 있거나 천으로 싸여 있다면 근육 운동 능력을 발달시키는 연습을 거의 할 수 없다. 이러한 영아 양육 관행은 전통 문화에서 어머니가 자유롭게 일을 할 수 있도록 고안해낸 것이기도 하지만, 사람들은 이런 양육 관행이 질병과 건강의 위협으로부터 아이를 보호해줄 것이라고 믿는다(DeLoache & Gottlieb, 2000).

영아가 생후 6개월에 기는 법과 약 1년 후 걷는 것을 배운 후에도 전통 문화에서는 영아의 운동발달 연습을 적극적으로 저지한다. 영아가 자유롭게 주변을 기어 다니거나 탐색하도록 하면 요리하는 화로에 가까이 갈 수도 있고 가축에게 짓밟힐 수도 있으며, 절벽에서 굴러 떨어질 수도 있고 다른 위험한 일에 노출될 수 있다고 생각하기 때문이다. 따라서 이런 문화에서는 영아가 하루 종일 누군가의 팔에 안겨 있는 것이 가장 안전하다고 믿는다. 예를 들면, 케냐의 쿠시족은 아기를 보호하기 위해 생후 6개월 동안은 약 80%의 시간을 안고 있거나 데리고 다니며, 6~12개월에는 60%, 그리고 생후 2년 무렵에는 그 시간을 10% 미만까지로 줄인다(LeVine et al., 1994).

이와 대조적으로 어떤 문화에서는 영아의 대근육 운동발달을 적극적으로 장려한다. 케냐의 킵시기스족은 대근육 운동기술을 일찍부터 가르친다(Super & Harkness, 2009). 생후 2~3개월에 영아가 혼자 앉기 몇 개월 전부터 담요를 몸에 돌돌 말아서 땅에 파놓은 구멍에 세운다. 2~3개월이 되면 영아에게 부모의 손을 잡고 걷는 연습을 시키며, 발로 자주 튀어 오르는 연습을 시켜 빨리 걷도록 한다. 이와 유사하게 자메이카의 어머니들은 생후 첫 몇 개월 동안 영아의 체력을 기르기 위해 팔과 다리를 마사지하고 스트레칭을 해주며 킵시기스족과 마찬가지로 생후 2~3개월의 영아에게 걷는 연습을 시킨다(Hopkins & Westra, 1990). 일부 서부 국가에서는 최근 소아과 의사들이 영아와의 '배 밀기 시간'을 추천한다. 이것은 매일 짧은 시간 동안 아기의 배를 바닥에 대고 배를 밀어 올리기, 뒤집기, 앉기, 그리고 서는 훈련을 시킴으로써 운동발달을 촉진시키는 것이다(Ianelli, 2007). 배 밀기 시간은 과거보다 현재에 더 필요한 것 같다. 왜냐하면 요즘에는 SIDS로부터 아기를 보호하기 위해 등을 대고 누워 자도록 하기 때문에 아기들이 배를 바닥에 대고 있는 시간이 적기 때문이다.

문화적 관습이 유아의 대근육 운동발달을 방해하거나 촉진한다면 그것은 궁극적으로 운동발달에 얼마나 중요한 영향을 미치는가? 단기적으로는 아마도 약간의 영향을 미칠 수도 있지만 장기적으로는 그 영향이 크지는 않다. 엄마 등에 업혀 있거나 엄마 품에 데리고 있는 문화의 대부분의 영아는 영아의 대근육 발달을 장려하거나 영아를 자유롭게 두는 문화권의 영아와 거의 같은 나이에 기거나 걷는 것을 배운다(Adolph et al., 2010). 예외적으로 남아메리카 인디안 문화권의 아체족 어머니들은 아기와 극도로 가깝게 접촉하며, 낮 시간의 93%, 밤 시간의 100%를 아기를 안거나 업거나 품에 데리고 있는다(Kaplan & Dove, 1987). 결과적으로 아체족 아이들은 다른 문화권의 아이들보다 1년이 늦은 2세까지 걷기를 시작하지 않는다. 그러나 아체족 영아들은 안겨 다니는 것을 너무 좋아해서 그들이 걸을 수 있게 된 후에도 걷기를 거부한다! 그러나 6세가 되면 아체족 아이들과 운동발달을 덜 통제하는 문화권의 아이들의 대근육 운동발달에는 차이가 없게 된다.

대근육 운동발달을 적극적으로 장려하는 문화의 영아는 부모가 특별한 노력을 안 하는 문화의 영아보다 약간 빠르게 발달할 수 있다. 영국에 이민 온 자메이카 영아와 영국 영아를 비교한 한 연구에서 자메이카 이민자 영아가 좀 더 일찍 걷는 것으로 나타났는데, 이는 자메이카 이민자 어머니들이 아기에게 빨리 걷는 것을 장려하고 지속적으로 훈련시켰기 때문이다. 그러나 두 집단의 영아들이 기기 시작할 때부터는 운동발달에서 거의 차이가 나지 않았다(Hopkins & Westra,1990). 대근육 운동발달을 적극적으로 장려하는 일부 아프리카 문화의 영아들은 서구의 아이들보다 몇 주 정도 빠르게 걷기도 한다(Adolph et al.,2010). 그럼에도 불구하고 6세 무렵에는 빠른 운동발달을 장려하는 문화나 그렇지 않은 문화에서 대근육 운동발달의 차이가 없다. 따라서 문화적 관행은 영아기의 대근육 운동발달의 개체발생적 시간표를 마주 보는 엄지손가락 손가락들로부터 떨어져 있는 엄지손가락의 위치는 인간의 유일한 것이고, 그것이 소근육 운동 움직임을 가능하게 만들어줌

약간 가속화하거나 감속시킬 수 있지만, 이 특정 발달 영역에서는 환경의 영향이 상대적으로 적고 일시적으로 나타나는 것으로 보인다.

소근육 운동발달 동물들 가운데 인간의 해부학적인 특징을 만드는 진화적인 발달의 하나는 **마주 보는 엄지손가락**(opposable thumb)이다. 그것은 우리의 엄지손가락이 우리들의 손가락들과 마주보는 위치인 것이다(지금 당신의 엄지손가락을 당신의 손가락 마주 보게 놓으면 내가 무엇을 의미하는지를 알 수 있을 것이다). 다른 손가락들과 마주 보는 엄지손가락은 소근육 운동발달의 기초이며, 우리 손의 능숙한 움직임은 도구를 만들고, 작은 물건을 집어 올리거나 바늘에 실을 꿸 수 있게 한다. 생후 첫 1년 동안 소근육 운동기술은 현저하게 향상된다.

영아기의 소근육 운동발달의 주요 이정표는 닿기와 잡기이다. 이상하게도 생후 1개월 동안 영아는 닿기 동작을 2개월 때보다 잘한다(Spencer et al., 2000). 신생아는 자기 앞에 있는 물건을 향해 팔을 어색하게 휘두르는 제대로 협응되지 않은 **닿기 전 동작**을 한다. **닿기 전 동작**은 약 2개월 무렵에 없어진다(Lee et al., 2008). 닿기 전 동작은 사물에 대한 반응으로 일어나는 반사 행동으로, 많은 반사 행동과 마찬가지로 생후 몇 개월 내에 사라진다.

약 3개월 무렵 닿기가 다시 출현하는데, 신생아 때보다 섬세하고 정확한 동작을 한다. 생후 1년 동안 닿기 동작은 점차적으로 향상되어 동작이 보다 유연하고 정확한 방향을 향하며 움직이는 물체, 방향을 바꾸는 물체에 잘 닿을 수 있다(Berthier & Carrico, 2010).

잡기도 신생아 반사 행동 중 하나지만 서투른 동작이다(Schott & Rossor, 2003). 신생아는 그들의 손에 놓이는 것은 무엇이든지 자동적으로 잡는다. 닿기와 잡기 동작은 생후 첫 1년 동안 정확해지며 향상된다. 영아는 사물에 손을 뻗어 닿기 이전부터 자기 손가락과 엄지손가락의 위치를 조절하는 것을 배운다. 그리고 물체를 잡기 시작하면, 물체의 크기, 모양, 무게에 따라 잡는 방식을 조절하게 된다(Daum & Prinz, 2011). 생후 1년이 되면 영아들은 스스로 먹기 시작할 정도로 숟가락을 잡을 수 있다.

같은 시기에 닿기와 잡기 동작이 크게 향상되면서, 영아는 두 손을 협응시킬 수 있게 된다. 영아는 주변의 환경을 탐색하는 데 두 손을 협응하여 사용하게 된다. 5개월 무렵에는 팔을 뻗어 물건을 한 손에 잡게 되고 다른 손으로 탐색을 하며, 물건을 한 손에서 다른 손으로 옮길 수 있다(Keen, 2005).

9~12개월 무렵에 영아는 작은 물건을 자발적으로 잡을 수 있다.

닿기와 잡기의 협응 동작은 더 섬세한 운동 기술 발달의 토대가 되며 인간의 운동 기능의 필수적인 부분이다. 그러나 이 운동 능력은 영아기에는 위험할 수 있다. 약 4~5개월에 영아가 물건에 손이 닿을 수 있게 되고 그것을 잡을 수 있게 되면, 대체로 하는 첫 번째 행동은 무엇인가? 바로 물건을 입에 넣는 것이다. 먹을 수 있건 없건 말이다(어떻게 이런 행동 경향성이 자연선택에서 살아남았는가는 좋은 질문이다).

이 연령에는 주로 위험하지 않는 물건을 주로 잡는다. 왜냐하면 아직 영아들의 잡기 동작이 목에 걸려 질식할 만한 작은 물건을 잡을 수 있을 만큼 섬세하지 않기 때문이다. 그러나 9~12개월 사이에 영아는 엄지와 검지를 사용하여 잘 협응된 '집게처럼 잡기'를 할 수 있게 된다. 그렇게 되면 영아는 구슬, 동전, 크레용 조각 같은 작은 물체를 집을 수 있다(Murkoff et al., 2003). 집게처럼 잡기를 할 수 있게 되면서 아이들은 작은 형태의 음식을 스스로 먹을 수 있으나, 아직 이 시기에는 먹을 수 없는 것도 맛보려는 경향성은 남아 있다. 그래서 어른은 영아가 손을 뻗고, 잡고, 입에 넣는 것을 잘 살펴볼 필요가 있다.

문화 초점 : 문화에 따른 영아 소근육 운동발달

영아기 소근육 운동발달은 닿기와 잡기를 발달시키고 나서 이 둘을 협응시키는 과정을 주로 포함한다. 모든 영아는 이러한 간단하지만 필수적인 활동을 수행하는 방법을 배울 필요가 있다.

복습문제

엄지와 검지를 사용하여 집게처럼 잡는 기술의 전 동작으로 어떤 기술이 있는가? 잡기와 관련된 기술은 무엇인가? 이런 원시적인 운동 기술은 문화 전반에 걸쳐 어떤 면에서 중요한가?

감각발달

깊이 지각 환경에 있는 대상의 상대적 거리를 구분하는 능력

양안시 두 눈에 들어오는 서로 다른 이미지를 하나의 이미지로 연결하는 능력

영아의 깊이 지각과 통합 지각이 언제 어떻게 발달하는지를 기술한다.

제3장에서 설명한 바와 같이 감각은 출생 시에 발달 정도가 다양하다. 미각과 촉각은 거의 성숙하고, 청각은 가장 잘 발달되어 있으며, 시각은 감각 기관 중 가장 늦게 발달한다.

깊이 지각 영아기에 발달하는 중요한 시각적 발달은 **깊이 지각**(depth perception)인데, 이것은 환경 속에서 물체들 사이의 상대적 거리를 판단할 수 있는 능력이다(Kavsec, 2003). 깊이 지각의 핵심은 **양안시**(binocular vision)인데, 이것은 두 눈의 이미지를 하나의 이미지로 합치는 기능이다. 우리 얼굴에서 두 눈이 떨어져 있기 때문에 두 눈이 시각장에 대해 서로 다른 조망을 가지게 되며, 뇌는 이 두 이미지를 한 이미지로 합쳐 물체의 깊이와 거리를 지각하게 된다. 그것은 물체의 위치를 시각장에서 관찰자와 다른 물체와 관련되어 깊이를 지각하게 한다. 양안시는 약 3개월 무렵에 발달하기 시작한다(Brown & Miracle, 2003; Slater et al., 2002).

깊이 지각은 아기가 움직이기 시작하면서 특히 중요해진다. 이 시기 이전에는 깊이 지각을 할 수 없어도 위험하지 않지만, 일단 기거나 걷기 시작할 때 깊이 지각을 통해 위험을 예상할 수 없다면 물체에 부딪히거나 표면의 가장자리에서 떨어질 수 있다.

이것은 엘리너 깁슨과 제임스 워크(Gibson & Walk, 1960)가 고안한 고전 실험에서 잘 볼 수 있다. 깁슨은 어린 자녀들과 그랜드 캐니언으로 놀러 간 여행에서 이 실험에 대한 영감을 얻었다. 그곳에서 어린 자녀들이 낭떠러지에서 미끄러질까 봐 두려워하던 그녀는 그런 사고를 피할 수 있는 깊이 지각이 언제 발달하는지 궁금해졌다. 실험실에 돌아와서 깁슨과 워크는 독창적인 실험을 설계했다. 그들은 탁자 위를 유리로 덮고 중앙에 단을 만들고 단의 한쪽은 유리 바로 아래 바둑판 무늬를 놓고, 다른 한쪽은 유리로부터 약 61센티미터쯤 아래에 바둑판 무늬를 놓아 시각 절벽을 연출하였다(**그림 4.6** 참조).

그림 4.6 시각 절벽 실험

영아가 '시각 절벽'을 건너가기를 거부하는 것은 깊이를 지각하는 능력이 있음을 보여준다.

통합 지각 서로 다른 감각 정보의 통합과 조정

이 연구에서 6~14개월의 영아들은 절벽의 '얕은' 쪽은 기어 다니지만, 대다수가 그들의 어머니가 반대편에 서서 격려하며 건너오라는 손짓을 해도 '깊은' 쪽으로는 가지 않으려고 하였다. 이것은 이 시기 아이들이 깊이를 지각하는 능력이 있음을 보여준다.

통합 지각 일반적으로 영아의 감각 능력에 대한 연구들은 단일 감각을 다른 감각과 분리하여 단독으로 그 기능을 살펴보려고 하지만, 실제 생활에서 감각 기관이 개별적으로 기능하지는 않는다. 6개월 된 아기 앞에서 딸랑이를 흔들면 아기는 그것을 보고 소리를 듣고 손을 뻗어 만진 후 맛을 본다. 즉 아기는 모든 감각을 한 번에 조직화한다.

감각 정보의 통합과 조화를 **통합 지각**(intermodal perception)이라고 부른다(Leewkowitz & Lickliter, 2013). 신생아들도 기본적인 형태의 통합 지각 능력을 보인다. 아기들은 소리를 들으면 소리가 나는 방향을 보는데, 이런 행동은 영아가 청각과 시각을 동시적으로 지각함을 시사한다. 생후 첫 1년 동안 통합 지각은 더 발달한다. 생후 1개월 된 영아들은 이전에 본 적이 없는 물체를 입에 넣었을 때 인식한다. 이것은 촉각과 시각의 통합을 말해준다(Schweinle & Wilcox, 2004). 4개월 된 영아들은 인형이 음악소리에 맞추어 점프하는 동작보다 인형의 점프 동작과 음악소리가 일치하지 않을 때의 장면을 더 오래 응시하였다. 이러한 결과는 영아들이 시각과 청각 정보가 일치된 자극을 더 선호한다는 것을 보여준다(Spelke, 1979). 8개월 무렵이면 영아들은 연령과 성별에 기초하여 낯선 사람의 얼굴과 목소리를 구분할 수 있다. 이것은 시각과 청각 정보를 조화시키는 능력의 발달된 형태를 보여준다(Patterson & Werker, 2002). 따라서 통합 지각의 초기 발달은 영아들이 물리적·사회적 세계에 대해 배울 수 있도록 도와준다(Lewkowitz & Lickliter, 2013).

2절 인지발달

학습목표

4.8 성숙, 도식, 동화, 조절의 의미를 기술한다.

4.9 감각운동기의 첫 하위 4단계를 설명하고 생후 첫 1년 동안 대상영속성이 어떻게 발달하는가를 기술한다.

4.10 피아제의 감각운동기 이론에 대한 주요 비판을 요약한다.

4.11 정보처리 모델이 가정하는 인지기능의 요소들을 기술한다.

4.12 영아기 동안 주의와 습관화가 어떻게 변화하는지 설명한다.

4.13 영아기 동안 단기기억과 장기기억의 발달을 설명한다.

4.14 영아의 발달을 측정하기 위해 사용되는 주요 검사에 대해 기술하고, 습관화 평가가 이후의 지적 능력을 예측하는 데 어떻게 사용되는지를 설명한다.

4.15 교육용 미디어가 영아의 인지발달을 향상시킨다는 주장을 평가한다.

4.16 생후 1년에 걸친 언어발달 과정을 설명한다.

4.17 문화마다 언어발달 자극이 어떻게 다른지 기술한다.

인지발달 : 피아제의 인지발달 이론

의심할 여지없이 영아기부터 청소년기까지 가장 영향력 있는 인지발달 이론은 스위스의 심리학자 장 피아제(Jean Piaget, 1896~1980)에 의해 창시된 인지발달 이론이다. 피아제의 관찰에 따르면 아동은 연령에 따라 상이한 사고를 하며 인지발달의 변화는 뚜렷한 단계로 진행된다(Piaget, 1954).

무엇이 인지발달을 촉진하는가

성숙, 도식, 동화, 조절의 의미를 기술한다.

피아제 이론에서 각 단계의 사고는 질적으로 다르다. 이 인지 단계라는 의미는 각 개인의 인지 능력이 일관된 **정신 구조**(mental structure)로 조직되어 있다는 것을 의미한다. 모든 사고는 같은 정신 구조의 한 부분이기 때문에, 인생의 특정 단계 안에서 생각하는 사람은 인생의 모든 다른 측면에서도 그 단계에서 유사하게 생각해야 한다는 것이다(Keating, 1991). 피아제는 연령에 따라 인식이 어떻게 변화하는가에 초점을 맞췄기 때문에 그의 접근 방법(그리고 그의 방법론을 따르는 사람들의 접근 방법)은 **인지발달적 접근**(cognitive-developmental approach)이라 알려져 있다.

피아제에 의하면 한 단계에서 다음 단계로 발달하는 배후의 원동력은 생물학적으로 주도하는 발달 프로그램인 **성숙**(maturation)이다(Inhelder & Piaget, 1958; Piaget, 2002). 우리 각자는 특정한 나이에 특정 변화를 준비하는, 즉 인지발달 처방을 유전자 안에 가지고 있다. 인지발달을 하기 위해서는 합리적이고 정상적인 환경이 필요하지만 환경의 영향력은 제한적이다. 아무리 가르치는 기술이 뛰어나다 할지라도 네 살짜리 어린이만이 배울 수 있는 것을 한 살짜리에게 가르칠 수는 없다. 한 살짜리가 네 살이 될 무렵에는 생물학적 성숙의 과정에 따라 전형적인 네 살 어린이가 이해할 수 있는 것처럼 쉽게 이해하게 될 것이며 특별한 가르침이 요구되지도 않는다.

피아제는 인지발달은 성숙과 함께 이해하려고 하는 아동의 노력에 의해 일어나며 그 아동을 둘러싸고 있는 환경의 영향을 강조했다(Demetriou & Ratopoulos, 2004; Piaget, 2002). 아동은 단순히 환경의 영향을 수동적으로 받아들이는 수용자라기보다는 오히려 적극적으로 그들의 지식을 구성한다. 이러한 피아제의 관점은, 행동주의자들(피아제 이전의 주요 이론가들)이 아동을 적극적 행위자로 보지 않고 보상과 처벌에 따라 아이에게 작용하는 환경의 영향을 강조한 것과 대조된다.

피아제는 아동의 현실 구성은 정보처리, 구성 및 해석을 위한 인지 구조인 **도식**(schemes)의 사용을 통해 발생한다고 제안했다. 처음 영아의 도식은 빨기와 쥐기와 같은 감각운동적인 성격을 띠지만, 이후의 도식은 단어, 생각, 의미와 같은 상징적이고 표상적인 것이 된다. 예를 들면, **나무**, **의자**, **개**와 같은 모든 명사들은 도식이다. 왜냐하면 이런 단어들을 생각하는 것이 인지 구조를 끌어내어 처리와 구성과 정보의 해석을 가능하게 만들기 때문이다.

도식의 사용은 2개의 상호보완적인 활동인 **동화**(assimilation)와 **조절**(accommodation)을 포함한다. 동화는 새로운 정보가 기존 도식에 맞게 변경될 때 발생한다. 반대로 조절은 새로운 정보에 적응하도록 기존 도식을 변경시키는 것이다. 동화와 조절은 여러 상황에서 함께 일어난다. 그것은 "인지라는 하나의 동전의 양쪽 면"과 같다(Flavell et al., 2002, p. 5). 예를 들면, 모유수유를 한 영아는 젖병의 젖꼭지를 빠는 것을 배울 때 대부분 동화를 사용하고 약간의 조절을 하지만, 브러쉬 손잡이나 부모의 손가락을 빨 때는 동화보다는 조절을 더 사용한다.

다른 연령대 사람들도 마찬가지로 인지적 정보를 처리할 때 언제나 동화와 적응을 함께 사용한다. 이

정신 구조 피아제의 인지발달 이론에서 특정 수준의 인지기능 수준을 규정하는 응집력 있는 양상으로, 사고를 조직화하는 인지 시스템

인지발달적 접근 인지 능력이 나이에 따라 발달 단계상에서 어떻게 변하는지에 초점을 두는 접근으로, 피아제가 선구자적 역할을 한 이후 많은 연구자들이 이 입장을 취하고 있음

성숙 발달의 기저에 깔려 있는 선천적 생물학에 근거하는 프로그램

도식 정보를 처리하고 조직화하고 해석하는 인지 구조

동화 새로운 정보를 기존의 도식에 맞게 바꾸는 인지 과정

조절 새로운 정보에 적응하기 위해 기존 도식을 바꾸는 인지 과정

를 보여주는 한 예가 바로 여기에 있다. 이 책을 읽으면서 자신의 경험을 통해 익숙해 보이는 정보가 나오면 이미 자신이 알고 있는 정보로 쉽게 동화시킬 수 있다. 다른 정보, 특히 자신과 다른 문화권의 정보는 자신의 문화권에서 생활하면서 발전시킨 도식과는 다를 것이며, 따라서 자신의 지식과 전 생애 인간발달에 대한 이해를 넓히기 위해서는 적응이 필요할 것이다.

비판적으로 사고하기

4세 아동은 쉽게 배울 수 있는데 1세 영아는 특별 지도를 받고도 배울 수 없는 것에 대한 예를 들어보라.

감각운동기

감각운동기의 첫 하위 4단계를 설명하고 생후 첫 1년 동안 대상영속성이 어떻게 발달하는가를 기술한다.

피아제 자신의 연구와 그의 동료 바벨 인헬더와의 공동 연구를 토대로, 피아제는 생애 초기의 사고 단계에 대해 설명하는 인지발달 이론을 고안해냈다(Inhelder & Piaget, 1958; Piaget, 1972; **표 4.1** 참조). 생후 첫 2년간을 피아제는 **감각운동기**(sensorimotor stage)라고 불렀다. 이 단계의 인지발달은 감각활동(예 : 자신의 시야에서 움직이는 물체의 움직임을 주시하는 것)과 운동활동(예 : 물체를 잡기 위해 손을 뻗는 것)이 조직화되는 과정을 포함한다. 영아기 동안 두 가지의 주된 인지발달의 성과는 반사 행동으로부터 의도적 행동으로 진보하는 것과 대상연속성을 획득하는 것이다.

감각운동의 하위 단계 피아제에 의하면 감각운동기는 6단계의 하위 단계로 나뉘어 있다(Piaget, 1952, 1954). 첫 하위 4단계는 생후 첫해에 해당하며 이 절에서 알아볼 것이다. 마지막 하위 2단계는 2세까지 진행되며 제5장 걸음마기에서 다룰 것이다.

하위 1단계 : 반사기(출생~1개월) 이 하위 단계에서의 인지활동은 제3장에서 설명했던 빨기, 젖 찾기, 잡기와 같은 주로 신생아 반사 행동에 기초한다. 반사는 도식의 한 형태인데, 정보를 처리하고 구성하는 한 방식이기 때문이다. 그렇지만 동화와 조절이 균형 잡힌 대부분의 도식과는 달리 반사도식은 동화쪽으로 더 많이 치우쳐 있다. 왜냐하면 그것들은 환경의 반응에 적응적이지 않기 때문이다.

감각운동기 피아제의 이론에서 생후 첫 2년간의 인지발달로, 감각과 움직임 활동을 협응하는 법을 배우는 시기

하위 2단계 : 첫 습관과 1차 순환 반응(1~4개월) 이 하위 단계에서 영아의 활동은 반사적인 요소가 줄어들기 시작하고 좀 더 목적을 가진 양식으로 변해간다. 특히 이 단계에서 영아들은 처음에 우연히 일

표 4.1 피아제의 인지발달 단계의 요약

나이	단계	특징
0~2세	감각운동기	감각 활동을 운동 활동과 조정할 수 있게 됨
2~7세	전조작기	언어와 같은 상징으로 표상 가능하나 정신적 조작 능력은 아직 제한적임
7~11세	구체적 조작기	구체적 대상에 대한 정신적 조작은 잘할 수 있지만 가설적 사고에 대한 어려움을 보임
11~15세 이상	형식적 조작기	논리적이고 추상적 사고가 가능. 가설적 사고가 점차 복잡해짐. 가설을 세우고 그것을 체계적으로 실험할 수 있는 능력이 있음. 사고에 대한 사고 가능(메타인지)

어난 동작을 반복하는 신체적인 동작을 배우게 된다. 예를 들면, 영아는 자신들의 손과 손가락이 맛있다는 것을 발견하게 된다. 그들은 임의적으로 손을 움직이다가 손이 입에 닿게 되면 빨기 시작하고, 이것이 기분 좋은 느낌을 준다는 것을 발견하게 되어 의도적으로 이 동작을 반복하게 된다. 이러한 동작은 영아의 신체에 국한되어 있기 때문에 1차(primary)라고 명명한다. 일단 행동을 발견하고 나서 의도적으로 반복하는 것은 순환(circular)이라고 한다.

하위 3단계 : 2차 순환 반응(4~8개월) 1차 순환 반응처럼 2차 순환 반응도 우연히 발생한 동작들의 반복을 포함한다. 둘의 차이는 1차 순환 반응에서의 활동이 영아 자신의 활동에 국한되어 있는 것에 반해 2차 순환 반응은 외부세계와 관련된 활동이 포함된다는 것이다. 예를 들면, 피아제는 그의 딸 루시엔이 우연히 침대 위에 걸린 모빌 장난감을 발로 차게 되었고, 그 때문에 즐거워진 딸이 의도적으로 이 행동을 반복하면서 매번 소리를 지르며 웃는 것을 녹음했다(Crain, 2000).

하위 4단계 : 2차 도식의 연합(8~12개월) 이 단계에서는 처음으로 영아가 우연이 아닌 의도적이고 목적이 있는 행동을 하기 시작한다. 더 나아가 한번에 한 도식을 반복하기보다는 이제는 도식들을 결합시킬 수 있게 된다. 예를 들면, 피아제의 아들 로랑이 성냥갑을 잡기 위해 앞에 있던 피아제의 손을 치우는 이 행동은 어떤 대상을 비키고, 뻗고, 잡는 세 가지 도식의 연합이다.

대상영속성 영아의 또 다른 중요한 인지발달은 **대상영속성**(object permanence)의 초기적인 이해이다. 이것은 대상이 더 이상 보이지 않거나 들리지 않더라도 계속 존재한다는 것을 아는 것이다.

피아제는 관찰과 간단한 실험을 통해 영아들이 생후 1년까지는 대상영속성 개념을 이해하지 못한다는 결론을 끌어냈다(Piaget, 1952). 4개월 미만의 영아는 물건을 떨어뜨렸을 때 그 물건이 어디로 갔는지 쳐다보지 않는다. 피아제는 이것을 영아에게는 물건이 볼 수 없거나 만질 수 없으면 존재하지 않는 것이라고 해석했다. 4~8개월경의 영아는 물건을 떨어뜨리면 그것이 어디로 갔는지 잠깐 본다. 그러나 피아제는 단지 잠깐 본다는 것은 영아들이 그것을 계속 존속하는 물건으로서 인식하지 못했다고 해석했다. 만약 이 시기의 영아에게 흥미로운 물체를 보여주고(피아제는 주머니 시계를 사용하기를 좋아했다) 그 물체를 담요 밑에 숨기면 영아는 그것을 찾으려고 담요를 들지 않는다.

8~12개월이 되어야 영아는 대상영속성에 대한 개념의 발달을 보이기 시작한다. 이제는 흥미 있는 물건을 본 후에 그것이 담요 밑으로 사라지면 그것을 찾으려고 담요를 집어들 것이다. 그러나 이 시기 영아의 대상영속성에 대한 이해가 아직 초보적이라는 것을 피아제는 조금 더 복잡한 과제를 통해 보여준다. 8~12개월 후에는 담요 밑의 물건을 찾는 과제를 여러 차례 성공적으로 해결한다. 피아제는 첫 번째 장소 담요 옆에 두 번째 장소의 담요를 보여줬다. 그리고 이번에는 영아에게 보여줬던 물건을 두 번째 담요 밑에 두었다. 이 시기의 영아는 물건을 찾으려고 했지만, 방금 그 물건이 두 번째 장소로 이동한 것을 본 후에도 계속해서 첫 번째 숨겨뒀던 담요 밑에서 찾으려고 했다.

피아제는 이것을 B가 아닌 A에서 찾기 오류(A-not-B error)라고 했다. 영아는 처음에 담요 A 아래에서 물건을 찾았다면, 비록 그 물건을 다시 담요 B 밑에 숨기는 것을 보았더라도 담요 B가 아닌 담요 A 밑에서 계속해서 찾는다. 피아제는 이 오류가 영아가 담요 A를 찾는 자신의 행동이 물건을 다시 나타나게 할 것이라는 믿음을 보여준다고 생각했다. 따라서 피아제는 이 시기의 영아는 대상이 계속해서 존재하는 것이 자신의 행동과 관계가 없다는 것을 이해하지 못하기 때문에, 아직 대상영속성에 대한 개념을 완전히 획득하지 못했다고 보았다.

대상영속성의 제한된 이해는 왜 영아가 어른이 손이나 수건으로 얼굴을 가렸다가 갑자기 나타나는 것과 같은 '까꿍(peek-a-boo)' 놀이를 좋아하는지 설명할 수 있다. 까꿍 놀이는 브라질을 포함한 그리스, 인

대상영속성 사물에 대한 직접적 감각이나 접촉이 없는 경우에도 그 사물이 계속 존재한다는 자각

문화 초점 : 문화에 따른 대상영속성

소근육 운동 기술의 발달과 마찬가지로 대상영속성에 대한 지식도 모든 어린 아동이 세상 속에서 제 역할을 하기 위해 꼭 배워야 할 지식이다. 대상영속성은 여러 문화의 아동들이 가진 보편적 개념이다.

복습문제

대상영속성은 문화 전역에 걸쳐 공통된 것이다. 이것은 왜 아동이 반드시 습득해야 하는 중요한 개념인가?

도, 이란, 인도네시아, 한국, 남아프리카와 같은 다양한 문화 전역에서 하는 놀이로 나타났다(Fernald & O'Neill, 1993). 세계 전역에 걸쳐 영아들은 까꿍놀이를 즐거워하며, 발달상에서 까꿍놀이의 변화를 보인다. 영아기 초기에는 이 놀이를 좋아하기는 하지만 다른 사람의 얼굴이 다시 나타났을 때에만 반응한다. 5개월쯤 되면 다른 사람의 얼굴이 다시 나타나기 전에 미소 지으며 웃기 시작하는데, 이것은 영아가 일어날 일을 미리 예측할 수 있다는 것을 보여준다. 12개월이 되면 영아들은 스스로 헝겊을 들어 어른들의 얼굴이나 자신들의 얼굴을 가리면서 놀이를 주도하게 된다. 아마도 대부분의 영아가 까꿍놀이를 좋아하는 것은 그들의 제한된 대상영속성의 때문에 다른 사람의 얼굴이 보이지 않으면 사라진 것으로 보였다가 갑자기 마법처럼 다시 나타나는 것 때문일 것이다.

피아제의 감각 운동기에 대한 평가

피아제의 감각운동기 이론에 대한 주요 비판을 요약한다.

앞서 논의된 예 중에는 피아제 자신의 자녀들도 포함된 것을 알 수 있었을 것이다. 실제로 피아제의 감각운동발달 이론은 피아제의 세 아이인 로랑, 루시엔, 재클린을 자세히 관찰하고 실험한 것을 토대로 하였다. 이 이론이 단지 스위스 한 가정의 세 아이들을 토대로 하여 영아 인지발달의 지배적 이론이 되었다는 것은 주목할 만한 일이며, 피아제의 훌륭함을 입증해준다.

피아제가 처음으로 이 이론을 발표하고 70년이 지난 오늘날까지도 피아제의 이론은 많은 영향을 주고 있다. 다른 모든 우수한 이론들처럼 피아제의 주장과 합의점들을 검증하는 많은 연구에 영감을 주었다. 그리고 다른 우수한 이론들과 마찬가지로 그의 연구기조 위에서 감각운동기에 대한 이론이 수정되고 개정되어왔다(Morra et al., 2008).

최근 수십 년간 영아의 인지 능력을 검사하는 방법이 한층 더 기술적으로 발전해왔다. 이 방법을 사용한 후속 연구들은 피아제의 이론이 주장하는 영아 인지발달에 대한 전반적인 설명이 옳다는 결론을 내렸다(Marcovitch et al., 2003). 그러나 이 이론이 영아의 인지 능력, 특히 대상영속성을 과소평가한다는 비판도 있다.

대상영속성에서의 운동협응과 기억 영아의 운동발달은 인지발달과 함께 일어난다. 따라서 영아가 담요 밑에 숨겨진 대상을 쳐다보는 일에 실패한 것은 이 대상이 사라졌다고 믿기보다는 대상을 찾으려는 운동협응의 부족 때문일 수도 있다. 르네 바이야르종과 동료들은 '기대 위반 기법(violation of expectations method)'을 사용한 일련의 연구들에서 이러한 가설을 검증하는 실험을 실시하였다. 이 방법은 영아가 자기의 기대에 위배된 사건을 더 오랫동안 응시할 것이라는 가설을 바탕으로 한다. 만약 영아가 대상영속성의 법칙에 위배된 사건을 더 오래 응시한다면, 이는 영아가 어떤 운동 동작을 하지 않더라도 대상영속성을 어느 정도 이해하고 있는 것이다.

예를 들면, 5~6개월의 영아는 모래상자 안 한쪽에 감춰진 것을 본 장난감이 다른 쪽에서 나타나면 더 오래 응시할 것이다(Baillargeon, 2008; Newcombe & Huttenlocher, 2006). 이것은 영아가 장난감이 같은 장소에서 나타날 것이라는, 즉 대상이 영속적으로 있을 것이라는 기대를 나타내는 것을 의미한다. 단지 2~3개월밖에 안 된 영아도 실제로 불가능한(예측할 수 없는) 사건을 더 오래 응시하는 것으로 나타났는데(Wang et al., 2005), 이것은 대상에 대한 이해가 피아제가 가정한 것보다 더 이른 시기에 나타난다는 것을 보여준다.

피아제의 감각운동기에 대한 또 다른 비판은 대상영속성 과제에서 영아가 보이는 실수가 대상의 특성에 대한 이해 부족 때문이 아니라 기억력 발달을 반영한 것이라고 주장한다. 물체를 담요 B 밑에 숨기는 것과 영아가 그것을 찾으려고 하는 시도 간의 지연이 더 길수록 실수를 할 가능성이 더 높게 나타나는데, 이것은 지연시간이 길어지게 되면 단순히 어디에 두었는지 잊어버린다는 것을 제안한다(Diamond, 1985).

문화와 대상영속성 피아제의 감각운동기에 관한 또 다른 비판은 문화적인 것이다(Marynard, 2008). 그의 이론은 자신의 어린 자녀 3명을 관찰한 결과를 바탕으로 이루어졌으며, 그 후에도 거의 모든 후속 연구들이 서구권 아동을 대상으로 진행되었다(Mistry & Saraswathi, 2003). 그런데 비서구권 아이들을 대상으로 한 연구에서 코트디부아르의 영아들은 피아제가 제안한 것보다 더 이른 시기에 감각운동기 단계 이정표에 도달한다는 것을 발견했는데(Dasen et al., 1978), 아마도 그들의 부모가 영아의 운동기술 발달을 장려했기 때문일 것이다.

전반적으로 피아제의 감각운동기 이론은 지난 수십 년간 잘 이어져왔다. 이 이론의 많은 부분이 후속 연구들에 의해 지지를 받아왔고, 아직까지 이 이론을 대체할 만한 포괄적인 이론은 없다. 그러나 다음에 살펴볼 정보처리 이론은 영아 인지발달에 대해 상당히 다른 관점을 제시한다.

인지발달 : 영아기 정보처리

피아제의 이론과 연구는 연령 변화에 따른 사고의 변화에 중점을 둔다. 피아제는 지적 능력이 연령 증가와 함께 단순히 확장되는 것이 아니라 단계마다 질적 변화를 이루므로, 각 단계에서의 사고는 질적으로 상이한 것으로 보았다.

정보처리 접근

정보처리 모델이 가정하는 인지기능의 요소들을 기술한다.

인지발달을 이해하기 위한 **정보처리 접근**(information processing approach)은 피아제의 관점과는 상당히 다르다. 인지발달을 뚜렷한 단계로 분리된 비연속적인 것으로 보는 피아제와는 달리 정보처리 접근에서는 인지적 변화를 연속적, 즉 점진적이고 지속적인 것으로 본다. 이 관점은 기본적인 인지 과정이 생애 전반에 걸쳐서 유사하다고 본다(Halford, 2005). 또한 연령 증가에 따라 지적 구조와 사고방식이 어떻게 변화하는가보다는 모든 연령에 존재하는 사고 과정에 중점을 둔다. 그럼에도 불구하고 일부 정보처리 연구에서는 다양한 연령대의 사람들을 비교하여 사고 능력이 어떻게 발달적으로 변화하는지를 보여준다.

정보처리 접근 인지가 불연속적 단계로 발달한다고 보기보다는 모든 연령에 존재하는 인지 과정에 초점을 두어 인지기능을 이해하는 접근

정보처리 접근은 컴퓨터의 정보처리 과정으로 인간의 사고과정을 설명한다(Hunt, 1989). 정보처리 연구자와 이론가들은 인간의 사고 과정을 컴퓨터의 기능을 여러 부분으로 나누는 것과 같은 방식으로 주의, 처리, 기억 등의 여러 측면으로 나누어 설명한다. 대상영속성의 경우를 예로 들면, 정보처리 접근을 취하는 연구자는 영아가 문제와 가장 관련된 측면에 어떻게 주의를 기울이는지, 각 시도의 결과를 어떻게 처리하고 기억하며, 이전 시도에서 얻은 결과를 회상하여 가장 최근의 시도와 비교하는지를 조사할 것이다. 이런 방식의 정보처리 접근은 **성분적 접근**(componential approach)이다(Sternberg, 1983). 사고 과정을 분해하여 다양한 성분으로 나누기 때문이다.

정보처리 접근의 최근 모델은 인간의 사고 과정을 단순히 컴퓨터와 비교하지 않고 인간의 두뇌가 그 어떤 컴퓨터보다도 더 복잡한 방식으로 작동한다고 본다(Ashcraft, 2009). 인간의 두뇌는 컴퓨터처럼 단계적으로 작동하는 것이 아니라 **그림 4.7**에서처럼 사고의 다른 구성 요소들이 동시에 복합적으로 작동한다. 그럼에도 불구하고 정보처리 관점은 사고 처리의 구성요소, 특별히 주의와 기억에 중점을 둔다. 이제 영아기 동안 주의와 기억이 어떻게 발달하는가를 살펴보도록 하자.

주의

영아기 동안 주의와 습관화가 어떻게 변화하는지 설명한다.

정보처리는 감각기관으로 들어온 자극 정보와 함께 시작되지만, 보고 듣고 만지는 것 이상 처리되지는 않는다. 예를 들어 이 책을 읽을 때, 시야에 들어오는 것 외에 주변으로부터 소리가 들릴 수 있고 앉은 자리로부터의 신체적인 느낌도 있을 것이다. 그러나 읽는 것에 집중하다 보면 대부분 이러한 정보들은 감각기억 이상으로 더 처리되지 않는다. 주의를 기울이는 정보만이 처리된다.

영아의 주의를 연구하는 주요 방법은 **습관화**(habituation)이다. 습관화는 반복된 자극으로 인해 주의가 점차 줄어드는 것을 말한다. 예를 들면, 영아는 처음 본 장난감을 4~5번 본 장남감보다 더 오래 볼 것이다. 보완적 개념인 **탈습관화**(dishabituation)는 습관화된 자극을 제시한 후에 새로운 자극을 보여주면 영아의 주의가 다시 돌아오는 것을 말한다. 영아에게 같은 얼굴 사진을 반복해서 보여준 후에 새로운 얼굴을 보여주면 대부분 새 얼굴 자극에 대해 탈습관화되어 이전에 보았던 얼굴에 비해 새로운 얼굴에 주의를 더 기울일 것이다. 습관화와 탈습관화에 관한 연구에서 영아의 응시 행동을 관찰하는 방법이 주로 사용되지만, 영아들은 어떤 것에 주의를 기울인다고 해도 오랫동안 가만히 있기가 어렵다. 따라서 심장박동 수와 빠는 횟수를 측정하는 방법이 자주 사용된다. 새로운 자극을 보여주면 심장박동 수가 내려가고, 습관화가 되면서 점차적으로 올라간다. 영아에게 새로운 자극을 보여주면 고무 젖꼭지를 더 자주 빨지만 습관화와 함께 빠는 빈도가 서서히 줄어든다.

습관화 반복된 제시로 한 자극에 대한 주의집중이 점진적으로 감소하는 것

탈습관화 습관화 후 새로운 자극이 제시되면 다시 주의집중이 증가하는 것

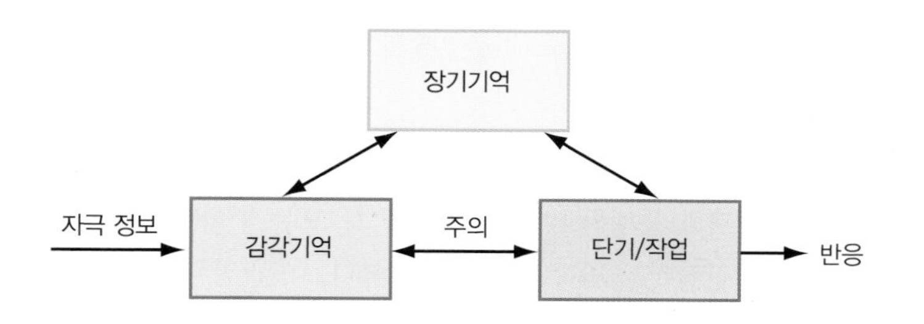

그림 4.7 정보처리 모델

모델의 구성 요소들은 동시에 작동한다.

생후 1년 동안 습관화에 걸리는 시간이 점점 줄어든다. 신생아에게 시각적인 자극을 제시하면 수분 이내에 습관화된 반응(보는 시간, 심장박동, 빠는 횟수의 변화)을 보인다. 4~5개월이 되면 같은 실험을 통한 습관화에 걸리는 시간은 10초, 7~8개월에는 단 몇 초밖에 걸리지 않는다(Domsch et al., 2010; Kavsek & Bornstein, 2010). 이것은 영아의 자극을 이해하고 처리하는 방식이 보다 효율적으로 변화되기 때문인 것으로 보인다.

생후 몇 개월 된 영아라도 같은 월령 내에서 발견되는 습관화 속도에는 개인차가 있으며, 이 개인차는 시간이 지나도 안정적인 경향성이 있다. 어떤 영아는 다른 영아에 비해 정보처리가 좀 더 효율적이며 그 결과로 인해 더 빨리 습관화된다. 상대적으로 느리게 습관화되는 영아의 경우 특별히 자극에 집중을 잘하기 때문이라기보다는 자극으로부터 주의 전환이 어렵기 때문인 것으로 보인다. 습관화의 속도로 영아기의 기억 능력을 예측할 수 있을 뿐만 아니라 이후의 지능검사 수행도 예측할 수 있다(Courage et al., 2004; Rose et al., 2005).

생후 6개월부터는 영아의 주의 패턴이 점차 사회적으로 변한다. 영아는 감각적으로 자극적인 대상에만 주의를 기울이는 것이 아니라 주위 사람들이 주의를 두는 것을 바라보는 **공동 주의**(joint attention)를 나타내기 시작한다. 생후 1년 정도가 되면 영아는 주변의 누가 중요한 사람인지를 알아채고 그 사람에게 주의를 기울이고 쳐다보고 같은 방향을 가리키기도 한다. 한 실험에서 10개월 된 영아가 눈을 감고 있거나 눈을 가리고 있는 성인이 향한 방향을 덜 쳐다보거나 덜 가리키는 것으로 나타났는데, 이것은 영아가 어른들의 주의 패턴을 인식하고 그들 자신의 주의를 어른들과 맞추려는 것을 나타낸다고 할 수 있다(Brooks & Meltzoff, 2005).

공동 주의는 1세 말경에 발달한다.

공동 주의는 영아의 정보처리 발달뿐 아니라 언어발달과 정서적 소통의 기초가 된다(Van Hecke et al., 2007). 이것은 일리가 있는 말이다. 영아나 어린이가 새 단어를 배우는 방법 중 하나는 다른 사람들이 그 단어를 사용할 때 무엇을 하는가와 무엇을 보는가를 관찰하는 것이다. 이것은 영아와 다른 사람과의 사회적인 상호작용을 통해서 일어나기도 하지만, 영아가 다른 사람이 주의를 기울이는 것에 동일하게 주의를 기울이며 배우기도 한다. 나중에 좀 더 자세히 살펴보겠지만 모든 문화에서 영아와의 언어적 상호작용을 장려하는 것은 아니다. 성인과의 언어적 상호작용이 제한적인 문화에서 영아와 어린 아동은 성인의 언어 사용을 관찰하고 '듣는', 즉 단어의 의미를 식별하기 위해 공동 주의를 사용하여 언어의 상당 부분을 학습한다(Akhtar, 2005).

기억

영아기 동안 단기기억과 장기기억의 발달을 설명한다.

영아의 기억력은 단기기억과 장기기억 모두에서 생후 1년 동안 크게 증대된다. 단기기억의 발달을 반영하는 것 중 하나는 대상영속성의 향상이다. 앞서 언급했듯이 대상영속성은 단기기억검사이자 대상의 속성에 대한 지식검사이다. 대상영속성 과제를 사용한 기억력 연구에서는 영아가 여러 장소를 기억하고 숨겨진 대상을 찾는 능력이 생후 6개월 이후에 급격히 향상되는 것을 보여준다(Morra et al., 2008).

장기기억 또한 생후 1년 동안 눈에 띄게 향상된다. 한 실험에서 연구자들은 생후 2~6개월 영아의 발에 묶인 긴 끈에 침대 위에 달려 있는 모빌을 연결시켜 영아가 발로 차서 모빌을 움직이도록 가르쳤다

(Rovee-Collier, 1999). 2개월 된 영아는 훈련 후 일주일 이내에 이 훈련을 잊어버리고 발에 끈을 묶어주어도 더 이상 발로 차서 모빌을 움직이려 하지 않았다. 그러나 6개월 된 영아는 3주가 지나도 여전히 모빌을 움직이는 방법을 기억하였다. 이는 영아의 장기기억이 향상됨을 보여주는 결과이다.

이후 실험에서는 재인기억(recognition memory)과 회상기억(recall memory) 사이에 흥미로운 차이를 보여주었다(Hildreth et al., 2003). 발로 끈을 차서 모빌을 움직이는 것을 잊어버린 영아의 기억을 회복시키기 위해 연구자가 모빌을 움직여 힌트를 주었다. 영아는 그 힌트를 알아채고 모빌을 움직이기 위해 다시 발차기를 시작했다. 영아는 단서를 주기 전에는 직접적으로 회상하지는 못했지만 길게는 한 달까지도 이 단서를 주면 다시 기억해냈다. 월령이 높은 영아일수록 단서에 반응하여 더 효율적으로 학습한 행동을 창출해냈다. 이것은 영아기부터 재인기억이 회상기억보다 더 쉽다는 것을 보여주는 결과이다(Flavell et al., 2002).

영아와 아동은 분명히 많은 것을 배우는데 왜 이후에 아주 어린 시절을 거의 기억할 수 없는 것일까? 어떤 학자들은 장기기억은 언어와 자아 인식이 수반되어야 한다고 제안한다. 그러나 다른 동물들도 역시 이 같은 '영아기 기억상실(infantile amnesia)'을 보인다. 그러므로 이것은 주요한 설명이 될 수가 없다. 최근에 기억을 연구하는 학자들은 뇌 아래쪽에 위치한 해마의 발달에 그 답이 있다고 제안한다(Josselyn & Frankland, 2012). 해마는 출생 시에 미성숙하지만 발달 초기에 매우 빠른 속도로 신경세포가 증가한다. 급격한 신경세포의 증가는 기존의 기억회로를 방해할 수 있으며, 따라서 아동기 초기에 해마의 신경세포 생산이 감소되고 충분히 발달될 때까지 장기기억이 형성될 수 없다는 것이다.

인지발달 : 영아발달 평가

생후 첫해에 걸쳐 발생하는 놀라운 발달적 변화들에 주목하면서, 연구자들은 영아가 정상적으로 발달하고 있는지를 평가하는 데 오랫동안 관심을 두어왔다. 또한 미디어 자극을 통한 영아의 인지발달을 향상시키기 위한 노력도 있어왔다.

발달 평가에 대한 접근

영아의 발달을 측정하기 위해 사용되는 주요 검사에 대해 기술하고, 습관화 평가가 이후의 지적 능력을 예측하는 데 어떻게 사용되는지를 설명한다.

영아의 발달을 측정하기 위해 게젤과 베일리의 검사를 포함한 다양한 방법이 사용된다. 최근 들어 영아의 인지발달 평가에서는 습관화와 같은 정보처리적 측면에 관심을 둔다.

발달지수(DQ) 영아발달 평가에서 전반적 발달 상태를 나타낸 점수

베일리 영아발달검사 3개월에서부터 3세 6개월까지 영아의 발달을 평가하는 데 널리 사용되는 검사

베일리 척도 영아발달을 평가하려는 최초의 시도는 아놀드 게젤(Gesell, 1934, 1946)에 의해 이루어졌다. 게젤이 개발한 영아용 발달 평가는 4개의 하위척도로 구성되어 있다. 운동 능력(예 : 앉아 있는 것), 언어 사용, 적응적 태도(예 : 새로운 대상을 탐색하는 것) 그리고 개인적-사회적 행동(예 : 숟가락 사용)을 포함한다. 게젤은 전반적인 지적 능력을 나타내는 지능지수(intelligence quotient, IQ)를 산출하는 지능검사를 모델로 하여, 네 가지 하위점수를 합산한 점수를, 영아의 전반적 발달 상태를 나타내는 **발달지수**(developmental quotient, DQ)로 최초로 명명하였다.

게젤의 영아용 검사는 더 이상 사용되지 않지만 그의 검사를 기초로 하여 낸시 베일리가 제작한 **베일리 영아발달검사**(Bayley Scales of Infant Development)는 현재까지 가장 광범위하게 사용되는 영아

를 위한 지능검사이다. 최신판인 베일리-III는 3개월에서 3.5세 된 영아의 발달을 평가하는 데 적합하다(Bayley, 2005). 베일리-III는 3개의 하위 검사로 구성되어 있다.

1. **인지검사** 이 검사는 주의와 탐색 같은 지적 능력을 측정한다. 예를 들면, 6개월에는 아기가 책의 그림을 보는지를, 23~25개월에는 아기가 비슷한 그림의 짝을 찾을 수 있는지를 평가한다.
2. **언어검사** 이 검사는 언어의 사용과 이해를 측정한다. 예를 들면, 17~19개월에는 그림에 있는 물건을 식별할 수 있는지를 평가하고, 38~42개월에는 네 가지 색깔의 이름을 아는지를 평가한다.
3. **운동검사** 이 검사는 세부운동 능력과 전체적인 운동 능력을 평가한다. 6개월에 30초 동안 혼자 앉아 있을 수 있는지 또는 38~42개월에 한 발로 두 번 뛸 수 있는지 등을 평가한다.

게젤의 검사와 마찬가지로 베일리 검사도 DQ 점수를 산출한다. 그러나 베일리 검사는 이후 IQ 점수나 학업성취를 예측하지는 않는다(Hack et al., 2005). 앞의 예를 자세히 보면 놀랄 일은 아니다. 베일리의 검사는 IQ 검사와 학업에서 요구되는 언어나 공간 능력과는 상당히 다른 종류의 능력들을 측정하기 때문이다(한 발로 뛰는 것이 발레댄서가 되는 것이 아닌 이상 학업성취나 성인이 되었을 때 해야 할 일 같은 것을 예측할 것 같지는 않다). 그러나 이 검사의 점수가 극단적으로 낮을 경우에는 예외이다. 베일리 검사에서 매우 낮은 점수가 나온 영아는 발달상의 심각한 문제가 있을 수 있다. 결과적으로 베일리 검사는 정상 범위 내의 유아들의 이후 발달을 예측하기보다는 주로 시급한 주의가 필요한 심각한 문제가 있는 영아를 확인하는 검사 도구로 사용된다.

영아 평가를 위한 정보처리 접근 정보처리 접근을 사용하여 아동의 이후 지능을 예측하고자 하는 노력은 그 전망이 매우 밝다. 이 접근은 습관화에 초점을 맞추고 있다. 영아가 시각적으로나 청각적으로 새로운 자극에 대해 습관화되는 데 걸리는 시간은 다양하다. 어떤 아이들은 습관화가 빨리 되는 '짧게 보는 아이'가 있고, 한편으로는 습관화가 되기까지 좀 더 오래 자극에 대해 설명이 필요한 '오랫동안 보는 아이'가 있다. 습관화되는 데 걸리는 시간이 짧을수록 영아의 정보처리 능력이 좀 더 효율적이다. 짧은 시간에 본다는 것은 자극에 대한 정보를 받아들이고 처리하는 데 걸리는 시간이 더 짧다는 것이기 때문이다.

종단 연구에서도 영아기에 짧게 보는 아이가 오랫동안 보는 아이에 비해 이후 발달에서 더 높은 IQ 점수를 받는 경향이 있는 것으로 나타났다(Cuevas & Bell, 2014; Kavsek, 2004; Rose et al., 2005). 한 연구에서는 영아기 때 빠르게 습관화된 아이들을 추적하여 20년 후 성인이 되었을 때 평가한 결과, 이 아이들이 더 높은 IQ와 교육적 성과를 보이는 것으로 나타났다(Fagan et al., 2007). 영아기의 습관화 평가는 또한 발달에 문제가 있는 영아를 분간해내는 데 유용한 것으로 나타났다(Kavsek & Bornstein, 2008). 더 나아가 습관화 평가는 베일리 검사에서 산출된 DQ 지수보다 더 신뢰할 수 있는 경향이 있고 여러 번에 걸쳐 검사해보았을 때 좀 더 일관성 있는 것으로 나타났다(Cuevas & Bell, 2014; Kavsek, 2004). 가장 최근에 출판된 베일리 검사에서는 습관화 측정도 포함되어 있어(Bayley, 2005), 이전 검사에 비해 점수의 신뢰성과 예측에 대한 객관성이 향상되었을 수 있다.

영아용 교육용 미디어 제품은 인지발달을 향상시키는 것으로 입증되지 않았다.

미디어는 인지발달을 향상시킬 수 있는가 : '아기 아인슈타인' 신화

교육용 미디어가 영아의 인지발달을 향상시킨다는 주장을 평가한다.

영아의 인지발달을 평가하기 위한 노력은 인지발달을 향상시키려는 노력을 이끌었다. 이런 노력 중의 하나로 일부 선진국에서는 영아를 위한 교육용 미디어 상품이 유행하게 되었다.

1990년대 초에 출판된 한 연구에서 모차르트의 음악을 듣는 것이 인지기능을 향상시킨다고 주장했다(Rauscher et al., 1993). 이 연구는 영아가 아닌 대학생들을 대상으로 실시되었으며, 그 효과는 단지 10분 동안 지속되는 데 불과했다. 그리고 같은 방법을 사용한 다른 연구들에서는 10분의 효과에도 미치지 못했다(Rauscher, 2003). 그럼에도 불구하고 이 연구는 세계적으로 주목을 받았으며 영아의 인지발달을 촉진시킨다고 주장하는 광범위한 교육용 미디어 상품을 만들어내는 데 공헌했다.

그것들은 과연 효과가 있을까? 대답은 '아니다'이다. 이 문제에 대해 조사한 많은 연구에서 이 같은 교육용 미디어 상품이 영아의 인지발달에 효과가 없다는 결론을 내렸다. 사실상 8~16개월 영아에 관한 한 연구에서는 하루에 한 시간씩 DVD를 본 아이들이 DVD를 보지 않는 아이들보다 8~16단어를 더 적게 이해하는 것으로 나타났다(Guernsey, 2007). 필자는 이 놀라운 결과의 이유로 DVD를 시청한 아이들이 주변의 사람들과 상호활동을 하는 시간이 더 적었기 때문인 것으로 풀이했다. 그 아이들은 사회적 상호활동 대신 DVD를 보았고, DVD는 사회적 상호활동의 부족을 보완하지 못했다는 것이다. 다른 연구에서도 비슷한 결과가 나왔다(DeLoache et al., 2010). 다행히 전 미국인을 대상으로 한 연구에서는 미국 내 아이들의 단 10%만이 교육용 미디어 상품을 사용하고 있는 것으로 밝혀졌다(Rideout, 2013).

이러한 결과는 아동의 인지발달은 자신의 타고난 일정표(시간표)가 있고 서두르는 것이 아무 소용도 없으며 아마 해로울 수도 있다는 피아제의 의견이 맞는다는 것을 시사한다. 그렇다면 영아의 건강한 인지발달 향상을 위해서 무엇을 할 수 있을까? 그들과 이야기하고 읽어주고 반응해주며 인내하는 것이다. 그들은 곧 충분히 자랄 것이다.

인지발달 : 언어의 시작

아프리카의 코트디부아르에 사는 뱅족 사람들의 전통적인 믿음에 따르면 영적 세계에서는 모든 사람이 모든 언어를 이해한다고 한다(Gottleb, 2000). 이들은 아기가 처음 태어났을 때는 방금 영적 세계에서 왔으므로 어떤 언어로 말하든 이해한다고 생각한다. 그러나 생후 1년 동안 모든 다른 언어의 기억은 사라지고 오직 그들 주변에서 들리는 언어만 이해하게 된다고 믿었다. 이것은 실제로 생후 1년 동안 언어가 어떻게 발달되는가를 매우 정확하게 요약했다고 볼 수 있다(영아의 언어발달 단계는 **표 4.2** 참조).

첫 소리와 단어

생후 1년에 걸친 언어발달 과정을 설명한다.

목 울리는 소리 생후 2개월 경에 시작되는 "우-잉"과 "아-잉", 그리고 목구멍으로 꼴깍꼴깍 하는 소리

아주 일찍부터 아기들은 소리를 내기 시작하고 이 소리가 결국에는 언어로 발달하게 된다(Waxman & Lidz, 2006). 생후 2개월경에 "우잉"과 "아잉" 그리고 **목 울리는 소리**(cooing)를 내기 시작한다. 초기에는 자주 옹알이 소리로 다른 사람들과 상호작용을 하기도 한다. 그러나 어떤 때는 상호작용 없이 아기들

표 4.2 영아 언어발달의 이정표

연령	이정표
2개월	목 울리는 소리(전 언어 단계의 목 울림소리)
4~10개월	옹알이(모음-자음의 결합된 소리를 반복함)
8~10개월	첫 몸짓('안녕' 하며 손짓하는 것 같은)
10~12개월	단어나 간단한 문장을 이해함
12개월	처음으로 단어를 말하게 됨

주 : 각 이정표마다 정상 범위가 있으며, 이정표에 도달하는 시기가 다소 늦은 아이들도 정상적인 언어발달을 할 수 있다.

은 스스로 소리 내고 듣고 반복하기를 시도한다.

생후 4~6개월 정도가 되면 초기 옹알이가 '바-바-바' 또는 '두-두-두'와 같이 자음과 모음이 결합된 소리를 반복적으로 내는 **옹알이**(babbling)로 발전하게 된다. 내 아들 마일즈가 4개월이 되었을 때 '아-지'라는 소리를 한동안 계속해서 내서 우리는 그를 '미스터 아-지'라고 불렀었다. 옹알이는 전 세계 영아들에게서 공통적으로 나타난다. 실제로 어떤 문화의 언어인가와는 관계없이 전 세계의 아기들이 처음에는 같은 소리의 옹알이를 하는 것으로 나타났다(Lee at al., 2010). 청각장애 아기들도 소리대신 손을 사용하여 수화(sign language) 형태의 옹알이를 한다(van Beinum, 2008). 몇 달 후에는 영아가 소속한 문화에서 사용되는 소리로 옹알이를 시작하게 된다. 훈련받지 않은 사람도 생후 약 9개월경 아기의 녹음된 옹알이 소리를 듣고 이 아기가 프랑스, 아랍, 중국 중에 어떤 곳에서 자란 아기인가를 구분할 수 있다(Oller et al.,1997).

옹알이 보편적으로 6개월 정도의 영아가 언어 이전에 '바바' 또는 '다다'처럼 자음과 모음이 반복적으로 구성된 소리를 내는 것

생후 약 8~10개월이 되면 의사소통을 하기 위해 몸짓을 하기 시작한다(Goldin-Meadow, 2009). 팔을 들어 안아달라고 표시하기도 하고 물체를 가리키며 가져다달라고도 하며, 물건을 주면서 다른 사람에게 권하기도 하며 손을 흔들어 바이바이를 하기도 한다. 이 시기의 영아의 몸짓은 아직 영아가 스스로 말을 할 수 없을 때 몸짓을 사용하여 다른 사람들로부터 행동을 일으키게 하는 방법이며(예 : 팔을 뻗어 안아달라고 요구하는 것), 다른 사람들로부터 언어 반응을 일으키는 방법이기도 하다('바이바이'라는 몸짓(손짓)을 하면 "바이바이" 하면서 응답해주는 것).

영아가 처음 말을 시작하는 시기는 보통 1세 말, 1~2개월 전 이후부터이다. 영아가 처음 사용하는 전형적인 단어들에는 중요한 사람이 포함되며("마마", "다다"), 친숙한 동물("개"), 움직이는 물체("차"), 음식("우유"), 그리고 만날 때와 헤어질 때("하이", "바이바이") 사용하는 말들이다(Waxman & Lidz, 2006).

대부분의 영아는 1세 말경에 몇 개의 단어만을 말한다. 그러나 영아들은 말할 수 있는 단어보다 훨씬 더 많은 단어들을 이해한다. 사실, 모든 연령대에서 언어이해(우리가 이해하는 단어)는 언어산출(우리가 사용하는 단어)을 능가하지만, 그 차이는 영아기 때 특히 두드러진다. 심지어 빠른 경우에는 4개월 때 자신의 이름을 인식할 수 있다(Mandel et al, 1995). 1세경에 영아는 단지 한두 단어를 말할 수 있지만 50단어 정도를 이해할 수 있다(Menyuk et al., 1995).

언어 소리의 변화를 인식하는 영아의 능력으로 볼 때 언어를 이해할 수 있는 기초는 매우 일찍부터 나타나는 게 분명하다(Werker & Fennell, 2009). 이 능력을 테스트하기 위해 연구자들은 아기에게 말하는 소리를 반복해서 들려주었다(예 : "바, 바, 바, 바"), 그리고 소리를 약간 바꾸어("파, 파, 파, 파") 들려주었다. 만약 소리가 바뀌었을 때 영아가 소리 나는 쪽을 본다면, 이것은 영아가 바뀐 것을 알아차렸다

영아지향 언어 많은 문화권의 성인들이 영아에게 하는 특수한 언어 형태로, 정상 언어에서보다 소리가 높고, 억양이 과장되고, 단어와 구절이 반복되는 것

는 것을 나타낸다. 겨우 몇 주밖에 되지 않은 영아들도 이러한 인식을 보여주었다(Saffran et al., 2006).

또 옹알이처럼 처음에는 세계 보편적인 단순한 소리가 1세경이 되면 영아가 살고 있는 문화의 언어 소리 쪽으로 구분되기 시작한다. 미국 영아와 일본 영아를 6개월과 12개월에 비교한 한 연구에 따르면, 일본어에는 'r'이나 'l' 소리가 없기 때문에 두 소리의 차이를 들어본 적이 없는 생후 6개월 된 일본 영아와 미국 영아가 똑같이 'ra'와 'la'의 차이에 반응했다. 그러나 생후 12개월에 미국 영아는 여전히 'r'과 'l'의 차이를 인식하였으나, 일본 영아는 언어 능력이 소속한 문화의 언어로 좀 더 전문화됨에 따라 그 차이를 인식할 수 없게 되었다.

영아지향 언어

문화마다 언어발달 자극이 어떻게 다른지 기술한다.

어른에게 "뭐 좀 드시겠습니까?"라고 말한다고 가정해보자. 어떻게 말하겠는가? 그럼 같은 말을 영아에게 한다고 가정해보자. 어떻게 바꿔 말하겠는가?

많은 문화에서 성인은 높은 음조와 과장된 억양이 특징인 영아지향 언어를 사용한다.

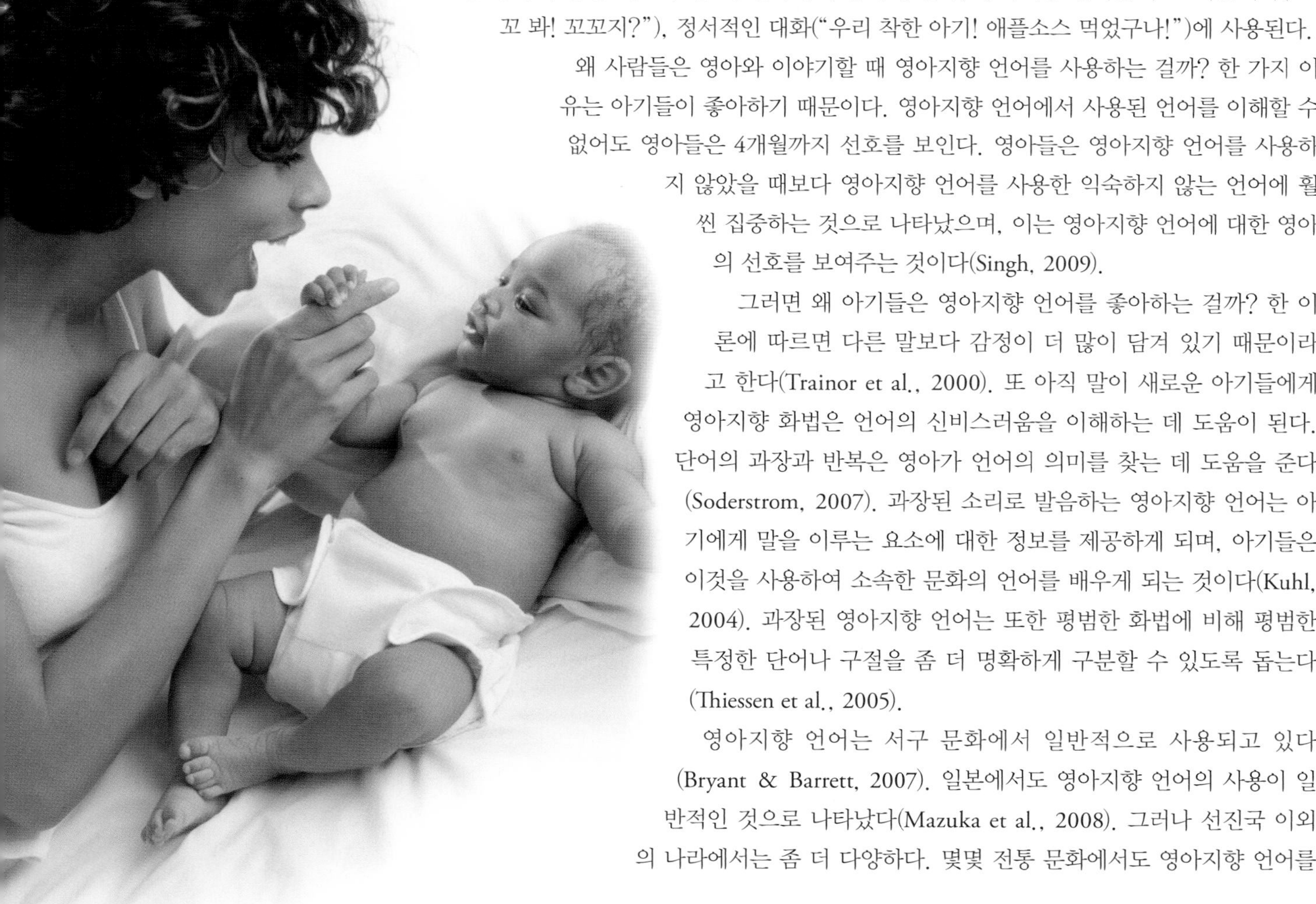

많은 문화에서 영아에게 독특한 언어구사법을 사용하여 이야기하는데, 이를 **영아지향 언어**(infant-directed speech, ID speech)라고 부른다(Bryant & Barrett, 2007). 영아지향 언어로 말할 때는 보통 시에 말할 때보다 목소리의 음정이 높아지고 억양이 과장된다. 문법은 단순화되고, 단어나 문장을 평상시 말할 때보다 좀 더 반복해서 말하게 된다. 영아지향 언어는 주로 사물이나("꼬꼬 봐! 꼬꼬지?"), 정서적인 대화("우리 착한 아기! 애플소스 먹었구나!")에 사용된다.

왜 사람들은 영아와 이야기할 때 영아지향 언어를 사용하는 걸까? 한 가지 이유는 아기들이 좋아하기 때문이다. 영아지향 언어에서 사용된 언어를 이해할 수 없어도 영아들은 4개월까지 선호를 보인다. 영아들은 영아지향 언어를 사용하지 않았을 때보다 영아지향 언어를 사용한 익숙하지 않은 언어에 훨씬 집중하는 것으로 나타났으며, 이는 영아지향 언어에 대한 영아의 선호를 보여주는 것이다(Singh, 2009).

그러면 왜 아기들은 영아지향 언어를 좋아하는 걸까? 한 이론에 따르면 다른 말보다 감정이 더 많이 담겨 있기 때문이라고 한다(Trainor et al., 2000). 또 아직 말이 새로운 아기들에게 영아지향 화법은 언어의 신비스러움을 이해하는 데 도움이 된다. 단어의 과장과 반복은 영아가 언어의 의미를 찾는 데 도움을 준다(Soderstrom, 2007). 과장된 소리로 발음하는 영아지향 언어는 아기에게 말을 이루는 요소에 대한 정보를 제공하게 되며, 아기들은 이것을 사용하여 소속한 문화의 언어를 배우게 되는 것이다(Kuhl, 2004). 과장된 영아지향 언어는 또한 평범한 화법에 비해 평범한 특정한 단어나 구절을 좀 더 명확하게 구분할 수 있도록 돕는다(Thiessen et al., 2005).

영아지향 언어는 서구 문화에서 일반적으로 사용되고 있다(Bryant & Barrett, 2007). 일본에서도 영아지향 언어의 사용이 일반적인 것으로 나타났다(Mazuka et al., 2008). 그러나 선진국 이외의 나라에서는 좀 더 다양하다. 몇몇 전통 문화에서도 영아지향 언어를

사용한다. 서아프리카의 풀라니 같은 곳에서는 아이들의 언어발달에 자극을 주기 위한 노력으로 태어난 첫날부터 아기에게 단어나 구절을 말한다(Johnson, 2000). 그러나 다른 전통 문화에서는 부모가 영아지향 언어를 사용하지 않으며 아기에게 말을 하려고 특별히 노력하지도 않는다. 케냐의 구시족은 미국 부모에 비해 아기에게 훨씬 말을 적게 한다(Levine, 1994; Richman et al., 2010). 구시족은 대부분의 전통 문화에서와 마찬가지로 아기들을 계속 안고 다니며 밤에도 부모와 함께 자는 것을 포함해 부모와 신체적 접촉이 많은 영아들에게 말을 하는 것이 필요하거나 유익하다고 보지 않는다. 이와 유사하게 미크로네시아의 이팔루크족은 어른의 말을 이해하지 못하는 아기에게 말을 하는 것은 소용없는 일이라고 믿는다(Le, 2000). 그렇지만 영아지향 언어를 사용하지 않았음에도 불구하고 이런 문화에서의 아이들도 영아지향 언어를 사용한 문화에서의 아이들과 마찬가지로 몇 년 안에 자신들의 언어를 배워서 유창하게 말할 수 있게 된다.

이것은 아기에게 자기 문화의 말을 할 필요가 없다는 뜻일까? 절대 그렇지 않다. 구시족이나 이팔루크족 같은 문화 속에서의 부모가 그들 아기에게 직접 말하는 일이 매우 적을지라도 그곳의 아기들은 풍부한 언어 환경의 한 부분으로 하루 종일 지낸다. 아기에게 직접 말하지 않아도 아기는 엄마나 형제 친척들의 대화에 둘러싸여 있다. 영아지향 언어가 일반적인 문화 속에서 자라는 아기처럼 부모 중 한 사람이나 한 형제와 하루 종일 보내는 대신, 전통 문화의 아기는 대체로 주변에 많은 어른이나 아이들과 하루를 보낸다. 대가족으로 식구가 많고 친척들이 한 집에 살거나 가까이 살면서 공동체 내의 다른 사람들과의 교류가 좀 더 보편화되어 있다(Akhtar & Tomasello, 2000). 아마도 영아지향 언어가 발달된 이유는 요즘 핵가족이 보편화된 선진국의 아기들은 영아지향 언어 없이는 언어 자극이 매우 적기 때문일 것이다. 영아지향 언어 없이도 언어를 잘 배우는 전통 문화의 아이들을 볼 때 다른 사람들의 대화를 충분히 들을 수 있는 환경 또한 언어습득에 효과적인 방법이라는 것을 알 수 있다(Akhtar, 2005).

1세경에 영아는 언어획득을 위한 중요한 기초가 다져지고 많은 단어들을 이해할 수 있게 된다. 그러나 할 수 있는 말은 아직도 제한적이다. 정말 폭발적으로 언어발달이 이루어지는 시기는 2세경이다. 따라서 다음 장에서는 언어의 기원과 발달에 대해 더 자세히 살펴 볼 것이다.

3절 정서와 사회성 발달

학습목표

4.18 영아의 기질과 기질의 주요 차원에 대해 알아본다.

4.19 가족 및 문화 수준에서 적합성 개념이 기질과 어떻게 관련되는지 설명한다.

4.20 일차 정서에 대해 알아보고 일차 정서가 영아기에 어떻게 발달하는지 설명한다.

4.21 영아의 정서 지각과 생후 첫 1년 동안 영아의 정서가 어떻게 점차 사회화되는지 기술한다.

4.22 여러 문화를 통틀어 영아의 사회적 세계의 주요 특징을 열거한다.

4.23 영아의 사회적 발달에 관한 두 가지 주요 이론을 비교 및 대조한다.

정서와 사회성 발달 : 기질

여러분은 아이 보는 사람이나 형제자매 혹은 부모로서 영아를 돌본 경험이 있는가? 그렇다면 영아가 어려서부터 당신이나 주변 환경에 얼마나 다르게 반응하는지 보았을 것이다. 나도 쌍둥이 부모로서 쌍둥이가 실제로 똑같은 환경에서 같이 있었음에도 불구하고 그들의 정서적 반응과 표현이 매우 다른 것을 확실히 관찰할 수 있었다. 한 자녀 이상을 가진 부모에게 물어보면 아마 그들도 비슷한 이야기를 할 것이다(Reiss et al., 2006).

인간발달 연구에서 정서에 관한 이런 종류의 차이점은 **기질**(temperament)의 지표로 본다. 기질에는 활동 수준과 진정 능력, 정서성, 사교성 같은 특성이 포함되어있다. 기질은 성격을 형성하는 생물학적 기초라고 생각할 수 있다(Goldsmith, 2009; Rothbart et al., 2000).

기질 개념화 : 세 가지 접근

영아의 기질과 기질의 주요 차원에 대해 알아본다.

기질 연구자들에 따르면 모든 영아는 행동과 성격 발달에 있어 어떤 경향성을 타고나며, 이후 환경이 발달 과정에서 그러한 경향성들을 구체화한다고 한다. 기질을 개념화하는 여러 방법과 그것의 측정과 연구에 포함된 몇 가지 도전을 살펴보고자 한다(개관은 **표 4.3** 참조).

기질은 1956년 뉴욕 종단 연구(New York Longitudinal Studies, NYLS)를 시작한 알렉산더 토머스와 스텔라 체스가 심리학적 개념으로 최초로 제안하였다. 그들은 부모에게 아기들을 활동 수준과 적응성 같은 관점에 기초하여 평가하도록 요청하였다. 그리고 그 아기들을 기질적으로 '순한 아이', '까다로운 아이', '더딘 아이'로 분류하였다.

1. 순한 아이(표본의 40%)의 기분은 전반적으로 긍정적이었다. 새로운 상황에 잘 적응하고 정서적 반응은 극단적이기보다는 전반적으로 온건했다.
2. 까다로운 아이(10%)는 새로운 상황에 잘 적응하지 못했고, 기분은 다른 아기들보다 심하게 부정적일 때가 더 빈번하게 나타났다.
3. 더딘 아이(15%)는 활동 수준이 눈에 띄게 낮았고, 새로운 상황에 부정적으로 반응했으며, 다른 아기들보다 긍정적 혹은 부정적인 정서적 극단성이 적었다.

기질 활동 수준의 질, 과민성, 달래지는 정도, 정서적 반응성, 사교성 등을 포함하는 신체적 사회적 환경에 대한 선천적 반응

표 4.3 기질의 차원

차원	설명
활동 수준	총운동 활동의 빈도와 강도
주의폭	단일 활동에 투자하는 시간의 양
정서성	긍정적이고 부정적인 정서 표현의 빈도와 강도
진정 능력	괴로워할 때 달래려는 시도에 대한 반응성
사회성	타인에 대한 관심, 사회적 상호 작용에 대한 긍정적 또는 부정적 반응
적응성	일상의 변화에 대한 조정 능력
기분의 질	행복감 대 불행감의 전반적 수준

토머스와 체스는 종단 연구에서 아기들이 성인이 될 때까지 추적하면서, 영아기의 기질이 여러 방면에서 이후의 발달을 예측한다는 것을 발견했다(Chess & Thomas, 1984; Ramos et al., 2005; Thomas et al., 1968). 이 연구에서 기질적으로 까다로운 아이들은 아동기에 공격적 행동과 불안, 사회적 위축과 같은 문제의 위험이 높았다. 기질적으로 더디게 반응하는 아이들은 영아기 초기에는 별 문제가 없어 보였으나, 학교에 들어가면서 때로 두려워하고, 상대적으로 느린 반응 때문에 학업과 또래관계에 문제가 있었다.

보다시피 토머스와 체스의 고전적 연구에서는 그들이 연구한 영아들의 65%만 기질의 세 범주에 포함되었다. 나머지 35%는 순한 아이, 까다로운 아이, 더딘 아이로 분류되지 않았다. 35%의 영아를 제외한 것은 분명히 문제였기 때문에, 이후 다른 기질 연구자들은 이 범주를 그대로 사용하는 대신 모든 영아를 기질적 특성에 기초해서 평정하였다.

메리 로스바트와 동료들은 토머스와 체스의 활동 수준과 주의폭과 같은 기질 요소의 일부를 포함하고, 정서의 몇 가지 측면을 추가하여 긍정적 및 부정적 정서의 빈도와 강도를 측정하였다(Rothbart, 2004; Rothbart et al., 2009). 마찬가지로 데이비드 버스와 로버트 플로민(Buss & Plomin, 1984)도 토머스와 체스의 기질 차원을 그들의 모델에 포함했다. 그러나 사회성을 추가하여 사회적 상호작용에 대한 영아의 긍정적이거나 부정적인 반응을 알아보도록 하였다. 두 가지 모델 다 영아의 기질에서 유아 이후의 기능을 예측하는 데 상당히 성공적이었다(Buss, 1995; Rothbart & Bates, 2006). 연구 초점 : 기질의 측정에서 보듯이 기질에 관한 세 가지 모델이 모두 직면하는 것은 측정의 문제인데, 그 이유는 영아들의 정서적 상태가 너무 빈번하게 변화하기 때문이다.

유아의 정서 상태는 변동이 크기 때문에 기질은 연구 환경에서 평가하기가 어렵다.

연구 초점 : 기질의 측정

1956년 알렉산더 토머스와 스텔라 체스는 뉴욕 종단 연구를 시작했다. 이 연구에서는 영아의 기질을 활동 수준과 적응력, 반응 강도, 기분 특성과 같은 요소들을 바탕으로 평가했다. 이 연구의 목표는 영아의 선천적 경향성이 유아기와 청소년기를 거치며 발달의 과정에서 어떻게 성격으로 형성되는가를 보기 위한 것이었다.

토머스와 체스가 기질 연구를 시작했을 때에는 사용 가능한 생물학적 측정법이 없었기 때문에, 그들은 영아의 행동에 관한 부모 보고를 기질 분류의 자료로 사용하였다. 오늘날에도 영아 기질 연구의 대부분은 부모 보고에 기초한다.

부모 보고를 사용하는 데는 분명한 이점들이 있다. 어쨌든 간에 부모는 오랜 시간에 걸쳐 일상의 여러 상황에서 영아들을 보게 된다. 그에 비해 실험실에서 주어진 과제를 영아들이 수행하는 동안 기질을 평가하는 연구자는 바로 그 경우의 행동만을 보게 된다. 영아들의 상태는 수시로 변하기 때문에, 영아가 배고프거나 피곤하거나, 춥고 덥거나, 기저귀를 갈아주어야 할 때 등 단지 일시적으로 괴로운 상태를 연구자가 보았다면, 그 영아를 '까다로운' 기질을 가졌다고 평가할 수도 있다.

그러나 부모도 영아의 행동에 대해 언제나 정확한 평가를 하는 것은 아니다. 예를 들면, 우울한 엄마들은 아이의 기질을 부정적으로 평가하는 경향이 더 많고, 영아의 기질에 대해 어머니와 아버지가 매긴 평정이 일치하는 정도가 중간 이하로 나타났다. 연구자들보다 부모는 쌍둥이나 다른 형제자매의 기질이 덜 비슷하다고 평가하는데, 이는 부모가 아동들 간의 차이점을 과장할 수 있음을 시사한다.

부모 보고 외의 다른 옵션은 무엇이 있을까? 토머스와 체스는 연구자가 자연스러운 환경(집이나 공원)에서 여러 번 영아들을 관찰하는 것을 추천했다. 이것은 그 영아가 평소와 다르게 기분이 좋거나 나쁜 상황을 관찰하는 문제를 피하기 위한 것이다. 물론 이렇게 하는 것은 부모에게 단순한 질문지에 답하도록 하는 방법보다 시간과 돈이 더 든다. 그리고 이런 일련의 관찰을 한다 해도 그 결과가 몇 달에 걸쳐 자신들의 영아를 돌보며 축적된 부모의 경험만큼 타당하지 않을 수도 있다.

또 다른 접근법은 부모에게 그들의 영아의 행동에 관해 일기를 쓰게 하는 것이다(영아가 언제 자고, 칭얼거리고, 우는지를 기록). 이 방법을 사용한 연구들은 부모 보고나 실험실의 과제에 기초한 기질 평가들과 상관이 높은 것으로 보고되었다.

기질이 생물학적 기초한 것으로 여겨지면서, 기질에 관한 생물학적 평가도 유용하게 여겨지게 되었다. 한 가지 단순하면서 효과 있는 영아 기질의 생물학적 측정법은 심장박동 수이다. 심하게 부끄럼 타는 아동은 다른 아동과 비교했을 때, 일관되게 심장박동 수가 높은 경향이 있고, 또 심장박동 수는 새로운 장난감과 새로운 냄새, 새로운 사람 같은 새로운 자극에 반응하며 더 크게 증가하는 것을 볼 수 있다. 기질 측정을 위해 두뇌 활동을 포함한 다른 생물학적 평가 방법들도 개발되고 있다.

비록 영아의 기질이 이후의 발달을 어느 정도 예측할 수 있다 하더라도 2세 이후의 기질 평가가 더 정확하다. 칭얼거림과 울음, 급격한 상태 변화는 다양한 영아들에게 공통적인 것이다. 2세 이후에 아이의 감정과 행동이 좀 더 안정적 패턴으로 정착되기 때문에 이후의 발달을 예측할 수 있게 된다. 그러나 환경이 2년 이상 경험되고 난후에도 여전히 기질을 타고난 생물학적인 기반으로 볼 수 있는가?

복습문제

1. 부모 보고가 영아 기질 측정에 자주 사용되지만 부모 보고 사용의 단점은?
   a. 어머니와 아버지의 보고서가 종종 일치하지 않는다.
   b. 부모는 자녀들 간의 차이를 과장하는 경향이 있다.
   c. 우울한 어머니는 자신의 영아 기질에 대해 좀 더 부정적인 등급을 매기는 경향이 있다.
   d. a, b, c 모두 옳다.

2. 기질에 관한 가장 간단하고 효과적인 생물학적 측정법은?
   a. 혈압
   b. 심장박동
   c. 뇌파 강도
   d. 호르몬 안정성

적합도

가족 및 문화 수준에서 적합성 개념이 기질과 어떻게 관련되는지 설명한다.

기질 측정의 모든 접근은 기질을 성격의 기초로 보며, 성격은 환경에 의해 형성된다. 토머스와 체스(Thomas & Chess, 1977)는 **적합도**(goodness-of-fit)의 개념을 제안하였는데, 이것은 아동의 기질과 아동이 살고 있는 환경적 요구에 잘 부합할 경우 아동이 가장 잘 발달할 수 있다는 의미이다. 이들에 따르면 까다롭거나 더딘 아이들에게는 아이의 기질에 관심이 있고 특별한 인내심을 갖고 양육하려는 의지가 있는 부모가 필요하다는 것이다.

후속 연구들에서 부정적 기질 특성을 가진 아이의 부모가 이해심이 있고 관용적이라면 3세까지 그들의 정서적 반응을 잘 통제하는 것을 학습할 수 있다는 것을 발견하면서, 이 적합도의 개념을 지지하였다(Warren & Simmens, 2005). 또 다른 연구에서는 영아의 까다로운 기질에 대해 부모가 분노와 좌절로 대응하면 그 아이는 저항적이고 반항적이 되며, 부모와 아동 모두에게 갈등과 좌절을 유발할 수 있다는 것을 보여주었다(Calkins, 2002).

또한 문화적 적합도 있을 수 있다. 문화가 다르면 활동 수준이나 정서적 표현 같은 성격적 특성의 가치에 대해서 다른 견해를 가질 수 있다. 일반적으로 아시아의 아기들은 미국이나 캐나다의 아기들보다 덜 활발하고 덜 짜증내는 것을 볼 수 있고, 정서를 조절하는 것을 좀 더 이른 나이에 쉽게 배우는 것 같다(Chen et al., 2005; Lewis et al., 1993). 이런 기질적 차이는 이후 아동기에, 아시아의 아동들이 더 수줍음을 타는 것처럼 보이는 부분적인 차이로 나타날 수 있다. 그러나 북아메리카에서는 수줍음을 극복해야 할 문제점으로 보는 반면, 아시아 문화에서는 수줍음을 더 긍정적으로 보는 경향이 있다. 말하기보다 잘 듣는 아동과 어른이 존경과 칭찬을 받는다. 따라서 중국의 여러 아동 연구에서 아동의 수줍음은 학업적 성공과 연관되고, 또래들에게도 호감을 주는 것으로 나타났다(Chen et al., 1995). 지금은 중국이 문화적·경제적으로 빠르게 변화하면서, 수줍음을 아동기의 긍정적인 적응으로 보기보다 부족함과 연관시켜 그 가치에 대한 지각이 부정적으로 변하고 있다는 보고들이 있다(Chen, 2011; Chen et al., 2005). 우리는 이와 관련된 것을 다음 장에서 다룰 것이다.

적합도 아동의 기질과 환경적 요구가 서로 적합하면 아동의 발달이 최고가 된다는 원리

정서와 사회성 발달 : 영아의 정서

정서를 표현하고 이해하는 것은 우리의 생물학적 본성 안에 깊이 들어있다. 1872년 찰스 다윈이 인간과 동물의 정서 표현(*The Expression of Emotions in Man and Animals*)에서 관찰한 바에 의하면, 정서적 표현에 있어 인간과 다른 포유동물 간의 강한 유사성은 인간의 정서 표현이 오랜 진화 역사의 일부라는 것을 나타낸다. 호랑이가 으르렁대고, 늑대가 울부짖고, 침팬지(인간 역시)는 이를 드러내고 비명을 지른다. 또한 다윈은 다른 문화권의 사람들의 정서 표현도 매우 유사하다는 것을 관찰하였다. 최근의 연구자들도 다양한 문화권의 사람들이 그들의 문화 외부의 사람 사진에서 정서 표현을 쉽게 읽을 수 있다는 것을 확인하였다(Ekman, 2003).

일차 정서 분노, 슬픔, 공포, 혐오, 놀람, 행복 등 가장 기본적인 정서

이차 정서 당혹감, 수치심, 죄책감 등 사회적 학습을 필요로 하는 정서. 흔히 사회도덕적 정서로 칭해짐

일차 정서

일차 정서에 대해 알아보고 일차 정서가 영아기에 어떻게 발달하는지 설명한다.

영아는 한정된 범위의 정서를 가지고 태어나고, 이것은 생후 초기 몇 년의 과정에서 더 넓은 범위로 차별화되어간다. 정서발달에 관한 연구들은 정서를 2개의 넓은 유형으로 구분한다(Lewis, 2008). **일차 정서**(primary emotion)는 가장 기본적인 정서로, 이것은 동물도 공유하는 것으로 분노, 슬픔, 공포, 혐오, 놀람, 행복이다. 일차 정서는 생후 첫해에 분명히 나타난다. **이차 정서**(secondary emotion)는 사회적 학습을 요구하는 것으로, 당황, 수치심, 죄책감 같은 것이다. 이차 정서는 사회도덕적 정서라고도 하는데, 그 이유는 영아들이 무엇이 당황스러운지 혹은 부끄러운지 알면서 태어나는 것이 아니라, 그들의 사회적 환경에서 이것을 배워야 하기 때문이다. 이차 정서는 대부분 생후 2년 내에 발달한다. 여기서는 일차 정서의 발달을 살펴보고 이차 정서는 제5장에서 다룰 것이다.

영아들은 일반적으로 일차 정서를 표현한다. 여러분은 각 사진이 어느 일차 정서에 해당하는지 식별할 수 있는가?

생후 초기 몇 주 내에는 괴로움과 흥미, 기쁨의 세 가지 정서가 뚜렷하게 나타난다(Lewis, 2008; 2002). 괴로움은 물론 울음으로 분명히 나타나고, 영아의 흥미를 생후 초기 며칠 내에 어떻게 평가하는가는 영아들이 주의를 어디로 돌리는가를 알아봄으로써 알 수 있음을 이번 장에서 알아보았다. 제3장에서는 신생아가 단것을 맛보았을 때 기쁨의 얼굴 표정을 나타내는 것을 보았다. 생후 초기 몇 달 동안 이 세 가지 기본 정서는 점차적으로 또 다른 기본 정서들, 이를테면 괴로움은 분노와 슬픔 및 두려움으로, 흥미는

놀람으로, 기쁨은 행복으로 차별화되어간다. 혐오 역시 일찍 나타나지만, 괴로움, 흥미, 기쁨과는 다르게 더 복잡한 형태로 발달하지는 않는다. 여기서는 생후 첫해에 각 일차 정서가 어떻게 발달하는가를 살펴보도록 하자.

제3장에서 설명하였듯이 분노는 뚜렷하게 화가 난 울음의 형태로 일찍이 표현된다. 그러나 울음과는 별개로, 정서 표현은 생후 첫해 동안 발달하는 것을 볼 수 있다(Dodge et al., 2006; Lewis, 2010). 1개월, 4개월, 7개월 된 영아들을 대상으로 그들의 양팔을 몇 분간 움직이지 못하게 누르고 있는(그 누구도 좋아하지 않는) 상태에서 영아들의 반응을 관찰하였다(Oster et al., 1992). 1개월 된 영아는 분명한 괴로움을 보였지만, 이 연구의 가설을 알지 못했던 평가자들은 그 영아의 괴로움의 표현을 분노라고 분류하지 않았다. 4개월 된 영아도 역시 괴로워했고, 그들의 절반 정도는 분노라고 분명히 알아볼 수 있는 괴로움을 얼굴표정에서 나타냈다. 거의 모든 7개월 된 영아들은 확실한 분노의 반응을 보였다. 또 다른 연구에서도 좋아하는 대상을 빼앗겼을 때의 반응으로 7개월 된 영아들에게서 분명한 분노의 표현이 나타남이 관찰되었다(Stenberg et al., 1983). 영아들이 생후 첫해의 후반부에는 의도적 행동을 할 수 있게 되면서, 그들의 의도가 좌절되었을 때 분노의 표현을 자주 보였다(Izard & Ackerman, 2000).

생후 첫해에 슬픔은 우울증을 가진 어머니의 영아 외에는 흔하게 나타나지 않았다. 어머니가 우울증이 있을 때, 2~3개월 된 영아도 역시 슬픈 얼굴표정을 보인다(Herrera et al., 2004). 이것은 환경에 미치는 유전자형의 수동적 효과의 한 예가 될 수 있을까? 아마도 그런 가족 내에서는 어머니와 영아 둘 다 슬픔에 대해서 하나의 유전적 성향을 가졌을 것이다. 이것은 고려해볼 점이지만, 어느 한 연구에서 우울증이 없는 어머니들에게 영아들과 3분 동안 상호작용을 하면서 우울하게 보이도록 지시하자 그 영아들은 괴로운 반응을 보였다(Cohn & Tronick, 1983). 이것은 우울증을 가진 어머니와 함께 있는 영아들의 슬픈 정서 표현은 유전적인 성향이라기보다, 어머니의 슬픔에 반응하고 있음을 시사하는 것이다.

6개월경이 되면 두려움이 발달한다(Gartstein et al., 2010). 이때쯤 영아들은 어떤 장난감이 그들에게 갑자기 불쑥 다가오면 그 반응으로 두려움의 얼굴표정을 보인다(Buss & Goldsmith, 1998). 또한 이 시기에 두려움이 사회적으로 되어가는데, 친숙하지 않은 어른에 대해서 **낯선이 불안**을 보이기 시작한다(Grossman et al., 2005). 낯선이 불안은 영아가 친밀한 사람들에게 애착이 발달하기 시작했다는 신호로서, 이 주제는 제5장에서 자세히 다루게 될 것이다.

벌린 입과 치켜 올라간 눈썹으로 알 수 있는 놀람은 생후 첫해 중반에 처음으로 나타난다(Camras et al., 1996). 이것은 영아의 지각적 세계에서 기대에 어긋나는 어떤 것에 의해 가장 빈번히 나타나게 된다. 예를 들면 도깨비상자 같은 인형상자 장난감에서 특히 인형이 맨 처음 튀어나올 때 놀람 반응이 나타난다.

마지막으로 행복감의 발달은 초기 몇 달 동안 영아들이 보이는 미소와 웃음의 변화에서 분명해진다. 생후 몇 주 후에 영아들은 수유 후나 소변을 누면서 혹은 볼을 토닥여주는 감각적 자극에 반응하여 미소를 짓기 시작한다(Murkoff et al., 2003). 그러나 다른 사람과의 상호작용에 반응하는 행복감의 표현, 즉 최초의 **사회적 미소**(social smile)는 2~3개월이 되어서야 나타난다(Fogel et al., 2006). 최초의 웃음도 최초의 미소 이후 1개월 후에 나타난다(Nwokah et al., 1999). 이후 4개월이 되면 간지럼이나 뽀뽀, 까꿍놀이와 같은 사회적 상호작용이나 감각적 혹은 지각적 사건으로 미소와 웃음을 이끌어낼 수 있다(Fogel et al., 2006). 첫해 말경에 영아들은 다른 사람과 다른 상황에 반응하여 여러 다른 종류의 미소를 짓는다(Bolzani et al., 2002).

사회적 미소 생후 2~3개월에 나타나는 다른 사람들과의 상호작용에 대한 행복 표현

영아의 정서 지각

영아의 정서 지각과 생후 첫 1년 동안 영아의 정서가 어떻게 점차 사회화되는지 기술한다.

영아들은 태어난 첫날부터 정서로 소통할 뿐 아니라 다른 이들의 정서를 인식한다. 태어난 지 단 며칠 된 신생아가 다른 신생아가 우는 것을 듣고 흔히 울기 시작한다. 이것이 **정서전이**(emotional contagion)라는 현상이다(Geangu et al., 2010). 이 반응은 신생아들이 다른 신생아의 울음을 괴로움의 신호로 인식하고 거기에 반응하는 것을 보여준다(Gazzaniga, 2009). 더 나아가 신생아들은 더 큰 영아의 울음소리나 침팬지 소리, 녹음된 그들 자신의 울음소리보다 같이 있는 신생아의 울음소리에 반응하여 울 가능성이 더 많다. 이것은 신생아가 여러 울음소리를 정확하게 구별해서 인식한다는 것을 보여준다.

처음에 영아들은 보는 것보다 듣는 것으로 정서를 더 잘 지각한다. 생후 몇 주까지는 영아의 청각 체계가 시각 체계보다 더 발달되어 있다는 것을 기억하라. 생후 몇 주내에 영아들은 얼굴을 볼 때, 입이나 눈같이 대부분의 정서를 표현하는 이목구비보다는 주로 얼굴의 주위와 가장자리를 보는 경향이 있다. 2~3개월이 되어 영아의 시력이 상당히 향상되면서 행복하고, 슬프고, 화난 얼굴을 구별할 수 있게 된다(Haan et al., 2009; Hunnius et al., 2011). 이것을 실험하기 위해 연구자들이 자주 사용하는 방법은 습관화 절차로, 영아들에게 같은 얼굴표정의 똑같은 사진을 더 이상 관심을 보이지 않을 때까지 반복해서 보여주는 것이다. 영아들이 이렇게 얼굴표정 사진에 습관화되었을 때, 다른 얼굴표정을 한 똑같은 얼굴을 보여준다. 만약 영아들이 그 새로운 얼굴표정을 더 오래 바라본다면 두 표정 간의 차이를 알아차린 것이라고 받아들일 수 있다.

영아의 정서 인식을 보여주는 또 하나의 흥미 있는 방법은 아무 정서도 보여주지 않는 것이다. 2~3개월 된 아기에게 연구자가 부모에게 영아와 상호작용하면서 얼마 동안 아무런 정서를 보이지 말라고 했을 때, 영아들은 괴로운 반응을 보였다(Adamson & Frick, 2003; Tronick, 2007). 이 방법은 **무표정 패러다임**으로 알려져 있는데, 영아들은 다른 사람들로부터, 특히 그들에게 중요하고 친숙한 사람에게 어떤 정서적 반응을 기대할지를 어릴 때부터 배운다는 것을 보여준다(Mesman et al., 2009).

좀 더 일반적으로 무표정 패러다임에 대한 영아들의 반응이 보여주는 것은 정서는 단지 개인 안에서 발생하는 것이 아니라 다른 사람과의 관계를 통해서 일찍부터 경험된다는 것이다(Tronick, 2007). 생후 몇 주 내에 영아들은 체내 상태에 자극받으면 웃고, 배고프거나 피곤하고 추우면 운다. 그러나 영아들은 곧 다른 사람의 정서를 파악하고, 그에 대응하여 그들의 정서를 조정하는 것을 배운다. 2~3개월만 되어도 영아들이 소리를 내거나 웃을 때, 그들이 알고 신뢰하는 다른 사람이 와서 그들이 이전에 했던 친숙한 방법으로 응답해주기를 기대한다. 이것이 무표정 패러다임이 영아들을 매우 불안하게 만드는 이유이다.

생후 첫해 동안 정서 인식 발달의 또 다른 지표는 청각적 정서와 시각적 정서를 일치시키는 영아의 능력이다. 이 주제에 관한 여러 연구에서 행복과 슬픔같이 뚜렷하게 다른 정서를 보이는 2개의 얼굴 사진을 영아에게 보여준다. 그런 다음 그중 하나의 얼굴에 나타나는 정서에 맞추어서 녹음된 목소리를 들려준다. 그리고 영아의 주의를 관찰한다. 7개월 된 영아들은 목소리의 정서와 일치하는 얼굴을 더 많이 본다. 이것은 이 시기 영아들이 두 정서적 정보의 일치를 기대한다는 것을 보여주는 것이다(Kahana-Kalman & Walker-Andrews, 2001; Soken & Pick, 1999).

생후 첫해 동안 영아들은 모호하고 불확실한 상황에 대한 다른 사람들의 정서적 반응을 관찰하고, 자신의 반응을 형성하기 위해 이 정보를 이용하는 데 점차적으로 능숙해진다. 이것은 **사회적 참조**(social referencing)라고 알려진 것으로, 영아가 주변세계에 대해 학습하는 하나의 중요한 방법이다. 사회적 참조 능력을 실험한 여러 연구들에서는 전형적으로 어머니와 영아가 실험실 상황에서 친숙하지 않은 장난

정서전이 영아가 다른 영아의 울음소리를 듣고 우는 것으로, 생후 며칠 후부터 시작

사회적 참조 모호하고 불확실한 상황에 대해 타인의 정서적 반응을 더 능숙하게 관찰하고 그 정보를 자신의 정서 반응을 형성하는 데 사용하게 되는 과정을 지칭하는 용어

감을 갖고 놀도록 한다. 그리고 연구자가 어머니에게 그 장난감과 관련해서 긍정적이거나 부정적 정서를 보이도록 지시한다. 그 후에 영아는 일반적으로 어머니가 부정적 정서를 보여줬던 장난감은 피하고, 긍정적 정서를 보인 장난감을 가지고 놀게 된다. 이런 반응은 약 9~10개월경에 영아들에게 나타난다(Schmitow & Stenberg, 2013). 최근의 한 연구에서 사회적 참조는 생후 첫해의 후반기에 처음 발달하는 유머감각 발달의 토대가 된다고 보고하였다(Mireault et al., 2014). 부모가 예상 밖의 행위에 웃거나 미소지을 때, 영아들도 역시 그렇게 했다.

정서와 사회성 발달 : 영아의 사회적 세계

영아의 사회적 세계는 영아발달을 이해하는 데 중요한 부분이다. 그것은 영아의 신체발달과 운동발달부터 인지와 정서 및 사회성 발달까지 발달의 모든 측면에 영향을 미치기 때문이다. 인간은 처음부터 사회적 상호작용과 사회적 관계를 하도록 태어났다. 우리는 그런 많은 사례를 여기와 제3장에서 보았다. 인간의 영아는 생후 며칠 만에 어머니의 목소리와 냄새를 인식한다. 그들이 울 때, 그것은 자신을 달래달라는 일종의 상호작용 표시이다. 그들은 공동 주의와 사회적 참조 등을 통해 세계에 대해 학습한다.

인간의 사회적 환경은 학교, 공동체, 작업장 같은 새로운 상황에 들어가면서 발달 과정에서 점차적으로 더 복잡해진다. 영아기에는 사회적 경험과 사회적 발달이 상대적으로 작은 집단, 즉 영아의 일상 환경의 일부인 몇몇 사람들 안에서 일어난다. 그리고 보통 가장 큰 애정과 보살핌을 제공하는 한 사람이 있다. 늘 그렇진 않지만 전형적으로 어머니이다. 여기서는 우선 영아의 사회적 세계에 대한 광범위한 문화적 패턴을 살펴보고 나서 영아의 사회적 발달에 관한 두 가지 이론을 살펴보고자 한다.

영아의 사회생활에 대한 문화적 주제

여러 문화를 통틀어 영아의 사회적 세계의 주요 특징을 열거한다.

영아를 돌보는 관습이 여러 문화마다 다르다 해도 여러 문화를 통틀어 공통된 몇 가지 주제가 있다. 오늘날 학자들이 다양한 문화의 영아들을 관찰하여 알아낸 것과 병행하여 또 다른 학자들이 인간의 진화 역사와 인간 사회의 역사를 연구하여 발견한 것을 조합해보면, 영아의 사회적 세계에 관한 공통의 그림이 모습을 드러낸다(DeLoache & Gottlieb, 2000; Friedmeier et al., 2015; Leakey, 1994; Levine,1977; Levine et al.,1994; Richman et al., 2010; Small, 2005). 그것은 다음과 같은 양상들로 특징지을 수 있다.

1. **영아는 생후 몇 개월간 거의 지속적으로 어머니와 함께 지낸다.** 거의 모든 문화에서 산후에 어머니와 아기가 함께 휴식과 회복 외에 아무 일도 하지 않는 일정 기간(보통 1~6개월)을 갖는다. 휴식기간이 끝난 후에, 어머니가 일상 임무로 돌아갈 때는 일반적으로 영아를 헝겊 띠로 어머니의 등에 업힌다.
2. **대략 생후 6개월 후에는 거의 매일 영아를 돌보는 일은 어머니보다는 더 나이 든 소녀들이 한다.** 영아들이 6개월쯤 되면, 영아 돌보기는 더 나이 든 소녀들(보통 6~10세)에게 맡겨지고, 어머니는 자신의 일에 에너지와 주의를 쏟는다. 이 경우 아이를 돌보는 소녀는 보통 아기의 언니인데, 오빠나 사촌, 할머니, 아주머니 혹은 가족 외부에서 고용된 소녀 등 어느 범위 내의 다른 사람들이 될 수도 있다. 그러나 밤에 영아는 어머니와 함께 잔다.
3. **영아는 하루 동안 많은 다른 사람들과 같이 지낸다.** 어머니나 6개월경에 맡아준 양육자 외에도 영아들은

하루 종일 형제나 아주머니, 사촌, 조부모, 이웃 등의 많은 다른 주변 사람들과 함께 지낸다.

4. **영아들을 지속적으로 안거나 데리고 다닌다.** 다수의 전통 문화에서는 영아를 생후 초 몇 개월간 거의 땅에 닿지 않게 한다. 이런 관습은 영아가 매우 취약하므로 위험에서 방어해야 한다는 믿음에서 나온 것이다. 영아를 가까이 두는 것은 그들을 보호하는 하나의 방법이고, 그들에게 안정감을 주며, 조용하게 하고, 관리할 수 있는 방법이기도 하다.
5. **생후 1년간 아버지는 보통 아기와 떨어져 있거나 양육에 불참한다.** 제3장에서 살펴보았듯이 대부분의 문화에서 여성만이 출산을 돕고 지키게 허락되어 있다. 따라서 남성을 양육에서 배제하는 것은 흔히 첫해 동안 계속된다. 아버지는 영아들의 직접적 양육에 거의 참여하지 않는데, 그 이유는 흔히 어머니가 모유수유를 할 뿐 아니라 영아를 돌보는 것은 남성보다 여성 역할의 일부로 여겨졌기 때문이다.

많은 문화권의 영아들은 온종일 어른들에 둘러싸여 있다. 그러나 그 어른들이 얼마나 영아들과 상호작용을 하는지는 문화마다 다르다. 케냐의 삼부루족에서 두 어머니와 그들의 아기들이 다른 가족 구성원들과 친구들과 함께 있는 모습이다.

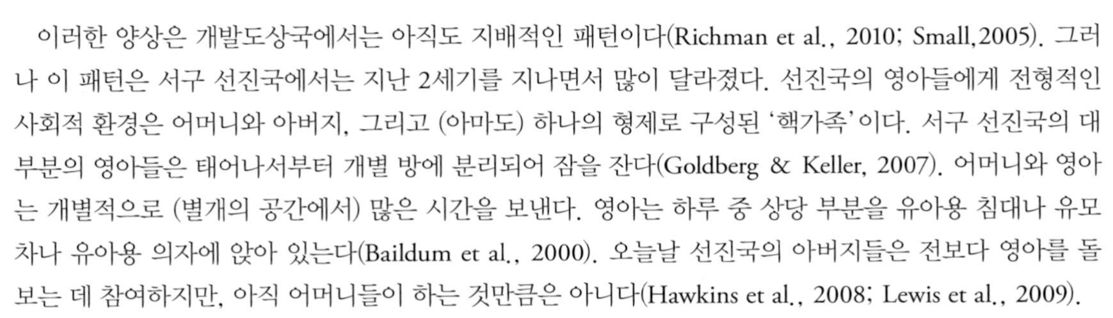

이러한 양상은 개발도상국에서는 아직도 지배적인 패턴이다(Richman et al., 2010; Small,2005). 그러나 이 패턴은 서구 선진국에서는 지난 2세기를 지나면서 많이 달라졌다. 선진국의 영아들에게 전형적인 사회적 환경은 어머니와 아버지, 그리고 (아마도) 하나의 형제로 구성된 '핵가족'이다. 서구 선진국의 대부분의 영아들은 태어나서부터 개별 방에 분리되어 잠을 잔다(Goldberg & Keller, 2007). 어머니와 영아는 개별적으로 (별개의 공간에서) 많은 시간을 보낸다. 영아는 하루 중 상당 부분을 유아용 침대나 유모차나 유아용 의자에 앉아 있는다(Baildum et al., 2000). 오늘날 선진국의 아버지들은 전보다 영아를 돌보는 데 참여하지만, 아직 어머니들이 하는 것만큼은 아니다(Hawkins et al., 2008; Lewis et al., 2009).

그렇지만 개발도상국의 영아와 마찬가지로, 선진국의 영아도 언제든지 그들의 문화 안에서 사회적으로 역할을 잘할 수 있도록 성장해간다. 그들은 또래들과 우정을 키워가고, 선생님처럼 가족 외에 그들과 관계를 형성하는 어른을 알게 되고, 어른으로 성장해서는 가족 외부의 사람들과 일하는 관계에서 친밀한 관계를 형성하고, 결국에는 자신의 새로운 가족을 시작한다. 분명히 영아들은 다양한 문화적 맥락 내에서 사회적으로 잘 발달할 수 있다. 여러 문화를 통틀어 영아의 사회적 발달에 있어 중요한 것은 영아를 헌신적으로 돌보는 누군가와 적어도 하나의 사회적 관계를 갖는 것이다.

비판적으로 사고하기

여기에 서술된 영아의 사회적 세계에 관한 다섯 가지 양상 중에서 몇 가지가 여러분이 속한 문화와 유사하며 다른 것은 몇 가지인가? 여러분은 그 차이점을 어떻게 설명할 수 있는가?

사회성 발달의 기반 : 두 가지 이론

영아의 사회적 발달에 관한 두 가지 주요 이론을 비교 및 대조한다.

영아의 사회적 발달에 관한 두 가지 가장 영향력 있는 이론은 에릭 에릭슨과 존 볼비의 이론이다. 제1장에서 소개하였듯이 에릭슨은 전 생애에 관한 8단계 이론을 각 단계마다의 구체적인 발달상의 도전 혹은 '위기'와 함께 제시하였다. 에릭슨의 이론에서 영아기의 주요 위기는 **신뢰 대 불신**(trust versus mistrust)

신뢰 대 불신 에릭슨의 심리사회적 이론에서 영아기에 해당되는 발달의 첫 번째 단계로, 핵심 위기는 사랑하고 양육해주는 양육자에게 안정된 애착을 형성하고자 하는 욕구임

애착 이론 영아와 주 양육자와의 관계가 결정적으로 중요하다고 보는 볼비의 정서 및 사회성 발달 이론

이다(Erikson, 1950). 에릭슨은 영아가 생존을 위해 다른 사람에게 의존적이며, 그 의존성이 신뢰 대 불신이라는 아이디어의 핵심이라고 인식하였다. 영아는 다른 사람에게 그들을 돌봐주고, 영양과 따뜻함, 애정, 보호의 믿을 만한 공급원이 되어주는 신뢰할 수 있는 누군가를 필요로 한다. 대부분의 문화에서 보통은 이를 제공해주는 양육자가 어머니지만, 아버지나 할머니, 손위 누이 그 외 일관된 기반 위에서 사랑과 양육을 제공했던 누구라도 될 수 있었다. 중요한 것은 생물학적 인연이 아니라 정서적이고 사회적인 유대이다.

영아에게 이런 방식으로 그들을 보살펴주는 양육자가 있을 때, 그들의 사회적 세계 안에서 기초적 신뢰를 발달시킨다. 영아는 다른 사람들이 신뢰할 만하고 자신도 사랑받고 있다는 믿음을 갖게 된다. 그렇지만 생후 첫해에 이런 적절한 사랑과 돌봄이 결핍된다면, 영아는 자신의 첫 번째 양육자뿐만 아니라 사회적 세계 안의 다른 사람들도 불신하게 된다. 불신을 발달시킨 영아들은 다른 사람들의 선의를 확신할 수 없음을 배우고, 냉혹하고 불친절해 보이는 사회적 관계로부터 움츠러들게 될 것이다. 이런 기본 신뢰 대 불신은 영아기를 넘어 오래 지속된다. 에릭슨의 이론에서 좋든 나쁘든 각 단계는 이전 단계 토대 위에 발달한다. 영아기의 기본신뢰 발달은 미래의 모든 사회적 발달의 강력한 토대를 제공하고, 반면 불신의 발달은 영아기뿐 아니라 이후의 인생 단계에서 문제가 될 수 있다.

에릭슨과 볼비 모두 미래의 정서적 및 사회적 발달에서 최초의 애착관계가 중요하다고 보았다.

영아의 사회적 발달에 관한 유사한 이론을 존 볼비(Bowlby, 1967)도 제안하였다. 에릭슨의 이론과 마찬가지로, 볼비의 **애착 이론**(attachment theory)도 주 양육자와 영아의 관계의 결정적 중요성에 초점을 맞추고 있다. 에릭슨처럼 볼비도 이와 같은 최초의 중요한 사회적 관계의 질은 영아기의 정서적·사회적 발달뿐만 아니라 이후의 발달 단계에서도 영향을 미친다고 믿었다. 에릭슨처럼 볼비도 다른 사람에 대한 영아의 최초 애착에서 신뢰를 핵심으로 보았다. 볼비의 용어로는, 주 양육자가 영아를 돌볼 때 민감하고 반응적이면, 영아는 다른 사람들도 사회적 관계에서 신뢰할 만하다는 것을 배우게 된다. 그러나 주 양육자에게 이런 자질이 결핍되었다면, 영아는 (영아기와 이후의 발달에서) 다른 사람들이 믿을 만한 사회적 동반자가 아닐 것이라고 예상하게 될 것이다.

이 두 이론 사이에는 중요한 차이점이 있다. 제1장에서 살펴보았듯이 에릭슨의 심리사회적 이론은 프로이트의 심리성적 이론과 의도적 대조를 이룬다. 그렇지만 볼비의 이론은 진화 이론과 또한 동물의 종에서 모자관계 연구에 그 기원을 두고 있다. 또한 볼비의 이론은 영아-양육자 관계의 평가방법론에 영감을 주어서, 이후 수천 개의 후속 연구로 이어졌다(Cassidy & Shaver, 2008; Grossman et al., 2005; Morelli, 2015). 이 연구들의 대부분이 영아보다는 걸음마기 아이들에 관한 것이어서 볼비의 이론과 그의 이론에서 발생한 연구에 대한 상세한 분석은 다음 장으로 미뤄두겠다.

chapter 5

걸음마기

1절 신체발달

2세와 3세의 성장과 변화

신체성장

뇌발달

수면 변화

운동발달

신체기능의 사회화 : 배변훈련과 이유

배변훈련 | 이유

2절 인지발달

인지발달 이론

걸음마기 인지발달 : 피아제 이론

비고츠키의 사회문화적 이론

언어발달

언어의 생물학적 및 진화론적 기초

걸음마기 언어발달의 이정표 : 첫 단어에서 유창성으로

사회문화적 맥락에서의 언어학습

3절 정서와 사회성 발달

걸음마기의 정서발달

걸음마기 유아의 정서

자아의 출현

성정체성과 성발달의 생물학

애착 이론과 연구

애착 이론

애착의 질

걸음마기 유아의 사회적 세계

아버지의 역할

더 넓은 사회적 세계 : 형제, 또래와 친구

자폐증 : 사회적 발달의 붕괴

걸음마기의 미디어 사용

출생 후 두 번째와 세 번째 해에 해당하는 걸음마기는 영아기만큼 중요하다. 한 살에 대부분의 영아는 혼자서 걷지 못하지만 세 살이 되면 달리고 뛰고 계단을 오를 수 있다. 한 살에는 몇 마디 말밖에 하지 못하지만, 세 살이 되면 말을 유창하게 하고 거의 어떤 주제에 대해서도 이해하고 말할 수 있다. 한 살에는 정서조절을 하지 못하고 분노와 활기를 거침없이 표현하지만 세 살이 되면 자기 문화의 도덕적 관점을 알아차리기 시작하고 죄책감, 당혹감, 수치심 같은 사회도덕적 정서를 나타낸다. 한 살에는 대부분의 영아의 사회적 세계는 부모, 형제와 확대가족의 구성원에 국한되지만 세 살이 되면 그들의 사회적 세계는 크게 확장된다. 인류학자인 마거릿 미드(Mead, 1930/2001)는 영아기에서 걸음마기로 가는 변화를 부모와 끊임없이 신체적 접촉을 하는 '무릎아이'에서 어머니와 애착을 형성하고 있지만 더 넓은 사회적 세계에서 형제와 나이 많은 아동들과 섞여서 연령이 다른 집단에서 많은 시간을 보내는 '다리아이'가 되는 것으로 묘사하였다.

1절 신체발달

학습목표

- **5.1** 걸음마기에 신체발달에서 일어나는 변화를 기술하고 영양실조가 성장에 미치는 해로운 영향을 설명한다.
- **5.2** 걸음마기에 일어나는 뇌발달을 기술하고 뇌 활동을 측정하는 두 가지 중요한 방법을 이해한다.
- **5.3** 걸음마기에 일어나는 수면 패턴의 변화와 수면 방법의 변화를 기술한다.
- **5.4** 걸음마기에 일어나는 운동발달의 변화를 기술한다.
- **5.5** 선진국과 전통 국가의 배변훈련 과정과 시기를 비교하고 대조한다.
- **5.6** 영아기에 일찍 시작하는 이유와 걸음마기 후반에 시작하는 이유를 구분한다.

신체발달 : 2세와 3세의 성장과 변화

신체발달은 2세와 3세에는 생후 첫해보다 느려지지만 여전히 이후의 어떤 시기보다 빠르다. 뇌발달뿐 아니라 신체성장도 마찬가지이다. 2세와 3세에는 수면 패턴도 상당히 변한다. 걸음마기는 대근육과 소근육 운동의 발달에서도 큰 변화가 일어난다.

신체성장

걸음마기에 신체발달에서 일어나는 변화를 기술하고 영양실조가 성장에 미치는 해로운 영향을 설명한다.

걸음마기에는 신체가 빠르게 계속해서 성장한다. **그림 5.1**에 브라질, 인도, 오만과 미국의 아동을 포함하여 전 세계 표본에 기초하여 산출한 출생에서 5세까지의 신장과 체중의 변화가 제시되어 있다(WHO, 2006). 첫해 동안에 성장이 아주 빠르게 일어나지만 걸음마기와 그 이후에는 완만해진다. 아동기에는 남아가 여아보다 키가 약간 더 크고 체중이 더 무겁다.

걸음마기에는 영아기의 '젖살'이 빠지고 키가 커지면서 더 날씬해진다(Fomon & Nelson, 2002). 지방

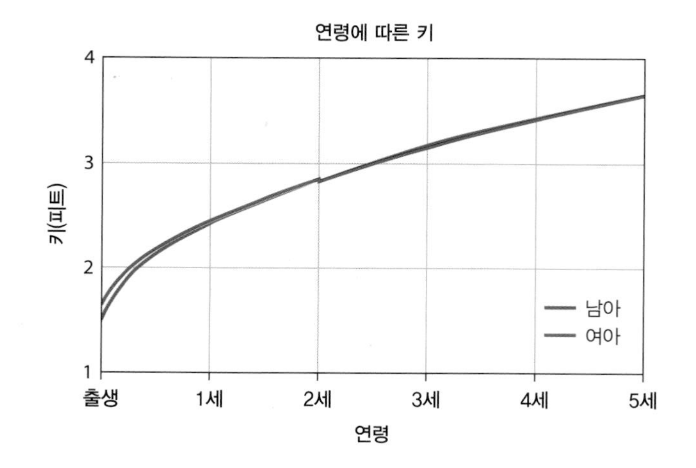

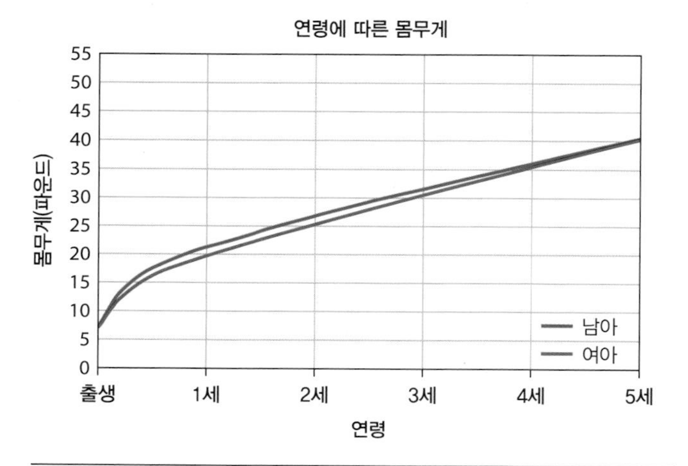

그림 5.1 출생에서 5세까지의 성장도표

영아기에서 걸음마기가 되면서 성장속도가 느려지기는 하지만 여전히 빠르다.
출처 : Based on World Health Organization (2006)

이 많이 없어도 이제는 체온을 일정하게 유지할 수 있게 된다. 또한 신생아기에는 신장의 4분의 1에 해당하던 머리가 2세가 되면 신장의 5분의 1이 된다. 신체의 다른 부분은 머리보다 더 빠른 속도로 계속 성장하고, 성인기가 되면 머리가 신장의 8분의 1 정도가 된다.

개발도상국의 걸음마기 유아들은 선진국의 유아만큼 빠르게 성장하지 않는다. 대부분의 문화에서 영아에게 모유나 유아식을 먹이고 고형식품을 먹이지 않기 때문에 보통 출생 시와 첫 6개월 동안에는 성장하는 속도가 비슷하다(Levine et al., 1994). 그러나 고형식품을 먹기 시작하는 6개월부터 개발도상국 유아가 단백질을 덜 섭취하고 성장이 뒤지기 시작한다. 세계보건기구에 의하면(WHO, 2010), 개발도상국에 살고 있는 아동의 약 4분의 1이 단백질이 부족한 상태이다. 생후 1년이 되었을 때 개발도상국 아동의 신장과 체중은 선진국 아동의 하위 5%와 비슷하고, 이런 경향은 아동기와 성인기까지 계속된다.

단백질 부족은 개발도상국 아동의 성장을 저해할 뿐 아니라 질병과 사망에 취약하게 한다. 걸음마기에 특징적으로 나타나는 질병 가운데 하나는 **소모증**(kwashiorkor)인데 단백질 결핍으로 인해 무기력해지고, 짜증을 많이 내고, 머리숱이 적어진다(Medline, 2008). 신체, 특히 배가 수분 때문에 팽창한다. 이 병을 가진 유아는 쌀, 빵이나 감자 같은 탄수화물은 충분하게 섭취할지 모른다. 이 질병은 면역체계를 약화시켜서 유아가 질병에 취약하게 만들고, 시간이 가면서 혼수상태에 이르렀다가 사망에 이르게 할 수도 있다. 단백질 섭취를 늘리면 질병의 증상이 완화되기는 하

소모증 아동기의 단백질 결핍으로 무기력, 짜증, 머리카락이 가늘어지는 것, 몸이 붓는 등의 증상이 나타남

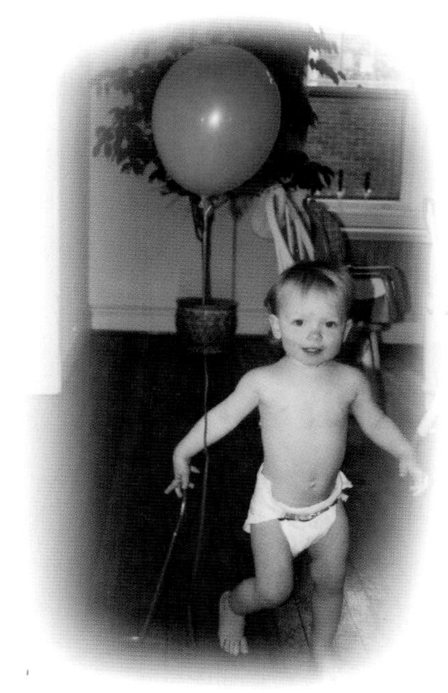

걸음마기 유아는 성장하면서 '젖살'이 빠지고 날씬해진다. 4개월과 18개월의 내 딸 패리스이다.

지만 신체 및 인지발달의 손상은 영구적인 것 같다.

단백질 이외에도 유아들은 철분, 아연, 비타민 A, B12, C, D 같은 **미량영양소**(micronutrient)가 들어 있는 식단이 필요하다. 세계적으로 가장 부족한 미량영양소는 요오드인데, 특히 아프리카와 서남아시아에서 심하다(Zimmermann et al., 2008). 어린 아동에게 요오드가 부족하면 인지발달이 저해되어서 지능이 10~15점 정도 낮아진다. 다행히도 식단에 쉽게 요오드를 넣을 수 있다. 요오드 첨가소금을 사용하면 되는데 비용이 저렴하여 1년에 일인당 몇 센트면 된다. 불행하게도 세계 아동의 3분의 1이 아직도 이렇게 쉽게 섭취할 수 있는 요오드가 부족하다. 선진국의 일부 아동도 미량영양소가 부족하다. 미국 유아에 대한 연구에서 철분결핍 유병률은 약 7% 정도였고 유럽계나 아프리카계 유아(6%)보다 라틴계 유아(12%)에서 2배 정도 더 높았다(Brotanek et al., 2007). 철분이 결핍되면 유아가 피곤해 하고 짜증을 잘 낸다.

단백질을 충분하게 섭취하지 못한 걸음마기 유아는 우간다의 이 소년처럼 때로는 소모증을 앓게 된다.

뇌발달

걸음마기에 일어나는 뇌발달을 기술하고 뇌 활동을 측정하는 두 가지 중요한 방법을 이해한다.

뇌는 걸음마기 동안에 계속 성장한다. 제4장에서 밝혔듯이 초기의 뇌발달에서 새로운 뇌세포가 만들어지지 않는다. 사실, 2세 때 뇌의 뉴런은 출생 시의 절반 정도밖에 안 된다. 초기 뇌발달에서 눈에 띄는 변화는 뉴런 사이의 시냅스 연결의 수를 나타내는 **시냅스 밀도**(synaptic density)의 가파른 증가이다(Huttenlocher, 2003). 이런 연결은 첫 3년 동안에 크게 늘어나서 걸음마기가 되면 전두엽에서 새로운 시냅스의 생성이 최고점에 이르는데, 전두엽은 추리, 계획하기와 창의성 같은 인간만이 가지고 있는 여러 인지 능력을 담당한다. 걸음마기에는 전두엽에서 시냅스가 1초당 200만 개의 상상할 수 없는 비율로 만들어져서 2세가 되면 100조 개 이상에 이른다(**그림 5.2** 참조; Hill et al., 2010). 시냅스 밀도는 걸음마기 말기, 즉 생후 3년이 되면 최고점에 이른다(Thompson & Nelson, 2001).

시냅스 밀도가 최고점에 이른 후에는 **시냅스 가지치기**(synaptic pruning)가 시작되어 오랫동안 계속된다. 시냅스가 사용되면 더 발달하고 사용되지 않으면 사라지면서 뉴런 사이의 연결이 감소하지만 더 효율적이 된다(제4장 참조). 아동기 초기에서 청소년기 사이에 전두엽의 시냅스의 3분의 1이 제거되고 청소년기 초기에 시냅스 밀도가 다시 증가한 이후에 청소년기와 성인기 동안에 시냅스 가지치기가 천천히 계속된다(Blackmore, 2008; Thompson, 2001).

뇌 활동을 측정해보면 걸음마기에 뇌가 급속하게 성장한다. 가장 많이 사용되는 방법 가운데 하나는 **EEG**(electroencephalogram)인데 대뇌피질의 전기적 활동을 측정한다. 시냅스가 활성화될 때마다 작은 전류가 발생하는데, 연구자들은 대뇌피질의 특정 영역의 활동뿐 아니라 전체 활동도 측정할 수 있다. 걸음마기 유아에 대한 EEG 연구는 18~24개월 사이에 대뇌피질의 활동이 전체적으로 크게 증가한다는 사실을 발견했는데(Bell & Wolfe, 2008), 나중에 살펴보겠지만 인지와 언어가 크게 발달함을 나타낸다. 많이 사용되는 또 다른 방법은 **fMRI**(functional magnetic resonance imaging)인데 자기장을 사용하는 기계 안에 사람을 움직이지 않도록 눕힌 상태에서 음악 같은 여러 가지 자극을 제시하고 뇌에서 일어나는 혈류와 산소 사용의 변화를 기록한다. EEG와 달리 fMRI는 대뇌피질뿐 아니라 뇌의 어떤 부분의 활동도 파악할 수 있다. 걸음마기 유아들은 가만히 있지 못하기 때문에 fMRI 방법을 사용할 수 없다. 그렇지만 한 연구에서 걸음마기 유아(21개월)와 3세 유아가 잠들어 있을 때 뇌 활동을 측정해서 이 문제를 해결하

미량영양소 요오드, 아연, 비타민 A, B12, C, D를 포함한 적절한 신체 성장에 필요한 영양 구성 요소

시냅스 밀도 뇌의 뉴런 간의 시냅스 밀도로, 3세경에 최고점에 이름

시냅스 가지치기 대뇌발달 과정에서 사용되지 않는 연결은 사라지고 사용되고 있는 수상돌기 연결은 더 강해지고 더 빨라지는 것

EEG 대뇌피질의 전기 활동을 측정하는 장치로, 대뇌피질의 전반적 활동과 대뇌피질의 특정 영역의 활동을 측정

fMRI 자기 영역을 사용하는 기계 속에 사람을 눕히고 상이한 자극에 대한 뇌의 혈류와 산소 변화를 기록하여 뇌의 활동을 감지하는 방법

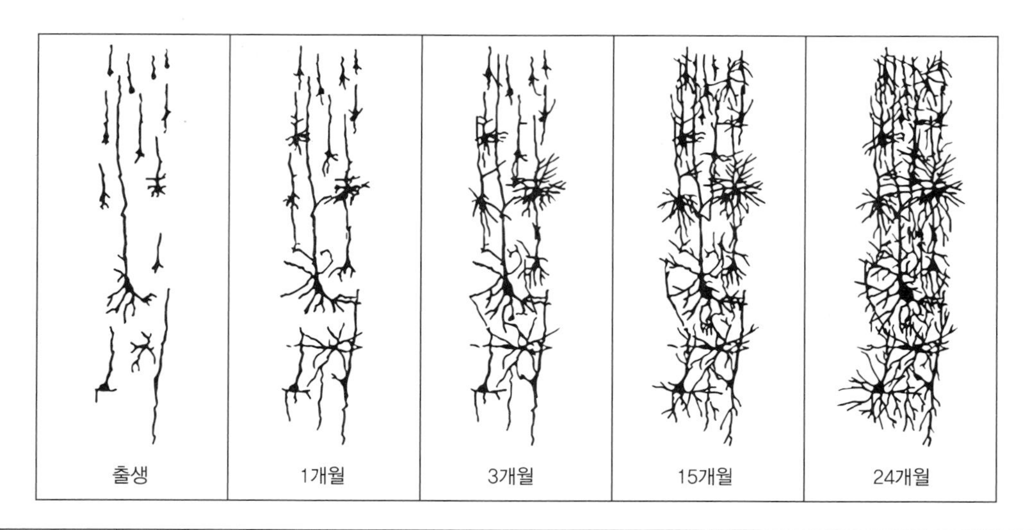

그림 5.2 출생에서 2세 사이에 일어나는 시냅스 밀도의 변화
첫 2년 동안에 시냅스 연결이 증가해서 걸음마기 말기가 되면 시냅스 밀도가 최고점에 이른다.
출처 : Based on Conel (1930/1963)

였다. 이 연구에 의하면 말소리를 들었을 때 3세 유아보다 21개월 유아의 전두엽이 더 크게 활성화되었는데, 이는 뇌가 걸음마기에 언어획득이 빠르게 일어날 수 있도록 준비되어 있음을 보여준다(Redcay et al., 2008).

수면 변화

걸음마기에 일어나는 수면 패턴의 변화와 수면 방법의 변화를 기술한다.

신생아는 하루에 16~18시간 정도 자고, 생후 1년이 되면 약 15시간, 생후 2년이 되면 약 13시간을 자면서 수면시간이 점차 감소한다. 걸음마기 유아는 영아보다 잠을 덜 자고, 밤에는 자고 낮에는 깨어 있는 패턴을 더 많이 보인다. 영아는 하루에 두 번 이상 낮잠을 자지만 대부분의 걸음마기 유아는 18개월이 되면 하루에 한 번 정도 낮잠을 잔다(Iglowstein et al., 2003).

대부분의 유아들은 걸음마기가 지나야지만 fMRI를 촬영하는 데 필요한 시간 동안 누워 있을 수 있다.

그렇다고 해서 걸음마기 유아가 밤에 계속 자지는 않는다. 사실, 이스라엘, 영국과 호주의 연구는 유아가 1.5세에서 2세가 되면서 밤에 더 많이 깬다는 사실을 발견했다(Scher et al., 2004). 이유는 두 가지이다. 첫째, 13~19개월 사이에 이가 다시 나기 시작한다(Bong et al., 2008). 입의 뒤쪽에서 어금니가 나는데, 어금니는 영아기에 났던 이보다 더 크고 더 고통스럽다. 둘째, 걸음마기 유아는 2세경이 되면 자신과 타인을 분명하게 구별하게 되고, 부모와 떨어져 자면서 자신이 분리되어 있다는 사실을 더 느끼게 된다. 따라서 이런 느낌을 해소하기 위해서 일부러 부모를 부르거나 부모침실로 가려고 한다.

영아기 동안 어머니 옆에서 자는 전통 문화에서는 어떨까? 이런 수면 방법은 걸음마기에 계속되지만 영원하지는 않다. 보통 유아가 두 살이나 세 살이 되면 엄마가 동생을 임신하게 되고 새로운 아기가 엄마 옆에서 자기 때문에 유아는 쫓겨난다. 그렇지만 혼자 자지 않고 형제나 아버지 옆에서 자게 된다(Owens, 2004). 전통 문화에서는 일생 동안 혼자 자는 일이 드물다.

운동발달

걸음마기에 일어나는 운동발달의 변화를 기술한다.

걸음마기에 운동 능력이 아주 많이 발달한다. 겨우 일어서다가 이제는 걷고 달리고 기어오르고 뛰게 되는데, 이런 신체적 변화는 삶을 크게 변화시킨다. 이러한 대근육 운동발달은 걸음마기에 일어난다. 소근육 운동발달도 일어나서 걸음마기 유아는 큰 물체 안에 작은 물체를 놓고 컵을 들고 블록으로 탑을 쌓을 수 있게 된다.

12~18개월에는 걸음마기 유아들이 겨우 걷지만 3세가 되면 달리고 뛸 수 있다.

대근육 운동발달 : 아장아장 걷기에서 달리기, 뛰기와 기어오르기 다음에 한 살 된 아동을 만나면 걷는 것을 잘 관찰해보라. 처음 걸을 때에는 다리를 벌리고, 몸의 하중을 한 다리에서 다른 다리로 옮겨가면서 벋정다리를 하고 발걸음을 조금씩 떼면서 걷는다. 즉 아장아장 걷는데, 여기에서 걸음마기 유아라는 말이 유래하였다.

대체로 11개월에 걸음마기에 들어가면서 유아는 혼자 걷기 시작한다. 그러나 평균을 중심으로 해서 약 9~17개월 정도의 커다란 개인차가 나타난다(Adolph & Berger, 2006; Bayley et al., 2005). 9개월에 걷는다고 해서 17개월에 걷는 유아보다 나중에 올림픽에 선수로 출전할 가능성이 크지는 않다. 단지 걷기를 학습하는 생물학적 시간표가 다를 뿐이다.

15개월이 되면 대부분의 유아는 (잠깐 동안) 한 다리로 설 수 있고, 기어오르기 시작한다. 일단 무엇에 기어서 올라가면 기어서 내려오는 것이 더 어렵다. 예를 들어, 이 연령이 되면 대부분이 계단을 기어서 올라갈 수 있지만 안전하게 내려오지 못한다. 18개월에는 대부분이 달릴 수 있다. 그렇지만 처음 걸을 때처럼 벋정다리로 다리를 벌리고 달린다. 24개월에는 공을 차거나 작은 물건을 던질 수 있고, 달리는 것이 더 유연하고 부드러워진다. 또한 계단을 기어서 내려갈 수 있고 그 이상도 한다. 그들은 잠시 동안 쪼그리고 앉아 있을 수 있고 발끝으로 설 수 있으며 펄쩍펄쩍 뛸 수 있다. 걸음마기 유아들은 아주 많이 돌아다니면서 여러 가지 새로운 능력을 시험해본다.

3세가 되면 유연성과 균형감이 늘어나면서 유아의 대근육 운동기술이 더 발달한다. 시각 정보를 사용하는 데 더 능숙해져서 바닥의 변화에 맞추어서 걷기와 달리기를 조절하기 때문에 발을 헛디뎌서 넘어지지 않는다(Berger et al., 2005). **표 5.1**에 걸음마기에 일어나는 대근육 운동발달의 주요한 이정표를 정리하였다.

표 5.1 걸음마기의 대근육 운동발달의 이정표

연령(개월)	이정표
9~16	혼자 서기
9~17	혼자 걷기
11~19	한 다리로 서기
11~21	의자, 침대, 층계 기어서 올라가기
13~17	뒤로 걷기
14~22	달리기
17~30	한 자리에서 뛰기
16~30	발끝으로 걷기
22~36	걸어서 계단 오르내리기

출처 : Based on Adolph & Berger (2006); Bayley (2005); Coovadia & Wittenberg (2004); Frankenburg et al. (1992); Murkoff et al. (2006)
주 : 제시된 연령범위는 걸음마기 유아 90%가 특정 이정표를 성취하는 기간이다.

문화 초점 : 여러 문화에서의 대근육 운동발달

여기에서 기술된 대부분의 연구는 미국의 걸음마기 유아에 대한 것이다. 전통 문화의 유아는 어떨까? 제4장의 내용을 생각해보면 전통 문화에서는 영아를 안전하게 보호하기 위해서 항상 안거나 업고 다닌다. 걸음마기 유아는 영아처럼 가만히 있지 않기 때문에 약간 더 움직이게 해주지만 깨어 있는 시간의 반은 안고 있거나 업고 다닌다(Levine, 1977; Morelli, 2015).

그럼에도 불구하고 이들의 대근육 운동발달은 선진국 유아와 차이가 없다(Greenfield, 2003). 사실, (아프리카계 미국인 유아뿐 아니라) 아프리카 유아는 유럽계 유아보다 대근육 운동발달이 더 빠르다(Kelly et al., 2006).

걸음마기 유아의 운동을 제한하는 이유는 영아의 운동을 제한하는 이유와 동일하다. 아이들을 안전하게 보호하고 피해를 입지 않게 하는 것이다. 전통 문화의 농촌 지역에서는 불이 특히 위험하다. 왜냐하면 낮에는 음식을 준비하기 위해서 밤에는 난방을 위해서 하루 종일 불을 피워두기 때문이다. 다른 위험은 벼랑에서 떨어지는 것, 호수나 강으로 떨어지는 것, 가축에게 밟히는 것이다. 아이들을 하루 종일 안거나 업고 다니면 이런 위험이 줄어든다.

비슷한 안전상의 이유로 선진국의 부모들도 아이가 움직이기 시작하면 날카로운 물체와 위험한 물체를 치워서 집을 안전하게 만든다(McKenzie, 2004). 아이가 떨어지는 것을 막기 위해서 계단의 꼭대기에 문을 만들고, 날카로운 물체와 집에서 쓰는 화학물질을 넣어 둔 캐비닛을 열쇠로 잠그고, 감전사를 막기 위해서 콘센트를 덮개로 막고, 피해나 부상을 막기 위해서 여러 가지 방법으로 대비를 한다(Eisenberg et al., 2008).

복습문제

부모들은 자녀가 다른 아동들보다 걷는 것이 늦어지면 걱정을 해야 하는가? 그 이유는 무엇인가? 아니면 그럴 필요가 없는가?

걸음마기 유아는 숟가락으로 먹을 수 있게 되고 오른손이나 왼손 중 어느 한쪽 손을 더 많이 사용하게 된다.

소근육 운동발달 : *끄적거리기에서 블록으로 탑 쌓기로* 소근육 운동발달의 변화는 대근육 운동발달의 변화만큼 극적이지 않지만 그래도 상당한 변화가 일어난다. 12개월이 되면 한 손에 물체를 잡고 다른 손으로 그 물체에 무엇인가를 할 수 있다. 예를 들어, 오른손으로 그릇을 잡고 왼손으로 그 속에 돌을 집어넣을 수 있다(Chen et al., 2010). 12개월에는 음식을 먹을 때 두 손 가운데에서 확실하게 어느 한쪽 손을 사용하게 되고, 다음 6개월 동안에는 숟가락을 잡는 여러 가지 방법을 시험해보고 앞으로 계속 사용할 방법을 찾아낸다(McCarty et al., 2001). 걸음마기의 첫해 동안에 컵을 들고, 연필이나 크레용으로 끄적거리고, 3~4개의 블록으로 탑을 쌓고, 책의 페이지를 넘기는 것을 학습한다(Murkoff, 2011).

걸음마기의 두 번째 해인 2~3세에는 중요한 변화가 일어나기보다는 이전에 일어났던 변화가 더 확장된다. 8개에서 10개 블록으로 탑을 쌓고, 끄적거리는 기술이 발달해서 선을 어느 정도 똑바로 그리고, 원을 보고 어느 정도 원처럼 그릴 수 있게 된다(Chen et al., 2010). 3세가 되면 조금 도와주면 이빨도 닦을 수 있다. **표 5.2**에 걸음마기 동안에 일어나는 소근육 운동발달의 주요한 이정표를 요약하였다.

신체발달 : 신체기능의 사회화 : 배변훈련과 이유

먹기와 배설하기는 인간이 다른 동물과 같이 가지고 있는 두 가지 신체기능이지만 인간에서는 이 기능이 일찍부터 사회화된다. 여기에서는 걸음마기 유아의 배변훈련과 이유에 대해서 살펴보겠다.

표 5.2 걸음마기의 소근육 운동발달의 이정표

연령(개월)	이정표
7~15	필기구 잡기(예 : 연필, 크레용)
8~16	양손의 움직임을 통합하기
10~19	2개의 블록으로 탑 쌓기
10~21	힘차게 끄적거리기
12~18	혼자서 숟가락으로 먹기
15~23	3~4개 블록으로 탑 쌓기
20~28	종이 위에 선을 똑바로 그리기
24~32	이빨 닦기
26~34	8~10개 블록으로 탑 쌓기
29~37	원 보고 따라 그리기

출처 : Based on Adolph & Berger (2006); Bayley (2005); Coovadia & Wittenberg (2004); Frankenburg et al. (1992); Murkoff (2011)
주 : 제시된 연령범위는 걸음마기 유아 90%가 특정 이정표를 성취하는 기간이다.

배변훈련

선진국과 전통 국가의 배변훈련 과정과 시기를 비교하고 대조한다.

걸음마기에 유아는 처음으로 소변과 대변을 통제하는 것을 학습하고 배변훈련을 받게 된다. 배변훈련의 시기에 대한 생각은 지난 반세기 동안 많이 변했다(Blum et al., 2004). 20세기 중반에는 소아과 의사들이 배변훈련을 빨리 시킬 것을 강조해서 이를수록 더 좋다고 생각했다. 1957년의 한 연구에서는 걸음마기 유아의 92%가 18개월이 되면 배변훈련을 받는다고 보고하였다(Goode, 1999). 점차 소아과 의사와 부모들이 그렇게 일찍 배변훈련을 할 필요가 없다고 생각하게 되었다. 좀 더 최근 연구에서는 걸음마기 유아의 25%가 18개월에 배변훈련을 받고, 60%가 세 살에 배변훈련을 받았다(Barone et al., 2009; Schum et al., 2001). 그러나 사회계층에 따라 차이가 있어서 부모의 교육 수준이 높을수록 배변훈련이 더 늦어졌다(Horn et al., 2006).

오늘날 대부분의 미국 소아과 의사들은 유아에게 맞추어 배변훈련을 하는 것이 가장 좋고 유아가 준비되었을 때가 가장 최적의 시간이라고 보고 있다(AAP, 2001). 대부분의 걸음마기 유아는 18~30개월 사이에 준비가 되었다는 징후를 나타내 보인다. 중요한 징후는 다음과 같다.

- 하루에 한 시간 또는 두 시간 동안 소변을 보지 않는다.
- 매일 거의 같은 시간에 규칙적으로 배변을 한다.
- 사건을 더 잘 예상하고, 이를 표정이나 말로 표현한다.
- 기저귀 대신 변기를 사용하거나 속옷을 입겠다고 요청한다.

배변훈련은 보통 걸음마기에 시작되지만 밤에는 하지 않는다. 보통은 몇 주일, 몇 개월 또는 심지어 몇 년에 걸쳐서 계속되는 과정이다. 배변훈련을 일찍

배변훈련 방식은 최근에 많이 변해서 전문가들은 '아동 중심' 방식을 권장하고 있다.

이유 모유수유를 끊는 것

시작할수록 완료할 때까지 더 오랜 시간이 걸린다(Blum et al., 2003). 아동이 대소변을 가리게 된 후에도 지나치게 피곤하거나 흥분하거나 스트레스를 받으면 '실수'를 한다(Murkoff, 2011). 낮에는 그런 일이 없어도 밤에는 실수를 할 수 있다. 그렇기 때문에 보통 배변훈련이 이루어진 후에도 상당한 기간 동안 아동에게 기저귀와 속옷의 중간에 해당하는 '훈련팬티'를 입힌다. 5세에도 4분의 1 정도의 아동이 밤에는 가끔 실수를 한다(Fritz & Rockney, 2004).

선진국에서는 보통 부모가 이 과정을 안내하고 감독하고, 때로는 나이가 많은 형제나 다른 아동들이 관여하기도 한다. 전통 문화에는 화장실이 없는 경우가 많기 때문에 이 과정을 **배변훈련**이라고 하지 말고 '배설통제'라고 부르기로 하자. 2세나 3세가 되면 전통 문화의 유아들은 대부분의 시간을 연령이 다른 아동들과 집단을 이루어 놀고, 다른 아동이 배설하는 것을 보고 모방을 통해서 배설통제를 학습한다(Edwards et al., 2015; LeVine, 1994). 부모도 관여할 수 있다. 예를 들어, 미크로네시아의 태평양 섬에 사는 이팔루크족은 아이가 두 살이 되면 부모가 집 안이나 집 근처가 아니라 가까이 있는 석호에 배설하도록 가르치고 말을 듣지 않으면 야단을 친다(Le, 2000).

비판적으로 사고하기

개인주의나 집단주의의 문화적 가치가 배변훈련에 어떻게 영향을 미칠까?

이유

학습목표 5.6 영아기에 일찍 시작하는 이유와 걸음마기 후반에 시작하는 이유를 구분한다.

전통 문화에서 걸음마기 유아는 2세까지 모유를 먹는다. 라오스의 루앙프라방 근처의 한 마을에 사는 힐족의 어머니가 걸음마기 유아에게 젖을 먹이고 있다.

제3장에서 이야기한 것처럼 어머니가 모유수유를 하는지, 얼마나 오래 하는지는 문화에 따라 차이가 크다. 그러나 인간 역사와 오늘날 전통 문화의 관례에 비추어보면 2~3년 동안 모유수유를 하는 것이 가장 일반적이다(Small, 1998).

영아기에 몇 주나 몇 달 동안 모유수유를 하고 점진적으로 우유를 사용하면 모유에서 우유로 전환이 상당히 부드럽게 이루어진다(Murkoff et al., 2008). 그러나 모유수유가 걸음마기까지 더 길게 연장될수록 **이유**(weaning)는 더 어려워진다. 나중에 자세하게 살펴보겠지만 걸음마기 유아는 영아보다 훨씬 더 사회적 인식이 있고, 의도적으로 행동을 할 수 있다. 걸음마기 유아는 영아와 달리 말로 요구를 할 수 있고, 금지에 저항할 수도 있다.

따라서 대부분의 전통 문화에는 걸음마기 유아에게 모유를 떼는 전통적 방법이 있다. 처음에는 부드럽고 점진적으로 하지만 유아가 저항하면 가혹하게 한다. 예를 들어, (인도네시아의 섬) 발리에서는 출생 후 처음 며칠부터 아기에게 고형식을 조금씩 먹이고, 2세부터 점차 젖을 떼기 시작한다. 그러나 이런 점진적 과정으로 되지 않을 때에는 젖꼭지에 쓴맛이 나는 약초를 바른다(Deiner, 2000). 비슷하게 터키의 시골에서는 두 살 정도에 젖을 떼지만, 아이가 계속 젖을 찾으면 어머니의 젖꼭지에 토마토 반죽을 바른다. 아이가 보통 울고 저항하지만 이 방법은 실패하지 않는다(Delaney, 2000).

다른 문화에서는 젖을 뗄 때 어머니와 아이를 떼어놓아서 아이가 모유가 없이 살 수밖에 없도록 만든다. 서아프리카의 풀라니족은 젖을 떼는 동안 아이를 할머니 집으로 보낸다. 아이가 모유를 먹지 못해서 불평을 하면 할머니 젖을 준다. 아이는 모유가 나오지 않는다는 사실을 발견하고 금방 할머니 젖에 대한 흥미를 잃어버린다(Johnson, 2000).

2절 인지발달

학습목표

- **5.7** 피아제 이론에서 말하는 걸음마기 유아의 인지적 성취를 요약한다.
- **5.8** 인지발달에 대한 비고츠키의 사회문화적 이론을 설명하고 피아제 이론과 비교한다.
- **5.9** 언어에 대한 생물학적 및 진화론적 기초의 증거를 요약한다.
- **5.10** 걸음마기에 나타나는 언어발달의 이정표를 기술한다.
- **5.11** 걸음마기 유아의 언어를 위한 부모의 자극이 문화에 따라 차이가 나는지를 밝히고 이런 차이가 언어발달과 어떻게 관련되는지를 평가한다.

인지발달 : 인지발달 이론

영아 인지발달에 대한 피아제의 이론은 앞에서 이미 살펴보았다(제4장). 여기에서는 걸음마기에 대한 피아제의 이론을 계속 살펴볼 것이다. 또한 아동의 인지발달에 대해 좀 더 문화적 관점인 비고츠키의 이론을 소개할 것이다.

걸음마기 인지발달 : 피아제 이론

피아제 이론에서 말하는 걸음마기 유아의 인지적 성취를 요약한다.

피아제는 생후 2년 동안에 인지발달은 여섯 가지 감각운동 단계에 따라 이루어진다고 제안하였다. 제4장에서 보았듯이 영아기에 나타나는 감각운동기의 처음 네 단계에서는 단순한 반사에서 의도적이고 통합된 행동으로의 변화가 나타난다. 신생아는 다양한 반사를 보이고 자신의 행동을 의도적으로 통제하지 못하지만 첫해 말기가 되면 대부분의 반사가 사라지고 어떤 물건을 잡기 위해 다른 물건을 움직이는 것 같이 도식을 통합하는 의도적 활동을 할 수 있게 된다. 생후 두 번째 해, 즉 걸음마기에는 감각운동기의 마지막 두 단계가 완성된다.

감각운동기 5단계 : 3차순환반응 피아제는 감각운동기의 다섯째 단계를 3차순환반응(12~18개월)이라고 불렀다. 이 단계에서 유아는 의도적으로 여러 가지 행동을 시도하면서 결과가 어떻게 되는지를 살펴본다. 이전 단계의 2차순환반응에서는 행동이 우연히 일어난 후에 의도적으로 반복되지만 3차순환반응에서는 행동이 처음부터 의도적이다. 2차순환반응과 마찬가지로 3차순환반응은 반복적으로 수행된다는 점에서 순환적이다.

예를 들어, 17개월에 내 쌍둥이들은 변기의 물을 내리는 방법을 알았다. 어느날 고장이 날 때까지 변기를 눌러서 변기의 물이 넘쳐흘렀다. 나는 아래층에 앉아서 신문을 읽고 있다가 갑자기 천장에 있는 통풍구에서 물이 쏟아져 나오는 것을 보았다. 이층으로 달려가자 아이들이 너무 좋아하면서 물구덩이에서 신이 나서 낄낄대고 있었다. 그 순간에 나는 피아제를 생각하지 않았지만 피아제는 아마도 좋아했을 것이다. 피아제는 이 단계에 유아는 세상이 어떻게 돌아가는지를 배우기 위해서 주변에 있는 물체를 가지고 실험을 하는 꼬마 과학자가 된다고 생각했다. 그날 내 쌍둥이들은 계속해서 변기의 물을 내리면 어떤 일이 일어나는지를 확실하게 배웠다.

감각운동기 6단계 : 정신적 실험 감각운동기의 마지막 단계는 18~24개월로 **정신적 표상**(mental representation)의 단계이다. 이제는 3차순환반응에서처럼 여러 가지 행동을 시도하기보다는 가능성에 대해서 먼저 생각하고 원하는 결과를 성취할 가능성이 가장 큰 행동을 선택한다. 피아제는 그의 딸 루시엔의 예를 들었는데, 그녀는 아버지가 놓아둔 성냥갑 속에 들어 있는 작은 체인을 꺼내려고 했다. 처음에는 상자를 뒤집었다. 그리고는 성냥갑 속으로 손가락을 쑤셔 넣었지만 어떤 방법도 통하지 않았다. 잠시 동안 가만히 있다가 성냥갑을 들고 자세히 들여다보았다. 이번에는 자기 입을 벌렸다 오므렸다 하다가 갑자기 성냥갑의 뚜껑을 옆으로 밀고 체인을 꺼냈다(Crain, 2000). 피아제는 루시엔이 입을 벌렸다 오므리는 것이 문제를 해결하는 방법을 생각해내어서 스스로 그 방법의 흉내를 내는 것으로 보았다.

정신적 표상은 언어를 포함하여 인간의 인지 능력 가운데에서 가장 중요하고 가장 특이하므로 인지발달에서 중요한 변화이다. 우리가 사용하는 단어는 물체, 사람, 활동과 생각에 대한 표상이다.

걸음마기의 대상영속성 대상영속성은 걸음마기에 더 많이 발달한다. 제4장에서 보았듯이 생후 1년에는 어떤 물체가 다른 물체 뒤로 또는 아래로 사라지면 영아는 그 물체를 찾는다. 그러나 12개월에도 그들은 여전히 'B가 아닌 A에서 찾기 오류'를 범한다. 즉 유아가 물체를 A 담요 아래에서 찾은 다음에 물체를 B 담요 아래에 숨기는 것을 보여주면 유아는 여전히 처음에 물체를 찾았던 A 담요 아래에서 찾는 경향을 보인다.

걸음마기 유아는 B가 아닌 A에서 찾기 오류를 범하지 않고 물체를 가장 마지막에 본 곳에서 찾는다. 이 오류는 영아기보다 걸음마기에 덜 나타나지만 걸음마기에도 가끔 나타나고, 심지어 초기 아동기인 4~5세에도 나타난다(Hood et al., 2003; Newcombe & Huttenlocher, 2006). 그렇지만 유아가 일반적으로 B가 아닌 A에서 찾기 오류를 범하지 않으면 대상영속성을 획득했다고 볼 수 있다.

대상영속성은 걸음마기에 나타나는 중요한 인지적 발달이지만 인간에게만 나타나는 것은 아니다. 사실, 침팬지와 인간 유아는 2세경에 대상영속성 과제에서 비슷하게 성공한다(Call, 2001; Collier-Baker & Suddendorf, 2006). 이처럼 인간과 인간이 아닌 영장류가 이런 기본적인 능력을 가지고 있는 것은 별로 놀라운 일이 아니다(Brownell & Kopp, 2007).

지연모방 행동을 정신적으로 표상하는 능력으로 인해서 **지연모방**(deferred imitation)이 가능해지는데, 지연모방은 이전에 보았던 행동을 반복하는 능력이다. 피아제가 좋아하는 지연모방의 예는 그의 딸 자클린이 다른 또래가 성질을 내는 것을 본 다음 날 집에서 성질을 내는 것이었다(Crain, 2000). 지연모방은 학습에 아주 중요한 능력이다. 우리가 배워야 할 중요한 것을 관찰했을 때 나중에 스스로 반복할 수 있기 때문이다. 지연모방은 걸음마기 유아의 가장놀이에서 많이 나타나는데 음식 만들기, 아기에게 우유 먹이기, 구멍 파기같이 다른 또래나 성인의 행동을 관찰한 다음 놀이에서 이를 모방한다(Lillard, 2007).

피아제는 지연모방이 18개월경에 시작된다고 하였지만 이후의 연구에 의하면 훨씬 더 일찍 나타난다

정신적 표상 피아제의 감각운동기의 마지막 단계로, 걸음마기 유아는 먼저 여러 가능성을 생각한 후 자신이 바라는 결과를 달성할 가능성이 가장 큰 행동을 선택

지연모방 이전에 관찰한 행위를 반복하는 능력

(Bauer, 2006). 얼굴표정에 대한 지연모방은 6주경에 보고되었는데 영아가 낯선 성인이 이상한 얼굴표정을 짓는 것을 본 다음 날 그 성인이 나타나자 그 표정을 모방하였다(Meltzoff & Moore, 1994). 6개월에 영아는 인형의 장갑을 벗기고 그 속에 들어 있는 종을 울리기 위해 장갑을 흔드는 것 같은 일련의 사건을 하루가 지난 다음에 모방할 수 있었다(Barr et al., 2003).

그러나 지연시간이 길어지면 걸음마기 유아가 영아보다 지연모방을 더 잘한다. 일련의 연구에서 9개월, 13개월, 20개월 된 영아에게 불을 켜기 위해서 차를 트랙 위에 놓고 막대로 밀어서 언덕을 내려가게 하는 두 단계의 사건을 보여주었다(Bauer et al., 2000; 2001; 2003). 1개월이 지난 후 같은 장난감을 보여주자 9개월 영아의 절반 이하, 13개월 영아의 3분의 2와 20개월 영아의 거의 대부분이 이전에 보았던 사건을 모방할 수 있었다. 다른 연구는 영아보다 걸음마기 유아가 지연모방을 더 잘하는 것은 뇌의 성숙에 기인한다고 밝혔다. 특히 장기기억의 약호화와 회상에 특히 중요한 뇌 영역인 해마가 영아기에는 아주 미성숙하지만 걸음마기가 되면 상당히 발달한다(Bauer et al., 2010; Liston & Kagan, 2002).

범주화 피아제는 걸음마기의 정신적 표상이 범주화의 기초라고 생각했다. 예를 들어, 집의 이미지를 정신적으로 표상할 수 있으면 '집'이라는 범주를 이해할 수 있고 서로 다른 집들이 모두 하나의 범주에 속한다는 사실을 이해하게 된다. 각 명사와 동사가 범주를 나타내기 때문에 이런 범주는 언어의 기초가 된다(Waxman, 2003). **트럭**이라는 단어는 '트럭'이라는 범주를 나타내는데, 여기에는 가능한 모든 종류의 트럭이 포함된다. **달린다**라는 단어는 '달린다'라는 범주를 나타내고 여기에는 모든 종류의 달리기가 포함된다.

걸음마기 유아의 놀이에는 지연모방이 많이 나타난다. 페루의 걸음마기 유아가 인형에게 우유를 먹이고 있다.

이 문제에 대해서도 최근 연구는 피아제가 아동의 초기 능력을 과소평가했음을 보여주고 있다. 영아와 걸음마기 유아는 피아제가 생각했던 것보다 더 많은 것을 할 수 있었다. 몇 개월 안 된 영아도 범주에 대한 기초적인 이해를 가지고 있었다. 이는 영아가 일련의 이미지를 바라보는 패턴에서 밝혀졌다. 이미 보았듯이 영아는 새롭거나 친숙하지 않은 이미지를 더 오래 바라보고, 이미지에 대한 주의는 영아가 무엇을 알고 무엇을 모르는지를 추론하기 위해서 많이 사용된다. 한 연구에서 3~4개월 영아에게 고양이의 사진을 보여주었다(Quinn et al., 1993). 여러 개의 고양이 사진을 보여준 다음 영아에게 2개의 새로운 사진을 보여주었는데 하나는 고양이 사진이고, 하나는 개 사진이었다. 영아는 개 사진을 더 오래 바라보았는데, 이는 영아가 '고양이' 범주를 사용하고 있으며, 개는 고양이 범주에 맞지 않기 때문에 더 오래 바라보았음을 의미한다.

그러나 연구는 일반적으로는 걸음마기가 되어야 범주가 더 발달한다는 피아제의 생각을 지지한다(Bornstein & Arterberry, 2010). 예를 들어, 한 연구에서 9개월, 12개월, 18개월 된 영아를 비교하였다(Gopnik et al., 1999). 영아에게 4개의 서로 다른 장난감 말과 4개의 서로 다른 연필을 제시하였다. 9개월에는 영아는 물체를 가지고 놀았지만 그들을 범주로 나누지 않았다. 12개월에는 일부 아동은 물체를 범주로 나눌 수 있었다. 18개월에는 거의 모든 영아가 물체를 '말' 범주와 '연필' 범주로 아주 체계적이고 의도적으로 분류하였다.

2세가 되면 걸음마기 유아는 물체의 외양을 뛰어넘어서 물체의 기능이나 성질에 의해 물체를 범주화할 수 있다. 한 연구에서 2세 유아에게 동일하게 보이는 기계와 블록을 제시하였다(Gopnick et al., 1999). 그런 다음 2개의 블록을 기계 위에 올려놓았을 때 기계에 불이 왔고, 다른 블록은 올려놓아도 불이 오지 않았다. 연구자는 기계에 불이 오게 하였던 블록 가운데 하나를 들고 "이것은 블리켓이야. 다른 블리켓을 보여주겠니?"라고 질문을 하였다. 2세 유아는 블록들의 모양이 동일함에도 불구하고 기계에 불이 오게 하는 다른 블록을 정확하게 선택하였다. 블리켓은 유아가 한 번도 들어본 적이 없는 비단어였지만 그들은 '블리켓'이라는 범주가 불이 오게 하는 특징으로 정의되는 범주임을 이해하였다. 이 실험이 어떻게 범주화가 언어의 기초라는 사실을 보여주는지를 설명할 수 있겠는가?

비고츠키의 사회문화적 이론

인지발달에 대한 비고츠키의 사회문화적 이론을 설명하고 피아제 이론과 비교한다.

걸음마기의 인지발달에 대한 대부분의 연구는 문화적 맥락에 관심을 기울이지 않았는데, 인간발달 연구자들에게 점점 더 관심을 받고 있는 이론이 있다. 이 접근은 러시아 심리학자인 레프 비고츠키(Lev Vygotsky, 1896~1934)의 생각에 기초하고 있다. 비고츠키는 37세에 결핵으로 요절하였고, 인지발달에 대한 그의 생각이 번역이 되어서 러시아 밖의 학자들에게 알려지기까지 수십 년이 걸렸다. 그의 연구가 서양 학자들에게 크게 영향을 미치게 된 것은 비교적 최근이지만 발달의 문화적 기초를 이해하려는 관심이 계속 증가하면서 그의 영향도 커지고 있다(Gauvain & Nicolaides, 2015; Maynard & Martini, 2005).

비고츠키는 인지발달이 사회적이면서 동시에 문화적인 과정이라고 보았기 때문에 그의 이론을 **사회문화적 이론**이라고 부른다(Daniels et al., 2007). 아동은 다른 사람과 상호작용을 통해서 학습하고, 알아야 할 것을 배우는 데에는 다른 사람의 도움이 필요하기 때문에 인지발달은 사회적이다. 아동이 배워야 하는 것은 그들이 살고 있는 문화에 의해 결정되기 때문에 인지발달은 또한 문화적이다. 비고츠키는 아동이 획득해야 하는 지식에는 확실하게 문화적 차이가 있음을 인정하였다. 아시아 농촌에서는 농업기술을 배워야 하고, 아프리카 동부에서는 소를 돌보는 기술을 배워야 하며, 서양의 학교에서는 언어적 및 사회적 추론기술을 배워야 한다. 이는 아동이 홀로 물리적 환경과 상호작용하는 것을 강조하고, 모든 문화에서 인지발달이 동일하다고 보았던 피아제의 입장과는 아주 대조적이다.

근접발달 영역 비고츠키의 가장 중요한 두 가지 개념은 근접발달 영역과 발판화이다(Gauvain & Nicolaides, 2015). **근접발달 영역**(zone of proximal development)은 아동이 혼자 완수할 수 있는 기술이나 과제와 성인이나 다른 유능한 또래의 도움을 받아서 수행할 수 있는 기술이나 과제 사이의 차이이다. 비고츠키에 의하면 근접발달 영역 내에서 교수를 받을 때 아동이 가장 학습을 잘하는데, 처음에는 도움을 필요로 하지만 점차 혼자서 과제를 수행할 수 있게 된다. 예를 들어, 악기를 처음 배울 때 완전히 혼자 해야 한다면 아동은 길을 잃거나 압도당하겠지만 악기를 연주하는 방법을 아는 사람의 도움을 받는다면 잘 배울 수 있다.

근접발달 영역 아동이 도움 없이 스스로 달성할 수 있는 기술이나 과제와 성인이나 더 유능한 또래의 지도를 받으면 할 수 있는 기술이나 과제 간의 괴리

아동이 근접발달 영역 내에서 학습하고 자신을 지도하는 사람과 대화를 나누면서 자기를 안내하고 지시하기 위해 자신에게 혼잣말을 하게 되는데, 처음에는 소리를 내어서 말하지만 나중에서 속으로 말하게 된다. 비고츠키는 이를 **사적 언어**(private speech)라고 불렀다(Winsler, 2009). 아동이 배우는 내용을 점점 더 알게 되면서 사적 언어를 내면화하고 점차 덜 사용하게 된다. 걸음마기와 초기 아동기가 비고츠키 이론에서 중요한 시기인데 이 단계 동안에 아동은 사적 언어를 사용하고, 사적 언어가 점점 내면화되기 때

사적 언어 비고츠키 이론에서 아동이 근접발달 영역에서 학습할 때 스스로에게 하는 자기안내적이고 자기지시적인 말과 자신을 안내하는 대화로, 처음에는 외부적으로 크게 말하고 그다음에는 내면적으로 함

문이다(Feigenbaum, 2002). 그러나 사적 언어는 일생 동안 계속된다. 사실 비고츠키는 사적 언어는 모든 고등한 인지기능에 필수적이라고 보았다. 최근 연구에 의하면 청소년과 성인도 여러 종류의 과제를 수행할 때 사적 언어를 사용하였다(Medina et al., 2009).

비고츠키의 또 다른 중요한 개념은 **발판화**(scaffolding)인데 근접발달 영역 내에서 아동을 도와주는 정도를 말한다. 비고츠키에 의하면 발판화는 아동이 과제에 점점 더 유능해지면서 점차 감소되어야 한다. 아동이 어떤 과제를 학습하기 시작할 때에는 성인이나 유능한 또래의 도움을 상당히 많이 필요로 한다. 그러나 아동이 지식과 기술을 점점 더 많이 획득하게 되면서 교사는 직접적으로 지시하는 양을 점차 줄여나가야 한다. 예를 들어, 어린 아동이 옷을 입기 위해서는 부모의 도움이 필요하지만 나이가 들고 경험이 늘어나면서 점점 더 스스로 할 수 있게 되고 결국은 혼자서 하게 된다. 발판화는 어떤 사람이 다른 사람으로부터 기술을 배우거나 지식을 획득할 때에는 어떤 연령에서도 일어날 수 있다.

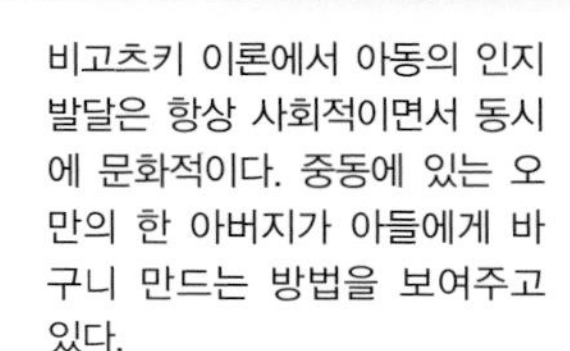

비고츠키 이론에서 아동의 인지발달은 항상 사회적이면서 동시에 문화적이다. 중동에 있는 오만의 한 아버지가 아들에게 바구니 만드는 방법을 보여주고 있다.

비고츠키 이론에서 근접발달 영역과 발판화는 학습의 사회적 측면을 강조한다. 그에 입장에서는 학습은 항상 지식을 가지고 있는 사람과 지식을 획득하는 사람 사이에 일어나는 상호작용을 통해서, 즉 사회적 과정을 통해서 일어난다. 근접발달 영역과 발판화 개념은 나이가 많은 아동의 학습에도 적용될 수 있는데, 이 문제는 다른 장에서 다룰 것이다.

유도된 참여 비고츠키 이론을 확장하는 데 중요한 역할을 했던 학자는 바바라 로고프(Rogoff, 1990; 1995; 1998; 2003)이다. 그녀의 **유도된 참여**(guided participation)라는 개념은 사회적으로 가치 있는 활동에 참여하고 있는 두 사람(대개 성인과 아동) 사이의 상호작용을 말한다. 유도란 학습이 일어날 때 "사회적 파트너뿐 아니라 사회적 및 문화적 가치가 지향하는 방향"이다(Rogoff, 1995, p. 142). 로고프(Rogoff, 2003)는 "학교놀이를 하는" 대만의 유아와 양육자로 유도된 참여의 예를 들었다. 게임의 일부로 양육자는 유아에게 수업이 시작되고 끝날 때에는 일어나서 선생님에게 인사하는 것을 가르치는데, 이는 수업의 규칙뿐 아니라 교사권위에 대한 존경을 나타내는 문화적 가치를 가르치는 것이다. 유도된 참여에서 교육은 간접적일 수도 있다. 예를 들어, 로고프(Rogoff, 2003)는 과테말라의 마야족에 대한 연구에서 유아가 엄마가 또띠야를 만드는 과정을 어떻게 관찰하고 모방하는지를 기술했다. 엄마는 유아에게 작은 반죽덩이를 주고 일부를 떼어서 평평하게 만드는 과정을 시작하도록 도와주지만 말로 가르치는 대신에 행동으로 보여주고 유아가 엄마의 행동을 관찰하고 모방하여 배우게끔 하였다.

인지발달 : 언어발달

인간과 다른 동물을 구별하는 여러 능력 중에서 언어가 가장 중요하다. 다른 동물에게도 그들 나름의 의사소통 방식이 있지만 언어는 인간이 엄청나게 다양한 주제에 대해 의사소통할 수 있게 해준다. 언어를 사용하여 인간은 현재 볼 수 있는 것뿐 아니라 현재를 넘어서는 무한한 일에 대해서 의사소통할 수 있다. 언어를 사용해서 인간은 실재하는 것만이 아니라 상상하는 것에 대해서도 의사소통할 수 있다. 언어학자 데릭 비커턴은 "언어만이 모든 존재가 갇혀 있는 현재 경험이라는 감옥을 깨부수고 우리가 무한한 공간

발판화 근접발달 영역에서 학습자에게 제공되는 도움 정도로, 학습자의 기술이 발달함에 따라 점진적으로 감소

유도된 참여 문화적으로 가치 있는 활동에 참여할 때 두 사람(종종 성인과 아동) 간의 상호작용을 가르치는 것

과 시간의 자유를 누리게 할 수 있다"고 주장했다(Leakey, 1994, p. 119).

제4장에서 영아기에 언어가 시작되는 것을 살펴보았다. 그러나 영아기 말기가 되면 대부분의 영아는 단지 몇 단어를 말할 뿐이다. 걸음마기가 되어야 언어가 빠르게 발달하고 중요한 발달이 일어난다. 걸음마기 유아는 한 살에는 몇 마디만 하지만 세 살이 되면 유창하게 언어를 사용하게 된다. 앞으로 이러한 놀라운 성취의 과정을 살펴볼 것인데, 우선 언어의 생물학적 및 진화론적 기초를 살펴보고, 걸음마기에 나타나는 언어발달의 이정표를 살펴보고, 마지막으로 걸음마기 유아의 언어사용의 문화적 및 사회적 맥락을 살펴볼 것이다.

언어의 생물학적 및 진화론적 기초

언어에 대한 생물학적 및 진화론적 기초의 증거를 요약한다.

당신은 어떤 영장류가 언어를 사용하는 법을 배울 수 있다고 들었을 것이다. 유인원에게 언어를 가르치려는 시도는 사회과학에서 오랜 역사를 가지고 있어서 반세기 전으로 거슬러 올라간다. 가장 초기의 시도에서 연구자들은 아기 침팬지를 자기 집에서 가족의 일원으로 키우면서 매일 말하는 것을 가르치고 가능한 한 인간 아기와 비슷하게 대하였다. 수년 동안 노력을 했지만 그 결과는 '마마'라는 한 마디와 심하게 어질러진 집안이었다. 침팬지는 인간 이외의 다른 영장류 같이 인간의 말소리를 낼 수 있는 발성기관이 없다.

무한생성성 언어의 단어 상징을 받아들이고, 이 단어들을 무한한 새로운 방식으로 조합하는 능력

브로카 영역 언어 산출을 담당하는 뇌의 좌반구의 전두엽 부위

1960년대에 연구자들은 유인원에게 사인언어를 가르치는 시도를 하였다. 유명한 침팬지 워쇼는 약 10개 정도의 사인을 사용하는 것을 배웠는데, 대부분이 음식의 요청이었다(Small, 2001). 워쇼는 심지어 거짓말과 농담도 했다. 그러나 사인을 창의적으로 결합하는 것을 배우지는 못했다(예외가 있었는데 오리를 처음으로 보여주자 사인언어를 사용하여 '물새'라고 하였다). 워쇼와 다른 영장류는 대부분이 가르쳐준 사인을 단순하게 모방하였다. 인간언어의 가장 중요하고 독특한 특징인 **무한생성성**(infinite generativity)이 없었는데, 이는 단어를 무한하게 다양한 방식으로 결합하는 능력을 말한다.

침팬지는 몇 개의 사인언어를 제한된 방식으로 사용하는 것을 배울 수 있지만 인간언어의 무한생성성은 없다.

인간의 여러 가지 생물학적 특징을 보면 우리가 언어를 위해 만들어진 종임을 알 수 있다(Kenneally, 2007). 첫째, 인간은 독특한 발성기관을 가지고 있다. 인간은 다른 영장류보다 더 많은 소리를 낼 수 있는데, 후두가 목구멍 아래쪽에 위치해 있어서 성대 위에 있는 소리를 낼 수 있는 공간인 인두가 크기 때문이다. 우리는 또한 작고 잘 움직이는 혀를 가지고 있어서 후두를 넘어오는 소리를 다양한 방식으로 밀어서 여러 가지 소리를 낼 수 있고, 입술이 아주 부드러워서 공기의 흐름을 끊고 시작하게 할 수 있다.

둘째, 뇌의 좌반구에 있는 두 영역이 전문적으로 언어기능을 담당한다(Nakano & Blumstein, 2004; Pizzamiglio et al., 2005). 좌반구 전두엽에 있는 **브로카 영역**(Broca's area)은 언어산출을 담당하고, 좌반구의 측두엽에 있

는 **베르니케 영역**(Wernicke's area)은 언어이해를 담당한다(**그림 5.3** 참조). 성인기에 어느 영역이 손상을 입으면 그 영역이 담당하는 언어 능력이 손상된다. 그러나 아동기에 손상을 입으면 뇌의 다른 영역이 그 기능을 보상하고, 어려서 손상을 입을수록 보상이 더 크게 일어난다(Akshoomoff et al., 2002; Huttenlocker, 2002). 브로카 영역과 베르니케 영역 이외에도 여러 영역이 언어사용에 관여한다(Dick et al., 2004). 사실, 어떤 언어학자들은 인간 뇌가 다른 종에 비해 훨씬 더 큰 것은 언어의 진화 때문이라고 주장한다(Pinker, 2004).

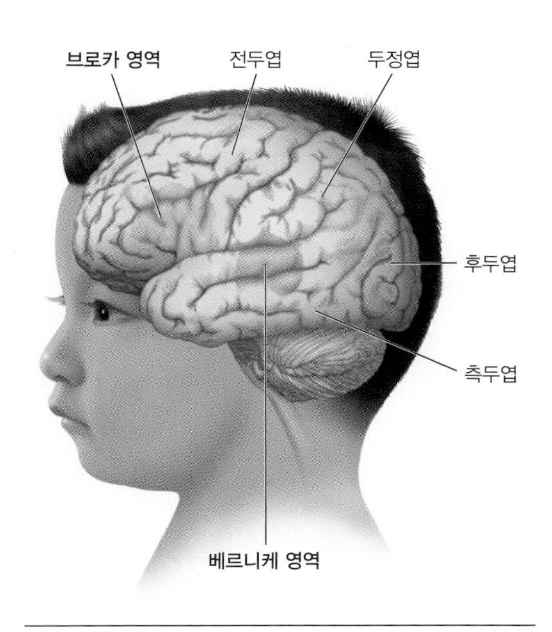

그림 5.3 뇌의 브로카 영역과 베르니케 영역

셋째, 최근에 언어발달에 대한 유전자가 발견되었다(Gazzaniga, 2008; Pinker, 2004). 브로카 영역과 베르니케 영역이 오랫동안 정상적인 뇌구조의 일부로 알려져 왔기 때문에 언어의 유전적 기초는 확실하다. 그러나 언어에 대한 특정 유전자가 있다는 사실은 언어가 인간이라는 종의 계통발달에 깊숙이 뿌리내리고 있다는 사실을 확실하게 해준다.

요즈음의 인간은 언어에 대해 생물학적으로 준비되어 있지만 최초의 우리 조상들은 그렇지 못했다. 초기 인류의 조상(제1장 참조)의 후두는 요즘 인간과 달리 영장류와 비슷한 위치에 있어서 언어를 사용할 수 없었다(Leakey, 1994). 거의 200만 년 전부터 후두의 위치가 눈에 띄게 낮아졌고, 20만 년 전에 살았던 최초의 호모사피엔스는 우리와 별 차이가 없는 발성기관을 가지고 있었다. 언어의 발달로 인해서 인간은 놀랍게 진화하였음은 의심할 필요가 없다(Small, 2001). 언어는 음식이 어디에 있는지, 도구를 어떻게 만드는지에 대해 쉽게 의사소통할 수 있게 해주었고, 그로 인해 생존의 가능성이 증가하였다. 더 좋은 창을 만들 수 있다면 영양분을 얻을 수 있는 먹잇감을 잡을 가능성이 더 커진다. 보트를 만들 수 있다면 음식이 없어졌을 때 음식이 있는 곳으로 옮겨갈 수 있다.

많은 진화생물학자들은 언어의 사회적 기능 때문에 언어가 진화상 우위를 주게 되었다고 생각한다. 진화과정에서 인간집단이 점점 더 커져서(Leakey, 1994), 인간들이 효과적으로 기능하기 위해서는 의사소통이 더욱 필요하게 되었다. 언어 능력은 집단기능의 효율성을 증가시키기 때문에 언어가 뛰어난 집단이 다른 집단보다 생존하고 번식할 가능성이 더 컸을 것이다. 집단 내에서도 언어를 효율적으로 사용하면 배우자, 음식과 지위를 얻을 가능성이 더 크기 때문에 인간이 진화하는 과정에서 언어 능력이 자연선택을 결정하였을 것이다(Pinker, 2004).

어린 아동이 모국어의 규칙을 배워가는 놀라운 능력이 언어의 생물학적 및 진화론적 기초에 대한 또 다른 증거이다. 반세기 전에 많은 심리학자가 언어에는 생물학적 기초가 없고 아동은 순전히 모방과 부모강화를 통해 언어를 학습한다고 주장하였을 때 언어학자인 노암 촘스키(Chomsky, 1957, 1969)는 그렇게 배우기에는 언어가 너무 복잡하다면서 이의를 제기하였다. 모든 아동이 모국어의 문법규칙을 2세나 3세에 배우는 것을 보고 촘스키는 아동은 **언어습득장치**(language acquisition device, LAD)를 가지고 태어나며, 이 장치는 아동이 문법을 더 빠르게 지각하고 파악하게 한다고 주장했다. 언어의 생물학적 기초의 본질과 언어발달에 필요한 사회적 자극의 종류에 대해서는 여전히 뜨거운 논쟁이 이루어지고 있다. 그렇지만 오늘날에는 언어학자들이 언어발달이란 나중에 사회적 상호작용에 의해 변화되는 생물학적 잠재력이라는 사실에 일반적으로 동의하고 있다(Hoff, 2009).

베르니케 영역 언어 이해를 담당하는 뇌의 좌반구의 측두엽 부위

언어습득장치(LAD) 촘스키에 따르면, 아동이 자신이 듣는 언어에 있는 문법 규칙을 재빨리 지각하고 습득하게 하는 뇌의 타고난 특성

비판적으로 사고하기

언어는 어떻게 초기 인류의 조상이 배우자, 음식과 지위를 얻는 데 있어서 진화상 우위에 있도록 했을까?

걸음마기 언어발달의 이정표 : 첫 단어에서 유창성으로

걸음마기에 나타나는 언어발달의 이정표를 기술한다.

걸음마기의 언어발달은 천천히 시작되지만 빠르게 일어나서 아동은 처음에는 몇 단어를 사용하지만 2년이 안 되어서 아주 유능하게 언어를 사용하게 된다. 18~24개월 사이에 일어나는 놀라운 언어발달을 특히 주목해야 한다.

12~18개월 : 느린 확장 걸음마기의 처음 6개월 동안에는 언어발달이 꾸준하지만 완만하게 이루어진다. 미국 연구에서 걸음마기 유아는 12~18개월 사이에 매주 1~3개 정도의 새로운 단어를 학습해서 15개월이 되면 10개 단어를 사용하고, 18개월이 되면 50단어를 사용하였다(Bloom, 1998). 그러나 개인차가 크게 나타났다. 걸음마기 유아는 13~19개월 사이에 10번째 단어를 말하고, 14~24개월 사이에 50번째 단어를 말하는데, 이런 정도이면 정상 범위라고 본다. 처음 걷기 시작하는 시기와 나중의 운동 능력이 관계가 없는 것처럼, 10번째와 50번째 단어를 말하는 시기와 나중의 언어 능력은 관계가 없다.

처음 50단어는 대개 유아의 일상생활에 대한 것으로서 다음과 같다.

- 중요한 사람("엄마", "아빠")
- 친숙한 동물("개", "야옹이")
- 신체부위("머리카락", "배")
- 움직이는 물체("차", "트럭")
- 음식("우유", "쿠키")
- 활동("먹다", "목욕하다")
- 집안물건("컵", "의자")
- 장난감("공", "곰")
- 인사하기나 작별하기("안녕", "바이바이")

걸음마기 유아들은 처음에는 다른 사람과 같이 활동하면서 의사소통하는 데 필요한 단어들을 학습한다(Newman, 2007). 이 단계에서 유아들은 종종 부분 단어를 사용하는데 예를 들어, 새(bird)를 'bah', 우유(milk)를 'meh' 또는 바나나를 'na-na'라고 한다.

12~18개월 사이에 대부분의 걸음마기 유아는 하나의 단어를 사용하지만, 이 단어는 여러 가지 의미를 나타낸다. 걸음마기 유아의 한 단어를 **일어문**(holophrase)이라고 하는데 한 단어가 여러 가지 의미를 나타내는 문장에 해당한다(Flavell et al., 2002). 예를 들어, '컵'은 "컵에 주스를 가득 채워주세요" 또는 "컵을 마루에 떨어 뜨렸어요" 또는 "컵을 주세요. 내가 가지러 갈 수 없어요" 또는 "여기, 이 컵을 쓰세요" 등 언제, 어떻게, 누구에게 말하는지에 따라 그 의미가 달라진다.

걸음마기 유아가 한정된 어휘를 최대한으로 활용하는 또 다른 방법은 하나의 단어로 서로 관련된 여러 가지 사물을 지칭하는 것인데, 이를 **과잉확장**(overextension)이라고 한다(Bloom, 2000). 예를 들어, 집에서 키우는 털이 있는 개의 이름을 누리라고 배우고 나면 누리와 다른 모든 개를 누리라고 부르고, 슬리퍼와 같이 털이 있는 물체와 심지어 누리의 코를 연상시키는 커다란 검은 올리브가 들어 있는 샐러드도 누리라고 부른다(de Villiers & de Villiers, 1978).

걸음마기 유아들은 **과소확장**(underextension)도 하는데, 이는 일반적인 단어를 특수한 물체에만 적용하는 것이다(Woodward & Markman, 1998). 내가 어렸을 때 우리 집에 '야옹이'라는 이름의 고양이가

일어문 전체 문장을 표현하는 데 사용되는 한 단어

과잉확장 한 단어를 서로 관련된 다양한 사물을 표상하는 데 사용하는 것

과소확장 일반적인 단어를 특정한 대상에만 적용하는 것

있었다. 누군가 내 형에게 '야옹이'라고 말해주었는데 우리 형이 '야옹이'라고 부르기 시작해서 그 고양이의 이름이 되어버렸다. 형은 야옹이가 '고양이'라는 더 큰 범주를 지칭하는 속어인지 모르고 '야옹이'를 그 고양이의 이름으로 잘못 알아들었던 것이다. 과소확장은 이런 식으로 나타나서 걸음마기 유아가 처음에는 새로운 단어를 특정 대상에게 적용하고, 나중에 그 단어를 그 대상이 속하는 범주에 적용하게 된다.

모든 연령에서 언어산출(말하기)이 언어이해보다 늦게 나타난다. 유아는 13개월에 50단어를 이해하지만, 18개월이 되어야 50단어를 말할 수 있다(Menyuk et al., 1995). 걸음마기 동안의 언어이해가 언어산출보다 이후의 언어적 지능을 더 잘 예측한다(Reznick et al., 1997).

걸음마기 유아가 한 단어를 사용할 때에 서로 관련된 여러 대상을 하나의 단어로 지칭하는 과잉확장을 한다. 예를 들어서, 스트로베리와 다른 붉은색 베리를 모두 '라즈베리'라고 말한다.

18~24개월 : 명명폭발 생후 두 번째 해의 상반기에는 단어가 천천히 학습되지만 18~24개월 사이에 갑자기 도약한다. 새로운 단어를 학습하는 속도가 2배가 되어서 일주일에 하나 또는 세 단어를 학습하다가 일주일에 다섯 또는 여섯 단어를 학습하게 된다(Kopp, 2003). 이를 **명명폭발** 또는 **어휘급등**이라고 부른다(Bloom et al., 1985; Goldfield & Reznick, 1990). 어떤 물체의 이름을 단 한 번 듣고 나서 걸음마기 유아는 그 이름을 학습하고 기억하는데, 이 과정을 **신속한 연결하기**(fast mapping)라고 한다(Gopnik et al., 1999; Markman & Jaswal, 2004). 신속한 연결하기는 기억 때문이 아니라 아동이 문장 안에서 새로운 단어가 사용되는 방식과 새로운 단어가 자신이 아는 단어와 어떻게 관련되는지에 근거해서 단어의 의미를 빠르게 추론하기 때문에 가능해진다(Dixon et al., 2006). 두 살이 되면 걸음마기 유아는 약 200단어를 사용한다(Dale & Goodman, 2004). 이렇게 빠르게 단어를 학습하고 기억하는 경향은 수년 동안 계속되지만, 이런 경향은 18~24개월에 특히 현저하게 나타난다(Ganger & Brent, 2004). 이 시기 동안 남아보다 여아의 어휘가 더 빠르게 증가하고, 이를 시작으로 해서 성별에 따른 언어능력의 차이가 아동기 동안 계속된다(Lovas, 2011).

걸음마기 유아가 이 기간 동안에 학습하는 가장 놀라운 두 가지 단어는 *gone*과 *no*이다. 'gone'은 무엇이 시야에서 사라졌지만 어딘가에 여전히 존재한다는 의미이기 때문에 'gone'을 사용하는 것은 대상영속성에 대한 그들의 인식이 점점 더 발전함을 나타낸다(Gopnik et al., 1999). 'no'의 사용은 자아에 대한 인식이 나타남을 보여준다('me', 'my'와 'mine'도 또한 이 시기에 사용되기 시작한다). 'no'는 "너는 내가 이렇게 하도록 바라지만 나는 아니야"의 준말일 수 있다. 물론 이 시기에는 유아들이 'no'라는 소리를 많이 듣게 되는데 유아가 많이 움직이고 호기심이 많아서 성인이 볼 때 위험하거나 파괴적인 일을 많이 하기 때문이다(Kopp, 2003). 18~24개월 동안 유아들은 또한 1~2개의 색깔 이름, 적어도 6개의 신체부위 이름, '피곤하다'와 '화가 난다' 같은 정서적 상태를 나타내는 말을 학습한다(Eisenberg et al., 1996; Kopp, 2003).

18~24개월 말기가 되면 걸음마기 유아들은 처음으로 단어들을 조합하여 말하기 시작한다. 처음에는 보통 2개의 단어를 조합하여 말하는데 이를 **전보어**(telegraphic speech)라고 한다(Bloom, 1998; Brown, 1973; Edmonds, 2011). "See doggie", "Big car", "My Ball", "More cookie" 또는 "Mommy gone"과 같은 전보어는 영어, 독일어, 핀란드어와 사모아어에 이르기까지 다양한 언어에서 나타난다(Bochner & Jones, 2003; Slobin, 1972). 옛날의 전보처럼 전보어에는 *the*와 *and* 같은 연결하는 단어가 없고 명사, 동사와 수식어만 포함된다.

전보어의 흥미로운 특징은 구문(단어 순서)에 대한 초기 지식이 나타난다는 점이다. 걸음마기 유아는

신속한 연결하기 사물의 명칭을 단 한 번 듣고 사물의 단어를 배우고 기억하는 것

전보어 관사나 접속사 같은 접속 단어 없이 2개의 단어로 연결된 구절

"Doggie see"라고 하지 않고 "See doggie"라고 말한다. "Ball my"라고 하지 않고 "My ball"이라고 한다. 이전에 사용했던 일어문과 마찬가지로 전보어에는 보기보다 언어에 대한 많은 이해가 내포되어 있다. "Big car"는 "Look at big car"를 의미하고 "My ball"은 "This is my ball"을 의미한다.

18~24개월 동안에 언어산출이 크게 발달하지만 유아가 단어를 더 빠르고 효율적으로 처리하게 되면서 언어이해도 크게 발달한다. 15~24개월 걸음마기 유아에게 두 물체의 그림을 동시에 보여주면서 "Where's the ____________?"라고 녹음된 소리로 하나의 물체를 말하였다(Fernald et al., 2006). 15개월에는 유아가 전체 단어를 다 듣고 나서 단어가 지칭하는 물체를 바라보았지만 24개월에는 전체 단어를 다 듣기도 전에 이미 시선을 돌렸는데, 예를 들어 'sh' 소리를 듣자마자 곧 신발을 바라보았다.

24~36개월 : 언어에 능숙해지기 세 번째 해에도 걸음마기 유아는 18~24개월에서처럼 빠른 속도로 어휘를 계속 확장해간다. *under, over, through* 같은 전치사를 사용하는 것을 학습한다(Eisenberg et al., 1996). 그들은 또한 범주에 대한 좀 더 복잡한 이해를 반영하는 단어도 사용한다. 예를 들어, 그들은 곰은 곰이며 동시에 동물이라는 사실을 이해한다(Kopp, 2003).

그들은 과잉확장과 과소확장을 계속하지만 어휘가 확장되면서 그 빈도는 감소한다. 그들은 계속해서 전보어를 사용하지만 이제는 두 단어 진술보다는 세 단어와 네 단어 진술을 사용한다("Ball under bed!"). 세 번째 해에는 짧고 완전한 문장을 점점 더 많이 사용하기 시작한다(Maratsos, 1998). 이 시기에 내 아들은 달을 보고 "너무 높아!"라고 탄식하면서 우리를 쳐다보았다. 마치 우리에게 어떻게 해줄 것을 기대하는 것처럼.

세 번째 해 말기가 되면 대부분의 유아는 아주 능숙하게 언어를 사용한다(Maratsos, 1998). 그들은 다양한 주제에 대해서 이야기를 나눌 수 있다. 현재에 일어나고 있는 사건뿐 아니라 과거와 미래의 일에 대해서도 이야기할 수 있다. 중국어를 쓰는 가정에서 자라는 유아들은 단어 음조를 높이거나 낮추는 것이 의미를 바꾼다는 사실을 학습한다. 프랑스 유아는 비음을 어떻게 만드는지를 학습하고 "Violà!"라고 말하고 보츠와나의 쿵산족 유아는 단어를 발음하기 위해서 어떻게 입의 여러 부분에 대고 혀를 차야 하는지를 배운다(Small, 2001). 단어에 대한 발음이 아직 정확하지 않지만 3세가 되면 대부분의 유아는 그들이 원하는 거의 모든 단어를 상당히 정확하게 말할 수 있게 된다.

더구나 일부러 가르치지 않아도 3세 말기가 되면 유아는 그 언어를 사용하지 않는 사람에게는 상당히 복잡해 보이는 모국어 규칙을 학습한다. 예를 들어보겠다(Slobin, 1982, 2014). 터키어에서는 문법규칙(단어순서)이 영어와 다르다. 영어에서는 "The girl fed the dog"은 "The dog fed the girl"과 의미가 다르다. 주어(girl)가 먼저 나오고 그다음에 동사(fed)가 나오고, 목적어(dog)가 나온다. 그러나 터키어에서는 목적어는 문법이 아니라 접미사 *u*를 붙여서 나타낸다. "The girl fed the dog-u"는 "The dog-u fed the girl"과 같은 의미이다. 터키 유아는 3세가 되면 u 규칙을 정확하게 사용하는데, 이는 미국 유아가 3세가 되면 영어문법을 정확하게 사용하게 되는 것과 같다.

걸음마기 유아가 언어를 학습한 정도는 규칙을 사용하는 데에서뿐 아니라 그들이 하는 실수에서 분명하게 드러난다. 모국어 문법을 학습하면서 유아는 **과잉일반화**(overregularization)의 실수를 하게 되는데, 이는 예외가 되는 경우에도 문법규칙을 적용하는 것이다.

과잉일반화 규칙에 예외적인 단어에까지 문법규칙을 적용하는 것

과잉일반화를 보여주는 예는 다음과 같다. 첫째, 영어에서는 복수를 나타낼 때 대부분 단수 형태에 *s*를 붙이지만 'mouse'의 복수형은 'mice'이고, 'foot'의 복수형은 'feet'인 것처럼 불규칙 예외가 있다. 3세에 유아는 때로는 'mice' 대신에 'mouses', 'feet' 대신에 'foots'라고 말하는 실수를 범한다. 둘째, 영어에서는 과거형은 현재형에 *ed*를 붙이지만 'go'의 과거형은 'went'이고 'throw'의 과거형은 'threw'인 것처럼 불규칙 예외가 있다. 3세에 유아는 때로는 "Mommy *goed* to the store" 또는 "I *throwed* the ball"이라고

말하는 실수를 범한다. 그러나 3세에는 이런 종류의 실수가 드물어진다(Bochner & Jones, 2003).

사회문화적 맥락에서의 언어학습

학습목표 5.11 걸음마기 유아의 언어를 위한 부모의 자극이 문화에 따라 차이가 나는지를 밝히고 이런 차이가 언어발달과 어떻게 관련되는지를 평가한다.

인간은 생물학적으로 언어를 학습하도록 되어 있지만 특정 언어를 학습하도록 준비되어 있는 것은 아니다. 세상에는 6만 개 이상의 언어가 있지만(Small, 2001) 어떤 언어도 우리 뇌에 새겨져 있지 않다. 우리가 학습하는 언어는 어떤 언어이든지 사회적 및 문화적 환경에서 온다.

800년 전에 있었던 이상한 실험이 이런 사실을 잘 보여준다. 로마 황제였던 프레데릭 II세(Frederick II, 1194~1250)는 영아를 내버려두면 어떤 언어를 사용하게 되는지 궁금했다. 고아원에 있었던 한 집단의 신생아를 선택해서 양육자에게 절대 말을 하지 않도록 지시했다. 아기들이 어떤 말을 하기 시작했을까? 당시 학자의 언어였던 라틴어일까? 프레드릭 II세의 언어인 독일어일까? 독일의 적이었던 프랑스어일까?

이미 짐작했겠지만 어느 것도 아니었고 비극적이지만 아기들은 모두 사망하였다. 이는 언어가 얼마나 중요한 사회적 환경의 일부이며, 인간이 정상적으로 발달하기 위해서, 언어발달만이 아니라 사회적 발달에 있어서 언어가 얼마나 필요한지를 보여주는 좋은 예이다.

언어가 발달하는 데 걸음마기 유아에게 필요한 사회적 환경은 어떤 것일까? 미국 연구는 부모가 어떻게 어린 자녀의 언어발달을 도울 수 있는지에 집중되어왔다. 미국이나 다른 선진국에서 부모는 아이에게 책을 많이 읽어주면서 단어의 의미를 설명해준다(Fitneva et al., 2015). 이렇게 해서 부모는 정보를 이해하고 사용하는 능력이 중요한 아이의 경제적 미래를 준비해준다. 주류문화에 속하는 부모가 소수 민족 부모보다 자녀에게 책을 더 많이 읽어주므로 어려서부터 언어가 더 발달하고 이런 차이가 학령기에도 계속된다(Driessen et al., 2010).

여러 연구에서 사회계층에 따른 부모의 언어자극과 걸음마기 유아의 언어발달 속도의 관계를 연구하였다. 사회계층이 높을수록 부모는 자녀에게 책을 더 많이 읽어주었다(Fitneva et al., 2015). 사회계층은 또한 부모가 어린 자녀에게 말을 하는 정도와도 관계가 있었다. 예를 들어, 한 연구에서 아동이 7~9개월부터 시작하여 30개월이 될 때까지 저소득계층, 중산계층과 상류계층 가정에서 부모-아동 상호작용을 여러 번 비디오로 촬영하였다(Hart & Risley, 1999). 사회계층에 따라 부모가 자녀에게 말을 하는 정도에 큰 차이가 있었다. 상류계층 부모들이 가장 말을 많이 해서 1분에 평균 35단어를 말했고, 중류계층 부모는 1분에 20단어를 말했고, 저소득계층 부모는 가장 적게 말을 해서 1분에 10단어를 말했다. 30개월에 아동의 어휘가 크게 차이가 나서 상류계층 유아의 단어가 평균 766개였고, 저소득계층 유아는 357개였다. 좀 더 최근의 연구에서도 비슷한 결과가 나타났다(Weisleder & Fernald, 2013).

전통 문화에서 걸음마기 유아는 보통 언어가 풍부한 환경에서 산다. 몽고의 한 가족이 같이 식사를 하면서 대화를 나누고 있다.

물론 이런 연구에는 설계상의 문제점이 있다. 왜냐하면 부모가 환경뿐 아니라 유전자도 제공하기 때문이다.

문화 초점 : 여러 문화의 언어발달

언어발달에는 확실하게 생물학적 기초가 있지만 문화도 역시 중요한 역할을 한다. 언어발달에 대한 대부분의 연구는 서양의 선진국에서 이루어졌기 때문에 이 연구들은 걸음마기 유아의 언어사용이 주로 부모-자녀 사이에서 일어난다고 가정한다. 이런 가정은 선진국의 가정에는 잘 맞지만 아동들이 경험하는 사회적 환경은 아주 다를 수 있고, 따라서 그들의 언어적 환경도 다를 수 있다.

유아들이 걷고 말하는 것을 배우기 시작하면 대부분의 문화에서 유아들은 부모와 시간을 보내지 않고, 나이가 많은 여아, 보통 아이를 책임지고 돌보는 누나나 언니를 포함하여 자기와 연령이 다른 아동들의 집단에서 보낸다(Edwards et al., 2015). 유아들이 부모와 같이 있을 때에도 보통 형제, 확대가족 구성원, 이웃 사람같이 많은 다른 사람이 같이 있다. 사람들이 끊임없이 이야기를 주고받기 때문에 유아는 언어가 풍부한 환경에서 성장한다. 그러나 사람들이 직접 유아에게 이야기하는 것은 아니다. 왜냐하면 주변에 사람들이 너무 많고, 사람들은 유아의 언어발달을 자극하기 위해서 그들에게 직접 말하는 것이 중요하다고 여기지 않기 때문이다(Fitneva et al., 2015).

사실, 유아 주변에 있는 사람들은 유아에게 말을 많이 하는 것은 바람직하지 않은 양육법이라고 생각하기도 한다. 유아들이 이기적이고 말을 듣지 않는 아이로 성장할 수 있기 때문에 케냐의 구시족은 어린 아동이 말을 하도록 격려하는 것은 잘못된 일이라고 생각한다(Levine et al., 1994). 미국 유아들이 영어를 배우는 것처럼 구시족 유아들은 구시어를 잘 배운다. 그러나 이들은 일상적 상호작용에서 부모에게 자극을 받기 때문이 아니라 성인과 나이가 많은 아동들이 언어를 사용하는 사회적 집단에 참여해서 언어를 학습한다.

유아의 언어발달에 대한 이런 접근은 개발도상국의 시골에서만 나타나지 않고, 개인주의 신념보다 집단주의 신념을 강조하는 선진국에서도 발견된다. 어떤 연구에서 일본과 캐나다 어머니와 어린 자녀의 상호작용을 비교하였다(Minami & McCabe, 1995). 일본 문화에서는 자신이 주의를 받는 것보다는 집단에 조화롭게 어울리는 것을 중요하게 여기기 때문에 말이 많으면, 특히 남자는 예의가 없고 바람직하지 않다고 생각한다(Markus & Kitayama, 2003; Rothbaum et al., 2001). 따라서 이 연구에 참여하였던 일본 어머니들은 자녀, 특히 남아에게 말을 못하게 하였다. 대조적으로 캐나다 어머니들은 아이에게 질문을 하고 여러 가지 정보를 제공하면서 말을 많이 하도록 격려하였다. 연구자들은 이런 접근이 개인주의와 자기표현을 중요하게 보는 신념체계 때문이라고 해석한다.

이를 유전자형이 환경에 미치는 수동적 효과라고 한다(제2장 참조). 생물학적 부모와 아동의 연구에는 유전자와 환경이 혼입되어 있는데 이는 유전자와 환경이 밀접하게 관련되어 있어서 분리하기 어렵기 때문이다. 그러나 초기 아동기와 그 이후에 교사 언어가 아동 언어에 미치는 영향에 대한 연구는 환경의 효과를 더 분명하게 보여주는데, 왜냐하면 교사와 아동은 유전적으로 관계가 없기 때문이다.

3절 정서와 사회성 발달

학습목표

- **5.12** 걸음마기에 일어나는 정서발달을 기술하고 문화의 영향을 밝힌다.
- **5.13** 걸음마기에 일어나는 자아발달의 변화를 기술한다.
- **5.14** 성별과 성의 차이를 기술하고 성발달에 대한 생물학적 기초의 증거를 요약한다.
- **5.15** 애착 이론의 핵심 특징을 기술하고 네 가지 애착유형을 밝힌다.
- **5.16** 어머니에 대한 유아의 애착에 영향을 미치는 핵심 요인을 밝히고 애착의 질이 발달에 미치는 영향을 설명한다.
- **5.17** 전통 문화와 선진국에서 아버지가 영아와 걸음마기 유아에게 개입하는 방식을 비교하고 대조한다.
- **5.18** 걸음마기의 형제, 또래, 친구와 관계를 기술한다.

5.19 자폐증의 특징을 기술하고 성인으로 성장했을 때 자폐증이 예후에 어떻게 영향을 미치는지를 이해한다.

5.20 걸음마기의 TV 시청 정도를 밝히고 TV 시청이 미치는 영향을 설명한다.

정서와 사회성 발달 : 걸음마기의 정서발달

걸음마기는 처음으로 정서조절을 학습하는 기간이다. 이 과정에서 다른 사람의 기대와 요구에 대한 우리의 반응을 나타내는 수치감과 죄책감 같은 정서를 학습한다.

걸음마기 유아의 정서

걸음마기에 일어나는 정서발달을 기술하고 문화의 영향을 밝힌다.

유아가 자신을 더 의식하게 되면서 주변 사람들이 자신의 어떤 행동은 바람직하게, 어떤 행동은 바람직하지 않게, 어떤 행동을 옳고 어떤 행동은 옳지 않게 본다는 것을 알게 되고 잘못되거나 나쁜 행동을 했을 때에는 부정적 정서를 느끼는 것을 학습한다. 그들은 또한 자신의 정서를 조절하는 방법을 학습하기 시작한다.

정서적 자기조절 생후 초기부터 영아는 그들이 느끼는 바를 나타낸다. 행복하거나 슬프거나 또는 배가 고프거나 화가 났을 때 다른 사람이 알도록 표현한다. 출생 후 1년 동안 영아는 서서히 정서조절의 기초를 쌓아간다. 불쾌한 자극에는 주의를 기울이지 않는 것을 학습한다(Axia et al., 1999). 주변의 사람들은 달래주기와 주의를 다른 데로 돌리기 같은 제4장에서 다루었던 방법을 사용해서 유아의 고통을 완화시켜준다. 여러 문화에서 아이가 보채기 시작하면 모유를 주어서 달래는 방법을 많이 사용한다(DeLoache & Gottilieb, 2000; Levine et al., 1994).

걸음마기에 정서적 자기조절은 네 가지 방식으로 발달한다(Kopp, 1989; Miller, 2014; Thompson & Goodvin, 2007).

1. 첫째, 걸음마기 유아는 자신의 정서를 조절하는 데 도움이 되는 행동을 발달시킨다. 예를 들어, 놀라면 어른이나 형제에게 달려가거나 위안을 주는 담요나 동물인형에 매달린다.
2. 둘째, 유아는 언어를 사용하여 정서를 조절한다. 앞에서 이야기하였듯이 약 18개월부터 유아는 단어를 사용하여 정서를 밝히고, 정서에 대해 이야기한다. 걸음마기 내내 또 그 이후에도 다른 사람과 감정에 대해 이야기를 나눔으로써 자신과 다른 사람의 정서에 대한 이해가 증진되고, 이는 다시 정서적 자기조절을 도와준다(Bugenthal & Grusec, 2006; Parke & Buriel, 2006).
3. 셋째, 타인의 외부적 요구가 유아의 정서적 자기조절을 확장시킨다. 걸음마기에 부모는 정서적 자기조절에 관한 규칙을 전달하고 강화하기 시작한다. 아무리 화가 나도 다른 사람을 때려서는 안 되고, 아무리 기분이 좋아도 탁자 위에서 뛰면 안 되는 것 등이다(Calkins, 2007). 문화에 따라 정서적 자기조절에 대한 규칙은 다르지만 중국과 일본 같은 집단주의 문화에서는 서양과 같은 개인주의 문화에서보다 요구가 더 엄격하다(Bornstein, 2006; Laible, 2004; Shweder et al., 2006).
4. 넷째, 걸음마기의 정서적 자기조절은 사회도덕적 정서의 발달에 의해 촉진된다(Brownell & Kopp, 2010). 죄책감, 수치심과 당혹감을 느끼게 됨으로써 유아는 이러한 불쾌한 정서적 상태를 회피하

사회도덕적 정서 옳고 그름에 대한 문화적 기준에 근거를 둔 학습으로 유발되는 정서로 흔히 이차 정서라고 부름

공감 타인의 고통을 이해하고 돕는 능력

게 된다. 정서를 지나치게 강하게(예 : 마트에서 소리를 지르면서 화를 내는 것) 또는 잘못된 상황(예 : 조용한 식당에서 큰 소리로 웃는 것)에서 표현하지 못하도록 야단맞기 때문에 다른 사람에게 인정을 받고 불인정을 피하려는 노력의 일환으로 정서적 자기조절을 학습한다.

영아기에서 걸음마기 사이에 정서적 자기조절을 잘 하게 된다면 왜 걸음마기에 떼쓰기가 나타날까? 왜 어떤 문화에서는 '무서운 두 살'이라고 두 살이 유명하게 알려져 있을까? 아마도 걸음마기에 정서적 자기조절 능력이 증가하지만 정서적 통제에 대한 주변의 기대도 증가하기 때문인 것 같다. 따라서 영아기에 폭발이 더 자주 일어나지만 유아가 짧지만 강렬한 분노폭발, 울음과 고통을 보이면서 떼를 쓰게 되면 더 눈에 띄는 것 같다(Calkins et al., 2007). 아마도 자기 마음대로 되지 않을 때에 떼를 쓰면서 항의하는 능력을 포함해서 걸음마기에는 자아에 대한 인식이 더 발달하기 때문일 수도 있다(Grolnick et al., 2006).

문화적 설명도 가능하다. 미국, 영국 같은 서양 국가에서는 걸음마기 유아가 떼를 쓰는 것은 정상적이며 심지어 불가피하다고 생각한다(Potegal & Davidson, 2003). 걸음마기 유아에 대한 유명한 부모양육 지침서에서는 "떼쓰기는 어린 천사를 어린 괴물로 변화시키는 유아 생활의 일부이자 아주 보편적인 행동이다"(Murkoff et al., 2003, p. 336)라고 기술하고 있다. 그러나 서양 국가 이외에는 유아의 떼쓰기를 거의 언급하지 않고 걸음마기를 '무서운' 행동이 일어나는 시기라고 보지도 않는다. 아프리카와 아시아 문화에서는 걸음마기가 되면 유아는 자신의 정서와 행동을 통제해야 한다는 사실을 학습하고 이러한 통제를 연습한다(Holodynski, 2009; Miller, 2014; Miller & Fung, 2010). 결국 떼쓰기와 무서운 두 살은 '보편적' 현상이 아니라, 자기표현을 중요시하는 서양의 문화적 신념의 결과인 것 같다. 그런데 자기표현의 중요성은 걸음마기 유아들도 이미 잘 학습하고 있다.

사회도덕적 정서의 학습 제4장에서 이야기한 것처럼 여러 문화에서 영아는 일찍부터 분노, 공포와 행복을 포함하여 여러 가지 **일차 정서**를 나타내 보인다. 걸음마기에는 죄책감, 수치감, 당혹감, 시기와 자긍심 같은 새로운 정서가 나타난다. 이런 정서는 일차 정서보다 늦게 나타나고 유아가 사회적 환경에서 경험한 것에 기초하기 때문에 **이차 정서**라고 한다(Cummings et al., 2010). 모든 걸음마기 유아에게는 이차 정서를 발달시킬 수 있는 능력이 있는데, 이런 정서는 다양한 문화에서 나타나고 특징적인 신체 자세를 동반한다. 예를 들어, 수치감이 들 때에는 눈을 내리깔고 고개를 떨구거나 손으로 얼굴을 감싼다(Barrett & Nelson-Goens, 1997). 그러나 무엇이 이차 정서를 유발하는지는 유아가 사회적 및 문화적 환경에서 배운 것에 따라 달라진다.

걸음마기 유아는 수치감 같은 사회도덕적 정서를 느낄 수 있다.

이차 정서는 유아들이 학습한 옳고 그름에 대한 문화적 기준에 기초하기 때문에 **사회도덕적 정서**(sociomoral emotion)라고 부른다(Brownell & Kopp, 2010; Mascolo & Fischer, 2007). 유아가 죄책감, 수치감이나 당혹감을 느끼는 것은 유아가 단순히 자신이 한 일과 다른 사람이 기대하는 것을 비교하기 때문이 아니다. 오히려 유아가 다른 사람이 요구하는 기준에 따랐을 때에는 기분이 좋지만 그렇지 않을 때에는 기분이 나쁘다는 사실을 배우기 시작하기 때문이다. 대부분의 유아에게 2세가 되면 양심이 생기는데, 양심은 유아의 행동과 정서를 안내하는 내면화된 도덕적 기준이다(Kochanska, 2002; Thompson, 2006).

걸음마기에 처음 발달하는 또 다른 사회도덕적 정서는 공감인데 **공감**(empathy)은 다른 사람의 고통을 이해하고 도움이 되도록 반

친사회적 행동 친절, 우호성, 나누기 등 타인을 향한 긍정적 행동

응하는 능력이다. 신생아도 초보적인 수준의 공감을 보여서 다른 영아가 우는 것을 들으면 울기 시작한다. 그러나 진정한 공감은 자신이 타인과 구별된다는 사실을 이해해야 나타나기 때문에 공감은 걸음마기의 자아인식과 더불어 발달한다(Gopnik et al., 1999). 2세, 특히 3세가 되어야 걸음마기 유아들의 자아가 충분히 발달해서 다른 사람의 고통을 이해할 수 있고, 자신이 고통을 느끼지 않으면서 다른 사람의 고통을 줄여줄 수 있도록 반응한다(Brownell et al., 2009). 어떤 연구에서 연구자가 가짜로 고통을 보였을 때 유아는 안아주거나 위로의 말을 하거나 또는 자기가 좋아하는 인형이나 담요를 건네주었다(Hoffman, 2000). 이는 의도적으로 다른 사람을 돕거나 이롭게 하려는 **친사회적 행동**(prosocial behavior)의 시작을 나타낸다(Svetlova et al., 2010).

사회도덕적 정서를 일으키는 요인은 사회적 환경에서 학습되지만 일부는 보편적인 것 같다. 어떤 곳에서나 아동은 다른 사람을 해치거나 물건을 손상하거나 파손해서는 안 된다고 배운다(Rogoff, 2003). 그러나 걸음마기에 사회도덕적 정서가 형성되는 방식에는 차이가 있다. 문화적 차이는 특히 자긍심과 수치감에서 나타나는데, 자신의 성취에 대해서 기뻐하는 정도와 수치감을 나타내는 정도에서 더 잘 나타난다. 서양 국가, 특히 미국에서는 자긍심을 긍정적으로 생각한다(Bellah et al., 1985; Twenge, 2006). 아동은 공치기, 쇼에서 춤추기, 새로운 것 배우기 같은 성취에 대해서 칭찬을 받고 격려를 받는다. 축구 팀에 속한 모든 사람은 이기거나 지거나 트로피를 받는다. 그러나 수치감이 아동의 자기존중감의 발달을 해칠 수 있다고 우려하기 때문에 아동이 수치감을 느끼지 않도록 배려한다.

그러나 서양이 아닌 대부분의 국가에서는 자긍심을 수치감보다 더 위험하게 본다. 예를 들어, 일본과 중국에서는 일찍부터 다른 사람의 주의를 끌지 않도록, 자신의 성공에 대해 자랑하지 않도록 교육을 받는다(Akimoto & Sanbonmatsu, 1999; Miller, 2014). 예를 들어, 잘못된 행동에 관해 중국과 미국 어머니와 2.5세 유아가 나눈 대화의 연구에서 미국 어머니들은 자녀의 자기존중감을 지켜주기 위해서 잘못된 행동을 정서적으로 긍정적인 학습경험으로 만드는 경향이 있었다. "이제 다음에는 그렇게 하면 안 된다는 것을 배웠지? 그렇지?" 대조적으로 중국 어머니들은 잘못된 행동으로 인한 부정적 결과와 다른 사람의 부정적 감정을 강조하면서 유아에게 수치감을 심어주었다(Miller et al., 1997). 중국 어머니에게는 유아에게 수치감을 가르치는 것이 다른 사람을 배려하도록 가르치는 방법 가운데 하나였고, 유아가 다른 사람에 대한 배려가 중요한 집단주의 문화에서 성장하도록 준비시키는 방법 가운데 하나였다.

자아의 출현

걸음마기에 일어나는 자아발달의 변화를 기술한다.

출생 후 처음 몇 주에도 영아는 자아에 대한 느낌, 외부 환경과 구분되는 느낌을 가지기 시작한다. 제4장에 소개된 영아기에 대한 여러 주제는 자아의식의 시작을 나타내는 것으로 해석할 수 있다. 영아는 출생 며칠 후에도 어머니 젖가슴의 냄새를 알고 목소리를 알아듣는 데, 이것은 자신의 냄새, 소리와 타인의 냄새, 소리를 구별함을 의미한다. 첫 달에는 자기가 뺨을 건드릴 때보다 다른 사람이 건드릴 때 더 큰 포유반사를 보인다(Rochat & Hespos, 1997). 두세 달이 지나면 다른 사람과 상호작용할 때 웃고 움직이고 소리를 내면서 반응하기 시작하는데, 이것은 자신과 타인이 서로 분리된 사회적 파트너임을 인식하고 있음을 보여준다. 출생 첫해 중기가 되면 다른 사람이 이름을 부르면 알아듣고 반응하는데, 이것은 이름에 기초한 정체성의 시작을 의미한다. 첫해 말기가 되면 숨겨진 물체를 찾아서 물체를 살펴보고 입에 집어넣는데, 이런 모든 행동은 자신과 외부 세계가 서로 다르다는 인식을 보여준다(Harter, 2006; Thompson, 2006).

자기인식 거울에 비친 자신의 이미지를 보고 자신으로 인식하는 능력

자기반영 타인과 대상에 대해 생각하는 것처럼 자신에 대해서 생각하는 능력

성정체성 자신이 남성 또는 여성임을 자각하는 것

성별 남성 또는 여성의 생물학적 상태

성 '남성'과 '여성'의 문화적 범주

영아기에 자의식의 발달이 시작되지만 걸음마기에 중요한 방식으로 변화한다. 아동이 처음 **자기인식**(self-recognition)을 하는 것은 생후 두 번째와 세 번째 해이다. 이런 사실은 고전적 실험에서 밝혀졌는데 걸음마기 유아의 코에 붉은 립스틱을 살짝 묻혀놓고 거울 앞에 세운다(Lewis & Brooks-Gunn, 1979). 거울 속에서 붉은 코를 보면 9~12개월 영아는 마치 거울 속에 다른 사람이 있듯이 거울에 나타난 이미지를 만지려고 손을 뻗치지만 18개월에는 대부분의 유아가 거울 속 이미지가 자신인 것을 깨닫고 자기 코를 만진다.

자기인식이 나타나는 비슷한 시기에 (붉은 립스틱 검사에서 보여준 것처럼) 걸음마기 유아는 처음으로 자신을 인칭대명사('나', '나를', '나의 것')로 지칭하고, 자신의 이름으로 자신을 지칭하기 시작한다(Lewis & Ramsay, 2004; Pipp et al., 1987). 이런 발달은 생후 두 번째 해의 하반기에는 **자기반영**(self-reflection), 즉 유아가 다른 사람과 물체에 대해 생각하는 것처럼 자신에 대해서 생각하는 능력이 시작된다는 사실을 보여준다. 자기반영으로 인해서 앞에서 이야기했던 사회도덕적 정서가 발달하게 된다. 유아가 자신을 더 의식하게 될수록 주변 사람들이 자신의 행동에 대한 기대를 가지고 있다는 사실을 학습하고, 나쁘거나 잘못된 일을 했을 때 부정적 정서를 느끼는 것을 학습한다.

성정체성과 성발달의 생물학

성별과 성의 차이를 기술하고 성발달에 대한 생물학적 기초의 증거를 요약한다.

걸음마기에 일어나는 자아발달의 또 다른 측면은 **성정체성**(gender identity)의 형성이다. 18~30개월 사이에 아동은 처음으로 자신과 다른 사람을 남자 또는 여자로 인식하기 시작한다(Kapadia & Gala, 2015). 2세에는 다른 사람에게 남아와 여아(boy, girl), 남자와 여자(woman, man) 같은 성에 대한 용어를 사용한다(Campbell et al., 2004; Raag, 2003).

성사회화는 모든 문화에서 일찍부터 시작된다.

더 진행하기 전에 성별과 성의 구분을 분명하게 하자. 일반적으로 사회과학자들은 남자나 여자의 생물학적 지위를 말할 때에는 **성별**(sex)이라는 용어를 사용한다. 대조적으로 **성**(gender)은 '남자'와 '여자'의 문화적 범주를 말한다(Tobach, 2004). **성별**이라는 용어를 사용할 때에는 남자와 여자의 특성이 생물학적 기초를 가진다는 의미이고, 성이라는 용어를 사용할 때에는 문화적 및 사회적 신념, 영향과 지각에 의한 것임을 의미한다. 예를 들어, 일생 동안 남자가 여자보다 약간 더 크다는 사실은 성별에 따른 차이이다. 그러나 여러 문화에서 여아가 남아보다 머리가 더 길다는 사실은 성의 차이이다. 성별차와 성차의 구분이 항상 분명하지는 않다. 남자와 여자의 차이가 생물학적 또는 문화적인 정도는 아주 중요한 주제이고 사회과학에서 뜨거운 논쟁의 주제이다.

걸음마기 이전에도 모든 문화에서 사람들은 남아와 여아에게 옷을 다르게 입히고, 말을 다르게 하고, 노는 방식을 다르게 하면서 남아와 여아에 대한 성 기대감을 전달한다(Hatfield & Rapson, 2006). 고전적 연구에서(Sidorowicz & Lunney, 1980), 성인에게 낯선 10개월 영아와 놀게 하였다. 모든 성인은 같은 영아와 놀았지만 어떤 사람에게는 여아라고 했고 어떤 사람에게는 남아라고 했으며, 어떤 사람에게는 성별에 대한 정보를 주지 않았다. 고무 축구공, 인형과 고무 고리의 세 가지 종류의 장난감을 제공했다. 아이가 남아라고 생각했던 50%의 성인 남자와 80%의 성인 여자가 축구공을 사용해서 놀았다. 아이가 여아라

고 생각했던 89%의 성인 남자와 73%의 성인 여자가 인형을 사용해서 놀았다.

어렸을 때에 성에 대한 문화적 메시지를 주로 전달하는 사람은 부모이다(Kapadia & Gala, 2015; Ruble et al., 2006). 그들은 아이 이름을 짓는데 대개 남아식, 여아식 이름을 지었다. 여아와 남아의 옷을 다르게 입혔고, 서로 다른 장난감을 주었다(Bandura & Bussey, 2004). 장난감은 성 특정적인 **문화복합체**(custom complexes)인데, 문화복합체란 문화적 신념에 기초한 특이한 문화적 행동 형태를 말한다(제4장 참조). 남아에게는 총, 차와 스포츠용 공 같은 장난감을 주었는데, 이는 남아는 활동적이고 공격적이고 경쟁적이라는 기대를 반영한다. 여아에게는 인형, 장신구, 소꿉놀이를 주었는데, 이는 여아가 남을 잘 돌보고 협동적이고 외모가 예쁘다는 기대를 반영한다. 아동은 걸음마기에 성역할에 대한 문화적 메시지를 쉽게 학습하고, 초기 아동기에는 다른 아동이 이런 역할을 하도록 돕는다. 그러나 성발달에는 생물학적 측면도 있다. **성별**과 **성**은 서로 밀접하게 연결되어 있다. 여기에서는 성발달의 생물학적 기초를 살펴보고 제6장에서 성사회화를 살펴보도록 하겠다.

성과 생물학 성발달의 문화적 및 사회적 기초는 잘 입증되어왔다. 그러나 성발달에는 생물학적 기초도 있다. 이를 성별과 성의 차이로 기술해보면 성별 차이는 때로는 성차의 기초가 되지만 항상 그런 것은 아니다. 성발달의 생물학적 기초에는 세 가지 요소가 있는데 진화론적 요소, 동물행동학적 요소와 호르몬 관련 요소이다.

진화론적 측면에서 보면 인류 진화의 오랜 역사 동안 남자와 여자의 서로 다른 특징이 생존에 도움이 되었기 때문에 남자와 여자는 서로 다르게 진화해왔다(Buss, 2004). 남자에게는 공격성, 경쟁심과 지배성이 생존에 도움이 되었다. 이런 특징을 가진 남자는 다른 남자와 싸워서 자원과 여자를 차지할 가능성이 더 크다. 따라서 그들은 후손을 볼 가능성이 더 크고, 자연선택의 과정을 통해 이런 특징이 점차 남자의 보편적 특성으로 자리를 잡게 되었다. 초기 아동기 남아의 공격성과 경쟁심은 이러한 기나긴 진화 역사의 산물이다.

대조적으로 오랜 진화의 과정 동안 양육하고 협동하며 다른 사람에게 정서적으로 반응하는 특징이 여자의 생존에 도움이 되었다. 이런 특징을 가진 여자는 그렇지 않은 여자보다 자신을 보호해주고 양식을 제공해주는 남자를 만날 가능성이 더 크다. 여자는 자주 임신하고 아이를 돌보아야 하기 때문에 자신을 다른 남자로부터 보호해줄 남자가 필요하다. 이런 특징을 가진 여자는 또한 오랜 기간 동안 취약하고 의존적인 어린아이들을 더 잘 돌본다. 따라서 이런 여자들의 자손들이 자녀를 낳을 때까지 생존할 가능성이 크고, 자연선택을 통해서 이런 특징이 점차 여자의 유전적 및 생물학적 특성으로 자리를 잡았다. 초기 아동기 여아의 협동성과 정서적 반응성 역시 기나긴 진화 역사의 산물이다.

동물행동의 연구인 **동물행동학**(Ethology)도 인간의 성차의 생물학적 기초에 대한 증거를 제공한다. 남자와 여자 사이에 존재하는 많은 차이는 우리와 가장 가까운 영장류와 포유류에서도 나타난다(Diamond, 1992; Pinker, 2004). 인간 남자와 마찬가지로 그런 종들의 수컷도 역시 암컷보다 더 공격적이고 경쟁적이며 지배적이다. 그리고 이런 특징을 많이 가지고 있는 수컷이 암컷을 많이 차지한다. 인간 여자와 마찬가지로 이런 종들의 암컷도 수컷보다 더 양육적이고 협동적이며 어린 새끼를 돌보는 일차적 책임을 맡는다. 인간 아동과 마찬가지로 이런 종들의 새끼는 성별이 같은 집단에서 논다. 서로 가까운 종들에서 나타나는 성별 특정적 행동의 유사함은 인간의 성차에 생물학적 기초가 있다는 강력한 증거이다.

호르몬의 증거도 또한 성차에 대한 생물학적 기초를 지지한다. 일생 동안 심지어 태내에서부터 남자와 여자의 호르몬 비율이 달라서 남자는 안드로겐이 더 많고 여자는 에스트로겐이 더 많다. 사실 남자가 남자로 발달하기 위해서는 태내 처음 3개월 동안에 안드로겐이 충분하게 있어야 한다. 이런 호르몬의 차이가 인간의 발달과 행동에 영향을 미친다. 이에 대한 강력한 증거는 호르몬 수준이 비정상이었던 아동의

동물행동학 동물 행동에 대한 연구

연구에서 볼 수 있다. 태중에서 안드로겐 수준이 높았던 여아는 초기 아동기에 또래보다 트럭 같은 '남자' 장난감을 가지고 놀고 놀이친구로 남자를 선호하는 남아의 놀이행동을 보인다(Hines, 2004). 태내에서 에스트로겐 수준이 높았던 남아는 초기 아동기에 또래보다 인형 같은 '여자' 장난감을 가지고 놀고 놀이친구로 여자를 선호하는 여아의 놀이행동을 보인다(Kinckmeyer & Baron-Cohen, 2006). 동물연구에서도 실험적으로 태내의 안드로겐 수준을 증가시켰을 때 암컷은 또래보다 더 공격적이고 더 활동적이었고 새끼를 돌보는 데 관심이 더 적었다(Maccoby, 2002).

비판적으로 사고하기

호르몬 이상이 있는 아동의 사례가 자연 실험의 예가 되는가? 자연 실험으로서의 타당도에 문제점이 있는가?

생물학의 한계점 진화론적 이론, 동물행동학 연구와 호르몬 이상에 대한 연구들은 성차의 생물학적 기초에 대한 강력한 증거이다. 의심할 여지없이 모든 문화에서 사회적 환경에 의해서 성차가 강조되고 강화된다. 그와 동시에 남자와 여자는 생물학적으로 다르고, 이러한 차이는 모든 문화에서 걸음마기와 그 이후의 발달에서 분명하게 나타난다는 것도 또한 사실이다.

그러나 인간의 모든 성차를 생물학 때문이라고 볼 수는 없다(Kapadia & Gala, 2015). 인간 역사, 특히 지난 세기에 인간이 생물학적으로 변하지 않았음에도 불구하고 성역할은 크게 변했다(Brumberg, 1997). 여성이 고등교육과 거의 모든 전문직에서 배제되었던 것이 불과 100여 년 전이었다. 그때 여자는 생물학적으로 지적이고 어려운 작업을 할 수 없다는 생각이 만연해 있었고, 거의 대부분이 남성이었던 과학자들도 그렇게 믿었다.

오늘날 모든 나라에서 남자보다 여자의 대학 재학율이 더 높고 의학, 법학, 경영학과 여러 분야에서 학위를 취득하는 비율도 남자와 비슷하거나 더 높다(Arnett, 2015). 이런 사실은 아동의 성차가 생물학적이라고 주장할 수 없음을 보여준다. 지난 세기에 일어났던 여성 역할의 변화는 인간발달에서 문화가 생물학이 제공하는 원자료에 막대하게 영향을 미친다는 사실을 보여준다. 인간발달의 기초가 되는 생물학은 변하지 않더라도 문화가 변하면 성역할은 변할 수 있다. 성별의 차이라고 생각되었던 남성과 여성의 많은 차이가 결국은 성의 차이로 판명되었다.

여기에서 언급해야 할 또 다른 문제점은 성차를 말할 때 인간 종의 절반을 다른 절반과 비교하는 것이고 35억 명의 사람을 다른 35억 명과 비교하는 것이라는 점이다. 초기 아동기와 그 이후에 성차가 나타날 때에도 동시에 많은 예외가 존재한다. 달리 말하면 대부분의 특성에서 각 성 안에서 나타나는 차이가 두 성 사이에서 나타나는 차이보다 보통 더 크다. 따라서 성차에 대한 지각이 개별 남아와 여아, 남자와 여자의 특징에 대한 평가를 왜곡시키지 않도록 조심해야 할 것이다.

정서와 사회성 발달 : 애착 이론과 연구

영아기에서 걸음마기로 가면서 사회적 세계는 확장된다. 이 두 단계에서 사회성이 발달하는 데에는 사랑과 양육을 신뢰할 수 있게 제공해주는 특별한 한 사람, 보통은 어머니와의 관계가 중요하다. 영아기와 걸음마기의 어머니와 관계에 대한 연구는 애착 이론과 이 이론에 근거한 연구에 집중되어왔다.

애착 이론

학습목표 5.15 애착 이론의 핵심 특징을 기술하고 네 가지 애착유형을 밝힌다.

아동이 오랫동안 누군가의 도움을 받아야 하는 것은 인간의 독특한 특징이기 때문에 아동과 성인 사이에 애착이 어떻게 발달하는지는 인간발달 연구자에게 오랫동안 큰 관심거리였다. 애착 이론은 영아기 사회성 발달에 대한 논의(제4장 참조)에서 처음 소개하였다. 여기에서는 부모-아동 애착의 질과 애착 이론에 대한 비판을 포함하여 애착 이론의 특징을 더 상세하게 살펴보겠다.

볼비의 이론 20세기에는 어머니가 먹을 것을 제공하기 때문에 영아가 어머니에게 애착을 형성한다고 생각했었다. 배고픔은 특히 빠르게 성장하고 자주 먹어야 하는 아기에게는 신체적으로 고통스러운 상태이다. 엄마가 이러한 고통스러운 상태를 해결해주고 먹는 것의 즐거움을 제공한다. 시간이 가면서 영아는 고통의 해결과 즐거움의 경험을 어머니와 연합하게 된다. 이런 연합이 영아가 어머니에게 느끼는 사랑의 기초가 된다. 20세기 초기에는 심리학에서 이런 견해가 지배적이었다. 그러나 20세기 중반에 영국 학자인 존 볼비(Bowlby, 1969)가 많은 연구가 이런 견해와 일치하지 않는다는 사실을 발견하였다.

볼비는 세 가지 발견을 놀랍게 생각했다. 첫째, 프랑스 정신과 의사인 르네 스피츠(Spitz, 1946)는 시설에서 성장하는 영아는 잘 먹었어도 신체적 및 정서적 발달에 손상이 있음을 보고했다. 스피츠는 3~12개월 사이에 고아원에 입소한 영아들을 연구했다. 신체적으로 적절하게 돌보아주었음에도 불구하고 아기들은 체중이 줄었고 무기력하고 수동적이었는데, 스피츠는 이를 **의존우울증**(anaclitic depression)이라고 불렀다. 스피츠는 영아가 이런 특징을 보이는 것은, 1명의 간호사가 7명의 아기를 돌보아야 했고, 아기에게 우유를 먹이고 기저귀를 갈아주는 것 이외에는 별로 같이 지내지 못했기 때문이라고 보았다('Anaclitic'은 '의존성의'라는 의미인데 영아가 의지할 사람이 없었기 때문에 스피츠는 이 용어를 사용하였다). 간호사가 먹을 것을 주었음에도 불구하고 영아들은 간호사에게 긍정적인 감정을 형성하지 못했다. 시설에 수용된 영아에 대한 다른 연구도 비슷한 결과를 보고하였다(Rutter, 1996).

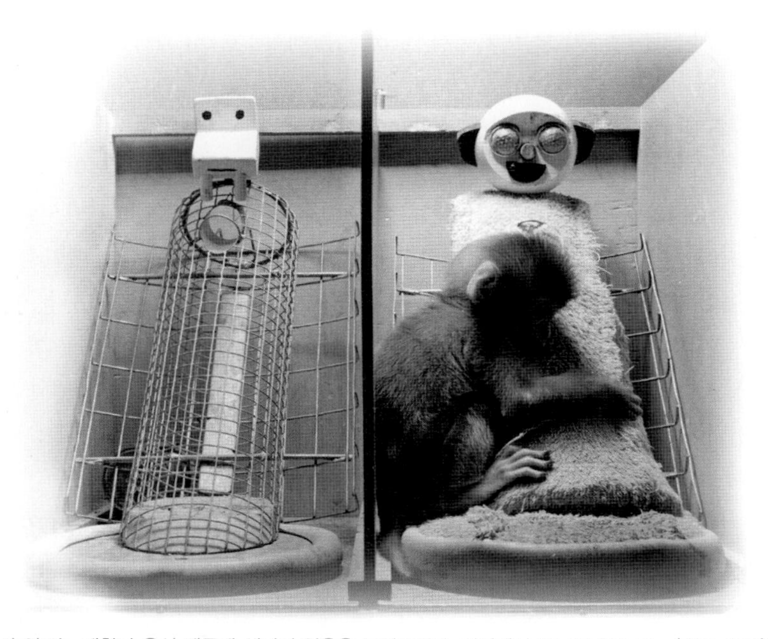

할로우의 연구는 애착이 음식 때문에 생기지 않음을 보여주었다. 여기에서 보듯이 원숭이는 '철사 어미'에게서 음식을 먹었어도 '천 어미'를 더 좋아하였다.

주 애착 인물 아동이 심리적 불편을 느끼거나 환경에 위협을 느낄 때 찾게 되는 사람

안전기지 주 애착 인물의 역할로, 아동으로 하여금 위협이 발생할 때 위안을 찾고 세상을 탐색하게 함

낯선 상황 애착을 측정하기 위한 아동, 엄마, 낯선이가 포함된 들어오기, 분리, 재결합이 있는 일련의 실험실 상황

음식이 영아-어머니 유대의 기초라는 사실을 의심하게 만드는 두 번째 발견은 영장류, 특히 붉은털원숭이와 관계가 있다. 고전적 연구에서 해리 할로우(Harlow, 1958)는 아기 원숭이를 두 종류의 인공 '어미'와 같이 우리에 넣었다. 한 어미는 철사로 만들었고, 다른 어미는 부드러운 천으로 만들었다. 할로우가 우유병을 철사 어미에게 붙여두었어도 아기 원숭이는 대부분의 시간을 천 어미에게서 보냈고 철사 어미에게서는 우유만 먹었다. 음식과 정서적 유대의 관계는 또다시 문제가 되는 것 같다.

볼비가 주목했던 세 번째 발견이 가장 중요하게 그의 생각에 영향을 미쳤다. 이 발견은 앞에서 보았던 **동물행동학**에서 나왔다. 어떤 동물에서는 새끼와 어미 사이의 유대가 출생하자마자 즉각적으로 생겨난다. 독일의 동물행동학자인 콘래드 로렌츠(Lorenz, 1965)는 새로 태어난 거위새끼가 부화한 후 처음으로 본 움직이는 물체에 유대를 형성하고 따라가는 현상을 보여주었고, 이를 각인이라고 불렀다(제3장 참조). 로렌츠와 다른 동물행동학자에게는 어떤 종의 새끼와 어미 사이의 유대의 기초는 음식이 아니라 보호였다. 어미에게 각인이 되면 새끼가 어미 가까이에 머물게 되고 따라서 보호를 받게 된다.

이런 세 가지 발견을 고려하면서 볼비는 아동과 어머니 사이의 정서적 연결은 보호와 보호받는 것에 대한 아동의 **욕구**에 기초한다고 결론을 내렸다. 볼비가 기술하였듯이 아동과 그를 돌보는 성인 사이에서 발달하는 애착은 아동이 가장 연약할 동안에 아동이 보호를 받고 생존하도록 도와준다. 아동의 **주 애착 인물**(primary attachment figure)은 아동이 배고프거나 고통을 느끼거나 낯선 사람이나 낯선 상황 같은 환경에서 고통이나 위협을 경험할 때 찾는 사람이다. 보통 주 애착 인물은 부모인데, 모든 문화에서 어머니가 주로 영아를 돌보는 일을 하기 때문에 어머니인 경우가 대부분이다. 그러나 주 애착 인물이 아버지, 조부모, 언니나 누나, 또는 아이를 돌보는 일을 하는 다른 사람일 수 있다. 아동은 주 애착 인물로부터 분리되는 것을 아주 위협적으로 느끼고, 주 애착 인물의 상실은 아동발달의 입장에서 본다면 재앙이다(Bowlby, 1980).

돌보아주는 성인 가까이에 머무는 것이 아동의 생존을 도와주면서 동시에 아동이 주변 세상에 대해 배우도록 도와준다. 따라서 어린 아동은 주 애착 인물을 세상을 탐색하기 위한 **안전기지**(secure base)로 사용한다(Bowlby, 1969). 환경에 위협이 나타나면 애착 행동이 활성화되면서 아동은 애착 대상과 직접적인 신체적 접촉을 추구하게 된다.

볼비에 따르면 애착은 생후 첫 2년 동안에 점진적으로 발달하여 마지막에는 **목표 수정적 파트너 관계**에 이른다. 이 관계에서는 아동과 성인이 모두 아동의 욕구와 주 애착 인물의 반응에 대해 언어를 사용하여 의사소통을 한다. 시간이 가면서 아동은 점차 주 애착 인물의 돌봄과 보호에 덜 의지하게 된다. 그러나 성인기에도 사람들은 위기가 오면 주 애착 인물을 찾는다.

여러 가지 애착 : 낯선 상황 볼비는 이론가였지 연구자는 아니었다. 애착에 대한 연구는 메리 에인스워스가 시작하였다(Ainsworth & Bell, 1969; Ainsworth et al., 1978). 볼비의 이론에 따라서 에인스워스는 아동의 애착은 주 양육자와 분리될 때의 반응에서 가장 분명하게 드러난다고 생각했다. 아동의 애착 행동을 관찰하기 위해서 에인스워스는 **낯선 상황**(Strange Situation; Ainsworth et al., 1978)이라는 실험실 절차를 고안하였다. 낯선 상황은 아동, 어머니와 낯선 사람이 등장하고 들어오기, 분리와 재결합의 에피소드로 구성된다. 이 상황은 12~24개월 걸음마기 유아를 위해 고안되었는데, 이 연령에 애착이 측정할 수 있을 정도로 발달하기 때문이다.

낯선 상황에 대한 유아의 반응에 기초해서 네 가지 애착 범주가 발견되었다(Ainsworth et al., 1978; Ammaniti et al., 2005). 처음 세 범주는 에인스워스가 발견하였고 마지막 범주는 후대의 연구자가 발견하였다.

문화 초점 : 여러 문화에서의 낯선이 불안

영아가 일찍부터 다른 사람의 냄새와 목소리를 구별할 수 있지만 첫 달에는 친숙하거나 친숙하지 않은 여러 사람이 안고 돌보아도 별로 저항하지 않는다. 그러나 첫해의 중기에는 이런 상황이 변한다. 영아들은 점점 더 선택적이 되면서 자신을 돌보아주는 친숙한 사람을 아주 좋아하게 되고, 자신이 모르고 믿을 수 없는 사람이 접근하거나, 안거나 심지어 미소를 지어도 **낯선이 불안**(stranger anxiety)을 보인다. 낯선이 불안은 여러 문화에서 6개월경에 시작되고 그 이후에 더 강화된다(Super & Harkness, 1976). 그러니 당신이 다가갔을 때 영아나 걸음마기 유아가 고개를 돌리거나 찡그리거나 울음을 터트려도 기분 나쁘게 생각하지 마라!

볼비(Bowlby, 1967)에 따르면 6개월경에 나타나는 낯선이 불안에는 진화론적 기초가 있다. 영아는 이때 처음으로 움직이고 기는 것을 배워서 주변 환경을 탐색하지만 동시에 큰 문제에 빠질 위험도 생긴다. 친숙한 사람에게 가까이 있고 친숙하지 않은 사람을 피하는 것을 학습하게 되면 영아는 자신을 보호하고 안전하게 지켜주는 사람 가까이에 머물게 된다. 따라서 낯선이 불안은 유아가 여러 명의 양육자를 경험한 정도에 따라서 달라지지만 여러 문화에서 걸음마기가 시작되면서(약 12개월경) 가장 심해진다(Kagan et al., 1978).

안정애착(secure attachment) 이 범주의 유아는 유아와 어머니만이 등장하는 낯선 상황의 첫 부분에서 주변을 탐색할 때 어머니를 안전기지로 사용한다. 어머니와 분리되면 안정애착 유아는 보통 울거나 저항하는 소리를 낸다. 그렇지만 어머니가 돌아오면 웃으면서 행복하게 어머니를 반기고 어머니에게 가서 안긴다.

불안정-회피애착(insecure-avoidant attachment) 이 범주의 유아는 어머니와 별로 상호작용을 하지 않고, 어머니가 떠나거나 다시 돌아와도 별 반응을 보이지 않는다. 낯선 상황의 마지막 에피소드에서 유아를 들어 올려서 안으면 금방 내려가려고 애를 쓴다.

불안정-저항애착(insecure-resistant attachment) 불안정-저항애착으로 분류된 유아는 어머니가 있어도 다른 아이들처럼 장난감을 탐색하지 않고, 어머니가 방을 떠나면 더 큰 고통을 호소한다. 어머니가 돌아오면 양가적 태도를 보이는데 안도하는 것 같으면서 어머니를 반기며 달려가지만, 어머니가 위로해주려고 하거나 들어 올려서 안아주면 어머니를 밀어낸다.

혼란애착(disorganized-disoriented attachment) 이 범주의 유아는 낯선 상황에서 아주 이상한 행동을 보인다(Ammaniti et al., 2005; van IJzendoorn et al., 1999; Padrón, Carlson, & Sroufe, 2014). 어머니가 방을 떠나면 멍하고 무심한 태도를 보이지만 분노폭발을 보인다. 어머니가 돌아오면 무서워하는 것같이 보인다. 어떤 유아는 갑자기 이상한 자세를 취하며 움직이지 않는다. 이런 종류의 애착은 자폐증이나 다운증후군같이 심각한 문제를 보이는 유아나 심하게 학대나 방임을 받은 유아에게서 특히 많이 나타난다.

낯선 상황에서 나타나는 행동으로 애착 범주를 나누기는 하지만 에인스워스는 애착의 질을 살펴보는 데에는 재결합할 때 유아가 보이는 행동이 가장 중요하다고 생각했다(Ainsworh et al., 1978). 안정애착 유아는 분리되었다가 어머니와 재결합했을 때 기뻐하고 어머니와 신체적 접촉을 추구하지만, 불안정애착 유아는 어머니와 재결합했을 때 거의 반응을 보이지 않거나 또는 안도하면서 동시에 화를 낸다(저항).

낯선이 불안 일반적으로 생후 6개월에 영아에게서 나타나는 낯선 사람에 대해 두려움

안정애착 부모-아동 애착의 가장 건강한 유형으로, 안정애착을 보이는 아동은 부모를 새로운 것을 탐색하는 안전기지로 활용하며, 부모와 분리되면 저항하고 다시 돌아오면 행복해함

불안정-회피애착 부모와 아동 간에 거의 상호작용이 없으며, 아동은 부모의 부재에 대해 거의 반응이 없고 부모가 돌아와서 안아주려 하면 저항을 보이는 부모-아동 애착 유형

불안정-저항애착 부모가 없을 때 아동은 탐색 행동을 거의 보이지 않고, 부모가 방을 떠나면 매우 불편해하고, 부모가 돌아오면 양가적 행동을 보이는 부모-아동 애착 유형

혼란애착 부모가 방을 떠날 때 화가 폭발하면서도 멍하고 무심한 표정을 짓다가 부모가 다시 돌아왔을 때에는 공포를 보이는 부모-아동 애착 유형

애착의 질

학습목표 5.16 어머니에 대한 유아의 애착에 영향을 미치는 핵심 요인을 밝히고 애착의 질이 발달에 미치는 영향을 설명한다.

걸음마기 유아의 애착의 질이 다르다면 무엇이 애착의 질을 결정할까? 그리고 걸음마기에 나타나는 애착의 질이 이후 발달에 어떤 영향을 미칠까?

애착의 질을 결정하는 요인 에인스워스의 초기 연구에 의하면 약 3분의 2의 유아가 어머니에게 안정애착을 형성하고 나머지는 불안정-회피 또는 불안정-저항 애착을 형성하였다(Ainsworth et al., 1978). 그 이후 많은 연구가 미국과 유럽 아동들에게서 비슷한 결과를 발견했다(NICHD Early Child Care Research Network, 2006; van IJzendoorn & Sagi, 2010). 혼란애착은 드물었다.

애착의 질을 결정하는 요인은 무엇일까? 초기 연구에서 에인스워스와 동료들은 집에서 가족들을 관찰하였고 나중에 실험실의 낯선 상황에서 어머니-아동을 관찰하였다(Ainsworh, 1977). 집에서 이루어진 관찰을 아주 대규모였다. 아동이 3주에서 한 살이 될 때까지 3주마다 4시간씩 관찰했다.

낯선 상황에서 관찰한 행동과 집에서 관찰된 어머니-아동 상호작용의 관계를 고려하여 에인스워스는 애착의 질은 주로 어머니가 얼마나 민감하고 반응적인지에 달려 있다고 결론을 내렸다. 예를 들어, 민감한 어머니는 자녀가 충분하게 먹었는지를 알지만 민감하지 않은 어머니는 아이가 아직도 배가 고픈데도 그만 먹이거나 충분히 먹었는데도 계속 먹였다. 반응적이라는 것은 아이가 필요로 할 때 재빨리 도와주거나 진정시키는 것을 의미한다. 예를 들어, 반응적인 어머니는 아이가 힘들어할 때 안아주거나 들어 올리거나 부드럽게 말을 해주지만 반응적이지 않은 어머니는 아이가 울도록 내버려두었다가 나중에 도와준다.

애착 행동은 특히 걸음마기 유아가 고통을 받을 때 활성화된다.

애착 이론에 따르면 생후 1년 동안 어머니가 민감하고 반응적 행동을 보이는 정도에 따라서 아동은 필요할 때 어머니의 가용성과 지속성의 정도에 대한 **내적 작동 모델**을 발전시킨다(Bowlby, 1969, 1980; Bretherton & Munholland, 1999). 안정애착 아동은 어머니를 자신에게 도움과 보호를 제공해주는 의지할 수 있는 사람으로 보는 내적 작동 모델을 형성한다. 불안정애착 아동은 어머니의 도움이 필요할 때 어머니가 도와줄지에 대해 확신하지 못한다. 그들은 어머니를 예측할 수 없고 언제나 신뢰할 수는 없는 사람으로 보는 내적 작동 모델을 형성한다. 낯선 상황이 영아기가 아니라 걸음마기에 처음으로 평가되는 이유 중 하나는 걸음마기가 되어야 아동이 인지적으로 충분하게 성숙해서 주 애착 인물에 대한 내적 작동 모델을 형성하기 때문이다(Ainsworth et al., 1978; Bowlby, 1969).

애착의 질과 이후의 발달 볼비(Bowlby, 1969)에 따르면 영아기와 걸음마기에 형성된 주 양육자에 대한 내적 작동 모델은 나중에 다른 관계에 적용된다. 따라서 첫 2년 동안에 형성된 주 양육자에 대한 애착은 일생 동안 친구, 교사, 사랑하는 사람에서부터 미래의 자녀에 이르기까지 다른 사람과의 관계에 대한 기대와 상호작용에 영향을 미친다. 안정애착 아동은 어렸을 때 자신이 주 양육자에게 사랑과 신뢰를 받았기 때문에 다른 사람을 사랑하고 신뢰할 수 있다. 불안정애착 아동은 다른 사람이 자신의 사랑과 신뢰를 받을 가치가 있는지를 믿기 어렵기 때문에 나중에 다른 사람과의 관계에서 적대감, 무관심이나 과잉의존을 보인다(Thompson, 1998).

이는 아주 대담하고 흥미로운 주장이다. 연구가 이런 주장을 지지할까? 애착에 대한 많

연구 초점 : 초기보육과 그 결과

'초기보육에 대한 NICHD 연구'는 1991년에 미국의 10개 지역에 사는 1,300명의 (영아기에서 초기 아동기까지의) 어린 아동을 대상으로 시작되었다. 아동과 가족을 7년 동안 종단적으로 연구하였다(NICHD Early Child Care Research Network, 2005). 표본의 사회경제적 배경, 인종과 지리적 지역은 다양하였다. 관찰, 면접, 질문지와 표준화된 검사를 포함하여 여러 가지 방법을 사용하여 아동과 가족을 평가하였다. 아동이 받은 보육의 여러 측면도 평가하였다. 신체적·사회적·정서적·인지적 및 언어적 발달을 포함하여 아동발달의 여러 측면을 평가하였다.

여러 가지 놀랍고 주목할 만한 결과가 발견되었다. 연구에 참여했던 아동의 약 4분의 3이 4개월부터 어머니가 아닌 사람의 보육을 받았다. 영아기와 걸음마기에는 친척이 대부분의 보육을 제공하였다. 걸음마기에 보육센터 입학이 증가하였고, 2세 이후에는 어머니가 돌보지 않는 대부분 유아가 센터에서 보육을 받았다. 영아와 걸음마기 유아는 일주일에 적어도 33시간 어머니가 아닌 사람의 보육을 받았다. 일주일에 보육을 받는 시간은 아프리카계 미국인 영유아가 가장 많았고, 유럽계 미국인 영유아가 가장 적었으며, 라틴계 미국인 영유아는 그 중간이었다.

영아와 걸음마기 유아에 대한 연구의 관심은 보육기관 재학과 애착의 관계였다. 관찰을 통해서 애착 이론에서 애착의 질을 결정하는 데 가장 중요하다고 보는 두 가지 요인인 양육자의 민감성과 반응성을 측정하였다. 낯선 상황에서 측정하였을 때 어머니에 대한 애착은 어머니와 어머니 이외의 사람에게 보육을 받은 유아에서 차이가 없었다. 그러나 어머니 이외의 사람에게 받은 보육의 질이 낮고, 일주일에 10시간 이상이고, 어머니의 민감성이 낮을 때에는 불안정애착이 될 가능성이 높았다.

이 연구는 놀랄 정도로 야심차고 종합적인 연구였지만 제한점이 있다. 가장 큰 문제는 아동들을 보육 집단에 무선적으로 할당하지 않았다는 점이다. 부모가 유아가 받는 보육과 일주일에 보육을 받는 시간을 결정하였고 연구자가 결정하지 않았다. 따라서 아동보육의 결과는 부모수입, 교육과 인종 같은 변인의 영향과 혼합되어 있다. 이는 사회과학자가 연구에서 이상적인 실험 상황을 만드는 것이 어렵지만 보통 인간의 행동을 발견한 대로 받아들이고 실제 생활의 복잡성을 해결하기 위해서 최선을 다해야 함을 보여주는 예이다.

복습문제

1. 이 연구에서 사용한 연구법이 아닌 것은?
   a. 질문지법
   b. 신경학적 검사
   c. 면접
   d. 관찰
2. 유아들의 안정애착과 관련되는 요인은?
   a. 어머니 이외의 사람에게 받은 질 낮은 보육
   b. 어머니 이외의 사람에게 일주일에 10시간 이상 보육을 받는 것
   c. 어머니의 낮은 민감성
   d. a, b, c 모두

은 종단 연구는 표본을 걸음마기에서 청소년기 또는 성인진입기까지 추적하였는데, 애착 이론의 예측을 지지하는 결과는 혼재되어 있다. 어떤 종단 연구는 걸음마기에 측정된 애착의 질과 나중의 정서적 및 사회적 발달이 관계가 있음을 발견했지만, 어떤 연구는 이런 관계를 발견하지 못했다(Egeland & Carlson, 2004; Fraley et al., 2013). 현재 입장은 영아기와 걸음마기의 애착의 질은 경향성과 기대를 형성하지만 이는 아동기, 청소년기와 그 이후에 하는 경험에 의해 수정될 수 있다는 것이다(McCarthy & Maughan, 2010; Thompson, 2008). 이론적으로 말하면 어려서 형성된 내적 작동 모델은 나중에 하는 경험에 의해 상당히 수정될 수 있다. 그러나 혼란애착은 나중의 문제를 아주 잘 예측한다(Ammaniti et al., 2005; van IJzendoorn et al., 1999; Vondra & Barnett,1999). 이런 애착을 형성한 유아는 초기와 중기 아동기에 높은 적대성과 공격성을 나타내고, 인지적 문제도 나타낸다(Weinfield et al., 2004). 혼란애착으로 분류된 유아는 청소년기와 그 이후에 행동적 문제와 정신병리를 보일 위험이 크다(van IJzendoorn et al., 1999). 그러나 이런 유형의 애착은 주 양육자의 행동이 아니라 생물학적 원인으로 인한 신경발달의 문제에 기인한다고 보고 있다(Barnett et al., 1999; Macfie et al., 2001). 에인스워스의 고전적 연구 이후에 연구자들은 아버지와 어머니가 아닌 다른 양육자에 대한 유아의 애착도 연구해왔다. **연구 초점 : 초기보육과 그 결과**에서 이런 연구 중 하나를 살펴보겠다.

애착 이론에 대한 비판 애착 이론은 인간발달에 대한 가장 영향력 있는 이론 가운데 하나이다. 볼비가 40년 전에 이론을 제안한 이후에 수없이 많은 연구가 이루어졌다(Atkinson & Goldberg, 2004; Cassidy & Shaver, 2010; Sroufe et al., 2005). 그러나 이론의 문제점을 지적하는 비판도 많았다.

질이 좋은 유아원에 다니는 걸음마기 유아들은 집에서 자라는 유아들과 마찬가지로 안정애착을 형성한다.

'아동 효과'가 애착 이론에 대한 가장 큰 비판 가운데 하나이다. 이 비판에서는 애착의 질에 대한 어머니의 영향을 과대평가했고 아동의 영향을 과소평가했다고 주장한다. 첫째, 아동이 서로 다른 기질을 가지고 태어난다는 점을 간과했다(제4장 참조; Bakermans-Kranenburg et al., 2004). 낯선 상황에서 어머니가 떠나서 아주 불안해진 유아는 어머니가 돌아오면 공격적으로 어머니를 밀어내는데, 이는 어머니가 충분히 민감하고 반응적이지 못해서가 아니라 아동의 까다로운 기질 때문일 수 있다(Atkinson et al., 1999; van IJzendoorn et al., 2004).

둘째, 애착 이론에서는 어머니에게서 아동으로의 일방향적 영향을 강조하지만 인간발달 연구자들은 최근에 점점 더 부모-아동 관계가 **상호적** 또는 **양방향적**임을 강조하고 있다. 부모가 아동에게 영향을 미치지만 아동도 또한 부모에게 영향을 미친다. 예를 들어, 혼란애착 유아의 어머니는 낯선 상황에서 다른 어머니들과는 행동이 달랐다. 유아가 힘들어할 때 반응하지 못했고, 안아서 안정시키기보다 유아의 팔을 잡아 끌었다(Lyons-Ruth et al., 1999; van IJzendoorn et al., 1999). 이 어머니들은 때로는 혼란하고 좌절하는 것처럼 보이고 참을성이 없었다. 이는 민감하고 반응적이지 못함을 보여주는 것이지만, 한편으로는 유아의 행동적 문제에 반응하는 것일 수 있다(Barnett et al., 1999). 어머니와 혼란애착 유아는 부정적이고 양방향적 순환 안에서 서로에게 부정적으로 영향을 미치는 것 같다(Lyons-Ruth et al., 1999; Symons, 2001).

어렸을 때의 애착이 이후 모든 관계의 기초가 될까?

볼비 이론에 대한 또 다른 비판은 문화적이다. 볼비가 이론을 제안한 이후 수십 년 동안 어떤 연구자들은 아동의 애착은 문화에 관계없이 '상당히 동일하다'고 결론을 내렸다(Cassidy & Shaver, 2010, p. xiii). 그러나 다른 연구자들은 이론에 문화적 편향이 있을 수 있음을 지적해왔다.

애착의 어떤 측면은 보편적일 수 있다. 모든 문화에서 영유아는 자신을 사랑하고 보호하면서 돌보아주는 사람에게 애착을 형성한다(van IJzendoorn & Sagi, 2010). 여러 문화의 부모들이 어떤 아동이 안정애착 아동인지에 대해 상당히 일치된 견해를 보인다(Posada et al., 1995). 한 연구에서 중국, 콜롬비아, 독일, 이스라엘, 일본과 미국의 어머니를 연구했다(Posada et al., 1995). 문화에 관계없이 어머니는 '이상적인 안정애착' 아동은 어려울 때 어머니에게 의지할 뿐 아니라 애착 이론에서 기술하듯이 탐색할 때 어머니를 안전기지로 삼아서 주변 세계를 기꺼이 탐색한다고 상당히 비슷하게 기술했다. 여러 문화에 대한 연구에서 안정애착이 가장 흔하게 나타나는 범주임이 밝혀졌다(van IJzendoorn & Sagi, 2010).

그러나 문화적 차이도 발견되었다(Morelli, 2015). 한 연구에서 미국, 일본과 여러 북유럽 국가의 유아를 낯선 상황에서 비교하였다(van IJzendoorn & Kroonenberg, 1988). 모든 국가에서 대부분의 유아가 안정애착임이 발견되었다(**그림 5.4** 참조). 그러나 미국과 북유럽 국가 유아들이 일본 유아들보다 불안정-회피애착으로 더 많이 분류되었다. 대조적으로 불안정-저항애착은 다른 나라에 비해 일본 유아에서 특히 더 많았다. 이러한 차이는 양육 방식의 문화적 차이에 기인하였다. 미국과 북유럽 국가에서는 어렸을 때 독립성을 강조하는데, 이런 문화적 강조 때문에 불안정-회피애착이 더 많이 나타난 것 같다. 일본에서는 어머니가 아동과 거의 떨어지지 않고 어머니에게 의지하도록 격려하기 때문에 일본 유아에게는 유럽이나 미국 유아들보다 낯선 상황이 더 힘들어서 불안정-저항애착이 많이 나타났을 수 있다.

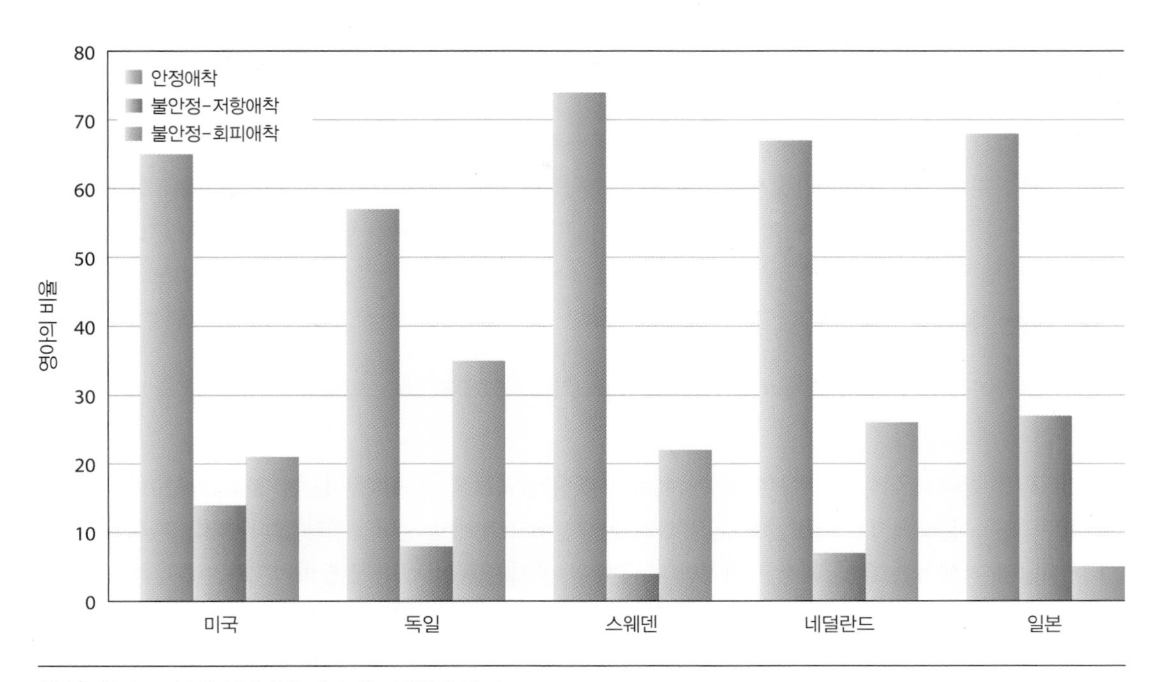

그림 5.4 낯선 상황에서 나타나는 문화적 차이

낯선 상황에서 모든 국가의 대부분의 걸음마기 유아는 안정애착을 나타내었다. 일본 유아들은 다른 국가의 유아들에 비해서 불안정-저항애착이 더 많았고 불안정-회피애착은 더 적었다.

전통 문화에서는 어떤 종류의 불안정애착도 별로 나타나지 않는다(Morelli, 2015). 영아가 고통을 표현하면 어머니가 젖을 주면서 즉시 위로해준다. 유아는 보통 나이 많은 언니가 돌보아주고 어머니와도 자주 접촉한다. 그러나 앞에서 보았듯이 전통 문화에서는 이유가 유아의 삶에서 중요한 사건일 수 있고, 애착의 안정성에 영향을 줄 수 있다. 우간다 어머니-유아 애착에 대한 에인스워스(Ainsworth, 1977)의 초기 연구에서 유아의 애착이 이유 후에 변하는 경우가 많아서, '낯선이 불안'이 크게 증가하였고, 갑자기 불안정애착도 증가하였다.

일반적으로 전통적인 비서구적 양육에서는 애착 이론에서 상호의존과 집단주의를 더 많이 강조한다(Morelli & Rothbaum, 2007; Rothbaum et al., 2000; Rothbaum & Morelli, 2005). 애착 이론에서는 민감하고 반응적인 양육이 사랑과 보호를 제공하면서 동시에 자기표현과 독립성을 촉진한다고 강조하지만 이는 대부분의 문화에서 발견되는 이상이 아니다. 예를 들어, 로스바움과 동료들(Rothbaum et al., 2007)은 일본의 아마에(amae) 개념을 소개하였는데, 이는 어머니와 어린 자녀 사이의 아주 가깝고 신체적이며 응석을 받아주는 관계를 말한다. 일본에서는 이것이 이상적이지만 일부 애착 연구자들에 따르면 불안정-저항애착을 부추기는 양육 방식이다(George & Solomon, 1999). 또한 애착 연구자들은 안정애착 유아가 독립적이고 사회적 상황에서 자기주장을 하며 자기존중감이 높은 아동으로 성장하지만, 모든 문화에서 이런 바람직한 특성을 보이지는 않는다고 밝히고 있다(Rothbaum et al., 2000; Sullivan & Cottone, 2010).

일본 어머니와 아동의 관계는 아주 밀접하다.

정서와 사회성 발달 : 걸음마기 유아의 사회적 세계

영아기와 마찬가지로 걸음마기에는 사회적 세계가 가족, 특히 어머니와 아버지와의 관계를 포함한다. 그러나 걸음마기에 형제, 또래와 친구관계가 더 중요해진다. 걸음마기는 또한 사회적 관계에 심각한 손상이 있는 자폐증이 나타나는 시기이다. 걸음마기에는 미디어, 특히 TV 사용이 여전히 중요하다.

아버지의 역할

전통 문화와 선진국에서 아버지가 영아와 걸음마기 유아에게 개입하는 방식을 비교하고 대조한다.

거의 모든 문화에서 어머니가 영유아의 양육에서 핵심적 역할을 한다(Shwalb & Shwalb, 2015). 앞에서 보았듯이 전통 문화에서는 아버지가 출산 과정에서 전적으로 배제되는 경우가 많다. 출산 이후 몇 주 동안 어머니와 신생아는 항상 같이 지내지만 아버지는 이 기간 동안 양육에 참여하지 않는다. 역사적으로 어머니가 영유아의 주요 양육자가 된 데에는 두 가지 이유가 있다. 첫째는 생물학적 이유이다. 첫해 상반기에는 보통 모유수유를 통해 영양을 공급하기 때문에 다른 누구보다도 어머니가 영아를 돌보게 된다. 따라서 걸음마기에는 어머니가 주 애착 인물이다(Bowlby, 1969; Cassidy & Shaver, 2010).

일부다처제 한 남성이 여러 명의 아내를 두는 문화적 전통

둘째는 문화적 이유이다. 인간 역사에서는 대부분의 문화에서 남성과 여성의 역할을 분명하게 구분한다(Gilmore, 1990; Hatfield & Rapson, 1996; Kapadia & Gala, 2015). 성인 여성의 역할은 가사를 돌보고 아동을 돌보는 것이고 성인 남성의 역할은 가족을 보호하고 부양하는 것이다(Arnett, 1998). 여유시간에 여성은 아이와 다른 여성들과 같이 지내고, 남성은 다른 남성들과 같이 지낸다(Gilmore, 1990). 따라서 대부분의 문화에서 역사적으로 아버지는 아동의 정서적 삶에서 주변적 역할을 해왔다.

현대 선진국의 아버지들은 과거보다 육아에 더 많이 참여하지만 여전히 어머니가 육아를 더 많이 담당한다.

전통 문화에서 아버지 역할 전통 문화에서 아버지는 아동 양육에 거의 참여하지 않지만 다른 측면에서 아동의 사회적 환경의 일부가 된다. 예를 들어, 중국에서 아버지의 전통적 역할은 부양자이고 지도자이다(Ho, 1987). 양육은 어머니의 몫이다. 라틴아메리카에서도 아버지가 가족을 부양하고 당연히 자녀에 대해 권위를 행사하지만 많은 라틴아메리카 문화에서 이런 역할과 자녀에 대한 따뜻한 사랑의 관계가 공존한다(Halgunseth et al., 2006). 아프리카의 여러 문화에서 한 남자가 여러 명의 아내를 두는 **일부다처제**(polygyny)가 전통이다(Westoff, 2003). (일부다처제는 아내나 남편이나 관계없이 두 사람 이상의 배우자를 두는 것을 지칭하는 일반적 용어이다.) 가정은 아내와 그 아내의 자녀로 구성되고 아버지는 같이 살거나 또는 여러 아내 사이를 돌아다니면서 산다. 여기에서도 아버지의 역할은 부양자와 지도자이고, 아동들은 보통 아버지와 정서적으로 가깝지 않다(Nsamenang, 1992). 이런 일부다처제는 최근에는 많이 사라졌지만 사하라 사막 남쪽의 아프리카에서는 결혼의 약 3분의 1에 해당한다(Riley Bove, 2009).

세계적으로 아버지가 부양자이나 영유아의 정서적 삶과 거리가 있는 것이 가장 일반적인 형태이지만 주목할 만한 예외가 있다. 마거릿 미드(Mead, 1930, 2001)가 연구했던 뉴기니아의 마누족은 출생 후 1년 동안 어머니와 영아가 항상 함께 지내고, 아버지는 가끔 같이 지낸다. 그러나 아동이 걸음마기에 들어서서 걷기 시작하면 아버지가 대부분의 양육을 맡는다. 유아는 아버지와 같이 자고, 같이 놀고, 등에 업혀 다니고, 매일 물고기를 잡으러 갈 때 동행한다. 아동기에 부모가 싸워서 헤어지면 아동은 아버지와 같이 살기를 선택하

는데, 이때쯤 되면 아버지가 주 애착 인물이 된다.

선진국의 아버지 어떤 면에서는 선진국에서 아버지 역할은 역사적인 형태와 전통적 사회와 유사하다. 여러 국가에서 아버지는 어머니보다 영유아와 상호작용을 덜 하고 목욕하고 씻기기, 밥 먹이기, 옷 입히기와 달래기 같은 활동을 덜 한다(Chuang et al., 2004; Lamb & Lewis, 2010; Shwalb & Shwalb, 2015). 미국에서 유아의 3분의 1은 홀어머니와 산다. 같이 사는 아버지보다 같이 살지 않는 아버지가 유아를 덜 돌보지만, 비록 같이 살지 않더라도 아프리카계 또는 라틴계 아버지가 유럽계 아버지보다 유아를 더 많이 돌본다(Cabrera et al., 2008). 아버지가 영유아와 상호작용할 때에는 돌보는 것보다는 주로 신체적이고 아주 자극적인 거친 신체놀이를 많이 한다(Lamb & Lewis, 2010; Paquette, 2004). 아버지는 아이를 공중에 집어던졌다 잡거나 아이와 레슬링을 하지만 애플소스를 먹이거나 기저귀를 갈아주는 일을 거의 하지 않는다.

그러나 선진국에서는 성역할이 점점 더 유동적이고 평등해지고 있기 때문에 아버지의 양육참여가 증가하고 있다(Pleck, 2010). 미국 아버지는 어린 아동을 돌보는 데 어머니가 쓰는 시간의 약 85% 정도를 쓰고, 캐나다 아버지들은 약 75%를 썼다(Lamb, 2010). 아버지와 어머니가 밖에서 일하는 시간이 비슷하고, 결혼만족도가 높을 때(Lamb & Lewis, 2010; NICHD Early Child Care Network, 2000)에는 아버지가 어린 아동을 어머니와 비슷한 정도로 돌본다. 마누스족의 예처럼 최근에 선진국에서 나타나고 있는 아버지 역할의 변화는 양육이 생득적인 행동 패턴이 아니라 문화에 따라 변할 수 있는 학습된 행동 패턴임을 보여준다.

더 넓은 사회적 세계 : 형제, 또래와 친구

걸음마기의 형제, 또래, 친구와 관계를 기술한다.

걸음마기의 사회성 발달에 대한 연구는 부모, 특히 어머니에 대한 애착에 집중되어왔다. 그러나 걸음마기가 영아기와 차별화되는 여러 가지 측면 가운데 하나는 걸음마기에는 사회적 세계가 넓어져서 형제, 또래와 친구 같은 다양한 사람들을 포함하게 된다는 점이다.

손아래와 손위 형제 우리는 전통 문화에서 또래관계가 걸음마기 유아에게 얼마나 중요한지를 살펴보았다. 손위 형제, 보통 언니나 누나는 어머니와 동생의 양육을 나누어서 맡는다. 이런 문화에서는 유아는 자신을 돌보아주는 형제에게 애착을 형성한다. 그러나 소수 연구에 의하면 형제에 대한 애착은 일차 애착이 아니라 이차 애착인 것 같다(Ainsworth, 1977; Levine et al., 1994). 즉 걸음마기 유아는 거의 모든 상황에서 손위 형제가 돌보아줄 때 만족하지만 위기 상황이 오면 어머니에게 보호와 위로를 받고 싶어 한다.

개발도상국에 대한 연구에 의하면 걸음마기 유아는 형제에게 애착을 형성한다(Shumaker et al., 2011). 한 연구에서 낯선 상황을 사용하여 손위 형제에 대한 애착을 평가하였다(Samuels, 1980). 두 살 유아와 어머니를 낯선 집의 마당으로 오게 하였는데 때로는 4세 손위 형제도 같이 왔다. 손위 형제가 없을 때에는 낯선 상황에서처럼 대부분의 유아들은 어머니가 떠나면 고통을 호소했고 어머니가 돌아오면 커다란 안도감을 보였다. 그러나 손위 형제가 있을 때에는 어머니가 떠나도 별로 고통을 호소하지 않았다. 손위 형제가 애착 대상으로서 정서적 위안과 안정성을 제공해서 낯선 상황이 덜 낯설고 위협적이 되었다.

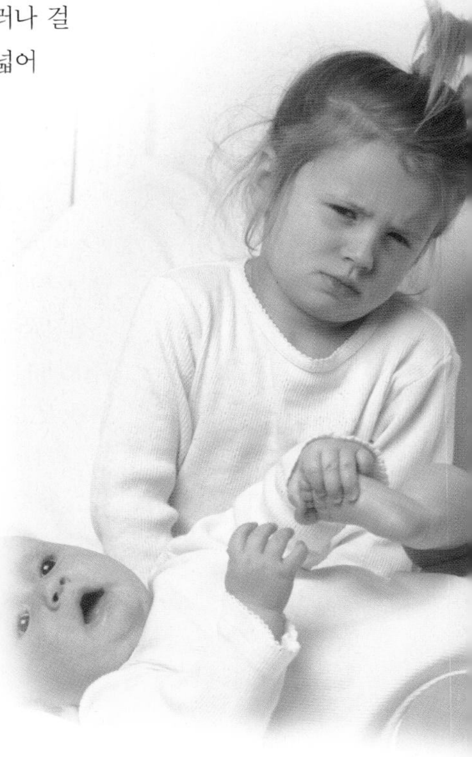
걸음마기 유아는 어린 동생이 태어나면 부정적 반응을 보이는 경우가 많다.

선진국에 사는 걸음마기 유아들은 친구하고 더 발전된 형태의 놀이를 한다.

유아와 형제관계에 대한 많은 연구는 어린 동생의 출생에 대한 반응에 집중되어왔다. 전체적으로 유아의 반응은 부정적이다(Boer at al., 2013). 동생이 태어나면 어머니에 대한 유아의 애착이 안정에서 불안정으로 변하는데, 유아들이 모든 사람이 어린 동생에게 관심을 보여서 위협을 느끼기 때문이다(Teti et al., 1996). 어떤 걸음마기 유아는 다른 사람에게 공격성을 더 많이 보이거나 또는 점점 떼를 많이 쓰고, 요구가 많아지고 말을 듣지 않는다(Hughes & Dunn, 2007). 또는 배변훈련이나 혼자 음식을 먹는 행동의 퇴행을 보이기도 한다. 때로는 어머니가 유아와 어린 동생을 모두 돌보아야 하기 때문에 유아에게 참을성이 없어지고 덜 반응적이 되기도 한다(Dunn & Kendrick, 1982).

어머니가 어떻게 걸음마기로 쉽게 전환할 수 있도록 도울 수 있을까? 연구에 의하면 동생이 태어나기 전에 어머니가 유아에게 특별히 관심을 기울이고, 동생이 태어난 후에는 동생의 필요와 감정을 잘 설명해주면 유아는 새로 태어난 동생에게 더 긍정적인 반응을 보인다(Boer et al., 2013; Howe et al., 2001; Hughes & Dunn, 2007). 그러나 제6장에서 더 자세하게 살펴보겠지만 문화에 관계없이 아동기와 청소년기 동안에 어떤 관계보다 형제관계에서 갈등이 많은 것이 현실이다.

유아가 손위 형제가 아니라 손아래 형제이면 어떨까? 장단점이 있다. 장점은 일단 손아래 형제가 더 이상 영아가 아니고 걸음마기 유아이고, 말하고 걷고 가장놀이를 같이할 수 있어서 손위 형제가 화를 덜 내고 동생과 같이 노는 데 더 흥미를 보인다(Hughes & Dunn, 2007). 두 살이 되면 걸음마기 유아는 자주 손위 형제를 모방하고 무엇을 하고, 어떻게 해야 하는지에 대한 단서를 손위 형제에게 구한다(Barr & Hayne, 2003).

단점은 유아가 자신의 흥미와 원하는 바를 주장하는 능력이 생겨나면서 갈등이 증가한다는 것이다. 한 연구에서 걸음마기 유아가 14개월부터 24개월 될 때까지 집을 방문하여 관찰하였는데 이 기간 동안 갈등이 점점 증가하였으며 더 신체적이 되었다(Dunn & Munn, 1985). 또 다른 연구에서 15개월에서 23개월 유아가 손위 형제를 괴롭히는 능력이 놀랍도록 증가하였다(Dunn, 1988). 예를 들어, 어떤 유아는 손위 형제와 싸우고 난 다음 손위 형제가 아끼는 물건을 부수러 갔다. 또 다른 유아는 형이 거미를 무서워하는지 알고 장난감 거미를 찾아서 형의 얼굴에 들이밀었다!

또래 그리고 … 친구? 대부분의 문화에서 걸음마기는 처음으로 가족 이외의 사회적 관계를 형성하는 시기이다. 전통 문화에서는 다른 아동뿐 아니라 형제, 사촌을 포함하는 또래놀이 집단의 일원이 된다(Gaskins, 2015). 이런 놀이 집단에는 연령이 다른 아동들이 참여하지만, 영아기에 주로 어머니의 돌봄을 받은 후에 아동이 처음으로 집단에 속하게 되는 것은 걸음마기이다.

선진국에서도 걸음마기에 또래관계가 확장되어서 일종의 집단아동보호의 형태를 취하는 경우가 많다(Rubin et al., 2006). 이런 장면에서 유아를 관찰했던 연구들은 유아의 또래놀이 상호작용이 초기 연구가 보고했던 것보다 더 발달했음을 발견하였다. 초기에 이루어진 중요한 한 연구에서 걸음마기 유아는 혼자 노는 **고립놀이** 또는 같은 활동에 참여하지만 서로를 인식하지 못하고 노는 **병행놀이**를 주로 한다고 보고했다(Parten, 1932). 그러나 좀 더 최근 연구는 걸음마기 유아가 고립놀이나 병행놀이뿐 아니라 **단순한 사회적 놀이**에도 참여해서 서로 이야기하고 웃고 장난감을 주고받으며, 심지어 **협동놀이**에도 참여하여 같이 동물이 되어보는 것 같은 상상을 한다는 사실을 발견했다(Howes, 1996; Hughes & Dunn, 2007).

더구나 서로 알고 있는 유아들은 서로 모르는 유아들보다 더 발전된 형태의 놀이를 하는 경향이 있다. 같은 어린이집에 다니는 유아에 대한 연구에서 아주 어린 유아(16~17개월)도 간단한 사회적 놀이를 하였다(Howes, 1985). 24개월에는 절반 정도의 유아가 협동적 가장놀이에 참여하였고, 이런 놀이는 30~36개월 사이에 모든 유아에서 관찰되었다. 이런 결과는 서로 잘 모르는 유아들의 사회적 관계에 대한 연구에서 유아들이 주로 고립놀이와 병행놀이를 하였고 적어도 3세가 되어야 협동적 가장놀이를 하였던 것과는 크게 대조가 된다(Howes, 1996; Hughes & Dunn, 2007).

걸음마기 유아들은 친구가 아닌 유아보다 친구와 같이 있을 때 서로 미소를 더 많이 짓고 더 많이 웃는다. 남아프리카의 세 남아가 같이 웃고 있다.

걸음마기 유아는 다양한 방식으로 같이 놀지만 진정한 친구관계를 형성할까? 상당히 많은 연구들이 그렇다고 밝히고 있다(Goldman & Buysse, 2007). 그들의 친구관계는 동료애, 상호애정과 정서적 친밀감같이 다른 연령의 아동의 친구관계와 비슷한 특징을 많이 보인다(Rubin et al., 2006). 한 살 조금 지나서도 어린이집이나 또래 놀이 집단에서 유아는 다른 아이보다 더 좋아하고, 더 같이 있고 싶어 하는 또래가 생긴다(Shonkoff & Phillips, 2000). 나이 많은 아동과 성인과 마찬가지로 걸음마기 유아는 활동 수준이나 사회적 기술 같은 유사성에 기초해서 서로를 친구로 선택한다(Rubin et al., 2006). 친구가 된 걸음마기 유아는 같이할 수 있는 좋아하는 게임을 만든다(Howes, 1996). 유아들은 친구들끼리 정서를 더 자주 공유한다. 그들은 미소를 더 많이 짓고 더 많이 웃지만 갈등도 더 많다. 그렇지만 친구인 유아들 사이의 갈등은 친구가 아닌 또래와의 갈등보다 더 약하고 더 빨리 해결된다(Ross & Lollis, 1989). 다른 장에서 보게 되겠지만 친구관계는 연령에 따라 변하지만 걸음마기에도 친구관계의 여러 가지 특징이 분명하게 나타난다.

자폐증 : 사회적 발달의 붕괴

학습목표 5.19 자폐증의 특징을 기술하고 성인으로 성장했을 때 자폐증이 예후에 어떻게 영향을 미치는지를 이해한다.

1938년에 도널드라는 어린 남자아이의 부모가 유명한 소아정신과 의사를 방문하였다(Donovan & Zucker, 2010). 부모에 따르면 도널드는 어렸을 때에도 부모에게 '확실한 정서'를 전혀 보이지 않았고, 아직도 그랬다. 부모와 떨어져도 절대 울지 않았고 부모가 위로해주기를 바라지도 않았다. 다른 성인이나 아동에게 관심도 없는 것 같았고 사회적 관계를 필요로 하지 않은 채 "자신 속에 갇혀 있는듯 했다"(p. 85). 더구나 도널드의 언어사용은 특이했다. 부모의 지시와 요구에 자주 반응하지 않았고, 자신의 이름을 불러도 반응을 보이지 않았다. 그러나 특정한 이상한 단어에 사로 잡혀서 계속 그 단어를 반복했다. 그는 단어를 반복하는 것을 좋아했을 뿐 아니라 둥근 물건 돌리기같이 특정 행동을 반복하는 것도 좋아하였다.

자폐(autism)로 알려지게 된 초기진단의 기초는 (1) 사회적 관계에 대한 무관심, (2) 비정상적 언어발달, (3) 반복적 행동이었다(American Psychiatric Association, 2013). 진단의 주요 특징은 오늘날에도 도널드와 동일하다. 자폐증을 가진 많은 아동은 아주 규칙적인 일과를 좋아하고 그런 규칙이 깨지는 것을 아주 싫어한다. 일부 아동은 놀라울 정도로 어떤 정신적 기술을 가지는 경우도 있지만(예 : 도널드는 암산으로 큰 수를 곱할 수 있었다), 이런 경우는 드물다. 자폐증 아동의 대부분은 지능이 낮고 어느 정도의 정신지체를 보인다(Lord & Bishop, 2010).

미국에서는 아동 68명 중에서 1명이 **자폐스펙트럼장애**(autistic spectrum disorder, ASD)의 진단기준을 충족하는데, 이는 아동들이 반복적 행동, 언어발달과 사회적 행동에 심각한 손상이 있음을 의미한다

자폐 사회관계에 대한 관심 부족, 비정상적 언어발달, 반복 행동을 보이는 발달장애

자폐가 있는 걸음마기 유아는 사회적 및 언어적 발달에 문제가 있다. 중국 북경의 한 학교에서 자폐가 있는 소년이 혼자 놀고 있다.

(CDC, 2014). 이런 비율은 아시아, 유럽과 북아메리카에서도 비슷하지만 사용된 진단기준에 따라서 약간 차이가 난다(CDC, 2010). 이 장애의 원인은 분명하지 않다. 유전적 원인이 있다고 알려져 있다. 왜냐하면 나중에 자폐가 되는 아동의 머리가 이상하게 커서 뇌발달 이상이라는 증거가 있다(Hadjikhani et al., 2004). 섭식 관련 원인에서부터 걸음마기 백신에 이르기까지 다양한 환경적 요인이 원인으로 제안되어왔지만 어떤 원인도 연구의 지지를 받지 못했다. 선진국에서 최근 몇십 년 사이에 자폐가 증가하였지만 원인은 아직 잘 모른다(CDC, 2010). 자폐에 대해서 많이 알려지면서 과거에는 조현병이나 정신지체로 진단되었던 장애들이 자폐로 진단되기 때문일 수 있다(Donovan & Zucker, 2010). 과거에는 그렇지 않았지만 요즘에는 많은 국가에서 의사들이 관례적으로 걸음마기 유아가 자폐인지를 검사하고 있다(CDC, 2010).

자폐나 ASD 진단은 보통 18~30개월 사이인 걸음마기에 이루어진다(American Psychiatric Association, 2013). 그러나 나중에 자폐진단을 받은 영아의 홈비디오를 분석한 연구들은 장애의 징후가 영아기에 이미 나타난다고 밝히고 있다(Dawson et al., 1998; Werner et al., 2000). 8~10개월에도 자폐 유아는 정상적인 사회적 행동을 거의 보이지 않는다. 부모와 공동주의를 하지 않고, 다른 사람에게 보여주기 위한 목적으로 물건을 가리키지 않고, 다른 사람을 쳐다보지 않으며, 자기 이름을 불러도 반응을 보이지 않는다. 영아기에 나타나는 이런 행동의 일부는 기질의 차이 때문일 수 있지만 보통 언어가 많이 발달하는 걸음마기가 되어도 언어기술이 발달하지 않으면 자폐진단이 더욱 분명해진다. 자폐 아동의 절반 정도는 기본적 욕구를 전할 수 없을 정도로 언어가 발달하지 않고, 언어가 약간 발달한 절반 정도도 다른 사람과 의사소통하는 능력이 손상되어 있다(Hale & Tager-Flusberg, 2005). 그들의 사회적 손상은 언어적 손상과 연결되어 있다. 다른 사람에 대한 관심과 다른 사람의 관점을 이해하는 능력이 부족하기 때문에 걸음마기가 되어도 다른 사람에게는 어렵지 않은 정상적인 대화를 나누기가 힘들다.

자폐 아동은 성장해서는 어떻게 될까? 85% 정도는 계속해서 부모, 형제나 다른 친척과 같이 산다(Donovan & Zucker, 2010). 일부는 정부에서 지원하는 그룹홈에서 살고, 드물기는 하지만 고기능 자폐일 때에는 도널드(현재 70대)처럼 혼자 산다. 어떤 점에서는 자폐는 아동기보다 성인기에 더 문제가 된다. 왜냐하면 자폐 아동처럼 자폐 성인이 정서를 조절하지 못하는 경우가 많아서 더 크고 더 많은 문제를 일으킬 수 있다. 그들은 성적욕망을 적합한 방식으로 표현하는 사회적 지식이 부족하다. 자폐는 치료가 되지 않고 효과적 치료도 거의 없지만, 도와주면 많은 자폐 아동과 성인은 깨끗한 옷을 입고, 길을 묻는 것(그리고 들은 대로 길을 찾아가는 것), 돈을 간수하는 것 같은 간단한 일상생활 기술을 학습할 수 있다.

걸음마기의 미디어 사용

걸음마기의 TV 시청 정도를 밝히고 TV 시청이 미치는 영향을 설명한다.

미디어 사용, 특히 TV 시청은 대부분의 국가에서 걸음마기에도 전형적인 일상생활의 일부이다. 미국의 전국 규모 연구에 의하면 3세 이하 아동의 58%가 매일 TV를 시청하고, 30%는 자기 방에 TV가 있다(Rideout & Hamel, 2006). 아프리카계와 라틴계 미국인 유아는 다른 인종 집단보다 TV를 더 많이 보고, 이때부터 일생 동안 지속되는 인종에 따른 차이가 시작된다(Anand et al., 2005). TV가 모든 연령층을 지배하지만 디지털 장치가 유아에게도 점점 더 인기를 얻고 있다. 2013년 조사에 따르면 미국

2세 아동의 38%가 아이폰이나 태블릿 PC 같은 디지털 장치를 사용한다(Rideout et al., 2013). 요즘에는 교육용, 게임용과 미술과 음악용 애플리케이션을 포함하여 아기와 유아를 위한 애플리케이션이 아주 다양하다.

친사회적 내용을 담은 TV 프로그램은 걸음마기 유아들의 친사회적 행동을 촉진한다.

미디어 사용의 효과에 대한 대부분의 연구는 TV에 집중되어 있다. 생후 2년에 유아는 이미 TV 스크린에 나오는 이미지가 실제가 아니라는 사실을 이해하기 시작한다. 한 연구에서 9개월 영아와 14~19개월 유아에게 비디오에서 한 여성이 어린 아동용 장난감을 사용하는 방법을 보여주었다(Pierroutsakos & Troseth, 2003). 영아는 스크린에 손을 뻗어서 장난감을 잡고 치고 문지르려고 하였지만 걸음마기 유아는 그러지 않았다. 그러나 다른 연구에서는 걸음마기 유아도 때로는 화면의 이미지에게 말을 걸면서 상호작용을 시도하였는데, 이는 걸음마기 유아에게 TV와 현실의 구분이 아직도 확실하지 않음을 의미한다(Garrison & Christakis, 2005).

TV 시청이 걸음마기 유아에게 영향을 미칠까? 조사에 의하면 대부분의 미국 부모들은 TV가 아이에게 해로울까 봐 걱정을 한다(Rideout et al., 2003; Woodward & Gridina, 2000). 그러나 TV의 영향은 내용에 따라 많이 달라진다. 미국의 한 연구에서 2세 아동 집단에게 TV 프로그램 **바니와 친구들**을 보여주었다. 이 프로그램에서는 자주색의 커다란 말하는 공룡이 나와서 친절함과 나누기 같은 친사회적 행동을 격려하였다. 이 프로그램을 시청한 집단과 시청하지 않은 집단의 자유놀이를 비교하였다(Singer & Singer, 1998). **바니와 친구들**을 시청했던 집단의 유아들이 친사회적 행동을 더 많이 보였고, 공격적 행동을 덜 보였으며 상징놀이도 더 많이 하였다. 미국 전국 연구에서 3세 이하 아동의 부모 가운데 70%가 유아가 TV에서 보았던 나누기나 돕기 같은 긍정적 행동을 모방했고, 27%만이 때리기나 발로 차기 같은 공격적 행동을 모방했다고 보고했다(Rideout & Hamel, 2006).

TV 시청이 인지발달에 미치는 영향에 대한 증거는 혼재되어 있다. 어떤 연구는 TV 시청이 어휘를 증가시킨다고 보고하였고, 어떤 연구는 언어발달을 해친다고 보고하고 있다(Courage & Setliff, 2009). 역시 내용이 문제인 것 같다. 한 연구에서 부모에게 6~30개월까지 매 3개월마다 유아의 TV 시청 패턴을 보고하도록 하였고, 30개월에 유아의 언어발달을 측정하였다(Linebarger & Walker, 2005). **도라 더 익스플로러** 같은 교육용 프로그램을 보았을 때에는 다른 프로그램을 보았을 때보다 어휘가 증가하였고, 표현언어점수가 높았다. 다른 연구는 TV가 유아의 상상놀이를 발전시킨다는 사실을 발견했다(Weber, 2006). 나는 나의 쌍둥이가 유아였을 때를 기억한다. 그 아이들은 TV 프로그램이나 비디오를 보고나서 **텔레토비**나 **피터팬** 같은 TV 프로그램의 주인공으로 가장하고 자기들만의 더 재미있는 게임을 만들어냈다. 우리는 게임을 더 재미있게 만들도록 텔레토비 인형을 사주기도 했다.

TV가 때로는 친사회적 행동이나 창의적 행동을 촉진하지만 걸음마기 이후의 TV 사용에 대한 지속적인 우려 가운데 하나는 **전위 효과**(displacement effect)이다. 즉 TV를 보는 동안에는 읽거나 다른 또래들과 놀 수 없다(Weber, 2006). 2001년에 미국소아과의사협회는 2세 이하 아동은 TV를 보지 말고, 2세 이상 아동은 하루에 2시간 이상 보지 않도록 권고하였다(American Academy of Pediatrics Committee on Public Education, 2001). 이렇게 권고하는 이유는 TV 내용이 해롭기 때문이 아니라 어린 아동들이 놀이와 다른 사람과의 대화 같은 활동적 학습에서 더 큰 유익을 얻을 수 있기 때문이다(Kirkorian et al., 2008). 많은 가정에서 TV는 거의 항상 켜져 있기 때문에 심지어 걸음마기 유아들도 **바니와 친구들**과는 상당히 거리가 먼 TV 프로그램에 노출된다는 사실을 명심해야 한다(Rideout & Hamel, 2006).

전위 효과 미디어 연구에서 미디어 사용이 다른 활동에 보낼 수 있는 시간을 어떻게 점유하는지에 대한 용어

chapter 6

초기 아동기

덴마크의 올보르에 있는 한 어린이집의 아침이다. 네 살 난 랄스 올슨은 어떤 어머니가 직장에 가는 길에 어린이집에 데려다준 친구를 보고 흥분한다. 여러 가지 놀이를 할 것이고, 선생님이 이야기를 읽어줄 것이고, 글자 읽는 것을 배우기 시작할 것이다.

오후에는 랄스의 어머니가 직장 일을 마치고 집으로 가는 길에 데리러 오고, 두 사람은 같이 집으로 돌아간다. 곧 아버지도 직장에서 돌아오고 랄스는 부모가 저녁식사를 준비하는 동안 TV를 본다.

저녁을 먹고 나면 부모가 씻는 동안 랄스는 TV를 조금 더 보고 아버지와 보드게임을 한다. 8시 정각이 되면 자야 한다. 어머니가 침대에 데려다주고 이야기를 읽어준 다음에 키스를 해주고 잘 자라고 인사를 해준다.

그동안에 바다 건너 과테말라의 마야 마을에 사는 다섯 살 난 마리셀라는 어머니가 그날 먹을 또띠야를 만드는 것을 돕는다. 마리셀라는 반죽덩이를 밀어서 또띠야를 만든다. 그러고 나서 어머니가 일하는 동안에 두 살 된 남동생 로베르토와 같이 놀아주면서 동생을 돌본다. 나중에 어머니가 물과 장작을 나르는 것을 도와준다. 오빠가 학교에서 돌아오고 아버지도 일터에서 돌아오면 가족들은 불 주변에 둘러앉아 같이 식사를 한다.

저녁에는 가족들이 꺼져가는 불 주변에 모이고 마리셀라는 아버지 무릎에 앉는다. 마리셀라는 곧 잠이 든다. 다음 날 아침이 되면 마리셀라는 아버지가 자기를 언니에게 넘겨준 것이나 불 근처의 언니 옆에서 잠이 들었던 것을 기억하지 못할 것이다.

앞의 두 장에서 보았듯이 출생부터 아동의 발달은 문화에 따라 아주 달라진다. 랄스와 마리셀라가 보여주듯이 초기 아동기에 발달의 문화적 맥락은 여러 면에서 확장된다. 어떤 문화에서는 마리셀라처럼 아동이 부모 및 형제와 더불어 일상적인 일을 하고, 또 어떤 문화에서는 랄스처럼 어린이집과 유치원에 다니면서 문화적으로 중요한 기술을 배우기 시작한다. 그들은 가장놀이를 하게 되고 놀이를 할 때 랄스는 장난감과 게임, 마리셀라는 또띠야같이 자신의 문화적 환경에 있는 재료를 사용하게 된다. 그들은 점점 더 남아와 여아에 대한 성역할 기대를 깨닫게 되고, 문화적 가치와 도덕적 규칙도 학습한다. 랄스는 침실에서 혼자 자면서 개인주의라는 문화적 가치를 배우고 마리셀라는 다른 사람과 같이 자면서 자신이 항상 상호지지와 의무감으로 다른 사람들과 연결되어 있음을 배운다.

우리는 이 장에서 이런 모든 영역에 대해 알아볼 것이다. 먼저 초기 아동기에 신체와 운동발달에서 일어나는 변화를 살펴보겠다.

1절 신체발달

학습목표

6.1 초기 아동기의 신체성장과 변화를 기술한다.

6.2 초기 아동기의 뇌발달과 영아기 기억상실증을 설명하는 뇌발달의 측면을 기술한다.

6.3 선진국과 개발도상국에서 초기 아동기에 나타나는 주요한 영양결핍과 상해, 질병과 사망의 주요한 원인을 밝힌다.

6.4 초기 아동기의 대근육과 소근육 운동 능력의 발달을 기술한다.

6.5 우세손의 발달을 기술하고 왼손잡이로 초래되는 결과와 왼손잡이에 대한 문화적 입장을 밝힌다.

신체발달 : 3~6세의 성장

영아기에서 걸음마기가 되면서 신체의 성장속도가 감소하는 것처럼 걸음마기에서 초기 아동기가 되면서도 성장속도가 계속 감소한다. 뇌는 이 시기에 크게 발달하고, 이후에도 계속 발달한다. 신체와 뇌가 잘 발달하려면 적절한 건강과 영양이 필요하지만, 세계 여러 나라에 사는 아동들은 초기 아동기에 건강하지 못하고 영양도 부족하다.

신체성장

초기 아동기의 신체성장과 변화를 기술한다.

3~6세 사이에 미국 아동은 1년에 키가 5~7.5센티미터 크고, 몸무게는 2.3~3.2킬로그램 늘어난다. 보통 3세 아동은 키가 89센티미터이고, 몸무게가 13.6킬로그램이다. 보통 6세 아동은 키가 114센티미터이고, 몸무게가 20.4킬로그램이다. 이 기간 동안 남아가 여아보다 조금 더 크고 더 무겁지만 그 차이는 그리 크지 않다. 초기 아동기에 남아와 여아의 키가 몸무게보다 더 증가하지만 대부분의 아동에게 지방보다 근육이 더 많이 생긴다. 걸음마기에서 초기 아동기 사이에 대부분의 아동들에게 남아 있던 '젖살'이 모두 빠지고 신체 비율이 성인과 더 비슷해진다.

개발도상국에서는 영양이 부족하고 질병에 걸릴 가능성이 크기 때문에 초기 아동기의 평균 키와 몸무게가 약간 떨어진다. 예를 들어, 방글라데시의 6세 아동은 스웨덴의 4세 아동과 키가 비슷하다(Leathers & Foster, 2004).

개발도상국의 어린 아동들은 우간다의 이 아동처럼 보통 키가 작다.

개발도상국 내에서도 사회경제적 지위에 따라 초기 아동기의 키와 몸무게가 달라진다. 앞선 장에서 지적하였듯이 경제적 차이는 개발도상국에서 더 크다. 중류층과 상류층은 비교적 적고 저소득층이 많다. 부유한 사람들은 영양가 있는 음식을 많이 먹을 수 있기 때문에 그들의 자녀는 사회계층이 낮은 같은 연령의 아동들보다 키가 더 크고 더 무겁다(UNICEF, 2014). 영양과 건강관리 수준이 비슷할 때에도 아동들의 키와 몸무게에 개인차가 나타나는데, 이는 유전 때문이다(Chambers et al., 2001).

3세가 되면 대부분의 아동은 20개의 이를 모두 갖추게 된다(Eisenberg et al., 1996). 이런 유치를 약 6세부터 갈기 시작해서 아동기가 되면 32개의 영구치를 갖추게 된다. 그러나 거의 14세까지 이를 갈기 때문에 아동들은 10세까지 유치를 사용해야 한다. 따라서 충치를 예방하는 방법을 익혀야 한다.

선진국에서는 3세경에 처음으로 치과치료를 받는다(Bottenberg et al., 2008; Chi et al., 2011). 대부분의 아동은 초기 아동기에 이 닦는 법을 배우고, 선진국에서는 불소린스와 밀봉재(플라스틱 치아코팅)를 사용해서 치아관리를 한다. 어떤 국가와 지역에서는 수돗물에 불소를 첨가해서 아동의 충치가 많이 감소한다. 그럼에도 불구하고 북아메리카의 5세 아동의 40%는 적어도 1개의 충치를 가지고 있다(WHO, 2008). 이는 꾸준하게 치아를 관리하지 않고, 충치를 만드는 설탕과 탄수화물이 많은 음식을 먹기 때문이다. 개발도상국 아동들은 설탕과 탄수화물이 많은 음식을 많이 먹지 않지만 수돗물에 불소가 첨가되거나 불소린스와 밀봉재를 제공하는 치과치료를 받을 가능성이 적다. 전체적으로 대부분의 개발도상국 아동은 선진국 아동보다 초기와 중기 아동기에 충치가 더 많다(WHO, 2008).

뇌발달과 영아기 기억상실증

초기 아동기의 뇌발달과 영아기 기억상실증을 설명하는 뇌발달의 측면을 기술한다.

뇌는 초기 아동기에 계속해서 성장한다. 3세에는 뇌의 무게가 성인 뇌의 약 70%이고, 6세에는 약 90%가

된다(Bauer et al., 2009). 대조적으로 6세 아동의 평균 체중은 성인 체중의 30% 이하여서 뇌의 성장이 다른 신체의 성장을 능가한다(Nihart, 1993).

초기 아동기에는 전두엽이 대뇌피질의 다른 부분보다 더 빠르게 성장한다(Anderson et al., 2008; Blumenthal et al., 1999). 전두엽이 성장하므로 학령전기에 정서조절, 예견과 계획적인 행동이 가능해진다(Diamond, 2004). 3~15세 사이에는 대뇌피질의 모든 부분이 서서히 성장하지 않고 대뇌의 특정한 부분이 갑자기 성장하고 난 다음에 일정한 기간 동안 시냅스 가지치기가 급격하게 이루어진다(Hill et al., 2010).

초기 아동기에는 걸음마기에 시작된 시냅스 가지치기를 통해서 뉴런 수가 계속해서 감소한다. 초기 아동기에 뇌의 크기와 무게는 뉴런 사이에서 수상돌기의 연결이 증가하고 수초화가 이루어지기 때문에 증가한다(수초화에 대해서는 제4장 참조). 초기 아동기에 뇌의 네 부분에서 수초화가 특히 많이 일어난다(**그림 6.1** 참조).

초기 아동기에 좌반구와 우반구를 연결하는 신경다발인 **뇌량**(corpus callosum)에서 수초화가 최고에 달하고, 그 이후 청소년기까지는 천천히 진행된다. 뇌량은 두 반구의 활동을 통합하기 때문에 뇌량의 수초화가 증가하면 대뇌피질 전체에서 기능의 속도가 빨라진다.

초기 아동기에는 균형감각과 신체운동을 담당하는 뇌의 아랫부분에 있는 **소뇌**(cerebellum)의 수초화가 상당히 이루어진다. 수초화가 증가하면서 소뇌와 대뇌 사이의 연결이 강화된다. 이러한 변화로 인해서 아동이 뛰고 달리고 기어오르고 공을 던지는 능력이 발달한다.

주의를 관장하는 **망상체**(reticular formation)의 수초화는 5세가 되면 완료되고 초기 아동기에 주의폭이 증가한다. 예를 들어, 4~5세가 되면 아동은 유치원에서 10~15분 동안 이야기를 들으면서 앉아 있을 수 있지만 걸음마기 아동은 그렇게 오랫동안 앉아서 주의를 집중하지 못한다.

비슷하게 **해마**(hippocampus)의 수초화도 5세경에 마무리된다. 해마는 정보를 단기기억에서 장기기억으로 전달하는 데 관여하는데, 이처럼 5세경에 해마의 수초화가 마무리되기 때문에 이 이전의 자전적 기억(개인사와 경험에 대한 기억)이 제한적인 것 같다(Rolls, 2000). 그러나 해마의 수초화가 천천히 일어나고 대부분의 성인들은 5세 이전에 일어났던 자전적 사건을 기억할 수 있다(Howe et al., 2009). 예를 들어, 한 연구에서 2~3세 사이에 병원 응급실에 입원했던 아동을 5년 뒤에 인터뷰하였다(Peterson & Whalen, 2001). 다쳤을 때 겨우 2세였던 아동들은 5년 뒤에 병원에서 했던 경험의 중요한 부분들은 기억했고, 상세한 부분에 대한 기억은 연령에 따라 증가하였다.

다른 연구들은 많은 아동과 성인이 2세경에 일어났던 사건과 경험에 대한 자전적 기억을 가지고 있지만 그 이전의 일들은 기억하지 못한다는 사실을 발견했다(Courage & Cowan, 2009). 2세 이전에 경험했던 일을 기억하지 못하는 현상을 **영아기 기억상실증**(infantile amnesia)이라고 한다. 한 이론에 의하면 2세가 되어야 자아에 대한 인식이 안정되고 자아가 새로운 조직자가 되어서 어떤 사건을 개인적인 것으로, 다시 말해서 '나에게' 일어난 일로 부호화하고 저장하고 인출하게 되기 때문에, 2세 이전의 자전적 기억은 상당히 제한적이다(Howe et al., 2009). 또 다른 관점에서는 언어발달이 기억의 부호화를 향상시킨다고 본다. 왜냐하면 언어가 있어야 스스로에게 사건과

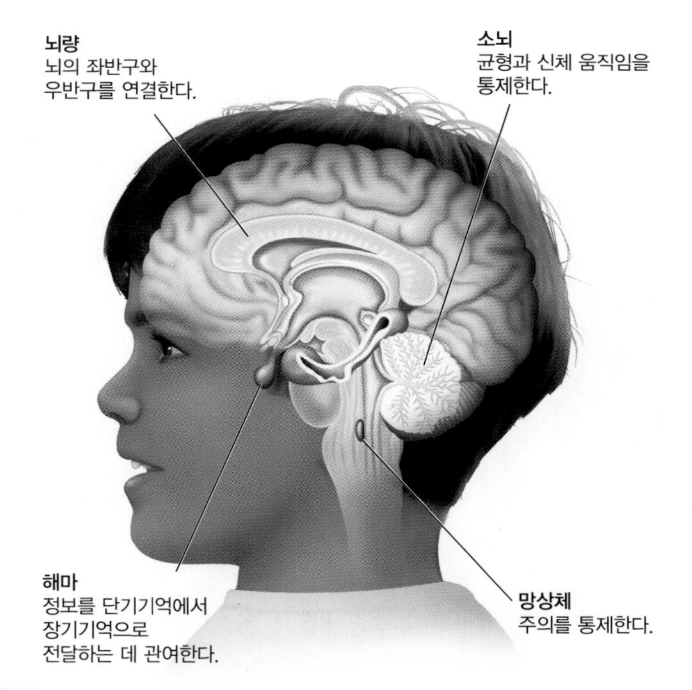

그림 6.1 **초기 아동기의 뇌발달**

5세까지 뇌의 어떤 구조의 수초화가 완료될까?

뇌량 뇌의 두 반구를 이어주는 신경섬유 다발

소뇌 균형과 운동에 관여하는 뇌의 기저 구조

망상체 주의집중과 관련된 뇌의 하부 부위

해마 단기기억에서 장기기억으로 정보를 전달하는 데 관련된 구조

영아기 기억상실증 만 2세 이전에 발생했던 일을 전혀 기억할 수 없는 것

경험에 대한 이야기를 할 수 있기 때문이다. 따라서 대부분의 자전적 기억은 언어발달이 어느 정도 일어난 2세 이후가 되어야 비로소 부호화된다(Newcombe et al., 2007).

자전적 기억은 또한 문화적이다. 성인의 자전적 기억을 비교한 연구에서 영국과 미국(백인) 성인은 중국 성인에 비해 5세 이전의 사건을 더 많이 기억했고, 가장 최초의 기억은 평균적으로 6개월 정도 더 빨랐다(Wang et al., 2009). 연구자들은 영국과 미국 문화의 개인주의로 인해서 사람들은 개인적 경험에 더 주의를 기울이게 되고 그로 인해서 어렸을 때의 자전적 기억을 더 많이 하게 된다고 제안하였다.

초기 아동기의 건강과 안전

학습목표 6.3 선진국과 개발도상국에서 초기 아동기에 나타나는 주요한 영양결핍과 상해, 질병과 사망의 주요한 원인을 밝힌다.

초기 아동기가 되면 아동들은 영아기와 걸음마기처럼 건강에 대한 위협에 취약하지 않다(UNICEF, 2014). 그럼에도 불구하고 건강과 안전에 대한 우려는 이 기간에 더 크다. 적절한 영양은 건강한 발달에 필수적이지만 개발도상국에서는 영양실조의 비율의 놀랄 정도로 높다. 선진국의 아동들은 어떤 질병과 질환에는 여전히 취약하고 세계적으로 아동들은 다른 발달기간보다 이 기간에 상해를 입을 확률이 더 크다.

영양과 영양실조 초기 아동기에 신체성장률이 둔화되면서 음식섭취도 감소한다. 아동은 몇 끼만 먹거나 전혀 먹지 않는 날도 있다. 부모에게는 놀라울 수 있지만 이런 일이 오랫동안 계속되지 않고, 질병이 있거나 아프지 않는 한 별로 걱정할 일은 아니다. 초기 아동기에는 식욕이 매일 변해서 저녁식사 때 전혀 먹지 않았던 5세 아동이 그다음 날에는 거의 어머니와 아버지만큼 먹을 수 있다(Hursti, 1999).

아동은 보통 어른이 좋아하거나 제공하는 음식은 무엇이든 좋아하게 된다. 인도에서는 매운 소스를 뿌린 밥을 먹고, 일본에서는 스시를 먹고, 멕시코에서는 칠리후추를 먹는다. 그럼에도 불구하고 많은 북아메리카 부모들은 초기 아동기에 아이들이 햄버거, 핫도그, 프라이드치킨, 마카로니와 치즈같이 지방과 설탕이 들어간 음식을 많이 먹는다고 잘못 생각하고 있다(Zehle et al., 2007). 이런 잘못된 생각이 자기충족적 예언이 되어서 아이가 지방과 설탕이 많이 들어간 음식을 먹게 되고, 건강에 좋은 음식에 대한 취향을 잃게 된다(Black et al., 2002). 또한 부모들은 어린 아동이 지방과 설탕만을 좋아한다고 가정하기 때문에 더 건강한 음식을 먹도록 "당근 세 번만 더 먹으면 아이스크림을 먹을 수 있다" 하고 유도하는데, 이렇게 하면 아동은 건강한 음식을 시련으로 보고 건강하지 않은 음식을 보상으로 여기게 된다(Birch et al., 2003). 제7장에서 보게 되겠지만 이러한 문화적 신념은 여러 개발도상국에서 아동 비만율을 높이는 데 기여한다.

선진국에는 음식이 많은 데에도 불구하고 많은 아동이 영양실조를 보인다. 런던에 살고 있는 이 아동은 지방과 설탕이 많은 패스트푸드로 식사를 하고 있다.

선진국에서는 어린 아동이 건강에 좋지 않은 음식을 많이 먹고, 건강에 좋은 음식은 먹지 않기 때문에 음식이 넘쳐나는 나라에 살고 있지만 특정한 영양소가 결핍되는 경우가 많다. 미국 아동에게 가장 많이 결핍된 영양소는 칼슘으로, 3세 미국 아동의 3분의 1이 권장량에 못 미치게 섭취한다(Wagner & Greer, 2008). 칼슘은 뼈와 이의 성장에 특히 중요하고 콩, 완두콩, 브로콜리와 유제품에 많다(예 : 요구르트, 우유와 치즈). 지난 30년 동안 아동들은 우유를 덜 먹고 탄산음료를 많이 먹어서 초기 아동기에 칼슘부족이 아주 흔하게 나타난다(Thacher et al., 2010).

개발도상국에서는 영양실조가 예외라기보다 일반적이다. 세계보건기구는 개발도상국 아동의 약 80%가 충분하게 음식을 먹지 못하거나 필수 영양소가 부족하다고 추정한다(Van de Poel et al., 2008). 가장 많이 나타나는 두 가지 영양결핍은 단백질과 철분이다. 단백질 부족은 세계적으로 5세 이하 아동의 25%가 경험하고, 제4장과 5장에서 기술한 (영아기에는) 쇠약증(marasmus)과 (걸음마기와 초기 아동기에는) 소모증(kwashiorkor)이라는 두 가지 치명적 질병을 앓게 한다. **빈혈**(anemia)로 알려진 철분결핍은 개발도상국의 5세 이하 아동의 대부분이 경험한다(WHO, 2008). 빈혈은 피로, 짜증, 주의집중 곤란을 유발해서 인지적 및 사회적 발달에 문제를 가져온다(Kaplan et al., 2007; Rao & Georgieff, 2001). 대부분의 육류와 감자, 콩과 비트 같은 채소와 오트밀과 현미 같은 곡류에 철분이 풍부하다. 제5장에서 지적하였듯이 선진국의 어린 아동이라도 건강에 좋은 음식을 충분하게 섭취하지 않으면 빈혈에 걸릴 수 있다(Brotanek et al., 2007).

빈혈 피로, 짜증, 주의집중 곤란 등의 문제를 야기하는 철분 부족 현상

비판적으로 사고하기

식당에 있는 '아동용 메뉴'에서 많이 보는 음식을 생각해보라. 이런 메뉴에는 음식에 대한 문화적 신념이 반영되어 있는가?

병과 질병 개발도상국에서는 초기 아동기 사망의 주요 원인은 특히 결핵, 말라리아, 홍역 같은 병과 질병이다(UNICEF, 2008). 영양결핍은 초기 아동기 사망의 50%와 간접적으로 관련되는 것으로 간주되는데, 음식이 충분하지 않으면 면역체계의 효율성이 떨어지기 때문이다.

그러나 최근 수십 년 동안 5세 이하 아동의 사망률이 크게 감소하였다. 1960년에서 2006년까지 전 세계에서 5세 이하 아동 사망자가 2,000만 명에서 1,000만 명으로 감소하였는데, 이 기간에 세계 인구는 2배 이상 증가하였다(UNICEF, 2008). 최근까지 이런 변화가 계속되고 있다. **그림 6.2**에서처럼 아주 여러 국가에서 5세 이하 사망률이 1990년보다 2012년에 절반 이상이 감소하였다(Economist, 2014). 여러 가지 요인 때문에 사망률이 감소하지만, 주로 선진국에서 질이 좋은 식품이 생산되고 아동기 예방접종률이 증가하였기 때문이다.

선진국에서는 대부분의 아동이 예방접종을 하고 적절한 음식과 건강관리를 받기 때문에 생명을 위

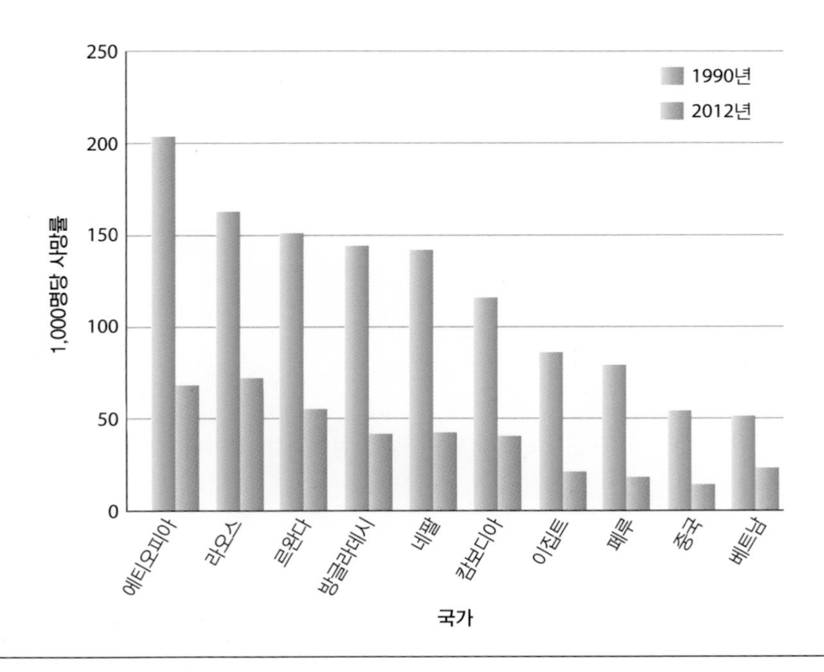

그림 6.2 초기 아동기 사망률의 감소

출처 : Based on data from WHO; UN estimates

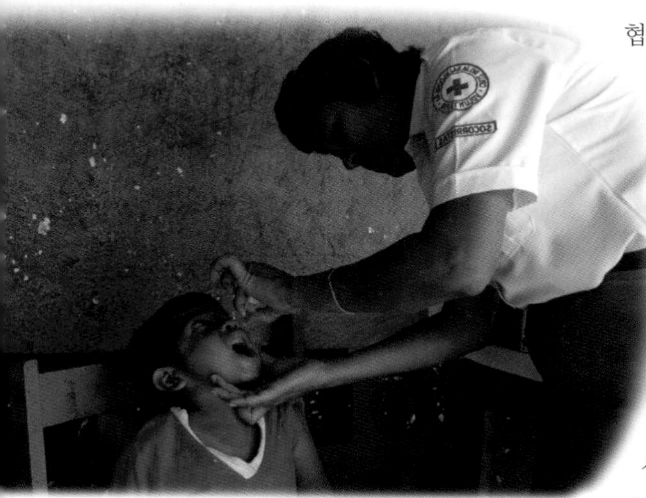

세계적으로 5세 이하 아동의 사망률은 아동기 예방접종의 증가로 인해서 지난 50년 동안 거의 절반으로 감소하였다. 엘살바도르에서 적십자 자원봉사자가 6세 아동에게 구강예방접종을 실시하고 있다.

협하는 질병은 드물지만 심각하지 않은 질병은 흔해서 대부분의 아동이 1년에 7~10개 정도의 질병에 걸린다(Kesson, 2007). 심각하지 않은 질병은 오히려 면역체계를 강화해서 아동들이 나이가 들면 병치레를 덜하게 된다.

부상 당신은 초기 아동기에 다쳤던 일이 있는가? 다른 사람들도 마찬가지이다. 대부분의 어린 아동들과 부모들은 부상을 치료하는 데 상당한 시간을 보낸다. 운이 좋으면 상처가 대수롭지 않지만 어떤 경우에는 심각한 부상을 입는다.

어린 아동들은 활동 수준이 높고 달리고 뛰고 기어올라갈 수 있을 정도로 운동 능력이 발달하지만 아직 인지 능력이 충분히 발달하지 못해서 어떤 상황이 위험한지를 예상하지 못한다. 그렇기 때문에 초기 아동기에는 부상률이 높다. 미국에서는 매년 10세 이하 아동의 3분의 1이 병원에서 치료를 받을 정도로 심한 부상을 입는다(Field & Behrman, 2003). 초기 아동기에는 남아가 여아보다 신체적 놀이를 더 많이 하고 더 험하게 놀기 때문에 여아보다 더 많이 다친다. 그러나 선진국에서 초기 아동기에 일어나는 대부분의 부상과 사망은 높은 활동 수준 때문이 아니라 자동차 사고 때문이다(NHTSA, 2014; Safe Kids Worldwide, 2013). 또 다른 흔한 원인은 익사, 추락, 화재와 질식이다.

선진국에서는 자동차가 중요한 부상과 사망의 원인이지만 개발도상국에는 차가 많지 않기 때문에 초기 아동기에 사고 때문에 부상당하고 사망하는 정도가 낮을 것으로 생각할 것이다. 그러나 사고로 인한 부상과 사망률은 개발도상국에서 훨씬 더 높다(WHO, 2008). 예를 들어, 남아프리카의 1~14세 아동의 부상률은 선진국의 5배 정도이다. 베트남에서는 4배 정도이고, 중국에서는 3배 정도이다. 이는 자동차의 아동용 시트, 화재를 예방하기 위한 엄격한 건물규제, 익사가 많은 대중 수영시설의 인명구조원 같은 안전에 관한 법규가 선진국에서 더 엄격하기 때문이다. 어린이 안전사고 국제기구(Safe Kids Worldwide, 2009)에서는 선진국과 개발도상국에서 어린 아동의 안전대책을 강화하기 위해서 노력하고 있다. 현재에는 중국, 브라질, 인도와 캐나다를 포함한 16개국에 지부를 두고 있다.

개발도상국에서 사고로 인한 어린 아동의 부상률이 높기는 하지만 질병의 위험이 훨씬 더 크다. 개발도상국에서 부상으로 사망하는 아동은 3%이지만 병과 질병으로 사망하는 아동은 97%이다(UNICEF, 2008). 선진국에서는 사고로 인한 부상율이 개발도상국보다 훨씬 낮지만 병이나 질병으로 사망하는 아동이 많지 않기 때문에 주요한 사망원인은 사고로 인한 부상이다.

신체발달 : 운동발달

초기 아동기의 운동발달의 분명한 특징은 운동발달이 많이 일어나는 것이다. 이 시기의 아동은 많이 움직이면서 새로운 운동 능력을 즐기고 확장한다.

대근육과 소근육 운동기술

초기 아동기의 대근육과 소근육 운동 능력의 발달을 기술한다.

여러 가지 면에서 볼 때 초기 아동기의 대근육 운동발달은 걸음마기에 처음 나타났던 능력의 확장이다.

걸음마기 아동은 두 발로 한두 걸음을 깡충깡충 뛸 수 있지만, 3~6세 아동은 한번에 여러 걸음을 깡충깡충 뛸 수 있고, 한 발로 깡충깡충 뛰는 것을 배운다. 걸음마기 아동은 뛸 수 있지만 3~6세 아동은 서 있는 자세에서 더 멀리 뛰고, 달려와서 멀리 뛰는 것을 배운다. 걸음마기 아동은 계단을 올라가기 시작하지만 3~6세가 되면 두 발을 교대로 움직이면서 도움을 받지 않고 계단을 올라간다. 걸음마기 아동은 공을 던질 수 있지만 3~6세 아동은 공을 더 멀리, 더 정확하게 던질 수 있고, 공을 잡는 것도 더 잘하게 된다. 달리는 속도가 더 빨라지고 갑자기 정지하거나 방향을 바꾸기는 것도 더 잘하게 된다. 성별에 따른 차이가 나타나서 남아는 뛰기, 공 던지기 같이 힘이나 크기가 강조되는 운동을 더 잘하고, 여아는 한 다리로 균형을 잡는 것 같은 신체협응을 더 잘한다(Cratty, 1986; Lung et al., 2011).

걸음마기에서 초기 아동기로 가면서 대근육 운동기술이 발달한다.

초기 아동기의 소근육 운동발달도 걸음마기에 나타났던 기술의 확장이지만 새로운 기술이 추가된다. 걸음마기 아동은 두 손가락을 사용해서 작은 물체를 집을 수 있지만 이제는 더 빠르고 정확하게 하는 것을 학습한다. 걸음마기 아동은 크레용을 잡고 종이 위에 끄적거릴 수 있지만, 초기 아동기가 되어야 사람, 동물, 집같이 다른 사람이 알아볼 수 있는 그림을 그린다. 6세가 되면 동그라미나 삼각형 같은 모양도 그릴 수 있고, 처음으로 글자를 쓰고 자기 이름 같은 짧은 단어를 쓸 수 있다. 초기 아동기에 새로 학습한 소근육 운동은 옷을 벗고 가위를 사용하고 칼로 부드러운 음식을 자르는 것이다(Cratty, 1986; Piek et al., 2008). 소근육 운동의 발달로 인해서 옷을 입거나 신을 신거나 이를 닦는 것같이 이전에는 부모들이 도와주었던 일을 혼자 할 수 있게 된다.

우세손

학습목표 6.5 우세손의 발달을 기술하고 왼손잡이로 초래되는 결과와 왼손잡이에 대한 문화적 입장을 밝힌다.

초기 아동기에 아동이 쓰거나 그릴 수 있게 되면서 오른손이나 왼손에 대한 선호가 뚜렷하게 나타난다. 그러나 **우세손**(handedness)은 훨씬 이전부터 나타난다. 태중에서 이미 태아들은 왼손이나 오른손에 대해 뚜렷한 선호를 보여서 90%가 오른손을 빤다(Hepper et al., 2005). 대부분의 문화에서 아동기와 성인기에 90% 정도가 오른손을 사용한다(Hinojosa et al., 2003).

우세손이 이처럼 일찍 나타난다면 유전적으로 결정되는 것일까? 이 문제에 대한 증거는 혼재되어 있다. 입양된 아동은 양부모보다 생물학적 부모와 더 비슷한데, 이는 유전적임을 시사한다(Carter-Salzman, 1980). 반면 일란성 쌍생아는 유전자형의 100%를 공유하고, 형제는 50%를 공유하지만 많이 사용하는 손은 일란성 쌍생아가 형제보다 더 다르다(Derom et al., 1996). 대부분의 태아는 왼쪽으로 누워 있지만 쌍생아는 보통 서로 반대쪽으로 누워 있기 때문인 것 같다. 한쪽으로 누워 있으면 다른 쪽을 더 많이 움직이므로 그쪽이 더 발달하게 된다. 따라서 대부분의 태아는 오른손잡이인 데 반해서 쌍생아들은 서로 다른 손을 사용하게 된다.

그럼에도 불구하고 문화도 이에 기여한다. 역사적으로 많은 문화에서 왼손잡이를 위험하고 좋지 않게 생각해서 아동이 왼손을 사용하지 못하게 하였다(Grimshaw & Wilson, 2013). 서양의 *sinister*라는 용어는 라틴어의 '왼쪽의'라는 의미의 단어에서 유래했고, 서양의 많은 회화에는 악마를 왼손잡이로 그리

우세손 대근육과 소근육 운동에서 오른손이나 왼손을 선호하여 사용하는 경향

왜 많은 문화에서 왼손잡이를 위험하고 좋지 않게 생각할까?

고 있다. 아시아나 중동아시아의 많은 문화에서도 배변 후에는 왼손을 사용해서 닦고 다른 모든 활동에는 오른손을 사용한다. 오늘날에도 아프리카에서는 아동이 왼손을 사용하지 못하게 한다. 따라서 아프리카 어떤 나라에서는 왼손잡이의 비율이 1% 정도로 왼손잡이에게 관대한 문화에서 나타나는 비율인 10% 보다 훨씬 더 낮다(Provns, 1997).

왜 많은 문화에서 왼손잡이를 무서워하고 싫어할까? 왼손잡이에 대한 이런 부정적인 문화적 신념은 아마도 왼손잡이가 여러 가지 문제를 일으키기 때문인 것 같다. 왼손잡이 영아는 미숙하게 태어나고, 태어날 때 어려움을 많이 겪으며, 출산 전이나 출산 과정에서 일어난 뇌손상으로 인해서 왼손잡이가 된다는 증거가 있다(Powls et al., 1996). 왼손잡이는 초기와 중기 아동기에 읽기와 다른 언어학습의 문제를 많이 보인다(Natsopoulos et al., 1998). 이는 왼손잡이의 약 4분의 1은 언어를 좌반구가 아니라 양반구로 처리하는 것과 관계가 있을지 모른다(Knecht et al., 2000). 성인기에는 왼손잡이의 기대수명이 더 짧고 사고로 사망할 가능성이 더 크다(Grimshaw & Wilson, 2013).

그러나 왼손잡이는 문제가 있을 가능성이 크지만 동시에 우수하고 어떤 분야에서 천재적일 가능성이 있기 때문에 이런 설명이 전적으로 옳지는 않다. 왼손잡이 아동은 언어적 및 수학적 능력에서 탁월할 가능성이 크다(Bower, 1985; Flannery & Leiderman, 1995). 왼손잡이는 특히 시공간 능력이 탁월할 수 있기 때문에 오른손잡이보다 건축가나 예술가가 될 확률이 크다(Grimshaw & Wilson, 2013). 레오나르도 다빈치, 미켈란젤로와 파블로 피카소를 포함한 서양의 위대한 예술가들은 모두 왼손잡이였다(Schacter & Ransil, 1996). 대부분의 왼손잡이는 인지발달이 정상이며, 특이한 문제를 보이거나 비정상적인 천재가 아니다. 따라서 왼손잡이에 대해 널리 퍼져 있는 부정적인 문화적 편견은 신화일 뿐이다.

2절 인지발달

학습목표

- **6.6** 피아제 인지발달 이론의 전조작기의 특징을 설명한다.
- **6.7** '마음 이론'이 무엇이고 초기 아동기에 어떻게 발달하는지의 증거를 설명한다.
- **6.8** 초기 아동기에 문화적 학습이 어떻게 일어나는지를 밝힌다.
- **6.9** 학령전 교육기관의 질에 가장 중요한 특징을 밝히고, 그런 특징이 어떻게 문화적 가치를 반영하는지를 설명한다.
- **6.10** 조기중재 프로그램과 그 결과를 기술한다.
- **6.11** 초기 아동기의 어휘와 문법의 발달을 설명한다.
- **6.12** 초기 아동기에 아동이 어떻게 화용론을 학습하는지를 기술하고, 이런 사회적 규칙이 어느 정도로 문화적 기초를 가지고 있는지를 밝힌다.

인지발달 : 인지발달 이론

초기 아동기에 인지발달에서 놀라운 변화가 일어난다. 여러 이론에서 이런 발달을 조명하고 있다. 피아제의 전조작기, 아동이 다른 사람의 사고에 대해 어떻게 생각하는지를 다루는 '마음 이론', 어린 아동이 자신의 문화의 지식과 기술을 얻는 방식을 강조하는 문화적 학습 이론 등이다. 이런 이론은 서로를 보완하면서 초기 아동기의 인지발달에 대해 종합적 견해를 제공한다.

피아제의 전조작기

피아제 인지발달 이론의 전조작기의 특징을 설명한다.

피아제 이론에서 초기 아동기는 인지발달의 중요한 전환점인데, 이때에 사고가 **표상적**이 되기 때문이다(Piaget, 1952). 생후 첫 2년에 해당하는 감각운동기에는 사고가 주로 손을 뻗치기와 잡기 같은 감각운동적 활동과 연결되어 일어난다. 감각운동기의 말기가 되면 아동은 감각운동적 활동을 내면화하기 시작하면서 표상적 사고가 시작된다.

그러나 아동이 진정한 의미에서 표상적으로 사고하게 되는 것은 걸음마기 후반기와 특히 초기 아동기이다. 언어는 단어를 사용해서 세상을 상징적으로 표상하는 능력을 요구하고, 이때 언어가 가장 급격하게 발달한다. 아동이 언어를 통해서 세상을 표상할 수 있게 되면 순간적인 감각운동적 경험으로부터 자유로워진다. 우리는 언어로 현재뿐 아니라 과거와 미래, 눈앞에 보이는 세상뿐 아니라 이전에 경험했던 세상과 앞으로 다가올 세상, 즉 다가오는 추운 (또는 따뜻한) 계절, 음식이나 물의 부족 등을 나타낼 수 있다. 우리는 아이디어를 정신적으로 조합함으로써 날아다니는 원숭이, 말하는 나무, 슈퍼파워가 있는 사람 같은 새로운 세상을 표상할 수도 있다.

이는 놀라운 인지적 성취이다. 그러나 피아제를 매료시킨 것은 이 연령의 아동이 인지적으로 할 수 있는 일뿐 아니라 그들이 저지르는 실수였다. 사실 피아제는 2~7세를 **전조작기**(preoperational stage)로 명명하면서 이 연령의 아동들이 정신적 조작, 즉 논리적 규칙을 따르는 인지적 절차를 수행할 수 없다는 점을 강조했다. 피아제는 보존, 자기중심성과 분류를 포함하여 초기 아동기에 특징적으로 나타나는 여러 가지 전조작기의 인지적 실수를 기술하였다.

보존 피아제에 의하면 초기 아동기 아동은 **보존 개념**(conservation)을 이해하는 능력이 부족하다. 보존 개념은 물리적 외관이 변해도 물체의 양은 변하지 않는다는 원칙이다. 이런 실수에 대해 가장 잘 알려진 예에서 피아제는 어린 아동에게 같은 양의 물이 담긴 2개의 동일한 컵을 보여주고, 물의 양이 같은지 물어보았다. 아동들은 보통 '그렇다'고 대답한다. 아동도 그 정도는 이해할 수 있다. 그런 다음 피아제는 한 컵에 있는 물을 더 길고 가는 컵으로 옮겨 붓고 아동에게 물의 양이 같은지를 다시 물어보았다. 이제는 대부분의 아동이 '아니다'라고 대답하는데, 이는 물의 외관이 변했지만 물의 양은 변하지 않는다는 사실을 이해하지 못한다는 의미이다.

피아제는 보존 과제에서의 실패가 두 가지 인지적 결손을 나타낸다고 해석하였다. 첫째는 **중심화**(centration)이다. 중심화란 아동의 사고가 주어진 문제의 눈에 띄는 측면에 집중되어 있어서 다른 중요한 측면을 보지 못하는 현상을 말한다. 액체량 보존 과제에서 물을 가늘고 긴 컵에 부었을 때 아동은 높이의 변화에만 주의를 기울이고 밑넓이의 변화에는 주의를 기울이지 못한다.

둘째, 어린 아동은 **가역성**(reversibility)이 부족한데 가역성이란, 활동을 정신적으로 되돌리는 능력이

전조작기 2~7세 아동의 인지 단계로, 언어 사용으로 아동이 세상을 상징적으로 표상할 수 있지만 여전히 정신적 조작을 사용하는 능력은 매우 제한되어 있음

보존 개념 외관이 달라지더라도 물질의 양이 그대로 유지됨을 이해하는 정신적 능력

중심화 피아제의 용어로, 인지적 문제의 두드러진 어느 한 측면에 초점을 맞추고 다른 측면들은 배제하는 어린 아동의 사고방식

가역성 정신적으로 활동을 역으로 돌리는 능력

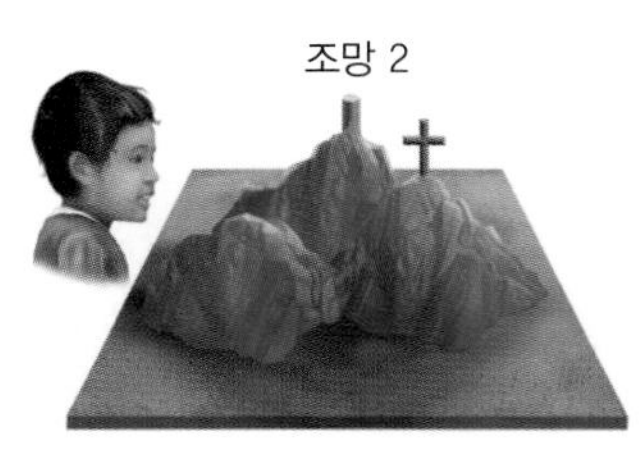

그림 6.3 피아제의 세 산 과제

이 과제의 수행이 어떻게 자기중심성을 나타낼까?

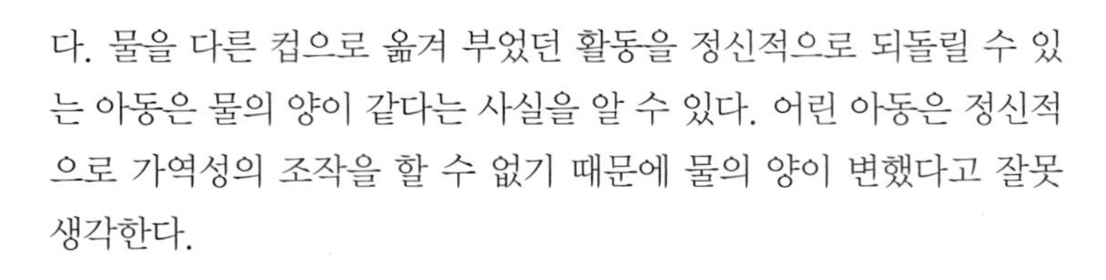

다. 물을 다른 컵으로 옮겨 부었던 활동을 정신적으로 되돌릴 수 있는 아동은 물의 양이 같다는 사실을 알 수 있다. 어린 아동은 정신적으로 가역성의 조작을 할 수 없기 때문에 물의 양이 변했다고 잘못 생각한다.

자기중심성 피아제가 생각하는 전조작기에 나타나는 또 다른 인지적 제한점은 **자기중심성**(egocentrism)이다. 자기중심성은 자신의 관점과 타인의 관점을 구별하는 능력의 부족이다. 자기중심성을 보여주기 위해서 피아제와 동료인 바버 인헬더(Inhelder, 1969)는 '세 산 과제'를 고안하였다(**그림 6.3** 참조). 이 과제에서는 아동에게 찰흙으로 만든 크기가 다른 3개의 산을 보여주는데, 어떤 산 위에는 눈이 덮여 있고, 어떤 산 위에는 붉은 십자가가 꽂혀 있고, 어떤 산 위에는 집이 있었다. 아동이 산이 놓여 있는 책상을 돌아보면서 여러 위치에서 산이 어떻게 보이는지를 경험하고 나서 자리에 앉으면 실험자가 인형을 책상의 여러 위치로 옮긴다. 인형이 어떤 위치에 자리를 잡으면 아동에게 여러 개의 사진을 보여주고 인형이 보고 있는 산의 사진을 선택하게 하였다. 전조작기 초기에 아동들은 인형이 아니라 자신에게 보이는 산의 사진을 선택하였다.

자기중심성 자신의 입장과 타인의 입장을 구분하지 못하는 것

물활론 인간의 생각과 감정을 사물에 부여하는 경향

분류 한 대상이 색깔이 붉은 대상이면서 동시에 모양이 둥근 대상으로 분류될 수 있는 것처럼, 어떤 대상이 하나 이상의 유목에 속할 수 있음을 이해하는 능력

자기중심성의 또 다른 측면은 **물활론**(animism)이다 물활론은 무생물에 생각과 감정이 있다고 생각하는 경향이다. 피아제에 따르면 어린 아동은 천둥이 화가 나고 달이 자기를 따로 온다고 생각하는데, 이는 물활론적 사고를 나타낸다. 아동이 자기의 사고와 감정을 무생물에게 부여한다는 점에서 자기중심성을 나타낸다.

아동이 봉제동물과 인형을 가지고 노는 놀이는 물활론적 사고의 좋은 예이다. 이런 놀이를 할 때에는 아동은 장난감이 인간처럼 생각하고 감정이 있다고 여기며, 자주 자신의 생각과 감정을 인형에게 부여한다. 이것은 놀이지만 아동들은 진지하게 여긴다. 내 딸 패리스가 다섯 살일 때 현관에서 봉제 강아지나 고양이를 '찾았는데', 마치 그들이 살아 있는 애완동물인 것처럼 굴었다. 인형이기 때문에 돌보기가 아주 쉽겠다고 말했더니 아이는 몹시 화를 내면서 정말 살아 있다고 고집을 부렸다. 내 딸에게 그 순간에는 봉제동물이 실제 살아 있는 것이다.

물활론이 어떻게 어린 아동의 자기중심성을 나타낼까?

분류 전조작기 아동은 **분류**(classification) 능력도 부족하다. 그들은 물체가 더 큰 '유목'이나 집단의 일부라는 사실을 이해하지 못한다. 피아제는 어린 아동에게 4개의 푸른 꽃과 12개의 노란 꽃의 그림을 보여주고 "노란 꽃이 더 많아? 꽃이 더 많아?"라고 질문하였다. 초기 아동기의 아동은 "노란 꽃이 더 많다"고 대답한다. 이들은 노란 꽃이 '노란 꽃' 유목의 일부이면서 동시에 '꽃' 유목의 일부라는 사실을 이해하지 못한다.

피아제에 의하면 이런 실수는 보존과 마찬가지로 중심화와 가역성의 부족이라는 인지적 결손 때문에 발생한다. 어린 아동은 노란 꽃은 노랗다는 사실에 집중하기 때문에 노란 꽃도 꽃이라는 사실을 간과한다. 그들은 또한 가역성이 부족하기 때문에 정신적으로 노란 꽃과 파란 꽃을 '꽃'의 유목에 넣고, 다시 '노란 꽃'과 '파란 꽃' 유목으로 돌아가는 조작을 할 수 없다.

피아제 이론에 대한 평가 피아제는 초기 아동기의 전조작적 사고에 대한 이론을 제안한 이후 오랫동안 비판을 받아왔다. 비판점을 크게 두 가지이다. 아동의

인지 능력을 과소평가했다는 점과 발달이 그가 제안한 것보다는 연속적이고 단계적이지 않다는 점이다.

지난 수십 년 동안 많은 연구들이 2~7세 아동이 피아제가 말한 것보다는 인지적으로 더 유능하다는 사실을 보여주었다. 예를 들어, 자기중심성을 검증하는 세 산 실험을 변형하여 세 산 모형 대신에 친숙한 물체를 사용하면 아동들은 자기중심적 반응을 덜 보였다(Newcombe & Huttenlocher, 1992). 다른 방법을 사용한 연구들도 2~7세 아동은 피아제가 생각했던 것보다 자기중심적이지 않음을 보여주었다. 제5장에서 기술하였듯이 걸음마기 유아도 동생을 괴롭히기 위해서 무엇을 할지를 생각할 때에는 다른 사람의 관점을 이해하였다(Dunn, 1988). 4세 아동이 걸음마기 유아나 아기에게 말할 때에는 더 간단한 문장을 사용한다. 이는 더 어린 아동의 관점을 이해하는 자기중심적이지 않은 반응을 잘 보여준다(Bryant & Barrett, 2007).

또한 연구들은 인지기술의 발달은 피아제가 생각했던 것만큼 단계적이지 않고 더 연속적임을 보여주었다(Bibok et al., 2009). 피아제는 한 단계에서 다음 단계로의 이동은 전체적인 인지적 변화를 나타낸다고 주장한다. 즉 특정한 인지기술의 변화가 아니라 아동이 생각하는 방식의 변화이다. 단계 이론에서는 2~7세 아동은 정신적 조작을 할 수 없지만 다음 단계가 되면 정신적 조작을 할 수 있다고 본다. 그러나 연구들은 정신적 조작을 수행하는 능력은 아동기에 걸쳐 서서히 발달함을 보여주었다(Case, 1999).

사고 이해하기 : '마음 이론'의 발달

'마음 이론'이 무엇이고 초기 아동기에 어떻게 발달하는지의 증거를 설명한다.

요즘의 초기 아동기의 인지발달 연구는 피아제 이론에만 한정되어 있지 않다. 요즘 유망한 연구 분야 가운데 하나는 **마음 이론**(theory of mind)인데, 이는 자신과 다른 사람의 사고 과정을 이해하는 능력이다.

성인에게도 다른 사람이 어떻게 생각하는지를 이해하는 것은 어려운 일이지만 마음 이론은 아주 일찍, 영아기부터 발달하기 시작한다. 영아는 공동주의와 전언어적 음성화를 통해서 다른 사람이 의도성 같은 마음 상태를 가지고 있다는 사실을 이해하고 있음을 보여준다(Tomasello & Rakoczy, 2003). 2세경에 유아는 언어를 많이 사용하게 되는데, 이들의 언어는 다른 사람의 사고와 감정이 자신과 다르다는 사실을 이해하고 있음을 보여준다(예 : "저 사람 미쳤어!" 또는 "나는 사과 소스를 좋아하는데 내 동생은 싫어해요."). 2세에 아동은 '생각한다', '기억한다'와 '~척한다' 같은 정신 과정을 나타내는 단어를 사용하기 시작한다(Flavell et al., 2002). 3세가 되면 아동은 자신과 다른 사람이 눈앞에 없는 것을 상상할 수 있다는 사실도 안다. 그들은 상상적 사건이 실제인 것처럼 반응할 수 있고, 다른 사람도 같이할 수 있음을 안다(Andrew et al., 2003). 이러한 이해는 나중에 아동이 나타내는 가장놀이의 기초가 된다.

그러나 3세 아동의 마음 이론에는 한계가 있고, 초기 아동기가 되면 중요한 변화가 일어난다. 그들은 다른 사람이 자신과 다른 사고와 감정을 가지고 있다는 사실을 2세보다 더 잘 이해하지만 다른 사람의 관점을 취하기는 어렵다. 조망수용 능력은 3~6세 사이에 크게 발달한다(Callahan et al., 2005).

이러한 변화는 틀린 믿음 과제를 사용한 연구에서 잘 나타난다. 틀린 믿음에 대한 연구에서 아동에게 맥시라는 이름의 인형을 보여주는데, 맥시는 초콜릿을 캐비닛에 넣고 놀러 나간다(Amsterlaw & Wellman, 2006). 그 후에 엄마인형이 와서 초콜릿을 다른 장소로 옮긴다. 그러고 나서 아동에게 "맥시가 돌아오면 어디에서 초콜릿을 찾을까?"라고 질문한다. 대부분의 3세 아동은 맥시는 엄마가 초콜릿을 옮겨둔 새로운 장소에서 찾을 것이라고 틀린 대답을 한다. 그러나 대부분의 4세 아동은 맥시는 현실과 다르게 자기가 초콜릿을 넣어두었던 캐비닛에서 찾을 것이라고 생각한다. 이렇게 정확하게 이해하는 아동의 비율은 5세에 증가한다.

마음 이론 자신과 타인의 사고 과정을 이해하는 능력

문화 초점 : 여러 문화에서의 마음 이해

또 다른 틀린 믿음 과제에서 아동에게 '스마티' 사탕상자를 보여주고 상자 속에 무엇이 들어 있는지 물어보았다(Gopnik & Astington, 1988). 아동이 '캔디' 또는 '스마티'라고 대답하면 상자를 열어서 연필이 들어 있는 것을 보여주었다. 그다음에 내용물을 보지 못한 다른 사람은 상자 속에 무엇이 들어 있다고 생각할지를 물어보았다. '캔디' 또는 '스마티'가 정답이고, 마음 이론을 나타낸다. '연필'은 오답이다. 선진국에 사는 대부분의 아동들은 4~5세가 되면 이 과제에서 정답을 말했다.

6세에는 선진국의 거의 모든 아동이 틀린 믿음 과제를 쉽게 푼다. 미국 아동들은 3세에는 틀린 믿음 과제에서 오답을 보이지만 5세가 되면 정답을 말했다. 그러나 멕시코와 보츠와나의 아동은 7세까지 오답을 말하였다. 이는 멕시코와 보츠와나 아동이 유치원 교육을 받지 않아서 이런 과제를 경험하지 못했기 때문일 수 있다. 또 다른 설명이 가능할까? 당신이 제안하는 가설은 무엇이고, 어떻게 검증할 수 있겠는가?

복습문제

아동의 마음 이론의 발달을 돕거나 방해하는 사회적 상호작용에는 어떤 것이 있을까?

초기 아동기의 문화적 학습

초기 아동기에 문화적 학습이 어떻게 일어나는지를 밝힌다.

인지발달에 대한 피아제 이론에서는 어린 아동은 보존과 분류의 개념을 점진적으로 이해해나가고, 자기중심성과 물활론을 극복해나가는 고독한 과학자와 같다. 학습에 대한 비고츠키의 사회문화적 이론에서는 아주 다르게 접근하는데, 인지발달을 사회적 및 문화적 과정으로 생각한다(제5장 참조). 아동은 환경과의 개인적 상호작용을 통해서 학습하는 것이 아니라 유도된 참여의 사회적 과정을 통해서 학습한다. 일상적 활동을 하는 동안에 아동들은 자기 문화에서 지식이 더 많은 사람과 상호작용한다(대개 형제나 부모).

여기에서는 문화적 학습이 어떻게 이루어지고 있는가?

초기 아동기는 이러한 문화적 학습이 표면화되는 시기이다(Gauvain & Nicolaides, 2015). 이 시기에는 아동은 걸음마기보다 문화적으로 특수한 기술을 더 잘 학습한다. 이 장의 시작에서 소개하였던 마야 아동의 예가 이를 잘 보여준다. 2세 아동은 또띠야를 만드는 데 필요한 학습 능력, 운동기술이나 충동통제가 부족하지만 5세는 또띠야를 만드는 데 필요한 기술을 쉽게 배운다(Rogoff, 2003). 많은 문화에서 초기 아동기 말기인 5~6세가 되면 아동에게 음식을 준비하거나 동생이나 동물을 돌보는 것 같이 중요한 일을 책임지고 하도록 맡긴다(LeVine & New, 2008). 초기 아동기에 아동은 이런 일들을 완수하는 데 필요한 기술을 직접 지도를 받거나 어른의 활동을 관찰하거나 참여함으로써 학습한다.

전통 문화에서만 유도된 참여를 통해서 문화적 학습이 일어나는 것은 아니다. 예를 들어, 선진국의 아동도 부모가 마트에 가서 사야 할 물품의 목록을 만드는 것을 도울 수 있고, 이런 과정에서 읽고, 목록을 사용하여 조직화하고 계획을 세우고, 돈을 계산하는 것을 학습한다(Rogoff, 2003). 서양 국가의 아동은 자신의 의견을 말하고 대화를 계속하도록 격려를 받는다. 예를 들어, 미국 부모들은 저녁식사를 하면서 자녀에게 여러 가지 질문을 하는데("유치원에서 어떤 노래를 불렀어? 간식으로 무엇을 먹었어?") 이런 과정을 통해서 중기 아동기에 시작되는 공식적 학교교육에서 사용하는 질문하기 - 대답하기의 구조를 익히게 한다(Martini, 1996). 이는 특히 아동의 침묵을 중요하게 여기고 말을 많이 하는 아동을 미성숙하고 지능이 떨어진다고 보는 아시아와 북부 캐나다와 아주 다르다(Rogoff, 2003).

선진국에서의 문화적 학습은 전통 국가와 두 가지 점에서 차이가 있다. 우선 선진국의 아동은 하루의 상당한 시간을 가족과 떨어져서 유치원이나 다른 보육기관에서 보낸다. 문화적 학습은 물론 유치원에서도 일어난다(이 장을 시작하면서 소개했던 랄스를 기억해보라). 그렇지만 대부분이 직접적인 교수의 형태이고(예 : 글자 배우기) 가족 내에서 유도된 참여에 의해서 일어나는 문화적 학습이 아니다. 둘째, 서양에서 성인이 하는 활동은 전통 문화에서 아동이 유도된 참여를 통해서 학습할 수 있는 아이와 동물 돌보기, 음식 준비하기 같은 활동처럼 아동이 쉽게 접근할 수 없다. 복잡한 경제사회에서 대부분의 직업은 읽기, 정보 분석하기, 기술 사용하기와 같이 고도의 기술을 필요로 하기 때문에 초기 아동기에 아동이 유도된 참여를 통해서 학습하기는 어렵다.

인지발달 : 초기 아동기 교육

전통적으로 많은 문화에서 공식적 교육은 7세경에 시작된다. 이 나이가 아동이 읽기 및 쓰기와 산수를 처음으로 학습할 수 있는 연령으로 간주된다. 그러나 현대의 정보사회에서는 단어와 수를 어떻게 사용하는지를 배우는 것이 너무 중요하기 때문에 이제는 많은 국가에서 교육을 더 일찍 시작하기도 한다. 선진국에서는 3~5세 아동의 4분의 3 정도가 집단탁아소, 어린이집이나 유치원에 다닌다(OECD, 2013). 개발도상국에서는 그 비율이 더 낮지만 증가하고 있다. 미국의 약 절반 정도의 주에서 4세 아동을 위한 여러 가지 형태의 교육 프로그램을 지원하고 있는데 저소득계층 아동에게 더 비중을 두고 있다. 그럼에도 불구하고 미국에서 학령전 교육에 참여하는 정도는 다른 선진국에 비해서 많이 뒤떨어진다(OECD, 2013).

학령전 교육의 질의 중요성

학령전 교육기관의 질에 가장 중요한 특징을 밝히고, 그런 특징이 어떻게 문화적 가치를 반영하는지를 설명한다.

학령전 교육기관에 다니는 것의 인지적 및 사회적 효과는 무엇일까? 대개는 학령전 교육기관에 다니는 것이 어린 아동에게 유익하다(Campbell et al., 2002). 인지적으로는 언어기술, 기억하기와 듣고 이해하기가 많이 발달한다(Clarke-Stewart & Allhusen, 2002). 특히 저소득계층 아동이 인지적으로 학령전 교육기관의 도움을 많이 받는다(Love et al., 2013). 그들은 학령전 교육기관에 다니지 않은 또래에 비해서 학교준비도 검사에서 높은 점수를 받는다.

사회적으로도 효과가 있다. 학령전 교육기관에 다니는 아동은 집에 있는 아동에 비해서 더 독립적이고 사회적으로도 더 유능하다(NICHD Early Child Care Research Network, 2006). 그러나 사회적 대가도 만만치 않다. 학령전 교육기관에 다니는 아동이 다른 아동에 비해서 말을 잘 듣지 않고, 성인을 덜 존경하고, 더 공격적이라는 관찰도 있다(Jennings & Reingle, 2013). 더구나 이러한 사회적으로 부정적인 효과는 학령전기 이후에도 지속되는 것 같다. 전국적으로 이루어진 대규모의 한 종단 연구에서 초등학교 6학년까지 추수 연구를 했는데 일주일에 10시간 이상 학령전 교육기관에 다녔던 아동들이 일단 학교에 들어가면 더 공격적임이 밝혀졌다(NICHD Early Child Care Research Network, 2006).

그러나 학령전 교육기관의 전반적인 긍정적 및 부정적 효과에 대한 연구 결과를 잘 이해해야 한다. 학령전 교육 프로그램의 질에 큰 차이가 있고, 많은 연구가 학령전 교육의 질이 교육을 받았는지 여부보다 더 중요하다고 밝히고 있다(Clarke-Stewart & Allhusen, 2002; Maccoby & Lewis, 2003; NICHD Early Child Care Research Network, 2006). 문화적 맥락도 중요하다. 최근에 노르웨이에서 이루어진 연구에 의하면 학령전 교육기관에서 보냈던 시간과 공격성은 관계가 없었다(Zachrisson et al., 2013).

좋은 교육기관을 찾을 때 부모들은 어떤 특징을 고려해야 할까? 학령전 교육자들이 가장 중요하다고 서로 동의하고 있는 특징은 다음과 같다(Lavzer & Goodson, 2006; NAEYC, 2010; Vandell et al., 2005).

- **교사교육과 훈련** 더 높은 학년의 교사와 달리 학령전 교육기관의 교사에게는 학령전 교육에 대한 교육이나 자격증을 요구하지 않는 경우가 많다. 초기 아동 교육에 대해 훈련을 받은 교사들이 더 바람직한 인지적 및 사회적 환경을 제공할 수 있다.
- **학급크기와 아동-교사 비율** 전문가들은 한 학급에 20명 정도의 아동을 권장한다. 아동과 교사의 비율이 3세 학급에서는 교사당 5~10명이 넘지 않아야 하고, 4세 학급에서는 7~10명이 넘지 않아야 한다.
- **연령에 적합한 교구와 활동** 초기 아동기에 아동은 형식적 교육이나 반복학습이 아니라 교구와 적극적인 상호작용을 통해서 더 많은 것을 배운다.
- **교수-아동 상호작용** 교사는 대부분의 시간을 교사보다 아동과 상호작용하면서 보내야 한다. 교사는 아동들 사이를 돌아다니면서 질문하고 힌트를 주고 필요할 때 도와주어야 한다.

질 높은 교육기관의 기준에는 강도 높은 공부는 포함되지 않는다. 학령전 교육자들은 교육이 **발달적으로 적합한 교육 실제**(developmentally appropriate educational practice; NAEYC, 2010)에 기초해야 한다는 데 동의하고 있다. 이는 학령전기에는 학습이 비구조화되고 직접적인 경험을 통해서 탐색하고 발견하는 것이어야 함을 의미한다. 예를 들어, 물이나 모래 영역에서 놀이를 하는 것을 통해서 물리적 세상에 대해서 배워야 하고, 노래나 동요를 통해서 단어를 배워야 한다.

가장 질이 높고 발달적으로 적합하다고 알려진 학령전 교육 프로그램 가운데 하나는 몬테소리 프로그램이다. 발달심리학자 앤젤린 릴라드(Lillard, 2008; Lillard & Else-Quest, 2006)는 몬테소리 프로그램의 효과를 잘 보여주었다. 두 집단의 3~6세 아동을 비교하였다. 한 집단은 몬테소리 프로그램에 다녔고, 다른 집단은 일반 프로그램에 다녔다. 일반 프로그램에 다닌 아동들은 몬테소리 프로그램에 지원하였지만 정원 제한 때문에 입학추첨에서 떨어진 아동들이었다. 이 점이 연구 설계의 중요한 부분이다. 연구자가 단순히 몬테소리 프로그램에 다녔던 아동과 일반 프로그램에 다녔던 아동을 비교했다면 두 집단에 속한 아동의 가정 환경에 차이가 크기 때문에 두 집단의 차이가 나타난다 해도 해석하기가 어렵다(예 : 몬테소리 프로그램에 다니는 아동의 부모가 교육을 더 많이 받았을 수 있다). 일반 프로그램의 아동도 몬테소리 프로그램에 지원하였고, 선발은 무작위로 이루어졌기 때문에 두 집단의 아동의 가정배경이 비슷하다고 가정할 수 있다.

몬테소리 프로그램에 다녔던 아동이 일반프로그램에 다녔던 아동에 비해서 인지적으로나 정서적으로 더 나았다. 인지적으로는 몬테소리 프로그램 아동이 읽기와 산수에서 더 높은 점수를 얻었다. 놀이터에서 이루어진 관찰에서도 몬테소리 아동이 레슬링처럼 거칠고 혼란스러운 놀이보다 협동적 놀이를 더 많이 하였다. 요약하면 몬테소리 접근은 아동이 자기주도적이고 활동적으로 학습을 하게 하였고, 그로 인해서 인지적 및 사회적 발달이 촉진되었다.

일본의 유치원에서는 집단놀이와 협동을 강조한다.

학령전 교육기관에 다니는 것이 선진국 아동에게는 보편적인 경험이지만 국가에 따라서 학령전 교육기관을 어떻게 구조화하는지, 아동이 무엇을 배우는지에는 큰 차이가 있었다. 대부분 국가의 부모들은 자녀가 학령전 교육기관에서 사회적으로 발달하는 것을 바라지만 인지적 및 학업적 기술을 기대하는 정도에는 차이가 있었다. 중국, 미국 같은 나라에서는 기초학업기술의 학습이 일차적 목표이다(Johnson et al., 2003; Tobin et al., 2009). 일본과 대부분의 유럽 국가에서는 학업기술의 학습이 별로 중요하지 않다(Hayashi et al., 2009). 오히려 학령전 교육기관은 집단 구성원으로 어떻게 기능해야 하는지 같은 사회적 기술을 학습하는 데 중요한 시간이다.

이런 점에서 일본이 특히 관심의 대상이다. 왜냐하면 오랫동안 일본의 중고등학생은 읽기, 수학과 과학에서 세계적으로 최고 또는 거의 최고 수준이기 때문이다(NCES, 2014). 아마도 일본이 다른 나라보다 교육을 더 일찍 시작하기 때문이라고 생각할 수 있지만 사실은 정반대이다. 미국과 일본의 학령전기 아동의 부모와 교사에 대한 비교 연구에서 일본인들의 단 2%가 "아동에게 일찍 학업준비를 시키기 위해서"를 유치원에 다니는 세 가지 중요한 이유 가운데 하나로 꼽았는데(Tobin et al., 2009) 반 수 이상의 미국인들이 세 가지 중요한 이유 가운데 하나로 꼽았다. "아동에게 집단의 구성원이 되는 경험을 제공하기 위해서"에 대해서도 비슷하게 차이가 나타나서 일본인의 60%가 유치원에 다니는 이유로 꼽았는 데 반해서 미국인은 20%만이 이유로 꼽았다.

일본 유치원에서는 읽기와 수를 가르치지 않는다. 대신 집단놀이를 많이 하는데 아동이 협동과 공유의 가치를 배울 수 있기 때문이다. 아동은 동일한 교복을 입고, 교복 색깔로 반을 표시한다. 모두 똑같은 교구를 쓰고 동일한 서랍에 보관한다. 유치원에서 이러한 문화적 경험을 하기 때문에 아동들은 일본의 집단주의 가치를 학습하게 된다.

인지적 중재로서의 학령전 교육기관

조기중재 프로그램과 그 결과를 기술한다.

인지발달을 중요하게 여기는 학령전 교육경험의 한 가지 형태는 **조기중재 프로그램**(early intervention program)이다. 이런 프로그램은 나중에 학교에서 문제를 보일 위험성이 있는 저소득층의 어린 아동을 대상으로 한다. 조기중재 프로그램의 목표는 이런 아동들에게 초기 아동기에 인지적 자극을 많이 제공해서 학교에 입학한 후에도 성공할 수 있도록 돕는 것이다.

이때까지 미국에서 실행되었던 가장 규모가 큰 조기중재 프로그램은 헤드스타트 프로그램이다. 이 프로그램은 1965년에 시작되었고, 현재에도 진행되고 있으며, 매년 약 100만 명의 미국 아동이 참여한다(Head Start Bureau, 2010). 이 프로그램에서는 1~2년 동안 교육 프로그램을 제공하지만 다른 서비스도 동시에 제공한다. 부모는 직업훈련교육과 건강서비스를 받는다. 부모들은 직접 헤트스타트 프로그램에 참가할 수도 있는데, 센터의 정책을 수립하는 위원회에서 활동할 수도 있고 학급에서 교사로 활동할 수

조기중재 프로그램 후에 문제가 발생할 수 있는 취약한 어린 아동을 대상으로 발달적 문제가 발생하지 않도록 예방하는 프로그램

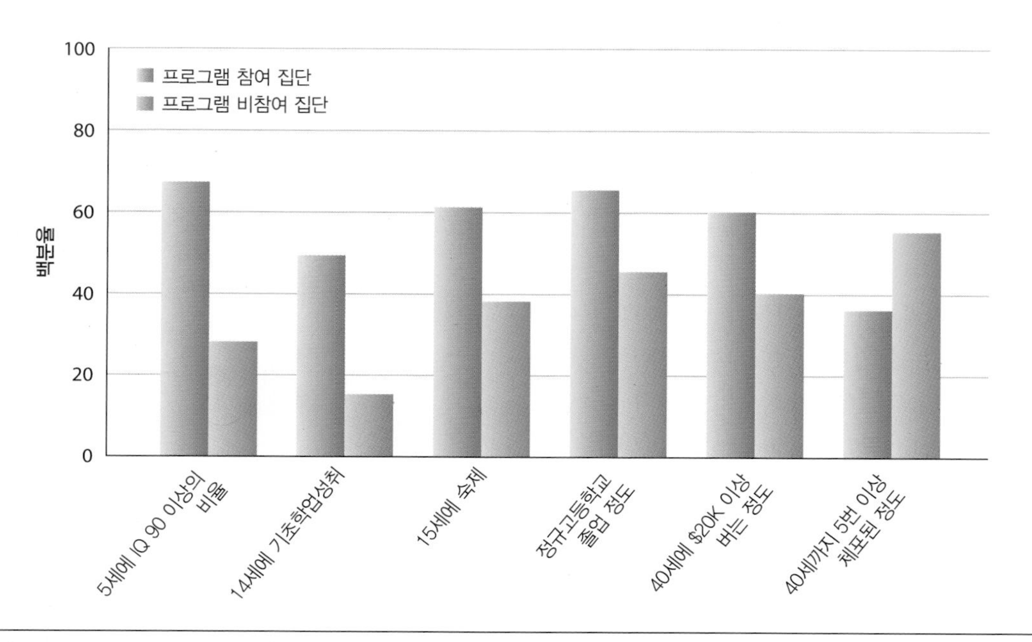

그림 6.4 하이스코프 유치원 연구의 주요 발견

하이스코프 참여자들은 다른 아동들에 비해 학업성적, IQ 점수, 수입 잠재력이 더 높았고, 나중에 체포될 가능성이 더 적었다.

도 있다. 캐나다에도 비슷한 프로그램이 있는데, 역시 나중에 학교교육에서 문제를 겪을 가능성이 큰 소수 인종 아동을 대상으로 한다.

이런 프로그램이 효과가 있을까? 대답은 간단하지 않다. 헤드스타트의 주요목적은 저소득층 아동의 지능을 향상시켜서 학교에 입학해서 학업수행이 나아지도록 하는 것이었다. 헤드스타트에 참여한 아동들은 비교 집단에 비해서 지능과 학업성취가 향상되었다. 따라서 이런 측면에서는 프로그램의 효과가 있었다. 그렇지만 헤드스타트와 많은 다른 조기중재 프로그램에서 일반적으로 나타나는 결과는 초등학교에 입학하고 2~3년 안에 프로그램의 효과가 사라지는 것이다(Barnett & Hustedt, 2005). 프로그램에 참여하였던 아동들이 대개 자원이 부족하고 질이 떨어지는 공립학교에 입학한다는 사실을 고려할 때 놀라운 일은 아니지만, 그럼에도 불구하고 나타났던 효과가 사라지는 것은 예상 밖이었고 프로그램의 원래 목적에 부합하지 않았다.

그러나 헤드스타트 프로그램에 대해 고무적인 결과도 있다(Brooks-Gunn, 2003; Resnick, 2010). 헤드스타트에 참여하였던 아동은 특수학급에 배정되거나 유급할 가능성이 적었다. 헤드스타트에는 100만 명의 아동이 수없이 많은 프로그램에 참여하였기 때문에 프로그램의 질이 다양할 수밖에 없었다(Resnick, 2010; Zigler & Styfco, 2004). 어머니가 프로그램에 참여하는 정도가 높을수록 아동의 학업성적과 사회적 기술이 더 향상되었다(Marcon, 1999).

헤드스타트는 4~6세 아동의 학습준비도를 향상시키기 위해서 고안되었지만, 1990년대에 와서 새로운 프로그램인 조기헤드스타트(Early Head Start, EHS)를 통해서 영아기에서 3세까지의 저소득계층 자녀들을 돕게 되었다(Raikes et al., 2010). 이 프로그램의 목표는 중재를 더 일찍 시작하면 인지적 및 사회적 발달에 미치는 효과가 더 커지는지를 알아보는 것이었다. 연구에 의하면 5세가 되었을 때 EHS 아동이 통제 집단 아동에 비해서 주의집중을 더 잘하고 행동 문제도 더 적었다(Love et al., 2013). EHS 어머니들도 정신건강에서 도움을 받았고, 직장에 고용될 확률도 증가하였다. 그러나 EHS에 참가하였어도 이후 3~4세에 학령전 프로그램에 계속 참가하지 않으면 효과가 나타나지 않았다.

일부 규모가 작고 더 집중적인 조기중재 프로그램은 더 폭넓고 지속적인 효과를 보였다. 잘 알려진 프로그램 가운데 하나인 하이스코프 학령전 프로젝트는 저소득 계층 아동을 위해서 2년 동안 이루어지는 종일반 프로그램이다(Schweinhart et al., 2004). 다른 프로그램과 마찬가지로 하이스코프 학령전 프로젝트에 참여하면 처음에는 IQ와 학업성적이 증가하였으나 곧 감소하였다. 그렇지만 통제 집단에 비해서 다른 여러 가지 효과가 발견되었다. 청소년이 되었을 때 여자는 임신을 덜 했고 남자는 구속이 덜 되었으며 남자와 여자 모두 고등학교를 졸업하고 대학에 진학을 더 많이 하였다(**그림 6.4** 참조). 27세에는 하이스코프 참가자들이 결혼을 더 많이 했고 집을 더 많이 소유했으며 교도소에 덜 갔고 월급도 더 많이 받았다. 40세에도 하이스코프 참가자들은 수입과 가정의 안정성 같은 여러 측면에서 여전히 이득을 보였다. 이 프로그램은 집중적이고 질이 좋은 조기중재 프로그램의 효과는 크고 지속적임을 보여주었다.

인지발달 : 언어발달

제5장에서 보았듯이 3세가 되면 아동은 언어를 아주 유능하게 사용하게 된다. 그럼에도 불구하고 3세부터 6세 사이에 언어발달이 놀라운 속도로 일어나서 어휘 및 문법과 화용론이 많이 발달한다.

어휘와 문법의 발달

초기 아동기의 어휘와 문법의 발달을 설명한다.

초기 아동기의 언어발달에서 가장 놀라운 부분은 어휘의 성장이다. 3세 아동의 평균 단어 수는 약 1,000개이다. 6세에는 2,500단어로 증가한다(Bloom, 1998). 이는 아동이 거의 매일 새로운 단어를 배운다는 뜻이다(Clark, 1995).

어떻게 단어를 배울까? 앞선 장에서 배운 것처럼 아동의 뇌가 언어를 학습할 수 있도록 준비되어 있고, 초기 아동기는 언어발달의 **민감기**(sensitive period)로서 새로운 단어를 학습하는 능력이 특별히 뛰어나다(Pinker, 1994). 제5장에서 배웠듯이 어린 아동은 신속한 연결하기의 과정을 통해서 새로운 단어를 배워나간다(Ganger & Brent, 2004; Swingly, 2010). 이는 아동들이 새로운 단어를 배울 때 서로 연결된 단어 범주로 이루어진 정신적 지도를 형성하기 시작함을 의미한다. 새로운 단어를 처음 들으면 아동은 그 단어의 의미를 파악하기 위해서 문장에서 단어가 어떻게 사용되는지, 그 단어가 이미 알고 있는 단어와 어떻게 관련되는지에 근거해서 새로운 단어를 다른 단어 범주와 연결한다.

아동이 가장 일찍 신속한 연결하기로 배우는 단어의 종류는 언어에 따라 달라진다. 중국어, 일본어와 한국어 같은 동양언어를 학습하는 아동은 처음에 명사보다 동사를 더 많이 배우는데, 문장에서 동사가 더 강조되고 명사는 생략되는 경우가 많기 때문이다(Kim et al., 2000). 대조적으로 영어와 다른 서양 언어를 학습하는 아동은 동사보다 명사를 더 먼저 배우는데, 명사가 더 강조되기 때문이다. 동양 및 서양 언어 모두에서 수식어(예 : 큰, 좁은, 예쁜, 낮은 등)는 명사와 동사보다 더 천천히 학습된다(Mintz, 2005).

어린 아동이 새로운 단어를 배우게 되면서 언어의 독특한 규칙체계인 **문법**(grammar)도 배운다. 여기에는 단수/복수, 과거, 현재와 미래를 나타내는 시제, 단어의 순서, 관사의 사용(예 : a, the 등)과 전치사(예 : 아래, 옆 등)가 포함된다. 공식적 교육이 없어도 어린 아동은 단지 일상적 상호작용에서 언어를 듣고 사용하는 것을 통해서 문법규칙을 배운다. 4세가 되면 아동은 90%의 진술에서 정확한 문법을 사용한다(Guasti, 2000; Pinker, 1994).

민감기 발달 과정에서 특정 영역에서 학습이 발생하기에 특히 확실한 시기

문법 한 언어의 고유한 규칙 시스템

그림 6.5 베르코의 언어 연구

이 시나리오는 베르코가 아동들에게 하였던 질문과 비슷하다. 어떻게 베르코의 연구는 어린 아동이 문법을 발견하는지를 보여주는가?

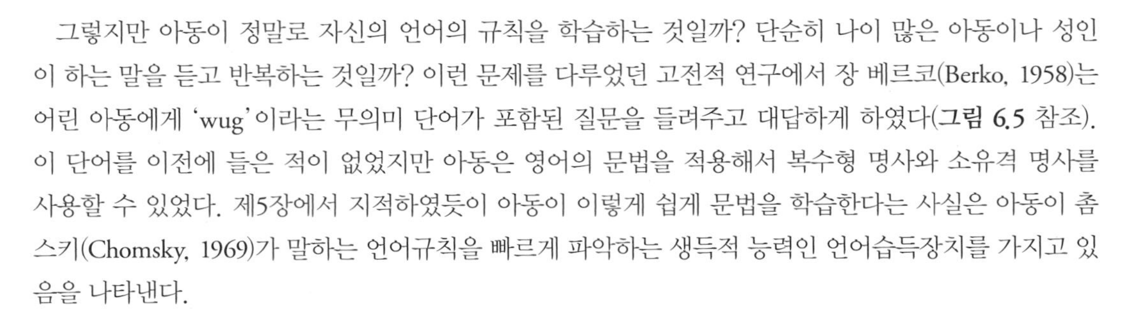

그렇지만 아동이 정말로 자신의 언어의 규칙을 학습하는 것일까? 단순히 나이 많은 아동이나 성인이 하는 말을 듣고 반복하는 것일까? 이런 문제를 다루었던 고전적 연구에서 장 베르코(Berko, 1958)는 어린 아동에게 'wug'이라는 무의미 단어가 포함된 질문을 들려주고 대답하게 하였다(**그림 6.5** 참조). 이 단어를 이전에 들은 적이 없었지만 아동은 영어의 문법을 적용해서 복수형 명사와 소유격 명사를 사용할 수 있었다. 제5장에서 지적하였듯이 아동이 이렇게 쉽게 문법을 학습한다는 사실은 아동이 촘스키(Chomsky, 1969)가 말하는 언어규칙을 빠르게 파악하는 생득적 능력인 언어습득장치를 가지고 있음을 나타낸다.

화용론 : 언어의 사회적 및 문화적 규칙

학습목표 6.12 초기 아동기에 아동이 어떻게 화용론을 학습하는지를 기술하고, 이런 사회적 규칙이 어느 정도로 문화적 기초를 가지고 있는지를 밝힌다.

언어를 효과적으로 사용하려면 아동은 어휘와 문법을 배워야 할 뿐 아니라 다른 사람과 상호작용할 때 언어를 사용하는 사회적 규칙이나 **화용론**(pragmatics)도 배워야 한다. 화용론이란 주어진 사회적 상황에서 무엇을 말하고 말하지 말아야 하는지를 알려준다.

화용론 사람들이 대화할 때 특정 사회적 상황에서 무엇이 적절하고 무엇이 적절하지 않은지를 안내하는 언어의 사회적·문화적 맥락

아동은 말을 하기 전에 화용론을 배우기 시작한다. 예를 들어, 떠나는 사람에게 "바이바이"라고 손을 흔든다. 2세가 되면 순서대로 말하는 것 같은 대화의 기초를 안다(Pan & Snow, 1999). 그러나 아직 한 가지 주제에 대해서 대화를 이어가야 한다는 사실을 모르고 다른 사람의 관점을 고려하지 않은 채 새로운 일이 일어나면 쉽게 대화의 주제를 바꾼다.

4세가 되면 아동은 대화를 나누는 상대방의 특징에 더 민감해지면서 자신의 대화를 조절한다. 손인형을 사용한 연구에서 4세 아동은 자신의 역할에 따라서 말을 다르게 사용하였다(Anderson, 2000). 교사나 의사같이 사회적으로 주도적인 역할을 할 때에는 자주 지시를 하였지만 학생이나 환자 같은 복종적 역할을 할 때에는 말을 더 예의 바르게 하였다.

화용론의 사용은 사회적 이해뿐 아니라 문화적 지식을 나타낸다. 모든 문화에는 어떤 상황에서 어떤 말을 사용해야 하는지에 대한 규칙이 있다. 예를 들어, 어떤 문화에서는 아동이 어른에게 말할 때에는 'Mr' 같은 경칭을 사용하도록 한다. 많은 문화에는 특히 아동이 사용해서는 안 되는 '나쁜 말'이 있다.

초기 아동기에 학습해야 하는 화용론은 이런 종류이지만 아동이 학습하는 동안에 부모가 당황하게 되는 순간도 있다. 내 딸이 세 살이었던 어느 날 마트에서 같이 줄을 서고 있었다. 내 딸이 난데없이 직원에게 "내가 자라서 엄마가 되면 배 속에 아기가 생길 거예요"라고 했다. 또 어느 날 내 아들이 자기가 100살까지 사는 것에 대해서 이야기하면서 내가 그때까지 살아 있을지를 물어보았다. "아마도 아닐 걸" 하고 나는 대답하였다. "너는 네 살이고 아빠는 마흔여섯 살이야", "우우우" 내 아들은 정말 근심스러운 목소리로 "그러면 아빠는 앞으로 살 날이 얼마 남지 않았네"라고 했다. 어른들은 아이들이 말을 어떻게 해야 하는지 모른다는 사실을 금방 알아차리지만 이런 순간에 보통 기분이 언짢다기보다 재미있다고 생각한다. 중기 아동기가 되면 대부분의 아동은 언제 말을 해야 하고, 언제 자신의 생각을 마음에 간직해야 하는지에 대한 문화적 규칙을 배운다.

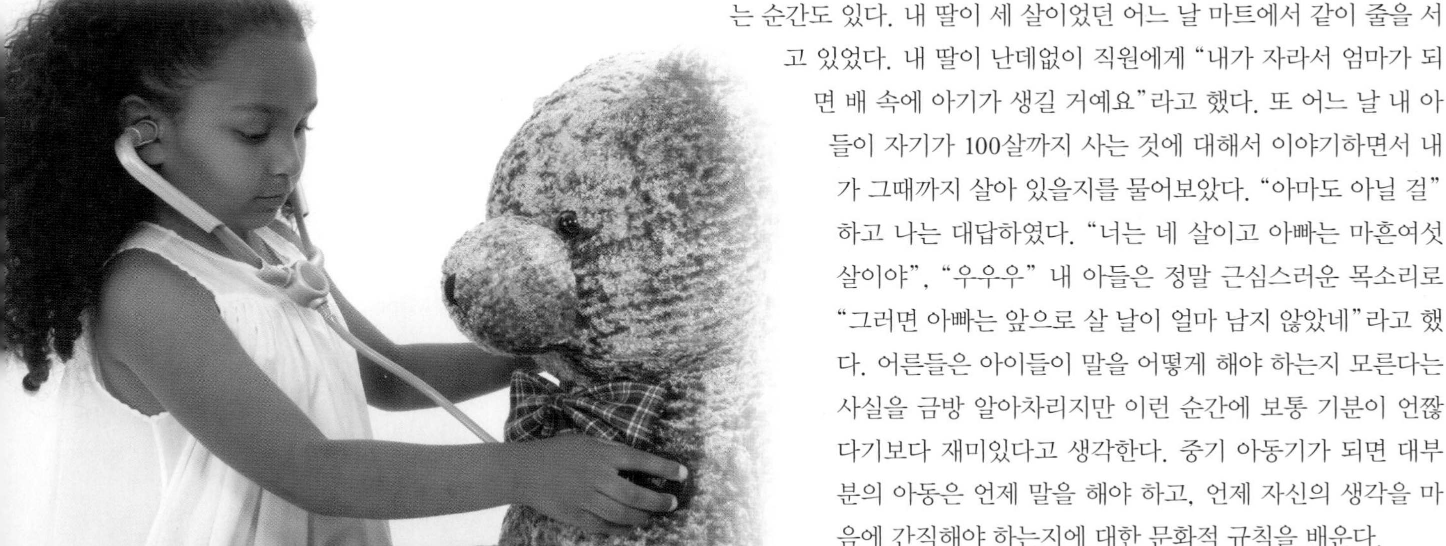

이런 종류의 놀이에서 사용되는 언어가 화용론의 이해를 보여주는가?

비판적 사고

당신의 문화에서 화용론이 한 세기 전과 다르게 변한 예를 들어보라.

3절 정서와 사회성 발달

학습목표

6.13 초기 아동기의 정서적 이해와 자기조절의 발달을 밝힌다.

6.14 공감, 모델링, 문화적 학습으로서의 도덕성을 포함하여 초기 아동기의 도덕성 발달을 기술한다.

6.15 성사회화에서 부모와 또래의 역할을 기술하고 성도식이 어떻게 자기사회화를 일으키는지를 설명한다.

6.16 네 가지 양육 방식을 기술하고, 이 모델의 문화적 한계점을 밝힌다.

6.17 부모의 아동훈육에서 나타나는 중요한 문화적 차이를 기술하고 문화적 맥락이 훈육에 대한 아동의 반응에 어떻게 영향을 미치는지를 설명한다.

6.18 미드가 제안한 영아기에서 초기 아동기까지의 사회적 단계의 의미를 설명한다.

6.19 세계의 형제관계에서 가장 공통적인 특징을 밝히고 형제가 없는 아동이 다른 아동과 어떻게 차이가 있는지를 기술한다.

6.20 우정의 질이 걸음마기에서 초기 아동기 사이에 어떻게 변하는지를 설명하고, 어린 아동의 우정에서 놀이와 공격성의 역할을 기술한다.

6.21 초기 아동기의 미디어 사용의 정도와 결과를 밝힌다.

정서와 사회성 발달 : 정서조절과 성역할 사회화

걸음마기에는 정서가 잘 변하고 강렬했지만 초기 아동기에는 정서적 자기조절이 크게 발달한다. 이 시기에는 중요한 사람의 행동을 모델링함으로써 공감이 많이 발달하고, 자기 문화의 도덕체계에 대한 이해가 증가한다. 초기 아동기는 또한 성역할 발달에 아주 중요한 시기이며, 아동은 성역할과 자기 문화의 기대를 더 잘 이해하게 되고 자신뿐 아니라 타인에게도 이러한 성역할을 적용하기 시작한다.

정서조절

초기 아동기의 정서적 이해와 자기조절의 발달을 밝힌다.

초기 아동기는 정서발달이 크게 일어나는 시기인데, 특히 정서이해와 자기조절이 많이 발달한다. 정서이해와 관련해서는 초기 아동기에 아동은 다른 사람이 표현하는 정서의 원인을 더 잘 이해하게 된다(Eisenberg & Fabes, 2006). 정서가 표현된 얼굴 사진을 보여주었을 때 5세 아동은 그 상황의 정서를 잘 설명하였다(예 : "이 아이는 선물을 받아서 행복해요." 또는 "이 아이는 엄마에게 야단을 맞아서 슬퍼요."). 그들은 또한 정서적 상태가 이후 행동의 원인이 된다는 사실도 잘 알고 있다. 예를 들어, 화가 난

정서적 자기조절 자신의 정서를 조절하는 능력

과소통제 부적절한 정서적 자기조절의 특성

외현화 문제 공격성처럼 타인과 관련된 문제

과잉통제 과도한 정서적 자기조절의 특성

내재화 문제 우울과 불안처럼 심리적 불편이 자기 내부로 향하는 문제

주도성 대 죄책감 에릭슨의 전 생애 이론에서 초기 아동기에 해당되는 심리적 위기로, 목적을 갖고 활동을 계획하는 것을 배우거나 아니면 주도성이 부족하여 지나친 죄책감을 느끼게 되는 것

아동은 다른 사람을 때린다(Kagan & Hershkowitz, 2005).

어린 아동들은 다른 사람의 정서를 더 잘 이해하게 될 뿐 아니라 자신의 정서를 더 잘 조절하게 된다. 사실 **정서적 자기조절**(emotional self-regulation)은 초기 아동기의 주요한 발달 가운데 하나이다(Grolnick et al., 2006). 정서적 자기조절은 사회적 관계에서 중요한데, 좋은 사회적 관계를 유지하려면 자신의 즉각적 충동을 억제해야 하기 때문이다(줄을 서서 기다려야 하고, 다른 사람이 게임이나 대화에서 먼저 하도록 해주어야 하고, 우리가 원하는 것보다 케이크를 조금 덜 먹어야 한다). 여러 문화에서 초기 아동기에는 정서적 자기조절에 대한 주변의 기대가 증가한다(Whiting & Edwards, 1988). 2~6세에는 떼쓰기, 울기와 신체적 공격성 같은 극단적인 정서적 표현이 감소한다(Alink et al., 2006; Carlson, 2003). 뇌의 전두엽이 정서적 자기조절에 가장 중요한 부위이기 때문에 전두엽의 발달이 이런 과정을 촉진한다(Bell & Wolfe, 2007).

초기 아동기에 정서적 폭발이 감소하는 또 다른 이유는 아동이 자신의 정서를 조절하는 전략을 학습하기 때문이다(Grolnick et al., 2006). 실험 연구에서 아주 좋은 상을 기대했다가 보잘 것 없는 상을 받아서 정서적으로 힘든 상황에 처한 어린 아동들이 어떤 전략을 사용하는지를 살펴보았다(Eisenberg & Fabes, 2007). 효과적인 전략은 그 상황을 떠나는 것, 자기 스스로에게 말하는 것, 다른 활동에 주의를 돌리는 것, 애착 대상에게 위로를 받는 것이었다. 이런 전략은 **의도적 통제**(effortful control)의 일부로서 아동이 자신의 정서를 관리하는 데 주의를 집중하는 것이다(Cipriano & Stifter, 2010). 부모는 아동이 동요할 때 정서적 및 신체적 위안을 제공하고, 정서를 관리하는 전략을 알려주며, 스스로 의도적 통제를 보여줌으로써 어린 아동이 의도적 통제를 발달시키도록 도울 수 있다(Katz & Windecker-Nelson, 2004).

초기 아동기에 정서적 자기조절을 하는 정도는 아동의 기질과 부모와 다른 사람이 제공하는 사회화에 따라서 달라진다. 초기 아동기에 **과소통제**(undercontrol)의 문제가 있는 아동은 정서적 자기조절이 잘 발달하지 못한다. 이런 아동은 초기 아동기와 그 이후에 공격성과 다른 사람과의 갈등 같은 **외현화 문제**(externalizing problem)를 가질 위험이 크다(Cole et al., 2003). 그러나 정서에 대한 지나친 자기조절, 즉 **과잉통제**(overcontrol)도 또한 문제가 된다. 과잉통제는 초기 아동기와 그 이후에 불안과 우울 같은 **내재화 문제**(internalizing problems)를 일으킬 수 있다(Grolnick et al., 2006). 전 생애에서 내재화 문제는 여자에게 더 많이 나타나고, 외현화 문제는 남자에게 더 많이 나타난다(Frick & Kimonis, 2008; Ollendick et al., 2008).

초기 아동기에 의도적 통제가 발달하면서 극단적인 정서표현은 감소한다.

성공적인 정서조절은 두 극단 사이에서 중간 수준의 의도적 통제를 의미한다. 에릭슨(Erikson, 1950)이 초기 아동기가 **주도성 대 죄책감**(initiative vs. guilt)의 시기라고 제안했던 것처럼 아동은 너무 지나치게 정서를 통제해서 과도한 죄책감을 느끼거나 활동을 주도하는 능력이 손상되지 않는 선에서 자신의 정서를 통제하는 것을 학습해야 한다. 그러나 문화에 따라서 적절한 수준의 정서조절에 대한 견해가 다르다(Chen et al., 2007). 어떤 문화에서 과소통제로 보이는 행동이 다른 문화에서는, 적어도 남아에게는 건강한 자기주장의 표현으로 간주될 수도 있다(Levine & New, 2008). 어떤 문화에서 과잉통제처럼 보이는 행동이 다른 문화에서는 과묵함으로 바람직하게 여겨질 수 있다(Chen et al., 2011; Rogoff, 2003).

도덕성 발달

공감, 모델링, 문화적 학습으로서의 도덕성을 포함하여 초기 아동기의 도덕성 발달을 기술한다.

제5장에서 기술하였듯이 걸음마기는 죄책감, 수치감, 부끄러움, 자긍심 같은 사회도덕

적 정서가 처음으로 나타나는 시기이다. 걸음마기에도 사회도덕적 정서는 문화적 기준에 의해서 만들어진다. 걸음마기 유아도 사회에서 기대하는 행동기준을 어겼을 때는 죄책감, 수치감이나 부끄러움을 느끼고, 준수하였을 때에는 자긍심을 느낀다.

초기 아동기의 도덕발달에 특히 중요한 사회도덕적 정서 가운데 하나는 공감이다. 이미 보았듯이 걸음마기 유아와 영아조차도 공감의 징후를 보이지만 공감 능력은 초기 아동기에 많이 발달한다(Eisenberg & Valiente, 2004). 아동은 조망수용을 더 잘하게 되고, 다른 사람의 생각과 감정을 더 잘 이해하게 되어서 공감을 더 잘하게 된다. 공감은 다른 사람에게 관대하거나 도움을 주는 것 같은 친사회적 행동을 촉진한다. 아동은 공감을 통해서 자신의 행동이 다른 사람에게 어떤 느낌을 갖게 하는지를 이해하기 때문에 공감은 피해를 회피하고 공정하게 행하는 것 같은 도덕적 원칙을 이해하는 데 도움이 된다. 공감이 증가하면서 초기 아동기에 친사회적 행동이 증가한다(Eisenberg et al., 2006).

초기 아동기에 아동이 자기 문화의 규칙과 기대를 좀 더 상세하게 이해하게 되면서 도덕성도 더 발달한다(Jensen, 2015). 걸음마기 유아도 자기가 한 행동이 언제 인정받고 언제 인정받지 못하는지를 알고, 보통 적절한 사회도덕적 정서로 반응을 보인다. 그러나 초기 아동기에 이런 규칙이나 기대를 더 잘 이해하게 된다. 또한 어린 아동은 걸음마기 아동보다 자신의 행동이 불러올 결과를 더 잘 예상하고, 도덕적으로 인정받지 못하는 행동을 회피할 수 있게 된다(Grolnick et al., 2006).

태어나면서부터 자신의 문화의 규칙과 기대를 아는 것은 아니다. 때로는 무심코 어떤 규칙을 어기고 그에 대한 부모와 다른 사람의 반응을 관찰하면서 규칙을 학습한다. 예를 들어, 우리 쌍둥이가 네 살이었을 때 지하에 있는 세탁실에 들어가서 소파, 테이블, 안락의자와 CD 플레이어에 액체세제를 뿌려서 모두 망쳐버렸다. 나는 아이들이 의도적이지 않았고 자신들이 나쁜 일을 하고 있다는 사실을 몰랐다고 생각한다. 그렇지만 우리 아이들은 자신들이 한 짓에 대한 우리의 반응을 보고 잘못을 저질렀음을 알았고, 다시는 그런 짓을 하지 않았다.

도덕성에 대한 문화적 학습의 좋은 예를 리처드 시웨더의 연구에서 발견할 수 있다. 그들은 인도와 미국 아동·청소년과 성인을 비교하였다(Shweder, 2009; Shweder et al., 1990). 시웨더는 아동이 5세가 되면 이미 자기 문화의 도덕적 기준을 파악하고, 그들의 생각은 아동기 및 청소년기와 성인기에 별로 변하지 않는다는 사실을 발견했다.

시웨더는 초기 아동기에 인도와 미국 아동의 도덕적 관점에 유사점이 있지만 차이점도 있음을 발견했다. 5세에 두 나라의 아동은 다른 사람의 물건을 훔치거나('이웃집 정원에서 꽃을 훔치거나') 의도적으로 누군가를 해치는 것('길 가에서 자고 있는 개를 발로 차는 것')이 옳지 않음을 학습한다. 그러나 국가에 따라서 여러 문제에 대한 도덕적 관점에 차이가 있었다. 미국 아동은 소고기를 먹는 것이 옳다고 생각했지만 인도 아동은 잘못이라고 생각했다. 인도 아동은 아버지의 재산이 딸보다 아들에게 가는 것이 옳다고 여겼지만 미국 아동은 옳지 않다고 여겼다. 비록 초기 아동기에 서로 다른 도덕적 규칙을 학습한다고 해도 미국과 인도 아동들은 자기 문화의 도덕적 규칙을 이해하는 능력을 가지고 있었다.

도덕적 교훈은 이야기를 통해서 많이 전달된다. 탄자니아 시골 마을에서 한 노인이 아이들에게 이야기를 들려주고 있다.

어떻게 아동이 그렇게 일찍 도덕적 규칙을 학습할까? 여러 가지 방법이 있다. 때로는 도덕적 규칙을 명시적으로 가르친다. 유대교와 기독교의 십계명이 좋은 예이다. 때로는 이야기를 통해서 가르친다. 바바라 로고프(Rogoff, 2003)는 여러 문화에서 이야기를 사용하여 도덕적 교육을 하는 예를 제시하였다. 캐나다의 퍼스트네이션(원주민의 하나), 미국 원주민과 남아프리카의 호사족에서는 주로 노인이 이야기를 해주지만 이전에도 여러 번 들었기 때문에 어린 아동도 곧 이야기를 학습하고 그 이야기에 참여한다.

비판적으로 사고하기

당신의 문화에서 아동에게 도덕적 교훈을 전달하기 위해서 들려주는 이야기를 말해보라.

어린 아동은 문화복합체를 통해서 도덕성을 학습하기도 한다(제4장 참조). 문화복합체의 핵심은 어떤 문화의 모든 관습에는 문화적 신념이 담겨 있다는 것인데 여기에는 도덕적 신념도 포함된다. 시웨더(Shweder et al., 1990)는 인도에 있는 이런 종류의 도덕적 학습의 예를 제시하였다. 다른 문화의 사람들처럼 인도 사람들도 여성의 월경 피가 위험하다고 생각한다. 따라서 월경을 하는 여성은 음식을 만들어서는 안 되고 남편과 한 침대에서 자서도 안 된다고 생각한다. 초기 아동기가 되면 인도 아동은 월경하는 여성이 음식을 하지 않고, 남편과 한 침대에서 자지 않는다는 사실뿐 아니라 여성이 그렇게 하는 것은 **옳지 않다**(도덕적 신념)는 것을 학습한다.

문화복합체의 변형은 **모델링**에 대한 미국 연구에서 발견할 수 있다. 30년 이상 수행된 연구에 의하면 어린 아동은 관찰한 사람의 행동을 따라 한다(Bandura, 1977; Bussey & Bandura, 2004). 대부분이 실험 연구였고, 아동이 다른 아동이나 성인이 공격적으로, 친절하게, 이기적으로 또는 관대하게 행동하는 것을 관찰하였다. 그다음에 비슷한 실험 상황에서 아동의 행동을 관찰하였다. 아동은 다른 사람의 행동이 보상을 받으면 그 행동을 따라 할 가능성이 컸다. 또한 그들이 관찰한 성인이 따뜻하고 반응적이거나 권위나 특권을 가지고 있을 때 그 사람의 행동을 더 많이 따라 하였다. 모델링 이론에 따르면 다른 사람의 행동이 보상을 받거나 처벌을 받는 것을 여러 번 관찰하고 나면 아동은 보상을 받은 행동은 도덕적으로 옳은 행동이고, 처벌을 받은 행동은 금지된 행동이라고 결론을 내린다(Bandura, 2002). 아동이 행동(그리고 행동의 결과)을 관찰함으로써 도덕적 행동에 대한 문화적 원칙을 학습한다. 문화복합체와 같이 문화에 의해 만들어진 행동에는 도덕적 신념이 포함되어 있다.

자기 문화의 도덕적 원칙을 일찍 파악하는 것 이외에도 어린 아동은 도덕적 추론의 기초를 보이기 시작한다(Helwig, 2008). 3~4세가 되면 아동은 정의와 공정함을 고려해서 도덕적 판단을 할 수 있다(Bussey, 1992). 그러나 그들의 도덕적 추론은 아직은 경직되어 있다. 그들은 나이 많은 아동보다 상황을 고려하지 않고 훔치기와 거짓말하기는 항상 나쁘다고 말한다(Lourenco, 2003). 또한 그들의 도덕적 추론은 나이 많은 아동이나 성인보다 벌에 대한 두려움의 영향을 많이 받는다(Gibbs, 2003). 나중에 보게 되겠지만 그들의 도덕적 추론은 연령이 증가하면서 더 복잡해진다.

도덕적 규칙을 가르치는 것은 양육의 일부이다. 가장 힘든 부분은 웃지 않는 것이다. 우리 부부는 우리 쌍둥이가 네 살이 되었을 때 거실에 놓아둘 좋은 가죽의자를 샀다. 이제는 아이들이 좋은 가구는 관리를 잘해야 한다는 사실을 알 정도로 충분히 자랐다고 생각했다. 아니었다. 2주도 지나지 않아서 아이들은 가죽의자에 커다란 흠집을 여러 개 내고 말았다. 처음에는 고백을 했지만 곧 고백을 철회하고 핑계거리를 찾았다. "우리가 안 그랬어, 아빠"라고 주장했다. "그럼, 누가 했어?"라고 물으니 아이는 진짜 범인을 밝히는 것이 고통스럽다는 듯이 눈을 내리깔더니 "산타클로스"라고 고백했다.

성발달

학습목표 6.15 성사회화에서 부모와 또래의 역할을 기술하고 성도식이 어떻게 자기사회화를 일으키는지를 설명한다.

모든 문화에서 성은 사회적 생활을 구조화하는 기본 원리이다. 모든 문화에서 그 정도에 차이가 있기는 하지만 남성과 여성의 역할을 구분하고 남성과 여성에 대한 기대에도 차이가 있다. 물론 많은 동물도 전형적 행동 패턴과 발달에 있어서 암컷과 수컷의 차이가 있다. 그렇지만 사람이 동물과 차이나는 점은 문화가 남성과 여성이 어떻게 행동해야 하는지를 알려준다는 점이다.

성정체성과 성사회화 초기 아동기는 성발달에 특히 중요한 시기이다. 제5장에서 더 일찍 심지어 2세에도 아동이 **성정체성**을 획득한다고 했던 점을 기억해보라. 성정체성이란 아동이 자신이 남성인지 여성인지를 이해하는 것이다(Ruble et al., 2006). 그러나 초기 아동기에 성의 문제가 강화된다. 3~4세가 되면 아동은 장난감, 게임, 옷, 집안물건, 직업, 심지어 색깔을 포함해서 여러 가지 사물을 남성이나 여성과 연결시킨다(Kapadia & Gala, 2015).

더구나 남성다움과 여성다움에 대한 지각이 단호하고 경직되어 있다. 예를 들어, 남자가 머리를 묶어도 여전히 남자이고, 여자가 거친 놀이를 해도 여전히 여자라는 사실을 부정한다!(Balkemore, 2003) 이 연령에서 엄격한 성역할에 집착하는 이유는 인지적인 것 같다. 6~7세가 되어야 아동은 남성과 여성은 생물학적이며 변할 수 없다는 **성항상성**(gender constancy)을 획득한다(Ruble et al., 2006). 이전에는 아동이 **성역할**(gender role)을 아주 고집스럽게 지켜나가는 것은 아마도 옷이나 머리 스타일을 바꾸면 성이 바뀐다고 믿기 때문일 수 있다.

여러 문화에서 아동의 성역할과 성에 따른 행동은 놀랍도록 비슷하다. 그리고 제5장에서 보았듯이 어떤 성의 차이는 생물학적이다. 그러나 모든 문화에서 아동은 성사회화를 경험한다.

성항상성 남성과 여성이 생물학적이고 그래서 변할 수 없는 것으로 이해하는 것

성역할 남성과 여성에 해당되는 외모와 행동에 대한 문화적 기대

성사회화 제5장에서 학습했듯이 부모는 아동에게 자신의 문화에 맞는 성에 대한 정보를 전달하는 중요한 역할을 한다(Liben et al., 2013; Ruble et al., 2006). 그들은 아동에게 성에 맞는 이름을 지어주고 성에 적합한 색깔이나 스타일의 옷을 입히고 자동차나 인형을 주면서 놀게 한다(Bandura & Bussey, 2004).

성사회화에서 부모의 중요한 역할은 초기 아동기 동안 계속된다. 부모들은 계속해서 자녀에게 성에 적합하다고 생각하는 옷과 장난감을 준다. 또한 자녀가 성에 적합한 방식으로 놀면 인정하지만 성에 대한 기대를 위반할 때에는 인정하지 않는다(Kapadia & Gala, 2015). 대화를 하면서 부모는 때때로 성에 대한 기대를 직접적으로 전달한다(예 : "울지 마, 어린 소녀가 아니지 않아?"). 그들은 또한 아동의 성에 대한 진술을 인정하거나 반대하지 않음으로써 성에 대한 기대를 간접적으로 전달한다. 부모는 또한 자신의 행동, 언어, 모습을 통해서 남자와 여자가 어떻게 달라야 하는지에 대한 모델을 제공한다(Bandura & Bussey, 2004).

아버지는 초기 아동기와 그 이후에도 성사회화에 아주 중요하다. 아버지는 어머니보다 특히 남자들이 성역할을 따르도록 더 강조한다(Lamb, 2010). 아버지는 딸이 거친 놀이를 하는 것을 바라지 않고 남자가 '겁쟁이'여서는 안 된다고 강조한다. 나중에 보겠지만 남자가 성역할을 위반하는 것을 더 두려워하는데, 이는 여러 문화에서 일생 동안 계속된다.

아버지는 어머니보다 성역할에 대한 동조를 더 촉진한다.

아동이 자신의 문화의 성역할을 학습하고 나면, 거기에 동조하려고 애쓴다. 캄보디아 여아들이 무용시간에 참여하고 있다.

또래들도 초기 아동기의 성사회화에 중요하다. 일단 아동이 성역할과 기대를 학습하면 자신뿐 아니라 서로에게 적용한다. 그들은 성에 적합한 행동을 하면 서로 강화하고 성역할을 위반하는 또래는 거부한다(Matlin, 2004; Ruble et al., 2006). 여아보다 남아에 대한 기대가 더 엄격하다(Liben et al., 2013). 쉽게 우는 남아나, 여아와 노는 것을 좋아하고, 여아 게임을 하는 남아는 다른 남아에게 배척을 받는다(David et al., 2004).

성도식과 자기사회화 성사회화의 결과로서 초기 아동기부터 아동은 **성도식**(gender schemas)을 사용해서 주변의 세상을 이해하고 해석한다. 제4장에서 피아제가 도식이란 정보를 조직화하고 처리하는 인지적 구조라고 했음을 생각해보라. 성도식은 성에 근거하여 정보를 조직화하고 처리하는 인지적 구조이다(Martin & Ruble, 2004).

성도식 이론에 의하면 성은 초기 아동기부터 가장 중요한 도식 가운데 하나이다. 초기 아동기 말기가 되면 아동은 여러 가지 활동, 물체와 성격특성을 '여성'과 '남성'으로 조직화하는 것을 학습한다. 여기에는 여성은 질, 남성은 음경 같이 신체적인 것뿐 아니라 원래는 '여성다움'과 '남성다움'과 관계가 없었지만 관계가 있는 것으로 학습한 여러 가지가 포함된다. 예를 들어, 중국 문화에서는 달은 '여성'으로, 해는 '남성'으로 생각하고, 미국에서는 푸른색은 '남자 색', 분홍색은 '여자 색'으로 생각한다.

성도식은 우리가 다른 사람의 행동을 해석하고 다른 사람에게 기대하는 바에 영향을 미친다(Frawley, 2008). 잘 알려진 이야기가 이 사례를 잘 보여준다. 어린 남자아이와 아버지에게 자동차 사고가 났다. 아버지는 사망하고 아이는 병원으로 이송되었다. 아이가 수술실에 들어갔을 때 의사가 아이를 바라보더니 "나는 수술을 할 수 없어. 이 아이는 내 아들이야"라고 말했다.

아버지가 사고로 사망했는데 어떻게 의사가 부모일 수 있을까? 물론 정답은 의사가 아이의 엄마였다. 그러나 사람들이 이 이야기를 읽고 당황하는 것은 성도식으로 인해서 의사는 남성이라고 생각하기 때문이다(이제는 여성 의사가 많아져서 이 이야기는 옛날만큼 효과가 없겠지만 한번 시도해보라).

초기 아동기에 아동은 자신과 성이 같은 다른 사람들도 모두 자기와 같은 것을 좋아한다고 생각한다(Liben et al., 2013). 예를 들어, 완두콩을 싫어하는 남아는 "남자아이들은 완두콩을 싫어해요"라고 하면서 자신을 정당화한다. 또한 성도식에 따라서 기억한다. 한 연구(Liben & Signorella, 1993)에서 전형적 성역할을 위반한 그림(예 : 여자가 트럭을 몰고 가는 그림)을 본 아동은 성도식에 맞추어서 기억하는 경향을 보였다(예 : 여자가 아니라 남자가 트럭을 몰고 가는 그림). 일생 동안 우리는 성도식과 일치하는 정보에 주목하고 성도식과 불일치하는 정보는 무시하거나 일축한다(David et al., 2004).

어린 아동이 성도식을 가지게 되면 도식과 행동이 일치하도록 노력하는데, 이 과정을 **자기사회화**(self-socialization)라고 한다. 남아들은 남자 일이라고 생각하는 일을 하고 여자 일이라고 생각하는 일을 하지 않으려고 고집을 부린다. 마찬가지로 여아들은 여자 일이라고 생각하는 일을 하고 남자 일이라고 생각하는 일은 하지 않으려고 애쓴다(Bandura & Bussey, 2004; Tobin et al., 2010). 저명한 성학자에 따르면 이렇게 해서 "문화적 신화가 자기충족적 예언이 된다"(Bem, 1981, p. 355). 초기 아동기 말기가 되면 아동은 스스로 자기 문화의 성에 따른 기대에 동조하기 위해서 애쓰기 때문에 성역할은 다른 사람에 의한 사회화뿐 아니라 자기사회화를 통해서 강화된다.

성도식 남성과 여성의 외모와 행동에 대한 합의된 기대와 정보를 조직화하고 처리하는 성 근거 인지 구조

자기사회화 자신의 성 도식과 행동 간에 일관성을 유지하려는 과정

정서와 사회성 발달 : 양육

부모는 아동의 삶의 모든 면에서 가장 중요하지만 부모가 자신의 역할과 훈육 및 처벌에 대해서 어떻게 생각하는지는 아주 다르다. 첫째, 미국에서 영향력 있는 양육 '방식' 모델을 먼저 살펴보고 나서, 양육에 대한 문화적 견해를 살펴보겠다.

양육 '방식'

네 가지 양육 방식을 기술하고, 이 모델의 문화적 한계점을 밝힌다.

아이를 낳기 전에 어떻게 키울지에 대해 다섯 가지 이론을 가진 남자에 대한 농담을 들어본 적이 있는가? 10년 후에 그는 5명의 아이를 가졌지만 이론은 도움이 되지 않았다.

농담은 그만두고 대부분의 부모들은 아이를 낳고 잠시 동안은 아이를 어떻게 가장 잘 키울지에 대해서 나름대로 생각을 가지고 있다(Harkness et al., 2015; Tamis-Lamonda et al., 2008). 이 주제에 대한 연구에는 주로 **양육 방식**(parenting style)이 포함되는데, 양육 방식이란 부모가 아이에게 보이는 행위와 이런 행위에 대한 신념을 말한다. 이런 연구는 이제는 다른 나라에서도 이루어지고 있지만 미국에서 시작되었고, 주로 미국 아동과 부모를 대상으로 이루어졌다.

지난 50년 동안 미국학자들은 이 주제에 대해 많이 연구하였는데, 결과는 아주 일관성이 있었다(Bornstein & Bradley, 2014; Collins & Laursen, 2004; Maccoby & Martin, 1983). 양육을 연구했던 거의 모든 유명한 학자들은 양육을 요구와 반응성의 두 차원으로 기술하였다(또는 **통제**와 **온정**으로도 알려져 있다). 부모의 **요구**(demandingness)란 부모가 규칙과 기대를 만들고 아동에게 이를 준수하도록 요구하는 정도를 말한다. 부모의 **반응성**(responsiveness)이란 부모가 아동의 필요에 민감하고, 사랑, 온정과 관심을 표현하는 정도를 말한다.

양육 방식 부모가 자녀와의 관계에서 보여주는 훈육과 자신의 훈육에 대한 신념

요구 부모가 규칙과 기대를 정하고 자녀에게 그것에 따르도록 요구하는 정도

반응성 부모가 자녀의 욕구에 민감하고, 자녀에게 사랑과 따뜻함 및 관심을 보이는 정도

권위적 부모 양육 방식 분류에서 자녀에게 요구도 많고 반응성도 높은 부모

권위주의적 부모 양육 방식 분류에서 자녀에게 요구는 많고 반응성은 낮은 부모

여러 학자들이 여러 가지 양육 방식을 기술하기 위해서 이런 두 차원을 조합하였다. 여러 해 동안 가장 잘 알려졌고 가장 많이 사용되어온 것은 다이애나 바움린드(Baumrind, 1968, 1971, 1991a, 1991b)의 견해이다. 미국 백인 중산층에 대한 그녀와 다른 학자들의 연구에서 네 가지 서로 다른 양육 방식이 발견되었다(Collins & Laursen, 2004; Maccoby & Martin, 1983; Steinberg, 2000; **표 6.1** 참조).

권위적 부모(authoritative parent)는 요구와 반응성이 높다. 그들은 아이에게 분명한 규칙과 기대를 제시한다. 더구나 그들은 아동이 규칙과 기대에 따르지 않을 때 어떤 결과가 발생할지도 명확하게 해주고, 필요하면 그 결과를 지킨다. 그러나 권위적 부모들은 단순히 '법칙을 만들어놓고' 엄격하게 지키기만 하는 것은 아니다. 권위적 부모의 또 다른 특징은 그 규칙과 기대의 이유를 설명해주고 이 문제에 대해서 아동과 적극적으로 의논하고 때로는 협상과 타협을 한다. 예를 들어, 아이가 사탕 한 봉지를 모두 먹고 싶어 하면 "안 돼"라고 말하지 않고 "안 돼, 건강에 나빠. 이에 충치가 생길 수 있어"라고 말해준다. 권위적 부모는 또한 아동을 사랑하고 따뜻하게 대하며 아동의 필요와 요구에 반응해준다.

권위주의적 부모(authoritarian parent)는 요구를 많이 하지만 반응성이 낮다. 그들은 아동에게 복종할 것을 요구하고 타협하지 않고 복종하지 않으면 벌을 준다. 권위적 부모에게서 많이 나타나는 언어적 토론을 허용하지 않는다. 부모의 지시에 대해서 의의를 제기하거나 싸우거나 반대하지 않고 따를 것을 기대한다. 사탕의 예

표 6.1 부모 양육 방식과 양육의 두 차원

		요구	
		고	저
반응성	고	권위적	허용적
	저	권위주의적	방임적

를 계속 들자면 권위주의적 부모들은 설명하지 않고 "안 돼"라고 한다. 권위주의적 부모들은 또한 아동에게 사랑이나 온정을 거의 보여주지 않는다. 그들은 반응성이 없이 요구만 하기 때문에 정서적 애착은 거의 나타나지 않고 심지어 적대적이다.

허용적 부모(permissive parent)는 요구가 낮고 반응성은 높다. 그들은 아동의 행동에 대한 분명한 기대가 없고 아동을 거의 훈육하지 않는다. 대신 반응성을 강조한다. 그들은 아동에게 '무조건적' 사랑이 필요하다고 믿는다. 그들은 훈육과 통제는 아동이 창의성을 개발하고 자신이 원하는 바를 표현하는 건전한 능력을 손상시킨다고 생각한다. 그들은 아동에게 사랑과 온정을 주고 아동이 원하는 대로 하도록 내버려둔다.

방임적 부모(disengaged parent)는 요구와 반응성이 모두 낮다. 그들의 목표는 양육에 쓰는 시간과 노력을 최소화하는 것이다. 따라서 그들은 아동에게 별로 요구하지 않고 아동의 행동을 수정하거나 아동에게 무엇이 허용되는지에 대한 분명한 기준도 제시하지 않는다. 그들은 사랑이나 관심을 거의 표현하지 않는다. 아동에게 정서적 애착을 별로 보이지 않는다.

아동에 미치는 부모 양육 방식의 효과 부모 양육 방식이 아동발달에 어떤 영향을 미치는지에 대해 많은 연구가 이루어졌다. 결과가 **표 6.2**에 정리되어 있다. 일반적으로 권위적 양육이 적어도 미국적 기준에 의하면 가장 좋은 결과를 보인다. 권위적 부모의 아동은 독립적이고, 자신감이 있고, 창의적이며 사회적 기술도 뛰어나다(Baumrind, 1991a, 1991b; Collins & Larsen, 2004; Steinberg, 2000; Williams et al., 2009). 그들은 학교에서 잘하고 또래와 어른들과 잘 어울린다(Hastings et al., 2007; Spera, 2005). 권위적 양육은 아동에게 낙관주의와 자기조절 같은 특성을 발달시켜주기 때문에 여러 가지 행동에 긍정적 영향을 미친다(Jackson et al., 2005; Purdie et al., 2004).

모든 다른 양육 방식은 부정적 결과를 보이는데, 부정적 결과의 유형은 양육 방식에 따라 달라진다(Baumrind, 1991a, 1991b; Snyder et al., 2005). 권위주의적 부모의 아동은 다른 아동보다 자신감이 낮고, 창의성이 낮으며, 사회적으로도 유능하지 못하다. 권위주의적 부모의 남아들은 더 공격적이고 말을 듣지 않고, 여아들은 불안하고 불행하게 느낀다(Bornstein & Bradley, 2014; Russell et al., 2003). 허용적 부모의 아동은 미성숙하고 자기통제를 하지 못하며, 또래와 교사와 잘 지내지 못한다(Linver et al., 2002). 방임적 부모의 아동은 충동적이다. 그들이 충동적이고 부모가 아동의 활동을 잘 감독하지 못하기 때문에 행동 문제를 많이 보인다(Pelaez et al., 2008).

허용적 부모 양육 방식의 분류에서 자녀에게 요구는 적고 반응성은 높은 부모

방임적 부모 양육 방식의 분류에서 자녀에 대한 요구나 반응성이 낮은 부모

양육의 효과에 대한 복잡한 결과 의심할 여지없이 부모의 양육이 아동에게 지대하게 영향을 미치지만 그 과정은 방금 언급한 원인-결과 모델처럼 단순하지 않다. 때로는 양육에 대한 논의가 마치 A 양육 방식이 자동적이고 예외가 없이 X형 아동을 만드는 것처럼 진행되어왔다. 그러나 양육 방식과 아동발달의 관계는 이보다 훨씬 더 복잡하다는 사실이 여러 연구에서 밝혀졌다(Bornstein & Bradley, 2014; Lamb

표 6.2 서양 중산층 가정의 양육 방식과 관련된 결과

권위적	권위주의적	허용적	방임적
독립적	의존적	책임감 없는	충동적
창의적	수동적	동조하는	행동 문제
자신감 있는	동조하는	미성숙한	이른 성경험과 약물 사용
사회적 기술이 있는			

& Lewis, 2005; Parke & Buriel, 2006). 아동이 부모에게 영향을 받을 뿐 아니라 부모도 아동에게 영향을 받는다. 이런 원리를 학자들은 **상호적 또는 양방향적 효과**(reciprocal or bidirectional effect)라고 부른다(Combs-Ronto et al., 2009).

제2장에서 환경이 유전자형에 미치는 촉발적 효과에 대해 논하였던 것을 생각해 보라. 아동은 굴리는 방향대로 나아가는 당구공이 아니다. 아동은 특별한 성격과 욕망이 있고, 이는 부모-자녀 관계에 영향을 미친다. 따라서 아동은 부모에게 특별한 행동을 일으킨다. 아주 공격적인 아동은 부모가 권위주의적 양육 방식을 사용하게 만든다. 아마도 부모는 아동이 규칙에 대한 권위적 설명을 간단하게 무시하는 것을 발견할 것이고, 아동의 반복되는 불복종과 파괴성 때문에 부모의 반응성은 점차 감소한다. 특히 온순한 아동은 부모가 허용적 양육 방식을 사용하게 만든다. 왜냐하면 나쁜 짓을 할 의사가 없는 아동에게 부모가 특별한 규칙을 부과할 필요가 없기 때문이다.

이런 연구는 양육 방식이 아동에게 영향을 미친다는 주장을 뒤엎는 것일까? 아니다. 그렇지만 수정이 필요하다. 부모는 자녀에게 무엇이 최선인지를 어느 정도 알고 있고, 그런 믿음을 양육 방식을 통해 실천하고자 한다(Alwin, 1988; Harkness et al., 2015; Way et al., 2007). 그러나 부모의 행동은 그들이 최선이라고 믿는 것뿐 아니라 아동이 부모에게 어떻게 행동하고 양육에 어떻게 반응하는지에 따라 달라진다. 아동이 부모의 요구와 반응성에 대해 순종과 사랑으로 반응한다면 권위적 부모가 되기 쉽지만 부모의 사랑이 거절당하고 부모의 규칙과 규칙에 대한 설명이 받아들여지지 않는다면 권위적 부모가 되기 어렵다. 추론과 토론을 통해서 아동을 설득하려는 부모의 노력이 허사가 될 때에는 (더 권위주의적이 되어서) 복종을 강요하거나 (허용적이 되거나 또는 방임하게 되어서) 노력을 포기하기 쉽다.

상호적 효과는 양육 방식의 영향에 대한 주장을 어떻게 어렵게 만드는가?

다른 문화의 양육 방식 이때까지 주로 미국 백인 중산층 가정의 양육 방식에 대한 연구를 살펴보았다. 다른 문화에서 이루어진 연구는 초기 아동기에 양육과 그 효과에 대해 무엇을 밝혔는가?

한 가지 중요한 점은 비서구 문화권에서는 권위적 양육이 아주 드물다는 점이다(Bornstein & Bradley, 2014; Harkness et al., 2015). 권위적 양육 방식의 중요한 특징은 아동이 부모의 지시와 지도에 따르도록 하기 위해서 부모의 권위를 사용하지 않는다는 점이다. 그들은 단순히 규칙을 말하고 복종하기를 바라지 않는다. 반대로 권위적 부모들은 아동에게 바라는 것의 이유를 설명하고 아동의 행동에 대한 가이드라인에 대해서 아동과 토론한다(Baumrind, 1971, 1991a; Steinberg & Levine, 1997).

그러나 서양 이외의 지역에서는 이것은 아주 드문 양육 방식이다. 전통 문화에서는 부모는 아동이 질문하지 않고 부모에게 설명을 요구하지 않고 부모 권위에 순종하기를 바란다(LeVine et al., 2008). 이는 모든 개발도상국뿐 아니라 일본이나 한국과 같이 발전된 동양 국가에서 특히 더 심하다(Tseng, 2004; Zhang & Fuligni, 2006). 아시아 문화에는 효도의 전통이 있는데, **효도**(filial piety)란 아동이 일생 동안 부모를 존경하고 순종하고 숭배하는 것이다(Lieber et al., 2004). 동양에서는 서양에서보다 부모의 권위가 더 크다. 부모는 왜 자신이 존경받아야 하고 아동이 순종해야 하는지에 대해 설명하지 않아도 된다. 그들이 부모이고 아동은 자녀라는 단순한 사실 때문에 부모 권위에 마땅히 복종해야 한다고 본다.

라틴아메리카 문화에서도 부모 권위를 대단하게 여긴다. 라틴아메리카의 문화적 신념체계는 부모와 어른, 특히 아버지를 존경하고 아버지에게 순종하는 것을 강조하는 레스페토(respeto)를 중요하게 여긴다(Cabrera & Garcia-Coll, 2004; Halgunseth et al., 2006; Harwood et al., 2002). 부모 역할은 권위를 행

상호적 또는 양방향적 효과 두 사람 간의 관계에서 각자가 상대방에게 서로 영향을 미친다는 원리

효도 전 생애 동안 자녀는 부모를 존중하고 부모에게 복종하고 숭배해야 한다는 신념으로, 아시아 문화권에서 흔함

사하는 것으로 충분하고 아동에게 규칙을 설명할 필요가 없다. 라틴아메리카의 문화적 신념의 또 다른 축은 **가족주의**(familismo)인데, 이는 가족들 사이의 사랑, 가까움과 상호 의무를 중요하게 여기는 것이다(Halgunseth et al., 2006; Harwood et al., 2002).

이는 비서구 문화에서는 권위주의적 양육 방식이 전형적이라는 의미인가? 때로는 학자들이 이렇게 잘못된 결론을 내리지만 그렇지 않다. 양육 방식 모델이 미국 주류 문화에 근거하고 있기 때문에 다른 문화에는 잘 적용되지 않는 문화적 모델이라고 말하는 것이 더 정확할 것이다. 물론 어디에서나 아동들은 초기 아동기와 그 이후에 돌보아줄 부모나 다른 양육자가 필요하고, 여러 문화에서 부모는 온정과 통제를 동시에 제공한다. 그러나 칭찬과 신체적 애정을 강조하는 '반응성'은 확실하게 미국식 온정이고, 부모 권위의 행사보다 설명과 협상을 강조하는 '요구'는 확실하게 미국식 통제이다. 다른 문화에서는 자신의 문화에 맞는 방식의 온정과 통제를 사용한다. 여러 문화에서 온정은 미국식의 칭찬이 아니고, 통제도 미국식의 설명과 협상이 아니다(Matsumoto & Yoo, 2006; Miller, 2004; Wang & Tamis-Lamonda, 2003).

미국 사회에서도 권위적 양육 방식은 백인 중산층 가정에서 많이 사용된다(Bornstein & Bradley, 2014). 연구자들은 아프리카계 미국인, 라틴계 미국인과 아시아계 미국인을 포함한 미국의 대부분의 소수 민족 문화를 '권위주의적'이라고 분류해왔다. 그러나 이런 분류는 정확하지 않고 백인 주류 문화에 근거한 모델을 적용하는 것이다(Chao & Tseng, 2002). 각 소수 민족 문화에는 그들 나름의 독특한 형태의 온정이 있지만 모두가 설명이나 협상보다 부모 권위에 대한 순종을 강조한다. 따라서 양육 방식에 대한 미국식 모델을 그들에게 적용할 수 없다.

대부분의 문화에서 부모는 아동이 부모를 존경하고 복종하기를 기대하고 자신의 행동에 대해서 변명하지 않기를 바란다. 이 사진은 일본의 어머니와 딸의 모습이다.

한 문화 내에서도 양육 방식은 부모 성격, 아동에 대한 부모의 목표, 부모가 독특한 양육 방식을 사용하게 만드는 아동의 성격에 따라 달라진다. 그러나 전체적으로 볼 때 특정 문화에서 많이 사용되는 양육 방식은 의존 대 독립의 가치나 아동에 대한 부모 권위의 위상 같은 문화적 신념을 반영한다(Harkness et al., 2015; Giles-Sims & Lockhart, 2005; Hulei et al., 2006). 앞으로 보게 되겠지만 양육의 문화적 맥락은 너무 중요하기 때문에 두 문화에서 나타나는 비슷한 부모 행동도 아주 다른 결과를 가져올 수 있다.

훈육과 처벌

부모의 아동훈육에서 나타나는 중요한 문화적 차이를 기술하고 문화적 맥락이 훈육에 대한 아동의 반응에 어떻게 영향을 미치는지를 설명한다.

많은 문화에서 초기 아동기는 잘못된 행동에 대한 훈육의 문제가 처음으로 제기되는 시기이다. 앞에서 보았듯이 영아와 걸음마기 유아는 너무 어려서 판단하고 자기를 통제하기 어렵기 때문에 여러 문화에서 이들에게는 관대하다. 그러나 초기 아동기가 되면 아동은 정서적 및 행동적 자기조절을 더 잘할 수 있게 되고, 다른 사람의 권위에 복종하지 않거나 저항할 때 자신들이 무엇을 하고 있으며 그 결과에 대해 책임을 져야 한다는 사실을 충분하게 이해한다. 따라서 초기 아동기에는 기대에 부응하지 않거나 그들에게 요구된 것을 하지 않을 때에는 훈육을 받게 된다.

가족주의 가족 구성원 간의 사랑, 가까움, 상호의무 이행을 강조하는 라틴계 사람들의 문화적 신념

문화에 따른 훈육의 차이 모든 문화에는 아동이 학습하고 지켜야 하는 규칙과 기대가 있고, 잘못된 행동을 처벌하는 체계가 있다. 그러나 문화에 따라 훈육의 성격이 다르고 훈육의 기초가 되는 문화적 신념에 따라서 훈육의 결과도 달라진다.

서양 문화에서는 초기 아동기에 훈육을 할 때에는 잘못된 행동의 결과와 훈육의 이유를 설명하는 권위적 방식을 강조한다(Huang et al., 2009; Tamis-Lamonda et al., 2008). ("마이클, 마루에 대고 장난감을 자꾸 치면 장난감을 빼앗을 거야! 좋아, 이제 네가 장난감을 잘 가지고 노는 것을 배울 때까지 장난감을 치울 거야."). 다른 문화에서는 칭찬을 별로 사용하지 않는 데 반해서 서양 부모는 말을 잘 듣고 순종하는 행동에 대해서 칭찬도 많이 한다(LeVine et al., 2008; Whiting & Edwards, 1988). 잘못된 행동에 대한 훈육에는 특권을 빼앗는 것이나 타임아웃이 포함된다. **타임아웃**(time out)이란 정해진 장소에서 아동을 짧은 시간 동안, 보통 몇 분 동안 가만히 앉아 있게 하는 것이다(Morawska & Sanders, 2011). 보통 가정에서 실시하는 타임아웃의 효과에 대한 연구는 별로 없지만 행동 문제가 있는 아동에게는 효과가 입증되고 있다(Everett et al., 2007; Fabino et al., 2004).

타임아웃을 사용하는 것 이외에도 양육 연구는 (1) 훈육의 이유를 설명하고, (2) 아동이 결과를 예측할 수 있도록 일관성이 있어야 하고(따라서 피할 수 있어야 하고), (3) (나중이 아니라) 잘못된 행동이 일어났을 때 훈육을 해서 잘못된 행동과 훈육의 관계를 분명하게 해야 한다고 권장한다(Klass et al., 2008). 한 인기가 있는 접근에서는 부모의 요구나 지시가 무시되면 부모가 "하나, 둘, 셋" 하고 수를 세어서 "셋"까지 말을 듣지 않으면 아동에게 타임아웃을 시키는데, 보통 이 연령에는 1분 정도가 적당하다고 권장한다(Phelan, 2010). 이 방법이 우리 쌍둥이가 초기 아동기였을 때 마술같이 잘 먹혔다. 나와 내 아내는 "셋"까지 세어본 적이 없다.

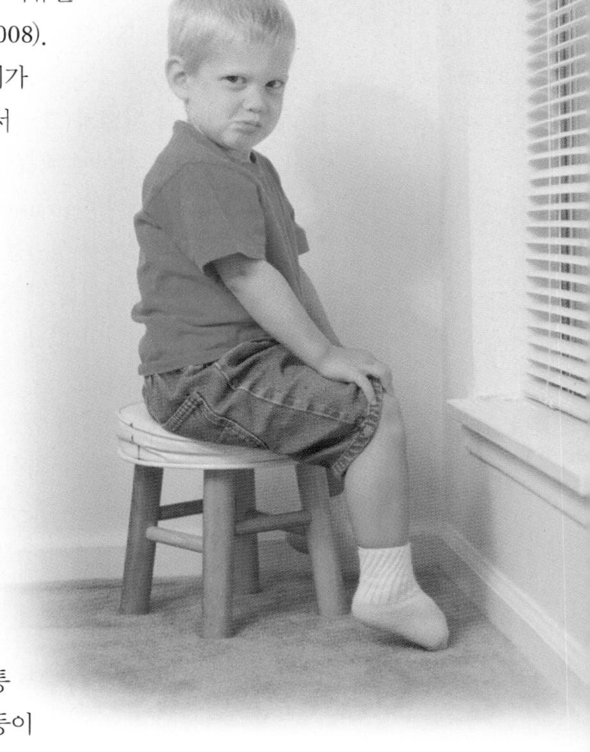

'타임아웃'은 미국 중산층 부모들이 많이 사용하는 효과적인 훈육책략이다.

다른 문화에서는 훈육하는 방법이 다르다. 일본에서는 초기 아동기 훈육의 핵심은 수치심과 사랑의 철회이다. 제5장에서 이야기한 아마에는 어머니와 아동 사이의 긴밀한 애착을 말하는 일본어이다(Ruthbaum et al., 2007). 영아기의 아마에는 어머니와 아기 사이의 정서적으로 관대하고 신체적으로 밀착된 관계이다. 그러나 걸음마기와 초기 아동기에는 새로운 요소인 수치심과 사랑의 철회가 부가된다. 일본 어머니는 아동이 잘못된 행동을 해도 큰 소리로 꾸짖거나 신체적으로 체벌하지 않는다. 대신 실망감을 드러내고 일시적으로 사랑을 철회한다. 아동은 수치심을 느끼게 되는데, 수치심은 아동이 순종하게 만드는 강력한 방법이다.

일본에서는 이러한 사회화의 체계가 초기 아동기에 아주 효과적인 것 같다. 일본 아동은 행동 문제가 적고, 학업성취 수준이 높다(Takahashi & Takeuchi, 2007). 그들은 범죄와 사회적 문제가 적고, 경제적 생산성이 높은 성인으로 성장해서 일본을 세계에서 가장 안정되고 경제적으로 성공적인 사회로 만든다.

그러나 이러한 부모 행동은 서양 문화에서는 좀 다르고, 더 부정적 효과를 보이는 것 같다. 미국 연구자들은 수치심과 사랑의 철회를 사용하는 양육을 **심리적 통제**(psychological control)라는 용어로 기술해 왔다(Barber, 2002). 미국 연구에서는 이런 양육은 초기 아동기와 이후의 또래 문제뿐 아니라 불안, 위축과 공격적 행동을 포함하는 부정적 결과와 관련된다는 사실이 밝혀졌다(Barber et al., 2005; Silk et al., 2003). 핀란드에서 초기 아동기에 시작된 종단 연구에서도 심리적 통제가 후기 아동기와 청소년기의 부정적 결과를 예측하였다. 일본의 아마에처럼 심리적 통제가 신체적 애정과 조합이 될 때 특히 더 심했다(Aunola & Nurmi, 2004).

타임아웃 짧은 기간 동안 지정된 장소에 앉아 있도록 아동에게 요구하는 훈육책략

심리적 통제 아동의 행동에 영향을 주기 위해 사랑을 철회하고 수치심을 사용하는 양육책략

무엇이 이런 차이를 설명할까? 왜 아마에가 일본에서는 효과적인데 서양에서는 그렇지 못할까? 이 문

체벌 아동에 대한 신체적 처벌

제에 대한 연구가 없기 때문에 대답하기 어렵다. 그렇지만 아마도 부모 행동과 문화적 신념체계 사이의 상호작용 때문인 것 같다. 일본에서는 아마에가 다른 사람, 특히 가족에 대한 의무과 책임감이라는 더 큰 문화적 신념과 잘 맞는다. 서양에서는 심리적 통제는 독립적으로 사고하고 행동하는 것의 가치를 중요하게 여기는 문화적 신념과 잘 맞지 않는다. 부정적 결과가 나타나는 것은 양육 방식 자체보다 양육 방식과 문화적 신념 사이의 이러한 마찰 때문인 것 같다.

신체적 처벌과 그 결과 신체적 처벌 또는 **체벌**(corporal punishment)에 대한 연구는 양육 방식과 문화적 신념 사이에 비슷한 상호작용을 보여준다. 어린 아동에 대한 신체적 처벌은 대부분의 나라에서 흔하게 나타난다(Curran et al., 2001; Levine & New, 2008). 신체적 처벌은 오랜 역사를 가지고 있다. 대부분의 국가에서 성인들은 어려서 신체적 처벌을 받았던 것을 기억한다. 아직도 대부분의 국가에서 부모가 아이의 엉덩이를 때리는 것을 허용하지만 두들겨 패는 것과 여러 가지 형태의 가혹한 신체적 처벌은 법으로 금지하고 있다. 그렇지만 역사적 기록에 따르면 100년 전에도 신체적 처벌은 아주 흔하게 일어났다(Straus, 1994).

신체적 처벌이 어린 아동에게 해로울까? 아니면 어른을 존경하고 순종하라는 일종의 교육일까? 아마에처럼 대답은 문화적 맥락에 따라 달라지는 것 같다. 미국과 유럽에서 어린 아동에 대한 신체적 처벌을 많이 연구하였는데, 신체적 처벌은 거짓말하기, 또래와 싸우기, 부모말 듣지 않기 같은 여러 가지 반사회적 행동과 관계가 있었다(Alaggia & Vine, 2006; Kazdin & Benjet, 2003). 더구나 여러 종단 연구에서 초기 아동기의 신체적 처벌이 청소년기의 괴롭히기, 비행과 성인기의 (배우자 학대를 포함한) 공격적 행동을 증가시키는 것으로 밝혀졌다(Ferguson, 2013). 이런 연구를 보고 어떤 학자들은 초기 아동기의 신체적 처벌은 단기적으로는 아동이 말을 듣게 만들지만 장기적으로는 도덕적 및 정신적 건강을 해친다고 결론을 내리고 있다(Amato & Fowler, 2002; Gershoff, 2002).

그러나 여러 문화에서 이루어진 연구들이 보고하는 결과는 더 복잡하다. 한 종단 연구에서 유럽계와 아프리카계 미국인 아동을 초기 아동기와 12년 후의 청소년기에 연구하였다(Lansford et al., 2004). 유럽계 미국인 아동은 친숙한 패턴을 보였다. 초기 아동기의 신체적 처벌은 청소년기의 공격성과 반사회적 행동을 예측하였다. 그러나 아프리카계 미국인 아동에서는 초기 아동기의 신체적 처벌은 청소년기에 공격적 및 반사회적 행동을 덜 보이는 것과 관계가 있었다. 다른 연구에서도 아프리카계 미국인에게는 초기 아동기의 신체적 처벌이 일반적으로 긍정적인 효과가 있었다(Bluestone & Tamis-Lamonda, 1999; Brody & Flor, 1998; Steele et al., 2005). 비슷하게 전통 문화에 대한 연구에서 많은 부모가 어린 아동에게 신체적 처벌을 사용하지만 아동은 품행이 단정하고 생산적이며 심리적으로 건강한 성인으로 성장하였다(Levine et al., 2008; Whiting & Edwards, 1988).

아마에에 대한 결과와 마찬가지로 이러한 신체적 처벌의 결과는 부모 행동에 대한 어린 아동의 반응에는 문화적 맥락이 중요하다는 사실을 보여준다. 유럽계 미국인과 유럽인 문화에서는 신체적 처벌이 허용되지 않고 많이 사용되지 않는다(Bornstein & Bradley, 2014). 이런 문화에서는 신체적 처벌은 분노와 같이 일어나는 경우가 많다(Ferguson, 2013). 대조적으로 아프리카계 미국인과 전통 문화에서는 초기 아동기에 신체적 처벌을 많이 사용한다(Ispa & Halgunseth, 2004; Simons et al., 2013). 보통 양육의 일부로서 약한 신체적 처벌을 하고, 분노한 상태가 아니라 조용하고 엄격하게 벌을 준다(Brody & Flor, 1998). 신체적 처벌은 보통 부모의 사랑과 조합되기 때문에 아동은 부모의 행동을 놀랍고 위협적인 통제의 상실이 아니라 자신에게 옳고 그름과 부모에게 복종하는 것의 중요성을 가르치는 방법이라고 생각한다(Gunnoe & Mariner, 1997; Mosby et al., 1999). 이런 문화적 맥락 때문에 신체적 처벌의 의미와 결과가 유럽계 미국인과 유럽인 문화에서와는 다르다.

아동학대 신체적 학대, 정서적 학대, 성적 학대를 포함하는 아동학대 또는 방임

위탁양육 학대받는 아동을 위해 국가에서 인정받은 성인이 아동의 양육을 떠맡는 것

아동학대와 방임 어린 아동에 대한 훈육과 처벌이 문화에 따라 많이 차이가 나지만 오늘날에는 전 세계적으로 아동에게 신체적 위해를 가해서 안 되고 부모가 아동의 신체적 및 정서적 필요를 충족시켜주어야 한다는 입장이 널리 퍼져 있다(UNICEF, 2011). 그러나 세상에는 여러 가지 유형의 부모가 있다. 모든 문화에는 이런 기본적 책무를 다하지 않는 부모들이 있다. **아동학대**(child maltreatment)에는 학대와 방임이 모두 포함된다.

- 신체적 학대는 때리기, 발로 차기, 물기, 화상 입히기나 흔들기를 통해서 신체적 위해를 가하는 행동을 말한다.
- 정서적 학대는 어두운 벽장에 가두는 것처럼 아동에게 정서적 손상을 주는 행동뿐 아니라 조롱하고 모욕을 주는 것을 말한다.
- 성적 학대는 아동과 이루어지는 모든 형태의 성적 접촉을 말한다.
- 방임은 아동에게 음식, 주거, 의복, 의료적 치료와 감독의 기본욕구를 충족시켜주지 못하는 것을 말한다.

어린 아동의 학대에 대한 연구는 신체적 학대에 집중되어왔다. 부모의 특징뿐 아니라 아동의 특징 같은 여러 가지 신체적 학대의 위험 요인이 발견되었다. 어린 아동은 기질적으로 까다롭거나 공격적이거나 활동적이어서 부모가 통제하기 어려울 때 신체적 학대를 받을 위험이 커진다(Li et al., 2010). 부모와 관련된 위험 요인은 빈곤, 실업, 미혼모 상태 등인데 이들은 스트레스를 증가시켜서 아동학대에 이르게 한다(Geeraert et al., 2004; Zielinski, 2009). 새아버지는 생물학적 아버지보다 학대를 더 많이 하고, 아동학대는 배우자 학대와 관계가 있는데, 이는 학대 가해자가 분노조절과 자기통제에 문제가 있어서 이 문제가 여러 가지 형태로 분출됨을 시사한다(Asawa et al., 2008). 학대하는 부모는 아동이 말을 듣지 않기 때문에 또는 '착하지 않기' 때문에 어떻게 해도 달라지지 않으므로 학대를 받아 마땅하다고 여긴다(Bugental & Happaney, 2004). 아동을 학대하는 부모의 3분의 1 정도는 자신이 부모에게 학대를 받은 경험이 있다(Cicchetti & Toth, 1998).

신체적 학대는 여러 가지 방식으로 아동을 망가뜨린다. 자기통제, 공감과 자기존중감을 포함하여 정서적 자아발달이 손상된다(Haugaard & Hazen, 2004). 학대받은 아동은 다른 사람을 신뢰하지 못하기 때문에 우정관계와 사회적 기술도 잘 발달하지 못한다(Elliot et al., 2005). 학대받은 아동은 학업동기가 낮고 학급에서 행동 문제를 보이기 때문에 학업수행도 떨어진다(Boden et al., 2007). 더구나 학대받은 아동은 나중에 청소년기와 그 이후에 정서적·사회적·학업적 문제를 보일 위험이 크다(Fergusson et al., 2008; Herrenkohl et al., 2004).

학대받은 아동을 돕기 위해서 무엇을 할 수 있을까? 대부분의 문화에는 부모가 학대할 때 아동을 부모로부터 격리시키는 제도가 있다. 전통 문화에서는 이런 제도가 비공식적일 수 있다. 학대받은 아동은 관계가 더 긍정적이고 갈등이 적은 친척과 살 수도 있다(LeVine et al., 2008). 서양 문화에서는 아동학대 사례에 개입하는 제도가 더 공식적이고 법적이다. 주정부의 해당 기관에서 학대가 보고되면 조사를 실시하고 학대가 입증되면 아동을 집으로부터 격리시킨다.

기관에서 아동을 **위탁양육**(foster care)을 위해 위탁가정에 배치하는데, 기관에서 인정한 성인이 아동의 보호를 위임받는다(Pew Commission on Foster Care, 2004). 미국에서는 위탁양육 아동의 약 4분의 1이 공식적 제도를 통해서 친척에게 배치된다(Child Welfare Information Gateway, 2013). 또한 전통 문화의 비공식적 체계와 비슷하게 미국에서도 많은 아동이 기관의 공식적 개입이 없이 친척과 사는 것으로 추정된다. 때로는 위탁가정에 있던 아동이 일정 기간 후에 집으로 돌아가기도 하고, 위탁가정에 입양이 되기도 하고, 18세가 되면 위탁가정을 떠나기도 한다(Smith, 2011). 위탁가정의 아동은 학업적·사회적 및 행

동적 문제를 보일 위험이 크며, 특히 여러 위탁가정을 전전했을 때 이런 위험이 더 커진다(Crum, 2010; Plant, Siegel, 2008; Vig et al., 2005).

또 다른 대안은 아동학대와 방임사례를 감독하는 주정부 기관에서 운영하는 **그룹홈**에서 사는 것이다(Dunn et al., 2010). 여러 해 전에 성인 초기 때 나는 그룹홈에서 일했던 적이 있는데, 아직도 여러 명의 아동이 생생하게 기억난다. 특히 부모가 때리고 화상을 입혀서 온 등이 상처로 덮여 있었던 남자아이가 기억난다. 그룹홈은 아동이 위탁가정이나 친척에게 가기 전에 일시적으로 머무는 대안이다(DeSena et al., 2005).

아동학대 예방을 위한 프로그램도 개발되고 있다. 미국에서 유명한 프로그램은 **간호사 방문 프로그램**(Nurse-Family Partnership, NFP)인데, 22개 주에 지부가 있다(DHHS, 2005). 이 프로그램에서는 훈련된 간호사가 학대의 위험 요인이 많은 임신 중의 어머니를 2년 동안 정기적으로 집으로 방문한다. 간호사들은 위기를 관리하는 방법, 신체적 처벌을 하지 않고 아동의 행동을 관리하는 방법, 가족을 위한 서비스를 제공하는 지역사회 기관의 도움을 받는 방법에 대해 정보와 조언을 제공한다(Olds, 2010). 15년 추수 연구에서 NFP에 참가했던 가정과 비슷한 위험이 있었지만 NFP에 참가하지 않았던 가정을 비교하였는데 NFP 집단에서 아동학대와 방임이 70% 감소했다(Eckenrode et al., 2001).

정서와 사회성 발달 : 아동의 사회적 세계의 확장

여러 문화에서 초기 아동기에는 사회적 세계가 크게 확장된다. 영아와 걸음마기 유아는 많이 돌보아주어야 하고, 양육과 감독도 많이 필요하다. 앞선 두 장에서 보았던 것처럼 영아와 걸음마기 유아는 이러한 도움을 제공하는 사람과 물리적으로 가까이 있어야 한다. 대부분의 경우에 엄마이고 때로는 아버지, 할머니나 형제도 같이 돕는다. 그렇지만 초기 아동기에 아동은 더 넓은 세계로 나아간다.

미드의 아동기 사회적 단계에 대한 구분

미드가 제안한 영아기에서 초기 아동기까지의 사회적 단계의 의미를 설명한다.

초기 아동기에도 아동은 여전히 보살핌을 많이 받아야 하지만 다른 사람들이 계속적으로 보살필 필요는 없다. 인류학자 마거릿 미드(Mead, 1935)는 오래전에 세상 모든 아동이 초기 아동기에 경험하는 사회적 변화의 단계를 제안하였는데, 이 제안은 요즘에도 잘 적용이 된다(**표 6.3** 참조). 제5장에서 미드가 0~2세 아동은 다른 사람이 가까이서 끊임없이 보살피고 관리해야 한다는 사실을 나타내기 위해서 **무릎아동**이라고 지칭했던 사실을 상기해보라. 미드는 초기 아동기에는 두 단계를 제안하였다. 3~4세를 **다리아동**

표 6.3 아동기 사회적 단계에 대한 미드의 구분

연령	용어	특징
0~2세	무릎아동	다른 사람이 계속적으로 돌보아주어야 함
3~4세	다리아동	여전히 어머니가 돌보아주지만 다른 아동들과 시간을 많이 보냄
5~6세	마당아동	같은 성별의 또래와 시간을 많이 보냄. 때로는 감독을 받지 않음

이라고 했는데, 이때에도 여전히 엄마가 돌보아주어야 하지만 이제는 다른 아동들과도 시간을 보낸다. 5~6세를 **마당아동**이라고 했는데, 이때에는 집을 떠나서 활동 영역이 더 넓어지고 부모가 가까이 있지만 항상 바로 옆에서 돌보지는 않는다.

마거릿 미드의 제안에 기초해서 인류학자 베아트릭스 화이팅과 캐럴린 에드워즈(Whiting & Edwards, 1988)는 여러 문화에서 어린 아동에 대해 고전적 연구를 수행하였다. 이들은 아프리카, 아시아, 남아메리카와 미국을 포함한 세계 열두 지역에서 2~10세 아동을 연구하였다. 그들의 목표는 여러 나라 아동들의 사회적 세계에 존재하는 유사점과 차이점을 발견하는 것이었다.

그들은 여러 문화에서 어린 아동들이 사회화되고 사회적 환경이 구조화되는 방식이 상당히 유사한다는 사실을 발견했다. 세 발달 단계를 거치면서 어머니에 대한 의존성이 점차 약화되고, 아동은 점차 또래와 다른 아동들의 사회적 세계로 들어갔다. 무릎아동과 같이 다리아동은 어머니와 나이 많은 아동에게 양육을 많이 받지만 무릎아동보다 도움을 덜 필요로 한다. 다리아동은 더 이상 모유를 먹지 않고 어머니와 신체적 접촉도 감소하였다. 부모와 나이 많은 아동은 다리아동이 배변훈련을 받고 (자기 순서를 기다리는 것 같은) 기본 예의를 갖추고 사소한 집안일을 하는 것을 기대했다. 나이 많은 아동은 무릎아동보다 다리아동에게 더 지배적이었는데, 다리아동은 지시를 더 잘 이해하고 따를 수 있다고 생각하기 때문이다.

여러 문화에서 초기 아동기의 아동에게 자율성과 책임감을 더 많이 부여한다. 과테말라 여아가 자기 집의 마당에서 접시를 닦고 있다.

마당아동은 다리아동보다 더 자유롭다. 마당아동은 대부분의 시간을 무릎아동처럼 집 주변에서 보내지만 20% 정도는 집을 떠나서 심부름을 하거나 놀이를 한다. 그러나 대부분의 문화에서 6세 이전에는 아동들이 똑똑하지 못하다고 보기 때문에 마당아동은 집이나 부모감독으로부터 멀리 떠나지는 못한다.

미드와 화이팅과 에드워즈가 연구한 문화는 대부분이 개발도상국이지만 같은 패턴이 선진국에도 잘 적용되었다. 여러 나라와 문화에서 초기 아동기에 사회적 세계가 확장되어서 형제, 또래, 친구와 시간을 더 많이 보내고 상호작용도 더 많이 한다. 선진국에서는 미디어의 세계도 확장되어서 아동들은 TV를 시청할 뿐 아니라 전자게임도 시작한다.

형제와 '외동아'

세계의 형제관계에서 가장 공통적인 특징을 밝히고 형제가 없는 아동이 다른 아동과 어떻게 차이가 있는지를 기술한다.

전통적으로 형제 사이에는 보통 2~4년 터울이 있다. 개발도상국, 특히 농촌에서는 적어도 2년 동안 모유수유를 하고, 모유수유는 (100% 효과가 있는 것은 아니지만) 어머니의 배란을 억제하는 자연피임의 기능을 한다. 경제적으로 발전된 선진국의 부모들은 자녀들 사이에 2~4년 정도 터울을 둔다. 따라서 많은 아동이 초기 아동기에 동생의 출생을 경험하게 된다.

어린 아동은 동생에게 어떻게 반응할까? 제5장에서 보았듯이 처음에는 질투를 많이 한다. 12개 문화에 대한 화이팅과 에드워즈(Whiting & Edwards, 1988) 연구에서 여러 가지 문제에서 차이가 많았지만 질투심은 공통적으로 나타났다. 그렇지만 어린 아동의 질투심에 대한 부모의 반응에는 차이가 많았다. 아프리카에서는 신체적 처벌을 하였고 미국에서는 질투하는 아동을 위로하고 안심시키려고 노력하였다. 처음부터 어린 아동은 동생에게 질투심을 보이지만 사랑도 표현한다. 다른 사람들처럼 그들은 무릎아동

'한 자녀 정책' 때문에 요즘의 중국에는 형제가 없는 아동이 많다.

을 애지중지하는 것을 좋아한다. 좀 더 최근에 이루어진 미국 연구에서도 동생에 대한 이런 상반된 감정이 나타났다. 공격적 및 적대적 행동이 흔하지만, 돕고 나누고 가르치는 행동도 많이 나타난다(Kramer & Kowal, 2005; Martin & Ross, 2005; Natsuaki et al., 2009).

초기 아동기에는 어린 동생에게, 중기 아동기에는 나이 많은 형제에게 상반된 감정은 계속된다. 중기 아동기 형제는 어린 동생을 돌보고 가르치지만, 지시하고 지배하기도 하고 때로는 신체적 처벌을 주기도 한다(Howe & Recchia, 2009; Pike et al., 2005; Volling, 2003). 어린 동생은 나이 많은 형제를 존경하고 그들의 행동을 따라 하면서 그들이 하는 것을 자신도 해보려고 노력하고, 때로는 그들의 권위에 대해서 분개한다. 그러나 형제 사이의 갈등이 긍정적 효과를 가질 수도 있다. 연구에 의하면 나이가 든 형제가 있는 아동은 형제가 없는 아동보다 마음 이론이 더 발달한다(McAlister & Peterson, 2007; Randell & Peterson, 2009). 그 이유는 형제들이 싸우고 경쟁하고 협동하면서 다른 사람의 생각을 이해하는 방법을 배울 뿐 아니라 다른 사람의 견해는 자신과 다르다는 사실을 받아들이기 때문이다.

형제가 없는 아동은 어떠할까? 세계적으로 출산율이 감소하고 있기 때문에 형제가 없이 자라는 아동이 아주 많다. 미국 아동의 20%는 형제가 없다. 유럽과 아시아의 일부 지역에서는 여성 1명이 1.1~1.4명의 자녀를 둔다. 이는 형제가 있는 아동보다 없는 아동이 더 많다는 의미이다(Population Reference Bureau, 2014). **외동아**(only child)가 되는 것은 어떤 의미일까?

형제가 있다는 것은 엇갈리는 축복이고, 형제가 없다는 것도 마찬가지이다. 일반적으로 '외동아'는 적어도 형제가 있는 아동만큼 한다(Brody, 2004). 자기존중감, 사회성숙도와 지능은 형제가 있는 아동보다 약간 더 높다. 아마도 성인과 상호작용이 더 많기 때문인 것 같다(Dunn, 2004). 그렇지만 미국 연구에서 또래와 사회적 관계는 덜 성공적이었는데, 아마도 형제가 있는 아동은 형제를 통해서 사회적 관계에 대해 연습을 하기 때문인 것 같다(Kitzmann et al., 2002).

최근에는 외동아가 중국에 특히 많다. 인구과잉에 대한 우려 때문에 1978년에 중국 정부가 '외동아' 정책을 시작하였고 정부의 허락이 없이 2명 이상의 자녀를 갖는 것은 불법이 되었다. 이 정책으로 인해서 응석받이이고 이기적인 '작은 황제와 여왕' 세대가 생기지 않을까 걱정했지만 이런 우려는 괜한 것 같다. 미국의 외동아같이 중국의 외동아도 형제가 있는 아동에 비해서 높은 수준의 인지발달, 정서적 안정성과 높은 수준의 호감도 같이 여러 가지 면에서 이점을 보였다(Jiao et al., 1996; Wang & Fong, 2009; Yang et al., 1995). 미국의 외동아와 달리 중국의 외동아는 사회적 기술이나 또래수용에 부족함이 없었다(Hart et al., 2003). 한 아이 정책의 예상하지 않았던 이점은 여아가 교육받을 기회가 증가했다는 것이다. 전통적으로 중국에서는 남아를 선호하기 때문에 여아는 가족자원을 두고 남아와 경쟁해야 했다(Fong, 2002). 최근에 중국은 출산율이 계속 저조해서 일할 수 없는 노인의 비율이 지나치게 증가할 수 있기 때문에 한 아이 정책을 완화하였다.

외동아 형제가 없는 아동

또래와 친구

학습목표 6.20 우정의 질이 걸음마기에서 초기 아동기 사이에 어떻게 변하는지를 설명하고, 어린 아동의 우정에서 놀이와 공격성의 역할을 기술한다.

제5장에서 보았듯이 걸음마기 유아들도 우정을 형성할 수 있다(Rubin et al., 2005). 유아도 다른 아이와 같이 있는 것을 좋아하고, 같이 좋아하는 활동을 하고 싶어 하며, 서로 우정과 정서적 지원을 제공한다. 초기 아동기의 우정도 이런 특징을 보이지만 걸음마기 유아보다 우정관계가 무엇인지를 더 잘 이해하고 기술할 수 있다. 그들은 친구를, 자신이 좋아하고 자신을 좋아해주는 사람, 같이 놀고 장난감을 공유하는 사람으로 생각한다(Hartup & Abecassis, 2004). 5~6세가 되면 우정은 상호신뢰와 지지를 의미하고 친구는 자신이 의지할 수 있는 사람이라는 사실을 이해한다(Bagwell & Schmidt, 2013).

더 이야기를 진행하기 전에 친구와 또래를 구분하는 것이 좋겠다. 친구는 소중하고 상호적인 관계를 만들어가는 사람이다. **또래**(peer)는 연령처럼 지위의 어떤 측면을 공유하는 사람이다. 따라서 인간발달 연구에서 또래는 같은 학급에 있는 다른 아이 같이 일상적 환경의 일부가 되는 같은 연령의 아동을 말한다. 이들 가운데 일부는 친구가 되지만 일부는 친구가 되지 않는다. 아동의 친구는 보통 또래이지만, 모든 또래가 친구가 되지는 않는다.

여러 문화에서 또래관계와 친구관계는 초기 아동기에 성별에 따라 분리되는 경향이 있다. 남아는 다른 남아를 또래나 친구로 삼고, 여아의 사회적 세계는 다른 여아로 채워진다. 그러나 문화에 따라서 또래 집단의 연령분포는 상당히 차이가 난다. 전통 문화와 서양 문화에서 초기 아동기의 또래관계가 가장 다른 점은 서양에서는 연령이 섞인 또래 집단이 별로 없다는 것이다. 3~4세가 되면 대부분의 아동은 어떤 형태이든 교육기관이나 보육기관에서 시간을 보내게 되고 학급은 연령에 따라 구성된다. 대조적으로 전통 문화의 아동은 혼합 연령 집단에서 많이 노는데, 여기에는 걸음마기 유아, 초기 아동기 아동과 중기 아동기 아동이 참여한다(Levine & New, 2008).

또래 나이처럼 공동의 특성을 공유하는 사람들

초기 아동기의 또래와 친구에 대해서 가장 많이 연구되어온 두 가지 주제는 놀이와 공격성이다.

초기 아동기의 놀이 제5장에서 보았듯이 걸음마기와 초기 아동기에는 고립놀이, 병행놀이, 단순한 사회적 놀이와 협동적 가장놀이 같은 여러 가지 유형의 놀이가 나타난다. 걸음마기에서 초기 아동기로 가면서 고립놀이와 병행놀이가 약간 감소하고 단순한 사회적 놀이와 협동적 가장놀이가 증가한다(Hughes & Dunn, 2007). 초기 아동기에는 아동의 상상력이 발달하고, 상징을 더 창의적으로 사용하게 되면서 협동적 가장놀이가 더 복잡해진다(Dyer & Moneta, 2006). 걸음마기 유아처럼 대부분의 아동은 다양한 놀이를 하는데 잠깐 동안 협동적 가장놀이를 하다가 고립놀이나 병행놀이로 옮겨가기도 한다(Robinson et al., 2003).

초기 아동기와 그 이후에 아동의 놀이는 성별에 따라 더 분리된다(Gaskins, 2015). 화이팅과 에드워즈(Whiting & Edwards, 1988)의 12개 문화에 대한 연구에서 2~3세 아동은 놀이시간의 30~40% 동안 동성의 아동과 놀이를 하였고, 11세에는 이 비율이 90% 이상으로 증가하였다.

대부분의 문화에서 동성놀이의 비율은 초기 아동기에 증가한다. 2명의 인도 여아가 손뼉치기게임을 같이하고 있다.

미국 연구에서도 비슷한 결과가 발견되었다(Fabes et al., 2003). 한 관찰 연구에서 동성과 노는 시간은 4세에는 45%, 6세에는 73%였다(Martin & Fabes, 2001). 더구나 여러 연구에 의하면 남아는 일반적으로 활동성이 높고 공격적이며 경쟁적이고 거친 신체놀이를 집단으로 하는 데 반해서 여아의 놀이는 더 조용하고 더 협동적이며 상상과 역할놀이가 더 많이 포함된다(Ruble et al., 2006).

아동들은 영아기부터 사회성의 수준이 차이가 난다. 초기 아동기가 되면 집단놀이 상황에서 요구되는 사회적 기술을 성공적으로 사용하는 정도에 분명한 차이가 나타난다. 학령전기의 사회적 삶에서는 대담한 아이가 보상을 받고, 기질적으로 억제된 아동은 다른 아동과 놀이에 참여하는 대신에 다른 아동들이 노는 것을 지켜보면서 대부분의 시간을 보낸다(Coplan et al., 2004; Rubin et al., 2002). 그러나 어떤 아동은 단지 유치원의 사회적 환경에 익숙해지는 데 시간이 걸린다. 유치원에서 시간을 오래 보낼수록 사회적 놀이에 더 성공적으로 참여하게 된다(Dyer & Moneta, 2006). 때로는 어떤 아동은 놀이에 참여하기 전에 준비하기 위해서 다른 아동의 놀이를 관찰하기도 한다(Lindsey & Colwell, 2003). 어떤 아동은 혼자 노는 것을 좋아한다. 다른 아동에 비해 혼자서 더 많이 놀지만 사회적으로 위축되거나 거부되어서가 아니고 아주 적극적이고 창의적인 상상력의 표현일 수 있다(Coplan et al., 2004). 초기 아동기에 아동들이 수줍음을 어떻게 보는지가 문화에 따라 달라지는데, **연구 초점 : 중국과 캐나다에서의 수줍음 : 문화적 해석**에서 그 내용을 볼 수 있다.

여러 문화에서 초기 아동기, 특히 이 발달 단계의 첫해에는 놀이가 많이 나타난다(Gaskins, 2015). 네 문화 집단을 비교한 연구에서 3세 아동은 다른 어떤 활동보다 놀이에 더 많은 시간을 보냈다(Tudge et

연구 초점 : 중국과 캐나다에서의 수줍음 : 문화적 해석

서양의 어린 아동에 대한 연구에서 수줍음은 불안, 불안정성과 사회적 무능 같은 부정적 결과와 관계가 있었다. 수줍은 아동은 또래관계에 문제가 있고, 부정적 자기지각과 우울증을 보일 가능성이 있다. 서양 연구자들은 어린 아동의 수줍음은 치료할 수 있는 문제로 본다.

그러나 다른 문화에서는 어떨까? 중국에서 성장하여 현재 캐나다에 살고 있는 발달심리학자 신인 첸(Xinyin Chen)은 중국에서는 수줍음의 의미가 다를 수 있다고 보고 중국과 캐나다 아동을 대상으로 수줍음의 결과를 비교하였다(Chen et al., 2006).

첸과 동료들의 연구에서 중국과 캐나다의 4세 아동 4명씩 집단으로 실험실에 초대하여 15분짜리 자유놀이를 두 번 하는 동안 상호작용을 관찰하였다.

수줍은 아동은 대부분의 시간을 방관자 행동(다른 아동의 활동을 관찰)이나 아무것도 하지 않는 행동(혼자서 방을 돌아다니거나 아무것도 하지 않고 혼자 앉아 있음)을 하는 아동으로 정의하였다. 이 과정에서 200명의 중국 아동 가운데에서 50명, 180명의 캐나다 아동 가운데에서 45명이 수줍은 아동으로 확인되었다. 수줍은 아동의 비율은 비슷하였지만 또래들의 수줍은 아동에 대한 반응은 아주 달랐다. 수줍은 캐나다 아동이 또래와 상호작용을 시도하였을 때 또래들은 부정적으로 반응하였고(예 : "아니야" 또는 "나는 하지 않을 거야"라고 말함), 격려와 지지 같은 긍정적 반응을 보이지 않았다.

대조적으로 중국 아동들은 수줍은 아동이 접촉을 시도하였을 때 훨씬 더 긍정적으로 반응하면서 그들을 놀이에 초대하거나 게임에 참여하게 하였다. 전체적으로 캐나다 아동들은 수줍은 아동에게 적대적이거나 반응을 보이지 않았는 데 반해서 중국 아동들은 더 지지적이고 협조적이었다.

그러나 첸과 동료들은 중국에서 20년 동안 연구를 진행하면서 수줍음의 사회적 의미가 시간에 따라 어떻게 변했는지에 대해 놀라운 결과를 보여주었다. 최근 십여 년은 중국에서 급격한 사회적 변화가 일어난 시기이다. 중국은 정부가 통제하는 공산주의 경제에서 자유시장 경제로 빠르게 전환하고 있다. 이러한 변화는 가치의 변화를 불러와서 의무, 존경, 책임감의 전통적 가치가 덜 중요해지면서 자기주장과 독립성의 개인주의적 가치가 더 중요해졌다.

이러한 가치의 변화는 수줍은 중국 아동에 대한 또래의 반응에서도 나타났다. 1990년에 첸의 연구에 참여했던 표본에서는 수줍음이 또래수용, 리더십과 학업성취 같은 적응의 긍정적 측면과 관계를 보였으나, 2002년 연구에서는 상관이 뒤바뀌었다.

이제는 수줍음이 또래거부와 우울증 같은 부정적 적응과 관계가 있었다. 단 12년 동안에 수줍음의 문화적 의미가 뒤바뀌었다. 첸이 관찰했듯이 "경제적 개혁으로 자본주의 체제로 대규모의 변화가 일어나고 서양 이념이 소개되면서 수줍음의 적응적 가치가 사라졌다."

복습문제

1990년대와 10년 이후의 중국 아동에 대한 연구가 보여주는 변화는?

a. 경제적 변화로 인해서 수줍은 아동의 수가 증가하였다.
b. 시장 경제로 전환하는 동안에 공격적인 아동의 수가 증가하였다.
c. 수줍음이 문화적으로 덜 중요하게 되었다.
d. 여아의 공격성이 상당히 늘어났다.

al., 2016). 그러나 인류학자들은 과테말라의 마야 문화에서는 초기 아동기에도 놀이를 별로 하지 않는다는 사실을 발견하였다(Gaskins, 2000). 일반적으로 부모의 일이 많을수록 아동에게 더 일찍부터 일을 시키기 때문에 아동이 놀 시간이 별로 없다(Rogoff, 2003). 그럼에도 불구하고 일반적으로 전통 문화의 아동도 놀이를 한다. 그들의 놀이는 혼합 연령 집단의 나이 많은 아동들이 구조화하고 지시한다. 서양을 제외하고는 아동이 성인과 놀이를 하는 경우는 드물다(LeVine et al., 2008).

때로는 아동은 놀이에서 시장에 가는 것 같은 성인의 활동을 모방한다(Rogoff et al., 2003; Roopnarine et al., 1994). 때로는 놀이가 순수하게 재미를 위해서 이루어진다. 예를 들어, 인도에서 어린 여아들은 노래에 맞추어서 손뼉을 치고 논다. 그들은 노래를 하면서 복잡한 방식으로 서로의 손을 치는데, 노래가 진행되면서 놀이가 점점 더 빨라진다. 이 노래는 11개 절로 이루어져 있고 여아의 일생을 그리는데 마지막에는 영혼이 되는 것으로 끝난다. 초기 아동기에 여아는 처음에는 나이 많은 여아들이 노는 것을 관찰하고 들어서 배우고, 나중에는 천천히 손뼉을 치면서 놀이에 참여한다.

신체적 공격성은 초기 아동기에 최고에 달한다.

공격성 초기 아동기는 공격성의 발달에 중요한 시기이다. 어린 아동이 또래의 세계로 들어가면서 장난감, 놀이친구, 성인의 관심, 쿠키 같은 자원을 놓고 경쟁을 하게 되고 이런 경쟁으로 인해서 때로는 갈등과 공격성이 생겨난다(Rubin & Pepler, 2013).

학자들은 여러 가지 유형의 공격성을 구분한다(Underwood, 2003). **도구적 공격성**(instrumental aggression)은 아동이 무엇을 원할 때(장난감, 음식, 관심) 그것을 얻기 위해서 공격성을 사용하는 것이다. 아동은 분노를 나타내면서 다른 사람에게 고통이나 위해를 가하려고 할 수도 있는데, 이를 **적대적 공격성**(hostile aggression)이라고 한다. 도구적 공격성이나 적대적 공격성은 여러 가지 방법으로 표현된다. 신체적 공격성은 때리거나 차거나 밀거나 물건으로 때리는 것이고, 언어적 공격성은 다른 사람에게 상처를 주기 위해서 말을 사용하는 것인데 소리를 지르거나 욕을 하거나 적대적으로 놀리는 것이다. **관계적 공격성**(relational aggression 또는 사회적 공격성)은 사회적으로 배제하거나 나쁜 소문을 퍼뜨려서 또래들 사이에서 평판에 흠집을 내는 것이다.

어린 아동들 사이의 신체적 공격성이 많이 연구되어왔다. 신체적 공격성이 걸음마기와 초기 아동기에 절정에 달한다는 연구가 많다(Alink et al., 2006). 유명한 공격성 연구자인 리처드 트렘블레이(Tremblay, 2004)는 여러 나라에서 이루어진 영아기에서 성인기에 이르는 종단 연구의 결과를 정리하였다. 신체적 공격성은 24~42개월 사이에, 즉 걸음마기의 두 번째 해와 초기 아동기의 첫 번째 해에 최고에 이르렀다가 감소한다. 초기 아동기와 그 이후 일생 동안 남자가 여자보다 신체적으로 더 공격적이다.

그러나 이런 평균적 패턴을 중심으로 해서 개인차가 크다. 초기 아동기에 모든 남아들이 공격적인 것은 아니고, 3세 이후에 모든 남아와 여아에서 공격성이 감소하는 것도 아니다. 미국에서 이루어진 한 전국 규모 연구에서 2세부터 9세까지 종단적으로 신체적 공격성을 연구하였다(NICHD Early Childhood Research Network, 2004). 연구자들은 공격성과 관련하여 서로 다른 다섯 궤도의 집단을 발견하였다. 가장 큰 집단에서는 신체적 공격성이 2~9세 사이에 감소하였다. 그러나 공격성을 별로 보이지 않는 '낮은 궤도' 집단이 2개였고, 계속적으로 중간 정도의 공격성을 보이는 '중간 궤도' 집단이 하나, 상당히 높은

도구적 공격성 아동이 원하는 것을 얻기 위해 공격적 행동이나 언어를 사용하는 공격성 유형

적대적 공격성 타인에게 고통을 주거나 해를 입히려는 의도와 분노를 나타내는 공격성 유형

관계적 공격성 사회적 배제와 악의가 담긴 소문을 통해 또래 사이에서 다른 사람의 명예를 훼손하는 공격성 유형

공격성을 보이는 '높은 궤도' 집단이 하나였다.

일반적으로 신체적 공격성의 개인차는 시간에 따라 안정적으로 유지되었다. 즉 초기 아동기에 공격성을 거의 보이지 않았던 아동은 중기 아동기와 청소년기에도 공격성을 보이지 않았고, 초기 아동기에 공격성을 많이 보였던 아동은 나중에도 다른 아동에 비해 공격성을 더 많이 보였다(Brame et al., 2001; Lansford et al., 2006; Schaeffer et al., 2003; Vaillancourt et al., 2003). 그러나 종단 연구에 의하면 아주 참을성 있고 민감하며 열심인 부모가 초기 아동기에 높았던 공격성을 중기 아동기에 중간 정도의 공격성으로 감소시킬 수 있었다(NICHD, Early Childhood Research Network, 2004; Rubin & Pepler, 2013). 초기 아동기 말기에도 공격성이 여전히 높으면 이는 나중에 청소년기와 성인기의 공격성을 잘 예측해주기 때문에 초기 아동기는 신체적 공격성의 사회화에 중요한 시기이다(Loeber et al., 2005; Tremblay & Nagin, 2005).

여러 문화에서 공격성은 초기와 중기 아동기에 특히 남아의 놀이의 일부인 경우가 많다(Edwards, 2005; Gaskins, 2015). 레슬링 같은 신체적으로 거친 놀이는 남아들이 학교와 운동장에서 같이 모일 때 많이 나타난다(Scott & Panksepp, 2003). 이런 공격적 놀이는 다른 동물에서도 나타나고 지배위계를 형성하기 위한 수단이다(Hassett et al., 2008). 공격적 놀이는 누가 지배자이고 누가 지배당하는 자인지를 결정해주고, 더 심각한 공격성이 발생하는 것을 막아준다.

신체적 공격성과 대조적으로 언어적 공격성은 적어도 이 연구가 이루어진 서양 국가에서는 초기 아동기에 나타난다(Dodge et al., 2006; Underwood, 2003). 아동이 말을 잘하게 되면서 언어적 능력을 공격성을 포함한 여러 가지 목표에 적용하기 시작한다. 또한 아동은 성인이 또래에 대한 공격적 행동을 좋지 않게 본다는 사실을 알게 되고, 신체적으로 공격하려는 자신의 충동을 잘 억제하게 되면서 초기 아동기에 신체적 공격성이 언어적 공격성으로 대체된다(Tremblay, 2000, 2004; Tremblay & Nagin, 2005).

관계적 공격성도 초기 아동기에 더 흔해진다(Crick et al., 2006). 언어적 공격성의 증가와 마찬가지로 관계적 공격성의 증가는 아동의 인지적 및 사회적 이해가 성장하기 때문에 가능해진다. 아동은 사회적 관계의 복잡성을 이해할 수 있게 되고, 다른 사람에게 상처를 주고 사회적 지위를 얻기 위해서 사회적 무기를 사용할 수 있다는 사실을 깨닫게 된다. 그들은 어깨를 한 번 맞는 것보다 생일파티에 초대받지 못하거나 나쁜 소문의 주인공이 되는 것이 더 고통스럽고 더 오래 간다는 사실을 배운다(Murray-Close et al., 2007; Nelson et al., 2005). 언어적 및 관계적 공격성은 초기 아동기에는 남아보다 여아에게 더 많이 나타나지만, 그 차이가 크지 않고 성별에 따른 신체적 공격성의 차이보다 더 작다(Underwood, 2003).

초기 아동기의 미디어 사용

초기 아동기의 미디어 사용의 정도와 결과를 밝힌다.

초기 아동기는 아동의 미디어 세계가 크게 확장되는 시기인데, 특히 개발도상국에서 그렇다. 걸음마기에서 초기 아동기로 가면서 여러 유형의 미디어 사용이 증가한다(Lemish, 2007). 당신이 처음 TV를 보았을 때 몇 살이었는지 기억하는가? 아니면 게임을 시작한 나이를 기억하는가? 2011년 미국 가정의 전국적 표본을 대상으로 자녀가 다양한 종류의 미디어를 처음 사용했던 연령을 물어보았다(Rideout, 2013). 결과는 다음과 같았다.

- 89%가 9개월에 TV를 시청하였다.
- 85%가 11개월에 DVD나 비디오테이프를 시청하였다.
- 59%가 3.5세에 컴퓨터를 사용하였다.

- 51%가 3세 11개월에 컴퓨터 게임기를 사용하여 게임을 하였다.
- 44%가 3세 11개월에 휴대용 단말기를 사용하여 게임을 하였다.

매일 미디어를 사용한 시간은 2~8세 미국 아동의 경우 약 2시간이었다. 초기 아동기에 많이 사용하는 미디어는 TV, 전자게임과 녹음된 음악이었다.

TV 사용의 부정적 영향 : 폭력성과 광고 TV는 아동을 포함하여 세계 모든 사람들이 좋아한다. 초기 아동기에 매일 TV를 시청하는 시간은 미국, 스웨덴과 독일에서는 약 1시간이고, 헝가리와 터키에서는 약 3시간이었다(Hasebrink, 2007a; Rideout, 2013). 미국에서는 2~8세 아동의 40% 이상이 자기 방에 TV가 있었다(Rideout, 2013). 어린 아동에게 가장 인기가 있는 프로그램은 만화와 세서미 스트리트같이 아동을 위해서 특별하게 만들어진 교육 프로램이었다(Lemish, 2007; Rideout, 2013).

TV의 오락적 가치 때문에 어디에서나 사용되지만 많은 사람들이 TV의 영향, 특히 아동과 폭력성에 대해 우려하고 있다. 내용 분석에 의하면 아동용 프로그램은 성인용 프로그램보다 더 폭력적이다. 한 연구에 의하면 아동용 프로그램의 3분의 2에 폭력성이 포함되어 있었고, 약 2분의 1은 만화에 포함되어 있었다(Aikat, 2007). 프로그램의 3분의 2에서는 폭력성을 재미있는 것으로 그렸고, 대부분의 경우에 피해자의 고통을 보여주지 않았고 가해자는 벌을 받지 않았다.

이렇게 TV 폭력성을 많이 관찰하게 되면 어린 아동의 발달에 어떤 영향을 미칠까? 다양한 연구 방법을 사용하여 이루어진 300개 이상의 연구를 포함하여 지난 50년 동안 이루어진 연구에 기초하여 전문가들은 TV 폭력성의 시청이 아동의 공격성을 증가시킨다는 데 동의하고 있다(Bushman & Chandler, 2007). 아동이 공격적일수록 TV 폭력성을 시청할 가능성이 더 컸지만, TV 폭력성은 공격적이지 않은 아동의 공격적인 생각과 행동을 더 증가시켰다(Bushman & Huesmann, 2001). 실험 연구는 단순히 상관이 아니라 인과적 관계가 있음을 보여주었다(Steur et al., 1971). 11일 동안 한 집단에게 공격적 만화를 보여주었고 다른 집단에게는 공격성이 없는 동일한 만화를 보여주었다. 11일 동안 실험을 한 후에 운동장에서 관찰했을 때 공격적 만화를 보았던 아동들이 또래를 더 많이 차고 더 많이 때렸다.

3~6세 어린 아동은 TV 폭력성의 영향에 특히 더 취약하다(Bushman & Chandler, 2003). 그들은 더 어리거나 더 나이 많은 아동보다 TV 등장인물을 포함하여 다른 사람의 행동을 따라 할 가능성이 더 컸다. 그들은 또한 나이 많은 아동보다 가상과 현실의 차이를 이해하지 못하기 때문에 TV에서 본 것이 현실이라고 믿을 가능성이 크다.

초기 아동기에 나타나는 TV 시청의 또 다른 영향은 광고이다. 미국에서는 아동이 매년 4만 개의 TV 광고를 시청하는데, 대부분이 장난감, 시리얼, 사탕과 패스트푸드에 관한 것이다(Scheibe, 2007). 어린 아동은 나이 많은 아동보다 광고의 의도를 잘 파악하기 못하기 때문에 광고에 특히 취약하다. 대부분은 5세가 될 때까지 프로그램과 광고의 차이를 모른다(Jennings, 2007). 어린 아동이 TV를 많이 시청할수록 부모에게 TV에 나오는 상품을 사달라고 조를 가능성이 더 컸다(Valkenburg & Buijzen, 2007). 아동이 시청하는 대부분의 광고상품은 건강에 좋지 못한 음식이기 때문에 TV 광고가 세계적으로 아동비만이 증가하는 중요한 원인이라는 우려가 증가하고 있다(Bergstrom, 2007a).

교육적 TV의 유익한 영향 TV는 어린 아동에게 유익한 영향을 미치기도 한다. 최근에 어린 아동들에게 아주 인기가 있는 교육 프로그램이 개발되었다. 아마도 가장 유명한 프로그램은 세서미 스트리트인데, 전 세계적으로 120개국에서 방영되었다(Truglio, 2007). 프로그램의 내용은 발달심리학적 지식을 근거로 하여 학교에서 필요한 학문적 기술을 가르치는 데 가장 재미있고 효과적인 것으로 선택하였다(Bergstrom, 2007b). 프로그램의 내용은 프로그램이 방영되는 문화에 맞추어서 개정하였다. 예를 들어 남아프리카에서는 AID의 문제를 다루고, 중동에서는 서로 다른 문화에 대한 존중과 이해를 강조한다 (Truglio, 2007).

음악을 듣는 것은 선진국에서는 아동의 일상이다.

세서미 스트리트와 다른 프로그램에 대한 연구는 어린 아동의 발달에 놀라운 긍정적 효과를 보여주었다. 한 연구에서 2~3세에 세서미 스트리트를 시청한 아동이 부모교육과 수입을 통제한 후에도 5세에 언어발달검사에서 높은 점수를 받았다(Scantlin, 2007). 또 다른 연구에서 5세에 세서미 스트리트를 시청한 아동은 15세와 19세에 영어, 수학, 과학에서 다른 통제 집단보다 더 높은 점수를 보였다(Anderson et al., 2001). 세서미 스트리트와 다른 교육 프로그램에 대한 연구들은 이런 프로그램이 상상놀이(Scantlin, 2007)와 협동 같은 친사회적 행동(Bergstorm, 2007b)을 촉진하는 또 다른 긍정적 효과를 보인다는 사실을 밝혔다.

전자게임과 음악 대부분의 미디어 연구는 어린 아동의 TV 시청에 집중되고 있지만 전자게임과 녹음된 음악 같은 다른 미디어도 아동의 생활에서 아주 중요하다.

TV는 이제는 아주 보편적이지만 전자게임은 컴퓨터에 접근할 수 있어야 가능한데, 컴퓨터에 대한 접근성은 국가에 따라 차이가 있다. 한 세계적 연구에 의하면 선진국에서는 60% 이상의 가정에 컴퓨터가 있지만 동유럽(25%), 라틴아메리카(약 10%), 아프리카(약 5%) 같은 지역에서는 그 비율이 훨씬 더 낮다(Hasebrink, 2007b). 미국 연구에 의하면 5~8세 아동의 91%가 컴퓨터를 사용하고 하루에 약 9분 정도 전자게임을 하였다(Rideout, 2013). 남아는 여아보다 전자게임을 더 많이 하였고, 남아는 싸우기와 스포츠게임을 더 좋아하는 데 반해서 여아는 모험과 학습게임을 더 좋아해서 성별에 따라 차이가 있었다(Kubisch, 2007). 이런 성별의 차이는 아동기와 청소년기까지 계속되었는데 이 문제는 다음 장에서 다루겠다. 전자게임은 휴대용 단말기와 휴대전화로도 할 수 있지만 이런 미디어에 대한 접근은 중기 아동기와 그 이후에 가능해진다.

음악 듣기도 선진국에 사는 대부분의 아동이 매일 경험하는 미디어 식단에 속한다. 어린 아동의 부모의 절반 이상이 매일 아이를 위해서 노래를 불러주거나 음악을 틀어준다고 보고하였다(Kinnally, 2007). 평균적으로 2~8세 아동은 매일 16분 정도 음악을 듣는다. 3~5세 아동은 대개 아동용 노래를 듣지만, 6세가 되면 대중음악에 더 관심을 기울이고 최신 히트곡을 알고 좋아하기 시작한다.

음악은 영아에게도 긍정적 반응을 일으키지만 초기 아동기는 음악에 대한 반응의 발달에 특히 중요한 시기이다(Kinnally, 2007). 아동이 처음으로 음악소리와 특정 정서를 연결하게 되는 것, 예를 들어 장조의 음악을 행복하게 여기고 단조의 음악을 슬프게 여기는 것이 초기 아동기이다. 5세가 되면 조화롭지 못한 음악보다 조화로운 음악을 더 좋아하고 불규칙한 박자의 음악보다 안정된 박자의 음악을 더 좋아한다. 음악이 어린 아동에게 미치는 영향에 대한 연구는 거의 없다. 앞으로 보게 되겠지만 폭력적 음악이 청소년 발달에 미치는 영향에 대한 우려 때문에 음악의 효과에 대한 연구는 주로 청소년에게 집중되고 있다.

chapter 7

중기 아동기

여러 문화에서 초기 아동기에서 중기 아동기로의 전환은 아동발달에서 중요한 변화로 간주하며, 아동들은 중기 아동기에 더 어려운 인지적 과제를 수행하고 개인적 책임감을 키우게 된다(Sameroff & Haith, 1996). 개발도상국에서는 아동들이 중기 아동기에 처음으로 어린 동생을 돌보고, 물건을 사고팔며, 불을 지키거나 가축을 돌보는 일을 하게 된다(Gaskin, 2015; Weisner, 1996). 로이 드언드레이드(D'Andrade, 1987)에 따르면 중기 아동기에 아동들이 처음으로 **문화 모델**(cultural model)을 파악하게 되는데, 문화 모델이란 시장에서 물건을 사고, 소 떼를 치고, 어린아이를 돌보고, 빵을 만들고, 친척 집에 메시지를 전달하는 것처럼 많이 하는 활동에 대한 인지적 구조를 말한다. 선진국과 개발도상국에서 중기 아동기에 공식적 학교교육이 시작되는데, 학교교육에는 '선생님 말을 듣고', '자기 차례를 기다리고', '숙제를 하는' 문화 모델이 포함된다. 아동들은 걸음마기부터 문화 모델을 파악하기 시작하지만 중기 아동기가 되어야 문화 모델에 대한 이해가 더 발달하면서 더 폭넓은 과제를 수행할 수 있게 된다(Gaskins, 2015; Weisner, 1996).

다른 발달 단계와 마찬가지로 주어진 발달 단계에서 하게 되는 경험은 문화적 맥락에 따라 많이 달라진다. 모든 문화에서 아동은 중기 아동기에 쓸모 있는 일을 하게 되지만 그들이 하는 일은 상당히 다양하다. 과거에는 많은 아동이 주로 농장에서 일을 하면서 논밭을 경작하고 소 떼를 돌보고 닭에게 먹이를 주었다. 오늘날에는 선진국 아동들이 하는 일이란 주로 학교에서 공부하거나 집안일을 돕는 것이다. 그렇지만 개발도상국에서는 집안일에서부터 공장일, 가축을 돌보는 일까지 범위가 아주 넓다. 이 장에서는 중기 아동기에 아동이 경험하는 일이 문화에 따라 얼마나 다양한지를 살펴보겠다.

1절 신체발달

학습목표

7.1 중기 아동기에 일어나는 신체발달과 감각발달의 변화를 밝힌다.

7.2 중기 아동기에 운동 능력이 어떻게 발달하며 이러한 발달이 새로운 기술, 게임과 스포츠 참여와 어떻게 관련되는지를 설명한다.

7.3 영양실조와 비만이 발달에 미치는 부정적 영향을 기술하고 비만의 원인을 밝힌다.

7.4 중기 아동기에 왜 질병과 부상이 줄어들고 천식이 증가하는지를 설명한다.

신체발달 : 중기 아동기의 성장

중기 아동기에는 이전처럼 성장이 빠르게 일어나지 않지만 키와 몸무게가 계속해서 증가한다. 어떤 아동은 이 기간에 근시가 되고 안경을 끼게 된다.

신체적 성장과 감각발달

중기 아동기에 일어나는 신체발달과 감각발달의 변화를 밝힌다.

중기 아동기에 신체적 성장은 느리지만 안정되어서 매년 키가 5~8센티미터 크고 몸무게가 2.5~3킬로그램 증가한다. 남아가 여아보다 약간 더 크고 약간 더 무겁다. 남아와 여아가 모두 중기 아동기에는 날씬

문화 모델 공동의 문화 활동과 관련된 인지 구조

중기 아동기는 일생에서 가장 날쌘한 시기이다.

해진다. 전 생애에서 6~10세에 신장에 대한 몸무게의 비율을 나타내는 **체질량지수**(body mass index, BMI)가 가장 낮다(Gillaume & Lissau, 2002). 중기 아동기에 남아는 여아보다 근육이 더 많고, 여아는 남아보다 체지방이 더 많기 때문에 남아가 여아보다 힘이 더 세다. 그러나 남아와 여아 모두 이 시기에 더 강해진다. 예를 들어, 10세 아동은 6세 아동보다 공을 2배나 더 멀리 던진다. 중기 아동기에는 폐활량이 증가해서 아동들은 더 빠르게 더 오랫동안 달릴 수 있다(Malina et al., 2004).

6~12세 사이에 20개의 유치가 빠지고 영구치가 난다. 앞에 있는 2개의 윗니가 제일 먼저 빠진다. 영구치는 더 이상 자라지 않기 때문에 처음부터 어른의 이만큼 크다. 따라서 중기 아동기에는 아동이 웃으면 입에 비해서 이가 너무 커 보인다.

시력과 청력이 변화해서 청력은 더 좋아지지만 시력은 약간 나빠진다. 걸음마기와 초기 아동기에 감염이 많이 되었던 내이의 관이 성숙해서 이전보다 더 길어지고 더 가늘어진다(Bluestone, 2007). 이렇게 구조가 변해서 박테리아를 포함한 체액이 입에서 귀로 흘러 들어가지 못하기 때문에 내이가 감염될 가능성이 줄어든다.

시력에 대해 살펴보면 중기 아동기에 **근시**(myopia)가 크게 증가한다. 근시는 개발도상국보다 선진국에서 더 증가한다. 아동이 많이 읽고 쓰고 컴퓨터를 사용하게 되면 근시가 더 많이 생긴다(Feldkamper & Schaeffel, 2003; Saw et al., 2002). 따라서 아동이 책과 컴퓨터를 많이 사용하는 선진국에서 근시가 가장 많다. 근시는 유전의 영향도 받아서 이란성 쌍생아보다 일란성 쌍생아에서 근시 일치율이 더 높다(Pacella et al., 1999; 제1장 참조). 중기 아동기 말기에는 선진국 아동의 약 4분의 1 정도가 안경을 쓴다(Mutti et al., 2002).

운동발달

중기 아동기에 운동 능력이 어떻게 발달하며 이러한 발달이 새로운 기술, 게임과 스포츠 참여와 어떻게 관련되는지를 설명한다.

중기 아동기에 대근육과 소근육이 많이 발달하고, 소근육 능력이 거의 완전히 성숙한다. 아동은 더 강해지고 더 민첩해지며 대근육 운동기술이 발달하면서 매일 활동적 놀이와 조직화된 스포츠를 많이 한다. 그들은 또한 쓰기같이 복잡한 소근육 활동을 할 수 있게 된다.

대근육 운동발달과 신체적 활동 초등학교 운동장에서 관찰해보면 아동은 활동을 많이 한다. 한쪽에서는 여아들이 TV 프로그램에서 보았던 춤을 연습하고, 다른 한쪽에서는 남아들이 서로의 스퀘어에 공을 던져 넣으면서 폴 스퀘어 놀이를 한다. 가운데에서는 남아와 여아가 중기 아동기에 아주 인기 있는 놀이인 술래잡기를 한다.

대근육 운동은 초기 아동기에서 중기 아동기로 가면서 여러 측면에서 발달한다. 아동은 균형감이 발달해서 보조바퀴를 떼고도 자전거에 흔들리지 않고 앉아 있을 수 있고, 보드를 타고 강을 건널 수 있다. 더 강해지기 때문에 더 높이 뛰어오르고 공을 더 멀리 던질 수 있다. 협응력이 발달해서 몸의 여러 부분을 동시에 움직여야 하는 수영을 하거나 스케이트를 탈 수 있다. 아주 민첩해져서 축구를 할 때에 방향을 더 빠

체질량지수(BMI) 몸무게와 키의 비율 측정치

근시 멀리 있는 물체를 볼 수 없는 시각 조건

르고 정확하게 바꿀 수 있다. 마지막으로 반응시간이 빨라져서 네트 위로 테니스 공을 치거나 야구공을 잡거나 칠 때 정보의 변화에 빠르게 반응할 수 있게 된다(Kail, 2003). 뇌의 두 반구를 연결하는 뇌량의 수초화가 이루어지면서(제6장 참조) 중기 아동기에 대근육과 소근육 운동과제에서 빠르게 반응할 수 있게 된다.

중기 아동기는 아동들이 집단 스포츠에 가장 많이 참여하는 시기이다.

대근육 운동이 발달하면서 아동은 여러 가지 게임과 스포츠를 할 수 있게 된다. 전 세계에서 중기 아동기에는 형제나 친구들과 술래잡기, 숨바꼭질에서부터 축구, 크리켓, 야구와 농구에 이르기까지 신체적으로 활동적인 여러 가지 게임을 한다. 대부분의 놀이가 공식적이지 않아서 2~3명이 모여서 마음을 먹으면 거리, 공원, 학교 운동장 어디에서나 놀이가 시작된다(Kirchner, 2000). 그러나 중기 아동기는 조직화된 스포츠에 많이 참여하는 시기이기도 하다. 예를 들어, 전 세계 75개국에서 중기 아동기에 어린이 야구리그가 펼쳐진다. 미국 남아의 66%와 여아의 52%가 5~18세 사이에 적어도 한 번은 조직화된 스포츠에 참여한다(Statistic Brain, 2014). 남아가 여아보다 스포츠 팀에 더 많이 참가하지만 최근에는 여아가 축구, 수영, 체조와 농구 같은 스포츠에 참가하는 비율이 증가하고 있다.

그럼에도 불구하고 전문가들은 아동이 대근육 운동활동을 충분하게 하지 않아서 비만율이 증가하고 있다고 걱정하고 있다. 중기 아동기는 대근육 운동 능력이 많이 발달하지만 요즘에는 신체적으로 활동적인 게임과 스포츠는 TV와 전자게임의 유혹과 경쟁해야 한다(Anderson & Butcher, 2006). 어떤 학교에서는 예전만큼 신체적 활동을 하지 않는다. 미국에서 중기 아동기에 매일 '체육시간'에 참여하는 아동의 비율이 1969년에 80%에서 2005년에 8%로 감소하였다(CDC, 2006). 건강 전문가들은 6~17세 아동은 매일 60분 정도 신체활동을 해야 한다고 권장하고 있지만 이 정도로 운동하는 아동은 거의 없다(http://www.cdc.gov/physicalactivity/everyone/guidelines/index.html).

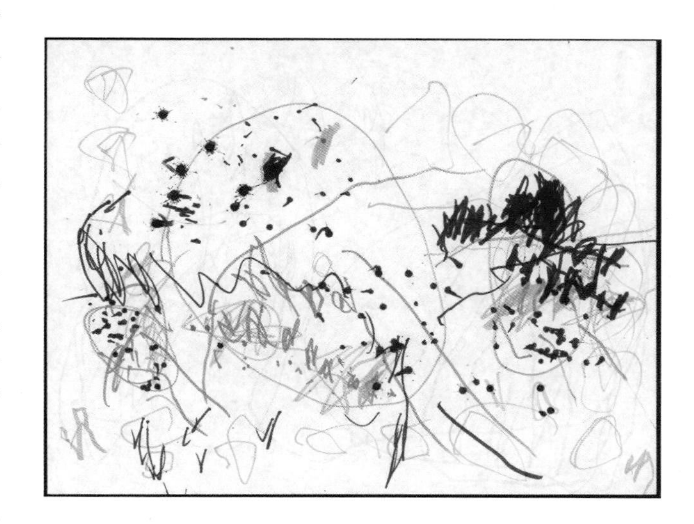

그림 7.1 초기와 중기 아동기의 그리기 능력의 변화

중기 아동기에 소근육이 발달하면서 그림이 점점 더 현실적이 된다. 내 딸 패리스가 3세(제일 위), 5세(왼쪽), 7세(오른쪽)에 그린 그림이다.

소근육 운동발달 초기 아동기에서 중기 아동기로 가면서 소근육 운동도 많이 발달한다. 3~4세 아동은 자신의 신발끈을 잘 매지 못하지만 8~9세가 되면 대부분이 맬 수 있다. 아시아 문화에서는 4세 아동의 절반 정도가 겨우 먹을 정도로 젓가락을 사용할 수 있지만 6세나 그 이상이 되면 젓가락을 쉽게 사용한다(Wong et al., 2002). 많은 개발도상국에서 중기 아동기가 되면 아동들이 융단 짜기같이 섬세한 소근육 운동을 할 수 있게 되므로, 공장에서 쓸모가 있는 일꾼이 된다(ILO, 2013).

소근육 운동발달은 특히 그리기와 쓰기의 두 영역에서 두드러지게 나타난다. 초기 아동기의 그리기 기술은 이차원의 그림을 서툴게 그리는 정도이다. 그러나 중기 아동기에는 사물을 겹치게 그리고, 가까이 있는 물체는 작게 그리고 멀리 있는 물체는 크게 그리는 삼차원의 깊이를 나타내는 방식을 배운다(Braine et al., 1993). 또한 물체를 더 상세하게 그리고, 그림에서 물체의 크기와 관계를 조절하는 것을 학습해서 그림을 조화롭게 그려낸다(**그림 7.1** 참조; Case & Okamoto, 1996).

쓰기에 대해 살펴보면, 초기 아동기에는 대부분의 아동들이 몇 개의 글자와 숫자를 대충 쓰는 것을 학습한다. 중기 아동기에는 기술이 훨씬 더 발달한다(Berninger et al., 2006). 6세가 되면 대부분의 아동이 알파벳 글자, 자기 이름, 1부터 10까지의 숫자를 쓸 수 있다. 다음 몇 년 동안에 소근육 운동 능력이 발달하면서 글자를 더 작고 깨끗하게 쓰게 되어서 글자의 크기와 간격이 더 고르게 된다. 8~9세에는 필기체 쓰기를 학습할 수 있다. 중기 아동기 말기에는 대근육 운동 능력은 계속 더 발달하지만 소근육 운동 능력은 거의 성인의 수준에 이른다.

신체발달 : 건강 문제

중기 아동기는 놀랄 정도로 건강한 시기이다. 이 시기에 아동은 영양실조의 영향을 별로 받지 않고 비만이 될 가능성도 가장 적다. 그러나 최근에는 중기 아동기에도 비만이 많아졌다.

영양실조와 비만

영양실조와 비만이 발달에 미치는 부정적 영향을 기술하고 비만의 원인을 밝힌다.

중기 아동기에는 아동이 충분하게 자라서 이전보다 영양실조에 덜 취약하다. 일정 기간 동안 음식을 먹지 않아도 신체 자원이 충분해서 이전보다 영양실조의 영향을 덜 받고 넘어간다. 그렇지만 영양실조는 중기 아동기에도 지속적으로 부정적 영향을 미칠 수 있다. 비만은 중기 아동기에 특히 선진국에서는 많은 아동에게 문제가 된다.

영양실조 앞선 장에서 보았듯이 초기 발달에서 영양실조는 아동을 아프게 하거나 질병에 걸리게 하거나 심지어 사망에 이르게 할 수 있다. 중기 아동기에는 신체가 더 강해지고 더 튼튼해지고 면역체계도 더 발달한다. 그럼에도 불구하고 영양실조는 중기 아동기에도 영향을 미친다. 어렸을 때 영양실조를 이겨낸 아동들도 신체적 및 인지적 발달의 손상이 중기 아동기까지 누적된다(Liu et al., 2003).

과테말라에서 이루어진 종단 연구에서는 어렸을 때의 영양이 중기 아동기의 인지 및 사회적 기능에 영향을 미쳤다(Barrett & Frank, 1987). 초기 아동기에 '낮은 영양 수준'으로 분류되었던 아동보다 '높은 영양 수준'으로 분류되었던 아동이 중기 아동기에 새로운 환경을 탐구하고 좌절이 되는 상황을 더 잘 이겨내었다. 그들은 또한 에너지가 더 넘쳤고 덜 불안하고 긍정적 정서를 더 보였다. 가나에서 좀 더 최근에 이루어진 연구에서도 비슷한 결과가 보고되었는데, 어려서 경미하거나 보통 수준의 영양실조를 경험했던 아동이 영양실조가 없었던 아동보다 중기 아동기에 표준화 검사나 교사평정에서 인지발달 수준이 더 낮았다(Appoch & Krekling, 2004). 교사는 영양실조였던 아동을 더 불안하고 슬프고 위축되었다고 평정하였다(Appoch, 2004).

다른 국가에서 이루어진 연구에서도 비슷한 결과가 나타났다. 영양상태가 좋은 아동이 영양상태가 나쁜 아동보다 중기 아동기에 여러 가지 인지적 및 사회적 측정에서 더 높은 점수를 보였다(Grigorenko, 2003; Kitsao-Wekulo et al., 2013). 그러나 영양실조의 장기적 영향의 민감기는 임신 2분기에서 3세 사이라는 데 많은 사람들이 동의하고 있다(Galler et al., 2005). 3세 이후에 시작된 영양실조는 영구적인 인지적 또는 행동적 결손을 일으키지는 않는 것 같다.

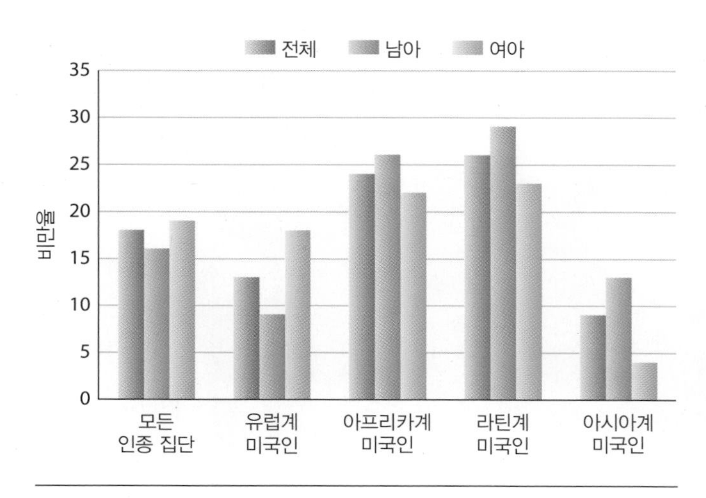

그림 7.2 인종에 따른 미국 아동의 비만율

출처 : Based on Ogden et al. (2014)

비만 선진국 아동의 영양 문제는 개발도상국과 달리 칼로리가 너무 적은 것이 아니라 칼로리가 너무 많은 것이다. **과체중**(overweight)과 **비만**(obesity)의 비율은 가장 부유한 국가(미국과 유럽)에서 가장 높고, 가장 가난한 국가(아프리카와 서남아시아)에서 가장 낮다(Wang & Lobstein, 2006). 미국의 비율이 다른 선진국보다 더 높고, **그림 7.2**에서 보는 것처럼 아프리카계와 라틴계 미국인을 포함한 아주 가난한 소수 인종 집단에서 특히 더 높다(Ogden et al., 2014). 과체중과 비만율이 최근 수십 년 동안에 세계적으로 급격하게 상승하였다. **그림 7.3**은 1970년 이후에 미국에서 아동비만이 증가하였음을 보여준다.

아동기 비만은 여러 가지 변화 때문에 증가하였다(Ogden et al., 2014). 가장 중요한 것은 식사의 변화이다. 지난 수십 년 동안 사람들은 집에서 음식을 하지 않고 밖에서 햄버거, 프렌치프라이, 피자같이 지방이 많은 '패스트푸드'와 설탕이 많은 음료를 사 먹게 되었다. 이러한 변화는 다른 사회적 변화의 영향이다. 과거보다 혼자이거나 부모가 모두 일을 하는 경우가 많아졌기 때문에 집에서 음식을 하지 않게 되었다. 과체중과 비만율이 개발도상국에서도 증가하고 있는데, 이는 식사가 선진국과 비슷해졌기 때문이다(Gu et al., 2005; Popkin, 2010).

과체중 아동에게서 BMI 지수가 18을 넘는 경우

비만 아동에게서 BMI지수가 21을 넘는 경우

또 다른 원인은 TV이다. 선진국의 많은 아동은 하루에 적어도 2시간 동안 TV를 본다(Rideout, 2013). 4세에서 11세까지 미국 아동을 추적한 종단 연구에서 TV 시청이 체중의 증가를 예측하였다(Proctor et al., 2003). 특히 매일 적어도 3시간 TV를 시청하는 아동은 매일 1.5시간 TV를 시청하는 아동보다 연구가 진행되는 동안에 체지방이 40% 더 증가하였다. 다른 연구는 아동이 TV를 많이 시청할수록 신체활동을 덜 한다는 사실을 밝혔다(Institute of Medicine, 2005; Williams, 2005). TV 시청으로 아동은 지방이 많고, 설탕이 많은 음식광고를 수없이 보고, 부모에게 사달라고 조른다(Kelly et al., 2010). 과체중과 비만율은 아프리카계와 라틴계 미국인에서 특히 더 높은데, 이는 이들이 TV를 가장 많이 보는 아동이기 때문이다(Rideout, 2013). 인터넷과 전자게임도 아동이 밖에 나가서 신체적 활동을 하지 않고 집에 머물게 만든다(Anderson & Butcher, 2006).

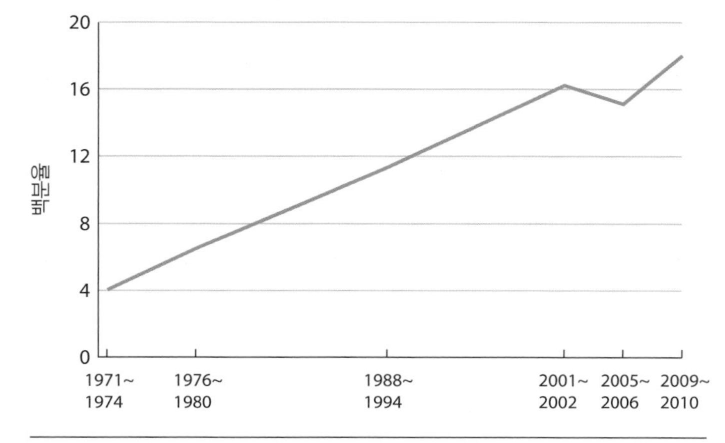

그림 7.3 6~11세 미국 아동의 아동기 비만율의 증가

출처 : Based on Fryar et al. (2012)

개발도상국의 음식이 선진국과 비슷해지면서 개발도상국의 비만율이 증가하고 있다. 이 사진은 세계에서 아동비만이 가장 높은 멕시코에서 찍은 것이다.

유전도 또한 비만의 원인이다. 비만의 일치율은 이란성 쌍생아보다 일란성 쌍생아에서 더 높다. 입양된 아동은 입양부모보다 생물학적 부모와 BMI 지수가 더 비슷하다(Whitaker et al., 1997). 아동비만의 위험을 크게 증가시키는 FTO라고 하는 특정 유전자가 발견되었다(Frayling et al., 2007). 그러나 유전이 최근의 비만율의 급증을 설명할 수 없다. 유전은 과체중과 비만의 위험을 증가시킬 뿐이지 최종적인 결과를 결정하지 않는다.

이런 사실은 애리조나와 멕시코에 사는 피마 인디언에 대한 자연 연구가 잘 보여주었다(Gladwell, 1998). 멕시코의 피마족은 외진 지역에 살고 여전히 그들의 전통적 삶의 방식을 유지하고 있다. 채소를 많이 먹고 지방과 설탕을 많이 먹지 않는 전통적 식생활을 하고 있다. 대조적으로 애리조나의 피마족은 최근 수십 년 동안에 많이 변해서 식사도 미국인들과 비슷하게 되었다. 따라서 두 집단이 유전적으로 아주 비슷함에도 불구하고 애리조나 피마족의 BMI 지수가 멕시코 피마족보다 50% 이상 더 높다.

비만은 아동들에게 사회적으로뿐 아니라 신체적으로도 영향을 미친다. 비만하게 되면 사회적으로 배제당하고 또래에게 놀림을 받을 가능성이 커진다(Janssen et al., 2004; Puhl et al., 2010). 다른 아동들은 비만한 아동을 게으르고 지저분하고 추하고 어리석다고 생각한다(Tiggemann & Anesbury, 2000). 중기 아동기에 비만은 여러 가지 정서적 및 행동적 문제에 대한 위험 요인이다(Puhl et al., 2010).

신체적으로도 비만의 결과는 아주 심각하다. 중기 아동기에도 비만은 당뇨를 일으킬 수 있는데, 당뇨는 나중에 실명, 신장병과 뇌졸중의 원인이 된다(Hannon et al., 2005; Ramchamdani, 2004). 비만은 또한 아동기와 성인기에 별로 변하지 않는다고 밝혀지고 있다. 비만 아동의 80%가 성인이 되어도 여전히 비만이었다(Ogden et al., 2014; Oken & Lightdale, 2000). 비만 때문에 생기는 성인의 건강상 문제는 고혈압, 심장마비와 암을 포함하여 훨씬 더 많고 더 치명적이다(Ng et al., 2014).

아동비만이 빠르게 증가하는 것을 막기 위해서 무엇을 할 수 있을까? 첫 번째 할 일은 문제를 인식하는 것이다. 연구에 의하면 비만 아동의 부모도 비만일 가능성이 높기 때문에 자녀가 과체중이라고 생각하는 부모는 절반이 되지 않았다(Jeffrey, 2004; Young-Hyman et al., 2003). 공공정책에서 아동비만의 문제에 주목하기 시작했다. 오랫동안 미국의 학교급식은 건강에 좋지 않았으나 최근에 지방과 설탕이 많지 않은 건강에 좋은 급식을 제공하도록 학교급식에 대한 전국기준을 수정하였다.

비판적으로 사고하기

세계적으로 볼 때 과체중과 비만은 잘 사는 나라에서 가장 많은 데에도 불구하고 왜 미국에서는 저소득 계층에서 가장 많을까?

질병과 부상

중기 아동기에 왜 질병과 부상이 줄어들고 천식이 증가하는지를 설명한다.

중기 아동기는 여러 면에서 볼 때 인생에서 가장 안전하고 건강한 시기이다. 선진국과 개발도상국에서 사망률이 인생의 어느 기간보다 중기 아동기에 가장 낮다(Hyder & Lunnen, 2009; NCHS, 2009). 선진국에서는 중기 아동기가 되면 거의 모든 아동이 천연두, 발진티푸스와 디프테리아같이 과거에는 치명적이었던 질병을 막아주는 예방접종을 한다. 개발도상국에서는 점점 더 많은 아동들이 영아기, 걸음마기와 초기 아동기에 예방접종을 받고 있다(WHO, 2010). 중기 아동기에는 예방접종을 받지 않은 아동도 다른 발달 단계보다 치명적 질병에 덜 걸린다. 자연적 면역체계가 더 강해지고, 신체가 더 커지고 강해지고 튼튼해지기 때문이다.

선진국에서는 공공건강정책으로 인해서 최근에는 중기 아동기에 심각하지 않은 질병도 감소하고 있다. 식품생산도 점점 더 깨끗해지고 안전해지고 있으며 음식의 내용도 정부기관이 더 철저하게 관리하고 있다. 선진국에서는 법과 정부의 제재로 인해서 공기와 물도 더 깨끗해졌다. 예를 들어, 미국의 전국 연구에 의하면 1978년에 5~10세 아동의 거의 30%가 뇌손상을 일으킬 정도로 혈중 납농도가 높았으나 2001년에는 1%로 떨어졌다(MMWR, 2005). 이러한 감소는 가솔린과 집에서 쓰는 페인트에서 납을 제거한 정부정책 덕분이다.

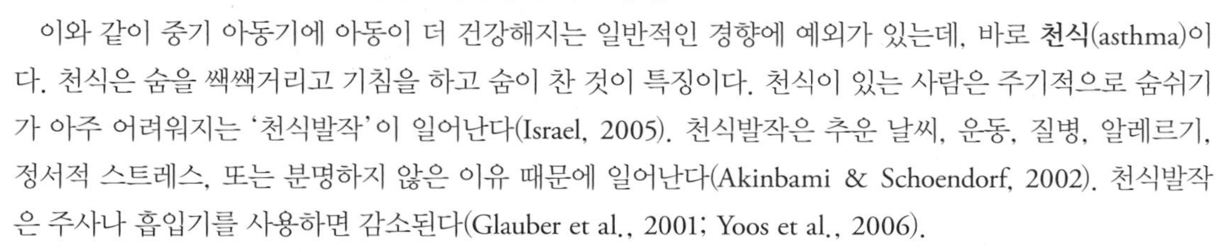

중기 아동기는 천식이 가장 많이 나타나는 시기이다. 이 인디언 여아는 증상을 완화시키기 위해서 흡입기를 사용하고 있다.

이와 같이 중기 아동기에 아동이 더 건강해지는 일반적인 경향에 예외가 있는데, 바로 **천식**(asthma)이다. 천식은 숨을 쌕쌕거리고 기침을 하고 숨이 찬 것이 특징이다. 천식이 있는 사람은 주기적으로 숨쉬기가 아주 어려워지는 '천식발작'이 일어난다(Israel, 2005). 천식발작은 추운 날씨, 운동, 질병, 알레르기, 정서적 스트레스, 또는 분명하지 않은 이유 때문에 일어난다(Akinbami & Schoendorf, 2002). 천식발작은 주사나 흡입기를 사용하면 감소된다(Glauber et al., 2001; Yoos et al., 2006).

천식은 중기 아동기에 가장 많고 세계적으로 증가하는 추세이다(Greenwood, 2011). 이유가 확실하지 않지만 여아보다 남아에게 더 많이 일어난다(Federico & Liu, 2003). 다른 위험 요인은 출산 시 저체중, 담배를 피우는 부모, 빈곤과 비만이다(Saha et al., 2005). 천식에 대한 취약성은 유전적으로 전달되기도 한다(Bosse & Hudson, 2007).

왜 과거보다 요즘에 천식이 더 많을까? 그 이유는 선진국과 개발도상국에서 다른 것 같다. 선진국에서는 카펫, 털이 많은 애완동물, 공기가 통하지 않는 창문을 포함하여 요즘 가정의 공통적인 특징이 원인인 것 같다(Tamay et al., 2007). '위생 가설'도 있다. 이 가설에 의하면 청결과 위생의 수준이 높아져서 어렸을 때 아동들이 바이러스나 박테리아에 덜 노출되고 질병에 덜 걸리는데, 이것이 오히려 면역체계를 약화시켜서 나중에 병에 더 걸리게 된다(Tedeschi & Airaghi, 2006). 개발도상국에서는 산업화가 진행되면서 공기오염이 심해지는데 공기오염이 천식을 유발할 수 있다. 몽고에서 이루어진 연구에서 도시와 농촌 사람들을 비교하였는데 공기가 나쁜 도시 지역에서 천식의 발병률이 훨씬 더 높았다(Vinanen et al., 2007).

천식은 아프리카계 미국인 아동에게 특히 더 많이 나타나는데, 그들이 살고 있는 도시 지역의 공기가 나쁘기 때문이다(Pearlman et al., 2006). 아프리카계 미국인들은 출생 시 저체중과 비만같이 천식에 대한 위험 요인을 특히 더 많이 가지고 있다. 그러나 어떤 연구는 아프리카계 미국인 아동의 가족이 유럽계 미국인 가족보다 환경을 변화시켜서 천식발작을 일으키는 위험 요인을 줄이려는 노력을 더 많이 한다는 사실을 발견했다. 이런 노력에는 침대커버와 베개커버 사용하기, 담배 끊기, 애완동물 피하기와 카펫 사용하지 않기가 포함된다(Roy & Wisnivesky, 2010).

질병률과 같이 부상률도 중기 아동기에는 비교적 낮다(Hyder & Lunnen, 2011; U.S. Department of Health and Human Services, 2005). 중기 아동기가 되면 아동이 어린 아동보다 더 민첩하고, 부상이 일어날 수 있는 상황을 더 잘 예상하고, 나이 많은 아동보다 집과 더 가까운 곳에서 놀기 때문에 위험한 상황에 덜 빠져든다. 중기 아동기의 가장 흔한 부상의 원인은 자동차 사고이고, 그다음이 자전거 사고이다

천식 천명, 기침, 숨이 가빠지는 만성 폐질환

(Safe Kids Worldwide, 2013). 최근에는 중기 아동기에 자전거 헬멧을 사용하는 것이 아주 보편적이 되었고, 이로 인해서 이 시기에 일어나는 머리부상이 크게 감소하였다(Miller et al., 2012).

2절 인지발달

학습목표

7.5 피아제의 구체적 조작기에 일어나는 중요한 인지적 변화를 설명한다.

7.6 초기와 중기 아동기에 일어나는 주의와 기억의 발달을 기술하고, ADHD를 보이는 아동의 특징을 밝힌다.

7.7 지능검사의 주요 특징과 문제점을 기술하고, 지능에 대한 가드너와 스턴버그의 입장을 비교하고 대조한다.

7.8 중기 아동기에 일어나는 어휘와 문법 및 화용론의 발달을 기술한다.

7.9 이중언어가 인지발달에 미치는 영향을 설명한다.

7.10 중기 아동기의 취학 및 사회화 방법과 학업성취에서의 문화적 차이를 요약한다.

7.11 초기와 중기 아동기에 일어나는 읽기와 산수기술의 발달과 이런 기술을 지도하는 여러 가지 방법을 기술한다.

인지발달 : 인지발달 이론

앞선 장에서 보았듯이 피아제 이론과 정보처리 접근은 인지발달을 이해하기 위한, 서로 다르지만 보완적인 입장이다. 우선 피아제의 구체적 조작기에 대해 살펴본 다음에 정보처리 접근의 주의와 기억발달을 살펴보겠다.

구체적 조작기

피아제의 구체적 조작기에 일어나는 중요한 인지적 변화를 설명한다.

당신이 서양에서 자랐다면 어렸을 때 산타클로스를 믿었을 것이다. 산타클로스는 크리스마스 이브에 날아다니는 순록이 끄는 썰매를 타고 세계 방방곡곡을 다니면서 굴뚝으로 내려와서 모든 착한 소녀와 소년에게 선물을 준다. 당신이 언제부터 이 이야기를 믿지 않았는지 기억하는가? 7~8세가 되면 대부분의 아동에게 이 이야기는 설득력이 없어지기 시작한다(Sameroff & Haith, 1996). 어떻게 한 사람이 하루 저녁에 날아다니는 순록을 타고 전 세계를 다닐 수 있을까? 어떻게 커다란 사람이 장난감이 가득 찬 자루를 끌고 좁은 굴뚝으로 내려올 수 있을까? 만약 집에 굴뚝이 없다면 어떻게 될까? 인지발달이 일어나면서 아동은 세상에 대해서 좀 더 현실적으로 생각하게 된다. 따라서 이런 신화를 더 이상 믿지 않게 되는 것은 인지발달로 인해서 나타나는 유익을 보여준다.

중기 아동기가 되면 아동은 물리적 세계의 실상, 무엇이 가능하고, 무엇이 불가능한지를 더 잘 이해하게 된다. 제6장에서 살펴본 피아제 이론에서 초기 아동기는 전조작기였음을 생각해보라. 피아제 이론에서 2~6세 아동은 정신적 조작을 할 수 없는 것같이 주로 그들이 할 수 없는 것과 그들이 저지르는 실수로 주목을 받았다.

7세경이 되면 아동은 인지적으로 더 체계적이고 계획적이며 논리적으로 사고하는 쪽으로 중요한 발전을 보인다. 피아제는 7~11세에 해당하는 이 단계를 **구체적 조작기**(concrete operation)라 명명하였다. 이 단계에는 아동들이 정신적 조작을 사용할 수 있게 되어서 신체적이고 감각적인 연합에 의존하지 않고 정신적으로 정보를 조직화하고 조작한다. 피아제에 의하면 구체적 조작기의 변화는 보존, 유목화와 서열화 과제를 수행하는 새로운 능력에서 볼 수 있다.

구체적 조작기의 변화 제6장에서 기술하였듯이 아동은 7세 이전에는 보존 과제를 수행할 때 보통 실수를 한다(학습목표 6.6 참조). 보존은 인지발달의 중요한 이정표이다. 왜냐하면 보존은 아동이 세상이 어떻게 돌아가는지를 논리적으로 생각하는 데 필요한 규칙성과 원칙을 지각할 수 있게 해주기 때문이다.

구체적 조작기의 두 번째 중요한 인지적 성취는 분류이다. 초기 아동기에 어린 아동은 공통된 특징이 있는 물체나 사물을 예를 들어, 붉은, 둥근, 달콤한, 개와 같은 하나의 유목으로 분류할 수 있고, 코끼리와 토끼를 '동물'이라는 더 큰 유목에 포함시키는 것처럼 유목을 더 일반적인 범주로 결합할 수 있다. 그렇지만 분류에 정신적 조작이 필요할 때에는 어려움을 겪는다. 예를 들어, 한 실험에서 피아제는 5세 남아에게 12명의 여자와 2명의 남자 그림을 보여주고 다음과 같은 이야기를 나누었다(Piaget, 1965, p. 167).

피아제 : 여자아이가 더 많아? 남자아이가 더 많아?
남아 : 여자아이가 더 많아요.
피아제 : 여자아이는 아이이지?
남아 : 예.
피아제 : 그러면 아이가 더 많아? 여자아이가 더 많아?
남아 : 여자아이가 더 많아요.

당신에게는 아주 우습겠지만 가만히 생각해보면 5세 아동이 이 질문에 대답하려면 상당히 어려운 정신적 조작을 해야 한다. 그는 여자아이와 남자아이를 분리하여 두 유목(여자아이, 남자아이)을 만들고, 두 유목을 합쳐서 다시 하나의 더 큰 유목(아이)을 만들어야 하고, 더 큰 유목(아이)이 하위유목(여자아이, 남자아이)으로 다시 분리될 수 있음을 이해해야 한다. 중요한 것은 이런 일을 정신적으로 해야 한다는 것이다. 시각적으로 여아와 남아의 수를 비교할 수 있지만 아이와 여아의 수는 비교할 수 없는데, 왜냐하면 여아는 두 범주에 모두 속하기 때문이다. 이런 이유로 5세 아동은 오류를 범하지만 8~9세에는 이런 정신적 조작을 쉽게 수행한다. 또 다른 실험에서 피아제는 9세 아동에게 12개 노란 튤립, 3개의 붉은 튤립과 6개의 데이지의 그림을 보여주었다(Ginsburg & Opper, 1979, p. 123).

피아제 : 튤립 전부와 노란 튤립 중 어느 것으로 더 큰 꽃다발을 만들 수 있을까?
남아 : 물론, 튤립 전부이지요. 노란 튤립도 들어가잖아요.
피아제 : 그러면 어느 것이 더 클까? 튤립 전부일까? 꽃 전부일까?
남아 : 꽃 전부요. 꽃을 전부 넣으면 튤립도 전부 들어가니까요.

피아제가 강조한 구체적 조작의 세 번째 성취인 **서열화**(seriation)는 사물을 논리적 순서로 배열하는 능

구체적 조작기 피아제 이론에서 아동이 정신적 조작을 사용할 수 있게 되는 인지적 단계

서열화 가장 짧은 것에서부터 가장 긴 것, 가장 얇은 것에서부터 가장 두꺼운 것, 또는 가장 가벼운 것에서부터 가장 무거운 것과 같이 논리적 순서를 따라 사물을 배열하는 능력

력이다(예 : 짧은 것에서부터 긴 것, 얇은 것에서부터 두꺼운 것, 밝은 것에서부터 어두운 것). 피아제는 전조작기 아동은 '~보다 긴' 또는 '~보다 작은' 같은 개념을 이해하지 못한다는 사실을 발견했다. 예를 들어, 막대를 짧은 것부터 긴 것으로 순서대로 배열하게 하면 전조작기 아동은 대개 짧은 막대부터 시작해서 긴 막대를 놓지만 그다음에는 또 다른 짧은 막대를 놓고 또 다른 긴 막대를 놓는 식이다. 그러나 7세에는 대부분의 아동이 6~8개의 막대를 길이에 따라 정확하게 배열한다.

이러한 종류의 서열화 과제는 정신적 조작을 하지 않고 시각적으로 수행할 수 있다. 그러나 피아제는 구체적 조작기에 아동이 정신적으로 서열화하는 능력을 갖춘다는 사실을 발견했다. 예를 들어보자. 줄리아가 안나보다 크고, 안나가 린보다 크다면 줄리아가 린보다 더 클까? 정답을 말하려면 아동은 머리 속에서 줄리아, 안나, 린을 키에 따라서 순서대로 배열해야 한다. 피아제는 이러한 정신적 조작을 수행하는 기술의 성취가 논리적이고 체계적으로 생각하는 것을 학습하는 데 있어서 핵심적인 부분이라고 생각했다.

피아제 이론에 대한 평가 제6장에서 말했듯이 피아제 이론을 검증한 연구들은 아동이 피아제가 주장했던 것보다 더 일찍 여러 과제를 수행할 수 있음을 발견했다(Marti & Rodriguez, 2012; Vilette, 2002). 그러나 피아제는 아동을 구체적 조작기 사고자로 인정하기 위해서는 보존, 분류와 서열화의 일부 측면을 이해하는 것으로는 충분하지 않다고 생각했다. 아동은 단계와 관련된 과제를 완전히 숙달해야 한다(Piaget, 1965). 따라서 이 문제에 대한 피아제와 비판자들의 차이는 연구 결과의 문제가 아니라 정의의 문제이다("아동에게 구체적 조작기 사고자의 자격을 부여하는 것은 무엇일까?"). 아동은 환경과 상호작용의 결과로 자연스럽게 구체적 조작의 원리를 파악하기 때문에 피아제는 아동들에게 구체적 조작의 원리를 가르치는 것은 효과가 없다고 생각했다(Piaget, 1965). 이 문제에 대해서는 피아제의 비판자들이 맞는 것 같다. 많은 연구에서 훈련을 시키고 가르치면 7세 이하의 아동이 구체적 조작이 필요한 과제를 수행할 수 있었고, 새로운 과제에 적용할 정도로 기초가 되는 원리를 이해하였다(Marti & Rodriguez, 2012; Parameswaran, 2003).

피아제 과제를 여러 문화에서 실시해본 결과, 구체적 조작에 대한 이해는 그러한 과제와 자료에 노출되었던 정도에 따라 달라졌다. 예를 들어, 4~13세의 멕시코 마야 아동과 미국 로스앤젤레스 아동을 비교하였을 때 표준적인 구체적 조작 과제에서는 로스앤젤레스 아동들이 더 잘했지만 베 짜기에 사용되는 자료를 이용한 과제에서는 마야 아동이 더 잘 했다. 왜냐하면 마야 아동은 일상생활에서 이런 자료를 친숙하게 경험하기 때문이다(Maynard & Greenfield, 2003).

정보처리

초기와 중기 아동기에 일어나는 주의와 기억의 발달을 기술하고, ADHD를 보이는 아동의 특징을 밝힌다.

3세 아동과 보드게임을 해본 적이 있는가? 그렇다면 게임이 짧고 재미없었을 것이다. 그러나 중기 아동기가 되면 주의력과 기억력이 발달해서 아동은 성인도 즐길 수 있는 다채로운 보드게임을 한다. 이것은 중기 아동기에 정보처리가 발달했음을 보여주는 일례이다. 대뇌의 수초화, 특히 두 반구를 연결하는 뇌량의 수초화가 증가하므로 정보처리속도가 빨라진다(Roeder et al., 2008). 따라서 중기 아동기에 여러 가지 과제를 수행하는 데 걸리는 시간이 감소한다. 정보처리의 두 가지 주요 영역인 주의와 기억에서도 변화가 일어난다.

주의와 ADHD 중기 아동기에 아동은 관계있는 정보에 주의를 집중하고 관계없는 정보를 무시할 수 있게 되는데, 이를 **선택적 주의**(selective attention)라고 한다(Goldberg et al., 2001; Janssen et al., 2014). 예를 들어, 다양한 연령의 아동에게 1개의 동물과 한 가지의 생활용품이 그려져 있는 여러 개의 카드를 보여주고 각 카드에서 동물이 어디에 있는지를 기억하게 하였다(Hagen & Hale, 1973). 생활용품에 대해서는 아무 말도 하지 않았다. 각 카드에 있었던 동물의 위치를 물어보았을 때 나이 많은 아동이 어린 아동보다 더 잘 기억하였다. 그러나 생활용품을 기억하게 하였을 때에는 어린 아동이 나이 많은 아동보다 더 잘 기억하였다. 나이 많은 아동은 과제와 관련된 정보, 즉 동물의 위치에 주의를 집중하고 과제와 관련이 없는 생활용품은 무시할 수 있었다. 대조적으로 어린 아동은 생활용품의 방해를 받아서 동물의 위치를 잘 기억하지 못했다.

선택적 주의 관련된 정보에는 주목하고 무관한 정보를 무시하는 능력

주의력결핍 과잉행동장애(ADHD) 주의력결핍, 과잉행동, 충동성 문제가 포함되어 있는 병리적 진단

아동이 6~7세에 학교에 입학하면 주의를 유지하는 것이 특히 중요해진다. 왜냐하면 학교에서는 아동이 교사의 가르침에 주의를 기울여야 하기 때문이다. 주의를 유지하는 데 아주 어려움이 있는 아동은 **주의력결핍 과잉행동장애**(attention-deficit/hyperactivity disorder, ADHD) 진단을 받는다. ADHD는 주의력결핍, 과잉행동과 충동성의 문제를 보인다. ADHD를 보이는 아동은 지시를 따르고 자신의 차례를 기다리지 못한다. 미국에서는 4~7세 아동의 7%가 ADHD로 진단을 받는다(National Resource Center on ADHD, 2014). 남아가 여아보다 2배 정도 진단을 더 많이 받는다. 보통 소아과 의사가 아동을 평가하고 부모와 교사를 면담한 후에 진단을 내린다(Sax & Kautz, 2003).

미국에서는 ADHD로 진단을 받은 아동과 청소년 10명 중 9명은 과잉행동을 줄이고 주의력을 증가시키기 위해서 리탈린이나 다른 약물을 처방받는다(Kaplan et al., 2004). 약물은 ADHD 증상을 완화해서 70% 아동의 학업성취와 또래관계가 나아진다(Prasad et al., 2013). 그러나 부작용에 대한 우려도 있는데, 신체성장이 느려지고 우울증의 위험이 커질 수 있다(Reeves & Schweitzer, 2004). 행동치료도 효과가 있으며 약물치료와 행동치료를 동시에 받을 때에는 한 가지 치료를 받을 때보다 효과가 더 크다(American Academy of Pediatrics, 2005; Hoza et al., 2008).

ADHD에 대한 대부분의 연구가 미국에서 이루어졌지만, 유럽에서 10개국의 아동과 청소년 1,500명이 참가한 대규모 ADHD 관찰 연구(Attention-deficit/hyperactivity Disorder Observational Research, ADORE)가 이루어졌다(Rotheberger et al., 2006). 이 연구에서는 소아과 의사와 소아정신과 의사가 2년 동안 일곱 번에 걸쳐서 아동과 청소년에 대한 자료를 수집하였다. 이 자료에는 진단, 처치와 결과에 대한 자료도 포함되어 있었다. 부모도 참여하였는데 부모의 평가는 소아과 의사와 소아정신과 의사의 평가와 상당히 일치하였다.

ADHD는 아동이 학교에서 오랫동안 앉아 있어야 하는 중기 아동기에 처음으로 진단된다.

미국의 연구처럼 ADORE에서도 ADHD가 여아보다 남아에서 더 많았지만 그 비율은 국가에 따라서 3 : 1에서 16 : 1에 이르기까지 아주 차이가 있었다(Novik et al., 2006). ADHD 증상은 남아와 여아에서 비슷하였지만 ADHD를 보이는 여아가 남아보다 정서적 문제를 더 많이 보였고, 또래에게 괴롭힘을 더 많이 당하였다. 그렇지만 ADHD를 보이는 남아는 여아보다 품행 문제를 더 많이 보였다. 남아와 여아 모두 ADHD가 있으면 또래, 교사, 부모와 관계에서 어려움이 더 많았다(Coghill et al., 2006). 부모는 아동의 ADHD 행동 때문에 가족의 활동이 방해를 받는 점과 자녀의 장래에 대한 걱정을 포함하여 스트레스와 부담을 많이 보고하였다(Riley et al., 2006). 리탈린이나 다른 약물에 많이 의존하는 미국식 접근과 다르게 치료에 대한 유럽식 접근은 다양하였다.

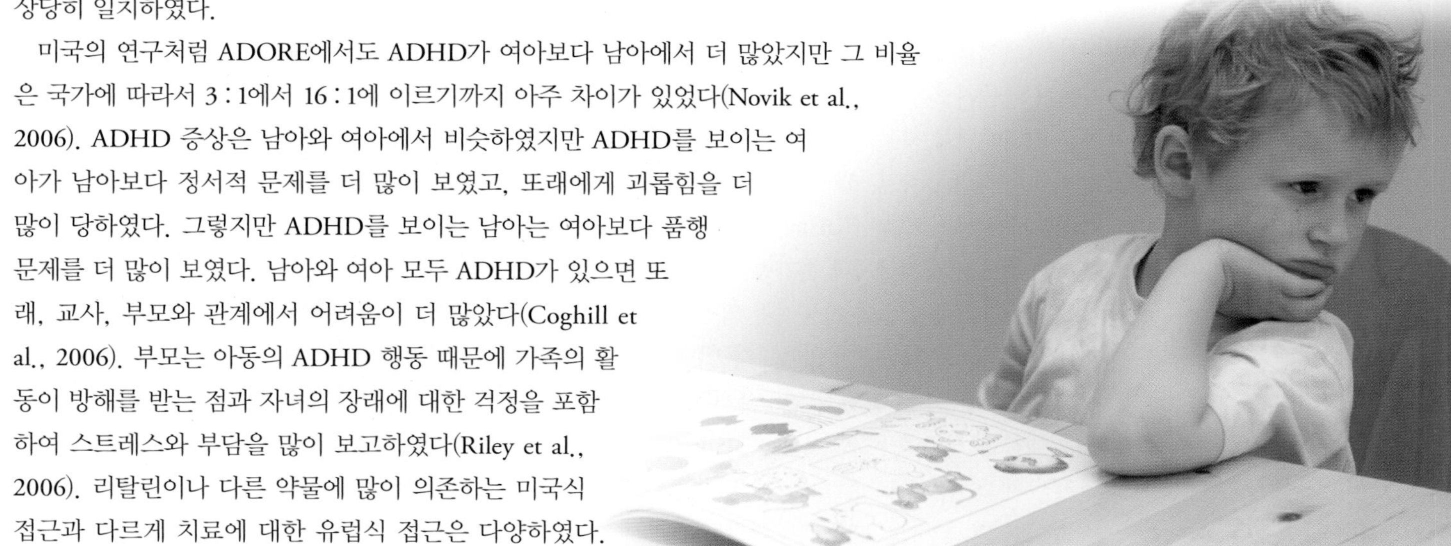

약물치료(25%), 심리치료(19%), 약물치료와 심리치료의 병합(25%), 다른 치료(10%), 치료를 하지 않는 경우(21%)도 있었다(Preuss et al., 2006).

기억 4세 아동에게 아침에 끼고 놀러 나갔던 새 장갑을 어떻게 했는지 물어본 적이 있는 부모라면 누구나 입증할 수 있듯이 초기 아동기에는 기억이 아주 순간적이다. 장갑? 무슨 장갑?

중기 아동기에는 작업기억 용량이 증가한다. 숫자배열을 불러주고 순서대로 기억하게 하는 검사에서 정확하게 기억한 숫자배열이 7세에는 4개이지만, 12세에는 7개로 증가하여 성인과 같아진다(Kail, 2003). 더 중요한 사실은 중기 아동기는 아동이 시연, 조직화, 정교화 같은 **기억술**(mnemonics, 기억책략)을 처음으로 배우는 기간이라는 점이다.

정보를 계속 반복하는 **시연**(rehearsal)은 단순하지만 효과적인 기억책략이다. 예를 들어, 누가 자신의 전화번호를 불러주면 그 번호를 기억하려고 할 때 사용할 수 있다. 고전적 연구에서 존 플라벨과 동료들(Flavell et al., 1966)은 중기 아동기에 시연이 어떻게 나타나는지를 보여주었다. 5~10세 아동에게 얼굴가리개가 있는 헬멧을 씌우고 7개의 친숙한 물체의 그림을 보여주었다. 연구자가 아동이 기억해야 하는 3개의 물체를 차례로 지적한 다음 아동이 물체를 볼 수 없도록 15초 동안 헬멧의 얼굴가리개를 내렸다가 다시 올린 다음 3개의 물체를 지적하게 하였다. 15초 동안 거의 대부분의 10세 아동은 입술을 움직이며 물체의 이름을 소리를 내어서 시연하였으나 5세 아동 중 아주 일부만이 시연을 하였다. 각 연령에서 시연하였던 아동은 시연하지 않았던 아동보다 훨씬 더 많은 물체를 기억하였다.

사물을 의미 있는 범주로 묶는 **조직화**(organization)는 또 다른 기억책략으로 중기 아동기에 많이 사용된다(Schneider, 2002). 조직화하는 능력을 검사하기 위해서 사람들에게 예를 들어 신발, 얼룩말, 야구, 젖소, 테니스 라켓, 드레스, 너구리, 축구공, 모자 같은 항목의 목록을 제시한다. 여러 연구에서 아동에게 이런 목록을 제시하고 기억하게 하였을 때 초기 아동기보다 중기 아동기 아동이 항목들을 옷, 동물, 스포츠 같은 범주로 더 잘 정리하였다(Sang et al., 2002). 조직화는 아주 효과적인 기억책략이다. 왜냐하면 각 범주가 범주에 속한 항목에 대한 인출단서가 되어서 각 범주를 기억해내면 범주 안에 있었던 모든 항목도 쉽게 기억할 수 있기 때문이다(Schneider, 2002).

중기 아동기에 많이 사용되는 세 번째 기억책략은 **정교화**(elaboration)이다. 정교화란 정보를 더 쉽게 기억하기 위해서 정보가 서로 연결되도록 변형하는 것이다(Terry, 2003). 전형적인 예는 아동에게 높은음자리표의 오선에 해당하는 음이름 EGBDF를 가르치기 위해서 *Every Good Boy Does Fine*이라는 문구를 사용하는 것이다. 또는 마트에 가서 버터, 상추, 사과와 우유를 사고 싶다면 각 물품의 첫 글자로 *BLAM*이라는 단어를 만들 수 있다. 단어 *BLAM*이 각 글자가 나타내는 물품을 인출해내는 단서가 된다.

초기 아동기보다 중기 아동기에 조직화와 정교화가 더 많이 사용되지만 사실은 중기 아동기나 그 이후에도 기억책략을 사용하는 사람은 많지 않다. 대신에 좀 더 구체적이고 실용적인 방법을 사용한다. 한 연구에서 유치원, 1학년, 3학년과 5학년 아동에게 다음 날 파티에 스케이트를 가지고 가야 한다면 어떻게 기억할지를 물어보았다(Kreutzer et al., 1975). 모든 연령에서 아동들은 잘 보이는 곳에 스케이트를 놓아두거나 메모를 준비하거나 손가락에 끈을 매어두겠다고 하였다.

초기 아동기에서 중기 아동기가 되면서 기억이 나아지는 또 다른 이유는 아동의 지식 기반이 증가하기 때문이다. 알고 있는 것이 많을수록 이미 알고 있는 것과 관계있는 새로운 정보를 더 기억하기 쉽다. 이런 사실을 보여주는 고전적 연구에서 10세 체스 전문가와 대학생 초보자가 체스판 위에 놓인 체스배열을 기억하는 정도를 비교하였다(Chi, 1978). 10세 체스 전문가는 대학생보다 무선의 숫자배열은 덜 기억했지만 체스배열은 더 잘 기억하였다. 또 다른 연구에서 9~10세 아동을 축구 '전문가'와 축구 '초보자'의 두 집단으로 나누고 축구와 관련된 항목과 관련되지 않는 항목의 목록을 제시하고 기억하게 하였다

기억술 시연, 조직화, 정교화와 같은 기억 증진 책략

시연 같은 정보를 계속 반복하는 기억술

조직화 항목들을 의미 있는 범주로 묶는 기억술

정교화 파편적 지식을 연결하여 기억하기 용이하도록 만드는 기억술

(Schneider & Bjorklund, 1992). 축구 전문가가 축구와 관련없는 목록보다 축구와 관련되는 목록에서 더 많은 항목을 기억하였다.

중기 아동기에는 기억 능력과 더불어 기억이 어떻게 작용하는지에 대한 이해나 **상위기억**(metamemory)도 발달한다. 대부분의 5~6세 아동들은 어느 정도 상위기억을 가지고 있다(Kvavilashvili & Ford, 2014). 그들은 어제 일어난 일이 오래전에 일어난 일보다 기억하기 쉽다는 사실을 안다. 짧은 목록이 긴 목록보다 기억하기 쉽고, 친숙한 항목이 친숙하지 않은 항목보다 기억하기 쉽다는 사실도 알고 잇다. 그러나 자신의 기억 능력은 과대평가한다. 초기와 중기 아동기 아동에게 10개의 그림을 보여주고 모두 기억할 수 있을지 물어보면 어린 아동의 절반 이상과 나이 많은 아동의 일부가 그럴 수 있다고 주장했다(실제는 아무도 모두 기억하지 못했다) (Flavell et al., 1970). 그러나 중기 아동기에 아동들은 자신의 기억 능력을 점점 더 정확하게 평가하게 된다(Schneider & Pressley, 1997).

왜 아동 체스 전문가가 성인 초보자보다 체스판을 더 잘 기억할까?

지능과 지능검사

지능검사의 주요 특징과 문제점을 기술하고, 지능에 대한 가드너와 스턴버그의 입장을 비교하고 대조한다.

피아제의 접근과 정보처리 접근은 인지발달과 기능의 일반적 패턴을 기술하고, 모든 아동에게 적용되기를 바란다. 그러나 어떤 연령에서나 아동의 인지기능에는 개인차가 있다. 연령이 같아도 인지기능이 높은 아동이 있고 인지기능이 상당히 낮은 아동도 있다. 영아기, 걸음마기와 초기 아동기에도 인지발달의 개인차가 분명하게 나타난다. 아동이 처음으로 말하는 시기 같은 여러 가지 인지적 이정표에 도달하는 시기에 차이가 있다. 그러나 중기 아동기가 되어서 아동이 학교에 들어가서 정기적으로 검사를 받고 평가를 받게 되면서 개인차가 더 분명하게 드러나고 더 중요해진다.

인지발달의 개인차에 대한 연구는 주로 **지능**(intelligence)에 집중되어왔다. 지능의 정의는 다양하지만 일반적으로 지식을 획득하고, 추론하고, 문제를 해결하는 개인의 능력으로 알려져 있다(Sternberg, 2004). 지능검사는 보통 일반지능에 해당하는 전체점수뿐 아니라 지능의 여러 측면을 나타내는 하위검사점수를 제공한다.

가장 많이 사용되어온 지능검사의 특징을 먼저 살펴보고, 지능의 개인차에 대한 유전과 환경의 영향을 살펴보겠다. 그러고 나서 지능을 개념화하고 측정하는 두 대안적 입장에 대해 살펴보겠다.

웩슬러지능검사 가장 많이 사용되는 지능검사는 웩슬러검사인데 6~16세 아동을 위한 웩슬러 아동용 지능검사(Wechsler Intelligence Scale for Children, WISC-IV)와 16세 이상을 위한 웩슬러 성인용 지능검사(Wechsler Adult Intelligence Scale, WAIS-IV)가 있다.

웩슬러검사는 11개의 하위검사로 구성되는데, 6개는 언어검사이고, 5개는 수행검사이다. 검사 결과는 전체 **지능지수**(intelligence quotient)나 **IQ** 점수로 알려주는데, 이는 동일한 연령의 다른 사람들의 수행과 비교하여 산출되며 **중앙값**(median)이 100이다. 전체 IQ는 언어IQ, 수행IQ, 11개 하위검사의 점수로 나눌 수 있다. 하위검사에 대한 상세한 내용은 **표 7.1**에 제시되어 있어서 IQ 검사에서 무엇을 측정하는지를 볼 수 있을 것이다.

상위기억 기억이 작동하는 법을 아는 것

지능 지식을 습득하고 추론하고 문제를 해결하는 역량

지능지수(IQ) 지능검사에 의해 측정된 정신 능력의 점수로, 같은 연령의 다른 사람들의 수행에 비교하여 상대적으로 계산

중앙값 자료의 분포에서 상위 50%와 하위 50%를 정확하게 나누는 중앙에 있는 값

표 7.1 WISC-IV : 문항의 예

언어하위검사	
정보	일반지식에 대한 질문(예 : "허클베리 핀의 저자는 누구인가?")
어휘	어휘 정의(예 : "공식은 무엇을 의미하는가?")
공통성	두 사물의 관계 기술(예 : "사과와 오렌지는 어떤 점에서 비슷한가?"와 "책과 영화는 어떤 점에서 비슷한가?")
산수	언어적 산수 문제(예 : "한 시간에 30마일을 달린다면 140마일을 달리는데 얼마나 걸릴까?")
이해	실용적 지식(예 : "편지를 부칠 때 왜 우편번호를 써야 하는가?")
숫자	단기기억검사. 점점 더 길어지는 숫자배열을 듣고 반복하게 한다.
수행하위검사	
	모든 수행검사의 점수는 반응의 정확성과 속도를 고려하여 채점한다.
그림배열	여러 가지 사건을 나타내는 카드를 주고 이야기가 되도록 그림을 배열하게 한다.
그림완성	어떤 부분이 빠진 물체나 장면의 카드를 주고 빠진 부분을 찾도록 한다(예 : 다리가 3개인 개의 그림을 보여준다).
행렬추리	한 조각이 빠진 패턴을 보여주고 빠진 부분을 다섯 가지 선택지 가운데에서 찾게 한다.
토막짜기	두 면이 모두 흰색이고, 두 면이 모두 붉은 색이며, 두 면은 반이 붉은 색이고 반이 흰색인 블록을 제시한다. 기하적 패턴이 그려진 카드를 제시하고 카드의 패턴과 같은 모양으로 블록을 배치하게 한다.
기호쓰기	종이의 윗부분에 숫자와 숫자에 해당하는 상징을 제시한다. 그 아래에는 상징의 배열이 제시되고 각 상징 아래에는 빈칸이 제시되는데, 각 상징에 해당하는 숫자를 찾아서 넣어야 한다.

웩슬러 지능검사는 얼마나 정확할까? IQ 검사는 원래는 학교에 들어갈 때 아동의 능력을 검사하기 위해서 개발되었고, IQ는 아동의 학교수행을 잘 예측한다. 46개국 아동에 대한 연구에서 IQ와 학업성취는 높은 상관을 보였다(Lynn & Mikk, 2007). IQ 점수는 제10장에서 상세하게 설명하겠지만 성인의 성공도 잘 예측한다(Benhow & Lubinski, 2009).

그러나 IQ 검사는 여러 가지 이유로 비판을 받아왔다. 비판자들은 IQ 검사는 일부 능력만을 평가하고 창의성 같은 지능의 가장 중요한 측면을 평가하지 않는다고 불평한다. 또한 IQ 검사는 문화편향적이라는 비판을 받아왔는데, 일부 어휘와 일반지식 문항이 중산층에게 더 친숙하기 때문이다(Ogbu, 2002). 그러나 '문화적으로 공평한' 검사에서도 일반 IQ 검사에서 발견된 것과 동일한 집단차이가 발견되었다(Johnson et al., 2008). 문화적으로 공평한 검사나 문화의 영향을 받지 않는 검사를 만드는 것은 거의 불가능한데, 지능검사를 받을 정도의 나이가 되었을 때(6세)에는 아동의 지능은 이미 그들이 살고 있는 문화적 및 사회적 환경의 영향을 받아서 형성되기 때문이다. IQ 검사가 개인의 순수한 지적 능력을 평가하기를 바라지만, 지능검사를 받기 전에 사람들이 동일한 환경에서 살지 않았다면 이는 불가능한 꿈이다. 그러나 지능을 연구하는 새로운 접근에서는 IQ 검사의 수행에서 유전과 환경의 관계에 대해 중요한 통찰을 제공하였는데, 이 문제는 나중에 다루겠다.

정상분포 전집의 특성에 대한 전형적인 종 모양의 분포로 대부분의 사례가 중앙 근처에 모이고 양 극단으로 갈수록 그 비율이 낮아짐

지적장애 IQ 검사에서 70점 이하인 사람들의 인지적 능력 수준

영재 IQ 검사에서 130 이상을 받은 사람들

지능에 영향을 미치는 요인 전집에 기초한 표본의 지능점수는 보통 **정상분포**(normal distribution)이거나 종형곡선을 그린다. **그림 7.4**에서 볼 수 있듯이 분포의 가운데에 대부분의 사람들이 모여 있고 점수가 낮아지거나 높아질수록 사람들의 비율이 감소한다. IQ가 70 이하인 사람들을 **지적장애**(intellectual disability), IQ가 130 이상인 사람들을 **영재**(gifted)로 분류한다. 그러나 무엇이 개인의 점수가 낮을지, 높을지, 또는 중간 정도일지를 결정할까? 지능은 타고난 특성일까? 환경에 의해서 결정될까?

제2장에서 지적하였듯이 사회과학자는 점점 천성-양육의 논쟁이 별 소득이 없고 쓸모가 없다고 여기

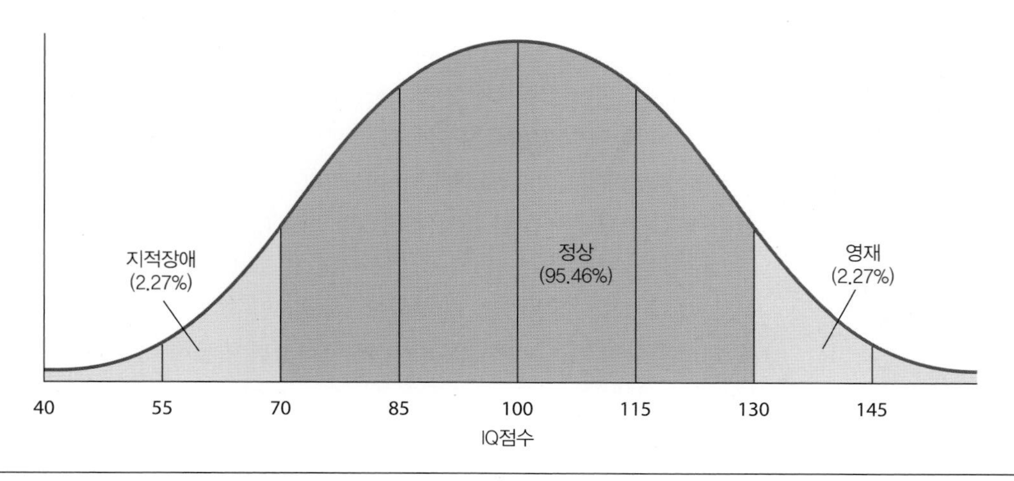

그림 7.4 **지능의 정상분포곡선**

전집에서 표집한 표본의 IQ 점수는 보통 이런 형태이다.

고 있다. 거의 모든 사람이 유전과 환경이 지능의 발달을 포함하여 모든 발달에 관여한다고 생각한다. 지난 20년 동안에 밝혀진 여러 가지 새로운 발견들은 유전과 환경이 어떻게 상호작용하는지와 유전과 환경이 지능에 어떻게 기여하는지에 대해 새로운 통찰을 제공하였다. 이런 대부분의 연구에서 유전자형이 환경에 미치는 수동적 효과의 문제를 피하기 위해서 입양 연구나 쌍생아 연구 같은 자연 실험을 사용한다. 대부분의 가정에서 부모가 유전과 환경을 모두 제공하기 때문에 각각의 상대적 기여도를 분리하기가 어렵다. 입양과 쌍생아 연구가 이 문제를 해결할 수 있다.

입양과 쌍생아 연구에서 나온 중요한 결론은 가족 내의 두 사람이 유전적으로 가까울수록 IQ의 상관이 더 높다는 것이다 (Brant et al., 2009). **그림 7.5**에서 볼 수 있듯이 유전자형을 전혀 공유하지 않은 입양형제의 IQ상관은 비교적 낮아서 .24이다. 환경이 분명하게 영향을 미치기는 하지만 제한적이어서 대개는 유전적으로 관계가 없는 두 아동의 지능의 상관은 0이다. 유전자형의 절반을 공유하는 부모와 생물학적 아동의 IQ상관은 .40이며 떨어져 살 때보다 같이 살 때 약간 더 높다. 생물학적 형제의 IQ상관은 더 높아서 .50이고, 이란성 쌍생아는 약간 더 높다. 부모와 생물학적 자녀처럼 생물학적 형제와 이란성 쌍생아는 공유하는 유전자형의 비율이 동일하기 때문에 이란성 쌍생아의 IQ가 더 비슷한 것은 자궁에서부터 환경이 더 비슷하기 때문인 것 같다. 유전자형이 동일한 일란성 쌍생아의 IQ 상관 중 최고는 .85이다. 서로 헤어져서 다른 가정에 입양되어 성장했을 때에도 일란성 쌍생아의 IQ 상관은 약 .75이다(Brant et al., 2009).

이런 연구 결과는 유전이 IQ 점수에 크게 영향을 미친다는 사실을 확실하게 보여준다. 같은 가정과 이웃에서 성장하고 같은 학교에 재학하였던 입양된 형제의 IQ 상관이 서로에 대해서 모르고 헤어져서 성장했던 일란성 쌍생아의 상관보다 훨씬 더 낮은 것은 아주 놀랍다.

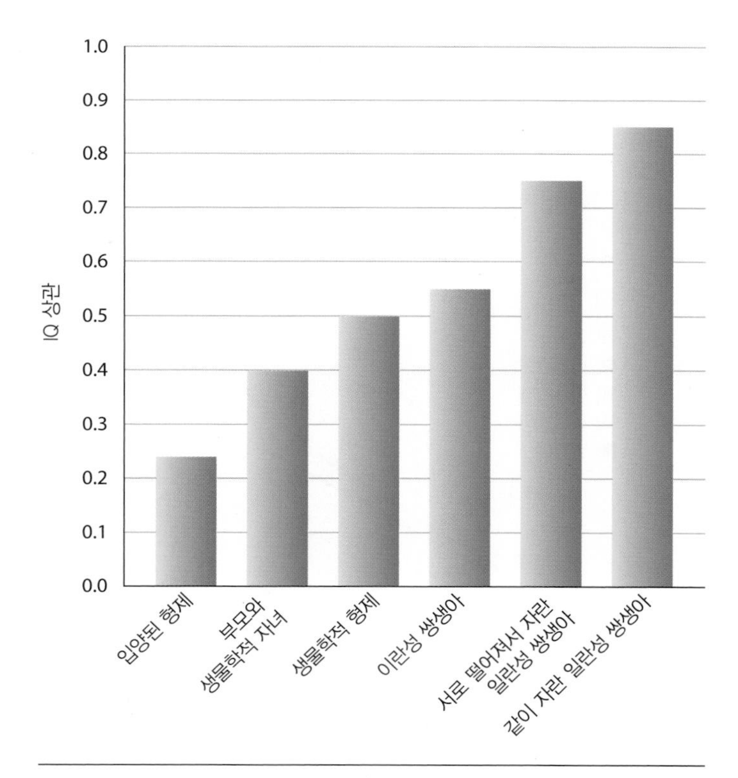

그림 7.5 **IQ와 유전**

유전적 관계가 가까울수록 지능의 상관이 더 높았다.

출처 : Based on Brant et al. (2009)

일란성 쌍생아는 분리되어서 양육되어도 지능이 비슷하다. 여섯 살 난 태국의 일란성 쌍생아가 카메라 앞에서 웃고 있다.

그러나 다른 입양 연구는 환경과 유전이 모두 지능에 영향을 미친다는 사실을 보여주었다. 한 연구에서 연구자들은 생물학적 어머니의 IQ가 95 이하이거나 120 이상인 입양된 아동의 표본을 모집하였다(IQ 중앙값이 100이라는 사실을 상기하라)(Loehlin et al., 1997). 모든 아동이 태어나자마자 교육과 수입이 평균 이상인 부모에게 입양되었다. 중기 아동기에 검사했을 때 두 집단의 아동의 IQ는 평균 이상이었다. 교육을 많이 받고 수입이 많았던 부모가 건강하고, 안정되고, 자극적인 환경을 제공하였다고 가정한다면 이는 어머니의 IQ가 95 이하였던 아동에 대한 강력한 환경의 영향을 보여준다. 그들의 평균은 100 이상이었는데 교육을 많이 받고 수입이 많은 부모가 제공한 유익한 환경 때문이었다. 두 집단의 아동이 모두 좋은 환경에서 성장하였지만 생물학적 어머니의 IQ가 120이상이었던 아동이 생물학적 어머니의 IQ가 95이하였던 아동보다 IQ가 더 높았는데, 이는 유전의 커다란 영향을 보여준다.

정리하면 입양과 쌍생아 IQ 연구는 유전과 환경이 모두 지능발달에 영향을 미친다는 사실을 보여준다. 특히 모든 아동에게는 유전이 결정해준 지능의 **반응 범위**가 있는데, 이는 가능한 발달적 경로의 범위이다(학습목표 2.4를 생각해보라). 환경이 건강하고 자극적이면 아동은 지능의 반응 범위의 최고한계점에 도달하지만, 환경이 열악하고 건강하지 못하거나 혼란스러우면 지능의 반응 범위의 최저한계점에 이른다. 반응 범위에는 최고한계점과 최저한계점이 있다. 환경이 좋아도 타고난 아동의 지적 능력이 낮을 때에는 우수한 지능에 도달할 수 없다. 환경이 평균 이하여도 타고난 아동의 지적 능력이 높을 때는 IQ가 평균 이하가 되지는 않는다.

최근의 연구가 지능발달에서 유전과 환경의 복잡한 관계에 대해 새로운 통찰을 제공하였다. 특히 지능에 대한 환경의 영향은 부유한 가정의 아동보다 가난한 가정의 아동에게 더 크다는 사실을 보여주었다(Nesbitt, 2009; Turkheimer et al., 2009). 환경이 덜 자극적일수록 유전이 IQ에 미치는 영향이 감소한다. 왜냐하면 환경이 자극적이지 않을 때에는 아동의 잠재력이 억제되기 때문이다. 대조적으로 부유한 환경에서는 일반적으로 아동이 IQ의 반응 범위에서 최고한계점에 도달하는 데 필요한 인지적 자극을 받을 수 있다.

플린 효과 서구에서 20세기 동안 IQ의 중앙값이 급격하게 증가한 현상을 지칭하는 것으로, 이 현상을 처음 명명한 제임스 플린의 이름을 딴 것임

지능에 대한 환경의 중요성을 보여주는 또 다른 중요한 결과는 20세기에 서양에서는 IQ가 놀라울 정도로 상승하였다는 점인데, 이런 현상을 발견한 학자인 제임스 플린(Flynn, 1999, 2012)의 이름을 따서 **플린 효과**(Flynn effect)라고 한다. 1932~1997년 사이에 미국 아동의 IQ는 20점 정도 향상되었는데(Howard, 2001) 이는 커다란 변화이다. 1932년에 IQ가 평균이었던 아동이 오늘날 기준으로 하면 평균보다 훨씬 떨어진다. 오늘날 아동의 절반이 1932년에는 적어도 IQ가 120으로 '우수한 지능'에 속하며, 오늘날 아동의 4분의 1이 1932년에 아동의 단지 3%에 해당하였던 '아주 우수한 지능'에 속한다(Horton, 2001). **그림 7.6**에서 볼 수 있듯이 비슷한 결과가 다른 나라에서도 발견되었다(Flynn, 1999, 2012).

영국
네덜란드
이스라엘
노르웨이
벨기에
IQ 점수의 중앙값
100 100 100 100 100
93
91
88.5
79
1942 1952 1962 1972 1982 1992

그림 7.6 플린 효과

선진국에서는 20세기 후반기에 IQ 점수가 증가하였다.
출처 : Flynn (1999)

플린 효과의 원인은 무엇일까? 이 원인은 유전적이기보다는 환경적인 것 같다. 인간 전집의 유전자가 이렇게 짧은 시간에 급격하게 변하지는 않는다. 그러면 20세기에 환경이 너무나 많이 변했기 때문에 IQ 점수가 놀랍게 향상되었을까? 여러 가지 가능성이 확인되었다

(Rodgers & Wanstorm, 2007). 20세기 초기보다 태내관리가 향상되었고, 태내관리가 잘되면 높은 IQ를 포함하여 지적발달이 더 향상된다. 가족의 크기도 20세기 초기보다 더 작아졌다. 1932년보다 더 많은 아동이 유치원에 다니고, 유치원은 어린 아동의 지적발달은 향상시킨다. TV의 등장이 플린 효과의 또 다른 원인이다. TV와 다른 미디어가 사회적 병폐의 원인으로 비난을 많이 받고 있지만 교육적 프로그램의 시청이 어린 아동의 지적발달을 돕는다는 증거가 많다(Scantlin, 2007).

최근에 아주 설득력이 있는 설명이 제안되었는데, 전염성 질병의 감소이다(Eppig et al., 2010). 크리스토퍼 에피그와 동료들은 뇌가 신체적 에너지를 많이 사용한다는 사실에 주목하였다. 신생아는 87%, 5세 아동은 50%, 성인은 25%이다. 전염성 질병은 신체의 면역체계를 활성화시켜서 신체에너지를 빼앗아가기 때문에 뇌가 빠르게 성장하고 발달하는 시기에 신체가 음식을 처리하는 것을 방해한다. 이러한 설명이 맞는다면 IQ와 전염성 질병 사이에는 부적 관계가 있어야 하는데, 113개국의 자료를 분석했을 때 이런 형태가 나타났다(**그림 7.7** 참조). 전염성 질병이 많을수록 국가의 평균 IQ가 낮았다. 플린 효과는 선진국에서는 주요한 전염성 질병이 사라졌기 때문에 나타나는지 모른다. 앞으로 개발도상국에서 전염성 질병이 감소하고 사라지게 된다면 플린 효과가 나타날지 모른다.

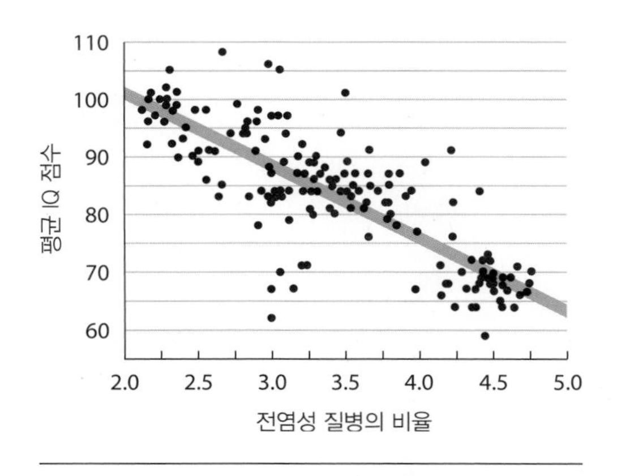

그림 7.7 IQ와 질병의 반비례 관계

이것이 플린 효과를 설명할 수 있을까?

출처 : Eppig et al. (2010)

지능에 대한 새로운 입장 : 가드너와 스턴버그의 지능 지능검사는 거의 100년 동안 아동의 지능발달 연구를 지배해왔다. 그러나 최근 수십 년 동안 지능에 대해 새로운 대안적 이론이 제안되었다. 이런 이론에서는 전통적 입장보다 훨씬 더 폭넓은 지능의 개념을 제안하고 있다. 하워드 가드너와 로버트 스턴버그가 가장 중요한 두 가지 대안적 입장을 제안하였다.

가드너(Gardner, 1983, 2004)의 **다중지능 이론**(theory of multiple intelligence)은 8개의 지능을 포함한다(**표 7.2** 참조). 가드너의 이론에서 단지 두 가지 지능, 즉 언어적 지능과 논리-수학적 지능이 지능검사에서 평가된다. 다른 지능은 공간적(삼차원을 생각하는 능력), 음악적, 신체운동적(체육선수와 무용수에게 뛰어난 능력), 자연주의적(자연현상을 이해하는 능력), 대인간(다른 사람을 이해하고 다른 사람과 상호작용하는 능력), 개인내(자신을 이해하는 능력) 지능이다. 가드너는 각 지능이 특이한 인지기술을 포함하고, 각 지능은 뇌의 특정 부위의 손상에 의해 파괴되고, 각 지능이 천재백치(일반지능은 낮지만 특정 영역에서 놀라운 능력을 소지한 사람을 지칭하는 프랑스어)나 천재같이 극단적인 사례에서 나타난다고 주장한다.

다중지능 이론 서로 구분되는 여덟 가지 지능이 있다는 가드너의 이론

표 7.2 가드너의 다중지능 이론

지능의 유형	기술
언어적	언어를 사용하는 능력
음악적	음악을 작곡하거나 연주하는 능력
논리적/수학적	논리적으로 생각하고 수학 문제를 푸는 능력
공간적	공간에서 물체의 방향을 이해하는 능력
신체적	속도, 민첩성과 대근육 통제
대인간	다른 사람에 대한 민감성과 다른 사람의 동기에 대한 이해
개인내	자신의 정서와 정서가 행동에 미치는 영향이 대한 이해
자연주의적	자연에서 발견되는 패턴을 인식하는 능력

음악적 능력은 일종의 지능인가?

가드너는 학교는 이 모든 지능에 더 관심을 기울여야 하고 각 아동의 지능 프로파일에 맞추어서 프로그램을 개발해야 한다고 주장하였다. 그는 여러 가지 지능을 평가하는 방법을 제안하였다. 사람들에게 노래를 부르게 하고, 악기를 연주하게 하거나 멜로디를 편곡하게 해서 음악지능을 평가하였다(Gardner, 1999, 2011). 그러나 가드너도 다른 누구도 그가 제안한 지능을 분석하기 위한 신뢰성 있고 타당한 방법을 개발하지 못했다. 가드너는 지능의 경계를 지나치게 확장했다는 비난을 받아왔다. 청소년이 놀라운 음악 능력을 보일 때 이는 음악적 지능일까? 아니면 단순히 음악재능일까? 가드너는 자신도 대니얼 골먼과 다른 사람들이 제안하였던 '정서지능'에 대해 아주 비판적이었다(Goleman, 1997). 그는 다른 사람에게 공감하고 협조하는 능력은 지능이 아니라 '정서적 민감성'이라고 주장하였다(Gardner, 1999). 그러나 가드너가 제안한 '대인간 지능'과 '개인내 지능'도 동일한 비판을 받을 수 있다. 가드너(Gardner, 2011)는 계속해서 자신의 이론과 평가방법을 개발하고 있다.

비판적으로 생각하기

당신은 가드너가 제안한 모든 지능이 서로 다른 종류라고 생각하는가? 그렇지 않다면 어떤 지능을 제거하겠는가? 더 추가하고 싶은 지능이 있는가?

스턴버그(Sternberg, 1983, 1988, 2002, 2003, 2005)의 **지능의 삼두 이론**(triarchic theory of intelligence)에는 서로 다르지만 관련이 있는 세 가지 형태의 지능이 포함되어 있다. **분석적 지능**은 IQ 검사에서 측정하는 유형의 지능으로 정보를 획득하고, 저장하고, 분석하고 인출하는 능력이다. **창의적 지능**은 정보를 새로운 방식으로 조합해서 새로운 생각, 아이디어와 문제해결 전략을 만드는 능력이다. **실용적 지능**은 정보를 일생생활에서 직면하는 문제에 적용하는 능력으로 사회적 상황을 평가하는 능력이 포함된다. 스턴버그는 세 가지 지능을 측정하는 지능검사를 개발하는 데 많은 노력을 기울였다. 이런 검사에는 문제 해결하기, 지식 적용하기, 창의적 전략 개발하기가 포함된다. 미국인에 대한 연구에서 스턴버그는 세 가지 지능의 프로파일은 사람마다 다름을 보여주었다(Sternberg, 2005, 2007). 그는 세 가지 지능이 보편적이고 모든 문화에서 지적수행에 영향을 미친다고 제안하였지만(Sternberg, 2005), 이때까지 이 이론은 미국 밖에서는 별로 검증되지 못했다. 스턴버그나 가드너의 검사는 심리학자들 사이에서 별로 사용되지 않고 있는데 일반적인 지능검사에 비해서 실시와 채점에 시간이 많이 걸리기 때문이다.

지능의 삼두 이론 지능을 구성하는 서로 다른 세 가지 요소가 있고 서로 관련되어 있다는 스턴버그의 이론

지능의 대안적 이론을 평가하는 데 있어서 중요한 문제는 지능의 정의이다. 지능을 단순하게 학교에서 성공하는 능력으로 정의한다면 지능을 개념화하고 측정하는 전통적 접근이 일반적으로 성공적이다. 그러나 지능을 인간의 모든 지적 능력으로 좀 더 폭넓게 정의하고자 한다면 전통적 접근은 너무 편협하고, 가드너나 스턴버그의 접근이 더 나을 것이다.

인지발달 : 언어발달

중기 아동기에 일어나는 언어발달은 인생의 초기처럼 뚜렷하지 않지만 여전히 인상적이다. 어휘 및 문법과 화용론에서 중요한 발달이 일어난다. 이중언어를 사용하는 아동은 언어발달에서 특수한 어려움을 경험하지만 어떤 면에서는 이득을 본다.

어휘와 문법 및 화용론

학습목표 7.8 중기 아동기에 일어나는 어휘와 문법 및 화용론의 발달을 기술한다.

5~7세에 학교에 들어가서 읽기를 시작하면 아동의 어휘는 이전 어느 때보다 더 확장된다. 아동들은 대화가 아니라 책에서 새로운 단어를 배운다. 6세에는 약 1만 단어를 알지만, 10~11세에는 그의 4배가 되는 4만 단어를 알게 된다(Fitneva & Matsui, 2015). 이러한 성장은 아동이 단어의 여러 가지 형태를 이해하는 능력이 증가하기 때문에 일어난다. *calculate*라는 단어의 의미를 학습한 아동은 이제는 *calculating*, *calculated*, *calculation*과 *miscalculation*을 이해한다(Anglin, 1993).

아동이 사용하는 언어는 중기 아동기에 문법적으로 더 복잡해진다. 예를 들어, 그들은 어린 아동보다 "내가 그 장난감을 가지고 놀게 해주면 내 점심을 너하고 나누어 먹을 거야"라는 **조건적 문장**을 더 많이 사용한다.

중기 아동기에는 **화용론**도 많이 발달한다. 화용론이란 언어의 사회적 맥락과 관습이다. 제6장에서 보았듯이 아동은 초기 아동기부터 화용론을 이해하기 시작한다. 예를 들어, 사람들이 하는 말과 의미하는 바가 항상 같지 않기 때문에 해석이 필요함을 이해한다. 그들은 "개에게 네 밥을 주지 말라고 내가 몇 번이나 말해야 하니?"라는 말은 산수 문제가 아니라는 사실을 이해한다. 그러나 중기 아동기에 화용론에 대한 이해가 상당히 많이 발달한다(Ishihara, 2014). 이는 아동의 유머 사용에서 잘 나타난다. 중기 아동기에 아동이 하는 유머에는 화용론의 기대를 위반하는 것이 많다. 예를 들어, 여기에 오랜 된 유머가 있는데 여덟 살에 이 유머를 처음 배웠을 때 내 아들은 폭소를 터뜨렸다.

남자 : "웨이터, 파리가 내 스프에서 무엇을 하고 있지요?"
웨이터 : "배영을 하고 있는 것 같은데요, 선생님."

이 이야기를 듣고 웃으려면 화용론을 이해해야 한다. 특히 "파리가 내 스프에서 무엇을 하고 있지요?" 하고 묻는 것은 "이 지저분한 파리를 어떻게 하겠습니까?"라는 의미이다. 화용론을 잘 이해하지 못한 웨이터는 이 말을 "파리가 어떤 행동을 하고 있나요?"로 해석했다. 당신이 화용론을 이해해서 첫 번째 반응을 기대하고 있었다면 두 번째 반응을 듣고 놀라서 웃게 될 것이다. 질문에 대해서 예상했던 의미를 예상하지 못했던 의미로 바꾸어서 이야기가 우습게 된 것이다.

화용론은 항상 문화와 연결되어 있다, 따라서 유머는 문화에 따라 달라진다. 언어의 화용론을 이해하려면 언어를 사용하는 사람들의 문화를 잘 이해해야 한다. 예를 들어, 많은 언어에는 두 가지 형태의 'you'가 있는데 하나는 (가족과 친한 친구처럼) 친밀한 애착이 형성된 관계에서 사용되고, 하나는 (고용인이나 학생처럼) 직업적이고 개인적 관계가 없는 낯선 사람과의 관계에서 사용된다. 두 가지 형태의 'you'를 언제, 누구에게 사용하는지를 알려고 하면 단순히 언어만이 아니라 어떤 사회적 상황에서 두 형태를 사용하는지에 대한 문화적 규범에 익숙해야 한다.

이중언어 사용

학습목표 7.9 이중언어가 인지발달에 미치는 영향을 설명한다.

세계적으로 두 언어를 사용하면서 성장하는 아동들이 증가하고 있다. 즉 그들은 **이중언어**(bilingual)를 사용한다. 이런 흐름에는 두 가지 이유가 있다. 첫째, 국가 간의 이동이 증가하면서 아동들은 일찍부터 두 가지 언어에 노출될 가능성이 더 커졌다. 집에서는 하나의 언어를 사용하고 집 밖에서는 친구, 교사

이중언어 두 종류의 언어를 사용할 수 있는 능력

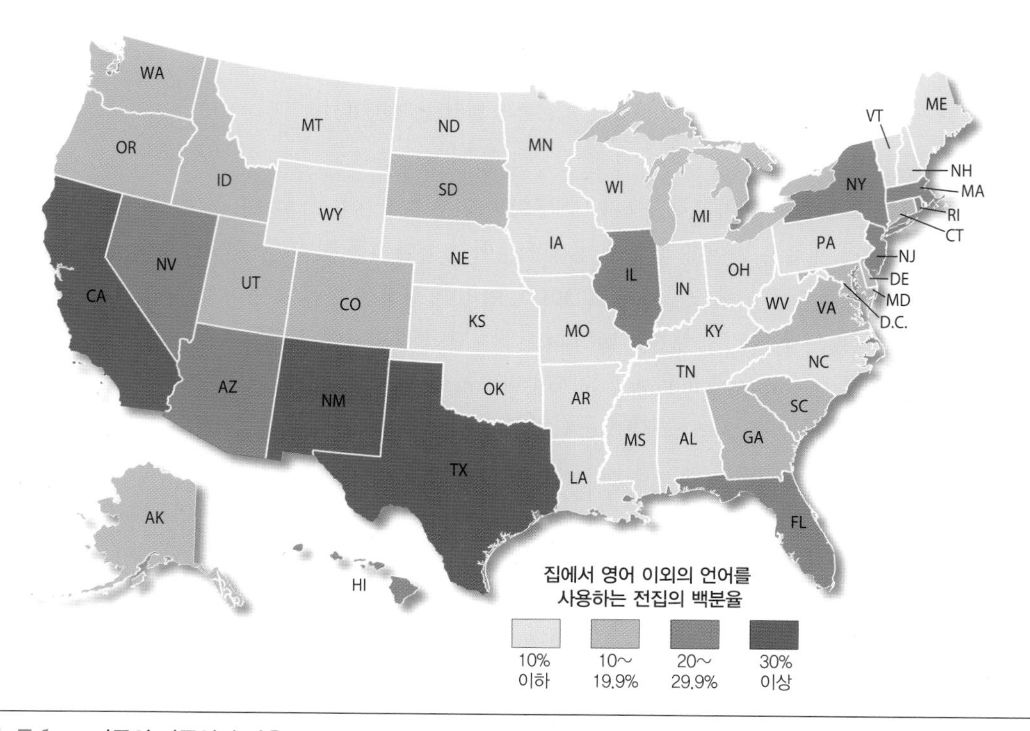

지도 7.1 미국의 이중언어 사용

어느 주에 이중언어를 사용하는 가족이 가장 많은가? 이것이 이런 주 내에서의 인종적 다양성과 어떤 관계가 있는가?

나 다른 사람들과 또 다른 언어를 사용한다. 둘째, 학교는 아동들이 나중에 국제경제에 참여하는 능력을 키워주기 위해서 제2언어를 가르칠 교사를 점점 더 필요로 하고 있다. 미국이 세계 경제에서 영향력이 가장 크기 때문에 영어는 세계에서 가장 많이 사용되고 있는 제2언어이다. 예를 들어, 중국에서는 모든 아동이 초등학교부터 영어를 배우기 시작한다(Chang, 2008). 최근에 미국으로 이민 오는 사람들이 많고 그들은 여러 가지 언어를 사용하기 때문에 미국 내에서도 이중언어를 사용하는 가정이 많다(**지도 7.1** 참조).

앞선 장에서 보았듯이 아동은 아주 쉽게 언어를 배울 수 있도록 준비되어 있다. 그렇지만 두 가지 언어를 배울 때에는 어떤 일이 일어날까? 두 가지 언어를 학습하는 것은 아동의 언어발달을 촉진할까? 방해할까?

대개 이중언어를 사용하는 것은 언어발달에 도움이 된다. 아동이 두 가지 언어를 배울 때에는 보통 각각의 언어를 능숙하게 사용한다(Baker, 2011; Ishihara, 2014). 제2언어를 배우는 것이 주 언어의 학습을 방해하지 않는다(Lessow-Hurley, 2005). 한 가지 작은 문제는 초기 아동기에 때로는 두 언어의 문법을 혼동할 수 있다는 점이다. 예를 들어, 스페인어에서는 문장에서 주어를 생략해도 문법적으로 틀리지 않는다. 그러나 스페인어를 사용하는 아동이 이 규칙을 영어에 적용한다면 문법적으로 틀리게 된다. 중기 아동기에 아동들은 일부러 특정 언어를 사용할 때 다른 언어의 단어를 혼합해서 '스페인식 영어'(스페인어와 영어의 혼합)나 '중국식 영어'(중국어와 영어의 혼합)를 만들기는 하지만 보통은 두 언어를 쉽게 분리할 수 있다.

아동들이 주 언어를 유창하게 사용하게 된 후에 제2언어를 배운다면 제2언어를 완전히 배우는 데에는 더 오래, 보통 3~5년 정도가 걸린다(Baker, 2011; Hakuta, 1999). 그럼에도 불구하고 다른 시기보다 초기와 중기 아동기에 배우는 것이 더 쉽다. 예를 들어, 한 연구에서 중국이나 한국에서 다양한 연령에 미국으로 이민 온 성인들의 영어문법지식을 검사하였다(Johnston & Newport, 1991). 초기나 중기 아동기에 미국에 온 사람들은 미국인과 비슷한 점수를 보였지만 중기 아동기 이후에 온 사람들은 미국에 늦게 왔을수록 문법지식이 더 부족하였다. 다른 연구에서는 약 12세 이후에 온 사람들은 억양 없이 새로운 언어를 배우지 못했다(Birdsong, 2006). 분명히 아동에게는 성인에게 없는 언어학습을 위한 생물학적 기초가 있지만 이런 능력은 아동기에서 성인기로 가면서 점점 감소한다.

많은 인도 아동은 여러 가지 언어를 배운다.

이중언어를 사용하는 데에는 여러 가지 이득이 있다. 이중언어를 사용하는 아동은 1개의 언어를 사용하는 아동보다 **상위언어기술**(metalinguistic skill)이 뛰어난데, 이는 그들이 언어의 근본적인 구조를 더 잘 알고 있기 때문이다(Schwartz et al., 2008). 한 연구(Oren, 1981)에서, 연구자들은 하나의 언어와 이중언어를 사용하는 4~5세 아동의 상위언어기술을 비교하였다. 아동에게 친숙한 물체에 무의미 단어(예 : dog 대신에 *dimp*, car 대신에 *wug*)를 사용하도록 지시하였고, 물체의 이름을 바꾸는 것의 의미를 물어보았다(개를 소라고 부르면 우유가 나올까?). 이중언어를 사용하는 아동이 하나의 언어를 사용하는 아동보다 상위언어지식이 더 우수하였다. 특히 그들은 무의미 단어에 문법적 규칙을 더 잘 적용하였고(one *wug*, two *wugs*), 단어가 물체를 나타내는 상징이라는 사실도 더 잘 이해하였다(개를 소라고 불러도 우유가 나오지 않는다). 또 다른 연구에서는 이중언어를 사용하는 아동이 하나의 언어를 사용하는 아동보다 문법적 오류와 의미상 오류를 더 잘 발견하였다(Baker, 2011; Bialystok, 1993, 1997). 이중언어를 사용하는 아동은 분석적 추론, 인지적 유연성같이 더 일반적인 인지 능력의 평가에서 더 높은 점수를 받았는데, 이는 이중언어를 사용하게 되면 일반적인 인지적 이득이 있음을 보여준다(Bialystok, 1999, 2001; Swanson et al., 2004). 인도 같은 국가에서는 많은 아동이 이중언어가 아니라 **다중언어**(multilingual)를 사용한다. 인도에는 1,000개가 넘는 토착언어가 있어서 아동은 처음에는 토착언어를 배운다(MacKenzi, 2009). 그다음에는 국가의 표준어인 힌두어를 배우고, 세계 경제에 참여하기 위해서 많은 아동은 영어도 배운다. 연구에 의하면 중기 아동기에 다중언어에 노출된 인도 아동은 상황에 맞추어서 적절한 언어를 유창하게 사용한다(Bhargava & Mendiratta, 2007). 예를 들어, 그들은 집에서는 토착언어를 사용하고, 학교에서는 친구와 힌두어를 사용하고, 학교에서 공부할 때에는 영어를 사용한다. 그러나 이런 언어의 다양성은 토착언어만 알고 학교에 들어와서 전혀 새롭고 친숙하지 않은 언어로 구성된 교육과정에 참여해야 하는 아동들의 학습을 저해할 수 있다(MacKenzie, 2009). 현재에는 일부 학교에서는 초기 단계의 교육과정에서는 토착언어를 사용하고 나중에 힌두어나 영어를 소개하고 있지만 어떤 학교에서는 아동이 세계 경제에 참여할 수 있도록 준비시키기 위해서 처음부터 영어를 강조한다.

인지발달 : 중기 아동기의 학교

오늘날 세상의 거의 모든 곳에서 중기 아동기가 되면 아동의 매일의 생활은 학교를 중심으로 돌아간다. 학교에서 아동은 인지기술, 특히 읽기와 산수를 배우기 시작하는데, 이 기술은 성인이 되어서 경제적 활동에 참여할 수 있게 해준다.

상위언어 기술 언어 이해에서 언어에 깔려 있는 구조를 인식하는 기술

다중언어 3개나 그 이상의 언어를 사용하는 것

학교경험과 성취

중기 아동기의 취학 및 사회화 방법과 학업성취에서의 문화적 차이를 요약한다.

중기 아동기에 누구나 학교에 가는 곳에서 성장한 사람들은 항상 그런 것처럼 생각하기 쉽다. 실제 많은 발달심리학자들은 아동이 6~7세가 되면 학교에 가는 것이 자연스럽고 보편적이며 불가피한 것처럼 중기 아동기의 아동을 '학령기 아동'이라고 부르기도 한다. 그러나 대부분의 국가에서 학교에 가는 것이 아동의 일상적인 삶의 일부가 된 것은 200년도 채 되지 않았다. 예를 들어, 미국에서 1800년 이전에는 약 절반 정도의 아동이 학교에 다녔고, 이들도 단지 몇 년 동안만 다닌 것으로 추정된다(Rogoff et al., 2005). 산업화로 문해력이 필요한 직업들이 생겨났으며 많은 사람들이 농촌에서 도시로 몰려들면서 19세기에 취학률이 서서히 증가하였고, 1900년에는 대부분의 아동이 몇 년의 교육을 받았다. 19세기 후반에는 농장에서 아동의 노동력이 필요하지 않은 겨울 몇 달 동안에 교육이 이루어져서 학교 다니는 기간이 아주 짧았다. 1870년에 아동은 1년에 78일 정도 학교에 다녔고 학급에는 다양한 연령의 아동들이 섞여 있었다.

오늘날에는 학교에 가는 것이 중기 아동기의 생활의 일상적인 부분이 되었지만 **그림 7.8**에서 볼 수 있듯이 여전히 보편적이지 않다(UNICEF, 2014). 대부분의 개발도상국에서는 6~10세 아동의 약 18%가 초등학교에 다니지 않고 사하라 사막의 남쪽 지역에서는 6~10세 남아의 23%와 여아의 21%가 학교에 다니지 않는다. 그러나 모든 개발도상국에서 최근 수십 년 사이에 초등학교 취학률이 빠르게 증가하고 있다.

많은 개발도상국에서 중기 아동기의 삶이 학교를 중심으로 빠르게 변하고 있다(Gaskins, 2015). 예를 들어, 바바라 로고프는 과테말라의 한 마을에서 30년 동안 문화기술적 연구를 수행해왔다. 한 세대 동안에 아동의 경험이 많이 변했다(**표 7.3** 참조, Rogoff et al., 2005). 예를 들어, 대부분의 어머니들이 어렸을 때에는 베를 짰었지만 요즘에는 여아가 베를 짜지 않는다. 동생을 돌보아주는 남아의 비율도 한 세대 동안 53%에서 7%로 감소하였다. 농장 일을 돕는 남아의 비율도 부모세대에서 현재 세대로 오면서 감소하였다. 요즘에는 아동이 대부분의 시간을 학교에서 보내기 때문에 여아는 더 이상 베를 짜지 않고, 남아는 더 이상 농장 일을 하지 않는다.

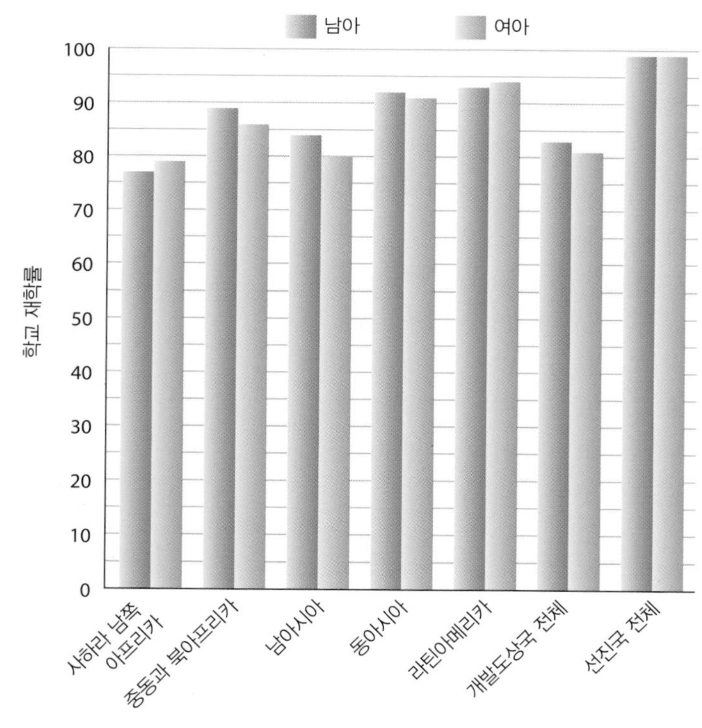

그림 7.8 세계 여러 지역의 초등학교 재학률

초등학교에 다니는 것은 일반적이지만 전 세계적으로 보편적이지는 않다.
출처 : Based on UNICEF (2014)

아동생활의 중심이 일에서 학교로 변하면서 아동의 포부도 변했다. 부모세대는 6학년 이상 교육을 받을 것으로 생각하지 않았다. 오늘날에는 약 4분의 3의 아동이 6학년 이상의 교육을 받고, 절반 정도는 12학년 이상이 교육을 받을 것으로 생각한다. 오늘날의 남아와 여아는 앞으로 회계사, 교사, 목사와 의사 같이 그들의 부모가 상상했던 것보다 더 다양한 직업을 가질 것으로 예상된다.

많은 연구에서 미국의 학교와 일본, 중국과 한국 같은 아시아의 학교를 비교하였다. 이런 아시아 국가들은 2000년 전부터 교육의 중요성과 가치를 강조하는 문화적 전통을 가지고 있다. 이런 국가의 사람들은 교육적 성공을 열심히 노력한 결과로 생각하고, 어떤 아동도 열심히 하면 성공할 수 있다고 여기기 때문에 모든 아동에 대한 기대 수준이 높다(Stevenson et al., 2000; Sun et al., 2013). 아시아계 미국인 가족도 동일한 신념을 가지고 있다(Fuligni et al., 2013). 대조적으로 대부분의 미국인들은 교육적 성공은 타고난 능력의 결과이므로 아동이 잘하지 못할 때에는 그들이 할 수 있는 일이 별로 없다고 생각한다. 또 다른 차이는 아시아 아동은 학업을 위한 노력이 자신만을 위한 것이 아니라 가족에 대한 도덕적 책임이라고 본다는 점이다(Sun et al., 2013). 대조적으로 미국 아동은 학업성취를 개인적 성공의 지표라고 생각한다.

표 7.3 한 세대에 일에서 학교로 : 과테말라 아동과 부모

	부모 %	아동 %
베 짜기를 배우는 여아	87	0
어린 동생을 돌보는 것을 배우는 남아	53	7
농장 일을 하는 남아	57	36
6학년 이상의 교육을 기대(남아)	7	71
6학년 이상의 교육을 기대(여아)	3	76
성인처럼 베 짜기를 기대(여아)	43	15
성인처럼 농장일 하기를 기대(남아)	77	22

출처 : Based on Rogoff et al. (2005)

아시아 학교의 여러 측면이 복종과 협동을 강조하는 집단주의 문화적 신념을 보여준다. 아동은 교복을 입는데, 이러한 고전적인 **문화복합체**(custom complex; 제1장 참조)는 개성을 약화시키고 집단에 대한 동조를 강조한다. 아동들은 학교의 청결과 질서유지를 도와야 하는데, 이 또한 공동체의 행복에 기여해야 한다는 집단주의 문화적 가치를 강조하는 것이다. 더구나 아동은 집단으로 공부하는 경우가 많아서 개념을 완전히 이해한 학생이 그렇지 못한 학생을 지도해야 한다(Shapiro & Azuma, 2004). 대조적으로 미국 아동은 교복을 입지 않고(일부 사립학교를 제외하고) 학교의 유지와 관리에 참여하지 않으며, 혼자서 공부하는 시간이 더 많다(Stevenson & Zusho, 2002).

미국과 아시아 학교의 매일의 일정과 1년의 일정에는 중요한 차이가 있다. 아시아 아동은 미국 아동보다 학교에서 더 오랫동안 공부를 한다. 미국 아동이 학교에서 공부하는 시간은 중국과 일본 아동의 절반 정도이고 학교에서 미술, 음악과 스포츠에 더 많은 시간을 할애한다(Shapiro & Azuma, 2004). 아시아 국가들은 하루의 수업시간과 1년의 수업일수도 더 길다. 미국의 1년의 수업일수는 180일이지만 한국은 220일이고 중국은 245일이다(Luckie, 2010).

이와 같은 학교사회화와 구조의 차이가 아동의 학업수행과 관계가 있을까? 최근에는 정기적으로 여러 국가의 학업수행을 비교하는 좋은 연구들이 이루어지고 있다. 예를 들어, 국제읽기연구(Progress in International Reading Literacy Study, PIRLS)와 국제수학 및 과학 연구(Trends in Mathematics and Science Study, TIMSS)이다. 이런 연구의 결과에 의하면 4학년의 학업수행은 문화적 신념과 교육적 실천의 차이보다 국가의 경제적 수준과 주로 관계가 있는 것 같다(NCES, 2013). 학업수행이 가장 높았던 국가들은 교육 프로그램이 아주 다양하였지만 동시에 경제적 수준이 높았다. 따라서 그들은 바람직한 양육, 질 좋은 유치원 교육, 재원이 충분한 초등교육과 같이 학업수행을 높여주는 자원을 충분하게 보유하고 있다.

국가 내에서도 가족의 경제력에 따라서 아동의 학업수행의 차이가 크다. 미국의 학교는 연방정부가 아니라 주정부의 재산세로 지원을 받기 때문에 이런 경향이 특히 더 심하다. 그 결과, 부유한 사람은 더 부유해지고 가난한 사람을 더 가난해진다. 아주 극빈한 지역에 있는 학교는 가난한 가정의 아동에게 제공할 자원이 너무 부족하고, 아주 부유한 지역에 있는 학교는 자원이 너무 많다. 이런 학교에 다니는 부유한 가정의 아동은 혜택을 더 많이 받는다. 시

아시아의 많은 국가의 아동은 교복을 입는다. 교복을 입는 것이 어떻게 문화복합체일까?

문화 초점 : 여러 문화의 중기 아동기 학교와 교육

초등학교에 다니는 것은 중기 아동기의 보편적인 경험이 되었다. 그러나 어떤 국가에서는 가족이 경제적으로 생존하기 위해서 아동의 노동력이 절대적으로 필요하기 때문에 많은 아동은 단지 몇 년 동안만 학교에 다닌다.

모든 초등학교는 아동에게 읽기, 쓰기와 산수를 가르치지만 가르치는 방법과 가르치는 내용에는 큰 차이가 있다.

최근까지 여아보다 남아가 학교를 많이 다녔다. 많은 국가에서는 학교에 다니려면 학비를 내야 하기 때문에 일부 가난한 가정에서는 극도로 제한된 자원을 남아를 교육하는 데 사용한다. 남아가 교육을 받는 것이 가족에게 더 도움이 된다고 생각하기 때문에 여아는 교육을 받지 못하는 경우가 많았다. 그러나 최근에는 이런 성에 따른 차이가 사라졌고, 남아와 여아가 비슷하게 초등학교 교육을 받는다(UNICEF, 2014).

스템이 이렇기 때문에 학업성취검사에서 저소득층 가정의 아동이 고소득층 가정의 아동보다 낮은 점수를 받는 것은 어쩌면 너무 당연한 일이다(NCES, 2013). 마찬가지로 미국에서 가장 부유한 주가 학업성취검사의 점수가 가장 높았고, 가장 가난한 주가 학업성취검사의 점수가 가장 낮았다.

학교인지기술의 학습 : 읽기와 산수

초기와 중기 아동기에 일어나는 읽기와 산수기술의 발달과 이런 기술을 지도하는 여러 가지 방법을 기술한다.

대부분의 문화에서 중기 아동기는 아동이 처음으로 읽기와 수학을 배우는 시기이다. 그러나 이런 기술을 가르치는 시기와 방법은 문화 간 또는 문화 내에서 차이가 많다.

읽기에 대한 접근 아동은 가르치거나 지도하지 않아도 단지 언어를 사용하는 사람들 주변에 있고, 그들과 상호작용을 하면 언어를 배우게 된다. 그러나 중기 아동기에 오면 아동은 언어를 처리하는 새로운 방식, 즉 읽기를 배워야 한다. 대부분의 아동들은 직접적인 지도를 통해서 읽기를 학습한다. 읽기학습은 인간의 역사에서 비교적 최근에 일어난 변화이다. 약 200년 전만 하여도 대부분의 사람들은 일생 동안 글을 읽지 못했다. 예를 들어, 1800년대의 미국에서는 군인들 가운데 절반 정도만이 징집서류에 자신의 이름을 사인할 수 있었다(Rogoff et al., 2005). 대부분의 인간의 경제적 활동은 단순한 농업, 수렵 또는 어업이었기 때문에 읽기가 꼭 필요하지 않았다. 그들은 다른 사람들을 관찰하고 그들 옆에서 일하면서 유도된 참여를 통해 필요한 것을 학습하였다. 물론 오늘날같이 경제가 세계화되고 정보에 기초한 시대에는 모든 문화에서 읽기학습이 경제활동에 가장 중요한 기술이다. 따라서 거의 모든 곳에서 아동이 6~7세가 되어 학교에 들어가면서 읽기를 배우기 시작한다.

읽기에 필요한 기술을 잠깐 생각해보라. 그러면 읽기가 얼마나 어렵고 복잡한 일인지를 느낄 것이다. 읽기 위해서는 글자가 소리의 상징임을 알고, 말소리를 각 글자나 글자의 조합과 연결해야 한다. 전체 단어의 의미를 알아야 한다. 처음에는 1~2개, 그다음에는 수십 개, 수백 개, 마침내 수천 개의 의미를 알아야 한다. 문장을 읽을 때 개별 단어나 단어조합의 의미를 작업기억에 유지하면서 나머지 부분을 읽어야 한다. 문장의 말미가 되면 모든 단어와 구의 의미를 동원해서 문장의 전체 의미를 만들어야 한다. 그러고 나서 문장을 절로 조합하고 문장들 간의 관계에서부터 절의 의미를 파악해야 한다. 다음에는 절을 조합해서 더 큰 의미를 파악해야 한다.

너무 오랫동안 글을 읽어왔기 때문에 이제는 이런 과정이 자연스럽게 이루어진다. 글을 구성하는 부분들에 대해 생각하지 않고도 읽기라는 복잡한 인지과제가 자동적으로 수행된다. 그러나 읽기를 처음으로 배우기 시작하는 아동에게 읽기를 가르치는 최고의 방법은 무엇일까? 오랜 세월 동안 교육학 연구에서 두 가지 방법이 나타났다. **파닉스 접근**(phonics approach)에서는 아동에게 단어를 파닉스라고 부르는 말소리의 구성 요소로 분절하고, 이들을 단어로 통합하는 방법을 강조한다(Gray et al., 2007). 이런 접근에서 읽기란 천천히 더 복잡한 단위를 학습하는 과정이다. 처음에는 파닉스, 다음에는 개별 단어, 다음에는 짧은 문장, 다음에는 좀 더 긴 문장으로 나아간다. 파닉스를 완전히 학습하고 나서 간단한 단어와 문장을 읽고 시와 이야기 같은 더 긴 글을 읽기 시작한다.

다른 접근은 **전체언어 접근**(whole-language approach)이다(Donat, 2016). 이 입장에서는 각 단어를 가장 작은 단위로 분절하는 것보다 전체 구절 안에서 단어의미를 강조한다. 이 접근에서는 시, 이야기, 관련된 항목의 목록같이 완전한 읽기자료를 사용하여 읽기를 지도해야 한다고 주장한다. 아동이 단어의미를 모를 때에는 글의 맥락을 사용하여 단어의미를 추론하게 한다. 글이 재미있고 흥미로우면 아동은 읽고 싶은 마음이 생기고 그들이 모르는 단어의 의미를 학습하고 기억하게 될 것이다.

어느 입장이 더 나을까? 각 입장에는 지지자가 있지만 증거에 의하면 파닉스 접근이 처음으로 읽기를 배우는 아동에게 가장 효과가 있었다(Beck & Beck, 2012). 다른 접근으로 읽기를 배웠고, 읽기가 뒤떨어진 아동도 파닉스 접근을 사용하면 상당히 변화를 보였다(Shawitz et al., 2004; Xue & Meisels, 2004). 그러나 일단 아동이 읽을 수 있게 되면 그 후에는 파닉스 접근에 글의 더 큰 의미를 강조하고 역사, 과학 같은 학교교과와 관련된 자료를 사용하는 전체언어 접근을 더하면 도움이 될 수 있다(Pressley et al., 2002; Silva & Martine, 2003).

읽기학습이 인지적으로 어렵지만 대부분의 아동은 3학년이 되면 읽을 수 있게 된다(Popp, 2005). 그러나 어떤 아동에게는 읽기가 아주 어렵다. **난독증**(dyslexia)에서는 읽기학습이 어려운데, 글자를 소리를 내어 읽을 수 없고 단어의 철자법을 배울 수 없으며 단어 안에 있는 글자의 순서를 잘못 알아보는 경향을 보인다(Snowling, 2004; Spafford & Grosser, 2005). 난독증은 가장 흔한 **학습장애**(learning disability) 가운데 하나로, 학습장애는 읽기나 수학 같은 특정한 학습기술의 발달을 방해하는 인지적 장애이다. 다른 학습장애와 마찬가지로 난독증이 있는 아동은 다른 아동보다 지능이 낮지는 않다. 그들의 인지적 문제는 읽기기술에 한정된다. 아직 난독증의 원인을 잘 모르지만 남아가 여아보다 3배 정도 더 많은데, 이는 Y 염색체와 관련된 유전적 문제일 가능성을 보여준다(Hensler et al., 2010; Vidyasagar, 2004).

수학기술 학습하기 수학기술의 발달보다 읽기의 발달이 훨씬 더 많이 연구되어왔다(Berch & Mazzocco, 2007). 그럼에도 불구하고 수학발달의 흥미로운 측면이 밝혀졌다. 하나는 인간이 아닌 일부 동물에게도 문해력이 문어의 의미에 대한 이해를 말하는 것처럼 수의 의미에 대한 이해를 말하는 **수리력**(numeracy)에 대한 초보적 인식이 있다는 점이다(Posner & Rothbart, 2007). 쥐에게 전체 길이가 동일한 2개의 소리배열과 8개의 소리배열을 구별하도록 가르칠 수 있었다. 원숭이는 0에서 9까지 숫자가 서로 다른 양의 보상을 나타낸다는 사실을 학습할 수 있었다. 인간 영아에서는 수감각이 놀라울 정도로 일찍 나타난다. 1개의 장난감을 보여주고 스크린 올리고 다른 장난감을 더한 다음에 스크린을 내렸을 때 6개월 영아들은 1개나 3개의 장난감이 있으면 2개가 있을 때보다 더 오래 바라보고 놀라는 것처럼 보였다.

걸음마기에서 중기 아동기에 수학기술은 언어와 읽기기술과 비슷하게 발달한다(Doherty & Landells, 2006). 아동은 언어가 급격하게 발달하는 2세경에 수를 세기 시작한다. 그들은 처음으로 글자를 읽기 시작하는 5세경에 간단한 더하기와 빼기를 시작한다. 중기 아동기에 읽기를 점점 더 잘하게 되면서 수학기술도 발달해서 더하기와 빼기뿐 아니라 곱하기와 나누

파닉스 접근 단어를 몇 개의 파닉스로 분절한 다음 그 파닉스를 조합하여 단어를 만드는 식으로 지도하는 읽기 교수법

전체언어 접근 단어를 최소의 요소로 분절하기보다는 전체 구절에서 그 의미를 파악하도록 초점을 두는 읽기교육 방법

난독증 글자를 읽고 단어의 철자를 파악하는 데 어려움이 있고, 단어에 있는 철자의 순서를 잘못 파악하는 경향을 지닌 학습장애

학습장애 읽기와 산수 같은 구체적 기술의 학습을 저해하는 인지적 장애

수리력 수의 의미를 이해하는 것

거리에서 물건을 파는 아동은 물건의 거래에서 산수를 배운다. 한 소년이 브라질의 리우데자네이루의 공원에서 캔디를 팔고 있다.

기를 하게 되고 수학 문제를 푸는 속도도 빨라진다(Posner & Rothbart, 2007). 읽기학습에 어려움이 있는 아동은 수학기술의 학습에도 어려움이 있다.

문화에 따라서 수학을 가르치는 시기와 방법이 달라서 수학학습의 속도에 차이가 난다. 한 연구에서 중국, 핀란드와 영국 5세 아동을 비교하였다(Aunio et al., 2008). 중국 아동의 점수가 가장 높았고 그다음은 핀란드, 영국의 순서였다. 연구자들은 이런 차이가 수학을 어떻게 가르치고 얼마나 강조하느냐와 관계가 있다고 보았다. 중국 아동은 유치원에서부터 수학을 배웠고 중국에서는 수학을 미래의 학습과 성공의 기초로서 아주 중요하게 여긴다. 대조적으로 영국에서는 초등학교에 갈 때까지 아동이 수학을 배울 준비가 되지 않았다고 생각해서 유치원에서 수학을 거의 가르치지 않는다.

대부분의 아동은 학교에서 수학기술을 학습하지만 때로는 실생활 장면에서 더 효과적으로 학습한다. 브라질의 길거리에서 물건을 파는 아이에 대한 연구에서 제프리 색스(Saxe, 2002)는 이들이 캔디를 팔 때에는 복잡한 계산을 한다는 사실을 발견했다. 학교에 다니는 아동도 있었고 다니지 않는 아동도 있었다. 학교에 다니는 아동의 산수기술이 더 나았지만 길에서 캔디를 파는 데 필요한 기술에는 차이가 없었다.

3절 정서와 사회성 발달

학습목표

7.12 중기 아동기의 정서적 자기조절과 이해의 중요한 특징을 기술한다.

7.13 자기에 대해 생각하는 여러 가지 방식이 문화적 신념과 관계가 있는지를 설명하고, 자기개념과 자기존중감이 아동기에 어떻게 변하는지를 요약한다.

7.14 중기 아동기에 성에 대한 신념과 행동이 어떻게 변하는지와 문화적 차이를 기술한다.

7.15 중기 아동기 가족관계의 특징을 설명하고 부모의 이혼과 재혼의 영향을 기술한다.

7.16 중기 아동기 우정의 중요한 기초를 설명하고, 또래관계에서 네 가지 사회적 지위 및 집단괴롭힘의 가해자와 피해자 사이의 역동을 기술한다.

7.17 중기 아동기에 아동이 하는 일의 종류를 기술하고 선진국과 개발도상국에서 일의 형태가 어떻게 차이가 나는지를 설명한다.

7.18 세계 아동의 일일 TV 시청시간을 밝히고, TV의 긍정적 영향과 부정적 영향, 특히 TV 폭력성과 관련된 위험을 기술한다.

정서와 사회성 발달 : 정서와 자아 발달

중기 아동기에는 정서적 자기조절이 발달하고 극단적인 정서는 별로 경험하지 않는다. 문화적 맥락에 달려 있기는 하지만 자기이해와 자기존중감이 발달한다. 성역할에 대한 이해도 발달하지만 어떤 면에서는 성역할에 대해 더 엄격해진다.

정서적 자기조절의 발달

학습목표 7.12 중기 아동기의 정서적 자기조절과 이해의 중요한 특징을 기술한다.

중기 아동기는 인생에서 특별하게 행복한 시기이다.

중기 아동기는 어떤 면에서 볼 때에는 정서적 황금기로, 아동이 아주 행복하고 덜 변덕스럽다. 영아기, 걸음마기와 초기 아동기에는 감정의 기복이 아주 심하다. 어렸을 때에는 자주 울음을 터트리거나 화를 내지만 중기 아동기에는 그런 부정적 정서의 빈도는 상당히 감소한다(Shipman et al., 2003). 부정적 정서는 청소년기에 다시 증가하지만 중기 아동기에는 극단적으로 부정적인 정서는 별로 느끼지 않는다.

중기 아동기의 정서에 대해서 리드 라슨과 동료들이 **경험표집법**(experience sampling method, ESM)을 사용하여 수행한 연구가 중요한 정보를 제공해 준다(Larson & Richards, 1994; Larson et al., 2002; Richards et al., 2002). ESM에서는 사람들에게 팔목에 무선호출장치를 차도록 하고 하루 동안 호출이 있을 때마다 그 당시의 자신의 생각, 감정과 행동을 기록하게 하였다. 호출이 올 때마다 참가자는 그 당시에 얼마나 행복하게 또는 불행하게 느끼는지, 즐거운지 또는 짜증이 나는지, 다정한지 또는 분노를 느끼는지, 얼마나 바쁘고 피곤하고 경쟁적으로 느끼는지의 정도를 평정하게 하였다. 라슨 연구는 청소년에게 관심이 있었다. ESM에 대해서는 제8장에서 더 상세하게 논하겠다. 이 연구에는 중기 아동기에서 청소년기 사이에 일어나는 정서적 변화를 기술하기 위해서 중기 아동기도 포함되어 있다.

중기 아동기에 대한 ESM 연구의 전체적 결론은 이 시기에는 만족감과 정서적 안정감이 아주 크다는 점이다(Larson & Richard, 1994). 호출이 왔을 때 중기 아동기 아동의 28%가 '아주 행복하다'고 보고했는데, 이는 청소년이나 성인보다 훨씬 더 높은 비율이었다. 이 시기의 아동은 대개 '아주 즐거운 인생'을 살고 있는데 일종의 순진한 행복을 누리고 있다(Larson & Richards, 1994, p. 85). 물론 그들도 때로는 슬프거나 화를 내지만 대개 부모에게 야단을 맞거나 게임에서 지는 것처럼 "빠르게 지나가서 곧 잊어버리는 구체적이고 직접적인 사건" 때문이었다(p. 85).

정서적 자기조절은 초기 아동기에서 중기 아동기로 가면서 발달하는데 이는 부분적으로는 환경의 요구 때문이다(Geldhof et al., 2010). 중기 아동기는 새로운 맥락으로 들어가는 시기이다. 초등학교, 시민단체(보이스카우트와 걸스카우트), 스포츠 팀, 음악 동아리 등이다. 이런 맥락에서는 정서조절이 필요하다. (자신이 좋아하거나 싫어하거나) 아동은 지시받은 대로 행동해야 하고, 순서를 기다려야 하며, 다른 사람과 협동해야 한다. 극단적인 정서표현은 집단의 기능을 방해하므로 금지된다. 대부분의 아동은 중기 아동기가 되면 이런 요구에 순응할 수 있게 된다.

정서이해도 초기 아동기에서 중기 아동기로 가면서 더 발달한다. 아동은 자신과 타인의 정서를 더 잘 이해할 수 있게 된다. 그들은 **양가감정**(ambivalence)으로 알려진 정서 상태, 즉 서로 상반되는 두 가지 정서를 동시에 느낄 수 있다는 사실을 이해한다(예 : 팀이 게임에 이겨서 행복하면서도 제일 친한 친구의 팀이 졌기 때문에 슬프기도 하다)(Pons et al., 2003). 그들은 또한 의도적으로 정서를 숨기는 것을 학습한다(Saarni, 1999). 이로 인해서 아동은, 예를 들어 생일에 자신이 원하지 않는 선물을 받고 감사하는 것처럼 사회적으로 용납되는 정서를 보이게 된다. 아시아 문화에서는 중기 아동기가 되면 아동이 '체면(face)'의 개념을 배우게 되는데, 체면이란 실제 자신이 느끼는 정서와는 관계없이 다른 사람에게 적절하

경험표집법(ESM) 사람들에게 대략 일주일 정도 호출기를 달게 하고 하루 중 무작위로 정해진 시간에 울려 그 순간에 자신의 다양한 경험의 특징을 기록하는 연구 방법

양가감정 동시에 서로 모순되는 두 가지 정서를 경험하는 정서적 상태

자기개념 자신에 대한 지각과 평가

사회적 비교 지위, 능력, 성취와 관련하여 자신을 타인과의 관계에서 판단하는 방식

고 기대되는 정서를 표현하는 것을 말한다(Han, 2011).

아동이 자신의 정서를 억누르거나 감추게 되는 것처럼 그들은 다른 사람도 실제와 다른 정서를 나타낼 수 있다는 사실을 이해하게 된다(Saarni, 1999). 다른 사람의 정서에 대한 아동의 이해는 공감 능력의 발달에서도 나타난다(Goldstein & Winner, 2012; Hoffman, 2000). 중기 아동기가 되면 아동은 인지적으로 조망수용을 더 잘하게 되고, 다른 사람이 사건을 바라보는 관점을 이해하는 능력은 다른 사람이 어떻게 느끼는지를 이해하는 능력도 발달시켜준다.

자기이해

자기에 대해 생각하는 여러 가지 방식이 문화적 신념과 관계가 있는지를 설명하고, 자기개념과 자기존중감이 아동기에 어떻게 변하는지를 요약한다.

중기 아동기에 아동들은 자신을 다른 사람과 더 정확하게 비교한다.

사회학자인 조지 허버트 미드(Mead, 1934)는 객관적 자아(I-self, 우리가 다른 사람이 우리를 어떻게 본다고 믿는지)와 주관적 자아(me-self, 우리가 자신을 어떻게 보는지)를 구분하였다. 객관적 자아와 주관적 자아는 중기 아동기에 중요한 측면에서 변화한다. 주관적 자아를 먼저 이야기하고 나서 객관적 자아에 대해서 이야기하고 자기개념의 문화적 기초에 대해 살펴보겠다.

자기개념 우리의 **자기개념**(self-concept), 즉 우리가 자신을 어떻게 보고 평가하는지는 중기 아동기에 많이 변한다. 자기개념은 외면적에서 내면적으로, 신체적에서 심리적으로 변한다(Lerner et al., 2005; Marsh & Ayotte, 2003; Rosenberg, 1979). 7~8세가 되면 대부분의 아동은 자신을 주로 외면적이고 구체적이고 신체적인 특징으로 기술한다("내 이름은 모나야. 나는 일곱 살이야. 내 눈은 갈색이고 머리는 짧고 검은색이야. 나는 동생이 둘 있어."). 그들은 자신의 특별한 소유물을 말하기도 하고("나는 자전거를 가지고 있어.") 자신이 좋아하는 활동을 말하기도 한다("나는 춤추는 것을 좋아해.", "나는 축구하는 것을 좋아해."). 중기 아동기가 되면 더 내면적이고, 심리적이고, 성격적인 특성으로 자신을 기술한다("나는 부끄럼이 많아.", "나는 친절해.", "나는 다른 사람을 돕고 싶어."). 그들은 또한 자신들의 특징이 아닌 것도 말한다("나는 미술이 싫어.", "나는 수학을 잘 못해."). 중기 아동기 말기가 되어서 자신이 상황에 따라서 달라진다는 사실을 인식하면서 자신에 대한 기술이 점점 더 복잡해진다(Harter, 2003)("나는 대체로 다른 사람들과 잘 어울리지만 가끔 성질을 부려.").

중기 아동기에 자기개념에서 일어나는 또 다른 중요한 변화는 더 정확한 **사회적 비교**(social comparison)를 통해서 자신을 기술한다는 점이다(Guest, 2007). 6세에는 자신을 "나는 수학을 잘해"라고 기술하지만 9세에는 "우리 반에 나보다 수학을 약간 잘하는 아이가 몇 명되기는 하지만 나는 대부분의 다른 아이들보다 수학을 잘해"라고 기술한다. 이러한 사회적 비교는

앞선 장에서 논하였던 서열화의 인지 능력이 발달한 결과이다. 막대를 짧은 것에서부터 긴 것으로 정확하게 배열하는 것처럼 아동은 자신의 능력을 다른 아이와 비교하여 더 정확하게 순위를 매길 수 있게 된다. 학교에서 연령에 따라 학년을 결정해서 아동이 대부분의 시간을 자신과 나이가 같은 아동들과 보내기 때문에 사회적 비교가 더 심해진다. 교사들은 성적으로 아동들을 비교하고, 아동들은 누가 읽기, 수학을 더 잘 하고 더 못하는지를 알게 된다.

자기개념은 연령뿐 아니라 사회적 맥락의 영향도 받는다. 미국 같은 다문화 사회에서는 주류 문화의 견해가 소수 문화의 아동이 자신을 어떻게 생각하는지에 영향을 미칠 수 있다. 1940년의 고전적 연구에서 아프리카계 미국인과 백인 아동들에게 흑인과 백인 인형을 주고 같이 놀 친구를 선택하게 하였는데 대부분의 흑인 아동들도 백인인형을 선택하였다(Clark & Clark, 1947). 더구나 두 집단의 아동들은 백인인형은 '좋은' 인형이고 흑인인형은 '나쁜' 인형이라고 선택하는 경향을 보였다. 최근의 연구에서도 아동들은 여전히 검은 피부는 '나쁘고', 흰 피부는 '좋다'고 선택하였다(Byrd, 2012).

자기존중감 개인이 느끼는 자신에 대한 전반적 가치감과 안녕감

자기존중감 **자기존중감**(self-esteem)은 개인의 가치와 행복에 대한 전체적 느낌이다. 지난 50년 동안 미국 사회에서 자기존중감에 대해 많은 연구가 이루어졌다. 서양 국가 중에서도 미국 사람은 다른 국가의 사람보다 자기존중감을 더 중요하게 여긴다. 예를 들어, 전통적인 일본 문화에서는 자기비판이 미덕이고 높은 자기존중감은 문제이다(Heine et al., 1999). 높은 자기존중감에 대한 믿음은 미국 개인주의의 일부이다(Bellah et al., 1985; Rychlak, 2003).

자기존중감은 전통적 사회에서는 초기 아동기에서 중기 아동기로 가면서 약간 감소한다. 왜냐하면 아동이 학교에 들어가면서 매일 사회적 비교를 경험하기 때문이다(Lerner et al., 2005; Wigfield et al., 1997). 자기존중감의 감소는 심하지 않고 아동이 자신과 다른 사람을 비교하고 교사의 평가를 받으면서 자신의 능력을 좀 더 현실적으로 평가하게 되기 때문이다. 그 이후에는 대부분의 아동의 자기존중감이 대체로 높은데, 앞에서 말했던 일반적으로 긍정적인 정서적 상태 때문이다. 서양 국가에서는 중기 아동기의 낮은 자기존중감은 불안, 우울과 반사회적 행동과 관계가 있었다(Robins et al., 2001).

중기 아동기에 자기존중감이 더 분화되는 중요한 변화가 일어난다. 전체적인 자기존중감과 더불어 아동들은 학업 능력, 사회적 능력, 운동 능력과 신체적 외모를 포함하여 특수한 여러 영역에 대해서도 자기존중감을 가지고 있다(Harter, 2012; Marsh & Ayotte, 2003). 각 영역의 자기존중감은 더 세부적으로 분화된다. 예를 들어, 아동은 자신이 야구는 못 하지만 농구는 잘한다고 생각하면서 자신의 운동 능력을 전체적으로 낮게 또는 높게 평가한다.

아동은 여러 영역에 대한 자기개념을 전체적인 자기존중감의 수준으로 통합한다. 대부분의 아동과 청소년에게는 신체적 외모가 전체적인 자기존중감에 가장 크게 영향을 미친다(Harter, 2012; Klomsten et al., 2004). 그러나 다른 영역의 자기개념은 아동이 그 영역에서 잘하는 것을 중요하게 여길 때에만 전체적인 자기존중감에 영향을 미친다. 예를 들어, 아동이 스포츠를 못 하지만 스포츠를 중요하게 여기지 않을 수 있다. 이런 경우에는 낮은 신체적 자기개념은 전체적 자기존중감에 영향을 미치지 못한다.

문화와 자아 중기 아동기에 아동이 가지는 자기개념은 문화에 따라 차이가 크다. 자기개념의 문화적 차이를 논하면서 학자들은 개인주의 문화에서 장려하는 **독립적 자아**와 집단주의 문화에서 장려하는 **상호의존적 자아**를 구분한다(Cross & Gore, 2003; Markus & Kitayama, 1991; Shweder et al., 2006). 독립적·개인주의적 자아를 강조하는 문화에서는 자신에 대한 반성도 격려하고 권장한다. 그런 문화에서는 자신에 대해 생각하고, 독립적 인간으로서 자신이 누구인지를 생각하고, 자신을 중요하게 여기는 것을 바람직하게 본다(물론 이기심이나 자기중심성을 중요하게 보는 문화는 없다). 미국인은 특히 개인주의와 자

기와 관련된 문제로 잘 알려져 있다. 자기존중감이란 용어를 처음 만들어낸 것도 미국 사람이고(William James, 19세기 후반) 미국은 세계에 독립적 자기를 중요하게 여기고 인정하는 곳으로 잘 알려져왔다(Green et al., 2005; Triandis, 1995).

그러나 모든 문화에서 자신을 이렇게 보지 않고 자아를 미국만큼 중요하게 여기지 않는다. 집단주의 문화에는 상호의존적 자아의 개념이 팽배하다(Markus & Kitayama, 2010). 이런 문화에서는 가족, 친족 집단, 민족 집단, 국가, 종교기관 같은 집단의 이익이 먼저이고 그다음이 개인의 욕구이다. 이는 이런 문화에서는 자신을 중요하게 여기는 것을 바람직하게 보지 않는다는 의미이다. 자신을 중요하게 여기고, 자기존중감이 높은 사람들은 자신이 속한 집단의 이익을 고려하지 않고 자신의 이익을 추구할 수 있기 때문에 집단의 조화를 해칠 수 있다.

문화에 따른 자아에 대한 생각의 차이는 양육에도 영향을 미친다. 어느 곳에서나 언제나 부모는 자녀의 자기존중감이 지나치게 낮은 것보다 자녀가 지나치게 이기적이 되는 것을 더 걱정한다. 따라서 부모들은 가족사회화의 일환으로서 자녀들이 자만심(self-inflation)에 빠지지 않도록 양육한다(Harkness et al., 2015; LeVine et al., 2008). 그러나 이런 양육의 영향은 주어진 문화에서 이런 양육이 얼마나 규범적인지에 따라 달라진다. 예를 들어, 아시아 아동은 자만에 빠지지 않도록 지도를 받지만 일반적으로 학업성취 수준이 높고 심리적 문제도 적다(Markus & Kitayama, 2010). 대조적으로 미국에서 비판적이고 부정적인 양육을 받은 아동은 우울하고 학업성취 수준이 낮은 부정적 결과를 보인다(Bender et al., 2007; DeHart et al., 2006). 아시아 아동은 자기존중감이 높으면 비판을 받는다고 학습하는 데 반해서 미국 아동은 칭찬을 많이 기대하기 때문에 부모가 다른 부모보다 더 비판적이면 상처를 크게 받는다(Rudy & Grusec, 2006).

대부분의 문화에서 자아에 대한 개념은 완전하게 독립적이거나 의존적이기보다는 두 요소를 모두 포함하고 있음을 기억해야 한다(Killen & Wainryb, 2000). 또한 세계화의 영향으로 인해서 상호의존성의 전통을 가진 여러 문화에서도 자아에 대한 개념이 더 독립적인 쪽으로 변화하고 있다(Arnett, 2002, 2011).

개발도상국에서는 아동과 성인의 일이 성에 의해 엄격하게 구분된다. 모잠비크의 한 소녀가 전통 음식인 카사바 만드는 것을 돕고 있다.

성역할 발달

학습목표 7.14 중기 아동기에 성에 대한 신념과 행동이 어떻게 변하는지와 문화적 차이를 기술한다.

제6장에서 보았듯이 성에 대한 문화적 신념은 초기 아동기 말기가 되면 잘 형성되고, 중기 아동기에는 더욱더 분명하게 구분된다. 전통 문화에서는 남자와 여자의 일상활동이 아주 다르고, 남아와 여아의 활동도 중기 아동기가 되어서 부모의 일을 돕기 시작하면서 더 분화된다. 과거에는 남자는 사냥하기, 고기 잡기, 가축 돌보기와 동물과 침입자를 막아내는 일을 담당하였다(Gilmore, 1990). 여자는 어린아이를 돌보고, 농사를 짓고, 음식을 준비하고, 집안일을 담당하였다(Shlegel & Barry, 1991). 중기 아동기에 남아는 점점 더 남자의 일을 배우고 여아는 점점 더 여자의 일을 배운다.

남아와 여아는 중기 아동기에 성 특정적인 과제를 배울 뿐 아니라 그런 과제를 수행하도록 도와줄 수 있는 성격적 특성을 가지도록 사회화된다. 110개 전통 문화에 대한 과거 연구에 의하면 남아와 여아는 거의 모든 문화에서 이러한 성 특정적 특성을 가지도록 사회화되었다(Barry et al., 1957). 전통 문화의 성사회화에 대한 좀 더 최근의 분석에 의하면 이런 경향은 아직도 계속되고 있다(Banerjee, 2005; Kapadia & Gala, 2015; LeVine, 2008).

요즈음 선진국에서도 성에 대한 태도와 행동이 중기 아동기에 더 성유형화된다. 아동은 성격특성을 점점 더 어느 한쪽 성에 해당된다고 생각하게 되고, 양쪽 성에 모두 해당된다고 생각하지 않게 된다. '부드러운', '의존적인' 같은 특성은 점점 더 여성적으로 생각하고, '야심 있는', '지배적인' 같은 특성은 점점 더 남성적으로 생각한다(Best, 2001; Heyman & Legare, 2004). 남아와 여아 모두 (소방수나 우주비행사 같은) 남자와 관련되는 직업이 (간호사나 사서 같은) 여자와 관련되는 직업보다 더 지위가 높다고 생각한다(Guay et al., 2010). 교사가 부지불식간에 성편향을 전달해서 성에 적합한 영역에 대한 아동들의 지각에 영향을 미칠 수 있다(Sadker & Sadker, 1994). 따라서 남아와 여아의 능력이 비슷할 때에도 남아는 수학과 과학에서 여아보다 더 유능하게 느끼고, 여아는 언어적 기술에서 남아보다 더 유능하게 느낀다.

사회적으로 볼 때 초기 아동기보다 중기 아동기의 놀이 집단이 성에 따라 더 분리된다. 전통 문화에서 성에 따른 놀이의 분리는 중기 아동기에 남아와 여아가 성 특정적 일을 하기 때문에 일어난다. 12개 문화에 대한 화이팅과 에드워즈(Whiting & Edwards, 1988; 제6장 참조)의 분석에서 동성의 놀이 집단은 2~3세에 30~40%였다가 8~11세에 90%로 증가하였다. 그러나 남아와 여아가 같은 학교에 다니면서 동일한 일상적 활동을 하는 선진국에서도 마찬가지였다(McHale et al., 2003). 중기 아동기에 남아와 여아 놀이 집단이 상호작용할 때에는 약간 로맨틱하면서 동시에 적대적이다. 여아가 남아를 쫓아다니거나 서로 심하지 않은 모욕을 주고받으면서 게임을 한다. 내 딸 패리스가 일곱 살 때 어느 날 노래를 부르며 들어왔다.

> GIRLS go to COllege to get more KNOWledge.
> BOYS go to JUpiter to get more STUpider.

손(Throne, 1986)은 이런 성놀이를 일종의 '경계작업'이라고 불렀고 중기 아동기에 성경계를 명확하게 하는 것으로 보았다. 이는 또한 청소년기에 발달하게 되는 이성관계로 나아가는 첫 단계일 수 있다.

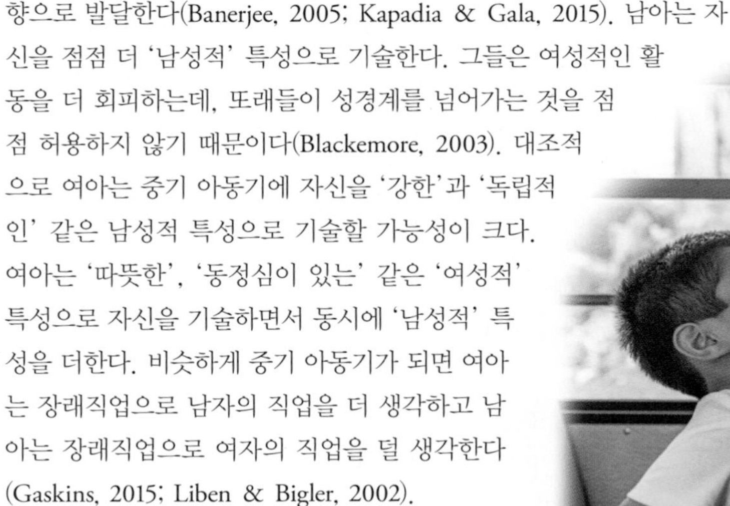

성에 대한 자기지각에 대해서는 남아와 여아가 중기 아동기에 서로 다른 방향으로 발달한다(Banerjee, 2005; Kapadia & Gala, 2015). 남아는 자신을 점점 더 '남성적' 특성으로 기술한다. 그들은 여성적인 활동을 더 회피하는데, 또래들이 성경계를 넘어가는 것을 점점 허용하지 않기 때문이다(Blackemore, 2003). 대조적으로 여아는 중기 아동기에 자신을 '강한'과 '독립적인' 같은 남성적 특성으로 기술할 가능성이 크다. 여아는 '따뜻한', '동정심이 있는' 같은 '여성적' 특성으로 자신을 기술하면서 동시에 '남성적' 특성을 더한다. 비슷하게 중기 아동기가 되면 여아는 장래직업으로 남자의 직업을 더 생각하고 남아는 장래직업으로 여자의 직업을 덜 생각한다(Gaskins, 2015; Liben & Bigler, 2002).

왜 중기 아동기에는 남아와 여아 사이의 상호작용이 로맨틱하면서도 적대적일까?

정서와 사회성 발달 :
중기 아동기의 사회적 및 문화적 맥락

초기 아동기와 중기 아동기의 사회적 맥락에는 연속성도 있지만 변화도 일어난다. 가족의 구조는 부모가 이혼하거나 재혼하면 변할 수 있지만, 거의 모든 아동이 가족들과 함께 산다. 거의 모든 문화에서 아동이 학교에 들어가면서 새로운 맥락이 생겨난다. 오늘날 개발도상국에서는 중기 아동기에 아동이 공장 같은 일터에 나갈 수도 있다. 모든 국가에서 미디어, 특히 TV가 중요한 사회화의 맥락이 되고 있다.

가족관계

중기 아동기 가족관계의 특징을 설명하고 부모의 이혼과 재혼의 영향을 기술한다.

중기 아동기는 가족관계에서 중요한 전환점이다. 이전에는 모든 문화의 아동은 부모와 손위 형제, 때로는 확대가족 구성원에게 보호와 감독을 많이 받아야 하고 또 받는다. 그들은 잠깐 동안도 스스로 정서적 및 행동적 자기조절을 하지 못한다. 그러나 중기 아동기가 되면 끊임없이 감독과 통제를 받지 않고도 일상활동을 시작할 수 있게 된다. 초기 아동기에서 중기 아동기가 되면서 부모와 아동은 부모의 직접적 통제에서 벗어나서 **공동규제**(coregulation)로 옮겨가는데, 공동규제에서는 부모가 행동에 대한 전반적 가이드라인을 제시하지만 아동이 상당히 독립적이고 자기주도적으로 행동할 수 있다(Calkins, 2012; Maccoby, 1984; McHale et al., 2003). 부모는 계속해서 아동을 돕고 지도하고, 아동이 어디에서 무엇을 하고 있는지를 알고 있지만 매 순간 직접적으로 감독할 필요는 줄어든다.

공동규제 부모가 행동의 전반적인 가이드라인을 주지만 자녀가 독립적이고 실질적으로 스스로 행동할 수 있는 부모와 자녀 간의 관계

이러한 변화는 모든 문화권에서 일어난다. 선진국에서는 초기 아동기보다 중기 아동기가 되면 아동이 부모와 보내는 시간이 줄어들게 된다(Parke, 2004). 인지발달과 자기조절이 발달해서 아동은 부모의 규칙과 추론에 더 반응을 보이고, 부모는 설명을 더 많이 사용하며 신체적 처벌을 덜 사용하게 된다(Collins et al., 2002; Parke, 2004). 그리고 부모는 아동에게 아침에 침대를 정리하고 저녁식사를 준비하는 것같이 간단한 집안일을 맡기기 시작한다.

형제는 서로에게 친구가 되기 때문에 유익이 많다.

전통 문화에서도 중기 아동기가 되면 부모와 아동이 공동규제로 옮겨간다. 아동은 가족의 규칙과 일과를 학습하고 부모가 말하지 않고 강요하지 않더라도 집안에서 필요한 일들을 하게 된다(Gaskin, 2015; Weisner, 1996). 또한 중기 아동기가 되면 아동은 집에서 좀 더 멀리 나가서 놀고 탐색하도록 허용해준다(Whiting & Edwards, 1998). 남아는 여아보다 자유를 더 많이 누린다. 예를 들어, 베벌리 차이나스(Chinas, 1992)가 연구한 멕시코의 시골에서는 중기 아동기가 되면 여아는 매일 마을의 시장에 나가서 그날 아침에 어머니와 같이 만든 또띠야를 판다. 중기 아동기가 되면 아동은 감독하는 성인이 없이 혼자서 사장에 나갈 수 있고, 또띠야를 팔고 거스름 돈을 내어주는 데 필요한 돈을 계산할 수 있게 된다.

중기 아동기에는 형제관계도 변화한다(Bryant, 2014). 동생은 손위 형제에게 공부 문제, 친구 문제와 부모 문제에 대해 도움을 받는다(Brody, 2004). 또한 서로 동지애를 나누고 도움을 주고받는다. 그러나 제6장에서 언급하였던 형제간의 경쟁과 질투는 중

기 아동기에 계속된다. 실제 형제갈등은 중기 아동기에 최고에 달한다(Cole & Kerns, 2001). 형제갈등 에피소드를 기록한 연구에 의하면 갈등은 평균적으로 매 20분당 한 번꼴로 발생하였다(Kramer et al., 1999). 갈등의 가장 흔한 원인은 개인적 소유물이다(McGuire et al., 2000). 형제갈등은 어느 한 사람이 부모의 사랑과 자원을 더 많이 차지한다고 여길 때 특히 심해진다(Dunn, 2004). 형제갈등의 또 다른 원인은 집안의 경제적 스트레스와 부모 간의 갈등이다(Jenkins et al., 2003).

다양한 가족형태 전 세계 아동은 다양한 형태의 가족에서 성장한다. 어떤 아동은 어머니와 아버지가 모두 있는 가정에서 성장하고, 어떤 아동은 한부모 가정, 이혼가정 또는 재혼가정에서 성장한다. 어떤 아동은 이성애자 부모에게서 성장하고 어떤 아동은 동성애자 부모에게서 성장한다. 어떤 아동은 확대가정이나 다세대가정에서 성장한다. 어떤 아동은 입양되거나 친척과 같이 산다. 미국에서 중기 아동기에 생물학적 부모와 사는 아동은 약 59% 정도이다(Childstats.gov, 2013). 나머지 24%는 어머니와 살고, 5%는 재혼부모와 살며, 12%는 할머니나 입양부모 같은 다른 형태의 가족에서 산다.

미국의 어떤 주와 유럽의 어떤 국가에서는 이제는 게이커플도 아이를 입양할 수 있고 레즈비언커플은 아이를 입양하거나 인공수정으로 아이를 갖는다. 가장 최근의 미국 조사에 의하면 20% 이상의 게이커플과 3분의 1의 레즈비언커플이 아이와 같이 살고 있고, 이러한 수치는 지난 20년 동안 많이 증가하였다(U.S. Bureau of the Census, 2010). 게이와 레즈비언 커플의 아동에 대한 연구에 의하면 그들은 다른 아동과 아주 비슷하였다(Goldberg, 2010; Pattersons, 2002). 부모가 동성애자 모델을 보여줌에도 불구하고 청소년기가 되면 대부분이 이성애자였다(Hyde & DeLamater, 2005).

지난 50년 동안 어떤 국가에서는 미혼모에게 태어나는 아동이 크게 증가하였다. 미국에서 미혼모가 가장 많이 증가하였다. 미혼모는 유럽계와 아프리카계 미국인 모두에서 증가하고 있지만, 특히 아프리카계 미국인에서 더 많이 증가하고 있다. 아프리카계 미국인 아동의 70% 이상이 미혼모에게서 태어난다(U.S. Bureau of Census, 2010). 미혼모의 비율은 북유럽에서도 높다(Ruggeri & Bird, 2014). 그러나 결혼하지 않았어도 아버지가 같이 사는 경우가 미국보다 북유럽에서 더 많다. 미혼모에게 태어난 아동과 이혼으로 인한 홀어머니의 아동을 모두 합치면 아동기에 생물학적 부모와 같이 사는 미국 아동의 비율은 절반이 되지 않는다.

한부모 가정에서 성장하는 것의 결과는 어떨까? 요리와 청소 같은 집안일을 부모가 혼자 해야 하기 때문에 전통 문화에서처럼 아동이 집안일을 많이 도와야 한다. 그러나 한부모 가정에서 성장하는 것의 가장 중요한 결과는 빈곤 가운데 성장할 가능성이 커지는 것이고, 빈곤하게 성장하면 여러 가지 부정적 결과가 일어난다(Harvey & Fine, 2004). 부모와 같이 사는 아동과 비교했을 때 한부모 가정의 아동은 행동상 문제와 낮은 학업성취를 더 많이 보였다(Ricciuti, 2004).

빈곤은 한부모 가정에서 흔하게 나타난다.

한부모 가정도 서로 차이가 많이 나고 한부모 가정에서 성장하는 많은 아동이 아주 잘 자란다. 어머니가 수입이 많아서 가난하지 않으면 한부모 가정의 아동은 양부모 가정의 아동만큼 잘 자란다(Lipman et al., 2002). 홀아버지 가정은 드물지만 중기 아동기에 사회적 기능이나 학업적 기능에서 또래들과 차이가 없다(Amato, 2000). 한부모와 살아도 집안에 다른 어른이 있을 수도 있다. 아프리카계 미국인 가정에서는 할머니가 홀어머니의 아동양육, 집안일, 경제적인 문제를 많이 돕는다(Crowther & Rodrigues, 2003). 4분의 1의 아프리카계 미국인 홀어머니의 가정에는 할머니가 같이 산다(Kelch-Oliver, 2011).

가족 과정 가족 구성원 간의 관계의 질

강압적 순환 자녀의 불복종 행동은 부모의 거친 반응을 유발하고, 부모의 거친 행동으로 자녀는 부모의 통제에 더 저항적이 되고, 그로 인해 부모의 반응이 더 거칠어지는 부모와 자녀 간의 관계 양상

이혼에 대한 아동의 반응 미국, 캐나다, 북유럽에서 지난 반세기 동안에 이혼율이 급격하게 증가하였다. 현재에는 이런 많은 국가에서 절반 정도의 아동이 중기 아동기까지 부모의 이혼을 경험한다. 대조적으로 서유럽과 비서구 국가에서는 이혼이 드물다.

아동은 부모의 이혼에 어떤 반응을 보일까? 많은 미국과 유럽 연구들이 이 문제를 다루었고 이 가운데에는 아주 우수한 종단 연구도 있다. 전체적으로 아동은 여러 가지 면에서 부정적인 반응을 보였는데, 특히 남아일 때 이혼 후 첫 2년 동안에 심했다(Amato & Anthony, 2014). 아동은 (말을 듣지 않는 행동과 부모, 형제, 또래 및 교사와 갈등 같은) 외현화 문제와 (우울, 불안, 공포증과 수면장애 같은) 내재화 문제를 더 많이 보였다(Clarke-Stewart & Brentano, 2006). 학교수행은 떨어졌다(Amato & Boyd, 2013). 초기 아동기에 이혼을 경험했다면 아동은 자책을 많이 하지만 중기 아동기가 되면 대부분의 아동이 자기중심성에서 벗어나고 자신과 관계없는 이유로 부모가 이혼한다는 사실을 잘 이해하게 된다(Hetherington & Kelly, 2002).

중기 아동기에 일어났던 이혼에 대해 잘 알려진 종단 연구에서 일반가정 아동의 10%가 심각한 정서적 및 행동적 문제를 보인 데 반해서 이혼가정 아동의 25%가 문제를 보였다(Hetherington & Kelly, 2002). 대부분의 아동은 이혼 후 1년까지 어려움을 겪는다. 이 시점이 지나면 대부분 아동의 기능이 향상되고, 이혼 후 2년이 되면 여아는 정상으로 돌아온다. 그러나 남아의 문제는 이혼 후 5년이 되어도 계속된다. 어떤 아동의 문제는 청소년기까지 계속 되고, 제8장에서 보겠지만 새로운 문제가 나타나기도 한다.

모든 아동이 이혼에 부정적으로 반응하는 것은 아니다. 20%가 심각한 문제를 보이지만, 나머지 75%는 그렇지 않다. 이혼이 아동에게 미치는 영향을 결정하는 요인은 무엇일까? 점점 더 많은 연구들은 **가족 과정**(family process), 즉 이혼 이전, 이혼이 진행되는 동안, 이혼 이후의 가족 구성원들의 관계의 질에 초점을 맞추고 있다. 이혼을 하건 하지 않았건 모든 가족에서 부모갈등은 아동의 정서적 및 행동적 문제와 관계가 있다(Kelly & Emery, 2003). 부모가 갈등이 별로 없이 이혼을 하거나 갈등을 잘 감추었을 때 아동이 문제를 덜 보였다(Amato & Anthony, 2014). 이혼으로 인해서 가정의 갈등이 줄어든다면 아동의 기능은 악화되기보다 오히려 향상된다(Davies et al., 2002).

어머니와 아들의 관계는 이혼 이후에 어려워진다.

가족 과정의 또 다른 측면은 이혼 후 아동과 어머니의 관계이다. 이혼을 하고 나면 어머니는 여러 가지 방식으로 이혼에 적응하기 위해서 투쟁한다(Wallerstein & Johnson-Reitz, 2004). 이혼의 스트레스와 전 남편과의 갈등에 더하여 어머니는 집안일과 아동양육을 혼자서 떠맡아야 한다. 더 이상 아버지의 수입이 들어오지 않기 때문에 경제적 스트레스도 커진다. 대부분의 국가에서 집을 떠난 후에도 아버지가 아동양육의 책임을 분담하도록 법적조치를 하고 있지만, 이런 조치에도 불구하고 어머니들은 아동을 양육하는 데 충분한 경제적 지원을 받지 못한다(Children's Defense Fund, 2005; Statistics Canada, 2010). 이렇게 스트레스가 쌓이기 때문에 이혼의 여파로 어머니의 양육이 악화되어서 점점 사랑이 부족해지고 일관성이 줄어들며 더 처벌적이 된다(Hetherington & Kelly, 2002).

남아와 어머니의 관계가 이혼 후에 특히 더 나빠진다. 어머니와 남아는 이혼 후에 때로는 **강압적 순환**(coercive cycle)에 빠져들어서 남아가 점점 더 말을 듣지 않게 되고, 이로 인해서 어머니의 반응은 더 가혹해지며, 이는 다시 남아가 어머니의 통제에 더 반항하게 만들고, 어머니는 더 가혹하게 반응하게 된다(Patterson, 2002). 그러나 어머니가 스트레스에도 불구하고 사랑과 통제의 균형을 잘 유지하면 이혼에 대한 아동의 반응도 덜 심해진다(Leon, 2003).

이혼 이후에 아버지를 포함한 가족 과정도 중요하다. 어머니가 아동에 대한 양육권

이혼조정 전문 중재자가 이혼하려는 부부를 만나 두 사람 모두가 받아들일 만한 합의에 이르도록 주선하는 것

을 가지는 사례가 약 90%이므로, 아버지가 집을 떠나고 아동은 매일 아버지를 볼 수 없게 된다. 아버지는 매 주말이나 격주로 주말에 아동과 같이 지낼 수 있고, 주중 하루 저녁에 만나거나 전화로 이야기할 수 있다. 이제는 아버지가 혼자서 아동을 돌보는 것에 익숙해져야 하고 아동도 규칙이 다른 두 집 살이에 익숙해져야 한다. 대부분의 아동은 시간이 가면서 아버지와 접촉이 감소하고 35~40% 정도만이 이혼 후 수년 동안 적어도 매주 아버지를 만난다(Kelly, 2003). 아버지가 재혼하고 나면 아버지와 아동의 접촉은 급격하게 감소하는 것이 일반적이다(Dunn, 2002). 그러나 아버지가 여전히 아동에게 관심을 보이고 사랑해주면 아동은 이혼 후에도 문제를 더 적게 보인다(Dunn et al., 2004; Finley & Schwartz, 2010).

최근에 이혼이 진행되는 과정과 이혼 이후에 일어날 수 있는 아동의 충격을 감소시키는 방안으로 **이혼조정**(divorce mediation)이 생겨났다(Emery et al., 2005; Sbarra & Emery, 2008). 이혼조정에서는 전문 조정인이 부모를 만나서 양쪽이 모두 받아들일 수 있는 합의점에 이르도록 도와준다. 연구에 의하면 이혼조정은 법정으로 가는 사례를 많이 감소시켰고, 이혼 후에 아동이 잘 적응하는 데 도움이 되며, 이혼하고 12년이 지난 후에도 부모와 아동의 관계를 향상시켜주었다(Emery et al., 2005).

재혼에 대한 아동의 반응 이혼한 대부분의 성인은 재혼한다. 따라서 부모이혼을 경험한 대부분의 아동이 복합가정에서 일생의 일부를 보낸다. 어머니가 양육권을 가지는 경우가 90%이므로 대부분의 복합가정에는 새아버지가 들어온다.

이혼 후 어머니가 가장인 가정이 당면하는 문제 때문에 새아버지의 등장은 대부분의 경우에 아동발달에 긍정적일 것으로 예상할 수 있다. 적은 수입이 문제인데, 새아버지가 생기면 대개 가정의 수입이 증가한다. 또한 어머니가 혼자서 집안일과 아동양육을 떠맡는 것 역시 문제인데 새아버지가 생기면 이런 부담을 나눌 수 있다. 어머니의 정서적 행복이 또한 문제인데 재혼을 하면 적어도 처음에는 이런 문제가 향상된다(Visher et al., 2003). 어머니의 인생이 이렇게 모든 측면에서 향상되면 아동의 인생도 나아지지 않을까?

불행하게도 그렇지 않다. 새아버지가 생기면 일반적으로 아동은 나빠진다. 일반가정과 비교할 때 혼합가정의 아동은 학업성취가 떨어지고, 자기존중감이 낮아지며, 행동상의 문제가 많아진다(Coleman et al., 2000; Nicholson et al., 2008). 한 추정치에 의하면 혼합가정 아동의 20%가 중기 아동기에 적어도 한 가지 측면의 기능에서 심각한 문제를 보이는데, 일반가정에서는 그 비율이 10%이다(Hetherington & Kelly, 2002). 여아가 남아보다 재혼에 더 부정적으로 반응하는데, 이는 이혼에 대한 반응과는 반대이다(Bray, 1999). 새아버지가 자신의 자녀와 함께 들어오는 경우에 아동은 다른 혼합가족에서보다 훨씬 더 나빠진다(Becker et al., 2013).

재혼에 대해 아동이 부정적인 반응을 보이는 이유는 다양하다. 첫째, 가정이 이혼으로 인한 혼란으로부터 안정을 찾기 시작하는데 재혼은 또 다른 혼란에 다시 적응해야 함을 의미하기 때문이다(Hetherington & Stanley-Hagan, 2002). 둘째, 아동은 새아버지가 어머니와 자신 사이에 끼어들었다고 여기는데, 이런 경향은 이혼 후에 어머니와 더 가까워진 여아에서 특히 더 심하다(Bray, 1999). 셋째, 그리고 가장 중요한 것은 아동이 새아버지가 자신에게 권위를 행사하고 자신을 훈육하려고 드는 것을 싫어하고 이에 분개한다(Robertson, 2008). 새아버지는 어머니가 양육하는 것을 돕고, 가정 내에서 아버지 역할을 하려고 하지만 아동은 그를 '정말' 아버지로 보지 않고 실제는 새아버지가 자신의 친아버지의 위치를 빼앗으려는 것으로 볼 수 있다(Weaver & Coleman, 2010). 가족을 그리라고 했을 때 많은 혼합가정의 아동은 새아버지를 포함시키지 않았다(Stafford, 2004).

그러나 가족 과정은 가족구조만큼 중요하다. 많은 새아버지와 자녀들은 조화롭고 가까운 관계를 만들어간다(Becker 2t al., 2013; Coleman et al., 2000). 새아버지가 따뜻하고 자녀에게 마음이 열려 있고, 권

위를 즉각적으로 행사하지 않는다면 이런 결과가 일어날 가능성이 커진다. 또한 아동이 어릴수록 새아버지를 받아들일 가능성이 더 커진다(Jeynes, 2007). 새아버지와 자녀들 사이의 갈등은 아동의 나이에 따라 증가해서, 초기 아동기에서 중기 아동기로 가면서 또 중기 아동기에서 청소년기로 가면서 더 증가한다(Hetherington & Kelly, 2002).

친구와 또래

중기 아동기 우정의 중요한 기초를 설명하고, 또래관계에서 네 가지 사회적 지위 및 집단괴롭힘의 가해자와 피해자 사이의 역동을 기술한다.

자유롭게 움직이게 되면서 친구를 찾아가서 놀 수 있게 되기 때문에 초기 아동기에서 중기 아동기가 되면서 친구가 더 중요해진다. 또한 학교에 들어가면서 집을 떠나서 같은 연령의 친구들과 하루 중 많은 시간을 같이 보내게 된다. 매일 만나기 때문에 아동들 사이에 친밀한 친구관계가 만들어진다.

친구와 또래에 대한 논의에서 중기 아동기의 친구관계의 특징을 먼저 살펴보고, 그다음에 또래 집단에서의 인기도와 집단괴롭힘에 대해서 알아보기로 하겠다.

친구 만들기 왜 아동들은 어떤 아이와 친구가 될까? 지난 수십 년 동안 이루어진 많은 연구에 의하면 중기 아동기뿐 아니라 모든 연령에서 친구관계를 만드는 데 중요한 기초는 유사성이다(Rubin et al., 2008). 사람들은 자신과 비슷한 사람과 어울리기를 좋아하는데, 이를 **선택적 연합**(selective association)이라고 한다(Popp et al., 2008). 이미 성이 중기 아동기의 선택적 연합에 아주 중요한 기초라는 사실을 살펴보았다. 초기 아동기나 중기 아동기 이후보다 중기 아동기에 남아는 남아와 놀고 여아는 여아와 놀기를 더 좋아한다. 중기 아동기의 선택적 연합의 또 다른 기초는 사회성, 공격성과 학업에 대한 성향이다(Hartup, 1996). 사회적인 아동들이 서로 친구가 되고, 수줍은 아동들도 마찬가지이다. 공격적인 아동들이 서로 친구가 되고, 공격성을 억제하는 아동들도 마찬가지이다. 학교에 관심이 많은 아동들이 서로 친구가 되고, 학교를 싫어하는 아동들도 서로 친구가 된다.

선택적 연합 사회적 관계에서 사람들이 자신과 비슷한 타인들과 어울리는 것을 더 좋아한다는 원리

중기 아동기에는 활동을 같이하는 것이 친구관계에서 여전히 중요하지만 이제는 신뢰가 중요해진다. 아동은 또래 가운데 몇 명을 친구라고 부르고, 친구관계는 몇 년 동안 지속된다(Rose & Asher, 1999). 친구는 내가 하고 싶은 일을 같이 좋아하고, 언제나 나에게 잘해주며, 누구에게도 말하지 않는 정보를 나눌 정도로 믿을 수 있는 사람이다. 3~6학년 아동에 대한 연구에 의하면 친구가 비밀을 지켜줄 것이라는 기대는 여아에서 25%에서 72%로 증가하였고, 남아에서는 이러한 증가가 더 늦게 나타났고 별로 높지 않았다(Azmitia et al., 1998). 이런 결과는 다른 연구에서 발견된 성에 따른 좀 더 일반적인 차이를 반영하는데, 중기 아동기에 남아와 여아 모두에게 신뢰가 초기 아동기보다 더 중요해지지만 여아가 남아보다 신뢰를 더 중요하게 여기고, 남아는 친구관계에서 활동의 공유를 더 중요하게 여긴다(Rubin et al., 2008). 중기 아동기에 신뢰가 친구관계에서 더 중요해지면서 신뢰를 깨는 것(약속을 지키지 않는 것이나 친구가 도움이 필요할 때 도와주지 않는 것)도 친구관계를 단절하는 중요한 원인이 된다(Hartup & Abecassis, 2004).

중기 아동기에는 신뢰가 우정에서 더 중요해진다.

친구와 놀기 중기 아동기에 신뢰가 친구관계에서 중요해지지만 여전히 친구들은 활동을 같이하면서 노는 것을 좋아한다. 제6장에서 초기 아동기에는 대부분의 놀이가 단순한 사회극놀이나 협동적 가장놀이였음을 상기해보라. 이런 형태의 놀이는 중기 아동기에도 계속 된다. 예를 들어, 아동들은 인형이나 움직이는 피규어를 가지고 놀이를 하거나 슈퍼히어로나 동물로 가장하는 놀이를 한다.

중기 아동기 놀이의 새로운 점은 놀이가 복잡해지고 규칙을 따른다는 점이다. 초기 아동기에는 움직이는 피규어를 가지고 놀지만, 중기 아동기에는 주인공의 힘이나 한계에 대해 상세한 규칙을 만든다. 예를 들어, 21세기 초에 전 세계적으로 움직이는 포켓몬 피규어가 나오는 일본게임이 중기 아동기 아동들, 특히 남아에게 인기가 높았다(Ogletree at al., 2004; Simmons, 2014). 이런 게임에는 주인공의 힘에 대한 상세한 규칙이 있어서 아동에게 경쟁의 느낌과 복잡한 정보와 규칙을 배우는 기쁨을 주었다. 초기 아동기에는 주인공에 대한 정보가 너무 많고 규칙이 너무 복잡해서 아동이 소화하기 어려웠을 수 있지만, 중기 아동기에는 인지적 도전은 재미있고 즐거운 일이다.

포켓몬 같은 게임과 더불어 중기 아동기에 많이 하는 규칙이 있는 게임은 어린 아동의 게임보다 인지적으로 더 도전적이다. 카드게임과 보드게임이 인기가 있는데, 이런 게임에서 아동은 수를 세고 기억하고 전략을 짜야 한다. 중기 아동기는 많은 아동이 어떤 종류의 물체(예 : 동전, 인형 등)를 모으거나 (세계적으로 중기 아동기에 인기가 높은 덴마크의 상품인 레고 장난감 같은) 무엇인가를 구성하고 만드는 시기이다(McHale et al., 2001). 이런 취미는 아동에게 조직화하고 계획하는 흥미로운 인지적 도전을 제공한다(Olson et al., 2008).

중기 아동기의 놀이는 초기 아동기 놀이와 달리 복잡하고, 인지적으로 도전적이지만 아동은 단순한 게임도 여전히 좋아한다(Manning, 1998). 여러 문화에 대한 연구에 의하면 술래잡기와 숨바꼭질은 전 세계적으로 중기 아동기에 인기가 높다(Edwards, 2000). 아동은 또한 자신의 환경에 맞는 단순한 놀이도 즐기는데, 예를 들어서 케냐 소년은 소를 돌보면서 게임을 한다.

중기 아동기의 게임은 아동의 대근육 운동의 발달을 반영하기도 한다. 중기 아동기에 신체적 민첩성과 기술이 발달하면서 초기 아동기보다 신체적 활동이 많이 요구되는 게임을 하게 된다. 앞에서 논하였듯이 많은 국가에서 중기 아동기에 아동이 축구, 야구나 농구 같은 스포츠를 하기 위해서 처음으로 조직화된 팀에 참가한다. 많은 아동은 게임규칙에 대한 토론을 포함해서 그들이 스스로 만든 게임을 하기도 한다(Davies, 2004).

인기와 비인기 아동은 친구를 가질 뿐 아니라 특히 초등학교에 들어가면 또래로 구성되는 더 큰 사회의 일원이 된다. 학교는 보통 **연령층**(age graded)으로 조직화되기 때문에 한 학년에는 나이가 비슷한 또래가 모여 있다. 연령층이 다른 사회적 집단에 소속될 때에는 연령이 **사회적 지위**(social status)를 결정하는 중요한 요인이 되어서 나이가 많은 아동이 어린 아동에게 권위를 행사한다. 그러나 아동의 나이가 같을 때에는 사회적 지위를 결정하는 다른 방식을 찾는다. 또래 중에서 누구를 좋아하고 누구를 싫어하는지에 대한 평정에 근거하여 연구자들은 네 가지 사회적 지위를 기술하고 있다(Cillessen & Mayeux, 2004; Rubin et al., 2008).

- 인기 있는 아동은 '좋아한다'는 평정을 가장 많이 받고 '싫어한다'는 평정을 거의 받지 않는 아동이다.
- 거부된 아동은 많은 아동이 싫어하고, 좋아하는 아동이 거의 없는 아동이다. 대개 거부된 아동은 지나치게 공격적이기 때문에 다른 아동이 싫어하지만 약 10~20%는 수줍고 위축된 아동이다(Hymel et al., 2004; Sandstorm & Zakriski, 2004). 남아가 여아보다 거부를 더 많이 받는다.
- 무시된 아동은 좋아한다는 평정도 싫어한다는 평정도 별로 받지 못하는 아동이다. 다른 아동은 이들이 누구인지 잘 모른다. 여아가 남아보다 무시를 더 많이 받는다.

연령층 비슷한 연령의 사람들을 집단으로 묶는 사회적 조직화

사회적 지위 한 집단 안에서 타인들 관점에서 한 개인이 지니고 있는 힘, 권위, 영향력의 정도

사회적 기술 친절하고 도움이 되며 협동적이고 사려 깊은 행동

사회적 정보처리(SIP) 사회적 만남에서 타인의 의도와 동기, 행동에 대한 평가

- **논쟁적 아동**은 어떤 아동들은 좋아하지만 어떤 아동들은 싫어하는 아동이다. 이들은 때로는 공격적이지만 때로는 다정하다.

대부분의 연구에 의하면 중기 아동기에 미국 표본의 약 3분의 2가 어느 한 범주에 속한다(Wentzel, 2003). 나머지는 아동들에게 서로 다른 평가를 받기 때문에 연구자들은 '평균'으로 분류한다.

무엇이 아동의 사회적 지위를 결정할까? 많은 연구에 의하면 인기에 가장 중요한 요인은 친절하고, 도움이 되고, 협동적이고, 생각이 깊은 것 같은 **사회적 기술**(social skill)이다(Caravita & Cillessen, 2012; Chan et al., 2000). 사회적 기술이 있는 아동은 조망수용을 잘한다. 따라서 다른 아동의 필요와 관심을 잘 알아차리고 이에 따라 반응한다(Cassidy et al., 2003). 또 다른 중요한 요인은 지능, 신체적 외모, (남아에게는) 운동 능력이다(McHale et al., 2003). 너무 똑똑해서 인기가 없는 아동은 '얼간이(nerd)' 또는 '괴짜(geek)'라고 부르지만 일반적으로 지능은 중기 아동기에 인기를 높여준다(제8장에서 보겠지만 청소년기에는 상황이 약간 더 복잡해진다). '얼간이'와 '괴짜'가 인기가 없는 것은 지능이 높기 때문이 아니라 사회적 기술이 부족하기 때문이다.

거부된 아동은 다른 아동보다 공격적이고 공격성 때문에 갈등이 일어난다(Coie, 2004). 그들은 충동적이고 자신의 정서적 반응을 통제하지 못하며 집단활동을 방해하기 때문에 또래들을 짜증나게 만든다. 이처럼 자기통제가 부족할 뿐 아니라 사회적 기술과 사회적 이해가 부족하기 때문에 다른 사람과 갈등을 겪게 된다. 이 주제를 오랫동안 연구해왔던 케네스 도지(Dodge, 2008)에 의하면 거부된 아동은 **사회적 정보처리**(social information processing, SIP)에 실패하는 경우가 많다. 즉 또래의 행동이 적대적이 아닐 때에도 적대적으로 잘못 해석하고, 갈등이 생기면 다른 사람을 비난한다.

공격적이 아니라 위축-거부된 아동이 거부를 받는 이유는 확실하지 않다. 수줍을 수도 있고, 다른 아동을 무서워할 수도 있지만 이런 특징은 무시된 아동에게도 많이 나타난다. 무엇이 위축-거부된 아동과 무시된 아동을 구분할까? 위축-거부된 아동은 낮은 자기존중감과 불안 같은 내재화 문제가 더 많다. 대조적으로 무시된 아동은 보통 적응을 잘한다(Wentzel, 2003). 그들은 다른 아동만큼 또래와 상호작용을 하지 않지만 사회적 기술이 평균 정도는 되고, 불행하지 않고, 친구가 있다고 보고한다.

논쟁적 아동은 인기 있는 아동처럼 사회적 기술이 좋지만 거부된 아동처럼 공격성이 높다(DeRosier & Thomas, 2003). 사회적 기술 때문에 어떤 아동에게 인기가 있지만 공격성 때문에 어떤 아동에게 인기가 없다. 그들은 다른 아동과 동맹을 맺고, 다른 아동을 아주 잘 따돌린다. 때로는 또래가 감탄하지만 감히 따라 할 수는 없는 방식으로 성인의 권위에 도전한다(Vaillancourt & Hymel, 2006).

사회적 지위는 중기 아동기와 그 이후에도 아동발달의 여러 측면과 관계가 있는데, 거부된 아동의 경우에 특히 더 하다. 다른 아동이 그들을 놀이에서 배제하는데 친구가 별로 없기 때문에 거부된 아동은 외로움을 느끼고 학교에 가는 것을 싫어하게 된다(Buhs & Ladd, 2001). 그들의 공격성과 충동성 때문에 또래뿐 아니라 다른 사회적 관계에서도 문제를 보이고, 부모와 교사하고도 갈등을 많이 보인다(Coie, 2004). 종단 연구에 의하면 중기 아동기에 거부된 아동은 나중에 청소년기와 성인진입기에 품행 문제를 보인다(Caravita & Cillessen, 2012; Miller-Johnson et al., 2003). 그렇다고 해서 거부당하기 때문에 나중에 문제가 생긴다는 의미는 아니다. 오히려 중기 아동기에 또래의 거부를 불러오는 공격성이 나중까지 지속되어서 다른 형태의 문제를 일으키게 된다. 그럼에도 불구하고 또래에게 거부를 당하면 아동은 공격적 성향을 극복하는 데 필요한 사회적 기술을 발달시키지 못한다.

거부된 아동은 사회적 관계에서 문제를 일으킬 위험이 있기 때문에 심리학자들은 그들의 낮은 사회적 지위를 향상시킬 수 있는 개입을 개발하였다. 이런 개입 가운데 일부는 사회적 기술에 집중하여 거부된 아동에게 또래와 우호적인 상호작용을 시작하는 방법을 훈련시킨다(Asher & Rose, 1997). 다른 프로그램은 사회적 정보처리 과정에 집중하여 거부된 아동이 성급하게 또래가 부정적 의도를 가지고 있다고 결

론을 내리지 않도록 지도한다(Li et al., 2013). 개입의 일환으로서 거부된 아동은 또래와 가설적인 상황에 대해서 역할놀이를 하도록 하거나 지도교사와 함께 또래 상호작용에 대한 비디오를 보면서 비디오 속의 또래가 왜 그렇게 행동하는지에 대해 이야기를 나눈다(Ladd et al., 2004). 이런 프로그램은 단기적으로 효과를 보여서 거부된 아동의 사회적 이해와 또래 상호작용의 질을 향상시키지만 프로그램의 효과가 거부된 아동의 또래관계를 향상시킬 정도로 클지는 모른다.

비판적으로 사고하기

인기 있는 아동, 거부된 아동, 무시된 아동, 논쟁적 아동 또는 평균 아동 가운데에서 어떤 범주가 중기 아동기의 당신에게 가장 잘 적용된다고 생각하는가? 중기 아동기의 당신의 사회적 지위가 이후의 발달에 영향을 미쳤다고 생각하는가? 아니라고 생각하는가?

집단괴롭힘은 많은 국가에서 중기 아동기에 증가한다.

집단괴롭힘의 가해자와 피해자 청소년기에 나타나는 극단적인 형태의 또래거부는 **집단괴롭힘**(bullying)이다. 연구자들은 집단괴롭힘에는 세 가지 요소가 있다고 정의하고 있다(Olweus, 2000; Wolak et al., 2007). (신체적 또는 언어적) **공격성**, **반복**(단지 한 번이 아니라 지속적으로 반복됨), **힘의 불균형**(가해자의 또래지위가 피해자보다 더 높음)이 그것이다. 집단괴롭힘이 나타나는 정도는 중기 아동기에 증가하고 초기 청소년기에 최고에 달했다가 후기 청소년기에 많이 감소한다(Pepler er al., 2006). 집단괴롭힘은 유럽(Dijkstra et al., 2008; Eslea et al., 2004; Gini et al., 2008), 아시아(Ando et al., 2005; Hokoda et al., 2006; Kanetsuna et al., 2006)와 미국(Espelage & Swearer, 2004; Pepler et al., 2008; Volk et al., 2006) 등 여러 나라에서 발견되는 세계적 현상이다. 추정치는 연령과 국가에 따라 다양하지만 약 20%의 아동이 중기 아동기에 한 번은 괴롭힘의 피해자가 된다. 남아는 피해자뿐 아니라 가해자가 되는 경우가 많다(Berger, 2007). 남아는 신체적 및 언어적 공격성을 사용하여 괴롭히지만 여아는 주로 언어적 방법을 사용하여 괴롭힌다(Peller et al., 2004; Rigby, 2004).

중기 아동기에는 두 가지 형태의 가해자가 있다. 일부는 괴롭힘의 피해자인 거부된 아동들인데, 그들은 사회적 지위가 높은 또래에게 괴롭힘을 당하면서 동시에 자신이 괴롭힐 수 있는 사회적 지위가 낮은 아동을 찾는다(Kochenderfer-Ladd, 2003). 이런 가해자-피해자는 부모가 가혹하거나 신체적으로 학대하는 가정의 출신이 많다(Schwartz et al., 2001). 다른 가해자는 논쟁적 아동으로서 또래 사이에서 신체적 외모, 운동 능력이나 사회적 기술로는 지위가 높지만 다른 아동을 괴롭히는 행동 때문에 또래들이 분개하고 두려워하는 아동이다(Vaillancourt et al., 2003). 두 가지 형태의 가해자는 중기 아동기와 그 이후에도 또래만이 아니라 다른 사회적 관계에서 다른 사람에 대한 공격적 행동을 통제하지 못한다(Olweus, 2000). 괴롭힘의 가해자는 다른 아동보다 우울증의 위험도 더 높다(Fekkes et al., 2004; Ireland & Archer, 2004).

괴롭힘의 피해자는 주로 자기존중감과 사회적 기술이 낮은 위축-거부된 아동이다(Champion et al., 2003). 친구가 없기 때문에 가해자가 그들을 괴롭히기 시작할 때 도와줄 사람이 없다(Goldbaum et al., 2003). 괴롭힘을 당하면 쉽게 울어서 다른 아동들이 약하고 상처받기 쉽다고 여기기 때문에 더 거부를 당하게 된다. 다른 아동에 비해서 괴롭힘의 피해자는 더 우울하고 더 외롭다(Baldry & Farrington, 2004; Rigby, 2004). 그들의 저조한 기분과 외로움은 부분적으로 괴롭힘에 대한 반응일 수 있지만 가해자가 그들을 쉬운 먹이감으로 보게 만드는 특징이기도 하다.

집단괴롭힘 공격, 명예훼손, 힘의 불균형 등 또래를 학대하는 것

문화 초점 : 여러 문화의 중기 아동기 친구관계와 또래관계

선택적 연합은 모든 연령에서 친구관계의 중요한 기초이지만 아동기 동안에 친구관계는 여러 측면에서 변화한다. 초기와 중기 아동기에 나타나는 중요한 변화는 활동과 신뢰의 상대적 균형이다(Rubin et al., 2008). 초기 아동기에는 친구관계의 기초는 주로 활동을 같이하는 것이다. 친구란 아동이 하고 싶은 일을 좋아하는 아이이다. 따라서 어린 아동은 보통 친구가 많다고 주장하고, 친구가 잘 바뀐다. 자전거를 타고 싶으면 누구든지 자전거를 같이 타주는 사람이 친구이다. 친구를 설명할 때 어린 아동은 같이하는 활동을 많이 이야기한다(Damon, 1983; Rubin et al., 2008).

복습문제

중기 아동기의 친구관계는 동성관계인 경우가 많다. 왜 이렇게 성에 의한 분리가 일어난다고 생각하는가?

한 사람의 또래가 괴롭힘을 당하는 것을 목격했을 때 다른 아동들은 어떤 반응을 보일까? 어떤 연구에서 미국의 1~6학년 아동을 운동장에서 관찰하여 괴롭힘 일화를 기록하였다(Hawkins et al., 2001). 절반 정도의 일화에서 다른 아동이 피해자를 도와주려고 시도하였고, 그럴 경우에 대개 가해자가 물러났다. 그러나 핀란드의 연구에서는 20~30% 일화에서 또래가 오히려 가해자를 부추겼고 때로는 피해자를 괴롭히는 데 동참하였다(Salmivalli & Voeten, 2004).

일

학습목표 7.17 중기 아동기에 아동이 하는 일의 종류를 기술하고 선진국과 개발도상국에서 일의 형태가 어떻게 차이가 나는지를 설명한다.

중기 아동기에 내 쌍둥이들, 특히 내 딸 패리스는 일해서 돈을 벌 수 있는 방법을 점점 더 잘 생각해내었다. 예를 들어, 일곱 살이 되었을 때 애플주스, 간을 한 차, 산딸기 조각을 섞어서 '산딸기 주스'를 만들었다. 이 주스를 팔아서 돈을 많이 벌거라고 장담했다. 그해 덴마크로 여행 갔을 때 바닷가에서 돌을 모아서 자기 침대 위에 '돌 박물관'을 만들고 우리에게 싼값으로 관람하게 해주겠다고 했다. 앞에서 공부했던(제1장 참조) 발달 이론가인 에릭 에릭슨(Erikson, 1950)은 중기 아동기를 **근면성 대 열등감**(industry versus inferiority)의 시기로 명명했다. 이 시기에 아동은 자기 스스로 만든 일뿐 아니라 쓸모가 있는 일을 하게 되는데, 주변 성인이 이러한 아동의 노력을 지나치게 비판하면 열등감을 가지게 된다. 에릭슨 이론의 이 부분은 별로 연구자들의 관심을 받지 못했다. 그러나 여러 문화에서 이 시기의 아동을 초기 아동기보다 더 유능하게 보고, 그들에게 중요한 일을 맡기고 책임지게 한다는 사실은 이 이론의 타당성을 보여주는 것 같다(Gaskins, 2015; Rogoff, 2003).

개발도상국에서는 중기 아동기에 아동들은 우리 딸이 했던 것 같은 놀이가 아니라 가족에게도 중요하고 때로는 자신에게 위험할 수 있는 일을 한다. 선진국에서는 중기 아동기 아동을 고용하는 것은 불법이다(UNDP, 2010). 그러나 세계 여러 국가에서 중기 아동기는 생산적 일을 시작하는 시기이다. 학교에 가지 않는 아동은 일을 하는데, 보통 가족을 위해서 또는 집안 농장에서 일을 하지만 때로는 산업현장에서 일을 하기도 한다. 경제가 세계화되면서 큰 기업체들이 공장을 임금이 싼 개발도상국으로 많이 옮겼다. 아동의 노동력이 가장 싸다. 중기 아동기 이전에는 아동이 너무 미성숙하고 작업하는 데 필수적인 자기조절 능력이 부족하다. 대근육 및 소근육 운동기술이 발달하지 못했고, 주의집중을 잘 못하며, 행동과 정서가 너무 불안정하다. 그러나 6~7세가 되면 아동들은 운동기술, 인지적 기술과 정서적 및 행동적 자기조절이 발달해서 여러 가지 일을 잘해낼 수 있게 된다.

근면성 대 열등감 에릭슨의 중기 아동기 발달 단계로, 문화적 산물을 가지고 효과적으로 일하는 것을 학습하거나 성인이 지나치게 비판적이면 효과적으로 일할 수 없다는 느낌을 발달시키게 됨

국제노동기구(International Labor Organization, ILO)에 의하면 5~11세 아동 약 7,300만 명이 세계 각

지에서 일하고 있고, 이는 연령 집단 전체 아동의 9%에 해당하며, 일하는 아동의 95%는 개발도상국에 있다(ILO, 2013). 라틴아메리카, 아시아와 중동/북아프리카의 많은 아동이 일을 하지만 가장 일하는 아동이 많은 곳은 사하라 사막 이남의 아프리카이다.

더구나 이런 국가의 많은 아동은 공장이나 상점에서 일을 하는데, 카펫을 짜고 옷을 만들고 신발을 붙이고 가죽을 재단하고 보석을 연마한다. 작업조건은 아주 열악하다. 아동은 문이 잠긴 복잡한 의류공장에서 14시간 동안 일을 하고 작고 채광이 나쁜 오두막에서 여러 시간 동안 카펫을 짜고 실내온도가 아주 높은 유리공장에서 녹아서 뜨거운 유리막대를 옮긴다(ILO, 2004). 다른 아동은 도시에서 가정부로 일하거나 식품점, 차를 파는 가판대에서 일하거나 메시지와 소포를 전달하는 등 여러 가지 일을 한다.

일이 힘들고 위험한데 왜 부모는 아동에게 일을 하게 할까? 왜 정부는 아동노동을 법으로 금지하지 않을까? 대답은 간단하다. 부모에게 돈이 필요하기 때문이다. 제1장에서 보았듯이 세계적으로 아주 가난한 사람들이 너무 많다. 개발도상국의 가난한 가정에서는 음식과 옷 같은 일용품을 사기 위해서 아동이 벌어오는 돈이 필요하다. 아동의 일은 힘들고 위험하지만 성인의 일도 마찬가지이다. 부모와 아동이 같은 공장에서 일하는 경우가 많다. 모든 국가에서는 아동노동을 법으로 금지하고 있지만 일부 개발도상국에서는 이를 지키지 않는다. 아동을 고용하는 회사로부터 뇌물을 받거나 아동이 벌어오는 돈이 필요한 부모들을 화나게 만들고 싶지 않기 때문이다(Chaudary & Sharma, 2007).

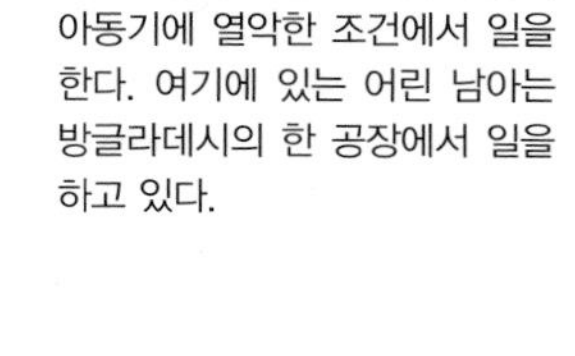
개발도상국의 많은 아동은 중기 아동기에 열악한 조건에서 일을 한다. 여기에 있는 어린 남아는 방글라데시의 한 공장에서 일을 하고 있다.

개발도상국에서는 아동의 노동착취가 만연해 있고 가혹하지만 긍정적 변화의 조짐이 나타나고 있다. 국제노동기구에 따르면 5~11세 아동 노동자의 수가 빠르게 감소하고 있다(ILO, 2013). 이러한 감소는 세계 미디어, 정부와 ILO나 유엔아동기금(UNICEF) 같은 국제기관이 아동과 청소년의 노동에 많은 관심을 기울인 결과이다. 더구나 많은 국가에서 아동이 법적으로 학교에 재학하는 기간을 늘리고 10대 중반 이하 아동의 고용을 금지하는 법을 지키도록 법적조치를 강구하고 있다. 이런 변화가 일어나고 있지만 여전히 세계적으로 수백만 명의 아동이 건강을 해치는 조건에서 일하고 있다.

미디어 사용

세계 아동의 일일 TV 시청시간을 밝히고, TV의 긍정적 영향과 부정적 영향, 특히 TV 폭력성과 관련된 위험을 기술한다.

제6장에서 보았지만 미디어 사용은 초기 아동기부터 대부분의 아동의 삶의 일부가 된다. 미디어 사용의 정도는 초기 아동기와 중기 아동기에 비슷하다. 예외는 매일 전자게임을 하는 시간인데, 이 시간은 **그림 7.9**에서 보듯이 증가하고 있다(Rideout, 2013). 지난 10년 동안 소셜미디어 같은 여러 형태의 새로운 미디어가 나타났지만, 여전히 TV가 아동이 가장 많이 사용하는 미디어이고 아동은 매일 반 시간 정도 TV를 본다. 중기 아동기에는 아동의 미디어 사용의 4분의 1 정도가 **미디어 멀티태스킹**(media multitasking)인데, TV를 보면서 전자게임을 하는 것같이 하나 이상의 미디어를 동시에 사용한다(Warren, 2007).

미디어 멀티태스킹 TV를 보면서 전자게임을 하는 것처럼 하나 이상의 미디어를 동시에 사용하는 것

제5장과 6장에서 보았듯이 미디어의 형태나 내용이 너무 다양해서 아동기의 미디어 사용을 긍정적 또는 부정적이라고 단정적으로 말하기 어렵다. 사랑해 클리포드를 TV에서 보는 것과 아주 공격적인 영화나 TV 프로그램을 보는 것은 아주 다르다. 웹킨즈나 클럽펭귄 같은 친사회적 웹사이트에서 노는 아동은 퀘이

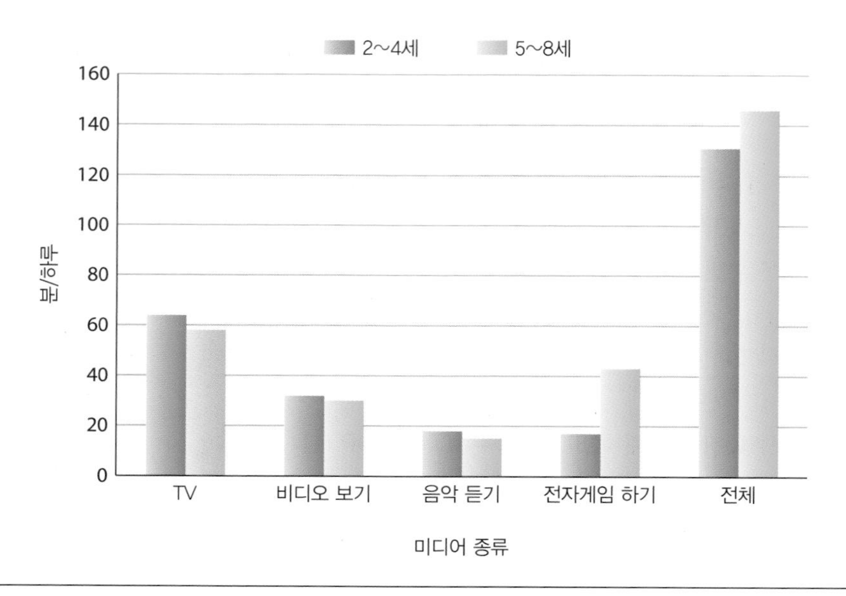

그림 7.9 초기와 중기 아동기의 미디어 사용

출처 : Rideout (2013)

크나 모탈컴벳 같은 폭력적인 전자게임을 하는 아동과 다르게 반응할 것으로 예상된다.

일반적으로 중기 아동기에 대한 연구도 다른 연령에 대한 연구처럼 미디어가 부정적 영향을 미치는지에 집중되어왔지만 긍정적 영향도 있다. TV에 대한 34개 연구의 분석에서 아동용 TV 프로그램의 친사회적 내용은 네 가지 측면, 즉 이타주의, 긍정적인 사회적 상호작용, 자기통제와 부정적 고정관념과 싸우기에 긍정적 효과가 있었다(Kotler, 2007). 더구나 친사회적 내용의 긍정적 효과는 폭력적 내용의 부정적 효과 정도이거나 또는 그 이상이었다. 인터넷은 아동이 학교프로젝트를 위해서나 즐기기 위해서 다양한 주제에 대해 배우는 데 중요한 자원이다(Foehr, 2007; Van Evra, 2007). 아동의 미디어 사용의 대부분은 음악을 듣거나 비폭력적 전자게임을 하거나 아동 TV 프로그램을 시청하는 것같이 단순히 즐기기 위한 것이다.

미디어 사용의 결과는 아동이 미디어를 사용하는 정도에 달려 있다(Van Evra, 2007). 가볍게 또는 적당하게 사용하면 별로 해롭지 않고, 내용이 교육적이고 친사회적이거나 또는 적어도 폭력적이 아니라면 긍정적일 수 있다. 대조적으로 많이 사용하면 비만, 불안, 저조한 학업성취와 사회적 고립 같은 중기 아동기의 여러 가지 문제를 일으키게 된다. 과도한 미디어 사용이 이러한 문제의 원인인지 또는 결과인지를 단정하기 어렵다. 아마도 양쪽 모두일 것이다.

중기 아동기의 미디어 사용과 관련되는 문제 가운데에서 공격성이 가장 많이 연구되었다. 아동의 공격성에 대한 폭력적 TV의 영향이 특히 많은 관심을 받아왔다. 제6장에서 말했듯이 폭력성은 TV 프로그램에 아주 많이 등장한다. 미국의 평균 아동이 18세가 될 때까지 TV에서 20만 건의 폭력적 행동을 목격하는데, 이 중 1만 6,000건이 살인이다(Aikat, 2007). 폭력성은 아동이 부모와 같이 보게 되는 성인용 프로그램에만 나타나지 않는다. 8개 TV 네트워크에서 방영되는 5~10세 아동을 위한 프로그램을 분석해보면 한 시간에 평균 8개의 폭력적 행동이 나타나는데, 이는 성인 프로그램보다 더 높은 비율이다(Fyfe, 2006).

아동이 가장 많이 시청하는 TV 프로그램의 폭력성이 이렇게 높기 때문에 많은 부모와 학자들은 TV 폭력성이 아동의 공격성에 미치는 영향에 대해 우려를 표명해왔다. 초기 아동기가 TV 폭력성에 아주 취약한 시기로 간주되지만 미디어 폭력성과 아동 공격성의 관계를 연구한 가장 중요한 연구들은 중기 아동

연구 초점 : TV냐? 아니냐?

인간발달 연구에서는 연구에 참여하는 사람의 권리와 안녕에 대한 윤리적인 고려 때문에 사용할 수 있는 연구 방법이 제한되어 있다. 예를 들어, 인간의 환경을 동물의 환경을 바꾸는 것과 같이 바꾸고 조작할 수 없고, 환경의 변화가 건강을 해치거나 위험하다면 특히 더 하다.

인간발달에 대한 정보를 얻을 수 있는 한 가지 방법은 자연 실험을 사용하는 것이다. 자연 실험은 연구자의 조작이나 개입이 없이 일어나지만 예리한 관찰자에게는 중요한 정보를 제공할 수 있다.

자연 실험이 유용하게 활용될 수 있는 인간발달의 주제는 TV가 아동 행동에 미치는 영향이다. TV는 1940년대에 처음 등장한 이후에 빠른 속도로 전 세계로 전파되었지만 아직도 TV가 없거나 아주 최근에 사용하게 된 지역이 있다.

1980년대 초기에 테니스 맥베스가 이끄는 캐나다의 연구자들이 캐나다에 아직 TV가 없는 지역이 있음을 발견했다. 그들은 이 기회를 사용해서 TV가 등장하기 전과 후의 아동의 행동을 관찰하였다. 이 연구에 세 도시가 참가하였다. '노텔'(연구자가 지은 이름)에는 연구가 시작될 당시에는 TV가 없었고, '유니텔'에는 TV 채널이 하나였고, '멀티텔'에는 TV 채널이 여러 개였다. 이 연구의 대상은 중기 아동기 1~5학년이었고, 각 도시에서 남아 5명과 여아 5명이 무선적으로 선발되었다.

훈련받은 관찰자가 각 아동의 행동을 2주 동안 하루의 여러 시간대에 여러 상황(예 : 학교와 집)에서 1분씩 21회에 걸쳐서 기록하였다. 관찰자는 신체적으로 공격적인 행동 14개(때리기, 밀기, 물기 등)와 언어적으로 공격적인 행동 9개(놀리기, 욕하기, 협박하기 등)로 구성된 체크리스트를 사용해서 공격적 행동을 기록하였다. 아동, 부모와 교사는 연구가 공격적 행동이나 TV에 대한 것인지 몰랐다.

관찰과 더불어서 연구자들은 아동의 공격성에 대해 또래와 교사의 평정도 받았다. 평정과 관찰은 노텔에 TV가 들어오기 전 그리고 2년 뒤에 TV가 들어온 후에 실시하였다. 동일한 아동을 시점 1과 시점 2에서 관찰하였다.

연구의 결과, TV의 등장은 노텔의 아동들을 더 공격적으로 만들었다. 유니텔이나 멀티텔에서는 아동들의 공격적 행동에 변화가 없었는데 노텔에서는 아동의 신체적 공격성과 언어적 공격성이 시점 1보다 시점 2에 더 증가하였고, 이런 변화는 남아와 여아 모두에서 나타났다. 시점 2에서는 모든 도시에서 TV를 많이 본 아동이 더 공격적이었다.

이런 자연 실험은 TV시청과 아동의 공격성이 관계가 있을 뿐 아니라 인과적으로 관계된다는 사실을 보여주는 좋은 증거이다. TV가 아동에게 미치는 영향에 대해 알려진 사실을 고려해볼 때 연구를 위해서 아동을 TV를 시청하는 조건과 시청하지 않는 조건에 할당한 것은 비윤리적이다. 그렇지만 노텔, 유니텔, 멀티텔에서 일어난 자연 실험을 사용하면 연구자들은 TV가 아동 행동에 미치는 효과에 대해서 중요한 정보를 얻을 수 있다.

복습문제

TV가 등장한 후에 노텔 아동의 공격성이 증가한 것은 _______ 라고 해석할 수 있다.

a. 상관관계이지만 인과관계는 아니다.
b. TV가 등장하기 전과 후에 공격성의 수준을 평가하였기 때문에 인과관계이다.
c. TV가 등장한 후에 노텔 아동의 공격성이 증가하지 않았기 때문에 상관관계도 인과관계도 아니다.
d. a, b, c 모두 아니다.

기에 초점을 맞추어왔다. 중요한 연구들은 현장 실험, 종단 연구와 자연 실험으로 이루어졌다.

현장 실험에서는 아동이 폭력적인 TV를 시청하고 난 후에 아동의 사회적 행동을 관찰한다. 예를 들어, 어떤 현장 실험에서는 여름캠프에 참여한 두 집단의 남아를 연구하였다(Bushman & Chandler, 2007). 한 집단은 5일 동안 매일 저녁에 폭력적인 영화를 보았고, 다른 집단은 폭력적이지 않은 영화를 보았다. 이후에 아동의 사회적 행동을 관찰하였는데 폭력적 영화를 보았던 아동이 폭력적이지 않은 영화를 보았던 아동보다 신체적 및 언어적 공격성을 더 많이 나타내었다.

로웰 휴스먼과 동료들이 수행한 여러 종단 연구에 의하면 중기 아동기에 폭력적 TV를 많이 시청하면 이후 발달 단계에서 공격적 행동이 많이 나타났다(Coyne, 2007; Huesman et al., 2003). 호주, 핀란드, 이스라엘, 폴란드, 미국 5개국의 남아와 여아에 대한 연구에서 아동의 TV 시청 형태와 공격적 행동을 6세와 11세에 측정하였다. 모든 국가에서 6세에 TV 폭력성에 많이 노출되었을수록(6세의 공격성을 통제했을 때에도) 11세에 공격적 행동을 더 많이 보였다. 남아프리카와 네덜란드의 연구도 비슷한 결과를 발견하였다(Coyne, 2007).

미국에서 이루어진 휴스먼의 종단 연구는 더 오랜 기간에 걸쳐 이루어졌다(Huesman et al., 1984; Huesman et al., 2003). 중기 아동기, 즉 8세에 TV 시청 형태와 공격적 행동을 측정하였고, 19세와 30세에 또다시 측정하였다. 당연히 8세의 공격성과 폭력적 TV 시청 사이에 상관이 발견되었다. 그러나 8세 남아의 폭력적 TV 시청은 19세의 공격적 행동을 예측하였고, 8세에 폭력적 TV를 많이 시청한 아동은 30세에 더 많이 체포되었으며, 교통위반을 더 많이 하였고, 아동을 더 많이 학대하였다. 휴스먼과 동료들의 또 다른 종단 연구에서처럼 8세 때 공격성을 통계적으로 통제했을 때에도 19세와 30세의 공격적 행동을 예측하는 결과는 그대로였다. 따라서 단순히 공격적인 사람이 세 연령에서 폭력적 TV를 시청하는 것을 좋아해서가 아니라, 폭력적 TV를 많이 시청한 공격적인 8세 아동이 폭력적 TV를 많이 시청하지 않은 공격적 8세 아동보다 자라서 더 공격적이었다.

아마도 TV 시청이 아동의 공격성을 유발한다는 가장 설득력이 큰 증거는 캐나다에서 실시된 자연 실험일 것이다. **연구 초점 : TV냐? 아니냐?**에 자연 실험이 소개되어 있다.

요약하면 중기 아동기에 폭력적인 TV 내용이 미치는 영향에 대해 우려해야 할 이유가 충분하게 있다. 그러나 미디어에는 긍정적 효과가 있다는 사실도 잊지 말자. 미디어 연구는 다른 발달 단계보다 중기 아동기에 대한 부정적 효과에 초점을 맞추고 있다. 그러나 폭력적이지 않은 내용을 적당하게 시청한다면 미디어 사용이 긍정적이고 즐거운 아동기 경험이 될 수 있다(Van Evra, 2007).

chapter 8

청소년기

1절 신체발달

급격한 변화 : 사춘기의 생물학적 변화

사춘기의 신체 변화

사춘기 시기

문화적 반응 : 사춘기 통과의례

청소년기 건강 문제

섭식장애 I 약물 사용

2절 인지발달

청소년기 인지발달

피아제의 형식적 조작기

정보처리 : 선택적 주의와 기억발달

사회인지 : 상상적 군중과 개인적 우화

문화와 인지

교육과 직업

학교 : 중등교육

직업

3절 정서와 사회성 발달

정서와 자아 발달

청소년기 정서 : 질풍노도의 시기

청소년기 자아발달

문화적 신념 : 도덕성과 종교

도덕성 발달

종교적 신념

청소년기 사회문화적 맥락

가족관계 I 또래와 친구

사랑과 성 I 미디어 사용

문제와 탄력성

범죄와 비행

우울

청소년기 탄력성

청소년기는 극적인 변화의 시기이다. 사춘기를 겪으면서 신체적 변화가 가장 분명하게 나타난다. 그러나 가족관계, 또래관계, 성과 미디어 사용에서도 극적인 변화들이 나타난다. 청소년들의 생각하는 방식과 주변 세계에 대해서 말하는 방식도 변한다.

청소년기는 단순히 생물학적 현상이나 특정 연령대가 아닌 문화적 구성개념이다. **사춘기**(신체적 및 성적 성숙에 도달하는 것과 관련된 생물학적 변화의 집합)는 보편적 현상이며, 우리가 이 장에서 배울 수 있듯이 사춘기의 발생 시점과 문화적 의미에서는 차이가 있지만 모든 청소년에게 똑같은 생물학적 변화가 이 시기에 일어난다. 그러나 청소년기는 사춘기 사건과 과정 그 이상을 포함한다. **청소년기**(adolescence)는 사춘기가 시작될 때부터 청소년들이 자신이 속한 문화에서 성인의 역할과 책임을 떠맡을 준비를 하며, 성인의 지위에 도달할 때까지의 기간이다. 청소년기가 문화적으로 구성되었다는 것은 문화가 성인의 지위를 정의하는 방식과 청소년이 성취해야 할 역할 및 책임의 내용이 문화에 따라 다양하다는 것을 의미한다. 거의 모든 문화에는 사춘기가 있다. 그러나 청소년기의 기간, 내용 및 일상생활은 문화에 따라 크게 다르다(Larson et al., 2010). 청소년기가 시작되고 끝나는 정확한 나이는 없지만, 보통 10세 이후에 시작하여 20세쯤에 끝나기 때문에 10대의 대부분을 구성한다.

청소년기에는 오늘날 두 가지 광범위한 문화적 형태가 있다. 선진국에서는 사춘기가 10~11세인 10대 초반에 시작된다. 이들은 대부분의 시간을 학교에서 친구와 함께 보낸다. 학교 밖에서도 여가 시간의 대부분을 또래 아이들이나 좋아하는 이성과 보낸다. 또한 이들의 일상생활의 상당한 부분은 휴대폰, 전자 게임, 텔레비전 및 음악을 듣는 것과 같은 미디어 사용을 포함한다.

그러나 아프리카, 아시아 및 남아메리카를 비롯한 대부분의 개발도상국에서는 사춘기가 또 다른 문화적 양상으로 나타난다. 이들 문화권에서 청소년이 전형적으로 하루를 학교 친구들과 함께하는 것이 아니라 가족 구성원과 함께 일을 하며 보내는 것이 일반적이다(Schlegel, 2010; Schlegel & Barry, 2015). 소녀들은 어머니와 다른 성인 여성과 대부분의 시간을 보내고, 자기가 속한 문화에서 여성의 역할을 수행하는 데 필요한 기술과 지식을 습득한다. 소년들은 성인 남성과 대부분의 시간을 보내며 속한 문화에서 남성이 해야 할 일을 배우지만, 사춘기 소녀보다는 친구들과 더 많은 시간을 할애할 수 있다. 개발도상국의 일부 청소년 남학생과 여학생은 학교에 다니지만 다른 청소년들은 아동기가 끝날 때쯤 학교를 떠난다. 대부분의 청소년들에게 학교는 아동기 이후 떠나는 곳인 것이다.

이 장에서는 이러한 문화에 따라 다양한 청소년기의 모습을 논의할 것이다. 또한 산업화와 세계화에 노출되면서 전통적 형태의 청소년기가 변하는 모습에 대해서도 논의할 것이다.

1절 신체발달

학습목표

8.1 사춘기 시작을 알리는 신체적 변화를 나열하고 청소년기 대뇌발달의 놀라운 변화를 요약한다.

8.2 사춘기 사건의 규범적 시기, 문화적 다양성과 이른 또는 늦은 사춘기가 사회정서적 발달에 미치는 영향을 기술한다.

8.3 전 세계 사춘기 통과의례의 주요한 성차를 확인한다.

8.4 섭식장애의 유병률, 증상 및 치료를 설명한다.

8.5 청소년 약물 사용을 네 가지 범주로 분류한다.

신체발달 : 급격한 변화 : 사춘기의 생물학적 변화

청소년기는 사춘기라는 첫 번째 주목할 만한 변화와 함께 시작되며, 사춘기 동안 신체는 여러 면에서 변화되면서 성적 생식 능력에 도달한다. 많은 변화가 일어나고, 종종 드라마틱하다. 아동기 동안 다소 안정된 속도로 성장한 후 10대 초반이 되면 아동은 급격한 성장과 함께 음모와 겨드랑이 털의 성장, 신체 구조의 변화를 겪는다. 소녀는 유방이 발달하고 생리가 시작되며, 소년은 얼굴에 털이 나기 시작하는 등 현저한 신체적 변화를 겪는다. 이러한 변화들은 흥미롭고 즐겁기도 하지만, 청소년은 두려움, 놀람, 성가심 및 불안과 같은 정서로 이런 변화를 경험한다. 곧 우리가 알 수 있듯이 새로운 연구들은 뇌발달에 있어서도 놀라운 변화를 보여준다.

사춘기 신체 변화

학습목표 8.1 사춘기 시작을 알리는 신체적 변화를 나열하고 청소년기 대뇌발달의 놀라운 변화를 요약한다.

사춘기란 라틴어 *pubescere*에서 유래한 말로 '모발의 성장'이라는 뜻이다. 사춘기 동안 이전에는 없었던 신체의 많은 부분에서 체모가 난다는 점에서 적절한 뜻이다. 그러나 청소년들은 체모의 성장보다 더 많은 변화들을 경험한다. **사춘기**(puberty)는 청소년의 자율성, 생리기관, 신체 외모를 극적으로 변화시키는 생물학적 혁명을 수반한다. 청소년은 10대 말에 사춘기 이전과는 현저히 다른 모습이 되며 몸의 기능도 크게 달라지고 성생활을 위해 생물학적으로도 준비된다.

호르몬 변화 중기 아동기 동안 체내 지방 비율이 점차 증가하여 적정 수준에 도달하면 일련의 화학적 변화들이 대뇌 하부에 위치한 콩만한 크기의 구조인 시상하부(hypothalamus; 제4장 학습목표 4.2 참조)에서부터 시작된다(Shalatin & Philip, 2003). 이 변화는 난소(여아의 경우)와 고환(남아의 경우)의 성 호르몬 분비를 자극한다. 성 호르몬에는 **에스트로겐**(estrogen)과 **안드로겐**(androgen) 두 종류가 있다. 사춘기 발달과 관련하여 가장 중요한 에스트로겐은 **에스트라디올**(estradiol)이며, 가장 중요한 안드로겐은 **테**

청소년기 사춘기가 시작되는 시기와 성인기가 시작되는 시기 사이에 있는 인생시기로, 이 시기에 속하는 젊은이들은 자신이 속한 문화에서 성인의 역할과 책임을 떠맡을 준비를 함

사춘기 한 개인이 생물학적으로 성숙한 성인으로 발달하고 성적 재생산을 위한 신체를 준비하도록 하는 신체와 몸의 구조 및 신체기능의 변화

에스트로겐 사춘기 이후 여성에게 특별히 높은 수준을 보이는 성 호르몬으로 여성의 1차 성징과 2차 성징에 크게 기여

안드로겐 사춘기 이후부터 남성에게서 특히 높은 수준을 나타내는 성호르몬으로, 주로 남성의 1차 성징과 2차 성징에 관여

에스트라디올 소녀들의 사춘기 발달에 가장 중요한 에스트로겐

사춘기는 신체적 외모를 변화시킨다. 이 사진은 한 소년의 11세와 15세 때의 모습이다.

스토스테론(testosterone)이다(Shirtcliff et al., 2009).

에스트라디올과 테스토스테론은 남자와 여자 모두에서 생산되며, 아동기 동안 이들 호르몬의 수치는 남녀 모두 거의 동일하다(Money, 1980). 그러나 사춘기가 시작되면 두 호르몬의 균형이 극적으로 바뀌게 된다(**그림 8.1** 참조).

10대 중반까지 에스트라디올 분비량은 사춘기 이전보다 여성의 경우 약 8배 높지만, 남성의 경우 약 2배 정도만 높아진다(Susman & Rogol, 2004). 대조적으로 남성의 테스토스테론 분비는 10대 중반에 그 이전보다 약 20배 정도 높아지지만, 여성의 테스토스테론 분비는 약 4배 정도만 늘게 된다. 이 성 호르몬의 증가는 1차 성징과 2차 성징의 특징과 같은 다른 신체적 변화를 일으키게 된다.

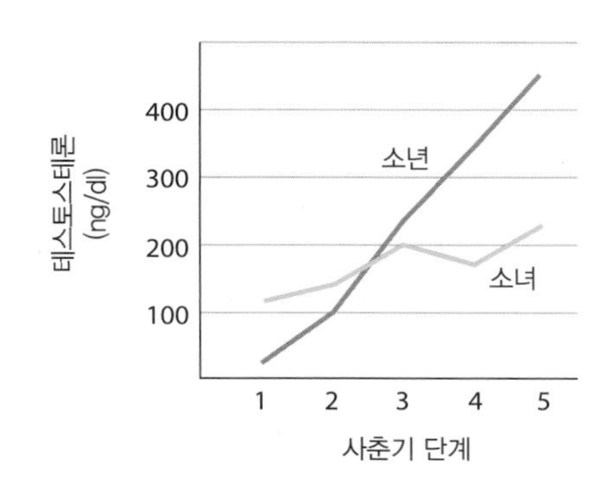

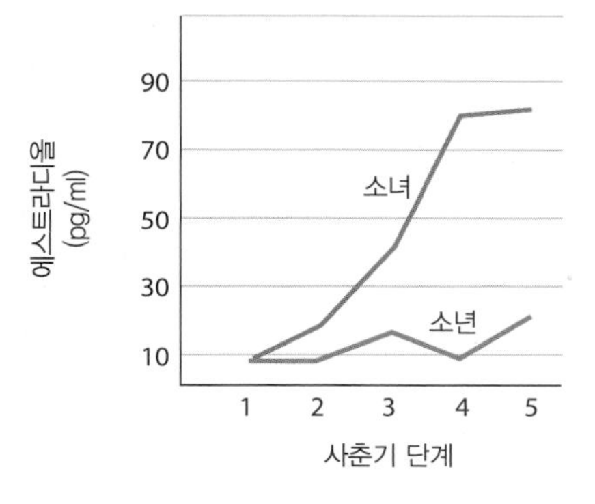

그림 8.1 사춘기 호르몬 변화

소녀와 소년은 사춘기 단계에서 매우 다른 호르몬 변화 경로를 따른다.

출처 : Nottelmann et al. (1987)

1차 성장과 2차 성징의 특징 사춘기 동안 증가된 성 호르몬에 대한 반응으로 신체에서 두 가지 변화가 일어난다. **1차 성징**(primary sex characteristic)의 특징은 생식과 직접으로 관련되어 있다. 구체적으로 여성은 난자를 남성은 정자를 생산하게 된다. **2차 성징**(secondary sex characteristic)의 특징은 사춘기 성 호르몬의 증가로 생기게 되는 다른 신체 변화를 포함하며 생식과 직접 관련된 변화는 포함하지 않는다.

난자와 정자의 발달은 아주 다르게 일어난다(제2장 참조). 여성의 경우 출생 시 평생 배출되게 될 난자의 기초가 될 난모세포를 가지고 태어나며 사춘기에 이르면 난소에 약 4만 개의 난모세포를 가지게 된다. 여아가 **초경**(menarche, 첫 생리 기간)을 하게 되고 생리주기가 시작되면 한 난자가 성숙 난자로 형성되는 데 약 28일이 걸린다. 여성은 일생의 생식 과정에서 약 400개의 난자를 배출한다.

대조적으로 남성은 태어날 때 고환에 정자가 없으며 사춘기에 도달하기 전까지는 정자를 생산하지 않는다. 그러나 **최초 사정**(spermarche)을 시작으로 남성은 정자를 놀라울 정도의 양으로 생산한다. 전형적인 남성의 사정에는 1~3억 개의 정자가 배출되는데, 이는 평균적인 남성이 매일 수백만 개의 정자를 생산한다는 것을 의미한다.

2차 성징의 특징은 음모의 성장, 목소리의 변화, 피부 유분과 땀의 증가 등 많고 다양하다. 2차 성징의 주요 특징과 발현 시기가 **그림 8.2**에 제시되어 있다.

대뇌발달 호르몬 변화와 1차 및 2차 성징의 발달 외에도 청소년기에 중요한 신경학적 변화가 일어난다. 최근 몇 년 사이 청소년기와 성인진입기의 신경학적 발달에 대한 연구가 급증했다(Casey et al., 2008; Giedd, 2008; Taber-Thomas & Perez-Edgar, 2015). 이 새로운 연구 결과 중 일부는 청소년기 뇌발달에 대한 이전 견해를 뒤집어놓았다.

6세까지 뇌가 이미 성인 크기의 95%에 달하는 것으로 오랫동안 알려져 왔다. 그러나 뇌발달이 뇌의 크기만 포함하는 것이 아니다. 뇌 크기 발달만큼이나 중요한 뉴런 간의 시냅스 연결이 있다(제4장 참조). 이제 과학자들은 사춘기가 시작되는 10~12세 사이에 시냅스 연결이 급격히 증가한다는 것을 알게 되었다. 이 과정은 시냅스의 과잉생산 또는 무성함이라고 불린다. 이전 연구에 따르면 시냅스 과잉생산은 태내기와 생애 첫 3년 동안 일어난다고 했지만, 최근 연구에 의하면 청소년기 초기에도 시냅스 과잉생산이 일어난다고 한다(Giedd, 2008). 시냅스 연결의 과잉생산은 청소년기 뇌의 많은 부분에서 발생하지만 특히 대뇌의 전두엽 영역에 집중되어 일어난다(Keating, 2004). 전두엽은 사전 계획, 문제해결 및 도덕적 판단과 같은 뇌의 고차원적 기능의 대부분에 관여한다.

초기 청소년기 시냅스 연결의 과잉생산에 대한 결과만큼 놀랍고 흥미로운 뇌발달 결과가 또 있다. 시

테스토스테론 소년의 사춘기 발달에 가장 중요한 안드로겐

1차 성징 난자와 정자의 생산과 생식 기관의 발달

2차 성징 생식 능력과 직접 관련 없는 사춘기에 나타나는 신체적 변화

초경 첫 생리 기간

최초 사정 사춘기 소년의 고환에서 정자의 발달이 시작되는 것

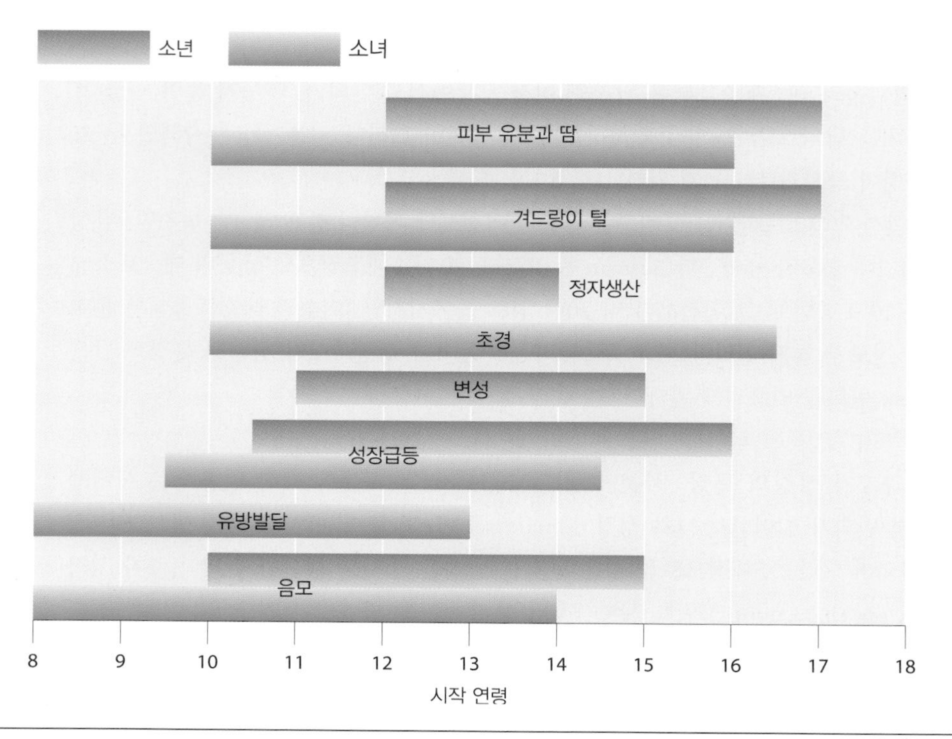

그림 8.2 사춘기 신체 변화의 시기

출처 : Based on Goldstein (1976), Chumlea et al. (2003)

냅스 연결 과잉생산은 11~12세경에 최고점에 도달하지만, 이 시기에 인지기능이 최고점에 도달하지는 않는다. 이 후 사용하는 시냅스는 남기고 사용하지 않는 시냅스는 제거하는 시냅스 가지치기가 이루어진다(제4장 참조). 사실 12~20세 사이의 뇌는 시냅스 가지치기를 통해 평균 7~10%의 부피가 감소하게 된다(Giedd et al., 2012). fMRI 기법(제5장 참조)을 이용한 연구에 의하면 높은 지능을 가진 청소년에서 시냅스 가지치기가 특히 빠르게 이루어진다고 한다(Shaw et al., 2006). 시냅스 가지치기를 통해 뇌는 정보처리 경로가 보다 전문화되어 더욱 효율적으로 작동하게 된다. 그러나 뇌가 이런 방식으로 전문화됨에 따라 유연성이 떨어지며 변화하기가 쉽지 않게 된다.

수초화는 청소년기의 또 다른 주요 신경발달 과정이다(제4장 참조). 미엘린은 뉴런의 주요 부분을 담요처럼 감싸는 지방으로, 뇌의 전기 신호를 한 경로에 유지하는 기능을 하고 전달 속도를 증가시킨다. 시냅스 과잉생산과 마찬가지로 수초 형성은 사춘기 이전에 끝난다고 생각되었지만 지금은 10대까지 지속되는 것으로 밝혀졌다(Giedd, 2008; Sowell et al., 2002). 수초화는 청소년기에 어떻게 뇌기능이 더 빠르고 효율적으로 발달하는지를 보여주는 또 다른 지표이다. 그러나 시냅스 가지치기와 마찬가지로 수초화는 뇌기능을 덜 유연하고 변화하기 어렵게 만든다.

마지막으로 사춘기의 뇌발달을 연구하는 연구자들에게 놀라운 최근의 발견은 소뇌의 성장이다(제6장 다시 참조). 이것은 아마도 가장 놀라운 발견일 텐데, 왜냐하면 소뇌가 피질하에 위치한 대뇌 아래 영역이며 오랫동안 운동과 같은 기본 기능에만 관련되어 있다고 알려져 왔기 때문이다. 그러나 연구에 따르면 소뇌는 수학, 음악, 의사결정, 사회기술 및 유머 이해와 같은 많은 고차원 기능들도 담당한다. 또한 소뇌는 청소년기에서 성인진입기에 이르기까지 계속해서 성장한다는 사실이 밝혀졌으며, 이러한 사실은 이 기능들의 잠재력이 계속적으로 증가한다는 것을 보여준다(Strauch, 2003). 사실 소뇌는 20대 중반까지 시냅스 과잉생산과 가지치기 단계를 멈추지 않는, 가장 늦게까지 발달하는 뇌이다(Taber-Thomas & Perez-Edgar, 2015).

사춘기 시기

학습목표 8.2

사춘기 사건의 규범적 시기, 문화적 다양성과 이른 또는 늦은 사춘기가 사회정서적 발달에 미치는 영향을 기술한다.

1차 및 2차 성징의 발달 시기에는 상당한 개인차가 있다(그림 8.2 참조). 예를 들어, 소녀의 경우 겨드랑이 털은 빠르면 10세, 느리면 16세 때 날 수 있다. 소년의 경우 음성의 변화는 빠르면 11세, 느리면 15세에 시작될 수 있다. 전반적으로 소녀들은 평균적으로 소년보다 2년 정도 더 이르게 사춘기를 시작한다(Archibald et al., 2003).

그림 8.2의 규범은 수십 년 동안 이 분야에서 광범위하게 연구되어온 유럽계 미국인과 영국 청소년에 해당하지만 다음과 같은 세 연구에서 다른 문화 집단에 존재할 수 있는 차이를 보여준다. 케냐의 키쿠유족 소년들은 사춘기의 첫 신체적 변화가 소녀보다 빠르게 나타나며, 이는 서양 문화권과의 차이를 보여준다(Worthman, 1987). 중국 소녀를 대상으로 한 연구에서는 유방 멍울이 발달한 지 약 2년 후에 대부분의 소녀에게서 음모가 발달하는 것으로 나타난 반면, 서양 소녀들의 경우 음모가 훨씬 이전에 발달하는 패턴이 나타났다(Lee et al., 1963). 또한 미국인을 대상으로 한 연구(Herman-Giddens et al., 1997; Herman-Giddens et al., 2001)에서는 많은 아프리카계 미국인 소녀들에게서 유럽계 미국인 소녀들보다 유방 멍울과 음모 발달이 빠르게 나타났다. 8세 때 아프리카계 미국인 소녀의 거의 50%가 유방이나 음모(또는 둘 다)가 발달하기 시작한 반면 유럽계 미국인 소녀는 같은 연령에서 단 15%만이 이러한 발달 패턴을 보였다. 이것은 아프리카계 미국인 소녀와 유럽계 미국인 소녀가 초경 연령에서 비슷했음에도 불구하고 나타난 사실이다. 이와 유사하게 음모 및 생식기 발달은 아프리카계 미국인 소년의 경우 유럽계 미국인 소년보다 일찍 시작된다. 이와 같은 연구는 사춘기의 발생 속도, 시기 및 순서에 있어서의 문화 간 차이를 더 면밀히 조사하는 것이 중요함을 시사한다.

유사한 문화 환경에서 청소년들에게 나타나는 사춘기 발달 시기와 그 순서에서의 차이는 유전에 기인한 것으로 보인다. 유전적으로 유사성이 높을수록 사춘기 변화의 시기가 유사할 가능성이 높으며 일란성 쌍둥이의 경우 가장 유사하다(Ge et al., 2007; Marshall, 1978). 그러나 우리가 다음에 확인할 수 있듯이 문화적 환경이 다를 때 사춘기의 시기도 다르게 나타난다.

추세변동 한 전집의 시간에 걸쳐 나타나는 특성의 변화

서양의 패턴과는 달리 케냐의 소년은 소녀보다 먼저 사춘기를 시작한다.

문화와 사춘기 문화는 집단의 기술을 포함하며 기술에는 식량 생산과 의료기술이 포함된다. 사춘기 시작 나이는 적절한 영양공급과 의료혜택에 따른 건강 정도에 큰 영향을 받는다(Alsaker & Flammer, 2006; Eveleth & Tanner, 1990).

그림 8.3에서 알 수 있듯이 역사적으로 서구 국가의 초경 시작 평균 연령이 19세기 중반에서 20세기 후반까지 꾸준히 낮아지고 있다는 사실은 사춘기 시작 시기에 대한 기술의 영향에 대한 설득력 있는 증거를 제공한다. **추세변동**(secular trend)으로 알려진 초경 연령의 이러한 하강 패턴은 관련 기록이 존재하는 모든 서구 국가에서 나타났다(Sørensen et al., 2012). 초경이 사춘기 시작에 대한 완벽한 지표는 아니다. 사춘기의 첫 외관상 신호는 대부분 여아에게서 훨씬 일찍 나타난다. 그리고 물론 초경은 남아들에게 적용되지 않는다. 초경은 오래전부터 기록해온 사춘기 발달의 유일한 측면이기도 하다. 학자들은 초경 연령의 저연령화 경향이

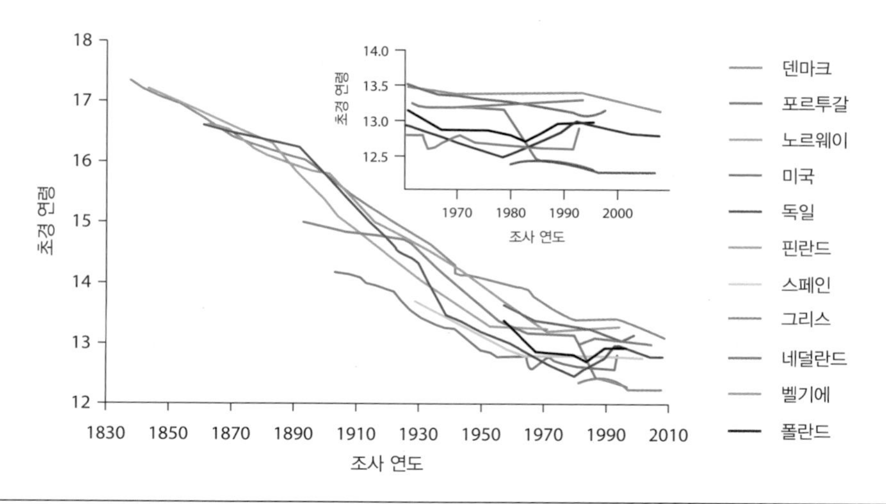

그림 8.3 초경 연령의 추세 변동

초경 시작 연령은 왜 낮아지는가?
출처 : Sørensen et al. (2012)

지난 150년 동안 영양과 건강 면에서의 향상 때문인 것으로 생각한다(Archibald et al., 2003; Bullough, 1981). 그림 8.3의 그래프가 보여 주듯이 1970년대 이후 초경 연령은 변함이 없으며, 이는 선진국에서 적절한 영양과 의료 서비스가 널리 보급되기 시작된 점이 이유인 것으로 보인다.

사춘기 시기에 대한 영양과 의료의 역할에 대한 또 다른 증거는 현재의 문화 비교에서도 찾아볼 수 있다. 초경의 평균 연령은 영양 충족과 의료 서비스가 최상인 선진국에서 가장 낮다(현재 약 12.5세) (Eveleth & Tanner, 1990; McDowell et al., 2007; Sørensen et al., 2012). 반대로 영양 공급이 제한적이거나 의료 서비스 접근이 어렵거나 이용이 불가능한 개발도상국에서는 평균 초경 연령이 15세 이상이다 (Eveleth & Tanner, 1990). 최근 수십 년 동안 한국과 중국 같은 급속한 경제 발전을 겪은 국가들에서는 초경 평균 연령의 낮아짐이 보고되었다(Graham et al., 1999; Park et al., 1999).

사춘기 시기에 대한 사회적 및 개인적 반응 여러분의 사춘기 시절을 잠시 떠올려보자. 가장 기억에 남는 사춘기로 인한 변화는 무엇이었는가? 그 변화에 어떻게 반응했는가? 그리고 여러분 주변 사람들은 어떻게 반응했는가? 나는 그때 노래하는 걸 좋아했고, 열세 살 때 소녀들만 있던 합창단에서 유일한 소년 소프라노로 있다가 열다섯 살이 되어 목소리가 저음으로 변하면서 베이스를 담당하게 됐던 것을 분명히 기억한다. 나는 대부분의 내 또래 친구들보다 사춘기를 늦게 시작했었다.

사춘기에 대한 사회적이고 개인적인 반응은 서로 얽혀 있다. 왜냐하면 청소년들이 사춘기에 어떻게 반응하는지는 부분적으로 다른 사람들이 어떻게 반응하는지에 달려 있기 때문이다. 선진국에서 사회적·개인적 반응은 청소년이 또래보다 상대적으로 일찍 또는 늦게 사춘기에 도달하는지 따라 다르다. 청소년들이 대부분의 시간을 친구들과 함께 학교에서 보내면서 자신의 성숙 정도가 또래와 비교하여 어떠한지 잘 알게 된다.

서구권에서는 조숙과 만숙에 대한 많은 연구가 이루어졌는데, 특히 미국에서 지난 반세기 동안 이와 관련된 연구들이 진행되었다. 결과는 복잡한데, 조숙과 만숙의 영향이 성에 따라 다르게 나타나고, 조숙과 만숙의 단기적 영향은 장기적 영향과 다르게 나타나는 것으로 보인다.

연구들은 조숙은 보통 여아에게 부정적인 영향을 미친다는 것을 일관되게 보고하고 있다. 여러 서구권 국가의 연구 결과에 따르면 조숙한 여아의 경우 우울에 빠지거나 부정적인 신체 이미지를 형성한다거나 섭식장애, 물질 사용, 비행, 공격적인 행동, 학교 문제, 부모와의 갈등과 같은 많은 문제에 노출될 가능성이 높다고 보고한다(Harden & Mendle, 2012; Lynne et al., 2007; Westling et al., 2008). 조숙이 여아들에게 문제가 되는 이유는 부분적으로는 조숙한 여아는 키가 작고 땅딸막해지는 경향이 있는데, 이러한 외모는 여성의 날씬함을 중요시하는 문화에서는 신체적 단점이 되기 때문이다. 조숙 여아는 또한 성숙한 신체발달로 인해 나이가 많은 남아의 관심을 끌게 되어 일찍 성경험을 하거나 나이 많은 친구들과 어울리고, 약물 사용, 비행 등의 문제를 겪기도 한다(Lynne et al., 2007; Westling et al., 2008). 여아에게서 조숙의 장기적 영향에 대한 연구 결과는 혼재되어 있다. 일부 연구에서는 청소년기 말기가 되면서 그 영향력이 줄어든 반면, 다른 연구에서는 조숙이 성인진입기까지도 부정적 영향을 미치는 것으로 나타났다(Graber et al., 2004; Posner, 2006; Weichold et al., 2003).

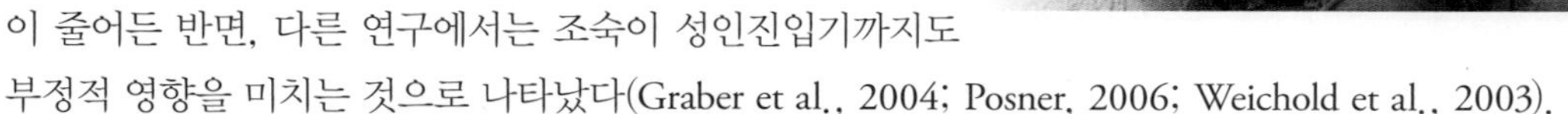

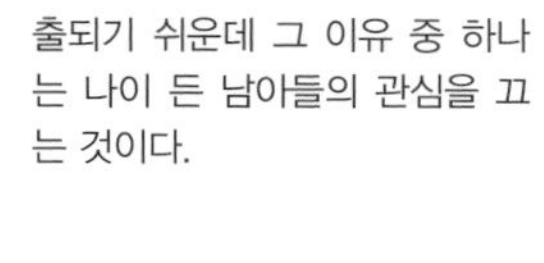

조숙한 여아는 여러 문제에 노출되기 쉬운데 그 이유 중 하나는 나이 든 남아들의 관심을 끄는 것이다.

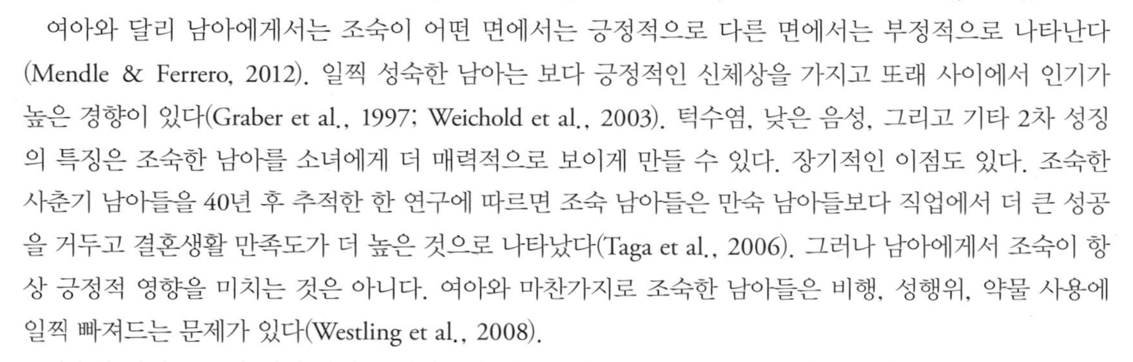

여아와 달리 남아에게서는 조숙이 어떤 면에서는 긍정적으로 다른 면에서는 부정적으로 나타난다(Mendle & Ferrero, 2012). 일찍 성숙한 남아는 보다 긍정적인 신체상을 가지고 또래 사이에서 인기가 높은 경향이 있다(Graber et al., 1997; Weichold et al., 2003). 턱수염, 낮은 음성, 그리고 기타 2차 성징의 특징은 조숙한 남아를 소녀에게 더 매력적으로 보이게 만들 수 있다. 장기적인 이점도 있다. 조숙한 사춘기 남아들을 40년 후 추적한 한 연구에 따르면 조숙 남아들은 만숙 남아들보다 직업에서 더 큰 성공을 거두고 결혼생활 만족도가 더 높은 것으로 나타났다(Taga et al., 2006). 그러나 남아에게서 조숙이 항상 긍정적 영향을 미치는 것은 아니다. 여아와 마찬가지로 조숙한 남아들은 비행, 성행위, 약물 사용에 일찍 빠져드는 문제가 있다(Westling et al., 2008).

만숙한 남아들 또한 여러 가지 문제에 노출되기 쉽다. 제때에 성숙한 남아들에 비해 늦게 성숙한 남아는 음주와 비행 행동 양상이 높게 나타나기도 한다(Mendle & Ferrero, 2012). 그들은 또한 학교에서 더 낮은 성적을 받는다. 만숙한 남아는 성인진입기에도 약물 사용과 일탈 행동의 수준이 높게 나타난다는 연구 결과도 있다(Biehl et al., 2007; Graber et al., 2004). 이와 달리 만숙한 여아의 경우 비교적 적은 문제를 보인다(Weichold et al., 2003).

문화적 반응 : 사춘기 통과의례

전 세계 사춘기 통과의례의 주요한 성차를 확인한다.

여러분의 문화에는 아동기에서 청소년기로의 이행을 나타내는 공식적인 의례가 있는가? 여러분은 유대교 남자 성인식인 바르 미츠바(bar mitzvah)나 가톨릭의 견진성사, 또는 라틴아메리카 문화권에서 15세 소녀에게 행해지는 성인식인 퀸시녜라(quinciñeara)를 본 적이 있는가? 이것은 많은 문화에서 아동기를 끝내고 청소년기를 시작함을 알리는 **사춘기 통과의례**(puberty ritual)의 예이다. 사춘기 의례는 특히 전통 문화에서 흔하다. 앨리스 슐레겔과 허버트 베리는 186개 전통 문화에 속한 청소년 발달에 관한 정보를 분석 한 결과, 남아의 68%, 여아의 79%가 사춘기 통과의례를 치룬 것으로 나타났다(Schlegel & Barry, 1991).

사춘기 통과의례 아동기에서 벗어나 청소년기로 들어가는 표식으로, 많은 문화에서 행해지는 공식적 관습

소녀의 경우 초경은 사춘기 통과의례가 행해지는 큰 사춘기 사건이다(Schlegel & Barry, 2015). 초경은

여성의 생식 기간 전반에 걸쳐 지속되는 월경이라는 월중 의식을 시작하게 한다. 여러 문화에서 공통적으로 월경혈의 힘에 관한 강한 믿음을 가지고 있다. 이러한 믿음은 보편적인 것은 아니지만 다양한 문화권에서 공통점을 보인다. 월경혈은 종종 농작물의 성장, 가축의 건강, 사냥꾼들 사이에서의 성공 가능성, 다른 사람들(특히 월경 중인 여성의 남편)의 건강과 웰빙에 위험을 초래할 수 있다고 간주되어왔다(Buckley & Gottlieb, 1988; Marvan & Trujillo, 2010). 결과적으로 월경하는 여성의 행동과 이동은 음식 준비와 소비, 사회 활동, 종교적 관행, 입욕, 학교 출석 및 성행위와 같은 많은 영역에서 제한되었다(Crumbley, 2006; Mensch et al., 1998). 초경은 특별한 힘을 가진 것으로 여겨져(아마도 소녀들의 첫 번째 월경이기 때문에) 가해진 제한의 정도가 훨씬 더 복잡하고 광범위한 듯하다(Yeung & Tang, 2005).

사춘기 소년들의 공개 할례는 여전히 일부 아프리카 문화에서 행해지고 있다. 여기 탄자니아의 마사이족 세 청소년이 자신들의 사춘기 통과의례를 성공적으로 치룬 것을 기념하고 있다.

소년들을 위한 전통적인 사춘기 통과의례는 소녀의 초경과 같은 생물학적 특정 사건에 초점을 맞추진 않지만, 그럼에도 불구하고 문화권마다 공통된 특징을 보인다. 일반적으로 사춘기 소년은 용기, 힘 및 지구력을 보여주어야 한다(Gilmore, 1990, Schlegel & Barry, 2015). 전통 문화의 일상생활은 종종 전쟁, 사냥, 낚시 및 기타 과제에서 청년 남성에게 이러한 역량을 요구한다. 따라서 소년들을 위한 사춘기 의식은 성인 남성으로서 갖추어야 할 역량이 무엇인지 알게 하고 소년들이 성인에게 요구되는 도전들을 받아들일지를 시험하는 것으로 해석될 수 있다.

과거에는 소년을 위한 의식이 보통 폭력적이었기 때문에 소년들은 여러 유형의 유혈에 복종하고 때로는 참여해야 했다. 예를 들어, 에티오피아의 암하라족의 소년들은 얼굴을 마주 보며 채찍으로 서로의 얼굴과 신체를 때리는 채찍질 대회에 참가해야 했다(LeVine, 1966).

서양 문화에서 자란 경우 이러한 의식이 잔인하게 들릴 수도 있지만, 이러한 사춘기 통과의례를 갖는 문화에 속한 성인들은 소년들이 유년기에서 벗어나 성인기로 이행하는 과정과 인생의 어려움에 직면할 준비를 갖추는 데 이런 의식들이 필요하다고 믿었다. 그러나 이 모든 문화에서 행해졌던 사춘기 통과의례는 그 빈도가 줄거나 세계화의 결과로 최근 수십 년 동안 모두 사라졌다(Schlegel, 2010; Schlegel & Barry, 2015). 전통 문화가 세계화에 따라 빠르게 변하기 때문에 전통적인 사춘기 통과의례는 더 이상 젊은이들이 기대하는 미래와 관련이 없는 것 같다. 그러나 소년들을 위한 공개 할례는 여전히 많은 아프리카 문화에서 사춘기 통과의례로 유지되고 있다(Vincent, 2008).

여성 생식기를 절제하거나 변형하는 것과 같은 사춘기 여성 할례는 아프리카 전역에서 70% 이상의 비율로 흔하게 행해지고 있으며, 말리, 이집트, 소말리아, 지부티의 경우 90% 이상의 비율로 흔하게 치뤄진다(Baron & Denmark, 2006; Chibber et al., 2011). 할례의 신체적 결과는 소년보다 소녀에게 훨씬 더 심각하게 나타난다. 일반적으로 많은 출혈이 발생하며 감염의 가능성이 높다. 이후 많은 여성들이 월경을 하거나 소변을 볼 때마다 만성 통증을 느끼며 요로 감염과 출산 합병증의 위험이 높아진다(Eldin, 2009). 비판가들은 이러한 여성 할례를 **여성성기 절단**(female genital mutilation, FGM)이라고 부르며 이를 반대하는 국제 캠페인을 벌이고 있다(Odeku et al., 2009). 그럼에도 불구하고 젊은 여성이 결혼 상대자가 되기 위해서 반드시 요구되는 만큼 많은 아프리카 문화권에서는 여성 할례를 흔히 볼 수 있다(Baron & Denmark, 2006).

비판적으로 사고하기

서양 문화에서도 전통 문화의 사춘기 통과의례와 비슷한 의례가 있는가? 서양 문화권 사람들이 사춘기 신체적 성장 변화를 좀 더 인정해주고 기념해야 하는가? 만약 그렇다면 왜, 어떻게 해야 하는가?

신체발달 : 청소년기 건강 문제

중기 아동기와 마찬가지로 청소년기는 생애 단계 중 대체로 신체가 건강한 시기이다. 면역 시스템이 발달하여 생애 초기보다 중기 아동기와 청소년기에 더 효과적으로 기능하기 때문에 감염성 질병에 대한 감수성이 낮다. 심장병이나 암과 같이 성인기 이후에 흔하게 발생하는 질병은 청소년기에는 매우 드물게 발생한다. 그러나 중기 아동기와는 다르게 사춘기는 신체적인 기능보다는 행동에서 문제가 발생하는 시기이다. 사춘기에 흔히 발생하는 두 가지 문제는 섭식장애와 약물 사용이다(자동차 사고는 사춘기의 사망원인 1위이지만 이 주제는 제9장에서 논의하도록 하겠다).

섭식장애

섭식장애의 유병률, 증상 및 치료를 설명한다.

많은 청소년들의 신체에 대한 사고의 변화는 음식에 대한 사고의 변화를 동반한다. 특히 소녀들은 사춘기에 접어들면서 먹는 음식에 더 많은 주의를 기울이며, 너무 많이 먹고 뚱뚱해지는 것에 대해 걱정하게 된다(Nichter, 2001). 미국 청소년기 소녀의 60%와 소년의 30%가 자신을 과체중이라고 생각하는데, 이는 실제로 의학적 기준에 의해 소녀의 15%와 소년의 16%만이 과체중임에도 불구하고 그렇다(CDC, 2008). 이러한 신체 불만족은 소년보다 소녀에게서 흔히 발생한다(Gray et al., 2011). 소년은 자신이 과체중이라고 믿을 확률이 소녀보다 훨씬 적으며 자신의 신체에 만족할 가능성이 훨씬 크다.

이러한 인식은 청소년들로 하여금 24시간 이상의 금식, 다이어트 제품의 사용, 설사제 사용, 그리고 체중 조절을 위한 완하제 복용을 포함하는 섭식장애 행동을 일으키게 한다. 미국 청소년들을 전국적으로 조사한 연구에서 9~12학년에 해당하는 소녀의 약 20%와 소년의 10%가 지난 한 달 동안 섭식장애 행동을 한 적이 있는 것으로 보고하였다(CDC, 2008). 다른 서구 국가에서도 비슷한 결과가 보고되었다. 11~17세 독일 청소년을 조사한 연구에서 여자 청소년의 3분의 1과 남자 청소년의 15%가 섭식장애 증상을 보고하였다(Herpetz-Dahlmann et al., 2008). 14~15세 청소년을 대상으로 한 핀란드의 대규모 연구에서는 여자의 24%와 남자의 16%가 섭식장애를 겪는 것으로 나타났다(Hautala et al., 2008).

가장 흔한 두 가지 섭식장애는 **신경성 식욕부진증**(anorexia nervosa, 거식증, 의도적 자기 굶주림)과 **폭식증**(bulimia, 의도적 하제 사용 및 구토와 함께 나타나는 폭식)이다. 미국 청소년의 약 0.3%가 신경성 식욕부진증을, 0.9%는 폭식증을 앓고 있다(Swanson et al., 2011). 섭식장애는 거의 대부분(90%) 여성에게서 발생한다. 여성의 경우 대체로 섭식장애가 10대와 20대 초반에 나타난다(Smink et al., 2012). 신경성 식욕부진증의 네 가지 주요 증상은 다음과 같이 특징지어진다.

1. 키 대비 표준체중의 85% 이상 체중을 유지할 수 없음
2. 체중 증가에 대한 두려움
3. 월경불순

신경성 식욕부진증 의도적으로 굶는 섭식장애

폭식증 폭식 후 다시 스스로 토해내는 섭식장애

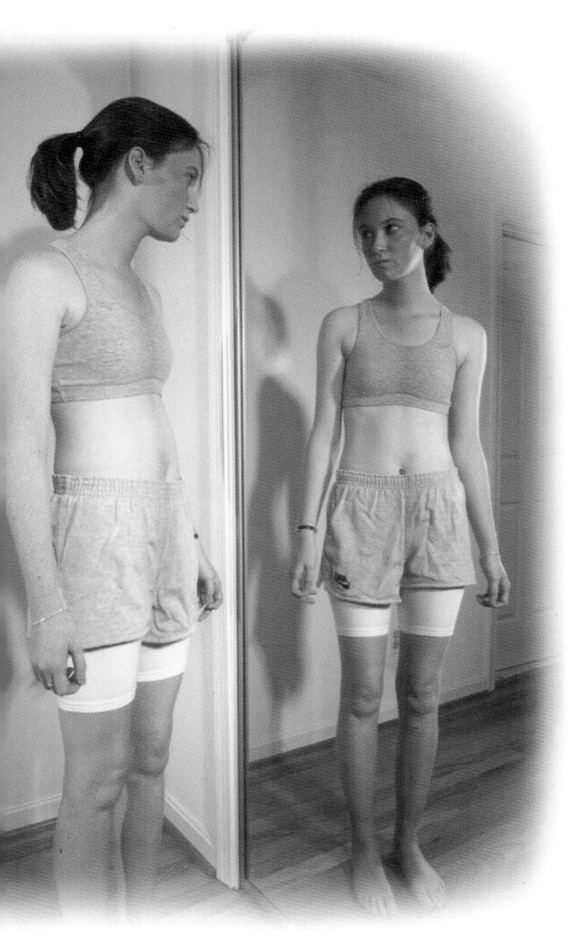

신경성 식욕부진증에 걸린 젊은 여성은 너무 말라 생명이 위험한 경우에도 자신을 너무 뚱뚱하다고 생각한다.

4. 왜곡된 신체 이미지

신경성 식욕부진증의 가장 두드러진 증상 중 하나는 신체 이미지에 대한 인지 왜곡이다(Striegel-Moore & Franko, 2006). 신경성 식욕부진증에 걸린 젊은 여성은 너무 말라 생명이 위험한 경우에도 자신이 굉장히 뚱뚱하다고 믿는다. 신경성 식욕부진증 환자와 함께 거울 앞에 서서 얼마나 극도로 말랐는지를 지적하는 것은 소용이 없다. 신경성 식욕부진증에 걸린 사람은 아무리 말랐을지라도 거울에 비친 자신을 뚱뚱한 사람으로 인식한다.

신경성 식욕부진증 환자와 마찬가지로 폭식증 환자는 자신의 신체가 커지고 뚱뚱해질 것이라는 두려움을 가진다(Bowers et al., 2003). 이들은 단시간에 많은 양의 음식을 섭취하는 폭식을 한 후 부적절한 방식으로 음식을 제거하려고 한다. 즉 설사제(완하제)를 먹거나 폭식 중에 먹은 음식을 제거하기 위해 구토를 유도한다. 폭식증에 걸린 사람들은 반복적인 구토로 위산에 치아의 법랑질이 부식되어 치아손상이 일어나기 쉽다. 신경성 식욕부진증과 달리 폭식증을 가진 사람들은 폭식과 음식물을 토해내거나 설사약을 남용하는 에피소드를 반복하기 때문에 보통의 경우 정상체중을 유지한다(Striegel-Moore & Franko, 2006). 신경성 식욕부진증과의 또 다른 차이점은 폭식증을 가진 사람들은 자신의 식습 패턴이 정상이라고 생각하지 않는 점이다. 그들은 자신이 문제를 가진 것을 인식하고 종종 폭식의 결과로 자신을 싫어한다.

젊은 여성들의 자기 절식은 서구 국가에서 오랜 역사를 가지고 있다(Vandereycken & van Deth, 1994). 오늘날 섭식장애는 이상적인 여성의 모습으로 날씬한 몸매를 강조하는 문화에서, 특히 서구 국가들에서 가장 흔하다(Latzer, Merrick, & Stein, 2011; Walcott et al., 2003). 날씬한 여성의 몸매를 이상적으로 여기는 문화에서 청소년기 소녀들은 생물학적으로 몸무게가 증가하고 몸이 둥글려지는 시기에 이러한 체형의 변화에 괴로움을 느끼게 되며 신체 변화에 저항하거나 변화를 최소화하려고 한다. 섭식장애가 있는 젊은 여성은 우울증이나 불안장애와 같은 다른 내재화 장애의 위험이 더 높다(Swanson et al., 2011; Swinbourne & Touyz, 2007). 섭식장애 행동은 또한 약물 사용, 특히 흡연과 폭음과 관련이 있다(Pisetsky et al., 2008). 미국의 경우 섭식장애의 발생빈도는 다른 민족 집단의 여성들보다 백인 여성들에게서 높게 나타난다. 이는 아마도 여성의 날씬함에 대한 문화적 가치가 더 높기 때문일 것이다.

섭식장애는 주로 서구권에서 흔한 문제이지만, 서구화가 진행되고 있는 지역에서도 섭식장애가 증가하고 있다. 예를 들어, 섬 국가인 피지에서는 전통적으로 이상적인 여성의 신체형은 둥근 곡선형이었다. 그러나 1995년에 텔레비전이 처음 보급된 후 미국과 다른 서구 국가의 프로그램이 소개되면서 섭식장애의 발병률이 크게 증가했다(Becker et al., 2007). 피지의 사춘기 소녀들은 인터뷰에서 서구의 텔레비전 캐릭터를 동경하고 같은 모습을 갖길 원했으며, 이러한 목표는 부정적인 신체 이미지의 증가, 체중에 대한 선입견 및 체중 조절을 위한 하제 사용을 증가시킨 것으로 나타났다(Becker, 2004).

입원, 약물치료 또는 심리치료를 통한 섭식장애와 폭식증 치료의 성공은 제한적이다(Bulik et al., 2007; Grilo & Mitchell, 2010). 병원 프로그램에서 섭식장애로 치료받는 사람들의 약 3분의 2는 개선되지만, 3분의 1은 치료에도 불구하고 만성 질환으로 남아 있다(Steinhausen et al., 2003). 이와 유사하게 폭식증의 절반 정도가 치료에 성공적이지만 나머지 절반의 경우에는 재발이 반복되고 회복이 느린 경우가 많다(Smink et al., 2012). 섭식장애의 병력을 가진 청소년과 성인진입기 청년은 섭식장애가 사라진 후에도 정신과 신체 건강, 자아상 및 사회적 기능에서 심각한 장애를 나타낸다(Berkman et al., 2007;

Striegel-Moore et al., 2003). 섭식장애는 정신질환 중 사망률이 가장 높은 질환 중 하나이며, 섭식장애의 약 10%가 결국 굶어 죽거나 체중 감소로 인한 신체적 문제로 사망하게 된다(Smink et al., 2012).

약물 사용

청소년 약물 사용을 네 가지 범주로 분류한다.

미국 사회에서 약물 사용은 청소년기 이전에는 드물지만, 중등교육이 끝날 때쯤에는 매우 흔하게 나타난다(Johnston et al., 2014). 2013년 미국 미래관찰 연구(Monitoring the Future, MTF) 조사 결과에 따르면 고등학생의 39%가 음주 경험이 있으며, 26%는 지난 한 달에 한 번 이상 5잔 이상 연속으로 술을 마신 폭음 경험이 있다고 보고했다. 또한 고등학생의 16%가 지난 한 달 동안 적어도 한 번 이상 담배를 피운 적이 있다고 보고했다. 실제로 이 조사에서는 마리화나 흡연 비율이 담배 흡연보다 더 높게 나타났다. 2013년 MTF 조사에서 고등학생의 23%가 지난 한 달간 마리화나를 사용한 경험이 있다고 보고했다. 일반적으로 사춘기 약물 사용 정도는 아메리카 인디언에게서 가장 높게, 그다음으로 유럽계와 라틴계 미국인 청소년에게 높은 순으로 나타났으며, 아프리카계 미국인과 아시아계 미국인 청소년에게 가장 낮게 나타났다(Shih et al., 2010). 술, 담배 및 마리화나 이외의 약물 사용은 미국 청소년들에게 흔하지 않다.

현재 사춘기와 성인진입기의 약물 사용 정도는 과거 몇십 년 전과 비교하여 어떠한가? MTF 조사가 1975년부터 시작된 덕분에 미국 청소년들을 대상으로 30년 이상 축적되어온 우수한 자료를 바탕으로 이 질문에 대한 답을 제공해준다(Johnston et al., 2014). 12학년들 중에서 물질 사용(과거 한 달)의 비율은 1970년대 후반에서 1990년대 초반까지 감소했다. 남은 1990년대 기간 동안 증가했고, 지난 10년간 다시 더 감소했다. 알코올 사용은 1975년 약 70%에서 2013년 39%로 감소했다. 담배 흡연은 1975년 약 40%에서 2013년 16%로 감소했다. 마리화나 사용은 1978년 37%을 정점으로 2013년 23%로 감소했다. 암페타민 사용은 1981년에 15%로 가장 높았다가 2014년 4%로 감소하였다. 이 기간 동안 모든 약물 사용을 끊는 엄격한 금욕생활을 한다는 뜻의 '스트레이트 에지(straight-edge)'로 스스로를 칭하는 청년들의 수가 증가했다(Kuhn, 2010). 이러한 약물 사용 감소 양상에 대한 이유는 분명하지 않지만, 이 기간 동안 정부가 지원한 10대 물질 사용에 대한 집중적 공공 캠페인이 이러한 감소에 기여했을 가능성이 크다.

청소년 물질 사용 비율은 서구 국가마다 다르다. 서구 41개국 15세를 대상으로 세계보건기구에서 실시한 조사 결과가 **그림 8.4**에 요약되어 있다(WHO, 2013).

담배 흡연율은 미국과 캐나다의 청소년이 유럽 청소년보다 낮다. 이는 유럽 국가들과는 달리 미국과 캐나다의 정부가 흡연에 대한 대규모 공중 보건 캠페인을 실시했기 때문인 것으로 보인다. 청소년의 흡연은 특별한 관심 사항인데, 그 이유는 장기간의 흡연은 모든 불법약물 사용보다 더 많은 질병과 사망률의 원인이 되며, 흡연하는 대다수의 사람들이 10대 초반부터 조기흡연을 시작했기 때문이다(Johnston et al., 2014).

청소년들은 실험적·사회적·의약적 중독으로 분류될 수 있는 다양한 목적으로 약물을 사용한다

청소년기 흡연율은 미국과 캐나다보다 유럽에서 더 높다. 아래의 사진은 독일 어린 청소년이 흡연을 하고 있는 장면이다.

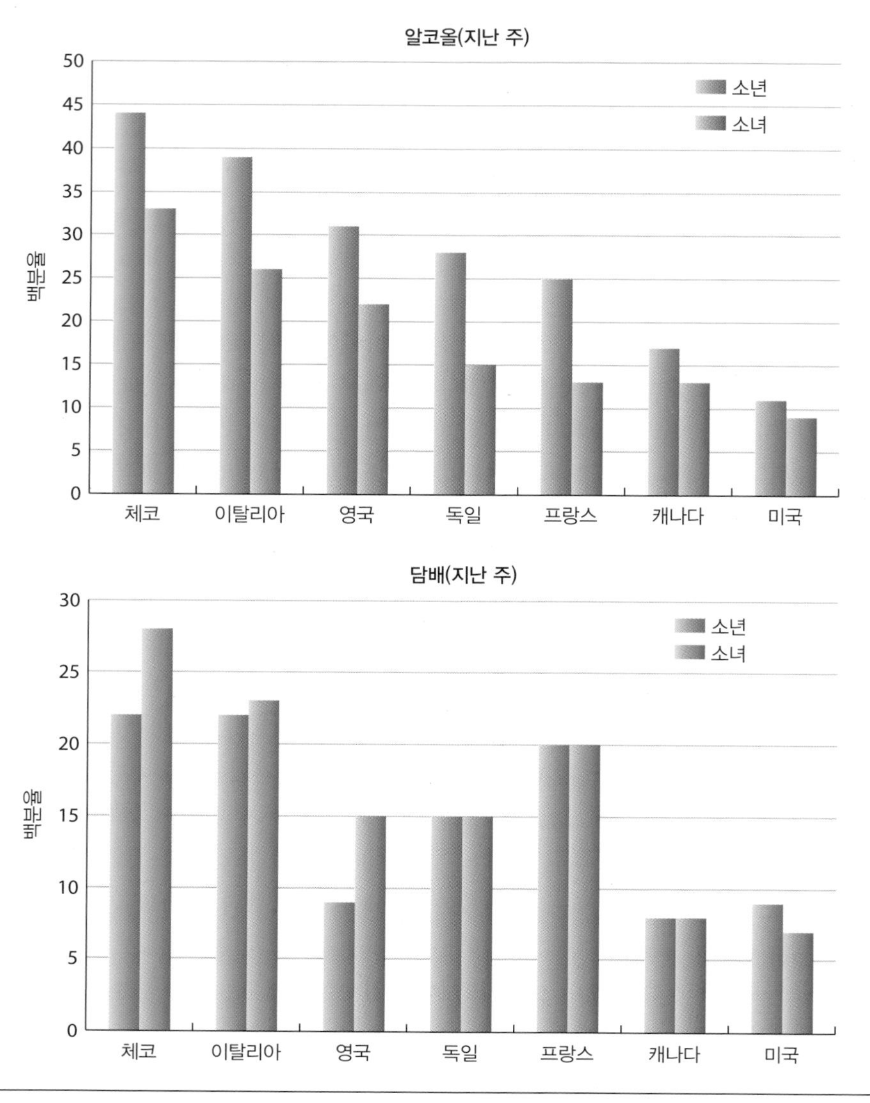

그림 8.4 서구 국가들의 약물 사용

왜 알코올과 담배 사용 비율이 미국과 캐나다에서 낮은가?
출처 : Based on WHO (2013)

(Weiner, 1992). **실험적으로 약물 사용**을 하는 청소년들은 호기심에서 약물을 한 번 또는 몇 번 시도한 다음 다시 사용하지 않는다. **사회적으로 물질 사용**을 하는 부류는 친구들과 사교활동을 할 목적으로 약물을 사용한다. 파티와 춤을 추는 장소는 청소년기와 성인진입기 약물 사용의 흔한 장소이다. **치료적인 약물 사용**은 슬픔, 불안, 스트레스 또는 외로움과 같은 불편한 정서적 상태를 완화하기 위한 물질의 사용을 포함한다. 이러한 목적으로 약물을 사용하는 것은 일종의 **자가치료**(self-medication)로 설명된다(Reimuller et al., 2011). 자가치료를 위해 약물을 사용하는 청년들은 주로 사회적 또는 실험적 목적으로 약물을 사용하는 사람들보다 약물을 남용하는 경향이 있다. 마지막으로 **중독적인 약물 사용**은 신체적 또는 정신적으로 기분이 좋아지는 약물을 규칙적으로 사용하는 것에 의존하게 될 때 발생한다. 약물에 중독된 사람들은 약물 사용을 중단할 때 불안이나 떨림과 같은 금단 증상을 경험한다. 중독성 약물 사용에는 여기에 설명된 네 가지 범주 중 가장 규칙적이고 빈번한 물질 사용을 포함한다.

자가치료 불편한 정서적 상태를 완화하기 위한 물질의 사용

청소년기와 성인진입기의 모든 약물 사용은 성인들이 젊은 사람들이 이것들을 사용할 때 문제라고 보

는 관점에서 '문제 행동'으로 여겨진다. 그러나 여기에 설명된 네 가지 범주는 젊은 사람들이 다양한 방법으로 물질을 사용할 수 있다는 것을 의미한다. 우리는 제9장에서 성인진입기를 다룰 때 약물 사용과 남용을 더 자세하게 알아볼 것이다.

2절 인지발달

학습목표

8.6 가설연역적 추론의 특징을 설명하고 피아제 이론의 형식적 조작기에 대한 비판을 알아본다.
8.7 중기 아동기에서 청소년기에 나타나는 주의와 기억에서의 주요 변화를 요약한다.
8.8 상상적 군중과 개인적 우화를 정의하고 이것이 청소년기 자아중심성을 어떻게 반영하는지 설명한다.
8.9 청소년과 관련된 근접발달 영역과 발판화의 예를 든다.
8.10 선진국과 개발도상국의 중등교육 시스템과 학업 수행을 비교 및 대조한다.
8.11 선진국과 개발도상국 청소년이 하는 일의 전형적 형태와 유럽 도제교육의 특징을 요약한다.

인지발달 : 청소년기 인지발달

청소년기 인지발달에 대한 피아제의 인지발달 이론은 생애 초기 단계에서와 마찬가지로 영향력이 있지만 질문과 비판도 받고 있다. 정보처리 접근에 기초한 연구들에 의해 청소년이기에 일어나는 기억과 주의발달에 대한 결과들이 축적되었다. 인지적 접근은 청소년이 자신과 타인을 어떻게 바라보는지를 조사하는 사회성 발달 주제에도 적용되고 있다.

피아제 이론의 형식적 조작기

가설연역적 추론의 특징을 설명하고 피아제 이론의 형식적 조작기에 대한 비판을 알아본다.

피아제(Piaget, 1972)에 따르면 **형식적 조작기**(formal operation) 단계는 대략 11세에서 시작하여 15~20세 사이에 완성된다. 구체적인 조작기 아동은 논리적이고 체계적인 사고를 요구하는 간단한 과제를 수행할 수 있지만, 형식적 조작기 청소년은 복잡한 과제와 여러 변수가 관련된 문제를 풀 수 있다. 형식적 조작 사고는 정의와 시간과 같은 추상적 개념에 대한 생각을 가능하도록 하는 추상적 사고의 발달을 포함하며, 문제에 대한 직접적인 경험이 없더라도 가능한 다양한 해결책을 생각해보거나 그려볼 수 있게 한다.

형식적 조작기 피아제의 이론에서 가능성과 가설에 관해 체계적으로 사고할 줄 아는 인지 단계로, 11세 정도에 시작됨

가설연역적 추론 형식적 조작기는 과학적으로 사고하고 과학적 방법의 엄격함을 인지 과제에 적용하는 능력인 **가설연역적 추론**(hypothetical-deductive reasoning)의 발달을 포함한다. 이 새로운 능력의 실례를 들기 위해 피아제가 아동의 사고가 구체적 조작에서 형식적 조작으로 발전되었는지를 테스트하기 위해 사용했던 과제 중 하나인 **진자 과제**를 살펴보자(Inhelder & Piaget, 1958). **그림 8.5**에 제시된 피아제의 진

가설연역적 추론 과학적 사고를 인지 과제에 적용하는 과정에 대한 피아제의 용어

그림 8.5 **진자 과제**

이 과제의 수행이 형식적 조작을 어떻게 테스트하는가?

자운동 문제에서 아동과 청소년에게 줄에 물체를 달아서 움직이게 하는 진자를 보여주고 나서 진자가 양옆으로 흔들리는 속도를 결정하는 것이 무엇인지 알아보게 한다. 물체의 무게, 줄의 길이, 물체가 움직이기 시작할 때의 높이, 물체를 밀 때 가해진 힘 등 이러한 진자의 속도에 영향을 주는 변인들을 깊이 생각해보도록 아동과 청소년들에게 길이가 다른 줄과 무게가 다른 물체가 주어진다.

구체적 조작기 아동은 무작위적인 시도로 문제에 접근하는 경향이 있으며, 종종 한번에 둘 이상의 변인을 변화시킨다. 가장 무거운 물체를 가장 긴 높이의 줄에 달아 중간 높이에서 중간 정도의 힘으로 떨어뜨린 다음 중간 정도 무게의 물체를 가장 짧은 줄에 달아 중간 높이에서 적은 힘으로 떨어뜨린다. 진자의 속도가 변할 때 한 번에 하나 이상의 변인이 변경되었기 때문에 속도가 변화는 이유를 말하기가 어렵다. 올바른 답(줄의 길이)을 얻은 경우에도 그 이유를 설명하기 어려워한다. 이것은 피아제에게 있어 매우 중요하다. 각 단계에서의 인지적 진보는 문제해결을 위해 아동들이 생각해낸 대답뿐만 아니라 해결책에 어떻게 도달했는지에 대한 설명에도 반영되어 있기 때문이다.

오직 형식적 조작기를 통해서만 이와 같은 문제에 대한 올바른 대답을 찾아 왜 그것이 옳은 대답인지 이해하고 설명할 수 있게 된다. 형식적 조작 사고를 하는 사람은 과학적 실험과 관련된 가설적 사고를 활용하여 진자 과제에 접근한다. "보면요, 그것은 무게일 수 있어요. 다른 모든 것을 같게 하고 무게만 바꾸어보면요. 아니요, 그렇지 않은 것 같아요. 같은 속도, 어쩌면 길이인 것 같아요. 만약 다른 모든 것을 동일하게 유지하면서 길이만 변경하면 차이가 나는 것 같아요. 짧은 줄에서 속도가 더 빨라요. 그런데 높이를 변화시켜보면 변화가 없어요. 힘도 마찬가지예요. 차이가 없어요. 그래서 길이예요. 오직 길이만 속도를 바꾸게 해요." 즉 형식적 조작기 사고는 다른 변인을 일정하게 유지하면서 변인 하나를 변경하며 체계적으로 다른 가능성을 테스트하게 한다. 이러한 과정을 통해서 형식적 조작기 사고는 옳을 뿐만 아니라 설명과 납득이 가능한 대답에 도달하게 된다.

피아제의 형식적 조작 사고에 대한 비판 형식적 조작기는 피아제의 이론 중 가장 비판을 많이 받고 많이 수정되어야 할 필요가 있는 부분이다(Keating, 2004; Marti & Rodriguez, 2012). 피아제의 형식적 조작 이론의 한계는 크게 두 가지로 나뉜다. 형식적 조작 사고 달성에 있어서의 개인차와 청소년 인지발달의 문화적 토대이다.

제4장에서 언급했듯이 피아제는 사람들이 거의 같은 시기에 같은 단계를 거쳐 발달한다고 주장했다(Inhelder & Piaget, 1958). 모든 여덟 살짜리 아동은 구체적 사고 단계에 있으며, 모든 15세 청소년은 형식적 조작기에서 사고한다. 또한 피아제의 발달 단계에서 15세 청소년들은 삶의 모든 측면에서 형식적 사고로 추론을 해야 하는데, 그것은 문제의 성격에 상관없이 동일한 정신구조가 적용되어야 하기 때문이다(Keating, 2004).

많은 연구들은 이러한 주장은 특히 형식적 조작기에 있어서 부정확하다는 것을 명확히 한다(Kuhn, 2008). 사춘기와 성인기에도 사람들이 형식적 조작 사고를 사용하는 범위에 많은 개인차가 있다. 일부 청소년들과 성인들은 다양한 상황에서 형식적 조작 사고를 사용한다. 다른 사람들은 그것을 선택적으로 사용하거나 전혀 사용하지 않기도 한다. 피아제가 형식적 조작기 사고 측정을 위해 사용한 과제에서 청소년과 성인의 성공률은 과제의 특성과 교육배경과 같은 개인 요인에 따라 단지 40~60% 밖에 되지 않는다(Keating, 2004; Lawson & Wollman, 2003). 게다가 형식적 조작 사고 능력이 있는 사람들조차도 문제를 해결하기 위해 형식적 조작 사고를 지식과 경험과 관련된 문제나 상황에서 가장 많이 선택적으로 사용하는 경향이 있다(Flavell et al., 1993). 예를 들어, 자동차 관련 일 경험이 있는 청소년은 형식적 조작 사고의 원리를 그 분야에 적용하기는 쉽지만 형식적 조작 사고를 요구하는 다른 종류의 과제를 수행하는 데는 어려움을 보일 수 있다. 수학과 과학 과목을 수강한 청소년들은 그렇지 않은 청소년들보다 형식적 조작 사고를 할 가능성이 더 크다(Keating, 2004; Lawson & Wollman, 2003).

물개 사냥은 어떤 면에서 형식적 조작 사고를 요구하는가?

형식적 조작 사고에 이르는 정도가 문화마다 다른가에 대한 물음도 제기되었다. 1970년대 초반까지의 수많은 연구 결과에 따르면 피아제와 다른 연구자들이 형식적 조작 사고를 측정하기 위해 사용했던 과제에서 사람들이 형식적 조작에 대한 이해를 보이는 정도가 문화마다 큰 차이가 있다는 것을 발견했다. 또한 많은 연구자들은 과학적 방법으로 아이들을 훈련하는 정규 교육을 시키지 않는 일부 문화에서는 형식적 조작 사고가 발달하지 않을 수도 있다고 주장했다(Cole, 1996). 최근의 연구에 따르면 많은 문화권 사람들이 자신에게 친숙하고 일상생활과 관련이 있는 재료와 과제가 주어졌을 때 형식적 조작이라고 할 수 있는 추론을 사용한다고 한다(Matusov, 2000). 학자들은 형식적 조작 단계가 보편적인 인간 잠재력을 구성하는 요소이지만, 사람들이 일상생활에서 겪게 되는 문제의 종류에 따라 문화마다 다른 형태를 취한다는 관점을 널리 지지한다(Cole, 1996).

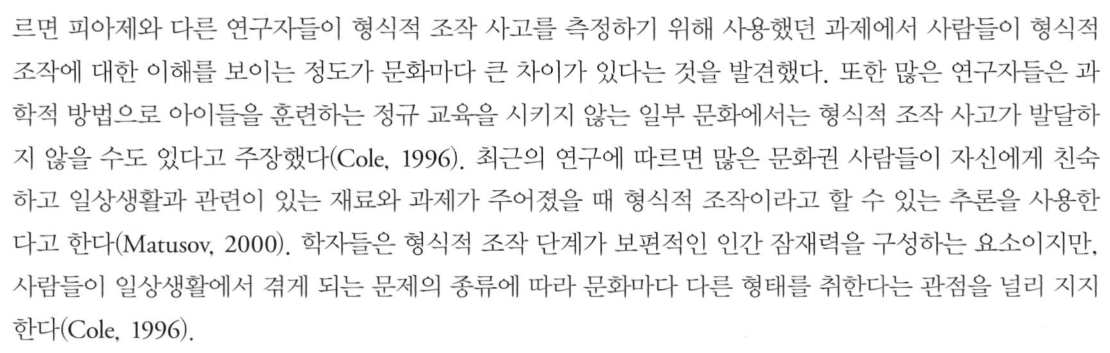

예를 들어, 캐나다 북극의 이누이트족 사춘기 소년들은 전통적으로 물개를 사냥하는 법을 배운다(Condon, 1990; Grigorenko et al., 2004). 성공하기 위해서는 소년이 사냥에 관련된 구성 요소를 생각하고 경험을 통해 사냥에 대한 지식을 테스트해야 한다. 특별한 사냥에서 실패할 경우 소년은 자신에게 그 이유를 물어야만 할 것이다. 선택한 장소 때문이었을까? 가져간 장비 때문인가? 추적 방법은? 아니면 다른 원인이 있는가? 다양한 질문을 통해 다음 번 사냥에서 이러한 요소 중 하나 이상을 변경하여 성공 여부를 개선할 수 있을 것이다. 이것은 가상의 연역적 추론이며, 문제에 대한 해결책에 도달하기 위해 여러 변인을 변경하고 테스트하는 것이다. 그러나 모든 문화에서 청소년과 성인이 형식적 조작 사고를 하는 다양한 상황에서 형식적 조작 사고를 하는 사람에서부터 거의 또는 전혀 하지 않는 사람들까지 상당한 차이가 있을 수 있다.

피아제의 형식적 조작 이론은 청소년 인지발달에 대한 많은 연구에 영감을 주었다. 그러나 정보처리 연구는 아동기에서 청소년기까지의 인지발달에서 다른 유형의 획득을 보여준다.

정보처리 : 선택적 주의와 기억발달

중기 아동기에서 청소년기에 나타나는 주의와 기억에서의 주요 변화를 요약한다.

이전 장에서 언급했듯이 주의력과 기억은 정보처리 접근에서 인지의 두 가지 열쇠이며, 두 영역 모두에서 청소년기에 뚜렷한 인지발달이 나타난다. 청소년들은 선택적 주의와 주의분할에 능숙해지고 기억 전략 사용을 더 잘하게 된다.

같은 방에 있는 다른 사람이 TV를 보고 있을 때 여러분은 교과서를 읽을 수 있는가? 음악과 다른 사람의 대화가 주변에서 큰 소리로 울리는 파티에서 여러분은 대화할 수 있는가? 이는 선택적 주의가 요구되는 과제로서 관련성이 없는 정보를 억제하고 관련 정보에 집중하는 능력이다(제7장 참조; Hahn et al., 2009). 선택적 주의가 필요한 과제에서 청소년은 아동보다 잘하며 성인진입기가 일반적으로 청소년보다 우수하다(Sinha & Goel, 2012). 청소년은 또한 책을 읽고 동시에 음악을 듣는 등의 **주의분할**(divided attention)이 필요한 과제에서 아동들보다 더 능숙하다. 그러나 청소년을 대상으로 한 주의분할 과제에서도 주의집중이 전적으로 한 가지에 집중했을 때보다 학습 효과가 떨어진다는 보고가 있다. 한 연구에 따르면 TV 시청은 청소년의 숙제 수행에 방해가 되지만 음악을 듣는 것은 그렇지 않았다고 한다(Pool et al., 2003).

청소년기에는 특히 장기기억 또한 향상된다. 청소년들은 정보를 일관된 패턴으로 조직하는 것(Schneider, 2010)과 같은 기억장치(기억 전략, 제7장의 학습목표 7.6 참조)를 사용할 가능성이 어린 아동보다 크다. 예를 들어, 앉아서 교과서의 한 챕터를 읽는 것을 생각해보라. 챕터 개요 작성, 정보를 범주화하기, 핵심용어에 중점 두기와 같이 수년간 발전시켜온 다양한 정보조직 전략이 있을 것이다(그렇지 않은 경우 개발하는 것이 현명하다). 이러한 방식으로 독서 계획을 세우면 보다 효과적으로 기억하고 배우게 된다.

사춘기에 장기기억이 향상되는 또 다른 이유는 청소년이 아동보다 더 많은 경험과 지식을 가지고 있으며, 이러한 장점이 장기기억의 효율성을 향상시키게 된다는 것이다(Keating, 1990, Keating, 2004). 많은 지식을 보유하는 것은 새로운 정보를 학습하고 그것을 장기기억에 저장하는 데 도움이 된다. 이것은 단기 및 장기 기억의 주요 차이점이다. 단기기억 용량은 제한되어 있으므로 정보를 이미 많이 담고 있을수록 새로운 정보의 추가가 덜 효과적이게 된다. 그러나 장기기억을 사용하면 그 용량은 기본적으로 무제한이다. 따라서 아는 것이 많을수록 새로운 정보를 배우기가 더 쉬운데 그 이유는 새로운 정보를 이미 알고 있는 정보와 관련지을 수 있기 때문이다.

사회인지 : 상상적 군중과 개인적 우화

상상적 군중과 개인적 우화를 정의하고 이것이 청소년기 자아중심성을 어떻게 반영하는지 설명한다.

청소년기 인지발달은 자신의 사고에 대해 사고할 수 있는 능력인 **메타인지**(metacognition)의 발달을 포함한다. 이러한 발전은 자신의 사고뿐만 아니라 다른 사람의 사고까지도 생각할 수 있는 능력을 포함한다. 청소년은 어린 아동보다 메타인지가 더 좋다. 그러나 메타인지 능력이 처음 발달할 때, 청소년들은 자기 사고에 대한 자신의 관점과 다른 사람의 사고에 대한 자신의 관점을 구별하는 데 어려움을 겪을 수 있다. 그 결과로서 나타나는 독특한 특징이 **청소년기 자기중심성**(adolescent egocentrism)이다. 청소년기 자기중심성에 관한 생각은 피아제(Piaget, 1967)에 의해 처음 제시되었고, 데이비드 엘카인드(Elkind, 1967, 1985; Alberts et al., 2007)에 의해 더 발전되었다. 엘카인드에 따르면 청소년기 자기중심성은 상상적 군중과 개인적 우화라는 두 가지 측면으로 나타난다고 한다.

주의분할 동시에 하나 이상의 과제에 주목할 수 있는 능력

메타인지 자신의 사고에 대하여 사고할 수 있는 역량

청소년기 자기중심성 청소년이 자신이 생각하는 것과 타인들이 생각하는 것을 잘 구분하지 못하는 신념

상상적 군중 타인이 개인의 외모와 행동을 정확하게 알고 있고 주목하고 있다고 믿는 신념

상상적 군중 **상상적 군중**(imaginary audience)은 자신에 대한 자신의 관점과 다른 사람에 대한 자신의 관점을 구별하는 청소년의 제한된 능력 때문에 일어난다. 청소년들은 자신에 대해 너무 많이 생각하고 다른 사람들에게 자신이 어떻게 보일지 너무나 예민하게 인식하고 있기 때문에 다른 사람들도 자신에 대

해 매우 예의 주시할 것이라고 믿는다. 청소년들은 다른 사람들이 자신들에 대한 생각하는 정도를 과장해서 믿기 때문에 그들의 외모와 행동에 완전히 몰입한 청중을 상상한다.

상상적 군중은 청소년들을 중기 아동기 때보다 훨씬 더 자의식적으로 만든다. 중학교 1학년 때나 2학년 때 이마에 난 여드름으로 잠에서 깨거나 바지에 묻은 겨자색 얼룩을 발견하고 그것이 얼마나 오래 묻어 있었는지 궁금해하거나 수업 중에 의도한 건 아니지만 모두를 웃게 만든 어떤 말을 한 것을 기억하는가? 물론 이런 경험은 어른에게도 썩 즐거운 일은 아니다. 그러나 이런 경험은 청소년들에게 더 심각하게 경험되는데, 상상적 군중이 '모두'가 자신의 창피함을 알고 있고 그것을 오래오래 기억할 것이라고 느끼게 하기 때문이다.

상상적 군중은 단순히 청소년기가 끝나면 사라지는 것이 아니다. 성인도 어느 정도는 자기중심적이다. 성인도 때로는 과장되게 자신의 행동을 바라보는 관객을 상상한다. 자신의 관점과 타인의 관점을 구별할 수 있는 역량이 덜 발달한 청소년기에 이러한 경향이 더 강하게 나타나는 것이다(Alberts et al., 2007).

개인적 우화 개인의 독특함에 대한 신념으로 종종 모험을 해도 자신을 해치는 나쁜 결과가 발생하지 않을 것이라고 느낌

개인적 우화 엘카인드(Elkind, 1967, 1985)에 따르면, 자신이 어떻게 보이고 행동하는지에 대해 매우 의식적으로 생각하게 하는 상상적 군중에 대한 믿음은 자신이 특별하고 독특하다는 믿음을 갖게 한다고 한다. 청소년들이 갖는 개인적 경험과 자신의 운명의 독특함에 대한 믿음을 **개인적 우화**(personal fable)라고 한다.

개인적 우화는 아무도 자신의 독특한 경험을 나눌 수 없기 때문에 "아무도 나를 이해하지 못한다"고 느끼게 하는 사춘기의 고뇌의 원천이 될 수 있다(Elkind, 1978). 개인적 우화는 또한 청소년들이 록 음악가, 프로 운동선수, 유명한 배우 또는 단순히 자신이 선택한 분야에서 성공하는 꿈을 이루도록 이끄는 독특한 개인적 운명을 상상하면서 높은 희망의 원천이 될 수도 있다. 또한 자신이 특별하다는 의식이 무방비 상태에서의 성관계나 음주 운전과 같은 행동으로 야기되는 부정적인 결과가 "나에게는 일어나지 않을 것"이라고 믿게 함으로써 청소년의 위험 행동에 기여할 수 있다. 엘카인드와 동료들의 연구에 따르면 개인적 우화 점수는 청소년기 초기부터 중기까지 증가하며, 이것은 위험 행동 가담과 관련이 있었다(Alberts et al., 2007).

상상적 군중처럼 개인적 우화도 연령 증가에 따라 줄어들지만, 대부분 사람들에게서 완전히 사라지지는 않는다. 대부분의 성인들도 개인적인 경험과 개인적인 운명이 독특까지는 아니라 하더라도 특별하다고 생각하고 싶어 한다. 그러나 개인적 우화는 청소년기에 특히 더 강해지는 경향이 있는데, 나이가 들면서는 타인들과의 대화가 우리의 생각과 느낌이 우리가 예전에 믿었던 것만큼 예외적이지 않다는 인식으로 이끌기 때문이다(Elkind, 1978; Martin & Sokol, 2011).

개인적 우화는 청소년들이 위험을 감수함으로써 야기되는 부정적인 결과가 "나에게는 일어나지 않을 것"이라고 믿게 한다.

비판적으로 사고하기

당신 나이에 대부분의 사람들이 사춘기 자기중심성에서 벗어났다고 생각하는가? 당신의 친구들과 자신의 경험에서 목격한 상상적 군중과 개인적 우화의 예를 들어보라.

문화와 인지

학습목표 8.9 청소년과 관련된 근접발달 영역과 발판화의 예를 든다.

이전 장에서 언급했듯이 비고츠키의 가장 영향력 있는 아이디어 중 두 가지는 발판화와 근접발달 영역이다(제5장의 학습목표 5.8 참조). 근접발달 영역은 개인이 혼자서 성취할 수 있는 기술 또는 과제와 경험이 더 많은 사람이 지도할 경우 획득 가능한 기술이나 수행할 수 있는 과제 사이의 차이를 말한다. 발판화는 근접발달 영역에서 제공되는 도움의 정도를 의미한다. 비고츠키의 관점에서 학습은 항상 지식을 가진 사람과 그것을 습득하는 과정에 있는 사람 간의 상호작용을 통한 사회적 과정을 통해 일어난다.

발판화와 근접발달 영역은 성인이 수행하는 과제에 필요한 기술을 습득하는 청소년기에 계속 적용된다. 아프리카 서부 해안 아이보리코스트의 디올라족 남자 청소년들에게 직물을 짜는 기술을 가르치는 것에 관한 연구에서 그 예를 찾아볼 수 있다(Tanon, 1994). 정교한 디자인이 들어간 대형 수공 직물을 만들고 판매하는 것은 디올라족 경제의 중요한 부분이다. 직공 훈련은 10~12세에 시작하여 몇 년 동안 계속된다. 소년들은 자신의 아버지들이 직조하는 것을 보면서 자라지만 본격적으로 직조기술을 배우기 시작하는 시기는 청소년 초기이다. 발판화를 통해 교육이 진행된다. 소년은 간단한 직조 패턴을 시도하고, 아버지는 실수를 바로 잡으며 소년은 다시 시도한다. 소년이 올바르게 해내면 아버지가 더 복잡한 패턴을 제공하여 근접발달 영역의 경계를 높여 소년은 계속해서 도전을 받고 소년의 기술은 계속해서 향상된다. 소년이 직조에 유능해지면 아버지가 제공하는 발판화가 사라진다. 결국 소년은 자신의 베틀을 얻지만 혼자서 완전히 짜낼 수 있을 때까지 수년간 아버지와 계속 상의한다.

이 예에서 알 수 있듯이 청소년기의 학습은 항상 문화적 과정에서 일어나며, 청소년들은 자신의 문화에서 유용한 기술과 지식을 습득한다. 전 세계적으로 경제기술과 지식 습득에 있어 점점 더 컴퓨터와 인터넷 같은 정보기술을 사용할 수 있는 능력이 점차 중요해지고 있다. 대부분의 국가에서 가장 높은 임금을 받는 직업은 이러한 종류의 기술을 필요로 한다. 그러나 디올라족의 예에서 알 수 있듯이 개발도상국에서 가장 필요한 기술과 지식은 대부분 가족이 사용할 수 있는 물건을 만들거나 다른 사람들이 사고 싶어 하는 물건을 만드는 것과 관련이 있다(Larson et al., 2010).

인지발달 : 교육과 직업

청소년기 인지적 진보는 청소년들이 상급학교 진학과 직업을 준비할 수 있게 한다. 특히 이러한 요구가 커지고 사회적 환경 지원은 덜해지는 중등학교에 진학하면서부터 청소년은 교육과 직업에 대한 준비를 시작한다. 개발도상국에서는 젊은이들이 청소년기에 성인이 하는 일에 참여하는 경우가 많으며 선진국에서는 아르바이트나 견습 기간을 통해 성인의 직업 세계를 알게 된다.

학교 : 중등교육

학습목표 8.10 선진국과 개발도상국의 중등교육 시스템과 학업 수행을 비교 및 대조한다.

중등학교로의 전환은 청소년에게 어려운 과제이다. 이것은 학생이 일반적으로 작고 개인적인 교실 환경에서 교사가 한 사람이 아니라 5~6명 이상인 더 큰 환경으로 이동하는 것을 의미한다. 이것은 또한 상위

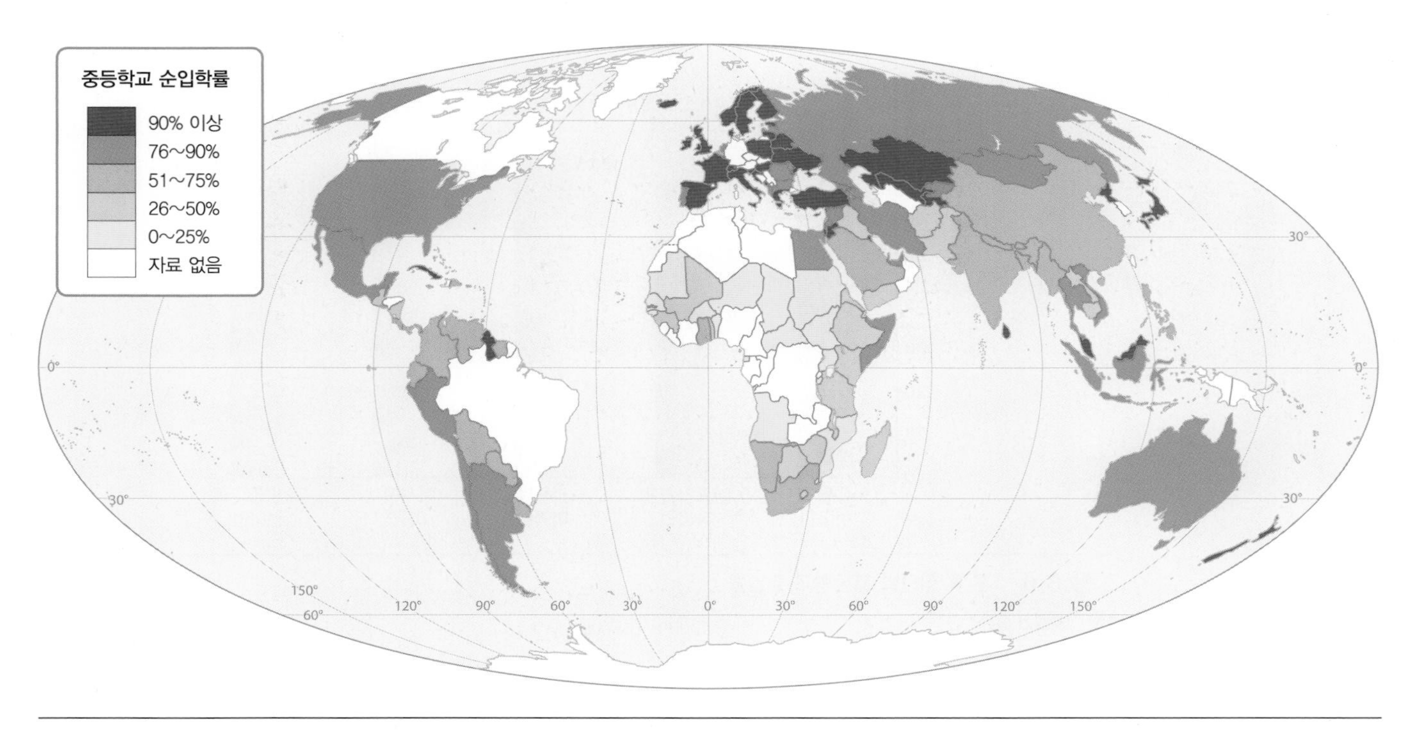

지도 8.1 전 세계 중등교육 등록 현황

어떤 국가에서 중등교육의 등록률이 가장 높은가? 어떤 국가에서 가장 낮은가? 문화적·경제적 요인으로 이러한 차이를 설명할 수 있는가?

수준의 학습으로 이행하는 것과 초등학교 때와 달리 학년이 학업성취의 더 주요한 측정 척도로 간주되는 환경으로 이동하는 것을 의미한다.

이러한 학교 경험의 변화는 청소년 초기의 불안과 학교 관련 스트레스를 가중시킬 수 있다. 1,500명 이상의 청소년에 대한 종단 연구에 따르면 교사의 지원, 교실에서의 자율성, 학교 규칙 및 규정의 명료성에 대한 학생들의 인식이 6학년 초부터 8학년 말까지 꾸준히 감소한 것으로 나타났다(Way et al., 2007). 이러한 감소는 심리적 웰빙의 감소와 행동 문제의 증가와 관련이 있다. 그러나 중등학교로의 이행으로 인한 혜택도 있다. 한 연구는 7학년 청소년들이 중학교로의 이행에 대해 다음과 같은 주제에 대해 부정적인 의견보다 긍정적인 의견을 더 많이 낸 것을 발견했다. 이들은 친구관계(더 많은 사람들과 함께 '어울리기 위해'), 학업(수업이 보다 다양), 독립성과 같은 주제들에 대해 긍정적인 의견을 가지고 있었다(Berndt & Mekos, 1995).

청소년들이 다니는 **중등학교**(secondary school)의 종류는 전 세계적으로 다양하다(중학교, 고등학교). 청소년이 중등학교에 다니지 않는 정도도 세계 지역마다 다양하다. 선진국과 개발도상국 간에 특히 큰 차이가 난다. 선진국의 거의 모든 청소년은 중등학교에 등록되어 있다. 대조적으로 많은 개발도상국에서는 청소년의 절반인 약 50%만이 중등학교에 다니고 있다(UNESCO, 2014, **지도 8.1** 참조). 만약 여러분이 선진국에서 소수 민족이며 저소득 가정에 속한 경우 중등학교를 마칠 확률은 주류 문화에서보다 훨씬 낮을 수 있다(NCES, 2014). 미국의 고등학교 졸업률은 **그림 8.6**에 나와 있듯이 민족 집단에 따라 크게 다르다(NCES, 2014).

중등교육 체계의 국제적 다양성 미국은 중등교육의 원천으로서 '종합적' 성격의 학교인 단일 기관으로 운영한다는 점에서 예외적이다. 캐나다와 일본에도 종합적 성격의 중등학교가 일반적으로 있지만 대부분 다른 나라에서는 청소년들이 다니는 여러 종류의 학교가 있다. 유럽 국가에는 일반적으로 세 가지

중등학교 초등학교 졸업 후 청소년기에 다니는 학교

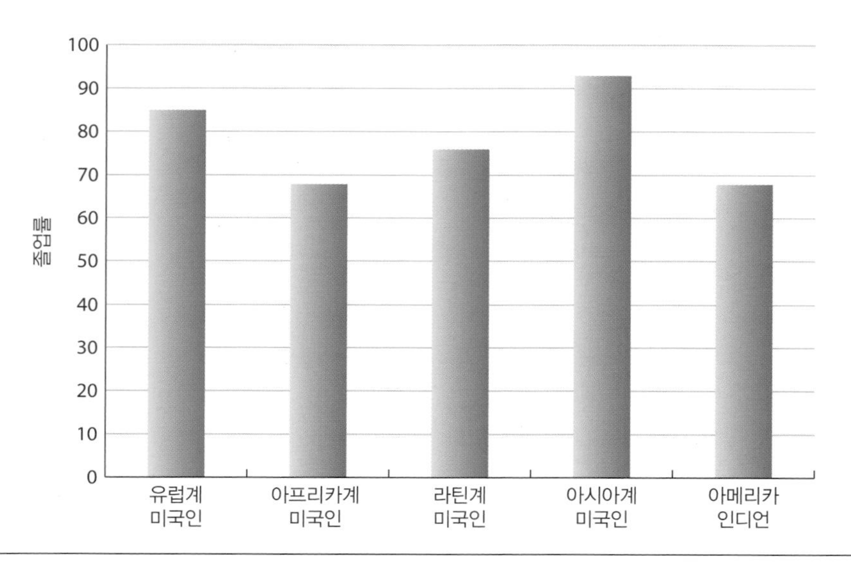

그림 8.6 민족 집단별 고등학교 졸업률

출처 : Based on NCES (2014)

유형의 중등학교가 있다(Hamilton & Hamilton, 2006). 첫 번째 유형은 청소년의 약 절반이 다니는 다양한 수업 과정을 제공하는 **대학 진학 준비 학교**이다. 이 유형에 해당하는 중등학교의 목표는 특정 직업에 대한 교육보다는 일반 교육을 제공하는 데 있다. 두 번째 유형은 청소년의 약 4분의 1이 다니는 학교로, 배관이나 자동차 정비와 같은 특정 직종에 관련된 기술을 습득하는 **직업학교**이다. 세 번째 유형의 중등학교는 일부 유럽 청소년의 약 4분의 1이 다니는 **전문학교**로 교사 연수, 예술 또는 기타 특정 목적을 위해 운영된다.

이러한 유럽 중등학교 제도가 낳는 한 가지 결과는 청소년들이 상대적으로 어린 나이에 교육과 직업에 대한 방향을 결정해야 한다는 것이다. 15~16세 때 청소년은 자신들이 입학할 중등학교의 유형을 선택하며, 이 선택은 이후 남은 삶에서 엄청난 영향을 미칠 수 있는 결정이다. 일반적으로 청소년은 자신의 관심과 학교 성적에 근거하여 부모와 교사와의 회의에서 이러한 결정을 하게 된다(Motola et al., 1998). 비록 청소년이 1~2년 후에 학교를 바꿀 때도 있고, 직업학교에 다니는 청소년들이 대학교에 다니는 경우도 있지만, 이러한 전환은 드물다.

시험에 대한 부담이 높은 아시아 국가에서는 학업 성취에 대한 압박이 크다.

중등학교에 다니는 것이 사실상 청소년에게 보편적이며 학교에 대한 지원이 잘 이루어지는 선진국과는 달리 개발도상국에서는 중등교육을 받기가 어렵고, 학교에 끝까지 남아 졸업하는 청소년들의 수도 비교적 적다. 개발도상국의 중등교육을 설명하는 데 몇 가지 공통 주제가 발견된다(Lloyd, 2005; Lloyd et al., 2008). 모든 개발도상국은 최근 수십 년 동안 중등학교의 등록률이 증가한 것으로 나타났다(UNESCO, 2014). 그러나 좋은 소식은 여기서 끝이다. 많은 학교가 자금지원이 부족하고 교실 인원이 넘치는 문제를 안고 있다. 많은 개발도상국에서는 교사의 수와 교사교육이 불충분하다. 가정은 대체로 중등교육 비용을 지불해야 하는데 그 비용을 감당하기 어렵고 책과 기타 교육용품에 대한 비용을 지불해야 할 수도 있다. 배타적 사립학교와 자금 지원을 많이 받는 대학에서는 엘리트만을 위한 교육이 이루어지며, 다른 모든 사람에게는 훨씬 열등한 교육이 제공된다.

교육은 세계 모든 지역에서 소득 수준에서부터 정신건강에 이르기까지 삶의 여러 좋은 요소의 기초이다(Lloyd, 2005; Lloyd et al, 2008; Stromquist, 2007). 그러나 세계 청소년들과 성인진입기에 있는 대다수의 경우 그들의 교육 운명은 단순히 태어난 환경을 기준으로 결정되는 경향이 있다.

암기학습 기억과 반복에 의한 학습

학업수행의 국제적 비교 약 30년 동안 청소년의 학업 수행을 비교하는 국제적 연구가 있다. **그림 8.7**에 전 세계 각국의 8학년에 해당하는 청소년들의 성취검사에서 얻은 가장 최신의 결과가 제시되어 있다. 읽기와 수학에서 결과의 패턴이 유사하다. 이 두 영역 모두 중기 아동기 패턴과 동일하다(제7장 참조). 부유한 선진국의 청소년들은 개발도상국 청소년들보다 수행이 높은 경향이 있다.

수학과 과학에서 일본과 한국은 일관되게 정상에 있다. 초창기와 마찬가지로 사춘기 시기에 동양의 학교는 전적으로 **암기학습**(rote learning)에 중점을 두지만, 서구의 학교는 비판적 사고와 창의력 증진에 더 중점을 둔다(Kember & Watkins, 2010).

또 다른 중요한 차이점은 동양에서는 청소년기 학교 성적이 그 이후의 삶에 미치는 영향이 훨씬 심각하고 오래 지속된다는 것이다. 일본과 한국의 청소년들은 대학입학시험을 치러야 한다. 이 시험은 아시아 국가에서 직업을 구할 때 그 사람이 다녔던 학교의 순위가 취업 여부를 결정하는 주 요인이 되기 때문에 젊은이들의 남은 생애 동안 직업적 운명에 큰 영향을 미친다. 입학시험을 준비하기 위해 아시아권의 청소년들은 학부모와 교사로부터 학교와 과제에 진지하게 임하도록 촉구받는다. 또한 중기 아동기부터 청소년기까지 방과 후에 '입시준비 학원'에 다니거나 과외교사에게 수업을 받는다(Takahashi & Takeuchi, 2007).

긴 학업 일수와 함께 학교에서 보내는 시간, 입시준비 학원, 과외교사와 보내는 시간이 많음에 따라 동양의 청소년은 미국 청소년보다 친구와의 교제, 방과 후 비교과활동에 보내는 시간이 현저히 적다(Chaudhary & Sharma, 2012). 최근 수십 년 동안 일부 아시아 국가에서는 수업 일수를 줄이고 주당 수업 일수를 6일에서 5일로 줄였지만 평균 수업 시간은 여전히 길고 입시준비 학원은 여전히 일반적이다(Takahashi & Takeuchi, 2007).

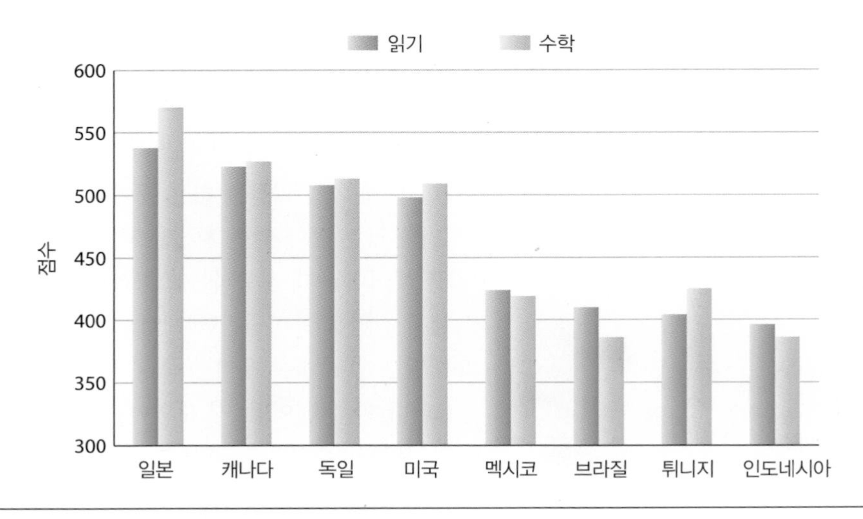

그림 8.7 8학년 읽기와 수학에서의 국제적 수행 비교

일본이 최고 점수를 받는 이유는 무엇인가?

출처 : Based on NCES (2014)

직업

선진국과 개발도상국 청소년이 하는 일의 전형적 형태와 유럽 도제교육의 특징을 요약한다.

청소년의 새로운 신체적·인지적·사회적 능력은 전 세계적으로 잠재적인 노동자로서 그 가치를 높인다. 그러나 이들이 하는 일의 종류는 개발도상국과 선진국 사이에 상당한 차이가 있다.

개발도상국 청소년의 일 이전 장에서 살펴보았듯이 개발도상국 아동의 경우 청소년기가 시작되기 훨씬 전부터 일을 시작한다. 가족 내에서는 어린 시절부터 청소, 요리, 장작 수집, 어린 형제자매 돌보기 등 일상생활에서 필요한 일을 돕기 시작하며 기여한다. 중기 아동기에 이르면 많은 아동이 공장에서 일하며, 양탄자를 짜고 보석을 닦는 것과 같은 일을 한다(ILO, 2013). 또한 이들은 농장에서 일하거나 가사 서비스를 제공하거나 일부는 거리에서 물건을 판매하기도 한다.

개발도상국의 청소년들은 제7장에서 설명한 것처럼 어린 아동이 하는 것 같은 유형의 어렵고 위험한 일을 하면서 낮은 임금을 받는 경우가 많다. 청소년기에 시작되는 직업 중 하나는 매춘이다. 개발도상국의 청소년 성노동자로 추정되는 수는 다양하지만 청소년 성매매가 아시아 지역에 만연해 있다. 특히 아시아 내에서도 태국에서 이러한 문제가 크다(Basu & Chau, 2007; ILO, 2002). 물론 선진국에서도 청소년 성노동자들이 있지만 개발도상국에서 이 문제가 훨씬 더 널리 퍼져 있다.

개발도상국의 사춘기 소녀들이 성노동자가 되는 데는 여러 가지 이유가 있다. 일부는 납치되어 다른 국가로 이송된 후, 그 나라 시민이 아니고 언어를 모르는 국가에서 고립되어 있기 때문에 납치범에게 매우 취약하고 의존적이게 된다. 일부는 레스토랑이나 가사 서비스 일자리를 약속받은 시골 지방의 사춘기 소녀들로, 모집인이 도시의 목적지로 데려가 매춘일을 하도록 강요한 경우이다. 때로는 부모들이 절망적 빈곤에서 벗어나기 위해서나 단순히 소비재 구매에 대한 욕구에서 딸들을 매춘업에 파는 경우이다(ILO, 2004). 아시아 매춘 업소의 고객 중 상당수는 서구 관광객으로, 이는 미국과 여러 유럽 국가가 다른 나라의 청소년기 소녀를 성적으로 착취하는 자국의 시민의 기소를 허용하는 법률을 제정하도록 하였다.

도제제도는 유럽에서 흔하다. 이 청소년들은 독일의 발전소 회사에서 견습 중이다.

선진국 청소년의 일 여러분이 사춘기 때 했던 일이 있었다면 그 직업에 대해 무엇을 기억하는가? 나의 경우 내가 했던 일에 대해 아직 많은 것을 기억한다. 많은 청소년처럼 나는 주로 식기를 닦고 햄버거, 감자튀김, 기타 기름기가 많은 음식을 조리하는 저임금 식당에서 일했다. 나는 대개 이런 일들을 하는 곳에서 오래 일하지는 않았다. 식기를 닦는 곳에 일한 지 3일째 되던 날 나와 내 친구는 식기를 씻어내는 데 사용하는 스프레이로 우리의 지루한 식기 세척 작업을 흥미진진한 게임으로 바꾸는 창의적인 방법을 발견했다. 물론 우리는 즉시 해고당했다.

그러나 아무렴 어떤가? 주변에는 많은 다른 직업이 있었고, 우리는 주말을 재밌게 보내기 위해 얼마나 많은 돈을 벌 수 있는지를 제외하고는 일에 크게 상관하지 않았다. 선진국 청소년의 경우 일하는 것은 일반적으로 가족의 생존에 기여하는 것이 아니라 자신의 여가생활을 적극적으로 지원할 방법으로 한다. 미국과 캐나다 청소년의 약 80%가 고등학교를 마칠 때까지 적어도 1개의 파트타임 아르바이트를 한다(Lee &

Staff, 2007). 그들이 벌어들이는 돈이 가족의 생활비로 지출되거나 미래의 교육을 위해 저축되는 경우는 거의 없다(소수 민족 집단의 청소년의 경우 가족에게 기여할 가능성이 더 높다)(Fuligni, 2011; Mortimer, 2003). 대부분의 경우 번 돈은 세련된 옷, 음악, 자동차 할부금, 주유, 콘서트 티켓, 영화, 외식 및 음주, 담배 및 기타 마약과 같은 구매에 사용된다(Greenberger & Steinberg, 1986; Mortimer, 2013).

개발도상국과는 달리 선진국의 청소년들이 하는 일은 성인이 되어 할 일을 준비하는 데 별로 도움이 되지 않는다. 예를 들어, 미국과 캐나다 청소년들이 하는 대다수의 일은 식당 관련 업무나 소매 판매업 일이다(Mortimer, 2013; Staff et al., 2004). 결과적으로 고등학생 때 하던 일자리를 미래를 위한 기반으로 생각하는 청소년은 거의 없다(Mortimer et al., 2008). 아르바이트로 일하는 것은 선진국 청소년들에게 그다지 주는 이익이 없을 뿐만 아니라 여러 면에서 오히려 발달에 해로울 수도 있다. 여기서 주당 근무시간이 결정적인 변인이다. 최근 연구에 따르면 아르바이트로 주당 최대 10시간까지 일하는 것은 청소년 발달에 거의 영향을 미치지 않는다. 그러나 주당 10시간을 초과하면 발달에 문제가 발생하고, 주당 20시간 이상 일할 경우 문제가 상당히 악화된다.

주당 일하는 시간이 10시간을 넘는 경우 청소년들이 더 많은 시간을 일할수록 학업성취도가 낮아지고 과제를 하는 시간의 적어지며 학업에서의 부정행위가 늘고 학교에 덜 전념하게 되며 교육에 대한 열망이 낮아지게 된다(Marsh & Kleitman, 2005). 이와 유사하게 심리적 문제 증상도 주당 10시간 이상 일하는 청소년들에게 급격히 증가했으며, 주당 20시간 이상 일하는 청소년들에게서도 계속 증가하는 것으로 나타났다(Lee & Staff, 2007; Mortimer, 2013). 캐나다 연구 조사에 따르면 청소년들은 힘든 직업을 가질 때 매일 밤 1시간 정도 수면이 줄고 거의 모든 스포츠 활동을 하지 않는 것으로 조사되었다(Sears et al., 2006). 특히 주당 10시간 이상 일하는 청소년은 알코올, 담배 및 기타 약물을 더 많이 사용하는 경향이 있다(Bachman et al., 2003; Longest & Shanahan, 2007; Wu et al., 2003). 핀란드에서 실시한 전국 규모의 청소년 대상 연구에서 주당 20시간이 넘게 일하는 것은 청소년들에게 여러 가지 부정적인 영향을 주고 있는 것으로 나타났다(Kuovonen & Kivivuori, 2001).

아르바이트는 다양한 부정적인 결과와 관련이 있지만 주당 10시간 이하인 경우 청소년들에게 긍정적 영향을 미칠 수 있다. 청소년은 일을 통해 책임지는 법을 배우고 돈 관리 방법, 사회기술 및 시간 계획 하는 것을 배울 수 있게 된다(Aronson et al., 1996; Mortimer, 2013). 약 40% 이상의 청소년이 자신의 직업이 새로운 직업 기술을 개발하는 데 도움이 되었다고 믿는 것으로 보고하였다. 이것은 단지 단조로운 일만을 포함하는 청소년 일의 묘사와 대조를 이룬다(40%는 여전히 적지만 상당한 수이다).

유럽의 도제제도 미국과 캐나다에서 청소년기에 갖는 대부분의 직업은 이후 직업과 거의 관련이 없지만 많은 유럽 국가에서는 성인기 직업에 대한 전문적인 준비를 제공하는 오랜 전통의 **도제제도**(apprenticeship)를 가지고 있다. 도제 과정에서 '초보자'인 청소년은 전문적 직업에 상당한 경험을 가진 '마스터'와 계약을 맺고 마스터 밑에서 일하면서 필요한 기술을 습득한다(Hamilton & Hamilton, 2000; Hamilton & Hamilton, 2006; Vazsonyi & Snider, 2008). 도제는 원래 목공과 대장 기술과 같은 공예 분야에서 수 세기 전에 시작되었지만 오늘날 자동차 정비기술자, 목수, 경찰관, 컴퓨터 기술자 및 아동 양육시설 종사자에 이르기까지 다양한 전문직 종사를 준비하는 데서 행해지고 있다(Fuller et al., 2005). 도제 과정은 특히 중부 및 북부 유럽에서 일반적이다. 예를 들어 독일과 스위스의 60%가 넘는 청소년이 도제 과정에 참여하고 있다(Dolphin & Lanning, 2011).

도제 프로그램의 일반적인 특징은 다음과 같다(Hamilton & Hamilton, 2006).

- 16세에 입문하고, 도제기간은 2~3년간 지속된다.
- 도제기간 동안 파트 타임으로 학교 교육을 계속하며 학교 교과 과정이 도제 과정에서의 훈련과 밀

도제제도 유럽에서 흔한 제도로, 어느 직업에서 초보자인 청소년이 노련한 전문가의 지도하에 훈습을 통해 그 직업에 필요한 기술을 배우게 되는 것

접한 관련이 있다.

- 실제 근무 조건하에서 훈련이 이루어진다.
- 적절한 소득을 제공하는 존중받는 직장에서 직업을 준비한다.

이러한 종류의 프로그램은 학교와 고용주 간의 긴밀한 협조를 필요로 하므로 청소년들이 학교에서 배우는 것은 도제 과정에서 배운 것을 보완하고 강화하게 된다. 이는 학교가 직장에서 요구되는 기술과 관련하여 고용주에게 자문하고, 고용주는 청소년 도제에게 기회를 제공한다는 것을 의미한다. 유럽에서는 도제제도가 우수한 자질의 신입직원을 안정적으로 공급하는 기회를 제공하기 때문에 고용주는 도제제도를 운영하면서 겪는 문제를 가치 있게 여긴다(Dustmann & Schoenberg, 2008).

3절 정서와 사회성 발달

학습목표

8.12 청소년의 정서와 관련하여 경험표집법 연구의 결과를 요약한다.

8.13 청소년기 동안 자기이해, 자기개념, 자기존중감이 어떻게 변하는지 기술한다.

8.14 콜버그의 도덕성 발달 이론과 젠슨의 세계관 이론을 구분한다.

8.15 청소년기 종교적 신념에서 나타나는 문화 간 다양성과 문화 내에서 종교의 근원과 영향을 설명한다.

8.16 부모, 형제자매, 확대가족과 청소년의 관계에서 나타나는 문화 간 차이를 요약한다.

8.17 청소년의 친구관계에서 나타나는 문화 간 차이와 또래와의 상호작용 특성을 기술한다.

8.18 임신 및 피임 도구 사용의 다양성을 포함하여 청소년의 사랑과 성에 대한 문화 간 차이를 확인한다.

8.19 청소년의 생활에서 미디어 사용의 기능을 설명하고 미디어 실행 모델을 전자게임을 하는 데 적용해본다.

8.20 연령과 범죄가 왜 강한 상관관계를 보이는지에 대한 설명을 요약하고, 비행 방지를 위한 다중시스템 접근법을 기술한다.

8.21 우울증의 종류와 발생률을 알아보고, 가장 효과적인 치료법을 요약한다.

8.22 탄력성을 정의하고 청소년기 탄력성과 관련된 보호 요인을 확인한다.

정서와 사회성 발달 : 정서와 자아 발달

청소년기는 정서적 변덕의 시기라고 오랫동안 여겨왔다. 여기서는 이에 관한 최근 연구와 함께 그 견해의 역사를 살펴보려 한다. 자기개념과 자기존중감이라는 사안은 청소년 발달에서 가장 중요한데, 그 이유는 이것이 어느 정도 인지발달의 사전 준비를 요구하기 때문이다. 청소년기는 또한 성적 성숙에 도달하는 시기이므로, 성별에 따른 이슈도 중요하다.

청소년기 정서 : 질풍노도의 시기

학습목표 8.12 청소년의 정서와 관련하여 경험표집법 연구의 결과를 요약한다.

청소년기에 대한 가장 오래되고 지속적인 관찰에 의하면, 이 시기는 정서가 고조된 시기라는 것이다(Arnett, 1999). 2,000여 년 전, 그리스 철학자 아리스토텔레스는 "포도주에 취한 어른처럼, 젊은이는 자연에 가열된 사람"이라고 보았다. 250여 년 전 프랑스 철학자 장 자크 루소도 "태풍 전에 사나운 파도가 먼저 오듯, 솟구치는 열정의 속삭임은 사춘기와 청소년기라는 격동의 변화를 선언하는 것"이라고 보았다. 루소가 집필하던 비슷한 시기에 독일에서는 독일어로 '질풍노도'라는 **슈투름 운트 드랑**(sturm und drang) 문학이 발전하고 있었다. 여기에서 보면 10대와 20대 초의 젊은이는 극심한 분노와 슬픔, 낭만적 열정을 경험한다는 것이다.

청소년기 정서에 대한 이런 역사적이고 대중적인 견해의 유효성에 대해 현대의 연구에서는 어떻게 말하는가? 아마도 이 질문에 대한 최신의 자료 출처는 경험표집법(ESM)을 이용한 연구일 것이다. 이 방법은 사람들에게 손목 무선 호출기를 착용하게 한 후 하루 중에 무작위 시간에 호출을 하여 사람들에게 그때의 생각과 느낌, 행동을 보고하게 하는 것이다(Csikszentmihalyi & Larson, 1984; Larson & Csikszentmihalyi, 2014; Schneider, 2006; 제7장 참조). 이 ESM 연구를 아동과 어른에게도 시행하고 서로 다른 연령 집단에서 보고한 정서 패턴을 비교하면, 청소년기가 중기 아동기나 성인기보다 더 극단적 정서를 가진 시기인지 여부를 알 수 있을 것이다.

그 결과, 미국의 청소년기는 정서적 변덕의 시기로 나타났다(Larson & Csikszentmihalyi, 2014; Larson et al., 1980; Larson & Richards, 1994). 미국 청소년들에 관한 보고에 따르면 청소년들이 '자의식'과 '쑥스러움'을 그들의 부모보다 2~3배 더 느끼고, 또한 그들의 부모보다 어색하거나 외롭고 신경과민이거나 무시당한다고 더 느끼는 것으로 나타났다. 청소년은 아동과 비교해서 더 기분 변화가 심하다. 라슨과 리처드(Larson & Richards, 1994)는 사춘기 이전의 5학년과 사춘기인 8학년을 비교하면서 그 시기 동안 일어난 것을 정서적 '위신 추락'이라고 묘사했다. 이 시기에 '매우 행복'을 경험한 기간의 비율이 50%까지 내려갔으며, '훌륭함'과 '자랑스러움', '통제'의 감정도 비슷한 비율로 내려가는 것으로 보고되었다. 연구자들은 이러한 결과를 아동기가 끝나고 청소년기가 시작되면서 생겨난 결과는 "아동기 행복감의 전반적인 수축"(p. 85)이라고 하였다.

청소년기 동안 정서 상태는 어떻게 변화하는가? 라슨과 리처드는 5~8학년생의 원래의 ESM 샘플로 4년 후, 9~12학년이 된 학생들을 추적 평가하였다(Larson et al., 2002). **그림 8.8**에서 보듯 연령 증가에 따라 평균적 정서 상태가 하락하는 것을 볼 수 있다.

다른 문화권에서는 어떤가? 청소년의 정서성(emotionality)이 특별히 미국만의 현상인가 아니면 다른 문화에서도 일어나는가? 이 질문에 대답으로 제안된 증거로서 인도에서 청소년과 그들의 부모에게 ESM을 이용한 연구가 있다(Verma & Larson, 1999). 이 연구에서도 인도의 청소년들이 미국 청소년들과 마찬가지로 그들의 부모보다 더 극단적 정서를 경험하는 것으로 나타났다.

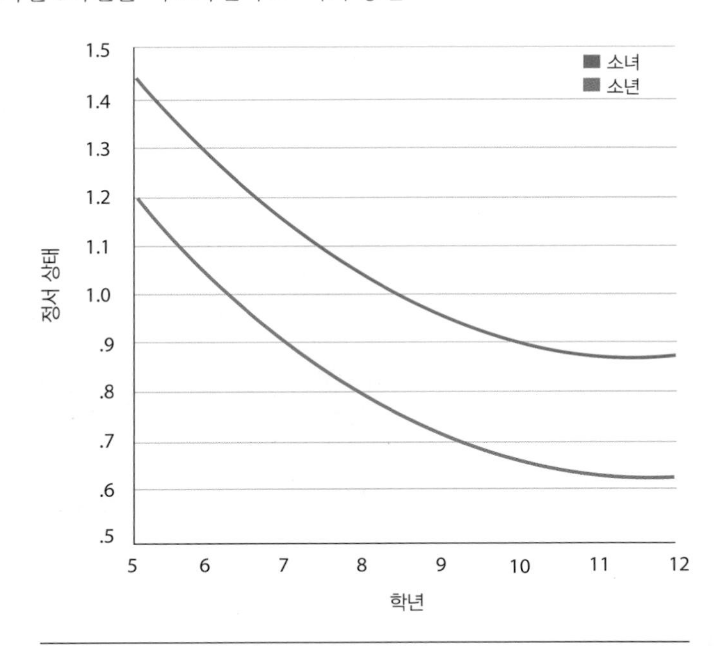

그림 8.8 청소년기 동안 정서 상태의 변화

청소년기 동안 평균 정서 상태가 지속적으로 더 부정적으로 변화한다.
출처 : Larson et al. (2002)

실제 자기 있는 그대로의 개인의 자기 지각으로 가능한 자기와 대비되는 것

가능한 자기 잠재적으로 될 수 있는 자기에 대한 개념으로 이상적 자기와 두려워하는 자기가 포함될 수 있음

이상적 자기 개인이 되고 싶어 하는 자기

두려운 자기 자신에게 가능하나 될까 봐 두려워하는 자기상

거짓 자기 실제로 생각하고 느끼는 자신이 아닌 모습을 실현하면서 타인에게 드러내는 자기

청소년기 자아발달

청소년기 동안 자기이해, 자기개념, 자기존중감이 어떻게 변하는지 기술한다.

청소년기의 자기개념은 인지발달의 진전으로 더욱 복잡해진다. 자기존중감 역시 복잡해진다. 그러나 전반적인 자기존중감은 청소년기 초기에는 낮아졌다 청소년기 후기와 성인진입기가 되면 다시 높아진다.

자기이해와 자기개념 청소년기의 자기개념은 더 복합적이고 추상적이다. 청소년 자기개념 복잡성의 한 단면은 그들이 **실제 자기**(actual self)와 **가능한 자기**(possible self)를 구분할 수 있다는 것이다(Markus & Nurius, 1986; Oyserman & Fryberg, 2006; Whitty, 2002). 실제 자기는 여러분의 자기개념이고, 가능한 자기는 미래에 여러분이 선택하거나 경험에 따라 될 수도 있다고 상상하는 자신의 모습이다. 학자들은 가능한 자기를 이상적 자기와 두려운 자기의 두 종류로 구분하였다(Chalk et al., 2005). **이상적 자기**(ideal self)는 청소년들이 되고 싶어 하는 자기이다(예 : 또래들에게 인기가 있거나 운동이나 음악에서 크게 성공하는 이상적 자기의 모습). **두려운 자기**(feared self)는 자신에게 가능하지만 그렇게 될까 봐 두려워하는 자기상이다(예 : 알코올 중독자나 수치스러운 친척이나 친구가 되는 것). 이 두 종류의 가능한 자기는 청소년에게 추상적인 사고를 요구한다. 즉 가능한 자기는 청소년의 마음에서 생겨난 발상으로 단지 추상적으로만 존재한다.

이런 실제 자기와 이상적 자기, 두려운 자기에 대한 사고 능력은 인지적 성취이지만, 이 사고 능력이 어떤 면에서는 문제를 일으킬 수도 있다. 만약 여러분이 이상적 자기를 상상하면서 여러분의 실제 자기와 비교해본다면 현재의 여러분과 여러분이 바라는 모습 사이에 존재하는 불일치를 깨닫게 될 것이다. 그 불일치가 충분히 클 경우 실패감과 부적응, 우울증을 초래할 수 있다. 여러 연구에서 실제 자기와 이상적 자기 사이의 불일치의 정도가 청소년과 성인진입기의 우울한 기분과 관련이 있음이 밝혀졌다(Moretti & Wiebe, 1999; Papadakis et al., 2006). 더구나 실제 자기와 이상적 자기 간의 불일치는 청소년기의 초기나 후기보다는 중기에 더 심하게 나타났다(Ferguson et al., 2010). 이것은 우울 기분의 비율이 청소년기 초반부터 중반까지 상승하는 이유를 설명하는 데 도움이 된다.

자기개념 복합성의 증가와 연관된 또 하나의 측면은 청소년들이 그들의 **거짓 자기**(false self)를 드러내는 시기를 의식한다는 것이다. 거짓 자기는 실제로 생각하고 느끼는 자신이 아닌 모습을 실현하면서 타인에게 드러내는 자기이다(Harter et al., 1997; Weir et al., 2010). 여러분은 청소년들이 누구한테 가장 많이 그들의 거짓 자기를 들어낼 것이라고 생각하는가? 친구나 부모 혹은 잠재적 애정 상대인가? 연구에 따르면 청소년들은 잠재적 애정 상대에게 제일 많이 그들의 거짓 자기를 가장하고, 친한 친구에게 제일 적게 가장한다고 하며, 부모는 그 중간이다(Harter, 2006; Sippola et al., 2007). 대부분의 청소년이 거짓 자기로 가장하는 것을 싫어한다고 표현한다. 그러나 다수가 어느 정도의 거짓 자기 행동은 용인될 수 있고, 또한 남에게 감명을 주며, 남에게 보이고 싶지 않은 자기의 어떤 면을 감추기 위해서는 바람직하다고도 말한다.

청소년은 데이트 파트너에게 거짓 자기를 가장 많이 사용한다.

자기존중감 여러 종단 연구에서 보듯 자기존중감은 청소년기 초기에는 하락하다가 청소년기 후기와 성인진입기로 가면서 상승한다(Harter, 2012; Robins & Trzesniewski, 2005). 자기존중감이 이러한 발달 패턴을 따라가는 데는 몇 가지 이유가 있다. 우리가 청소년 인지발달의 일부로 토론했던 '상상적 군중'이 어떤 면에서는 청소년들의 자기존중감을 감소시키는 자아의식을 갖게 할 수 있다(Elkind, 1967, 1985). 즉 청소년들이 남들이 특히 그들의 모습이나 말과 행동을 특별히 의식한다고 상상하는 능력이 증가하면서 타인이 자신을 가혹하게 판단한다고 의심하거나 두려워할 수도 있다.

그리고 그들이 옳을 수도 있다. 서구 문화권의 청소년들은 특히 어떻게 옷을 입느냐 혹은 어떤 사회적 상황에서 무슨 말을 하느냐 등의 일상사에서 그들 또래의 의견에 높은 가치를 두는 경향이 있다(Berndt, 1996). 또한 그 또래들은 새로운 인지 능력이 발달하면서 이상해 보이거나 어색하거나 유행에 떨어지는 또래 아무에게나 빈정댐과 조롱을 거침없이 하는 경향이 있다(Eder, 1995; Rosenblum & Way, 2004). 그래서 또래들의 평가에 대한 더 커진 자의식과 또래로부터 잠재적으로 받을 수 있는 가혹한 평가의 조합이 청소년기 초기의 자기존중감 하락에 기여한다. 청소년기 후기와 성인진입기가 되면 또래들의 평가가 덜 중요해지면서 자기존중감은 올라간다(Berndt, 1986; Robins & Trzesniewski, 2005).

여러 학자들이 자기존중감을 연구하면서 이것은 전반적 자기존중감에 더하여 많은 측면이 있다는 결론을 내렸다. 수잔 하터(Harter, 1990a, 1990b, 2006, 2012)는 청소년 자기존중감의 복합적 측면을 조사하였다. 그녀는 청소년의 자기지각 프로파일(*Self-Perception Profile for Adolescents*)이란 책에서 청소년의 자기개념을 다음 8개 영역으로 구분하였다.

- 학업적 역량
- 사회적 인정
- 운동 역량
- 신체적 외모
- 직업적 역량
- 낭만적 매력
- 행동 양식
- 친밀한 우정

자기개념의 구체적 영역에 대한 8개의 하위척도에 더해 하터의 척도에는 전반적 자기존중감을 측정할 수 있는 별개의 하위척도 또한 포함되어 있다. 그녀의 연구는 청소년들이 높은 전반적 자기존중감을 갖기 위해서 모든 영역에서 다 긍정적 자아상을 가질 필요는 없다는 것을 보여주었다. 자기개념의 각 영역은 청소년들이 그 영역이 중요하다고 여기는 경우에 한해서 전반적 자기존중감에 영향을 미친다. 예를 들면, 어떤 청소년은 자신의 학업적 역량이 낮다고 여길 수 있다. 그러나 학교공부를 잘하는 것이 그에게 중요할 때만 그 학업적 역량이 그들의 전반적 자기존중감에 영향을 미치게 된다는 것이다.

그러나 대다수의 청소년들에게 자기개념의 어떤 영역은 다른 것보다 더 중요하다. 하터와 다른 학자들의 연구에서 발견된 것은 신체적 외모가 전반적 자기존중감과 가장 강하게 연관되어 있으며, 그다음이 또래들의 사회적 인정이다(DuBois et al., 1996; Harter, 2012; Shapka & Keating, 2005). 청소년기 소녀들은 소년들보다 자기존중감의 기본으로 신체적 외모를 더 강조하는 것 같다. 소녀들은 자신의 신체적 외모를 부정적으로 평가하는 경향이 있고, 신체적 외모를 그들의 전반적 자기존중감의 중심에 두기 때문에 청소년기 동안 소녀들의 자기존중감이 소년들보다 낮은 경향이 있다(Robins & Trzesniewski, 2005; Shapka & Keating, 2005).

성 가속화 가설 청소년기는 문화적으로 규정된 성역할에 동조하도록 사회적 압력의 강화되는 시기이기 때문에, 청소년들의 심리와 행동에서 성차가 두드러진다는 가설

청소년기의 성 가속화 청소년기의 성은 자기존중감뿐 아니라 자아발달의 여러 다른 측면과 연관되어 있다. 심리학자 존 힐과 메리 엘렌 린치(Hill & Lynch, 1983; Lynch, 1991)는 청소년기가 특히 소녀들에게 성사회화에 있어 특별히 중요한 시기라고 주장하였다. 그들의 **성 가속화 가설**(gender intensification hypothesis)에 따르면, 아동기에서 청소년기로 통과할 때 문화적으로 규정된 성역할을 따르도록 가속화된 사회화 압력 때문에 남성과 여성 간의 심리적이고 행동적인 차이점이 더욱 뚜렷해진다. 힐과 린치(Hill & Lynch, 1983)는 청소년기가 진행되면서 남녀 간의 차이점을 증가시키는 결과를 가져오는 것은 사춘기의 생물학적 변화보다는 이 가속화된 사회화 압력이라고 믿는다. 그들은 나아가 청소년기의 성사회화의 가속화는 소년보다는 소녀에게 더 커서 청소년기 소녀들 발달의 다양한 측면에서 반영되고 있다고 주장한다.

힐과 린치(Hill & Lynch, 1983)가 이 가설을 제안한 이후 이를 지지하는 여러 연구들이 나왔다(Galambos, 2004; Shanahan et al., 2007; Priess & Lindberg, 2014). 한 연구에서 소년·소녀들이 6학년, 7학년, 8학년의 매년 성 정체성에 대한 설문에 응답했다(Galambos et al., 1990). 이 2년 동안 소녀들의 자기묘사는 더 '여성스러워'(예 : 부드러운, 다정한)졌고, 소년들의 자기묘사는 더 '남성다워'(예 : 굳센, 공격적인)졌다. 그러나 성 가속화가 소녀들에게 가장 강력하다는 힐과 린치(Hill & Lynch, 1983)의 주장과 대조적으로, 이 연구의 패턴은 특히 소년과 남성성에서 강하게 나타났다. 보다 최근의 한 연구에서 남녀 공동으로 아동보다는 청소년들이 성 고정관념을 더 받아들였다(Rowley et al., 2007). 또 다른 연구에서 초기 청소년기에 성역할 순응이 증가하는 것을 볼 수 있었는데, 전통적 성역할에 가치를 두었던 부모의 청소년들에게서 주로 증가했다(Crouter et al., 1995).

성 가속화는 서구보다 흔히 전통 문화에서 상당히 강하게 나타난다. 전통 문화에서 성 기대감의 한 가지 두드러진 차이점은 소년에게 남자다움은 성취해야 하는 것인 반면, 소녀의 경우 주로 생물학적 변화를 통해서 불가피하게 여성이 되는 것이다(Leavitt, 1998; Lindsay & Miescher, 2003). 사실 소녀들은 성인 여성이 되기도 전에, 다양한 기술과 좋은 성격을 보여주기를 요구받는다. 그러나 대부분의 전통 문화에서 여성은 소녀들이 청소년기를 통해 자연스럽게 이르는 것으로 여겨지고 초경을 여성으로서 준비됐다는 부인할 수 없는 표시로 여긴다. 청소년기 소년들은 남성으로 준비되었다는 그 비슷한 생물학적 표시는 없다. 소년들이 남자다움을 획득하는 데는 종종 위험 가득하고 엄청난 실패의 가능성을 수반한다.

가족을 경제적으로 부양하는 것을 배우는 것은 남성 성역할의 전통적인 부분이다. 이집트의 아버지와 아들이 나일강에서 함께 낚시를 하고 있다.

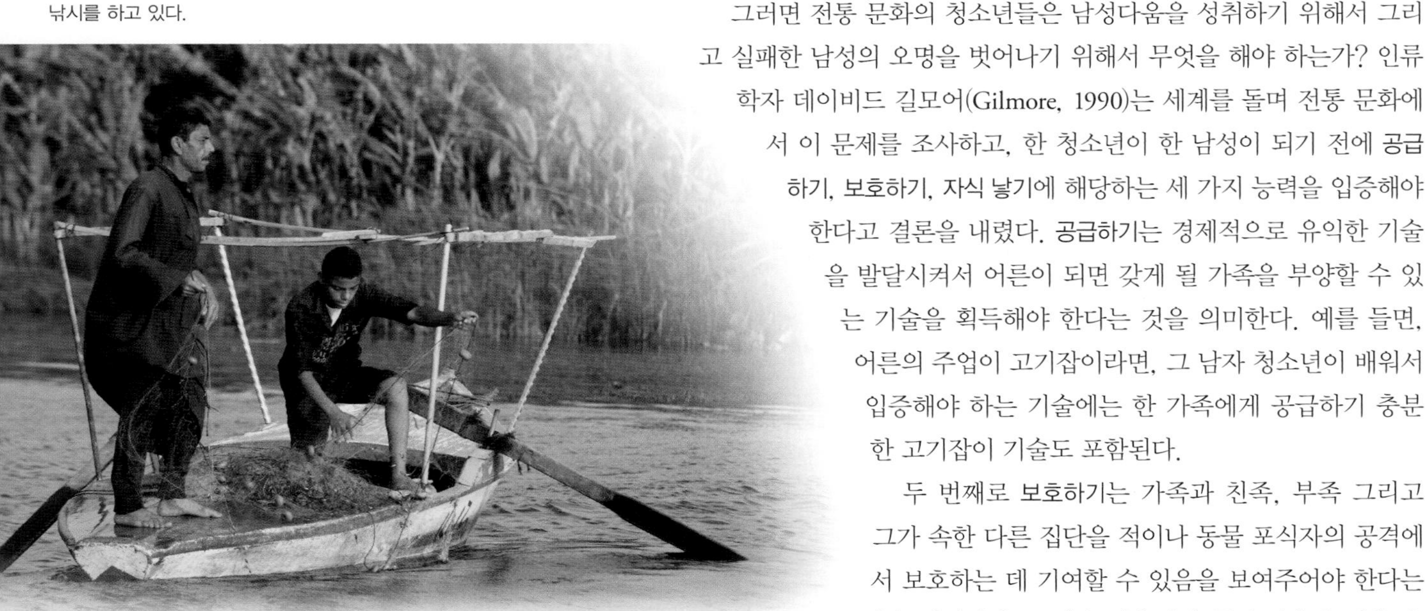

그러면 전통 문화의 청소년들은 남성다움을 성취하기 위해서 그리고 실패한 남성의 오명을 벗어나기 위해서 무엇을 해야 하는가? 인류학자 데이비드 길모어(Gilmore, 1990)는 세계를 돌며 전통 문화에서 이 문제를 조사하고, 한 청소년이 한 남성이 되기 전에 **공급하기**, **보호하기**, **자식 낳기**에 해당하는 세 가지 능력을 입증해야 한다고 결론을 내렸다. **공급하기**는 경제적으로 유익한 기술을 발달시켜서 어른이 되면 갖게 될 가족을 부양할 수 있는 기술을 획득해야 한다는 것을 의미한다. 예를 들면, 어른의 주업이 고기잡이라면, 그 남자 청소년이 배워서 입증해야 하는 기술에는 한 가족에게 공급하기 충분한 고기잡이 기술도 포함된다.

두 번째로 **보호하기**는 가족과 친족, 부족 그리고 그가 속한 다른 집단을 적이나 동물 포식자의 공격에서 보호하는 데 기여할 수 있음을 보여주어야 한다는 것을 의미한다. 소년은 전술이나 무기 사용 능력을 습

득하여 이것을 배운다. 인간 역사를 통해 대부분의 문화에서 인간 집단 사이의 갈등이 삶의 현실이기 때문에 이것은 필요 요건이다. 마지막으로 청소년기 소년은 결혼 전에 어느 정도의 성적 경험을 통해서 자식 낳기를 배워야 한다. 이것은 그의 성적인 매력을 나타내라는 것이 아니라 단순히 그가 결혼에서 자식을 낳을 수 있을 만큼 성적인 기능할 수 있음을 입증한다는 의미이다.

정서와 사회성 발달 : 문화적 신념 : 도덕성과 종교

이 장의 앞부분에서 보았듯이 청소년의 인지발달은 추상적이고 복합적인 사고를 할 수 있는 더 큰 능력을 수반한다. 이 능력은 과학적이며 실용적인 문제뿐만 아니라, 특히 도덕과 종교적 발달 영역 안에서 문화적 신념에도 적용된다.

도덕성 발달

콜버그의 도덕성 발달 이론과 젠슨의 세계관 이론을 구분한다.

지난 반세기 동안 도덕성 발달은 인지발달에 기반을 둔 하나의 보편적 패턴을 따라가는 것으로 여겨졌다. 그러나 보다 최근에는 도덕성 발달은 문화적 신념에 근본적으로 뿌리박고 있다는 주장이 있다. 우선 보편적 도덕성 발달 이론을, 그다음에 문화적 이론을 살펴보려 한다.

콜버그의 도덕성 발달 이론 로렌스 콜버그(Kohlberg, 1958)는 도덕성 발달에 관한 영향력 있는 이론을 제시했고, 수십 년간 이 주제의 연구를 주도했다. 콜버그는 도덕성 발달은 인성발달에 기초를 두고 있다고 보았고, 도덕적 사고는 문화와 상관없이 인지 능력이 발달하면서 예측 가능한 방향으로 변화한다고 믿었다. 콜버그는 개인의 도덕성 발달 단계를 평가하기 위하여 가설적인 도덕적 딜레마를 제시하고, 그 상황에서 어느 행동이 옳다 혹은 그르다는 신념과 그 이유를 설명하도록 했다.

콜버그는 미국 시카고 지역 중산층 계급과 노동자 계급 16가족의 10세, 13세, 16세 소년 72명의 도덕적 판단을 조사하면서 연구를 시작했다(Kohlberg, 1958). 콜버그는 소년들에게 일련의 가상의 상황을 제시하고 각 상황마다 도덕적 추론을 이끌어내도록 하였다. 예를 들면, 한 남자가 죽어가는 아내를 살리기 위해서 약값을 낼 수 없을 경우 약을 훔쳐야 하는지 여부를 결정해야 한다.

콜버그가 개인의 도덕성 발달의 수준을 평가하는 데 관심을 가진 것은 상황 속 주인공이 옳은 행동을 했는지 옳지 못한 행동을 했는지가 아니라 각 개인이 그의 판단에 대한 어떤 이유를 제시하는가이다. 특히 콜버그는 청소년들의 도덕적 행동보다 이들이 내리는 옳고 그름에 대한 도덕적 평가에 더 관심을 가졌다. 콜버그(Kohlberg, 1976)는 도덕적 추론을 세 가지의 수준으로 구분하는 도덕성 발달 단계를 다음과 같이 제시하였다.

1수준 : **전인습적 추론**(preconventional reasoning) 이 단계에서 도덕적 추론은 외부의 보상과 처벌 가능성에 대한 인식에 기초하고 있다. 처벌을 피하는 것 혹은 보상의 결과로 옳고 그름을 판단한다.

2수준 : **인습적 추론**(conventional reasoning) 이 단계에서 도덕적 추론은 덜 자기중심적이고, 타인의 기대에 부응하는 정도에 의해 행동을 판단한다. 전통과 권위자가 정한 규칙에 따라 옳고 그름을 판단한다.

전인습적 추론 콜버그의 도덕성 발달 이론의 첫 번째 수준으로, 도덕적 판단의 근거로 외적 보상과 처벌 가능성을 지각

인습적 추론 콜버그의 도덕성 발달 이론에서 두 번째 수준으로, 이 수준에서는 도덕적 추론이 타인의 기대에 근거를 두고 있음

후인습적 추론 콜버그의 도덕성 발달 이론의 세 번째 수준으로, 도덕적 판단의 근거가 타인이 보기에 옳으냐 그르냐가 아니라 개인이 내린 자기 나름의 독립적 판단임

세계관 인간이란 무엇인지, 인간관계는 어떻게 되어야 하는지, 인간의 문제를 어떻게 보아야 하는지 등을 설명하는 일련의 문화적 신념

3수준 : **후인습적 추론**(postconventional reasoning) 이 단계의 도덕적 추론은 타인의 견해보다는 개인의 독립적 판단에 기초한다. 무엇이 옳고 그른가는 개인의 필요(1단계)나 집단의 규범(2단계)에 기초하기보다는 객관적이고 보편적 원리에 대한 개인적 인식에 따라 판단한다.

콜버그는 이후 20년 이상 그가 조사했던 청소년 집단을 3~4년마다 인터뷰하면서 추적 조사하였다(Colby et al., 1983). 그리고 동료들과 함께 청소년기와 성인기의 도덕적 추론에 관한 다수의 연구를 수행하였다. 그 결과 콜버그의 도덕성 발달 이론을 두 가지 면에서 확인했다.

- 도덕적 추론의 단계는 연령에 따라 상승하는 경향이 있다. 그러나 20년 후 원래의 모든 참여자가 30대가 되었을 때 3수준까지 올라간 사람이 거의 없었다(Colby et al., 1983).
- 시간이 지나면서 참여자의 도덕성 발달 수준이 이전 수준으로 떨어지지 않았고 한 수준에서 그 다음의 수준으로 진행했다는 점에서 도덕성 발달은 예측했던 방향으로 진행되었다.

콜버그의 목표는 도덕성 발달의 하나의 보편적 이론, 즉 모든 문화의 사람들에게 적용할 수 있는 하나의 이론을 제시하는 것이었다. 콜버그가 실생활에서 직면하는 도덕적 쟁점에 대해 말하게 하는 대신 가상의 도덕적 상황을 사용한 이유는 특정 문화와 특정 개인의 도덕적 추론의 **내용**은 도덕성 발달을 이해하는 데 중요하지 않다고 믿기 때문이었다. 콜버그에게 중요한 것은 도덕적 추론의 **구조**이지 그 내용이 아니다. 다시 말하면 개인이 도덕적 판단을 정당화하기 위해 어떤 **이유**를 제시하는가이다. 각 개인의 옳고 그름에 대한 판단은 중요하지 않다.

문화와 도덕성 발달 : 세계관 이론 콜버그의 도덕성 발달 이론은 그가 의도했던 대로 보편적으로 적용되는가? 콜버그 이론에 기초한 연구에는 터키와 일본, 타이완, 케냐, 이스라엘, 인도 같은 세계 여러 나라의 다문화 연구도 포함되어 있다(Gibbs et al., 2007; Snarey, 1985). 이런 연구의 다수는 청소년기와 성인진입기에 초점을 맞추고 있으며, 대체적으로 도덕성 발달이 콜버그의 도덕성 발달 수준 체계에서 분류한 대로 연령 증가와 함께 진행한다는 가설을 확인하였다. 또한 미국의 연구처럼 다른 문화의 종단 연구의 참여자들에서도 이전 단계로 후퇴한 경우는 거의 찾을 수 없었다.

그러나 콜버그의 도덕성 발달에 대한 보편적 이론은 주목받는 문화심리학자 리처드 스웨더에 의해 도전을 받았다(Shweder, 2003; Shweder et al., 1990; Shweder et al., 2006). 스웨더는 문화적 세계관에 대한 이해 없이 도덕성 발달을 이해하는 것은 불가능하다고 반박했다. 콜버그와 대조적으로 스웨더는 옳고 그름에 대한 견해를 포함한 인간의 도덕적 추론의 내용이 도덕성 발달의 핵심이며, 이는 단순히 무시될 수 없다고 주장하였다.

스웨더와 동료들은 콜버그의 도덕성 발달 이론의 대안을 제시했다(Shweder et al., 1997). 이 새로운 이론은 주로 스웨더의 제자인 르네 젠슨(Jensen, 1997a, 1997b, 2008, 2011, 2015)이 발전시켰다. 젠슨에 따르면 도덕성의 궁극적 기초는 인간의 **세계관**(worldview)이다. 세계관이란 일련의 문화적 신념으로 인간적인 것의 의미, 인간관계를 경영하는 방법, 인간 문제를 다루는 방법을 말한다. 세계관은 **도덕적 추론**(어떤 행동의 옳고 그름의 이유에 대한 설명)의 기초를 제공한다. 도덕적 추론의 결과는 **도덕적 평가**(어떤 행동의 옳고 그름 여부 등을 판단)이며,

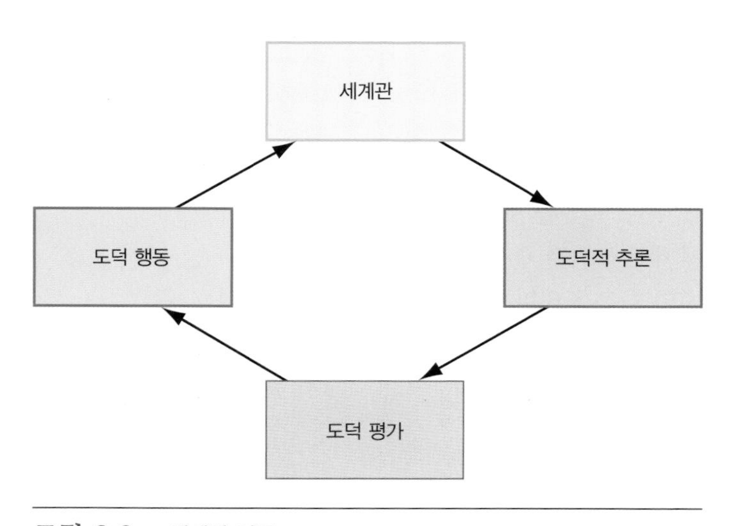

그림 8.9 세계관 이론

콜버그의 이론과 이 이론은 어떻게 다른가?

출처 : Based on Jensen (2008)

이것은 결국 **도덕적 행동**을 규정한다. 도덕적 행동은 세계관을 강화한다. **그림 8.9**는 세계관 이론을 요약한다.

젠슨은 그녀의 연구에서 각기 다른 세계관에 기초한 세 가지 유형의 '윤리적' 기준에 따라 도덕적 쟁점에 대한 사람들의 반응을 분류하였다.

세속화 비종교적 신념과 가치에 근거함

- **자율성 윤리**는 개인을 주요한 도덕 당사자라고 규정한다. 각 개인은 남에게 해를 입히지 않는 한 그들이 원하는 대로 할 수 있는 권한을 갖는다고 본다.
- **공동체 윤리**는 각 개인을 약속과 의무를 지닌 사회 공동체의 구성원으로 규정한다. 이 윤리 안에서 가족과 공동체, 다른 집단 안에서의 역할 책임감이 도덕적 판단의 기초이다.
- **신성 윤리**는 개인을 영적 독립체, 즉 신적 권위가 지시하는 대상으로 규정한다. 이 윤리에는 전통적 종교 권위자와 종교 경전(예 : 성경, 코란)에 기초한 도덕적 견해가 포함되어 있다.

최근의 몇몇 연구는 청소년에 초점을 두고 이 세 가지 윤리적 기준을 적용하였다. 예를 들면, 인도의 한 연구에서는 청소년은 그들의 부모세대보다 자율성을 더 사용하며, 반면 부모는 공동체 윤리를 더 사용하고, 신성의 사용은 두 집단에서 모두 드물다고 밝혔다(Kapadia & Bhangaokar, 2015). 미국의 한 연구에서는 아동, 청소년, 성인을 비교한 결과, 성인과 마찬가지로 청소년도 아동보다는 자율성을 덜 사용하고, 공동체를 더 사용하는 것을 발견했다(Jensen, 2015). 핀란드의 한 연구에서는 대부분의 청소년이 그들의 도덕적 추론에서 자율성과 공동체(community)를 결합해서 사용하지만, 보수적으로 종교적인 청소년들은 신성을 가장 많이 사용하는 것으로 나타났다(Vainio, 2015). 이 세 가지 윤리적 기준을 사용한 최근에 시작되었으며, 서로 다른 문화에서 개인들이 일생 동안 사용하는 윤리가 어떻게 변화하는지에 대한 조사가 남아 있다.

종교적 신념

청소년기 종교적 신념에서 나타나는 문화 간 다양성과 문화 내에서 종교의 근원과 영향을 설명한다.

아프리카계 미국 청소년은 매우 종교적이다.

청소년기에는 도덕성 발달처럼 종교적 신념의 발달도 절정에 이른다. 왜냐하면 청소년기는 종교적 신념 안에 내포된 추상적인 아이디어가 처음으로 완전히 파악되는 시기이기 때문이다. 일반적으로 선진국의 청소년과 성인진입기 청년은 개발도상국의 청소년과 성인진입기 청년보다 덜 종교적이다. 선진국은 고도로 **세속화**(secular)된 경향이 있고, 이것은 비종교적 신념과 가치에 기초하고 있다는 의미이다. 각 선진국에는 지난 2세기 동안 종교의 영향력이 점차 약해졌다(Bellah et al., 1985; Watson, 2014). 종교적 신념과 활동은 유럽 청소년들에게 특히 약하게 나타난다. 예를 들면, 벨기에 18세 청소년의 약 8%만이 적어도 한 달에 한 번 종교의식에 참여하는 것으로 나타났다(Goossens & Luyckx, 2006). 전통적으로 가톨릭 인구가 많은 스페인에서 청소년의 18%만이 정규적으로 교회에 나가는 것으로 보고되었다(Gibbons & Stiles, 2004).

미국인은 사실상 다른 어느 선진국민보다 종교적이고 이것은 미국 청소년의 생활에도 반영된다(**표 8.1** 참조; Smith & Denton, 2005). 그러나 학교나 우정, 미디어, 학업을 포함한 생활의 다른 많은 부분보다는 우선 순위가 낮다. 더구나 미국 청소년의 종교적 신념은 전통적 교리를 따르지 않는 경향이 있고, 그들이 믿는 종교의 교리에 대해 거의 알지 못한다. 그대신 종교적 신앙을 가지는 것은 선량한 사람으로 행복해질 수 있는

표 8.1 미국 청소년의 종교적 신념

신 또는 보편적인 영혼을 믿음	84%
일주일에 적어도 한 번 기도하기	65%
일상생활에서 종교가 중요함	51%
천사의 존재를 믿음	63%
종교적 의식에 적어도 한 달에 두 번 참석	52%
교회 청년 집단에 속함	38%

출처 : Based on Smith & Denton (2005)

방법이라고 믿는 것 같다(Smith & Denton, 2005).

많은 미국 청소년이 종교적이지만 그렇지 않은 청소년들도 있다. 종교에 있어 청소년들 간의 차이점을 어떻게 설명할 수 있을까? 가족의 특성은 중요한 영향 요인이다(Smith & Denton, 2005). 청소년들은 그들의 부모가 종교적 사안에 대해 대화하고 종교 활동에 참여하는 경우 종교의 중요성을 받아들일 가능성이 크다(King et al., 2002; Layton et al., 2011). 부모가 종교적 신념이 서로 다를 때와 부모가 이혼한 경우의 청소년들은 덜 종교적 것으로 나타났다(Smith & Denton, 2005). 민족성도 또 다른 영향 요인이다. 미국 사회에서 종교적 신앙과 종교적 행사는 유럽계 미국인보다는 아프리카계 미국인 사이에서 더 강하게 나타나는 경향이 있다(Chatters et al., 2008).

아프리카계 미국인 청소년들의 상대적으로 높은 종교성은 이들의 술과 약물 사용률이 낮은 이유를 설명하는 데 도움이 된다(Stevens-Watkins et al., 2010). 종교성이 청소년에게 긍정적인 영향을 미친다는 결과는 소수 집단에만 해당되는 것이 아니다. 전반적으로 미국 내에서 더 종교적인 청소년들이 우울증과 혼전 섹스, 약물 사용, 청소년 비행 비율을 낮게 보고하였다(Kerestes et al., 2004; Smith & Denton, 2005). 종교적 참여의 보호적 가치는 최악의 이웃과 사는 청소년에게 특히 강하게 나타난다(Bridges & Moore, 2002). 종교적인 청소년들은 그들의 부모와 더 좋은 관계를 갖는 경향이 있다(Smith & Denton, 2005; Wilcox, 2008). 또한 종교에 가치를 두는 청소년들은 다른 청소년들보다 자신들이 속한 공동체에서 자원봉사를 할 가능성이 더 높게 나타났다(Hart & Atkins, 2004; Youniss et al., 1999). 다른 나라, 예를 들어 인도네시아 무슬림 청소년들에서도 종교적 참여가 다양한 긍정적 결과와 연관되어 있음이 나타났다(French et al., 2008).

정서와 사회성 발달 : 청소년기 사회문화적 맥락

아동과 마찬가지로 청소년도 전형적으로 가족과 함께 지내며 대부분은 학교에 다닌다. 그러나 청소년기에는 또래와의 사회적 맥락과 낭만적 관계, 학업, 미디어가 이전 시기보다 더 중요해진다. 또한 일부 청소년들에게는 이전의 발달 단계에서는 드물던 특정한 문제가 발생한다.

가족관계

부모, 형제자매, 확대가족과 청소년의 관계에서 나타나는 문화 간 차이를 요약한다.

가족은 모든 문화에서 청소년들 일상의 사회적 맥락의 핵심 부분이지만, 대부분의 문화에서 중기 아동기에서 청소년기 사이에 가족관계 안에 상당한 변화가 생긴다. 아마도 가장 눈에 띄는 변화는 가족 구성원과 지내는 시간의 양이 줄어드는 것으로, 연구 초점 : 청소년기 가정생활에서의 일상 리듬에서 자세히 소개할 것이다. 청소년들이 그들의 부모와 시간을 보낼 때 중기 아동기보다 갈등이 더욱 빈번해진다는 것을 뒤에서 곧 알게 될 것이다.

부모와의 갈등 여러 연구에서 볼 수 있듯이 청소년과 부모는 신념과 가치의 많은 면에서 의견이 일치하고, 일반적으로 서로 상당한 사랑과 존경의 마음을 갖고 있다(Kağitçibaşi & Yalin, 2015; Moore et al., 2002; Smetana, 2005). 그러나 서구 여러 나라 연구에서 부모와의 갈등이 중기 아동기와 비교하여 청소년기 초기에 급격히 상승하여, 청소년기 후기에 하강할 때까지 몇 년간 높은 상태로 있는 것을 볼 수 있다(Dworkin & Larson, 2001; Kağitçibaşi & Yalin 2015; Laursen et al., 1998).

그림 8.10은 중기 아동기부터 청소년기까지 부모와의 갈등이 상승한다는 것을 보여주는데, 이 결과는 8년에 걸쳐 다섯 사례를 중심으로 미국인 모자의 상호작용을 비디오 녹화를 통해 종단적으로 관찰되었다(Granic et al., 2003). 캐나다의 한 연구에서는 약 40%의 청소년이 적어도 일주일에 한 번 부모와 언쟁한다고 보고했다(Sears et al., 2006). 청소년과 부모의 갈등은 모녀간에 더욱 빈번하고 심한 경향이 있다(Collins & Laursen, 2004). 청소년 중기에는 부모와 갈등의 빈도는 다소 줄지만 더 강렬해지다가, 청소년기 후기가 되면서 상당히 줄어든다(Laursen et al., 1998).

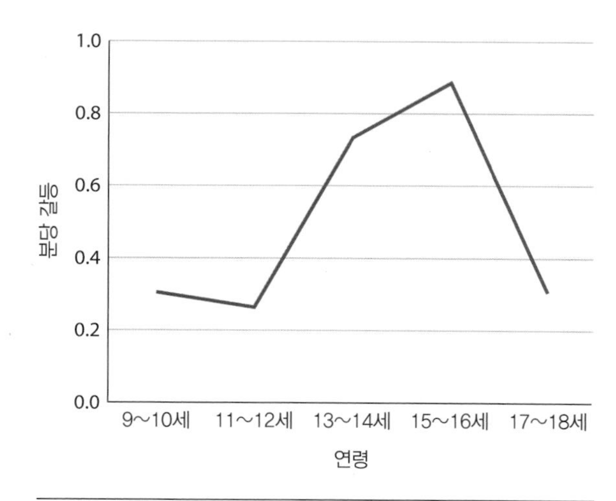

그림 8.10 청소년기 부모와의 갈등

왜 10대 중반에 갈등이 고조되는가?

출처 : Granic et al. (2003)

청소년기에 부모와 갈등이 자주 일어나는 데는 몇 가지 이유가 있다. 첫째, 청소년기는 성적 성숙을 수반한다. 이것은 아동기에는 어떤 면에서도 문제가 없었던 성적 쟁점들이 갈등의 근원이 될 수 있다는 의미이다(Arnett, 1999). 조숙한 청소년들이 '적기'에 성숙한 청소년들보다 부모와 갈등이 더 많이 생기는 경향이 있다. 그것은 아마 성적인 쟁점들이 좀 더 일찍 일어나기 때문일 것이다(Collins & Laursen, 2004). 둘째, 인지발달의 진전은 청소년들으로 하여금 이전보다 더 효과적으로 그들의 부모의 규제와 통제의 이유를 반박할 수 있게 한다. 셋째, 가장 중요한 이유로, 많은 문화에서 청소년기는 가족에게서 더 많은 독립을 얻는 시기이다. 이런 문화에서 부모와 청소년은 대체로 청소년이 결국에는 자급자족할 수 있는 성인이 되리라는 동일한 목표를 공유하고 있지만, 청소년의 높아가는 **자율성**(autonomy)의 속도에 대해서는 종종 의견이 다르다(Daddis & Smetana,2006; Smetana, 2005). 부모는 성생활에 관한 청소년의 안전과 자동차 운전, 약물 사용을 염려하고, 청소년의 행동을 제약하여 그들을 위험에서 보호하려 노력한다(Arnett, 1999). 청소년들은 이런 분야에서 스스로 결정하기를 기대하고 부모의 제약에 분노한다. 그래서 갈등이 발생한다. 그러나 모든 문화에서 이러한 청소년의 자율성 증가에 가치를 두고 장려하는 것은 아니다.

자율성 독립적이고 자족하는 것, 스스로 생각할 수 있는 것

왜 부모와의 갈등이 중기 아동기에서 청소년기 사이에 증가하는가?

형제자매와 확대가족과의 관계 약 80%의 미국 청소년과 비슷한 비율의 다른 선진국 청소년의 가족구성을 보면 적어도 1명의 형제자매와의 관계가 포함되어 있다(U.S. Bureau of the Census, 2009). 여러 형제자매가 있는 가족의 비율은 개발도상국에서 오히려 높다. 이들 나라에서는 출산율이 높은 편이고 아이가 1명인 가족이 드물다(Population Reference Bureau, 2014).

여러분은 청소년기에 형제자매들과 어떻게 지냈는가? 청소년기에 형 마이크와 나는 끊임없이 싸웠고, 대부분 내가 손해를 보고 끝났다(내가 급성장을 해서 190cm가 된 후로 형은 나와 싸우는 데 흥미는 잃은 것 같다). 청

문화 초점 : 청소년기 부모와의 갈등

전통 문화에서 부모-청소년이 서양 문화의 부모-청소년 관계에서 나타나는 전형적인 갈등을 겪는 경우는 드물다(Larson et al., 2010). 부모의 역할은 서양에서보다 전통 문화에서 더 큰 권한을 가지고 있으며 이는 전통 문화의 청소년이 자신의 부모에게 의견 불일치나 원망을 표현할 가능성을 낮춘다. 부모님과 의견이 다르더라도 의무감과 존경심 때문에 표현하지 않는 것 같다. 서양 이외의 지역에서는 청소년기뿐만 아니라 성인기 전체에 걸쳐 상호의존성이 독립성보다 더 높은 가치이다(Markus & Kitayama, 2010; Phinney et al., 2005). 청소년기 자율성의 급격한 증가가 서양의 청소년을 개인주의 문화에서 성인의 삶을 준비시키는 것처럼, 부모의 권위에 복종하는 것을 배우는 것은 전통 문화의 청소년이 성인의 삶에서 상호의존성을 가장 높은 가치로 여기며 각 개인이 가족구조에서 명확하게 지정된 지위를 갖게 하도록 준비시킨다.

소년기의 형제자매 관계는 흔히 갈등과 관련이 있다. 청소년의 형제자매 관계성과 부모나 조부모, 교사와 친구 간 관계성을 비교한 여러 연구에서 청소년들은 다른 누구보다 형제자매와 더 자주 갈등이 있다고 보고했다(Campione-Barr & Smetana, 2010). 갈등의 공통 소재는 놀리기와 소유물 사용(예 : 허락 없이 형제자매의 옷 입기), 집안일, 욕하기, 사생활 침해, 부모의 차별대우 등이다(Noller, 2005; Updegraff et al., 2005). 그러나 청소년이 다른 관계성보다 형제자매와 특히 더 많이 갈등을 하긴 하지만 청소년기에 겪는 형제자매 갈등은 아동기 때보다 더 적다(Brody, 2004; Noller, 2005). 아동기에서 청소년기까지 형제자매 간 관계는 청소년이 형제자매와 지내는 시간이 줄어듦에 따라 정서적 유대가 약해진다(Hetherrington et al., 1999).

앞서 언급했듯이 중기 아동기가 되면 전통 문화의 아동은 어린 형제자매를 돌보는 책임이 있고, 많은 경우 이 책임은 청소년기까지 계속된다. 슐레겔과 베리(Schlegel & Barry, 1991)가 수행한 전통 문화에서의 청소년기 분석에 따르면 약 80% 이상의 청소년기 소녀가 자주 동생을 돌보는 책임을 지는 것으로 보고한다. 이와 같은 책임은 형제자매와의 갈등과 친밀한 애착을 촉진한다. 동성 형제의 경우 함께하는 시간과 친밀감이 특히 높은데, 이는 전통 문화에서의 일상 활동이 성에 따라 나눠지기 때문이다. 형제자매 간 친밀한 관계는 아프리카계 미국인 가정에서도 나타나는데, 그 이유 중 하나는 많은 아프리카계 미국인 가정이 홀어머니 가구로 어린 자녀의 양육을 나이 든 자녀가 돕는 데 의존하는 가족구조이기 때문이다(Brody et al., 2003).

또한 전통 문화의 청소년들은 확대가족 구성원과 친밀한 경향이 있다. 이런 문화에서 아동은 부모와 형제자매뿐만 아니라 조부모, 삼촌, 숙모, 사촌이 포함된 가구에서 성장한다. 이런 동거 형태가 청소년과 확대가족 사이의 친밀감을 증진한다. 슐레겔과 베리(Schlegel & Barry, 1991)의 비교 문화 분석에서 전통 문화의 청소년들은 조부모와 일상의 접촉이 부모만큼 많고, 청소년들이 부모보다 조부모와 더 친밀하기도 하다. 아마 그 이유는 부모는 일반적으로 청소년 자녀에게 권위를 행사하는 것이 청소년과 부모 관계에 애증의 양면성을 더하는 반면, 조부모는 권위를 덜 행사하고 청소년의 양육과 지원에 초점을 두는 경향이 있기 때문일 것이다.

다수의 서구 문화에서도 확대가족 구성원은 청소년 삶에 중요한 인물이다. 미국 청소년의 80%가 그들에게 중요한 사람들 명단에 적어도 1명의 확대가족 구성원을 올렸으며 조부모와의 친밀감은 청소년의 웰빙과 긍정적 관련이 있는 것으로 나타났다(Ruiz & Silverstein,2007). 그러나 미국 대다수 문화에서 확대가족 구성원과 청소년의 만남은 상대적으로 드문데, 확대가족이 수 마일씩 멀리 떨어져 사는 것이 주된 이유일 것이다. 확대가족 구성원이 흔한 아프리카계 미국인이나 라틴계, 아시아계 미국인처럼 확대가족과 청소년의 친밀감은 한 가구 안에 혹은 가까이 살 때 전통 문화와 유사한 패턴으로 나타난다(Fuligni et al.,1999; Suarez-Orozco & Suarez-Orozco, 1996; Oberlander et al., 2007).

연구 초점 : 청소년기 가정생활에서의 일상 리듬

청소년 연구자들은 경험표집법(ESM)이 청소년의 사회적 삶을 연구하는 데 유용한 정보를 제공해준다는 것을 알아냈다. 이 방법은 사람들에게 알람시계를 착용하도록 하여 낮 동안 무작위로 울릴 때마다 자신들의 생각, 느낌, 행동들을 기록하도록 한다. 리드 라슨과 메리제 리처드는 이 방법을 청소년들과 그들의 가족에게 적용한 연구를 가장 많이 수행하고 있는 학자들이다.

리드 라슨과 메리제 리처드가 1994년에 집필한 '발산적 현실 : 청소년과 부모의 정서적 삶(*Divergent Realities: The Emotional Lives of Mothers, Fathers, and Adolescents*)'이라는 책에서 5~12학년 사이 미국 청소년 483명의 표본과 5~8학년 사이 미국 청소년 55명 그리고 이들의 부모를 포함한 표본을 근거로 연구의 결과를 기술하고 있다. 모든 표본은 양쪽 부모와 사는 백인 가족들로 구성되었다. 연구가 진행되는 기간 동안 각 가정마다 청소년 자녀를 포함한 어머니와 아버지 3명의 가족 구성원에게 아침 7시 30분부터 밤 9시 30분까지 동일한 시간대에 하루에 30번씩 알람시계의 '삐' 소리가 울리도록 했다.

'삐' 소리가 울릴 때 청소년과 그들의 부모는 하고 있는 일을 잠시 멈추고, 그들이 어디에 있었는지, 누구와 함께 있었는지, 무엇을 했는지, 무엇을 느꼈는지 등을 기록했다.

이 연구가 제시하는 한 가지 중요한 결과는 청소년과 부모는 평균적으로 하루에 약 1시간만 함께 시간을 보냈다는 것이며, 이들이 함께한 시간들의 대부분은 텔레비전 시청으로 할애되었다. 그 결과 5~12학년 사이의 청소년이 가족과 보낸 시간의 양은 줄었고, 5~8학년 사이의 청소년이 혼자 보낸 시간은 증가했다.

또한 이 연구는 청소년 자녀와의 관계에서 부모와의 흥미 있는 차이들을 밝히고 있다. 대다수의 어머니와 청소년 자녀 간의 상호작용은 긍정적인 것으로 나타났으며, 특히 함께 이야기를 나누거나 외출 및 식사를 같이할 때 서로 간의 관계가 긍정적으로 나타났다.

그러나 청소년 자녀들이 어머니에 대해 느끼는 부정적인 감정들은 5~9학년으로 사이에서 급증했고, 이들이 느끼는 어머니에 대한 친밀감 또한 감소했다.

아버지들은 청소년 자녀들 삶에 아주 미약하게 관여하는 경향을 보였다. 아버지들이 그들의 자녀들과 함께하는 대부분 시간 동안에 어머니가 동반했으며, 어머니는 아버지보다 더욱 직접적으로 자녀들에게 관여하였다. 아버지들은 하루에 평균 12분을 그들의 자녀와 함께 보냈는데, 함께한 시간의 40%는 텔레비전 시청으로 할애되었다.

이 연구는 부모가 청소년 자녀들의 정서 상태에 중요한 영향을 미친다는 것을 보여준다. 만약 부모가 자녀에게 잘 호응해주고 주의를 기울인다면, 자녀들의 기분은 좋아지고 자녀들이 갖는 부정적인 감정들은 줄어들 것이다. 이와 대조적으로 만약 청소년 자녀들이 부모에게 다가가기 어렵거나 부모로부터 무관심을 느끼게 된다면, 자녀가 갖는 부정적인 감정은 더욱 악화될 것이다. 어렸을 때보다 청소년 자녀가 부모와 보내는 시간은 줄어들었지만, 부모는 여전히 자녀 삶에 막대한 영향력을 가진다.

복습문제

청소년과 그들의 부모를 대상으로 한 ESM 연구에서, 청소년은 ________와 함께 있을 때 가장 긍정적 기분을 경험했고, ________에게 가장 부정적 기분을 느끼는 것으로 나타났다.

a. 어머니, 아버지
b. 어머니, 어머니
c. 아버지, 어머니
d. 아버지, 아버지

또래와 친구

청소년의 친구관계에서 나타나는 문화 간 차이와 또래와의 상호작용 특성을 기술한다.

대부분의 문화에서 중기 아동기부터 청소년기에 가족과 보내는 시간이 줄고 친구와 보내는 시간이 증가한다. 청소년의 정서생활에서 친구가 점점 더 중요해진다. 다른 연령대에도 그렇지만 청소년기에는 친구를 나이, 성, 민족 집단, 성격, 여가, 취미 등 주로 자신과의 유사성을 기준으로 선택한다(Popp et al., 2008). 청소년기는 또한 또래 압력이 증가하는 시기이다.

우정 : 문화적 주제와 차이점 청소년의 생활에서 가족 유대는 여전히 중요하지만, 어떤 면에서는 친구를 더 선호하게 된다. 청소년들은 부모나 형제자매보다 친구에게 더 동료애와 친밀감을 느낀다고 한다(French et al., 2001; Nickerson & Nagle, 2005; Updegraff et al., 2002). 친구는 청소년의 가장 행복한 경험의 원천이며 가장 편하게 느끼는 사람이자 가장 터놓고 대화할 수 있는 사람이다(French, 2015; Richards et al., 2002; Youniss & Smollar, 1985).

서양 문화의 청소년은 친구와 있을 때 가장 행복하다.

부모와 친구의 관계를 비교한 유럽의 연구에서 미국의 연구와 비슷한 패턴을 볼 수 있다. 예를 들면, 네덜란드에서 조사된 한 연구에서 청소년(15~19세)에게 그들의 개인적 느낌이나 슬픔, 비밀을 포함해서 자신에 관해 소통하기 위해 누구에게 의지하는지 물었다. 조사 대상 청소년들의 거의 절반이 제일 친한 친구나 연애 상대의 이름을 말한 반면, 단지 20%만이 부모의 한쪽 또는 양쪽 부모의 이름을 댔다(단 3%가 아버지). 또 다른 네덜란드 연구에서 82%의 청소년들이 가장 좋아하는 활동은 친구와 시간을 자유롭게 보내는 것이라고 보고했다(Meeus, 2006). 유럽의 다른 나라 연구에서도 청소년들이 친구와 있을 때 가장 행복하고, 교육과 진로 계획에 대한 조언은 부모에게 받지만 사회적 관계나 여가생활에 대한 조언과 정보를 위해서는 친구에게 의존하는 경향을 확인하였다(Hurrelmann, 1996).

이 장의 앞에서 살펴보았듯이 전통 문화에서 청소년기 소년의 경우 가족과의 관계는 줄고 또래와 관계가 느는 반면, 소녀들은 그렇지 않았다. 그러나 개발도상국의 청소년들의 경우 소년과 소녀 모두 서구 청소년들보다 가족과 친구 간의 사회정서적 균형이 가족에게 더 많이 기울어져 있다. 예를 들면, 인도 청소년들은 여가시간을 친구보다 가족과 보내는 경향이 더 높다. 이것은 그렇게 하도록 강요받아서가 아니라 인도의 집단주의적 문화 가치와 인도 청소년들이 가족과 보내는 시간을 즐기는 이유도 있다(Chaudhary & Sharma, 2012; Larson et al., 2000). 브라질 청소년들의 경우 친구보다 부모의 정서적 지원이 더 높다(Van Horn & Cunegatto Marques, 2000). 인도네시아와 미국의 청소년을 비교한 연구에서 인도네시아 청소년들은 미국 청소년들보다 동료애나 즐거움 면에서 가족 구성원을 더 높게, 친구를 더 낮게 평가했다(French et al., 2001). 그러나 두 나라 청소년들에게서 친구는 친밀감의 주요 원천으로 나타났다. 이와 같이 개발도상국 청소년들은 청소년기에 친구들과 더 친밀감을 갖는 동시에 가족과도 여전히 가깝게 지낸다. 반면 서구의 청소년들은 친구와 친밀감이 증가하면서 가족과 친밀감은 줄어든다.

친밀감의 중요성 청소년 우정의 가장 주요 특징은 친밀감이다. **친밀감**(intimacy)은 두 사람이 개인적 지식과 사고, 느낌을 공유하는 정도이다. 청소년 친구들은 아동기 때보다 훨씬 더 깊이 서로의 희망과 두려움을 털어놓고, 부모와 교사, 또래와의 사이에서 일어났던 일을 이해하는 데 서로 도움을 준다.

어떤 친구를 원하는지 혹은 어떤 사람을 그들의 친구라고 말할 수 있는지를 물었을 때 청소년들은 관계의 친밀한 특성을 언급하곤 한다(Berndt, 1996; Radmacher & Azmitia, 2006). 예를 들어, 청소년들이 말하는 친구는 자기를 이해하는 사람과 자기 문제를 공유할 수 있는 사람 그리고 자기가 중요한 말을 할 때 들어주는 사람이라고 보고했다(Bauminger et al., 2008; Way, 2004). 더 어린 아동들은 이런 특성을 덜 언급하며, 축구경기를 좋아한다거나 자전거를 같이 타거나 컴퓨터 게임을 한다는 등의 공유하는 활동에 더 무게를 두는 것 같다. 청소년들 우정의 친밀감에는 일관되게 성차가 나타난다. 소년들보다 소녀들이 더 친밀한 우정을 갖는 경향이 있다(Bauminger et al., 2008). 소녀는 소년보다 친구와 대화하며 더 많은 시간을 보내고, 함께 대화하는 것을 그들의 우정의 요소로서 높은 가치를 둔다(Apter, 1990; Youniss, & Smollar, 1985). 소년들의 우정에 대한 평가와 비교해보면 소녀들은 우정에 대한 평가에서 애정과 유익, 배려를 높게 평가하였다(Bokhorst et al., 2010). 그래서 소녀들은 소년보다 친구를 신뢰하

친밀감 두 사람이 나누는 개인적 지식, 사고와 감정의 정도

고 가깝게 느낀다고 더 많이 말하는 것 같다(Shulman et al., 1997). 이와 대조적으로 소년들은 청소년기에도 스포츠나 취미 등 공유하는 활동을 우정의 기본으로 더 강조하는 것 같다(Radmacher & Azmitia, 2006).

그러나 친밀감은 소녀들과 같은 정도는 아닐지라도 청소년기 소년의 우정에서 더욱 중요해진다. 가난한 노동자 계급 가정의 아프리카계와 라틴계, 아시아계 미국인 소년들에 대한 한 연구에서 니오베 웨이(Way, 2004)는 친밀감의 주제에는 비밀공유와, 신체적·정서적으로 서로 보호하기, 가족과 친구에 대한 감정을 공개하는 것이 포함된다고 보고하였다.

패거리 서로 잘 알고, 함께 이런 저런 일을 하면서 정기적으로 사회적 집단을 형성하는 소수의 친구 집단

군중 평판 기반 대규모 청소년 집단

패거리와 군중 지금까지 우리는 친한 우정에 초점을 두었다. 이제는 친구나 또래의 더 큰 집단으로 넘어가려 한다. 학자들이 두 유형의 청소년 사회적 집단인 패거리와 군중을 대략적으로 구분하였다. **패거리**(clique)는 서로 잘 아는 친구들의 소수 집단으로 많은 것을 함께하고, 정기적인 사회 집단을 형성한다(Brown & Braun, 2013). 패거리는 정확한 숫자는 없지만 대략 3~12명 범위로 구성원이 서로 잘 안다고 느낄 만큼 규모가 작고, 스스로 응집력 있는 집단라고 생각한다. 패거리는 뚜렷한 공유 활동(예 : 자동차에 공을 들이거나, 음악 연주, 농구경기)을, 때로는 단지 우정을 공유하는 것(예 : 한 집단의 친구들과 매일 점심 같이 먹기)으로 정의한다.

대조적으로 **군중**(crowd)은 규모가 더 크고 평판에 기반을 둔 청소년 집단으로, 반드시 친구일 필요도 없고, 많은 시간을 보내는 함께 보내는 것도 아니다(Brown et al., 2008; Brown & Braun, 2013; Horn, 2003). 청소년 군중에 관한 44개 연구를 검토한 보고서에서 많은 학교 내에서 다음과 같은 5개 주요 유형의 군중을 찾을 수 있다고 결론지었다(Susman et al.,2007).

- 엘리트(인기인, 유명인) 학교 내에서 최고의 사회적 신분을 가졌다고 인정받는 군중
- 운동선수(운동족) 스포츠 지향의 학생들로, 적어도 하나 이상의 운동 팀의 구성원
- 학구파(두뇌파, 공부벌레, 괴짜) 성적이 좋고, 사회적으로 서툴다고 알려짐
- 일탈파(약쟁이, 소진) 학교의 사회적 환경에서 소외되고, 불법약물 사용이나 다른 위험한 활동에 개입되었다고 다른 학생들에게 의심을 받음
- 기타(정상인, 보잘것없음, 아무것도 아닌 자) 긍정적이든 부정적이든, 어느 특별한 방면에 두드러지지 않고, 다른 학생들이 거의 무시함

패거리는 공동의 활동을 중심으로 형성되는 경우가 많다. 아래의 사진은 남아프리카의 청소년들이 축구를 즐기는 모습이다.

군중은 청소년이 이차적인 학교사회 구조 안에서 자신과 다른 사람의 위치 파악에 도와주는 기능을 한다. 다시 말하면 군중은 청소년에게 자신과 타인의 정체성을 정의하는 데 도움을 준다. 타인이 여러분을 '두뇌파'라고 생각하는 것을 알면, 여러분의 정체성에 암시가 된다. 이러한 정보는 여러분이 학교를 좋아하고, 공부를 잘하고, 사회적 상황보다는 학교에서 성공할 사람이라는 의미이다. 누군가를 '약쟁이'라고 생각하는 것(그것이 정확하든 아니든)은 약물을 사용하고, 파격적으로 옷을 입고, 학교에 관심 없는 사람임을 말한다.

따돌림 피비 프린스는 15세에 아일랜드에서 가족과 함께 미국으로 이민 왔다. 처음에 피비는 학교를 좋아하고 친구도 사귀었는데,

사이버따돌림 전자 수단, 주로 인터넷을 통해 괴롭히는 것

한 인기 있는 소년이 그녀에게 관심을 보여서 몇 번 데이트를 했다. 그런데 그 소년에게 관심 있던 다른 소녀들이 학교에서 피비에게 욕을 하고 악성 이메일 문자 보내기와 거짓 소문을 퍼뜨리고 피비를 공격적으로 괴롭히기 시작했다. 친구도 없이 학교 안팎에서 괴롭힘을 당하자 더 깊은 절망에 빠져 결국 피비는 자살하였다. 이것은 피비의 가족과 공동체를 경악하게 만든 사건이었다.

이 충격적인 실화는 청소년 따돌림의 결과가 얼마나 심각할 수 있는지를 보여준다. 제7장에서 언급했듯이 따돌림은 중기 아동기에 흔하다가 이 시기를 지나면서 전반적인 따돌림의 만연이 상승하여, 청소년기 초기에 절정에 이르고, 청소년기 후기에는 상당히 줄어든다(Pepler et al., 2006). 따돌림은 유럽 여러 나라(Dijkstra et al., 2008; Gini et al.,2008)와 아시아(Ando et al., 2005; Hokoda et al., 2006), 북아메리카(Pepler et al., 2008; Volk et al., 2006)에서도 관찰되는 전 세계적인 현상이다. 세계 28개국 11~15세 청소년 10만 명이 넘는 청소년들을 대상으로 따돌림에 관해 진행된 한 획기적 연구에서 따돌림의 희생자가 된 비율이 스웨덴 소녀들의 경우 6%에서 리투아니아 소년들의 41%까지, 대부분의 국가에서 10~20% 범위에서 보고되었다(Due et al., 2005). 이 연구에 참여한 여러 나라와 그 외 많은 나라에서 소녀보다는 소년이 따돌림의 가해자나 희생자가 될 가능성이 일관되게 더 많게 나타났다.

따돌림은 청소년 발달에 다양한 부정적인 영향을 가져온다. 청소년 따돌림에 대한 위의 28개국 연구에서 따돌림의 희생자는 두통, 요통, 불면 같은 신체적 증상과 외로움 무력감, 불안, 비애 등의 심리적 증상을 포함한 다양한 문제적 증상을 높게 보고하였다(Due et al., 2005). 따돌림 희생자뿐만 아니라 가해자도 역시 문제 증상의 고위험군으로 나타났다(Klomek et al., 2007). 10~14세 캐나다 청소년들을 7년간 조사한 연구에서 따돌림 가해자는 따돌림을 하지 않는 청소년보다 심리적 문제와 부모나 또래 관계 문제를 가지고 있는 것으로 나타났다(Pepler et al., 2008).

따돌림의 최근의 변화는 **사이버따돌림**(cyberbullying)으로, 소셜 미디어(페이스북), 이메일, 휴대전화를 통한 따돌림 등이 포함된다(Kowalski et al., 2012; Valkenberg & Peter, 2011). 12~20세 청소년들을 조사한 스웨덴의 한 연구는 '전통적' 왕따 현상에서 보고된 것과 유사한 연령 패턴을 사이버따돌림에서도 발견하였다. 청소년기 초기에 최고 비율이었다가, 청소년기 후기와 성인진입기를 지나며 하락하였다(Slonje & Smith, 2008). 미국에서 6~8학년 4,000여 명의 청소년을 조사한 연구에 따르면 청소년의 약 11%가 지난 두 달 간 적어도 한 번 사이버따돌림 사건의 희생자 경험을 했다고 보고했고, 약 7%가 그 기간에 사이버따돌림의 피해자이며 가해자였다고 보고했고, 4%는 사이버따돌림 사건을 주도했다고 보고했다(Kowallski & Limber, 2007). 특히 사이버따돌림 희생자의 절반은 가해자의 정체를 모르는데, 이것이 사이버따돌림과 다른 따돌림과의 차이점이다. 그러나 사이버따돌림은 보통 단일 사건으로 일어나며 일반적 따돌림이 정의하는 반복적 괴롭힘을 수반하지 않는다는 점에서(제7장 참조), 온라인 괴롭힘이란 용어가 더 적절할 것이다(Wolak et al., 2007).

사랑과 성

임신 및 피임 도구 사용의 다양성을 포함하여 청소년의 사랑과 성에 대한 문화 간 차이를 확인한다.

사춘기는 성적 성숙에 도달한 것을 의미한다. 따라서 청소년기는 성감이 활기를 띠기 시작하는 시기로, 전부는 아니지만 많은 문화에서 성적 행위가 시작된다. 우선 청소년의 사랑을, 그리고 성을 살펴보려 한다.

사랑에 빠짐 청소년기를 지나며 낭만적 관계에 전반적인 몰입이 점차 증가한다. 전국 청소년 건강에 관한 연구라는 미국의 한 조사에 따르면, 현재 낭만적 관계에 있음을 보고한 청소년의 비율이 7학년의 17%

에서, 9학년은 32%로, 11학년은 44%로 올라가는 것으로 나타났다(Furman & Hand, 2006). 11학년이 되면 약 80%가 현재는 아니더라도 청소년기 어느 시기에서 낭만적 관계를 경험한 것으로 나타났다. 아시아 문화 배경을 가진 청소년들이 유럽이나 아프리카계 미국인, 라틴계 문화 배경을 가진 청소년보다 첫 낭만적 관계를 더 늦게 시작하는 경향이 있는데, 그 이유는 낭만적 관계에 일찍 몰입하는 것을 말리고, 결혼 전에는 최소한의 관계나 혼전순결을 강조하는 문화적 신념 때문이다(Connolly & McIsaac, 2011; Regan et al., 2004).

청소년들이 낭만적 사랑을 경험하는 것은 서구나 선진국에서뿐만이 아니다. 열정의 감정은 실제로 전 세계적 젊은이들의 특징이다. 한 비교문화 연구에서 인류학자들이 전 세계의 지리적으로 뚜렷이 다른 6개 지역을 대표하는 186가지 전통 문화를 체계적으로 조사하였다(Jankowiak & Fischer, 1992). 연구자들은 조사한 186문화 중 한 곳을 제외한 모든 곳에서 젊은이들이 열정적으로 사랑에 빠진다고 있다고 결론지었다. 모든 문화에서 젊은이들은 열정적 사랑의 기쁨과 절망을 경험하고, 유명한 연인들에 대해 이야기하고 사랑 노래를 즐겨 부른다.

그러나 이것이 모든 문화의 젊은이들이 사랑의 감정을 따라 행동하도록 허락된다는 뜻은 아니다. 반대로 결혼의 기본이 낭만적 애정이라는 것은 상당히 최근의 문화적 발상이다(Hatfield & Rapson, 2005). 제10장에서 상세히 살펴보겠지만, 대부분의 역사와 문화에서 결혼은 자녀의 열정적 갈망과 별 상관없이 부모가 주선해왔다.

서양에서는 대부분의 청소년이 10대의 어느 시점에 로맨틱한 파트너를 갖는다.

청소년 성의 문화적 차이 모든 문화에서 청소년들은 성적 성숙에 이르는 비슷한 생물학적 과정을 겪지만, 문화에 따라 청소년의 성생활을 보는 견해는 매우 다르다. 청소년기 성행동에 대한 여러 나라의 차이는 혼전성교의 용납 가능성에 대한 문화적 신념의 차이에 주로 기인한다. 출판된 지 60년 이상 된 클레란 포드와 프랭크 비치(Ford & Beach, 1951)의 책 *Patterns of Sexual Behavior*는 문화 간 차이를 이해할 수 있는 최고의 틀을 마련해주었다. 이 두 인류학자는 200여 문화에서 성생활에 대한 정보를 수집했다. 이들의 분석에 기초하여 청소년 성에 대한 세 가지 유형의 문화적 접근법(관대한, 반제한적, 제한적)을 기술했다.

관대한 문화(permissive culture)는 청소년의 성적 활동을 용인하고 장려하기도 한다. 오늘날 대부분의 북유럽 국가들이 이 범주에 든다. 이 나라들의 청소년들은 흔히 10대 후반에 활발한 성생활을 시작하고, 부모도 흔히 자녀가 남자나 여자 친구와 밤을 지내는 것을 허락한다(Trost, 2012).

반제한적 문화(semirestrictive culture)는 청소년의 결혼 전 성교를 금지한다. 그러나 이런 문화에서 공식적 금지규정은 강력하게 실행되지 않고 쉽게 피할 수 있다. 이 문화에서 어른들은 젊은이가 적당히 신중하다면, 결혼 전 성적 활동을 못 본 척하는 경향이 있다. 오늘날 미국과 캐나다, 대부분의 유럽 선진국이 이 범주에 든다(Regnerus, 2011).

제한적 문화(restrictive culture)는 청소년들에게 결혼 전에 성적 활동을 강하게 금지한다. 결혼 전 성적 활동 금지는 강력한 사회 규범과 청소년기에 소년과 소녀를 따로 있게 함으로써 규제한다. 아시아와 남아메리카의 젊은이들은 그들의 문화를 통해 배운 교육을 통해 혼전성교에 찬성하지 않는 경향이 있다(Regan et al., 2004).

관대한 문화 청소년들의 성적 활동을 권장하고 기대하는 문화

반제한적 문화 결혼 전 청소년의 성을 금지하지만, 그 금지가 강력하게 시행되지 않고 쉽게 피할 수 있는 문화

제한적 문화 청소년들에게 결혼 전에 성적 활동을 강하게 금하는 문화

왜 미국에서 청소년 임신율이 특히 높은가?

일부 나라에서 결혼 전 성적 활동에 대한 금기는 체벌의 위협과 공개적 망신도 포함하고 있다. 알제리아와 시리아, 사우디아라비아 등 중동의 몇몇 나라는 이 방법을 택하고 있다. 혼전 여성의 처녀성은 소녀의 명예일 뿐 아니라 가족의 명예이고, 만약 소녀가 결혼 전에 처녀성을 잃으면 그 가족의 남성들이 그녀를 처벌하거나 때리거나 죽일 수도 있다(Dorjee et al., 2013). 남성의 혼전순결에 가치를 두는 문화도 많지만, 남성의 결혼 전 성적 활동에 대해 이처럼 가혹한 처벌 문화는 없다.

비판적으로 사고하기

여러분 문화에서 청소년 성생활에 대한 이중기준이 있는가? 여러분의 대답을 뒷받침할 만한 예를 들어보라.

청소년 임신과 피임기구 청소년 성관계에 대한 견해는 문화마다 다르지만, 거의 세계 어디서나 청소년의 혼전 임신은 바람직하지 않게 여긴다. 청소년 성생활에 관대하거나 제한적인 두 유형의 나라에서 혼전 임신율이 낮다. 덴마크와 스웨덴, 네덜란드 같은 북유럽 국가들은 청소년 성생활에 관대하기 때문에 청소년 임신율이 낮다(Avery & Lazdane, 2008). 이들 나라에서는 대중매체에서 개방적으로 안전한 성관계에 대한 캠페인을 한다. 청소년들은 모든 종류의 피임도구에 쉽게 접근할 수 있다. 부모도 자녀가 10대 후반에는 성적으로 활발해진다는 것을 받아들인다(Trost, 2012).

청소년 성관계를 엄하게 금지하는 일본과 한국, 모로코 등의 나라들은 청소년들은 성인이 될 때까지 데이트도 제한받으며 결혼 상대를 신중하게 찾는다(Davis & Davis, 2012; Dorjee et al., 2013; Hatfield & Rapson, 2005). 이 나라들의 청소년기 소년과 소녀들은 성관계는 물론이고, 단둘이 시간을 보내는 것도 드물다. 그래도 일부 청소년들은 본능을 따르고 금기를 어기지만, 금기가 너무 강력하고 그것을 어겼을 때 폭로되는 수치심이 정말 크기 때문에 위반은 드물다.

그림 8.11에 제시된 바와 같이 미국은 10대 임신율이 다른 어느 선진국보다 높다. 미국 청소년의 임신율이 높은 이유는 청소년 성생활에 관한 명확한 문화적 메시지가 없기 때문일 것이다(Males, 2011). 청소년 성생활에 대해 반제한적인 견해가 지배적이다. 청소년 성관계가 엄격히 금지되지도 않고 광범위하게 받아들여지지도 않는다. 결과적으로 대부분의 미국 청소년들은 10대 말 이전에 성관계를 갖는다. 그러나 성적으로 활발한 청소년들이 성관계를 하게 될 것을 인식하고 피임도구를 사서 책임 있게 준비할 만큼 편안하지 않다. 그러나 지난 20년 동안 미국의 10대 임신율이 특히 아프리카계 미국인에게서 급격히 감소했다(Males, 2011). 이것은 미국에서 에이즈에 대한 두려움이 청소년과 성관계와 피임기구에 대해 이야기하게 하고, 학교에서 성교육을 실시하는 것을 더 받아들이게 되었기 때문일 것이다.

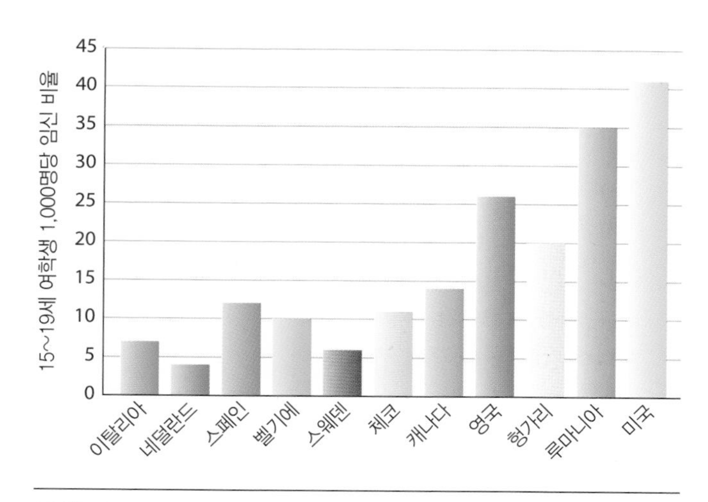

그림 8.11 선진국의 10대 임신 비율

왜 미국에서 10대 임신비율이 높은가?

출처 : WHO (2010)

성적 지향 청소년기는 대부분의 경우 개인 성적 선호에 대한 경향을 의미하는 **성적 지향**(sexual orientation)을 완전히 인식하게 되는 시기이다. 미국 사회에서 2%의 청소년들이 레즈비언, 게이 또는 양성애자(이들을 LGB라고 칭함)라고 자기 확인을 했다(Savin-Williams & Joyner, 2014). 과거 유럽에서 그리고 오늘날도 세계의 수많은 문화에서 대다수 사람들은 만약 자신들이 진실을 밝힐 경우 낙인찍히고 괴롭힘당할 것이기 때문에 일생 동안 이 사실을 비밀로 해둔다. 그러나 오늘날 대부분의 유럽 국가에서 성소수자는 흔히 성적 정체성에 대한 개인의 인식과 그 진실을 친구와 가족 등에게 밝히는 **커밍아웃**(coming out) 과정에 참여한다(Flowers & Buston, 2001; Savin-Williams, 2001). 성적 소수자의 성적 지향 인식은 흔히 청소년기 초기에 시작하지만, 청소년기 후기와 성인진입기에 들어오면서 타인에게 밝히게 된다(Floyd & Bakeman, 2006).

성적 지향 개인의 성적 선호에 대한 경향

커밍아웃 동성애자가 자신의 동성애를 인정하고 자신의 친구, 가족과 타인에게 진실을 밝히는 과정

동성애공포증 동성애에 대해 공포와 혐오를 느끼는 것

수많은 사회에 존재하는 **동성애공포증**(homophobia)의 만연을 고려할 때 성적 소수자의 정체성을 깨닫게 되는 것은 많은 청소년에게 정신적 외상이다. 레즈비언과 게이, 양성주의자는 또래가 그들의 정체성을 알게 됐을 때 자주 따돌림의 표적이 된다(Mishna et al., 2009). 많은 부모들이 청소년 자녀가 레즈비언이나 게이나 양성애자임을 알게 됐을 때 실망스러운 반응을 보이거나 분노하기도 한다. 부모가 자녀들의 성적 정체성을 알고 난 후 성소수자 청소년 자녀를 거부했을 때 그 결과는 엄청나다. 한 연구에서 부모의 거부를 경험한 성소수자 청소년들이 자신들의 성적 지향을 더 받아들이는 부모의 청소년들보다 자살을 시도할 가능성이 8배 이상 높게 보고됐고, 고도의 우울증은 6배 이상, 불법약물 사용이 3배 이상, 무방비의 섹스를 할 가능성이 3배 이상 높다고 보고하였다(Ryan, 2009).

그러나 최근 성소수자 청소년에 대한 저명한 연구자인 리치 사빈 윌리엄즈(Savin-Williams, 2005)에 따르면 보다 성 호의적이고 관대한 인식 쪽으로 '극적인 문화전환'이 형성되면서 성소수자를 향한 서구의 태도에는 눈에 띄는 변화가 일어나고 있다. 사빈 윌리엄즈는 TV나 영화, 팝송에서 성소수자에 대한 호의적인 묘사 등 대중문화의 변화에 주목한다. 특히 최근 수십 년간 커밍아웃의 평균연령이 1970년대의 21세에서 현재 16세로 내려간 것은 아마도 동성애의 승인이 증가했기 때문일 것이다(Savin-Williams & Joyner, 2014). 유럽의 여러 나라와 미국 여러 주에서 현재 동성결혼을 허용하고 있는 것은 서구인들이 성적 지향의 개인차를 점점 더 승인해간다는 또 다른 증거이다.

미디어 사용

청소년의 생활에서 미디어 사용의 기능을 설명하고 미디어 실행 모델을 전자게임을 하는 데 적용해본다.

이제 나의 쌍둥이 자녀가 15세가 되었고, 미디어 사용이 이 아이들의 일상생활에 중요한 부분이 되었다. 아들 마일즈는 아이패드를 좋아해서 숙제부터 전자게임, 최신 스포츠 뉴스 검색 등 모든 일에 매일 사용한다. 딸 패리스는 음악을 녹음하는 데 미디어를 주로 사용하며 테일러 스위프트부터 오페라까지 모든 노래를 따라 부르는 것을 좋아한다.

청소년들이 사용하는 미디어를 기술하지 않고는 청소년 발달을 완전히 설명할 수 없다. 음악과 TV, 영화, 잡지, 전자게임, 휴대전화, 인터넷 등은 선진국에서 자라는 거의 대부분의 청소년들에게 일상 환경의 일부이다(개발도상국에서도 그만큼 증가하는 추세이다).

중기 아동기에서 청소년기 초기에 특히 TV와 전자게임의 매체 사용이 극적으로 증가하고 있다. 미국의 한 전국적 조사에 따르면 청소년들이 하루에 약 8시간 매체를 사용한다고 한다(Rideout et al., 2010). 청소년들 미디어 사용의 4분의 1이 복수매체를 포함하고 있다. 예를 들면, 음악을 들으며 전자게임을 하거나, 잡지를 읽으며 TV 보는 식이다. 소셜 미디어의 증가에도 불구하고, 청소년의 미디어 사용을 지배

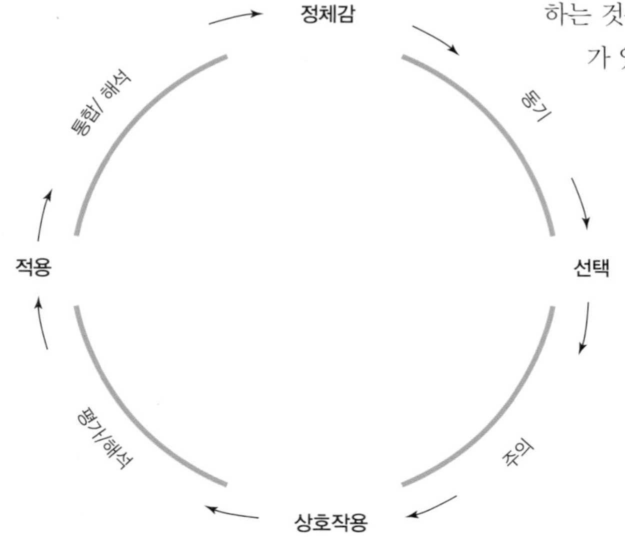

그림 8.12 미디어 실행 모델

이 모델에서는 정체감이 미디어 사용의 주된 동기 요인이다.
출처 : Brown et al. (2002), p. 9

하는 것은 아직 TV로, 미국 청소년들이 하루에 거의 5시간을 본다는 조사 결과가 있다. 유럽도 마찬가지다(Rey-López et al., 2010).

청소년 미디어 사용 모델 어떤 일에 하루 8시간을 소비하는 것은 그 일이 여러분의 생활의 주요 부분임을 의미하고, 따라서 청소년 미디어 사용에 많은 우려가 있다(Arnett, 2007). 청소년 미디어 사용의 해로운 영향에 대한 주장도 있긴 하지만, 청소년의 미디어 사용은 단순한 인과 문제보다 더 복합적이다. 제인 브라운과 동료들은 청소년 생활에서 미디어 사용 기능에 대한 유익한 모델을 제시했다(Brown, 2006; Brown et al.,2002; Steele, 2006). **그림 8.12**에 미디어 실행 모델이 제시되어 있다.

이 그림에 나타나 있듯이 청소년의 미디어 사용은 여러 방면에서 활발하다. 청소년들은 동일한 미디어를 선호하지 않는다. 오히려 개별 청소년의 정체성은 미디어 매체 선택의 이유가 된다. 어떤 미디어 매체에 관심을 갖느냐가 그 미디어 매체와 상호작용으로 이어지고, 그 미디어 매체가 평가받고, 해석된다는 의미이다. 그다음으로 청소년들은 자신들이 선택한 미디어 내용의 적용에 참여한다. 청소년들은 자신들의 정체성 안에 이 내용을 통합시키기도 한다. 예를 들면, 담배 광고에 반응해서 흡연을 계속하는 청소년들, 혹은 그 내용에 저항하기도 한다. 예를 들면, 담배 광고를 거짓되고 그릇된 것이라고 여겨 거부하는 반응을 보이는 청소년들이 있다. 이럴 때 발달하고 있는 청소년의 정체성은 새로운 미디어 선택의 이유가 된다. 이 그림은 청소년들이 그들이 사용할 미디어를 활발하게 선택하고 그 내용을 어떻게 해석하며, 해석한 것을 개인적으로 어떻게 연관시키느냐에 따라 다양한 방법으로 미디어 내용에 반응한다.

청소년들은 여러 다른 목적으로 미디어를 사용하지만, 아동의 경우 미디어 사용 연구의 초점이 부정적 측면에 맞춰져 있다. 다음 절에서는 이런 염려의 표적인 전자게임을 살펴보려고 한다(제9장에서 휴대전화와 페이스북 같은 소셜미디어의 사용을 다룬다).

전자게임 청소년들에게 비교적 새로운 유형의 미디어 사용이 컴퓨터나 손에 드는 기기로 하는 전자게임이다. 이런 형태의 미디어 사용은 특히 청소년에게 빠르게 인기를 끌었다(Rideout et al., 2013). 미국의 중학생 대상 조사에서 약 94%가 지난 6개월 동안 전자게임을 했다고 보고했다. 그중 소년의 3분의 1과 소녀의 11%가 거의 매일 전자게임을 한다고 보고했다(Olson et al., 2007).

청소년들이 좋아하는 다수의 전자게임에는 폭력적 내용이 포함되어 있다(Gentile, 2011). 많은 연구에서 폭력적인 전자게임과 공격성의 관계를 조사하였다(Anderson et al., 2007; Brake, 2006; Funk et al., 2005; Gentile, 2011). 한 연구에서 소년들에게 폭력적 전자게임의 영향에 대해 질문을 하였다(Olson et al., 2008). 그 인터뷰에서 12~14세 소년들은 권력과 명예의 공상 세계를 경험하기 위해서, 그리고 그들이 생각했던 신나는 새로운 상황을 탐험하기 위해서 전자게임을 한다고 보고했다. 소년들은 친구와 게임을 하면서 그 게임에 대해 친구와 대화하는 사회적 측면을 즐겼다. 또한 소년들은 분노와 억압의 감정을 해소하기 위해서 전자게임을 사용하며, 게임은 이런 부정적 감정에 대해 카타르시스의 효과가 있다고 보고하였다. 소년들은 폭력적 전자게임이 자신들에게 부정적 영향을 준다고 생각하지 않았다.

다른 폭력적 매체와 마찬가지로 전자게임도 폭력적 행동으로 인해 이미 위험에 처한 청소년은 그 게임에 끌릴 가능성이 클 뿐만 아니라 영향을 받을 가능성도 크다(Funk, 2003; Slater et al., 2003; Unsworth et al., 2007). 전자게임이나 TV나 폭력적 내용 자체가 폭력적 행동을 반드시 유발하지는 않지만, 사회적 태도에는 영향을 미친다. 예를 들면, 폭력적인 게임을 하다 보면 사회적 상황에서 공감 능력이 낮아지고, 폭력적 반응의 용인 가능성이 높아지는 것으로 나타났다(Anderson, 2004; Funk, 2005; Funk et al., 2005; Gentile, 2011).

정서와 사회성 발달 : 문제와 탄력성

중기 아동기의 비교적 조용한 기간 이후에 범죄와 비행, 우울증을 포함한 다양한 유형의 문제가 청소년기에 전반적으로 일어난다. 그러나 대부분의 청소년들은 별 심각한 문제없이 이 단계를 통과하고 많은 청소년들이 어려운 상황을 직면할 때 탄력성을 보인다.

범죄와 비행

연령과 범죄가 왜 강한 상관관계를 보이는지에 대한 설명을 요약하고, 비행 방지를 위한 다중시스템 접근법을 기술한다.

범죄율은 10대 중반부터 오르기 시작해서 18세에 최고조에 이르다가 점차 감소한다. 대다수의 범죄가 젊은 사람들에 의해 일어나는데, 대부분이 남성으로 발생 연령은 12~25세이다(Craig & Piquero, 2015). 이러한 서구권의 연구 결과는 놀랍게도 150년 이상 일관된 결과이다. **그림 8.13**은 1840년대 어느 한 시점과 비교적 최근의 한 시점의 두 시점에서 연령-범죄 간 관계성을 보여준다. 이 기간의 이전과 이후, 그

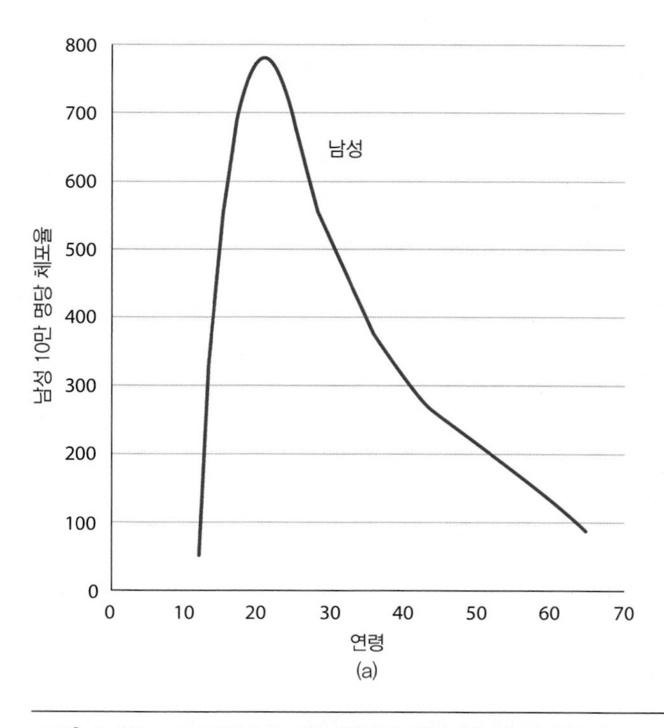

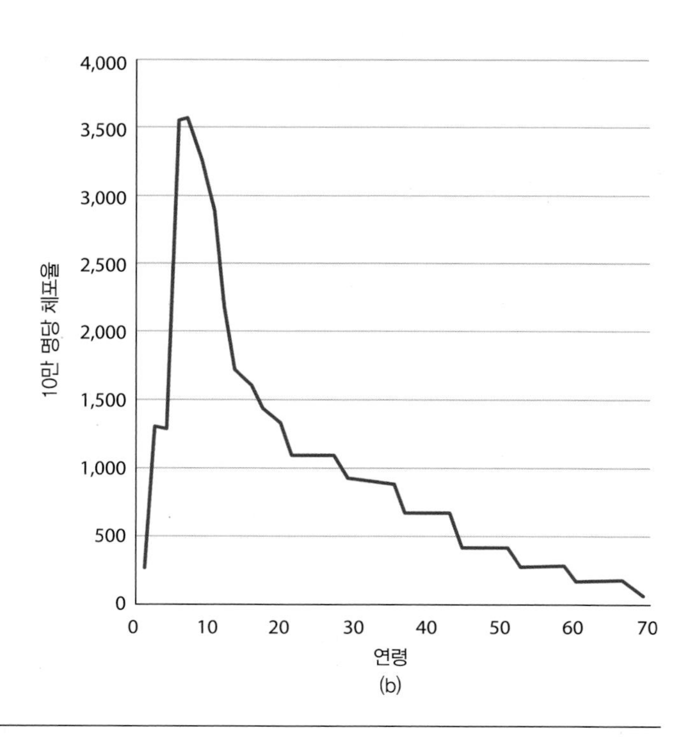

그림 8.13 1842년(a)과 1992년(b)의 연령에 따른 범죄율 비교

범죄는 왜 10대 후반에 고조되는가?

출처 : Gottfredson & Hirschi (1990), p. 125; Osgood (2009)

사이의 어느 시점에도 대부분의 나라에서 이 양상은 매우 유사해 보였다(Craig & Piquero, 2015; Wilson & Herrnstein, 1985). 청소년기와 성인진입기에는 아동이나 나이가 많은 성인들보다 더 범죄를 저지를 가능성이 클 뿐 아니라 범죄의 희생자가 될 가능성 또한 크다.

연령과 범죄 사이의 강하고 일관된 관계성을 무엇으로 설명할 수 있는가? 한 이론에 따르면, 연령-범죄 간 강한 상관은 청소년의 부모와 다른 권위가 있는 어른으로부터의 독립심 증가와 또래와 보내는 시간 증가와 또래 지향성 증가가 결합된 결과로 설명된다(Wilson & Herrnstein, 1985). 범죄에 관한 하나의 일관된 연구 결과는 10대와 20대 초 젊은이가 저지르는 범죄는 흔히 성인 범죄자의 전형인 단독 범죄와는 대조적으로, 흔히 집단 안에서 일어난다(Dishion & Dodge, 2005). 일부 청소년 패거리 안에서 범죄는 하나의 활동으로 간주되어 이를 부추기고, 또 실행함으로써 존경받는다(Dishion et al., 1999). 그러나 이 이론도 부모로부터 더 독립적이고, 더 또래 지향적인 청소년기 소녀들은 왜 이러한 경향성을 보이지 않으며, 주로 소년들이 범죄를 저지르는 이유에 대해 설명해주지는 않는다.

대부분의 조사에서 청소년들의 4분의 3이 20세 전 언젠가 적어도 한 번의 범죄 활동을 하는 것으로 나타났다(Loebert & Burke, 2011; Moffitt, 2003). 그러나 공공기물 파손 또는 미성년 음주 등과 같은 1~2개의 사소한 범죄와 강간 및 폭행 같은 더 심각한 범죄를 장기간에 걸쳐 빈번히 저지르는 범죄 간에는 명백한 차이가 있다. 약 10%의 젊은 남성이 모든 범죄의 3분의 2 이상을 저지른다(Craig & Piquero, 2015). 우발적으로 사소한 법 위반을 하는 청소년과 더 심각한 장기간의 범죄 행동의 위험성을 가진 청소년의 차이점은 무엇일가?

테리 모피트(Moffitt, 2003, 2007)는 비행 행동을 **청소년기 한정 비행**과 **평생지속형 비행**으로 구분하는 이론을 제안했다. 모피트에 따르면 이것은 뚜렷이 다른 2개의 비행 유형의 비행으로, 각기 다른 동기와 다른 원인을 가진다. 그러나 아동이나 성인보다 형사상 범죄가 더 흔한 청소년기에는 그 두 유형을 서로 구분하기는 어렵다. 모피트에 의하면 이 두 유형을 따로 구분하기 위해서는 청소년기 이전의 행동을 봐야 한다는 것이다.

평생지속형 비행(Life-course-persistent delinquent, LCPD)은 출생 이후 문제 패턴을 보여준다. 모피트는 이 비행에 속하는 유형의 문제는 영아기의 어려운 기질과 높은 주의력결핍 과잉행동장애(ADHD), 아동기 학습장애 등에서 눈에 띄게 나타나는 신경심리학적 결함에서 유래한다고 믿는다. 이 모든 증상들은 소녀보다 소년에게 더 흔하게 나타난다. 이런 문제들을 가진 아동은 그렇지 않은 다른 아동보다 고위험 환경(예 : 저소득 가정, 편부모)에서 여러 문제를 갖고 있는 부모 아래에서 성장할 가능성이 더 크다. 따라서 이 아이들의 신경심리학적 결함은 이와 같은 환경으로 인해 개선되기보다 악화되는 경향이 있다. 이들이 청소년기에 이르렀을 때 신경학적 결함과 고위험 환경을 함께 가질 때 범죄 활동에 가담할 가능성이 매우 높다. 더욱이 이러한 청소년들은 청소년기가 끝나고 완전히 성인이 된 후에도 범죄활동을 지속하는 경향이 있다.

반면 **청소년기 한정 비행**(adolescence-limited delinquent, ALD)은 전혀 다른 패턴을 보여준다. 이 유형에 속하는 청소년들은 영아기나 아동기에는 문제의 징후를 보이지 않고, 20대 중반 후에는 어떤 범죄활동에도 거의 가담하지 않는다. 비행 행동을 보이는 시기는 딱 청소년기와 성인진입기 동안만이고, 실제로 12~25세 사이에 공공기물 파손, 절도, 불법약물 사용 등의 법을 어기는 행동을 하거나 우발적 범죄활동에 가담하는 시기를 보낸다.

평생지속형 비행(LCPD) 출생 이후 나타난 문제 유형이 성인기까지 계속 지속되는 비행

청소년기 한정 비행(ALD) 청소년기 이전에는 문제 행동의 증후가 없다가 청소년기에만 일시적으로 나타나는 비행

앞서 살펴보았듯이 청소년기에 뇌의 성장 면에서는 아직까지 성숙과는 거리가 멀다. 청소년의 비행 비율과 다른 유형의 위험 행동들이 이전 시기보다 청소년기에 더 높은 이유를 두뇌의 미성숙으로 설명할 수 있을까? 전두엽이 판단을 담당하며 충동 조절은 적어도 20대 중반이 되어야 성숙해진다고 주장하는 연구자들은 청소년기 동안 행동이 이성보다는 감정에 의해 지배를 받는다고 말한다(Steinberg, 2010). 그

러나 이러한 주장에 반박하는 연구자들도 있다. 몇몇 연구에서 위험 행동에 연루된 청소년의 두뇌발달이 덜 위험한 경향이 있는 또래들보다 어느 면에서는 실제로 더 성숙하다고 주장한다(Engelmann et al., 2011). 다른 학자들의 주장에 따르면 대다수 유형의 위험 행동은 20대 초까지 계속 증가한다. 이 시기에 두뇌도 발달한다. 그러므로 이 시기의 위험 행동의 증가를 두뇌의 미성숙으로 설명할 수 없다는 것이다(Males, 2010). 청소년기 두뇌발달은 남녀가 유사한 양상을 보이지만 남자가 여자보다 훨씬 더 범죄를 많이 저지르는 것도 주목해야 한다.

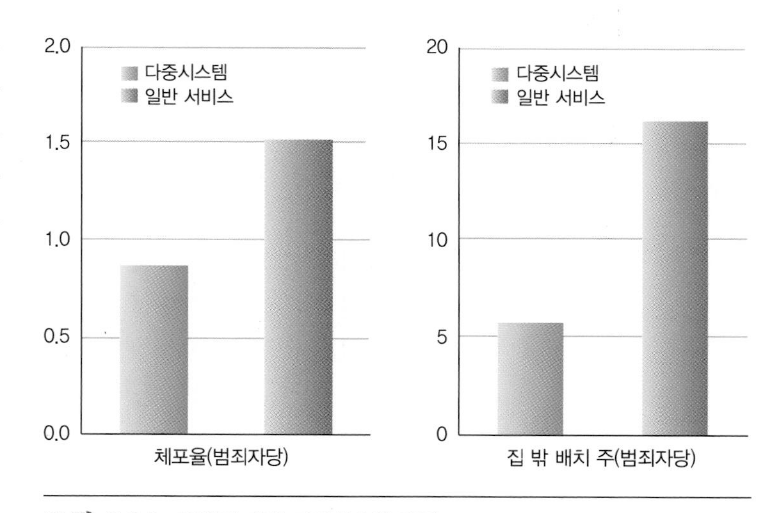

그림 8.14 비행에 대한 다중시스템 접근

다중시스템은 왜 다른 비행 중재 유형보다 더 효과적인가?
출처 : Alexander (2001), p. 42

비행은 종종 청소년기의 변화에 대한 저항으로 입증되었으나 비행에 대한 한 가지 성공적인 접근법은 학교나 집, 이웃 등의 수준에서 중재하는 것이다. 이것은 **다중시스템 접근**으로 알려져 있다(Borduin et al., 2003; Henggeler, 2011). 이 접근법에 기초한 프로그램에는 부모훈련과 직업훈련, 취업상담, 청소년 센터나 육상경기 연맹 등 이웃활동의 개발이 포함된다. 목표는 비행 청소년의 에너지를 사회적으로 건설적인 방향으로 향하게 하는 것이다. 다중시스템 접근은 현재 전 세계적으로 청소년 단체들에서 적용되고 있다(Henggeler, 2011; Schoenwald et al., 2008). 그 주된 이유는 다중시스템 프로그램이 다른 프로그램보다 비용이 적게 들고 비행 청소년들이 위탁가정과 소년원에서 보낼 시간의 양을 감소시키기 때문이다(Alexander, 2001). **그림 8.14**는 이 접근법을 사용하는 프로그램에서 소년범의 체포나 집 밖 배치가 줄어드는 효과를 보여준다(Henggler et al., 2007; Ogden & Amlund, 2006). 게다가 다중시스템 프로그램은 비행 청소년들이 위탁가정과 유치장에서 보내는 시간을 줄이기 때문에 다른 프로그램보다 비용이 저렴한 것으로 밝혀졌다(Alexander, 2001).

우울

우울증의 종류와 발생률을 알아보고, 가장 효과적인 치료법을 요약한다.

여러분은 10대 시절 때때로 슬펐던 감정을 기억하는가? 앞서 보았듯 청소년 정서생활 연구에서 청소년들은 아동이나 어른보다 슬픔이나 다른 부정적인 정서를 훨씬 더 빈번하게 경험하는 것을 볼 수 있다.

심리학자들은 우울 증상을 다음과 같이 구분한다. **우울감**(depressed mood)은 우울증과 관련된 다른 증상 없이 일시적으로 슬픈 기분이 지속되는 경우이다. 우울증의 가장 심각한 형태는 **주요우울장애**(major depressive disorder)로 자주 울거나 피로감, 무가치한 느낌, 죄의식, 외로움, 걱정 같은 증상과 함께 슬픈 기간이 길게 지속되는 상태를 말한다. 주요우울장애에는 수면장애와 입맛의 변화와 같은 증세도 포함된다(APA, 2013).

다양한 연구에서 청소년의 주요우울장애 발병률은 3~7% 정도에 이른다(Cheung et al., 2005; Compas et al., 1993; Thapar et al., 2012). 이것은 성인 연구에서 발견된 것과 거의 비슷한 비율이다. 그러나 우울감의 비율은 상당히 더 높게 나타났다. 예를 들면, 한 종단 연구에서 11세 네덜란드 청소년의 우울감 비율이 소녀의 경우 27%, 소년의 경우 21%이었다가, 19세가 되었을 때 소녀의 경우 37%, 소년의 경우 23%까지 올라가는 것을 발견하였다(Bennik et al., 2013). 우울감의 가장 흔한 이유로는 친구나 가족 구

우울감 우울증과 관련된 다른 증상 없이 슬픔이 지속되는 것

주요우울장애 우울한 기분, 식욕부진, 수면장애, 피로와 같은 일련의 증상을 보이는 임상적 진단

반추 나쁜 감정과 경험을 지속적으로 생각하는 것

탄력성 역경의 환경적 조건을 극복하고 그런 환경에도 불구하고 건강한 발달을 이루는 것

보호 요인 고위험 환경을 경험했음에도 불구하고 문제발생 가능성을 낮추는 것과 관련된 특성

성원과의 갈등, 사랑에 실망하거나 사랑하는 사람으로부터의 거부 경험, 낮은 학업성취 등을 들 수 있다(Costello et al., 2008; Larson & Richards, 1994).

청소년기와 그 이후 우울증의 모든 유형에서 가장 위험한 인자 중의 하나는 여성이다(Thapar et al., 2012). 이에 대한 다양한 설명이 제시되어 있다. 일부 학자는 신체 이미지에 대한 우려가 우울증을 유발한다고 제안했다. 빈약한 신체 이미지를 가진 소녀가 다른 소녀들보다 우울증에 걸릴 가능성이 높다는 상당한 증거들이 있다(Graber et al., 2007; Marcotte et al., 2002; Wichstrom et al., 1999). 또한 우울감에 직면하면 소년들은 주의를 딴 데로 돌리고 잊는 반면, 소녀들은 그들의 우울한 감정을 **반추**(ruminate)하고 증폭시키는 경향이 심하다(Jose & Brown, 2008; Nolen-Hoeksema et al., 2008). 청소년기 소녀는 소년들보다 생각과 감정을 그들의 관계성에 쏟기 때문에 그 관계성이 괴로움과 슬픔의 원천이 될 수 있다(Bakker et al., 2010; Conway et al., 2011).

성인과 마찬가지로 청소년에게도 두 가지 유형의 주요우울장애 치료법은 항우울증 약 복용과 심리치료이다. 최근의 연구에 따르면 프로작 같은 항우울증 치료제가 새로 개발되었고, 청소년 우울증 치료에도 효과가 매우 높다고 한다(Bostic et al., 2005; Brent, 2004; Cohen et al., 2004; Thapar et al., 2012). 우울증 신약 복용과 심리치료의 병행이 청소년 우울증 치료에 가장 효과적 방법으로 보인다. 미국 13개 지역에서 주요우울장애로 진단받은 12~17세 청소년들을 대상으로 수행된 최근 연구에서 프로작 복용과 심리치료를 병행한 청소년들의 71%가 증세 호전을 경험한 것으로 나타났다(Treatment for Adolescents with Depression Study Team, 2004, 2007). 다른 집단의 호전 비율은 프로작만 복용한 집단의 경우 61%, 심리치료만 한 집단의 경우 43%, 위약 집단의 경우 35%였다. 그러나 일부 연구에서는 청소년의 항우울증 치료약 복용이 자살사고와 행동을 유발할 수 있다는 우려의 연구 결과를 내놓았다(Bridge et al., 2007). 또 다른 연구에서는 이러한 연구 결과를 부인한다. 그러므로 현재는 항우울 치료약을 복용하는 청소년을 면밀히 조사해야 할 필요가 있다(Thapar et al., 2012).

청소년기 탄력성

학습목표 8.22 탄력성을 정의하고 청소년기 탄력성과 관련된 보호 요인을 확인한다.

멘토는 문제에 직면한 청소년에게 탄력성의 원천이 될 수 있다. 위 사진은 한 사춘기 소녀와 그녀의 멘토가 미국 뉴올리언즈의 방과 후 학교 멘토링 프로그램에서 함께 숙제를 의논하는 장면이다.

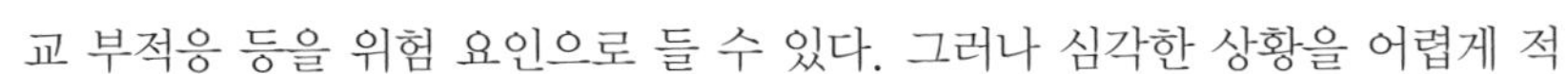

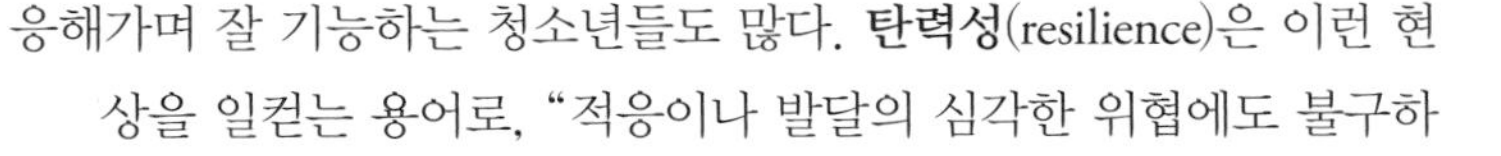

청소년이 문제를 일으킬 때 문제의 근원으로 가난, 부실한 가족관계, 학대, 부모의 방치, 학교 부적응 등을 위험 요인으로 들 수 있다. 그러나 심각한 상황을 어렵게 적응해가며 잘 기능하는 청소년들도 많다. **탄력성**(resilience)은 이런 현상을 일컫는 용어로, "적응이나 발달의 심각한 위협에도 불구하고 좋은 결과를 이끌어내는 것"으로 규정할 수 있다(Masten, 2001, p. 228). 때로 '좋은 결과물'이란 주목할 만한 학문적 또는 사회적 성취, 때로는 높은 웰빙, 자기존중감과 같은 심리적 특성으로, 때로는 눈에 띄는 문제가 없음 등으로 측정될 수 있다. 탄력성을 갖춘 젊은이는 반드시 어떤 영역에서 탁월한 능력을 가진 고도의 성취자일 필요는 없다. 탄력성이 높은 사람들은 탄력성 연구자인 앤 매스턴이 말하는 '일상의 마술'을 보여주는 존재로, 역경에 직면하더라도 이성적으로 잘 기능할 수 있다(Masten, 2001, p. 227).

탄력성은 **보호 요인**(protective factor)에 의해 촉진되며 청

소년들이 그들의 생활에서 위험 요인들을 극복할 수 있게 한다(Rafaelli & Iturbide, 2015). 탄력성 연구에서 규명된 주요 보호 요인들로는 높은 지능, 신체적 매력, 온정과 통제가 균형 잡힌 효과적인 부모양육태도, 그리고 가족 외 보살펴주는 성인 '멘토'등을 들 수 있다. 예를 들면, 지능이 높은 청소년은 수준이 낮은 학교에 다니고 무질서한 가정에서 자랄지라도 학업적으로 잘해낼 수 있다(Masten et al., 2006). 효과적인 부모양육은 가난하게 자라고 거친 이웃들과 살아도 청소년에게 긍정적 자아상을 갖게 하고, 반사회적 행동을 피하게 한다(Brody & Flor, 1998). 좋은 멘토는 학대와 무관심 가정에서 자란 청소년에게 높은 학업 목표와 미래에 대한 좋은 비전을 심어줄 수 있다(Rhodes & DuBois, 2008).

한 대표적인 연구에서 한 집단의 영아들을 출생에서 청소년기까지 추적했다(Werner & Smith, 1982, 1992, 2001). 이 연구가 진행됐던 하와이섬의 이름을 따서 카우이 연구라고 불린다. 카우이 연구는 신체발달의 문제와 부모의 결혼 갈등, 부모의 약물 사용, 어머니의 저학력, 가난 등 4개 이상의 위험 요인을 가진 2세 아동들을 집중 추적 조사하였다. 이 아이들 중에서 10~18세까지 사회적·학업적 기능이 높고 행동 문제가 거의 없는 탄력성 하위 집단이 발견되었다. 탄력성이 낮은 또래들과 비교해서 탄력성이 높은 집단의 청소년들은 기능을 잘하는 편부모, 높은 지능, 매력적인 신체 등 몇 가지 보호 요인의 혜택을 받은 것으로 나타났다.

최근의 더 많은 연구가 카우이 연구 결과를 지지하였고, 보호 요인의 범위도 더 밝혔다(Masten, 2007, 2014). 신앙심은 특히 중요한 보호 요인으로 알려져 있다. 강한 종교적 신앙을 가진 청소년은 고위험 환경에서 성장하더라도 약물 남용 같은 문제를 일으킬 가능성이 적다(Howard et al., 2007; Wallace et al., 2007).

chapter 9

성인진입기

1절 신체발달

성인진입기의 출현

다섯 가지 특성

성인진입기의 문화적 맥락

성인진입기의 신체 변화

신체 기능의 정점

수면 양상과 수면 결핍

위험 행동과 건강 문제

부상과 사망 : 자동차 사고

물질 사용과 남용

2절 인지발달

후형식적 사고

실용주의

반성적 판단

교육과 일

3차 교육 : 대학과 훈련 프로그램

성인의 직업 찾기

3절 정서와 사회성 발달

정서와 자아 발달

자기존중감

정체감 발달

젠더발달 : 문화적 신념과 고정관념

문화적 신념

종교적 발달

정치적 발달

성인진입기의 사회적 맥락과 문화적 맥락

가족관계

우정

사랑과 성

미디어 사용

21세 앤디는 미주리주 중앙에 있는 평범한 원룸 아파트에서 여자친구와 동거하고 있다. 그는 대학에 입학했으나 2년 후 자퇴했다. 그 이유는 가족이 보고 싶고 또 자신이 공부하기를 원하는 것이 맞는지 확신하기 힘들었기 때문이었다. 그는 자퇴 이후 자신이 무엇을 하고 싶어 하는지 아직 모르고 있다. 그래서 지금은 조경 회사에서 잔디를 깎고 나무를 자르는 일을 하고 있다. 또한 그는 사랑에 대해서도 확신을 못하고 있다. 그는 여자친구와 동거하고 있지만, 주로 경제적 이유에서 동거를 하고 있으며 그녀를 자신의 미래 동반자로 보지는 않는다. 그는 몇 달 안에 샌프란시스코로 이사해서 새로운 장소에서 새 출발을 하려고 생각하고 있다.

19세 소녀 천밍은 최근 중국의 작은 마을을 떠나 산업화 붐이 일고 있는 도시 중의 하나인 광둥으로 이주하였다. 그녀의 부모는 반대했지만 천밍은 그 작은 마을에서는 자신의 미래가 없음을 알고 무조건 마을을 떠났다. 그녀는 광둥에서 사촌의 도움으로 운동화를 만드는 공장에서 일하게 되었다. 천밍은 공장 기숙사에서 살고 있는데, 기숙사에서는 공장에서 일하는 다른 젊은 여성 9명과 함께 방을 공동으로 사용한다. 이 젊은 여성들은 일주일에 5일은 하루에 10시간 30분, 그리고 토요일에는 반나절 더 추가로 조립 공장에서 일하며, 한 달에 약 72달러의 월급을 받는다. 그럼에도 불구하고 그녀는 행복하다고 느끼고 있다. 그녀는 다정다감하고 잘생긴 남편을 만나, 남편과 함께 작은 사업을 시작하거나 적어도 공장 말고 다른 곳에서 일하기를 꿈꾼다.

앤디의 삶과 천밍의 삶은 매우 다르다. 그런데 한 가지 공통점은 그들의 삶이 자신의 부모와 조부모가 비슷한 나이에 경험했던 것과는 매우 다르다는 것이다. 지난 반세기 동안 전 세계의 젊은이들의 삶은 극적으로 바뀌었다. 이 장은 이런 변화의 결과로 발생한 성인진입기라는 새로운 인생 단계에 관한 장이다.

1절 신체발달

학습목표

9.1 성인진입기의 고유한 발달적 특성 다섯 가지를 평가한다.

9.2 유럽과 아시아를 중심으로 문화에 따라 성인진입기가 달라지는 방식을 서술한다.

9.3 성인진입기가 신체 기능의 정점에 있는 시기임을 나타내는 지표들을 생각해본다.

9.4 대학생들의 수면 양상과 수면 건강의 주 요소를 요약한다.

9.5 젊은 층 운전자들에게서 교통사고율이 가장 높은 이유를 설명하고, 이 비율을 낮출 수 있는 가장 효과적인 접근을 평가한다.

9.6 약물 사용 비율이 가장 높은 시기가 20대 초기이고 그 이후에는 비율이 낮아지는 이유가 무엇인지 설명한다.

신체발달 : 성인진입기의 출현

성인진입기에 나타나는 신체발달의 변화를 살펴보기 전에, 이 새로운 인생 시기의 기원을 조금 더 자세히 살펴보자. 전통적으로 인간발달 이론들에서 청소년기 다음에 오는 시기는 성인 초기이다(Erikson, 1950). 성인 초기로의 전이는 결혼, 부모 되기, 안정된 직업과 같은 성인기 역할로 입문하는 것이었다. 대부분의 사람들에게 이런 역할로의 입문은 20세경 또는 그 무렵에 일어났다. 20대 초반까지 대부분의 사람들은 성인기 삶에 필요한 안정된 구조를 형성하였다.

그런데 전통적 단계 모델은 대부분의 사람들, 특히 선진국에 사는 사람들의 발달 양상과 더 이상 맞지 않다. 20대는 안정된 직업으로 가는 경로를 정착화하는 시기가 아니라, 대부분의 사람들에게는 교육을 마치고 다양한 직업 전환에 따른 훈련을 해야 하는 점에서 매우 불안정한 시기라 볼 수 있다. 마찬가지로 대부분의 사람들은 20대 초기가 아니라 20대 후반이나 30대 초기에 결혼을 하고 부모가 된다.

이런 변화의 결과로, 인간발달 연구자들 중에는 청소년기와 성인 초기 사이에 새로운 인생 단계가 발달한다는 것에 대한 인식이 점점 더 증가하고 있다. 20세경에 청소년기에서 성인 초기로 급격하게 전환하기보다는 선진국에 사는 대부분의 사람들은 10대 후반부터 적어도 20대 중반까지 성인진입기라는 새로운 단계를 경험한다(Arnett, 2004; Arnett, 2007; Arnett, 2011). 흔히 말하듯 "30대는 새로운 20대이다."

다섯 가지 특성

성인진입기의 고유한 발달적 특성 다섯 가지를 평가한다.

선진국에서 정상적인 인생의 단계로서 성인진입기가 있다는 가장 명백한 지표는 결혼과 부모가 되는 연령의 상승이다. 1960년만 해도 대부분의 선진국에서 결혼 연령의 중앙값이 여성은 21세, 남성은 23세로 20대 초기였다(Douglass, 2005). 현재 미국에서 결혼 연령의 중앙값은 27세이며(**그림 9.1** 참조), 대부분의 다른 선진국에서는 30세에 가깝다(Arnett, 2015). 부모 되기로 들어가는 연령도 비슷하게 상승하고 있다.

그런데 결혼과 부모가 되는 전형적인 나이는 왜 극적으로 상승했는가? 1960~1970년대에 성인진입기라는 새로운 인생 시기의 기초를 형성한 네 가지 획기적 변화가 발생하였는데, 이는 기술 혁명, 성 혁명, 여성 운동, 청년 운동이다(Arnett, 2015).

기술 혁명은 아이패드와 아이폰을 의미하는 것이 아니라 미국 경제를 바꾸어놓은 제조업 기술을 의미한다. 지난 50년 동안 미국과 다른 선진국은 제조업 경제에서 정보와 테크놀로지가 필요한 서비스 경제로 옮겨갔다. 미국 내에서 **3차 교육**(고등학교를 넘어선 교육과 훈련)에 참여하는 비율은 인종에 따라 다르지만, **그림 9.2**에서 보여주는 바와 같이 최근 몇십 년간 모든 집단에서 높아졌다(Arnett, 2011). 대부분의 젊은 사람들은 학교를 마치고 나서야 결혼과 부모 되기와 같은 성인기의 관여에 관해 진지하게 생각하기 시작한다는 것인데, 이는 20대 후반까지는 그런 관여를 늦춘다는 뜻이다.

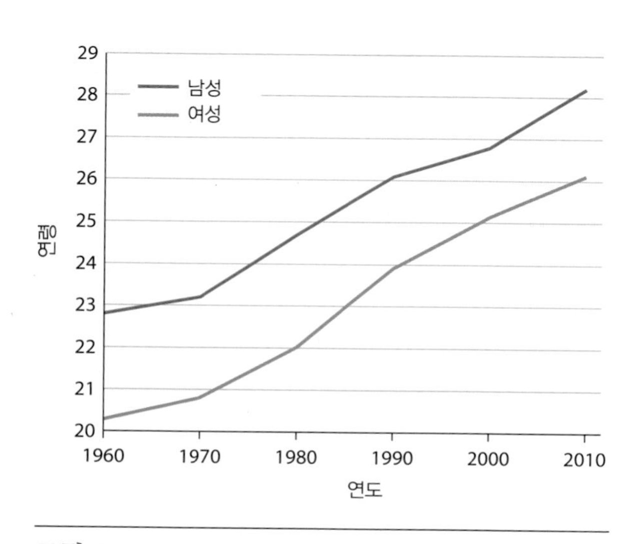

그림 9.1 1960년 이후 미국인의 결혼 연령 상승

출처 : Based on Bureau of the Census (2004, 2010)

1964년 피임약의 발명으로 야기된 성 혁명은 또 다른 중요한 변화이다. 피임약의 광범위한 사용과 1960년대와 1970년대 초 성 혁명 이후 성도덕에 관해 다소 완화된 기준으로 인해 젊은이들은 더 이상 안정된 성관계를 갖기 위해 결혼해야 할 필요는 없게 되었다(Arnett, 2015). 지금은 대부분의 젊은이들이 결혼 전에 성관계를 갖고, 연인관계에서도 혼전 성관계가 널리 허용되고 있다.

1960~1970년대 여성 운동은 젊은 여성들에게 확장된 다양한 기회를 제공하게 되었다(Arnett, 2015). 50년 전과 비교하여 여성이 일찍 성인기 의무로 들어가는 것이 덜 바람직한 것으로 변하였다. 1950~1960년대 젊은 여성들은 남편을 찾아야 하는 엄청난 사회적 압박을 받았다. 20대 초반 이후 혼자 사는 여성은 독자적으로 생존하기 어려운 사회적 지위를 지니고 있었다. 대학을 가는 여자도 거의 없었으며, 대학에 입학한 경우도 종종 목적은 미래의 남편을 만나는 것이었다. 젊은 여성들이 선택할 수 있는 직업의 범위가 상당히 제한적이었는데, 그것은 전통적으로 비

서, 웨이트리스, 교사, 간호사 등이었다. 그러나 이런 직업조차 젊은 여성들에게는 일시적인 것이었다. 여성에게 기대하는 것은 남편을 만나고 아이들을 키우는 것이었다.

21세기에 사는 젊은 여성에게는 이 모든 것이 변하였다. 거의 모든 선진국에서 대학 학부에서부터 대학원에 이르기까지 모든 교육 과정에서, 여성은 이제 남성을 능가하고 있다. 이제는 젊은 여성의 직업에 제한이 없어졌다. 물론 공학이나 일부 과학 분야에서는 여전히 남성이 주도하지만, 여성은 남성과 똑같이 법, 경영, 의학 분야에서 학위를 획득하고 있다. 여성에게 많은 선택지가 개방되고 20대 초반에 결혼하라는 압박감이 없어지면서, 선진국에 사는 젊은 여성의 삶은 50년 전 여성에 대해 가졌던 인식과는 엄청나게 달라졌다. 젊은 남성처럼 여성도 10대 후반부터 적어도 20대 중반까지 확실한 선택 이전에 가능한 다양한 경험을 하려는 시간을 보낸다.

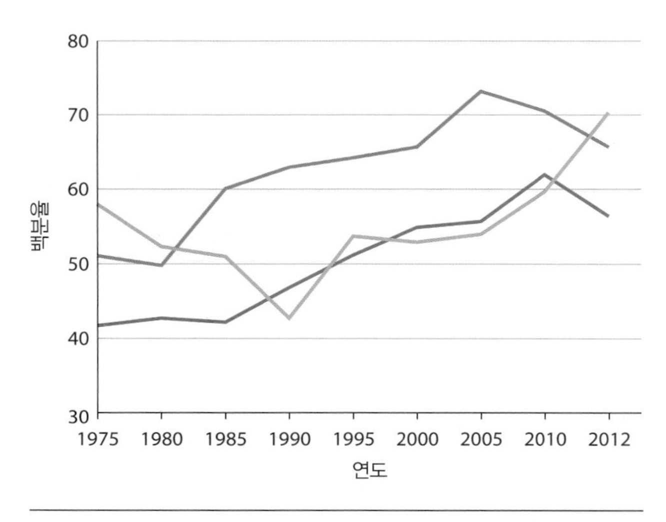

그림 9.2 미국의 3차 교육의 상승

1960~1970년대의 네 번째 주요 변화는 청년 운동이다. 이 운동은 성인기를 폄하하면서 젊음을 아름답게 여기고 젊게 행동하며 젊게 느끼는 것이다. 청년 운동의 결과로, 젊은 사람들이 성인이 된다는 것의 의미와 가치, 배우자, 부모, 고용인이라는 성인의 역할로 들어가는 것을 보는 방식에 엄청난 변화가 생겼다. 1950년대의 젊은이들은 성인기로 진입한 후에는 삶을 '안정화'하려고 노력하였다(Modell, 1989). 그들은 대공황과 제2차 세계대전의 격변기에 성장했기 때문에 안정적인 직업, 결혼, 가정, 자녀를 얻는 것이 그들에게는 위대한 성취였을 것이다. 또한 그들 중 많은 사람은 3명 이상 심지어 5명 이상의 자녀를 계획했기 때문에, 원하는 많은 자녀를 얻으면서 적절한 터울을 유지하기 위해서는 결혼이나 안정된 직업을 일찍 시작해야 할 충분한 이유가 있었다.

이와는 대조적으로 오늘날의 젊은 사람들은 성인기와 성인기의 의무를 매우 다르게 본다. 이들 중 대부분은 10대 후반과 20대 초반에 결혼하며, 가정을 갖고 자녀를 낳는 것을 추구해야 할 성취로 보지 않고 피해야 할 위험으로 본다(Arnett, 2015). 그러나 이것이 이들이 결혼을 하고 가정과 자녀를 갖는 것을 거부한다는 의미는 아니다. 단지 10대 후반과 20대 초반에 이런 의무들에 대해 '그렇게 해야지. 그러나 아직은 아니야'라고 생각한다는 것이다. 성인기와 그에 대한 관여는 안정과 지속성을 주지만 독립성의 끝, 자발성의 끝, 무한 가능성의 끝이라는 문을 닫는 의미가 되기도 한다.

성인진입기의 주된 특성은 무엇인가? 성인진입기를 이 시기보다 먼저 나타나는 청소년기와 이 시기 다음에 오는 성인 초기와 다르게 만드는 것은 무엇인가? 성인진입기는 다른 시기들과 구분되는 다섯 가지 특성이 있다(Arnett, 2004; Arnett, 2006; Arnett, 2015; Riefman et al., 2006). 그 특성은 다음과 같다.

1. 정체감 탐색의 시기
2. 불안정의 시기
3. 자기초점적 시기
4. 사이에 끼었다고 느끼는 시기
5. 가능성의 시기

이 모든 특성은 성인진입기 전에 발달하기 시작하며 이후 계속 발달하지만, 정점에 도달하는 것은 성인진입기 동안이다(Riefman et al., 2006).

오늘날 선진국에서 젊은 여성들은 교육적 성취에서 남성을 능가하고 있고, 이전에는 진출하지 않았던 직장에서 다양한 기회를 가진다.

아마도 성인진입기의 가장 두드러진 특성은 **정체감 탐색의 시기**라는 것이다. 이는 끊임없이 선택을 해야 하는 과정에서 사람들이 사랑과 일에서 다양한 가능성을 탐색하는 시기이다. 상이한 가능성을 찾음으로써 사람들은 보다 명확한 정체감을 발달시킨다. 즉 자신이 누구인지, 자신의 역량과 한계가 무엇인지, 자신의 신념과 가치가 무엇인지, 자신이 주변의 사회에 어떻게 적응하는지 등을 인식한다. 정체감에 대한 아이디어를 최초로 제안했던 에릭 에릭슨(Erikson, 1950)은 청소년기의 주된 이슈가 정체감이라고 주장하였는데(제1장 참조), 그 주장은 50여 년 전에 제안된 것이었다. 오늘날 정체감 탐색은 주로 성인진입기에 일어난다(Arnett, 2000; Arnett, 2004; Arnett, 2005b; Arnett, 2015; Schwartz et al., 2005).

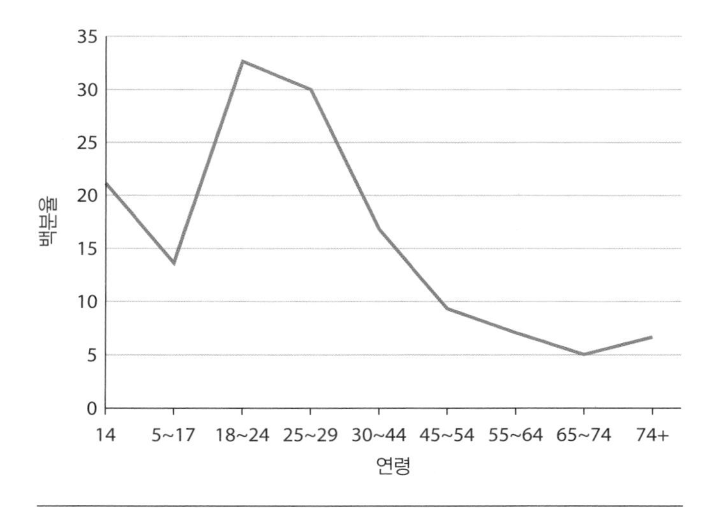

그림 9.3 미국의 지난 1년간 연령별 거주지 이동률

거주지 이동률은 성인진입기에 왜 가장 높을까?
출처 : U.S. Bureau of the Census (2011)

성인진입기의 탐색은 이 시기를 **불안정의 시기**로 만든다. 사랑과 일에서 여러 가지 가능성을 탐색하면서 성인진입기의 삶은 종종 불안정해진다. 이에 대한 예는 얼마나 자주 주거지를 옮기느냐이다. **그림 9.3**에서 보여주듯이 미국에서 주거 변화율은 생의 다른 어느 시기보다 18~29세에서 가장 높다. 이는 성인진입기의 삶이 진행되면서 이루어지는 탐색을 반영한다. 10대 후반의 일부는 대학에 가기 위해 최초로 부모의 집을 떠난다. 다른 이들은 단지 독립하기 위해 집을 떠난다(Goldscheider & Goldscheider, 1999). 이들은 취직을 하거나 졸업하면 또다시 이사할 수 있다. 이들은 연인과 동거할 수도 있고, 그 관계가 끝나면 집을 떠난다. 일부는 같은 나라의 다른 곳으로 이동하기도 하고, 공부나 직장을 위해 세계로 나가기도 한다. 성인진입기에 해당되는 미국인의 거의 절반 정도는 주거 이동 과정에서 적어도 한 번은 부모 집으로 돌아온다(Sassler et al., 2008). 대부분의 남부 유럽처럼 성인진입기에 집을 떠나기보다는 집에 남아 있는 나라에서도 교육, 직장, 애정 관계에서 불안정을 경험할 수 있다(Douglass, 2005; Douglass, 2007; Iacovou, 2011).

20대는 거주지를 이동할 가능성이 가장 높은 인생의 시기이다.

성인진입기는 **자기초점적 시기**로, 부모에게 의존하는 청소년 시기와 사랑과 일에서 장기적 관여를 하는 성인 초기 사이에 있는 시기이다. 이 시기 동안 개인은 성인기 삶에 필요한 지식, 기술, 자기이해가 발달하면서 자신에게 초점을 둔다. 성인진입기 과정에서 이들은 저녁으로 무엇을 먹을지 또는 지금 파트너와 결혼할지 말지 등 사소하거나 중대한 의사결정을 독립적으로 하는 것을 배운다.

자기초점적이 된다는 것이 이기적임을 의미하는 것은 아니다. 일반적으로 성인진입기 성인은 청소년보다 덜 이기적이며 타인의 입장을 더 잘 이해할 수 있다(Arnett, 2004; Lapsley & Woodbury, 2015). 여기서 자기초점적이 된다는 것은 자급자족할 수 있는 개인으로 홀로서기를 배운다는 의미가 있다. 성인진입기 사람들에게 자기초점은 사랑과 일에서 타인들과 지속적인 관계에 관여하기 전에 필요한 단계가 된다.

성인진입기의 또 다른 독특한 특성은 **사이에 끼었다고 느끼는 시기**로, 이 시기는 더 이상 청소년도 아니고 온전한 성인도 아니다. 이 시기에 "당신은 성인기에 도달했는가?"라고 질문을 받으면, 성인진입기의 대다수는 "예"도 아니고 "아니요"도 아니고, "어떤 경우에는 그렇고 어떤 경우에는 그렇지 않다"라는 보다 모호한 대답을 한다(Arnett, 1997; Arnett, 1998; Arnett, 2001; Arnett, 2003; Arnett, 2004; Arnett & Schwab, 2012; Nelson & Luster, 2015). **그림 9.4**에서 보듯이 대다수가 성인기에 도달했다고 명쾌하게 느끼는 시기는 20대 후반에 도달했을 때이다. 대다수의 성인진입기 사람들은 주관적으로 자신이 인생의 전환기에 있고, 성인기로 나아가고 있지만 아직은 도달하지 않았다는 느낌을 갖는다. 성인진입기에서 이런 '끼어 있다'는 느낌은 아르헨티나(Facio & Micocci, 2003), 이스라엘(Mayseless & Scharf, 2003), 체코(Macek et al., 2007), 중국(Nelson et al., 2004), 오스트리아(Sirch et al., 2009) 등 여러 나라에서 확인되고 있다.

끝으로 성인진입기는 **가능성의 시기**로, 여러 가지 미래가 가능한 시기이자 인생에서 개인의 방향에 관해 결정된 것이 별로 없는 시기이다. 이 시기는 살벌한 삶의 현장에서 자신의 꿈의 실현이 거의 검증되지 않았기 때문에 큰 희망을 품고 있는 시기이다. 미국에서 행해진 18~29세를 대상으로 한 국가적 조사에서, "나는 결국에는 인생에서 내가 되고 싶어 하는 것에 도달하리라 확신한다"라는 문항에 89% 정도가 동의하였다(Arnett & Schwab, 2012). 성인진입기의 이런 낙관주의는 중국을 포함하여 여러 나라에서 발견되었다(Nelson & Chen, 2007).

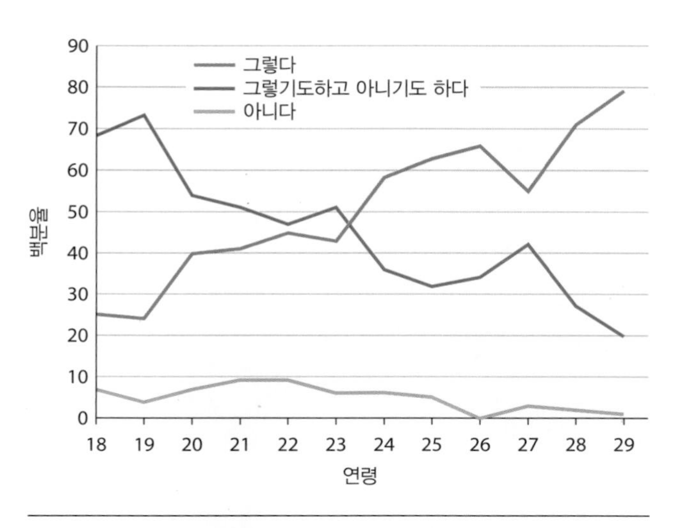

그림 9.4 당신은 성인기에 도달했다고 느끼고 있는가?

성인진입기 성인은 종종 일부 영역에서는 성인이라고 느끼지만 다른 영역에서는 그렇게 느끼지 못한다.

출처 : Based on Arnett (2015)

성인진입기는 극적인 변화에 대한 잠재력을 지닌 시기이기 때문에 가능성의 시기이기도 하다. 문제가 많은 가족이 있는 사람들에게는 이 시기가 자신의 꼬여 있는 부분을 바로 고치기 위해 노력할 수 있는 기회가 된다. 이들은 더 이상 부모에게 의존하지 않고, 더 이상 일상에서 부모의 문제에 종속되지 않아도 되며, 다른 지역으로 가거나 대학에 가는 등 자신의 삶을 극적으로 다른 방향으로 돌릴 수 있는 독립적 의사결정을 할 수 있다(Arnett, 2004; Masten et al., 2006). 비교적 행복하고 건강한 가족을 지닌 사람들에게조차 성인진입기는 부모가 바라는 이미지에서 벗어나 자신이 되고 싶어 하는 모습과 어떻게 살고 싶은지에 관해 독립적 결정을 하게 하는 전환기가 된다. 7~10년간에 걸친 이 제한된 시간의 창을 통해 자신의 모든 희망이 충족될 수 있는데, 이는 이 시기의 대부분 사람들에게 어떻게 살 것인가에 대한 선택 범위가 이 시기 이전과 이후에 비해 훨씬 넓기 때문이다.

성인진입기의 문화적 맥락

유럽과 아시아를 중심으로 문화에 따라 성인진입기가 달라지는 방식을 서술한다.

성인진입기는 선진국에서 새로운 하나의 인생 단계로 존재하지만, 그 모습은 지역에 따라 다르다(Arnett, 2011). 유럽은 성인진입기가 가장 길고 가장 느긋한 지역이다. 대부분의 유럽 국가에서 결혼하고 부모가 되는 연령의 중앙값은 대략 30세이다(Douglass, 2007; Moreno Mínguez et al., 2012). 오늘날 유럽은 세계에서(실제로 인간 역사에서) 가장 풍요롭고 여유가 있는 평등한 사회이다(Arnett, 2007). 정부는 3차 교육을 지원하고, 젊은이들이 직업을 찾도록 돕고, 직업을 갖지 못한 사람들에게는 후한 실업 연금을 제공한다. 북유럽에서는 여러 정부가 주거 지원도 한다. 유럽 사회에서 성인진입기 사람들은 이런 지원을 기회로 이용한다.

아시아 선진국에서 성인진입기 경험은 유럽과는 매우 다르다. 유럽은 적어도 500년 전으로 거슬러 올라가는 개인주의의 긴 역사를 지니고 있는데, 자기발전과 여가에 초점을 둔 오늘날의 성인진입기 역시 그런 개인주의적 유산을 반영하고 있다. 이와는 달리 아시아 문화는 집단주의와 가족 의무를 강조하는 역사를 공유하고 있다. 세계화의 결과로 아시아 문화는 최근 몇십 년 동안 보다 개인주의적으로 되었음

일본과 같은 아시아 국가에서 성인진입기 성인들은 부모를 보살펴야 한다는 의무감을 느낀다.

에도 불구하고, 집단주의적 유산이 성인진입기 사람들의 삶에 지속되고 있다. 미국과 유럽 국가의 성인진입기처럼 이들은 성인진입기 동안 정체감을 탐색하고 자기계발을 하지만, 타인 특히 부모에 대한 의무감 속에서 지정된, 좁은 범위 안에서 정체감을 추구한다(Phinney & Baldelomar, 2011). 예를 들어, 성인이 되기 위한 가장 중요한 준거에 대한 성인진입기 사람들의 평가를 보면, 미국과 유럽에서는 일관되게 **경제적 독립**을 가장 중요한 지표로 간주하고 있다. 대조적으로 아시아 문화적 배경을 지닌 성인진입기 사람들은 여러 가지 중요한 준거 중에서 **부모를 경제적으로 지원할 수 있는 능력**을 강조한다(Arnett, 2003; Nelson et al., 2004; Zhong & Arnett, 2014). 서구의 성인진입기 사람들에 비해 아시아권 사람들은 자신이 무엇을 공부해야 할지, 어떤 직업을 택해야 할지, 어디서 살아야 할지에 관해 부모가 자신에게 바라는 것에 더 주목하기 때문에 가족에 대한 이런 의무감은 성인진입기의 자기정체감 탐색을 어느 정도 축소시킬 수 있다.

청소년기와 아동기에서 보았듯이 국가 간뿐만 아니라 국가 내에서도 성인진입기는 다양한 형태를 띤다. 선진국에서 성인진입기의 약 절반 정도는 3차 교육과 훈련을 받고 나머지 절반 정도는 3차 교육을 받지 못하며, 성인진입기의 경험도 매우 다르다. 3차 교육을 받더라도 자신의 교육 자격에 맞으면서 경제적으로 괜찮은 직업을 찾기가 매우 힘들 수 있다. 혼전 성관계나 동거에 대한 허용 정도 역시 나라와 문화마다 중요한 차이가 있다. 전 세계적으로 볼 때 하나의 성인진입기가 아니라 문화마다 고유한 특성을 지닌 다양한 성인진입기가 존재한다(Arnett, 2011).

현재 개발도상국에서는 성인진입기를 경험하느냐 경험하지 않느냐에 따라서 도시와 농촌이 분리되는 경향이 있다. 중국이나 인도와 같은 나라에서 도시에 사는 젊은이들은 농촌에 사는 젊은이들에 비해 나중에 결혼하고, 나중에 아이를 낳으며, 교육을 더 받고, 직업 범위가 더 넓기 때문에 성인진입기를 경험할 가능성이 더 높다(Nelson & Chen, 2007; Zhong & Arnett, 2014). 반대로 개발도상국의 농촌 지역에 사는 젊은이들은 학교를 최소한으로 다니고, 일찍 결혼하며, 농업 이외의 직업군을 선택하기가 쉽지 않다.

그런데 경제의 세계화가 진행되면서 성인진입기 경험은 앞으로 수십 년 내에 보다 세계적인 추세가 될 것이다(Arnett, 2011). 개발도상국에서 3차 교육에의 참여가 증가하고 있으며, 결혼 연령도 높아지고 있는데, 특히 도시의 중류층에서 그렇다. 이런 변화로 인해 개발도상국에서도 성인진입기라는 시기가 확산될 가능성이 더욱 많아진다. 비록 국가 간이나 한 국가 안에서 성인진입기의 기간과 모습은 달라질 수 있지만, 21세기 말까지는 전 세계적으로 젊은 사람들에게 성인진입기가 보편적 인생 시기가 될 가능성이 높아 보인다.

문화 초점 : 성인진입기의 특성

성인진입기는 인간발달의 보편적 시기가 아니라 일부 문화에서 아주 최근에 발생한 것으로, 특정 조건하에서 존재하는 시기이다. 앞서 보았듯이 성인진입기가 존재하려면 20대 후반까지 결혼과 부모가 되는 연령이 늦추어져야 한다. 20대 후반까지 결혼과 부모 되기를 지연시킴으로써 개인은 10대 후반과 20대에 이르기까지 정체감 탐색과 같은 여러 활동에 헌신할 수 있게 된다. 오늘날 성인진입기는 미국, 캐나다, 호주, 뉴질랜드를 포함한 유럽과 일본과 한국 같은 아시아 국가에서 존재한다(Arnett, 2011).

신체발달 : 성인진입기의 신체 변화

신체적 성숙은 청소년기 말까지 여러 방식으로 완성된다. 18세까지 사람들은 키가 다 자란다. 사춘기가 끝나면 성적 성숙은 재생산이 가능할 만큼 충분하게 성숙한다. 그런데 대부분의 사람들에게서 힘과 지구력은 20대까지 계속 성장하며, 특히 면역 체계가 최고의 효율성에 도달하기 때문에 질병률은 낮아진다. 그러나 건강의 위협을 받는 영역들이 있는데, 가장 주목할 영역은 자동차 사고와 약물 남용이다.

최대산소섭취량 산소를 흡입하고 그것을 다양한 기관으로 옮기는 능력

심박출량 심장에서 나오는 피의 양

신체 기능의 정점

학습목표 9.3 성인진입기가 신체 기능의 정점에 있는 시기임을 나타내는 지표들을 생각해본다.

여러분은 올림픽 경기를 시청하는 것을 좋아하는가? 나는 TV를 많이 시청하지는 않지만, 올림픽 경기는 2년에 한 번씩 가장 오래 시청하는 프로그램 중의 하나이다. 동계 올림픽의 스피드 스케이팅과 스노우보딩에서부터 하계 올림픽의 장대 높이뛰기와 1,500미터 달리기에 이르기까지 선수들이 보여주는 놀라운 신체적 위업에 경이로움을 느끼는 것이 재미있다. 이런 경쟁으로 인해 인간의 육상 경기는 최고의 수준을 보여준다.

올림픽 경기에 참여하는 거의 모든 육상 선수는 18~29세 사이에 있음을 알고 있는가? 성인진입기는 신체적 기능이 정점에 있는 인생 시기로, 신체의 건강, 힘, 활력이 정점에 있다. 신체적 힘은 종종 **최대산소섭취량**(VO2 max)으로 측정되는데, 최대산소섭취량은 신체가 산소를 섭취하여 다양한 기관에 산소를 공급하는 능력을 반영한다. 이는 20대 초에 최대가 된다(Whaley, 2007). 이와 비슷하게 심장에서 혈액을 방출하는 양을 지칭하는 **심박출량**(cardiac output)은 25세에 정점을 이룬다(Lakatta, 1990; Parker et al., 2007). 반응시간 역시 생의 어떤 다른 시기에 비해 20대 초기가 더 빠르다. 남자들의 악력에 관한 연구는 동일한 결과를 보여주는데, 20대에 정점을 이룬 후 지속적으로 감소한다는 것이다(Aldwin & Spiro, 2006). 이 기간 동안 뼈의 강도도 증가한다. 뼈의 강도는 10대 후반에 최고 수준에 도달한다고 하더라도, 뼈의 밀도는 이후 계속 높아지며 뼈의 부피는 20대에 정점이다(Zumwalt, 2008).

신체 활동의 최고 수행을 보면, 성인진입기만이 특별한 신체적 기능이 있는 시기임을 보여주는 것은 아니다. 여러 연구자들이 선수들이 최선의 기록을 내는 시기가 언제인지를 알아보는 연구를 수행하였다(Ericsson, 1990; Schultz & Curnow, 1988; Stones & Kozma, 1996; Tanaka & Seals, 2003). 정점 시기는 운동 종목에 따라 다른 것으로 나타났는데, 수영 선수가 가장 어리고(10대 후반), 골프 선수들이 가장 늦었다(30대 초). 그런데 대부분의 종목에서 수행의 정점 시기는 20대이다.

성인진입기는 또한 신체 질병에 가장 덜 취약한 인생 시기이다(Braveman et al., 2011; Gans, 1990). 이것은 특히 현대에 이르러 더욱 명백해진 사실인데, 예방백신과 의료적 치료의 발전으로 이 시기에 발생하는 척추성 소아마비와 같은 질병의 위험성이 극적으로 낮아졌다. 성인진입기는 더 이상 아동기 질병에 취약하지 않으며, 성인 후기에 흔한 암과 심장병과 같은 질병에도 아직 취약하지 않다. 성인진입기 동안 면역 체계가 가장 효율적으로 작동하기 때문에, 10대 후반과 20대 초기는 병원에 입원을 덜하는 시기이며, 아파서 집에서 쉬는 날이 가장 적은 시기이다.

성인진입기는 신체적 기능이 최고조에 달하는 시기이다. 수영선수 마이클 펠프스는 2008 올림픽에서 7개의 금메달을 획득했는데, 그 당시 나이가 23세이었다. 그런데 30세가 되어가면서 자신이 최고에 머무는 것이 어렵다는 것을 알게 되었다.

아침형 일찍 자고 일찍 일어나는 것을 선호하는 것

저녁형 늦게 자고 늦게 일어나는 것을 선호하는 형

여러 방식에서 성인진입기는 예외적으로 인생에서 건강한 시기이다. 그러나 이것이 전부는 아니다. 성인진입기 사람들의 생활방식에는 종종 영양실조, 수면 부족, 그리고 학업과 일, 직업에 노력함으로써 생기는 높은 스트레스 등 건강을 해치는 다양한 요인도 존재한다(Braveman et al., 2011; Ma et al., 2002; Steptoe & Wardle, 2001). 미국과 핀란드에서 수행된 종단 연구는 신체 활동, 스포츠 참여, 운동이 청소년기에서부터 성인진입기를 거치면서 감소한다는 것을 발견하였다(Gordon-Larsen et al., 2004; Telama et al., 2005). 이런 생활양식 요인들은 종종 잠정적으로 최적의 신체 건강에도 불구하고 성인진입기를 더 지치고 취약하며 소진된 시기로 만든다. 또한 많은 나라에서 10대 후반과 20대 초기는 행동 때문에 다양한 유형의 부상, 죽음 그리고 질병이 가장 많이 발생할 수 있는 시기이다(Arnett, 2015). 성인진입기에 건강에 가장 위협을 주는 영역은 자동차 사고와 약물 남용이다. 이런 위험성은 성적으로 전염되는 성병을 포함하여 성적 활동과 연관되어 있는데, 이는 이 장의 후반부에서 살펴볼 것이다.

수면 양상과 수면 결핍

대학생들의 수면 양상과 수면 건강의 주 요소를 요약한다.

요즈음 여러분의 수면은 어떠한가? 이 책을 읽는다면 여러분은 대학생일 것이며, 대학생이라면 아마 수면 양상이 이상적이지 않을 것이다. 대학생 시기는 이상적 수면과는 거리가 멀다. 성인진입기의 수면에 관한 거의 모든 연구는 선진국의 대학생에게 초점이 맞추어져 있다. 연구에 따르면, 대학생의 수면 양상은 인지적 기능과 정서적 안녕감이 훼손되는 방식에서 독특함을 지니고 있다. 대학생들은 다른 성인들에 비해 **지연된 수면기 증상**을 2배 이상 보고하고 있다(Brown et al., 2002). 이 증상은 학교에 다니는 주중에 비해 주말과 휴일에 훨씬 더 수면이 길어지는 양상으로, 이로 인해 학교에 가거나 일하는 주중에는 과도한 수면 부족뿐만 아니라 학업 성적과 일의 수행이 저조해진다. 필요한 수면보다 더 적게 자는 대학생들은 주중에 **수면 빚**이 누적된다. 그다음 그들은 시간이 있을 때 잃어버린 수면을 보상하려고 하는데, 수면 부족은 인지적 기능과 정서적 기능에 부정적 영향을 준다(Regestein et al., 2010).

자신의 수면 양상에 대한 대학생들의 자기보고는 수면 문제가 흔하다는 것을 보여준다. 대학생의 3분의 2는 가끔 수면 문제가 있다고 보고하고, 4분의 1은 불면증과 같은 심각한 수면장애를 자주 겪는다고 보고한다(Buboltz et al., 2002). 그다음 수면장애는 우울, 불안과 같은 다양한 문제와 연결된다(Millman, 2005). 또한 좋지 않은 수면 습관은 주의집중과 기억장애, 비판적 사고의 결함을 초래한다.

대부분의 성인진입기 사람들은 저녁형 경향이 높고 아침형 경향은 낮다.

대학생과 성인진입기의 사람들이 종종 수면 문제를 갖게 되는 한 가지 이유는 일상적 삶이 자신들이 원하는 수면 양상보다는 자신들과는 다른 수면 선호를 지닌 보다 나이 든 성인들에 의해 설정된다는 것이다. 수면 연구자들은 사람들의 수면에 서로 다른 **아침형**(morningness)과 **저녁형**(eveningness)이 있음을 확인하였다. 즉 사람들은 저녁에 일찍 자고 아침에 일찍 일어나는 유형(아침형), 또는 저녁에 늦게 자고 아침에 늦게 일어나는 유형(저녁형) 중 어느 하나를 선호한다. 더욱이 이런 선호는 정상적 신체발달의 일부인 호르몬 변화, 특히 **성장호르몬** 수준에 따라 달라지므로, 연령에 따라 수면 선호가 달라진다. 아동기부터 성인 후기에 이르는 55,000명의 유럽인을 대상으로 한 대규모 연구에서 아동은 아침형의 경향이 있고, 청소년기와 성인진입기 초기에는 그 균형이 저녁형으로 옮겨가

고, 20~21세경에는 저녁형이 정점에 달하는 것으로 나타났다(남성보다 여성이 약간 빠름)(Roenneberg et al., 2007). 20~21세 이후에는 다시 아침형으로 전환한다. 다른 연구들에서도 연령과 수면 선호 간의 유사한 관계를 발견하였다(Brown et al., 2002). 20대 초반인 여러분과 달리, 60세는 일찍 깨어 학교 갈 준비가 되어 있기 때문에, 여러분을 가르치는 60세 교수님은 수업을 아침 8시나 8시 30분에 개설할 수 있다.

대학생들의 수면장애에 영향을 미치는 것은 신체적 변화뿐만 아니라 밤 늦게까지 파티를 열거나 시험 전날 밤을 새워 열심히 공부하는 것처럼 생활방식 요인도 있다. 여러분은 다음 날 시험을 치거나 보고서를 제출하기 위해 밤새워 공부해본 적이 있는가? '밤새우는 자'라고 알려진 이런 사람들이 미국 대학생들 가운데 흔하다. 인문학을 전공하는 4학년 대학생을 대상으로 한 연구에서 60%가 대학에 입학한 이후 적어도 한 번은 밤을 새운 적이 있었다(Thacher, 2008). 밤을 새우려는 사람들은 저녁형을 더 선호하는 경향이 있고 전반적인 학업 성적은 낮았다. 밤새우는 사람들에 관한 다른 연구에서는 시험 전에 꼬박 밤을 새운 밤을 새운 학생들은 8시간 잠을 잔 학생들에 비해 자신의 시험 결과를 더 나은 것으로 자가 평가하였지만, 실제 수행은 훨씬 나쁜 것으로 드러났다(Pilcher & Waters, 1997).

수면 전문가들은 수면의 질(**수면 위생**)을 증진하기 위해 다음과 같은 훈련을 하도록 권고한다(Brown et al., 2002; Horne, 2014).

- 매일 동일한 시간에 걷기
- 규칙적으로 운동하기
- 늦은 오후 낮잠 자기
- 카페인 섭취 제한하기
- 과도한 알코올 섭취 피하기

이는 상식적인 조언같이 들릴지 모르지만, 많은 학생들은 실제로 이런 제안과는 반대 방향으로 행동하고 있다. 많은 학생들은 낮 동안 각성되도록 커피를 자주 마신다. 그런데 이처럼 카페인을 많이 섭취하게 되면 밤에 잠을 잘 자지 못하게 될 것이라는 점을 깨닫지 못한다. 많은 사람들은 주말이나 휴일에 보충함으로써 주중의 수면 부족을 보완할 수 있다고 생각하지만, 이것이 바로 수면 와해에 해당되는 지연된 수면기 증상이다. 많은 학생들은 알코올을 지나치게 마시는데, 이 역시 사람들이 생각하는 수면의 질과 거리가 먼 또 다른 주요 요소가 된다.

신체발달 : 위험 행동과 건강 문제

나는 스물한 살, 대학교 1학년과 2학년 사이의 여름 동안 모험에 목말랐었다. 그래서 미국 전역을 히치하이킹으로 여행하기로 결심하였다. 미시건의 우리 집에서 출발하여, 미시건 서쪽에서부터 시애틀, 로스앤젤레스, 라스베이거스를 거쳐 집으로 돌아오기 까지 12,875킬로미터를 히치하이킹으로 여행하였다. 그것은 정말 모험이었으며, 대부분 좋았었다. 그 이후 수십 년 동안 계속 나는 그 여행에서 만났던 너무나 친절했던 노부부와 지금도 연락하고 있다.

지금 그 일을 돌이켜보면, 그 당시 나의 하치하이킹 여행은 그리 좋은 생각은 아니었고, 내가 성인진입기에 경험했던 위험한 모험이 그리 특별한 것도 아니었다. 성인진입기는 여러 유형의 위험 행동이 가장 많이 발생하는 인생의 시기이다(Arnett, 2000, 2015). 아동·청소년과 달리 성인진입기 사람들은 적어도 아동과 청소년만큼 부모로 하여금 자신의 행동을 탐지하고 자신들을 규제하는 규칙을 만들게 하지는

사회적 통제 사회적 의무와 관계에 의해 부여된 행동에 대한 제약

않을 것이다. 더 나이 든 성인과 달리 많은 성인진입기 사람들은 배우자와 자녀, 고용주가 요구하는 장기적 헌신을 위해 자신의 행동을 규제해야 할 필요는 없다. 성인진입기는 사회적 의무와 관계에 의해 부여되는 행동 제약에 해당되는 **사회적 통제**(social control)가 가장 적기 때문에, 개인은 특정 유형의 위험을 감수하기 십상이다(Arnett, 2005; Hirschi, 2002). (우리 어머니가 열심히 시도했지만, 아무도 나의 히치하이킹 여행을 막을 수 없었다.) 물론 모든 성인진입기 사람들이 위험을 감수하는 것은 아니지만, 위험 행동은 다른 시기보다 이 시기에 보다 흔하다. 여기서 우리는 자동차 운전과 약물 사용에 관해 살펴볼 것이다.

부상과 사망 : 자동차 사고

젊은 층 운전자들에게서 교통사고율이 가장 높은 이유를 설명하고, 이 비율을 낮출 수 있는 가장 효과적인 접근을 평가한다.

여러 선진국에서 청소년과 성인진입기 사람들의 삶과 건강에 영향을 주는 가장 심각한 위협은 자동차 사고이다(Patton et al., 2009). 미국에서 16~24세까지의 젊은이들은 자동차 사고, 부상, 그리고 사망률이 가장 높다(**그림 9.5** 참조; NHTSA, 2014). 다른 선진국에서는 운전 가능 연령이 보다 높고(일반적으로 18세) 자동차 사용이 덜 용이하기 때문에 젊은이들의 사고율과 사망률이 미국보다 실질적으로 낮지만, 이 나라들에서도 자동차 사고로 인한 부상은 성인진입기의 사망을 이끄는 가장 큰 원인이 된다(Pan et al., 2007; Twisk & Stacey, 2007).

이런 암울한 통계의 책임은 어디에 있는가? 젊은 사람들의 운전 미숙 때문인가 아니면 위험한 운전 행동 때문인가? 운전 미숙이 큰 역할을 하는 것임에 틀림없다. 사고율과 사망률은 운전 초기에 매우 높지만, 면허를 취득한 지 1년 후가 되면 극적으로 낮아진다(McNight & Peck, 2002; Valentine & Williams, 2013). 젊은 운전자들을 대상으로 경험과 연령의 효과를 구분해보려고 시도한 연구들은 일반적으로 젊은 운전자들의 사고와 사망에 운전경험 미숙이 부분적인 책임이 있다는 결론을 내리고 있다.

그러나 운전 미숙이 관련된 유일한 요인이 아니라고 결론을 내린 연구들도 있다. 운전 미숙만큼 중요한 요인이 젊은이들이 운전하는 방식과 이들이 감수하는 위험 유형이다(Valentine & Williams, 2013). 나이 든 운전자와 달리 젊은 운전자들(특히 남성)은 과속으로 운전하고, 다른 차에 너무 가까이 따라 붙으며, 운전 신호를 위반하고, 차선 변경이나 추월 등의 위험 행동을 더 많이 하며, 보행자들에게 양보하지 않는 행동을 하기 십상이다(Bina et al., 2006; Williams & Ferguson, 2002). 또한 이들은 나이 든 운전자들에 비해 음주 상태에서 운전을 더 많이 한다. 치명적 사고를 낸 21~24세의 운전자는 다른 연령 집단에 비해 사고 시 술이나 마약에 더 많이 취해 있는 것으로 나타났다(NHTSA, 2014). 미국 대학생의 절반 정도는 지난 1년 동안 취한 상태에서 운전을 했다고 보고하였다(Clapp et al., 2005; Glassman et al., 2010). 또한 젊은 사람들은 나이 든 사람들에 비해 안전벨트를 덜 착용하는데, 심각한 자동차 충돌 사고에서 안전벨트를 한 사람들과 비교해보면 안전벨트를 미착용한 탑승자들이 죽는 비율은 2배, 부상을 당하는 비율은 3배가 된다(NHTSA, 2011).

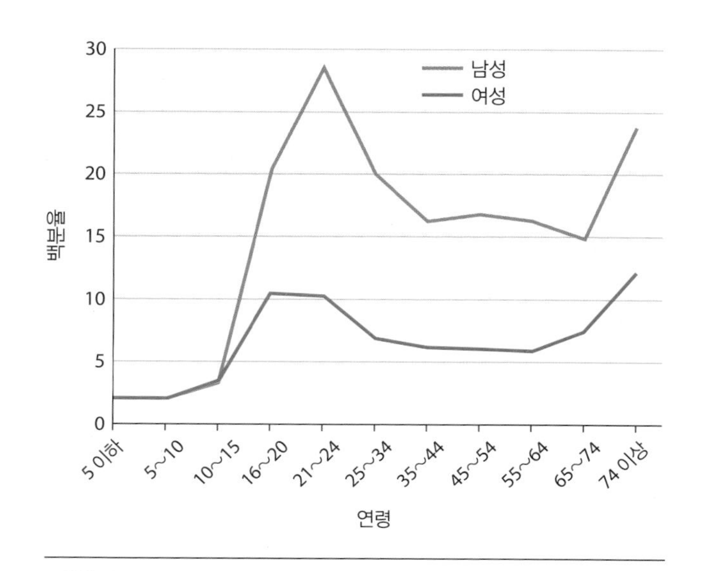

그림 9.5 연령별 자동차 사고 사망률

16~24세 사이 연령에서 왜 사망률이 높은가?

출처 : Based on NHTSA (2014)

"나는 고속으로 운전하는 것을 좋아한다. 그래서 밤에 라이트를 켜

지 않고 운전을 시작하여 주로 시골 길을 다닌다. 심지어 그렇게 하는 사람을 친구로 두었다. 우리는 시골 길로 다니면서, 라이트를 끄고는 그냥 날아간다. 믿기지 않는 일이었다. 밤에, 불 없이, 할 수 있는 한 빨리 간다는 것은 마치 날아가고 있다는 느낌을 갖게 된다."

– 닉, 23세(in Arnett, 1996, p. 79)

등급별 운전면허(GDL) 젊은이들이 한 번 만에 획득하는 것이 아니라 안전한 운전 기록에 따라 점진적으로 운전면허를 획득하는 정부 프로그램

젊은 운전자들의 사고를 유발하는 또 다른 요인이 있는가? 젊은 운전자들은 나이 든 운전자들에 비해 친구들과 과속하기, 다른 차량 밀착해서 따라 붙기, 위험한 상황에서 추월하기 등 위험한 운전 행동을 더 많이 한다(Chen et al., 2007; U.S. Department of Transportation, 1995). 운전자의 특성도 관련된다. 감각 추구와 공격성과 같은 성격 특성은 위험 운전과 그로 인한 충돌을 증가시키는데, 이런 특성은 젊은 운전자들에게서 가장 높은 경향이 있다(Shope & Bingham, 2008).

젊은 운전자들의 자동차 사고율과 사망률을 줄이기 위해 할 수 있는 일이 있는가? 여러 연구들은 운전 초기 시점에 부모의 관여와 감독이 청소년의 운전 행동에 중요함을 보여주고 있다. 따라서 부모의 관여를 높이는 개입이 효과적일 수 있다(Simons-Morton et al., 2002; Simons-Morton et al., 2006; Simons-Morton, 2007; Simons-Morton et al., 2008). 지금까지 가장 효과적인 접근은 **등급별 운전면허**(graduated driver licensing, GDL)라 불리는 일종의 제한된 운전 특권 프로그램이다. GDL은 젊은 운전자들이 운전

연구 초점 : 등급별 운전면허

자동차 사고는 전 세계적으로 특히 젊은이들의 부상과 사망의 주 원인이지만, 최근에는 사망자 수를 줄이도록 계발된 효과적인 공공 정책이 있다.

등급별 운전면허(GDL)는 젊은 사람들이 운전 특권을 한꺼번에 획득하지 않고 안전 운전 기록에 따라 점진적으로 획득하는 정부 프로그램이다. 이 프로그램은 세 단계로 구성되어 있다. 학습면허는 숙련된 운전자의 지도하에 젊은이들이 운전경험을 획득하는 단계이다. 예를 들어, 캘리포니아의 GDL 프로그램은 부모 중의 한 사람의 지도하에 50시간의 학습운전자 훈련을 마치도록 요구하는데, 이 중 10시간은 밤에 연습을 해야만 한다.

두 번째 단계는 제한된 면허운전의 시기이다. 이 단계에서는 젊은 운전자들은 지도 없이 운전할 수 있지만 성인에게 적용되는 것보다는 더 엄격한 제한을 가한다. 이 제한은 젊은 운전자들이 사고의 위험을 일으킬 만한 요인을 밝힌 연구에 기초하고 있다. 예를 들어, 일부 주에서는 GDL 프로그램에는 운전 야간통행 금지를 포함하고 있는데, 이는 젊은 운전자들이 일하러 간다든지 퇴근하는 것 등 특정 목적을 제외하고는 밤늦게 운전하지 못하도록 막는 것이다. 또한 성인이 없으면 10대 동승객을 태우고는 운전하지 못하도록 막는 것, 안전벨트 필수 착용, 음주에 대해서는 '인내 0' 규칙 등이 있다. 최근에는 대부분의 미국의 주들이 초보 운전자에게 전화 걸기와 문자 보내기를 포함하여 운전 중 휴대전화 사용을 금지하도록 하는 법안을 제정하였다.

제한된 단계에서는 이런 류의 제한에 대한 어떤 위반도 면허 유예를 초래한다. 젊은 사람이 온전한 면허를 획득하고 성인과 동일한 운전 특권을 갖는 것은 GDL 기간이 지난 후(일반적으로 불과 1년 정도)에라야 가능하다.

GDL 프로그램의 효과성에 관한 연구는 무엇을 보여주는가? 지난 10년 동안 수많은 연구는 GDL 프로그램이 젊은 운전자들의 자동차 사고를 줄이는 가장 효과적인 방식이라는 것을 보여주었다. 2007년 장 쇼프가 수행한 21개 연구에 대한 요약 개관(또는 메타분석)은 GDL 프로그램이 일관되게 젊은이들의 사고 위험을 20~40%까지 줄인다고 결론 내리고 있다. 특히 운전 야간통행 금지는 젊은이들의 자동차 사고를 극적으로 낮춘다는 것을 발견하였다. 미국의 16세 운전자들의 치명적 사고가 지난 10년간 40%까지 줄어들었는데, 이는 주로 GDL 프로그램 덕택이다.

여러 주에서 국회의원들은 이런 프로그램을 더 많이 통과시킴으로써 이런 증거에 응답했다. 미국 50개 주 모두가 지금은 어떤 종류이든 GDL 프로그램을 갖고 있는데, 이 프로그램은 지난 20년 동안에 극적으로 증가한 것이다. 등급별 운전 면허 프로그램은 캐나다에서도 제도화되고 있고 유럽 국가들에서 보다 흔한 것이 되어가고 있다. 연구 결과는 부분적으로 부모가 청소년 자녀들의 운전 행동에 쉽게 제약을 가하게 만듦으로써 이런 법이 잘 작동한다는 것을 보여준다. 선진국에서 자동차 사고는 10대와 20대 사망원인의 1위로 남아 있지만, 효과적인 GDL 프로그램은 최근 수십 년 동안 사망자의 수를 극적으로 줄였다.

복습문제

1. 다음 중 GDL 프로그램의 전형적 요소가 아닌 것은?
   a. 운전 야간통행 금지
   b. 10대 승객 2인 이상 탑승 금지
   c. 의무적 안전벨트 착용
   d. 알코올에 대한 인내 제로

2. 널리 퍼져 있는 GDL 프로그램의 결과로서 타당한 것은?
   a. 10대 운전자의 부상은 감소했지만 사망은 그렇지 않다.
   b. 대부분의 10대는 규제를 피하는 방식을 찾아내었다.
   c. 16세 운전자의 자동차 사고 사망이 급격하게 줄어들었다.
   d. 소년들의 운전 습관은 바뀌었으나 소녀들은 아니다.

자의 권한을 한꺼번에 획득하는 것이 아니라 안전 운전 기록에 따라 운전 특권을 점진적으로 획득하는 정부 프로그램이다. GDL 프로그램은 젊은이들에게 초보자가 운전할 수 있는 조건을 제한함으로써 운전 경험을 습득하게 하는 프로그램이며, 이는 사고 가능성을 낮춘다(Foss, 2007; Williams et al., 2012).

물질 사용과 남용

약물 사용 비율이 가장 높은 시기가 20대 초기이고 그 이후에는 비율이 낮아지는 이유가 무엇인지 설명한다.

많은 유형의 물질 사용이 성인진입기에 정점을 이룬다. 미국의 고등학생부터 중년기까지 각 연령 집단을 추적한 미래 관찰 연구(national Monitoring the Future study)에 따르면, 모든 종류의 물질 사용은 10대 후반에 상승하여 20대 초기에 정점을 이루고 20대 후반에 감소하기 시작한다. **그림 9.6**에는 마리화나 사용과 **폭음**(binge drinking, 남자의 경우 연속해서 다섯 잔 이상, 여성의 경우 네 잔 이상을 마시는 것) 양상을 보여주고 있다(Bachman et al., 2008). 물질, 특히 알코올 사용은 대학을 가지 않은 성인진입기 사람들보다 대학에 입학한 사람들에서 더 높다(Core Institute, 2013). 또한 여성보다는 남성에게서 다소 높은 경향이 있다.

일부 증거는 물질 사용이 미국 이외의 다른 선진국의 성인진입기 사람들에게서도 높음을 보여준다. 스페인 성인을 대상으로 한 연구에서 지난 30년 동안 18~24세의 폭음률은 남성은 31%이고 여성은 18%였는데, 이는 다른 어느 연령보다 훨씬 높다(Valencia-Martín et al., 2007). 폭음의 정점이 성인진입기라는 것은 다른 유럽 국가에서도 발견되었다(Kuntsche et al., 2004). 스코틀랜드에 사는 여대생 대부분은

폭음 남성의 경우 연속해서 다섯 잔 이상 마시고, 여성의 경우 연속해서 네 잔 이상 마시는 것

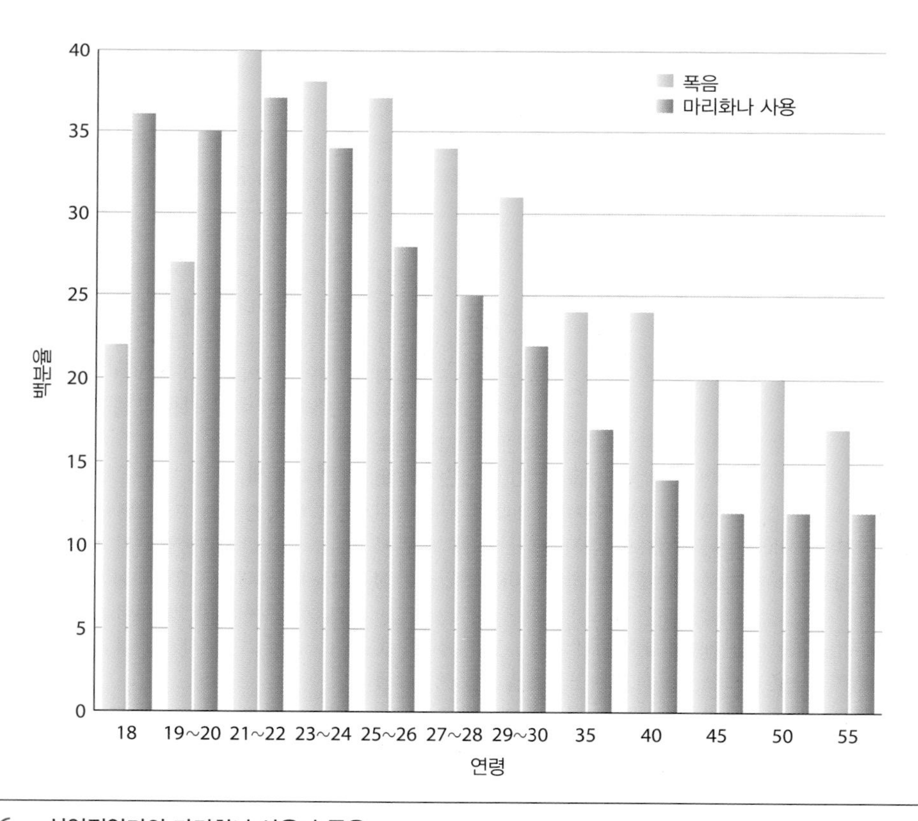

그림 9.6 성인진입기의 마리화나 사용과 폭음

대부분의 약물 사용은 20대 초반에 최고조에 달한다.

출처 : Based on Johnston et al., (2014)

폭음을 '해가 없는 재미'로 간주하였다(Guise & Gill, 2007). 그런데 성인진입기의 폭음과 다른 유형의 물질 사용은 미국과 유럽 모두에서 치명적 자동차 사고에서부터 의도하지 않은 임신, 범죄 행위, 신체적 싸움 등 부정적 결과와 광범위하게 연관되어 있다(Jochman & Fromme, 2010; Plant et al., 2010).

비구조화된 사회화는 종종 물질 남용과 같은 위험 행동의 장이 된다.

성인진입기에 물질 사용 비율이 더 높은 이유는 무엇인가? 웨인 오스굿은 이 질문에 대해 유용한 답을 내놓고 있다. 오스굿(Osgood, 2009; Osgood et al., 2005; Osgood et al., 1996)은 모든 일탈을 성향과 기회에 근거하여 설명하는 사회학 이론을 인용한다. 사람들은 충분한 **성향**(즉 일탈적으로 행동하려는 동기)과 충분한 **기회**가 함께 조합될 때 일탈적으로 행동한다는 것이다. 오스굿은 특히 성인진입기 사람들이 물질 사용과 다른 일탈 행동을 하는 데 기회가 많은 것에 주목하고 있는데, 이는 많은 시간을 비구조화된 사회화에 보낸 결과라 할 수 있다.

오스굿은 **비구조화된 사회화**(unstructured socializing)란 용어를 재미로 자동차를 타고 돌아다니고 파티에 참여하며, 일 없이 친구를 방문하 친구와 함께 외출하는 등의 행동을 지칭하는 데 사용한다. 비구조화된 사회화는 10대 후반과 20대 초반에 가장 높으며, 비구조화된 사회화가 가장 높은 성인진입기 사람들은 알코올 사용과 마리화나 사용도 가장 높다(Osgood et al., 2005; Osgood et al., 1996). 대부분의 유형의 물질 사용률은 특히 대학생인 성인진입기 사람들에게서 높은데, 이는 이들에게는 비구조화된 사회화의 기회가 아주 많기 때문이다.

오스굿과 다른 연구자들은 비구조화된 사회화와 일탈과의 관계는 물질 사용에서뿐만 아니라 범죄와 위험한 운전과 같은 다른 유형의 위험 행동에서 적용된다는 것을 발견하였다(Haynie & Osgood, 2005; Maimon & Browning, 2010). 더욱이 비구조화된 사회화와 일탈 간의 관계는 남성과 여성 모두, 다양한 인종 집단, 선진국과 개발도상국 모두에게 나타난다. 또한 결혼, 부모 되기, 전업 직장인과 같은 역할 전환으로 인해 비구조화된 사회화가 급격하게 감소하기 때문에, 20대 중반에서 후반에 물질 사용과 다른 유형의 위험 행동이 감소한다는 것을 보여주는 연구도 있다(Johnston et al., 2014; Patrick et al., 2011).

비구조화된 사회화 구체적 목적이나 활동 없이 친구와 어울리는 것. 여기에는 재미로 자동차를 타고 이리저리 다니고, 비공식적으로 친구를 방문하고, 친구와 외출하는 것 등이 있음

비판적으로 생각하기

비구조화된 사회화 이외에 성인진입기의 물질 사용에 영향을 줄 수 있는 다른 요인은 무엇인가?

2절 인지발달

학습목표

9.7 실용주의 능력의 성장이 성인진입기 사람들로 하여금 실생활 문제를 어떻게 더 잘 다룰 수 있게 하는지 서술한다.

9.8 페리의 이론에서 반성적 판단 발달을 요약한다.

9.9 선진국에서 3차 교육 시스템과 대학 경험을 비교해보고, 3차 교육이 지닌 다양한 장기적 이점을 기술한다.

9.10 학교로부터 전업 직장으로의 전환을 서술하고, 성인진입기의 비고용률이 나이 든 사람들의 비고용률보다 더 높은 이유를 설명한다.

인지발달 : 후형식적 사고

피아제 이론에서 형식적 조작기는 인지발달의 최고점이다. 늦어도 20세까지는 형식적 조작기에 도달하며, 인지적 성숙이 완성된다. 그런데 피아제의 형식적 조작기 이론의 여러 측면처럼 이 관점은 후속 연구를 통해 수정되어왔다. 실제로 성인진입기 동안 중요한 방식으로 인지발달이 계속된다는 것을 보여주는 연구가 있다. 이 연구는 형식적 조작기를 넘어선 **후형식적 사고**(postformal thinking)로 알려진 인지발달 이론들에 영감을 주었다(Malott, 2011; Sinnott, 2014). 성인진입기의 후형식적 사고에서 가장 두드러진 두 가지 측면은 실용주의의 진전과 반성적 판단이다.

실용주의

학습목표 9.7

실용주의 능력의 성장이 성인진입기 사람들로 하여금 실생활 문제를 어떻게 더 잘 다룰 수 있게 하는지 서술한다.

실용주의(pragmatism)는 논리적 사고를 실질적 제약을 지닌 실생활 상황에 적용하는 것이다. 실용주의를 중시하는 후형식적 사고 이론들은 몇몇 학자들에 의해 제안되었다(Basseches, 1984; Basseches, 1989; Labouvie-Vief, 1998; Labouvie-Vief, 2006; Labouvie-Vief & Diehl, 2002; Sinnott, 2014). 이 이론들은 공통적으로 정상적인 성인이 삶에서 직면한 문제가 자주 형식적 조작의 논리로 해결될 수 없는 복잡성과 불일치를 포함하고 있음을 강조한다.

기셀라 라부비-비에프(Labouvie-Vief, 1982; 1990; 1998; 2006)에 따르면, 논리적 사고와 실용적 제약을 인식하고 협응하는 성인진입기의 인지발달은 청소년기의 사고와 다르다. 이 입장에서 보면, 청소년들은 논리적 사고가 실제 생활에서 효과적일 것이라고 지나치게 과신한다. 반대로 성인진입기에는 대부분의 삶의 문제를 접근하는 데 있어 주어진 상황과 관련된 사회적 영향과 요인들을 어떻게 고려해야 하는지에 대한 자각이 높아진다.

예를 들어, 라부비-비에프(Labouvie-Vief, 1990)의 한 연구에서 청소년과 성인진입기 성인에게 이야기를 제시하고 어떤 일이 발생할지 예측하게 하였다. 파티에서 과음을 하는 한 남자에 관한 이야기가 있다. 그의 아내는 남편에게 한번 더 술에 취해 집에 온다면 남편을 남겨두고 아이들과 함께 집을 떠나겠다고 한다. 얼마 후 남편은 사무실 파티에 가서 술에 취해 집에 돌아왔다. 아내는 어떻게 할까?

라부비-비에프는 청소년들이 형식적 조작기 관점에서 경직되게 반응하는 경향이 있음을 발견하였다. 청소년들의 답은 다음과 같다. 이야기 속의 아내는 남편이 한번만 더 술을 먹고 오면 남편을 떠나겠다고 말했다. 그리고 남편이 술에 취해 돌아왔다. 따라서 그녀는 집을 떠날 것이다. 이와는 달리, 성인진입기 성인은 그 상황에서 많은 가능한 차원을 고려하였다. 남편이 사과하고 아내에게 떠나지 말라고 애원했는지, 아내가 떠나겠다고 한 말은 정말로 떠날 생각이었는지, 아이들에게 미칠 영향을 생각했는지 등이다. 성인진입기 사람들은 논리에 엄격하게 매달리면서 분명한 옳고 그른 답을 가정하지 않고, 실생활 문제에는 종종 엄청나게 많은 복잡성과 모호성이 있음을 알고 있다는 점에서 후형식적 사고자이다. 그런데 라부비-비에프(Labouvie-Vief, 2006)는 형식적 사고에서와 마찬가지로 후형식적 사고에 있어 모든 사람이

후형식적 사고 일부 이론가들에 따르면 형식적 조작 이후에 오는 인지발달 단계로 실용주의와 반성적 판단이 포함되어 있음

실용주의 후형식적 사고는 논리적 사고를 실제 상황에 있는 실질적 제약에 적응시키는 것이라는 제안하는 인지발달 이론

계속해서 높은 인지 복잡성 수준으로 옮겨가는 것은 아니며, 성인진입기와 그 이후에도 더 이전 시기에 나타났던 구체적인 사고에 머물 수 있음을 강조한다.

유사한 성인진입기의 인지발달 이론이 마이클 바세치(Basseches, 1984; 1989)에 의해 제안되었다. 라부비-비에프처럼 바세치(Basseches, 1984)는 성인진입기의 인지발달에는 일상 삶에서 직면한 문제에 형식적 논리를 거의 적용하지 않는다는 관점을 취한다. **변증법적 사고**(dialectical thought)는 바세치의 용어로, 종종 분명한 문제 해결책이 없으며, 서로 반대되는 책략이 있고, 관점에 따라 각각의 장점이 있음을 인식하는 사고 유형을 지칭한다(Basseches, 1984). 예를 들어, 사람들은 다음 번 직업이 더 만족스러울지 아닐지를 알지 못한 채 자신의 현재 직업을 그만두어야 할지 말지 결정할 수 있다.

일부 문화는 다른 문화권보다 변증법적 사고를 더 촉진한다. 전통적으로 중국 문화에서는 절충안을 찾음으로써 모순을 조율하고 서로 반대되는 입장을 조합하려는 지식을 갖도록 지지함으로써 변증법적 사고를 촉진한다(Peng & Nisbett, 1999). 반대로 미국식 접근은 어느 쪽이 옳은지 결정하기 위해 모순되는 입장을 양극으로 구분하는 방식의 논리를 적용하는 경향이 있다.

이 이론을 지지하기 위해 중국 대학생과 미국 대학생을 비교하는 연구가 수행되었다(Peng & Nisbett, 1999). 연구자들은 중국 학생들이 미국 학생들에 비해 모순에 포함된 변증법적 속담을 더 좋아한다는 것을 발견하였다. 그리고 서로 상반되는 모순적 명제를 제시했을 때 미국 대학생들은 어느 하나를 지지하고 다른 것은 거부하는 경향을 보였으나 중국 대학생들은 두 명제를 조율시키는 방향으로 두 명제 모두를 중간 정도로 수용하였다.

반성적 판단

페리의 이론에서 반성적 판단 발달을 요약한다.

성인진입기에 나타나는 또 다른 인지적 자질인 반성적 판단은 증거와 주장의 정확성과 논리적 응집성을 평가하는 능력이다. 성인진입기의 **반성적 판단**(reflective judgment) 발달에 관한 영향력 있는 한 이론이 윌리엄 페리(Perry, 1970; 1990)에 의해 제안되었는데, 이 이론은 10대 후반과 20대 초의 대학생에 관한 연구를 토대로 구성되었다. 페리(Perry, 1970; 1999)에 따르면, 청소년과 대학 1년생은 **이분법적 사고**를 하는 경향이 있는데, 이분적 사고란 상황과 이슈를 중간점 없이 옳은지 그른지 양극단적 관점에서 보거나 상황의 미묘한 차이를 고려하지 않고, 어떤 진술이 옳은지 그른지 양극단적 관점에서 본다는 것을 의미한다. 이런 의미에서 청소년과 대학 1년생들은 반성적 사고가 부족하다. 대부분의 사람들에게 반성적 판단은 20세경에 발달하기 시작한다. 젊은 사람들은 모든 이슈에는 2개 이상의 타당한 관점이 있다고 생각하는 **다중 사고** 단계를 시작하는데, 이는 "진실되고 정확한 것은 오로지 하나"라는 입장이 정당화되기 어렵다는 것을 아는 것이다. 이 단계에 있는 사람은 모든 관점이 다 동일하게 가치 있다고 여기며, 심지어 어느 한 입장이 다른 입장보다 더 타당한가에 대해 어떤 판단도 내릴 수 없다고까지 주장한다.

페리에 따르면, 다중 사고는 그다음 단계인 **상대주의**로 발달한다. 다중 사고 단계에 있는 사람들처럼 상대주의자는 경합하는 여러 관점이 모두 타당하다는 것을 안다. 상대주의자는 어느 하나의 관점이 다른 관점보다 더 설득력이 있다는 것을 부인하는 것이 아니라 경합하는 관점들이 지닌 장점들을 평가하려고 한다. 발달의 마지막 단계로 대학교 4학년 말까지 많은 젊은 사람들은 **관여** 단계에 도달하게 된다. 이 단계의 사람들은 자신에게 새로운 증거가 제시되면 언제든 자신의 관점을 재평가하면서 가장 타당하다고 생각하는 세계관을 형성하게 된다.

반성적 판단에 관한 연구는 유의한 변화가 성인진입기에 일어날 수 있음을 보여준다(King & Kit-

변증법적 사고 마이클 바세치가 제안한 것으로, 대부분의 문제에는 종종 명확한 해답이 없고 서로 반대되는 책략이나 관점 나름의 각각 장점이 있을 수 있음을 인식하는 성인진입기에 보이는 사고 유형의 하나

반성적 판단 이론적으로 성인진입기 동안 발달되는 증거와 주장의 정확성과 논리적 응집성을 평가하는 능력

chener, 2015; Kitchener & King, 2006; Pascarella & Terenzini, 1991). 그런데 성인진입기에 발생하는 진전은 성숙보다는 교육 덕택으로 보인다. 즉 성인진입기 동안 대학 교육을 받은 사람들은 대학 교육을 받지 않는 사람들에 비해 반성적 판단이 훨씬 더 높아진다. 페리와 동료들은 반성적 판단의 발달은 다원주의를 중시하고 다양한 관점을 허용하는 촉진적 교육 시스템이 있는 문화에서 보다 흔하다는 것을 발견하였다(Perry, 1970; Perry, 1999). 그러나 반성적 판단에 관한 비교문화적 연구는 거의 없다.

인지발달 : 교육과 일

이 장의 도입 부분에서 언급했듯이 성인진입기라는 새로운 인생 시기의 출현을 이끈 최근의 변화 중 하나는 보다 높은 고등교육에 대한 참여가 더 많아지고 있는 것이다.

3차 교육 : 대학과 훈련 프로그램

선진국에서 3차 교육 시스템과 대학 경험을 비교해보고, 3차 교육이 지닌 다양한 장기적 이점을 기술한다.

3차 교육 2차 교육을 넘어선 교육이나 훈련

지도 9.1에서 보듯이 전 세계 여러 선진국에서 대다수 성인진입기 사람들은 **3차 교육**(tertiary education)을 받는다. 3차 교육에는 2차 교육을 넘어선 모든 교육 또는 훈련 프로그램이 포함된다. 이는 획기적으로 급속하게 일어나는 역사적 변화이다. 100년 전 선진국에서 3차 교육을 받은 사람은 10% 미만으로 거

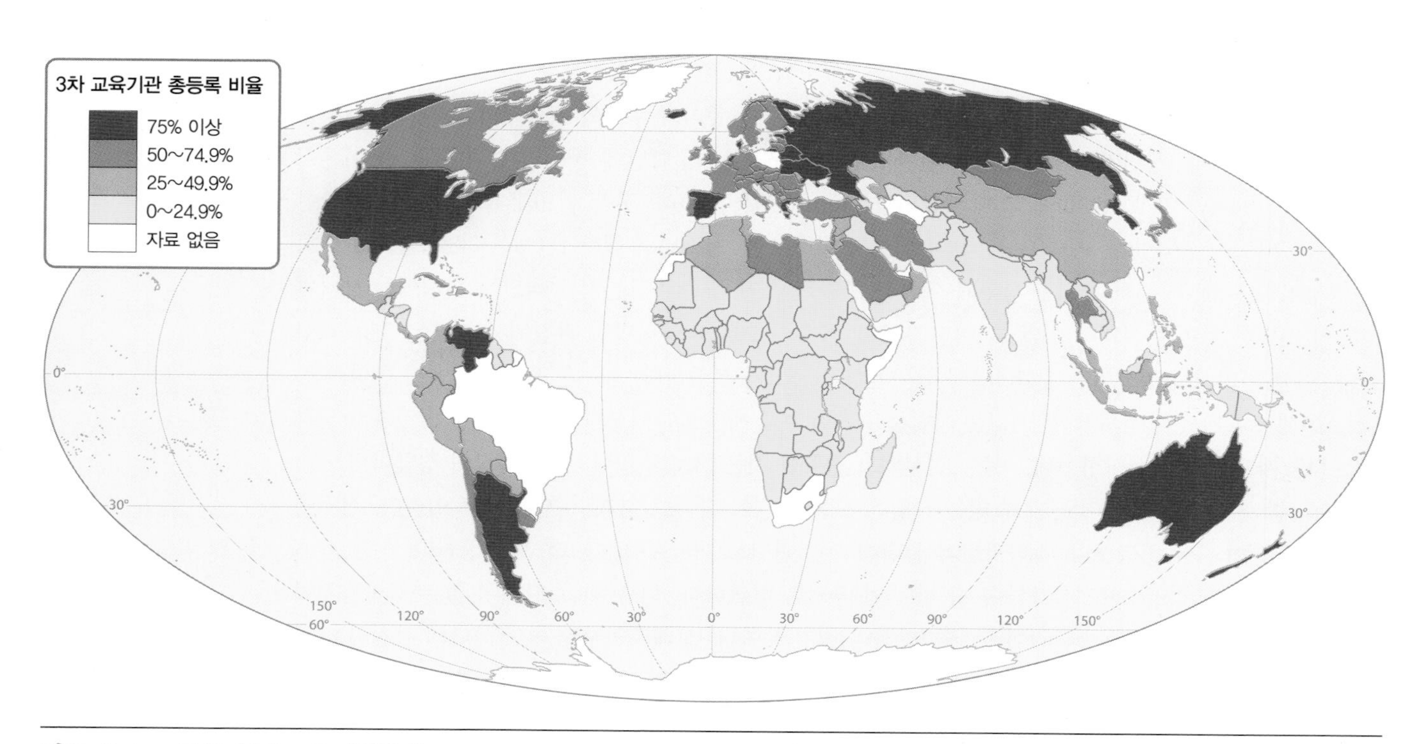

지도 9.1 **전 세계 3차 교육 재학생 수**

고등교육에서 재학생 수가 가장 적은 나라와 가장 많은 나라는 어디일까? 이 비율을 중·고등학교 재학생 수 비율(지도 8.1 참조)과 어떻게 비교할 수 있을까? 이런 차이를 설명할 수 있는 경제적 요인과 문화적 요인은 무엇일까?

출처 : Based on UNESCO (2013)

의 없었다. 실제로 대다수는 2차 교육조차 받지 못했다. 대학에 가는 사람들은 대부분 남성이었다. 역사적으로 보면 여성은 남성에 비해 지적으로 더 열등한 것으로 간주되어 고등교육을 받지 않았다. 그러나 100년 후인 이제는 3차 교육은 보통의 경험이 되었고, 대부분의 나라에서 3차 교육을 받은 여성이 남성보다 더 많다(Arnett, 2015).

국가마다 3차 교육을 어떻게 구조화하느냐는 매우 다르다. 미국, 캐나다, 일본의 대학생들은 전공과 무관하게 2년 동안 일반교양 교육을 받는 것으로 시작하는데, 이 교양 교육은 미래의 어떤 직업과 연관되지 않은 주제에 대한 탐색을 하게 한다. 여러분이 경영학을 전공하더라도 인간이 된다는 것이 무엇인지에 관한 다양한 아이디어를 탐색하도록 이끄는 문학이나 철학 수업을 즐길 수 있다. 여러분의 전공이 심리학일지라도 천문학이나 화학 수업을 수강하면서 새로운 아이디어를 탐색할 수 있다.

유럽의 대학 시스템은 미국의 대학 시스템과 어떻게 다른가? 영국에 있는 케임브리지 대학에 다니는 학생의 사진이 여기에 제시되어 있다.

아마도 일본에서는 3차 교육이 가장 여유 있고 요구가 적은 교육과정일 것이다. 일본의 2차 교육은 너무나 요구하는 것이 많고, 최고의 대학을 가기 위한 경쟁이 치열하기 때문에 오히려 3차 교육이 더 여유 있는 놀라운 현상이 나타나는 것이다(Fackler, 2007). 대학 졸업 후 일본인들의 직장은 근무시간이 길고, 근무시간 후에도 사회화 요구에 따른 업무 후 요구사항이 많은 것으로 악명이 높다. 여가와 재미있는 시간을 보낼 수 있는 시기는 일본인들의 경우 대학생 때이다. 일단 대학에 입학하고 나면 성적은 별 문제가 되지 않고 학업수행의 기준도 완화된다. 이들은 "생각하고 탐색해야 할 대학에서 승인한 4년간의 여가"를 갖는다(Rohlen, 1983, p. 168; Fackler, 2007). 일본 대학생들은 도시를 걷고 친구와 함께 돌아다니는 데 시간을 많이 보낸다. 대학생의 평균 숙제 시간은 중학생과 고등학생의 숙제 시간의 절반 정도이다(Takahashi & Takeuchi, 2006). 대부분의 일본인에게서 성인진입기의 이 짧은 기간은 아동기부터 은퇴할 때까지를 통틀어 여가를 집중적으로 즐길 수 있는 인생의 유일한 시기이다.

유럽의 3차 교육 체계는 미국, 캐나다, 일본과는 매우 다르게 구조화되어 있다. 유럽 학생들은 2년간의 일반교양 교육으로 시작하지 않고 대학에 입학할 때부터 한 가지 주제를 공부한다. 전통적으로 유럽의 대학 교육은 미국의 대학원 학위(석사 학위 또는 박사 학위)와 유사한 학위를 얻는 것으로 끝나기 때문에 종종 6년 이상 지속된다. 그런데 최근 유럽 시스템이 학사 학위, 석사 학위, 박사 학위를 가진 미국식 시스템으로 바뀌었다. 이는 유럽 성인진입기 젊은이들의 대학에서 보내는 시간을 단축하여, 유럽 대학과 미국 대학 간의 협동 프로그램 계발을 촉진시키기 위해 이루어졌다. 이 역시 발전하고 있는 교육의 국제화 흐름을 반영한다.

대부분의 젊은 미국인들이 받는 3차 교육은 20~30년 전에 비해 더 길어졌다. 현재 학생들이 4년제 대학 학위를 받는 데 평균 6년이 걸린다. 그리고 4년제 대학에 입학한 학생들 중 57%만이 6년 후에 졸업하는 것으로 나타났다(National Center for Education Statistics, 2013).

학생들이 졸업하는 데 시간이 더 걸리고, 입학생의 거의 절반 정도가 졸업하지 못하는 이유를 설명할 수 있는 여러 가지 요인이 있다. 일부 학생들은 대학에 다니면서 전공을 바꾸고, 부전공을 추가하고, 인턴십이나 해외연수 프로그램에 참여하기를 선호한다. 사실상 4년 만에 학위를 받기 힘든 주된 이유는 경제 문제이다(Arnett & Schwab, 2012). 국공립대학과 사립대학 모두 1982년에 비해 2013년에는 학비가

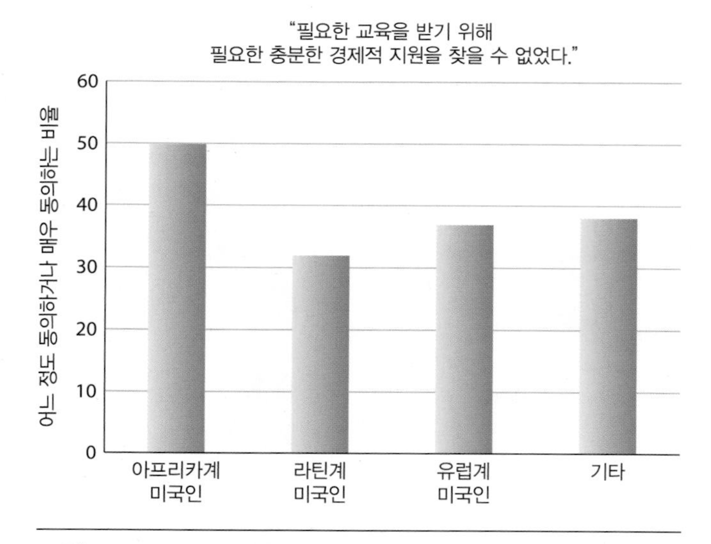

그림 9.7 인종별 교육을 위한 경제적 지원을 받지 못했다고 생각하는 비율

출처 : Based on Arnett & Schwab (2012)

엄청나게(인플레이션을 고려하더라도) 올라 4배 이상 높아졌다(NCES, 2014). 또한 경제적 지원이 연구장학금에서 학자금대출로 엄청나게 옮겨갔고, 때문에 많은 학생들은 졸업하기 전에 과도한 빚이 누적되는 것을 피하기 위해 대학에 다니면서 많은 시간 일하게 된다. 특히 아프리카계 미국인은 대학 교육비를 벌기 위해 엄청 나게 일해야 한다. **그림 9.7**에 제시되어 있듯이, 학비 부족은 유럽계나 아시아계 미국인보다 아프리카계 미국인이 대학 학위를 덜 받게 되는 핵심 이유 중 하나가 된다(McDonough & Calderone, 2006).

3차 교육에 요구되는 돈과 시간은 투자할 만한 가치가 있는가? 확실히 그렇다. 3차 교육에는 매년 엄청난 돈이 필요한데, 미국에서 그 돈은 주로 성인진입기에 있는 대학생 자신과 부모가 담당한다. 성인진입기의 사람들이 집중해서 3차 교육을 받는 시기는 이들 대부분이 전업 경제 활동에 헌신하기 어려운 시기이기도 하다. 정부는 성인진입기 젊은이들의 3차 교육에 상당한 금액의 학비지원을 하고 있다. 3차 교육을 받는 성인진입기의 젊은이들은 3차 교육을 받지 않고, 자신의 시간과 에너지를 경제활동에 쏟아 받을 수 있는 수입만큼 손해를 보고 있다.

그럼에도 불구하고 3차 교육의 이점은 매우 크다. 교육받은 인구는 정보, 기술, 서비스에 근거하여 급증하고 있는 세계 경제에서 경제 성장의 핵심이 된다. 여러 국가가 기꺼이 성인진입기 사람들에게 3차 교육에 대한 많은 투자를 하는 이유가 바로 이것이다. 성인진입기 성인 자신들에게 이점은 더욱 분명해진다. 3차 교육을 받은 성인진입기 성인들은 대학에 입학하지 않은 사람들과 비교해 수입이 더 많고, 직업적 지위가 더 높으며, 결국에는 직업적 성취도 더 많은 경향이 있다(NCES, 2011; Pascarella, 2005; Pascarella, 2006; Schneider & Stevenson, 1999). **그림 9.8**에서 보는 바와 같이 학사 학위 이상을 받은 미국인들은 고등학교나 그 이하의 교육을 받은 사람들이 일생에 걸쳐 일하여 버는 돈보다 훨씬 더 많은 돈을 번다(Pew Research Center, 2014).

3차 교육은 수입 증가 이외에 다른 이점들도 많다. 어네스트 파스크렐라와 패트릭 테렌지니(Pascarella & Terenzini, 1991; Pascarella, 2005; Pascarella, 2006)는 미국에서 여러 해 동안 이 주제에 관한 연구를 수행하였다. 이들은 대학 입학으로 인해 일반적 언어 기술과 수량적 기술, 구두로 하는 소통 기술과 글을 통한 소통 기술, 그리고 비판적 사고와 같은 영역에서 다양한 지적 이점이 있음을 발견하였다. 이런 이점은 연령, 성, 대학 입학 전 능력, 가정의 사회적 지위를 통제한 후에도 나타났다. 또한 파스크렐라와 테렌지니는 대학 시기 동안 대학생들은 더 좋은 직업을 얻기 위해 대학에 가는 것보다 자신의 지적 성장과 개인적 성장을 증진하기 위한 배움을 더 중요시한다는 것을 발견하였다.

문화 초점 : 2차 교육 이후 교육에 관한 문화 간 차이

3차 교육은 전 세계에서 그 중요성이 증가하고 있다. 제조업이 보다 기계화되고, 대부분의 새로운 직업이 건강, 교육, 경영과 같은 영역에서 만들어지고 있는데, 이는 젊은이들에게 이 영역에서의 지식과 기술을 갖도록 요구한다.

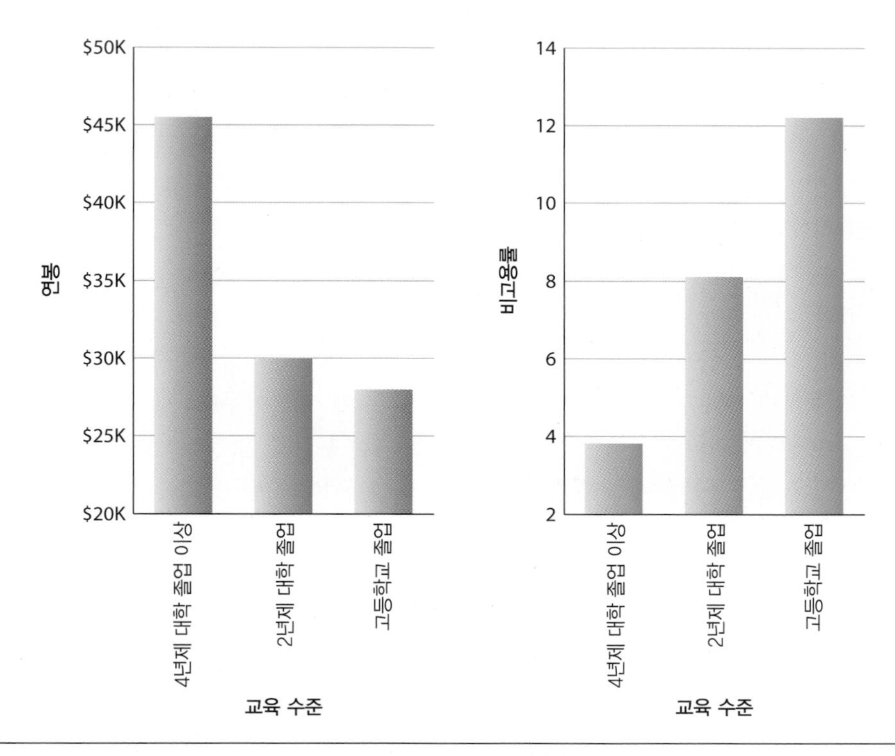

그림 9.8 '대학 졸업이라는 보너스'는 3차 교육이 경제적 이점이 있음을 보여준다

출처 : Based on Pew Research Center (2014)

파스크렐라와 테렌지니는 3차 교육의 학문적 이점 이외에 많은 학문 외적 이점도 제시하고 있다. 대학 생활 동안 학생들은 심미적 가치와 지적 가치를 보다 명료하게 발전시킨다. 이들은 보다 명확한 정체감을 획득하고 사회적으로 보다 자신감 있게 된다. 이들은 정치적 견해와 사회적 견해에서 덜 독단적이고, 덜 권위주의적이고, 덜 인종차별주의적으로 된다. 또한 이들은 자기개념이 잘 형성되어 있고, 심리적 안녕감이 높다. 연령, 가정의 사회경제적 수준의 특성을 고려하고도 3차 교육을 통해 이런 학문 외적 이점이 축적된다.

비판적으로 사고하기

어떤 나라가 3차 교육 시스템을 구조화하는 방식에 문화적 가치를 반영한다면, 그 문화적 가치는 어떻게 반영되는가?

성인의 직업 찾기

학교로부터 전업 직장으로의 전환을 서술하고, 성인진입기의 비고용률이 나이 든 사람들의 비고용률보다 더 높은 이유를 설명한다.

제8장에서 보았듯이 선진국의 일부 청소년들은 아르바이트를 하지만, 아르바이트를 자신의 직업으로 생각하는 사람은 거의 없다. 웨이터, 그릇 씻기, 잔디 깎기, 외판원처럼 청소년들이 하는 일은 장기적 경력의 기초 형성이라기보다는 일시적이고 단기적인 것으로 본다(Mortimer, 2004; Mortimer, 2013). 반대로 대부분의 성인진입기 성인들은 수입을 가져올 뿐만 아니라 개인적 완성을 이루는 경력으로 이어지는 직업을 찾는다(Arnett, 2015; Taylor, 2005).

성인진입기의 직업은 정체감 질문에 초점이 맞추어져 있다. 나는 정말로 무엇을 하길 원하는가? 나는 무엇을 가장 잘하는가? 무엇을 가장 즐기는가? 나의 능력과 소망을 어떻게 나에게 주어진 기회와 맞출까? 성인진입기 성인은 자신이 원하는 것이 무엇인지, 또한 자신이 어떤 사람인지에 대해서 스스로에게 질문한다. 성인진입기 동안 이들은 다양한 직업을 탐색하면서 자신의 정체감 문제에 대답하기 시작하며, 자신에게 가장 적합한 더 나은 직업에 대한 인식을 발달시킨다.

직업으로의 전환 여러분이 열다섯 살이었을 때 어떤 직업을 상상해보았는가? 나는 열다섯 살이었을 때 처음에는 법률가, 그다음에는 정치가가 되고 싶어 했다. 나는 내가 심리학자이자 작가가 될 것이라는 상상은 전혀 하지 못했다. 나는 대학 1학년이 될 때까지 심리학에 대해 아무것도 몰랐으며, 대학을 졸업할 때까지 내 전공인 발달심리학에 관해 아는 바가 없었다. 나는 무엇을 할 것인지를 결정하려고 노력하다가 대학을 졸업한 후 2년 동안 기타를 연주하면서 가수로 일하다가, 마침내 대학원에서 발달심리학을 전공하기로 결정하고 오늘날 나의 길을 시작하였다.

많은 청소년은 고등학교 시절에 자신이 어떤 직업을 갖기 원하는지 생각한다(Schneider & Stevenson, 1999). 종종 그 생각은 성인진입기 과정에서 해결되는데, 이는 자신이 보다 명료한 직업 정체감을 계발하고 자신의 고등학교 시절의 포부가 이것과 일치하지 않는다는 것을 깨닫게 되면서 가능해진다. 성인진입기 젊은이들은 고등학교 시절 하고 싶어 했던 직업 대신, 자신이 좋아하고 정말로 하고 싶어 하는 **정체감에 근거한 직업**을 추구한다(Arnett, 2015; Vaughan, 2005).

대부분의 성인진입기 미국인은 안정적인 장기적 직업을 갖는 데 오랜 시간이 걸린다. 직업을 갖기까지 짧은 기간 여러 개의 임금이 적은 파트타임을 경험하게 된다. 미국인은 18~30세 사이에 평균 8개의 다른 직업을 갖는다(U.S. Department of Labor, 2012).

일부 성인진입기 사람들은 장기적으로 갖고 싶은 안정적인 직업의 길을 찾는 체계적 탐색을 하기도 한다. 이들은 자신이 무엇을 원하는지 생각하고, 자신의 포부와 일치하리라고 생각하는 영역에서 직업이나 전공을 선택하려는 시도를 한다. 그런데 그것이 맞지 않다면 이들은 더 나은 것을 찾을 때까지 다른 길을 찾으려고 시도한다. 그런데 또 다른 많은 성인진입기 사람들에게 **탐색**이라는 단어는 10대 후반과 20대 초반 동안 자신들의 고달픈 직업사를 서술하기에는 너무 고매한 단어이다. 종종 '탐색'은 그것이 의미하는 것보다는 훨씬 덜 체계적이고 덜 조직화되어 있고 덜 초점화되어 있다. 이보다는 **정처 없이 거닐기** 또는 **표류하기**가 더 정확한 말이 될 수 있고, 심지어 **허우적거리기**도 될 수 있다(Hamilton & Hamilton, 2005). 많은 성인진입기 사람들은 현재의 직업을 자신이 정말로 선택한 것이 아니라 어느 날 그 직업이 자신에게 적합한 것임을 깨달았을 뿐이라고 말한다. 성인진입기 사람들을 대상으로 한 면접에서 자신이 어떻게 현재 직업을 찾았는가를 말할 때 가장 흔히 쓰는 말이 '그냥 빠져들었다'이다(Arnett, 2015). 다양한 직업을 찾으려는 '정처 없이 거닐기' 과정조차도 종종 성인진입기 사람들로 하여금 자신이 어떤 일을 원하는지 구분하는 데 도움이 된다. 여러분이 꿈도 희망도 잃은 상태에 있다면, 적어도 당신은 자신이 원하지 않는 것이 무엇인지는 알게 된다. 또한 여러 가지 직업을 찾아 헤매는 중에 우연히 클릭하여 접한, 당신이 좋아하는 것에 자신도 의식하지 못한 사이에 빠질 가능성도 있다.

선진국 젊은이들의 절반 정도가 이제는 어떤 형태로든 3차 교육을 받고 있고, 성인진입기 사람들 중 상당한 비율이 2차 교육과 3차 교육을 마치고 직장에 입문한다. 이런 성인진입기 사람들의 향후 직업 전망은 어떠하며, 이들이 학교에서 직장으로의 전환을 어떻게 성공적으로 이루어낼 수 있을까?

대부분의 경우 많은 성인진입기 사람들은 살아갈 만큼 충분한 돈을 벌 수 있는 일을 찾으려고 애를 쓰는데, 이에 비해 이상적인 정체감에 근거하여 직업을 찾으려는 노력은 훨씬 덜 한다. 지난 50년간 선진국의 경제는 제조산업에서 정보, 기술 그리고 서비스 산업으로 이동하였기 때문에, 3차 교육은 이전보다 돈을 잘 버는 직업을 구하는 데 훨씬 더 중요해지게 되었다. 3차 교육에서 제공되는 훈련, 지식, 자격증이 부족한 사람은 현대 경제에서 엄청난 불이익을 받게 된다. 지난 20세기 후반부에 3차 교육을 받지 않은 성인진입기 사람들은 "수입도 줄고 기대할 것도 별로 없는 자유낙하" 상태에 있었으며(Halpern, 1998, p. xii), 이들의 전망은 21세기 초반에도 개선되지 않았다. 이들의 비고용률은 대학 졸업장을 가진 사람들에 비해 3배나 높았다(OECD, 2014).

3차 교육이나 훈련을 받지 않은 성인진입기 사람들에 대한 이런 암울한 직업 전망을 해결하기 위해 할 수 있는 것은 무엇이 있는가? 프랭크 레비(교육학자)와 리처드 뮤넨(경제학자)은 직장에서 성공하기 위해 이런 성인진입기 사람들에게 필요한 직업 기술을 연구하였다(Levy & Murnane, 2004; Levy & Murnane, 2012; Murnane & Levy, 1997). 레비와 뮤넨은 다양한 공장과 사무실에서 고등학교 졸업자가 현재 할 수 있는 직업의 종류와 이런 직업에 요구되는 기술을 관찰하였다. 연구자들은 기술이 필요 없고 임금이 낮은 일상적 직업이 아니라 변화하고 있는 경제 체제에서 고등학교 졸업자들이 활용할 수 있는 촉망되는 새로운 직업, 즉 경력 계발을 할 수 있고 중간 정도의 임금을 받을 수 있는 직업에 초점을 두었다. 연구자들은 6개의 기초 기술이 새로운 직업에서 성공하는 데 필요하다고 결론 내리고 있다.

1. 고등학교 1학년 수준 이상의 읽기 능력
2. 고등학교 1학년 수준 이상의 수리 능력
3. 반구조화된 문제 해결하기
4. 언어와 글로 소통하기
5. 컴퓨터를 사용하여 워드프로세스와 다른 작업을 수행하기
6. 다양한 집단과 협동하기

좋은 소식은 레비와 뮤넨이 **새로운 기초 기술**이라 부르는 이 6개 기술 모두가 고등학교를 졸업할 때까지 청소년들에게 가르칠 수 있는 것이라는 점이다. 나쁜 소식은 많은 미국 청소년들이 이런 기술들을 적절하게 배우지 않고 고등학교를 졸업하고 있다는 것이다. 레비와 뮤넨은 읽기와 수리 기술이 가장 잘 이용할 수 있는 자료이므로 이 기술에 초점을 맞추고 있다. 레비와 뮤넨의 자료 분석 결과는 어두운 모습을 드러내고 있다. 17세 청소년의 거의 절반 정도가 새로운 직업을 잘 수행할 정도의 읽기와 수리 역량을 갖고 있지 않다. 반면에 이런 기술을 가진 나머지 절반 정도는 고등학교 졸업 후 전업 직업을 찾기보다는 대학에 입학할 가능성이 높다. 보다 최근에 레비와 뮤넨(Levy & Murnane, 2012)은 컴퓨터 기술의 중요성이 증가하고 있다는 점에 주목하였는데, 분석 결과는 또다시 고등학교는 청소년들에게 새로운 경제를 담당할 필요한 지식을 제공하지 못하고 있는 것으로 결론 내리고 있다.

오늘날 선진국에서 임금이 높은 제조 직종은 드물다.

물론 이것이 현재 상황이 바뀔 수 없다는 것을 의미하는 것은 아니다. 고등학교 졸업할 때까지 습득해야 할 새로운 기초 기술의 숙달에 필요한 것을 고등학교가 예상하지 못하고 있는 것은 결코 사실이 아닐 것이다. 레비와 뮤넨의 연구 결과는 고등학교 관리자들에게 새로운 정보와 기술 근거 경제가 요구하는 것에 걸맞도록 교과과정을 수정하는 직업 훈련

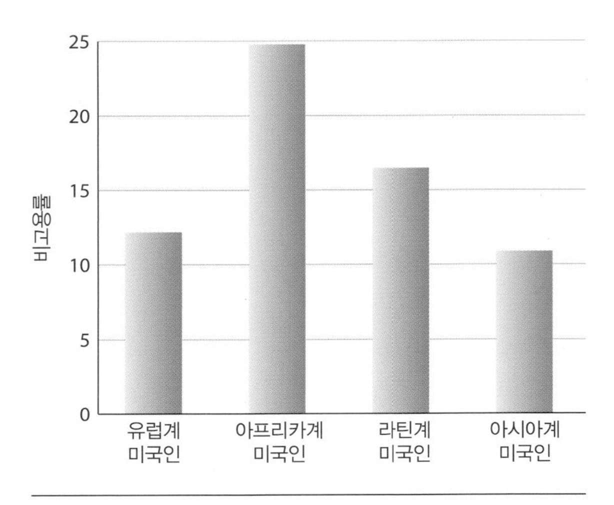

그림 9.9 미국의 성인진입기 성인의 비고용률(16~24세)

인종 집단에 따라 차이가 나는 이유가 무엇일까?

출처 : Based on Bureau of Labor Statistics (2014)

프로그램을 수립하는 데 현명한 안내가 될 수 있음을 시사한다.

비고용 대부분의 선진국 젊은이들은 고등학교를 졸업하거나 대학을 졸업하면 어떤 직업을 찾을 수 있지만, 이것이 모두에게 사실인 것은 아니다. 유럽과 미국 모두에서 성인진입기의 비고용률은 일관되게 25세 이상의 성인의 2배이다(OECD, 2014). 유럽과 미국 모두에서 비고용은 우울과 더 관련이 높은데, 특히 강력한 부모의 지지가 부족한 성인진입기 사람들에게서 그렇다(Bjarnason & Sigurdardottir, 2003; Hamalainen et al., 2005; Mossakowski, 2009).

누군가를 비고용으로 분류하는 것은 그 사람이 어떤 직업을 갖지 않았다는 것을 뜻하는 것만은 아니다. 10대 후반과 20대 초의 많은 젊은이들은 고등학교나 대학에 다니고 있는 중이다. 그런데 학교는 일을 갖기 위해 노력하고 있는 것으로 생각되기 때문에 이들은 비고용 상황으로 분류되지 않는다. 자신의 시간을 주로 자녀를 보살피는 데 헌신하는 사람들 역시 비고용으로 분류되지 않는다. **비고용**(unemployment)은 학교에 다니지 않으면서 직장이 없고 직업을 구하고 있는 사람들에게만 적용된다.

이 상태는 미국 젊은이의 상당수에게 적용된다. **그림 9.9**는 10대 후반과 20대 초에 젊은이들의 비고용 비율을 보여준다. 그림에서 볼 수 있듯이 비고용은 특히 아프리카계와 라틴계 성인진입기 사람들에게 집중되어 있다. 또한 비고용은 고등학교를 중퇴한 젊은이들에게 매우 높다. 고등학교를 중퇴한 18세에서 21세까지 사람의 절반 이상이 비고용 상태이다(NCES, 2014).

비고용 학교에 다니지 않고 직업이 없으며 직업을 찾고 있는 성인의 상태

소수 집단의 높은 비고용률은 무엇을 말해주는가? 이것은 언제나 사실은 아니다. 1954년 10대 아프리카계 미국인의 비고용률은 오늘날에 비해 훨씬 낮은 16.5%인데, 이는 유럽계 미국인의 경우 12%에 비해 약간 높을 뿐이라는 점을 기억하라(Quillian, 2003). 대체로 이런 변화에 대한 설명은 미국 경제의 고용 양상의 변화에서 찾을 수 있다. 지난 수십 년 동안 경제가 제조보다는 정보와 기술에 초점을 두는 쪽으로 변하였고, 숙련되지 않은 노동자에게 선택 가능한 직업의 수는 급격하게 줄어들었다(Levy & Murnane, 2012). 미국에서 자동차 공장이나 제강 공장 같은 안정되고 임금이 높은 직업이 많았던 시절은 지나가고, 오늘날의 대부분 새로운 직업, 확실하게 좋은 직업에는 적어도 기초 수리 지식과 컴퓨터를 사용할 수 있는 최소한의 정보 기술을 가진 사람들을 필요로 한다. 이런 기술은 교육으로부터 나오는데, 아프리카계와 라틴계 젊은이들은 유럽계와 아시아계 젊은이들에 비해 교육을 덜 받는 경향이 있다(Hamilton & Hamilton, 2006; NCES, 2014). 교육을 받아야 얻을 수 있는 자격증 없이는 새로운 경제 체계에서 직업을 얻는 것이 어렵다.

성인진입기의 비고용 비율이 아프리카계 미국인과 라틴계 미국인에게서 특히 높다. 여기에 젊은 아프리카계 미국인이 직업박람회에서 구직 기회를 찾고 있다.

3절 정서와 사회성 발달

학습목표

9.11 청소년기부터 성인진입기까지 자기존중감 발달 과정을 서술하고 이런 양상이 발생하는 이유를 설명한다.

9.12 성인진입기에 일어날 수 있는 다양한 유형의 정체감 발달을 서술하고 문화적·인종적 정체감 양상을 설명한다.

9.13 최근 미국의 성 신념에서의 변화를 요약하고 대학생들의 성 고정관념에 관한 연구에서 얻은 발견을 정리한다.

9.14 스미스와 스넬의 미국인의 성인진입기 종교적 신념과 실천에 관한 제안을 요약한다.

9.15 성인진입기 성인들이 종종 정치적 운동의 최전선에 있는 이유를 설명하고 이것을 관습적 정치에의 관여와 대비한다.

9.16 미국과 유럽에서 성인진입기 성인들이 집을 떠나 독립하는 양상과 이러한 전환이 부모와의 관계에 어떤 영향을 주는지 서술한다.

9.17 성인진입기 우정에서 친밀감의 역할과 이 시기에 친구들과 함께하는 가장 공통적인 활동을 서술한다.

9.18 성인진입기 동안 낭만적 관계와 성행동이 어떻게 변하는지 설명한다.

9.19 성인진입기 성인들은 사회적 접촉을 위해 인터넷과 휴대전화를 어떻게 사용하는지 설명한다.

정서와 사회성 발달 : 정서와 자아 발달

성인진입기는 정서발달과 자아발달이 다양한 방식으로 보다 우호적으로 바뀌는 시기이다. 청소년기 동안 자기존중감이 감소한 후에 이제 서서히 증가한다. 정체감 발달이 진행되고 젊은이들은 일과 사랑에서 보다 안정된 선택을 하는 방향으로 성과를 거둔다. 이들이 직장에 들어가고 직업에 걸맞는 성에 대한 기대와 때로는 성 고정관념을 접하게 되면서 새로운 방식으로 젠더 이슈를 접하게 된다.

자기존중감

학습목표 9.11 청소년기부터 성인진입기까지 자기존중감 발달 과정을 서술하고 이런 양상이 발생하는 이유를 설명한다.

잠시 생각해보자. 오늘 당신의 자기존중감은 청소년 때의 자기존중감과 어떻게 다른가? 앞 장에서 언급했듯이 종종 초기 청소년기 동안 자기존중감은 감소한다. 그런데 대부분의 사람들에게 자기존중감은 성인진입기 동안 상승한다(Galambos et al., 2006; McLean & Breen, 2015). **그림 9.10**은 이런 양상을 보여주고 있다.

성인진입기 동안 자기존중감이 증가하는 데는 여러 가지 이유가 있다. 청소년의 자기존중감에는 외모가 중요하지만, 성인진입기까지는 대부분의 사람들은 사춘기의 불편한 변화를 거친 후 외모에 대한 중요도가 점차 감소될 수 있다. 또한 부모로부터 수용되고 인정받는다는 느낌은 자기존중감에 중요한데, 일반적으로 청소년기부터 성인진입기 동안에 부모와의 관계에서 갈등은 줄어드는 추세이다(Arnett, 2015;

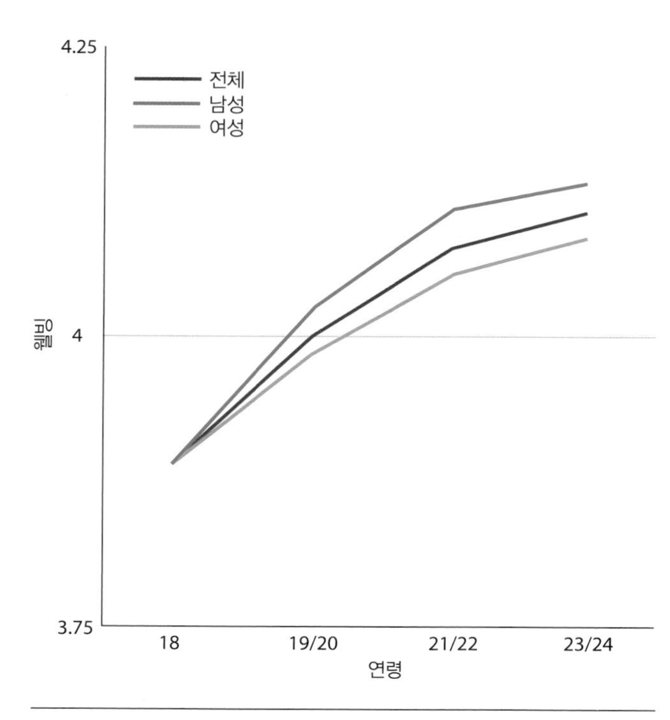

그림 9.10 연령에 따른 자기존중감 변화

자기존중감이 왜 성인진입기 동안 증가하는가?
출처 : Monitoring the Future (2003)

Fingerman & Yahurin, 2015; Galambos et al., 2006). 중·고등학교 시절에는 또래의 평가와 관계가 무엇보다 중요하며, 이는 자존감에 영향을 준다. 성인진입기에는 또래들로부터의 압박에서 보다 자유롭다(Gavin & Furman, 1989; Pascoe, 2007).

또한 일반적으로 성인진입기에 도달한다는 것은 일상의 사회적 통제력이 더 많아진다는 것을 의미하는데, 이는 성인진입기 사람들이 청소년기와는 달리 좋아하는 것과 좋아하지 않는 것을 보다 자유롭게 추구할 수 있음을 말한다. 예를 들어, 학교를 싫어하고 학업이 저조한 청소년들은 저조한 성적의 반복으로 인해 자기존중감을 해칠 수 있는 학교를 다닐 수밖에 없다. 그런데 성인진입기는 필요하면 학교를 떠나 더 만족스럽고 좋아하는 전업 일을 할 수 있는데, 그 결과 자기존중감이 높아질 수 있다.

정체감 발달

성인진입기에 일어날 수 있는 다양한 유형의 정체감 발달을 서술하고 문화적·인종적 정체감 양상을 설명한다.

앞선 장에서 보았듯이 성인진입기의 핵심 특징은 이 시기가 정체감 탐색 시기라는 것이다. 성인진입기는 대부분의 사람들이 일과 사랑에서 명확하고 장기적인 선택을 하는 방향으로 나아가는 시기이다. 종종 이런 선택을 한다는 것에는 자신이 누구인지, 자신이 가고자 하는 인생에서 어디쯤 있는지, 무엇을 믿는지, 자신의 인생을 주변 세계와 어떻게 맞출 것인지에 관해 생각하는 것이 포함되어 있다. 이 기간 동안 탐색을 통해 다양한 측면, 특히 사랑과 일에서 성인 생활의 기초가 되는 정체감을 형성하게 된다.

이제 성인진입기는 정체감 발달에서 중요한 많은 발달과업이 이루어지는 인생 단계라는 사실이 학자들 사이에 널리 수용되고 있다(Cote, 2006; Lyckyx, 2008; Schacter, 2005; Schwartz, 2015). 그런데 정체감 연구의 역사에서 대부분은 초점이 청소년기에 맞추어져 있었다. 청소년기에 초점을 맞추게 된 것에는 에릭 에릭슨의 영향이 크지만, 이전에는 청소년기가 일과 사랑에서 주요 선택을 했던 인생 시기였기 때문이기도 하다. 우리는 에릭슨 이론과 청소년기의 정체감 발달에 관한 전통적 연구를 먼저 살펴보고, 그 다음 보다 최근의 성인진입기의 정체감 발달로의 전환에 관해 논의할 것이다.

에릭 에릭슨의 이론 에릭 에릭슨(Erikson, 1950)의 발달 이론에서 인생의 각 단계에는 핵심 위기가 있으며, 청소년기의 위기는 **정체감 대 정체감 혼미**(identity versus identity confusion)이다. 청소년기의 바람직한 길은 자신이 누구인지 그리고 자신이 세상과 어떻게 조화를 이루게 되는지에 관해 분명하고 명확하게 인식하는 것이다. 바람직하지 않은 모습은 정체감 혼미인데, 이는 안정적이고 확고한 정체감을 형성하지 못하는 것이다. 정체감 형성에는 자신의 특성, 능력, 관심사가 무엇인지를 숙고하고, 자신의 문화에서 가능한 선택 범위로 들어가서, 결국은 관여를 하는 것이 포함된다. 정체감이 형성되는 핵심 영역은 사랑, 일, 그리고 이데올로기(신념과 가치)이다(Erikson, 1968). 에릭슨의 견해에서 보면 청소년기 말기까지 이런 영역에서 관여를 확립하지 못한다는 것이 정체감 혼미를 반영해주는 것이다.

정체감 대 정체감 혼미 에릭슨 이론에서 청소년기의 심리적 위기로서 명확한 정체감을 설정하는 것 대 안정된 정체감 형성을 하지 못하는 정체감 혼미의 두 대안이 가능함

에릭슨에 따르면 정체감 발달에는 세 가지 핵심 요소가 있다. 첫째, 청소년들은 자신의 능력과 흥미를 갖고 있다. 이 나이가 되면 대부분의 사람들은 자신의 강점과 약점이 무엇인지, 그리고 가장 즐기는 것

과 가장 싫어하는 것이 무엇인지 인식한다. 둘째, 청소년들은 아동기에 형성했던 **동일시**를 되돌아본다(Erikson, 1968). 아동은 성장하면서 부모와 사랑했던 다른 사람들과 동일시한다. 즉 아동은 그들을 사랑하고 그들처럼 되고 싶어 한다. 따라서 청소년들은 아동기에 사랑했던 부모, 친구, 타인들을 본뜸으로써 부분적으로 정체감을 형성하는데, 이는 단순히 그들을 모방하는 것이 아니라 자신이 사랑했던 사람들의 행동과 태도의 일부를 자신의 성격에 통합함으로써 가능하다. 셋째, 청소년들은 사회에서 자신이 이용 가능한 기회를 갖고 있다. 스포츠, 음악, 예능에서 대단한 사람이 되기를 원하는 꿈이 있지만, 이런 영역에서 생계를 꾸릴 기회는 상대적으로 매우 적다(Scheider, 2009). 때로는 차별로 인해 기회가 제한되기도 한다. 아주 최근까지 여성들은 의학이나 법조계에서 직업을 갖는 것에 좌절당했고 심지어 차단되기도 하였다. 오늘날에도 여러 사회에서 소수 인종에게는 다양한 직업적 선택에 제한이 있다. 모든 사회에서 청소년들은 자신이 하고 싶은 것뿐만 아니라 자신에게 무엇이 허용되는지도 고려할 필요가 있다.

정체감 지위 모델 정체감 발달 상태를 혼미, 조기완료, 유예, 성취의 네 가지 범주로 분류하는 에릭슨의 정체감 발달 이론을 해석하는 모델

에릭슨의 이론을 가장 영향력 있게 해석한 사람은 제임스 마샤이다(Marcia, 1966; Marcia, 1980; Marcia, 1989; Marcia, 1999; Marcia, 2010; Marcia & Carpendale, 2004). 마샤는 청소년들의 자기정체감을 **혼미, 유예, 조기완료, 성취**의 네 가지 상태 중 하나로 분류하는 정체감 상태 면접(Identity Status Interview)이라 불리는 척도를 개발하였다. **정체감 지위 모델**(identity status model)로 알려진 네 가지 범주를 지닌 이 시스템은 마샤의 면접 대신 정체감 발달을 고찰하는 질문지를 구성했던 학자들도 사용하고 있다(예 : Adams, 1999; Benson et al., 1992; Grotevant & Adams, 1984; Kroger, 2007).

표 9.1에서 보는 바와 같이 정체감에 대한 각 분류는 탐색과 관여의 조합으로 구성되어 있다. 에릭슨(Erikson, 1968)은 젊은이들이 자신의 정체감을 형성하는 과정을 서술하기 위해 **정체감 위기**라는 용어를 사용했지만, 마샤와 다른 연구자들은 **탐색**이란 용어를 더 선호한다(Kroger, 2007; Marcia & Carpendale, 2004; Waterman, 2007). '위기'는 이 과정이 본래 고통과 투쟁을 포함하는 과정이라는 것을 내포하는 반면, '탐색'은 가능성에 대한 보다 긍정적인 고찰을 내포하고 있다.

혼미는 탐색도 없고 관여도 없는 정체감 상태이다. 정체감 혼미 상태에 있는 청소년들은 자신들에게 이용 가능한 선택 중 어느 것에도 관여하지 않는다. 더욱이 탐색도 일어나지 않는다. 이 상태에 있는 사람은 잠정적 선택을 자세히 살펴보지 않고, 지속적인 관여를 진지하게 시도하지 않는다.

유예는 탐색은 하지만 아직 관여는 없는 상태이다. 이 상태는 새로운 개인적·직업적·이념적 가능성을 적극적으로 찾으려는 상태이다. 청소년은 이용 가능한 가능성 중 어떤 것이 자신에게 최선인지를 결정하기 위해 새로운 가능성을 꼼꼼하게 살펴서 버릴 것은 버리고 선택할 것은 선택하는 식으로 추려낸다.

조기완료 상태에 있는 청소년은 다양한 가능성을 실험하지 않았음에도 불구하고 특정 선택에 관여한, 즉 관여는 하지만 탐색은 없는 사람이다. 이는 주로 부모의 강력한 영향의 결과이다. 마샤와 대부분의 다른 연구자들은 탐색을 건강한 정체감을 형성하는 데 필요한 부분으로 보며, 따라서 조기완료를 건강하지 않은 것으로 본다. 이 주제에 대해서는 잠시 후에 논의하게 될 것이다.

끝으로 탐색과 관여를 조합한 분류가 **성취**이다. 정체감 성취는 명확한 개인적 선택과 직업 선택, 이념적 선택을 내린 젊은이들의 상태이다. 정의상, 정체감 성취는 탐색이 일어나는 정체감 유예 시기 다음에 온다. 탐색 없이 관여가 일어나면 정체감 성취가 아니라 정체감 조기완료로 간주된다.

에릭슨은 청소년기를 정체감을 획득하는 단계로 지정하였고, 마샤의 모델을 사용한 연구는 대부분 청소년기에 초점이 맞추어져 있다. 하지만 여러 연구에서는 학자들이 기대했던 것보다 정체감 성취에 도달하는 데 많은 시간이 걸린다는 것이 밝혀졌다. 실제로 전부는 아니지만 대부분의 젊은이들이 성인진입기나 청소년기를 넘어선 시기에 이 상태에 도달한다.

표 9.1 네 가지 정체감 상태

		관여	
		예	아니요
탐색	예	성취	유예
	아니요	조기완료	혼미

12~18세의 청소년들을 비교한 연구는 나이가 들수록 정체감 혼미 범주에 속하는 청소년의 비율은 감소하고 정체감 성취에 속하는 청소년의 비율은 증가하지만, 성인진입기 초기까지조차 정체감 성취 상태에 도달하는 비율은 절반이 되지 않음을 보여주고 있다(van Hoof, 1999; Kroger, 2003; Meeus et al., 1999; Waterman, 1999).

대학생을 대상으로 한 연구는 대학 4년 동안 정체감 성취가 점진적으로 이루어지는데, 일반적 정체감보다는 주로 구체적인 직업적 정체감 영역에서 일어남을 보여준다(Waterman, 1992). 일부 연구는 정체감 성취는 대학에 다니지 않는 성인진입기 성인들에게서 조금 더 빨리 올 수 있음을 보여주는데, 이는 아마도 대학이라는 환경이 젊은이들의 자신에 관한 생각이 도전을 받고, 이전에 갖고 있던 생각에 의문을 갖도록 격려받는 장소이기 때문일 것이다(Lytle et al., 1997; Munro & Adams, 1997). 그런데 대학에 다니지 않은 성인진입기 성인 역시 대다수는 21세가 되어서야 정체감 성취 상태에 도달한다(Kroger et al., 2010; Waterman, 1999).

50년 전 이미 에릭슨은 선진국에서 젊은이들이 정체감 형성하는 데 보다 많은 시간이 걸렸음을 관찰하였다. 에릭슨은 선진국에서 점점 더 보편화되어가고 있는 '연장된 청소년기'와 이것이 어떻게 정체감 형성의 시기가 연장되는 것에 영향을 주는지에 관해 "젊은 성인들은 자유로운 역할 실험을 통해 자신이 속한 사회에서 자기 정체감의 적재적소를 찾을 수 있다"(1968, p. 156)라고 언급을 하고 있다. 1960년대 에릭슨이 관찰한 이후 발생한 변화를 생각해보면, 교육이 길어지고 결혼과 부모 됨도 훨씬 늦어지는 것을 포함하여 에릭슨의 관찰은 그 당시보다는 오늘날의 젊은이들에게 더 잘 적용된다(Schwartz et al., 2014). 실제로 인생의 고유한 한 시기로서 성인진입기 개념은 상당 부분 최근 수십 년에 걸쳐 많은 젊은이들에게서 10대 후반과 20대 초기가 '자유로운 역할 실험'을 하는 시기가 되었다는 사실에 근거를 두고 있다(Arnett, 2000; Arnett, 2004; Arnett, 2015). 앞선 세대와 비교해볼 때 많은 성인진입기 성인들은 자신의 10대 후반과 20대를 사랑, 일, 이념에서 정체감을 탐색하는 데 사용하면서 성인 정체감의 성취는 더 늦어지고 있다.

문화와 정체감 에릭슨의 이론에 영향을 받은 대부분의 연구는 미국, 캐나다, 유럽에서 백인 중산층 청소년들을 대상으로 진행되었다(Schwartz et al., 2014). 다른 나라의 청소년과 성인진입기 성인들의 정체감 발달에 관해서는 무슨 말을 할 수 있을까? 에릭슨은 자신의 이론의 근거를 역사적·문화적 맥락에서 찾으려 했지만(Erikson, 1950; Erikson, 1968; Kroger, 2002) 정체감 발달에 관한 그의 논의는 사랑, 일, 이념에서 자유 선택을 하는 독립된 자기를 가정한다. 에릭슨의 정체감 이론은 젊은이들이 고유한 개인으로서 자신에 대한 이해를 어떻게 발달시키느냐에 초점을 두고 있다. 그런데 앞 장에서 논의했듯이 이런 자기개념은 서구에서 두드러진 것이며 역사적으로 최근의 것이다(Markus & Kitiyama, 1991; Shweder et al., 2006). 대부분의 문화에서 최근까지 자기는 독립적이라기보다는 타인과의 관계에서 규정되는 상호의존적인 것으로 이해되어왔다. 오늘날에도 청소년기의 정체감 이슈의 중요성에 대한 에릭슨의 주장은 다른 문화권의 청소년보다는 현대 서구 청소년에게 더 잘 적용될 수 있다. 예를 들어, 사랑에 대한 탐색은 데이트가 허용되지 않고 부모가 결혼을 지정해주거나 부모에 의해 강하게 영향을 받는 문화에서는 명확하게 제한되어 있거나 존재하지 않게 된다. 일에 대한 탐색은 경제가 단순하고 선택이 적은 문화

역사적으로 보면 대부분의 문화에서 젊은이들은 자신의 신념보다는 자신의 부모가 믿는 것을 믿도록 기대를 받는다.

에서 제한된다.

사랑과 일 모두에서 탐색에 대한 제한은 선진국의 소년보다는 소녀들에게서 더 좁아지는 경향이 있다. 사랑과 관련하여 성적 실험은 대부분의 문화에서 남성 청소년에게 어느 정도 허용하지만, 소녀에게는 성적 실험이 제한되거나 금지될 가능성이 높다(Schlegel, 2010). 일과 관련하여 오늘날 대부분의 전통 문화에서 그리고 모든 문화의 대부분의 역사에서, 여성 청소년은 그 문화에 의해 아내와 어머니 역할을 위한 존재로 인식되어왔는데, 이는 그들에게 가능한 유일한 선택이었다.

이데올로기 관점에서도 심리적 유예는 표준적 상황이 아니라 예외였다. 대부분의 문화에서 젊은이들은 성인들이 믿도록 가르침 받은 것을 의문 없이 믿도록 요구받았다. 그런데 이런 기대가 변해 청소년과 성인진입기 사람들이 자신을 생각하고, 자신의 신념을 결정하며, 자신의 삶을 독립적으로 선택하는 것이 바람직한 것으로 간주하게 된 것은 최근의 일이며, 주로 서구 선진국에서의 모습이다(Bellah et al., 1985; Arnett, 1998).

중요한 문화적 차원을 가진 또 다른 정체감 이슈는 국제화가 정체감, 특히 청소년과 성인진입기 사람들에게 어떻게 영향을 미치는가 하는 것이다(Arnett, 2002; Arnett, 2011). 국제화로 인해 전 세계에 있는 보다 많은 젊은이들이 이제 **이중문화 정체감**(bicultural identity)을 발달시키는데, 즉 자신의 정체감의 일부는 자신의 지역 문화에 뿌리를 두고 있고 다른 부분은 국제적 문화와의 관계에 대한 자각에서 나온다. 예를 들어, 인도는 활발하게 도약하고 있는 최첨단 기술의 경제 지역을 갖고 있는데, 주로 젊은이들에 의해 주도되고 있다. 그런데 글로벌 경제에 관해 자격을 제대로 갖춘 수준 높은 교육을 받은 젊은이들조차도 여전히 인도 전통에 따른 중매결혼을 더 선호한다(Chaudhary & Sharma, 2012). 또한 일반적으로 이들은 인도 전통에 따라 늙은 부모를 보살핀다. 따라서 인도의 젊은이들은 글로벌 경제에 참여하여 급속히 발전하는 첨단 기술의 세계에서 성공하기 위한 하나의 정체감과, 함께 가족과 자신의 개인적 삶과 관련되어 유지되고 있는 인도 전통에 뿌리를 두고 있는 또 다른 정체감을 지니고 있다.

이중문화 정체감 명백하게 서로 다른 두 측면에 대한 정체감. 예를 들어, 한 측면은 지역 문화이고 다른 측면은 전체 문화이거나, 또는 한 측면은 특정 인종 집단에 속하고 다른 측면은 다른 인종 집단에 속하는 것

인종 정체감 국제화의 결과로 발생하는 복잡한 정체감 이슈에 더하여 많은 사람들이 소수 인종 집단 구성원이 많아지고 있는 도전적 상황에 직면하게 된다. 실제로 최근 몇십 년 동안 전 세계적 이민이 전례 없이 높은 수준으로 증가하면서 이전보다 더 많은 사람들이 이 문제를 경험하고 있다(Berry et al., 2006; Phinney, 2006).

다른 정체감 이슈와 마찬가지로 인종 정체감 이슈도 청소년기 초기에 나타나서 성인진입기까지 계속 그 중요성이 증가한다(Pahl & Way, 2006; Syed & Mitchell, 2015). 소수 인종 집단에 속하는 청소년과 성인진입기 사람들은 자기성찰에 필요한 인지적 역량 성장을 통해 자신에게 인종 정체감이 무엇을 의미하는지 분명하게 알고 있다. 청소년과 성인진입기 사람들이 이제는 이 용어가 무엇을 의미하는지, 그리고 자신이 속한 소수 인종 집단을 나타내는 이런 용어가 자신에게 어떻게 적용되는지 생각할 수 있기 때문에, 아프리카계 미국인, 중국계 캐나다인, 터키계 독일인과 같은 이중문화 정체감은 새로운 의미를 갖게 된다. 또한 타인이 자신을 어떻게 생각하는지를 생각하는 능력이 증가됨으로써 청소년과 성인진입기 사람들은 타인들이 지니고 있는 자신의 인종 집단에 대한 편견과 고정관념을 보다 정확하게 알게 된다.

성인진입기에는 대학이나 직장과 같은 새로운 사회적 맥락에 들어가 다양한 인종 배경을 지닌 광범위한 사람들을 만나면서 집단인종 정체감 이슈는 보다 두드러지기 십상이다(Phinney, 2006). 아동과 청소년은 대부분 자신과 동일한 인종 집단 속에 있을 가능성이 높지만, 성인진입기 사람들은 보다 다양한 인종 집단의 새로운 맥락 속에 들어가 자신의 인종 정체감을 보다 명확하게 인식하게 될 것이다(Syed & Azmitia, 2010). 예를 들어, 대학에 입학하면 여러분은 이전에 알고 있는 사람이 아니라 다양한 인종 배경을 지닌 사람들을 접촉하게 된다.

소수 인종 집단의 구성원인 청소년과 성인진입기 사람들은 인종 정체감 이슈에 당면해야만 하는데, 그들의 정체감 발달은 다수 집단의 구성원에 비해 더 복잡할 가능성이 높다(Phinney, 2000, 2006; Syed & Mitchell, 2015). 예를 들어, 사랑이란 영역에서 정체감 발달을 생각해보자. 데이트와 성경험과 관련된 사랑은 소수 인종 집단의 청소년과 성인진입기 사람들에게는 특히 문화적 갈등이 일어나기 십상인 영역이다. 예를 들어, 미국 다수 문화에 속한 사람들이 타인과 정서적으로 친밀한 관계를 맺고 성적 경험을 하는 것은 정체감 발달의 일부로 사랑에서 다양한 가능성을 시험해보는 것을 의미한다. 그러나 이 모델은 특정 소수 인종 집단의 가치와 강력한 갈등을 일으킬 수 있다. 예를 들어, 대부분의 아시아계 미국인 집단에서는 단순히 즐기는 데이트는 인정하지 않으며, 특히 여성에게는 결혼 전에는 성적 실험이 금기시되어 있다(Qin, 2009; Talbani & Hasanali, 2000). 아시아계 미국인 소수 집단의 젊은이들은 학교, 미디어, 동료들을 통해 불가피하게 접하는 대다수 문화에서 가치롭게 여기는 이슈에서 자신이 속한 인종 집단의 가치와 타협을 해야 하는 문제에 직면한다.

그렇다면 서구 사회에서 소수 집단에 속한 젊은이들의 정체감 발달은 어떻게 일어나는가? 정체감 발달에 대다수 문화의 가치를 어느 정도 반영하며, 자신이 속한 소수 인종 집단의 가치는 어느 정도 고수하는가? 미국에 사는 소수 집단을 대상으로 이런 질문에 관한 광범위한 연구를 수행한 학자가 진 피니이다(Phinney, 1990; Phinney, 2000; Phinney, 2006; Phinney, 2010; Phinney & Devich-Navarro, 1997). 연구에 기초하여 피니는 소수 집단의 젊은이들이 자신의 인종성 자각에 대응하는 네 가지 다른 방식이 있음을 결론 내리고 있다(**표 9.2** 참조).

동화란 자신이 속한 인종 집단의 방식을 뒤로 하고 대다수 문화의 가치와 삶의 방식을 채택하는 선택이다. 이는 한 사회는 다양한 기원을 지닌 사람들을 하나의 국민적 문화로 녹여내는 용광로라는 생각을 반영한다. **주변성**은 자신이 속한 원래 문화를 거부하면서, 대다수 문화로부터 거부당하고 있다고 느끼는 것이다. 일부 젊은이들은 자신의 부모와 조부모의 문화에 거의 동일시하지 못하며, 동시에 더 큰 다수 사회에서 수용되고 통합된다는 것을 느끼지도 못한다. **분리**란 자신의 인종 집단 사람들과만 연결되어 있고 대다수 문화가 추구하는 방식은 거절하는 접근이다. **이중문화주의**는 이중의 정체감을 발달하는 것으로, 한 정체감은 자신의 원래 인종 집단에 근거를 둔 것이고 다른 하나는 대다수 문화에 근거를 둔다. 이중문화적이 된다는 것은 자신의 인종 집단과 대다수 문화를 오가는 것을 의미하며, 또한 각 상황에 적절한 정체감을 교대로 사용한다는 것을 의미한다.

이런 정체감 상태 중 어느 것이 소수 인종 집단에서 가장 흔한 것일까? 인종 정체감은 잠정적으로 성

표 9.2 네 가지 인종 정체감 상태

		인종 집단과의 동일시	
		높음	낮음
다수 문화와의 동일시	높음	이중문화	동화
	낮음	분리	주변성

예

동화 : "나는 정말로 내가 아시아계 미국인이라고 전혀 생각하지 않는다. 나는 미국인이다."

분리 : "나는 두 문화의 일부가 아니다. 나는 흑인이다."

주변성 : "나는 인디언 친구와 함께 있을 때에는 내가 백인이라고 느낀다. 그런데 백인 친구와 함께 있을 때에는 내가 인디언이라고 느낀다. 나는 내가 어느 쪽에 속하는지 정말로 잘 모르겠다."

이중문화 : "멕시코인도 되고 미국인도 된다는 것은 두 문화에서 가장 좋은 것을 가진다는 것을 의미한다. 당신은 상이한 상황에 맞게 끌어낼 수 있는 상이한 강점을 지니고 있다."

출처 : Based on Phinney & Devich-Navarro (1997)

인진입기에 가장 두드러지지만, 현재까지 대부분의 연구들은 청소년을 대상으로 수행되어 왔다(Phinney, 2006). 이중문화적 상태는 멕시코계 청소년과 아시아계 청소년 사이에 가장 흔한데, 이는 네덜란드에 사는 터키 청소년과 같은 일부 유럽계 소수 집단에서도 그렇다(Neto, 2002; Rotheram-Borus, 1990; Phinney, Dupont, et al., 1994; Verkuyten, 2002). 그리고 분리는 아프리카계 미국 청소년 가운데 가장 흔한 인종 정체감 상태이며, 주변성은 미국 원주민 청소년들에게 가장 흔하다. 물론 각 인종 집단 자체가 다양하고, 각 인종 집단 안에서 청소년들의 인종 정체감 상태도 매우 다양하다. 청소년들은 자신이 속한 집단이 소수 집단에 있는 맥락에서 자신의 인종 정체감을 보다 잘 인식하는 경향이 있다. 예를 들어, 한 연구에서 라틴계가 아닌 사람들이 대다수인 학교에 다니는 라틴계 청소년들은 라틴계가 주가 되거나 라틴계와 비라틴계가 비슷한 학교에 다니는 청소년들에 비해 인종 정체감 수준이 유의하게 더 높았다(Umaña-Taylor, 2005).

이중문화주의는 이중적 정체감을 발달시킨다는 것을 의미한다. 한 정체감은 인종 문화에 관한 것이고, 다른 하나는 다수 문화에 관한 것이다.

인종 정체감은 청소년기와 성인진입기 발달의 다른 측면들과 관련되어 있는가? 이중문화주의이거나 동화된 청소년들이 자기존중감이 더 높다는 것을 발견한 연구들이 있다(예 : Farver et al., 2002). 나아가 일부 연구에서는 강력한 인종 정체감을 갖는 것이 전반적 웰빙, 학업 성취, 그리고 위험 행동률의 감소 등과 같은 다양한 긍정적 발달 측면과 연관되어 있음을 발견하였다(Giang & Wittig, 2006; St. Louis & Liem, 2005; Syed & Mitchell, 2015; Yasui et al., 2005).

젠더발달 : 문화적 신념과 고정관념

최근 미국의 성 신념에서의 변화를 요약하고 대학생들의 성 고정관념에 관한 연구에서 얻은 발견을 정리한다.

성인진입기는 많은 사람들이 직장에서 남녀가 함께 일을 하는 시기이기 때문에 젠더발달에서 중요한 시기가 된다. 이들은 이 단계에서 보다 선명하게 직업적 역할 및 포부와 관련된 젠더에 관한 사회의 신념을 접하게 된다.

최근 미국 사회에서 늘어나고 있는 젠더에 관한 문화적 신념이 존재하는가? 미국 성인을 대상으로 매년 실시되는 전국 조사인 GSS(General Social Survey) 결과는 **그림 9.11**에서 보여주듯이 최근 수십 년 동안 보다 양성 평등적인 태도로 변화되고 있음을 명료하게 보여주고 있다(Cotter et al., 2009). 1977년과 비교하여 오늘날 미국 성인들은 남성이 더 좋은 정치인으로 될 것이라는 생각은 줄고, 여성을 집안일을 담당해야 하는 사람으로 덜 인식하며, 일하는 여성들도 자녀와 따뜻한 인간관계를 형성할 수 있다는 생각이 늘고, 어머니가 직장을 다니는 미취학 아동들은 괴로울 것이라고 생각하는 양상은 줄어든 것으로 나타났다. 반면에 GSS 연구 결과는 문항에 따라 4분의 1에서부터 3분의 1 이상까지 상당한 비율의 미국인들이 전통 문화에서 우리가 보아왔던 것과는 다르지 않은 성역할에 대한 생각을 여전히 갖고 있음을 보여준다. 즉 남성은 힘이 있어야 하고 세상에서 잘 나가기 위해 노력해야만 하는 반면, 여성은 아이를 보살피고 집안 일을 담당하는 데 집중해야만 한다는 것이다.

미국 사회에 사는 사람들이 아동기와 청소년기에 남성과 여성에 대해 차별적인 젠더 사회화를 경험한다면, 성인진입기에 도달하기까지 남성과 여성에게 상이한 기대를 갖는다는 것은 놀랄 만한 일이 아니다

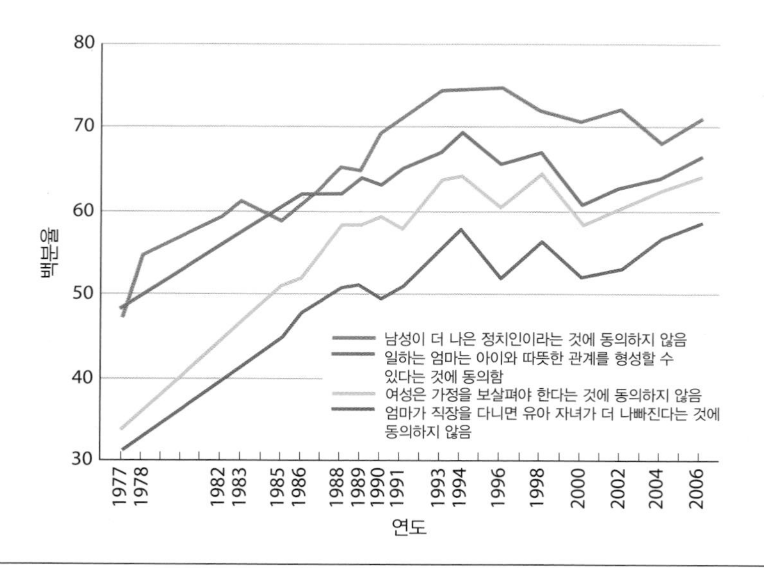

그림 9.11 성역할에 대한 미국인의 태도 변화(1977~2006)

최근 몇십 년에 걸쳐 성역할에 관한 관점은 덜 전통적으로 되었다.
출처 : General Social Survey(GSS), 1977~2006

(Norona et al., 2015). 성인기 젠더 기대에 관한 대부분의 연구는 사회 심리학자들에 의해 수행되어왔다. 그런데 사회 심리학자들은 주로 대학 학부생들을 연구 대상으로 사용하기 때문에, 이 연구들의 상당 부분은 성인진입기의 젠더에 관한 입장 연구가 된다. 사회 심리학자들은 특히 성 고정관념에 초점을 맞추어왔다. **고정관념**(stereotype)은 사람들이 다른 사람들이 특정 집단의 구성원이라는 이유로 특정한 속성을 지니고 있다고 믿을 때 생긴다. 그다음 성 고정관념으로 인해 그들이 남성인지 아니면 여성인지에 근거하여 특정 속성을 타인들에게 귀인한다(Kite et al., 2008).

성인진입기와 관련하여 특히 흥미로운 한 영역은 일과 관련된 대학생의 성 고정관념에 관한 연구이다. 대체로 이 연구는 대학생들이 여성의 직업 수행을 남성의 직업 수행보다 덜 호의적으로 평가한가는 것을 보여준다. 고전적인 한 연구에서 여대생들에게 다양한 영역의 전문가들이 쓴 것으로 짐작되는 몇 개 논문의 질을 평가하게 하였다(Goldberg, 1968). 일부 논문은 주제가 다이어트처럼 고정관념적으로 여성적 영역이었고, 일부 논문은 도시계획처럼 고정관념적으로 남성적 영역이었으며, 일부는 성 중립적 영역이었다. 각 논문은 내용이 동일한 두 가지 버전이 있었는데, 예를 들어, 하나는 저자가 'John McKay'이고 다른 하나는 저자가 'Joan McKay'였다. 연구 결과 여대생들은 저자가 남성이라고 생각할 때 그 논문의 질을 더 높게 평가하였다. 여성적 영역의 논문조차도 저자가 남성이라고 생각할 때 더 좋은 것으로 평가되었다. 남자 대학생과 여자 대학생 모두를 대상으로 한 연구에서도 유사한 결과를 발견하였다(Cejka & Eagly, 1999; Paludi & Strayer, 1985). 최근 연구에서도 일관되게 일과 관련된 강력한 성 고정관념이 발견되었다(Cabrera et al., 2009; Johnson et al., 2008; White & White, 2006). 남성들의 일이 보다 우호적으로 평가되는 경향이 모든 연구에서 발견되는 것은 아니지만, 차이가 있다면 남성에게 더 우호적인 경향이 있다는 것이었다.

한 연구에서는 성 고정관념은 엔지니어 부서에서 장이 된 여성처럼 성 불일치 직업에서 높은 지위를 갖는 사람들에게 특히 더 가혹할 수 있다는 것을 보여준다(Brescoll et al., 2010). 대학생들에게 성 일치 직업이나 성 불일치 직업에서 리더의 성공적 수행 또는 실수를 서술하는 내용을 읽게 한 후, 그 리더의 역량을 평가하게 하였다. 성 불일치 직업에서 실수를 한 리더는 역량평가에서 가장 낮게 평가되었다.

젠더 관련 평가는 평가자의 연령에 따라 달라질 수 있다. 한 연구는 초기 청소년기 남자, 후기 청소년

고정관념 특정 집단에 속한 구성원이라는 이유로 단순하게 특정 특성을 갖고 있다는 믿는 신념

기 남자, 그리고 대학생 남자를 비교하였다(Lobel et al., 2004). 참가자들에게 성 고정관념적으로 행동하거나 성 고정관념과 반대되는 행동을 하는 남성(보통의 남성 후보자와 탁월한 남성 후보자)에 관한 진술을 주고 두 후보 중 어느 사람을 선택할지 표시하게 하였고, 또한 다른 사람들이 각 후보자를 선택할 가능성도 평가하게 하였다. 그리고 선택된 특정 후보자가 어느 정도 성공할지 있을지 추측하게 하였다. 성 고정관념과 일치하는 후보자에 대한 선호는 성인진입기 대학생들보다 청소년에게서 더 많았다. 청소년 초기와 청소년 후기 간에는 차이가 없는 것으로 나타났다. 이는 성 고정관념은 청소년기에서 성인진입기로 가면서 약화될 수 있음을 시사한다.

여러분은 여성 기계공이 남성 기계공보다 덜 유능하다고 생각하는가? 일과 관련된 성 고정관념은 여전히 강하게 남아 있다.

정서와 사회성 발달 : 문화적 신념

아동과 청소년은 자신이 속한 문화에 고유한 문화적 신념을 배우며, 성인진입기까지 이런 신념으로 구성된 세계관을 발달시킨다. 그런데 신념은 성인진입기와 그 이후에도 계속 발달한다. 성인진입기에는 종교와 정치 영역에서 신념과 행동이 두드러지게 발달한다.

종교적 발달

스미스와 스넬의 미국인의 성인진입기 종교적 신념과 실천에 관한 제안을 요약한다.

크리스티안 스미스와 패트리샤 스넬은 미국의 성인진입기 성인들의 종교적 발달에 관해 선행 연구들보다 훨씬 더 깊이 있고 자세히 다룬 기념비적 연구를 수행하였다(Smith & Snell, 2010). 이 연구에는 37개 주에서 2,500명 이상의 성인진입기 사람들(18~23세)을 대상으로 한 설문조사 자료와 250명의 면접 자료가 포함되어 있다. 이 연구에 참여한 성인진입기 사람들 대부분은 이 연구 앞서 5년 전에 이루어진 스미스의 청소년의 종교 발달에 관한 연구에 참여한 사람들이었다.

전반적으로 청소년기에서 성인진입기로 가면서 행동과 신념 둘 모두에서 종교성은 감소하였다. 성인진입기 사람들의 약 30%만이 적어도 한 달에 한 번 예배에 참석하였고, 과반 이상의 사람들은 1년에 겨우 몇 번만 예배에 참석하였다. 신념이 행동보다는 더 강한 것으로 나타났다. 44%는 자신의 삶에서 종교적 신념이 '매우' 중요하다 또는 '대단히' 중요하다고 보고하였으며, 75%는 신을 믿는다고 보고하였다. 그럼에도 불구하고 이 수치는 자신들이 청소년기에 보고했던 것에 비해 더 낮았다.

청소년기와 마찬가지로, 성인진입기의 종교적 신념은 매우 개인화되어 있었다. 전통적 종교 교리를 수용하는 성인진입기 사람들은 거의 없었으며, 대신 이들은 자신의 부모를 비롯한 다양한 원천으로부터 학습한 것을 토대로 부분적으로 구성한 자신의 종교적 신념에 대해 자기 나름의 관점을 채택하고 있었다. 따라서 종교 교파는 이들 대부분에게 큰 의미가 없었다. 이들은 실제로 각 신념에 속하는 전통적 교리에 언급된 많은 것을 믿지 않거나 예배에 참석하지 않은 채 자신이 '가톨릭'이나 '장로교' 또는 '유대교' 신자라고 말할 수 있었다. 실제로 개신교 신자의 38%와 가톨릭 신자의 35%는 자신은 결코 예배에 참석하지 않는다고 보고하였다. 종교에 대한 이런 개인화된 접근은 성인진입기에 종교적 다양성을 낳게 되는데, 이 다양성은 가장 덜 종교적인 것에서부터 매우 종교적인 것에 이르는 네 가지 범주로 구분될 수 있으며, 다음에 그 네 가지 유형이 제시되어 있다.

- 불가지론자/무신론자(40%) : 여기에는 신을 믿지 않거나(무신론자) 신이 존재하는지 아닌지 알 수 없다고 믿는(불가지론자) 사람들이며, 종교에 대한 의견이 없다고 말하거나 종교에 대해 생각해보지 않은 사람들도 포함된다. 일부는 강력한 반종교적 사람들이지만, 이 범주에 속하는 대부분의 젊은 사람들에게 종교는 자신의 삶과 무관하다.
- 자연신 교도(15%) : 이 범주에 속하는 성인진입기 사람들은 신이나 일종의 영적 힘 같은 무엇인가가 있다는 것을 믿지만, 이것을 넘어 무엇을 믿어야 할지는 모른다.
- 진보적 신자(30%) : 종교를 갖게 될 때, 여기에 속하는 성인진입기 사람들은 자신이 원하는 것을 취하고 나머지는 무시한다. 즉 이들은 자신에게 맞는 특정 교파 신앙의 부분만을 믿으며, 종종 다른 종교와 대중문화에 포함된 다른 요소들을 첨가하기도 한다.
- 보수적 신자(15%) : 이들은 전통적이고 보수적인 신앙을 가진 성인진입기 사람들이다.

청소년기에서와 마찬가지로 성인진입기의 종교적 신앙은 다양한 긍정적 특성과 연관되어 있다. 스미스와 스넬(Smith & Snell, 2010)은 성인진입기 사람들에게서 종교적 신념과 참여는 웰빙과는 더 높게 관련되는 반면, 다양한 위험 행동과는 더 낮게 관련됨을 발견하였다. 아프리카계 성인진입기 사람들과 유럽계 성인진입기 사람들을 비교한 다른 연구는 아프리카계 미국인이 종교적 신념에 의존함으로써 스트레스에 대한 대응을 더 잘하며, 따라서 유럽계 미국인에 비해 불안 증상을 덜 경험한다고 보고하고 있다(Chapman & Steger, 2010). 이 결과는 아프리카계 미국인이 유럽계 미국인보다 더 종교적인 경향을 보인다는 다른 연령을 대상으로 한 연구 결과와 일치한다(Dilworth-Anderson et al., 2007).

정치적 발달

성인진입기 성인들이 종종 정치적 운동의 최전선에 있는 이유를 설명하고 이것을 관습적 정치에의 관여와 대비한다.

대부분의 나라에서 18세는 최초로 투표권을 갖는 나이여서 정치적 발달은 성인진입기에 중요한 이슈가 될 것으로 기대할 수 있다. 그러나 성인진입기 사람들 중에 정치적 관여는 매우 낮은 편이다(Núñez & Flanagan, 2015). 캐나다와 미국에서와 마찬가지로 유럽에서 투표율과 정당 가입 등과 같은 전통적 측정치로 보면 성인진입기 사람들의 정치적 참여는 현저히 낮다(Barrio et al., 2007; Botcheva et al., 2007; Meeus, 2007; Sears et al., 2007). 성인진입기 사람들은 성인과 비교해서 정치적 참여가 낮을 뿐 아니라 이전의 젊은 세대와 비교해도 정치적 참여가 낮다. 이들은 정치인의 동기에 대해 회의적이기 때문에 정당 활동을 자신의 삶과 관련없는 것으로 보는 경향이 있다. 유럽 8개국의 젊은이들에 관한 한 연구는 정치권과 정치 시스템에 대한 낮은 신뢰가 청소년기에서부터 성인진입기에 걸쳐 일관된다는 것을 보고하고 있다(Hooghe & Wilkenfeld, 2008).

그런데 기성 정치에 관한 거부를 자신이 속한 공동체, 사회를 더 나은 세상으로 개선하는 것에 대한 관심 부족으로 해석해서는 안 된다. 많은 나라에서 성인진입기 사람들은 더 나이 든 사람들에 비해 환경보호나 전쟁과 인종차별주의를 반대하는 노력처럼 특정 주제에 헌신하는 단체에 더 잘 참여한다(Goossens & Luyckx, 2007; Meeus, 2007; Núñez & Flanagan, 2015). 미국의 대학 신입생을 대상으로 한 국가적 조사에서 28%만이 정치에 관심이 있다고 말하였고, 반면에 81%는 자원봉사를 하고 있었으며, 45%는 정치적 시위에 참여하였다(Kellogg, 2001). 또한 성인진입기는 평화봉사단, 봉사단, 교사양성 프로그램과 같은 자원봉사 프로그램에 1~2년 정도 헌신하는 시기이기도 하다(Arnett, 2015). 종종 기성 정치에 실망한 성인진입기 사람들은 자신의 에너지를 자신에게 중요한 특정 영역으로 돌리게 되는데, 이를 통해 사회가 진정으로 한걸음 진보할 수 있다고 믿는다.

성인진입기 사람들은 저항, 혁명 운동, 테러를 포함한 극단적 정치 운동에 관여해왔다. 일반적으로 극단적 정치 집단의 지도자의 연령이 중년기나 그 이후이지만, 이들을 따르는 열혈 추종자들은 흔히 성인진입기 사람들이다. 이에 관한 최근의 역사적 사례가 많다. 1966년부터 1975년까지 중국에서 발생한 문화혁명은 중국 공산주의의 순수성을 해치는 대량 학살과 불특정 다수를 향한 폭행이 자행된 사건으로, 마오쩌둥 주석과 그의 부인인 장칭에 의해 선동되었지만, 사실상 그 실행은 거의 전적으로 열렬한 중국 성인진입기 사람들에 의해 이루어졌다(MacFarquhar & Schoenhals, 2006). 서구 문명(특히 미국)을 표적으로 한 무슬림 극단주의에 의해 발생한 9.11 테러 공격은 나이 든 사람들에 의한 것이었지만, 실행은 전적으로 18~29세에 이르는 젊은이들에 의해 자행되었다(Sen & Samad, 2007).

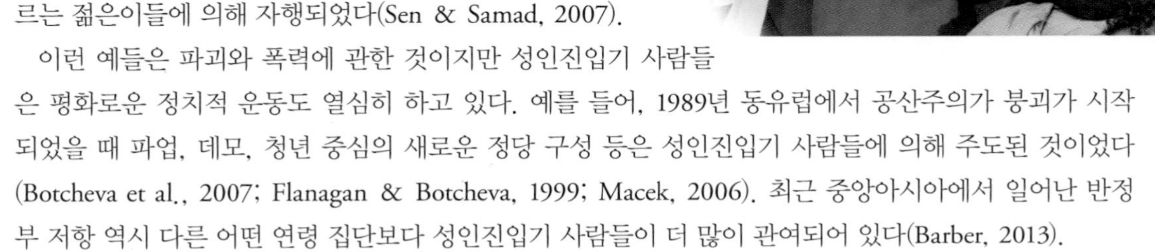

성인진입기 사람들은 종종 정치적 운동의 선봉에 있게 된다. 여기 성인진입기 사람들이 카이로에 있는 타흐리르 광장에서 반정부 운동에 참가하고 있다. 이와 같은 데모는 2011년 정부에 대한 평화적인 타도를 이끌어 냈다.

이런 예들은 파괴와 폭력에 관한 것이지만 성인진입기 사람들은 평화로운 정치적 운동도 열심히 하고 있다. 예를 들어, 1989년 동유럽에서 공산주의가 붕괴가 시작되었을 때 파업, 데모, 청년 중심의 새로운 정당 구성 등은 성인진입기 사람들에 의해 주도된 것이었다(Botcheva et al., 2007; Flanagan & Botcheva, 1999; Macek, 2006). 최근 중앙아시아에서 일어난 반정부 저항 역시 다른 어떤 연령 집단보다 성인진입기 사람들이 더 많이 관여되어 있다(Barber, 2013).

왜 성인진입기 사람들이 극단적 정치 운동에 특히 더 많이 관여하는가? 한 가지 이유는 이들이 다른 연령의 사람들에 비해 사회적 연대와 의무감이 더 많다는 것이다(Arnett, 2005). 아동과 청소년은 부모에 의해 참여를 저지당한다. 성인 초기, 성인 중기, 성인 후기 사람들은 자신에게 의지하는 사람(특히 배우자와 자녀)에게 헌신함으로써 정치적 관여를 그만둘 수 있다. 그에 반해 성인진입기는 사회적 관여와 사회적 통제가 낮은 시기이다. 성인진입기 사람들은 다른 연령 시기 사람들보다 더 자유로운데, 이 자유가 일부 사람들에게 극단적 정치 운동을 하도록 이끌 수 있다.

가능한 또 다른 이유는 관여가 정체감과 관련된다는 것이다. 앞서 보았듯이 정체감 탐색의 한 영역은 이데올로기 또는 세계관이다(Arnett, 2015; Erikson, 1968). 성인진입기는 세상을 설명할 수 있는 이념적 틀을 찾고 있는 시기인데, 일부 성인진입기 사람들은 극단적 정치적 운동이 제공하는 명확한 대답에 매료될 수 있다. 극단적 정치적 이념을 수용한다는 것은 이념적 설명이 지닌 불확실성과 회의를 수반하는 불편감을 줄일 수 있다. 그러나 다음과 같은 의문은 여전히 남는다. 왜 성인진입기의 극히 일부 사람들은 이런 극단적 운동을 하고, 나머지는 그렇지 않은가?

정서와 사회성 발달 : 성인진입기의 사회적 맥락과 문화적 맥락

성인진입기는 사회문화적 맥락이 어느 정도 깊고 극적인 방식으로 변화하는 인생 단계이다. 대부분의 나라에서 영아기에서부터 청소년기까지는 가족이라는 맥락 안에서 살다가 성인진입기가 되면 부모의 집에서 나오게 되는데, 이 과정을 통해 자신에게로 향한 부모의 영향을 줄이고 일상생활을 스스로 더 통제할 수 있게 된다. 친구는 매우 중요한데, 특히 낭만적 이성관계가 없는 성인진입기에는 더 그렇다. 친밀감이 깊어짐에 따라 낭만적 관계가 새로이 중요해지며, 성인진입기 사람들은 사랑하는 한 사람의 파트너와 지속적인 관여를 하는 방향으로 나아가게 된다. 인터넷과 휴대전화 같은 새로운 미디어는 오락과 즐거움의 한 원천이 된다.

가족관계

미국과 유럽에서 성인진입기 성인들이 집을 떠나 독립하는 양상과 이러한 전환이 부모와의 관계에 어떤 영향을 주는지 서술한다.

대부분의 서구 문화에서 젊은 사람들은 성인진입기 동안 부모의 집에서 나오게 된다. 집을 떠나는 일반적 이유는 대학에 입학하고 파트너와 동거하거나 단순하게 독립하려는 바람 때문이다(Goldscheider & Goldscheider, 1999; Seiffge-Krenke, 2009).

전형적으로 부모와 성인진입기 자녀와의 관계는 자녀가 집을 떠나면서 개선된다. 집을 떠난 자녀의 부재는 서로의 관계를 더 좋게 만든다. 여러 연구들에서 성인진입기 사람들은 집을 떠나온 후 부모와 더 가깝다고 느끼고 부정적 감정은 더 줄어들었음을 일관되게 보고하고 있다(Aquilino, 2006; Arnett & Schwab, 2012, 2013; Fingerman & Yahirun, 2015). 그리고 집을 떠나온 성인진입기 사람들은 집에 머물러 있는 사람들에 비해 부모와 더 잘 지내는 경향이 있다. 예를 들어, 21세를 대상으로 한 연구에서 부모로부터 적어도 차로 한 시간 이상의 거리에 떨어져 있는 사람들이 부모와 가장 가깝게 지내며 부모의 의견을 가장 존중하는 것으로 나타났다(Dubas & Petersen, 1996). 집에 남아 있는 성인진입기 사람들은 부모와의 관계가 가장 좋지 않았고, 부모와 떨어져 살되 차로 한 시간 이내의 거리에 사는 사람들은 앞의 두 집단의 중간 정도에 있는 것으로 나타났다.

이 양상을 무엇으로 설명할 수 있는가? 일부 학자들은 집을 떠나는 것이 젊은이들로 하여금 부모에 대한 고마움을 더 느끼도록 만든다고 제안하였다(Arnett, 2015; Katchadourian & Boli, 1985). 다른 요인은 사람은 더 이상 함께 살지 않는 사람을 좋아할 가능성이 있다는 것이다. 성인진입기 성인들은 집을 떠나면, 부모와 함께 살면서 불가피하게 겪던 매일의 마찰을 더 이상 경험하지 않는다. 이들은 이제 부모와 함께 살 때에는 할 수 없었던 방식으로 부모와의 상호작용 빈도와 시기를 통제할 수 있다. 이들은 주말이나 휴일 또는 저녁을 먹기 위해 부모를 방문하여 함께 즐겁게 지낼 수 있지만, 여전히 자신의 일상생활에 대해서도 충분히 통제할 수 있다. 내 연구에 참여한 24세 여성은 "나는 원하지 않을 때에는 부모에게 말할 필요가 없고, 원하면 할 수 있다"고 말했다(Arnett, 2004, p. 49).

미국에서는 대부분의 성인진입기 사람들은 10대 후반에 부모의 집을 떠나지만, 상당수(3분의 1 이상)는 20대 초반까지 계속 부모님 집에 머문다(Arnett & Schwab, 2012). 집에 머무는 것은 유럽계 미국인보다 라틴계, 아프리카계, 아시아계 미국인에게서 보다 일반적이다. 이에 대한 이유는 종종 경제적인 것으로, 특히 라틴계와 아프리카계 성인진입기 사람들에게 해당되며, 비고용률이 높은 사람들이다(U.S. Bureau of the Census, 2014). 다른 중요한 이유는 소수 문화에서 가족 간의 친밀과 상호의존성을 더 강조하고, 독립성을 덜 강조하기 때문이다. 예를 들어, 내 연구(Arnett, 2004) 대상자 중 캘리포니아 버클리대학교에 다니는 한 사람은 대학생 시절 내내 중국계 미국인 어머니와 멕시코계 미국인 아버지와 함께 살았다. 그녀는 부모와 밀접하게 접촉하면서도 집에 머무는 것을 즐겼다. 그녀는 "나는 집에서 사는 것이 좋다. 나는 부모님을 많이 존경한다. 따라서 부모님과 함께 집에 있다는 것이 실제로 내가 가장 하고 싶어 하는 것이다. 그리고 그것이 자유로웠다"라고 말했다(Arnett, 2004, p. 54). 라틴계와 아시아계 미국인들이 집에 머무는 추가적 이유는 젊은 여성에게 특히 해당되는 것으로, 결혼 전의 순결을 지키는 것에 높은 가치를 두는 것과 관련이 있다.

미국 성인진입기 사람들의 약 40%가 집을 떠난 이후 적어도 한 번은 다시 '둥지로 되돌아온다'(Arnett & Schwab, 2012). 이들이 가끔 집으로 되돌아오는 이유는 여러 가지가 있다(Goldscheider & Goldscheider, 1999). 대학 입학을 위해 집을 떠난 사람들에게 집으로 되돌아온다는 것은 졸업이나 자퇴, 취업으로 인한 전환일 수 있다. 집으로의 복귀는 그들에게 대학 졸업을 완료할지, 집 근처에 직장을 가질지 또는 더 멀리 가서 직업을 가질지 등 다음에 무엇을 해야 할지를 결정하는 기회를 제공한다. 독립하기 위해 집을 떠난 사람들의 일부는 독립으로 자신이 원하는 때에 원하는 것을 하는 자유보다 집안일과 생활비를 스스로 감당해야 하는 짐이 더 크다는 경험에 압도당했을 수 있다. 조기 이혼이나 군복무도 집으로 되돌아오게 되는 이유가 된다(Goldscheider & Goldscheider, 1999). 이런 상황에서 집으로 되돌아오는 것은 젊은이들이 세상으로 나아가는 모험을 하기 전 다시 자립하는 기회를 얻는 전환기가 될 수 있다.

성인진입기 사람들이 집으로 되돌아올 때 여러 가지 가능한 결과가 있다(Arnett, 2015; Arnett & Schwab, 2013). 일부는 집으로 되돌아오는 것을 환영받으며, 전환이 손쉽게 이루어진다. 성공적 전환이 이루어지는 집은 부모가 자녀의 성숙한 변화를 인지하고 그들을 청소년이 아니라 성인으로 대해줄 때 가능하다. 그러나 다른 경우에는 집으로 되돌아오는 것이 평탄치 않은 전환이 되는 경우도 있다. 부모는 자녀에게 책임감을 느끼지 않고 자신의 '빈둥지(자녀가 집을 떠난 상황)'를 선호할 수도 있다. 그러나 성인진입기 사람들은 성장하여 스스로 삶을 관리할 수 있게 된 후 또다시 매일 부모가 자신을 모니터하고 있다는 사실은 자신을 힘들게 하는 것이라고 느낀다. 내 연구(Arnett, 2004)에 참여한 메리는 집으로 돌아온 후 마치 고등학교 시절처럼 자신이 남자친구와 함께 외출해서 돌아올 때까지 어머니가 자신을 계속 기다린다는 것을 알고 깜짝 놀랐다. 그들은 이 문제에 관해 드러내놓고 논쟁하지는 않지만, 어머니의 태도는 메리로 하여금 "어머니가 '나의 영역'에서 영향을 주는 어떤 것"(p. 53)처럼 느끼게 만들었다. 많은 성인진입기 사람들에게 집으로 돌아오는 것은 양면적 결과를 낳게 된다. 이들은 자신이 부모에게 의존하는 복종적인 자녀의 역할로 되돌아온 것에 대해 후회하지만 부모가 제공하는 지원에 대해 고마워하기도 한다. 아마도 이런 양면성 때문에 집으로 돌아오는 경우 그 기간은 짧은 편으로, 성인진입기 3분의 2 정도가 1년 이내에 집을 떠난다(Aquilino, 2006).

유럽 국가, 특히 남유럽과 동유럽의 성인진입기 사람들은 미국의 성인진입기 사람들보다 부모와 함께 더 오래 사는 경향이 있다(Douglass, 2005, 2007; Kins et al., 2009). **그림 9.12**에는 미국과 비교한 여러 유럽 국가의 양상을 보여주고 있다(Iacovov, 2011). 유럽의 성인진입기 사람들이 집에 더 오래 머무는 몇 가지 실질적인 이유가 있다. 대학을 다니면서 집에서 부모와 함께 계속 사는 대학생은 미국 대학생보다 유럽 대학생들이 더 많다. 대학을 다니지 않는 유럽의 성인진입기 사람들은 자신의 아파트를 갖기가 힘들 수 있다. 그리고 유럽 문화가 젊은이들에게 실질적인 자율성을 허용함에도 불구하고 가족 내의 지지를 중시하는 문화적 가치도 중요한 이유가 된다. 이탈리아는 여기에 적합한 사례가 된다(Chisholm & Hurrelman, 1995; Krause, 2005). 15~24세의 이탈리아 사람의 94%가 부모와 함께 사는데, 이는 유럽연합에서 가장 높은 비율이며, 이들 중 많은 사람들이 20대 후반과 30대 초기까지 부모와 계속 함께 산다(Bonino et al., 2012). 이들 중 8%만이 자신의 거주지 마련을 문제로 간주하였는데, 이는 유럽연합 국가들 중에 가장 낮은 비율이다. 많은 유럽의 성인진입기 사람들은 20대 초기 내내 자신의 선택으로 집에 머물며 만족해한다.

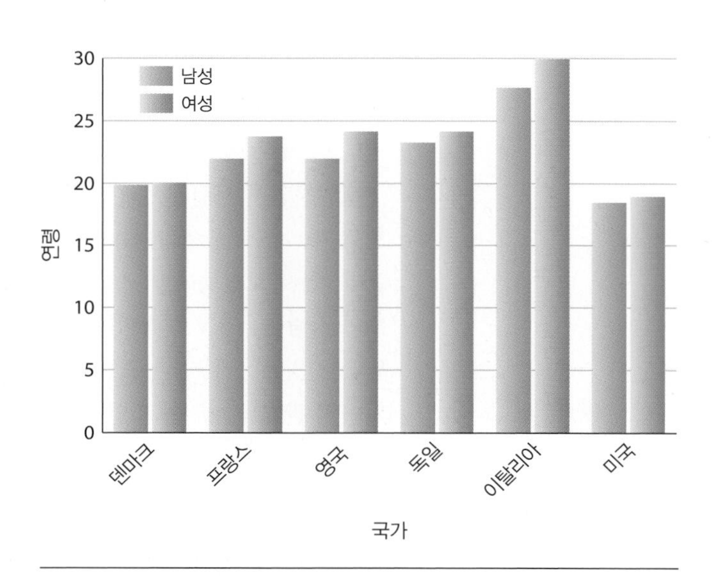

그림 9.12 유럽과 미국에서 집을 떠나는 연령의 중앙값

출처 : Based on Iacovov (2011)

청소년기부터 성인진입기까지 부모와의 관계에서의 변화에는 단순히 집을 떠났다가 다시 돌아오는 효과 그 이상의 무엇이 있다. 성인진입기 성인은 부모를 이해하는 능력도 증가한다(Arnett, 2015). 청소년기는 어떤 점에서 자기중심적 시기이며, 종종 청소년들은 부모의 입장을 수용하는 데 어려움이 있다. 때때로 이들은 자신의 부모를 매몰스럽다고 평가하고, 부모의 부족함을 과장하며, 부모의 미숙함에 쉽게 짜증을 낸다. 성인진입기 사람들이 성숙해지고 자신을 더 성인으로 느끼기 시작하면서, 이들은 부모가 세상을 보는 방식을 더욱 잘 이해할 수 있게 된다. 이들은 부모를 개인으로 보기 시작하고 자신과 마찬가지로 부모도 장점과 단점을 포함하여 다양한 자질이 혼합되어 있음을 알기 시작한다.

성인진입기의 형제관계에 관한 연구는 거의 없다(Aquilino, 2006; Scharf & Schulman, 2015). 그런데 이스라엘의 청소년과 성인진입기 사람들을 대상으로 한 연구에서 성인진입기 사람들은 청소년기에 비해 형제와 시간은 덜 보내지만 형제들과 정서적으로 더 가깝고 더 따뜻함을 느낀다는 것을 발견하였다(Scharf et al., 2005). 또한 청소년에 비해 성인진입기 사람들이 형제와의 갈등과 경쟁의식이 덜하다는 것이 보고되었다. 질적 분석 결과 형제의 요구와 입장을 더 잘 이해할 수 있게 되었다는 점에서 성인진입기 사람들은 청소년에 비해 형제와의 관계에 대해 더 성숙한 인식을 하고 있는 것으로 나타났다.

우정

성인진입기 우정에서 친밀감의 역할과 이 시기에 친구들과 함께하는 가장 공통적인 활동을 서술한다.

여러 가지 측면에서 우정은 성인진입기에 특히 중요해질 수 있다(Barry et al., 2014). 대다수의 성인진입기 사람들은 집을 떠나기 때문에 부모와 형제로부터 받을 수 있는 일상의 사회적 지원을 잃게 된다. 집으로 다시 돌아온 경우나 집에 머물러 있는 경우에서조차 이들은 스스로 자신의 필요를 해결하고 스스로 결정하려고 노력함에 따라 사회적 지원에서 부모에게 덜 의존하게 될 수 있다(Arnett, 2015). 따라서 이들은 부모보다는 친구와의 교제와 친구들로부터의 지지를 더 많이 찾으려고 한다.

앞서 보았듯이 중기 아동기에서보다 청소년기에서 우정과 또래와의 친밀감이 더 중요해지는데, 이런 추세는 성인진입기까지 계속될 것이다. 한 연구(Radmacher & Azmitia, 2006)에서, 초기 청소년(12~13세)과 성인진입기 성인(18~20세)은 친구와 특별히 가깝다고 느끼는 시기로 서술되고 있다. 초기 청소년과 비교해볼 때 성인진입기 성인은 자기 노출이 많아지고 공유 활동이 줄어든다. 성인진입기 성인(초기 청소년이 아닌)의 경우 성차가 나타났다. 젊은 여성에게는 자기 노출이 정서적 친밀감을 증진시키는 반면, 젊은 남성에게는 일반적으로 공유 활동이 정서적 친밀감의 기초가 되었다.

성인진입기 사람들은 친구들과 어떤 활동을 하는가? 이들은 많은 시간을 비공식적으로 서로를 찾고 함께 바깥으로 돌아다니는 등 비구조화된 사회화에 보낸다. 일부는 함께 술을 마시거나 약물을 사용하는데, 앞서 보았듯이 비구조화된 사회화와 약물 사용은 종종 함께 일어난다(Osgood, 2009). 또한 성인진입기 사람들은 TV 시청이나 전자게임 하기와 같은 미디어 관련 활동을 함께 하기도 한다(Brown, 2006). 많은 사람들은 함께 스포츠활동이나 운동을 즐긴다(Malebo et al., 2007). 성인진입기 사람들이 밀접한 낭만적 관계를 형성하고 안정된 직장, 결혼, 부모 되기와 같은 성인기 책임으로 들어가기 시작하면서, 전반적으로 친구와의 여가 활동은 20대에 서서히 줄어든다(Osgood, 2009).

비판적으로 사고하기

성인진입기 과정을 거치면서 친구와의 여가 활동이 감소할 수 있는 이유가 무엇일지 여기서 언급된 것을 제외하고 생각해 보라.

사랑과 성

성인진입기 동안 낭만적 관계와 성행동이 어떻게 변하는지 설명한다.

성인진입기는 사랑과 일을 통해 성인기 삶의 구조를 점진적으로 형성해가는 시기이다. 많은 문화에서 성인진입기 사람들이 장기적 파트너를 결정하는 과정에서 일련의 낭만적이고 성적인 관계를 경험하는 것처럼, 사랑에서 탐색은 이런 과정의 일부이다.

애인 찾기 : 낭만적 파트너 찾기 성인진입기의 핵심은 단지 지리적으로만 아니라 사회적으로, 정서적으로 가족을 떠나 결혼이나 장기적 낭만적 관계를 준비하기 위해 사랑하는 새로운 사람으로 향하는 것이다. 제니퍼 태너(Tanner, 2006; Tanner, 2015)는 이 과정을 '재중심화'라고 부른다. 아동과 청소년에게서 정서적 삶의 중심은 가족 안에서 부모와 형제이다. 성인의 정서적 삶의 중심은 일반적으로 새로운 가족으로, 주로 연인이 된다. 정서적 삶의 중심이 원 가족에서부터 장기적 관점의 낭만적 파트너로 전환되는 것처럼 성인진입기는 변화가 일어나는 시기이다. 물론 부모와 형제도 여전히 중요하다. 앞서 보았듯이 그들과의 관계는 여러 방식으로 개선되기도 한다. 그러나 정서적 삶의 중심은 일반적으로 낭만적 파트너에게로 이동한다.

연인에게 어떤 것을 기대하는지 물어보면, 전 세계의 성인진입기 성인들은 광범위한 이상적 자질을 말한다(Gibbons & Stiles, 2004; Hatfield & Rapson, 2005). 여기에는 똑똑하고 매력적이고 재미있는 개인적 자질들이 언급된다. 그리고 종종 친절하고 잘 보살피고 사랑하고 믿을 만한 것과 같은 대인관계를 촉진하는 자질도 언급된다. 성인진입기 성인들은 자신을 잘 대해주고 친밀하고 서로 사랑하고 지속적인 관계를 유지할 수 있는 누군가를 찾고자 한다.

우정에서와 마찬가지로 낭만적 관계에서 친밀감은 청소년기보다는 성인진입기에서 더욱 중요해진다(Shulman & Connolly, 2014). 한 연구에서는 초기 청소년(6학년), 후기 청소년(11학년), 그리고 대학생을 대상으로 애정적 관계의 기능에 관한 관점을 고찰하였다(Roscoe et al., 1987). 초기 청소년과 후기 청소년 모두 가장 중요한 기능이 오락이고, 그다음이 친밀감, 그다음이 지위라고 생각하였다. 반대로 대학생들에게는 친밀감이 가장 높이 평가되었고, 그다음이 동료애, 그다음이 오락, 그리고 지위는 가장 낮은 것으로 평가되었다. 최근의 연구도 유사한 결과를 보고하였다(Montgomery, 2005).

친밀감에 더하여 성인진입기 사람들은 여러 방식에서 자신과 비슷한 낭만적 파트너를 찾기도 한다(Shulman & Connolly, 2015). 자신과 반대되는 사람은 매력적이지 못하다. 유유상종이란 것이다. 일련의 여러 연구들은 다른 연령의 사람들과 마찬가지로 성인진입기 사람들 역시 성격, 지능, 사회적 지위, 인종 배경, 종교적 신념, 신체적 매력과 같은 특성에서 자신과 비슷한 사람들과 낭만적 관계를 갖고자 하는 경향이 있다(Furman & Simon, 2008; Markey & Markey, 2007). 연구자들은 이런 경향성을 소위 일치된 타당화로 귀인하는데, 이는 사람들이 타인들에게서 자신의 특성과 부합하거나 일치된 것을 발견하기를 좋아한다는 뜻이다. 이런 일치를 발견하는 것은 자신이 세상을 보는 방식이 옳음을 재확인해주거나 타당하다는 것을 말해주는 것이다. 당신의 연인이 당신과 비슷하면 비슷할수록, 서로가 서로를 인정한다는 것을 더 잘 확인할 수 있고, 다른 입장과 다른 선호로 발생할 수 있는 갈등이 더 적을 것이다.

동거 서구의 많은 성인진입기 사람들은 배타적이고 지속적인 연인관계를 형성한 후, 그다음 단계로 결혼보다는 **동거**(cohabitation)를 선택한다. 북유럽 국가와 마찬가지로 미국과 캐나다에서 현재 결혼 전 동거는 적어도 성인진입기 성인의 3분의 2 정도가 경험하고 있다(Manning, 2013). 이 비율은 북유럽 국가

동거 결혼하지 않고 함께 사는 커플

에서 가장 높은데, 여기서는 거의 모든 젊은이들이 결혼 전에 동거한다(Syltevik, 2010). 미국 젊은이들의 경우 동거 기간이 짧고 안정적이지 않다. 한 연구에서 보면 동거관계에 있는 사람의 절반 정도가 1년 이하로 함께 지내며, 열 커플 중 한 커플만 5년 이상 함께 지냈다(Bumpass & Liu, 2000). 이와 달리 유럽 국가의 동거 커플은 결혼한 커플만큼 함께 오래 산다(Hacker, 2002; Hymowitz et al., 2013).

그런데 유럽에서는 북쪽과 남쪽 간에 동거 양상에서 뚜렷한 차이를 보인다(Kiernan, 2002, 2004). 남부 유럽에 사는 성인진입기 사람들은 북쪽 유럽에 사는 사람들에 비해 동거를 훨씬 적게 한다. 남부 유럽에 사는 대부분의 성인진입기 사람들, 특히 여성들은 결혼할 때까지 집에서 산다(Douglass, 2005). 남부 지역에서는 가톨릭 전통의 영향으로 북쪽 지역과 달리 동거가 도덕적 낙인이 된다. 아시아 문화에서도 동거가 드문데, 이는 성에 대한 보수적 태도와 혼전 순결을 중시하는 오랜 전통을 지니고 있기 때문일 것이다.

젊은이들은 때때로 두 사람이 함께 살면 따로 살 때보다 생활 비용이 적게 든다는 실용적 이유에서 동거를 선택하며, 종종 결혼할 가능성을 높이기 위해 계속 함께 지낼 수 있다. 실제로 20~29세를 대상으로 한 미국 전국 조사에서 62%는 "결혼 전에 누군가와 함께 사는 것은 이혼을 피할 수 있는 좋은 방법이다"라는 것에 동의하였다(Popenoe & Whitehead, 2001). 이혼 가족 출신의 성인진입기 사람들은 특히 동거할 가능성이 높은데, 이는 자신의 부모와 같은 운명을 피하려고 하기 때문이다(Cunningham & Thornton, 2007).

결혼 전에 함께 사는 것이 일부 이혼에 대한 두려움을 피하고자 하는 것이지만, 이혼율은 동거하는 커플이나 동거하지 않은 커플이 거의 유사하다(Manning, 2013). 이는 동거 커플이 여러 방식에서 각자의 삶, 특히 경제적 독립을 유지하면서 함께 살 수 있기 때문에 결혼에 필요한 절충에 대한 준비가 되어 있지 않기 때문이다. 또한 동거에 들어가기 전에도 동거를 하는 성인진입기 사람들과 동거하지 않는 성인진입기 사람들은 서로 다르다. 이 차이는 이혼 위험성을 높이는 요인들과 관련되어 있는데, 동거를 하는 성인진입기 사람들을 그 이전부터 덜 종교적이고, 결혼제도에 대해 더 회의적이며, 이혼을 더 수용하는 경향을 보였다(Hymowitz et al., 2013). 한 분석에서는 동거 자체가 이혼 위험성을 높인다고 결론 내리고 있는데, 그 이유는 동거가 서로 다른 사람들을' 동거의 타성'에서 벗어나기 위해 어떤 식으로든 결혼하도록 이끌기 때문이다(Stanley et al., 2006).

성인진입기의 혼전 성관계는 일부 문화에서는 허용이 되고 일부 문화에서는 금지되어 있다.

성 삶의 다른 영역에서와 마찬가지로 성적 행동은 성인진입기 성인들 간에 엄청나게 다양하게 나타나고 있다. 18~23세의 미국인 사이에서 가장 일반적인 양상은 지난 1년간 한 사람의 파트너를 갖고 있었다는 것이다(Lefkowitz, 2006; Regnerus & Uecker, 2011). 그런데 성인진입기 사람들은 더 나이 든 집단에 비해 몇 명의 성적 파트너를 갖기 십상이다. 18~23세 응답자의 약 3분의 1 정도가 지난 1년간 2명 이상의 파트너를 갖고 있다고 보고한 반면, 약 4분의 1 정도는 지난 1년 동안 전혀 성관계를 갖지 않았다고 보고하였다(Regnerus & Uecker, 2011). 성인진입기가 시작되는 18세에는 미국인의 약 절반 정도가 적어도 한 번 성관계를 갖고, 25세까지는 거의 모든 성인진입기 성인들이 적어도 한 번은 성관계를 가진다. 그런데 첫 성경험을 비교적 늦게 한 사람들은 '우발적 절제자'가 아니라 '능동적 절제자'이기 쉽다(Lefkowitz,

2006). 즉 이들은 보다 늦게까지 순결하게 남아 있는데, 이는 성경험의 기회가 없기 때문이 아니라 기다리기로 선택했기 때문이다. 절제를 하는 일반적 이유에는 임신에 대한 두려움과 성병 감염에 대한 두려움, 종교적·도덕적 신념, 그리고 아직 적절한 사람을 만나지 못했다는 생각이 있다(Lefkowitz et al., 2004; Sprecher & Regan, 1996).

성인진입기의 성행동은 일반적으로 친밀한 연인관계에서 발생한다(Regnerus & Uecker, 2011). 그런데 더 나이 든 집단에 비해 성인진입기 사람들은 기분전환이나 유희적 관계를 즐기는 경향이 있다. 여러 연구는 미국 성인진입기 사람들의 성경험의 4분의 1 정도는 연인관계가 아닌 사람 사이에서 발생한다는 것을 보여준다(Claxton & van Dulmen, 2015). 미국의 인종 집단 내에서는 아프리카계 성인진입기 사람들이 일시적 성경험을 가장 많이 보고하는 반면, 아시아계 성인진입기 사람들은 가장 적게 보고하였다(Regnerus & Uecker, 2011). 성인진입기 남성은 여성에 비해 기분전환적 성관계를 선호하는 태도를 더 많이 갖고 있었다. 여성에 비해 남성들은 단지 몇 시간 만에 알게 된 사람과 기꺼이 성관계를 갖고, 같은 날 서로 다른 2명의 파트너와 성관계를 가지며, 사랑하지 않는 사람과도 성관계를 갖는 경향이 있다(Knox et al., 2001).

흔히 유희적 관계를 갖는 것은 술을 마셨을 때 발동된다. 여러 연구에서 성인진입기 성인의 4분의 1에서 절반 정도가 최근 성관계를 갖기 전에 술을 마셨다고 보고하였으며(Lefkowitz, 2006), 술을 자주 먹는 성인진입기 사람들은 그렇지 않은 사람들에 비해 다중 성관계 파트너를 갖고 있었다(Regnerus & Uecker, 2011). 대학 생활환경은 술을 마시는 사회적 모임이 빈번한 상황에서 여러 사람이 함께 모이기 때문에 특히 사람과 이런 방식의 성관계를 갖기 쉽다.

대부분의 미국 성인진입기 사람들은 모든 경우는 아니지만 피임약을 익숙하게 사용한다. 성적으로 적극적인 성인진입기 성인의 10%만이 피임약을 결코 사용하지 않는다고 보고하였으며, 35%는 일관성이 없거나 효과가 없는 피임약을 사용한다고 보고하였다(Regnerus & Uecker, 2011). 성인진입기 성인들 간의 연인관계가 깊어짐에 따라 이들은 콘돔 사용에서 경구 피임약으로 옮겨가는데, 왜냐하면 콘돔이 없을 때의 성관계가 더 기분을 좋게 하고 경구 피임약을 사용한다는 것은 상대에 대한 보다 깊은 신뢰와 관여를 의미하기 때문이다(Hammer et al., 1996; Lefkowitz, 2006).

여러 국가에서 수행된 조사는 전 세계가 혼전 성에 대해 문화에 따라 매우 다양한 접근을 하고 있음을 보여준다(Hatfield & Rapson, 2005). 브라질과 칠레에 사는 남성 청소년들과 여성 청소년들이 보고한 혼전 성경험 비율에서 남성과 여성의 차이가 큰데, 이는 남성은 자신의 성 활동을 과장되게 보고하고 여성은 축소하여 보고한 탓일 수 있다. 그런데 브라질과 칠레처럼 남아메리카 국가에서 혼전 성경험 비율은 다른 국가에 비해 비교적 낮은 편이다. 혼전 성경험은 아시아와 중동 국가에서 가장 적은데, 이 국가들은 결혼 전 여성의 순결을 여전히 중요하게 여기는 국가들이다(Davis & Davis, 2012).

성매개 감염병 서구의 성인진입기 젊은이들은 성을 삶에서 정상적이고 즐길 만한 부분으로 보는 경향이 있지만, 그것이 문제가 없다는 의미는 아니다. 청소년기 성적 활동의 시작에서부터 성인 초기 결혼하기까지의 긴 시기에 전형적으로 여러 파트너와의 성관계를 갖는데, 이 시기 동안 원하지 않는 임신을 하는 것도 드문 일은 아니다. 성인진입기 성인들에게 피임이 일반적이긴 하지만, 비일관적이고 비효율적인 피임으로 인해 여러 나라에서 성인진입기가 낙태와 미혼모의 자녀출산이 가장 흔한 시기가 되었다(Claxton & van Dulmen, 2015; Hymowitz et al., 2013).

성인진입기는 **성매개 감염병**(sexually transmitted infection, STI)이 정점에 달하는 시기이기도 한데, 클라미디아, 사람유두종바이러스(HPV), 단순헤르페스바이러스-2(HSV-2), 후천성면역결핍(HIV/AIDS) 등은 성접촉을 통해 감염된다. 미국의 성매개 감염병의 절반은 15~24세인 사람들에게서 발생한

성매개 감염(STI) 성접촉을 통해 전염되는 병

다(CDC, 2013). 성매개 감염병 비율은 미국과 유럽 모두 다른 인생 시기보다 성인진입기에서 더 높다 (Lehtinen et al., 2006).

왜 성인진입기가 특히 성매개 감염병에 취약한가? 많은 파트너와 성관계를 갖는 성인진입기 사람은 거의 없지만, 임시 파트너와 가끔씩 일회적 성관계를 맺는 것은 아주 흔한 일이다(Claxton & van Dulmen, 2015). 성은 서로 관여가 있는 관계에서 발생하지만, 대부분의 젊은이들의 사랑 관계는 오래 지속되지 않으며, 결국에는 파트너와 결별하고 새로운 파트너를 만나게 된다. 이런 식으로 젊은이들은 사랑과 성을 경험하며, 상이한 사람들과의 성관계를 갖는 것이 어떠한지 알게 된다. 불행스럽게도 다양한 사람들과 성관계를 갖는 것은, 비록 일련의 관계 속에서 이루어진다 하더라도 성매개 감염병의 실질적 위험에 노출되게 만든다.

성매개 감염병의 증상과 결과는 단순 가려움에서부터 사망에 이르기까지 매우 다양하다. 클라미디아(성병의 일종)와 사람유두종바이러스(HPV)와 같은 일부 성매개 감염병은 여성 불임의 위험성을 높인다 (Mills et al., 2006). 다행스럽게도 클라미디아는 항생제로 효과적으로 치료될 수 있다. 또한 이제는 사람유두종바이러스(HPV)를 위한 백신이 있기 때문에, 많은 서구 국가에서 공중보건 운동가들은 청소년들이 성적으로 활발하여 성관계를 갖기 전에 예방접종을 하도록 적극적으로 홍보하고 있다(Kahn, 2007; Woodhall et al., 2007). 단순헤르페스바이러스-2는 치료될 수 없지만, 약물치료를 통해 증상을 완화할 수 있고 치료 과정의 속도를 촉진할 수도 있다(King, 2005).

대부분 사망에 이르게 되는 질병 중 하나인 에이즈(HIV/AIDS, 제2장 참조)는 치료하기가 매우 힘든 것으로 알려졌는데, 이는 그 바이러스가 스스로 변하는 능력을 갖고 있어서 결과적으로 약물치료가 어렵기 때문이다. 에이즈는 아프리카 남부 지역에 가장 널리 퍼져 있는데, 전 세계에서 발생하는 새로운 HIV 감염 11개 중의 10개가 이 지역에서 발생한다(**지도 9.2** 참조). 다행히 새로운 HIV 감염 발생률은 지난 10년 동안 전 세계 젊은이들에게서 감소했는데, 이는 다중 파트너와의 성관계와 같은 위험한 성행동이

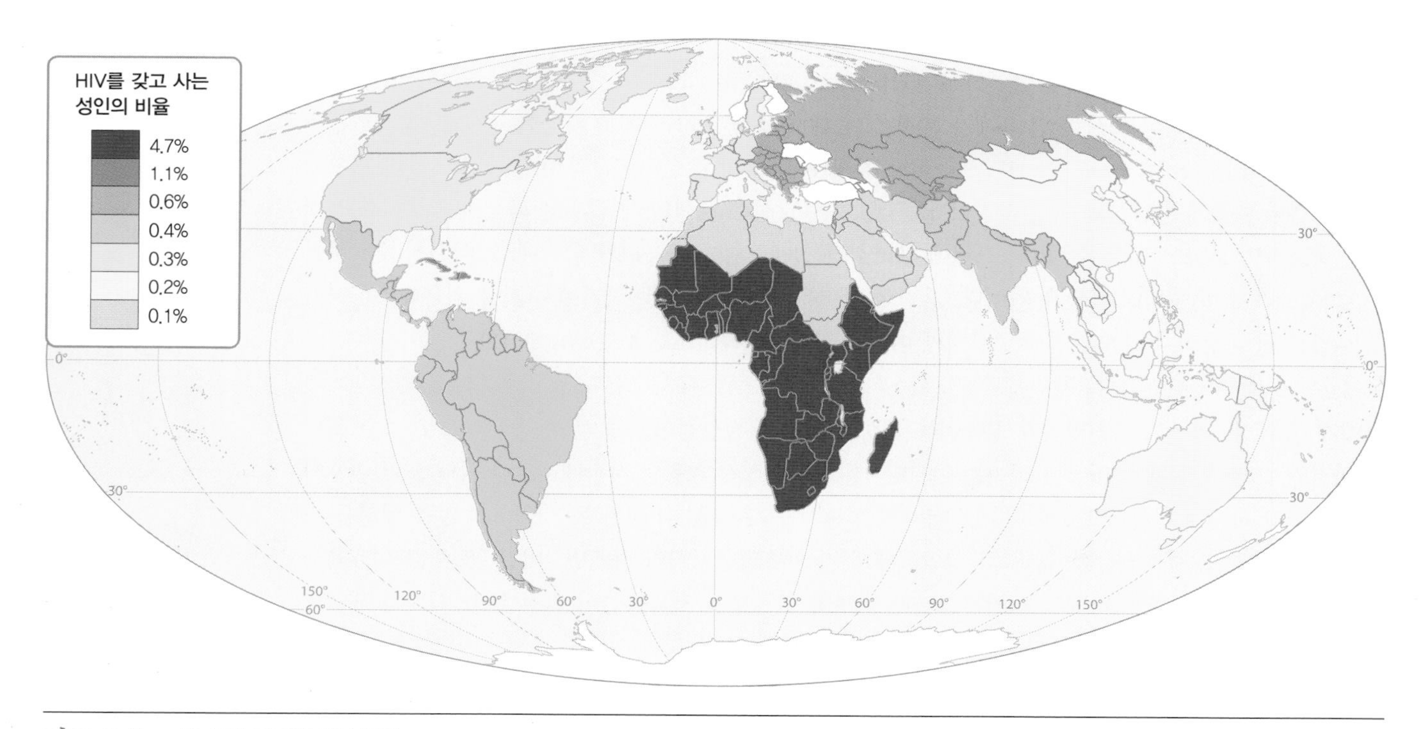

지도 9.2 전 세계 지역별 HIV 인구

어떤 지역이 HIV를 지닌 성인이 가장 많은가? 이런 지역의 차이를 어떻게 설명할 수 있는가?

출처 : Based on UNAIDS, GAP Report (2014)

줄어든 탓이다(UNAIDS, 2010).

최근에는 에이즈의 진행을 늦추는 효과적인 약물치료가 개발되었다. 이 약물치료 비용은 원래 아주 비쌌으나 이제는 가격이 낮아지고 있으며, 이 약은 주로 국제협력조직을 통해 개발도상국에서도 널리 사용되고 있다(UNAIDS, 2010). 현재 많은 개발도상국에서 성인진입기 성인들의 HIV 위험을 감소하려는 예방 프로그램이 실행되고 있으며, HIV 위험을 낮추려는 젊은이들의 행동을 성공적으로 변화시키고 있다(Ngongo et al., 2012).

미디어 사용

성인진입기 성인들은 사회적 접촉을 위해 인터넷과 휴대전화를 어떻게 사용하는지 설명한다.

미디어는 오늘날 성인진입기 사람들의 삶에 큰 부분을 차지한다. 이들은 미디어 산물이 전달되고 소비되는 방식에서 획기적 혁신이 이루어진 시대에 성장했다(Coyne et al., 2014). 교육자이자 작가인 맥 프렌스키(Marc Presnsky, 2010)는 오늘의 젊은이들이 영아기 이후 줄곧 전적으로 디지털 세계 속의 집에서 살아온 사람들이라는 점에서 이들을 '디지털 네이티브'라고 칭한다. 반면에 이와 대조적으로 이들의 부모 대부분은 이러한 새로운 미디어를 집에서 결코 느끼지 못했다는 점에서 '디지털 이민자'라 할 수 있다.

모든 자료를 종합해보면 미국의 성인진입기 성인들은 미디어를 사용하는 데 청소년들보다 더 많은 시간을 사용하는 것으로 추정된다. 이들은 적어도 하루에 12시간 또는 깨어 있는 시간의 4분의 3 정도 동안 미디어를 사용한다는 것이다(Coyne et al., 2014). 성인진입기 성인의 미디어 사용은 TV와 동영상에서부터 전자 게임, 인터넷과 휴대전화에 이르기까지 다양한데, 이 중 휴대전화는 이제 더 이상 전화가 아니라 문자를 보내고, 비디오를 저장하고, 인터넷을 검색하는 것에 이르기까지 모든 것을 할 수 있는 **디지털 기기**(digital device)가 되었다(Hundley & Shyles, 2010). 그런데 놀라우리만큼 성인진입기 성인의 TV와 음원 사용에 관한 연구가 거의 없는데, 이는 아마도 이런 미디어의 효과가 아동과 청소년에게 더 심각하다는 가정 때문이었을 것이다. 대신 성인진입기 연구는 주로 인터넷 사용과 휴대전화에 초점이 맞추어져 있다.

인터넷 사용 전 세계적으로 성인진입기 성인들의 인터넷 사용량은 많다. 유럽, 아시아와 아메리카 대륙에 있는 13개 국가를 대상으로 한 18세 이상 사람들의 인터넷 사용에 관한 한 여론 조사에서는 한 나라를 제외한 모든 나라에서 18~24세 사람들의 80% 이상이 인터넷을 사용하였다는 것을 밝혔다(World Internet Project, 2012). 나아가 모든 나라에서 인터넷 사용은 다른 어느 연령 집단에서보다 성인진입기 사람들에게서 가장 높았다. 한 미국 연구에서는 성인진입기 성인들이 매일 약 3.5시간 정도를 인터넷을 하며 보낸다는 것을 발견하였다(Padilla-Walker et al., 2010).

여러분은 인터넷을 어떤 목적으로 사용하는가? 그 가능성은 인터넷의 콘텐츠만큼 다양하지만(달리 말한다면 무한이라는 의미), 대부분의 대학생들은 인터넷을 교육의 일부, 즉 수업과 관련되어 알아야 할 연구 주제들을 검색하는 데 사용한다(Selwyn, 2008). 인터넷은 정보를 찾는 방식으로는 엄청나게 가치가 있을 수 있다. 그러나 다른 미디어와 마찬가지로 인터넷의 과다한 사용은 부정적 효과를 낼 수 있다. 영국 대학생을 대상으로 한 한 연구에서는 학생들의 학업성적과 온라인에서 보내는 시간의 부적 상관을 보여주었다(Englander et al., 2010). 8개 대학에 다니는 중국 대학생에 관한 한 연구에서도 과다한 인터넷 사용(일주일에 15시간 이상)은 우울 증상뿐만 아니라 저조한 학업 수행과도 관련된 것으로 나타났다(Huang et al., 2009). 인터넷은 때때로 시험 중 정답을 다운로드하는 것과 같은 커닝의 목적으로 잘못 사

디지털 기기 인터넷, 비디오, TV와 직접적인 화상 대화에 더하여 휴대전화와 문자 메시지를 통해 접속하도록 허용하는 전자장치

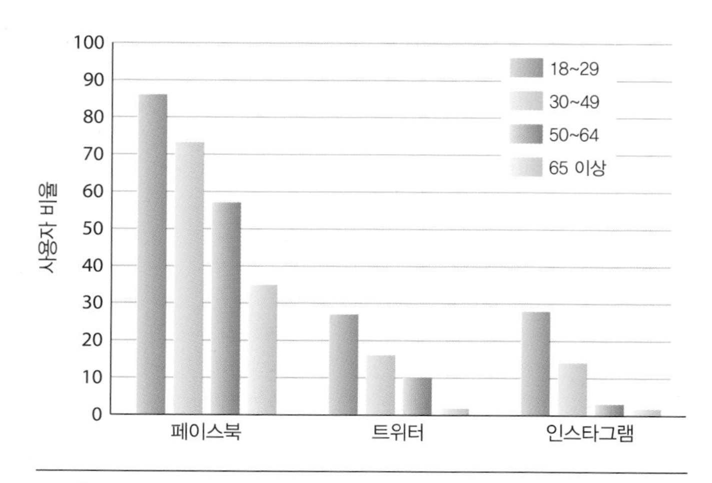

그림 9.13 연령별 소셜 미디어 사용률

출처 : Based on Duggan & Brenner (2013)

용되기도 한다(Mastin & Lilly, 2009; Stephens et al., 2007).

페이스북과 같은 **소셜 네트워킹 웹사이트**(social-netwoking web site)를 위한 인터넷 사용은 성인진입기 사람들 사이에서는 아주 흔하다. 페이스북은 원래 대학생이 또래 대학생들을 위해 개발하였는데, 청소년과 성인들 모두에 의해 그 사용이 급속하게 증가되고 있다. 그러나 여전히 대학생과 성인진입기 사람들이 주 사용자이다(Baker & Moore, 2008; Raacke & Bonds-Raacke, 2008). 현재 페이스북은 가장 인기 있는 소셜 네트워킹 웹사이트로, 2012년 전 세계적으로 10억 이상의 사람들이 사용하고 있다. 미국의 18~29세의 사람들 가운데 거의 90%가 소셜 네트워킹 웹사이트를 사용하는데(**그림 9.13** 참조), 이 비율은 10대와 유사하며, 65세 이상 집단의 거의 2배에 해당된다(Duggan & Brenner, 2013).

소셜 네트워크에서의 프로파일은 정체감을 나타내는 무대이며, 성인진입기 정체감 이슈의 중요성을 반영한다(Davis, 2010). 즉 사용자는 소셜 네트워킹 웹사이트상에서 자신을 어떻게 표현할지 선택하며, 그 선택은 자신이 누구인지에 관한 자신의 지각과 타인들이 자신을 어떻게 인식해주길 바라는지를 반영한다. 성인진입기 사람들과 청소년들에게 소셜 네트워킹 웹사이트는 자신이 실제로 누구인지 결정하는 과정에서 자신을 다른 방식으로 제시해보려고 노력하는 '정체감 놀이' 공간이 된다(Mazur & Kozarian, 2010).

프로파일을 갖는 것은 사용자들에게 사회적 연결망을 유지하고 확장하게 해준다. 성인진입기 사람들은 이 사이트를 주로 오래된 친구들과 현재 친구들과 접촉하여 새로운 친구들을 사귀는 데 사용한다(Ellison et al., 2007; Raacke & Bonds-Raacke, 2008). 이 기능은 특히 성인진입기에 중요한데, 이는 성인진입기 성인들은 대체로 집을 떠나고, 중·고등학교에서 형성해놓은 친구들과의 물리적 네트워크를 떠나야 하기 때문이다. 나아가 성인진입기 성인들은 교육 환경, 직업, 거주지가 자주 바뀐다. 소셜 네트워킹 웹사이트는 이들에게 자신이 성인진입기를 통과하고 새로운 곳에서 새로운 친구를 사귀어가면서 이전의 친구들과 계속적으로 접촉을 유지하도록 해준다(Subrahmanyam et al., 2008).

성인진입기 사람들이 이용하는 인터넷의 또 다른 사용은 포르노물에 접속하는 것이다. 포르노 잡지와 영화는 오랫동안 존재해왔지만, 인터넷의 발명은 포르노물을 훨씬 더 접하기 수월하게 만들어주었다. 실제로 접속자 수, 웹사이트 수, 또는 지불한 비용에 따르면, 인터넷을 사용하는 사람들 중 제일 첫째 용도가 포르노물에 접속하는 것이다(Young, 2008).

미국에서는 포르노물을 보기 위한 인터넷 사용이 성인진입기의 사람들에게 흔한 일이다. 대학생을 대상으로 한 전국의 6개 사이트 사용에 관한 연구에서 젊은 남성의 87%와 젊은 여성의 31%가 인터넷 포르노물을 보았다고 보고하였다(Carroll et al., 2008). 포르노물을 보는 것은 위험 행동, 특히 성적 위험 행동 및 약물 사용과 관련되었는데, 이는 인과관계가 아닌 상관관계이다. 즉 포르노물을 보는 것이 성인진입기 사람들을 성적 위험으로 이끈다는 것을 보여주는 것은 아니라는 것이다.

스웨덴의 성인진입기 사람들을 대상으로 한 연구에서 다른 매체로 포르노물을 보는 것보다 인터넷으로 포르노물을 보는 비율이 훨씬 높은 것으로 나타났다(Häggström-Nordin & Hanson, 2005). 이 연구에서 젊은 남성의 98%와 젊은 여성의 72%가 포르노물을 보았다. 이 연구 팀이 수행한 한 질적 분석에서(Haggstrom-Nordin et al., 2006) 스웨덴의 성인진입기 사람들은 포르노물을 보는 것에 대해 혼합된 감정을 표현하였다. 이들은 포르노물을 보는 것이 흥미롭고 즐겁다고 서술함과 동시에 포르노물에 있는

소셜 네트워킹 웹사이트 사람들로 하여금 광범위한 사회적 집단을 구성하고 전자적 접촉을 유지하도록 해주는 웹사이트

여성이 수동적이고 비하되는 방식으로 나타나는 것과 성과 사랑이 분리되어 있다는 점에 우려를 표현하였다.

문자 보내기는 성인진입기 사람들로 하여금 온종일 가족과 친구와 접촉을 유지하게 해준다.

휴대전화 사용 인터넷과 마찬가지로 지난 10년간 휴대전화의 보급과 사용이 급등하였다. 인터넷처럼 휴대전화는 특히 청소년과 성인진입기 사람들에게 인기가 높다. 예를 들어, 스웨덴에서 18~24세 사이 사람들의 90% 이상이 휴대전화를 사용한다(Axelsson, 2010). 미국에서는 18~19세 젊은이의 93%가 휴대전화를 소유하고 있는데, 이는 다른 어느 연령층보다 더 높다(Lenhart, 2010). 젊은 사람들이 사용하는 휴대전화는 누군가에게 전화를 걸고 대화를 하는 데 사용될 뿐만 아니라 문자를 보내는 데에도 사용된다. 일본 대학생을 대상으로 한 연구에서 대학생들은 휴대전화를 대화보다는 **문자메시지**(text messaging) 전송용으로 훨씬 더 많이 사용한다는 것을 발견하였다(Kamibeppu & Hitomi, 2005). 휴대전화를 소유한 사람의 절반 이상이 친구에게 적어도 하루에 10번 정도는 문자를 보냈다. 유사한 결과가 서구 선진국에서도 나타났다(Axelesson, 2010). 한 미국 연구에서는 18~29세 사이의 사람들이 다른 연령 집단보다 하루에 문자를 보내고 받는 횟수가 더 많다고 보고하고 있다(Taylor & Keeter, 2010).

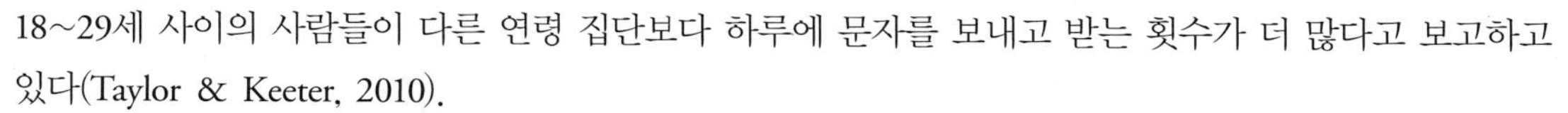

휴대전화는 청소년들과 성인진입기 사람들이 서로 떨어져 있을 때(실제로는 하루 종일) 서로 접촉을 유지하는 한 방식으로, 이메일과 소셜 네트워킹 웹사이트와 유사한 기능을 한다. 젊은 사람들의 사회적 세계는 더 이상 가족 및 친구와의 시간 또는 학교에서의 시간으로 명료하게 구분되지 않는다. 새로운 미디어인 휴대전화는 친구와의 세계를 자신의 삶에 거의 끊임없이 계속 존재하는 것으로 만들어준다. 현재까지 밝혀진 바로는 젊은 사람들은 이 새로운 미디어를 친구와 계속 접촉하도록 허용하는 방식으로 즐긴다는 것이다. 이탈리아에서 수행된 한 연구에서 청소년들은 자신의 가장 행복했던 순간이 인터넷이나 휴대전화를 사용하여 친구와 소통을 하는 동안에 일어났다고 보고하였다(Bassi & Antonella, 2004). 스웨덴의 성인진입기 성인들을 대상으로 한 연구에서는 이들은 문자 주고받기를 통해 하루 종일 친구나 가족과 접속하고 있다고 보고하였다(Axelsson, 2010). 미국의 18~29세의 사람을 대상으로 한 국가 전체 연구에서 51%가 "나는 이메일과 문자, 소셜 네트워킹 웹사이트를 통해 가족과 친구로부터 받는 지지에 많이 의존하고 있다"는 내용에 동의하였다(Arnett & Schwab, 2012).

부모의 집에서 나온 성인진입기 성인은 종종 휴대전화를 부모와의 접촉을 유지하기 위해 사용한다. 미국 대학생을 대상으로 한 연구에서 학생들은 부모에게 평균 매주 13개의 문자를 보내는 것으로 나타났다(Hofer & Moore, 2010). 대학생들은 학교에서 바쁜 나날을 보내고 있기 때문에 자기 나름의 삶을 영위하면서 부모의 지지를 얻고, 부모와의 접촉을 유지하기 위해 부모에게 문자 보내기를 중요하게 사용하였다.

문자메시지 화면에 메시지를 입력하고 보내는 휴대전화상에서의 의사소통 양식

문화 초점 : 문화에 따른 성인진입기의 미디어 사용

전 세계에서 전자 미디어는 성인진입기의 일상적 삶에서 큰 부분이 되었다. 이들은 배우고, 자신이 좋아하는 사람들과 접촉을 유지하고, 자신의 관심사를 공유할 수 있는 새로운 사람들을 찾는 데 미디어를 사용한다.

복습문제

페이스북과 다른 소셜 미디어를 사용하는 긍정적 효과는 무엇일까? 소셜 미디어를 사용하는 부정적 측면은 무엇일까?

chapter 10

성인 초기

1절 신체발달

성인기로의 전환
- 성인의 특징
- 노화의 시작

신체건강
- 과체중과 비만
- 운동의 중요성

2절 인지발달

성인 지능
- IQ지수와 직업적 성공
- 지능의 문화적 개념

성인 초기의 인지 변화
- 전문 지식
- 창의성

3절 사회정서적 발달

성인 초기의 정서발달
- 친밀감 대 고립감 : 에릭슨 이론
- 스턴버그의 사랑 이론

성인 초기의 사회문화적 맥락
- 성인 초기의 결혼
- 성인 초기의 이혼
- 독신 성인
- 게이와 레즈비언 관계
- 성인 초기의 성생활
- 부모 되기
- 직업
- 사회활동과 미디어 사용

성인 초기에 도달하는 데는 여러 방법이 있는데, 성인 초기에 진입했다는 지표는 여러 연령대에서 나타날 수 있다. 성인 초기 도달 연령이 문화에 따라 다르게 나타나는 이유는 어떤 문화에서는 청소년기와 성인 초기 사이에 성인진입기가 구분되어 있고, 어떤 문화는 이를 나누지 않기 때문이다(제9장 참조). 성인진입기의 구분은 선진국에서 나타나는데, 이는 대부분의 사람들이 고등교육을 이수하고 결혼을 하거나 부모가 되는 시기가 30세에 근접하기 때문이다. 그러나 개발도상국의 경우, 특히 지방으로 갈수록 성인진입기가 규범적으로 구분되지 않는데, 이는 소수의 청년만이 중등학교 이후의 교육 과정을 이수하고, 대부분이 10대 후반이나 20대 중반에 결혼을 하거나 부모가 되기 때문이다.

성인진입기에서 성인 초기로 넘어가는 관문은 개인이 문화적으로 수용 가능한 성인의 기준에 도달하는 것인데, 이 기준은 문화에 따라 큰 차이가 있어 복잡하다. 예를 들어 동부 아프리카의 삼부루족은 젊은이들이 11년간 전사 교육을 마쳤을 때 성인기에 도달한 것으로 인지한다(젊은 삼부루족 여성들은 초경을 시작했을 때 성인기에 진입한다)(Gilmore, 1990). 개발도상국의 농촌 문화에서는 젊은 부부가 첫아이를 가졌을 때 완전한 성인이 된 것으로 보기도 한다(Delaney, 2000). 또 선진국에서는 성인기 진입이 점진적으로 이루어진다고 생각하는데 그 기준은 독립성과 자기 자립 능력의 획득이다(Arnett, 2011).

성인 초기가 시작되는 시점은 문화에 따라 차이가 있지만, 이 장에서는 대부분 20대 후반에서 30대까지의 연령대를 주 대상으로 살펴보게 될 것이다. 이 장에서는 먼저 성인기 진입에 대한 기준을 정의하는 문화적 개념 차이를 살펴보고, 성인 초기에 일어나는 주요 신체 변화와 건강 문제에 대해 알아볼 것이다. 그 후에는 성인 지능, 전문 지식, 창의성과 같은 인지발달에 대해 이야기할 것이다. 이후 마지막으로 성인 초기에 일어나는 사회정서적 발달을 연인관계, 부모가 되어 겪는 일, 직업 문제, 사회활동과 미디어 사용의 맥락에서 검토하며 이 장을 마무리하고자 한다.

1절 신체발달

학습목표

10.1 각 문화권의 젊은 세대가 성인기를 정의하는 기준에 대해 비교하고 대조한다.

10.2 신체적 노화가 시작되는 징후와 그것이 나타나는 시기에 대해 명시한다.

10.3 비만의 정의와 결과, 그리고 예방에 대해 설명한다.

10.4 성인 초기 운동의 이점에 대해 설명한다.

신체발달 : 성인기로의 전환

세계 모든 문화에는 '성인기'를 상징하는 단어가 존재하고, 이 단어는 어른이 된다는 것을 의미한다. 하지만 성인기를 구분하는 기준은 문화권에 따라 판이하게 다르며, 개인주의나 집단주의와 같은 문화적 가치를 반영한다.

성인의 특징

각 문화권의 젊은 세대가 성인기를 정의하는 기준에 대해 비교하고 대조한다.

스스로 어른이 되었다고 느껴본 일이 있는가? 그럴 수도 있고 아닐 수도 있다. 여러분의 나이에 따라 이 질문에 대답하기 어려울 수도 있고 아닐 수도 있다. 나는 스스로 어른이 되었다고 실감했던 첫 순간을 기억한다. 30대 초반에 미주리대학교에서 부교수직을 맡았을 때 처음으로 '진짜 일'을 하고 있다고 느꼈다. 나는 당시 지금 부인이 된 여자친구와 함께 살고 있었는데, 연애 상대와 같은 집에서 살게 된 것은 처음이었고 우리는 집을 구입했다. 처음으로 어른이 되었다고 생각했을 때, 나는 다른 사람들은 어떤 방식으로 이런 기분을 느끼는지, 성인으로 규정하는 주요한 기준은 무엇인지 생각하기 시작했다.

제1장에서 밝혔듯이 성인의 생애 단계는 한 단계가 시작하고 끝나는 지점에 대한 명확한 나이 구분이 존재하지 않는다. 성인 초기의 시작을 규정하는 것은 특히 어렵고 복잡한 문제이다. 사회과학에서 통용되는 정의와 같이 만약 안정적인 경제 활동, 결혼, 자녀 양육의 시작을 성인 초기라고 한다면, 개발도상국과 같은 나라에서는 이르면 10대 후반부터, 선진국의 경우 늦어도 30대 초반을 성인 초기의 시작으로 볼 수 있을 것이다. 하지만 이러한 성인 초기의 정의가 평생 한번도 결혼하지 않거나 자녀를 두지 않은 부부에게도 적용될 수 있는가? 또한 경제 활동, 결혼, 부모가 되는 것으로 정의하지 않는 경우에는 어떤 기준을 통해 정의할 수 있는가? 완전한 성인이 된다는 것은 무엇이며, 우리는 성인기로 전환이 완료된 시기를 어떻게 알 수 있는가?

> … 이따금 스스로 이제 어른이 되었다고 느끼면서, 자리에 앉아 아이스크림을 상자에서 바로 떠먹으면서 계속 생각한다. '더 이상 아이스크림을 상자째 먹지 않을 때가 되면 스스로 어른이라고 할 수 있겠지.' … 하지만 어떤 때는 내가 어른스럽다고 생각될 때도 있다. 나는 꽤 책임감 있는 사람이다. 어떤 일을 하겠다고 하면 나는 해낸다. 경제적으로도 스스로 생계를 책임지고 있다. 하지만 가끔 '내가 스물다섯이라니 믿을 수 없다'고 느끼는 순간이 있다. 진짜 어른이라고 생각되지 않을 때가 많다.
>
> – 리사, 25세(Arnett, 2004, p. 14)

많은 문화권에서 재정적 독립은 성인기의 중요한 기준이다.

지난 20년간, 여러 나라에서 젊은 세대가 성인기로 전환했다고 간주하는 주요 지표에 관한 연구가 계속 수행되어왔다. 미국(Arnett, 1998a; Arnett, 2003; Nelson, 2003), 아르헨티나(Facio & Micocci, 2003), 체코 (Macek, 2007), 루마니아(Nelson et al., 2008), 오스트리아(Sirsch et al., 2009), 영국(Horowitz & Bromnick, 2008), 이스라엘(Mayseless & Scharf, 2003), 중국(Nelson et al., 2004)을 포함한 국가들에서 수행된 연구 결과에는 눈에 띄는 유사성이 있다. 이러한 연구들에서 10대 초반부터 20대 후반의 젊은 세대가 공통적으로 성인기 전환의 가장 중요한 지표로 동의한 것은 다음과 같다.

1. 자기 자신에 대한 책임 수용
2. 자주적으로 결정하기
3. 경제적 자립하기

이 세 가지 기준은 문화나 국가뿐만 아니라 연령대, 인종 집단, 사회 계급에 국한되지 않고 가장 높은 순위였다(Arnett, 2001; Arnett, 2003; Arnett, 2011; Nelson & Luster, 2015).

이 기준 간의 유사성을 살펴보자. 세 가지 기준 모두 개인주의적 특성을 지니고 있으며,

이는 타인에게 의존하지 않고 자급자족하여 홀로 서는 법을 습득하는 것의 중요성을 강조하고 있다(Arnett, 1998). 선진국의 성인진입기 세대가 선호하는 성인기의 기준은 그들 사회가 중시하는 개인주의적 가치관을 반영하고 있다(Douglass et al., 2005; Harkness et al., 2000).

모든 문화권에서 나타난 성인기에 대한 상위 세 가지 기준에 더하여, 연구자들은 문화별로 상이하게 나타나는 기준에 대해서도 밝혀냈다(Nelson & Luster, 2015). 이스라엘의 젊은이들은 징병제 국가임을 반영하여 **군역 의무**를 마치는 것을 어른이 되는 데 중요한 일로 여긴다(Mayseless & Scharf, 2003). 아르헨티나의 젊은 세대는 특히 **경제적으로 가족 부양**을 할 수 있게 되는 것을 중요하게 여겼는데, 이는 아르헨티나가 수년간 경험한 경제적 격변을 반영한 것으로 보인다(Facio & Miccoci, 2003). 한국과 중국의 성인 초기 세대는 **경제적으로 부모 부양**을 할 수 있는 것을 성인기의 지표로 여겼는데, 이는 아시아 사회에서 발견되는 부모 부양을 중시하는 집단주의적 가치관을 반영한 것으로 보인다(Naito & Gielen, 2003; Nelson et al., 2004; Zhong & Arnett, 2014). 인도에서는 **자기 감정 조절** 능력이 가장 중요한 지표로 꼽혔다(Nelson, 2011). 이는 타인과 어우러져 사는 삶을 중요하게 여기는 인도 문화의 집단주의적 관점과 일치하는 것으로 보인다(Kakar & Kakar, 2007).

케냐 마사이족의 한 신혼 부부이다. 전통 문화에서는 성인기에 결혼이 중요하지만 서양에서는 그렇지 않은 이유가 무엇인가?

전통 문화에서는 어떨까? 선진국과 비교할 때 성인기 진입의 지표에 대해 다른 관점을 가지고 있을 것인가? 연구 결과는 그런 것으로 드러났다. 인류학자들은 연구를 통해 사실상 거의 모든 전통 문화에서 결혼이 성인기 진입의 명확하고 명시적인 지표임을 밝혀냈다(Schlegel, 2010). 이것은 결혼 후에야 개인이 성인으로서의 지위를 획득했다고 여겨지며, 성인의 권위와 책임을 부여받게 됨을 의미한다. 대조적으로 선진국에서는 결혼을 성인기 진입에 있어 중요한 지표라고 여기는 젊은 세대는 아주 소수로 나타났다. 실제로 선진국에서 성인 지위를 결정할 수 있는 기준에 대한 설문조사가 수행되었는데, 응답 결과 결혼은 매우 낮은 순위로 나타났다(Arnett, 2011).

우리는 이 차이를 어떻게 이해해야 할 것인가? 일단의 해석은 전통 문화가 결혼을 청년기 진입의 주요한 가치로 내세우는 이유로, 이들이 자립과 같은 **개인주의**적 가치보다 상호 의존적(쌍방 의무) **집단주의** 가치를 중시한다는 것과 결혼이 개인이 기존에 속해 있던 가족 이외에 새로운 상호 의존 관계를 맡게 되기 때문으로 볼 수 있다(Arnett, 1995; Arnett, 1998; Shweder et al., 2006). 결혼은 개인적·정신적 사건보다는 사회적 사건이며, 배우자의 가족 구성원과 새로운 관계망을 형성하는 일이다. 이런 특성은 서양보다는 가족 구성원이 긴밀하게 조직되어 있어 서로 매일 접촉하는 전통 문화에서 큰 의미를 가지게 된다. 따라서 상호의존성을 중요하게 여기는 문화권에서는 결혼을 견고한 형태로 상호의존성을 강화할 수 있는 수단으로서 성인기 진입의 주요한 지표로 여긴다.

여전히 전통 문화에 대한 결론은 인류학자들의 관찰 연구 결과에 대부분 의존하고 있다. 만약 이들 문화권의 젊은이들에게 성인기 진입에 대한 스스로의 정의를 직접 묻는다면, 결혼 이외에도 다양한 답을 얻게 될지도 모른다. 예를 들어 수잔 데이비스와 더글라스 데이비스(Davis & Davis, 2007)가 젊은 모로코인(9~20세)을 대상으로 "스스로 성장한 것을 어떻게 아십니까?"라고 질문했다. 그들은 두 가지 공통적인 유형의 답변을 얻었는데, (1) 소년의 경우 수염이 자라기 시작했을 때와 같이 생활 연령이나 신체 발달을 중시하는 관점과, (2) 자기 절제 능력과 같은 성격적 자질을 중시하는 관점이 있었다. 두 연구자(Davis & Davis, 2007)는 모로코 사회가 일반적으로 "결혼 후에 성인이 되었다고 인정받는다"고 밝혔음에도(p. 59), 결혼에 대해 언급한 모로코 젊은이는 소수라고 하였다. 이는 전통 문화에서 젊은이들의 성인기로의 전환에 대한 개념에 대한 연구가 기성세대의 관점과 일치하지 않음을 밝힐 수 있다는 점을 시사한다.

대부분의 사람들에게 첫 번째 흰 머리는 30대에 나타난다.

노화의 시작

신체적 노화가 시작되는 징후와 그것이 나타나는 시기에 대해 명시한다.

제9장에서 설명한 대로, 성인진입기는 근력, 체력, 반응속도, 운동 수행 능력의 면에서 신체기능이 정점에 달하는 생애 단계이다. 성인 초기에는 신체기능이 높은 수준을 유지한다. 실제로 대부분의 운동 종목에서 30대 초반에 운동선수들의 전성기를 지난다(Bruner et al., 2010). 그러나 일반인의 경우 30대에 걸쳐 여러 면에서 신체기능의 감소가 별로 일어나지 않는다. 성인진입기와 마찬가지로 성인 초기는 면역 체계가 강한 시기이며 대부분의 전염병에 노출될 가능성이 낮다. 게다가 성인 초기는 성인진입기 때보다 약물 남용이나 여러 명의 상대와 성관계를 가지는 등 위험한 행동을 상대적으로 덜하는 경향이 있다(Claxton & van Dulmen, 2014; Johnston et al., 2014). 성인 초기는 성인 중·후기에 발병하는 암, 심장질환과 같은 여러 유형의 질병의 위협에서도 아직까지는 벗어나 있다. 대체로 성인 초기는 대부분의 사람에게 신체적 발달이 왕성하고 건강한 시기라고 할 수 있다.

성인 초기에 일어나는 신체기능 변화를 대부분의 사람들이 감지하지 못하지만, 성인 초기가 끝나고 성인 중기에 돌입할 때가 되면 눈에 띄게 노화 현상이 나타나기 시작한다(**그림 10.1** 참조). 성인 초기에 노화가 시작되었음을 파악할 수 있는 가장 명백한 지표는 흰머리이다. 처음 흰머리가 나기 시작하는 나이는 개인별로 차이가 있는데, 대부분의 경우 30대에 모발 노화가 시작된다(Tobin, 2010). 성인 초기는 또한 남성과 여성 모두의 모발 굵기가 얇아지기 시작하고, 많은 남성의 경우 앞이마에 난 머리가 줄어들기 시작하는 시기이다. 이는 특히 유럽계통 남성에게서 많이 나타난다. 유럽 남성 인구의 약 절반이 40대까지 지속적인 모발 감소를 경험한다(Ellis & Sinclair, 2008).

젊어 보이는 외모를 중요하게 생각하는 문화권에서는 성인 초기부터 동반되는 모발의 신체 변화를 감추기 위한 방법이 발달되었다. 여러 문화권에서 여성은 흰머리를 감추기 위해 머리카락을 염색한다. 남성 또한 마찬가지이다. 동서양 여성들의 3분의 1에서 절반 이상이 머리카락을 염색한 것으로 나타났다(Mendelsohn et al., 2009). 성인 초기에 머리가 벗겨지기 시작한 남성들은 대머리가 그들의 신체적 매력을 감소시킬 것을 우려하여 모발이식술이나 부분가발을 이용하는 것으로 나타났다(Cash, 2009).

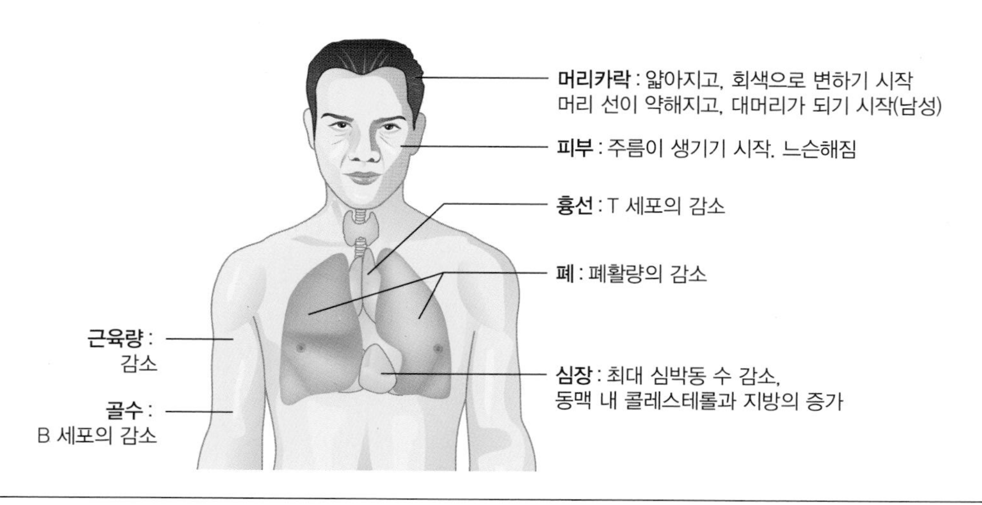

그림 10.1 **성인 초기의 노화**

T세포 신체의 질병과 싸우는 흉선에 의해 발생되는 면역세포

B세포 박테리아와 바이러스를 파괴하는 항체를 생산하며 골수에 있는 면역세포

피부와 근육량 변화 또한 신체적 외모에 영향을 미치는 요인이다. 인간의 성장호르몬은 성인 초기부터 점차 시간이 흐를수록 분비량이 감소하여, 피부 탄력을 감소시키고 근육 부피를 줄어들게 만드는 원인이 된다. 또 다른 피부 변화는 눈, 이마, 목 주변에 주름이 생긴다는 것이다. 밝은 피부색을 가진 사람들이 어두운 피부색을 가진 사람들보다 이른 시기에 피부 노화가 진행되는 경향이 있는데, 어릴 때 자외선 노출 빈도가 높을수록 그 정도가 심한 것으로 나타났다(Jackson & Aiken, 2006). 모발의 노화 현상과 마찬가지로 젊어 보이는 외모를 중시하는 문화권의 사람들 대부분이 피부 노화를 막기 위해 성형 수술이나 피부 크림 바르기와 같은 방법을 사용하고 있다(McCullough & Kelly, 2009).

성인 초기에 다른 신체 변화의 대부분은 서서히 진행된다. 심장 근육은 점점 단단해지지만 격렬한 신체활동을 수행할 때 최대심박 수가 감소하는 것을 제외하면 크게 두드러지지 않는데, 이때 최대심박 수의 감소는 심장에서 신체 부위로 전달되는 산소의 양이 감소하는 것을 의미한다(Haywood & Getchell, 2001). 또한 콜레스테롤과 지방의 침전물이 심혈관계 동맥에 축적되기 시작하는데, 이러한 물질이 많은 식단을 즐기는 사람들에게서 두드러진다. 하지만 성인 중기가 되기 전까지는 심혈관계 질병에 걸릴 위험성이 낮다(Daviglus et al., 2004).

성인 초기에는 심혈관계와 마찬가지로 호흡기관에서도 미세하고 점진적인 변화가 일어나기 시작한다. 폐, 흉부, 갈비뼈를 둘러싼 힘줄과 근육의 강직도가 서서히 증가하여 폐활량(사람의 폐가 한번에 들이마실 수 있는 공기의 최대량)을 감소시킨다. 결론적으로 25세가 되면 폐활량 감소가 시작되고, 그 양은 10년에 10% 정도밖에 되지 않는다(Maharan et al., 1999). 성인 초기에는 이러한 노화가 격렬한 신체 운동 중에만 눈에 띄게 된다.

면역 체계의 노화 징후 또한 성인 초기에 나타난다. 앞서 말한 것과 같이 면역 체계는 성인진입기에 가장 강하며, 그 결과 대부분의 질병이나 질환의 발병률이 낮아진다. 성인 초기에도 여전히 면역 체계는 건강하고 쇠퇴가 아직은 찾기 어려울 정도이다. 흉부의 상부에 있는 분비샘인 흉선에서는 질병에 저항하는 **T세포**(T cell)의 생산이 점차 둔화되기 시작하여, 50대가 되면 완전히 정지한다(Malaguarnera et al., 2001). 골수에서 생산되어 박테리아와 바이러스에 대항하는 항체를 생산하는 면역세포의 일종인 **B세포**(B cell)의 생산 또한 줄어든다(Issa, 2003). 그 결과 성인진입기에 비해 성인 초기에는 부상의 회복에 시간이 더 걸린다(Houglum, 2010).

신체발달 : 신체건강

노화의 첫 번째 징후를 보이는 데 더해서 성인 초기의 신체는 식사나 운동 습관의 변화가 없음에도 체중이 늘어나는 식으로 변화한다. 따라서 신체 단련, 식단 관리, 비만의 문제는 성인 초기 동안 중요하다.

과체중과 비만

비만의 정의와 결과, 그리고 예방에 대해 설명한다.

거의 모든 인간의 역사에서 충분한 양의 식량을 구하는 것은 문제였다. 오늘날 많은 선진국의 사람들은 다른 종류의 식량 문제를 직면하고 있다. 너무 적지도 많지도 않은 식사, 특히 지방과 당분이 들어 있는 음식을 너무 많이 먹지 않는 것이다. 식량 부족, 심한 경우 기아에 시달렸던 인간 계통발생론적 역사는 우리에게 지방과 당분이 충분한 음식을 통해 만족감을 느끼는 유전적 유산을 남겼을지도 모른다

기초대사율(BMR) 휴식할 때 신체가 사용하는 에너지 양

(Markham, 2009). 그런 음식들은 거의 최근까지도 구하기 어려운 종류였고, 우리 몸은 그런 흔치 않은 기회가 올 때마다 이를 신체 내에 축적시킬 준비를 하고 있다.

오늘날 선진국에서 식량 부족과 기아의 위협은 낮아졌지만 지방과 당분을 통해 충족감을 얻으려는 욕구는 여전히 남아 있기 때문에 부유한 국가의 많은 사람들이 **과체중**이나 **비만**의 문제를 가지고 있다. 제7장에서 본 것처럼 과체중이나 비만의 의학적 정의는 신장 대비 체중으로 측정되는 개인의 신체질량지수(BMI)에 기초한다(CDC, 2009). 당신의 BMI를 확인해보고 싶다면 http://www.cdc.gov/healthyweight/assessing/bmi/Index.html에 접속해보라. 성인의 경우 과체중과 비만을 결정짓는 최소치가 아동과 다르다(제7장 참조). BMI 수치가 25 이상인 성인은 과체중, 수치가 30을 초과하는 경우는 비만으로 분류된다. 예를 들어 신장 175센티미터의 성인의 체중이 76.2킬로그램을 초과하면 과체중이고, 91.6 킬로그램을 초과하면 비만인 것으로 볼 수 있다.

비만의 원인 제7장에서 살펴본 바와 같이 여러 나라에서 아동조차도 비만이 문제가 되고 있다. 그러나 성인 초기는 비만이 증가하는 시기이다. 25세경부터 신체가 휴식하는 동안 소모하는 열량을 의미하는 **기초대사율**(basal metabolic rate, BMR)에 중요한 생리적 변화가 일어난다(Peitilainen et al., 2008). 25~50세의 평균 개인 기초대사율 감소는 노화가 진행되면서 일어나는 자연스러운 현상이다. 그로 인해 체중 축적이 더 쉬워지는데, 이는 우리 신체가 휴식하는 동안 이전처럼 많은 열량을 소모하지 않기 때문이다. 성인 초기는 20~30대의 같은 체중을 유지하려면 어릴 때보다 매년 더 적게 먹거나 운동량을 늘리거나 (또는 둘 다) 해야 한다.

연구 초점 : '과체중'이란 무엇이고 '비만'이란 무엇인가?

과학적 연구에서 주요한 논점 중 하나는 연구하고 있는 현상을 어떻게 측정할 것인가에 대한 것이다. 비만의 경우 연구자들은 일반적으로 어떤 사람이 '과체중'이나 '비만'을 판단하는 측정 수단으로 신체질량지수(BMI)를 사용한다. BMI는 신장 대비 체중에 대한 계산법으로, 이 방법은 체중(킬로그램)/신장(미터)^{2}이라는 간단한 수식을 이용하여 저렴하고 빠르면서 쉽게 사용할 수 있다.

오랫동안 과체중과 비만을 측정할 때 BMI를 사용해왔는데, 이는 체내 지방량을 간접적으로 측량할 수 있기 때문이다. 즉 BMI가 높은 사람일수록 신장에 비하여 체내 지방의 비중이 높을 가능성이 높다는 것이다. 체내 지방은 고혈압이나 당뇨, 심장마비, 뇌졸중이나 특정 형태의 암과 같은 여러 질병의 위협과 직결될 수 있다.

그러나 BMI는 체내 지방에 대한 간접적 측정 수단일 뿐이다. 대부분의 사람들에게는 이 계산법이 유효하지만 예외가 존재한다. 예를 들어, BMI가 동일할지라도 남성보다 여성의 체내 지방 수치가 높고, 젊은 세대보다는 노년층의 체내 지방 수치가 더 높게 나타나는 경향이 있다. 또한 어떤 사람들은 BMI 수치가 과체중 범위보다 낮은데도 불구하고 복부지방(신체 중심부를 둘러싸고 있는 지방)이 높은 수준으로 나타나기도 한다. 복부지방은 건강 문제의 예측 지표 중 하나이다.

BMI 사용에 관한 또 다른 문제는 과체중과 비만의 구분점에 대한 것이다. 과체중의 구분점은 25이고 비만의 경우 30이다. 25와 30이라는 수치가 이상적인 구분 지점이라는 근거는 어디에도 없다. BMI가 31인 사람과 BMI가 29인 사람이 있을 때 '비만'으로 판별되는 전자가 비만이 아닌 후자보다 심각한 건강 문제를 가지고 있다고 볼 수는 없다. 다만 이러한 구분은 현재 자신의 체중이 건강 범주 내에 드는지 아닌지를 파악하고 조절하는 데 도움이 될 것이다.

마지막으로 과체중과 비만을 판별할 때 인종에 따른 차이 또한 고려되어야 한다. 예를 들어 아시아인은 일반적으로 동일한 체중의 비아시아인들보다 체내 지방 비율이 높게 나타난다. 때문에 다른 인종에 비해 아시아계에게는 과체중, 비만을 구분 짓는 수치를 더 낮춰야 한다고 주장하는 연구자들도 있다. 하지만 여전히 BMI 25와 30은 과체중과 비만의 국제 표준 수치로 사용되고 있다.

복습문제

1. BMI는 직접적인 측정 수단이다.
   a. 신장에 대한 체중비
   b. 체내 지방
   c. 심장마비 발병률
   d. 뇌졸중 발병률
2. 보건당국에서 사용하는 BMI 표준점수는 과체중은 ______, 비만은 ______이다.
   a. 15, 20
   b. 20, 25
   c. 25, 30
   d. 30, 35

결과적으로 성인 초기는 적정 수준의 체중을 가지고 있던 사람들이 과체중이나 비만이 되고, 이미 과체중이었던 사람들은 더 비만한 상태가 되는 시기라고 할 수 있다. 청소년 건강에 관한 국가 연구로 알려진(제8장 참조) 미국 연구에서 수천 명의 청소년들을 10대 시절부터 24~32세가 되기까지 걸쳐 장기적으로 추적하였다(Gordon-Larsen et al., 2010). 해당 연구 기간 동안에 사춘기 시절 13%였던 비만율은 그들이 성인 초기에 돌입하자 36%까지 증가했다. 성별이나 인종 집단에 따라 상당한 차이가 있었는데, 남성보다 여성의 비만율이 높게 나타났고(기간 변화에 따라서), 유럽계, 아시아계 미국인보다 라틴계와 아프리카계 미국인에게서 더 높은 비만율이 나타났다(**그림 10.2** 참조). 성인 초기의 비만율은 아프리카계 미국인 여성들에게서 높게 나타났다(55%).

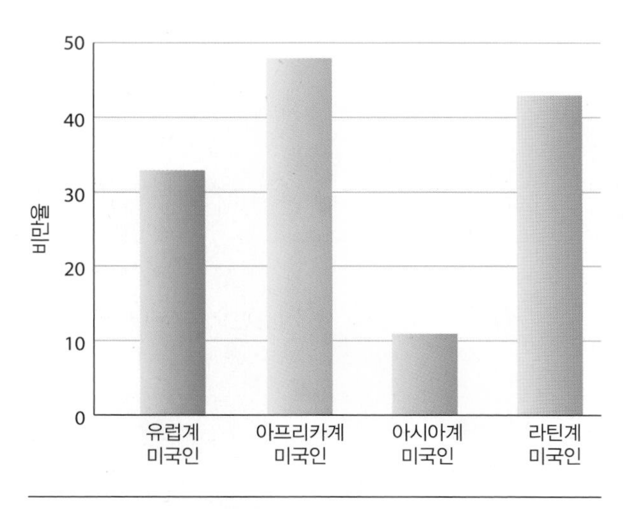

그림 10.2 24~32세의 인종별 비만율

출처 : Based on Ogden et al. (2013)

체중에 대한 또 다른 생물학적 변인은 유전이다. 동일한 식단을 섭취하는 경우에도 개인에 따라 체중이 증가하는 정도에 차이가 날 것이다(Salbe et al., 2002). 쌍둥이에 관한 연구에서도 일란성(MZ) 쌍둥이가 이란성 쌍둥이(DZ)보다 체중이 더 유사하였고, 쌍둥이 형제가 각각 다른 가정에서 성장한 경우에도 신체적 유사성을 보였다(Collaku et al., 2004). 연구자들은 특정 프로틴과 렙틴이 동물과 인간종의 체중 수준에 관여하고 있음을 발견했다(Zhang et al., 2006). 렙틴은 지방세포에서 분비하는 것으로 신체가 충분한 양을 섭취했다는 신호이며, 신진대사율에 영향을 미친다. 동물이나 인간의 렙틴 분비량이 낮은 경우 상대적으로 비만이 될 확률이 높고, 체내 지방률이 높으며 식사량을 줄이더라도 체중 감량이 느리게 일어난다.

다음의 **지도 10.1**에서 보이는 것과 같이 세계 비만률은 지역에 따라 다르게 나타나고, 물질적 풍요와도 밀접한 관계를 가지고 있다(International Obesity Task Force, 2008). 비만율이 가장 높은 국가는 선진국

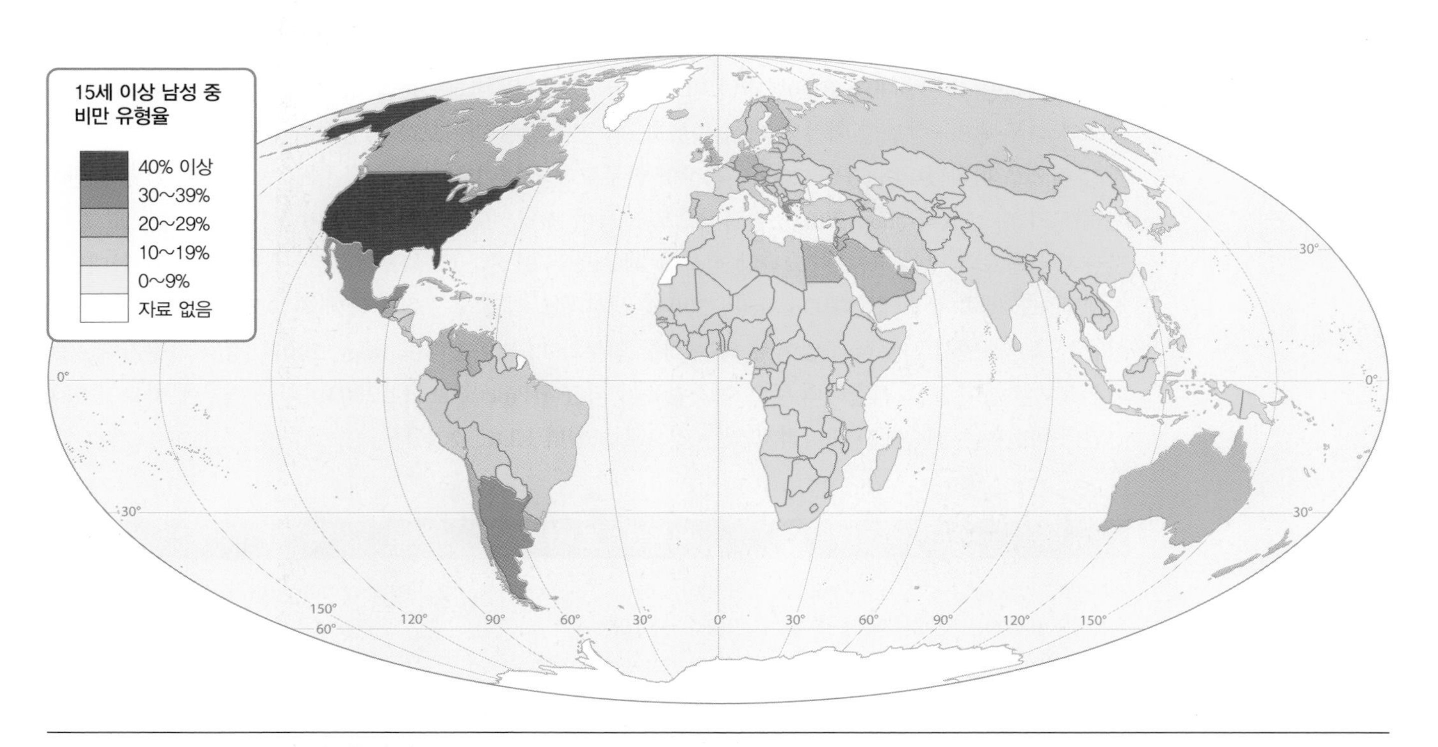

지도 10.1 전 세계 성인 비만율(남성)

비만율은 개발도상국의 경우보다 선진국에서 높은 편이다. 비만율에 영향을 미칠 수 있는 문화적·경제적 요인은 무엇인가?

선진국의 사람들은 지방과 당분 함량이 높은 패스트푸드를 자주 먹는다.

에 속하는 부유한 국가들이다. 비만율이 가장 낮게 나타난 아프리카는 세계에서 가장 빈곤한 지역이다. 경제 성장이 이루어지고 있는 중국과 같은 일부 개발도상국에서는 비만율이 증가하고 있다(Caballero, 2007). 개발도상국의 또 다른 비만 유발 요인은 건강에 해로운 지방과 당분을 함유하고 있는 서구 식문화의 도입을 들 수 있다(Bhargava, 2008). 저자가 몇 해 전 중국을 방문했을 때 건강한 식품이라고는 할 수 없는 켄터키프라이드 치킨 판매점을 도시 곳곳에서 발견할 수 있었다.

선진국 내에서 반대되는 현상이 종종 일어나고 있다. 낮은 사회경제적 지위를 가진 사람들이 수입은 아주 적으면서도 높은 비만율을 보이고 있다(Ball & Crawford, 2005). 이 역설적인 상황을 어떻게 설명할 수 있을까? 부유한 국가에서 이런 현상이 일어나는 가장 큰 원인은 건강에 나쁜 음식이 저렴하기 때문이다. 선진국 내의 식품 제조와 준비 공정은 놀라울 정도로 효율적이어서, 상대적으로 가난한 사람들도 고열량의 식품과 식사를 저렴하게 할 수 있다. 두 번째 중요한 이유는 사회경제적 지위(SES)별 문화적 신념과 가치와 관련이 있다. 선진국에서는 높은 사회경제적 지위를 가진 사람들은 유기농 저지방 식품 섭취와 규칙적인 운동을 포함한 건강한 생활 방식을 중요하게 여긴다(Bove & Olson, 2006; Caballero, 2007). 명확한 원인이 밝혀지지 않았지만, 사회경제적 지위와 비만 사이의 관계는 선진국 내에서 남성보다 여성에게서 더 강하다(Ball & Crawford, 2010; Beydoun & Wang, 2010; Ogden et al., 2010).

지난 수십 년 사이에 선진국 내의 비만율이 폭발적으로 증가했는데, 이는 미국과 캐나다에서 특히 두드러지게 나타났다(CDC, 2010, 2014; Vanasse et al., 2006). 이 증가 추세에는 여러 이유가 있다. 사람들이 더 많이 먹기 시작한 것이다. 한 연구에서는 1970년대와 2000년대의 미국 성인의 식단을 비교했는데, 2000년대 여성은 1970년대 여성보다 하루에 300칼로리 이상을 더 섭취했고, 남성의 경우 과거보다 일일섭취량이 150칼로리 이상 증가한 것으로 나타났다(NCHS, 2004). 직장인 한부모나 맞벌이 부모의 경우 매일 밤 집에서 저녁을 만드는 빈도가 더 낮았다(Shor, 2002). 결과적으로 그들이 저녁 시간이 지나서 먹는 것은 햄버거, 핫도그, 피자나 탄산음료와 같이 고지방·고과당 식품인 '패스트푸드'였다(Critser, 2003). 지난 수십 년간 현대인의 신체활동도 계속 감소해왔다(Donatelle, 2004). 생산제조 직업의 감소와 함께 지식정보와 기술과 관련된 직업이 증가하면서 사무실에 앉아서 하는 직장 업무가 더 많아졌다(Howley, 2001). 정원 가꾸기나 운동 대신 TV 시청이 저녁 시간대의 주요 여가활동이 되었다(Proctor et al., 2003). 최근 연구에 따르면 미국 성인의 비만율은 계속해서 증가하고 있는 것으로 보인다(CDC, 2014).

비판적으로 사고하기

서구권에서 들어온 정크푸드가 개발도상국의 비만과 치아 문제의 원인이라고 가정할 때 이러한 나라들에서 패스트푸드를 생산하여 판매하는 것이 윤리적으로 옳은 일이라고 생각하는가?

비만의 결과와 치료 비만은 연령대에 관계 없이 사람들을 건강상의 위험에 빠트린다. 성인 초기에 비만으로 인해 겪을 수 있는 흔한 문제는 고혈압, 당뇨병, 수면장애, 소화장애를 들 수 있다(Calle et al.,

2003; Gregg et al., 2007). 직장에서도 비만인 젊은이는 놀림이나 조롱, 차별의 대상이 될 수 있다(Carr & Friedman, 2005). 비만인 사람들은 성인 초기에 연애 상대를 찾는 데에도 다른 사람들보다 어려움을 겪는다. 또한 비만인 성인 여성은 그렇지 않은 여성보다 더 쉽게 우울감에 빠지는 경향이 있다(Merten & Wickrama, 2008).

과체중이나 비만인 상태가 된 사람들이 체중을 감량하기 위한 효과적인 방법이 있을까? 확실히 다이어트 서적, 프로그램, 식단, 음료, 다이어트 보조제와 수술법까지 효과적이라는 방법들은 매우 많다. 그러나 현실은 그다지 고무적이지 않다. 일부 사람들에게 이 다이어트 방법들이 효과가 있다는 데는 의심의 여지가 없다. 하지만 전반적으로 체중을 감량하려고 시도하는 대부분의 사람들이 기존의 체중을 유지하는 데 그치거나 오히려 최근 2년 내에 가장 높은 체중을 기록하기도 한다(Vogels et al., 2005). 수많은 체중 감량법이 존재하지만 다이어트 방법론 비교 연구에서 어떤 방법이 다른 것보다 더 효율적인지는 밝혀지지 않았다(de Souza et al., 2012). 체중 감량에 기적 같은 방법은 없다. 체중을 감량하는 방법에 대한 연구 결과는 몹시 간단하게도 (그러나 비용은 들지 않는) 적게 먹고, 지방과 설탕이 적게 들어 있는 건강한 식단을 꾸리며, 운동을 더 많이 하는 것이다(Annunziato & Lowe, 2007; Bray & Champagne, 2004).

운동의 중요성

성인 초기 운동의 이점에 대해 설명한다.

선진국에서 사는 대부분의 사람들은 모내기, 경작이나 물을 끌어오거나 장작 패기 같은 활동, 혹은 공장에서 반복적인 육체 노동을 하기보다는 의자에 앉아서 대부분의 업무를 수행하기 때문에, 그들이 원하는 것보다 더 적은 신체활동을 하게 된다. 선진국에서는 청소년보다 아동이 더 왕성한 신체활동을 보이며, 20~30대에 걸쳐 신체활동량은 지속적으로 감소한다(Gordon-Larsen et al., 2010; Weiss, 2004).

규칙적으로 운동을 하는 성인 초기의 사람에게는, 특히 최소 30분 이상 지속적으로 심박 수가 증가하는 **유산소 운동**(aerobic exercise)을 한다면, 여러 가지 이점이 있다(Shiraev & Barclay, 2012). 유산소 운동은 달리기, 수영, 에어로빅 댄스뿐만 아니라 축구나 농구 같은 광범위한 영역의 운동을 포함한다. 유산소 운동은 지방을 연소시키기 때문에 체중을 건강하게 유지할 수 있도록 도와준다(Bray & Champagne, 2004). 또한 운동 직후 일정 시간 동안 신진대사량도 증가시키기 때문에 운동이 끝난 이후에도 열량을 계속해서 소모하는 효과가 있다(Janssen et al., 2004).

운동은 다른 방식으로도 건강을 증진시킨다. 한 장기 종단 연구는 성인 초기의 규칙적인 운동이 성인 중기에 있을 수 있는 당뇨병, 심혈관계 질환, 여러 종류의 암과 같은 질환의 발병률을 낮춘다고 밝혔다(Bassuk & Manson, 2005; Tardon et al., 2005). 수십 년에 걸쳐 덴마크 성인을 대상으로 한 연구에서는 성인 초기에 운동하는 습관을 유지한 사람과 그중에서도 약한 강도에서 보통이나 고강도로 운동 수준을 올린 사람에게서 사망률이 더 낮게 나타났다(Schnohr et al., 2003).

운동을 통해 얻을 수 있는 이점에는 정신건강도 들 수 있다. 운동은 **엔도르핀**(endorphin)이라고 불리는 뇌 화학물질을 생산하여 기쁨과 행복감을 증가시킨다(Corbin et al., 2005). 규칙적으로 운동하는 사람들은 불안이나 우울감을 느끼는 빈도가 더 낮다(Faulkner & Biddle, 2002). 운동은 인지기능을 강화하는 기능 또한 가지고 있다(Padilla et al., 2014).

이처럼 여러 이점이 있지만 선진국의 성인 대부분이 규칙적으로 운동을 하지 않으며, 특히 미국에서 더 그렇다(Sallis et al., 2009). 미국 보건당국은 팔굽혀 펴기나 역도 같은 근력 강화 운동을 병행하여 중·

유산소 운동 적어도 30분 동안 심장박동을 증진시키는 다양한 운동

엔도르핀 즐거운 기분과 웰빙을 증진시키는 뇌의 화학물질

고강도 수준의 유산소 운동을 매주 최소한 2.5시간 이상 수행할 것을 권장하고 있다. 미국 성인의 절반 정도만이 이 유산소 운동 권장량을 지키고 있으며, 그중 20%만이 유산소 운동과 근력 강화 운동을 함께 병행하고 있다(CDC, 2013). 낮은 사회경제적 지위에 있는 성인은 사회경제적 지위가 높은 사람들보다 더 적게 운동하는데, 이는 운동 시설에 접근성이 떨어지고(대체로 비용이 들어가므로), 치안이 안전하지 않은 지역에 거주하는 것 등의 여러 이유가 있다(Wilson et al., 2004). 모든 사회경제적 지위 집단을 함께 볼 때 남성보다 여성의 운동량이 더 적다.

여러 이점에도 불구하고 운동 참여도가 낮은 이유는 무엇인가? 가장 큰 원인은 현대인의 바쁜 삶 때문인데, 특히 성인 초기와 중기에 심하다(Artinian et al., 2010). 선진국에 살고 있는 일반적인 35세 여성의 하루를 생각해보라. 출근을 위해 아침 일찍 일어나서 하루의 대부분을 사무실에 앉아서 일할 것이다. 하루 일과를 끝낸 뒤에는 꽉 막힌 도로를 달려 집으로 돌아와서 심리학자 리드 라슨이 '오후 6시 위기'라고 부른 현상을 경험하게 될 것이다(Larson & Richards, 1994). 바깥에서 돌아온 남편과 아이들을 맞이하고 오늘 하루가 어땠는지 확인한 뒤 저녁을 만들어야 한다. 저녁 식사 후 뒷정리까지 끝내고 나면, 아이들의 과제를 도와주거나 음악 수업이나 축구 연습 같은 방과후 활동 장소로 데려다줘야 한다. 다녀온 후에는 아이를 목욕시키고, 침실로 데려가 이야기 책을 읽어줄 것이다. 아이들이 잠들고 나면 그제야 이 여성은 남편과 함께 침대 위에서 30분 정도 TV를 보며 꾸벅꾸벅 졸다가 잠들 것이다.

정확히 언제 이 여성이 시간을 쥐어짜서 운동할 것을 기대할 수 있을까? 물론 잠들기 전 TV 시청 30분 포기하고 근처에서 조깅을 할 수도 있겠지만 그러지 않았다고 해서 이 여성을 비난하기는 어렵다.

이제 이 여성이 한부모이며, 혼자서 가족과 집안일에 대한 책임을 다해야 하는 상황을 상상해보라. 매일 규칙적인 운동이 불가능하다고 해도 놀랍지 않다. 지금까지의 내용은 사회경제적 지위가 낮은 계층의 사람들이 왜 더 적게 운동하는지를 설명해준다. 한부모는 두 사람이 가족 부양을 위해 벌어들이는 맞벌이 부부보다 수입이 적을 가능성이 높다. 그러면서 한부모는 집안일에 대한 책임도 혼자 지기 때문에 결혼한 신혼 부부보다 운동할 수 있는 시간이 더욱 부족하다.

식단 조절이 일반적으로 나쁜 결과를 가져올지라도 비만이 사회 문제로 대두되면서 체중 증가를 방지하거나 체중 감소를 돕는 약물에 대한 집중 연구가 개발되고 있다. 아직까지는 그러한 효과가 있거나 상용화될 수 있는 제품은 없지만 말이다(Bolen et al., 2010). 유전공학 기술을 통해 새로운 식품이 개발된다면 미래에는 비만은 유발하지 않으면서 고지방, 고당분의 맛있는 음식이 만들어질지도 모른다. 하지만 당분간은 그런 식품이 나타나지 않을 것으로 보인다.

2절 인지발달

학습목표

10.5 아동기와 청소년기의 IQ지수가 성인 초기의 직업적 성공을 예측하는 정도를 요약한다.

10.6 각 문화가 지능에 대한 개념의 일부로 포함하는 다양한 구성 요소를 설명한다.

10.7 전문 지식을 정의하고 일반적으로 이것이 왜 성인 초기에 처음 형성되는지 설명한다.

10.8 창의성이 전문 지식과 어떻게 연관되는지 그리고 연령에 따라 어떻게 변화하는지를 설명한다.

인지발달 : 성인 지능

인지발달에 대한 대부분의 연구가 아동기 발달이나 노년기의 쇠퇴에 초점을 맞추고 있지만, 성인 초기 또한 중요한 변화 시기이다. 다양한 측면의 지능이 다른 방향으로 쇠퇴할 수 있다.

IQ지수와 직업적 성공

아동기와 청소년기의 IQ지수가 성인 초기의 직업적 성공을 예측하는 정도를 요약한다.

아동기와 청소년기에 실시되는 지능검사(제7장 참조)는 일반적으로 학업 성과와 연관되어 있고, 학습 능력이 떨어지는 아동과 청소년을 식별하기 위해 학교에서 수행되곤 한다. IQ 검사는 성인기의 성공을 예견하는 척도 또한 될 수 있다. 아동기의 IQ 검사에 대한 장기 종단 연구의 메타분석에서는 검사 결과가 성인기의 직업적 성공과 수입을 성공적으로 예측하는 수단이었다(Strenze, 2007). IQ지수 분포에서 성인기 하위 25%에 속했던 성인은 직장에서 업무를 수행하는 데 어려움을 겪었고, 특히 이는 정보처리나 기술을 활용하는 직무에서 두드러졌다. 반면 IQ지수 분포에서 상위 25%군에 속했던 성인은 업무 수행 성과가 훌륭했고 수입, 승진, 포상 측면에서도 더 좋았다.

IQ지수가 높은 아동을 대상으로 수행된 종단 연구는 IQ가 성인이 된 후의 성공을 예측할 수 있는 강력한 지표인 것을 보여준다(Benbow & Lubinski, 2009). 예를 들어 스탠퍼드 비네 검사의 개발자인 루이스 터먼은 1920년대에 IQ지수가 140 이상인 아동 1,500명을 대상으로 연구를 수행했다(전체 인구의 중앙값 IQ지수는 100이다). 이 연구는 '흰개미'(연구 대상자를 부르는 호칭) 집단과 평균 IQ를 가진 아동들로 구성된 비교 집단과 함께 수십 년간 추적하면서 진행되었다. 흰개미 집단은 많은 특허권, 저서, 명예와 같은 학문과 직업 분야에서 상당한 정도의 성공을 거두었다(Terman & Oden, 1959). 이들은 또한 성인기에 개인 생활에서도 비교 집단에 속한 개인보다 알코올 중독이나 이혼, 정신장애와 같은 어려움을 겪을 확률이 적은 것으로 나타났다. 이 연구 이후 뛰어나게 높은 IQ를 가진 아동에 대한 다른 연구 결과 역시 이 결과들을 재확인하였다(Benbow & Lubinski, 2009). 이와 유사하게 중기 아동기의 낮은 IQ는 미래의 낮은 학업 성취나 다른 어려움들을 예측하였다(McCartney & Berry, 2009).

물론 IQ지수만으로는 성인기의 직업 성공에 대해 예측할 수 없는 많은 부분이 있다(Labouvie-Vief, 2006; Rode et al., 2008). 앞서 제9장에서 본 것처럼 성인이 되면 직장에서 혹은 대인관계에서 수많은 문제에 직면하게 되는데, 단순하게 해결하기 어려운 문제들은 높은 IQ지수만으로 해결책을 찾아내기 어렵다. 어른이 되어 직면하는 문제들은 복잡하고 부족하거나 불명확한 정보를 가졌음에도 불구하고 결정을 내리는 능력을 요구한다. 뿐만 아니라 문화에 따라 지능의 다른 측면을 강조하므로 앞으로 이를 살펴보게 될 것이다.

지능의 문화적 개념

각 문화가 지능에 대한 개념의 일부로 포함하는 다양한 구성 요소를 설명한다.

비록 상당수 연구들이 IQ지수와 성인의 직업 성공 간의 연관성이 높다는 것을 보여주지만, 이들의 대부분은 선진국에 집중되어 있어 일부 학자들이 비서구권 문화에서는 지능을 구성하는 요소에 대해 다른 견해를 가지고 있을 것이라고 주장해왔다. 지능에 대해 보다 문화 기반적 관점을 가져야 한다고 촉구하는 학자들 중에서 선구자인 로버트 스턴버그는 제7장에서 살펴보았던 지능의 삼각형 이론을 개발하였다(Sternberg, 2004; Sterberg, 2007; Sternberg, 2010; Sternberg & Gringorenko, 2004; Sternberg & Gringorenko, 2005). 스턴버그의 연구 결과, 문화를 바탕으로 지능의 개념을 정의할 때 그 사이에는 큰 다양성이 존재한다고 드러났다. 그 예로 중국에서는 성인이 갖춰야 할 지능에 겸손함, 자기 이해, 표준적 관습에서 벗어난 자유와 같은 요소들이 포함되었다(Sternberg & Grigorenko, 2004).

아프리카 문화권에서 수행된 여러 연구에서는 집단 조화를 이루고 사회적 책임을 수행할 수 있는 기술이 지능에 대한 정의에 포함되는 것으로 나타났다. 예를 들어 잠비아의 성인에게는 협동심, 순종성이 지능의 특성으로 강조되었다(Serpell, 1996). 케냐에서는 성인이 책임감 있게 가족과 사회에 기여하는 것을 지능의 중요한 측면으로 보았다(Super & Harkness, 1993). 짐바브웨에서 지능이라는 의미로 사용되는 단어 *ngware*를 문자 그대로 해석하면 신중하고 조심스럽다는 의미로, 특히 공적 관계에서 강조된다(Sternberg & Grigorenko, 2004). 아시아와 아프리카 문화권 모두 지능의 개념에서 공통적 요소인 사회적 요소와 지식 같은 인지적 요소가 함께 포함되어 있다(Sternberg, 2007).

스턴버그(Sternberg, 2004; 2010)는 일상생활 문제나 어려움을 해결할 수 있는 실용적 측면이 지능 범주에 포함되어야 한다고 주장해왔다. 이 주장은 스턴버그 주도하에 엘레나 그리고렌코가 주요 공동 연구자로 참여하여 수행된, 사냥과 어업을 통해 생활을 꾸리는 알래스카 원주민 유피크족 연구를 통해 증명되었다. 그리고렌코와 동료들(Grigorenko et al., 2004)은 유피크 문화 내의 성인과 노인들을 대상으로 한 인터뷰에서 그들의 일상생활에서 일어나는 상황에 요구되는 지식에 대해 조사했다. 이 인터뷰를 바탕으로 연구자들은 유피크 실용 지능검사를 개발했는데, 이 검사에는 사냥법, 물고기 잡는 법, 식용 열매 찾는 법, 날씨에 대한 지식 등이 포함되었다. 사춘기 아동에게는 이 실용 지능검사와 표준 IQ 검사가 함께 제공되었다. 연구자는 청소년, 성인, 노인을 대상으로 유피크족 사람들이 가장 중요하게 여기는 자질에 대한 인터뷰를 수행하고, 성인과 장년층은 조사에 참여한 청소년이 해당 자질을 얼마나 가지고 있는지 평가하게 했다.

그 결과 청소년들이 실용 지능검사에서 받은 점수와 집단 내의 어른들로부터 유피크 문화의 중요한 자질을 가지고 있다는 평가를 받을 가능성 사이에서 연관성이 있는 것으로 드러났다. 게다가 집단 내 어른들로부터 받은 평가와 더 높은 연관성을 보인 것은 표준 IQ 검사가 아니라 실용 지능검사의 결과인 것으로 나타났다. 연구자들은 이 조사 결과가 실용적 지능이 문화적 특성에 따른 지능의 핵심 요소이며, 이는 표준 IQ 검사로 측정하기 어렵다는 것을 증명한 결과라고 설명했다.

스턴버그에 따르면 사냥과 낚시에 대한 지식은 일부 문화권에서 지능의 구성 요소이다. 이 사진에서는 유피크족 사냥꾼이 고래를 겨냥하고 있다.

결과를 발표하면서 연구자들은 다른 연구자들이 그들의 실용 지능검사법이 실제로 측정 효능이 없다고 주장할지도 모른다고 생각했다. 그러나 학계의 반응은 다음과 같았다.

> 우리가 연구한 문화에서 적응적이라고 여겨지는 지식과 기술 면에서 문화적 적응을 반영하는 개념으로서 가장 자주 사용한 용어는 지능이라고 생각한다. 누군가는 민속 지식이 '중요'하지 않다고 주장할 수도 있다. 그러나 연구 대상인 문화 내에서는 그것이 중요하며, 생존을 위한 기본이다. 만약 지능이 각 개인이 가진 일상에서의 생존을 위한 기술에 대한 것이 아니라면 그것은 무엇이며 또는 무엇에 관한 것이어야 하는가?

인지발달 : 성인 초기의 인지 변화

인생주기의 어느 시점에 인지발달이 완전히 완성될까? 피아제에 의하면 인지적 성숙의 정점은 15~20세 정도의 형식적 조작 성취이다(제8장 참조). 다른 연구는 인지적 발달이 성인진입기 동안 계속된다고 한다(제9장 참조). 여기서 우리는 성인 초기 동안 발생하는 인지적 발달의 두 측면, 즉 전문 지식 습득과 창의성을 살펴본다.

전문 지식

전문 지식을 정의하고 일반적으로 이것이 왜 성인 초기에 처음 형성되는지 설명한다.

성인진입기에서 성인 초기 사이에 일어나는 인지발달 변화의 중요한 측면은 특정 분야에서 광범위한 지식과 기술을 의미하는 **전문 지식**(expertise)을 습득하는 데 더욱 초점이 맞춰지게 된다는 점이다(Chi et al., 2014). 해당 분야 연구자들에 따르면 대부분의 분야에서 전문 지식을 습득하기 위해서는 10년 이상의 학습 또는 실무 경험이 필요하다고 한다(Feldhusen, 2005). 대부분의 사람들이 20대에 일정 분야에서 업무 경험을 시작하기 때문에, 이들의 지식 수준이 전문가 수준에 처음으로 도달하는 것은 성인 초기에 해당하는 10년 후가 되며, 이 지점은 대개 30대이다. 제11장에서 볼 수 있듯이 전문 지식은 성인 중기를 통해 꾸준히 발달한다.

전문 지식을 가지고 있는 사람들은 자기 분야에서 일어난 문제 상황이나 임무를 더 빠르고 효율적으로 해결할 수 있다(Chi et al., 2014). 이들은 자기 분야에서 지식과 경험 창고를 만들어서 어떤 문제나 과제에 직면하더라도, 이미 알고 있는 지식과 관련이 있거나 이전에 유사하게 경험해봤을 가능성이 높다. 이런 지식 창고는 새로운 상황을 해결할 수 있는 방법을 빨리 떠올릴 수 있게 해준다. 이들은 단순히 과거에 어떻게 해결했는지 알고 있을 뿐 아니라, 어떤 방식이 비효과적이었는지를 알고 있기 때문에 결과를 내기 어려운 방식으로 처리하곤 하는 초심자들처럼 시간을 낭비하지 않을 수 있다(Masunaga & Horn, 2001). 예를 들어, 경영에 대한 전문 지식을 가지고 있는 사람은 경험을 통해 잠재적으로 일어날 수 있는 문제에 대해 파악하고, 이를 예측하여 미리 싹을 제거할 수 있을 것이다. 실제로 문제가 발생하면 경영 전문가는 광범위한 지식과 비슷한 문제를 처리해본 과거 경험을 통해서 효과적으로 문제를 해결할 수 있다.

신경심리학 연구는 제일 먼저 뇌발달이 성인 초기의 전문 지식 발달에 작동하는 방식을 밝혀내기 위해 시작되었다(Chi et al., 2014). 앞서 제8장에서 이야기한 것처럼 뇌발달은 청소년기에 폭발적으로 일어나는데, 이때 뉴런 사이의 수상돌기가 과도하게 증식하고(과잉생산/무성함) 시냅스 가지치기를 통해 짝을 이룬다. 이 시냅스 가지치기 과정은 20대까지 계속되지만, 지나친 과잉생산 기간이 지나고 더 이상 심하게 시냅스 가지치기가 일어나지 않는다는 의미에서 20대 후반까지 뇌는 성인의 성숙 수준에 도달했다고 간주된다. 신경심리학 연구자들은 특히 성인 초기 동안 전두엽의 성숙이 어떻게 전문 지식을 형성하는 인지적 변화를 반영하는지 주목한다(Eslinger & Biddle, 2008). 전두엽이 발달하게 되면 집중력이 강화되고 전문 지식을 함양하는 데 필요한 목표 지향적 행동을 증진시켜준다.

전문 지식 특정 분야에서 광범위한 지식과 기술

창의성 새롭고 문화적으로 의미 있는 방식으로 아이디어나 재료를 투입하는 능력

창의성

창의성이 전문 지식과 어떻게 연관되는지 그리고 연령에 따라 어떻게 변화하는지를 설명한다.

성인기에 특히 중요한 인지발달의 또 다른 측면은 **창의성**(creativity)이다. 창의적인 사람이란 어떤 생각이나 물건을 새롭고 문화적으로 의미 있는 방식으로 만들어낼 수 있는 사람을 가리킨다. 새로운 전자 장치를 개발해낸 과학자는 음악 작곡가와 마찬가지로 창의성을 드러낸다.

창의성은 측정하는 것보다 정의하는 것이 더 쉽다. 창의성은 새로운 것을 만들어내는 것과 관련이 있기 때문에 시험을 통해 측정하는 것이 어렵다(Runco, 2014). 시험이란 '정답'을 통해 점수가 매겨지는데 창의성은 누구도 이전까지 생각해내지 못한 답을 제시하는 것과 관련된다. 창의성에 대한 측정은 어떤 사람이 만들어낸 결과물의 숫자나 개인이 최고의 작품을 만들어낸 시기 대신, 해당 분야에 종사하는 전문가나 작품의 영향력에 초점을 맞춘다. 예를 들어 음악 작곡에 있어 창의성은 그 곡이 얼마나 많이 연주되었는가에 의해 평가될 수 있다. 학술 작업에 있어 창의성은 해당 논문이 다른 학자들에 의해 얼마나 많이 인용되었는가에 의해 평가된다.

여러 측정 기준을 사용해볼 때 성인 초기는 눈에 띄게 창의적인 생애 단계이다. 뛰어난 업적을 드러낸 사람들에 대한 수많은 연구는 그들의 창의적 업적이 성인 초기부터 드러나기 시작해서 30대 후반과 40대 초반에 정점을 찍으며, 그 이후 성인 중·후기에는 서서히 감소하기 시작한다고 밝혔다(Dennis, 1966; Dixon, 2003; Runco, 2014; Simonton, 1996; Simonton, 2000).

성인 초기는 창의성이 넘치는 시기이다. 여기, 인도네시아의 한 청년이 바틱이라고 불리는 전통 옷감에 그림을 그리고 있다.

왜 성인 초기는 창의적인 시기일까? 그 해답은 창의성과 전문 지식 간의 관계와 관련이 있다. 앞서 언급한 것과 같이 특정 분야에서 전문 지식을 키우는 데는 시간이 필요한데, 일반적으로 그 기간은 10년 정도이다. 창의성을 연구하는 학자들에 따르면 어떤 분야에서 전문성을 갖춘 후에야 사람들은 창의적인 일을 해낼 수 있다는 것이다(Feldman, 1999; Simonton, 2000). 대부분의 사람들은 직업 분야를 20대에 결정하므로 그들의 10년 후인 성인 초기에 창의성이 발휘된다. 전문 지식을 얻는 것은 사람들이 기존에 가지고 있던 지식과 기술을 새로운 방식으로 활용하여 문제를 해결하는 것에 그치지 않고 문제를 발견하는 단계에 이르게 한다(Arlin, 1989; Feldhusen, 2005; Hu et al., 2010). 성인 초기는 대부분의 사람들이 가지고 있는 전문 지식과 함께 새로운 아이디어에 대한 개방성, 모호함에 대한 인내, 지적 위험을 감수할 의지 같은 창의성에 기여하는 인지적 특성을 결합할 능력이 있는 시기인 것으로 보인다(Lubart, 2003; Sternberg et al., 2002).

그렇다면 성인 중기 이후까지 전문 지식은 계속해서 발달하는데 왜 창의성은 일생에 걸쳐 계속 증가하지 않는가? 창의성에 대한 초기 연구자가 말한 것과 같이 "익숙함이 생각을 굳어지게 만들기" 때문이다(Mednick, 1963). 처음에는 전문 지식이 창작의 원재료가 되는 지식과 기술을 제공하기 때문에 전문 지식을 습득하는 것이 창의성을 촉진한다. 하지만 종래에는 전문 지식은 골칫거리가 되고 만다. 사람들이 일하면서 직면하는 문제, 개념, 사물, 생각들은 더 이상 신선하지 않고 그것들을 새로운 시각으로 보기 어려워진다. 축적된 전문 지식은 새로운

방식을 고안해내기보다는 이전에 수차례 반복했던 방식을 택하도록 이끄는 경향이 있다. 인지적 유연성이 약해져서 사람들은 더 이상 새로운 관점으로 보는것이 어렵다.

성인 초기가 특별히 창의적인 생애 단계라고는 하지만, 다양한 변수와 개인차가 있다(Simonton, 2010). 분야에 따라 창의성 발휘의 전성기는 달라질 수 있다. 예술가, 음악가, 발명가, 수학자, 심리학자들은 20~30대 사이에 가장 창의적이다(Gardner, 1993; Runco, 2014). 반면 소설가들의 창의성은 종종 40~50대, 심지어 60대가 가장 뛰어난 시기이다.

성인 초기에 창의성이 가장 뛰어나다는 일반적인 규칙에서 벗어나는 예외 또한 많다(Csikszentmihalyi & Nakamura, 2006). 베토벤은 최고의 명곡으로 여겨지는 9번 교향곡을 54세에 완성했다. 피카소는 70~80대 사이에 주요 작품들을 그렸다. 지그문트 프로이트는 저작 중에서 가장 영향력 있는 책 중 하나인 문명 속의 불만(*Civilization and Its Discontents*)을 나이 74세에 출판했다. 조이스 캐롤 오츠(1938년생)는 70대에도 여전히 뛰어나고 인기 있으면서 비평가들에게 호평받는 소설가이다. 매우 창의적인 사람들은 성인 초기에 전성기를 맞이하더라도 일생 내내 창의성을 발휘하기도 한다(Dixon, 2003; Feldhusen, 2005).

비판적으로 사고하기

지난 20년 사이에 발명되어 세계적으로 확산된 발명품에 대해 생각해보자. 전문 지식과 창의성 발달에 관한 본문 내용에 맞는 발명가들의 나이는 언제인가?

3절 사회정서적 발달

학습목표

- **10.9** 에릭슨의 정서적·심리사회적 발달 이론을 서술한다.
- **10.10** 스턴버그의 사랑 이론의 세 가지 특성과 나이에 따라 어떻게 변화하는지 서술한다.
- **10.11** 결혼에 관한 문화별 전통 차이를 비교·대조해보고 서구 문화에서 결혼만족도를 예측하는 요인을 알아본다.
- **10.12** 성인 초기 이혼의 가장 주요한 원인에 대해 설명하고 왜 세계에서 미국의 이혼율이 가장 높은지 설명한다.
- **10.13** 독신 성인에 대한 보편적 편견에 대해 평가하고, 독신에 대한 문화적·인종적 차이를 서술한다.
- **10.14** 게이, 레즈비언 관계와 이성애적 관계를 비교·대조하고 최근 몇 년 사이에 이러한 관계가 어떻게 달라졌는지 서술한다.
- **10.15** 성인 초기에 왜 성적 행동이 가장 왕성해지는지 설명하고 성생활에서 성차를 알아본다.
- **10.16** 부모가 되는 것에 미치는 사회적·정서적 영향을 요약하고 한부모가 직면하게 되는 특수한 문제를 서술한다.
- **10.17** 슈퍼의 이론에서 직업발달의 단계를 기술하고 어떻게 성격과 성별이 직업 목표를 형성하는지 설명한다.
- **10.18** 성인 초기 삶에서 사회활동과 미디어 사용 사이의 관계를 설명한다.

친밀감 대 고립 에릭슨의 전 생애 이론에서 성인 초기의 핵심적인 정서적·심리적 주제로, 이 시기의 도전은 지속적으로 관여하는 친밀 관계에서 자신의 새롭게 형성된 정체감과 타인을 연합하는 것임

사회정서적 발달 : 성인 초기의 정서발달

정서적 관계를 형성하는 것이 전 생애에서 인간발달의 중요한 부분이라는 관점에서, 성인 초기는 가장 중요한 시기이다. 성인 초기는 대부분의 사람들이 성인기의 많은 부분을 함께할 동반자와의 관계에 헌신하는 시기이다. 이 파트너와의 관계는 성인 초기 생활에서 정서적 삶의 중심이며, 가족과의 관계, 직장과 같은 다른 맥락 속에서 이루어지는 발달에도 영향을 미치게 된다. 여기서 사랑에 관한 두 가지 이론을 살펴볼 것이다. 다음 절에서는 사랑과 결혼의 다른 측면에 대해서 알아볼 것이다.

친밀감 대 고립감 : 에릭슨 이론

학습목표 10.9 에릭슨의 정서적·심리사회적 발달 이론을 서술한다.

전 생애에 관한 에릭 에릭슨의 이론에서 **친밀감 대 고립**(intimacy versus isolation)은 성인 초기의 정서·사회심리 문제의 가장 중요한 부분이다(제1장 참조; Erikson, 1950). 지난 장에서 살펴본 바와 같이 청소년기와 성인진입기는 사랑, 직업, 이념에서 정체성을 형성하는 도전과 관련이 있다. 에릭슨에 따르면 친밀감을 형성하는 것은 타인과 새롭게 정체성을 형성하면서 지속적이고 헌신적이며 친밀한 관계를 만들어 가는 것이다. 건강한 친밀감은 상대에 대한 헌신으로 '나답지 않게' 한다는 뜻이 아니다. 오히려 상대에게 지나치게 의존하지 않고 다른 사람과 정서적으로 친밀해질 수 있을 만큼 충분히 확고한 정체성을 가지고 있다는 의미이다. 그 반대는 고립으로, 타인과 친밀한 관계를 형성하지 못하는 특징이 있다.

에릭슨의 견해를 지지하는 일부 연구자들은 성인 초기의 친밀감은 이전 단계인 정체성 발달을 기반으로 만들어진다고 본다(Beyers & Seiffge-Krenke, 2010; Kroger, 2002; Markstrom & Kalmanir, 2001). 일례로 청소년기와 성인진입기(12~24세)에 관한 연구에서 나이에 상관없이 정체성 발달이 친밀한 연애 관계 형성을 예측할 수 있는 강력한 지표였다(Montgomery, 2005). 정체성과 친밀감 간의 관계에 대한 여러 연구를 정리한 분석에서 애니 아르세와 동료들(Årseth et al., 2009)은 정체성이 때로 친밀감보다 먼저 발달될 수도 있지만 정체성과 친밀감은 동시에 발달하며, 서로를 상호 강화한다고 결론 내렸다. 그러나 이 주제에 관한 연구는 친밀감이 연애 관계나 결혼에 있어 이상적인 조건으로 여겨지는 서양에서만 진행되었다는 점을 주지해야 한다. 이는 곧 확인하는 바와 같이 모든 문화에서 그런 것은 아니다.

정체성과 친밀감 사이의 관계에 대한 상당수의 연구들이 성차에 주목해왔다. 대부분의 연구들은 친밀감 문제가 남성보다 여성에게서 먼저 일어나며, 그래서 여성의 경우 정체성보다 친밀감을 먼저 형성하거나 정체성과 친밀감 발달 단계가 동시에 이루어지는 반면, 남성의 경우 친밀감보다 정체성을 먼저 형성하는 경향이 있다고 지적한다(Årseth et al., 2009; Lytle et al., 1997). 정체성과 친밀감 사이의 관계는 젊은 남성보다는 젊은 여성에게 보다 복잡하게 나타나는 경향이 있는데, 이는 여성들이 대체로 개인적 정체성 목표를 형성할 때 특히 직장이나 교육 문제에서 자신의 친밀한 관계를 더 많이 고려할 확률이 높기 때문이다(Frisén & Wängqvist, 2011).

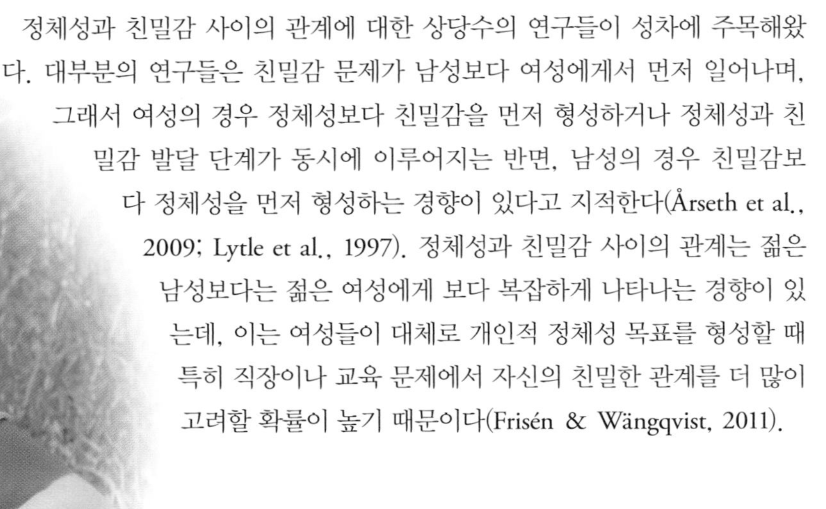
에릭슨에 따르면 친밀감 대 고립이 성인 초기의 주요 과제이다.

스턴버그의 사랑 이론

스턴버그의 사랑 이론의 세 가지 특성과 나이에 따라 어떻게 변화하는지 서술한다.

사랑의 삼각형 이론 열정, 친밀감, 헌신의 세 가지 기본 요소의 상이한 조합으로 이루어지는 사랑의 유형에 관한 스턴버그의 이론

젊은 성인들의 인생에서 사랑의 발달에 관한 또 다른 중요한 이론은 로버트 스턴버그의 **사랑의 삼각형 이론**(triangular theory of love)이다(Sternberg, 1986; Sternberg, 1987; Sternberg, 1988; Sternberg, 2013; Sternberg & Weis, 2006). 스턴버그는 세 가지 기본 요소의 조합에 따라 구분되는 사랑의 유형에 대해 제시한다. 세 가지 기본 특성은 열정, 친밀감, 헌신이다. **열정**은 육체적 매력과 성적 욕망을 포함한다. 열정은 정서적이면서 육체적인 것으로, 열망이나 기쁨, 분노, 질투와 같은 강렬한 정서를 불러일으킬 수 있다. **친밀감**은 가깝고 정서적으로 애착되었다는 느낌이다. 이는 상호 간의 이해, 상호지지, 타인과 의논하기 어려운 문제에 대한 열린 대화가 포함된다. **헌신**은 오랜 기간에 걸쳐 사랑에 기복이 있을지라도 이를 극복하고 누군가를 사랑하겠다는 서약이다. 헌신이란 열정이나 친밀감의 변동 속에서도 장기간 관계를 유지시켜 주는 특성이다.

사랑의 세 가지 기본 요소는 다음의 설명과 같이 일곱 가지 유형의 사랑으로 조합될 수 있다(**그림 10.3** 참조).

- **호감**(liking)은 열정이나 헌신적 특성 없이 친밀감만 있는 사랑이다. 이는 우정으로 특징지어지는 유형의 사랑이다. 우정은 열정이나 지속적인 헌신은 없지만 일정 수준의 친밀감이 쌓였을 때 종종 생겨난다. 대부분의 사람들이 생의 과정에서 오고 가는 우정을 많이 갖는다.
- **열병**(infatuation)은 친밀감이나 헌신 없이 열정만 있는 상태이다. 열병은 극도의 생리적이고 정서적 각성과 높은 성적 욕망 수준과 연관된다. 그러나 정서적 친밀감이나 지속적인 헌신은 포함되지 않는다.
- **공허한 사랑**(empty love)은 열정이나 친밀감 없이 헌신만이 남아 있는 상태를 말한다. 이는 결혼한 지 오래된 부부나 계속 함께하기는 하지만 더 이상 열정이나 친밀감이 남아 있지 않은 커플에 해당된다. 이 상태는 본인이 선택한 상대와 결혼한 젊은 부부보다는 부모의 중매를 통해 이루어졌거나 부모의 선택을 통해 결혼한 부부의 초기에도 나타날 수 있다(Hatfield & Rapson, 2005; Schlegel, 2010). 그러나 중매결혼은 공허한 사랑 단계에서 시작하지만 시간이 지날수록 열정과 친밀감이 높아질 수 있다.
- **낭만적 사랑**(romantic love)은 헌신이 빠져 있지만 열정과 친밀감이 공존하는 상태이다. "사랑에 빠져 있다"고 말하는 상태의 사랑을 의미한다. 이는 종종 강렬하고 큰 기쁨을 경험하기도 하지만 오래 지속되지 않는 편이다.
- **우애적 사랑**(companionate love)은 열정은 없고 친밀감과 헌신이 함께 있는 상태이다. 이는 서로에 대한 열정이 서서히 줄어들고 있지만 사랑에 대한 다른 요소는 계속 가지고 있는 결혼한 또는 오래 연애한 커플에게서 나타난다. 이는 매우 친밀한 친구나 가족 간에도 흔치않게 나타나기도 한다.
- **얼빠진 사랑**(fatuous love)은 친밀감은 없지만 열정과 헌신이 함께 존재하는 사랑을 이른다. 이런 유형의 사랑은 두 사람이 만났을 때 "정신없이 몰아치는" 구애에 이어 열정적으로 사랑에 빠진

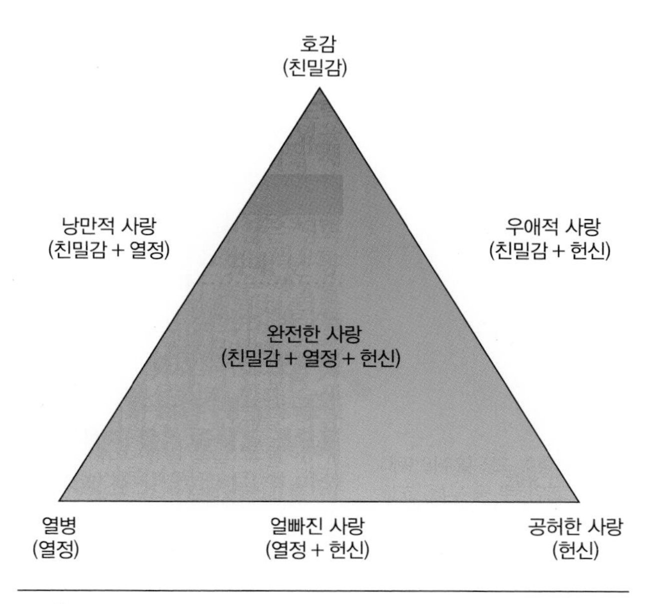

그림 10.3 스턴버그의 사랑의 삼각형 이론

친밀감, 열망, 헌신이 다양한 방법으로 결합해서 일곱 가지 유형의 사랑을 생기게 한다.

출처 : Sternberg (1998), p. 122

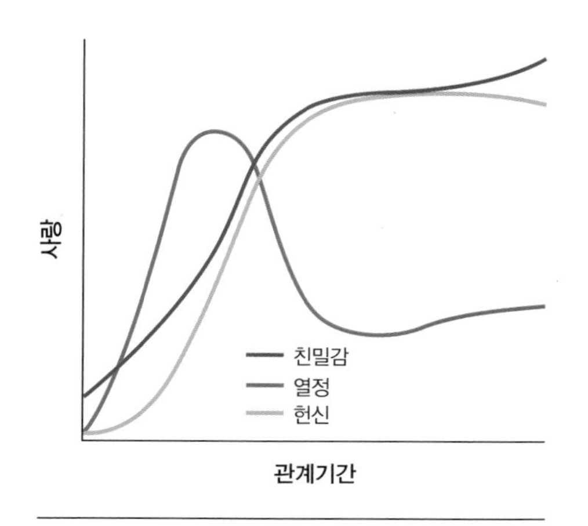

그림 10.4 관계의 과정을 통한 사랑의 변화

스턴버그의 이론에서 친밀감과 헌신은 안정된 상태로 유지되는 반면, 열정이 가장 빨리 생기고 빨리 사라진다.

출처 : Based on Sternberg (1986)

뒤 몇 주도 지나지 않아 서로에 대해 알아가기 전에 결혼까지 단번에 도달한 커플에게서 나타난다.

- 완전한 사랑(consummate love)은 세 가지 요소가 궁극적인 사랑 관계로 통합된다. 물론, 두 사람의 관계가 완전한 사랑에 도달했다고 해도 시간이 지날수록 열정은 희미해지고 친밀 관계가 불안정해지거나 혹은 배신당하게 될 수도 있다. 하지만 이 상태는 많은 사람들이 가지고 있는 사랑의 이상적인 형태를 나타낸다.

이들 유형 중에서 어떤 사랑이든 성인 초기에 일어날 수 있다. 그러나 스턴버그에 따르면(Sternberg, 1986), 각각의 유형을 형성하는 사랑의 특성들의 발달 패턴이 어느 정도 예측 가능하다. **그림 10.4**에서 보이는 것처럼 열정은 관계 초기에 빠르게 최고치에 도달해서 천천히 감소한다. 이러한 관찰은 부부들이 대체로 결혼 초기인 1~2년차에 서로에 대한 애정과 결혼만족도가 최고치에 이른다는 연구 결과와 일치한다(Cherlin, 2009). 열정이 높고, 사랑에 깊이 빠졌다고 느끼고, 결혼 이후에도 그 여운을 즐길 수 있다. 하지만 서로에 대해 익숙해지고 일상에서의 스트레스와 갈등이 누적되면서 열정은 대부분의 관계에서 꽤 빠르게 사라지는 것으로 보인다. 대조적으로 친밀감과 헌신은 열정보다 낮은 수준에서 시작되어 발전하기까지 오랜 시간이 걸리지만, 오랫동안 지속된다. 대부분의 사람들이 성인 초기에 첫 결혼을 하거나 다른 형태의 장기적인 관계를 형성하기 때문에, 이 시기는 연인관계에서 열정이 최고조에 달해 있을 가능성이 높은 단계이며, 또한 관계 속에서 친밀감과 상대에 대한 몰입이 서서히 발전해가고 있는 단계이기도 하다.

사회정서적 발달 : 성인 초기의 사회문화적 맥락

성인 초기는 대부분 새로운 가족과의 관계를 발전시키는 것이 사회생활의 구심점이 되는 생애 단계이다. 이는 일반적으로 결혼을 하고 부모가 된다는 의미이지만, 반드시 그런 것은 아니다. 일부는 독신으로 남아 있으며, 어떤 사람들은 결혼은 하지 않고 부모가 되기도 한다. 직장 또한 성인 초기의 중요한 사회 맥락 중 하나인데, 대부분의 사람들이 한 직업에 정착하여 커리어를 개발하고자 하기 때문이다. 가족과 직장 외에도 많은 초기 성인들이 공동체 활동에 시간을 쏟거나, 텔레비전 같은 미디어를 통해 시간을 보낸다.

성인 초기의 결혼

결혼에 관한 문화별 전통 차이를 비교·대조해보고 서구 문화에서 결혼만족도를 예측하는 요인을 알아본다.

결혼은 인류 보편적인 제도이다. 이는 모든 문화에서 발견되며, 문화에 따라 영속성에 대한 기대치에는 다소 차이가 있으나 경제적이고 성적인 결합이다(Ember et al., 2011). 대부분의 사회에서 약 90% 이상의 인구가 결혼을 하거나 다른 형태의 장기간 유지되는 동반 관계를 맺는다(King, 2005).

모든 사회에는 왜 결혼이라는 제도가 존재하게 되었을까? 이를 설명하기 위한 다양한 연구가 진행되어왔다(Thornton, 2009). 모든 문화에는 성별에 따른 노동과 역할 분담이 존재하고, 결혼은 남녀 역할을 상호보완적으로 수행할 수 있도록 사람들을 결합하는 하나의 방식이다. 또 다른 설명은 결혼을 통해 사람들이 사회적 승인하에 정기적인 성관계를 가질 수 있게 됨으로써 성적 경쟁과 갈등이 줄어든다는 것이다. 아마 가장 설득력 있는 설명은 인간과 같은 종은 의존성이 긴 유아기 동안 모성과 유아가 장기간 타인의 보호와 보살핌 없이는 쉽게 위험에 노출될 수 있다는 점에서 결혼이 필수적이라는 견해이다(Buss, 2007). 다른 동물들 사이에서도 대체로 안정된 짝을 짓는 경우는 모성이 자기 자신과 새로 태어난 새끼가 자랄 동안 혼자 보살필 수 없는 종 내에서 나타나는 경향이 있었는데, 이런 경우 먹이를 구해오거나 어미가 먹이를 구하러 나간 사이에 새끼를 보살필 수컷 배우자가 필요하게 된다.

결혼이 세계 공통적인 현상이기는 하지만, 문화권에 따라 상당한 차이가 있다(Thornton, 2009). 문화에 따라 결혼 상대를 선택하는 방식, 결혼에 따른 경제적 거래, 한 사람이 맞을 수 있는 배우자의 숫자 등이 매우 다르다.

배우자 선택에 관한 문화적 차이 앞서 제9장에서는 성인진입기 세대가 '소울메이트'를 찾기 위해 친밀감과 합의적 입증을 결합하여 연애 상대를 어떻게 선택하는지 살펴보았다. 그렇다면 결혼의 경우 사람들은 어떤 기준으로 배우자를 선택하는가?

심리학자인 데이비드 버스(Buss, 2003; Buss et al., 1990)는 이 질문에 대해 37개국 젊은이 1만 명을 대상으로 대규모 연구를 수행했다. 아프리카, 아시아, 동·서유럽, 남북아메리카를 포함한 세계 국가를 연구 대상으로 삼았다. 이를 위해 설문조사지는 37개국어로 번역되었고, 모든 국가에서 '사랑'과 가장 가까운 의미의 단어를 찾아내기 위해 신중을 기했다. 많은 국가에서 글을 모르는 젊은이들을 위해서는 질문을 소리 내어 읽어주었다.

이러한 어려움에도 불구하고 결과는 문화, 성별을 뛰어넘어 놀라울 정도로 일관성을 보여주었다(**표 10.1** 참조). '상호 매력-사랑'은 모든 문화에서 결혼을 결정하는 기준 중에서 1위로 선정되었고, 뒤이어 '신뢰할 수 있는 성격', '정서적 성숙과 안정성' 그리고 '낙천적 성향'이 나타났다. 곧 살펴보겠지만 많은 문화권에서 사랑이 결혼의 기본 요건이 아니라는 점을 고려할 때, 이 범문화적 일치는 다소 놀라울 정도이다(제9장에서 살펴본 것과 같이). 많은 사람들이 결혼에 있어 종교와 정치적 유사성을 가진 상대와 결혼하는 경향이 있다는 점을 고려할 때, 종교와 정치적 배경의 유사성이 매우 낮은 순위를 차지한 것 또한 놀랍다. '재정적 전망 좋음' 또한 낮은 순위를 차지했다.

비록 범문화적 유사성이 매우 강력하고 눈에 띄지만 문화에 따른 차이점 또한 주목할 만하다. 문화에 따라 가장 큰 차이는 순결에 대한 문제였다(결혼 전까지 순결성을 지키는 것). 동부 문화권(예 : 중국, 인도, 인도네시아 등)과 중부 문화권(예 : 이란, 이스라엘 팔레스타인계 아랍 등)에서는 결혼 상대를 결정할 때 순결성이 매우 중요한 것으로 꼽혔다. 그러나 서부 문화권(예 : 핀란드, 프랑스, 노르웨이, 독일 등)에서는 순결이 대체로 중요하지 않은 것으로 나타났다. 또한 '상호 매력-사랑'은 전반적으로 가장 높게 나타났지만 모든 나라에서 가장 높은 것은 아니었다. 예를 들어 중국 여성들 사이에서는 이 요소가 8위였고, 남아프리카 남성에게는 10위였다.

남성과 여성 사이에도 전반적으로 공통성이 있기는 하지만 눈에 띄는 차이점이 있었는데, 이 차이들은 다른 조사에서도 발견되었다(Buunk, 2002; Cramer et al., 2003; Eagly & Wood, 2003). 양성 모두 육체적 매력을 중요하게 생각했지만, 여성보다 남성의 답변에서 그 비율이 더 높았다(Perilloux et al., 2011). 대조적으로 여성은 예비 결혼 상대의 야망이나 경제적 지위를

표 10.1 전 세계의 배우자 선택에 관한 다양한 특성의 중요성

남성의 순위	여성의 순위
1. 상호 매력-사랑	1. 상호 매력-사랑
2. 신뢰할 수 있는 성격	2. 신뢰할 수 있는 성격
3. 정서적 성숙과 안정성	3. 정서적 성숙과 안정성
4. 낙천적 성향	4. 낙천적 성향
5. 양호한 건강	5. 학력 및 지능
6. 학력 및 지능	6. 사회성
7. 사회성	7. 양호한 건강
8. 가족과 자식에 대한 욕구	8. 가족과 자식에 대한 욕구
9. 교양, 깔끔	9. 야망 및 근면
10. 미모	10. 교양, 깔끔

출처 : Based on Hatfield & Rapson (2005)

일부다처제 한 남성이 여러 명의 부인을 두는 문화적 전통

중매결혼 개인이 배우자를 선택하는 것이 아니라 가족의 위상이나 종교, 경제적 부를 근거로 가족이 배우자를 선택하는 결혼

신부값 신랑과 신랑의 친지들이 신부와 신부 친지들에게 결혼에 대한 대가로 주는 돈이나 재산

더 중요하게 생각했다(그러나 양성 모두 이들 요소의 순위는 낮은 편이다). 대체로 성 평등 지수가 높은 국가일수록, 남성과 여성의 배우자 선호 유사성이 더 높다(Toro-Morn & Sprecher, 2003). 세대 간의 차이도 있는데, 배우자의 가치 있는 특성에서 나이 든 남녀보다 젊은 남녀가 더 유사했다(Buss, 2003; Henry et al., 2013). 이는 최근 수십 년간 성 평등 의식이 발달하고, 성역할의 구분이 줄어들었다는 것을 반영한다.

비서구권 국가에서 나타나는 결혼에 대한 주요한 차이 중 하나는 남성이 한 사람 이상의 부인을 가질 수 있는 **일부다처제**(polygyny)이다. 이런 형태의 결혼은 세계 일부 국가에 존재하는데, 아시아와 중동 일부 국가에서 발견된다. 그러나 일부다처제는 사하라 사막 이남 아프리카 국가에서는 매우 흔한 형태로 나타난다. 아프리카 22개국에서 수행된 설문조사에서 일부다처제 결혼의 중앙값 비율이 약 30%에 달했다(Riley Bove, 2009). 일부다처제 풍습은 도심보다는 지방에서 더 흔하고, 여성의 교육 수준이 높아질수록 일부다처제 결혼을 하지 않는 것으로 나타났다. 도심에 거주하고 교육을 받을수록 일부다처제가 적게 나타나는 것으로 볼 때, 아프리카 국가가 경제적으로 성장함에 따라 이 풍습 또한 사라질 것으로 보인다. 그러나 현재 일부다처제는 아프리카 전역에 있는 성인발달에 주요 영향 변인이다.

결혼에 관한 문화적 차이에서 또 다른 중요한 문제는 결혼 배우자를 누가 결정하는가와 관련이 있다. 낭만적 연애가 결혼의 전제가 되어야 한다는 생각이 통용된 것은 서구권에서도 겨우 300년밖에 되지 않았고, 나머지 대부분의 국가에서는 그보다 훨씬 나중인 최근의 일이다(Hatfield & Rapson, 2005). 결혼은 문화에 따라 두 개인의 결합보다는 두 집안 간의 동맹으로 여겨져왔다(Buunk et al., 2008). 부모와 친족들이 젊은 세대의 결혼을 결정하는 권력을 가지고 있으며 젊은 세대의 동의를 구하는 경우도 있었지만, 동의를 구하지 않는 경우도 있었다. **중매결혼**(arranged marriage)에서 가장 중요한 고려사항으로 예비 신부와 신랑이 서로를 사랑하느냐가 고려되지 않는 경우도 많았으며(때로는 신랑 신부가 서로를 아예 모르는 경우도 있었다) 그들의 개인적 성향이 잘 맞는지도 포함되지 않았다. 그대신 상대 집안의 명예, 종교, 부에 의해 결정되었다. 경제적 고려는 보통 가장 중요했다.

중매결혼만이 경제적 이익을 얻기 위한 유일한 방식은 아니다. 인류학자들이 연구한 약 4분의 3의 문화권에서 결혼의 일부로 분명한 경제적 거래 행위가 일어났다(Ember et al., 2011). 이 거래는 세 가지 유형으로 나눌 수 있는데 신부값, 신부서비스, 지참금이 있다.

신부값(bride price)이란 결혼에서 경제적 요구의 가장 흔한 형태로, 경제적 요인을 결혼의 일부로 생각하는 문화권의 절반 이상에서 나타난다(Ember et al., 2011). 이는 상당한 양의 현금이나 재산(가축이나 식량) 증여로 나타나며, 신랑 측이 신부 측 가족에게 주는 것이다. 예를 들어 많은 동아프리카 문화에서는 전통적으로 신부값을 치르기 위한 화폐로 말이 통용되었다. 네팔에서는 신부값에 살아 있는 돼지나 쌀 여러 자루, 술 상당량이 포함된다(Hardman, 2000). 전 세계의 경제 발전과 함께 현금은 신부값을 치르기 위한 가장 흔한 화폐가 되고 있다. 신부값을 치르는 이 절차는 세계 전역에서 나타나지만, 특히 아프리카 문화권에서 두드러진다(Esen, 2004).

중매결혼을 하는 인도와 다른 문화권에서는 사랑이 결혼하기 전이 아니라 결혼한 후에 발달될 것으로 기대된다.

왜 신부값을 치르는 관습이 발생하고 세계 공통적인 문화가 되었을까? 대부분의 문화권에서 결혼한 부

문화 초점 : 문화에 따른 결혼 및 연애 관계

중매결혼 문화가 존재하는 몇몇 문화에서는 세계화의 영향으로 결혼 풍습에 예외가 발생하고 있다. 예를 들어 인도는 6,000년간 중매결혼의 역사가 이어진 국가이다(Prakasa & Rao, 1979). 그러나 오늘날 인도의 젊은 세대의 약 40%가 배우자를 스스로 선택하고 싶다고 응답했다(Chaudhary & Sharma, 2007; Netting, 2010). 중매결혼 전통을 가지고 있는 다른 여러 문화에서도 유사한 변화가 일어나고 있다(Ahluwalia et al., 2009). 이런 문화권의 젊은이들 사이에서 자신의 결혼 상대를 선택할 자유가 있다는 생각이 점점 늘어나고 있으며, 적어도 자신이 배우자를 선택하는 데 중요한 역할을 해야 한다고 생각한다. 세계화가 젊은 세대의 가치관에 어느 정도 영향을 미쳐서 자기 선택, 개인의 행복 추구 가치를 중요하게 생각하게 되었으며, 이러한 가치는 중매 결혼과 조화되기 어렵다.

이로 인해 많은 문화에서 중매결혼 전통이 수정되고 있다. 오늘날 대부분의 동부 문화권에서는 '준중매결혼'이 흔한 형태로 이루어지고 있다(Ahluwalia et al., 2009; Netting, 2010). 준중매결혼이란 부모가 자녀들의 배우자 선택에 영향을 미치기는 하지만, 자녀의 동의 없이 독단적으로 결정할 수 없는 것이다. 예를 들면, 부모가 자녀에게 예비 배우자를 소개한다. 소개받은 젊은이들이 상대에게 좋은 인상을 받았다면 몇 번 더 만나볼 수도 있다. 그리고 서로가 잘 어울리는 상대라는 데 동의하고 나면 결혼이 진행된다. 준중매결혼의 또 다른 방식은 젊은이들이 예비 배우자들을 스스로 찾아내어 결혼을 전제로 만남을 진행하기 전 부모의 허락을 구하는 방식이다.

부는 신랑의 가족과 함께 살거나 가까운 곳에 자리를 잡게 된다. 신부값은 신부 가족들에게 신부를 양육하는 데 든 비용과 신부가 신랑 측으로 이동하면서 손실된 노동에 대한 보상이다.

경제적 거래의 다른 형태는 결혼에 따른 **신부서비스**(bride service)로, 전 세계 문화권 약 20%에서 발견된다(Ember et al., 2011). 신부서비스는 신랑이 결혼하기 전이나 후에 신부의 집에서 일정 기간 동안 노동력을 제공해야 하는 의무이다. 일부 문화에서 이 의무는 간소화되었다. 일부 이누이트족에서는 신랑이 결혼 예식을 치른 후에 신부 가족들에게 물개를 잡아주면 된다(Condon, 1989). 다른 문화에서는 신부서비스가 길어지거나 값비싼데, 필리핀의 수바눈족은 3~6년간의 신부서비스 의무 기간이 요구된다. 신부값과 마찬가지로, 신부서비스는 신부 측 가족에게 양육 비용과 성년이 된 신부의 노동력 손실에 대한 비용을 보상한다는 개념이다.

결혼과 관련된 세 번째로 흔한 경제적 거래는 **지참금**(dowry)으로, 경제 거래가 결혼의 일부로 여겨지는 문화권 내의 약 10%에서 발견된다(Ember et al., 2011). 지참금은 신부 가족이 신랑이나 신랑 가족에게 결혼에 대한 대가로 현금이나 재산을 주는 것이다. 지참금은 여성보다 남성의 가치와 권위가 강조되는 문화권에서 종종 관찰된다(Rastoqi & Therly, 2006). 신부 측에 양육비나 노동 손실을 보상해주는 신부값이나 신부서비스와는 달리, 지참금은 여아가 있는 집안에 노동손실에 더해 경제적 부담까지 더하는 풍습으로, 남아에 대한 문화적 선호를 강화한다(Diamond-Smith et al., 2008).

지참금 문화는 세계 문화권의 약 10% 정도에만 남아 있는데, 그중 하나는 인구수 10억 명을 넘어서는 인도이다. 인도에서 지참금은 불법이지만 여전히 관습적으로 행해지고 있으며, 때때로 신부 측이 약속한 지참금을 제공하지 못하는 경우 신부 폭행이나 살인의 원인이 되기도 한다(Rastoqi & Therly, 2006). 지참금은 유럽 국가의 부유한 집안 사이에서 19세기까지는 흔히 일어나는 일이었다(Anderson, 2003). 이 전통은 유럽 국가(미국, 캐나다와 같이 유럽계가 거주하고 있는 다른 국가를 포함)에서 오늘날에도 결혼 예식을 준비하는 비용을 신부 측이 지불하는 전통으로 이어지는데, 이는 지참금 풍습의 흔적으로 볼 수 있다.

서구의 부부 역할과 결혼만족도 결혼은 대부분의 국가에서 앞서 이야기한 것과 같은 유형으로 이루어지지만, 부부 역할이나 부부관계에 대한 연구는 거의 대부분 서양 국가, 특히 미국에서 이루어졌다. 최근 서양의 결혼에 대한 인식은 영혼의 동반자를 찾고 친밀감과 동료애에 대해 높은 기대치를 가지고 있는데, 이는 다른 국가의 결혼에 대한 역사·문화적 틀과 뚜렷한 대조를 보인다. 서구권 내에서도 전통적으

신부서비스 결혼 전이나 결혼 후 지정된 기간 동안 신랑이 신부 가족을 위해 의무적으로 일해야만 하는 합의 결혼

지참금 결혼할 때 신부 집에서 신랑과 그 가족에게 주는 돈이나 재산을 주는 결혼관습

로 결혼은 동반자 간의 결합이 아니라 실용적 관점에서 인식되어왔다(Cherlin, 2009).

20세기까지도 결혼에 대한 실용적인 관점은 부부가 서로에게 헌신하고 감정적이고 성적인 파트너십을 형성하는 관계라는 이상적 결혼으로 바뀌지 않았다. 오늘날 서구에서의 결혼에는 이 같은 기대감이 실려 있고, 정서적·사회적·성적 관계를 맺을 수 있는 이상적인 상대를 결혼 배우자로 삼고자 하기 때문에, 배우자와 실제 생활의 문제를 조정하고 갈등과 타협을 거쳐야 하는 결혼 초기에 결혼만족도가 전반적으로 떨어지는 것은 놀라운 일이 아니다. 대부분의 미국 부부들은 결혼 첫해에 그 이후 어느 시기보다도 가장 높은 결혼만족도를 보인다(Dew & Wilcox, 2011; Kurdek, 2005; Lavner & Bradbury, 2010). 신혼 초기 이후부터 결혼만족도는 꾸준히 떨어지기 시작해서 안정기를 맞았다가, 결혼 9~10년 차에 또 다른 만족도 하락기가 따라온다.

이는 전반적인 패턴으로 부부에 따라 크게 다른 양상을 보일 수도 있다. 결혼한 부부에게 결혼생활만족도를 높이고 지속시키기 위해서 필요한 것은 무엇일까? 미국인들은 행복한 결혼을 위한 비결을 다음 표현으로 요약할 수 있다고 말한다. "나는 당신을 사랑해. 당신은 멋져. 내가 도와줄까? 내가 잘못했어. 외식하자!"

결혼 25년 차인 저자가 생각하기에도 나쁘지 않은 조언이지만, 연구 결과들은 무엇이라 말할까? 수많은 연구 결과에 따르면 결혼만족도를 예측할 수 있는 요인은 다음과 같다.

- **현실적 기대** 결혼 후에 일어날 일들에 대해 현실적인 생각을 가지고 있고 결혼생활에 대해 최소한의 기대치를 가지고 있는 커플들이 서로에게 더 큰 만족을 느낀다(Flanagan et al., 2001; McCarthy & McCarthy, 2004; Sharp & Ganong, 2000). 피해야 할 보편적 통념은 아무런 대화 없이도 배우자는 상대가 원하는 것을 본능적으로 알아차릴 것이라는 생각과 남성과 여성 간의 생물학적 차이 때문에 서로 온전히 이해하는 것이 어렵거나 불가능하다는 생각이다.

서양 국가에서 여성의 결혼만족도는 배우자가 가족 의무에 얼마나 기여하는지에 달려 있다.

- **관심사 공유** 오늘날 서양의 부부들은 여가를 함께 보낼 수 있는 동반자를 원하므로, 배우자와 다양한 공통 취미생활을 즐길 수 있다면 결혼생활이 더 행복해질 것이다(Stutzer & Frey, 2006).
- **역할과 책임 분담** 부부 간의 오래된 성역할 분담은 점점 사라지고 있고, 오늘날의 서구권 부부 대부분이 집안일, 자녀 양육과 같은 의무에 대한 책임을 공유하면 더 행복해한다(Carrere et al., 2000). 여성의 결혼만족도는 배우자가 집안일에 기여하는 정도에 큰 영향을 받는데, 이는 남성보다 여성이 더 많은 집안일을 부담하고 있기 때문이다(Saginak & Saginak, 2005).
- **권력 공유** 오늘날 서구 문화권에서 사람들은 결혼할 때 배우자와 동등한 관계를 가질 것을 바라기 때문에, 어느 한쪽이 상대방을 지배하려고 하면 결혼만족도가 낮아진다(Gottman & Silver, 1999). 만족스러운 결혼생활을 하는 부부는 의견이 불일치할 때 기꺼이 타협점을 찾으려 하고, 자신의 실수를 인정하고 사과하려고 한다(Lavner & Bradbury, 2010).

결혼만족도를 높이는 요인에 대한 또 다른 통찰력이 주디스 월러스틴과 샌드라 블레이크슬리(Wallerstein & Blakeslee, 1995)의 연구에서 제시되었다. 월러스틴은 이혼의 원인과 영향에 대한 연구에 수십 년을 매진했는데, 이후 높은 결혼만족도를 드러낸 부부 50쌍의 인터뷰를 통해 좋은 결혼의 기본 요소에 대해 연구하기로 결심했다. 흥미로운 사실 중 하나는 스스로 행복하다고 밝힌 부부들조차 기복이 있다는 것이다. 이들 대부분이 수년 동안 결혼에 불만족하거나 배우자를 선택한 것이 실수였다고 생각한 적이 있었다고 응답했다. 이들 부부의 관계를 지탱한 것은 근본적으로 서로의 삶을 동반하며 어려움이 생길 때마다 함께 헌신하고 해결하면서 느낀 기쁨이었다. 또한 이들은 세월이 흐름에 따라 배우자에게 변화가 일어나거나 삶의 도전이나 위기에 직면했을 때 함께 맞추어 조정하는 것이 필수적이라고 말했다.

성인 초기의 이혼

성인 초기 이혼의 가장 주요한 원인에 대해 설명하고 왜 세계에서 미국의 이혼율이 가장 높은지 설명한다.

오늘날 서구권에서 결혼하는 사람들이 결혼에 대한 높은 기대의 결과로 최근 수십 년간 이혼이 더욱 흔해졌다. 소울메이트와의 결혼은 수년 뒤에 종종 사회학자 바바라 화이트헤드가 이름 붙인, **표현적 이혼**(expressive divorce)으로 이어진다(Whitehead, 2001). 화이트헤드에 따르면 오늘날 서구권 세대들은 결혼이 애정이나 친밀감에 대한 정서적 충족감을 가져다줄 것으로 기대하며, 만약 이것이 충족되지 않는 경우 종종 이혼을 택한다는 것이다.

이혼율은 지역에 따라 큰 차이가 있다. 아시아, 아프리카, 북아프리카나 중동, 라틴아메리카, 서유럽을 포함한 대부분의 지역에서 이혼은 여전히 드문 일이다. 이혼율은 북유럽, 동유럽, 미국, 캐나다, 호주, 뉴질랜드에서 가장 높게 나타난다. 미국은 세계에서 이혼율이 가장 높은 국가이다(Cherlin, 2009). 하지만 이혼율은 세계적으로 점점 증가하고 있는데, 연구자들은 이를 개인주의적 성향이 증가함에 따른 결과로 본다(Abela et al., 2014).

왜 미국의 이혼율이 세계에서 가장 높은 것일까? 앤드류 셜린(Cherlin, 2009)에 따르면 미국인들은 기타 서양 국가에 사는 사람들보다 결혼에 대해 더 강한 기대를 가지고 있다. 예를 들어 전국적으로 수행된 조사에서 미국인 중 10%만이 "결혼은 구시대적인 제도"라는 데 동의했는데, 이는 다른 유럽 국가들에 비해 낮은 수치이다(이에 대해 지지율이 가장 높게 나타난 국가는 프랑스로, 36%였다). 그러나 미국인들은 표현적 이혼에 대해서도 동의하는 것으로 보였는데, 즉 이들은 결혼을 통해 자기충족감을 느낄 수 있어야 하며, 이를 충족시키지 못하는 경우 배우자는 결혼관계를 유지할 의무가 없다는 것이다. 미국인들 중 25%만이 불행할지라도 자녀를 위해 결혼을 유지해야 한다고 응답했다.

미국에서 이혼율이 매우 높기 때문에 상당수의 미국인 연구들이 이혼의 원인과 영향에 대한 연구를 수행했다. 높은 이혼율에 영향을 미치는 요인들로는 어린 나이의 결혼(25세 미만), 부모의 이혼, 저조한 종교활동 참여율이었다(Amato & Cheadle, 2005). **그림 10.5**에서와 같이 이혼 위기는 결혼 5~10년차인 성인 초기에 최고조에 달하는데, 이는 어린 자녀에 대한 양육 부담으로 인해 부부 간의 친밀감을 유지하는 것이 어렵기 때문으로 보인다(Cowan & Cowan, 2011; Dew & Wilcox, 2011).

심리학자인 존 가트만은 이혼 예측 요인을 확인하기 위해 수년간 결혼한 부부들을 추적 연구했다. 한 연구에서 가트만과 연구 팀은 성인 초기 부부를 표본으로 모집하였는데, 이들의 평균 나이는 남성의 나이는 30세, 여성의 나이는 28세였다(Gottman & Levenson, 2000). 이 연구는 설문조사를 하고 갈등이나 일상생활의 주제에 대한 부부의 대화를 관찰하였다. 연구자들은 결혼만족도와 결혼 유지 의사에 관한 설문조사 응답 결과와 부부 대화의 관찰 과정에서 이들이 배우자에게 미치는 긍정적·부정적 영향(감정적 표현)에 대한 평가에 근거하여 부부의 이혼 가능성을 93%의 정확도로 예측하였다.

사회경제적인 지위 또한 이혼의 위기 요인이 될 수 있는 중요한 요소이다. 부부 두 사람이 모두 고등학교 졸업 미만의 학력을 가진 경우 이들 중 3분의 1이 5년 이내에 이혼했다. 둘 중 한 사람이 고등학교 혹은 대학 졸업자인 경우 5년 이내 이혼율은 4분의 1이 되었다. 그리고 부부 두 사람 모두 4년제 학위를 가

표현적 이혼 바바라 화이트헤드가 제안한 오늘날 서구에서 흔한 이혼 유형으로, 이 유형의 사람들은 결혼을 통해 사랑과 친밀감의 정서적 욕구가 충족될 것으로 기대하는데 이것이 충족되지 않으면 이혼하게 됨

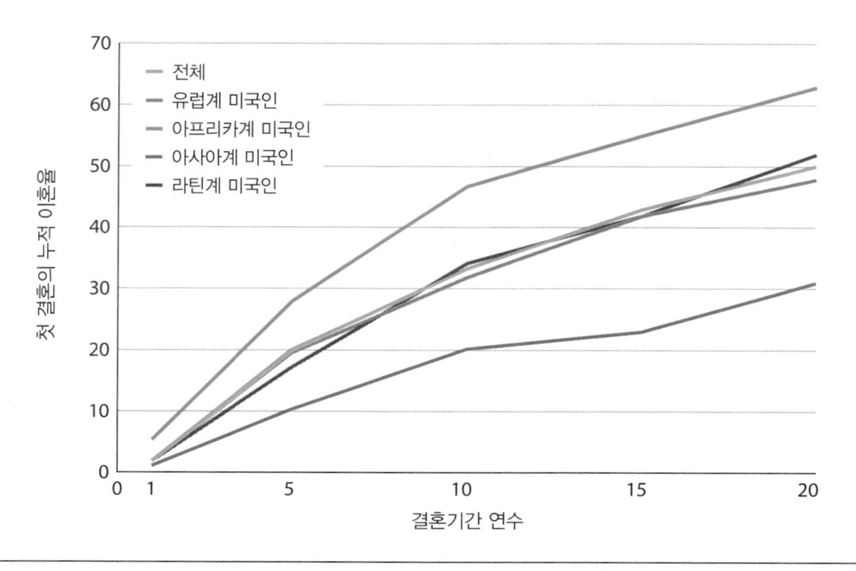

그림 10.5 성인 초기 이혼율

결혼 초기에 이혼율이 가장 가파르게 올라가고 10년 후에 30%에 도달하고 나면 다음 10년 동안 덜 가파른 증가를 계속하여 20년 후 50%로 위험이 축적된다.

출처 : Based on Bramlett & Mosher (2001)

지고 있는 경우 5년 이내 이혼율은 겨우 13%밖에 되지 않았다(Cherlin, 2009). 경제적 문제에 대한 갈등 또한 이혼을 예측하는 지표가 되는데, 결국 낮은 교육 수준을 가진 부부가 더 적은 수입으로 인해 경제적 문제를 겪게 될 가능성이 높기 때문에 미국 내의 이혼율은 아프리카계 미국인 부부는 70%로, 유럽계 미국인 부부의 이혼율 47%보다 훨씬 높다(Cherlin, 2009). 이 또한 아프리카계 미국인 부부의 수입이 더 낮기 때문으로 볼 수 있다.

배우자의 행동 또한 이혼 의사에 영향을 줄 수 있다. 한 미국 연구에서 기혼자 2,000명을 대상으로 한 차례 인터뷰를 한 뒤 3년, 6년, 9년 후에 다시 인터뷰를 했다(Amato & Rogers, 1997). 9년에 걸친 조사 기간 동안 이혼을 예측할 수 있는 가장 강력한 지표는 배우자의 부정, 경제적 문제에 대한 불화, 지나친 음주나 약물 사용이었다. 상대와 효과적으로 의사소통할 수 있는 능력 또한 친밀감 문제와 관련해 중요하게 작용했다. 실제로 이혼한 부부들 사이에서 여성은 남편이 그들을 이해하기 위한 노력을 보이지 않거나 그들의 감정을 이해하지 못할 때 분노, 슬픔, 좌절감을 느낀 경험이 있다고 밝혔다.

대부분 성인 초기에는 결혼을 중심으로 사회적·개인적 생활 기반을 쌓아가기 때문에 이혼은 조정하기 어렵다(Amato, 2010; Hetherington & Kelly, 2002). 남성과 여성 모두 이혼을 하게 되면 우울이나 불안장애와 같은 정신적 문제의 위험이 높아지고, 수면장애를 겪거나 약물 복용 빈도가 증가할 수 있다. 이혼을 하게 되면 일반적으로 남성은 가정을 떠나고, 이혼 전 일상적으로 이루어졌던 자녀와의 접촉을 그리워하는 경우가 많다. 여성의 경우 집안일과 자녀 양육을 혼자서 해야 하는 부담을 지고, 줄어든 수입으로 인해 경제적 어려움에 빠지기도 한다. 전반적으로 이혼 이후에 여성보다는 남성이 실생활에서 더 큰 상실을 겪고 회복하기까지 오랜 기간이 걸리는 것으로 보이는데, 이는 여성이 가족이나 주변 지인들로부터 더 많은 사회적 지지를 얻기 때문으로 보인다(Hetherington & Kelly, 2002; Williams & Dunne-Bryant, 2006). 남성과 여성 모두 이혼 이후 1~2년 동안 상실기를 겪다가 대부분의 경우 서서히 회복하기 시작한다. 주로 이 전환의 핵심 비결은 새로운 상대를 만나는 것이다(Coleman et al., 2006). 성인 초기에 이혼한 미국인 대부분은 5년 이내에 재혼하는 것으로 나타났다(Cherlin, 2009). 재혼에 대한 내용은 제11장에서 계속될 것이다.

독신 성인

독신 성인에 대한 보편적 편견에 대해 평가하고, 독신에 대한 문화적·인종적 차이를 서술한다.

독신주의 독신이라는 것으로 차별받고 경멸받는 독신에 대한 부정적 고정관념

결혼은 범문화적으로 성인 초기의 사회적 생활의 지배적인 형태이지만, 대부분의 문화에는 성인 초기에 결혼을 하지 않는 사람들도 존재한다. 일부는 성인 초기 내내 독신으로 남는다. 그중에서도 일생 내내 결혼하지 않는 사람들도 있다. 많은 나라에서 단 한 번도 결혼하지 않았거나, 40세가 될 때까지 동거에 이르는 장기적 관계를 가진 적이 없는 인구는 보통 약 10%에 이른다(Cherlin, 2009).

결혼이 성인 초기 발달에 여러 긍정적인 면을 촉진한다는 견해가 널리 퍼져 있다. 사회학자인 린다 웨이트와 매기 갤러거는 결혼이 건강, 행복, 부, 능동적인 성 생활을 위한 핵심 요소라고 주장했다(Waite & Gallagher, 2000). 반대로 30세 이후에도 독신으로 남아 있는 것은 기혼자들에 비해 정신적·신체적 건강 문제, 약물 복용 문제를 포함한 부정적인 결과가 예측된다(CDC, 2004).

그러나 심리학자 벨라 드파울로(DePaulo, 2006, 2012)는 이 연구 결과에 대해 의문을 제기하면서, 일반 대중들과 마찬가지로 사회과학자들 사이에서도 **독신주의**(singlism)가 만연하고 있으며, 결혼이 "부부와 같이 깊은 관계를 맺지 않은 사람들을 정형화된 생각으로 구분 짓고, 냉대하고, 무시하는 것"이라고 주장한다(2006, p. 2). 성인 초기의 독신자와 기혼자들을 비교하는 분석을 통해서 드파울로는 기혼자를 선호하고 독신자들을 적대한다는 주장이 과장되었다고 주장했다. 건강과 행복을 측정할 때 기혼자보다 독신자들이 다소 낮은 순위에 놓이는 것은 사실이지만, 계속해서 독신으로 남아 있었던 독신자들이 결혼했다가 별거 및 이혼이나 사별한 이들보다 순위가 높으며, 대부분의 기혼자들에게는 셋 중 하나의 운명이 기다리고 있다.

아프리카계 미국인들이 라틴계 혹은 유럽계 미국인보다 결혼 비율이 낮지만 동거 비율은 높다.

게다가 장기 종단 연구를 통해 결혼 직후 기혼자들의 행복 수준이 증가하는 것은 일시적이며, 곧 결혼 전과 비슷한 수준으로 떨어지게 되고, 장기적으로 결혼은 행복에 큰 영향 요인이 아니라는 것이 밝혀졌다(Schmitt et al., 2007). 결론적으로 행복한 결혼 상태에 있는 사람들에게 많은 이점이 있기는 하지만, 불행한 결혼생활을 하고 있는 사람들의 행복 수준은 별거, 이혼, 사별 상태에 있는 사람들보다도 낮은 최저 수준으로 나타났다.

독신 성인의 관점에서 독신생활에 대한 연구는 그들이 장점과 단점을 인지하고 있다는 사실을 보고한다(Arnett & Schwab, 2014; Baumbusch, 2004; DePaulo, 2006; Lewis, 2000). 독신 성인들은 스스로 결정할 수 있고 원하는 것을 원하는 때에 실행할 수 있는 자유를 장점으로 꼽았다. 반면 커플일 때 느꼈던 우정에 대한 아쉬움을 느끼며, 로맨틱한 관계의 성적 파트너가 계속해서 바뀌는 것에 지치고, 가끔 대부분의 젊은이들이 연인관계를 맺고 있는 세계에서 소외감을 느끼기도 한다고 밝혔다.

미국 내에서는 성인 초기 독신생활에 있어 인종 차이도 있는 것으로 나타났다. 40세 아프리카계 미국인의 41%는 평생 한 번도 결혼하지 않았는데, 이는 라틴계 25%, 유럽계 20%와 비교되는 수치이다(Social Security Administration, 2014). 그러나 아프리카계 미국인들이 다른 두 인종 집단보다 동거하는 커플의 비율이 높은 것으로 나타나, 실제로 각

인종 집단이 장기 관계를 맺는 비율은 비슷한 것으로 보인다. 일부 아시아 국가에서도 독신 성인들의 비율이 다소 높게 나타나거나 점차 증가하는 추세인데, 특히 도시에서 그러한 경향이 두드러진다(Jones, 2010). 일본 도쿄와 태국 방콕에서는 30~34세 여성의 3분의 1 이상, 40~44세 여성의 20% 이상이 평생 한 번도 결혼하지 않았다. 게다가 서양 국가들과 달리 아시아에서는 동거 커플도 매우 드물다. 결혼하지 않은 성인들은 거의 대부분이 40대까지 가족들과 함께 거주한다.

아시아 국가에서 성인 초기의 독신세대가 늘어나는 것에는 여러 이유가 있을 수 있지만, 젊은 여성에게 있어서는 대체로 직업적 기회가 더 확대된 것을 들 수 있다. 이들은 대부분의 아시아 국가에서 결혼에 뒤따르는 여성의 전통적 의무로부터 벗어나 독신생활의 자유를 만끽하려는 것으로 보인다(Rosenberg, 2007). 일본에서는 30대까지 독신으로 남은 젊은 청년들을 조롱하기 위해 **패러사이트 싱글**이라는 용어를 사용하는데, 이기심과 미성숙을 비꼬는 의미가 담겨 있다(DePaulo, 2006). 그럼에도 독신 청년 세대는 일본의 모든 비교 가능한 세대 중에서 가장 행복한 세대이다. 이들의 행복 수준은 중노년의 독신보다, 전 연령대의 기혼자들보다도 더 높다(Rosenberg, 2007).

게이와 레즈비언 관계

게이, 레즈비언 관계와 이성애적 관계를 비교·대조하고 최근 몇 년 사이에 이러한 관계가 어떻게 달라졌는지 서술한다.

성인 초기 대부분의 로맨틱한 연인 관계는 남성과 여성 간에 형성되지만, 거의 모든 문화권의 일부 사람들은 동성 파트너를 갖는다. 서양 국가를 대상으로 설문조사한 결과, 질문에 따라 다르지만 1~10%의 성인이 게이나 레즈비언이라고 응답했다(Garnets & Kimmel, 2013). 일관되게 스스로를 게이나 레즈비언이라고 밝힌 수보다 동성에게 성욕을 느끼거나 성경험을 가진 적이 있다고 응답한 수가 더 많은 것으로 나타났다(National Survey of Sexual Health and Behavior, 2010).

게이나 레즈비언 커플은 대부분 이성애 커플과 유사하다(Hyde & DeLamater, 2005; Kurdek, 2006; Peplau & Beals, 2004). 이성애자들처럼 대부분의 게이, 레즈비언 청년들도 사랑이나 열정, 상호 존중을 기반으로 한 장기적 관계를 찾는다. 이성애나 동성애 관계 모두 공통적으로 유사한 영역에서 갈등을 겪는 것으로 나타났는데, 이는 돈, 성관계, 집안일 등이다.

많은 서양 국가에서 이제 게이와 레즈비언 커플은 결혼을 할 수 있다.

어떤 문제에서는 게이나 레즈비언 커플은 이성 커플과는 다른데, 게이 커플과 레즈비언 커플도 다르다. 약 절반 이상의 게이 커플은 연애 감정과 관계없이 여러 상대와 성적 관계를 가질 수 있는 '자유 연애' 관계에 있는 반면, 레즈비언이나 이성애 커플은 거의 모든 경우에 상대에 대한 정조 관념을 중요하게 생각한다(Bonello & Cross, 2010; Peplau & Beals, 2002; Peplau & Beals, 2004). 자유 연애 여부의 선택은 다양한 성적 욕망을 바탕으로 이루어지지만, 한편으로는 오직 한 사람의 상대와만 관계를 가지도록 하는 일부일처제 관습에 대한 도전 목표 또한 가지고 있다(Anderson, 2012). 게이 커플은 이성 커플보다 더 잦은 빈도로 성관계를 가지며, 레즈비언 커플이 가장 낮은 빈도를 가지는 것으로 나타났다(Michael et al., 1994).

게이와 레즈비언 커플을 이성 커플과 차별화하기 위해 사용되던 일부 차이들은 점차 사라지고 있다. 많은 국가에서 대다수 이성애자들이 수 세기 동안 동성애자들을 박해하고 차별해왔다. 차별은 여전히 남아 있지만, 최근 수십 년 사이에 놀라울 정도로 관대하게 태도가 변화했다(Garnets & Kimmel, 2013; Savin-Williams, 2005). 최근까지만 해도 게이와 레즈비언 커플은 결혼이 허용되지 않았으나, 현재는 미국 내 여러 주도와 벨기에, 캐나다, 네덜란드, 스페인과 같은 일부 서양 국가에서 동성애 결혼이 합법화되었다. 국가적인 '배우자 등록'법은 이성 결혼과 동일한 법적 혜택을 보장하며, 이는 현재 영국, 덴마크, 프랑스, 독일, 뉴질랜드, 노르웨이, 스위스, 스웨덴에서 시행되고 있다(Cherlin, 2009). 18~30세의 미국인 66%가 동성 간 결혼을 지지하는 데 반해 65세 이상의 인구는 35%만이 이를 지지하지만, 전체 연령에서의 지지율은 점점 상승하고 있다(Pew Research Center, 2013).

성인 초기의 성생활

성인 초기에 왜 성적 행동이 가장 왕성해지는지 설명하고 성생활에서 성차를 알아본다.

거의 모든 문화권 내에서 성인 초기는 생애 단계 중 성적 활동이 가장 왕성하게 일어나는 시기이다. 대다수 문화권에서는 청소년기의 성행위가 금지되어 있다(Shlegel, 2010; Shlegel & Barry, 1991). 특정 문화에서 용인된다고 하더라도 아주 가끔이고 청소년들은 특정 상대가 없는 시기가 장기간 이어진다. 성인진입기 구분이 있는 곳에서도 마찬가지로 성적 활동은 다소 억제되거나(예 : 일본, 남한, 남부 유럽과 같은 국가) 용인되더라도(예 : 북유럽) 이 시기에는 대부분 성관계 파트너가 없는 기간이 존재한다. 성인 중기가 지나고 나면 일부 문화에서는 성적 활동이 거의 멈추거나 성인 초기 시절보다 더 낮은 빈도로 나타난다. 이는 성인 초기에는 대체로 주기적인 성적 파트너나 결혼한 배우자가 정해진 경우가 많고, 성인 초기 동안 문화적 신념에 따라 성적 활동이 사회적으로 장려되는 탓으로 볼 수 있다.

대다수 문화권 내에서 이에 대한 주된 이유는 부부 사이의 친밀감을 증진시키는 것보다는 젊은 부부의 자녀 출산을 보장하기 위한 것이다. 자녀 출산은 일반적으로 결혼생활의 핵심 요소로 여겨지며, 대부분의 문화에서 부모는 자신의 자녀가 아이를 출산하여, 다음 세대에서도 가계를 존속하기를 바란다. 결과적으로 많은 사회가 젊은 부부에게 주기적인 성관계를 가져서 후손을 출산하도록 장려하고 있다. 예를 들어 인도에서는 청소년기의 성적 활동은 전적으로 금지되어 있고, 성인 중기가 지나고 나면 성적 활동이 중단될 것으로 여겨진다. 그러나 성인 초기는 생애 단계 중에서 주바나(jouvana)라고 불리는 시기로 여겨지는데, 이는 문자 그대로 성적으로 왕성하다는 의미이고, 성적으로 활동적이라는 성인 초기의 정의이다(Menon & Shweder, 1998). 성인들이 성생활을 왕성히 할수록 더 빠르게 자녀를 낳을 가능성이 높아지고, 자녀 출산은 곧 결혼의 주된 의미이자 목적으로 여겨진다. 인도에서는 성인 초기 이후의 성적 활동이 다소 억제되는데, 이는 부인이 폐경기에 이르면 더 이상 배란이 이루어지지 않으므로 새로운 자녀 출산의 가능성이 없기 때문이다.

서양 국가에서 성인 초기의 성적 활동은 재생산에 초점을 적게 둔다. 서구권 대부분의 부부가 하나에서 둘 정도의 자녀만을 두기 때문에 상대적으로 성인 초기의 성관계가 임신을 목적으로 하지 않는다. 대신에 능동적 성생활은 부부관계에서 친밀감을 높이고 상호 쾌락을 위해 중요하게 여겨진다. 서양 국가에서 이루어진 연구 결과 성인 초기 부부의 성적 쾌락이 부부관계를 촉진하고 정서적 친밀감을 반영하는 것으로 밝혀졌다(Bancroft, 2002; Yeh et al., 2006).

'미국인의 성생활(Sex in America)'은 1990년대에 수행된 성적 행동양식 연구의 지표이다(Laumann et al., 1994; Michael et al., 1994). 연구가 발표되고 20년도 더 지났지만 이는 지금까지도 성인 초기의 성적 행동양식에 관한 가장 포괄적인 연구로 남아 있다. 이 연구 팀은 18~59세의 3,000명 이상의 미국인을 대상으로 인터뷰를 했다. 이들은 20대 후반부터 40대 초반까지의 결과를 통해 성인 초기의 성적 행동에 상당히 안정성이 있음을 파악했는데, 대부분의 응답자(약 75%)가 수년간 한 사람의 파트너만을 두었으며, 상대적으로 성적 파트너가 없었다고 응답한 사람은 적었다(약 10%). 한 사람 이상의 상대를 둔 비율은 그보다 조금 많은 약 15%인 것으로 나타났다. 빈도 측면에서는 한 달에 수회에서 주 2~3회의 성관계를 맺는다고 응답한 사람이 가장 많았고, 한 번도 경험이 없는 성인은 상대적으로 적은 8%, 주 4회 이상의 관계를 맺는 사람은 6%인 것으로 나타났다. 이 결과는 더 최근의 결과를 통해 여러 차례 다시 확인되었다(Langer, 2004).

'미국인의 성생활'에서 드러난 흥미로운 점은 사람들이 30~40대에도 자위행위를 계속한다는 것이다. 실제로 여성의 자위는 30대에 50%가 "가끔" 자위행위를 한다고 응답하여 가장 높은 수치였고, 40대에는 약간 감소하고 50대가 되면 약 20%까지 급격하게 줄어들었다. 남성의 경우 모든 연령대에서 여성보다 높은 비율로 나타났는데, 가장 자위행위가 왕성한 것은 20대 후반으로 "가끔" 혹은 그 이상이라고 응답했고, 30~40대에도 60%를 넘어서다가 50대가 되면 50% 이하로 감소하는 것으로 나타났다. 청소년기와 마찬가지로 성인기에도 자위행위는 성관계 빈도를 포함한 다른 성적 활동과 관련이 있다. 성인 초기의 자위행위는 성관계를 대신하기 위한 것이 아니라 능동적인 성생활을 위한 강화 역할을 한다.

'미국인의 성생활'에 따르면 자위행위는 성의 여러 영역 중에서도 성차가 크게 두드러지는 영역 중 하나이다. 오르가슴의 빈도 또한 성별 간에 아주 큰 차이가 있었는데, 남성의 75%가 30~40대에 주 파트너와의 성관계 중 항상 오르가슴을 느꼈다고 응답했으나, 여성의 경우 겨우 30%에 그쳤다. 성적인 공상에 대한 빈도 또한 큰 차이가 있었다. "얼마나 자주 섹스에 대해 생각하는가?" 하는 질문에 대해 절반 이상의 남성이 "매일" 혹은 "하루에 수 차례 이상"이라고 응답한 데 반해, 여성의 경우 같은 답변을 한 사람은 19%에 불과했다. 유사한 예로 성감을 얻기 위해 미성년자 관람불가 영상, 비디오, 누드 댄스 클럽이나 도색 잡지를 이용하는 것 또한 남성의 비율이 훨씬 높았다. 이 연구는 인터넷이 발달하기 전에 수행되었지만, 최근의 결과에 따르면 남성이 여성보다 훨씬 더 자주 인터넷 포르노그래피를 보는 것으로 드러났다(Carroll et al., 2008).

부모 되기

부모가 되는 것에 미치는 사회적·정서적 영향을 요약하고 한부모가 직면하게 되는 특수한 문제를 서술한다.

인간사 관점에서 아주 최근까지도 대부분의 사람들은 성인 초기의 대부분을 부모로서의 역할 수행으로 자녀의 출생부터 성장 기간 동안 보살피고 필요한 것을 제공하는 데 시간과 에너지를 헌신해왔다. 자녀들은 20대 전후가 되면 결혼을 하고, 해가 지나면 첫 자녀를 출산하고 40대가 되기 전까지는 몇 해에 1명씩 출산을 계속했을 것이다. 아이가 자라기까지의 20년 이상의 과정을 약 8명의 아이와 함께 거치다가 마지막 자녀가 성년기에 이를 즈음이 되면 부모의 나이는 60대가 된다. 대부분의 사람들은 60세를 넘기지 못했다. 오늘날 전 세계적으로 출산율 감소와 평균 수명 증가의 조합으로 대부분의 사람들에게 어린 자녀를 양육하는 것이 전체 인생에서 상대적으로 적은 부분을 차지하지만 중요한 것으로 변화했다. 이 문제에 관해서는 도심과 지방 사이의 큰 차이가 여전히 남아 있다. 세계 모든 지역에서 공통적으로 지방에 사는 사람보다 도심 지역에 거주하는 사람의 수명이 길고 자녀 수는 적은 것으로 나타났다(PRB, 2014).

양육과 성인 초기의 역할 모든 국가에서 청년 대다수가 결혼을 하는 것처럼, 대다수의 성인 초기 부부들은 부모가 된다. 대부분의 국가에서 약 90%의 성인이 적어도 1명 이상의 자녀를 둔다(Mascarenhas et al., 2012). 선진국의 경우에는 약간의 차이가 있다. 40대가 되기 전에 1명 이상의 자녀를 둔 여성의 비율이 독일은 70%, 미국은 80%, 아이슬란드의 경우는 98%였다. 개발도상국의 경우 40대 이전까지 부모가 되는 비율은 전반적으로 90%가 넘었는데, 이는 임신과 출산을 조절하는 데 사용할 수 있는 방법이 적다는 점과 이들 문화가 자녀 출산에 중요한 가치를 두고 있기 때문으로 보인다.

대부분의 국가에서 초기 성인의 약 90%는 최소한 1명의 자녀를 가진다.

지방 전통 문화의 초기 성인들에게 부모가 된다는 것은 공동체 내의 사회적 지위와도 연관되는 중요한 과정이다. 생식력은 젊은 여성의 주요 목표이자 기능으로 여겨지며, 여성이 남편의 집안에 완전히 받아들여지기 위해서는 반드시 자녀를 출산해야 한다. 자녀를 출산하지 못하는 여성은 동정과 멸시의 대상이 된다. 남성의 경우 아이를 가진다는 것은 보다 높은 지위에 오른다는 것이며, 그제야 비로소 공동체 내에 받아들여진다. 예를 들어 뉴기니섬의 삼미아족 사이에서는 성인 남자가 되기 위한 통과 의례로 일곱 가지 의례를 수행해야 하는데, 이는 아동기 중반부터 성인 초기 사이에 이루어지며, 마지막 단계인 가장 결정적 의식은 처음으로 아버지가 되었을 때 이루어진다(Herdt, 1986).

전통 문화에서 성인 초기 여성의 주요 일과가 자녀를 양육하는 것이긴 하지만, 그 책임을 전적으로 혼자 지는 것은 아니다(DeLoache & Gottleib, 2000). 대체로 시어머니가 같은 집에 거주하거나 이웃에 살면서 함께 돕거나 이따금 친정어머니의 도움을 받기도 한다. 사촌이나 조카 혹은 가까이에 살고 있는 이웃과 부담을 나누기도 하는데, 이는 자녀 양육에 국한되지 않고 식사 준비, 농사일 외에 여러 노동을 함께한다. 어느 정도 자란 자녀들은 아동기 중반에 이르면 손아래 형제를 돌보거나 기타 집안일을 함께 돕는다. 아버지의 경우 대체로 자녀 돌보기에 크게 동참하지 않지만, 이미 앞 장에서 본 것과 같이 예외는 있을 수 있다.

선진국 내의 성인들과 개발도상국의 도시에 거주하는 대다수에게 부모가 되는 것은 그들이 선택할 수도 또는 선택하지 않을 수도 있는 의식적 결정이다. 지방 전통 문화권 내의 성인들과 달리 이들은 효과적인 피임법을 통해 임신하지 않고도 능동적인 성생활을 누릴 수 있다. 또한 지방 전통 문화의 성인들과 달리, 도심 부부에게 자녀는 경제적 자산이 아니다. 지방 경제권 내에서는 아동이 어릴 때부터 아동기 동안에 경작을 돕거나 가축을 돌보고 가족들이 생산한 상품을 파는 일을 통해 가계에 기여할 수 있다. 그러나 선진국에서 아동이 경제적으로 기여할 수 있는 부분은 거의 없고 양육을 위해 많은 비용이 든다. 식비, 의복, 교육비, 여가비, 의료비를 모두 합산하면 부모는 자녀를 대신해서 18~25년이 넘는 기간 동안 엄청난 양의 비용을 지출하게 된다. 게다가 선진국 내의 부모는 일반적으로 시부모나 다른 친척, 이웃의 도움 없이 스스로 양육 부담을 져야 한다. 예외적으로 아프리카계와 라틴계 미국인 같은 일부 인종 집단 내에서는 젊은 부부의 가족 부양을 위한 지원 체계가 널리 구축되어 있다(Oberlander et al., 2007).

자녀 출산에서 경제적 이익을 취할 수는 없지만, 성인 초기 부부는 부모가 되는 일이 많은 보상과 장점을 가지고 있다고 생각한다. 필립 코완과 캐롤린 페이프 코완(Cowan & Cowan, 2000)이 젊은 미국인 부모들을 인터뷰한 결과, 이들은 부모가 됨으로써 넓은 범위에서 보상과 이점을 취할 수 있다고 응답했는데 거기에는 사랑과 애정의 교류, 덜 이기적인 사람이 되고 희생하는 법을 배우는 것, 자녀가 자라는

표 10.2 부모가 되는 것에 대한 견해 : 장점과 단점

장점	단점
사랑과 애정을 주고받는다.	자유로움이 사라지고, 선택에 대한 제한이 있다.
삶에 대한 의미가 더 커진다.	가족과 직장을 위한 시간이 부족하다.
덜 이기적이고 희생하는 법을 배우게 된다.	배우자나 파트너와 함께할 시간이 적다.
아이들이 배우고 성장하는 데 돕는 것을 만족한다.	아이의 건강과 안전에 대한 걱정이 크다.
책임감 있는 성인으로서 더 크게 수용된다.	재정적인 스트레스를 받는다.
아이들이 계속 살고 있기 때문에 죽음에 대한 두려움이 덜하다.	아이가 나빠지거나 불행해질 것이 두렵다.

출처 : Based on Cowan & Cowan (2000)

모습을 보며 느끼는 만족감 등이 있었다. 그러나 **표 10.2**에 보이는 것처럼 이들 부부는 자유의 제한, 경제적 스트레스, 배우자와의 시간이 줄어드는 등의 단점 또한 있다고 밝혔다.

성인 초기의 자녀 양육과 부부관계 전통 문화에서 초기 아동기부터 성역할이 구분 지어져 부부가 된 성인 초기 여성과 남성은 각기 다른 의무를 지게 된다. 여성의 의무는 가사를 책임지고 자녀를 돌보는 것이고, 이외의 경제적인 일은 경작이나 가내수공품을 만드는 것 정도이다. 남성의 책임은 아내와 자녀에게 경제적 자원을 제공하는 것이다. 여성과 남성의 역할은 크게 겹치지 않는다.

대조적으로 오늘날 선진국에서의 성역할은, 특히 서양 국가를 살펴보면 정의가 뚜렷하지 않고, 성인 초기 부부는 전통적 시각에서 어느 한쪽에 부과되었던 의무를 함께 공유하는 것으로 보인다. 남성과 여성 모두 요리, 집안 청소, 가사 이외에 가족수입에 기여하기 위해 집 밖에서도 일을 한다. 미국에서는 대부분의 사람들은 남편과 부인 모두 직업을 가지고 있고 집안일과 자녀 양육을 분담할 때 성공적인 결혼이 이루어질 수 있다고 생각하는데, 이는 전통적인 유형과는 대조적인 양상이다(Russell, 2011).

그러나 선진국 내에도 전통적 성역할 구분이 여전히 변형된 형태로 남아 있다. 남성과 여성 모두 자녀 양육에 참여하지만, 맞벌이 부부인 경우에도 여성이 더 많은 부분을 책임지고 있는 것으로 보인다. 부부가 함께 집안일을 하는 경우에도 여성이 주당 더 많은 시간을 소요하는 것은 선진국에서도 동일하게 나타났다(Hook, 2010). 두 사람 모두 직업을 가지고 있는 경우 남성이 여성보다 근무하는 시간이 길었고, 부부에게 어린 자녀가 있는 경우 여성이 직장을 그만두는 경향이 있었다(Voicu et al., 2009). 여러 연구에서 선진국 내 성역할은 첫 자녀의 출생 이후부터 여러 측면에서 전통적인 역할 구분에 가까워지는 것으로 나타났다(Cowan & Cowan, 2000; Dew & Wilcox, 2011).

첫 자녀가 태어나고 나면 부부관계에도 다양한 변화가 일어난다. 앞서 결혼 초기 이후부터 시간이 흐름에 따라 결혼만족도가 감소하는 것을 본 것과 같이, 결혼이 '소울메이트'와의 관계라는 이상은 유지하기 어려워지는데, 이는 자녀가 태어나면서 더욱 도전적이고 이루기 어려운 일이 된다. 이상적인 소울메이트 관계는 부부가 함께 많은 시간을 보내고 친밀감과 동료애, 성적 만족감 같은 것을 포함하여 친밀감이 이상적으로 유지되는 상태이다. 첫 자녀가 태어나고 나면 이러한 이상은 신생아를 돌보아야 하는 현실과 부딪히게 된다. 앞서 본 것과 같이 인간 신생아는 보살핌이 필요한 아주 작은 생명체이다. 아기들은 스스로를 보살필 수 없고, 그런 상태가 수년간 계속된다. 결과적으로 부부가 부모가 된 후로는 괜찮은 저녁 식사를 하고, 오랫동안 산책을 하거나 성적인 관계를 맺기 위한 시간과 에너지를 얻기 힘들어진다는 것이다. 해야 할 일이 너무 많다! 아기는 주기적으로 식사를 먹여줘야 하고 산책을 시켜야 하고 기저귀를 갈아줘야 하며, 매번 울어대는 아기를 달래기도 해야 한다. 배가 고프거나 젖은 기저귀로 인해 밤

중에도 계속해서 울어대는 아기 때문에 부부는 수시로 깨어나서 아이를 달래고 다시 재워야 하는데, 이런 일들은 부부 간의 친밀감을 높이는 데 아무 도움이 되지 않는다. 늘어난 가사 부담, 경제적 지출, 피로감은 부모에게, 그리고 부부관계에도 나쁜 영향을 미친다(Meijer & van den Wittenboer, 2007). 또한 선진국에 사는 부모는 이런 문제에 대해 다른 사람들의 도움을 구할 방법이 없는데, 이는 공동체로부터 도움을 얻을 수 있는 전통 문화권과 사뭇 대조적이다(Rubin & Chung, 2006; Lamm & Keller, 2007).

자녀의 출산과 함께 뒤따르는 여러 변화로 인해 결혼만족도는 종종 저하된다(Lavner & Bradbury, 2010). 만족도 저하는 남성보다 여성에게서 더 크게 나타나는데, 이는 새로운 의무에 대한 부담을 남성보다 여성이 더 많이 지게 되고, 출산으로 약해진 신체 회복을 동시에 이루어야 하기 때문이다(Dew & Wilcox, 2011; Lu, 2006).

그러나 첫 자녀가 태어났다고 해서 모든 부부의 결혼만족도가 저하되는 것은 아니다(Cowan & Cowan, 2011). 예를 들어, 이미 문제가 있었던 부부의 경우 자녀 양육에 대한 책임감을 함께 지게 되면서 오히려 결혼만족도가 적게 감소하기도 한다(Feeney et al., 2001). 반대로 상호 의존적이고 만족스러운 관계를 가진 부부는 부모가 되면서 겪는 어려움 속에서도 결혼만족도를 유지하는 경향이 있다(Driver et al., 2003). 물론 이런 부부들도 부모가 되면서 부부관계에는 여러 변화를 겪는다. 정서적으로나 성적인 친밀감을 나눌 시간과 에너지가 줄어든다. 그러나 **공동 양육** 팀이 되어 양육으로 인한 어려움을 극복하고, 덜 행복한 부부보다 더욱 동등하게 책임을 분담하면서 서로를 지지하며 변화로 인한 문제를 조정해나간다(Feinberg et al., 2009; McHale & Rotman, 2007).

결혼만족도는 주로 첫아기가 태어난 후에 감소하지만 항상 그렇지는 않다.

한부모 오늘날 서양 국가에서 그 어느 때보다 부모 됨은 부부 함께보다 한부모로서 경험한다. 국가 전체에서 한부모의 90% 이상이 미혼모이다(Breivik et al., 2006). 미혼모가 아이를 낳고 나면 아이의 생부보다는 엄마가 거의 전적으로 아이를 돌보는 사람이 되고, 이혼한 경우에는 어머니 측이 양육권을 얻게 될 확률이 높다(Dufur et al., 2010).

결혼하지 않은 부모의 출산율은 유럽, 캐나다, 미국에서 특히 높게 나타나는데, 이들 국가에서는 미혼모 출산 비율이 40%를 초과한다(Haub, 2013). 이 출산율은 50년 전에 비하면 몇 배나 높아진 것이다. 미국에서의 미혼모 출산율은 주에 따라 달라진다(**지도 10.2** 참조). 아프리카계 미국인의 경우 미혼모 출산율은 약 70%인데 유럽계 미국인의 경우 지난 수십 년간 급격하게 증가하여 현재는 40%를 넘는다. 미혼모 출산 비율에 있어 인종에 따른 차이 외에도 교육 수준에 따라서도 차이가 크다. 미국 결혼 프로젝트(National Marriage Project)에 따르면, 교육 수준이 낮은 어머니로부터 태어난 자녀의 절반 이상(54%), 보통 수준의 어머니로부터 태어난 자녀의 경우 44%가 미혼모 자녀인 데 반해 고학력자 어머니(4년제 대학 학위 이상)의 아이는 단 6%만이 미혼모 자녀인 것으로 나타났다(Wilcox & Marquart, 2010). 낮은 교육 수준은 곧 낮은 수입을 의미하며, 미혼모 비율은 소득 집단에 따라서도 크게 달라진다. **그림 10.6**을 보라.

미혼모가 된다는 것이 반드시 양육을 도와줄 상대가 없는 상황을 의미하지는 않는다. 미혼모의 유형은 국가나 문화에 따라 크게 다를 수 있다. 북유럽에서는 앞서 살펴본 것과 같이 결혼을 앞두고 동거가

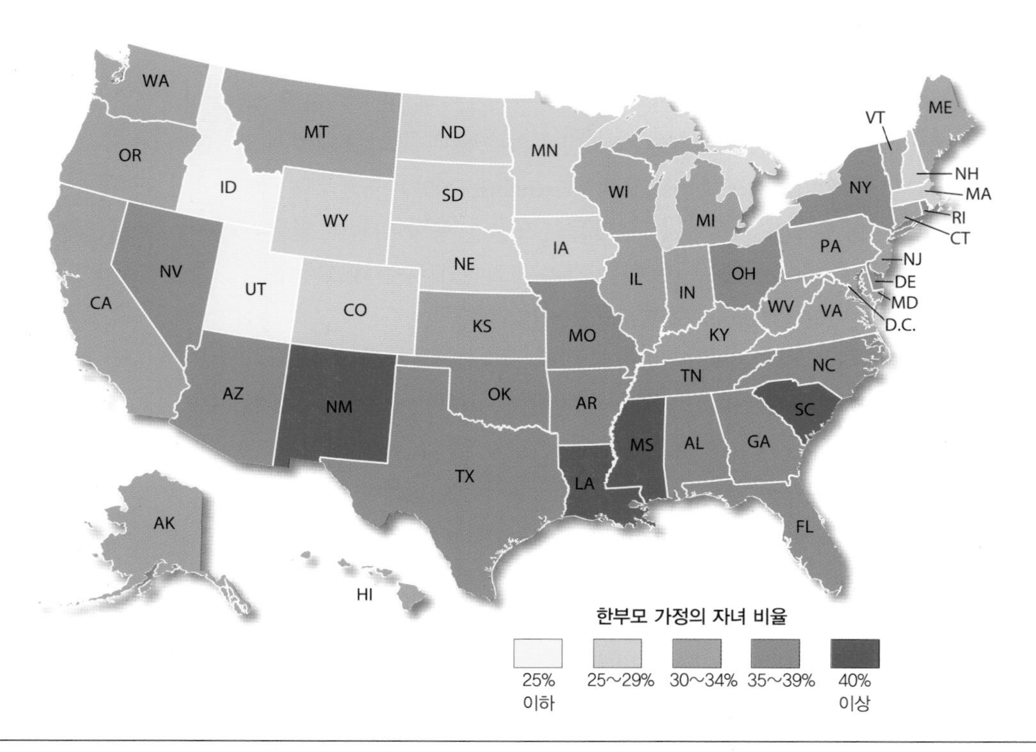

지도 10.2 **미국의 한부모 가정**

주마다 한부모 가정의 비율이 어떻게 다를까? 어떤 인종이 가장 높고 가장 낮은 비율을 보이는가? 이 비율은 소득 수준에 어떤 영향을 미치는가?

보편적이며, 결혼하지 않은 상태에서 아이가 태어나더라도 가정 내에 아버지가 존재한다. 법적으로 결혼한 부부는 아니지만 두 사람 모두 함께 생활하며 자녀 양육에 참여하고 있다. 미국의 경우 1980년 이래 통계상 '미혼모'의 증가는 대체로 동거하는 부부에게서 태어난 자녀 비중이 높아진 것 때문으로 나타났다(Cherlin, 2009). 아프리카계 미국인 미혼모의 경우 어머니로부터 지원을 받고, 남성 친척이나 친구들의 도움을 받아 자녀를 키우기도 한다(Jayakody & Kalil, 2002; Woody & Woody, 2007).

친모와 함께 거주하지 않더라도 친부가 자녀 양육에 참여하기도 하는데, 결혼하지 않은 생물학적 친부와 함께 사는 아동의 비율은 약 10% 정도이다(U.S. Bureau of the Census, 2010). 앞서 본 것과 같이 일부 서양 국가에서는 게이나 레즈비언 커플이 입양하거나 자녀를 가지는 경우가 증가하고 있다. 동성 커플의 경우 법적 결혼은 허용되지 않지만, 각자가 '싱글' 부모로 분류되므로 실제로는 자녀 양육에 두 사람의 부모가 참여하고 있는 셈이다(Goldberg, 2011; Tasker, 2005).

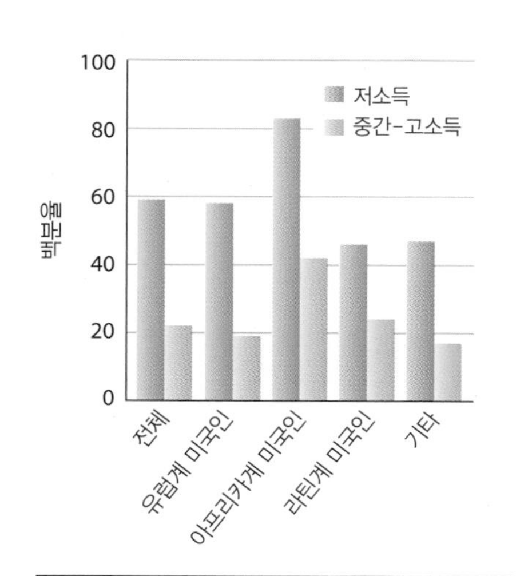

그림 10.6 **소득 및 인종에 따른 미국의 한부모 가구 비율**

문자 그대로 혼자인 한부모의 경우 다른 사람의 도움을 전혀 받지 않고 자녀를 양육하는 데 겪는 어려움과 스트레스는 상당하다. 자녀를 가진 부부가 겪는 문제를 생각해 볼 때, 이 모든 문제를 혼자서 해결해야 하는 것이 얼마나 어려울지 상상하는 것은 어렵지 않다. 미혼모는 비교적 낮은 수입을 가지고 있는데, 이는 두 사람이 아닌 한 사람의 수입으로 가계를 꾸려야 하고, 부모로서의 의무를 혼자 지면서 느끼는 스트레스가 경제적 어려움과 결합되어 상황은 더욱 악화된다(Cain & Combs-Orme, 2005). 그러나 미혼모가 부모나 친구, 다른 가족 구성원으로부터 사회적 지원을 받는 경우 스트레스는 약화되고 부모로서의 역할을 수행하는 데 보다 인내심을 가지게 된다(Kotchik et al., 2005).

직업

슈퍼의 이론에서 직업발달의 단계를 기술하고 어떻게 성격과 성별이 직업 목표를 형성하는지 설명한다.

사람들은 대부분 성인 초기에 어떤 종류의 일이든 시작하게 되는데, 이는 성인 초기부터 완전히 어른으로서의 책임을 지기 때문이다. 전통적인 지방에 살고 있는 소녀의 경우 자신보다 어린 자매를 오랫동안 돌보거나 어머니를 도와 집안일을 하다가, 성인 초기에는 자신의 아이를 갖거나 집안일을 하게 된다. 선진국에 살고 있는 소녀는 청소년기 동안에는 레스토랑에서 일하다가 성인이 되고 나면 병원 관리자로 취직하게 된다. 전통적인 지방에 살고 있는 소년의 경우 어릴 때는 배를 조종하고 물고기 잡는 법을 아버지에게 배우다가, 성인 초기에 들어서면 자기 배를 가지고 물고기를 잡아 파는 일을 하게 된다. 선진국의 청소년기 소년은 옷 가게 점원으로 일하다가, 성인 초기가 되면 24시 배달회사에서 소포배달 업무를 하게 된다.

아동기와 청소년기의 일에서부터 성인기 일까지의 여정은 개발도상국과 선진국 간에 큰 차이가 있다. 개발도상국 청소년들은 부모로부터 일을 배우는데(소년은 아버지나 다른 남자 어른, 소녀의 경우 어머니나 다른 여자 어른) 어른이 되어서도 같은 일을 하게 된다. 이런 문화권의 경제는 일반적으로 다양하지 않고 선택할 수 있는 '직업'의 종류가 많지 않기 때문이다. 소년들은 사냥이나 농사와 같이 남자 어른들이 하는 일을, 소녀들은 양육이나 가사 운영, 텃밭 가꾸기와 같이 여자 어른들이 하는 일을 배우게 된다. 여기에는 자라고 나면 어른으로서 수행하게 될 유용하고 중요한 일을 배우는 것이고, 어른이 되면 이 일을 위해 필요한 기술에 점점 숙달될 것이라는 것에 대한 확실한 보장이 있다. 반면 여기에는 다음과 같이 협소함과 제약 또한 존재한다. 남자아이라면 아이를 돌보거나 다른 일을 하는 대신 남자가 하는 일을 해야 하고, 여자아이의 역할은 개인적 흥미나 재능에 관계없이 양육하는 법을 배우고 집안일 하는 법을 배워야 한다는 것이다.

선진국의 젊은 청년들은 다른 종류의 문제 사이에서 선택에 직면한다. 선진국 내의 경제는 놀라울 정도로 복잡하고 다양하다. 즉 청소년기나 성인진입기에 선택할 수 있는 직업의 폭이 광범위하게 넓다는 것을 의미한다. 모든 사람이 엄청나게 많은 선택 사이에서 적절한 위치를 찾아내야 한다. 그리고 한번 결정하고 나면, 선택한 직업이 스스로 달성할 수 있는 것이기를 바라야만 한다. 젊은이들은 실제로 가능한 것보다 의학박사, 수의사, 음악가, 전문 운동선수가 되기를 희망한다(Schneider & Stevenson, 1999).

성인 초기 진로 선택에 있어 문화에 따른 큰 차이가 존재하지만, 지금까지 대부분의 연구는 미국 젊은이들을 대상으로 그 범위가 국한되어 있다. 다음 절에서는 발달 유형 관점에서 미국인들이 어떻게 직업을 선택하는지 알아보고, 이 선택에 영향을 주는 다양한 요인에 대해 살펴볼 것이다.

직업 목표 개발 아동기와 청소년기에는 유명한 농구선수, 가수, 연예인이 될 수 있다는 다소 허황된 장래희망을 가지지만, 성인 초기에는 보다 진지하고 분명한 직업 목표를 가진다(Arnett, 2015). 성인 초기에는 장기적으로 성인기 삶에 영향을 미치게 될 결정을 내려야만 한다.

직업 목표 개발에 관한 영향력 있는 이론 연구자인 도널드 슈퍼에 따르면(Super, 1967; Super, 1976; Super, 1980; Super, 1992; Tracey et al., 2005) 청소년기부터 성인기까지 다섯 단계가 존재한다.

- 구체화(14~18세) 초기 단계는 청소년기에 공상을 넘어 자신의 재능과 흥미를 가능한 한 직업 가능성과 결부시켜 고려하기 시작하는 단계이다. 이 시기가 되면 가족이나 친구들과 실현 가능성에 대해 의논함으로써 흥미 있는 직업에 대한 정보를 탐색하기 시작한다.
- 세부화(18~21세) 이 단계에서는 직업 선택에 보다 초점이 맞춰진다. 예를 들어 구체화 단계에서 아

동과 관련된 직업에 종사하겠다고 결심했다면, 이 사람은 아동심리학자, 선생님, 탁아소 직원, 소아과 의사 중 직업을 선택하게 될 것이다. 세부 사항을 결정하고 나면 희망 직업을 달성하기 위한 교육이나 훈련에 참여하기 시작할 것이다.

- 이행(21~24세) 이 단계는 세부화 단계에서 시작한 교육이나 훈련을 마치고 실제 현장이나 실무에 뛰어드는 단계이다. 이 단계에서 젊은이들은 자신이 하고 싶은 일과 실제 세계에서 이룰 수 있는 것 사이의 차이를 조정한다. 예를 들어, 선생님이 되기 위한 교육을 받은 사람이 이수 후에 실제 일자리 수보다 지원자 수가 더 많은 경우, 결국 사회 서비스 단체나 사업체에서 근무하게 될 수도 있다.
- 안정화(25~35세) 이 시기에는 젊은이들이 자신의 직업 경력을 쌓기 시작한다. 직장에서 자리 잡기 위해 땀을 흘리고 노력하는 초기 단계를 지나 점점 안정적이고 노련하게 성장해간다.
- 통합(35세 이후) 이 시기 이후부터는 직업발달이란 전문 지식이 누적됨에 따라 보다 높은 직급으로 진급한다.

이 이론은 학자들이 직업 개발에 대한 과정의 윤곽을 그리고 직업상담사들이 조언을 하는 데는 유용할 수 있지만, 모든 사람들이 이 이론에서 서술하는 패턴에 부합하지는 않고 정확히 동일한 나이에 각 단계가 수행되는 것도 아니다. 슈퍼의 이론과 같이 직업 개발이 실제 삶 속에서 직선상의 방향으로만 발달해 가는 것은 매우 드문 일이다. 사람들은 한 가지 직종이나 직업에 종사하는 것보다 둘 이상의 직업을 가지는 경향이 늘어나고 있다. 오늘날 대부분의 젊은이들이 적어도 한 번 이상 직무 경로를 바꾸는 경험을 한다(Donahue, 2007). 또한 여성과 남성 모두 직장과 가족 생활 목표 간의 균형을 추구하면서, 어린 자녀가 자라기 전까지는 휴직 기간을 가지거나 근무 시간을 단축시키는 모습을 보인다(Cinamon, 2006; van der Lippe et al., 2006). 직업 개발에 대한 이론은 현대 젊은 여성들이 따르고자 하는 직업 진로가 복잡하다는 것을 무시하고 있다.

직업 목표에 미치는 영향 슈퍼의 직업 개발 이론은 젊은이들이 전 직업 경로를 발달시키는 과정에 대한 전반적인 개요를 제시한다. 하지만 초기 성인들은 어떻게 주어진 수많은 선택 중에서 직업을 결정하는가? 그들의 결정에 영향을 미치는 요인은 무엇일까? 이 문제를 탐색하기 위한 수많은 연구가 특히 개인의 성격과 성별의 영향에 초점을 두고 있다.

개인이 가능한 직업을 넓은 범위로 선택할 수 있는 문화에서 직업 선택에 영향을 미치는 요인 중 한 가지는 얼마나 다양한 직업이 개인의 성향에 적합한지에 대한 스스로의 판단이다. 사람들은 자신의 흥미나 재능에 맞는다고 판단되는 직업을 추구한다. 이 분야의 명망 높은 이론가인 존 홀랜드(Holland, 1985; Holland, 1987; Holland, 1996; Gottfredson et al., 1993)는 특정 종류의 직업을 가진 사람들의 성격 유형의 종류와 해당 직업을 가지고자 하는 청소년들의 성격에 대한 조사를 수행했다. 홀랜드의 이론은 사람들이 장래 직업을 선택할 때 고려해야 할 여섯 가지 성격 범주를 제시하고 있다(**표 10.3** 참조).

일부 범주에서는 서로 중복되는 부분이 있음을 확인할 수 있다. 실제로 이 범주들은 상호 배타적으로 구성된 것이 아니다. 어떤 사람은 예술가적 기질과 사회적 기질을 동시에 가지고 있거나, 탐구적 기질과 진취적 기질을 동시에 가지고 있을 수 있다. 홀랜드는 모든 사람들이 명확하게 특정 영역에만 부합한다고 주장하지 않는다(Holland, 1987). 다만 자신에게 가장 적합한 성격적 기질을 발견하고, 이를 표출하고 발전시킬 수 있는 직업을 선택했을 때 보다 행복하고 성공적인 직업생활을 할 수 있게 된다는 것이다(Vondracek & Porfelli, 2003). 홀랜드 이론은 직업상담사들이 청소년에게 장래 적합할 것으로 예상되는 직업 분야에 대한 이해를 돕기 위해 사용되어왔다. 널리 사용되고 있는 스트롱-캠벨 직업흥미검사 또한 홀랜드 이론을 바탕으로 하고 있다.

표 10.3 홀랜드의 이론

범주	성격의 특징	적절한 직업
현실형	체력이 좋고 문제에 대한 실용적인 접근 방법을 활용하며 사회적 이해가 낮다.	농업활동, 트럭 운전및 건설과 같은 신체활동 및 지식의 실제 적용을 포함하는 직업
탐구형	개념적 · 이론적 사고가 높으며 사회적 기술이 낮다.	수학 및 과학과 같은 분야를 연구하는 직업
사회형	언어 기술과 사회 기술이 높다.	교육, 사회복지 및 상담 같은 사람들과 어울려 일하는 직업
관습형	지시 사항을 신중하게 생각하며, 구조화되지 않은 활동을 싫어한다.	분명한 책임을 필요하지만 지도력이 필요하지 않은 은행 텔러 또는 비서와 같은 직업
진취형	구술 능력, 사회 기술 및 지도력 기술이 높다.	영업, 정치, 경영, 사업
예술형	내성적이고 상상력이 풍부하며 민감하고 비협조적이다.	그림이나 글쓰기와 같은 예술적인 직업

직업 선택에 관한 이러한 접근법에는 몇 가지 한계가 있다는 점을 잊지 말아야 한다. 특정 직업군을 살펴보면 실제로 매우 다양한 성격 자질을 가지고 있는 사람들을 만나게 될 것이다. 예를 들어 당신이 알고 있는 교사들을 떠올려보면, 성격상 일부 공통적인 부분이 있을 수도 있지만 그들은 각기 다양한 성향을 가지고 있을 것이다. 성격적 차이로 인해 이들은 직업에서 각기 다른 강점과 약점을 보일 수 있다. 그러므로 특정 직업 유형에는 고정된 한 가지 성향만 적합하다고 볼 수는 없다.

같은 방식으로 어떤 사람의 성향이 여러 경제 분야에 있는 다양한 직업군에 잘 맞을 수도 있다. 사람들의 성격은 대부분 매우 복잡하기 때문에 한 가지 유형으로 규정하기 어렵고, 특정인에게는 직종에 따라서 다른 강점과 약점을 가져올 수도 있다. 이러한 이유로 인해 성격기질검사는 개인에게 잘 맞을 것으로 예상되는 직업 분야의 영역을 좁혀줄 수는 있지만, 선진국에 사는 사람들은 그 분야 내에서도 수많은 직업을 선택할 수 있다.

성별 역시 직업 선택에 상당한 영향을 미친다. 21세기에 들어 직장에 종사하는 여성의 비중이 급격하게 늘어났지만, 여전히 주로 남성만 채용하거나 여성만 채용하는 직업 분야가 남아 있다(Porfelli et al., 2008; Vondracek & Porfelli, 2003). 여성을 주로 채용하는 분야는 서비스 분야에 집중되어 있는데, 예를 들면 교사, 간호사, 비서, 아동보호소 직원 등이 있다. 남성 채용이 집중되어 있는 분야에는 과학 기술 분야인데, 화학자, 외과의사, 컴퓨터 소프트웨어 기술자를 예로 들 수 있다. 일반적으로 '여성 직업'은 임금과 사회적 지위가 낮은 반면, '남성 직업'은 높은 임금과 사회적 지위에 위치하는 경우가 많다. 여성들은 STEM 분야에서 다소 과소 평가되고 있다(STEM : 과학, 기술, 공학, 수학; Ceci & Williams, 2007).

양성 평등의 향상에도 불구하고 STEM 분야에는 남성보다 여성이 더 적다.

이러한 유형은 최근 몇 년 사이에 변화하고 있다. 예를 들어 변호사나 의사가 되는 여성의 숫자가 남성과 비슷한 수준이 되었다. 그러나 많은 직종에서 성 차별이 공고히 남아 있다(Ceci & Williams, 2007). 내과 의사와 같이 사회적 지위가 높은 직종 내에서도 여성들은 보다 낮은 지위와 낮은 임금을 받는데, 여성은 외과 의사보다 소아과 항목을 맡게 될 가능성이 더 높다.

전반적으로 여성이 남성보다 뛰어난 학업 성취를 보임에도 불구하고 왜 직업 선택에서 이러한 성차별이 존재하는 것일까? 성사회화 과정

이차 교대 여성이 직장에서 교대를 마친 후에 수행해야만 집안일을 칭하는 용어

또한 분명히 이에 기여한다. 초기 아동기에 아동은 성역할 관점을 습득하는 것과 동일한 방식으로 어떤 직업이 남성과 여성에게 적합한지 판단하게 된다(Maccoby, 2002; Porfelli et al., 2008). 젊은이들이 진로 방향을 설정해야 할 나이가 되면 잘 구축된 성 정체성이 이들의 직업 선택에 지대한 영향을 미치게 된다. 성인진입기 여성에 관한 한 연구에서는 수학적 재능을 타고난 여성이 IT 분야가 남성 중심적인 영역이라는 이유로 해당 직종을 기피하고, 이러한 인식이 남성 주도 영역을 존속시키게 된다는 결과가 나타났다(Messersmith et al., 2008). 유사하게 네덜란드에서 수행된 연구에서는 청소년기 소녀가 컴퓨터 공학 분야를 기피하는 모습을 보였는데, 이는 컴퓨터 공학 분야에 종사하는 여성의 성적 매력이 떨어진다는 인식 때문이었다(Rommes et al., 2007).

또 다른 중요한 영향 요인은 성인진입기가 되면, 젊은 여성들의 직장과 가족 내의 역할 사이에서 겪게 될 어려움에 대한 고려가 직업 선택에 영향을 미친다는 것이다(Lips & Lawson, 2009). 앞에서 살펴본 것과 같이 과거 세대에 비해 남성의 육아 참여가 늘어났다고 하더라도, 여전히 여성이 맞벌이를 하면서도 남편보다 더 많은 가사 노동을 수행한다(Gershury et al., 2005; Strandh & Nordenmark, 2006; van der Lippe et al., 2006). 사회학자들은 **이차 교대**(second shift)라고 부르는 이 현상은 여성들이 직장에서 일을 완벽하게 끝마친 후에 집으로 돌아와 가사일을 수행하는 것을 가리킨다(Hochschild, 1990; Hochschild, 1998).

젊은 여성과는 대조적으로 남성이 자녀 양육을 위해 직장을 그만두는 경우는 극히 드물다. 심지어 신생아를 돌보기 위해 일시적으로 휴직을 원하는 이들에게 정부가 임금의 100%를 지급하는 유럽 국가에서도 소수의 젊은 남성만이 이 정책을 활용한다(O'Brien & Moss, 2010; Plantin, 2007). 그러나 이런 경향이 영원히 개선되지 않을 것이라는 의미는 아니다. 여성의 직업 진출이 이루어진 것은 역사적 관점에서 볼 때 50년도 되지 않은 매우 짧은 기간이다. 반 세기 전에는 상상도 할 수 없었던 성역할 변화가 일어나기 시작했다. 이런 변화는 앞으로도 계속될 것이다. 젊은 남성은 기성세대 남성에 비해 사회적 권위나 고임금 직장보다 가족과 보낼 수 있는 시간을 더 우선순위에 두기 시작했고, 이는 동세대 여성과 비슷한 수준이다(Arnett & Schwab, 2012). 게다가 기술 발전에 따른 변화가 가사 노동의 상당 부분을 덜어주고 있고, 탄력적인 근무 시간 조정이 남성과 여성이 모두 성공적으로 직장과 가사 노동 사이의 균형을 맞출 수 있도록 도와줄 것이다.

비판적으로 사고하기

여성이 남성과 거의 동일한 수준으로 근무를 하고 있음에도 여성이 대부분의 집안일과 육아를 도맡고 있는 현상에 대해 어떻게 설명할 것인가? 성장하고 있는 이후 성인진입기 세대에서는 어떻게 변화할 것이라고 생각하는가?

사회활동과 미디어 사용

성인 초기 삶에서 사회활동과 미디어 사용 사이의 관계를 설명한다.

가족 역할과 직장 내 책임은 성인 초기에 특히 집중되는데, 대부분의 사람들이 이 시기에 어린 자녀를 키우면서 직업 개발을 위한 노력으로 고군분투하고 있기 때문이다. 이외에 초기 성인의 삶에서 중요한 것은 무엇이 있을까? 성인들 상당수가 시간을 쏟는 두 영역은 사회활동과 미디어 사용이다. 성인 초기 발달에서 눈에 띄는 특징 중 하나는 사회적 역할과 활동에 깊이 관여하고 있는 시기라는 것이다. 그러나 오늘날 선진국 성인들의 사회 참여도가 과거보다 낮아졌는데, 주된 요인으로는 이들이 여가활동으로서

TV 시청에 많은 시간을 쏟기 때문으로 보인다.

자녀를 갖는 것은 종종 초기 성인들을 더 많이 사회에 참여하도록 한다.

사회 참여 가족과 직장에 대한 의무가 요구되는 성인 초기에는 사회 참여 정도가 종종 증가한다(Gray et al., 2012; Putnam, 2000). 젊은 부부가 자녀를 가지게 되면 자녀나 자녀의 장래와 관련될 수 있는 시민단체에 참여하게 될 수 있다. 어떤 부모는 보이스카우트나 걸스카우트의 지도자가 되거나 아동 스포츠 팀의 코치로 활동할 수도 있고, 아동 학교의 특별 행사를 위한 자원봉사자로 활동할 수도 있다. 노동자 연대 또한 시민단체 활동으로 이어질 수 있다. 예를 들어 사업 관계자들과의 연락망을 늘리기 위해 시민단체에 가입하는 청년이 있을 수도 있다. 미국 내에서 청년기의 시민단체 등록이 전반적으로 증가하기 시작해서 40대 초반에 최고치에 이른다(Barber et al., 2013; Putnam, 2000). 그러나 최근 수십 년 사이에 연령대별로 시민단체 참여는 눈에 띄게 줄어들고 있다.

미디어 사용 앞 장에서 본 것과 같이 미디어의 영향에 대한 연구는 아동기에 집중적으로 이루어져왔고, 청소년들의 미디어 사용에 관한 연구 또한 상당량이 누적되어 있다(Arnett, 2007). 그러나 성인기 단계에서도 미디어는 주된 일상생활 형성에 영향을 미친다. 지난 수십 년간 새로운 형식의 미디어가 발전해왔는데, 가장 큰 영향력을 가진 것은 인터넷과 디지털 장비, TV이다. 미국 성인의 저녁 시간대 여가활동은 TV 시청이 압도적으로, 80%가 "저녁 식사 이후부터 잠들기 전까지 대부분의 시간을" TV 시청으로 보낸다고 응답했는데, 이는 가족과 대화하기, 샤워하기, 강아지와 산책하기보다 높은 비율을 차지했다(Putnam, 2000). 25~49세 미국 성인이 TV 시청에 소비하는 시간은 일주일에 약 30시간으로, 하루 4시간 이상을 사용하는 것으로 나타났다(Marketing Charts Staff, 2014).

미디어는 명백히 성인의 일상생활 일부를 구성하고 있는데, 이것이 실제로 성인발달에 영향을 미치는가? 이 질문에 그렇다고 대답할 수 있는 근거가 상당량 나타나고 있는데, 이는 특히 사회 참여도와 관련이 있다(Kim et al., 2013). 성인 초기의 TV 시청 시간은 미국 성인 사이에서 공개 회의 참여, 자원봉사, 종교활동, 친교활동, 파티 참석 등의 시민 참여, 사회활동의 넓은 영역에서 부적인 관련성이 있다(Putnam, 2000). 이들 사이에 상호 영향이 있는 것은 사실이다. 하지만 주지해야 할 것은 이 연관성이 반드시 인과관계를 의미하는 것은 아니라는 것이다. 그러나 TV가 발명되기 전에는 대부분의 성인이 여가 시간을 시민 참여 활동이나 사회활동에 사용해왔다. 게다가 제7장에서 소개되었던 캐나다 학자의 연구에 따르면 TV는 노텔사에 의해 처음으로 도입된 이래 성인의 모든 종류의 사회 참여가 저하되었다는 점은 상관관계뿐 아니라 설득력 있는 인과관계 또한 가진 것으로 볼 수 있다(MacBeth, 2007). 또 다른 연구에서는 성인의 TV 시청이 아동기의 영향과 마찬가지로 비만에 영향을 미칠 수 있다고 밝혔다(Parsons et al., 2005).

TV를 보는 것이 성인의 가장 흔한 밤시간 여가활동이다.

왜 TV 시청이 성인의 여가활동으로 인기를 얻게 되었을까? TV 시청이 기분을 좋게 만들기 때문인가? 어떤 기쁨을 안겨주는가? 어떤 충족감이나 소속감을 줄 수 있는가? 이 모든 질문에 대한 대답은 이상하게도 "아니요"이다(Putnam, 2000). 대조적으로 경험표집법(ESM) 연구를 통해 TV 시청 시와 시청 후 성인들의 기분을 조사했을 때, TV는 시청자를 보다 수동적이고 비자각적으로 만든다는 것을 밝혔다(Kubey, 1994). 생활일지 연구에서는 TV를 보고 있는 동안 느끼는 기분이 집안일을 하고 있을 때와 같이 저조한 상태로 나타났고, 다른 여가활동을 즐길 때보다 훨씬 더 낮게 나타나며, 직장 업무를 수행할 때보다도 저조한 것으로 나타났다.

그렇다면 선진국 성인들은 왜 그렇게 불만족스러운 감정을 느끼면서도 수많은 여가 시간을 TV 시청에 소비하는 것일까? 간단히 생각해보면 TV 시청은 매우 간단하게 할 수 있고 시청자에게 아무것도 요구하지 않기 때문이다. 한 연구 팀의 관찰 결과에 따르면 "TV의 매력의 가장 큰 부분은 어디에서나 할 수 있고 아무것도 요구하지 않기 때문으로, 아무런 계획이나 추가적인 비용 지출이 없으며 육체적 노동을 요구하지 않는다는 것이다. 또한 충격이나 놀라움을 겪을 필요도 없으며 자기 집에서 편안하게 할 수 있기 때문"인 것으로 나타났다(Robinson et al., 1999, p. 149).

chapter 11

성인 중기

1절 신체발달

성인 중기의 신체적 변화

감각 능력의 변화

생식기관의 변화

건강과 질병

건강 문제

중년기 건강과 이후의 발달에 영향을 미치는 요인

2절 인지발달

지능, 전문성 및 경력의 발달

유동성 지능과 결정성 지능

전문성의 정점

직업

성인 중기의 정보처리

처리속도

주의와 기억

3절 정서와 사회성 발달

정서와 자아 발달

자기개념과 자기수용의 변화

대부분 사실이 아닌 중년기 위기

생산성

중년기의 성별 관련 쟁점

성인 중기의 사회문화적 맥락

가족관계

사랑과 성

지역사회활동과 여가활동

40~60세 사이의 연령대에 대해 미국인 대부분이 가지고 있는 생각은 상당히 암울하다. 신체적 쇠락, 성적 감퇴, 그리고 고통스러운 '중년의 위기'가 우리를 기다리고 있다는 것이다.

미국인들이 가지고 있는 이러한 생각과는 대조적으로, 많은 문화에서는 삶의 이 단계를 정신적·신체적 감퇴가 아니라 가족관계 및 이와 관련된 사회적 책임의 변화라는 관점에서 바라본다(Shweder, 1998). 앞으로 보게 되겠지만 조부모가 되는 것은 많은 나라에서 특별히 중요하고 환영받는 전환이다. 더욱이 미국을 포함한 여러 문화적 맥락에서 성인 중기는 대개의 경우 고통과 감퇴의 시기가 아니라 전문성, 지위와 권한, 삶의 즐거움을 성취해내는 인생의 전성기이다. 연령에 따라 신체적 감퇴가 일어나기는 하지만, 보통 60세까지는 그 정도가 경미하며 그마저도 사회적·개인적 혜택에 의해 상쇄되는 경우가 많다. 전반적으로 중년기는 대부분의 사람들에게 일과 관계에 대한 만족이 최고조에 이르는 시기이다. 간단히 말해, 이번 장은 이 책의 장들 중에서 여러분에게 가장 큰 놀라움을 안겨주게 될 것이다.

이 장에서는 40~60세 연령대를 '성인 중기' 또는 '중년기'라 부르겠지만, 제1장에서 언급했듯이 성인기의 생애 단계들은 시작되고 끝나는 정확한 연령이 없고 대체적인 연령 범위가 있을 뿐이다. 게다가 이 연령대를 삶의 '중간'으로 보는 것은 비교적 최근의 일이라는 점을 염두에 두어야 할 것이다. 이전 장들에서 보았듯이 인간의 역사에서 지금까지는 60세를 넘어서 생존하는 경우가 거의 없었기 때문에 40~60세 연령대는 인간 수명의 중간이 전혀 아니었다. 그러나 현재로는 지구 상의 많은 국가에서 인간의 수명이 거의 80세이므로, 40~60세 연령대를 성인발달의 중간시기로 보는 것은 의미가 있다.

1절 신체발달

학습목표

11.1 중년기에 시각과 청각이 어떻게 감퇴하는지 기술하고, 이러한 감퇴가 일어나는 이유를 설명한다.

11.2 중년기 여성과 남성에게 일어나는 생식기능의 변화를 비교하고 대조한다.

11.3 성인 중기에 나타나는 건강상의 주요 문제들을 거명하고 성별, 문화, 인종에 따라 발생률에 어떤 차이가 있는지 파악한다.

11.4 중년기의 건강이 어떻게 그 이후 시기의 건강을 예측하는지 설명한다.

신체발달 : 성인 중기의 신체적 변화

우리가 어떤 사람을 처음 볼 때 그 사람이 중년기에 있다는 것을 무엇으로 알 수 있는가? 그건 필자에게는 쉬운 일이다. 내가 해야 할 일은 거울을 보는 것뿐이다. 그러나 여러분은 어떠한가? 회색 모발은 중년임을 보여주는 분명한 표식이다. 제10장에서 언급했듯이 모발 색깔은 성인 초기부터 세기 시작하지만, 성인 중기에는 대부분 사람들의 모발이 거의 또는 완전히 회색으로 변한다(Tobin, 2010). 모발은 성인 초기에서 중기까지 계속 가늘어지며, 특히 유럽계통 남자들의 경우에는 대머리도 계속 증가한다(Ellis & Sinclair, 2008). 피부는 3개 층에서 지방 성분이 줄어들고 서로 간의 밀착력이 떨어지면서 피부가 늘어지고 주름이 생긴다(Giacomoni & Rein, 2004). 성인 중기에 체지방이 늘어나고 근육량이 줄어드는 생물학적 경향성이 나타남으로써 비만의 발생률이 꾸준히 높아진다(Marcell, 2003; Ogden et al., 2013). 제10장에서 이와 같은 노화의 징후들을 모두 다루었으므로 여기서는 감각 능력의 감퇴와 생식기관의 노화에 초점을 두기로 하겠다.

감각 능력의 변화

학습목표 11.1 중년기에 시각과 청각이 어떻게 감퇴하는지 기술하고, 이러한 감퇴가 일어나는 이유를 설명한다.

중년기에는 신체노화 현상이 계속되며 대부분의 사람들이 감각기능의 변화를 경험한다. 그러나 감각기능의 감퇴는 점진적으로 이루어지며, 변화를 경험하는 정도는 사람에 따라 큰 차이가 있다. 즉 감각 능력이 전혀 감퇴하지 않는 사람도 있고, 크게 변화를 보이는 사람들도 있다.

전반적으로 대부분의 사람들에게 가장 크게 감퇴하는 감각은 시력이다. 눈의 수정체가 확대되고 또 점차 유연성을 잃고 혼탁해지면서 사물을 선명하게 지각하거나 흐린 불빛에서 무엇을 보기가 점점 더 어려워진다. 60대에는 간상체(빛 수용기)와 추상체(색채 수용기)의 수가 대략 절반으로 줄어드는데, 이로 인해 시력이 더욱 제한된다(Bonnel et al., 2003).

이러한 변화의 결과는 읽기에서 확연히 드러난다. 성인 중기 이전에는 멀리 있는 물체를 또렷하게 지각하기 위해 보조도구가 필요한 사람들도 글을 읽기 위해 돋보기가 필요한 경우는 거의 없지만, 60대가 되면 대부분의 사람들이 돋보기가 있어야 글을 읽을 수 있다(Koopmans & Kooijman, 2006; Strenk et al., 2005).

안경은 수백 년간 시력을 교정하는 데 사용되어왔으나, 최근에는 다른 기술들이 개발되었다. 라식수술은 원시로 인한 문제를 교정할 수 있다(Kato et al., 2008). **모노비전 보정**(monovision correction)이라는 라식은 돋보기안경을 별로 또는 아예 사용할 필요가 없게 만들 수 있다(Braun et al., 2008). 모노비전 보정에서는 한쪽 눈은 근시용으로 보정하고 다른 쪽 눈은 원시용으로 보정한다. 뇌는 근시가 필요한지 또는 원시가 필요한지에 따라 어느 쪽 눈에 의존할 것인지를 자동으로 알아챈다. 그러나 모노비전 보정을 한다 해도 60대가 되면 거의 누구나 돋보기안경이 필요하다(Braun et al., 2008).

성인 중기 끝 무렵에는 대부분의 사람들이 독서용 안경이 필요하다.

선진국 성인의 13%가량은 중년기에 청력이 감퇴하며, 특히 고음을 듣기가 힘들어진다(Gratton & Vasquez, 2003). 머리에 있는 모발과 마찬가지로, 내이(內耳)에서 뇌에 소리를 전달하는 **섬모**라는 가느다란 솜털도 성인 중기 동안 점차 가늘어진다(Wiley et al., 2005). 내이에 있는 고막과 다른 구조들은 유연성이 떨어지면서 소리에 둔감해지며, 뇌의 청각피질은 내이로부터 오는 정보를 처리하는 효율성이 떨어지게 된다.

환경 요인도 성인 중기의 청력에 영향을 미친다. 일반적으로 성인 중기 남성이 여성보다 청력손실을 더 많이 경험하는데, 그 이유는 부분적으로 남성이 큰소리에 만성적으로 노출되는 공장 작업 등에 종사하는 경우가 더 많기 때문이다(Heltzner et al., 2005). 록스타도 이 범주에 들어간다. 더 후라는 록밴드의 피트 타운센드 같은 공연자들은 수년간 대형 확성기 앞에서 공연을 하다 보면 중년기에 청력을 거의 모두 잃는다. 성인 중기의 아프리카 부족민들에 관한 연구는 이들이 선진국 사람들에 비해 청력손실이 더 적다는 것을 발견하였는데, 그 이유는 이들이 일상생활에서 소음에 노출되는 빈도가 더 적기 때문일 것이다(Jarvis & van Heerden, 1967).

청력손실을 보상하기 위한 용도로 수십 년간 보청기가 사용되었다. 그러나 최근의 기술진보는 보청기의 품질을 크게 향상시켰다. 최신의 디지털 보청기는 효과가 더 좋을 뿐 아니라 크기도 더 작다(Chien & Lin, 2012; Kates, 2008).

비판적으로 사고하기

성인 중기에 시력이 감퇴한다는 점을 고려할 때 50세부터는 운전면허증을 갱신할 때 의무적으로 시력검사를 해야 할까?

생식기관의 변화

중년기 여성과 남성에게 일어나는 생식기능의 변화를 비교하고 대조한다.

갱년기 중년기에 발생하는 생식기관의 변화. 여성은 배란과 월경이 중단되고 남성은 정자의 수와 질이 점진적으로 감소함

폐경 중년기 여성에게 매달 있던 배란과 월경이 중단되는 것

중년기의 가장 중요한 신체적 변화는 생식력이 감퇴함에 따라 일어나는 생식기관의 변화로서 이는 **갱년기**(climacteric)로 알려져 있다. 여성에게는 갱년기가 특히 눈에 띄는데, 매달 있던 배란과 월경이 더 이상 없는 **폐경**(menopause)으로 막을 내리기 때문이다. 이와는 대조적으로 남성의 갱년기는 좀 더 점진적으로 꾸준하게 이루어지며, 남성들은 평생 끊임없이 정자를 생산한다.

갱년기 갱년기는 보통 40대 후반 또는 50대 초반에 나타나지만, 30대 초반에서 50대 후반에 이르기까지 사람에 따라 나타나는 시기에 크게 차이가 있다. 폐경을 가져오는 호르몬 변화는 실제로 그보다 10년 전에 시작되는데, 이러한 폐경이행기(perimenopause) 동안 에스트로겐과 프로게스테론의 생산이 꾸준히 감소한다(Ortmann et al., 2011). 폐경기가 되면 이러한 호르몬 생산이 더욱 감소한다. 폐경기는 담배를 피우거나 아이를 출산한 적이 없는 여성에게 더 일찍 시작되는 경향이 있다(Rossi, 2005). 운동을 규칙적으로 하는 여성에게는 폐경기가 더 나중에 시작된다(Santoro et al., 2007). 폐경기가 시작되는 시점은 어머니와 딸, 그리고 일란성 쌍둥이 여성들 간의 상관에서 볼 수 있듯이 유전에 의해서도 영향을 받는다(Gosden, 2007).

여성은 누구나 중년기에 호르몬 감소와 월경 중단을 경험하지만, 폐경기와 폐경이행기의 생리적·심리적 효과를 경험하는 방식에는 여성들 간에 큰 차이가 있다. 보편적인 한 가지 증상은 일과성 열감(hot flashes)으로, 이는 갑자기 땀이 나고 크게 더위를 느끼며 얼굴과 가슴의 피부가 붉어지고 이어서 오한을 느끼는 것을 말한다(Bastian et al., 2003). 열감 경험은 매일 경험하거나 전혀 경험하지 않는 것까지 편차가 크지만 대부분의 여성들은 폐경의 일부로 적어도 가끔씩은 열감을 경험한다(Rossi, 2004). 폐경기에 보편적으로 나타나는 다른 증상들로는 감정기복, 두통, 어지럼증, 심계항진 등이 있다(Schwenkhagen, 2007). 여성들은 또 폐경기와 폐경이행기 동안 우울증에 걸릴 위험이 증가한다(Weber et al., 2014). 에스트로겐은 기억에 중요하기 때문에 폐경기에는 기억력이 떨어질 수도 있다(Weber et al., 2014). 여성 중에 약 10%만이 매우 고통스러울 정도로 격심한 폐경기 증상을 경험하고, 상당수는 아무런 증상도 겪지 않는다(Grady, 2006; Rossi, 2004). 증상들은 폐경이행기에도 나타날 수 있지만 호르몬 수준이 크게 감소하는 폐경기 직전과 직후에 가장 심한 경향이 있다.

폐경기가 경험되는 방식은 문화 내에서뿐만 아니라 문화 간에도 차이가 있다(Melby et al., 2005). 예를 들어, 열감은 전 세계 어느 지역에서나 대부분의 여성들이 보고하는 증상이지만(아프리카는 80% 이상으로 가장 높다), 일본 여성들은 15%만이 이 증상을 보고한다(Obermeyer, 2000). 인도와 멕시코 마야족 여성들은 열감을 보고하는 경우가 거의 없다(Beyene & Martin, 2001; Menon, 2002). 인도네시아 여성들은 93%가 몸살과 관절통을 경험하고 5%만이 열감을 보고한다(Haines et al., 2005). 미국 내에서는 아프리카계 여성들이 다른 인종 집단의 여성들에 비해 열감을 보고할 가능성이 더 높고, 라틴계 여성들은 심계항진을 보고할 가능성이 더 높다(Fisher & Chervenak, 2013; Winterich, 2003).

일본 여성들이 폐경기 증상을 적게 보이는 한 가지 이유는 이들이 섭취하는 음식이 콩을 많이 사용하고 콩은 여성들이 경험하는 에스트로겐 감소를 일부 보상해주는 식물성 에스트로겐을 함유하고 있다는 것이다(Taku et al., 2012). 그밖에는 폐경 증상의 문화적 차이를 설명해주는 분명한 이유가 없다.

호르몬 대체요법 폐경기 동안 심한 증상들을 겪는 여성들의 고통을 완화하기 위해 때로 호르몬 대체요법

(hormone replacement therapy, HRT)이 사용된다(Ortmann et al., 2011; Schwenkhagen, 2007). HRT는 표면상으로는 전도가 유망한 치료법인 것 같다. 여성이 에스트로겐과 프로게스테론 수준의 급속한 감소로 인해 문제를 갖게 될 때 그러한 호르몬들을 보충해주면 고통을 완화할 수 있을 것이다. 그러나 HRT의 결과는 더 복잡한 것으로 판명되었다. 좋은 소식은 HRT가 열감 같은 폐경기 증상들을 매우 효과적으로 감소시킨다는 것이다(Roussouw et al., 2007). 더욱이 HRT는 뼈를 강화하고 대장암 위험을 감소시키는 등 건강에 유익한 다른 효과들도 가지고 있다(Schwenkhagen, 2007). 심지어 인지 능력에 도움이 될 수 있다는 증거도 있다(Erickson & Korol, 2009). 나쁜 소식은 HRT가 뇌졸중, 심근경색, 유방암이 발생할 위험을 높인다는 것이다(Bhavnani & Stricker, 2005).

HRT를 받는 여성의 연령이 중요한 것으로 보인다(Ploncyznski & Ploncyznski, 2007). 폐경기 무렵, 그리고 폐경기 이후 5년 이내에 HRT를 받는 여성들은 별다른 위험 없이 혜택을 누릴 수 있는 것으로 보인다(LaCroix et al., 2011). 그러나 요즘에는 60세가 넘은 여성, 특히 심장병이나 유방암 가족력이 있는 여성들은 HRT를 받지 않는 것이 권장된다. HRT의 효과에 대한 연구가 계속되고 있으며, 일부 여성들이 HRT의 부정적 영향을 받지 않고 폐경기 동안 겪는 문제들을 완화할 수 있는 새로운 치료법도 개발되고 있다. 콩 성분을 함유한 약, 운동, 침술 등 폐경기 증상을 줄일 수 있는 다른 여러 접근법들이 연구되고 있다(Fischer & Chervenak, 2013).

폐경에 대한 여성의 반응 폐경기에 어떤 증상을 겪는지에 관계없이 전 세계의 여성들은 생식기간이 끝나는 것을 환영한다(Melby et al., 2005). 유럽이나 북아메리카와 같이 대부분의 여성이 자녀를 1~2명만 출산하는 문화에서는 대부분의 여성이 월경을 처리할 필요가 없어지고 원하지 않는 임신을 할 위험이 없어지는 폐경을 환영한다(Brim, 1999; Melby et al., 2005). 여성이 출산을 자주 하고 생식기간 동안 거의 내내 아이를 낳거나 키우는 문화에서는 임신과 출산이 끝나고 힘이 덜 드는 새로운 삶이 시작된다는 점에서 폐경기를 환영한다(Beyene & Martin, 2001).

많은 전통 문화들은 월경과 관련된 금기를 가지고 있으며 월경기간 동안 여성의 활동을 규제한다. 이전 장들에서 보았듯이 이런 제약은 음식의 준비와 섭취, 사회활동, 종교의식, 수영, 성적 활동 등 많은 영역에 해당된다(Buckley & Gottlieb, 1988; Knight, 2013). 이들 문화에서 폐경은 이러한 제약의 끝을 의미하기에 여성은 폐경을 환영한다(Avis et al., 2002; Menon, 1998).

남성의 생식기능 변화 남성에게 갱년기가 있는가? 물론 남성은 폐경기와 비견할 만한 것을 경험하지 않는다. 그렇지만 남성의 생식기관은 중년기 동안 점진적으로 변화를 일으킨다. 테스토스테론 수준이 매년 1%가량씩 감소하며, 정자의 양이 점차 감소하고 질도 떨어진다(Leonard, 2004). 성기능과 관련한 문제도 증가하는데, 이 주제는 이 장의 후반부에서 더 자세히 다룰 것이다.

폐경기는 인간 남성뿐 아니라 다른 영장류들에게도 없다. 인간 여성에게만 유일하게 나타난다. 그 이유는 무엇인가? 진화생물학자 재러드 다이아몬드(Diamond, 1992)는 출산이 모체에 제기하는 위험, 그리고 어머니의 죽음이 아이에게 제기하는 위험이라는 두 가지 이유를 제안한다. 인간 진화의 역사에서 아이가 여러 명인 어머니는 아이를 하나 더 낳을 때마다 아이들 모두의 생명을 위험에 빠뜨리고 있는 것이다. 인간 유아와 아동을 돌보는 데 들여야 하는 시간과 에너지를 고려할 때 어머니가 사망하면 아이들은 유기되고 이른 나이에 사망할 가능성이 매우 높다. 자연선택(제1장 참조)은 어느 시점에서 폐경을 맞는 여성을 선호한다. 이 여성의 아이들은 아이를 계속 낳고 그로 인해 출산합병증으로 사망할 위험이 높은 여성의 아이들보다 생존 가능성이 더 높기 때문이다. 남성에게 갱년기가 없는 것은 평생 동안 아이를 계속 낳는 것이 남성에게 건강과 관련한 위험을 지워주지 않기 때문이다.

신체발달 : 건강과 질병

이전의 두 장에서 성인진입기와 성인 초기가 특별히 건강한 인생 단계라는 것을 살펴보았다. 많은 사람들이 중년기 동안 건강하지만, 전반적으로 나이가 들어가면 좋은 건강을 유지하기가 힘들어진다. 삶의 이전 단계에서는 드물게 나타나거나 아예 존재하지 않던 다양한 건강 문제들이 흔하게 나타난다. 중년기에 건강을 유지하는 것은 중년기뿐 아니라 그 이후에도 중요하다. 이후의 건강과 장수를 예언하는 강력한 요인으로 작용하기 때문이다. 삶의 다른 단계에서와 마찬가지로, 흡연과 과도한 알코올 섭취를 하지 않는 것과 더불어, 규칙적 운동과 건강한 식습관이 중년기에 건강과 활력을 유지하게 해주는 열쇠이다.

건강 문제

성인 중기에 나타나는 건강상의 주요 문제들을 거명하고 성별, 문화, 인종에 따라 발생률에 어떤 차이가 있는지 파악한다.

일반적으로 대부분의 사람들은 영양섭취가 적절하고 현대적 의료서비스를 받는다면 성인 중기 동안 좋은 건강을 유지한다. 그러나 성인 중기에는 수면 문제, 골다공증, 심혈관계 질환, 암과 같이 건강에 위험한 요인들이 다수 발생한다.

수면 문제 수면 문제는 40대 이후에 더 흔해진다. 구체적으로 많은 사람들이 밤새 깨지 않고 잠을 자기가 어려워진다(Blumel et al., 2012). 밤에 잠을 자다 깨어나고 이후로 다시 잠들기가 어렵다. 결과적으로 숙면을 취하지 못하기가 쉽고 아침에 일어났을 때 충분히 휴식을 취하지 못한 것 같은 느낌이 든다(Abbot, 2003). 중년기의 수면 문제는 비만, 심혈관계 질환, 우울 같은 다른 신체적·심리적 문제도 함께 가지고 있는 사람들에게 가장 흔히 나타난다(Foley et al., 2004). 중년기 성인들 상당수가 수면 문제가 없다 할지라도 잠을 충분히 자지 못한다. 의학 권위자들은 7~9시간의 수면이 적절하다고 권장하지만, 미국의 중년기 성인 중에 4분의 1 이상이 적어도 가끔씩은 수면시간이 7시간이 안 된다고 보고한다(CDC, 2011).

골다공증 중년기와 그 이후의 여성에게 흔히 나타나는데, 급격한 칼슘 감소로 인해 뼈가 가늘어지고 부러지기 쉬워지는 질환

골다공증 대부분 사람들의 경우 30대 후반부터 골 질량이 점진적으로 감소하기 시작한다. 에스트로겐은 뼈를 강화하는 기능을 하므로, 폐경기 이후의 여성에게 에스트로겐 수준이 떨어지면 골 질량이 급격히 감소한다. 골 질량 손실이 극심할 경우 뼈가 가늘어지고 부러지기 쉬운 상태인 **골다공증**(osteoporosis)을 초래하게 된다(Prentice et al., 2006). 여성들은 성인 중기 이후로 골 질량의 50%를 상실하는데, 그 중 절반 이상이 폐경기 이후 10년 동안 상실된다(Alvarz-Leon et al., 2006). 폐경기를 지난 성인 중기의 미국 여성 20만여 명을 대상으로 한 연구에서 이 여성들 중 7%는 골다공증을 가지고 있었고, 40%는 골 질량이 많이 상실되어 골다공증에 걸릴 위험에 처해 있었다(Chestnut, 2001).

폐경기 이후 에스트로겐 상실은 남성보다 여성이 골다공증에 걸릴 위험이 훨씬 높게 만든다. 사실 골다공증 환자의 80%가량이 여성이다(Lee et al., 2013; Whitehead et al., 2004). 이란성 쌍생아보다 일란성 쌍생아 간의 일치율이 더 높은 데서 볼 수 있듯이(Notelovitz, 2002), 유

성인 중기에는 수면 문제가 더 흔해진다.

전도 골다공증에 걸릴 위험에 기여한다. 작고 마른 사람들이 골다공증에 걸릴 위험이 더 높은데, 이들은 애초에 다른 사람들보다 골 질량이 더 적은 상태로 시작하기 때문이다. 아프리카 계통 사람들은 골 밀도가 높기 때문에 다른 집단 사람들보다 골다공증에 걸릴 위험이 낮다.

생물학적 요인이 골다공증에 크게 기여하기는 하지만 생활방식의 선택도 골다공증 발생률에 차이를 가져온다. 골다공증 위험을 높이는 요인들은 흡연, 과도한 알코올 섭취, 부실한 식사(칼슘섭취 부족), 신체활동 부족 등이다(Whitehead et al., 2004). 반면에 칼슘이 풍부한 음식(예 : 유제품)을 섭취하고 규칙적으로 운동을 하는 것과 같은 건강한 생활습관은 골다공증을 예방할 수 있다(Melton et al., 2004; Prentice et al., 2006). 골다공증 위험이 특히 높은 여성의 경우 골 질량과 밀도를 높임으로써 골다공증을 예방할 수 있는 약품이 있다(Fitzpatrick, 2003). 건강 권위자들은 50세가 넘은 여성들, 특히 골다공증 가족력이 있는 경우라면 매년 골 밀도를 점검하기를 권장한다.

심혈관계 질환 심혈관계 질환(또는 **관상동맥질환**)은 전 세계 성인의 주요 사망원인이다(WHO, 2014). 40대 이전에는 흔치 않지만 성인 중기에 발생률이 급격히 증가한다(Safar & Smulyan, 2004). 심혈관계 질환은 성인 중기에 이르기 오래전부터 발병 위험이 시작되는데, 고지방식, 흡연, 신체활동이 거의 없는 생활습관 등의 결과로 나타난다(Blumenthal et al., 2005). 이런 식으로 수년간 생활하면 관상동맥에 플라크가 축적되고 동맥을 따라 혈액이 흐르는 통로가 막히게 되는 질환인 **동맥경화증**(atherosclerosis)에 걸리기 쉽다. 동맥경화증은 고혈압을 유발하며 동맥이 플라크로 가득 차서 막히게 되면 결국 심장마비를 초래하게 된다.

동맥경화증 관상동맥에 플라크가 쌓여 동맥을 따라 혈액이 흐르는 통로가 축소되는 질환

심혈관계 질환은 고지방식이 보편화되어 있는 덴마크, 그리고 심혈관계에 극히 해로운 흡연의 유병률이 높은 러시아에서 발병률이 가장 높다(De Meersman & Stein, 2007). 저지방식을 많이 하는 일본, 그리고 매일 한두 잔씩 마시면 심혈관계 질환을 예방해주는 적포도주 소비량이 많은 프랑스에서는 심혈관계 질환의 발병률이 낮다. 어느 나라에서나 남성이 여성보다 발병률이 훨씬 더 높은데, 아마도 더 높은 흡연율이 주된 원인일 것이다(CDC, 2011; WHO, 2014). 미국에서는 아프리카계 미국인과 원주민들이 높은 흡연율과 고지방식으로 인해 심혈관계 발병률이 가장 높다(Warren-Findlow, 2006).

흡연은 심혈관계 질환이 발생할 위험을 크게 높인다.

일본 남성을 대상으로 한 고전적 연구는 식사가 심혈관계 질환에 미치는 영향을 생생하게 보여주었다(Ilola, 1990). 이 연구에서는 호놀룰루, 하와이, 샌프란시스코 및 일본의 두 도시에 거주하는 일본계 남성 12,000여 명을 연구하였다. 이 남성들은 생물학적 배경이 비슷함에도 불구하고 어디서 생활하느냐에 따라 심혈관계 질환의 발병률에 크게 차이가 있었다. 일본에서 사는 남성들은 생선과 쌀밥 위주의 저지방식을 하였고 심혈관계 질환의 발병률이 가장 낮았다. 샌프란시스코 거주 남성들은 발병률이 가장 높았는데, 아마도 지방함유율이 40% 높은 식사를 하였기 때문으로 보인다. 호놀룰루 남성들은 지방섭취량과 심혈관계 질환의 발병률에서 다른 두 집단의 중간지점에 위치했다.

스트레스는 심장질환을 가져오는 또 다른 요인이다. 스트레스는 심장기능에 직접적 영향을 미칠 뿐 아니라 심장질환을 유발하는 흡연과 과식 같은 대처행동을 촉발할 수도 있다(Bekkouche et al., 2011). 스트레스와 심장질환의 관계는 복잡하지만, 최근의 연구는 스트레스가 분노, 불

안, 우울 같은 부정적 감정 상태를 겪기 쉬운 성격을 가진 사람들에게 심장질환을 일으킬 가능성이 특히 더 높다는 것을 보여준다(Stanley & Burrows 2008).

최근의 연구는 또 (위험한 지역에 거주하는 것과 같은) 만성스트레스 또는 (극심한 스트레스 사건을 겪는 것과 같은) 급성스트레스라는 두 가지 다른 유형의 스트레스가 심혈관계 질환에 영향을 미칠 수 있다는 것을 보여준다. 한 연구에서는 극심한 스트레스 사건을 경험한 여성들 중에서 **외상후 스트레스**(PTSD) 증상을 보이는 사람들을 선별하고 이들을 대상으로 이후 14년간 추적검사를 하였다(Kubzansky et al., 2009). 선별검사에서 다섯 가지 이상의 PTSD 증상을 보인 여성들은 14년간의 추적검사에서 관상동맥질환을 앓게 될 가능성이 3배 이상 높았다.

스트레스와 심장질환의 관계를 보여주는 증거를 바탕으로, 심장질환 위험을 낮추기 위해 스트레스를 치료하는 중재기법이 개발되었다. 한 연구는 40~84세의 심장질환 환자 134명을 무작위로 세 집단으로 나누었다. 그중 한 집단은 통상적 의학치료를 받았고, 또 한 집단은 통상적 치료에 더해 16주 동안 매주 세 번씩 에어로빅 운동을 하였으며, 나머지 한 집단은 통상적 치료에 더해 16주 동안 매주 한 번씩 스트레스관리 훈련을 받았다(Blumenthal et al., 2005). 중재를 받은 후 운동 집단과 스트레스관리 집단은 둘 다 통상적 치료 집단보다 통증과 우울 수준이 더 낮았을 뿐 아니라 심혈관계 기능도 더 좋은 것으로 나타났다.

심근경색은 대개의 경우 치명적이지만, 그 지점에 이르기 전에 심혈관계 질환을 진단받는다면 약물과 수술에 의해 매우 효과적으로 치료할 수 있다. **혈관성형술**(angioplasty)은 의사가 막힌 동맥에 관을 삽입하고 끝부분에 있는 풍선을 부풀림으로써 지방찌꺼기를 동맥벽에 납작하게 밀어붙여서 혈액이 더 원활하게 흐르게 만드는 절차이다. 적포도주는 플라크가 생기는 것을 억제하고 동맥을 확장시키기 때문에, 식사 때마다 적포도주를 마시는 습관이 있는 프랑스 사람들은 이와 동일한 효과를 점진적으로 얻는다. 심혈관계 질환에 걸릴 위험을 감소시키는 다른 생활방식으로는 규칙적으로 운동하기, 비만을 피하고 적정 체중 유지하기, 저용량 아스피린을 매일 복용하기 등이 있다(American Heart Association, 2006). 가장 중요한 것은 흡연과 고지방식을 하지 말아야 한다는 것이다.

암 심혈관계 질환과 마찬가지로 암도 성인 중기 이전에는 비교적 드물게 나타난다. 그러나 암 발생률은 성인 초기에서 중기에 이르는 동안 10배 더 높아진다(CDC, 2011). 전 세계적으로 암은 성인 사망을 초래하는 두 번째 중요한 원인이다(WHO, 2014). 전립선암은 남성에게 가장 흔한 유형의 암이고, 유방암은 여성에게 가장 흔하다(Jemal et al., 2006). 남녀 모두에게 두 번째와 세 번째로 흔한 암은 폐암과 대장암이다.

암은 신체의 특정 부위에서 통상적인 세포생성 과정에 오류가 생기면서 통제할 수 없이 빠른 속도로 이상세포가 증식되기 시작할 때 발생한다. 결국 이러한 이상세포들은 종양을 형성하여 건강한 신체 부위로부터 영양분을 빼내고 이들 세포가 자라나고 있는 조직과 기관이 정상적인 기능을 하지 못하도록 방해한다. 무엇이 암을 일으키는지는 분명치 않다. 그러나 유방암의 발병 위험이 생물학적 친척들 간에 상관이 있다는 결과에서 볼 수 있듯이, 유방암 같은 몇몇 유형의 암은 명백히 유전적 요인에서 비롯된다(Nkondjock & Ghadirian, 2004). 햇빛에 과도하게 노출되거나 방사선에 노출되거나 화학약품이나 (석면 등의) 유해물질에 노출되는 것과 같은 다양한 환경 요인들도 암의 발병 위험을 높인다. 암 발병률을 가장 크게 높이는 생활습관 요인은 흡연으로, 이는 폐암뿐만 아니라 다른 많은 유형의 암도 유발한다(Moolgavkar et al.,2012; U.S. Department of Health and Human Services, 2005).

지난 30여 년간 암의 치료에 관해 대량으로 연구가 이루어졌으며, 많은 유형의 암을 치료하는 데 진전을 보았다. 많이 사용되는 치료법의 한 가지는 암이 발생한 신체 부위에 독성물질을 주입하여 암세포를

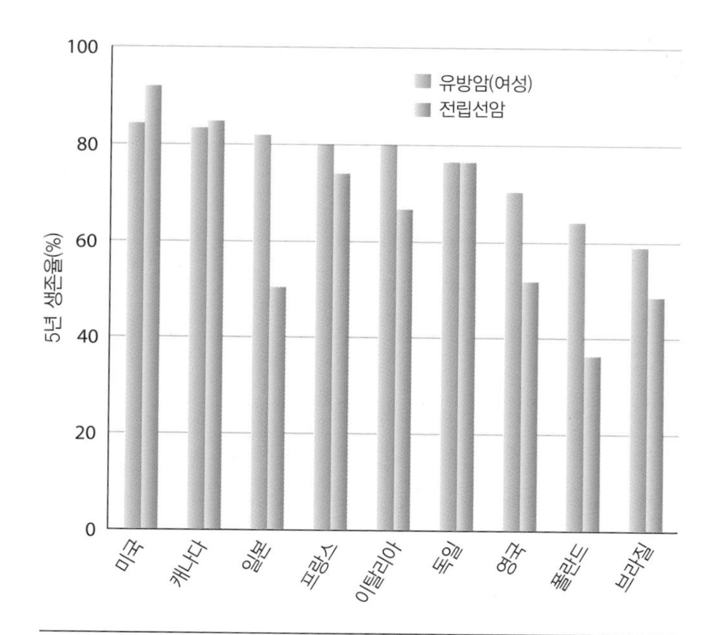

그림 11.1 유방암과 전립선암의 생존 양상

일부 국가는 다른 국가보다 생존율이 높은가?
출처 : Based on Coleman et al. (2008)

죽이는 화학요법이다. 많이 사용되는 또 다른 치료법은 집속 방사선으로 종양을 공격하는 방사선치료이다. 암을 치료하는 데에는 화학요법과 방사선치료, 그리고 (암 발생 부위를 잘라내는) 수술을 결합하여 사용하는 경우가 많다.

이런 치료법들은 암의 조기발견과 함께 미국에서 지난 40여 년간 암의 5년 생존율을 50%에서 65%로 올려놓았다(CDC, 2011). 그러나 5년 생존율은 암의 종류에 따라 크게 차이가 있다. 전립선암(96%), 피부암(92%), 유방암(85%), 직장암(67%)을 포함하여 많은 유형의 암은 생존율이 65% 이상이다. 폐암(15%)과 췌장암(5%)은 5년 생존율이 가장 낮다.

5년 생존율은 국가에 따라서도 크게 차이가 있다. 31개 선진국의 암환자 200만 명 이상을 대상으로 한 기념비적인 연구에서 연구자들은 유방암, 전립선암, 대장암과 직장암 환자들의 5년 생존율의 차이를 조사하였다(Coleman et al., 2008). 일반적으로 5년 생존율은 가장 부유한 국가에서 가장 높았고 가장 빈곤한 국가에서 가장 낮았다. **그림 11.1**은 유방암과 전립선암의 5년 생존율 패턴을 보여준다. 생존율이 가장 높은 나라들은 암을 치료하는 기술이 더 발달했을 뿐 아니라 암을 조기발견하기 위해 선별검사를 받는 사람의 비율도 더 높았다. 예를 들어 연구에 참여한 50~64세 여성들 중에서 **유방암 검진용 X-선 촬영**(mammogram)을 정기적으로 받았다고 보고한 비율은 미국 여성이 84%였고 영국 여성은 63%였는데, 이에 상응하여 미국 여성들의 5년 생존율이 더 높았다.

유방암 검진용 X-선 촬영 X-선을 사용하여 여성의 유방암을 검진하는 절차

치료법이 크게 발달하기는 했으나 암으로 인해 사망하지 않기 위해서는 건강한 식사를 하고 앞서 언급한 위험 요인들을 피하는 등 예방이 여전히 최선의 방법이다. 치료에 성공하려면 조기발견이 매우 중요하므로 남성들은 성인 중기에 도달하면 매년 전립선암 검사를 받는 것이 중요하다. 여성 및 유방암과 관련해서 전문가들은 선별검사를 언제부터 시작해야 하는지에 대해 권고사항이 다르지만, 미국의 메이오 클리닉(Mayo Clinic)에서는 다음과 같은 세 가지 접근법을 권장한다(Pruthi, 2011).

- 여성은 유방에 이상이나 변화가 생기면 찾아낼 수 있도록 (또 더 검사할 필요가 있을 것 같은 사항들을 의사에게 알려줄 수 있도록) 성인 초기에 자신의 유방에 대해 익숙해지는 등 유방 건강에 대한 인식을 고취한다.
- 40대부터 매년 건강관리 전문가가 실시하는 유방검사를 받는 것이 권장된다.
- 40대부터 매년 유방조영술을 받는다.

40세 이상의 여성은 매년 유방조영술을 받는 것이 권장된다.

여성이 언제부터 유방조영술을 받기 시작해야 하는지와 관련된 쟁점은 뜨거운 논란의 대상이 되어왔다. 그러나 최근 북유럽에서 수행된 대규모 연구 두 편은 이 쟁점을 불식하는 데 도움을 준다. 100만 명 이상의 여성이 참여한 스웨덴의 한 연구는 40대에 선별검사를 받은 여성과 그렇지 않은 여성들이 1986~2005년 사이에 유방암으로 인해 사망한 비율을 비교해보았다(Hellquist et al., 2011). 유방조영술을 받은 여성이 그렇지 않은 여성보다 유방암으로 인해 사망할 확률이 29% 더 낮았다. 두 번째 연구는 국가에서 유방조영술을 무료로 제공하는 프로그램을 도입한 이후로 2년

마다 유방조영술을 받거나 받지 않은 노르웨이 여성들을 검사하였다(Kalager et al., 2010). 이 연구에서 유방조영술은 유방암으로 인한 사망률을 10% 낮추는 것으로 나타났는데, 스웨덴 연구에서보다는 감소량이 적었지만 여전히 의미 있는 수치였다.

유방조영술은 유방암을 선별하는 완벽한 도구가 아니다. 일부 유방암은 찾아내지 못하고 놓칠 수 있고, 유방암이라는 진단을 내렸는데 추후검사에서 유방암이 없는 것으로 밝혀질 수도 있다. 이런 이유로 해서 건강 전문가들은 40대 이후로 매년 의사로부터 유방검사를 받을 것을 권장한다(Berger, 2010).

중년기 건강과 이후의 발달에 영향을 미치는 요인

중년기의 건강이 어떻게 그 이후 시기의 건강을 예측하는지 설명한다.

중년기의 건강은 변동성이 크다. 어떤 사람들은 그 어느 때보다 건강하게 느끼는 반면에 다른 사람들은 심각한 문제를 겪기 시작하거나 심지어 조기사망에 이르기도 한다. 무엇이 중년기의 건강 경로에 영향을 미치는가? 이 질문에 대한 답은 어느 면에서는 간단하고 명료하다. 건강한 음식을 먹고, 규칙적으로 운동하고 과식, 흡연, 알코올 남용과 같이 건강을 해치는 습관을 버리는 것이다. 그러나 이와 같이 건강한 생활습관을 갖는 것은 간단하지도 않고 명료하지도 않다. 그게 그렇게 간단하고 명료한 일이었다면 누구나 다 그렇게 했을 것이지만 대부분의 사람들이 그렇게 하지 못하고 있다.

그 이유는 복잡하며, 건강한 음식과 적절한 건강관리만이 아니라 문화적 행동 패턴과도 관련이 있다. 일반적으로 경제적 자원을 적게 가지고 있는 사람들은 좋은 음식을 먹거나 건강관리를 받기가 어렵다.

전반적으로 중년기 건강의 어떤 측면이 이후의 신체적·정신적 건강을 예측하는 데 가장 중요한가? 조지 베일런트(Vaillant, 2002)의 연구는 21세기 미국인에게 이 질문에 대해 매우 상세한 답변을 제공한다. 베일런트는 하버드대학교의 남자 졸업생들, 도심 저소득층 가정 출신의 소년들, IQ가 높은 여성들을 각각 대상으로 하는 세 연구의 표본을 합하였다. 이들 연구 각각은 20세기 초반에 시작되었고 아동기나 성인진입기에서 성인 후기에 이르기까지 매년 또는 2년마다 한 번씩 표본들을 평가하는 종단 연구였다. 종단 설계를 하였으므로 베일런트는 이 연구를 통해 50대 중년의 어떤 특성들이 25~30년 이후의 건강 결과를 예측하는지 확인할 수 있었다.

75~80세까지 일부 참여자들이 사망하였다. 베일런트는 남은 참여자들의 건강 결과를 정서적 안녕과 신체건강을 기준으로 하여 **행복-건강**(happy-well) 집단과 **불행-병약**(sad-sick) 집단이라는 두 범주로 분류하였다. 50대 사람들이 지닌 특성 중에서 이후의 건강을 가장 강력하게 예측하는 특성은 흡연, 알코올 남용, 그리고 비만이었다. 50대에 담배를 많이 피우고 알코올을 남용하며 비만인 사람들은 25~30년 후에 사망할 가능성이 매우 높았고, 아직 살아있다면 **불행-병약** 범주에 속할 가능성이 매우 높았다. 반면에 교육 수준과 결혼 안정성은 성인 후기의 **행복-건강**을 예측하는 가장 강력한 요인이었다. 감사와 용서, 다른 사람에 대한 공감, 사교성, 미래지향성 등 50대 사람들이 지닌 몇 가지 성격특성 또한 이후의 **행복-건강** 상태를 예측해주는 요인이었다.

또 다른 종단 연구인 미국인의 변화하는 삶(American's Changing Lives, ACL) 연구는 25세 이상인 미국인을 대표하는 표본 집단에 대해 1986년에서 2001년까지 15년간의 추적조사를 실시하였으며, 15년 기간에 신체건강을 네 번 측정하였다(House et al., 2005). 이 연구의 주요 결과는 교육 수준과 건강의 관계가 모든 연령에서 강하게 나타났고, 성인 초기에서 중기까지 더 강해졌으며, 이후로 성인 후기 초반부(60대와 70대 초반)까지 그대로 유지되다가 80대에야 감소했다는 것이다. 구체적으로 보면, 교육 수준이 높은 사람들은 성인 중기에 사망하거나 성인 중기와 후기에 만성질환에 걸릴 가능성이 다른 사람들보다 더 적었다. 교육 수준이 낮은 사람들은 조기사망 및 만성적 건강 문제를 겪을 위험이 더 높았는데, 그 이유는 이들이 성인 초기와 중기에 스트레스를 더 많이 받고, 작업 환경이 더 좋지 못하며, 흡연 같은 건강하지 못한 행동을 할 가능성이 더 크기 때문이었다. 교육은 소득 수준보다 성인 중기에서 후기까지의 건강을 더 강하게 예측하였다.

2절 인지발달

학습목표

11.5 중년기 동안 유동성 지능과 결정성 지능에 일어나는 변화를 비교하고 대조한다.

11.6 전문성이 중년기에 정점에 이르는 이유를 설명한다.

11.7 성인 중기의 근로 조건이 갖는 긍정적 측면과 부정적 측면을 요약하고, 세계화가 중년기 노동자들에게 어떤 영향을 미치는지 파악한다.

11.8 지각속도가 성인 중기에 어떻게 느려지는지 기술한다.

11.9 주의와 기억이 성인 중기에 어떻게 변화하는지 비교하고 대조한다.

인지발달 : 지능, 전문성 및 경력의 발달

중년기의 인지발달 양상은 복잡하다. 이 시기의 사람들은 한편으로는 젊을 때보다 정보에 더 느리게 반응한다. 그러나 다른 한편으로는 정보의 저장량이 전반적으로 증가하고 전문 분야의 지식과 기술이 증가한다. 일과 직업은 중년기에 종종 최고 수준의 만족과 전문성에 도달하지만, 직업을 잃는 사람들에게는 심각한 결과가 초래될 수 있다.

유동성 지능과 결정성 지능

중년기 동안 유동성 지능과 결정성 지능에 일어나는 변화를 비교하고 대조한다.

지능은 성인 중기에 감퇴하는가, 증진하는가? 대개의 경우 증진되지만, 이 질문에 대한 답은 어떤 종류의 지능을 고려하느냐에 따라 달라질 수 있다. 레이먼드 커텔(Cattell, 1963)의 이론에 따르면, 지능을 연구하는 학자들은 유동성 지능과 결정성 지능이라는 두 가지 일반적 유형을 확인하였다.

유동성 지능(fluid intelligence)은 단기기억과 같은 정보처리 능력, (기하학적 모양의 패턴과 같은) 시각 자극들 간의 관계를 파악하는 능력, 새로운 정보를 통합하는 속도 등을 포함하는 지능이다. 커텔 이론에서 유동성 지능은 생물학에 기초한 신경계의 속성으로서, 개발될 수 있기는 하지만 훈련하거나 가르칠 수는 없다. 예를 들어 고속제트기 운전을 배울 수 있는 사람들은 처음부터 높은 유동성 지능을 보유하고 있어야 하지만, 훈련을 통해 필요한 세부적 기술을 습득할 수 있게 될 것이다.

유동성 지능 단기기억, 시각자극들 간의 관계를 알아보는 능력, 새로운 정보를 종합하는 능력 등의 정보처리 능력과 관련된 지능 유형이와는 대조적으로 **결정성 지능**(crystallized intelligence)은 문화에 기초한 지식, 언어, 사회적 관습에 대한 이해의 축적을 가리킨다. 이 지능에는 어휘, 장기기억에 저장된 문화적 정보, 논리적 추론 능력 등이 포함된다. 예를 들어 학자들이 전공 분야의 연구경력을 통해 축적하는 지식은 결정성 지능이다. 커텔에 따르면 생물학에 기초한 능력도 결정성 지능에 기여하지만, 결정성 지능은 유동성 지능보다 학습과 문화적 지식의 습득에 더 많이 의존한다(McArdle & Hamagami, 2006).

결정성 지능 문화에 기초한 지식, 언어, 사회적 관습에 대한 이해의 축적

시애틀 종단 연구는 성인기에 유동성 지능과 결정성 지능이 발달하는 과정에 관해 가장 훌륭한 정보를 제공해준다. 이 연구는 1956년에 5,000명의 성인 초기와 중기의 성인들을 대상으로 하여 시작되었고 오늘날까지 계속되고 있다(Schaie, 1994; Schaie, 1996; Schaie, 1998; Schaie, 2005; 2012; McAardle et al., 2002). **그림 11.2**에 제시되어 있듯이, 결정성 지능을 측정하는 세 검사(언어 능력, 귀납추리, 언어기억)의 점수는 모두 성인진입기와 초기에 증가하였고, 성인 중기에 정점에 다다랐으며, 성인 후기에 감소하였다. 그러나 유동성 지능을 측정하는 세 가지 검사 중에서 지각속도는 성인기 내내 급격히 감소하였고, 수리 능력은 성인 중기에 약간 감소하다가 성인 후기에 가파르게 감소하였으며, 공간 능력은 성인 중기까지 상승하다가 그 이후로 감소하였다.

시애틀 종단 연구의 결과를 종합해보면 중년기는 지능의 많은 측면, 특히 결정성 지능이 정점에 달하는 시기임을 알 수 있다(Willis & Schaie, 1999; Schaie, 2012). 다른 연구들은 다른 방법을 적용하여 유사한 패턴의 결과를 얻었다. 그러나 **연구 초점 : 성인 중기의 지능 : 두 가지 연구 접근법**에 자세히 설명되어 있는 대로, 종단 연구인지 횡단 연구인지에 따라 결과의 패턴이 달라진다. 결정성 지능이 중년기에 정점에 이른다는 결과는 대부분의 사람들이 인생의 이 단계에서 직업성취가 정점에 달한다는 것을 보여주는 직업 연구의 결과와도 일치한다. 이 주제는 곧 더 자세히 살펴볼 것이다.

비판적으로 사고하기

중년기에는 특히 어떤 직업들이 유동성 지능을 필요로 할까?

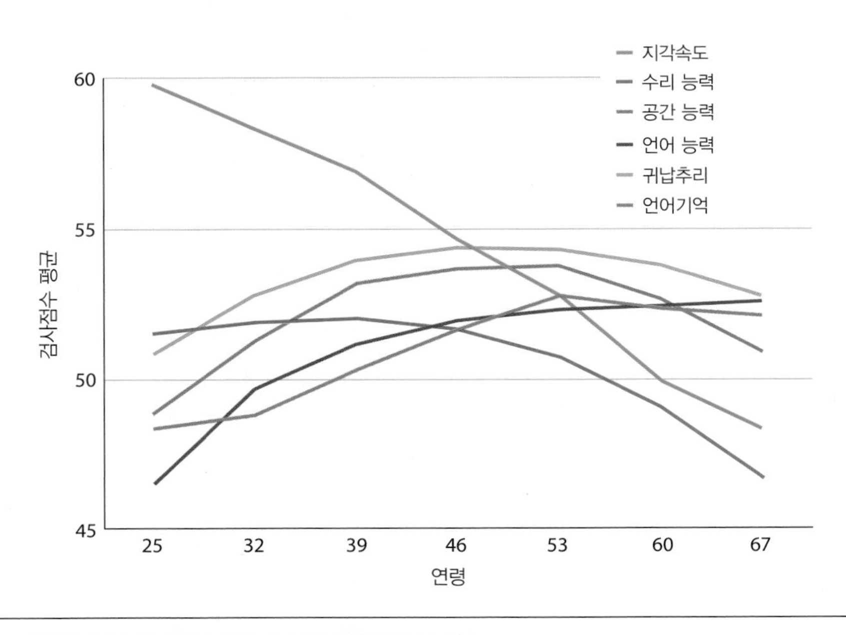

그림 11.2 시애틀 종단 연구에서 지능의 여러 하위검사의 점수

성인 중기에 지각속도는 감소하지만 지능의 다른 측면들은 대부분이 상승한다.
출처 : Willis & Schaie (1998)

연구 초점 : 성인 중기의 지능 : 두 가지 연구 접근법

지능이 평생에 걸쳐 어떻게 변화하는지에 대한 지식은 60년 이상 수행된 (지금도 수행되고 있는) 연구인 시애틀 종단 연구에 주로 기반을 두고 있다. 지능에 관해 다른 많은 연구가 있지만 시애틀 연구만큼 오랫동안 지속된 연구는 없었다. 성인지능을 다루는 횡단 연구도 많이 수행되었다. 한 표본을 오랜 기간 추적하는 종단 연구와 달리 횡단 연구는 한 시점에서 이루어진다. 시애틀 종단 연구는 22~70세 성인을 대상으로 하는 횡단 연구로 첫발을 디뎠고 그 이후 더 젊은 참여자들이 들어오면서 종단 연구로 이어졌다.

횡단 연구들은 결정성 지능이 성인진입기에서 성인 중기까지 증가하고 그 이후로 감퇴하는 반면에 어떤 유형의 유동성 지능은 성인기에 꾸준히 감퇴한다는 시애틀 종단 연구의 결과를 대체로 지지한다. 그러나 일부 결정성 지능검사에서 횡단 연구 자료는 종단 연구의 자료와 크게 차이가 있다.

다음의 두 그래프는 귀납추리와 공간 능력 검사 점수의 평균을 보여준다. 각 그래프에서 종단 연구 자료와 횡단 연구 자료는 둘 다 시애틀 종단 연구에서 나온 것이다. 공간 능력과 귀납추리의 경우 종단 자료는 지능이 성인 중기에 정점에 달하고 이후로 약간 감퇴한다는 것을 보여주는 반면에, 횡단 자료는 성인진입기에서 성인 중기까지 안정성을 보이거나 감퇴하다가 성인 후기의 급격한 감퇴로 이어진다는 것을 보여준다.

이와 같이 서로 다른 결과를 어떻게 설명할 수 있는가? 횡단 연구는 연령차에 관한 연구일 뿐만 아니라 서로 다른 역사시대에 관한 연구이기도 하다. 사회과학 연구에서는 횡단 연구 참여자들이 코호트가 서로 다르며 그들 간의 차이는 연령에서 비롯될 뿐만 아니라 코호트 효과, 즉 서로 다른 역사시대에 성장한 경험의 효과에서 비롯된다고 말한다.

지능은 코호트 효과로 인해 크게 차이가 날 수 있다. 예를 들어, 오늘날 선진국에서 20대인 사람들은 중등교육을 받았을 가능성이 매우 높고, 그들 중 상당수가 중등과정 후의 교육을 적어도 얼마간은 받았을 것이다. 이와는 대조적으로 오늘날 선진국에서 80대인 사람들은 대부분이 중등교육을 받지 않았고 극소수가 중등과정 이후의 교육을 접하였다. 결과적으로 귀납추리 검사에서 20대인 사람들이 80대인 사람들보다 유리할 것이다. 젊은 코호트가 훨씬 오랜 기간 학교를 다녔고 학교에서 추리기술이 향상되었(을 것이)기 때문이다.

어떤 횡단 연구에서도 연령 차이가 연령에 기인하는지 또는 코호트 효과 때문인지 알아내기는 어렵다. 이러한 이유로 코호트 효과의 문제를 피할 수 있는 종단 연구가 횡단 연구보다 방법론적으로 선호할 만하다고 생각되는 경우가 많다. 그러나 종단 연구 또한 제한점이 있다.

종단 연구는 전형적으로 시간이 지나면서 표본이 줄어들게 된다. 즉 일부 사람들이 질병, 사망, 흥미 결여, 또는 다른 이유로 인해 연구에 참여하기를 중단한다. 결국 여러 해가 지나고 나서 연구에 남은 사람들은 도중에 그만둔 사람들 또는 일반 대중보다 신체적으로나 정신적으로 더 건강한 사람들인 경우가 많다. 이러한 중도탈락은 지능검사 점수를 높일 수 있다.

이러한 제한점에도 불구하고 종단 연구는 코호트 효과를 피할 수 있기 때문에 일반적으로 횡단 연구보다 연령차를 알아보는 더 타당한 검사로 간주된다.

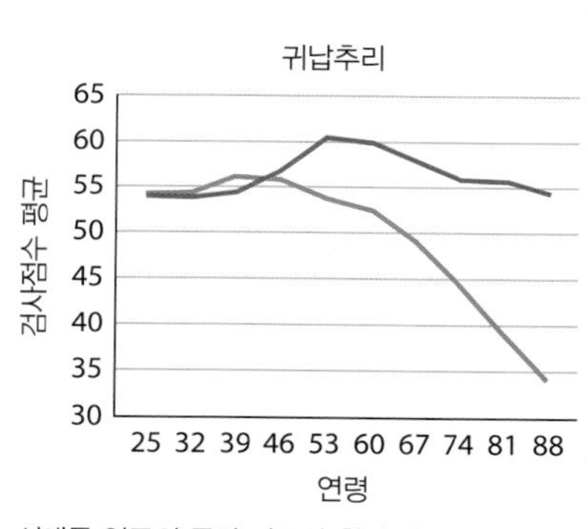

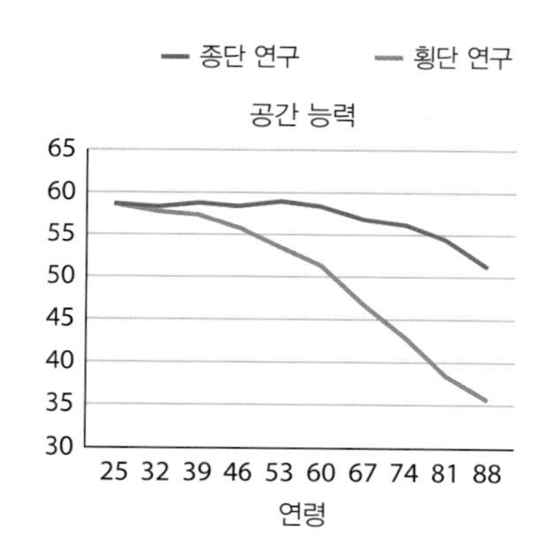

시애틀 연구의 종단 자료와 횡단 자료
출처 : Schaie (1988)

복습문제

1. 시애틀 종단 연구의 종단 결과와 횡단 결과는 성인진입기에서 성인 중기까지 결정성 지능이 _____하고 유동성 지능이 _____한다는 것을 보여주었다.
   a. 감소, 증가
   b. 감소, 감소
   c. 증가, 감소
   d. 증가, 증가

2. 다음 중 어떤 연구 설계가 코호트 효과가 나타날 가능성이 있는가?
   a. 횡단
   b. 종단
   c. 횡단과 종단 둘 다 그럴 가능성이 있음
   d. 횡단과 종단 둘 다 아님

전문성의 정점

전문성이 중년기에 정점에 이르는 이유를 설명한다.

여러분은 어떤 사람이 회사나 정치 단체의 대표와 같이 책임과 권위가 막강한 자리에 앉게 되었을 때 그 사람이 거의 언제나 중년기 성인이라는 것을 알아챈 적이 있는가? 중요한 이유 한 가지는 많은 분야에서 성인 중기가 되어야 특정 분야의 지식과 경험이라고 하는 **전문성**을 높은 수준으로 축적할 수 있다는 것이다(제10장 참조; Chi et al., 2014). 예를 들어 성인 중기의 간호사는 방금 간호학교를 수료한 사람보다 월등히 높은 수준의 전문성을 가지고 있으므로 병원에서 수간호사로 선택될 가능성이 더 높을 것이다. 중년의 학교교사는 젊은 교사보다 더 높은 전문성을 가지고 있으며, 따라서 교장으로 선택될 가능성이 더 높을 것이다. 나는 개인적으로 내가 20대나 30대, 심지어 40대였을 때에도 여러분이 지금 읽고 있는 이 노년기 교재를 쓸 수 있었을 것이라고 생각하지 않는다. 50대가 될 때까지는 필요한 지식을 쌓을 수 없었다. 전문성은 각 문화에서 중요하고 가치 있는 것으로 여겨지는 영역에서 축적된 지식과 추리로 이루어진 것이므로 결정성 지능의 일종이다.

인지적 측면에서 보면, 전문성을 갖춘 사람들은 초보자에 비해 정보를 더 빠르고 효율적으로 처리할 수 있다(Crawford & Channon, 2002). 중년 성인들은 많은 지식과 경험을 저장하고 있는데, 이는 그들이 어떤 문제에 직면했을 때 과거에 그와 비슷한 문제에 직면했을 가능성이 높다는 것을 의미한다. 중년 성인이 가지고 있는 지식과 경험은 그들이 문제의 해답을 얻게 해줄 가능성이 큰 측면들에 초점을 맞추고 그렇지 않은 정보는 무시하게 해준다. 예를 들어 브레이크에서 이상한 소리가 나서 자동차 정비소에 차를 가져갔을 때 경험이 많은 수리공이 그 문제를 어떻게 분석할 것인지 생각해보라. 초보자라면 자동차의 매뉴얼을 들여다보고 그 소리가 어디서 나는지 알아내기 위해 여러 군데를 점검해볼 것이다. 그러나 전문성을 갖춘 노련한 수리공은 예전에 이런 종류의 소리를 많이 들어봤을 것이기에 가장 가능성이 큰 설명에 곧바로 초점을 맞춘다.

전문성이 충분하면 문제해결의 많은 부분이 자동으로 이루어진다(Chi et al., 2014). 수리공은 브레이크 소리의 출처를 알아내기 위해 가능성이 있는 다양한 출처를 전부 생각할 필요가 없다. 소리를 들으면 즉각 답을 내놓는다. 제7장에서 언급된 어린 체스 전문가들도 이러한 **자동성**(automaticity)을 사용해서 성인 초보자보다 말의 위치를 더 효율적으로 기억할 수 있었다(Chi, 1978). 자동성은 문제를 빠르고 효율적으로 해결할 수 있게 해준다. 전문가들은 모든 대안을 하나씩 다 생각해볼 필요가 없다. 그들은 경험에 의해 직관적으로 문제를 해결할 수 있다. 해답이 그냥 보이는 것이다.

전문성이 성인 중기에 정점에 도달하는 이유는 무엇인가?

전문가들은 초보자보다 문제를 해결할 때 더 자동적일 뿐만 아니라 더 유연하기도 하다(Arts et al., 2006). 첫 번째 전략이 성공하지 못하면 경험을 동원하여 대안의 전략들을 생각해낼 수 있다.

사람들이 자신의 인생에서 직업의 정점에 도

달하는 단계가 성인 중기인 이유 중 한 가지는 전문성이다. 회사, 대학, 정부 및 기타 조직의 수장은 보통 중년기에 임명된다. 필요한 전문성을 습득하는 데에는 그만큼의 기간이 걸리기 때문이다. 그러나 전문성은 엘리트에게만 적용되는 것은 아니다. 외식산업 노동자들의 전문성에 관한 연구에서 전문성은 (메뉴 아이템과 음식 전시에 관한) 지식, (주문을 효율적으로 처리하는 것과 같은) 조직기술, 그리고 (손님과 상호작용할 때의 자신감과 같은) 사회적 기술로 정의되었다. 이 연구는 성인 초기와 중기의 노동자들을 비교한 결과 이 모든 영역에서 전문성이 증가한다는 것을 발견하였다(Perlmutter et al., 1990).

더욱이 전문성은 직업수행뿐만 아니라 여가활동에도 적용된다. Go 게임 참가자들에 관한 연구에서 경험이 많은 참가자들은 경험이 부족한 참가자들에 비해 게임의 상황을 더 빨리 평가하고 기억을 더 효율적으로 사용할 수 있었다(Masunaga & Horn, 2000).

직업

성인 중기의 근로 조건이 갖는 긍정적 측면과 부정적 측면을 요약하고, 세계화가 중년기 노동자들에게 어떤 영향을 미치는지 파악한다.

성인 중기의 직업 상황은 매우 다양하다. 많은 사람들에게 성인 중기는 직업만족이 정점에 달하는 시기이다. 흔하지는 않지만 어떤 사람들에게는 직업 경로를 바꾸는 시기일 수도 있다. 일부 여성들에게는 오랫동안 아이를 키우고 집안일을 한 이후에 직업전선으로 다시 진입하는 시기이다. 어떤 여성과 남성들에게는 직업을 잃음으로써 비자발적으로, 또는 조기은퇴를 택함으로써 자발적으로 직업전선을 떠나는 시기이다. 이 모든 상황에는 사회계층과 문화에 따른 차이가 있으며, 일터는 세계화로 인해 전 세계적으로 급속히 변화하고 있다.

직업의 정점, 직업의 상실 미국과 유럽의 다양한 연구들은 회사중역에서 관리요원에 이르기까지 다양한 직업에 종사하는 사람들의 직업만족이 성인 중기, 특히 50대에 정점에 이른다는 것을 발견하였다(Besen et al., 2013; Easterlin, 2006; Hochwarter et al., 2001). 물론 대부분의 직업에서 연령에 따라 봉급이 많아지지만, 중년기에 일을 즐기는 주요 이유는 봉급과 승진보다는 일 자체의 즐거움에 초점을 맞춘다. 사람들은 전문성이 증진됨에 따라 자신이 맡은 일을 더 잘하게 되고, 일을 잘해내는 데 대한 만족감이 따른다. 또한 더 권위를 갖게 되고 일을 하는 방식에 영향을 미치는 결정에 더 많이 관여하게 된다. 예를 들어 행정보조원으로 일하는 사람이 중년에는 사무장이 되어 다른 여러 사람을 관리할 수 있다. 중년기에 일에 대한 만족감이 커지는 또 다른 이유는 많은 사람들이 이 시기에 일에 대한 목표와 기대를 낮춘다는 것이다(Tangri et al., 2003). 중년 노동자들은 최고의 성취를 이루기 위해 노력하기보다는, 아마도 그 수준에 도달하지 못해 좌절을 겪은 상태에서, 자신이 자기 직업에서 오를 수 있는 최고의 수준에 도달했다고 생각하면서 자신의 성취가 높고 낮음에 관계없이 이를 받아들이는 경향이 있다. 중년기의 높은 직업만족은 중년 노동자들이 젊은 노동자들에 비해 결근율이 낮고 직업변경이 더 적다는 데서도 드러난다(Easterlin et al., 2006; Lachman, 2004).

그러나 누구나 성인 중기에 자신의 직업에 만족하는 것은 아니며, 때로 직업을 변경하기도 한다. 때로 이러한 변경을 통해 새로운 도전과 기회를 추구하는 경우도 있다. 예를 들어 대기업에서 일하는 여성들은 종종 성차별로 인해 여성의 진급을 제한하는 **유리천장**(glass ceiling)이 가져다주는 좌절 때문에 중년기에 직장을 그만둘 확률이 남성의 2배 가까이 된다(Barreto et al., 2009; Mergenhagen, 1996). 이 여성들은 대부분 (다른 기업에 들어가는 대신) 자영업을 시작하고 크게 성공을 거둔다(Ahuja, 2005). 다른 중년 성인들은 직업에 환멸을 느끼고 좌절하고 지쳐서, 즉 **소진**(burnout)이라는 현상 때문에 직장을 떠난

유리천장 차별로 인해 여성이 승진을 못하도록 막는 무언의 한계

소진 자신의 직업에 대해 환멸을 느끼고 좌절하고 지쳐 있는 상태

다. 소진으로 인해 직장을 그만두는 사람들은 종종 일에 치였다고 불만을 호소하는데, 이들은 교육, 건강관리, 사회복지서비스같이 일을 하면서 대인관계 스트레스를 많이 받는 '남을 돕는 직종(helping profession)'에 종사하는 경우가 많다(Baker & Heuven, 2006; Taris et al., 2004; Zapf et al., 2001). 소진은 서유럽보다 미국에 더 많은데, 아마도 서유럽 국가들이 근로시간과 근로조건에 대한 법적 규제를 더 엄격하게 하는 경향이 있는데다 모든 서유럽 국가들이 사용자가 모든 근로자에게 매년 최소한의 휴가일수를 주도록 법적으로 강제하고 있기 때문일 것이다. 이 점은 이 장 후반부에서 다루기로 하겠다.

직업만족은 전문성과 권위와 함께 성인 중기에 정점에 도달한다.

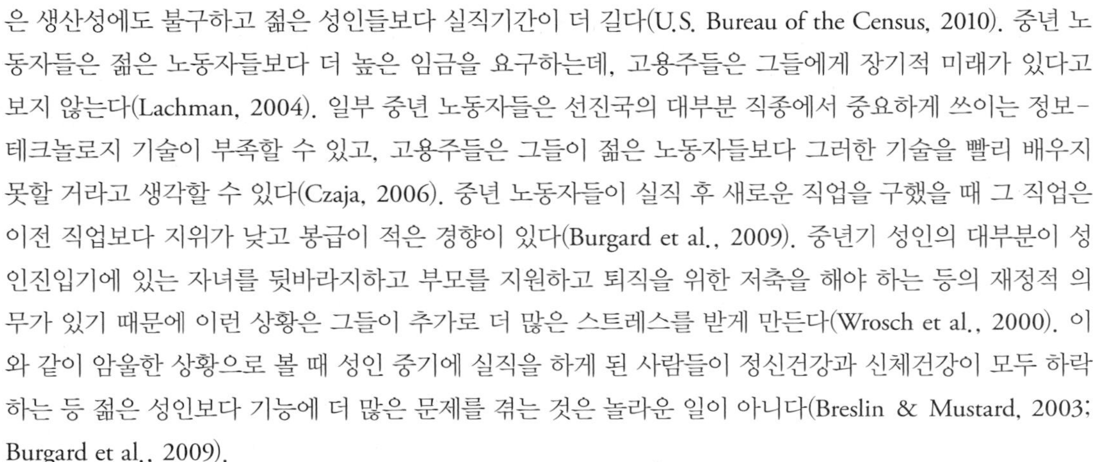

비자발적으로 직장을 떠나고 다른 직장을 구하지 못해 실직 상태인 중년기 성인은 특히 힘든 상황에 직면한다. 중년 성인은 전문성과 낮은 결근율과 높은 생산성에도 불구하고 젊은 성인들보다 실직기간이 더 길다(U.S. Bureau of the Census, 2010). 중년 노동자들은 젊은 노동자들보다 더 높은 임금을 요구하는데, 고용주들은 그들에게 장기적 미래가 있다고 보지 않는다(Lachman, 2004). 일부 중년 노동자들은 선진국의 대부분 직종에서 중요하게 쓰이는 정보-테크놀로지 기술이 부족할 수 있고, 고용주들은 그들이 젊은 노동자들보다 그러한 기술을 빨리 배우지 못할 거라고 생각할 수 있다(Czaja, 2006). 중년 노동자들이 실직 후 새로운 직업을 구했을 때 그 직업은 이전 직업보다 지위가 낮고 봉급이 적은 경향이 있다(Burgard et al., 2009). 중년기 성인의 대부분이 성인진입기에 있는 자녀를 뒷바라지하고 부모를 지원하고 퇴직을 위한 저축을 해야 하는 등의 재정적 의무가 있기 때문에 이런 상황은 그들이 추가로 더 많은 스트레스를 받게 만든다(Wrosch et al., 2000). 이와 같이 암울한 상황으로 볼 때 성인 중기에 실직을 하게 된 사람들이 정신건강과 신체건강이 모두 하락하는 등 젊은 성인보다 기능에 더 많은 문제를 겪는 것은 놀라운 일이 아니다(Breslin & Mustard, 2003; Burgard et al., 2009).

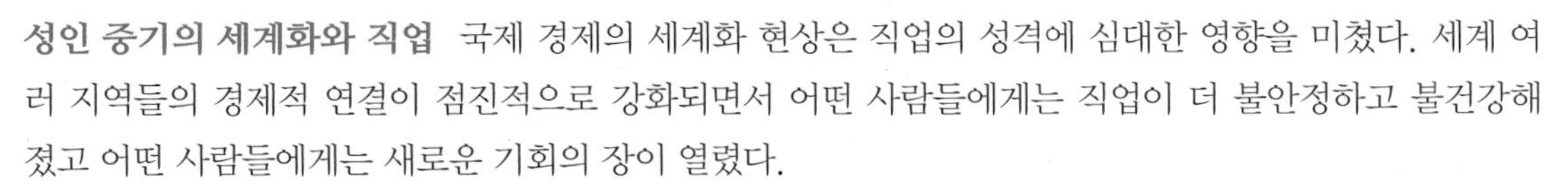

성인 중기의 세계화와 직업 국제 경제의 세계화 현상은 직업의 성격에 심대한 영향을 미쳤다. 세계 여러 지역들의 경제적 연결이 점진적으로 강화되면서 어떤 사람들에게는 직업이 더 불안정하고 불건강해졌고 어떤 사람들에게는 새로운 기회의 장이 열렸다.

성인 중기와 관련해서 세계화는 40~50대의 직업경로가 과거에 비해 연속성과 예측 가능성이 떨어지게 만드는 데 크게 영향을 미쳤다. 한 관점에 의하면 최근 수십 년간 **조직 경력**(organizational career)이 **변화무쌍한 경력**(protean career)으로 바뀌는 중요한 전환이 일어났다(Gubler et al., 2014; Hall & Mirvis, 1996). 조직 경력은 19세기 산업국가의 보편적 모델로 개발되었고 20세기를 거치며 확장되었다. 이 모델에서 피고용인은 자신의 직장생활을 통틀어 대개는 동일 고용주와 동일 분야에 머무른다. 피고용인은 오랜 기간 조직 내에서 차근차근 사다리를 밟아 올라가며, 시간이 가면서 책임 및 권위와 봉급이 증가한다. 20세기 중반까지 조직 경력 경로를 따르는 많은 노동자들은 작업조건을 개선하고 봉급과 혜택을 강화하기 위해 끊임없이 로비를 하는 노동조합에 가입해 있었다.

20세기 말로 가면서 조직 경력은 쇠퇴하고 변화무쌍한 경력이 점차 보편화되었다. 변화무쌍한 경력은 조직 경력과 달리 유연하고 변화 가능하고 개별적이다. 변화무쌍한 경력을 따르는 사람은 한 회사에 머무르기보다는 직업생활을 하는 과정에서 때로는 새로운 기회를 추구하면서 자발적으로, 때로는 구조조정을 당하여 비자발적으로 빈번히 경로를 변경한다. 변화무쌍한 경력은 직장을 바꿀 뿐만 아니라 지금껏 해오던 일이 더 이상 흥미를 끌지 않게 되거나 원래의 분야에서 더 이상 직장을 구할 수 없게 되면 직업의 분야를 바꾸기도 한다.

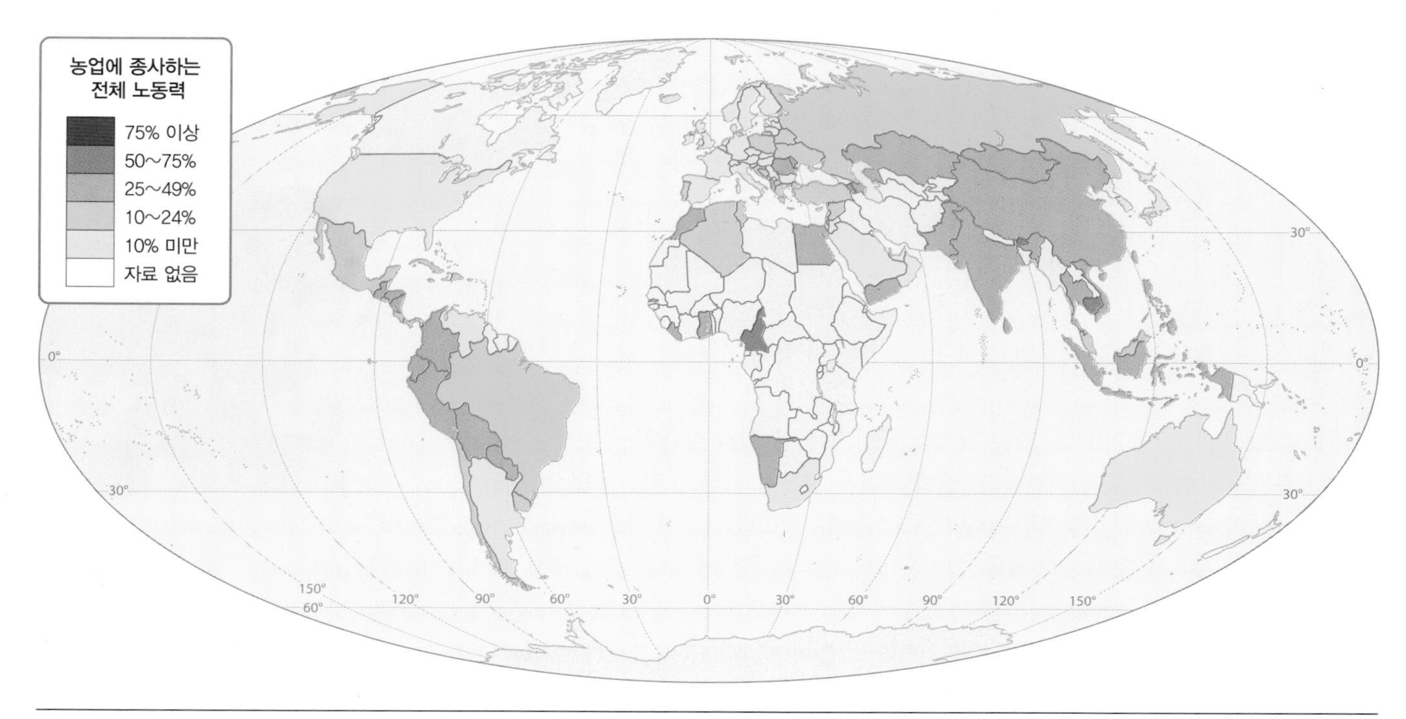

지도 11.1 **농업에 종사하는 세계 인구**

세계 어느 지역 사람들이 농업에 가장 많이 종사하고 있는가? 이런 종류의 일은 중년기 성인에게 어떤 문제를 제기하는가?
출처 : Based on World Bank (2013)

높은 교육 수준과 전문성을 지닌 중년기 성인의 경우 직장과 경력 경로를 변경하는 일은 매력적이고 보람 있는 것으로 여겨질 수 있다. 교육 수준이 높은 노동자들은 세계 경제에서 특히 소중한 존재들이다. 세계 경제는 정보와 테크놀로지를 강조하고 그러한 것들을 잘 사용할 수 있는 사람들에게 보상을 주기 때문이다(제9장 참조). 그런 노동자들은 성인 초기보다 중기가 되면 그들이 습득한 전문성으로 인해 더더욱 가치 있고 생산적일 수 있다.

이와는 대조적으로 교육 수준이 낮은 노동자들에게는 변화무쌍한 경력이 약속보다는 위험을 더 많이 내포하고 있다(Blustein, 2006). 교육 수준이 낮은 노동자들은 공장 일과 같이 단순하고 반복적인 일을 하고 있기 십상이다. 이런 일은 봉급이 많지 않으며, 자동화되거나 노동력이 값싼 개발도상국으로 넘어가기가 가장 쉬운 종류의 일이다. 세계화가 진전되면서 심지어 회계나 컴퓨터 프로그래밍 같은 일조차도 그 일을 가장 싼값에 할 수 있는 곳으로 넘어가는 것이 가능해지고 있다. 이것은 성인진입기와 초기에 있는 개발도상국의 교육받은 사람들에게는 좋은 소식이다. 이들은 경제가 확장되면서 최고의 직업을 얻고 있다. 그러나 이것은 선진국의 많은 중년 성인들에게는 나쁜 소식이다. 이들은 아직 상당한 기술을 가지고 있고 더 오래 일하고 싶은(어쩌면 더 오래 일할 필요가 있는) 나이에 직장에서 쫓겨나고 있다.

이 세상에는, 특히 아시아와 아프리카에는 사람들이 평생 주로 농업에 종사하는 지역이 상당 부분 남아 있다(**지도 11.1** 참조; ILO, 2011). 농업은 기계가 아니라 손으로 하는 것이라면 어느 연령에서나 힘들지만, 힘과 체력이 떨어지고 관절염 같은 건강 문제가 자주 발생하는 중년기에는 더욱 힘들어진다. 이런 일을 하는 사람들에게는 조직 경력도 없고 변화무쌍한 경력도 없으며 오직 생존을 위해 힘든 육체노동을 해야 하는 매일의 현실만이 있을 뿐이다.

인지발달 : 성인 중기의 정보처리

중년기에는 결정성 지능과 전문성이 증가함에도 불구하고 인지 능력이 어떤 식으로든 감퇴한다. 성인 초기에서 중기까지 처리속도, 주의, 기억 등의 다양한 정보처리 능력이 감퇴한다. 그러나 기억의 모든 측면이 감퇴하는 것은 아니다.

처리속도

지각속도가 성인 중기에 어떻게 느려지는지 기술한다.

시애틀 종단 연구에서 성인 초기에서 중기까지의 감퇴를 틀림없이 보여주는 한 가지 검사는 지각속도 검사이다. 지각속도는 소리를 듣고 버튼을 누르거나 파란불이 들어오면 오른손으로 버튼을 누르고, 빨간불이 들어오면 왼손으로 버튼을 누르는 것과 같이 감각 자극에 신속하고 정확하게 반응하는 능력이다. 다른 연구들은 자극에 반응하는 데 걸리는 시간인 **반응시간**에 초점을 두었는데, 이 연구도 성인 초기에서 중기까지 지각속도가 느려진다는 증거를 찾아냈다(Tun & Lachman, 2008). 중년 성인들은 빛을 보거나 소리를 듣고 버튼을 누르는 실험실 과제에서 젊은 성인들보다 반응하는 데 흔히 몇 밀리세컨드(msec) 더 오래 걸린다(Deary & Der, 2005; Madden, 2001).

성인 초기에서 중기까지 반응시간이 길어지는 것은 실생활에서 어떤 의미가 있는가? 아주 드물게, 그리고 일부 과제에서만 의미가 있을 뿐이다(Deary & Der, 2005; Salthouse, 2000). 중년기 성인 중 빠른 반응시간에 보상을 주는 전자게임으로 청소년기와 성인 초기에 있는 사람들과 대결해서 이길 수 있는 사람은 없다(중년 성인들은 젊은 사람들과는 달리 이런 게임을 하면서 성장하지 않았기 때문에 코호트 차이가 있기는 하지만). 중년기 성인들은 또 다른 운전자가 갑작스럽게 차를 세울 때 재빨리 브레이크를 밟는 것과 같이 즉각적 반응을 요구하는 운전 상황에서 젊은 성인들보다 반응이 더 느릴 수 있다(Tun & Lachman, 2008). 그러나 우리가 일상생활에서 하는 어떤 활동도 심리학 실험에서 검사하는 것과 같은 빠른 반응을 요구하지는 않는다.

주의와 기억

주의와 기억이 성인 중기에 어떻게 변화하는지 비교하고 대조한다.

성인 중기에는 주의력도 여러 면에서 감퇴한다. 인지기능의 주요 측면 한 가지는 관련이 있는 정보에 주의를 기울이고 무관한 정보를 무시하는 능력인데, 실험실 검사는 이 능력이 성인진입기에서 중기까지 감퇴하고 성인 후기에 이르기까지 좀 더 감퇴한다는 것을 보여준다(Mani et al., 2005). 구체적으로 사람들은 나이가 들면서 부적절한 정보에 대한 반응을 억제하는 능력이 점차 떨어지는 것으로 보인다. 예를 들어 컴퓨터 스크린에 일련의 글자들을 보여주고 특정한 글자조합이 나타났을 때에만 바를 누르게 하면 중년 성인들은 젊은 성인들에 비해 잘못된 조합에 반응하여 바를 누를 가능성이 더 높다(Guerreiro et al., 2010; Hasher et al., 1999).

연령과 함께 감퇴하는 것으로 보이는 주의의 또 다른 측면은 **주의분할**(divided attention) 능력으로, 이는 둘 또는 그 이상의 정보출처에 동시에 주의를 기울이고 그들 간에 주의를 전환하는 능력을 가리킨다. 예를 들어 숫자 쌍들에 대한 평가를 '짝수 또는 홀수'와 '더 많음 또는 더 적음' 간에 전환하는 실험

주의분할 능력은 성인진입기에서 성인 중기에 이르기까지 감퇴한다. 이런 변화는 연령차이 때문인가, 아니면 코호트 차이 때문인가?

실 과제에서 성인진입기 성인은 중년 성인보다 더 높은 수행을 보인다(Radvansky et al., 2005; Verhaeghen et al., 2003). 오늘날 성인진입기 성인들의 상당수는 살아오는 내내 멀티미디어를 통해 하나 이상의 정보출처를 오가는(책을 읽으면서 음악을 듣거나, 컴퓨터게임을 하면서 전화통화를 하는) 연습을 하였으나 중년 성인은 그런 경험을 하지 못했을 것이기에 여기에도 코호트 차이가 있을 수 있다.

주의력 감퇴는 실생활에서의 인지기능에 중요한 시사점을 가질 수 있다. 부적절한 정보를 걸러내는 능력은 생산적으로 일하는 데 중요한 부분이므로, 이 능력의 감퇴는 생산성 감퇴로 이어질 수 있을 것이다. 이와 유사하게 주의분할을 지속하는 능력은 많은 종류의 활동에서 중요한 역할을 한다. 현대사회에서는 일과 여가가 둘 다, 예컨대 미팅을 하는 동안 이메일 메시지에 답하거나 아이의 숙제를 봐주면서 저녁식사를 준비하는 등의 **멀티태스킹**을 요구하고 그에 보상을 주는 경우가 많다.

기억의 경우 정보처리의 이 측면은 성인 초기에서 중기에 이르기까지 조금도 변화하지 않는 것처럼 보인다. 일부 횡단 연구들은 가령 단어목록을 기억하는 검사에서 단기기억의 감퇴를 보여준다(Salthouse, 2000; Wang et al., 2011). 그러나 앞서 보았듯이 시애틀 종단 연구는 언어기억이 실제로 성인 중기까지 증가한다는 것을 보여주었다(Schaie, 2005). 시애틀 종단 연구의 어휘검사 및 **사실지식**(예 : 역사적 사건에 대한 기억)과 **절차지식**(예 : 카드게임 하는 법)에 관한 다른 연구들에서 볼 수 있듯이, 대부분의 사람들에게 장기기억 저장고는 성인 중기까지 계속 증가한다. 사실지식과 절차지식의 증가는 전문성이 지속적으로 발달하는 데 기여한다.

3절 정서와 사회성 발달

학습목표

11.10 문화적 차이를 포함하여 성인 중기에 자기개념이 어떻게 변화하는지 알아본다.

11.11 중년기 위기가 성인 중기의 발달에 전형적으로 나타나는지에 대한 물음을 다루는 증거를 요약한다.

11.12 생산성을 정의하고 생산성이 성인 중기에 어떤 방식으로 표현되는지 설명한다.

11.13 어떤 문화에서 여성의 지위가 중년기에 향상되는 이유가 무엇인지 설명하고, 양성 평등의 문화적 차이를 기술한다.

11.14 중년기 가족관계의 문화적 차이를 기술한다.

11.15 중년기의 결혼만족과 이혼의 전형적 패턴을 기술하고, 성인 중기에 활발한 성생활을 유지하는 데 무엇이 걸림돌로 작용하는지 알아본다.

11.16 성인 중기와 관련된 지역사회활동과 여가활동을 기술하고, 그러한 활동이 신체적·인지적 기능에 어떤 영향을 미치는지 알아본다.

정서와 사회성 발달 : 정서와 자아 발달

중년기는 대부분의 사람들이 일부는 생리적인 이유로, 또 일부는 생활의 안정성 때문에 정서적으로 차분하고 침착해지는 시기이다. 자아발달 면에서 중년기는 삶에 대한 만족이 크게 증진되고 자기수용이 증가하는 시기이다. 그러나 대부분의 사람들에게 중년기는 자기만이 아니라 젊은 사람들의 복지를 어떻게 증진할 것인지에 집중하는 시기이다.

자기개념과 자기수용의 변화

문화적 차이를 포함하여 성인 중기에 자기개념이 어떻게 변화하는지 알아본다.

다양한 문화에서 수행된 수많은 연구가 성인 중기는 이전의 그 어떤 시기보다 자기에 대한 만족이 높은 시기라는 것을 보여준다(Huang, 2010; Keyes et al., 2002). 중년 성인들은 종전 삶의 단계들에 비해 훨씬 더 안정되어 있으며, 자신의 본 모습과는 다른 무엇인가가 되기 위해 더 이상 애쓰지 않는 것처럼 보인다. 성인 후기와는 달리 대부분의 중년기 성인들은 의미 있는 역할의 상실이나 신체적 건강과 기능의 심각한 손상을 아직 겪은 적이 없다.

성인 중기에 자아발달이 뚜렷하게 나타나는 한 가지 영역은 자기개념이다. 자기수용은 이전 시기에 비해 성인 중기에 더 우호적이 되는 경향이 있으며, 그 결과 성인 중기에는 심리적 행복과 삶에 대한 만족이 증가한다(Huang, 2010; Keyes et al., 2002). 제9장에서 '가능성의 시기'로 기술되었던 성인진입기와 달리 성인 중기는 가능성은 더 제한되지만 대부분의 사람들이 자신이 지금껏 구축해온 삶을 받아들이고 자신의 역할과 책임을 수행하는 데 최선을 다하는 시기이다. 중년 성인들에게 목표가 무엇인지 물어보면 명성과 재물이라는 원대한 꿈이 아니라 부모, 배우자, 친구같이 자신이 현재 맡고 있는 역할을 잘 수행하는 것이라고 언급하는 경향이 있다(Bybee & Wells, 2003).

성인 중기에 자아발달이 무르익는 또 하나의 영역은 정체성 발달이다. 우리는 앞서 여러 장에서 정체성 쟁점은 평생에 걸쳐 중요하지만 어떤 면에서는 성인진입기에 가장 절박해진다는 것을 보았다. 이와는 대조적으로, 대부분 사람들은 성인 중기에는 때로 청소년기와 성인진입기의 특성이라 할 수 있는 정체성 추구를 위한 분투를 하지 않게 되며 자기에 대한 이해가 증진된다(Labouvie-Vief, 2003, 2006). 명문대를 졸업한 미국 여성을 대상으로 하는 한 종단 연구에서는 '정체성의 확실성'이 성인 중기에 연령과 함께 꾸준히 증가하였다. 구체적으로 보면 참여자들은 자신이 성인 초기였던 때에 비해 성인 중기가 되었을 때 "흥분, 격동, 자신의 충동과 잠재력에 대한 혼란"을 느낀다는 것과 같은 문항에 동의하지 않을 가능성이 더 높았고, "내 본연의 모습이라는 느낌"과 "안정적이고 열성적이라는 느낌" 같은 문항에 동의할 가능성이 더 높았다(Stewart et al., 2001).

10대 후반에서 70대까지의 미국인을 대상으로 하는 대규모 횡단 연구는 성인 중기에 자아발달이 이와 비슷하게 향상된다는 결과를 얻었다(Ryff, 1995). 구체적으로 자기의 세 가지 속성은 50대에 연령과 함께 증가하다가 그 이후로는 그대로 유지되었다.

- **자기수용**이 증가하였다. 즉 중년 성인들은 자신이 긍정적 자질과 부정적 자질을 다 가지고 있다는 사실을 더 잘 인식하고 받아들였으며, 대체로 자신과 자신의 삶에 대해 젊은 사람들보다 더 긍정적이었다.
- **자율성**이 증가하였다. 중년 성인들은 젊은 사람들보다 다른 사람의 평가에 신경을 덜 썼으며, 자기 스스로 규정한 기준에 따라 자신을 평가하는 경향이 있었다.

- **환경숙달**이 증가하였다. 중년 성인들은 젊은 사람들보다 자신이 다양한 역할과 책임을 효율적으로 더 잘 수행할 수 있다고 보는 경향이 있었다.

한국 문화에서 중년 성인들은 자녀의 성공에서 성취감을 맛본다.

자아발달 향상은 성인 중기에 심리적 적응을 더 잘하게 되는 데서도 뚜렷하게 나타난다. 독일의 40~50대 성인을 대상으로 하는 대규모 연구를 예로 들면, 이 연구에서 대부분의 사람들은 "나는 상황 변화에 아주 쉽게 적응할 수 있다" 같은 문항에 긍정반응을 하는 것으로 정의되고 연구자들이 "유연한 목표조절"이라 부른 자질이 꾸준히 증가했다고 보고하였다(Brandtstadter, 2006; Brandtstadter & Baltes-Götz, 1990; Brandtstadter & Greve, 1994).

자아발달 향상이 성인 중기에 확연해지는 현상은 개별 문화에서만 나타나는 것이 아니다. 50대 일본 여성들의 이야기식 기술은 그들 중 상당수가 꽃꽂이, 서예, 다도, 시, 춤 등 한 가지 또는 그 이상의 예술양식을 함양하는 데 몰입했다는 것을 보여준다(Lock, 1998). 이러한 관조적 예술로의 전향은 불교철학에 기반을 두고 있다. 구체적으로 예술은 개인적 규율을 배양하고 욕망의 세계를 회피하는 한편으로 일상생활의 요구로부터 벗어나는 방편으로 여겨진다. 중년기와 노년기의 이와 같은 영적 이상(ideal)은 일본에서 오랜 역사를 가지고 있다. 이는 암울하고 애절하게 삶을 외면하는 것이 아니라 새로운 개인적 자유를 만끽하는 것이다. 일본의 중년 여성들은 종종 삶의 이 시기를 '담력'이나 '용기' 같은 단어로 묘사한다. 한 연구자가 관찰한 바와 같이, "나이는 경험을 가져오기 때문에 우리는 나이가 들면서 '놓아버리고(let go)' 즐겁게 지낼 수 있다"(Lock, 1998, p. 59).

성인 중기는 다양한 문화에서 긍정적인 자아발달을 가져오는 것으로 보이기는 하지만 문화에 따라 분명한 차이도 있다. 어떤 집단주의 문화의 중년 성인들은 자아발달을 강조하기보다는 다른 사람들과의 관계를 더 많이 강조할지도 모른다. 예를 들어 미국과 한국의 50대 성인들을 비교한 연구에서 미국인들은 자기수용과 자율성 같은 개인주의적 특질을 더 많이 가지고 있었다(Keyes & Ryff, 1998). 이와 달리 한국인들은 다른 사람들, 특히 가족 구성원들과 가까운 관계를 맺는 데 더 강조점을 두었다. 그들은 성인 자녀들과 자주 접촉하였으며 자신의 성공보다는 자녀의 성공에 근거해 개인적 성취를 판단하였다. 문화 내에서는 신체적 건강과 사회적 관계를 최상으로 유지하는 사람들이 성인 중기에 자아발달 증진을 이룰 가능성이 더 높다(Lachman & Firth, 2004; Lansford et al., 2005).

대부분 사실이 아닌 중년기 위기

중년기 위기가 성인 중기의 발달에 전형적으로 나타나는지에 대한 물음을 다루는 증거를 요약한다.

그러나 대부분의 사람들이 성인 중기에 자아발달을 잘 이룰 수 있다면 그 유명한 **중년기 위기**(midlife crisis)는 어떻게 된 일인가? 성인 중기는 삶의 의미가 무엇인지 고민하고 더 이상 조용한 좌절의 삶을 살아가지 않기 위해 과격하고 무모한 변화를 감행하는 시기가 아닌가?

어떤 사람들에게는 분명히 그러하며 이는 할리우드 영화에서 인기 있는 주제이지만, 지난 수십 년간의 많은 연구들은 중년기 위기가 대부분 신화에 불과하다는 결론을 내렸다. 중년기 위기라는 신화는 1930년대에 스위스 심리학자 칼 융이 중년기 위기가 정상적인 심리발달의 한 부분이라고 주장하면서부터 시작되었다(Jung, 1930). 그는 주로 자신의 중년기 투쟁에 근거하여 이러한 결론을 내렸는데, 개인의 경험

중년기 위기 중년기에 흔히 나타난다고 주장되는 상태로, 불안, 불행감, 자신의 삶에 대한 중대한 재평가를 수반하며 극적인 변화를 가져올 수 있음

은 수십억 명의 다른 사람들에게 일반화하기에는 타당하지 않은 근거이다. 융의 주장은 1970년대에 대니얼 레빈슨(Levinson, 1978)의 연구로부터 객관적 지지를 받는 것처럼 보였다. 레빈슨은 자신이 인터뷰한 남성들 중 4분의 3이 중년기 위기를 겪었다고 주장하였다. 그는 중년기 위기를 무의미, 격동과 혼란의 감정, 일과 가정생활에 대한 불만과 실망, 노화와 죽음에 대한 공포 등으로 기술하였다. 그러나 그는 40명의 (대부분이 고학력인) 남성을 인터뷰했을 뿐이며 따라서 그중 4분의 3은 고작 30명으로, 이는 인류의 나머지 사람들에게 일반화하기에 적절한 근거는 아니다[그는 나중에 중년기 여성의 소규모 표본을 인터뷰하였고 그들에게서도 규범적인 위기를 발견했다고 주장하였다(Levinson & Levinson, 1996)]. 융과 마찬가지로 레빈슨도 자신의 중년기 고투에서 영감을 얻었다.

1970년대 이후의 연구는 중년기 위기가 규범이라는 융과 레빈슨의 주장을 일관성 있게 반박하고 있다(Brim et al., 2004; Lachman, 2004; Lachman & Kranz, 2010). 연구자들은 중년기 위기 가설을 검증하기 위해 레빈슨의 주장에 근거하여 중년기 위기 척도를 개발하고 30~60대 남성에게 실시하였으나, 이 남성들의 대부분이 중년기 위기의 어떤 측면도 지지하지 않는다는 것을 발견하였다(Costa & McCrae, 1978). 이와 유사하게 면접법을 활용한 후속 연구들은 대부분의 사람들, 심지어 상당수의 사람들이 중년기에 위기를 경험한다는 증거를 발견하지 못했다(Farrell & Rosenberg, 1981; Whitbourne, 1986). 더 최근에는 25~72세의 미국인 3,000여 명에 대한 국가 연구가 중년 성인(40~60세)이 다른 연령대 사람들보다 위기를 경험할 가능성이 더 높지 않을 뿐만 아니라 25~39세의 젊은 성인들보다 불안하고 걱정이 많을 가능성이 높지 않다는 것을 발견하였다. 게다가 다른 많은 연구에서처럼 이 연구에서도 중년기는 일터에서의 통제감, 재정적 안정감, 여러 일상적 책무를 다룰 수 있다는 느낌 등의 긍정적 특성이 종종 정점에 이르는 시기였다. 이들 연구는 '보편적'인 중년기 위기라는 주장이 옳지 못하다는 동일한 결론을 내린 많은 연구들 중 소수의 예일 뿐이다.

물론 이것이 중년기 성인들이 결코 위기를 경험하지 않는다는 것을 의미하지는 않는다. 실직, 재정 문제, 이혼, 건강 문제와 같은 부정적 사건을 경험하면 위기감이 촉발될 수 있다(Lachman, 2004). 그러나 그런 사례들에서 위기를 불러오는 것은 중년기라는 시간을 지내고 있다는 것이 아니라 성인기 삶의 어느 시점에서나 일어날 수 있는 부정적 생활사건들을 경험하고 있다는 것이다(Lachman & Kranz, 2010; Wethington et al., 2004). 자아발달의 강점으로 볼 때 성인 중기는 사람들이 생활사건들로부터 초래될 수 있는 위기들을 다룰 채비가 특히 잘되어 있는 시기일 수도 있다(Brim et al., 2004). 중년기 위기에 관한 연구들이 미국인의 경험에 초점을 맞추고 있으며, 다른 문화에서는 중년기 위기가 전 생애의 보편적 일부라는 증거가 없다는(그 반대가 사실일지도 모른다는) 사실도 언급할 필요가 있다. 이 점에 대해서는 이 장의 후반부에서 다루게 될 것이다.

생산성

생산성을 정의하고 생산성이 성인 중기에 어떤 방식으로 표현되는지 설명한다.

중년기는 인생에서 자아발달을 이루기에 좋은 시점이지만, 많은 사람이 다른 사람들에게 자신이 어떤 도움을 줄 수 있는지에 주의를 돌리는 시점이기도 하다. 앞서 여러 장에서 살펴보았듯이 에릭 에릭슨(Erickson, 1950)의 이론은 인생의 각 단계에 뚜렷한 위기나 도전이 있다고 제안하였다. 성인 중기의 위기는 **생산성 대 침체감**(generativity versus stagnation)의 위기이다. 에릭슨에게 생산성은 차세대의 복지에 기여하고자 하는 동기를 가리킨다. 그에 따르면 중년기가 되면 이전 단계에서보다 더 절실하게 죽음을 인식한다. 이와 같은 강렬한 인식은 우리가 죽은 후에 어떤 의미에서 '계속 살아갈' 수 있는 방법이 무엇

생산성 대 침체감 에릭슨 이론에서 말하는 중년기의 주요 위기. 차세대의 복지에 기여하고자 하는 동기를 갖거나(생산성) 다른 사람들의 행복에 대한 관심 없이 자기이익에만 몰두하는(침체감) 두 가지 대안이 있음

인지 생각하게 만들고, 이것은 다시 우리가 지구 상에 존재하는 시간의 효과가 세상을 떠난 후에도 또렷이 남아 있도록 하기 위해 우리보다 더 젊은 사람들을 돕고자 하는 열망으로 이어진다. 다른 경로는 침체감으로, 현재와 미래에 다른 사람들의 복지가 어떠할지에 대한 관심이 전혀 없이 자기이익에만 초점을 두는 것을 의미한다.

성인이 생산성을 발휘할 수 있는 방식에는 여러 가지가 있다(Erikson, 1950; McAdams, 2013; McAdams & Logan, 2004; Peterson, 2006). 아마도 가장 보편적인 방식은 부모와 조부모가 되는 것이다(An & Cooney, 2006). 부모의 역할은 종종 아동이 유아기, 아동기, 청소년기를 거쳐 성인으로 성장하도록 돕는 과정에서 엄청난 시간과 에너지를 투입하는 것이다. 조부모가 되는 것 또한 젊은 세대를 돕고 그들이 건강하게 발달하도록 지원하는 것을 의미한다. 특히 여러 선진국과 아프리카계와 라틴계 미국인 같은 서구의 소수 집단에서 부모는 일상생활의 의무를 감당하는 한편, 조부모의 역할은 일상에서 손주를 돌보는 책임을 지는 것이다(Kelch-Oliver, 2011; Villar et al., 2012).

개발도상국의 중년 성인들은 선진국의 중년 성인들에 비해 조부모로서만이 아니라 부모로서 가족에 대한 의무를 통해 생산성을 표현할 가능성이 더 높다. 개발도상국의 부모들은 종종 성인 자녀들과 매우 상호의존적인 관계를 계속 유지한다. 예를 들어 앞서 여러 장에서 보았듯이 인도나 중국 같은 나라에서는 특히 지방에 살고 있는 사람들의 경우 결혼한 젊은 부부가 남편 부모의 집으로 들어가서 생활한다(Chaudhary & Sharma, 2007). 이런 식으로 중년기 부모는 결혼한 젊은 부부에게 경제적·사회적 지원을 제공하며, 젊은 부부에게 첫 아이가 태어나면 자녀 양육에도 도움을 준다. 종종 여러 세대가 농사일이나 작은 회사를 운영하는 것과 같이 집단적 경제활동을 함께한다. 중년 성인들은 자녀와 손주에게 농사를 짓거나 생선을 잡거나 요리를 하거나 집을 짓거나 물건을 팔거나 베를 짜거나 (또는 그 문화에서 경제활동의 기초가 무엇이든지 간에) 그런 일을 할 수 있는 방법을 가르침으로써 생산성을 표현한다.

멘토, 교사, 단체의 지도자와 같은 중년기의 다른 역할들도 생산성과 관련이 있을 수 있다(McAdams & Logan, 2004). 지도자의 위치에 있는 중년 성인들은 지금까지 쌓아온 지식과 기술과 경험을 사용하여 자신이 이미 걸어온 길을 가는 젊은이들을 도울 수 있다. 사회가 더 나은 방향으로 나아가도록 바꾸고자 하는 지역사회 단체에 참여하는 것도 생산성의 표현이다(Pratt et al., 2001). 매우 드물게는 발명이나 예술작품의 형태로 생산적 기여를 하기도 한다(McAdams & Logan, 2004).

인도에서 대부분의 중년 성인들은 확대가족 구성원들과 함께 생활한다.

일반적으로 미국인과 캐나다인들에 대한 연구들은 성인 초기에서 중기까지 생산성이 증가한다는 결과를 얻었다. 질문지에 스스로 기술하는 성격특질에서부터 인터뷰와 라이프스토리 내러티브에 이르기까지 다양한 연구 방법을 사용한 연구에서 이런 증가가 발견되었다(Keyes & Ryff, 1998; McAdams, 2013; Peterson, 2006). 종단 연구와 횡단 연구 둘 다에서도 발견되었다. 앞서 언급한 종단 연구에서는 명문여대 졸업생들을 대학시절부터 중년기까지 추적조사를 실시했는데 이 연구에서는 30대에서 50대까지 생산성이 증가하였다(Stewart et al., 2001). 아프리카계 미국인과 백인을 비교한 연구들은 아프리카계 미국인의 생산성이 특히 높다는 것을 발견하였다(Dillon & Wink, 2004; Hart et al., 2001). 아프리카계 미국인들은 종교참여를 많이 하는 경향이 있었으며, 그들의 생산성은 종종 조부모 역할을 통해 표현되었을 뿐 아니라 교회참여를 통해서도 일부 표현되었다(Hart et al., 2001; Kelch-Oliver, 2011).

중년기의 성별 관련 쟁점

어떤 문화에서 여성의 지위가 중년기에 향상되는 이유가 무엇인지 설명하고, 양성 평등의 문화적 차이를 기술한다.

성별은 앞선 단계들에서처럼 성인 중기에도 인간의 경험을 결정하는 중요한 요인으로 작용한다. 일반적으로 성역할은 앞선 발달 단계에서보다 중년기에 제한이 더 적어진다. 여전히 불평등이 남아 있기는 하지만, 전 세계적으로 중년기 여성이 정치력과 경제력을 갖는 자리를 더 많이 차지하는 데서 성 평등이 증진되고 있음을 볼 수 있다.

중년 여성의 지위 향상 많은 문화에서 중년기 여성들은 자유, 권위, 행복이 상승한다. 예를 들어 우샤 메논은 19~78세 인도 여성들을 인터뷰하였다(Menon & Shweder, 1998; Menon, 2013). 모든 연령에서 여성들은 인생에서 최고의 시간이 30대 후반에서 50대까지 지속되는 성인기라는 데 동의하였다. 인생의 이 단계에서 여성들에게는 지위, 통제, 책임, 추리력, 생활만족 등 다양한 우호적인 특성들이 정점에 이른다고 보았다.

메논의 연구에 따르면 성인 초기는 인도 여성에게는 대체로 행복한 시기가 아니다. 빨래, 가족의 소 돌보기, 자녀 돌보기, 남편과 (보통 같은 집에서 생활하는) 시부모를 위한 요리하기를 포함하여 매일같이 많은 일을 수행해야 한다. 더욱이 며느리는 시어머니의 지배를 받으며 시어머니의 권위에 복종해야 한다. 시부모의 발을 마사지하고, 시부모가 식사를 한 후에야 식사를 하며(시어머니가 방금 사용한 그릇의 음식만으로), 시가식구들이 식사 전에 발을 씻는 의식에 사용한 물을 마시는(독자 여러분이 잘못 읽은 것이 아니다!) 등 시부모를 존경하는 의식을 매일 치러야 한다. 가정복합체를 벗어날 일이 없고 혼자인 적이 결코 없다.

그러나 성인 중기에는 여성의 지위가 극적으로 반전된다. 장남이 결혼을 하면 신부를 가정으로 데리고 들어오고 이제 그녀가 권위를 갖춘 시어머니로 며느리 위에 군림하게 된다. 자신의 시어머니는 음식과 리넨제품 창고의 열쇠를 물려주어야 하는데, 이는 한 세대에서 다음 세대로 권위가 전이되는 것을 의미한다. 이제 이 중년기 여성이 집안을 운영하고 다른 사람들에게 책임을 부과하는 힘을 갖는다. 매일 저녁마다 악령을 쫓아내고 부와 행운의 여신인 락슈미를 집으로 불러들이는 샌드히야 같은 의식을 수행하는 책임을 지는 사람이 됨으로써 종교적 문제에서 갖는 권위도 증가한다.

과테말라의 마야와 중동 지역의 드루즈파 사람들, 중국의 시골 지방, 미국의 중산층을 포함하여 여러 다른 문화에서 생활하는 여성들은 모두 중년기에 자기주장이나 자신감 같은 특질이 증가하는 것으로 발견되었다(Cruikshank, 2013; Fry, 1985; Gutmann & Huyck, 1994; James et al., 1995). 많은 문화에서 여성들은 종종 성인 중기에 도달할 때 번창한다. 그러나 중년기 여성의 지위와 행복의 상승은 보편적인 것이 아니며 과장되어서는 안 된다. 아프리카의 구지족과 같은 일부다처제 문화에서는 남성이 중년기에 더 젊은 다른 아내를 맞는 경우가 많아서 첫 번째 아내를 열악한 상황에 처하게 만들고 자녀들에 의존하게 만든다(Levine, 1998). 많은 문화에서 남성들은 젊은 여성의 아름다움을 칭송하고 중년기 여성들은 더 이상 매력이 없다고 간주하는 반면에, 남성의 경우에는 이와 유사한 신체적 매력의 하락이 지각되지 않는다. 성인 중기에 여성의 지위가 일반적으로 높은 인도에서도 잘 알려진 속담들은 성별에 따라 신체적 외모를 매우 다르게 묘사한다(Kakar, 1998). 40세 여성은 나이가 들어 "얼굴이 움푹 패이고 치아는 튀어나왔다"는 의미를 지닌 티시키시(teesi-kheesi)로 불린다. 이와는 대조적으로 남성은 60세까지도 "남자다운 젊은이"라는 의미의 사타파타(satha-patha)이다.

성 평등을 지향하며 중년기 여성이 가정 내에서 많은 힘을 가질 수 있는 인도나 중국 같은 문화에서도 가정 밖에서는 거의 아무런 힘도 갖지 못할 수 있다. 문화와 국가들은 여성이 중년기에 공적 영역에서 지위와 권위를 가질 기회를 얼마나 많이 갖는가에 있어서 크게 차이가 있다. 유엔 인간발달 프로그램은 여성이 정치권력을 갖는 위치를 차지하는 비율, 전문직에 종사하는 여성의 비율, 여성과 남성의 소득 비율에 근거해서 매년 전 세계 100여 개국의 성 역량강화 단위/지수(Gender Empowerment Measure, GEM)를 계산한다. 일부 결과가 **지도 11.2**에 제시되어 있다(전체 결과는 http://hdr.undp.org 참조). 유럽의 여러 국가들이 가장 높고 라틴 아메리카의 국가들도 이스라엘과 남아프리카와 함께 상당히 높다. 일반적으로 GEM 평가는 경제성장률이 높은 국가에서 가장 높지만, 일본과 한국은 높은 경제 수준에도 불구하고 GEM이 비교적 낮다. 아시아와 아프리카의 많은 국가에서 여성은 (대통령이나 수상 같은) 정치권력의 최고 위치에 오른 적이 없었으며, 이 책을 쓰고 있는 현재 이와 같이 미심쩍은 구분은 미국, 캐나다와 유럽의 많은 나라들에도 적용된다.

중년기에 여성이 정치권력과 경제력을 갖게 되는 기회가 남성과 결코 동일하지 않지만 대부분의 나라에서 50년 전에 비해서는 엄청나게 신장되었다. 1960년대에는 전 세계 어디에서도 여성이 정치 지도자, 학계 지도자, 또는 CEO인 경우가 전혀 없었다(Collins, 2010). 오늘날에는 대부분의 나라에서 여성이 수상이나 대학총장이 되거나 회사를 이끄는 것이 더 이상 신기한 일이 아니다. 거의 언제나 이러한 성취는 성인 중기에 이루어진다.

그러나 많은 여성에게 성취는 대가를 치르도록 요구한다. 여성은 남성보다 '모든 것을 한꺼번에 가지는 것'이, 다시 말해 가정뿐만 아니라 직장에서도 목표를 달성하는 것이 더 어렵다. 지난 반세기 동안 많은 나라에서 성역할이 훨씬 더 평등해지기는 했지만, 야망을 가진 남성은 지지적이고 가정 지향적인 역할을 하며 자녀를 양육하고 가정을 꾸리는 주요 책임을 기꺼이 감당할 여성과 결혼하는 경우가 많은 반

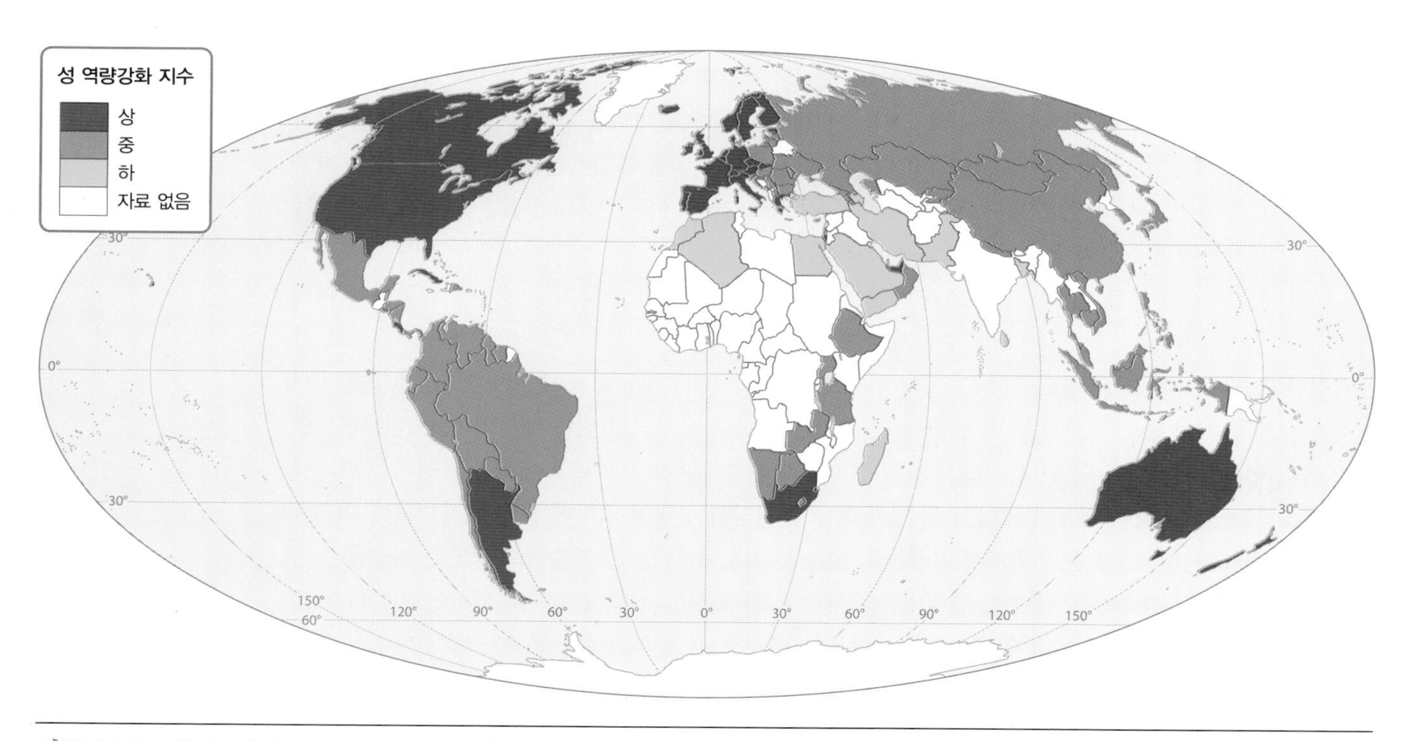

지도 11.2 **성 역량강화 지수**

성 역량강화 지수(GEM)는 여성이 정치권력을 갖는 위치를 차지하는 비율, 전문직에 종사하는 여성의 비율, 여성과 남성의 소득 비율에 근거하고 있다. GEM이 가장 높은 국가와 가장 낮은 국가는 어디인가? GEM은 경제적 요인과 어느 정도 관련이 있는가?

면에, 야망이 있는 여성이 이런 보완적 역할을 기꺼이 감당해줄 남성을 찾을 수 있는 경우는 거의 없다. 그 결과 실비아 앤 휴렛(Hewlett, 2003)에 따르면 높은 성취를 이루어내는 여성들은 직업목표를 추구하면서 가정목표를 희생해야 하는 경우가 많다. 휴렛의 연구에서 중년기(40~55세)에 (기업, 예술, 학문 분야에서) 높은 성취를 이룬 여성들은 자녀가 없었고 40%가 결혼을 하지 않았다. 무자녀 비율은 기업 분야에서 특히 높았다. 연봉이 10만 달러 이상인 기업대표 여성의 절반이 자녀가 없었으나 동일 위치에 있는 남성의 경우 그 비율이 19%에 불과했다. 휴렛이 연구한 여성들 중 자녀를 갖지 않기로 선택한 경우는 거의 없었다. 오히려 대부분이 자녀를 갖고 싶어 했고 40~50대에 아이를 갖기 위해 (불임치료를 받으며) 큰 고통과 비용을 지불했다. 또한 거의 대부분이 중년기까지 결혼을 하지 않기보다는 결혼을 하는 쪽을 선호했다. 그러나 그들은 20~30대에 경력목표에 집중했고 중년기에 초점을 가족목표로 전환했을 때 종종 좌절과 실망을 겪었다.

오늘날 많은 여성들이 중년기에 권위 있는 지위를 차지한다. 이 사진에 나와 있는 인물은 독일의 앙겔라 메르켈 총리이다.

남성은 어떠한가? 많은 문화에서 수행된 연구들은 남성의 경우 중년기에 성역할이 더 유연해진다는 것을 보여준다(Fry, 1985; Wiesner-Hanks, 2011). 더 이상 전통적 성역할 기대에 부응하기 위해 강인해 보여야 한다는 사회적 압력을 느끼지 않는다. 사랑하고 정서적으로 민감할 자격을 더 많이 부여받는다. 예를 들어 50~60대를 거쳐가는 성인들을 추적한 미국 종단 연구는 여성이 처음에는 남성보다 손주 일에 더 많이 관여하지만 남성의 관여 정도가 점점 더 많아져서 60대에는 성별 차이가 없다는 것을 발견하였다(Kahn et al., 2011).

전반적으로 여성의 성역할은 남성의 성역할에 비해 훨씬 더 많이 변화하였다. 즉 요즘 여성들은 반세기 전에는 꿈도 꾸지 못했던 광범위한 직업기회를 가지며, 상당수는 종전에 남성들만이 가졌던 직업을 갖는다. 그러나 여성들은 직업전선에 뛰어든다 해도 여전히 가사의무를 대부분 책임져야 한다. 휴렛 연구(Hewlett, 2003)에서 높은 성취를 이룬 중년기 여성의 50%는 매일 식사를 준비하는 책임을 지고 있다고 보고하였다. 9%만이 남성이 그 책임을 지고 있다고 말했다. 56%가 세탁을 하는 책임을 맡고 있었고 남성은 10%만이 그 책임을 맡고 있었다. 청소 책임을 담당하는 비율은 여성이 45%인 데 반해 남성은 5%에 불과하였다. 다른 연구들은 이러한 패턴이 높은 성취를 이룬 사람들에게만 나타나는 것이 아니라는 것을 보여주었다. 일반 모집단에서도 부부 두 사람이 모두 풀타임으로 일하는 때에도 여성이 가사를 더 많이 수행하였다(Strandh & Nordenmark, 2006; van der Lippe et al., 2006).

정서와 사회성 발달 : 성인 중기의 사회문화적 맥락

가족 간 유대는 성인 초기에서와 마찬가지로 성인 중기에도 사회생활의 중심부를 차지하지만 그러한 유대의 성격은 변화를 겪는다. 자녀가 성인진입기와 성인 초기로 성장함에 따라 부모는 (적어도 가끔씩은 손자·손녀를 돌봐야 하는 책임을 질지는 몰라도) 자녀가 어릴 때에 비해 책임이 줄어든다. 중년 성인 자신의 부모가 이제 성인 후기에 접어들었고, 일부 중년 성인들은 부모로부터 지원을 받기도 하지만 나이 든 성인은 늙어가면서 점점 더 많이 중년 자녀들의 도움을 필요로 한다. 성인 중기에는 이혼율이 일반적으로 낮으며, 이혼을 하게 되었을 때 성인 초기에 비해 덜 쓰라린 경향이 있다. 그러나 이혼하는 중년기 여성들은 종종 재정적 어려움에 직면한다. 중년기까지 결혼생활을 지속해온 부부들은 결혼만족도가 높은 경향이 있지만, 성생활은 문화적 규범과 신체적 건강에 따라 크게 차이가 있다. 끝으로 대부분의 중년 성인들은 젊었을 때보다 여가시간을 더 많이 가지는데, 이들은 여가시간을 지역사회 참여, 휴가, TV를 시청하며 소일하는 데 사용한다.

가족관계

중년기 가족관계의 문화적 차이를 기술한다.

제10장에서 보았듯이 성인 초기는 부모로서의 책임이 특히 크고 힘든 시기이다. 대부분의 사람들이 어린 자녀들을 키우고 있는 시기이기 때문이다. 중년기의 자녀 양육 책임은 자녀들이 성장하면서 어떤 식으로든 완화된다. 그러나 손자와 손녀가 태어나고 노부모가 중년 자녀들로부터 더 많은 돌봄을 필요로 하게 되면서 곧 새로운 의무가 생겨난다.

이와 같은 새로운 의무는 비교적 최근의 역사적 현상이다. 한 세기 전만 해도 선진국에서조차 인간의 수명은 50세 정도에 불과했다. 이는 40~50대인 사람들이 부모가 아직 생존해 있는 경우가 거의 없다는 것을 의미한다. 예를 들어 1900년대 미국에는 중년기 성인들의 10%만이 적어도 한쪽 부모가 생존해 있었으나 2000년대에는 50%가 생존해 있었다(U.S. Bureau of the Census, 2006). 오늘날 개발도상국에서는 영양섭취와 건강관리가 발전함에 따라 수명이 급속히 증가하고 있으며, 이 국가들에서 수명이 점차 증가함에 따라 점점 더 많은 중년 성인들이 성인 후기의 부모와 함께 늙어가고 있다(Population Reference Bureau, 2014). 수명의 증가는 또한 오늘날에는 과거에 비해, 그리고 더 오랜 기간 자녀가 삶의 일부로 조부모를 가질 가능성이 더 크다는 것을 의미한다.

성인 자녀와의 관계 중년기의 자녀 양육은 여러 형태를 띨 수 있다. 자녀를 가졌을 때의 부모 연령에 따라 중년 성인들의 자녀는 유아기에서 성인 초기에 이르기까지 어디든지 위치할 수 있다. 그러나 대부분의 부모가 20대에 자녀를 갖기 때문에 중년의 부모는 성인진입기나 성인 초기에 있는 자녀를 가질 가능성이 가장 높다.

성인진입기나 초기에 있는 자녀와의 관계를 결정하는 중요한 요인은 젊은 사람들이 부모의 집을 떠났는지 아직도 남아 있는지 여부이다. 앞서 언급한 대로 아시아, 아프리카와 남아메리카에서 역사적으로 가장 보편적인 패턴은 젊은 부부가 결혼을 하고 아들이 부모 집에 있으면서 아들의 아내도 그곳에 들어와서 생활하는 것이었다. 이 제도가 우세한 곳에서는 부모가 성인기 내내 아들들과 같은 집에서 함께 살면서 가깝게 지낸다. 이와는 대조적으로 딸들은 결혼과 함께 집을 떠나고 부모는 그들을 드물게 보거나 다시는 보지 못한다.

오늘날 전 세계의 많은 지역에서 젊은 사람들이 성인진입기에 집에 남아 있지만 상황이 전혀 다르다. 배우자를 집으로 데리고 들어오는 대신에 20대 내내 또는 거의 대부분의 기간 동안 결혼을 하지 않고 부모 집에서 계속 생활한다(제9장 참조). 오늘날 이런 패턴은 일본만이 아니라 남유럽에서도 지배적이다(Douglass, 2007; Moreno Mínguez et al., 2012; Rosenberg, 2007). 이 나라들의 부모는 일반적으로 성인진입기에 자녀가 집에 머무는 것을 환영한다. 사실 그들은 자녀가 결혼을 하기 전에 집을 떠나는 것은 가족관계에 문제가 있다는 것을 보여주는 신호인 것으로 생각한다. 부모는 대체로 자녀와 좋은 관계를 유지하며, 자녀가 성인진입기에 도달할 때 자신의 삶을 살아갈 수 있게 해주고 감독을 하거나 부양을 해야 한다는 책임을 느끼지 않음으로써 그 전까지 부모로서 가졌던 책임이 감소한다(Douglass, 2005; Fingerman & Yahurin, 2015).

미국, 영국, 캐나다 같은 국가들과 북유럽에서는 자녀가 성인진입기에 도달하면 집을 떠나는 것이 지배적인 문화 패턴이다(Douglass, 2007; Iacovou, 2011). 이런 문화들은 독립성에 큰 가치를 부여하며, 아이들은 18~19세가 되면 집을 떠나 독립적으로 생활할 수 있어야 한다는 믿음을 강하게 가지고 있다(Arnett, 1998; Arnett, 2005). '빈 둥지 증후군'이라는 주장과는 정반대로, 부모는 일반적으로 성인기에

진입하는 성인 자녀가 집을 떠날 때 상실감과 해방감이 혼합된 감정을 느낀다. 많은 부모들은 성인기에 진입한 자녀의 사랑과 교류를 그리워하며 자녀가 매일 곁에 없다는 데 깊은 상실감을 느낀다(Arnett & Schwab, 2013). 이런 반응은 자녀가 성장할 때 엄마 역할에 헌신했고 집 밖의 일에 몰두하지 않고 있는 엄마들에게 특히 많이 나타난다(Crowley et al., 2003; Dennerstein et al., 2002). 그러나 부모는 또 자녀가 집을 떠날 때 새로운 자유를 만끽한다(Arnett & Schwab, 2013; Morfei et al., 2004). 예전에는 자녀 양육에 바쳤던 시간과 에너지를 자기 직업과 취미활동에 바칠 수 있다. 결혼한 부부는 이제 서로를 위한 시간이 더 많기 때문에 결혼의 친밀감을 되살리거나 강화할 수 있다. 밤늦게까지 아이가 귀가하기를 기다리는 것과 같이 자녀와 관련해 스트레스를 받을 일이 더 적다.

제9장에서 언급했듯이 성인기에 진입하는 미국인의 40%가량이 집을 떠났다가 보통 1년을 넘지 않는 전환기를 거쳐 집으로 돌아온다. 대부분의 미국 부모들은 성인진입기의 자녀가 집에 머무르거나 되돌아오는 것에 매우 우호적이다(Aquilino, 2006; Mitchell, 2006). 18~29세 자녀를 둔 부모를 대상으로 하는 전국 연구에서 자녀와 함께 생활하는 부모의 61%가 생활조건에 대해 "대체로 긍정적"이라고 답변하였고 6%만이 "대체로 부정적"이라고 답변하였다(Arnett & Schwab, 2013). 그러나 어떤 부모들은 "재정적 스트레스 증가"(40%)와 "자신을 위한 시간 감소"(29%)와 같은 부정적 결과도 언급하였다.

많은 중년 부모들은 자녀가 집을 떠난 이후에도 자녀가 성인진입기와 초기를 거치는 과정에서 다양한 종류의 지원을 계속한다(Fingerman & Yahurin, 2015). 때로 부모들은 재정적 지원을 한다. 많은 성인진입기 자녀들은 20대에 교육을 받거나 취업준비를 하면서 부모로부터 돈을 받거나 대대적인 자동차 수리 같은 위기 상황에서 돈을 필요로 한다(Swartz, 2009). 미국에서는 성인기에 진입하는 20대 초반 젊은이의 3분의 2와 20대 후반 젊은이의 5분의 2가 부모로부터 일정 수준의 재정적 지원을 받는다(Arnett & Schwab, 2013). 미국과 마찬가지로 유럽에서도 부모의 소득 수준이 높을수록 성인진입기 자녀에게 더 많은 돈을 제공한다(Swartz & O'Brien, 2009). 때로 부모들은 가령 자녀가 원하는 직업을 얻지 못하거나 이성관계가 파탄이 났을 때 정서적 지원을 한다(Murry et al., 2006). 일반적으로 부모의 지원은 성인 자녀가 20대를 거치는 동안 감소하고 30대에는 대부분의 성인 자녀들이 부모와 더 대등한 관계를 맺는다(Arnett, 2015). 일반적으로 성인진입기 자녀의 부모는 합리적 수준의 지원이라고 생각된다면 자녀가 안정적으로 성인생활을 할 수 있도록 돕기 위해 자녀에게 일정 수준의 지원을 기꺼이 제공한다. 그러나 어떤 중년 부모들은 자신이 경제적 또는 개인적 문제를 가지고 있고 그로 인해 성인진입기 자녀에게 지원을 제공하기가 어렵다(Fingerman & Yahurin, 2015).

자녀는 보통 부모가 성인 중기일 때 성인진입기나 성인 초기로 전환하여 사랑과 일에서 안정적인 성인 역할을 감당한다. 결혼으로의 전환이 부모-자녀 관계에 미치는 영향은 부모가 자녀의 파트너와 얼마나 잘 지내는가에 크게 좌우된다. 부모가 어떤 이유로든 자녀의 파트너를 반대하거나 부모와 파트너가 잘 어울리지 못한다면 부모와 자녀의 관계에도 문제가 생긴다(Murry et al., 2006). 그러나 다양한 문화에서 부모와 자녀의 관계는 대부분의 경우에 친밀감이 증가하고 갈등이 감소하면서 시간이 지날수록 향상된다(Akiyama & Antonucci, 1999; Fingerman & Yahurin, 2015).

부모와의 관계 성인 중기에는 자녀와의 관계와 마찬가지로 노부모와의 관계도 문화적 관습에 따라 큰 차이가 있다. 많은 전통 문화를 보면 결혼한 중년 부부가 가정을 꾸려나가는 권위와 책임을 대부분 물려받기는 했지만 남편의 부모와 같은 집에서 계속 살고 있다. 전형적으로 아시아 문화에서는 중년 성인들이 노부모 봉양을 이 시기에 져야 할 삶의 의무의 하나로 받아들인다(Ho et al., 2003; Maehara & Takmura, 2007). 구체적으로 며느리는 남편의 부모를 봉양하는 데 헌신해야 하는 것으로 기대된다(Shuey & Hardy, 2003). 그러나 아시아의 여러 국가에서도 노부모가 자기 집이나 국가가 운영하는 요양원에서 생활하는 것이 점차 흔해지고 있다(Zhan et al., 2008; Zhang, 2004). 중년 자녀와 마찬가지로 부모들도 자유와 독립을 더 많이 누리기 위해 별도의 집에서 생활하기를 선호하는 경우가 많다(Sherrell et al., 2001).

대부분의 서구 국가에서는 중년 성인들이 부모와 동거하는 경우가 비교적 드물다. 42~61세 미국인에 대한 설문조사에서 8%가 한쪽 부모와 같은 집에서 살고 있다고 보고하였다(Fetterman, 2008). 노부모와 함께 사는 대부분의 가정은 그러한 문화적 전통을 가지고 있는 아시아계나 라틴계라는 문화적 배경을 가지고 있었다. 유럽에서는 노부모와 생활하는 비율이 북쪽과 남쪽에 위치한 국가 간에 차이가 있다. 유럽 11개국을 비교한 한 연구는 개인주의적 성향이 더 강한 북쪽에서는 노부모 보호를 국가가 주로 맡고 있었고 노부모가 중년 자녀와 함께 생활하는 경우는 드물다는 것을 발견하였다(Haberkern & Szydlik, 2010). 집단주의 성향이 더 강한 남쪽에서는 노부모 보호를 국가의 책임이라기보다는 가족의 책임으로 보았고, 중년 자녀와 함께 사는 부모가 더 많았다.

중년기 자녀와 부모의 관계는 상호 지원적인 경향이 있다(Kahn et al., 2011; Vincent et al., 2006). 즉 때로는 중년 성인 자녀가 부모를 돕고 때로는 부모가 그들을 돕는다. 지원의 방향은 누가 자원을 가장 많이 가지고 있고 각자의 생활상황이 어떠한지에 달려 있을 것이다(Hoyer & Roodin, 2003). 성인 후기의 부모가 부유하다면 재정적 곤란을 겪고 있는 중년기 자녀에게 재정적 도움을 줄 수 있다. 중년기 자녀가 더 많은 돈을 가지고 있다면 부모에게 지원을 제공할 수 있다. 중년 성인 자녀가 실직하거나 이혼하는 것과 같은 부정적 사건을 겪는다면 아마도 부모가 도와줄 것이다. 부모가 배우자를 잃거나 건강에 문제가 생기는 것과 같은 일을 겪는다면 아마도 중년기 자녀가 도울 것이다. 관계의 내력도 중요하다. 중년기 성인 자녀가 어릴 때 부모가 자신과 시간을 보내고 성인 초기에 재정적 도움을 주었다고 기억한다면 일반적으로 성인 후기의 부모에게 기꺼이 재정적 사회적 지원을 제공할 것이다(Silverstein et al., 2002). 아시아 가족들의 경우 중년기 성인이 부모봉양에 헌신하는 이유 중 한 가지는 자신이 어릴 때 부모가 자신을 위해 많은 희생을 했다고 생각하는 것이다(Kim & Lee, 2003).

중국 베이징의 이 여성이 나이 든 어머니를 보살피고 있듯이 아시아의 국가들에서는 전통적으로 중년 성인이 노부모를 부양할 것으로 기대된다. 이 관습이 변화하기 시작한 이유는 무엇일까?

중년기 자녀와 부모의 관계는 특히 부모가 얼마나 건강한지에 달려 있다. 부모가 성인 후기에 건강하다면 부모-자녀 관계가 상호지원적일 수 있지만 부모가 건강에 문제가 있다면 주로 자녀가 부모를 지원하게 된다. 전반적으로 도움의 균형은 시간이 지나면서 부모 쪽으로 전환된다(Kunemund et al., 2005).

이것은 어느 쪽에도 쉬운 일이 아니다. 독립성에 가치를 부여하는 서구 국가들에서는 성인 후기의 사람들은 일반적으로 자녀와 함께 살고 싶어 하지 않으며 자녀에게 재정적으로 의존하고 싶어 하지 않는다(Stuifbergen et al., 2010). 그들은 스스로를 돌보는 능력이 감퇴하면서 자녀가 자신을 돕도록 자녀에게 의존해야 하는 것에 죄책감과 수치심을 느낄 수 있다.

중년 성인들의 경우 노부모를 돌볼 책임은 직장, 지역사회, 결혼관계, 자녀에 대한 책임 등 그들이 책임져야 할 다른 많은 것들에 우선한다(Grundy & Henretta,, 2006; Riley & Bowen, 2005). 특히 부양의 필요성은 심장마비, 뇌졸중, 상해 같은 갑작스러운 위기 상황에서 발생하는 경우가 많으며 부양기간이 어느 정도 될지 예측할 수가 없기 때문에 부모부양 의무는 많은 스트레스를 준다. 부모 부양에 크게 관여하고 있는 중년 성인들은 상당수가 소진과 우울을 경험하고 있다(Killian et al., 2005). 최근에 발생한 위기를 처리하기 위해 퇴근을 해야 하기 때문에 직업수행이 저하되고, 일부는 일을 하면서 부모를 돌보는 이중부담을 감당할 수 없다고 느껴서 직장을 그만둔다(Takamura & Williams, 2002). 그러나 일을 그만두지 않고 계속하고 있는 사람들은 종종 자신이 일터가 기분을 고양시키고 주의와 에너지를 돌릴 수 있는 별도의 장소를 제공하는 피난처라고 생각한다는 것을 발견한다(Stephens & Franks, 1999).

중년 성인들이 노부모를 부양할 것이라는 문화적 기대를 가지고 있다 할지라도, 병들고 나이 든 부모를 부양하는 것은 아무래도 부담이 된다. 한 연구는 노부모를 부양하는 강력한 전통을 가지고 있는 한국의 중년 성인, 한국계 미국인 중년 성인, 그리고 정신장애가 있는 노부모를 부양하는 책임을 지고 있는 유럽계 미국인 중년 성인들을 비교하였다(Youn et al., 1999). 한국의 중년 성인과 한국계 미국인 중년 성인은 유럽계 미국인 중년 성인보다 더 높은 비율의 불안과 우울을 보고하였다. 아마도 부모의 복지에 더 큰 책임을 느끼기 때문일 것이다.

덴마크, 스웨덴, 일본 같은 몇몇 부유한 선진국에서는 정부기관이 장애가 있는 노인들을 집으로 방문하는 훈련된 인력을 제공한다(Kim & Antanopolous, 2011). 미국의 어떤 주들은 유사한 서비스를 적은 요금을 받고 제공한다(Weiner, 2010). 이런 서비스들은 중년 성인의 부양부담을 줄이는 데 도움을 준다. 나이 든 성인은 거의 모두가 독립적으로 살아가고 싶어 하는데, 이 서비스들은 이들이 가능한 한 오랫동안 그렇게 살아갈 수 있도록 하는 데에도 도움을 준다.

중년 성인들이 노부모 부양 부담을 줄이는 또 다른 방법은 형제들 간에 책임을 나누는 것이다. 중국 시골 지역의 노부모 부양에 관한 연구는 형제들이 부모의 식사를 차례대로 준비하고 각자 돌아가며 부모와 함께 사는 식으로 식사와 거처를 해결한다는 것을 발견하였다(Zhang & Wang, 2010). 서구 국가에서도 형제들은 각자 일정기간 책임을 지거나 각자 다른 영역(예 : 재정, 사회적 방문)의 책임을 맡는 식으로 종종 부모 부양의 책임을 나눈다(Fontaine et al., 2009). 그러나 어느 문화에서나 보통 여자형제들이 부모 부양의 책임을 대부분 떠맡게 된다(Kahn et al., 2011).

일반적으로 성인 초기와 성인 중기에는 이전 단계나 이후 단계에 비해 형제들 간에 접촉이 많지 않다(White, 2001). 그러나 결혼을 하지 않았고 가까이 사는 자녀가 없는 중년 성인들의 경우 지지와 우정을 위해 형제들에게 더 많이 의존할 수 있다(Cicirelli, 1996; Van Volkom, 2006). 물론 이렇게 의존을 하려면 형제들 간에 상당히 사이가 좋아야 하지만, 이전 장들에서 보았듯이 이것이 항상 사실인 것은 아니다. 중년 형제들을 대상으로 하는 한 독일 연구에서는 형제관계의 질이 혼재되어 있었다. 그러나 일반적으로 형제들이 부모로부터 동등한 대우를 받았다고 지각한다면 관계가 좋았고, 서로 차별대우를 받았다고 지각한다면 관계가 좋지 않았다(Boll et al., 2005). 부모의 인정과 자원을 얻고자 하는 형제간 경쟁은 중년기가 되어서도 여전히 뚜렷하게 존재한다.

조부모 되기 대부분의 사람들은 성인 중기에 자녀나 부모와의 관계를 유지하는 데 더해 조부모라는 새로운 가족역할을 맡는다. 대부분의 여성들이 20세 무렵에 첫아이를 갖는 개발도상국에서는 그들의 부모가 대개 40세경에 조부모가 된다(Population Reference Bureau, 2014). 대부분의 여성들이 20대 후반이나 30대 초반에 첫 아이를 갖는 선진국에서는 그들의 부모가 대개 50대에 조부모가 된다.

전 세계에서 조부모 역할은 특히 조부모가 매일 손주를 돌보는 일을 하는지 여부에 따라 큰 차이를 보인다. 아시아, 아프리카와 라틴아메리카에서 흔히 발견되는 다세대 가정에서는 종종 조부모들이 자녀 양육을 비롯한 가정의 일상사를 책임진다(Ice et al., 2008; Maehara & Takamura, 2007). 할머니가 할아버지보다 손주를 돌보는 일에 관여할 가능성이 훨씬 더 높다(DeLoache & Gottlieb, 2000). 이들 국가의 도심 지역에서는 어머니가 가정 밖에서 일을 할 때 흔히 할머니가 근무시간 동안 아이들을 돌본다(Parker & Short, 2009).

선진국에서도 특히 홀어머니 가정에서는 때로 조부모가 매일의 아동양육에 관여한다. 예를 들어 아프

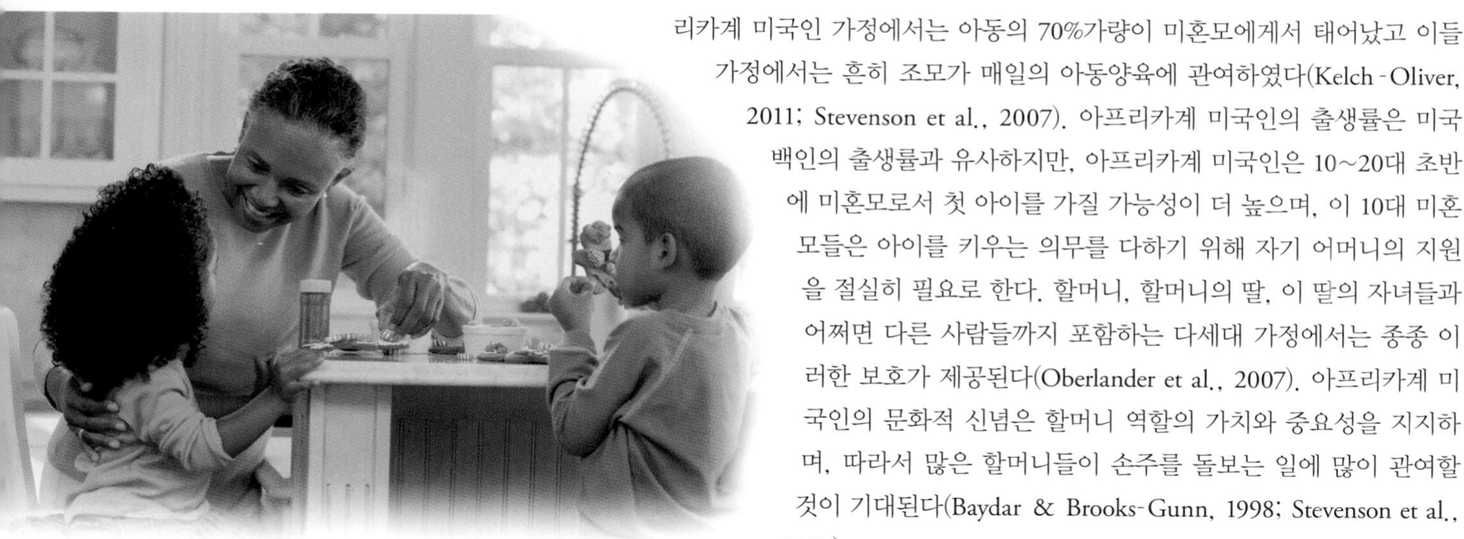

리카계 미국인 가정에서는 아동의 70%가량이 미혼모에게서 태어났고 이들 가정에서는 흔히 조모가 매일의 아동양육에 관여하였다(Kelch - Oliver, 2011; Stevenson et al., 2007). 아프리카계 미국인의 출생률은 미국 백인의 출생률과 유사하지만, 아프리카계 미국인은 10~20대 초반에 미혼모로서 첫 아이를 가질 가능성이 더 높으며, 이 10대 미혼모들은 아이를 키우는 의무를 다하기 위해 자기 어머니의 지원을 절실히 필요로 한다. 할머니, 할머니의 딸, 이 딸의 자녀들과 어쩌면 다른 사람들까지 포함하는 다세대 가정에서는 종종 이러한 보호가 제공된다(Oberlander et al., 2007). 아프리카계 미국인의 문화적 신념은 할머니 역할의 가치와 중요성을 지지하며, 따라서 많은 할머니들이 손주를 돌보는 일에 많이 관여할 것이 기대된다(Baydar & Brooks-Gunn, 1998; Stevenson et al., 2007).

아프리카계 미국인들은 성인 중기에 손자·손녀를 돌보는 일을 많이 한다.

조부모가 관여하는 정도는 또한 조부모가 손주와 얼마나 가까이 사느냐에 부분적으로 달려 있다. 주거 이동성이 높은 선진국에서는 조부모가 종종 손주와 멀리 떨어진 곳에서 생활하며 손주를 가끔씩 볼 뿐이다(Hurme et al., 2010). 그러나 방문이 뜸할지라도 손주들은 종종 조부모가 자신의 인생에서 중요한 사람이라고 여기며, 조부모는 많은 경우에 자녀와의 관계에 가치를 부여한다. 오늘날 손자·손녀로부터 멀리 떨어져서 생활하는 조부모들은 이메일, 문자, 전화, 사회관계망 웹사이트 등을 통해 빈번한 접촉을 유지할 수 있다(Tee et al., 2009). 그러나 모바일 기기가 발달한 선진국에서조차 대부분의 조부모들은 적어도 손주 1명을 1년에 여러 차례 볼 수 있을 정도로 충분히 가까운 거리에서 생활한다(Hurme et al., 2010).

조부모의 관여에 영향을 미치는 또 다른 중요한 요인은 그들이 자신의 자녀, 사위, 며느리와 얼마나 좋은 관계를 형성하는가 하는 것이다. 며느리와의 관계는 특히 중요한 것으로 보인다(Fingerman, 2004). 조부모는 대개의 경우 손주의 부모를 통해 손주와 접촉한다. 따라서 부모와 조부모의 관계에 문제가 생기면 손주의 방문이 제한되기 쉽다. 부모가 이혼을 하면 부모 간의 갈등으로 인해 손자·손녀가 친가 쪽 조부모를 방문하는 횟수가 줄어들거나 방문이 완전히 차단된다(Smith & Drew, 2002). 정반대로 이제 한부모가 된 어머니가 외가 쪽 조부모의 도움을 더 많이 필요로 하기 때문에 흔히 외가 쪽 조부모의 관여는 증가한다(Ganong & Coleman, 2006).

대부분의 나라에서 조부모의 성별도 매우 중요하다. 개발도상국에서처럼 선진국에서도 어머니가 아버지보다 자녀 일에 더 많이 관여하듯이 할머니가 할아버지보다 손주 일에 더 많이 관여하는 경향이 있다(Brown & Rodin, 2004). 할머니들은 할아버지들보다 손자녀와 함께 오락, 종교, 가족 활동에 더 많이

문화 초점 : 여러 문화에서 성인 중기의 가족관계

대부분의 사람들에게 성인 중기는 관계에서나 직장에서나 책임이 정점에 도달하는 시기이다. 중년 성인은 대부분이 나이가 들어가는 부모뿐 아니라 아직 성인이 안 된 자녀들을 책임져야 하기 때문에 때로 '샌드위치 세대'로 불린다. 미국 내에서 소수 인종에 속하는 중년 성인들은 나이 든 부모를 부양해야 한다는 강력한 문화적 전통으로 인해 특히 압박감을 느끼기 쉽다(Cravey & Mitra, 2011). 전 세계의 개발도상국에서는 문화적 전통 때문에, 또한 나이 든 성인들은 보통 자립을 하고 싶어도 그렇게 할 수 있는 재정적 자원이 없기 때문에 흔히 중년 성인에게 나이 든 부모를 부양할 것을 요구한다.

참여하며 손주들과 정서적으로도 더 가깝다(Monserud, 2010; Silverstein & Marenco, 2001). 할머니들은 또 조부모 역할을 더 즐기는 경향이 있다(Smith & Drew, 2002). 많은 나라에서 할머니-손녀 관계는 특별히 친밀한 경우가 많다(Brown & Rodin, 2004).

선진국 그리고 개발도상국의 도심 지역에서 조부모가 손자·손녀에게 관여하는 정도는 의무보다는 선택에 기반을 두고 있다. 결과적으로 어떤 조부모들은 관여하지 않기로 하거나 최소한으로만 관여하기로 선택한다(Mueller et al., 2002). 그들은 자기 일이나 여가활동을 하느라 바쁠 수도 있고, 자녀와의 관계가 소원하거나 갈등이 있을 수도 있으며, 아니면 어쩌면 주변에 어린 아이들이 있는 것을 성가셔 하는 것일 수도 있다. 이런 상황에 놓인 중년 성인들은 거리가 멀고 소원한 조부모 역할을 선호할 것이다. 그러나 더 많은 경우에 조부모들은 손자·손녀와 실제보다 정서적으로 더 친밀하게 지내고 싶어 하고 실제보다 더 자주 보고 싶어 하는 경우가 더 많다(Brussoni & Boone, 1998). 일반적으로 할머니와 할아버지들 모두 다음과 같은 이유로 조부모 역할로부터 큰 즐거움과 의미를 찾아낸다(AARP, 2002; Hebblethwaite & Norris, 2011; Mueller et al., 2002).

1. **가족의 역사 전수** 조부모는 종종 여러 세대에 걸친 가족 역사의 자세한 사항과 이야기의 출처이다.
2. **최소한의 책임, 최대한의 즐거움** 조부모는 종종 훈육과 같은 부모 역할의 '무거운 부담' 없이 손자·손녀들과 함께 즐거운 시간을 보내고 그들에게 특별한 선물과 경험을 제공할 수 있다.
3. **지혜로운 조부모** 조부모는 오랜 삶의 경험에 기초하여 훌륭한 판단을 할 수 있는 사람으로 여겨지는 느낌을 즐긴다.
4. **죽음에 대한 공포 감소** 자녀의 자녀가 성장하는 모습을 지켜보면서 자기 자신의 어떤 측면이 죽음 후에도 계속 존재할 것임을 확신한다.

조부모 역할의 즐거움이 가족의 역사를 전수하고 지혜를 전달하는 과정에서 어떻게 생산성의 요소들을 포함하게 되는지에 주목하라.

비판적으로 사고하기

개발도상국의 조부모 역할에 기반을 둔다면, 조부모 역할을 즐기는 이유들을 열거한 목록은 어떤 이유들로 구성될까? 어떤 점에서 유사하고 어떤 점에서 차이가 있을까?

사랑과 성

중년기의 결혼만족과 이혼의 전형적 패턴을 기술하고, 성인 중기에 활발한 성생활을 유지하는 데 무엇이 걸림돌로 작용하는지 알아본다.

중년기의 결혼은 부부가 자녀 양육이라는 주요 의무를 마치고 나서 둘이서 함께 더 많은 시간을 보내면서 조용한 조화의 상태에 이르는 경우가 많다. 중년기의 성은 문화적 기대에 따라 그리고 어느 정도는 생리적 변화에 따라 크게 차이를 보인다.

중년기의 결혼 인간의 수명은 현재 선진국에서는 80세에 가깝고 개발도상국에서도 급속히 증가하고 있으므로 결혼은 (적어도 잠재적으로는) 이전 어느 시기보다 오래 지속된다. 20~30대 초반에 결혼한 사람들은 50대에 도달할 무렵에는 자녀를 직접 양육하는 일은 마침표를 찍었을 것이고, 그들이 건강하고 또 결혼한 상태를 계속 유지한다면 앞으로 수십 년의 결혼생활을 더 하게 될 것이다.

성인 중기에는 결혼만족도가 높은 경향이 있다.

이제껏 인간의 역사에서 이런 일이 규범적 패턴으로 발생한 적은 한 번도 없었다. 어떻게 하면 결혼에서 이와 같이 새로운 실험이 성공할 것인가? 새로운 것은 대개의 경우 좋다. 수십 년에 걸친 연구는 결혼만족도가 U형 패턴을 따른다는 것을 보여주었다(**그림 11.3** 참조). 결혼 첫해에는 만족도가 높지만, 둘째 해에는 감소하다가 자녀를 양육하는 시기에 최하지점에 도달하고, 이후로 중년기까지 비교적 낮은 수준에 머물러 있다. 결혼만족도는 자녀가 성장하여 성인기로 진입한 이후로 가파르게 상승하고 그 이후로 꾸준히 상승하여 생애 최고 수준에 도달한다. 결혼과 좋은 정신건강의 관계는 시간이 지나면서 점차 강해지며 성인 중기 후반에 특히 높다(Lansford et al., 2005; Marks et al., 2004).

어떤 학자들은 이런 패턴이 오해를 불러일으키기 쉽다고 주장하였다(Umbertson et al., 2005; VanLaningham et al., 2001). 가장 불행한 부부는 중년기에 이혼을 하는데, 이는 U형 패턴이 대부분의 사람들의 경우 중년기에 결혼의 질이 향상된다는 것을 의미하는 것이 아니라 결혼의 질이 나쁜 사람들이 결혼관계를 끝냄으로써 이후 연령 단계에서 전체 결혼의 질이 더 높아 보이게 할 뿐이라는 것을 보여준다. 더욱이 제10장에서 보았듯이 독신자들에 대한 연구는 성인 초기와 중기에 행복한 결혼생활을 하는 사람들이 독신이나 이혼한 사람들에 비해 더 행복하지만, 불행한 결혼생활을 하는 사람들이 가장 불행하다는 것을 보여준다(Depaulo, 2006, 2012).

그럼에도 불구하고 이런 사항들은 성인 중기에 대부분의 자녀들이 집을 떠나고 난 후의 결혼만족도 상승을 설명해주지 못한다. 제10장에서 보았듯이 사람들은 대부분이 중년기 이전에 이혼을 한다. 결혼에 관한 다른 연구도 결혼만족도가 성인 중기에 높아진다는 결론을 지지한다. 중년기가 되면 대부분의 결혼파트너들이 재정적으로 더 안정되며, 매일 자녀를 양육하는 책임으로부터 스트레스를 덜 받으며, 집안일에 시간을 덜 쓰고, 부부가 함께 여가시간을 더 많이 보낸다(Marks et al., 2004). 많은 사람들이 스턴버그 이론(제10장 참조)에서 열정은 퇴조했을지 모르지만 친밀감과 헌신 수준은 높은 **동료애**(companionate love) 상태에 도달한다(Cherlin, 2009; Sternberg, 1986). 40~59세 사이의 중년 성인 2,000여 명을 대상으로 하는 미국 연구에서 참여자의 4분의 3가량이 결혼이 '극히 좋음'이거나 '매우 좋음'이라고 묘사하였다(Brim, 1999). 다른 연구들은 결혼한 중년 부부들이 배우자를 종종 '베스트 프렌드'라고 묘사하였고 대부분이 결혼생활을 하는 과정에서 배우자가 점점 더 재미있어지고 있다고 느꼈다(Levenson et al., 1993).

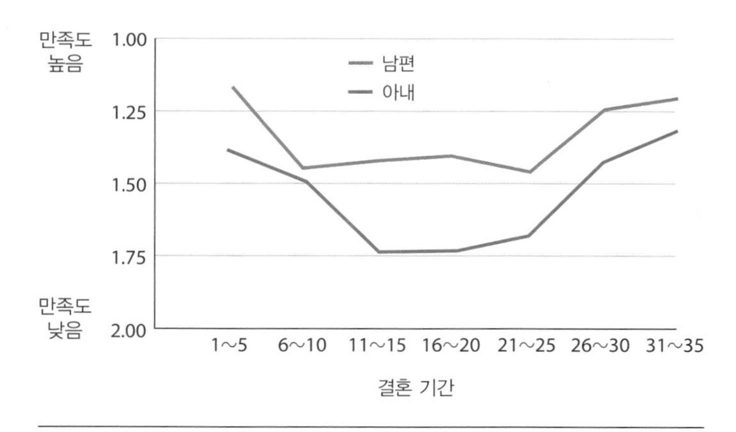

그림 11.3 결혼 만족도와 결혼 기간

대부분의 부부에게 결혼만족도는 자녀가 성장하여 성인진입기에 도달한 이후로 상승한다.

출처 : Vaillant & Vaillant (1993)

결혼생활에서 정서적 친밀감이 기대되지 않는 문화에서 중년기 부부는 종종 각자의 개별적 활동과 취미를 개발하곤 한다. 이 장의 앞부분에서 언급했듯이 인도 여성들은 종종 며느리를 감독하고 손자·손녀 양육을 돕는 등 집안의 연장자라는 새로운 지위를 즐긴다(Kakar, 1998; Menon, 2013). 어떤 일본 여성은 할머니 역할에 전념하는 반면에, 다른 일본 여성은 예술적 능력을 개발하고자 노력한다(Lock, 1998). 대부분의 전통 문화에서 중년 남성들은 일반적으로 아내보다는 다른 남성들과 어울려 이야기하고 게임하고 때로는 술을 마시며 여가시간을 보내기를 선호한다(Davis & Davis, 2007; Gilmore, 1990).

이혼과 재혼 사람들은 대부분이 결혼한 지 10년 이내에 이혼을 하지만 미국과 캐나다의 이혼 건수의 25%가량은 결혼 후 20년 또는 그 이후에 발생했으며 자녀가 둥지를 떠나는 시기와 때를 같이하는 경우가 많았다. 20년 이상의 세월을 함께한 이후에 이혼을 하는 경우는 과거에는 드물었지만 최근 수십 년간 그 비율이 가파르게 증가하고 있다. 2012년 연구는 1990년 이후로 미국의 전체 이혼율은 감소했지만 50대 이상인 사람들의 경우에는 2배로 증가했다는 것을 발견하였다(Brown & Lin, 2012). 수명이 길어질수록 마음이 맞지 않는 배우자와 자녀 양육이 끝난 이후 수십 년의 시간을 함께 보내기를 더 꺼린다거나, 결혼파탄에 대한 사회적 낙인이 더 적다거나, 일하는 여성이 더 많아지고 그중 일부는 배우자보다 더 많은 돈을 번다는 것 등이 이혼율 증가의 이유로 거론되었다.

중년기 이혼은 성인 초기 이혼과 어떤 차이가 있는가? 대부분의 연구는 성인 초기의 이혼에 초점을 맞추고 있지만, 미국에서 수행된 2개의 대규모 연구는 중년기의 이혼을 포함하였다. 한 연구는 결혼한 부부들을 14년 이상 추적하여 조사하였고 성인 초기와 중기의 이혼을 검토하였다(Gottman & Levenson, 2000). 성인 초기의 이혼은 분노와 갈등이 심한 경향이 있었으며, 결혼이 실패한 데 대해 서로 상대방을 격렬하게 비난하였다. 반면에 중년기 부부의 이혼은 서로 간의 사랑이 식어버렸기 때문인 경우가 많았다. 그들은 더 이상 함께 있고 싶어 하지 않았고 함께 있는 것을 피하는 경향이 있었다. 스턴버그 이론에 따르면 이들 부부는 열정도 친밀감도 더 이상의 헌신도 없는 '텅 빈 사랑'의 프로파일에 부합하는 경우가 많았다.

40대, 50대, 또는 60대의 어느 시점에 이혼을 한 40~79세 사이의 미국 성인 1,000여 명을 대상으로 한 연구에서는 이혼의 동기가 매우 다양하다는 것을 발견하였다(AARP, 2004). 남성들은 텅 빈 사랑을 시사하는 "사랑이 식어서"(17%) 또는 "가치관/생활방식이 달라서"(14%)를 이혼의 이유로 가장 많이 언급하였고, 또 다른 14%는 불륜을 언급하였다. 반면에 여성들은 언어적 또는 신체적 학대(23%) 또는 알코올/약물중독(18%)을 가장 많이 언급하였고 17%가 불륜을 언급하였다. 남성과 여성 모두 이혼하기 오래전부터 이미 결혼이 끝났다고 느꼈으며 자신들이 중년기까지 함께했던 이유는 오로지 자녀가 집을 떠날 때까지 기다리고 싶었기 때문이라고 언급하는 경향이 있었다. 남성과 여성의 4분의 3은 이혼이 올바른 결정이었다고 느꼈다.

젊은 연령대에서와 마찬가지로 중년기의 이혼은 효과가 복잡하고 다양하다. 전반적으로 중년기 성인은 젊은 성인들보다 이혼의 스트레스를 더 잘 견디며, 이혼 후 행복이 덜 감소하고 우울에 빠질 위험이 더 적다(Birditt & Antonucci, 2012; Gottman & Leveson, 2000; Marks & Lambert, 1998). 어떤 면에서 중년기 이혼은 여성에게 더 힘들다. 여성은 재정적으로 더 취약하다. 많은 여성들이 아이를 돌보기 위해 직장생활을 그만두었고 좋은 직업을 얻는 데 필요한 기술과 경험 없이 중년기에 다시 직업세계에 뛰어들어야 하는 처지에 놓이게 되었기 때문이다(Hilton & Anderson, 2009; Williams & Dunne-Bryant, 2006). 앞 단락에서 이혼한 성인 1,000여 명을 대상으로 한 연구를 언급하였는데, 이 연구에서 여성은 44%가 재정적 어려움을 언급하였으나 남성은 11%만이 그러하였다(AARP, 2004). 또한 40세 이후에 이혼한 여성 가운데 3분의 1만이 재혼을 하였으나 남성들은 대부분이 이혼할 시점에 이미 새로운 파트너가 있었고 거의 모두가 재혼하였다(Rokach et al., 2004). 그러나 많은 여성들은 중년기 이혼이 결혼의 일상적 불행으로부터 풀려나는 것이라고 생각하며, 그중 일부는 이혼이 자기의존 증진과 개인적 성장이라는 긍정적 변화를 불러왔다고 말한다(Amato & Previti, 2003; Baum et al., 2005).

다른 경로 : 중년기의 게이, 레즈비언, 독신 성인 대다수 문화에서 대다수 사람들은 중년에 결혼을 한

상태이지만 그렇지 않은 사람들도 많다. 어떤 사람들은 이혼을 하고 재혼을 하지 않으며, 어떤 사람들은 성인 초기부터 중년기까지 독신생활을 고수한다. 게이와 레즈비언들은 요즘에는 결혼이 허용되는 곳도 있기는 하지만 대개의 경우 중년기에 결혼을 하지 않은 상태이다.

레즈비언과 게이들은 이성애자들이 겪는 것과는 다른 많은 문제들에 직면한다(Whitman, 2010). 그들은 성인기의 한 단계에서 다음 단계로의 전환이 결혼을 하고 부모가 되고 아이들이 집을 떠나는 것과 같이 대개의 경우 이성애자의 삶에서 규범적인 사건들에 의해 규정되는 사회에서 살고 있지만, 그들 중 대다수는 이런 사건들을 경험하지 않는다. 이런 식의 차이는 때로 주변화된다는 느낌을 갖게 하기도 하지만, 어떤 사람들에게는 자유와 유연성이라는 느낌을 줄 수도 있다(Kimmel & Sang, 2003). 예를 들어 게이와 레즈비언들은 흔히 이성애자들만큼 성역할 스크립트에 의한 제한을 많이 받지 않는다. 삶의 이전 단계 때부터 전통적인 성 경계를 뛰어넘는 방법을 배웠기 때문이다. 레즈비언들은 이성애 여성들과 달리 폐경을 신체적 매력과 성적 즐거움의 하락을 가져오는 경로로 해석하지 않는다(Whitman, 2010).

중년기는 또한 게이와 레즈비언들이 생애 처음으로 자신의 성정체성을 밝히는 단계일 수도 있다(Hammack & Cohler,, 2009). 지난 20년간 서구사회에서는 동성애 성적지향을 점차 더 많이 받아들이고 있기 때문에, 게이와 레즈비언 중에는 젊었을 때에는 낙인에 대한 공포 때문에 커밍아웃을 하지 않았어도 그런 낙인이 희미해진 중년기에 커밍아웃을 하는 경우가 많다. 중년기의 커밍아웃은 더 참된 삶을 산다는 느낌, 진정한 정체성을 찾았다는 느낌을 갖게 해줄 수 있다. 그러나 중년기에는 오랜 세월에 걸쳐 이성애자로 살아가는 삶의 복잡한 구조가 확립되었기 때문에 힘이 들 수도 있다(Barker et al., 2006). 중년기의 성정체성 변경은 직장에서 지위와 힘을 상실하고 가족, 친구, 자녀와의 관계가 와해되는 결과를 가져올 수 있다. 지난 20년간 서구 여러 나라에서 이성애에 대한 낙인이 많이 감소하기는 했지만 대부분의 나라에서는 여전히 상당히 강하다.

중년기의 독신 성인들은 다채로운 집단이다. 일부는 이혼을 했고, 일부는 결혼한 적이 없으며, 일부는 장기적인 동거관계를 맺고 있고, 일부는 오랫동안 결혼과 유사한 관계를 맺고 있으나 법적으로 결혼이 금지된 게이와 레즈비언들이다. 대부분의 사회에서 중년기에 독신 여성이 독신 남성보다 훨씬 더 많다. 여성은 이혼 후 결혼하는 경우가 많지 않고 남성이 중년기에 사망하는 경우가 더 많기 때문이다(Brim et al., 2004).

성인 중기의 많은 독신 성인들은 컴퓨터를 통해 결혼을 하고 파트너를 찾는 경우가 많다. 중년 성인들은 다른 어떤 연령 집단의 성인들보다 데이트 웹사이트를 이용하여 새로운 파트너를 만나는 경향이 있다(Fitzpatrick et al., 2009). 그러나 대개의 경우 성인 중기의 독신들은 자신의 삶에 만족하고 있다(DePaulo, 2006, 2012). 그들은 독신으로서의 자유와 독립을 만끽한다. 그들 중 일부는 이런 자유를 누림으로써 경력에 집중하고 높은 성취를 이루어낼 수 있었다(Hewlett, 2003).

독신 성인들은 다른 성인들보다 중년기에 친밀한 우정관계를 가지고 있을 가능성이 더 높다(Adams & Ueno, 2006; Rose, 2007). 대부분 성인들은 직장 외 시간의 대부분을 가족으로서의 의무를 다하는 데 사용하며, 결과적으로 적어도 이 주제가 연구된 모든 서구 국가들에서는 성인 중기가 사람들이 인생의 여러 단계 중에서 가까운 친구관계를 가질 가능성이 가장 적은 단계이다(Blieszner & Roberto, 2007). 그러나 독신 성인들은 친구관계에 바칠 여유시간이 있는 경우가 더 많고 종종 친구로부터 사회적 지지를 구한다(Mulbauer & Chrisler, 2007).

성인 중기의 성생활 : 할 수도 있고 안 할 수도 있다 제10장에서 보았듯이 성인 초기는 모든 문화에서 성적 활동이 인정될 뿐만 아니라 대개는 강하게 권장되는 생애 단계이다. 가장 중요한 생식기간에 성적 활동을 금지하는 문화는 어차피 오래 지속되지 못할 것이다. 젊은 성인의 성생활을 어떤 문화에서는 주로 생식의 관점에서 바라보고 다른 문화에서는 결혼한 부부의 친밀감과 화합을 촉진하는 것으로 보지만, 어느 문화에서나 젊은 성인의 성생활은 인생에서 이롭고 필수적인 부분으로 본다.

성인 중기의 성생활은 어떠한가? 성인 중기에는 성적 행동이 더 이상 생식을 목적으로 하지 않는다. 성인 중기에 아이를 갖는 사람들도 있지만 그런 일은 많지 않다. 결과적으로 성인 중기의 성생활은 결혼관계의 친밀감에 중요한 가치를 부여하는 문화에서 가장 많이 권장될 것으로 예상할 수 있다. 이 경우 성인 중기의 성생활은 결혼생활의 친밀감을 지속하고 향상시키는 한 가지 방법일 것이다. 또는 섹스는 즐거움을 주는데 사람들이 그런 즐거움을 누리지 못하게 할 특별한 이유가 없기 때문에 많은 문화들이 성인 중기의 성생활을 권장하거나 적어도 묵인하는 것일 수도 있다.

성인 중기의 성생활이라는 관점에서 인도와 미국을 비교해보면 흥미로운 문화적 차이가 나타난다. 전통 힌두인의 인생단계 모델에서 중년기는 '숲속 거주자'가 되는 단계이다(제1장 참조; Kahar, 1998; Menon, 2013). 남성은 첫 손자가 태어날 때 이 단계에 도달하는데 인도 사람들은 대개 40대에 첫 손자가 태어난다. 숲에 사는 사람은 이 세상의 사물들에 대한 애착을 거둬들이기 시작하고 점진적으로 종교생활과 영적 순결을 추구하는 쪽으로 삶의 방향을 전환해야 한다. 인도인들은 이렇게 더 높은 영적생활을 추구할 때 성생활을 금지한다. 힌두교도들은 같은 집에서 부모와 자녀가 성관계를 갖는 것이 옳지 못하다고 믿으며 아들들은 대개 아내를 부모 집에 데려와서 살기 때문에, 사실 첫 손자가 태어나기 전에도 맏이가 아들이면 성인 중기에는 성생활을 중단한다(Menon & Shweder, 1998).

미국에서는 성인 중기에 성생활을 중단하는 것이 이상적인 가치라고 생각하는 사람이 없다. 미국인들은 결혼의 정서적 친밀감을 증진하고 상호 간에 즐거움을 제공하는 방법으로서 성인기 내내 성생활을 하는 것이 바람직하다고 생각한다(Lamont, 1997). 제10장에 기술된 미국인의 성 연구는 미국 전역에서 18~59세 된 사람들의 성생활을 다룬 연구로서 이 연구에 따르면 대부분의 미국인들은 성인진입기나 성인 초기에 비해서는 성적 활동의 빈도가 감소하지만 40~50대에도 여전히 왕성하게 성생활을 한다(Michael et al., 1995). 이러한 감소는 이성애자만이 아니라 동성애자에게도 일어난다.

중년기의 성적 활동 빈도는 특히 성별에 따라, 그리고 파트너의 가용성에 따라 크게 차이가 있다. 미국인의 성 연구는 50대 여성의 절반 이상이 지난해에 "1년에 몇 번" 또는 그보다 더 적게 성관계를 했다고 보고하였으며, 30%는 "전혀" 하지 않았다고 보고하였다(Michael et al., 1995). 반면에 남성은 3분의 1이 "1년에 몇 번" 또는 그보다 더 적게 성관계를 했다고 보고하였고 10%만이 "전혀" 하지 않았다고 보고하였다. 이러한 성별 차이는 50대에 남성이 사망률이 더 높기 때문이기도 하고(남은 여성들 중 일부는 파트너가 없음), 50대 남성 일부가 더 젊은 여성과 결혼(또는 재혼)했기 때문이기도 하다. 전국 규모의 또 다른 미국인 대상 연구는 파트너가 있는 50대 여성은 88%가 지난 6개월간 성적 활동이 활발하였으나 결혼이나 동거를 하지 않고 있는 여성들은 37%만이 그러하다는 것을 발견하였다(Brim, 1999).

어떤 문화에서나 성생활을 삶의 한 부분으로 계속 즐기고자 하는 중년 성인들은 자신이 성적 즐거움을 경험하기 어렵게 만드는 다양한 신체적 변화를 겪는다는 것을 발견하곤 한다. 여성의 경우 이 장의 앞부분에서 기술했던 중년기 에스트로겐 감소는 이 시기에는 성관계를 하는 동안 성적 흥분을 느끼기가 쉽지 않고 질이 부드러워지는 데 시간이 더 오래 걸린다는 결과를 초래한다. 질은 그 입구를 포함하여 폐경기가 되면 실제로 수축되는데 이는 윤활액의 결핍과 더불어 성관계를 고통스럽게 만들 수 있다. 40~50대인 미국 여성의 3분의 1 이상은 성 기능의 문제를 보고한다(Walsh & Berman, 2004).

남성의 경우 중년기의 중요한 성적 문제는 **발기부전**(erectile dysfunction)이다. 발기가 되려면 음경에 혈액이 공급되어야 하는데 중년기의 생리적 변화는 이러한 혈액의 흐름을 감소시킨다. 결과적으로 발기가 되려면 자극을 더 많이 주어야 하고 발기 상태를 지속하기도 더 어려워질 수 있다. 60대 남성의 절반가량이 발기 문제를 보고한다(Vissamsetti & Pearce, 2011). 흡연, 당뇨, 고혈압이나 여타 의학적 상태로

발기부전 성적 접촉을 하는 동안 계속해서 발기를 하지 못하거나 그 상태를 유지하지 못함

인해 신체건강이 최악인 남성들에게 발기부전이 일어날 위험이 가장 높다(Montorsi, 2005; Shiri et al., 2003). 대부분의 남성들은 성인 중기를 거치며 테스토스테론 수준이 떨어짐에 따라 성적 욕구가 점차 감소한다(Gooren, 2003; Hyde & DeLamater, 2004).

여성과 남성 모두에게 이러한 성적 문제가 발생했을 때 이를 처리할 수 있는 해결방안이 있다. 여성들은 질이 부드러워질 수 있도록 여러 가지 크림과 젤을 사용할 수 있다. 남성은 다양한 발기촉진제를 사용할 수 있다. 이러한 약물은 음경의 혈액흐름을 촉진하는 작용을 하는데 성공률이 60~80%로 매우 효과적이다(Kim & Park, 2006; Morales, 2003). 대부분 남성들의 경우 약물로 인한 부작용은 거의 없는 것으로 보이며(10명 중 1명 정도는 두통을 겪고 30명 중 1명 정도는 일시적 시력 문제를 겪지만), (아직까지는) 장기에 걸친 부정적 효과는 관찰된 바 없다(Vissamsetti & Pearce, 2011).

지역사회활동과 여가활동

성인 중기와 관련된 지역사회활동과 여가활동을 기술하고, 그러한 활동이 신체적·인지적 기능에 어떤 영향을 미치는지 알아본다.

대부분의 사람들은 성인 중기에 가족관계, 이성관계 및 일에 바치는 시간 외에도 일정 시간을 지역사회 활동과 여가활동에 전념한다. 사람들은 성인 중기에 직장에서 지위를 얻는 것과 같은 방식으로 지역사회에서 책임과 영향력을 갖는 자리를 맡으려 노력하거나 그런 자리를 맡아달라는 요청을 받는다. 많은 사람들은 아이들을 돌보는 책임이 사라짐에 따라 여가를 위한 시간을 더 많이 누릴 수 있다.

지역사회 참여 제10장에서 언급한 대로 미국에서는 지역사회 단체들에 대한 멤버십이 10대 중반부터 상승하기 시작하여 30대에 정점에 이르는데, 40~50대에도 계속해서 상당히 높은 수준을 유지한다. 여기에는 사회조직, 자원봉사단체, 정치옹호단체 참여 등이 있다(Smith & Snell, 2009). 12개 지표("공청회에 참석했다"와 "청원서에 서명했다"와 같은)에 따른 시민참여 분석 결과를 보면 18세 이상 미국인들의 시민참여는 30~59세 사이에 가장 활발히 이루어지는 것으로 나타났다. 이 연령대의 42%가 전년도에 12가지 가운데 적어도 한 가지 유형의 시민참여를 했다고 보고하였는데, 이는 더 어리거나 더 나이 많은 사람들에 비해 더 높은 비율이다(Putnam, 2000).

성인 중기의 지역사회 참여가 이 장의 앞부분에서 설명한 생산성을 반영하는 것인가? 예를 들어 기후변화는 지금으로부터 수십 년 후에나 그 효과가 드러나겠지만 그러한 기후변화를 예방하기 위해 노력하는 것과 같이 이러한 참여의 일부는 다음 세대를 위해 삶의 질을 보존하거나 향상시키기 위한 시도일 수 있다. 그러나 일부는 야외활동 클럽이나 독서그룹같이 그냥 자신의 즐거움을 위한 것일 수도 있다. 사회적 또는 정치적 명분을 위해 일하는 것조차도 아마도 후대에게 물려줄 이 세상에 관심을 가진다는 동기 외에도 우리가 여기 있는 동안 이 세상을 더 살기 좋은 곳으로 만들고자 하는 동기에서 비롯될 수 있다(Hart et al., 2003; McAdams, 2013).

성인 중기의 여가활동 여가를 삶의 정규적인 부분으로 보기 시작한 것은 최근에 생긴 관점이다. 모든 인간 문화에서는 노동과 판에 박힌 일상으로부터 잠깐씩 벗어나게 해주는 축제가 항상 있었다. 그러나 이러한 사건은 자주 발생하지 않고 기껏해야 1년에 몇 번 정도이다. 그 외에는 생존을 위해, 또 가축이 살아있도록 하기 위해 매일같이 노동을 했다. 산업화가 이루어지면서 노동시간은 더 길어졌다. 공장 노동은 대개 매일 12시간씩 일주일에 6일 일하는 것을 의미했다. 선진국에서는 20세기가 되어서야 법적 규제와 노동조합이 힘을 합쳐 고용주들이 피고용인들에게 요구할 수 있는 노동시간을 제한하였으며, 20세기 중반이 되어서야 '주 40시간' 노동이 표준이 되었다. 개발도상국에서는 지금도 산업현장의 노동은 주 6일을 여가시간 없이 오랜 시간 일하는 것을 의미한다(Chang, 2008).

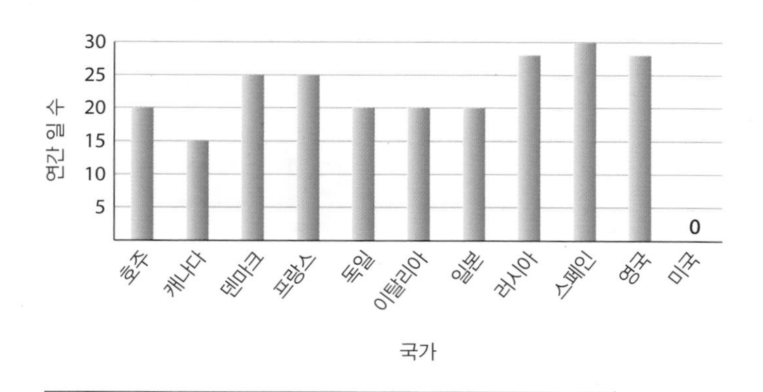

그림 11.4 선진국에서 보장된 휴가시간
출처 : Based on ILO (2011)

오늘날 선진국들은 대부분이 고용주가 한 주에 요구할 수 있는 노동시간을 제한하고 있으며, 주 40시간 이상 일한 피고용인에게 더 높은 '시간 외 근무' 임금을 지불하도록 요구한다. 선진국 사람들은 50대가 되면 주 40시간보다 더 적게 일하는 비율이 점차 늘고 있다. 여러 선진국을 대상으로 한 조사연구에서 50~54세 직장인들 가운데 3분의 2가 매주 40시간 또는 그 이상을 일했고 3분의 1이 그보다 더 적게 일했다(OECD, 2010). 선진국들 간에도 큰 차이가 있었다. 미국, 캐나다, 터키에서는 50~54세인 사람들의 80%가량이 주 40시간 또는 그 이상을 일했으나, 독일에서는 절반만이, 프랑스에서는 3분의 1만이, 그리고 노르웨이에서는 18%만이 그 시간만큼 일하는 것으로 나타났다.

중년기 성인들은 여가시간에 무엇을 하는가? 제10장에서 보았듯이 세계 어느 곳에서나 성인 초기와 중기 둘 다에 가장 인기 있는 여가활동은 TV 시청이다. 나라마다 차이가 있지만 성인 중기에는 매일 2시간 TV 시청이 평균이다(Gripsrud, 2007). 성인 중기에 많이 하는 다른 여가활동으로는 운동과 스포츠, 외식, 친구들과 저녁식사하기, 다른 매체 사용(예 : 책, 인터넷, DVD), (주로 가족 구성원들과의) 사교활동이 있다(Lindstrom et al., 2005; Putnam, 2000).

선진국 성인들의 여가활동에는 1년에 몇 주씩의 휴가가 있다. 주 40시간 노동과 마찬가지로 휴가도 현대의 발명품이다. 농경시대에는 휴가가 드물었다. 작물을 키우는 경작기에는 늘 할 일이 있고 틈새 몇 달 동안은 매일 가축을 돌보아야 한다. 산업화 초기 수십 년 동안 공장 일에는 휴가가 없었다. 20세기가 되어서야 정부의 법적 요구와 조합의 요구가 합작하여 피고용인에게 매년 몇 주간의 유급휴가를 제공하는 관행이 광범위하게 자리를 잡았다. **그림 11.4**에 제시되어 있듯이 오늘날 미국을 제외한 모든 선진국이 매년 최소 몇 주간의 유급휴가를 노동자들에게 보장하고 있다. 유럽 전역에서 노동자들은 매년 최소 4주간의 휴가를 받는다(ILO, 2011).

휴가를 가는 것은 신체건강을 증진하고 중년 성인이 소진되지 않도록 돕는다.

사람들은 성인 중기의 휴가시간에 무엇을 하는가? 어떤 사람들은 TV 시청과 다른 매체 활용, 운동과 스포츠, 사교활동 등 다른 여가시간에 하는 활동을 좀 더 많이 한다(Hall, 2007). 중산층 이상에서는 휴가 때 여행을 하는 것이 보편적이다(Plagnol & Easterlin, 2008). 중년 성인들은 종종 휴가시간을 자녀와 손자·손녀를 방문하는 기회로 사용한다.

연구는 휴가시간이 인지적·신체적 기능을 증진한다는 것을 보여준다. 휴가시간이 주어지는 노동자들이 그렇지 않은 노동자들에 비해 생산성과 직업만족이 더 높다(Kuhnel & Sonnentag, 2011). 휴가시간은 중년기 노동자가 소진을 피하도록 돕는다(Westman & Etzion, 2001). 휴가를 보내는 노동자가 신체건강도 더 좋다(Stern & Konno, 2009). 35~57세 사이의 남성 12,000명 이상을 대상으로 하는 연구에서는 5년 동안 휴가시간을 측정하고 그다음 9년 동안 의료기록을 추적하였다(Gump & Matthews, 2000). 5년의 평가기간 동안 매년 휴가를 보낸 남성들은 그 이후 9년간 관상동맥 심장질환으로 사망할 확률이 전혀 휴가를 보내지 않은 남성들의 3분의 1이었다.

chapter 12

성인 후기

넬슨 만델라는 성인 중기를 놓쳐버렸다. 그는 당시 남아프리카공화국의 백인 정권에 대한 저항운동을 이끌다가 1964년 46세의 나이로 감옥에 투옥되었다. 남아프리카공화국 인구의 80%가 아프리카계 흑인들이었지만 인종차별적 정부는 소수의 백인들에 의해 운영되고 있었다.

그 후 만델라의 투옥은 26년간 지속되었다. 백인우월주의 정부는 더 이상 한 세기도 지속되지 못할 것으로 결론을 내린 남아프리카공화국의 대통령 프레데릭 빌렘 데 클레르크에 의해 그는 마침내 1990년에 72세의 나이로 석방되었다. 1993년 만델라는 클레르크과 함께 노벨평화상을 수상하였다. 1994년에 만델라는 아프리카 민족회의 지도자로 클레르크와 민주주의로의 이양을 성사시켰고, 1994년 75세의 나이로 남아프리카공화국의 첫 번째 흑인 대통령으로 선출되었다. 그는 5년 임기를 재임하고 80세의 나이에 은퇴하고 나서도 남아프리카의 농촌 지역에 학교와 병원을 짓는 만델라 재단의 모금활동을 활발히 하였으며, 아프리카의 다른 지역의 무력분쟁의 중재자로 봉사하였다. 또한 2005년 자신의 아들을 죽게 만든 에이즈 퇴치를 위해서도 헌신하였다. 그는 2013년 95세의 나이로 영면하였다.

넬슨 만델라의 성인 후기는 평범하지 않았다. 사실 매우 비범하였다. 그럼에도 불구하고 그는 최근 변화되는 성인 후기를 잘 대표한다. 우선 예전보다 더 많은 사람들이 이 성인 후기에 도달한다. 이제 선진국의 기대수명은 거의 80세에 가깝고 개발도상국에서도 빠르게 올라가고 있다. 둘째로, 노인들은 보다 효율적인 의료처치와 건강을 유지하기 위한 운동, 식습관, 인지적 활동의 중요성을 인식함으로써 인해 과거에 비해 일반적으로 더 건강하고 더 활동적이다. 물론 이 장에서 볼 것처럼 성인 후기에는 노화가 진행되고 다른 이전 인생시기보다 신체적·인지적 문제가 더 빈번하게 나타난다. 그럼에도 불구하고 많은 노인은 활동적인 삶과 높은 생활만족도를 유지하며, 이는 특히 좋은 건강 상태를 유지하는 노인들은 더욱 그러하다.

이 장에서 우리는 성인 후기 신체적·인지적 노화와 함께 기능의 다양성과 건강 유지의 가능성을 강화하는 방법에 대해 살펴보겠다. 또한 가족관계, 사랑과 성, 일과 다른 주제들을 포함하여 성인 후기에도 계속적으로 중요한 사회적·문화적 맥락에 대해 살펴보고자 한다. 성인 후기는 어떤 사람들은 쇠퇴를 경험하지만 다른 이들은 80대 이상에도 높은 수준의 기능을 유지하는 시기로, 인생주기에서 여러 면에서 가장 다양성을 볼 수 있는 시기이다.

1절 신체발달

학습목표

12.1 노인에 대한 문화적 시각을 비교하고, 성인 후기의 하위 3단계를 구분한다.

12.2 노년부양비를 정의하고 선진국에 미치는 영향을 설명한다.

12.3 성인 후기의 신체적 노화 증상을 알아보고 1차적 노화와 2차적 노화가 외모에 미치는 영향을 구분한다.

12.4 성인 후기의 시각, 청각, 미각, 후각의 변화를 알아본다.

12.5 성인 후기에 나타나는 수면습관의 변화를 설명한다.

12.6 성인 후기와 관련된 주요 건강 문제를 진단하고, 가능한 치료 방법을 살펴본다.

12.7 건강에 좋은 세 가지 생활습관을 알아본다.

신체발달 : 성인 후기에 대한 문화적 신념

만약 성인 후기가 약 65세 정도에 시작된다면 요즘 선진국의 많은 사람들이 80대, 90대, 그 이상을 산다는 것을 볼 때 매우 긴 인생의 단계가 될 수 있다. 비록 60대 후반의 노인들이 80대가 지난 노인들과 종종 다르게 기능함에도 불구하고 성인 후기는 신체적·정신적 건강 면에서 다른 어떤 연령 집단보다 매우 가변성이 크다. 전 세계적으로 출생율의 감소와 기대수명의 증가로 전체 인구에서 노인의 비율은 점차 증가하고 있다.

얼마나 나이들어야 '노인'인가

노인에 대한 문화적 시각을 비교하고, 성인 후기의 하위 3단계를 구분한다.

많은 문화권에서 노인을 공경하는 전통이 있고, 서양에서는 성인 후기에 대한 묘사가 어떤 면에서는 점점 긍정적으로 되어가고 있다. 성인 후기가 오랫동안 지속될 수 있기 때문에, 3개의 하위 단계를 포함하는 것으로 개념화된다.

연령차별주의 연령에 근거한 편견과 차별

성인 후기 개념의 문화적 차이 서구 문화권의 역사에서 성인 후기에 대한 묘사는 종종 암울하고 음산했다(Schott, 2009; Whitebourne, 2009). 제1장에서 묘사된 것처럼, 그리스의 철학자 솔론(Solon, 638~558 BCE)은 매 단계가 7년씩 지속되는 인간발달 단계 이론을 제시하였다. 마지막 단계인 63~70세의 주요 과업은 "때 이르지 않은 죽음 준비하기"였다. 12세기 이탈리아의 시인 단테는 인생을 네 단계로 묘사하였는데, 그 마지막은 70세 이상으로 '노쇠'였다. 16세기의 셰익스피어는 네 멋대로 해라의 등장인물인 자크를 통해 인생의 7단계인 궁극의 성인 후기를 다음과 같이 묘사하여 가장 신랄한 견해를 제시했다. "모든 것의 마지막 장면/이상하고 다사다난한 역사의 마지막/두 번째 어린아이 같은 그리고 단지 망각에 불과한/치아도 없고, 눈도 없고, 미각도 없고, 모든 것이 없다."

오늘날 노인들은 경제적 능력 때문에 광고에서 종종 긍정적으로 보여진다.

최근 현실은 보다 긍정적임에도 불구하고 여전히 이런 역사가 성인 후기에 대한 우리의 인식에 영향을 미친다. 서구권 국가들의 여러 연구들은 노인이 종종 연령에 근거한 편견과 차별인 **연령차별주의**(ageism)에 직면하게 된다는 것을 발견하였다(Rosenthal, 2014). 일반적으로 직업 관련 업무 유능성에서부터 신체적 매력까지 여러 면에서 노인에 대한 태도는 젊은 성인에 대한 것보다 부정적이다. 구직을 하는 노인은 인지적 예민함이나 신체적 활력이 부족하거나 쇠퇴되었다고 여겨진다(Hedge et al., 2006; Rupp et al., 2006). 연구 참가자들에게 인지기능과 관련된 가상적 상황을 제시하는(예 : 물건을 잘못두어 찾지 못하는 것) 사회심리학 연구들은 대본상의 사람이 젊을 때 참가자들이 주로 일시적 상태에 기인하는 실수로("그 사람이 생각이 많았어.") 가정하지만 반대로 그 인물이 노인이라고 가정하면 돌이킬 수 없는 쇠퇴 때문에("노망이 들고 있어.") 실수를 한 것으로 가정한다는 것을 발견하였다(Nelson, 2004). 다른 연구들에서는 노인들은 종종 무시당하거나 깔보는 듯한('허니' 또는 '베이비'로 불리는) 경험을 하고 간단한 지시를 듣거나 이해하는 데 어려움이 있는 것으로 간주된다는 것을 발견하였다(Palmore, 2001; Whitbourne & Sneed, 2004).

오늘날에도 연령차별주의와 성인 후기에 대한 부정적 견해가 만연하지만, 이 인생 단계를 어떻게 볼 것인지에 대해 문화적 편차 또한 존재한다. 아시아, 아프리카, 라틴아메리카의 많은 문화권에서는 성인 후기에 대해 매우 호의적이다. 예를들어 일본에는 국경일로서 매년 경로의 날이 있다(Coulmas et al., 2008). 또한 성인 중기에서 후기로의 전환은 보통 개인의 60번째 생일 즈음에 칸레키라 불리는 의식으로 표시된다. 이 의식은 개인이 자녀 양육과 가사일의 책임으로부터 자유로워지고 가족과 사회에서 노인으로 존경받는 새로운 위치로 승격함을 상징한다. 다른 아시아권 나라들에서는 성인 후기까지 효도의 전통이 이어지고 있다. 이는 아무리 자녀가 나이 들어도 부모에게 복종하고 존경해야 한다는 것을 의미한다.

전 세계의 대부분 전통 문화에서 지위는 어느 정도는 연령에 근거한다. 사람들은 나이가 들수록 더 많은 권위와 존경을 갖게 된다. 노인이 가족과 지역사회의 자원을 통제하고 확대가족이 흔한 문화권에서는 노인은 높은 지위를 갖는 경향이 있다(Menon, 2013; Sangree, 1989).

심지어 서구에서도 성인 후기에 대한 묘사는 어느 정도는 보다 더 호의적이 되고 있다. 노인을 포함한 미국 TV 광고를 분석한 결과, 78%가 '모험적인 황금빛 노인'(활동적, 사회적, 재미를 추구하는)이나 '완벽한 조부모'(사랑 넘치고, 관대하고, 가족 지향적인), 또는 '생산적인 황금빛 노인'(똑똑하고, 독립적이고, 성공적인)과 같은 긍정적인 방향으로 노인을 표현하고 있었다(Miller et al., 2004). 광고에서 이러한 노인에 대한 긍정적 묘사는 노인의 경제적 힘의 증가에 기인할 수 있다(Simcock, 2012). 노인은 50년 전만해도 일은 그만두었지만 빈약한 연금을 가지고 증가하는 건강관리 비용을 지불해야만 했기 때문에 선진국 사회의 주로 가장 가난한 부류였다(Pew Social Trends Staff, 2010). 그러나 1960~1970년대의 증가된 사회복지와 건강재정 지원혜택은 이제 노인을 선진국 사회의 가장 부유한 부류로 만들었고, 노인을 부정적으로 묘사하는 광고주들은 비즈니스에서 실패를 초래할 위험을 가지게 되었다.

비판적으로 사고하기

당신의 문화에는 성인 후기를 표시하는 의식이 있는가? 당신이 의식을 만든다면, 어떻게 할 것인가?

성인 후기의 하위 단계 더 이상 진행하기 전에 성인 후기의 하위 단계에 주의를 기울일 필요가 있다. 노년의 인생 단계가 65세부터 시작된다면 어떤 사람들(주로 개발도상국에 사는)에게는 성인 후기가 몇 년만 지속되고 말겠지만, 선진국에 사는 많은 사람들에게는 몇십 년이 될 수도 있다. 인생 단계가 몇십 년 지속되면 그 주기 동안 많은 변화가 일어날 수 있기 때문에 성인 후기 초반은 성인 후기 후반과 상당히 다를 수 있다. 따라서 발달심리학자들과 인구학자들은 성인 후기를 세 하위 단계로 구분하였다. **젊은 노인**은 65~74세, **고령 노인**은 75~84세, **초고령 노인**은 85세 이상이다(Baltes & Smith, 2003).

이 세 집단의 기능이 매우 다르기 때문에, 특히 초고령 노인은 다른 두 집단과 뚜렷이 비교되므로 이들의 구분은 중요하다. 앞으로 더 살펴보겠지만 기능의 쇠퇴가 첫 두 연령 집단에서는 상당히 가볍지만 초고령 노인에게서는 훨씬 급격하다. 초고령 노인은 신체적·인지적 기능장애, 사회적 고립, 심리장애, 특히 우울 등을 포함한 매우 광범위한 문제의 위험도가 높다. 그들은 두 젊은 집단보다 목욕, 옷 입기, 식사 준비와 식사하기, 집관리, 고지서 납부 등의 **일상생활 동작**(activities of daily living, ADL) 수행에서 더 많은 어려움을 보일 것이다(U.S. Dept. of Health & Human Services, 2005).

그럼에도 불구하고 초고령 노인 사이에도 상당한 가변성이 있다. 85~89세 미국인의 절반 이하가 장애를 가지고 있다(Siegler et al., 2003). 85세 이상 미국인 중 4분의 1만이 전문적 돌봄을 제공하는 요양원이나 기관에 입소해야 할 정도의 일상생활 동작 장애가 있다(Roberts et al. 1994). 그리고 초고령 노인만이 장애를 갖는 것은 아니고 고령 노인, 심지어 젊은 노인 중에서도 어떤 경우에는 일상생활 동작에 어려움

일상생활 동작(ADL) 목욕하기, 옷 입기, 식사 준비, 식사하기, 청소하기, 돈 지출하기 등 성인의 삶에 필요한 일상의 요구

성인 후기는 젊은 노인, 고령 노인, 초고령 노인의 세 단계로 구분된다.

과 장애를 가지고 있다. 결론적으로 **노년학자**(gerontologist)는 노인의 실제 유능성과 수행 능력을 나타내는 **기능연령**(functional age) 개념을 제안한다(Neugarten & Neugarten, 1987; Starc et al., 2012). 비록 역연령과 기능연령의 상관이 높지만, 어떤 90세 노인은 65세 노인보다 신체적·인지적·사회적 기능이 더 나아서 기능연령으로는 더 젊을 수도 있다.

전 세계적 노화 패턴 : 전 세계의 노인붐

학습목표 12.2 노년부양비를 정의하고 선진국에 미치는 영향을 설명한다.

노인에 관하여 단언할 수 있는 한 가지는 앞으로 노인의 수가 현재보다 훨씬 더 증가할 것이라는 사실이다. 앞서 살펴보았듯이 거의 모든 선진국의 출산율은 여성 1명당 2.1명 이하를 밑돌고 있다. 따라서 이 선진국들은 21세기가 진행됨에 따라 전체 인구수가 감소하게 될 것이다. 그러나 전체 인구의 감소에도 불구하고, 65세 이상 노인 인구수는 지속적으로 증가할 것이다. 개발도상국 역시 인구의 연령은 높아지고, 출산율은 낮아지며, 노인은 더 오래 살게 된다. 전 세계적으로 2050년에는 60세 이상의 노인 인구수가 인류 역사상 처음으로 15세 미만의 연령대를 능가하게 된다.

특히 중요한 점은, 젊은 층 인구 대비 앞으로 수십 년 내에 증가하게 될 65세 이상 노인들의 부양비로, 이른바 **노년부양비**(old-age dependency ratio, OADR)이다. 이는 퍼센트로 표시되며, 다음과 같이 산출된다.

$$\frac{\text{65세/이상 인구수}}{\text{20~64세의 인구수}} \times 100$$

20~64세 연령대의 인구는 거의 모든 국가에서 직업군에 속하여 경제적으로 생산적인 활동을 하고, 노년 연금을 비롯하여 노인을 위한 의료혜택을 포함한 다양한 사회복지를 제공하는 정부에 세금을 내고 있다. 대체적으로 65세 이상의 사람들은 직업군에 속하지 않고, 많은 국가의 경우 연금과 국가에서 제공하는 의료혜택을 누리고 있다. 결과적으로 2.1 미만의 출생률로 인한 인구 감소는 경제활동이 가능한 인구

노년학자 노화 연구자

기능연령 나이 든 사람들의 실질적 역량과 수행을 나타내는 연령. 생물학적 연령보다 더 높을 수도 낮을 수도 있음

노년부양비(OADR) 인구에서 20~64세에 해당되는 사람에 대한 65세 이상 노인의 비율

의 수를 감소시키고, 평균수명이 늘어남에 따라 연금자와 의료혜택 수혜자의 수를 증가시킨다.

선진국에서는 이미 수십 년 전부터 증가하는 노년부양비로 인해 심각한 도전에 직면해왔다. 특히 일본, 대한민국, 스페인, 이탈리아 및 그리스와 같이 수십 년 동안 출생률이 1.1~1.3을 밑도는 국가들의 당면한 문제는 심각할 지경에 이르렀다. 반대로 미국과 캐나다는 이민 정책으로 인해 인구수가 증가하고 있으며, 21세기에 지속적으로 증가할 것으로 전망되어 당면한 문제가 그다지 심각하지는 않다.

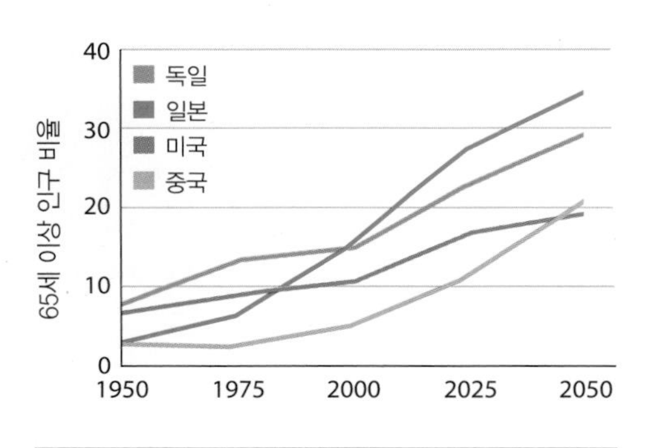

그림 12.1 선진국 노인층의 성장 비율

출처 : Population Division, DESA, United Nations

가장 심각한 국가는 36%의 노년부양비를 지출하고 있는 일본이다(UN data, 2014). 일본인 3명 중 1명은 65세 또는 그 이상의 연령에 속한다. 2050년에 노동인구의 수는 감소하는 반면 65세 및 그 이상의 노인 수는 지속적으로 증가함에 따라 노년부양비의 수치가 배를 넘는 74%에 다다를 것으로 전망되고 있다. 전반적으로 2050년이 되면 일본 총인구의 35%는 65세 이상의 노인이 차지하게 된다(**그림 12.1** 참조). 이는 세계적으로 상당히 높은 수치이다. 일본은 인구학적 문제에 굉장히 느리게 대처하고 있다. 많은 기업은 연금기간이 최소 20년 또는 심지어 그 이상을 능가할 것을 알면서도 60세 정년을 실행하고 있다. 그러나 변화의 바람은 불고 있다. '신노인운동(New Old People)'이라는 기치 아래 노인뿐만 아니라 노동 인구를 더 생산적이고 활동적인 삶으로 장려하는 바람이 불고 있다(Yasuko & Megumi, 2010).

엄청난 액수의 연구비가 노화 연구에 지출되면서 앞으로 수십 년 내에 노인을 위한 의료혜택은 눈부신 발전을 할 것으로 보인다. 지금 당장만 보더라도 선진국에서 65세 노인의 연장수명은 15~25세이다(OECD, 2014). 다시 말해 65세의 연령에 다다른 사람은 최소한 80~85세까지 살 수 있다고 전망된다(**지도 12.1** 참조). 하지만 성별에 따라 기대수명은 차이를 보이고 있는데, 연령이 높아감에 따라 이 차이는 더 두드러지게 나타난다. 전 세계적으로 65세 연령대에서 여성은 남성에 비해 기대수명이 5세 정도 더 높은 것으로 드러난다. 뿐만 아니라 초고령층에서 여성의 숫자는 남성을 훨씬 능가한다. 예를 들어 미국에서는 65~69세 사이의 노인 중 남성이 100명이면 여성은 115명을 차지한다. 그런데 85세를 넘어서면 남성 100명에 비해 여성의 수는 226명을 차지한다(U.S. Dept. of Health & Human Services, 2005). 이와 같은 성별의 차이는 부분적으로는 생활습관에서 기인하는데, 보편적으로 남성은 여성보다 흡연 및 음주에 더 심하게 노출되어 있다. 그러나 대부분 성별의 차이는 유전학적으로, 동물의 많은 다른 종들, 즉 쥐를 비롯하여 개에 이르기까지 이러한 성별의 차이를 보이고 있다(Shock, 1977).

미국 내에서는 인종 집단에 따라 기대수명이 현저한 차이를 보이고 있다(Kochanek et al., 2013). 종합적으로 보면 유럽계 미국인은 아프리카계 미국인에 비해 평균수명이 5년 정도 더 길다. 두 인종 집단 모두 지난 40년 동안 기대수명은 동일하게 증가했지만, 아프리카계 미국인의 평균수명은 백인에 비해 더 빠르게 증가하여 두 집단 간의 차이는 점점 더 줄어들고 있다. 라틴계 미국인과 아시아계 미국인의 평균수명은 유럽계 및 아프리카계 미국인보다 더 높다(Centers for Disease Control, 2013).

통상적으로 모든 사회에서 대부분의 노령 인구는 가난하다. 일을 중단하면 수입 또한 중단되기 때문이다. 인류 역사상 최근까지 노인을 위한 연금제도란 존재하지 않았다. 그러나 20세기 중반에 들어오면서 선진국에서는 연금제도와 의료혜택 프로그램을 통해 성인 후기의 빈곤 문제를 해결하는 변혁이 엄청나게 일어났다. 예를 들어 미국에서는 65세 이상 노년층의 빈곤수치가 1959년에는 35%에 다다랐지만, 2006년에는 9%로 떨어졌다. 캐나다에서는 1971년 노년층의 빈곤수치가 37%에서 2004년에는 6%로 감소했다(Center for American Progress, 2011; Conference Board of Canada, 2011). 그럼에도 선진국에서도 빈곤에 노출되어 있는 노인들은 존재한다. 65세 이상의 아프리카계 미국인과 라틴계 미국인은 유럽계 미국인에 비해 빈곤에 노출될 가능성이 배로 높다(Center for American Progress, 2011). 대부분의 선진국에

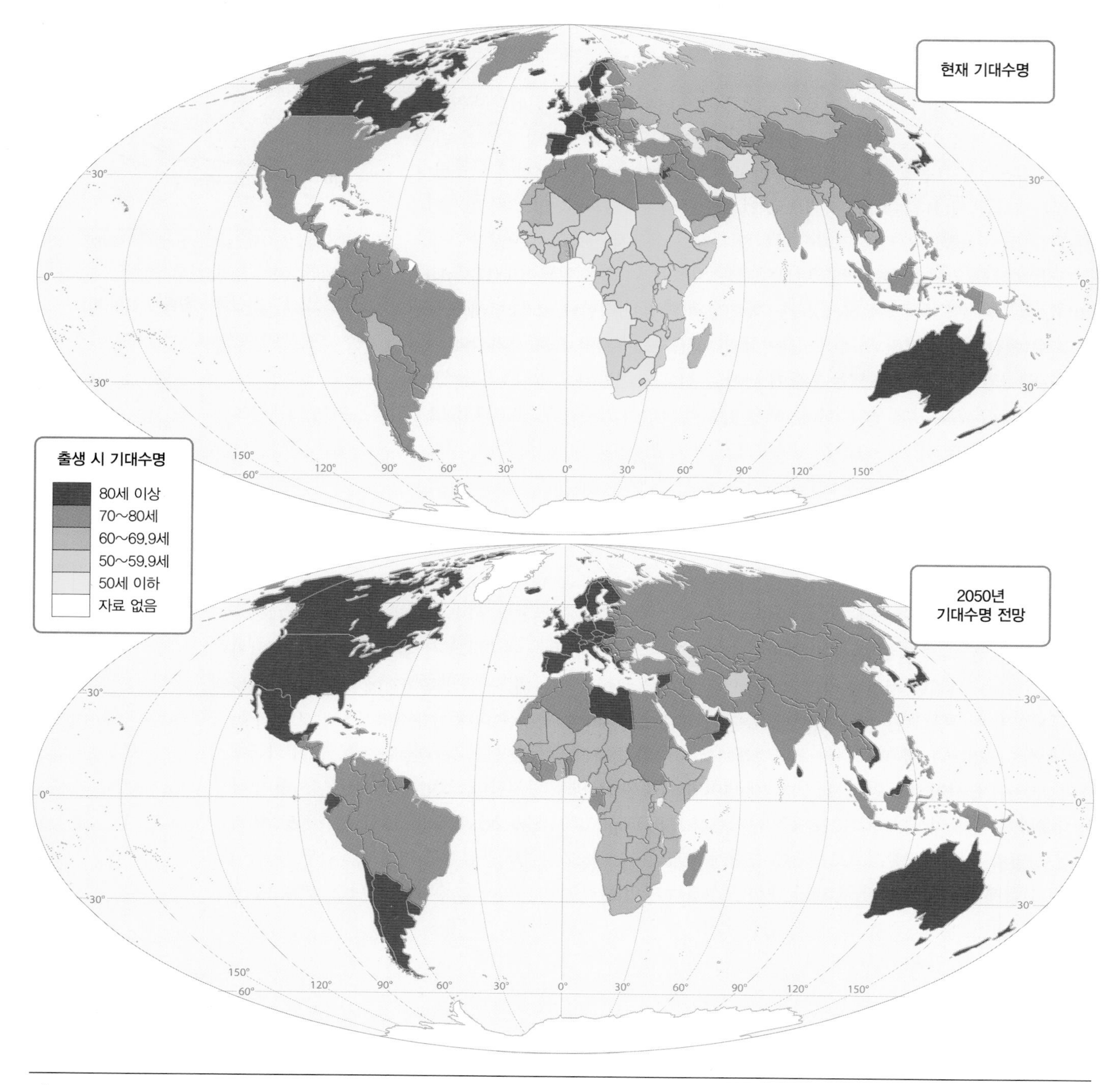

지도 12.1 전 세계적인 기대수명의 장례 추계 및 전망

현재와 2050년 사이 전망되는 기대수명의 변화는 어떠한가? 선진국과 개발도상국 사이에 수치는 어떤 차이를 보이는가?

서 노령의 여성은 남성에 비해 빈곤에 노출될 가능성이 현저히 높다(Zaidi et al., 2006). 대다수의 개발도상국은 노년을 위한 연금제도를 갖추고 있지 않아 이로 인해 노인은 자녀과 손자에게 경제적으로 의존하게 된다.

신체발달 : 신체적 변화

성인 후기에 이르면 육체가 나이를 먹음에 따라 신체적 기능이 많은 도전에 직면하게 된다. 그러나 유전적인 것과 생활습관, 의료혜택 등에 따라 신체노화 정도의 차이는 현저하게 달라질 수 있다. 노년학자들은 1차적 노화와 2차적 노화에 대해 유용하게 구분을 하고 있다(Whitbourne & Whitbourne, 2010). **1차적 노화**(primary aging)는 필연적인 생물학적 노화로, 인류뿐만 아니라 모든 살아 있는 생물체에 일어나는 현상이다. **2차적 노화**(secondary aging)는 신체적 기능의 쇠퇴를 뜻하며, 생활습관에서 비롯되는데, 건강에 좋지 못한 식습관, 불충분한 운동량, 약물 남용뿐만 아니라 오염된 환경적 영향에서 기인한다. 우리 모두는 1차적 노화를 겪게 된다(많은 국가에서 많은 사람이 이를 숨기기 위해 필사적인 노력을 하고 있지만). 2차적 노화는 앞으로 살펴보겠지만, 예방하거나 또는 적어도 최소화할 수 있다.

외모의 변화

성인 후기의 신체적 노화 증상을 알아보고, 1차적 노화와 2차적 노화가 외모에 미치는 영향을 구분한다.

어떤 면에서 보면 성인 후기에 나타나는 신체적 노화 증상은 성인 중기 또는 그 이전에 이미 시작된 과정의 연속이다. 머리카락은 점점 더 회색으로 변하고, 여성이든 남성이든 더 가늘어진다. 실제로는 머리카락 자체가 회색으로 변하는 것이 아니라 이전에 다른 색깔로 보이게 했던 색소들이 감소하는 현상이다. 피부는 주름지고 늘어진다. 뼈는 약해지며, 특히 여성의 경우 더 심하여 그로 인해 허리가 구부정해진다.

그와 더불어 성인 후기에는 새로운 노화의 증상이 나타나기 시작한다. 머리카락이 가늘어지고 수가 줄어들면서 놀랍게도 (끔찍하게도) 귓가에 또는 (여성의 경우) 턱에 털이 나기 시작한다. 피부에는 반점이 생기기 시작한다. 나이 들면서 생기는 반점은 수십 년 동안 햇빛에 노출된 결과로 생기는 현상으로, 피부색이 하얀 사람들에게 더 많이 나타나며, 햇빛에 노출이 많이 되었던 신체 부위에 생기는데 주로 얼굴과 팔과 손이다. 피부에는 검은 점들이 점점 더 늘어나고, 피부가 얇아짐에 따라 혈관이 눈에 확연히 보이게 되는데, 피부가 하얀 사람일수록 그 정도가 더 심해진다. 신장은 점차적으로 줄어드는데, 60세를 넘기면서 척추의 골밀도가 감소하게 되고 그로 인해 남성의 경우 3.8센티미터, 여성의 경우 5센티미터 정도 줄어들게 된다(Pfirrmann et al., 2006). 턱뼈 골밀도의 감소는 얼굴을 말라보이게 한다. 체중은 성인 중기 때의 최고치에서 점점 더 감소하게 되는데, 이는 공복감을 조절하는 호르몬의 변화로 성인 후기에는 식사량이 줄어들기 때문이다(Di Francesco et al., 2007). 치아는 표면의 에나멜 감소 및 차와 커피 그리고 담배와 같은 축적된 음식물로 인해 누런색을 띠게 된다. 최근처럼 치과의료가 발달하기 이전에는 대부분의 사람들이 성인 후기에는 치아가 없었고, 심지어는 오늘날에도 미국인의 20% 정도가 65세를 넘기면서 모든 자연치를 잃고 만다(Pleis & Lethbridge-Cejku, 2006).

선진국의 많은 사람들이 성인 후기에는 성인 중기와 마찬가지로 노화 증상들을 감추거나 돌이키기 위해 조치를 취한다. 머리카락을 염색하고, 피부에 화장품을 바르고, 빠져버린 이를 대신해 의치를 끼운다. 그러나 외모의 노화 속도를 낮추는 최고의 방법은 앞으로 살펴보겠지만, 규칙적인 운동과 건강한 식습관이다.

1차적 노화 모든 살아 있는 유기체에게 발생하는 피할 수 없는 생물학적 노화

2차적 노화 영양 부족, 운동 부족, 약물 사용 등 생활양식과 오염과 같은 환경 탓으로 인해 발생하는 신체기능의 저하

감각의 변화

성인 후기의 시각, 청각, 미각, 후각의 변화를 알아본다.

성인 후기에는 모든 감각의 기능이 쇠퇴하는데, 특히 고령의 노인에게는 절대적이다. 쇠퇴하는 기능 중 몇몇은 치료와 개선 방법이 존재하지만, 그 효과에 있어서는 차이가 있다. 하지만 이러한 방법들도 선진국에서나 가능하다.

시각의 변화 성인 후기에 이르면 각막, 수정체, 망막 그리고 시신경(**그림 12.2** 참조) 등 전반적인 시각 시스템에 변화가 온다. 눈 표면에 위치한 각막은 흐릿하게 되어 시각적 정확성을 상실하게 되고, 밝은 빛에 예민해지게 된다(Dugdale, 2010). 수정체는 성인 중기에 시작된 현상이 지속되어 노년에 이르면 두꺼워지고 노랗게 변한다. 노인은 자주 백내장을 앓게 되는데, 이는 수정체가 두꺼워지면서 시각이 흐려지고 비뚤어지게 되는 현상이다. **백내장**(cataracts)은 성인 후기에 나타나는 가장 흔한 장애로, 70대의 연령에는 25%, 80대의 연령에는 50%가 영향을 받게 된다(Fujikado et al., 2004). 백내장이 생기는 가장 큰 이유는 생물학적 노화에 있다. 하지만 흡연과 자외선 노출은 위험성을 상승시킨다(Klein et al., 2003). 각막기능의 쇠퇴를 치료할 수 있는 길은 없다. 그러나 현재 수정체는 선진국에서 인공수정체로 대치하는 수술을 받을 수 있다(Stifter et al., 2004; Walker et al., 2006). 개발도상국에 사는 사람들은 이러한 수술을 받을 가능성이 현저히 낮으며 따라서 백내장은 성인 후기에 겪게 되는 시력상실의 가장 큰 원인 제공 요소이다(Resnikoff et al., 2004).

망막의 경우 황반이 노화에 가장 많은 영향을 받게 되는데, 황반은 망막의 중심으로 시각이 가장 선명한 부분이다. 망막의 세포들이 약화되면서 노인은 **황반변성**(macular degeneration)을 겪게 되는데, 시각 범위 중심부에서 선명도를 잃게 되는 증상이다. 이 질병은 65~74세 사이 노인들의 4%를 차지하고, 75세 이상의 경우 15%를 차지한다(Chopdar et al., 2003). 다시 말하지만 1차적 노화가 주 원인이지만 흡연은 위험성을 높이며, 생선과 녹색 채소를 포함한 건강한 식단은 위험성을 떨어뜨린다(Johnson & Schaefer, 2006; Rattner & Nathans, 2006). 조기에 발견하면 레이저 시술 또는 약물로 치료할 수도 있으나, 치료를 받지 못할 경우 시력상실을 초래할 수 있다(Lim et al., 2012).

백내장 눈의 수정체가 점진적으로 얇아져 시야가 흐릿해지고 불투명해지며 왜곡되는 것

황반변성 시각 시스템의 노화로 인해 시야 중심의 투명성이 상실되는 것

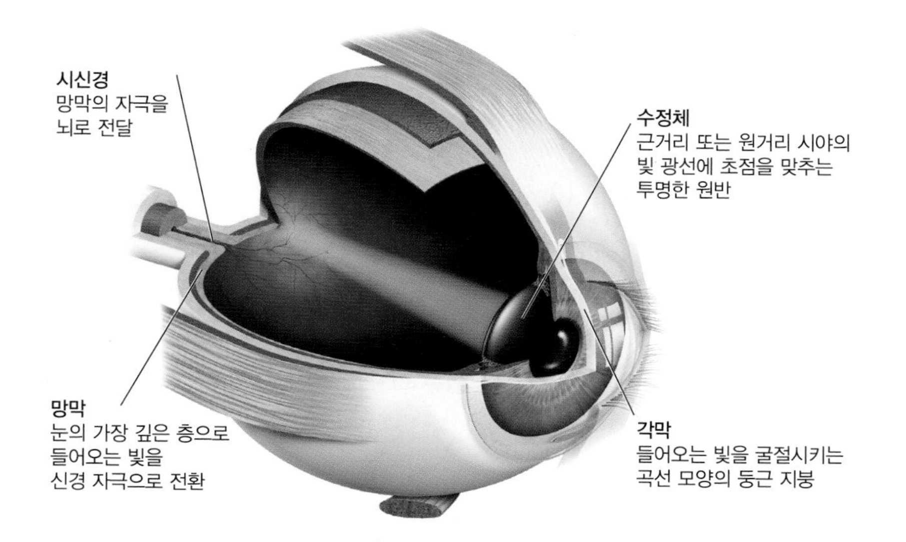

그림 12.2 노화의 영향을 받은 눈의 일부

마지막으로 시각적 정보를 뇌에 전달하는 시신경의 역할은 나이가 듦에 따라 점점 더 그 기능을 상실하게 된다(Gawande, 2007). 나아가 90세를 넘긴 노인의 경우 10% 정도는 눈에 액체가 생기고 그로 인해 시신경에 손상을 주는 압력을 가하여 주변시(周邊視)의 상실을 불러일으키는 **녹내장**(glaucoma)이 유발된다. 안약으로 치료를 할 수 있지만, 치료를 받지 못할 경우 결국에는 시각상실에 이르게 된다. 노인들은 백내장, 황반변성, 녹내장에 취약하기 때문에 정규적으로 안과진료를 받는 것이 중요하다.

보청기는 성인 후기의 청각 감퇴를 보완할 수 있지만 대부분의 노인은 보청기 착용을 망설인다.

대부분의 인간 활동에 시력은 매우 중요하다. 따라서 성인 후기에 시력의 퇴화는 노년의 삶 전반에 영향을 미친다. 시력(선명도)의 상실은 노인의 일상생활에 많은 어려움을 초래하는데, 예를 들면 운전과 같은 것이다. 80세 이후에 자동차 사고 비율은 급격하게 상승하는데, 부분적으로는 시각의 문제에서 기인한다. 가사, 식사 준비하기, 개인적인 미용 등은 점점 더 힘든 노동이 되고, 실수를 야기하게 된다(Marsiske et al., 1997). 독서는 점점 더 힘들어지고, 활자가 큰 책을 찾게 되며, 컴퓨터의 폰트도 커지게 된다. 텔레비전을 보거나 연극을 보러 가는 등의 여가활동도 악화된 시력으로 인해 더 이상 유쾌하지 않게 된다. 하지만 효율적인 치료 방법을 통해 대부분의 시각 문제들은 심지어 85세 이상의 노인에서도 단 30% 정도만이 심각하게 일상생활에 방해를 받고 있다고 보고된다(Crews & Campbel, 2004). 이 수치는 미국과 그 외의 선진국에 해당되지만, 개발도상국에서는 노인이 시력 문제로 인해 의학적 치료를 받을 수 있는 가능성이 현저히 낮기 때문에 이 수치는 상대적으로 현저히 상승할 것으로 보인다.

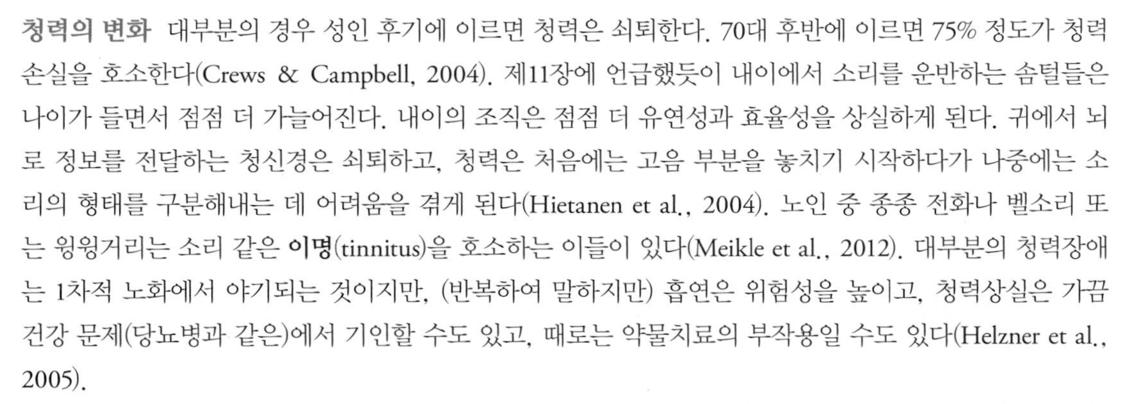

청력의 변화 대부분의 경우 성인 후기에 이르면 청력은 쇠퇴한다. 70대 후반에 이르면 75% 정도가 청력 손실을 호소한다(Crews & Campbell, 2004). 제11장에 언급했듯이 내이에서 소리를 운반하는 솜털들은 나이가 들면서 점점 더 가늘어진다. 내이의 조직은 점점 더 유연성과 효율성을 상실하게 된다. 귀에서 뇌로 정보를 전달하는 청신경은 쇠퇴하고, 청력은 처음에는 고음 부분을 놓치기 시작하다가 나중에는 소리의 형태를 구분해내는 데 어려움을 겪게 된다(Hietanen et al., 2004). 노인 중 종종 전화나 벨소리 또는 윙윙거리는 소리 같은 **이명**(tinnitus)을 호소하는 이들이 있다(Meikle et al., 2012). 대부분의 청력장애는 1차적 노화에서 야기되는 것이지만, (반복하여 말하지만) 흡연은 위험성을 높이고, 청력상실은 가끔 건강 문제(당뇨병과 같은)에서 기인할 수도 있고, 때로는 약물치료의 부작용일 수도 있다(Helzner et al., 2005).

시력 쇠퇴와 마찬가지로 청력 쇠퇴는 성인 후기의 일상생활 다방면에 영향을 끼치는데, 특히 사회적 기능 면에 끼치는 영향이 크다. 정확하게 알아들을 수 없다는 어려움이 단순한 대화조차도 불편하게 만드는데, 특히나 소음으로 둘러싸인 상황에서는 그 어려움이 커진다(Murphy et al., 2006). 때로는 청력의 쇠퇴가 사회생활에서 은퇴하게 만드는 원인이 되기도 하는데, 대화가 노인에게 몹시 힘들어지고 스트레스가 되어 사람들과의 접촉을 점점 더 회피하게 되기 때문이다. 청력쇠퇴는 고독 및 우울증과 관련된다(Kramer et al., 2002). 청력장애는 또한 인지 능력의 쇠퇴와도 관련이 있다. 노인이 청력에 문제가 생기면 노인의 인지 능력은 사람들이 무슨 말을 하고 있는가를 알아차리는 데 집중을 해야 하기 때문에 이전

녹내장 시신경을 손상하는 액체로 인해 주변시가 상실되는 것

이명 외적 자극이 없음에도 불구하고 귀가 불쾌하게 울리고 윙윙거리는 청각 체계의 문제

에 들었던 말을 이해하고 기억하는 데 주의를 기울일 수 없게 된다(Wingfield et al., 2005).

청력보조기구들은 청력 쇠퇴를 상쇄하는 데 사용되기도 한다. 그런데 대부분의 노인은 이와 같은 보조기구 사용을 거부한다(Lesner, 2003). 노인이 듣기 원하는 소리뿐만 아니라 그 외의 모든 소리를 동시에 확성시키기 때문에 대화가 여전히 어렵다고 호소한다. 어떤 노인은 보조기구를 착용하고 있으면 '늙어' 보이게 만들고, 사람들로부터 무시를 당하거나 혹은 동정심을 유발하게 될까 두려워한다(Meister & von Wedel, 2003). 하지만 최근의 청력보조기는 외부적으로 눈에 잘 띄지 않게 만들어져서 청력보조기 착용에 따른 오명을 줄일 수 있게 되었다(Whitbourne & Whitbourne, 2010).

미각과 후각의 변화 미각과 후각 역시 성인 후기에는 쇠퇴한다(Dugdale, 2010). 나이가 60을 넘으면 혓바닥의 돌기가 줄어들고, 콧속에 있는 냄새를 맡는 수용기의 세포가 사라지면서 뇌에 존재하는 후각줄기(냄새를 처리)가 시들게 된다. 1차적 노화 현상일뿐만 아니라, 특정 질병과 약물의 부작용의 결과일 수도 있으며, 흡연(거듭 말하지만!)은 성인 후기에 후각과 미각을 감소시킨다(Rawson, 2006). 65세 이상 노인 중 4분의 1이 후각과 미각의 상실을 호소한다. 그러나 이 수치는 나이가 80을 넘기게 되면 60% 이상으로 증가하게 된다(Murphy et al., 2002).

후각과 미각의 쇠퇴는 먹는 즐거움을 빼앗아가게 된다. 노인은 입맛을 잃어버리게 되고, 즐겨 먹던 음식 맛을 잊어버리게 된다(Seiberling & Conley 2004). 후각과 미각의 장애는 노인의 음식섭취를 줄어들게 만들고, 이는 영양부족으로 나타나게 된다(DiMaria-Ghalili et al., 2008; Savina et al., 2003). 뿐만 아니라 때로는 가스냄새라든지 또는 화재로 인한 연기냄새를 맡지 못해서 위험 상황이 발생할 수 있는 가능성도 높아지게 된다.

수면습관의 변화

성인 후기에 나타나는 수면습관의 변화를 설명한다.

수면장애는 제11장에서 살펴보았듯이 40세가 되면 증가하기 시작하고, 60세를 넘으면 심화되어 나타난다(Crowly, 2011). 사람들이 필요로 하는 수면량은 성인 중기에서 성인 후기로 접어들면서 다소 감소한다(Ancoli-Israel & Cooke, 2005). 하지만 성인 후기에는 사람들이 잠드는 데 더 많은 시간이 필요하고, 밤중에 더 자주 깨어난다. 나아가 사람들은 나이가 들면서 깊은 잠을 자지 못하게 되는 경우가 많다. 1단계, 즉 얕은 잠에 소요되는 시간은 증가하고, 4단계와 렘수면에 소요되는 시간은 감소한다(Kamel & Gammack, 2006).

수면무호흡의 가장 흔한 치료법은 CPAP 사용이다.

성인 중기에서 성인 후기에 이르면 사람들의 수면습관과 깨어나는 시간도 변한다. 나이가 들면 사람들은 보통 일찍 잠자리에 들고, 아침 일찍 일어나는 것을 좋아하게 된다. 제9장에서 소개했듯이 저녁형보다는 아침형을 선호하는 경향을 띠게 된다. 65세 이상의 노인을 젊은 연령층과 비교한 한 연구에서는 다수의 노인이 확실히 아침에 더 건강하고 정신이 맑다고 밝힌 반면, 젊은 연령층에서는 단 한 사람도 없었다. 반면에 대부분의 젊은 연령층 사람들은 주로 또는 확고하게 저녁 시간대에 컨디션이 최상이라고 밝혔으나 노인에서는 한 사람도 없었다(Hasher et al., 2005).

65세 이상 노인 중 절반 이상이 호소하는 가장 흔한 수면장애는 **수면무호흡증**(sleep apnea)으로, 수면과 관련된 호흡기 질환이다(Crowley, 2011). 수면무호흡증을 앓고 있는 사람들은 밤 사이 잠자는 동안 여러 번에 걸쳐 10초 또는 그 이상의 호흡정지 상태를 보인다. 공기가 통과하는 폐가 닫혀 있다가 다시 열리게 되면 이로 인해 갑작스럽게 큰 소리로 코를 골며 깨어나게 된다. 수면무호흡증은 특히 비만이거나 심하게 음주를 하는 노인에게 자주 나타나는 현상이며, 또한 여성보다는 남성에게 확실히 더 자주 나타난다(Ye et al., 2009). 수면무호흡증을 다루는 가장 좋은 치료 방법은 지속적으로 기도를 확보해주는 방법으로 **지속양압호흡**(continuous positive airway pressure, CPAP)이 있다. 이는 환자가 잠들어 있는 동안 환기장치를 통해 지속적으로 부드러운 바람을 코에 불어넣어 기도를 확보해두는 방법이다(Roux & Kyger, 2010). 이 치료법은 대개는 굉장히 효율적인데, 압력이 불편하여 이 장비를 거부하는 사람들이 종종 있다. 수면무호흡증을 치료하는 약물을 개발하는 시도는 현재까지 아무런 성과를 거두지 못하고 있다(Hedner et al., 2008).

수면무호흡증 폐로 들어가는 기도가 폐쇄되어 자는 동안 10초간 또는 여러 번 호흡 중지가 발생하는 수면 관련 호흡장애로, 기도가 다시 열리고 수면자가 깨어나면서 갑작스러운 코골이가 발생함

성인 후기에 나타나는 수면 변화는 1차적 노화의 결과이지만, 그러나 또한 정신과 건강 상태의 영향도 받는다(Riedel & Lichstein, 2000). 우울증 또는 불안과 같은 심리 상태는 수면을 방해할 수 있으며, 또 관절염 또는 골다공증과 같은 건강 상태 역시 수면을 방해할 수 있다. 성인 후기의 다양한 노화 요소들 역시 수면을 방해하는데, 예를 들면 '하지불안증후군(restless legs)'으로 잠들어 있는 동안 다리 근육의 긴장으로 인해 다리를 계속 떨게 되는 증상을 보이는데, 이는 혈액순환을 저하시킨다. 뿐만 아니라 1차적 노화 현상의 결과로 방광이 줄어들거나 (남성의 경우) 전립선이 커지면서 낮과 밤 상관없이 소변을 자주 보게 만든다.

수면장애에 대처하기 위해 전문가들은 규칙적인 취침 및 기상시간을 추천하며, 더불어 취침 전 알코올 또는 카페인 섭취를 피하도록 권면하고 있다(Crowley, 2011). 낮 시간에 규칙적인 운동을 하는 것도 많은 사람들에게 숙면을 향상시킨다(Van Someren et al., 1997). 낮잠을 자는 것은 밤에 잠드는 것이 힘들어질 수 있으므로 피하는 것이 좋다(Foley et al., 2007). 수면장애를 위한 약물 또한 다양하게 제공되고 있으며, 다른 연령층보다 특히 노인이 빈번하게 처방을 받고 있다(Feinsilver, 2003). 이전에는 약물 복용이 오래 지속되면서 수면장애를 오히려 악화시키는 경향이 있었으나, 최근의 약물치료는 부작용 문제를 효율적으로 개선하고 있는 것으로 보인다(Salzman, 2008).

신체발달 : 성인 후기의 건강

많은 사람들이 성인 후기에도 비교적 좋은 건강 상태를 유지하지만, 그럼에도 건강 문제가 큰 이슈로 급부상하는 시기이기도 하다. 이 절에서는 성인 후기의 가장 빈번한 건강 문제를 진단하고, 건강관리 및 건강증진을 살펴보고, 건강한 식단과 규칙적인 운동의 중요성 및 흡연과 음주의 위험성을 논하고자 한다.

만성적 건강 문제

성인 후기와 관련된 주요 건강 문제를 진단하고, 가능한 치료 방법을 살펴본다.

성인 후기에는 1차적 및 2차적 노화 현상으로 인해 다양한 건강 문제가 만연하다. 가장 빈번하게 나타나는 세 가지 질병으로는 관절염, 골다공증, 고혈압을 꼽을 수 있다. 선진국에서는 이 세 가지 질병에 관한 총체적인 연구가 진행되고 있다.

성인 후기의 대부분의 여성은 골다공증을 앓고 있다.

관절염 성인 후기의 가장 흔한 질병 중 하나는 **관절염**(arthritis)으로, 고관절, 무릎, 목, 손, 허리의 관절에 발생하는 질병이다. 선진국의 65세 이상 노인 중 절반 정도가 관절염을 호소하고 있는데, 정확한 원인은 밝혀지지 않은 채 남성보다는 여성이 더 자주 노출되는 것으로 나타난다(Bolen et al., 2010). 대부분의 관절염은 수십 년간 관절을 사용함으로써 연골이 닳아 없어지는 데서 유발된다. 관절 내에서 충격을 흡수하는 액체 또한 1차적 노화 현상의 결과로 점점 더 사라지게 된다. 이로 인해 관절이 경직되고 통증을 유발하면서 병뚜껑을 연다든지, 열쇠를 돌린다든지 등의 일상생활이 어려워지게 된다.

관절염 치료에 대한 해법은 없고, 단지 통증을 감소시키는 치료법이 있을 뿐이다. 신체의 특정 부분에 집중되어 나타나는 통증을 치료하기 위해 예를 들어 고관절 또는 무릎에 인공관절을 심는 수술은 선진국에서 자주 시행되고 있다(Davenport, 2004). 1차적 노화 현상의 결과로 줄어드는 관절액을 대체할 합성액을 주입하는 기술을 개발하고 있지만 현재까지는 연구가 진행 중일 뿐이다.

적당한 운동은 관절염의 증상을 완화시킬 수 있다. 관절염을 앓고 있는 노인들을 세 집단으로 나누어 실행한 연구가 있었다. 두 집단은 8주간의 운동에 참여하도록 하였는데, 한 집단은 수중운동, 또 다른 집단은 걷기운동에 참여하였고, 나머지 세 번째 집단은 감독을 맡았다. 8주가 지난 후 운동에 참여했던 두 집단은 감독을 맡았던 세 번째 집단보다 걷기, 구부리기, 들어올리기, 계단 오르기와 같은 일상생활을 훨씬 더 유연하게 수행해낼 수 있었다.

골다공증 제11장에서 언급했듯이 골다공증은 중년기에 접어든 여성에게 심각하게 나타나기 시작하는데, 이는 폐경기에 에스트로겐의 급격한 저하를 겪는 것에서 기인한다. 폐경기를 통과하면서 골밀도는 현저하게 떨어지기 시작하는데, 성인 후기까지 지속되면서 골다공증의 발병률은 상승한다. 선진국에서는 60세 이상의 여성 노인 중 3분의 2 정도가 골다공증을 앓고 있다(IOF, 2011). 골다공증으로 인해 노년의 여성들은 골절 위험이 높아지고, 결과적으로 사망의 위험 또한 상승한다. 65세 이상의 여성 중 15% 정도가 골절을 경험하고, 1년 내에 사망에 이른다(Reginster & Burlet, 2006). 보건당국에서는 여성이 폐경기 이후 정기적으로 골밀도 측정을 받도록 권장하고 있다. 골다공증은 정규적인 뼈 강화 운동(예 : 웨이트 트레이닝)과 충분한 칼슘 섭취를 통해 지연되거나 또는 반전시킬 수도 있다(Dolan et al., 2004). 남성들 또한 골다공증을 앓게 될 수는 있으나 여성의 5분의 1 수준에 그친다(IOF, 2011).

고혈압 세 번째로 빈번한 성인 후기 질병은 **고혈압**(hypertension)이다. 미국에서는 65세 이상의 노인 중 70% 정도가 고혈압 환자이다(CDC, 2014). 다른 선진국에서도 수치는 비슷하다. 고혈압은 심장근육이 경직되면서 박동이 줄어드는, 부분적으로 1차적 노화 현상의 결과이다. 하지만 2차적 노화 또한 고혈압을 일으킨다. 동맥벽이 점점 더 경직되고, 콜레스테롤과 지방이 많은 음식물로 인한 석고가 축적된다. 스트레스는 혈압을 상승시키는데, 빈곤 지역의 사람들은 고지방 음식과 만성적 스트레스로 인해 고혈압 발병률이 현저히 높다(Almeida et al., 2005).

고혈압은 직접적인 증상이 나타나지 않는다. 하지만 고혈압은 시간이 흐르면서 심혈관계를 약화시킨다. 심장은 무리해서 뛰게 되고, 동맥은 약해지고, 염증이 생긴다. 성인 중기와 특히 후기에 고혈압을 앓

관절염 엉덩이, 무릎, 목, 손 등에 특히 영향을 주는 관절에서 발생하는 질병

고혈압 종종 1차적 노화와 2차적 노화에 의해 발생되는 높은 혈압

고 있는 노인은 심혈관질환으로 인해 사망할 확률이 상당히 높다(Bowman et al., 2006). 다행히도 고혈압을 효과적으로 치료할 수 있는 약물이 많다(Ruppar, 2010). 하지만 고혈압 증세가 눈에 두드러지게 나타나지 않기 때문에 사람들은 약 복용하는 것을 쉽게 잊어버리거나 피로감이나 설사, 어지러움증 같은 부작용 때문에 복용을 중단하는 경우가 있다(Viswanathan & Lambert, 2005).

건강관리와 건강증진

건강에 좋은 세 가지 생활습관을 알아본다.

성인 후기에 가장 빈번하게 발생하는 건강 문제를 해결하거나 또는 최소한 감소시킬 수 있는 의학적 방안이 다행히도 많이 존재한다. 선진국 전반에서 젊은 연령층의 사람들보다 노인이 의료혜택을 훨씬 더 많이 받고 있음이 **그림 12.3**에 나타나고 있다(OECD, 2009, p. 169).

모든 선진국마다 65세 이상의 노인을 위한 건강관리 프로그램을 제공하고 있다. 반대로 개발도상국의 노인은 단순하고 비싸지 않은 의료기술조차도 접근이 어려워 증상을 완화시키거나 심지어 생명을 연장할 수 있는 기회가 없다. 선진국과 개발도상국 사이의 엄청난 기대수명의 차이는 우선적으로 영·유아 사망률과 성인 후기의 건강관리 혜택에 그 원인이 있다(Mahfuz, 2008).

하지만 거의 모든 선진국이 21세기에 들어서면서 노인을 위한 건강관리 재정 확보에 어려움을 보이고 있다. 의학의 발전으로 매해마다 노인은 더 건강하고 더 오래 살게 되었다. 고무적인 현상이지만, 모든 의료기술의 진보는 비용이 따르고, 노인의 총체적 건강관리 재정은 늘어나게 된다. 나아가 이전에 살펴보았듯이 모든 선진국에서 OADR은 급상승하고 있고, 따라서 해가 거듭될수록 65세 이상의 노인을 위한 건강관리 프로그램을 지원하는 재정 시스템에 세금을 내는 20~64세 연령층은 점점 더 줄어든다.

기대수명을 연장시키고 건강을 유지하고 통증과 장애를 완화시키는 의료기술의 눈부신 발전은 대단한 것이지만, 성인 후기의 건강을 지키는 가장 좋은 방법은 의외로 단순하고 의료기술을 필요로 하지 않는다. 건강한 식습관, 규칙적인 운동 그리고 건강을 해치는 흡연과 음주를 피하는 것이다. 이 원칙들은 오랜 시간 동안 잘 알려진 사실이지만, 최근에 그 효율성을 입증하는 연구 결과가 발표되었다.

식이요법의 효과 저지방과 저당으로 균형 잡힌 식단은 모든 연령층을 통틀어 건강을 촉진시킨다. 하지만 젊은 나이보다 성인 후기에 건강한 식단을 유지하는 것은 훨씬 더 중요한데, 그 이유는 1차적 노화를 유보시키고, 다양한 질병과 질환이 발생할 수 있는 시기에 면역력을 강화시키기 때문이다. 건강한 식단은 건강을 촉진시키는 칼슘, 아연 및 비타민 A, B6, B12, C, D, E와 같은 미량영양소를 함유하고 있다. 건강한 식단은 일반적으로 충분한 양의 미량영양소를 제공하고 있지만 최근의 연구 결과에 의하면 매일 비타민 D를 복용하면 성인 후기의 심각한 질병을 현저히 줄일 수 있다고 나타났다(Hewison, 2012).

반대로 고지방, 고당 식단은 나이가 들어가면서 다양한 질병과 질환이 발생할 위험성을 높인다(Blumenthal et al., 2005). 빈약한 식단은 비만을 초래하기 쉽고, 성인 중기와 후기에 질병과 사망의 위험성을 높이게 된다. 전 세계적으로 심혈관질환은 성인기의 주된 사망원인인데(WHO, 2014), 비만 환자들에게 그 위험성은 더 크게 나타난다(Ajani et al., 2006). 특히나 붉은고기 섭취량이 가장 높은 러시아, 루마니아, 폴란

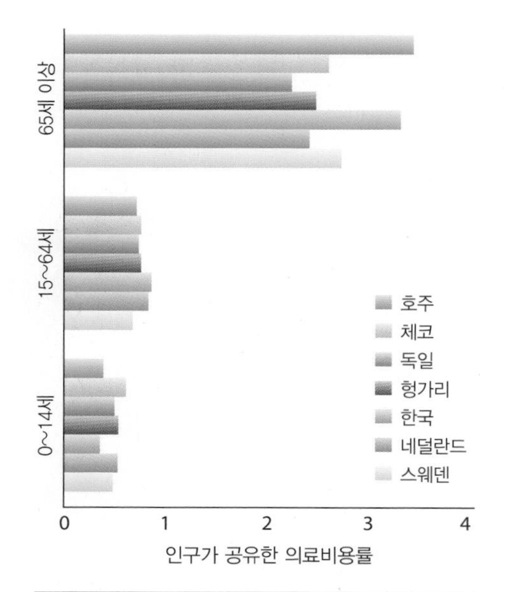

그림 12.3 연령별 의료자원 이용

65세 이상의 연령층이 다른 연령 집단에 비해 훨씬 높은 의료자원 이용률을 보여주고 있다.
출처 : OECD (2009)

문화 초점 : 다양한 문화권의 성인 후기 신체건강

개발도상국은 선진국에 비하여 낮은 OADR을 보여주는데, 이는 비교적 소수만이 성인 후기에 접어들게 되고, 상대적으로 높은 출산율을 보이기 때문이다. 하지만 개발도상국에서는 기본적인 의료혜택이 비싸고, 최신 치료법과 기술을 보유한 의료 시스템을 확보할 재정이 부족하기 때문에 국민들에게 기본적인 의료혜택을 제공하는 책임이 큰 짐이 되고 있다.

드에서 수치는 훨씬 높다(Rosamond et al., 2007). 선진국에서 두 번째 사망원인은 암이다. 비만은 결장암, 간암, 췌장암, 신장암 및 (여성에게 나타나는) 유방암과 자궁경부암을 포함한 암 발병률을 50% 증가시킨다(Calle et al., 2003). 특정한 음식은 특정한 암 종류와 관련이 있는데, 예를 들면 일본과 한국, 동유럽의 일부 국가에서 가장 높은 수치를 보이는 위암은 훈제음식과 짜고 절인 음식에 기인하는 것으로 보인다(Tsugane, 2005).

성인 후기에는 사회적 상황이 건강한 식단을 유지하기 어렵게 만들기도 한다. 선진국에서는 젊은 층의 사람들보다는 노인이 혼자 사는 경우가 많다. 장을 보고 끼니를 준비하는 것이 혼자 사는 사람들에게는 덜 즐겁고 또 귀찮은 일거리가 되기 쉽다. 이런 이유로 여러 선진국에서는 노인에게 정규적으로 소액 또는 무료로 끼니를 배달해주는 서비스를 제공하고 있다(Tinetti et al., 2002).

운동의 효과 건강한 식단과 마찬가지로 규칙적인 운동 또한 모든 연령을 아울러 건강에 중요한 역할을 하지만 특히나 성인 후기에 접어들면 그 중요성이 커지는데, 1차적 노화 현상을 지연시키기 때문이다. 특히 운동은 근육신경을 향상시키고, 심혈관의 기능과 소화기관의 기능을 돕는다(Ferrera, 2004; Marcus et al., 2006). 규칙적인 운동은 근육과 골밀도를 향상시키고 골절을 감소시킨다(Karlsson, 2004). 또한 심혈관질환, 뇌졸중 및 골다공증과 같은 질병의 위험성을 감소시키고, 관절염과 당뇨병의 증상을 완화시킨다(Singh, 2004). 평가에 의하면 규칙적인 가벼운 운동은 심장발작의 위험성을 4분의 1로 감소시키고, 규칙적으로 격렬한 운동을 할 경우 위험성이 절반으로 줄어든다(Lovasi et al., 2007).

성인 후기의 규칙적인 운동은 1차적 노화를 지연시키고 질병의 위험을 감소시킨다.

연구에 따르면 특정한 운동 종류가 건강에 어떤 특정한 영향을 끼치는지 상관관계가 정확하게 드러난다. 빠른 속도로 걷기, 조깅, 자전거 페달 밟기 등과 같은 **유산소 운동**은 호흡기, 심혈관, 소화기능을 항진시킨다. 예를 들면, 60대 후반의 노인을 무작위로, 한 집단은 유산소 운동, 한 집단은 요가 그리고 세 번째 집단은 감독으로 배정한 연구에서 16주가 지난 후 유산소 운동 집단만이 폐와 심장 기능이 향상되었고 콜레스테롤 수치가 떨어지는 결과를 가져왔다(Blumenthal et al., 1989). 유산소 운동은 또한 성인 후기의 인지기능도 향상시키는데, 다음 장에서 살펴보도록 하겠다.

웨이트 트레이닝을 포함한 **체력단련운동**은 근육을 만들고 골밀도를 높여주며 심혈관 기능을 촉진시킨다(deJong & Franklin, 2004; Seguin & Nelson, 2003). 나아가 장바구니를 든다든지, 아동보호용 안전 뚜껑을 여는 등의 일상적인 노동을 수행하는 데 큰 도움을 준다.

정규적인 운동이 주는 다양한 유익에도 불구하고 운동을 하는 사람들의 수치는 성인기에 나이를 먹어가면서 줄어들고, 성인 후기에 이르면 최저를 기록하게 된다. 미국에서는 65~74세 사이의 노인 중 85%가 격한 운동을 절대 하지 않고, 75세 이상이 되면 그 수치는 95%에 이른다(Pleis & Lethbridge-Cejku, 2006). 영양보급과 마찬가지로 운동 역시 성인 후기에 들어서면 특정한 장애물이 발생한다(Singh, 2004). 운동은 신체적 기능을 확실히 향상시키지만, 신체적 기능이 이미 쇠퇴한 사람들에게는 운동이 더 어렵고 덜 유쾌해지는 것이다. 예를 들면 관절염은 운동을 할 때 더 많은 통증을 유발한다. 허리통증은 유산소 운동을 힘들거나 불가능하게 만든다. 운동은 장기적으로 볼 때 활력을 불어넣어주지만 운동을 시작하기 위해서는 어느 정도의 힘을 비축하고 있어야 한다.

성인 후기에 자동차 운전하기 우리 가족은 휴가를 같이 보내기 위해 매년마다 뉴햄프셔에서 모인다. 몇 년 전, 그때도 휴가를 보내기 위해 뉴햄프셔로 가고 있던 중 나는 당시 연세가 80이셨던 아버지의 차를 뒤따라 운전하게 되었다. 차를 몰면서 마치 술에 잔뜩 취한 사람이 내 앞에서 운전을 하고 있는 듯한 두려움이 엄습해왔다. 아버지는 속도를 갑자기 바꾸면서 차선을 여러 번 벗어나기도 하셨다. 목적지에 도착한 후 아버지에게 설명을 드리고 운전을 그만하실 것을 강력하게 권해드렸다. 그 이후로 아버지는 고속도로 주행은 중단하셨지만 내가 여러 차례 아버지에게 항의도 하고 무례할 정도로 권면했음에도 불구하고 동네에서 장을 보러 가실 때는 여전히 운전을 하셨다. 5년 뒤에 아버지의 건강 상태가 악화되어 보조생활시설에 입소한 뒤에야 아버지의 운전 경력은 막을 내렸다.

선진국에서 자동차 사고는 노인 건강에 우선적인 위협을 준다. 자동사 사고와 관련하여 상당히 세부적인 기록을 하고 있는 미국에서는 75세 이상의 노인이 사망에 이르는 자동차 사고를 일으키는 수치가 16~20세 연령층과 동일하다(NHTSA, 2014). 노인은 16~20세 연령층에 비하면 훨씬 적은 수치의 자동차 사고를 일으키지만 신체적으로 훨씬 약하고 회복력이 약하기 때문에 사망에 이르는 경우가 더 많다.

이번 장에서 살펴보았듯이 운전과 관련된 몇몇의 감각적 기능이 성인 후기에는 쇠퇴하는데, 시각과 청각이 이에 포함된다. 운전습관에 관한 연구조사 결과는 다른 운전자들의 운전습관에 반응하는 능력이 나이가 들면서 감소한다는 사실을 보여준다(Waard et al., 2009). 그럼에도 불구하고 노인은 본인의 운전 실력을 과대평가하는 경향이 있다. 한 연구 결과에 의하면 65세 이상의 노인이 모의 운전에서 충돌을 유발할 실수를 여러 차례 범했음에도 불구하고 자신의 운전 실력에 높은 점수를 주었다(Freund et al., 2005).

노인에게 있어 운전을 포기하기란 쉬운 일이 아니다. 운전을 포기한다는 것은 독립적인 생활을 어느 정도는 실제적으로 포기한다는 의미가 되기 때문이다(Ralston et al., 2001). 건강의 악화로 운전을 중단해야 하지만, 또한 운전 정지로 인해 건강이 악화될 수도 있다. 노인의 신체적 건강 상태를 평가한 한 연구조사에서 1년, 2년, 3년, 5년 뒤에 건강을 다시 진단했다. 이 기간 동안에 많은 노인이 운전을 중단하게 되었다(Edwards et al., 2009). 운전정지는 신체적·사회적 기능의 약화를 예측하게 했다. 또 다른 추적연구는 운전정지가 우울증을 유발할 것이라고 전망했다(Fonda et al., 2001). 노인의 운전정지는 노인을 돌보는 사람들에게도 힘든 과제이다. 왜냐하면 노인이 운전을 중단하고 나면 공공 이동수단을 이용하기보다는 가족이나 친구들에게 의존하게 되기 때문이다(Taylor & Tripodes, 2001).

많은 노인은 여전히 훌륭한 운전자이다. 운전 실력의 쇠퇴 정도는 사람에 따라 달라진다. 좋은 건강 상태를 유지하면서 감각 또한 예민한 경우 운전 실력은 나빠지지 않는다(Ball, 2003). 뿐만 아니라 성인 후기에 접어들면 노인은 운전을 천천히 한다거나, 운전을 줄이고 낮에만 운전하며, 친숙한 길만 운전하는 등 운전습관을 나이에 맞게 적응시킨다(Donorfio et al., 2008). 노인의 운전을 제한하는 법이 몇몇 국가에 존재하는데, 제한을 반대하는 사람들은 나이가 들면서 자동차 사고의 위험성은 물론 상승하지만 모든 연령대에는 운전 실력이 탁월한 사람들이 있음을 주장하고 있다(Griffith, 2007).

해서는 안 되는 것 : 흡연과 음주가 주는 피해 건강한 식단과 규칙적인 운동이 성인 후기 건강한 삶의 핵심이라면 피해야 될 습관은 무엇이 있을까? 건강한 삶을 유지하고 싶은 모든 사람이 피해야 할 생활습관에서 가장 먼저 꼽을 수 있는 것은 단연코 흡연이다. 오늘날 대부분의 사람들은 흡연이 폐암을 유발하며, 폐암은 다른 모든 암 종류보다 더 많이 사망에 이르게 하고 다른 암에 비해 치료가 힘들다는 사실을 잘 알고 있다(American Cander Society, 2007). 흡연이 건강에 미치는 피해는 그 범위가 엄청나다(CDC, 2014). 흡연은 폐뿐만 아니라 입, 목, 식도, 후두, 방광, 신장, 경부, 췌장, 위에도 암을 유발한다. 심장과 혈관에 피해를 입히기 때문에 심혈관질환과 심장발작을 일으킨다. 또한 뇌졸중을 유발한다. 앞서 언급했듯이 흡연은 시각, 청각, 후각, 미각의 쇠퇴를 촉진시킨다. 남성의 경우 발기장애를 유발하기도 한다(Chew et al., 2009).

다행히도 선진국에서는 흡연자들의 수가 감소하고 있다. 금연캠페인이 강력하게 추진되고 있는 미국의 경우 흡연자의 수가 1960년대 50%에서 현재 18%로 감소했다(CDC, 2014; Roeseler & Burns, 2010). 하지만 개발도상국에서는 담배회사들이 신시장 개발에 주력하면서 집중적으로 광고를 한 결과 흡연자의 수가 증가하고 있는 추세이다(**지도 12.2** 참조).

알코올 역시 건강에 피해를 가져오지만 그 영향력은 상당히 복잡하다. 하루 한 잔 내지는 두 잔 정도의 맥주나 와인은 심혈관기능을 향상시키고, 심혈관질환과 뇌졸중의 위험성을 감소시킨다(제11장 참조; Byles et al., 2006). 하지만 그 이상의 섭취량은 피해를 주기 시작하는데, 뇌졸중의 위험을 높이고, 간과 신장에 해가 된다(Reynolds et al., 2003).

결론적으로 건강한 식단과 규칙적인 운동 그리고 건강에 좋지 않은 습관을 피한 생활 습관은 기대수명

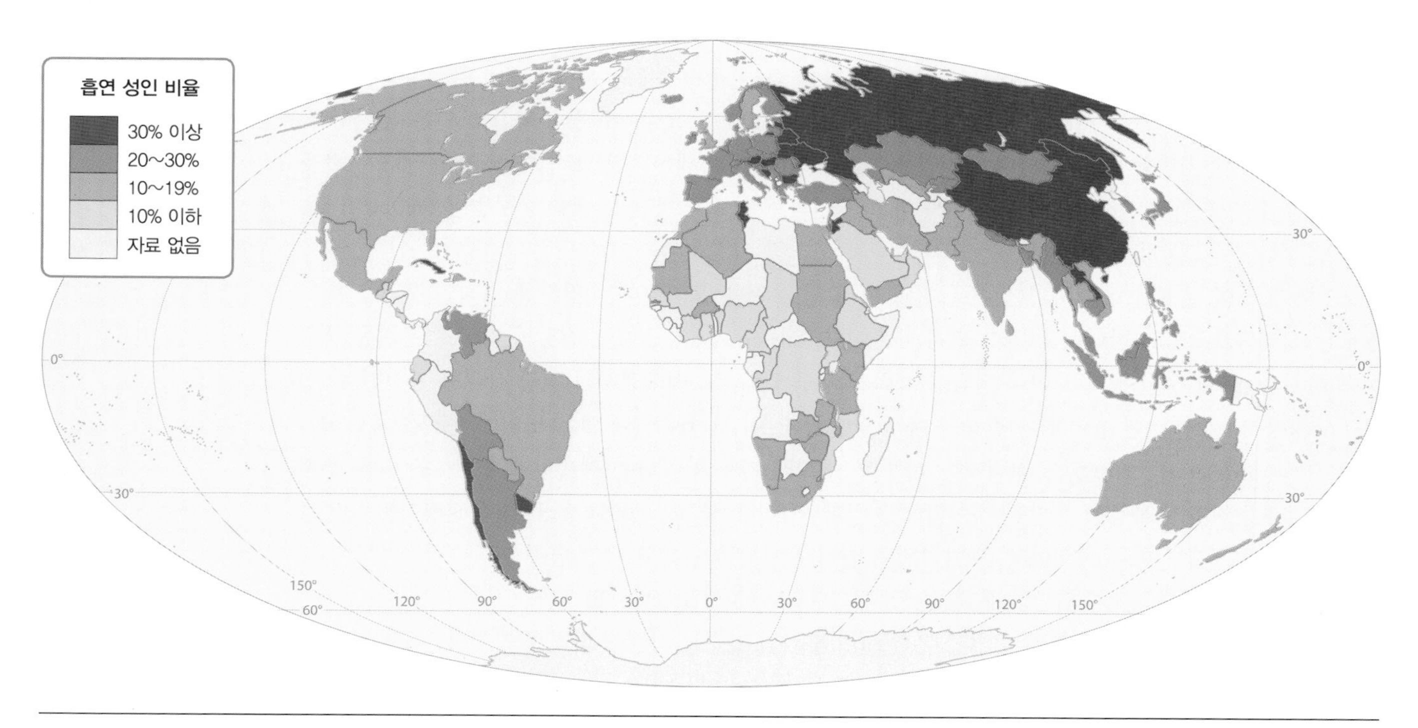

지도 12.2 **전 세계 흡연율**

가장 높은 흡연율을 보이는 국가는 어디인가? 문화적으로 어떤 요인이 이러한 편차를 설명할 수 있는가? 높은 수치의 흡연율이 나라 전체 인구에게 미치는 영향에는 무엇이 있는가?

을 연장시킬 뿐만 아니라 사람들의 **활동적 삶의 주기**(active life span)도 연장시킨다. 이는 신체적 기능에 문제가 없어서 삶을 즐기고, 일상생활의 과제를 별다른 장애 없이 수행할 수 있는 삶의 기간이다. 선진국에서는 기대수명과 더불어 활동적 삶의 주기도 지난 50년간 상승하였다(WHO, 2009). 개발도상국의 상황은 현저히 다르다. 아프가니스탄, 아이티, 르완다 같은 나라에서는 활동적인 삶의 주기가 50세 이하를 밑돌고 있다.

활동적 삶의 주기 자신의 삶을 즐기고 불편함 없이 대부분의 일상생활을 수행하기에 충분히 신체적으로 건강한 시간

2절 인지발달

학습목표

12.8 성인 후기의 집중력과 기억력의 변화를 서술한다.

12.9 성인 후기에 나타나는 뇌의 변화를 설명하고, 알츠하이머병의 증상과 위험 요인을 규정한다.

12.10 지혜를 정의하고, 나이와 문화가 지혜에 끼치는 영향을 정리한다.

12.11 인지 능력 쇠퇴에 관한 중재의 효과를 묘사하고, 노인들이 신체적·인지적 변화에 어떻게 적응하는지 설명한다.

인지발달 : 인지 능력의 변화와 쇠퇴

신체적 발달과 마찬가지로 인지적 발달도 성인 후기에 이르면 쇠퇴를 경험하게 되는데, 85세를 넘기면 현저해진다. 하지만 노화 과정을 늦추고 총명함을 유지할 수 있는 방법이 있는데, 바로 건강한 식단과 운동 그리고 높은 수준의 인지적 활동이다.

집중력과 기억력의 변화

성인 후기의 집중력과 기억력의 변화를 서술한다.

성인 후기에 이르면 정보를 처리하는 기능인 집중력과 기억력이 쇠퇴한다. 하지만 쇠퇴의 정도와 범위는 개인에 따라 상당한 차이를 보여준다. 쇠퇴의 정도 또한 해결해야 하는 과제의 종류에 따라 달라진다.

집중력 집중력의 쇠퇴는 성인 초기에 시작하여 중기를 지나 성인 후기까지 지속된다. 여러 종류의 집중력이 쇠퇴하게 되는데, 선택적 집중력, 분할된 집중력, 지속적인 집중력이 있다. 제11장에 언급했듯이 사람들은 나이가 들면서 중요하지 않은 정보를 제거하는 선택적 집중력의 쇠퇴를 경험하게 된다. 고전적 심리학 실험인 스트룹 검사에서 보여주듯이 사람들은 화면에 나타난 단어의 색깔을 지적하도록 요구되고 단어 자체는 상반된 정보를 제공한다. 예를 들면 단어 '파란색'이라는 글자가 빨간색으로 번쩍인다. 이와 같은 과제를 수행할 때 나이가 많은 사람들은 젊은 사람들보다 더 큰 어려움을 보이는데, 왜냐하면 제시된 단어의 색깔이 빨간색이라는 중요한 정보에 집중하고, 파란색이라는 단어 자체의 중요하지 않은

지속적 집중력 긴 시간 동안 지속해서 한 과제에 집중하는 능력

정보는 무시해야 하기 때문이다(Brink & McDowd, 1999; Hogan, 2003).

분할된 집중력, 한 가지 이상의 정보의 출처를 동시에 놓치지 않고 기억하는 능력 또한 나이와 함께 쇠퇴한다. 예를 들면 실험실 연구 중 모의 운전 상황에서 모니터를 조정함과 동시에 대화를 나누는 두 가지 과제를 동시에 수행하도록 요구할 때 젊은 사람보다 나이 든 사람이 훨씬 더 큰 어려움을 보인다(Verhaeghen et al., 2003).

지속적 집중력(sustained attention), 즉 한 가지 과제에 오랜 시간 집중을 요구하는 능력 또한 나이와 함께 쇠퇴한다. 지속적 집중력을 연구하는 실험실에서 참여자들에게 자극(예 : 편지)이 연속적으로 주어지면서 특정한 패턴(예 : X 다음에 A가 오는 경우)이 보일 때 버튼을 누르도록 요구된다. 나이가 많은 사람은 젊은 사람보다 반응 속도가 더 느리고 또한 실수도 빈번하다(Rush et al., 2006).

기억력 성인 후기의 기억력에 대한 연구는 다양하게 진행되어왔는데, 기억력의 감퇴는 그 정도와 진행 속도가 부분적으로는 관련된 기억력 종류에 따라 다르다는 결과가 나왔다. **절차기억**은 근육을 사용하여 수행하는 과제, 예를 들면 악기를 연주한다든지, 타자를 친다든지, 단추를 다는 등의 과제를 수행할 때 사용되는 기억으로, 비교적 감퇴가 적은 것으로 드러났다. 심지어는 최근에 습득한 과제에도 똑같이 적용되는 듯하다. 18~95세까지 연령대의 사람들을 대상으로 한 연구가 있다. 작은 땅콩을 막대에 최대한 빨리 미끄러지게 하는 과제였는데, 가장 나이가 많았던 노인은 이 기술을 습득 후 2년 뒤에도 여전히 과제를 수행할 수 있음을 보여주었다(Smith et al., 2005). **의미기억**은 단어의 의미와 실제 정보의 기억과 관련된 것으로, 나이를 먹으며 그 감퇴 역시 적은 것으로 드러났다(Wiggs et al., 2006). 이런 종류의 기억력은 결정화된 지능과 같은 것으로 제11장에서 살펴보았듯이 유동적 지능이 성인 후기에 감퇴하는 것처럼 감퇴하지는 않는다.

실제 정보에 관한 기억은 비교적 성인 후기까지 유지된다.

다른 종류의 기억력은 성인 후기에 들어서면 현저하게 감퇴한다. **작업기억**은 현재 관심을 끌고 있는 정보에 관련된 것으로 감퇴한다(Chaytor & Schmitter-Edgecombe, 2004). 장기기억 또한 마찬가지이다. '생각이 날 듯 말 듯'하는 경험을 성인 후기에 자주 하게 되며 (사람의 이름과 같은) 정보가 머릿속 어딘가에 분명 남아 있는데 생각이 나지 않는 것과 같은 것이다(O'Hanlon et al., 2005). 노인은 종종 오래전 사건들을 정확하게 기억해낼 수 있다고 믿지만, 연구 결과에 의하면 **일화기억**의 현저한 감퇴를 보여준다. 연구 결과는 지난 1년간 일어났던 사건에 대한 기억뿐만 아니라 오래전 TV에 방영되었던 사건에 대한 정보 또한 기억력이 감퇴함을 보여준다(Davis et al., 2001). **자전적 기억**에 관한 연구에 의하면 사람들은 긍정적인 자화상을 담고 있는 정보나 상을 받았던 것과 같은 유쾌한 사건과 정보는 기억을 잘하지만, 승진을 원했지만 하지 못했던 것과 같은 불쾌한 사건은 잊어버리는 경향이 있다고 보고한다(Berntsen & Rubin, 2002; Loftus, 2003; Piolino et al., 2006). 이 영역에 관한 연구에 의하면 성인 후기에 들면 10~30세에 이르는 **회상의 충돌**(reminiscence bump)이 있는 것으로 드러났다(Scherman, 2013). 이는 사람들이 10~30세의 자전적 사건들을 30~50세의 사건들보다 더 사소하고 선명하게 기억해내는 현상이다(Rubin, 2000; Schroots et al., 2004). 10~30세의 기간은 사춘기를 겪고, 첫사랑과 첫 경험을 하고 첫 직장을 찾고, 부모님 집을 떠나고 그리고 결혼을 하여

부모가 되는 등 중요한 시기이기 때문에 아마도 많은 사람들이 더 선명하게 기억하게 되는 것일 수도 있다. 심지어 이 시기에 발생한 공적인 사건들(예 : 누가 스포츠에서 상을 탔으며 누가 정치 지도자로 선출되었는지 등)도 더 잘 기억하기 쉽다(Rubin et al., 1998; Scherman, 2013).

성인 후기의 기억력 감퇴와 관련하여 흥미로운 부분은, 정보를 어디에서 획득했는지 그 출처를 관리하는 **출처기억**이다. 성인 후기가 진행되면서 사람들은 어디에서 무엇을 배웠는지 또는 어떤 사물이 언제 처음 사용되었는지와 같은 내용을 기억하는 데 어려움을 겪는다(Thomas & Bulevish, 2006). 이와 같은 기억장애는 실제 일어나지 않았던 사건을 '기억'하는 상황을 초래한다(Dodson et al., 2007). 예를 들면, 다양한 연령의 실험 참가자들에게 서로 연관된 사물의 리스트(예 : 사탕, 과자, 꿀 등)를 보여주고, 조금 지나 다른 리스트를 보여준 뒤, 두 번째 리스트의 사물 중 어떤 것이 첫 번째 리스트에도 있었는지 물어보았다. 젊은 사람보다는 노인이 첫 번째 리스트의 사물과 관련된 단어(예 : '달다')가 두 리스트 중 그 어떤 곳에도 적혀 있지 않았지만 리스트에 포함되어 있었다고 주장할 확률이 현저히 높았다(Jacoby & Rhodes, 2006). 하지만 특정한 정보가 사적으로 중요한 내용을 담고 있다면, 노인 역시 젊은 사람보다 더 실수를 범하지는 않는다는 연구 보고도 있다(Hasher, 2003).

뇌의 변화와 뇌질환 : 치매와 알츠하이머

성인 후기에 나타나는 뇌의 변화를 설명하고, 알츠하이머병의 증상과 위험 요인을 규정한다.

성인 후기에 이르면 앞에서 묘사했듯이 인지 능력을 감퇴시키는 다양한 변화가 뇌에 일어난다. 대부분의 변화는 1차적 노화 현상의 결과이지만, 2차적 노화의 영향 또한 받고 있다. 특히 (가장 심하게는) 흡연, (좋은 방향으로는) 운동 그리고 (역시 좋은 방향으로) 지적인 자극과 같은 것이다. 많은 사람들의 경우 신경학상의 변화는 결국 뇌의 쇠퇴를 유발하고, 이는 인지기능에만 영향을 끼치는 것이 아니라 삶 전반에 영향을 준다.

뇌의 변화 성인 후기에 이르면 뇌는 수축하고 질량이 감소한다. 이 과정은 30세 즈음 시작되어 60세에 이르면 촉진되며 80대에 이르면 대부분의 사람은 그들 뇌의 최고치에서 5~10%의 질량을 잃게 된다(Raz et al., 2007). 나이 30~70대에 이르는 사이 뇌와 두개골 사이의 틈은 2배로 벌어지고, 뇌 내부의 공간도 확장된다. 특정한 뇌 조직이 이에 많은 영향을 받게 되는데, 해마(정보를 장기기억으로 전환하는 기능을 담당)와 소뇌(균형과 조정을 담당) 그리고 전두엽(계획을 세우고 판단하는 기능을 담당)이 그러하다. 뇌질량의 감소는 뉴런들이 죽으면서 대신할 새로운 뉴런들이 충분히 생성되지 않기 때문에 발생한다. 또 뉴런의 수초화 감소에 기인하기도 한다(Raz, 2005). 뉴런은 죽고 새로 생성되기를 평생 지속한다. 하지만 성인 후기에 이르면 뉴런의 죽는 숫자가 새로 생성되는 숫자를 능가하면서 비율이 변하게 된다(Manev & Manev, 2005). 그러나 성인 후기에 들어서 얼마나 많은 양의 뇌 질량이 감소하고, 또 신체적인 그리고 지적인 활동이 뇌의 기능의 쇠퇴를 완화시키고 또 유지시키는지에 대해서는 다양한 변수가 존재한다(Colcombe et al., 2006; Raz et al., 2007).

성인 후기에는 특정한 신경전달물질 내에서도 쇠퇴가 일어나는데, 특히 기억력에 관여하는 **아세틸콜린**을 꼽을 수 있겠다(Descarries et al., 2004). **도파민** 감소도 발견되는데, 동작과 운동신경 조정에 관여하고 있는 부분이다. 성인 후기는 도파민의 현저한 감소를 유발하여 운동신경의 통제를 어렵게 만드는 파킨슨병의 발병률이 높아지는 시기이다(Erickson et al., 2012; Murre et al., 2013).

치매 일상생활을 방해할 만큼 인지기능이 심각하게 손상되는 신경학적 상황

알츠하이머병 아밀로이드 플라크 누적과 신경섬유매듭의 발달로 인한 대뇌 구조의 명백한 쇠퇴에 근거한 치매 유형

알츠하이머병 진단 성인 후기가 진행되면서 **치매**(dementia)를 앓게 될 가능성은 상승한다. 치매는 인지기능의 감퇴를 수반하여 일상생활에 심각한 지장을 초래하는 질병이다. 선진국에서는 60대에 치매를 앓게 될 확률이 1~2%에 그치지만, 75세를 넘어 85세에 이르면 확률이 50%를 넘어서게 된다(Beers, 2006). 개발도상국에서는 인도 또는 아프리카 같은 경우 소수의 사람들만이 성인 후기를 겪으면서 치매에 노출되는 비율도 상대적으로 낮다. 하지만 아시아와 라틴아메리카의 경우 65세 이상 노인 중 5% 정도가 치매에 노출되고, 기대수명이 길어지면서 이 수치 또한 상승하고 있다(Kalaria et al., 2008).

70가지가 넘는 치매의 종류가 현재까지 발견이 되었지만 가장 흔한 종류는 **알츠하이머병**(Alzheimer's disease)이다. 뇌 조직의 독특한 쇠퇴 양상을 보이는 질병으로, 성인 후기 치매의 절반 이상을 차지하고 있다(Matthews & Brayne, 2005). 이와 같은 유병률로 인해 알츠하이머에 대한 연구는 다른 치매보다 훨씬 깊게 이뤄지고 있다.

알츠하이머병의 초기 증상은 최근에 일어난 사건들과 익숙한 이름들 그리고 과제를 기억하지 못하는 것으로 시작된다. 앞서 이미 살펴보았듯이 기억력 감퇴는 1차적 노화의 결과로 성인 후기 전반에 걸쳐 나타나는 현상이다. 하지만 알츠하이머병에서 보이는 기억상실은 더 치명적인 것이 손자의 이름을 기억하지 못하고 수도 없이 다녔던 야채가게의 길을 더 이상 찾지 못하게 된다는 것이다. 가장 최근에 일어났던 사건을 기억하지 못하는 것으로 시작해서 점점 더 이전의 사건들 그리고 사람들에 대한 기억을 상실하게 된다. 마침내는 사람들, 장소, 사건 그리고 가장 익숙하고 귀중했던 사실들에 대한 인식이 사라지게 된다. 모든 것이 없는 비인식으로의 전향이 바로 알츠하이머병을 가장 두렵게 만드는 부분이다(Frazier, 2002).

질병이 진행되면서 다른 증상들도 뒤따르게 된다. 인격이 부정적인 방향으로 영향을 받게 되는데, 불안과 공격성, 타인에 대한 무관심과 이전에 즐기던 활동들에 대한 무관심이다. 전두엽이 타격을 입으면서 비사회적 행동을 억제하는 기능이 쇠퇴하게 되고 이는 다른 사람들을 당황하게 하는 행동을 유발하게 된다. 이전에 친절했던 사람이 갑자기 큰소리로 욕설을 한다거나 이전에 얌전했던 여성이 분노로 폭발을 하는 등의 상황이다. 단계가 진행이 되면 신체 통제 능력과 함께 언어 능력이 감소하거나 상실된다. 알츠하이머병을 진단받고 남성의 경우 5년, 여성의 경우 6년이 지나면 죽음에 이르게 된다(Wattmo et al., 2014).

알츠하이머병을 구분 짓는 뇌 조직의 독특한 쇠퇴 양상은 두 가지 주된 특징이 있다. 첫 번째로는, 아밀로이드(amyloid)의 축적으로 죽은 뉴런 덩어리와 아밀로이드 플라크의 혼합물이다(Galvan et al., 2006). 두 번째 특징은 신경섬유매듭(neurofibrillary tangles)의 생성으로, 뉴런에서 발견되는 찌그러진 섬유질 덩어리이다(Blumenthal, 2004). 아밀로이드 플라크와 신경원섬유매듭은 알츠하이머병의 증상이 명확해지기 훨씬 전 질병의 초기 단계인 성인 중기에 생성된다(Scheff & Price, 2006). 이와 같은 발견은 질병의 진행 과정을 예방할 수 있는 약품을 개발할 수 있다는 희망을 품게 한다.

알츠하이머 환자들은 익숙한 이름과 과제에 대한 기억을 상실한다.

알츠하이머병의 진단은 인지적·행동적 기능 변화와 달리 설명할 수 없는 심각한 기억력 감퇴에 근거한다. 하지만 사후에 부검을 통해 아밀로이드 플라크와 신경섬유매듭을 뇌에서 발견하기 전까지는 알

츠하이머병을 명확하게 진단하는 것은 불가능하다(Wattmo et al., 2014). 피검사와 소변, 척수액 또는 MRI를 통해 알츠하이머병을 진단하는 기술이 거듭 연구되고 있다.

알츠하이머를 유발하는 요인 무엇이 알츠하이머병을 유발하는가? 가계에 흐르는 유전적 원인으로 65세 이전에 발병하는 조기 알츠하이머가 있다. 연구원들은 실제로 아밀로이드 플라크를 형성하게 만드는 아밀로이드를 과잉생산하는 특정 유전자를 발견해냈다. 하지만 이런 종류의 알츠하이머는 전체 알츠하이머 발병률의 5%에 그친다(Harman, 2006).

알츠하이머병의 다수는 유전적인 원인이 물론 있지만, 그러나 조기 알츠하이머의 경우와 같이 강하지는 않다. *ApoE*라고 불리는 특정 유전자가 알츠하이머병의 위험을 높이는 것으로 발견되었다. 알츠하이머병의 초기 증상을 나타내는 조기공격이 개시되기 전인 성인 중기에 *ApoE* 유전자를 보유하고 있는 사람들의 fMRIs는 정보를 기억해낼 때 *ApoE* 유전자가 없는 사람들과는 다른 양상을 보이는 것으로 드러났다(Thomas & Fenech, 2007).

ApoE 유전자는 알츠하이머병의 위험성을 암시하지만 이 유전자를 소유하고 있는 사람 전부가 알츠하이머병을 앓게 되지는 않는다. 알츠하이머병과 관련하여 유전자와 환경의 상호관계를 잘 보여주는 비교문화 연구가 있다. 이 연구에서는 아프리카계 미국인의 샘플과 나이지리아 요루바족의 샘플을 비교했다(Gureje et al., 2006; Lahiri et al., 2007). 아프리카계 미국인은 미국 내의 다른 인종 집단보다 더 높은 알츠하이머병 수치를 보유하고 있다. 이 연구에 의하면 *ApoE* 유전자를 보유하고 있는 아프리카계 미국인은 알츠하이머병을 앓게 될 확률이 특히 높은 것으로 드러났다. 하지만 요루바족 중에는 *ApoE* 유전자를 보유하고 있음에도 불구하고 알츠하이머병에 노출되는 확률이 굉장히 낮은 것으로 나타났다.

주된 차이는 식단에 있음이 분명했다. 아프리카계 미국인들은 지방과 당분이 많은 음식을 주로 섭취하여 *ApoE*가 암시하는 취약점이 촉발되기 쉬운 환경이었고, 반대로 요루바족은 가끔씩 육류를 포함하는 채소와 과일로 구성된 저지방 식단을 유지하므로 *ApoE* 유전자가 발산되는 일이 전혀 없었다.

다른 연구 결과에서도 식단은 알츠하이머병에 굉장히 중요한 역할을 담당하는 것으로 나타난다(Hall et al., 2006). 고지방·고당 식단은 질병의 위험을 상승시키는 반면, 지중해를 중심으로 퍼져 있는 문화권에서 자주 보게 되는 토마토와 생선, 올리브 오일, 적포도주를 주로 포함한 '지중해 식단'은 상대적으로 질병의 위험을 감소시킨다(Panza et al., 2004; Scarmeas et al., 2006). 규칙적인 신체 활동 또한 알츠하이머병을 감소시킨다(Podewils et al., 2005). 예를 들면, 71~93세의 노인을 대상으로 실험한 결과, 매일 최소한 3.2킬로미터를 걸었던 사람들은 매일 400미터 미만을 걷는 사람보다 알츠하이머병에 노출될 확률이 절반에 그쳤다(Abbott et al., 2004).

'지중해 식단'은 알츠하이머병의 위험을 감소시킨다.

높은 수준의 인지활동을 유지하는 것 또한 알츠하이머병의 진행을 제지시키는 요인으로 보인다(Wattmo et al., 2014). 대학을 졸업한 사람들은 그렇지 못한 사람들에 비해 알츠하이머병을 앓게 될 확률이 절반에 그친다는 교육과 알츠하이머병의 강한 부적 상관관계가 있다(Qui et al., 2001). 성인 후기에 직업이라든지 또는 여가활동을 통해 고도의 인지 활동을 유지하는 경우 알츠하이머의 위험성을 감소된다(Wilson et al., 2002). 성인 후기에 이루어지는 인지활동은 일종의 뇌 훈련으로, 가지세포의 연결과 인지 예비용량(cognitive reserve)을 새롭게 생성하여 1차적 노화 현상이 일어날 때 뇌의 기능을 강화시켜준다(Briones, 2006).

알츠하이머 환자의 치료와 관리 현재로서는 알츠하이머에 대한 치료법이 존재하지 않는다. 또한 질병의 증상을 경감시키는 의약품의 효능은 제한적이다. 최근의 약물은 알츠하이머 환자에게서 두드러지게 쇠퇴 현상을 보이는 아세틸콜린 및 기억력을 관장하는 신경전달물질의 손실을 제지시키는 데 주력하고 있다(Salomone et al., 2012). 하지만 이 약물들은 알츠하이머 환자의 절반 정도에게만 효능을 보일 뿐만 아니라 증상의 완화도 일시적일 뿐이다. 최근 추진되고 있는 방법으로는 아밀로이드 플라크를 제거하는 것이다. 또 플라크 형성을 제지하는 백신 개발 역시 시도되고 있다(Dasilva et al., 2006; Rafii & Aisen, 2009). 하지만 그 어떤 것도 현재로서는 성공을 거두지 못하고 있다(Salomone et al., 2012).

현 시점에서는 알츠하이머를 앓고 있는 사람들의 인지적·신체적·감정적 기능이 손상됨으로 인해 질병의 진행을 제지하기가 힘든 상황이다. 이와 같은 쇠퇴는 알츠하이머 환자를 돌보는 사람들, 대개는 환자의 배우자 내지는 자녀에게 큰 부담감을 안겨준다(Gaugler et al., 2003). 알츠하이머 환자들은 스스로 음식을 먹고 옷을 입는 행동이 불가능해지고 방광과 배변을 스스로 통제할 수 없게 되면서 지속적인 돌봄을 필요로 하게 된다. 알츠하이머 환자는 그들이 가장 사랑했던 사람들을 알아보지 못하게 되고, 감정적으로 점점 더 불안정한 상태에 돌입하게 된다(Kozmala & Kloszewska, 2004). 알츠하이머 환자를 돌보는 사람들은 신체적으로 그리고 심리적으로 점점 더 소모되면서 심한 우울증을 경험하게 된다(Gaugler et al., 2003; Thomas et al., 2006). 환자를 돌보는 사람들에게 질병에 대한 정보를 주고, 증상을 다루는 법을 훈련시키고, 가끔씩 휴식을 줌으로써 그들의 부담을 덜어줄 수 있을 것이다(Callahan et al., 2006).

인지발달 : 인지 변화에 대한 대안적 견해

성인 후기의 인지 변화는 쇠퇴의 방향으로만 흐르는 것은 아니다. 많은 문화권에서 노년기는 지혜가 성숙해지는 시기로 인식된다(곧 보게 되겠지만 이에 대한 연구는 상당히 애매하다). 인지적 쇠퇴를 경험한 사람들을 위해 소중한 활동이 지속될 수 있도록 적응하는 다양한 방법이 존재한다. 성인 후기에 공부를 하는 일은 여전히 활발하고, 실제로 성인 후기의 학습활동은 인지기능을 총명하게 유지하도록 도와준다.

지혜

지혜를 정의하고, 나이와 문화가 지혜에 끼치는 영향을 정리한다.

성인 후기의 인지발달은 보통 특정 능력의 쇠퇴를 야기하지만 많은 문화권에서 노년기는 삶의 지혜와 연결되어 인식된다. 예를 들면 아시아 문화권에서 나이는 존경과 권위로 연결되고, 나이가 많을수록 존경과 권위를 받게 된다(Chadha, 2004). 아프리카의 여러 문화에서는 노령의 남자를 '큰 남자(big man)'라 부르고, 여자는 '큰 여자(big woman)'라 부르면서 그들에게 지위와 지혜를 표명한다. 세계를 통틀어 부족 족장부터 무속인, 총리, CEO 및 재판장에 이르기까지 지혜를 요구하는 지도자의 자리는 자주 성인 후기의 사람들에게 돌아간다. 다양한 연령층이 참여한 연구에서 사람들에게 지혜롭게 여겨지는 공적 인물이 누구냐고 물었을 때 대부분은 평균 64세 정도의 노인을 지명했다(Baltes et al., 1995).

지혜란 과연 정확하게 무엇인가? 지혜에 관한 작품들은 수천 년 동안 존재했다. 독일 심리학자인 파울 발테스(Baltes, 2005)를 선두로 많은 사회학자들은 수십 세기에 걸쳐 지혜의 본질과 나이와의 상관관계를 연구해왔다. 다양한 문화와 여러 역사적인 시대에 걸친 지혜의 개념을 점검한 결과 발테스는 **지혜**(wisdom)를 "삶의 의미와 행위에 대한 전문지식"으로 정의했다(Baltes & Staudinger, 2000, p. 124). 이는 특히 인간의 본질과 상태에 관한 깊은 **통찰력**을 포함한다. 인간의 사회적 관계와 감정에 관한 **지식**, 이와 같은 통찰력과 지식을 일상생활의 문제들과 인생 문제의 결정에 적용하는 **전략**, 인간의 최고 가치를 증진시키고자 하는 관심, 인간의 문제들은 때로는 다양한 고찰을 필요로 하고 쉬운 답은 없다는 인식이다(Staudinger, 2013; Staudinger et al., 2005).

지혜 삶의 의미와 행위에 대한 전문지식

발테스의 방식을 사용하는 연구는 사람들에게 가상의 상황 가운데서 자신의 반응을 앞에 묘사된 지혜의 차원과 비교하여 평가하도록 요구받는다. 가상 상황이란, 예를 들면 자살을 시도하는 친구로부터 전화를 받는다든지 또는 부모님 집을 떠나고자 하는 열네 살짜리 여자아이에게 어떤 조언을 줄 것인가 하는 것들이다. 이와 같은 방식을 사용하는 연구 결과에 의하면 모든 연령대를 통틀어 소수만이 자신의 반응을 '지혜롭다'고 평가했는데, 보통은 10% 미만에 그친다(Baltes & Staudinger, 2000; Smith & Baltes, 1990; Staudinger & Baltes, 1996; Staudinger et al., 2005). 나아가 지혜는 일반적으로 나이와는 상관이 없는 것으로 나타난다. 성인이 되거나 젊은 층의 사람은 성인 중기 또는 후기의 사람들과 똑같이 지혜롭다. 지혜는 교육 수준과 연계되고, 지도자의 위치에 있는 사람은 그렇지 못한 사람들에 비해 지혜롭다고 인정받을 가능성이 높다(Kramer, 2003; Staudinger, 2013).

발테스의 방식을 따른 연구는 지혜의 본질과 나이와의 상관관계를 밝히는 데 놀라운 시도를 하지만, 또한 많은 질문도 불러일으킨다. 가상 상황에 대한 사람들의 반응이 사람들의 지혜를 측정하는 데 유효한 판단기준인가? 뿐만 아니라 (결정적으로) 지혜는 모든 문화에 걸쳐 동일하게 인식되는가, 아니면 문화에 따라 변하는가? 발테스의 방식을 사용하는 연구들은 주로 독일에서 행해졌다. 독일의 지혜가 중국의 지혜 또는 나이지리아, 페루, 이집트의 지혜와 동일한가?

연관된 질문으로, 노인의 지혜는 사회적 변화의 문화 기준에 따라 다르게 평가되지는 않는가 하는 점이다. 다시 말하면 성인 후기에 축적된 지혜는 변화가 천천히 진행되는 사회에서 변화가 급격히 일어나는 사회에서보다 더 높은 평가를 받을 수도 있다. 100년 전 주목할 만한 사회적 변화가 세계 각지에서 일어나는 새로운 세기가 시작될 무렵, 마거릿 미드(Mead, 1928)라는 인류학자는 사회적 변화가 느리게 진행되는 사회에서는 젊은 사람들이 주로 노인들에게서 배우면서, 노인의 지위가 높았다고 기술한다. 하지만 사회 변화의 속도가 빨라지면서 젊은 사람들은 서로서로 배우게 되고, 노인의 지식이 현대의 문제를 다루는 데 점점 더 부적절해지면서 지위는 하락한다고 한다. 미드의 관찰은 가히 예언적이라 할 수 있겠다. 젊은 사람들은 음악을 다운로드하고 웹 페이지를 만드는 등의 정보를 조부모보다는 친구들에게 얻고자 하는 시대이다. 서구 사회에서 노인의 지위가 보다 더 전통적인 사회에서보다 더 낮은 이유가 이로써 설명될 수 있을까?(Degnen, 2007; Ryan et al., 2004) 아니면 성인 후기의 지혜는 사회변화의 속도와 과학기술의 변화와 상관없이 인간 문제를 다루는 데 문화와 역사를 두루 거쳐 중요하게 여겨져야 할까? 어쩌면 지혜에 관한 앞으로의 연구들이 이와 같은 질문을 해결하는 데 빛을 비추게 될지도 모르겠다.

비판적으로 사고하기

발테스의 모델에서 사용했던 가상 상황에 관한 질문이 아닌 실제 삶에 관한 그들의 실제 반응에 관해 물었다면 지혜와 관련하여 연령 양상이 다르게 나타났을까?

인지 능력 쇠퇴에 대한 반응

인지 능력 쇠퇴에 관한 중재의 효과를 묘사하고, 노인들이 신체적·인지적 변화에 어떻게 적응하는지 설명한다.

앞서 살펴보았듯이 성인 후기에 일어나는 인지 능력 쇠퇴의 어떤 부분들은 1차적 노화에서 기인한다. 뇌가 줄어들고, 신경전달물질인 아세틸콜린 수준이 감소하는 것 등이다. 하지만 성인 후기의 사람들은 젊은 사람들에 비해 늙은 뇌를 갖게 되는 것뿐만 아니라 매일 수행해야 하는 인지적 과제와 도전 또한 대개는 차이가 있다. 선진국에서는 성인 후기에 이르게 되면 대부분의 사람들은 직장에서 은퇴한다(뒷부분에서 살펴보겠지만 은퇴 시기는 점점 더 큰 차이를 보이고 있다). 이는 노인이 직업에서 필요한 과제를 수행하기 위해 요구되는 인지적 자극을 더 이상 받지 않는다는 것을 의미한다.

그렇다면 성인 후기에 발생하는 인지적 변화는 어느 정도가 1차적 노화 현상에 기인하고, 어느 정도가 2차적 노화 현상에 기인하는 것일까? 특히 성인 후기에 동반되는 인지적 자극의 쇠퇴는 어디에서 기인하는 것일까? 최근 수십 년간 이루어진 주요 중재 연구는 성인 후기의 인지적 쇠퇴에 제동을 걸거나 또는 돌이키는 작업에 주력했는데, 놀랍고 밝은 전망을 약속하는 결과를 보여주고 있다(Stine-Morrow & Basak, 2011).

노년의 배움 노령화 연구의 선두 주자인 셰리 윌리스와 워너샤이에 연구진들이 시애틀 추적 연구 참가자들을 참여시킨 중재 연구 프로젝트가 제11장에 서술되었듯이 진행되었다. 추적 연구 자료가 존재한다는 것이 이 연구의 핵심이었는데, 왜냐하면 참가자들의 현재 인지과제 수행 능력을 이전의 자료와 비교해볼 수 있기 때문이다. 65세 이상의 참가자들은 공간에 대한 지남력과 추론 능력에 관한 훈련 회기를 한 시간씩 다섯 번 받았다. 이 훈련이 끝나고 참가자들의 3분의 2가 현저한 수행 능력 개선을 보였고, 40%는 14년 전에 실행되었던 수행 수준에 필적하는 결과를 보여주었다(Schaie, 2005). 나아가 7년 뒤 다시 평가를 했을 때, 훈련을 받았던 참가자들은 훈련을 받지 못했던 동년배 참가자들보다 더 나은 수행 능력을 보여주었다. 물론 점수 자체는 두 집단 다 감소했다.

성인 후기의 지속적인 배움은 1차적 노화를 감소시킨다.

윌리스의 다른 연구에서는 65~84세 사이의 참가자들을 무작위로 한 집단은 훈련그룹에, 다른 집단은 통제그룹에 배정한 후, 훈련그룹의 사람들은 기억력과 추론 능력 그리고 속도 처리법을 상승시키는 훈련을 한 시간씩 열 번 받았다(Willis et al., 2006). 훈련그룹 사람들은 또한 초기 훈련이 끝나고 1년과 3년 뒤에 '지원자(booster)' 모임을 네 차례 가졌다. 훈련의 결과는 견고하고 내구력이 있었다. 연구가 진행되고 5년 뒤, 훈련그룹의 참가자들은 훈련을 받지 않은 통제그룹에 비교하여 기억력 과제에 있어서 75%, 추론 능력 과제에 있어서 40%, 속도 처리 과제에 있어서는 300% 더 나은 결과를 보여주었다. 이 연구는 또한 전화번호부책에서 번호 찾기, 식사 준비하기 등과 같은 일상생활의 과제에 훈련이 미친 영향을 검사한 결과, 통제그룹의 사람들보다 훈련그룹에 배정되어 훈련을 받았던 사람들이 과제를 수행하는 데 더 자신감을 보인다는 사실을 밝혀냈다.

이와 같은 연구는 가장 널리 알려진 연구이지만 그러나 성인 후기의 인지기능에 관한 다양한 중재 연구들 또한 비슷한 결과를 보여준다(Stine-Morrow & Basak, 2011). 규칙적인 신체 운동이 1차적 노화 현상이 진행될 때 신체적 기능을 제지시키는 것과 마찬가지로, 규칙적인 지적 운동 또한 인지 능력을 촉진시켜, 성인 후기의 1차적 노화 현상을 지연시킨다. 지적 운동으로는 낱말 맞추기, 카드 게임, TV에서 교육 프로그램 시청하기, 독서 등과 같은 것이다.

보상을 수반한 선택적 최적화(SOC) 가치 있는 활동은 선택하고 다른 것은 포기하는 식의 선택과, 선택한 활동에서의 수행 최적화, 그리고 기술을 사용하거나 새로운 책략을 계발함으로써 신체적·인지적 감퇴를 보상하는 식의 노화에 대한 반응

보상을 수반한 선택적 최적화 정신적·신체적으로 활발한 활동을 유지하는 것이 노화 현상을 지연시키지만 1차적 노화 현상에 의한 쇠퇴는 결국에는 신체적·인지적 능력에서 발생하게 된다. 노인은 이와 같은 쇠퇴에 어떻게 대응하며, 노인의 신체적·인지적 자원을 어떻게 하면 최대한 활용할 수 있을까? 발테스와 동료들에 의해 유력한 모델이 제시되었다(Baltes, 2003; Baltes & Baltes, 1990; Freund & Baltes, 2002; Hahn & Lachmann, 2014). 발테스와 동료들에 의하면 성인 후기에 발생하는 신체적·인지적 능력의 쇠퇴에 최적으로 대응하는 가장 좋은 방법은 **보상을 수반한 선택적 최적화**(selective optimization with compensation, SOC)이다. 성공적으로 나이를 먹어가기 위해서는 유쾌한 수준에서 충분히 수행할 수 있는 중요한 활동을 선택하고, 고생스러운 활동들은 포기하는 것이다. 이와 같은 방법으로 활동을 줄여나가면 모든 에너지와 주의를 남은 활동을 수행하는 데 쏟아부을 수 있기 때문에 최상의 결과를 얻을 수 있게 된다.

SOC 모델을 설명하기 위해 발테스와 동료들은 유명한 피아니스트 아르투르 루빈슈타인이 성인 후기에 수행했던 방법을 묘사하고 있다(Baltes & Baltes, 1990). 70~80대에 들어서서도 어떻게 세계 최고의 피아노 연주자의 명성을 유지할 수 있었는지 질문을 받자, 루빈슈타인은 연주할 작품을 줄이고(선택), 남은 작품의 연습을 더 많이 했으며(최적화), 젊었을 때처럼 빠르게 연주할 수 없게 되자 빠르게 연주해야 하는 부분 앞에서는 최대한 천천히 연주를 하여 그 대조가 분명히 드러날 수 있도록 하였다고 대답했다(보상).

소수의 노인만이 대중 앞에서 수행해야 하는 도전에 직면한다. 하지만 SOC 모델은 일상생활의 활동에도 적용될 수 있다. 요리를 즐겨했던 사람은 성인 후기에는 많은 시간과 에너지가 소모되는 공들인 저녁식사 파티를 줄이고(선택), 복잡한 절차 없이 준비할 수 있고(최적화), 절차를 생략할 수 있는 자료들(예 : 조리된 소스)을 때로는 구입하기도 하는 방식(보상)으로 적용할 수 있다. 장편의 역사책을 좋아했던 사람이 성인 후기에 들어서면서 독서가 힘들어지면 장편을 줄여서 읽되(선택) 한번에 몇 장씩만 읽는 방향으로 하고(최적화) 너무 지루한 부분은 넘어가는 방법(보상)을 취할 수 있다. SOC는 사회적 인지에서도 적용될 수 있다. 예를 들면 성인 후기에 들어서면서 대규모 가족 모임이 부담스럽게 느껴지기 시작하면 가족 모임의 몇 개만 참석을 하면(선택), 그런 행사를 더 많이 즐길 수 있고(최적화), 모임 시작 전 여분의 휴식을 취할 수 있게 된다(보상). SOC 모델에서 성공적으로 나이를 먹어가는 핵심 요인은 한계를 알고, 그 한계 내에서 삶을 즐기는 방법을 찾아가는 것이다.

3절 사회정서적 발달

학습목표

12.12 성인 후기가 왜 긍정적인 감정과 높은 자기존중감의 시기인지 설명한다.
12.13 에릭슨의 이론과 카스텐슨의 성인 후기 사회정서적 선택성 이론을 구분한다.
12.14 성인 후기의 자녀들과 손주, 그리고 증손주들과의 관계 변화를 서술한다.
12.15 성인 후기 생활환경의 문화적 차이를 비교한다.
12.16 성인 후기 남녀관계 및 성생활 변화를 설명한다.
12.17 은퇴의 다양한 차이를 묘사하고 은퇴가 성인 후기에 미치는 영향을 규정한다.
12.18 성인 후기의 여가활동과 지역사회활동, 종교생활, 미디어 사용의 변화를 서술한다.

사회정서적 발달 : 정서와 자아 발달

이번 장에서 우리는 지금까지 성인 후기는 많은 사람에게 도전과 변화의 시기임을 보았다. 거의 모든 사람이 성인 후기에 들어서면 신체적 기능이 쇠퇴하고, 만성 질환이 증가한다. 많은 사람들에게는 인지기능 또한 감소하며 특히 일상생활에서 지적 자극을 많이 받지 못하는 사람들에게는 감소가 더 두드러지게 나타난다.

그렇다면 사람들은 정서와 자아발달 역시 성인 후기에는 신체적 및 인지적 발달 과정을 따라 쇠퇴할 것이라고 예측할 것이다. 신체적·인지적 기능의 어려움은 당연히 사람들로 하여금 행복할 수 없게 만들고 더 외롭게 만든다. 하지만 이와 같은 어려움에도 불구하고 수많은 연구들은 성인 후기가 이례적으로 긍정적인 감정과 자아발달의 시기임을 보여준다.

긍정적 감정과 자기개념

성인 후기가 왜 긍정적인 감정과 높은 자기존중감의 시기인지 설명한다.

성인 후기는 낙심으로 가득찬 시기이기보다는 만족과 평화의 시기이다. 예를 들면, 25~74세 사이의 미국인 2,700명을 대상으로 조사한 연구에서 사람들은 지난 30일간 본인의 감정 상태에 대해 6개의 긍정적 지표와 6개의 부정적 지표에 평가하도록 했다(Mroczek, 2001; Mroczek & Kolarz, 1998). 긍정적 지표는 '쾌활한', '차분하고 평화로운', '기분 좋은' 등을 포함하고, 부정적인 지표는 '긴장된', '희망이 없는', '무가치한' 등이 포함되었다. 모든 지표에 참가자들은 지난 30일 동안 얼마나 자주 그런 감정을 겪었는지 표시하게 했는데, 1(한 번도 없음)에서 5(계속 그랬음) 중에 선택하여 표시했다. 그 후 선택표시는 6~30의 종합 감정 수치로 환산되었다. 긍정적인 감정 평가는 성인진입기에서부터 성인 중기에 이르기까지 안정적인 수치를 보이다가 후기에 이르면 급격히 상승하였다. 반면에 부정적인 감정은 연령범위에서 꾸준히 감소하였다.

다른 연구들 또한 유사한 결과를 보여준다. 20~80대에 이르는 미국인을 경험표집법(제8장 참조)을 사용하여 낮 시간 동안 무작위로 신호음이 울리면 감정을 기록하도록 했다. 실험 결과 나이가 많아질수록

80대에 이르기까지 긍정적인 감정 상태의 수치가 상승했다(Carstensen et al., 2011). 세계 각지의 연구를 모아서 30만 명이 넘는 사람들을 대상으로 자기존중감에 대한 한 문항의 답을 분석한 결과, 40~70대에 이르면서 자기존중감이 상승하였고, 80대에 들어서서 급격히 감소하는 것을 발견하였다(Robins et al., 2002).

성인을 대상으로 조사한 자아발달 실험에 의하면 노인은 젊은 사람 또는 중년들에 비해 과거와 현재의 자아를 더 잘 용납하는 반면 젊은 사람 또는 중년의 사람들은 미래상에 대해 더 긍정적인 것으로 나타났다(Ryff, 1991). 독일의 추적 연구에 의하면, 70~103세의 사람들을 4년간 연구한 결과 참가자들 대부분이 긍정적인 자아상을 유지하면서 특히 건강의 질과 사회적 관계와 관련된 자기개발을 위한 목적을 달성하기 위해 계획을 세우는 것으로 나타났다(Smith & Freund, 2002).

성인 후기에는 젊은 나이에 비해 긍정적인 정서와 자아평가가 더 높을 뿐만 아니라 슬픔과 자책감, 자살에 대한 생각을 포함한 우울 증세는 더 낮다(Amore et al., 2007). 미국의 전국 규모 연구에 의하면 18세 이상의 성인 중 55세 이상의 연령대에서는 우울증의 질환을 나타내는 주된 증상을 다른 젊은 연령층보다 훨씬 적게 보여주는 것으로 나타났다(Office of Applied Studies, 2006). 이전 단계에서 자기존중감과 우울증과 관련하여 나타나는 성차(소녀와 여성은 소년과 남성보다 자기존중감이 낮고, 우울증이 심하다)는 성인 후기에 접어들면서 감소하거나 사라진다(Barefoot et al., 2001; Robins et al., 2002).

성인 후기는 종종 정서적 웰빙의 시기이다.

성인 후기 정서에 관한 이론

에릭슨의 이론과 카스텐슨의 성인 후기 사회정서적 선택성 이론을 구분한다.

정서와 자아발달이 성인 후기에 들어서면 왜 좋아질까? 두 가지 주요 이론이 이 문제를 다룬다. 에릭 에릭슨의 이론은 성인 후기는 자기 삶을 뒤돌아보는 시기라고 주장하고, 사회정서적 선택성 이론은 삶의 만족은 자기의 정서와 사회적 관계를 가장 유쾌한 사람들에게만 제한시키는 데서 온다고 주장한다.

에릭슨의 이론 에릭 에릭슨은 생애주기 이론에서 성인 후기는 **자아통합 대 절망**(ego integrity versus despair)가 주된 도전으로 떠오르는 시기라고 제안했다(Erickson, 1950). 자아통합이란 살아온 삶을 뒤돌아보면서 그 결말을 그대로 받아들이고(좋았던 선택과 함께 나빴던 선택 및 실수와 실망을 포함) 인생을 전체적으로 좋았다고 인정하는 것이다. 반대로 성인 후기의 좌절은 살아온 삶에 대한 후회를 동반하고, 인생을 좋지 않았으며 이젠 더 이상 바꿀 수 없다고 씁쓸한 결론을 내리는 것이다.

뉴가튼(Neugarten, 1972, 1977)은 전형적인 연구에서 성인 후기의 미국인을 인터뷰한 결과 다양한 자아발달 경로를 찾아내었는데, 가장 공통적인 방법은 **통합된 성격**(integrated personality)이라고 명명한 것으로, 나이를 먹어가는 것을 받아들이고 과거와 현재 그리고 미래를 만족하며 바라보는 사람이다. 에릭슨의 자아통합과 유사한 것으로 뉴가튼의 연구에서 지배적인 통합된 성격과 성인 후기의 웰빙을 보여주는 여타의 연구들을 종합해볼 때 자아통합은 성인 후기 자아발달의 공통적인 결과물인 듯하다.

물론 모든 사람들이 뉴가튼과 다른 사람들이 발견해냈듯이 성인 후기에 이와 같은 평화와 만족을 찾게 되는 것은 아니다. 성인 후기에 점점 더 흔해지는 신체적 및 인지적 문제는 낮은 정서 상태와 자기존중감의 원인이 된다(Hybels & Blazer, 2004). 성인 후기에 시각적·청각적 문제를 겪게 되는 사람들은 우울

자아통합 대 절망 에릭슨의 전생애 발달 이론에서 성인 후기의 핵심 위기가 됨. 자아통합의 경우 자신의 삶을 돌아보고 있는 그대로 수용하는 것이며, 절망은 자신의 삶의 과정에 대해 후회와 고통을 느낌

사회정서적 선택성 이론 나이 든 사람들은 사회적 접촉을 선택적으로 함으로써 자신의 정서적 안녕을 최대화한다는 카스텐슨의 이론

증세를 호소할 가능성이 크다(Lupsakko et al., 2002). 관절염은 우울증의 또 다른 요인이다(Oslin et al., 2002). 신체장애가 심각해져서 자신을 스스로 돌보는 게 어려워질 때(예 : 옷을 입는다는지 식사를 준비하는 등) 자기존중감은 낮아지고 우울증의 위험성은 증가한다(Yang, 2006). 양호시설이나 장기 케어시설에 기거하는 노인의 우울증 수치는 2배로 높다(Sneed et al., 2006). 우울 증상은 노인이 신체적 문제로 인해 복용하는 약물의 부작용으로 나타날 수도 있다(Delano-Wood & Abeles, 2005).

치매를 앓고 있는 노인들이 질병의 심각성과 치료의 방법이 없다는 사실을 이해하게 되는 초기에 우울증은 심하게 나타난다(Chodosh et al., 2007; Hybels & Blazer, 2004). 병든 배우자를 돌보는 일 또한 노인에게 우울증의 위험성을 더하게 된다(Fultz et al., 2005). 배우자의 죽음은 일반적으로 성인 후기에 경험하게 되는데, 이 또한 우울증을 유발할 가능성이 크다(Bruce, 2002). 성인 후기에 나타나는 우울 증상의 모든 요인을 종합해볼 때 그럼에도 불구하고 성인 후기가 많은 사람들에게는 정서적으로 안정적이고 낮은 우울증을 보이는 시기라는 것은 놀라운 일이다.

사회정서적 선택성 이론 정서적 발달에 관한 또 다른 이론은 최근에 로라 카스텐슨에 의해 제시되었다(Carstensen, 1995; Carstensen, 1998; Carstensen et al., 2003; Carstensen et al., 2011). 카스텐슨의 **사회정서적 선택성 이론**(socioemotional selectivity theory)에 의하면 노인은 사회적 접촉과 관련하여 점차적으로 선별적이 됨으로써 그들의 감정적 웰빙을 최대화시킨다. 이전 장에서 살펴보았듯이 성인진입기, 성인 초기, 중기는 모두 사회적 관계가 활발한 시기이다. 성인진입기에는 친구들과의 연결이 긴밀하고, 가족과 친밀한 관계를 유지하며 나아가 애인이나 직장동료, 학교 친구 또는 룸메이트도 깊은 유대관계를 유지한다. 성인 초기에는 보통 배우자와 자녀와의 관계를 비롯하여 지역사회 및 이웃과의 관계, 직장동료와의 관계가 존재한다. 성인 중기에는 성인 초기의 사람들이 갖고 있는 모든 관계를 유지하면서 때로는 손자도 있게 된다. 하지만 성인 후기에는 자녀들이 집을 떠나 자신들의 가정을 꾸린 지 오래고, 직장동료들은 은퇴 후 더 이상 존재하지 않으며, 지역사회 참여도 점차적으로 감소하게 된다. 결과적으로 60대부터 시작하여 사회적 파트너는 점차적으로 감소하며, 특히 표면적인 관계였던 경우 더 쉽게 소멸된다(Lang et al., 1998). 노인은 매우 다양한 사회적 관계를 유지하기보다는, 정서적으로 보람이 없는 관계들은 포기하고, 의미 있는 관계에 집중하기를 선호한다.

카스텐슨과 동료들(Carstensen et al., 2011)에 의하면 성인 후기의 사회정서적 선택성의 주된 요인 중 하나는 관계에 대한 목적이 변하기 때문이다(**그림 12.4** 참조). 젊은 사람들이 사회적 관계에서 지향하는 목적은 자주 지식에 기반을 두고 있다. 사람들이 고용주 또는 동료와 관계를 하는 이유는 성공적으로 완수하고 싶은 프로젝트를 같이 수행하고 있기 때문이다. 사람들이 이웃과 관계를 하는 이유는 지역학교 수준에 대한 정보를 서로 공유하고 또 어디에서 중고차를 가장 저렴하게 살 수 있는지 정보를 얻을 수 있기 때문이다. 하지만 성인 후기에 접어들면 직장을 떠나면서 동료로 또는 부모로서 일상적인 책임이 사라지기 때문에 이와 같은 목적은 그 중요성이 쇠퇴한다. 대신에 관계의 목적은 점점 더 정서에 기반을 두게 된다. 노인들은 갈등이 적고 상호 간에 즐길 수 있는 공통점이 많은 관계를 유지하고 개발하게 된다. 그 외의 관계들은 포기하게 된다. 대다수의 사람들에게는 효과가 있다. 젊은 나이 때에 비해 사회적 연결은 감소했지만, 노인의 관계는 더 행복하고 갈등은 줄어든다(Fingerman & Birditt, 2003).

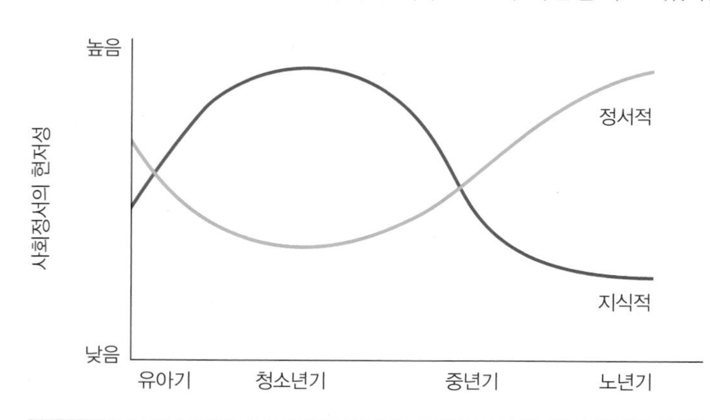

그림 12.4 연령에 따른 관계 목표의 변화

노인은 관계에 있어서 인지적 목표보다 정서적 목표를 더 추구한다.
출처 : Carstensen et al. (1999)

사회정서적 발달 : 성인 후기의 사회문화적 맥락

모든 문화권에서 가족관계는 성인 후기의 사회생활에 중심적인 역할로 존속하고, 많은 노인이 이 시기에는 손주와 때로는 증손주까지 있게 된다. 성인 후기에는 부부 사이의 이혼 수치는 감소하는 반면 미망인이 되는 경우가 흔해지고, 많은 사람들의 경우 황혼 재혼을 하게 된다. 성인 후기는 선진국의 대부분의 사람들이 은퇴를 하고 여가를 즐기는 시기이지만 노인 중 일부는 60~70대 그리고 심지어는 80대에도 일을 계속한다. 어떤 문화권에서는 종교활동이 상당히 활발해지고, 대부분의 문화권에서는 TV 시청이 이전의 다른 삶의 단계 때보다 훨씬 더 많아진다.

가족관계

성인 후기의 자녀들과 손주, 증손주들과의 관계 변화를 서술한다.

성인 후기에 들어서면 부모는 돌보는 역할에서 돌봄을 받는 역할로, 부양하는 역할에서 부양을 받는 역할로 바뀌면서 자녀들과의 관계가 종종 전환된다. 대다수의 노인은 손주가 있고 손주와의 관계는 단순한 즐거움과 상호 간 사랑의 원천이 되고 있는 듯하다. 장수하는 노인 중에는 증손주를 경험하는 경우도 있으나, 증손주와의 관계는 손주와의 관계만큼 돈독하지는 않다.

성인 자녀와의 관계 성인 후기에 들어서면 부모가 생존해계시는 경우가 드물지만 대다수는 자녀와 깊은 관계 가운데 있다. 거의 모든 나라에서 적어도 자녀 중 일부는 성인이 되어서도 부모와 함께 사는 경우가 허다하다. 하지만 서양 문화의 지배적인 전통은 자녀가 성인이 되고 나면 부모 집을 떠나도록 되어 있다. 그럼에도 서양 문화권 역시 자녀와의 관계는 성인 후기까지 꾸준히 지속된다. 미국 연구에 의하면 노인 중 58%가 적어도 자녀 중 1명은 일주일에 여러 차례 만나는 것으로 나타났다(Ward, 2008). 유럽 국가, 특히 남유럽 국가에서는 미국에 비해 자녀가 부모와 가까운 데 사는 경향이 커서 노인과 자녀의 접촉이 더 빈번하다. 유럽의 네 국가를 대상으로 연구한 결과에 의하면 자녀와의 접촉이 북유럽의 세 나라보다 이탈리아가 훨씬 더 빈번한 것으로 나타났다(Tomassini et al., 2004).

세계 대부분의 지역에서 부모는 자녀가 성장하는 동안 그들의 필요를 공급해주어야 한다는 문화적 신념이 존재한다. 하지만 자녀가 성인기에 들어서면서부터는 의무의 비율이 천천히 이동한다. 성인 후기에는 방향이 전환되어 자녀가 부모를 책임지게 된다. 아시아의 여러 나라에서는 앞 장에서 이미 살펴보았듯이, **효사상**이 가족관계의 핵심을 이룬다. 자녀는 부모를 존경하고 부모의 권위에 순종해야 하는 의무가 있다. 부모가 성인 후기에 접어들면 자녀는 효사상에 의해 부모가 자녀를 양육하고 돌보아주었듯이 이제는 자녀가 부모를 돌보고 그들의 필요를 채우도록 요구된다(Zhan et al., 2008; Zhong & Arnett, 2014). 이는 자녀 중 한 사람이 부모를 집에 모시는 것을 의미한다. 대다수의 아프리카계와 라틴계 미국인 문화권에서도 역시 성인 후기에 접어든 부모를 성인이 된 자녀들이 돌보는 것을 중요하게 여기고 있다(Flores et al., 2009).

서양에서도 부모가 성인 후기에 접어들면 자식과 부모의 관계가 전환되지만 도움의 종류에 따라 다양한 차이가 있다. 미국 연구에 의하면 부모는 자녀로부터 대개 정신적인 지원을 받고 있다고 보고한다. 하지만 3분의 1은 일상생활의 과제를 수행하는 데 도움을 받았다고 한다(Sharpiro, 2004). 반대로 재정적인 지원은 성인 후기에 들어서서도 주로 부모로부터 자녀에게 주어진다(Van Gaalen & Dykstra, 2006).

미국과 다른 서구권에서는 부모가 성인 후기에 들어서면 더 많은 도움을 필요로 함에도 불구하고 자

많은 문화권에서는 성인 자녀들이 노령의 부모를 돌봐야 한다는 신념이 존재한다. 이 사진에서는 중국 여성이 어머니를 위해 음식을 준비하고 있다.

녀에게 짐이 되거나 의존적이 되고 싶지 않은 생각에 자녀로부터의 도움을 최소화하고자 노력한다(Spitze & Gallant, 2004). 자녀가 부모에게 도움을 받아들이도록 강요하면 부모는 오히려 분개하거나 권위가 손상된 느낌을 받는다(Liang et al., 2001). 하지만 부모가 80대를 넘게 되면 건강 문제로 인해 자녀로부터 더 많은 지원을 받아야 되고, 부모와 자녀는 양쪽 다 관계의 균형을 새로 잡아가는 법을 배워가야 한다(Ron, 2000). 특히 부모 중 한 사람이 죽고 한 사람만 남아 있어서 서로 돌봐줄 수 있는 배우자가 없을 경우 그러하다(Silverstein et al., 2006).

서양과 동양에서는 나이 든 부모를 돌보는 일에 있어서 주목할 만한 성별의 차이가 있다. 동양에서는 중국, 일본, 인도의 경우 나이 든 부모는 장남과 같이 살면서 장남은 부모의 금전적 지원을 담당하고, 부인은 그 외의 필요를 채워준다. 반대로 서양에서 이뤄진 연구 결과를 살펴보면 아들보다는 딸들이 부모를 돌볼 개연성이 높다(An & Cooney, 2006). 하지만 중국의 경우 딸들이 노부모를 책임지는 경향이 늘어나고 있다는 근거가 있는데, 아마도 전통적인 형식에서 벗어나는 문화적 변화를 암시하는 듯하다(Chou, 2011; Ji-liang et al., 2003). 이와 같은 현상은 최근 수십 년간 중국에서 펼쳐왔던 한 자녀 정책에서도 기인하는데, 딸만 가진 가정이 많아졌기 때문이다.

손주 및 증손주와의 관계 대부분의 사람들은 성인 중기에 조부모가 된다. 하지만 성인 후기에 들어서면 손주들이 청소년기와 성인진입기를 거쳐 성인 초기에 진입하면서 그들과의 관계가 변하게 된다. 선진국에서는 65세 이상의 노인 중 절반 정도가 최소 18세의 손주가 있다(AARP, 2002). 노인은 손주와의 관계에 대해 매우 긍정적인 것으로 보고한다(Scharf, 2015).

손주가 나이가 들어 삶이 바빠지면서 조부모와 손주는 서로 보는 시간이 줄어들지만, 이전에 형성되었던 친밀한 관계는 시간이 지나서도 유지된다. 손주가 성장해가면 조부모는 가족사와 전통 그리고 관습에 대해 들려준다(Wiscott & Kopera-Frye, 2000). 대개 손주는 할아버지보다는 외할머니와 더 친밀한 관계를 갖는데, 이와 같이 어려서 형성된 성별에 따른 친밀도의 차이는 나이가 들어서도 지속된다(Chan & Elder, 2000; Lavers-Preston et al., 2003). 때로는 조부모 중 한 사람과 남달리 친밀한 관계가 형성되는데, 더 자주 보았거나 또는 성격이 비슷하거나 관심사가 서로 잘 맞아서 그럴 수도 있다(Fingerman, 1998).

노인이 70~80대에 이르면 증손주를 볼 수도 있게 된다. 미국 내에서는 여타 다른 인종 집단보다 아프리카계 미국인이 증손주를 보게 될 확률이 높은데, 아프리카계 미국인은 비교적 젊은 나이에 자녀를 낳기 때문이다(Baird et al., 2000). 증손주와의 관계는 손주와의 관계만큼 친밀하지는 않고, 접촉 또한 드문 편이다(Roberto & Skoglund, 1996). 어찌됐든 대개의 노인은 증손주의 출산 소식을 크게 환영하고, 대가 이어지는 것을 가족사의 승리로 보면서 손주에게 했듯이 증손주에게도 가족사를 들려주는 역할을 자원해서 하게 된다(Harris, 2002).

성인 후기의 주거형태

성인 후기 생활환경의 문화적 차이를 비교한다.

노인은 주로 어디에서 생활하며, 거주형태는 그들의 삶의 질에 어떤 영향을 미치는가? 앞서 언급했듯이 1세기 전 정부의 국가 연금과 건강관리 프로그램이 없었을 때, 노인은 인구의 최고 빈민층에 속했으며, 성인 후기에 접어들면 독립적으로 살아갈 능력이 없었기 때문에 자식이나 다른 친지들과 같이 살 수밖에 없었다(Pew Social Trends Staff, 2010). 선진국에서는 20세기에 시행된 사회복지 프로그램에 의해 65세 이상의 노인은 인구의 최고 부유층에 속하게 되었다. 따라서 재정적인 필요에 의해서는 자녀와 같이 살아야 할 이유가 없어진 셈이다.

선진국에서 성인 후기의 대다수는 자녀와 같이 살기보다는 독립적으로 사는 것을 선호한다(Beswick et al., 2008). 하지만 80대를 넘어서서 건강 문제가 심화되면 독립적인 생활을 유지하는 것이 점점 더 힘들어진다. 일반적으로 노인이 혼자 사는 것이 불가능해지면 자녀 중 한 사람과 같이 사는 것을 더 선호한다. 유럽의 10개국에서 실시한 연구에 의하면 60세 이상의 노인 중 30% 정도가 자녀 중 한 사람과 살고 있었고, 50%는 자녀의 집에서 25킬로미터 반경 내에 살았다(Hank, 2011). 하지만 북유럽과 서유럽 사이에는 현저한 차이가 있었는데, 이 북유럽 국가(덴마크, 네덜란드, 스웨덴)에서는 노인 중 5%만이 자녀와 함께 살았고, 70%는 자녀의 집 반경 25킬로미터 안에 살았다. 반대로 서유럽 국가(그리스, 이탈리아, 스페인)에서는 자녀와 같이 사는 것이 45% 정도로 흔한 일이었으며, 25킬로미터 내에서 사는 수치도 45%에 다다랐다.

혼자 살아갈 수 없는 노인은 시설의 보호를 받는다.

노인이 혼자서 살 수 없고, 자녀와도 살 수 없는 경우에는 다양한 거주형태가 가능하다. 서구에서는 평균수명의 연장과 더불어 지난 반세기 동안 다양한 종류의 거주시설이 생겨났다. **노인생활보호시설**은 개인마다 분리된 아파트를 지급하면서, 입소자들에게 공동 식당에서 식사, 가사 서비스 및 장보기와 병원방문 그리고 사회활동을 위한 교통편을 제공한다. **요양시설**은 이 모든 서비스와 더불어 광범위한 의료서비스를 제공하는데, 입소자 다수는 치매 또는 다른 심각한 질환을 앓고 있다(Aguero-Torres et al., 2001). 노인생활보호시설, 요양시설 또는 유사한 보호시설의 수는 미국과 캐나다, 북유럽이 세계의 다른 나라들보다 높다. 또한 아시아계, 라틴계 또는 아프리카 문화권에 속하는 소수 인종 노인일 경우 보호시설을 이용할 가능성이 낮으므로 국가들 사이에서도 차이를 보인다(Yaffe et al., 2002).

보호시설은 돈이 많이 들고, 기대수명이 연장됨에 따라 노인 인구의 비율이 꾸준히 증가한 결과로 인해 많은 선진국들은 집에서 실행할 수 있는 프로그램을 도입하여 노인이 독립적인 생활을 연장할 수 있도록 지원하고 있다. 서비스의 일종으로는 따뜻한 식사와 빨래, 청소 등과 같은 것뿐만 아니라 물리치료를 포함한 의료서비스도 있다(Tinetti et al., 2002). 덴마크에서는 노인에게 홈서비스와 보조생활의 대안을 제공한 결과 요양시설 입소 수치가 15년 사이에 30%나 감소하는 결과를 가져왔다(Stuart & Weinrich, 2001).

요양시설에 입소하는 노인의 삶의 질은 제공받는 서비스의 질에 따라 현저히 달라진다. 핵심 요인 중 하나는 일상생활에서 노인이 갖게 되는 결정권이다(Logsdon, 2000). 전형적인 연구에서 연구진은 요양시설 입소자들을 무작위로 두 집단으로 나누어 한 집단은 일상에서 하고자 하는 활동을 스스로 결정하도록 했고, 다른 집단은 선택권이 없이 요양원 직원들이 결정해주도록 권장했다(Langer & Rodin, 1979). 18개월 후 결과는 명확했다. 선택권이 적었던 집단의 30%가 사망하였고, 선택권이 많았던 집단은 오직 15%가 사망하였다.

아시아에는 노인을 위한 요양시설이나 보호시설이 많지 않다. 전통적으로 아시아권에서는 부모를 시설에 위탁하여 타인으로 하여금 돌보게 하는 것은 효사상을 위반하는, 가능한 한 회피해야 할 선택으로 여겨진다(Ng et al., 2002). 43개국에서 실시된 노인의 생활환경에 관한 연구에 의하면 자녀와 같이 사는 수치는 아시아권이 가장 높았다(Bongaarts & Zimmer, 2002).

하지만 아시아의 문화도 변화를 거듭하면서 이와 같은 양상도 바뀌고 있다. 한 연구 결과에 의하면 성인 후기의 보호시설 생활방식은 아시아에서도 점점 더 흔한 현상이 되고 있다. 왜냐하면 한 자녀밖에 없는 집에서 자녀가 도시로 이주해가면서 부모로부터 멀어지기 때문이다(Silverstein et al., 2006). 점점 심해지는 개인주의 또한 부모를 부양해야 하는 책임감을 감소시킨다(Ng et al., 2002). 최근에 중국 정부는 공식적인 가족지원동의각서(Family Support Agreement, FSA), 즉 성인 자녀들이 자발적이지만 법적으로 부모를 지원하도록 했는데 광범위한 조사에 의하면 6% 정도의 성인 자녀와 부모가 이 합의서에 서명을 했다(Chou, 2011). 가족지원동의각서는 효사상의 전통이 쇠퇴해가지 않았다면 실행되지 않았을 것이다. 어쨌든 대부분의 중국 가정에서 노인은 여전히 자녀와 같이 살고 있거나 일상생활의 과제를 수행하는 데 흔히 자녀의 도움을 받고 있다(Sereny, 2011; Zhang & Wang, 2010; Zhao & Qian, 2008). 나아가 대부분의 성인 자녀는 부모를 재정적으로 지원하고 있는데, 이는 서양과는 반대되는 현상으로, 중국은 서구 국가들과 같은 노인 연금 제도가 없기 때문이다(Silverstein et al., 2006 : Sun, 2002).

사랑과 성생활

성인 후기 남녀관계 및 성생활 변화를 설명한다.

윌과 아리엘 듀란트는 1913년에 결혼하였다. 윌은 28세였고, 아리엘은 15세였다. 아리엘은 윌이 역사를 가르쳤던 학교의 학생이었다. 거의 70년 동안의 결혼생활에서 그들은 아들과 딸 두 자녀를 양육하였고, 같이 일을 했는데, 문명 이야기(*The Story of Civiliazation*)라는 제목의 2,500년 서구의 역사를 담은 11권짜리 책을 서술했다. 지금까지 출판된 역사 책 중 가장 유명한 책이 되었다. 66년의 결혼생활 끝에 1981년 그들은 2주 간격으로 세상을 떠났다. 윌은 96세였고 아리엘은 83세였다.

그들의 사랑 이야기는 위대하고, 흔치 않다. 대부분의 노인에게 성인 후기의 사랑은 평탄치가 않다. 많은 노인, 특히나 여성은 인생의 남은 날들을 배우자 없이 보내게 된다.

결혼, 미망인 생활 그리고 재혼 대부분의 문화권에서 결혼은 "죽음이 우리를 가를 때까지" 평생 지속되는 결속으로 받아들여진다. 하지만 이전의 장들에서 살펴보았듯이 최근 수십 년 전까지도 죽음은 성인 후기 훨씬 전에 배우자를 갈라놓는다. 왜냐하면 비교적 적은 숫자만이 60~65세 이상을 살았기 때문이다. 지난 세기에 들어와서야 의학의 발전과 평균수명의 연장으로 많은 부부가 성인 후기를 같이 사는 것이 가능해졌다.

일반적으로 부부생활의 만족도는 성인 중기에 상승하기 시작하여 후기에 삶 전체 주기의 최고치에 이르게 된다(Cherlin 2009; Jose & Alfons, 2007). 이러한 양상에는 여러 가지 원인이 있는데, 첫째로, 성인 후기에 이르기 전에 문제가 많았던 결혼생활은 이혼으로 이미 끝이 났고(이혼이 허용된 문화권에서),

성인 후기까지 가정은 그만큼 견고하고 행복한 가정이다. 이혼율이 상대적으로 높은 미국과 캐나다 같은 나라에서도 65세 이후의 이혼율은 1%에 그친다(Kreider, 2005). 두 번째로, 노부부는 어린 자녀를 양육하거나 힘든 직장생활같이 스트레스를 유발하고 부부 사이에 갈등을 초래하는 주된 일상의 의무가 줄어드는 경향을 보인다(Kemp & Kepm, 2002). 세 번째로는, 성인 후기에 접어들면 대부분의 사람들은 은퇴하였거나 하던 일을 줄여서 함께 즐길 수 있는 여가활동을 같이함으로써 부부의 결속을 강화시킨다(Henry et al., 2005). 네 번째로는, 노부부는 불화를 분노로 폭발하지 않고 좀 더 차분하게 해결할 가능성이 높다(Hatch & Bulcroft, 2004). 이와 같은 현상은 이전에 살펴봤던 정서적 성숙의 증가와 일치한다.

소수만이 월과 아리엘 듀란트처럼 거의 동시에 죽음을 맞이한다. 따라서 성인 후기에 접어들면 사람들은 미망인 생활을 경험하게 될 가능성이 높아진다. 여성은 전 세계적으로 평균수명이 남성보다 높고, 나이가 많은 사람(전 세계적으로 평균 두 살 연상)과 결혼함으로써 남성보다는 여성이 과부가 될 확률이 높다. 선진국 전역에서 65세 이상의 여성 중 65%가 과부이고, 남성에서는 15%에 그친다. 85세를 넘으면 여성 중 80%가 과부이고, 남성은 3분의 1만이 홀아비이다(OECD, 2009).

거의 모든 사람들에게 배우자를 잃는 것은 고통스럽고 힘든 과정이다(Lund & Caserta, 2004). 성인 후기에 이르렀을 때는 결혼생활이 30년, 40년 혹은 50년이 넘게 지속된 상태일 것이다. 그런데 평생을 같이 해왔던 배우자가 사라지는 것은 가히 충격적이고 혼란스러운 일이다. 배우자가 더 이상 없어서뿐만 아니라, 다른 부부들과 어울리는 것이 어색해지기 때문에 사회적 삶 또한 변하게 된다(van den Hoonard, 1994). 먼저 간 배우자가 담당했던 부분이 무엇이었든 간에 이제는 남은 사람이 전부 감당을 해야 한다(Hanson & Hayslip, 2000).

부부관계의 만족도는 성인 후기에 가장 높다.

사별의 후유증은 몇 년의 시간이 흘러도 지속될 수 있다(Galatzer-Levy & Bonanno, 2012). 배우자 죽음 몇 년 뒤에 남은 배우자의 사망률은 매우 높은데, 정신적 충격이 신체적 기능에도 영향을 주기 때문이다(Manzoli et al., 2007). 남성은 배우자의 상실을 특히나 힘들게 받아들이는데, 배우자가 죽고 나면 우울증에 빠질 위험이 여성에 비해 상대적으로 높다. 그리고 정신적 건강 상태로 다시 회복하는 데 더 많은 시간을 필요로 한다. 특히나 재혼을 하지 않으면(Galatzer-Levy & Bonanno, 2012), 남성은 여성보다 친구가 적고, 친밀한 가족관계도 많지 않다. 따라서 배우자가 죽게 되면 남성은 의지할 수 있는 사회적 지원이 상대적으로 적은 셈이다(Bennett et al., 2005). 배우자 상실 후 사망의 위험은 여성보다 남성이 더 높다(Stimpson et al., 2007).

배우자 사망 후 우울증이 사라지고 난 후에도 고독은 여전히 남게 된다(Lund & Caserta, 2004). 미망인과 홀아비들이 고독을 이겨내는 방법 중의 하나는 죽은 배우자와 '대화'를 나누는 것이다. 한 연구에 의하면 배우자를 먼저 보낸 사람 중 절반 이상이 5년 동안은 한 달에 여러 차례 배우자와 대화를 나누는 것으로 나타났다(Carnelly et al., 2006). 심지어는 배우자를 잃은 지 35년이 넘었어도 때때로 이야기를 나눈다고 한다. 하지만 사랑했던 사람을 보내고 난 후 그들을 계속 추억하면서도 대부분의 미망인과 홀아비들은 몇 년 내에 남아 있는 가족 및 친구들과의 사회적 관계를 유지하고 강화시키면서 극복해나간다(Utz et al., 2002).

극복해나가는 한 가지 방법은 재혼이다. 하지만 성인 후기의 재혼률은 비교적 낮은 편인데, 부분적으로는 성별의 불균형이 상당히 크기 때문이다. 홀아비보다는 미망인이 훨씬 더 많기 때문에 남자는 여자보다 재혼할 가능성이 훨씬 높다(Bookwala, 2012). 성인 후기의 재혼은 이혼의 가능성과 부부생활의 만족도에 있어서 젊었을 때보다 훨씬 더 성공적인 경향을 보인다(Moorman et al., 2006). 하지만 성인 후기의 많은 커플은 결혼보다는 동거 또는 장기 연애를 선택하는데, 잠정적인 재산 문제 또는 자녀의 반대 혹은 단순히 독립성을 선호하기 때문이다(King & Scott, 2005).

성인 후기의 성생활 성생활에 대한 수용성과 적절성에 관해서는 성인 중기와 마찬가지로 성인 후기에도 다양한 문화적 차이가 있다. 106개의 부족 문화권에서 실행한 연구에 의하면 배우자가 살아 있는 경우에는 늙은 나이에도 성생활은 당연하고 일반적인 것으로 나타났다(Winn & Newton, 1982). 반대로 제11장에서 살펴보았듯이 인도와 동아시아 문화권에서는 성인 중기와 후기의 성생활을 부적절하고 종교적으로 나쁜 영향을 주는 것으로 받아들인다. 현대 서구 사회에서 노인은 성적 욕구가 거의 없으며 노인의 성행위는 역겹고 우스꽝스럽다는 고정관념이 널리 퍼져 있다(Hillman, 2000). 하지만 성인 후기의 성행위를 금하는 문화적 규제는 없을 뿐 아니라, 많은 노인은 성적으로 왕성한 생활을 유지한다.

성인 후기의 성생활은 파트너의 능력에만 좌우되는 것이 아니라 신체적 건강 조건에도 좌우된다(Gott & Hinchliff, 2003). 이번 장 서두에서 언급했듯이 성인 후기에 이르면 신체적 장애와 질환이 점점 더 일반화되고, 스스로의 건강 상태를 무기력하다고 평가하는 사람들은 상당히 낮은 성생활 수치를 보인다(Bancroft, 2007).

뿐만 아니라 성인 후기에 이르면 구체적으로 성과 관련된 신체적 변화가 일어난다. 여성의 경우 성인 중기에 이미 시작되었던 애액의 감소가 성인 후기에 지속되면서 성행위를 점점 더 고통스럽고 덜 유쾌하게 만든다(NIA, 2008). 남성의 경우 테스토스테론 수준이 40대에서 70대에 이르면서 3분의 1이 감소하게 되면서 발기에 이르는 시간이 길어지고 유지하기가 힘들게 된다. 미국의 조사에 의하면 57~85세 사이의 남성 중에서 90%가 가끔씩 발기의 어려움을 경험했으며, 3분의 1 정도는 만성적 발기부전을 호소했다(Lindau et al., 2007). 여성은 윤활유를 구입하는 것이 가능하며, 남성을 위해서는 발기부전을 위한 매우 효능이 좋은 약물치료가 존재한다(제11장 참조; Hooyman & Kiyak, 2011).

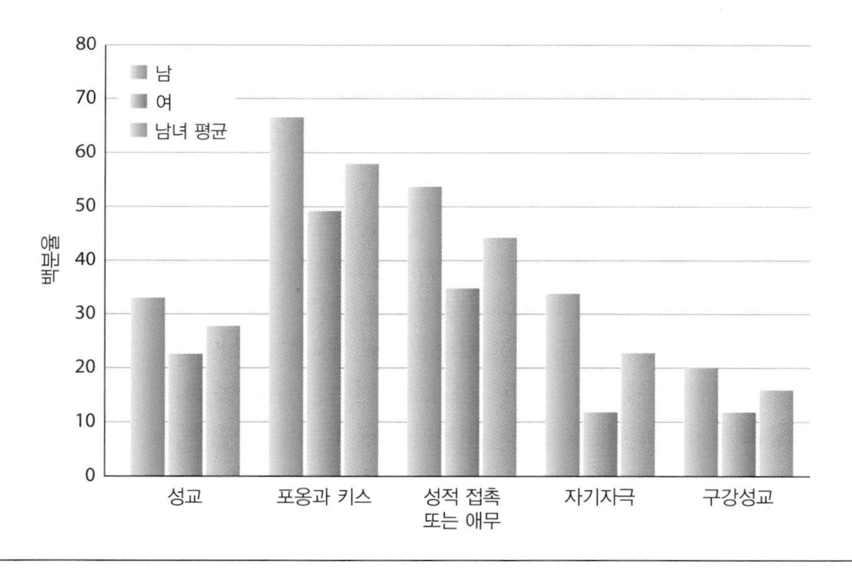

그림 12.5 성인 중기와 후기의 성생활

미국 사회에서는 45세 이상의 성인은 다양한 종류의 성행위를 한다. 도표는 지난 6개월 동안 성인이 일주일에 한번 내지는 더 자주 했던 성행위의 비율을 보여준다.

출처 : Based on AARP (2009)

성을 논할 때 성행위보다 더 많은 것이 존재한다는 것을 기억해야 한다. 미국에서(45세 이상) 성인 중기와 후기의 성생활을 조사하면서 참가자들이 지난 6개월 동안 얼마나 자주 성적 행위를 하였는지 질문했는데, **그림 12.5**에서 보여주듯이 키스와 포옹 그리고 애무행위가 성교보다 높았다(AARP, 2009). 성인 후기에는 성적 욕구가 종종 감소하지만 65세 이상 다수의 사람들에게는 성적 욕구가 지속된다는 결과가 국가 조사에서 나타났다(Lindau et al., 2007).

비판적으로 사고하기

성인 후기의 사람이 의사에게 성적 욕구의 상실을 호소해온다면, 치료가 필요한 질병인가 아니면 노화 현상의 일부인가? 이에 대한 답변은 개인의 문화권에 따라 영향을 받을까?

일과 은퇴

은퇴의 다양한 차이를 묘사하고 은퇴가 성인 후기에 미치는 영향을 규정한다.

인류 역사를 통틀어 볼 때, 사람들은 더 이상 일을 할 수 없을 때까지 일을 했다. 살펴보았듯이 평균수명은 비교적 낮았다. 따라서 소수의 사람들만이 요즘 우리가 부르는 '성인 후기'에 이르렀다. 60~70대에 이르기까지 살아남은 사람들은 생존을 위해 일을 지속했어야 했고, 스스로 필요를 채울 수 없는 상태에 이르면 자녀나 다른 친지들에게 의존해야 했다.

20세기 초, 선진국은 국민연금 프로그램을 정착시키기 시작했다. 먼저는 서유럽 국가들이 20세기 첫 20년에, 다음으로는 캐나다가 1927년에 그리고 미국이 1935년에 시행되었다. 20세기가 진행되면서 선진국에서는 노인을 위한 다른 프로그램을 사회복지제도에 추가시켰는데, 주로 건강관리 프로그램이었다. 동시에 평균수명은 꾸준히 상승하였다.

21세기 초반에 선진국 대부분의 사람들은 최소 10년의 무직 상태를 경험하면서 국민연금 프로그램과 고용연금 프로그램, 개인 저금액과 투자자산으로 버텨나간 경험이 있다.

오늘날 선진국에서 은퇴 평균연령은 60~63세이다. 하지만 기대수명은 70대 중반에서 80대 중반에 이른다. 선진국 중에서는 65세가 지나서도 일하는 사람들의 비율이 프랑스는 2%, 독일은 6%, 캐나다 13%, 미국은 19%, 일본은 21%에 이른다(OECD, 2014). 인구의 나이가 높아져감에 따라 이 비율 또한 은퇴 나이와 더불어 상승할 것이다. 몇몇 선진국에서는 미국을 포함하여 국민연금(Social Security in the United States)의 수령 가능 연령이 67세로 올라갔다. 하지만 연금수령 가능 연령을 더 인상시키고자 하는 압력은 의학의 발전으로 사람들이 지금보다 더 오래 살게 되면서 더 강화될 것으로 보인다.

은퇴 결정 정확하게 언제 은퇴할 것인가 하는 결정은 다양한 요인에 의해 좌우되는데, 특히 경제적 고려, 신체적 건강, 직장에 대한 만족(또는 불만족) 등이다(Rix, 2008). 한번 은퇴를 하면 경제적 안정과 신체적 건강은 사람들이 얼마나 잘 적응하는가의 주요 결정 요소가 된다(Whitbourne & Whitbourn, 2010). 당연한 결과이지만 충분한 경제력과 신체적 건강이 있는 사람들은 은퇴생활을 더 많이 즐길 수 있다. 은퇴생활의 만족도는 특히 높은 교육을 받아 높은 지위의 직장을 가졌던 사람들에게 더 높게 나타나는 경향을 보이는데, 단지 재정적 자원이 더 좋기 때문만이 아니고 자극을 찾아내고, 유쾌한 은퇴생활의 활동들을 발견하는 데 더 성공적이기 때문이다(Kim & Moen, 2002; Szinovacz & Davey, 2004). 부부에게는 은퇴가 성인 후기의 결혼생활 만족도를 높이는 원인 중의 하나인데, 스트레스는 줄어들고 함께

성인 후기까지 일하는 데서 오는 혜택은 무엇인가?

여가를 즐길 수 있는 시간은 늘어나기 때문이다(Smith & Moen, 2004).

대부분의 노인은 은퇴를 반기고 잘 적응하지만, 4분의 1 정도는 이런저런 종류의 적응 문제에 직면하게 된다(Prisuta, 2004). 회사의 긴축 정책 또는 폐쇄로 은퇴가 강요된 노인은 자발적으로 은퇴를 결정한 사람에 비해 덜 만족스러워하는 것으로 나타난다(Warr et al., 2004). 은퇴를 선택한 사람들은 신체적·정신적 건강 상태의 향상을 경험하지만, 은퇴가 강요된 사람은 악화되는 경향을 보인다(Rix, 2008).

파트타임 일하기 은퇴는 풀타임으로 일을 하다 단번에 일을 완전 중단하는 단회적인 사건이 아니고, 점차적으로 일의 시간을 줄여가거나 풀타임 직장에서 파트타임 직장으로 옮기다가 일을 온전히 중단하는 수년간의 과정이다. 많은 사람들은 성인 후기에 반 은퇴하는데, 이른바 '브릿지 직장(bridge job)'을 경험한다. 일의 시간을 줄이되 노동인구로 머무르거나 또는 덜 힘들고 노동시간이 적은 직장으로 옮기는 것이다(Hardy, 2006). 유럽인의 14%와 미국인의 약 60% 정도가 전적으로 은퇴를 하기 전에 브릿지 직장을 갖는다(Brunello & Langella, 2013). 이는 미국 사람들은 유럽 사람들에 비해 더 오랜 시간을 일하고, 휴가는 덜 갖는다는 사실과 일치한다. 많은 미국 노인은 풀타임 일을 하지 않아도 되는 브릿지 직장을 가지면서 점차적으로 은퇴하는 것을 선호한다고 밝힌다(Harvard/MetLife, 2004).

금전적인 부분이 전형적인 '은퇴 연령' 이후에도 일을 지속하는 명백한 이유가 되겠지만, 그러나 대부분의 노인에게는 돈이 주된 원인은 아니다. 미국에서 실시된 조사에 의하면 55세 이상의 사람 중 33%만이 일을 지속하는 원인은 금전적인 데 있다고 밝혔다(AARP, 2006). 노인들은 일을 지속함으로써 얻게 되는 유익은 활동적으로 생활할 수 있게 해주고, 사회활동을 유지하며, 새로운 것들을 배울 수 있기 때문이라고 한다(Calvo, 2006; Holden, 2008). 특히나 여성은 성인 후기에 일을 더하고 싶어 하며 경력향상과 개인적 성장을 촉진시키는 방법 중 하나로 여기고 있으며, 어쩌면 자녀 양육으로 수년간 직장을 떠났어야 하는 가능성이 남성보다 훨씬 높았기 때문일 수도 있다(Piktialis, 2008).

성인 후기에 일을 함으로써 얻을 수 있는 유익이 많이 있지만, 주목해야 하는 장애와 어려움도 또 있다. 성인 후기에 대한 고정관념은 고용주들로 하여금 노인 고용을 주저하게 만드는데, 젊은 사람들보다 덜 생산적이고 정신적으로도 덜 민감할 것이라는 추측 때문이다(Hooyman & Kiyak, 2011). 잠정적인 고용주들은 또한 나이가 많은 사람들은 새로운 기술을 익히는 데 더 많은 훈련을 필요로 하고, 고액

문화 초점 : 다양한 문화권의 일과 은퇴

바로 지난 세기에만 해도 은퇴는 드문 현상이었다. 선진국에서는 남자 중 4분의 3 정도가 65세가 넘어서도 여전히 일을 했다. 예를 들어 미국에서는 '은퇴 연령'은 74세였다. 하지만 은퇴를 경험할 정도로 오래 사는 사람은 극히 드물었다(Hooyman & Kiyak, 2011). 부유한 사람들만이 나이를 먹으면 일을 중단할 수 있었다.

오늘날 은퇴는 60년대 초반을 시작으로 선진국에서는 일반적인 현상이 되었다. 하지만 개발도상국에 은퇴는 드문 현상이고, 다수의 사람들에게 은퇴란 없다.

의 건강관리 비용을 초래하며 직장에 오래 머물지는 않으리라는 등의 정당한 우려를 하게 된다(Hardy, 2006). 부분적으로는 이와 같은 장애로 인해 노인은 젊은 사람에 비해 자영업에 종사할 가능성이 높다(Wan et al., 2005).

일과 집 밖의 삶 : 여가, 지역사회, 종교, 미디어 사용

성인 후기의 여가활동과 지역사회활동, 종교생활, 미디어 사용의 변화를 서술한다.

은퇴를 하고 나면 노인은 여행과 같은 여가를 즐길 수 있는 시간이 더 많아진다. 많은 사람들은 시간을 지역사회활동 내지는 종교생활에 쏟는다. 평소에 성인 후기의 사람들이 가장 많은 시간을 사용하는 것은 매스미디어로, 주로 TV 시청이다.

여가활동 성인 후기에 들어서면서 그동안 일을 하느라 보냈던 시간이 줄어들면 사람들은 여가활동에 전념할 수 있는 시간이 늘어난다. 때로 사람들은 그림 그리기와 같이 이전에 해보지 않았던 일들을 시작하기도 한다. 하지만 성인 후기의 여가활동은 대개 이미 즐기고 있었던 활동의 연속으로 은퇴생활에 접어들면서 시간을 더 많이 들일 수 있게 되는 것뿐이다. 골프를 늘 즐겨왔던 사람은 이전에 일주일에 한 번 치던 것을 이제는 일주일에 세 번 칠 수 있게 되었다. 정원 가꾸는 일을 즐겨 해왔던 사람은 그동안 정신없이 바쁜 일생생활 가운데 잠깐씩 짬을 내어 해왔다면 이제는 여름날의 대부분을 정원에서 보낼 수 있게 되었다.

이전에 비해 지금의 노인은 은퇴 기간이 평균적으로 늘어났을 뿐만 아니라 경제적으로도 훨씬 더 부유해졌기 때문에 노인들의 여가활동을 집중적으로 공략하는 산업이 지난 반세기 동안 엄청나게 성장하고 있다(Moody, 2004-05). 다수의 대학교와 교수진은 노인이 요리에서부터 외국어에 이르기까지 배울 수 있는 다양한 과정을 개발하고 있다(Manheimer, 2008).

여행은 노인이 흔하게 즐기는 여가활동이다. 미국에는 노인의 배우고 싶은 욕구와 여행에 대한 갈망을 결합시킨 **엑스플로리타스**(Exploritas)라는 유명한 프로그램이 있다. 엑스플로리타스는 '배우는 여행'을 세계 각지에서 후원하는데, 노인이 유명한 관광지에 가서 관광을 즐기는 동시에 대학교에 가서 그 지역에 관한 공부를 하는 프로그램이다. 어떤 사람들은 런던에서 건축물을 공부하고, 어떤 사람은 남극에서 바다표범을 연구하며, 벨리즈에서는 원숭이를, 그리스에서는 고대 회화를 공부한다. 이 프로그램은 90년대에 실행되어 1,500여 개의 교육기관이 참여하고 있다(Elderhostel, 2007). 최근에는 신체적 도전을 주는 프로그램을 도입하기 시작했는데, 하이킹과 같은 활동을 제공하면서 젊은 나이에 은퇴하는 사람들과 젊은 노인들이 참여할 수 있도록 겨냥하고 있다.

엑스플로리타스와 같이 인지적 도전을 주는 여가활동은 노인의 신체적·인지적·사회적 기능에 다양한 유익을 준다(Cohen, 2005). 하지만 모든 노인이 이와 같이 도전적이고 고생스러운 여가활동을 즐길 수 있는 재정 또는 성향이 있는 것은 아니다. 대부분 노인의 여가 시간은 TV 시청, 독서 또는 가족과 친지 방문과 같이 부담이 덜 되는 것에 집중

다른 연령대의 사람보다 노인은 여가 시간이 더 많다.

된다(Hooyman & Kiyak, 2011). 노인은 또한 미용관리, 쇼핑, 요리 같은 일상적인 활동에 젊은 사람보다 더 많은 시간을 들인다(Johnson & Schaner, 2005). 이들 중 많은 사람들에게 일상적인 활동은 공을 들이고, 만족을 얻게 되는 여가의 일부분이 된다. 성인 후기가 진행되면 신체적 에너지가 점점 더 소멸되면서 여가활동은 덜 고생스럽고 주로 앉아서 하는 활동으로 바뀌게 된다.

봉사활동과 시민참여 대부분의 성인들이 성인 후기에는 직장에서 철수를 하지만 몇몇은 지역사회활동과 종교생활에 적극적으로 머물러 있는다. 미국에서 특히 성인 후기에 종교단체는 자원봉사의 주된 배경을 이룬다(Hooyman & Kiyak, 2011). 이런 단체에서는 빈민을 위한 의복과 식사를 제공하고, 병든 사람을 방문하고, 청소년 및 아동 프로그램을 제공한다. 노인이 자원봉사를 할 수 있는 다른 단체로는 병원과 환경단체가 있다.

자원봉사자들의 수는 미국에서 성인 중기에 최고에 다다르고, 60대에 이르면 약 40%(연간)를 기록하다가 나이가 들고, 또 더 들면 10%대에 머물게 된다(Hooyman & Kiyak, 2011). 하지만 자원봉사의 시간은 성인 중기에서 후기에 이르면서 증가하고, 70대 후반에 이를 때까지 줄어들지 않는다(Hendricks & Cutler, 2004). 이는 아마도 성인 후기에 들어서면서 젊었을 때보다는 가족과 직장에 들이는 시간이 줄어들면서 봉사활동에 더 많은 시간을 활용할 수 있기 때문이겠으나, 자원봉사의 수치는 은퇴를 한 사람들보다는 아직 직장생활을 하고 있는 사람들 가운데서 더 높게 나타난다(Hooyman & Kiyak 2011). 아프리카계 미국인들이 노년에 자원봉사를 하는 수치가 다른 인종 집단에 비해 높게 나타나는데, 이는 아프리카계 미국인들이 더 종교적이고 따라서 교회를 통해 봉사집단에 참여할 수 있는 길이 많이 열려 있기 때문이다(Taylor et al., 2004).

성인 후기에 나타나는 자원봉사의 높은 수치는 생성감이 어떻게 성인 후기까지 확장이 되는지 잘 보여준다(Klieber & Nimrod, 2008). 지역사회 서비스 단체는 공익을 도모할 뿐만 아니라 다음 세대의 웰빙을 향상시키는 노력도 감수한다. 그 외에도 노인 역시 자신들이 제공하는 서비스를 통해 얻는 유익이 많다. 연구는 자원봉사를 통해 노인이 심리적으로 다양한 혜택을 누리는 것을 보여주는데, 높은 생활 만족도와 삶의 의미, 성취감, 인지적 도전과 자극과 같은 것이다(Corporation for National and Community Service, 2007; Wilson & Harlow-Rosentraub, 2008). 자원봉사를 통해 심지어 신체적으로 얻는 유익도 많이 있는데, 건강에 대한 긍정적인 주관평가, 신체장애에 대한 낮은 평가, 사망 위험성의 감소 등이다(Greenfield & Marks, 2007). 이 효과는 양방향으로 흐르는데, 노인들이 더 건강하고, 더 행복할수록 자원봉사를 할 가능성이 더 높아진다(Morrow-Howell et al., 2009).

다양한 문화권에서 65세 이상 노인의 투표율이 가장 높다.

성인 후기는 또한 북클럽에서부터 종교집회, 정치단체에 이르기까지 다양한 종류의 시민단체에 참여하게 되는 시기이기도 하다(Martinson & Minkler, 2006). 이와 같은 현상은 유독 미국에서 두드러지게 나타나는데, 미국은 다른 선진국에 비해 시민단체의 오랜 전통을 소유하고 있다(Putnam, 2000). 시민단체에 가입하여 활동을 하게 되는 이유는 성인 후기에 접어들면서 가정과 직장에 대한 구속이 약해지면서 젊은 사람들보다 시간을 더 낼 수 있기 때문이기도 하지만, 이는 부분적으로만 들어맞는다. 현재의 노인세대는 특히나 시민단체 운동의 예외적인 양상을 보이면서 코호트 효과를 보이고 있다. 로버트 푸트남(Putnam, 2000, 2002, 2004)의 역사 분석을 살펴보면, 시민단체 운동은 20세기 초반에는 비교적 경미했다. 그러나 현재의 노년 세대가 성인 초기를 보내고 있던 제2차 세계대전 이후 급격히 상승하기 시작한다. 청년 단체에서부터 실업단체, 정치단체에 이르기까지 광범위한 수의 신생 집단을 조직하여 큰 조직으로 결합하게 된다. 시민단체 운동은 매 코호트와 더불어 20세기 후반에 감소하기 시작하지만 이러한 예외적인 세대에서 시민단체 운동은 성인 후기에 이르기까지 활발하게 지속된다(Putnam, 2004).

젊은 세대 집단에 비해 노인은 오늘날 시민단체에 가입하는 것뿐 아니라 활동에도 적극적으로 참여하여 투표, 정치 후보자 후원과 같은 정치적 신념을 표방하거나 지역신문에 투고를 할 가능성이 훨씬 높다(Putnam, 2004). 노인의 투표율이 지속적으로 가장 높은 반면 젊은 세대의 투표율은 가장 낮은 이러한 양상은 미국에서뿐 아니라 대부분의 선진국에서 나타난다(Esser & de Vreese, 2007).

종교활동 종교활동은 미국의 성인 후기에 가장 두드러지게 나타나는 시민활동이다. 다양한 조사에 의하면 65세 이상의 미국인 중 40~50%가 매주마다 종교모임에 참석하고 있으며, 25%는 기회가 있을 때마다 참석한다(Smith & Snell, 2009). 80세가 넘으면 종교모임 참석률은 감소하는데, 신앙심이 시들어가기 때문이 아니라 건강과 교통수단 문제에서 기인한다(Idler, 2006; Wink & Dillon, 2002). 유럽은 세계 다른 나라들에 비해 종교모임 참석과 신앙생활이 저조한 것으로 나타난다. 북유럽에서는 이러한 양상이 더 두드러진다. 그러나 역시 유럽에서도 젊은 사람에 비해 노인이 더 종교적인 것으로 나타난다(Halman & Draulans, 2006).

종교적인 모임의 참석뿐만 아니라 다양한 형태의 신앙과 관습은 성인 후기에 가장 높은 수치를 보여준다(**그림 12.6** 참조). 미국의 국가적 설문조사에 의하면 60세 이상의 사람들 중 70%가 종교는 "매우 중요하다"고 응답했으며, 이는 모든 연령대 중 가장 높은 수치이다. 성인진입기(18~29세)는 50% 이하로 가장 낮은 수치를 보여주었다(Pew Research Center, 2010). 노인은 젊은 연령대의 사람들보다 더 자주 기도하고, 개인적인 문제를 해결하기 위해 신앙에 의지하며, TV에서 종교 프로그램을 보는 확률이 더 높은 것으로 나타났다(Smith & Snell, 2009). 노인의 높은 종교성은 부분적으로는 코호트 효과에 기인할 수

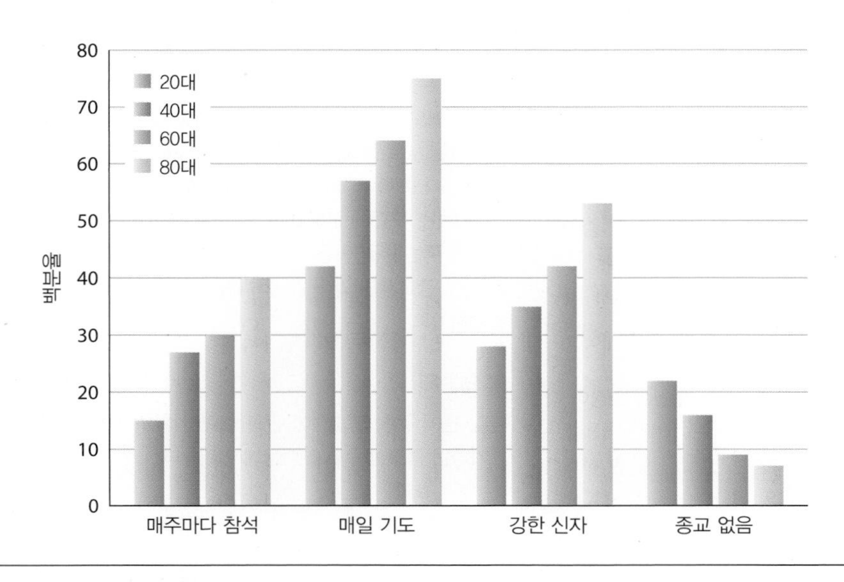

그림 12.6 미국의 연령과 종교성

나이가 더 많을수록 더 종교적이다.
출처 : Based on Smith & Snell (2009)

도 있지만(동시대에 유행했던 시민단체 운동의 일환으로), **연구 초점 : 사람들은 나이를 먹으면서 더 종교적으로 변하는가?**에서 보게 되듯이 연령 효과이기도 하다.

종교성은 아프리카계 미국인, 특히 성인 후기에는 오랜 시간 중요한 부분을 차지했다. 아프리카계 미국인들의 기독교 신앙의 뿌리는 이전의 노예시대까지 거슬러 올라간다. 고대의 이스라엘 백성은 이집트에서 노예로 살았던 상황을 떠올리며 성경에서 위로를 찾고, 또 구속과 승리의 행복한 결말을 기대하면서 살았다(Taylor et al., 2004). 교회는 서로를 의지하고 지원해주는 시설이 되었고, 일상생활의 곤경을 극복하는 힘을 얻는 원천이 되었으면 현재까지도 그러하다(Roff et al., 2006). 많은 아프리카계 미국인

연구 초점 : 사람들은 나이를 먹으면서 더 종교적으로 변하는가?

미국에서 노인은 다른 연령 집단보다 신앙과 실천에서 더 종교적이라는 다양한 연구 결과가 있다. 이와 같은 사실이 의미하는 바는 무엇인가?

연령의 차이와 연관된 모든 연구조사는 두 가지 가능한 해석을 제시한다.

(1) 연령 효과 : 사람들은 연령에 따라 특징이 다양하다. 이 경우 연령 효과란 사람들이 나이를 먹으면서 더 종교적이 되는 현상을 의미한다. 이와 같은 해석이 정확하다면 지금 자라나고 있는 젊은 층 그리고 중년들 또한 성인 후기에 이르면 더 종교적이 될 것이다.

(2) 코호트 효과 : 사람들은 살아가는 역사적 시대에 따라 서로 다르다. 이 경우 코호트 효과란 현재 성인 후기에 들어서 있는 사람들은 유난히 종교적이었던 세대의 일부 또는 코호트라는 의미이다. 미국 사회는 그 후의 코호트에서 점점 덜 종교적으로 변해갔다. 이와 같은 해석이 정확하다면 지금 자라나고 있는 젊은 층 그리고 중년들은 성인 후기에 이르면 현재의 성인 후기 사람들보다 덜 종교적이 될 것이다. 왜냐하면 그들은 덜 종교적인 코호트의 일부이기 때문이다.

그럼 어떤 해석이 미국의 종교성의 편차를 가장 납득하기 쉽게 설명하고 있는가? 이 질문에 답변을 하기 위해서는 추적 연구의 자료들이 필요하다. 동일한 코호트를 추적하여 그들이 나이와 더불어 어떻게 변해가는지 조사해야 한다. 다행히도 갤럽 기관에서 종교적 신념과 실천에 대한 전국 조사를 지난 60년간 실시해온 결과, 자료를 획득할 수 있었다.

연령에 따른 종교성의 변화가 연령 효과인지 또는 코호트 효과인지 답변을 찾기 위해 60년간의 갤럽 자료를 코호트별/세대별로 분류할 수 있다. 가장 위대한 세대(1928년 전 출생), 침묵 세대(1928~1945년 출생), 베이비붐 세대(1946~1964년 출생), X세대(1965~1980년 출생), 밀레니얼 세대(1981년 이후 출생)가 그것이다. 대부분 갤럽 자료는 연령과 더불어 증가하는 종교성은 코호트 효과이기보다는 연령 효과라는 해석을 지지한다.

예를 들면, 1970년대 후반 신념과 관련하여 침묵 세대(당시 나이 30~47세)의 56%는 종교적 신념을 "매우 중요하다"고 표시했다. 30년이 지난 후, 동일한 세대(당시 나이 60~77세)의 67%가 종교는 여전히 "매우 중요하다"고 표시했다(표 참조). 나이와 더불어 증가하는 동일한 양상이 다른 코호트에서도 발견되었다.

그러나 세 번째 해석이 가능하다. 종교성은 다양한 면에서 건강한 신체적 기능과 긍정적으로 연관되어 있다. 그리고 사망의 위험성도 감소시킨다. 따라서 성인 후기의 깊은 종교성은 선택 효과일 수도 있다. 사람들은 자기와 다른 부류의 사람들보다 동일한 집단에 속하기를 선호한다. 이 경우 종교성이 깊은 사람들은 성인 후기까지 살아남을 가능성이 상대적으로 종교성이 낮은 사람들보다 더 높다. 결과적으로 성인 후기는 다른 젊은 연령층보다 더 종교적이 되는 시기인 듯한데, 이는 나이를 먹으면서 더 종교적으로 변하기 때문만이 아니고, 종교적인 사람들이 쉽게 말해 더 오래 살 가능성이 높기 때문이다. 노년의 높은 종교성은 연령 효과인 동시에 선택 효과에 기인하는 듯하다.

그럼에도 코호트 효과를 완전히 제외시키는 것은 옳지 않다. 종교성과 관련하여 코호트 효과가 지난 20세기 후반에 연구된 코호트에서 강세를 보이지 않는다고 하여 21세기에 또한 코호트 효과가 존재하지 말라는 법은 없다. 사회는 꾸준히 변하고 있고, 미국 또한 21세기에는 주민들의 종교성에 영향을 주는 변화가 올 수도 있다. 현재 부상하고 있는 젊은 층의 예외적으로 낮은 종교성은 몇십 년 후 나타날 수 있는 코호트 효과를 연구할 가치가 충분히 있다.

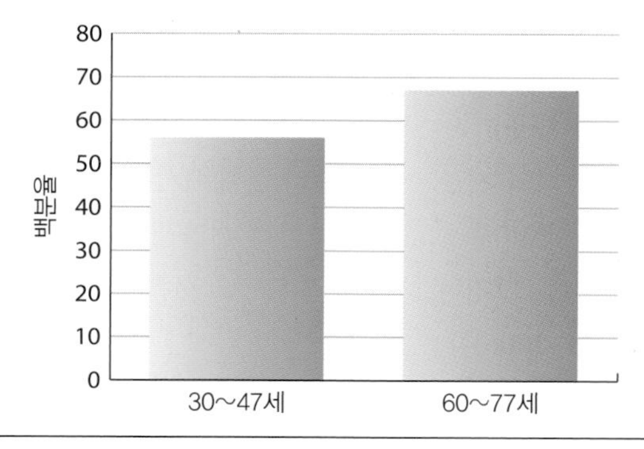

침묵 세대에게 종교의 중요성

자신에게 종교 신념이 "매우 중요하다"고 대답한 사람들의 비율

출처 : Schaie (1988)

복습문제

수십 년에 걸친 종교성에 관한 갤럽 기관의 자료에 의하면 나이와 더불어 증가하는 종교성은 주로 다음에 기인한다.

a. 연령 효과
b. 코호트 효과
c. 예측 효과
d. a, b, c 전부 아니다.

교회는 노인에게 다양한 복지서비스를 제공하는데, 식사, 가사노동, 교통수단을 비롯하여 정부단체와의 연결도 맡아서 해준다(Idler, 2006). 아프리카계 미국인에게 있어서 교회는 일반 사회에서는 얻을 수 없는 지위와 권위 그리고 존경을 받을 수 있는 장소이다(Mattis & Jagers, 2001).

전 세계와 문화권에서 여성은 남성보다 신앙과 신앙생활에서 더 종교적이다(Idler, 2006). 그럼에도 거의 모든 종교에서 남성이 리더십을 장악하고 있다. 신부, 목사, 랍비, 이맘에 이르기까지 가장 높은 리더십은 거의 대개가 남성에 의해 채워지고, 여성은 종종 전적으로 리더십에서 제외된다. 가톨릭의 경우 최근 수 세기 동안 교황은 거의 다 성인 후기의 연령대였고, 여성은 교황, 추기경, 주교, 신부의 직분이 허용되지 않았다.

성인 후기에 이르러 종교적으로 깊이 고조되는 현상은 비단 서구에서만 나타나는 것이 아니고, 동양에서도 동일하게 나타난다. 아시아 전역에서 2,500년이 넘도록 영향을 미쳐왔던 유교사상은 맡은 본분과 의무를 삶의 우선적인 가치로 규정하지만, 나이 70세를 넘기면서는 세속을 떠나 영성수련에 집중할 것을 권장한다(Lock, 1998; Ryff et al., 2015). 역사 이래 아시아에서 가장 영향력이 큰 불교 역시 유사하게 성인 후기에 이르면 세속사회에 등을 돌리고 다음 삶(윤회에 따른)을 위해 수련에 집중하는 시기이다. 인도의 수억 명의 사람들에게 가장 지배적인 종교인 힌두교에 의하면 성인 후기는 산야사(sanyasa), 즉 세속을 떠나 죽음을 기다리며 영적으로 정결함을 추구하는 사람이 되는 시기이다(Kakar, 1998).

노령의 미국인에게 종교성이 미치는 영향에 관한 상당수의 연구가 이루어졌는데, 결과는 정신적·신체적 건강에 긍정적인 것으로 꾸준히 나타난다. 성인 후기의 종교성은 자기존중감, 삶의 만족도, 전반적인 행복감, 삶의 의미를 증진시킨다(Roff et al., 2006). 노령의 미국인은 종교성이 높을수록 우울증에 걸릴 확률은 낮아지고, 우울증에 빠졌다가도 빨리 회복할 가능성이 높다(Idler, 2006). 성인 후기의 깊은 종교성은 면역 시스템과 저혈압의 기능 촉진과 관련되어 있다(Atchley, 2009). 성인 후기의 종교생활은 신체적 장애의 가능성을 줄이고, 평균수명을 연장시킨다(Hill, 2008; Roff et al., 2006). 이와 같이 종교가 주는 광범위한 영향은 종교의 심리적 혜택에 기인하는 것으로 보이는데, 희망과 삶의 의미, 통제력을 줄 뿐만 아니라 구체적인 지원 및 사회적 후원과 같은 사회적 혜택을 제공하기 때문이다(Bosworth et al., 2003; Smith et al., 2003). 종교의 긍정적인 영향은 성인 후기가 진행되면서 꾸준히 상승한다(Idler, 2006).

하지만 유럽 사람들은 성인 후기에 얕은 종교성으로 인해 손해를 입지는 않는다는 점을 언급해야겠다. 실제로 유럽 사람들은 성인기를 보내면서 다른 모든 나라 사람들보다 더 높은 행복지수를 보여준다. 유럽의 노인에게는 풍족함과 가족간의 유대감, 후한 사회복지제도가 미국 사람들이 종교와 종교생활에서 추구하는 자원을 제공해주는 듯하다(Rifkin, 2004).

미디어 사용 성인 후기에 계시는 아버지께 나는 전날 밤 축구경기나 농구경기가 어떻게 끝났는지 늘 가서 물어보곤 했다. 가족과 카드게임을 하거나 아이들을 잠자리에 눕히고 또 채점을 하거나 인간발달 책을 서술하느라 아버지의 얼굴을 볼 기회가 없었기 때문이다. 아버지는 또 최근 상영되는 거의 모든 영화에 대한 정보를 알고 계셨다. 아버지는 일주일에 여러 편의 영화를 보셨다. 나의 아버지는 일반적인 양상을 반영한다. 노인들은 넘쳐나는 여가시간으로 인해 많은 양의 시간을 미디어에 사용한다. 노인은 직장이 더 이상 없고, 아이들 양육 문제도 없으며, 일상에서 시간을 잡아먹는 일이 달리 없다(Bowman, 2009).

한 평가에 따르면 65세 이상의 미국인은 여가시간의 40%를 TV 시청에 할애하고, 음악을 들으며, 책을 읽고 영화관에 가는 데 사용한다(Robinson et al., 2004). 성인 후기에 가장 흔하게 활용하는 미디어는 단연코 TV이다. 실제로 TV 시청은 성인 후기에 가장 흔하게 보고되는 미디어 형식이다. 노인은 다른 어

e-헬스 건강 전문가와 환자, 특히 노인들 간의 소통을 증진하기 위해 인터넷과 전자장치를 활용하는 것

떤 연령대보다도 더 많이 TV를 시청하는데, 하루 평균 5시간이다(Wadsworth & Johnson, 2008). 노인들 사이에서는 남성보다 여성이 TV를 더 많이 시청하고, 아프리카계 미국인이 유럽계 미국인보다 더 많이 보는데, 이는 젊은 연령대부터 이어져오는 양상이다(Bowman, 2009).

노인들은 특히 뉴스 프로그램을 선호하는데, 드라마(특히 여성), 스포츠(특히 남성), 오락 프로그램(남녀 모두) 역시 즐겨본다(Robinson et al., 2004). 노인은 미디어를 기분전환으로 활용하지만 뉴스를 통해 세상의 소식에 대한 정보를 얻기 위해서도 활용한다. 뿐만 아니라 완벽하고 정확하지는 못할지라도 건강 주제와 치료법에 관해서도 배운다(Wadsworth & Johnson, 2008).

미국 TV 프로그램에 노인이 자주 등장하지 않음에도 불구하고 노인은 TV를 많이 시청한다. 프로그램 콘텐츠 분석 결과에 의하면, 픽션과 리얼 TV 프로그램은 모두 젊은 층 위주이고, 모든 연령대를 통틀어 노인이 출연할 가능성은 가장 낮은 것으로 나타났다(Signorielli, 2004). 노인을 출연시키는 TV 프로그램과 광고물은 문화적 신념을 반영하는 경향이 있다. 미국과 중국의 TV 광고를 비교한 연구조사에 의하면 미국 광고는 노인의 독립성을 강조하는 반면에 중국 광고는 가족의 의무와 효사상을 강조하는 것으로 나타났다(Lin, 2001).

TV는 세계화의 주된 요인으로 간주되는데, 이와 같은 주장은 젊은 층의 사람들뿐만 아니라 노인에게도 사실로 밝혀지고 있다. 로크말리 자야코디(Jayakody, 2008)의 연구조사는 주목하지 않을 수 없는 예를 제시한다. 자야코디는 TV가 도입된 지 얼마되지 않은 베트남의 한 마을을 상대로 조사를 했다. 사회생활에 끼치는 영향은 즉각적이었는데, 마을의 노인들에게 더 강하게 나타났다. 효사상과 노인 공경은 전통적으로 견고했는데 TV가 들어오면서 변하기 시작했다. 그 마을은 문자가 없었고, 따라서 노인들은 이야기꾼으로 오랜 시간 중요한 역할을 담당해왔다. 하지만 TV가 들어오면서 젊은 사람들은 TV에서 이야기를 듣는 것을 더 선호하기 시작했다. 뿐만 아니라 이전까지 지식의 원천으로 존경을 받았던 노인들이 TV에 의해 대체되었다. 예를 들어 작물의 수확량을 증가시키고 농약 사용법에 관한 TV 프로그램이 노인들의 농사 경험보다 더 높이 평가되었다.

노인들은 TV가 젊은 사람들에게 끼치는 영향으로 인해 노인의 삶 또한 영향을 받는다고 생각했다. 노인의 성인 자녀들은 TV의 영향으로 더 나은 삶과 기회를 찾아 도시로 이주해나갔고, 손주의 양육을 노인에게 맡기게 되었다. 증손주의 가치관은 TV에 나오는 인물들의 개인주의적인 가치관을 따라가면서 덜 집단주의적이고, 더 개인주의적인 방향으로 바뀌게 되었다. 베트남은 빠르게 도시화되어가고 있는 국가이다. 따라서 마을의 변화는 불가피한 것이지만, TV가 진행을 가속시키고 있는 듯하다.

TV의 도입의 한 문화권에서 노인의 사회적 지위를 어떻게 바꾸는가? 이 사진은 베트남에서 TV를 중심으로 모여 있는 가족의 모습이다.

노인들 사이에서 활용되고 있는 또 다른 미디어 종류로 인터넷 사용을 언급해야 하겠다. 인터넷은 노인에게 늦은 나이에 보급이 되면서 직장에서나 또는 사회생활에서 사용법을 배울 필요가 적었다(Pew Research Center, 2010; Reisenwitz et al., 2007). 그럼에도 노인이 인터넷을 다양하게 사용하는 법을 배우고, 건강과 삶의 질을 향상시킬 수 있다는 증거가 넘쳐나고 있다. 많은 선진국에서는 의료기관 종사자들이 인터넷과 전자기구를 활용하여 환자(특히 노인)와 의료진의 커뮤니케이션을 증진시키는 **e-헬스**(e-health)를 홍보한다(Mair et al., 2012; Naveh-Deutsch et al., 2007; Tse et al.,2008). 인터넷은 멀리 떨어져서 사는 자녀와 손주들

그리고 친구들과의 연락을 유지할 수 있게 해줌으로써 노인들의 사회생활을 향상시켜준다(Arazi, 2009). 이스라엘의 한 요양원에서 표본 노인들(평균 연령 80세)을 대상으로 행해진 연구조사에 의하면 컴퓨터 반과 인터넷 검색 강좌에 참여한 집단은 그렇지 않은 집단에 비해 삶의 만족도, 우울증, 고독에 관하여 긍정적인 결과를 보여주었다(Shapira et al., 2007).

chapter 13

죽음과 내세에 대한 믿음

이 장에서는 죽음의 다양한 측면을 살펴본다. 먼저 선진국 사람들의 두 가지 주요 사망원인인 심장병과 암에 대해 알아보고, 죽음을 늦추고 수명을 연장하는 방법들을 개발하기 위한 최근의 시도들을 살펴본다. 다음으로는 의학기술의 발전이 죽음의 과정을 과거에 비해 훨씬 더 길게 연장하고 중대한 사회적·윤리적 의문을 제기하는 시대에 죽음의 사회문화적 맥락이 어떠한지 살펴본다. 또한 죽음, 사별, 비탄의 정서적 측면도 살펴볼 것이다. 죽음과 관련하여 인간발달의 중요한 특징은 대부분의 문화에서 대부분의 사람들은 죽음을 넘어서는 존재를 믿는다는 것이다. 이 장의 끝부분에서는 전 세계 사람들이 일상생활에서 어떻게 망자를 기리는지에 대한 논의를 포함하여 주요 종교들의 사후세계에 대한 신념과 장례의식을 알아보는 것으로 마무리한다.

1절 죽음의 신체적 측면

학습목표

13.1 죽음의 원인이 역사적으로 어떻게 변화해왔는지 기술하고 오늘날 죽음의 주요 원인 두 가지를 알아본다.

13.2 노화에서 텔로미어와 유리기의 역할을 기술하고, 노화 과정을 지연하기 위한 노력에 어떤 것들이 있는지 검토한다.

13.3 가정과 병원에서 죽음을 맞을 때의 장점과 단점을 비교한다.

13.4 임종 케어 및 죽음과 관련하여 어떤 선택과 논란이 있는지 요약한다.

죽음의 신체적 측면 : 죽음과 노화의 생물학적 과정

이 장은 인간발달에 관한 책의 제일 마지막에, 성인 후기를 다룬 장의 다음에 위치한다. 그러나 그렇다고 해서 우리가 항상 성인 후기에 죽음을 맞게 된다는 의미는 아니다. 오늘날 대부분의 사람들은 성인 후기까지 생존하지만, 인간의 역사를 보면 죽음은 전 생애에 걸쳐 주로 전염성 질환으로 인해 발생한다. 요즘 선진국에서는 젊을 때는 주로 사고로 인해 사망하고 성인 중기와 후기에는 심장질환과 암으로 인해 사망한다. 생물학적 노화 과정에 대한 이해 또한 증가하고 있으며 이는 인간의 수명을 연장하려는 노력으로 이어지고 있다.

죽음의 주요 원인

죽음의 원인이 역사적으로 어떻게 변화해왔는지 기술하고 오늘날 죽음의 주요 원인 두 가지를 알아본다.

지난 세기까지 유아기는 모든 문화에서 사망률이 가장 높은 인생 단계였으며, 어린 아동들은 전염성 질환에 취약한 까닭에 걸음마기와 초기 아동기도 사망위험이 높은 시기였다(Floud et al., 2011). 젊은 여성은 출산 중에 사망하는 경우가 많았고 젊은 남성은 전쟁 중에 사망하는 경우가 많았다(Diamond, 1991). 성인 초기를 넘어선 사람들은 나이가 들어가면서 점차 발진티푸스, 디프테리아, 결핵, 천연두 등 여러 종류의 전염성 질환에 걸리기 쉬웠다.

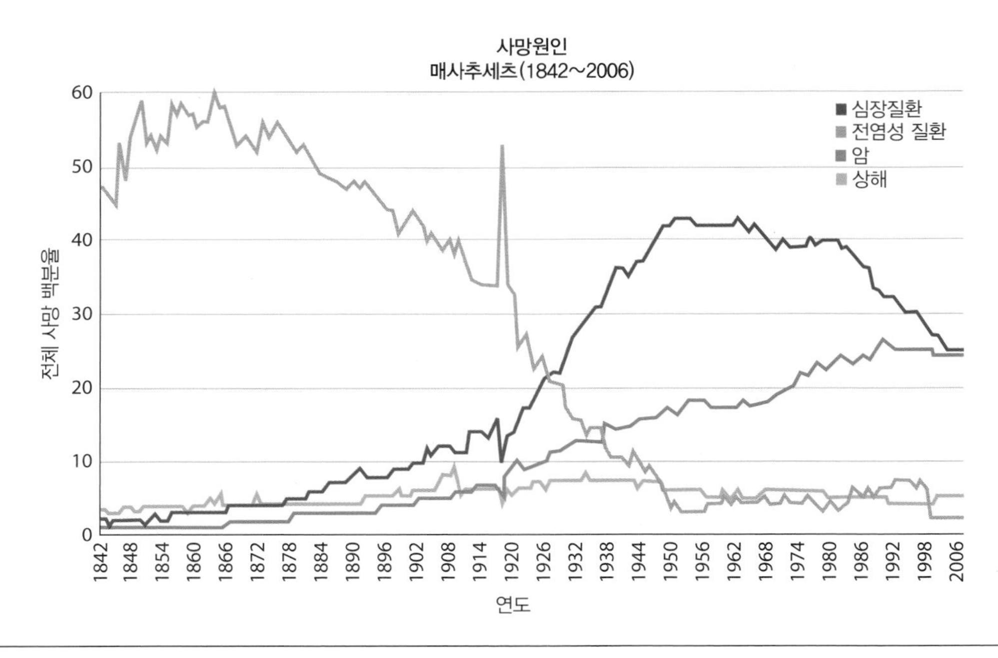

그림 13.1 1840년에서 현재에 이르기까지 매사추세츠주의 사망원인

전염성 질환은 효율적으로 예방되고 치료되었으며, 심장질환과 암으로 인한 사망이 증가하였다.
출처 : Massachusetts Department of Public Health (2008)

이 책의 주제들은 대부분이 길어야 수십 년 연구되어왔을 뿐이지만, 죽음의 원인은 대부분의 선진국에서 적어도 150년간 체계적으로 기록되어왔다. 이 기록은 20세기 초반까지는 전염성 질환이 주요 사망원인이었다는 것을 보여준다. 그 이후로 20세기에는 백신과 항생제를 포함한 의학적 발전이 이루어지고 위생이 개선되면서 전염성 질환으로 인한 사망률이 급격히 감소하였다. 19세기 중반에는 모든 사망의 절반 이상이 전염성 질환으로 인한 것이었다면, 21세기 초반에는 전염성 질환으로 인한 사망률이 5%에 불과하였다(Floud et al., 2011). 전염성 질환이 감소하면서 지난 세기 동안 인간의 수명은 점진적으로 증가하였다. 사람들은 더 오래 살게 되면서 종전에는 드물었던 원인, 특히 심장질환과 암으로 인해 사망하는 경우가 많아지기 시작했다. 20세기 이전에는 심장질환이나 암으로 인해 사망하는 경우가 거의 없었다. 대부분의 사람들이 심장질환이나 암에 대한 취약성이 증가하는 성인 중기나 후기에 도달하기 훨씬 이전에 전염성 질환으로 인해 사망했기 때문이다. **그림 13.1**은 1840년대에서 현재에 이르기까지 신뢰할 만한 기록을 축적해온 매사추세츠주의 자료를 사용하여 이 시기 동안 사망원인이 어떻게 변화해왔는지 보여준다(Caceres, 2008).

개발도상국에서 젊은 사람들이 사망하는 가장 중요한 원인은 교통사고이다.

오늘날 가장 보편적인 사망원인은 연령과 국가에 따라 크게 차이가 있다. 전염성 질환은 일부 개발도상국에서는 여전히 사망의 주요 원인이다. 이전 여러 장에서 보았듯이 특히 5세 이하 아동에게, 그리고 아프리카에서 그러하다. 그러나 선진국에서는 5세 이하 아동의 사망은 흔치 않으며, 주로 교통사고와 같은 사고로 인해 일어나는 경우가 대부분이다(WHO, 2014). 중기 아동기의 사망은 더 어린 시기의 사망보다 희귀하며 이 경우에도 사고가 주요 원인이다. 청소년기, 성인진입기와 성인 초기에는 교통사고, 살인과 자살이 선진국에서 발생하는 사망의 가장 흔한 원인이다.

선진국에서 사망률은 생애 초반부보다는 성인 중기와 후기에 훨씬 더 높다. 게다가 생애 후반부에는 사망의 주요 원인이 변화한다. 즉 이 시기에는 사고, 살인, 자살이 아니라 심혈관계 질환과 암이 주요 사망원인이다. 이 두 가지 주요 사망원인을 더 자세히 알아보고, 이어서 일부 국가와 일부 연령 집단에서 흔한 사망원인인 자살에 대해 살펴보기로 하자.

관상동맥성 심장질환 심장질환은 선진국 성인들에게 첫 번째 사망원인이다(WHO, 2014). 심장질환이 있는 경우 심장으로부터 혈액을 전달하는 동맥에 플라크가 쌓이면서 직경이 점점 더 좁아지는데(**동맥경화증**) 결국에는 심장으로 가는 혈류를 차단할 정도로 좁아진다. 이전의 두 장에서 살펴본 대로, 지방이 많은 음식 섭취는 플라크 형성을 촉진하고 규칙적 운동은 이를 감소시킨다.

동맥경화증이 더 심해지면 가슴, 목, 왼팔에 심한 통증이 있는 **협심증**이 나타날 수 있다. 심장으로 가는 동맥이 더 좁아지다가 결국 완전히 막히게 되면 심근경색이 된다. 심근경색은 혈액공급이 안 되어 심장 조직이 사망했다는 것을 의미한다. 심한 통증, 쇠약함, 어지럼증, 착란, 숨 가쁨 등의 증상이 나타난다. 때로는 증상이 경미하여 자신이 심장마비를 겪고 있다는 것을 의식하지 못할 수도 있다. 선진국에서도 심근경색을 겪은 사람의 절반가량은 병원에 도착하기 전에 사망하고, 1년 이내에 추가로 30%가 사망한다(Hooyman & Kiyak, 2011).

심장질환으로 인한 사망은 성인 중기 이전에는 찾아보기 힘들지만 45세 이후로 크게 증가한다. 그러나 성인 후기에 사망률이 가장 높다. 65세 이상 된 사람들은 45~64세 사이의 사람들보다 심장질환으로 인해 사망할 확률이 거의 10배나 된다(American Heart Association, 2005).

어느 나라에서나 남성이 여성보다 성인 중기와 후기 모두에서 심장질환으로 사망할 확률이 더 높다. 미국에서는 아프리카계 미국인이 심장질환으로 인한 사망률이 가장 높고, 라틴계와 아시아계 미국인이 가장 낮다(CDC, 2014). 심장질환으로 인한 사망률은 선진국들 간에도 차이가 있는데 동유럽 국가들이 가장 높고, 일본이나 스페인과 이탈리아 같은 남유럽 국가들이 가장 낮다.

이와 같은 문화와 국가 간 차이는 부분적으로 식습관에 의해 설명할 수 있다. 아프리카계 미국인과 동유럽 사람들은 지방과 설탕의 함유량이 높은 식품을 섭취하는 경향이 있기 때문에 심장질환 발병률이 비교적 높다. 남유럽인, 아시아계 미국인, 일본인들은 지방과 설탕을 적게 섭취하고 생선을 많이 섭취하는 경향이 있기 때문에 심장질환 발병률이 비교적 낮다(De Meersman & Stein, 2007).

심장질환의 집단 간 차이를 가져오는 또 하나의 중요한 요인은 흡연이다. 이전 장들에서 살펴보았듯이 흡연은 심장기능 손상을 포함하여 여러 측면에서 신체건강에 극히 해로운 영향을 끼친다. 흡연이 심장질환에 미치는 영향은 1950년대 이후 미국에서 심장질환으로 인한 사망률이 가파르게 감소한 데서 찾아볼 수 있다. 오늘날 심장질환으로 인한 사망률은 1950년대의 3분의 1 정도밖에 되지 않을 만큼 극적으로 감소하였다(Weintraub, 2010). 심장질환으로 인한 사망률의 감소는 **그림 13.2**에서 볼 수 있듯이 모든 인종 집단에서 21세기까지 계속되었다. 이 시기 동안 심장질환 위험 요인들 중 일부가 개선된 것이 아니라 오히려 악화되었다는 점을 고려하면 이와 같은 감소추세는 더욱 놀랍다. 특히 눈에 띄는 것은 앞의 여러 장에서 언급한 대로 지난 수십 년간 비만율이 크게 치솟았고 비만은 심장질환에 가장 위험한 요인 가운데 하나라는 사실이다(Jacob & Johnson, 2001). 사람들이 패스트푸드에 더 의존하게 되면서 식습관이 악화되었다. 그러나 흡연 감소는 비만 증가보다 더 큰 영향력을 발휘하였다. 1960년대에는 미국 성인의 50%가 흡연을 하였으나, 오늘날에는 그 수치가 18%에 불과하다(CDC, 2014; Roeseler & Burns, 2010). 공

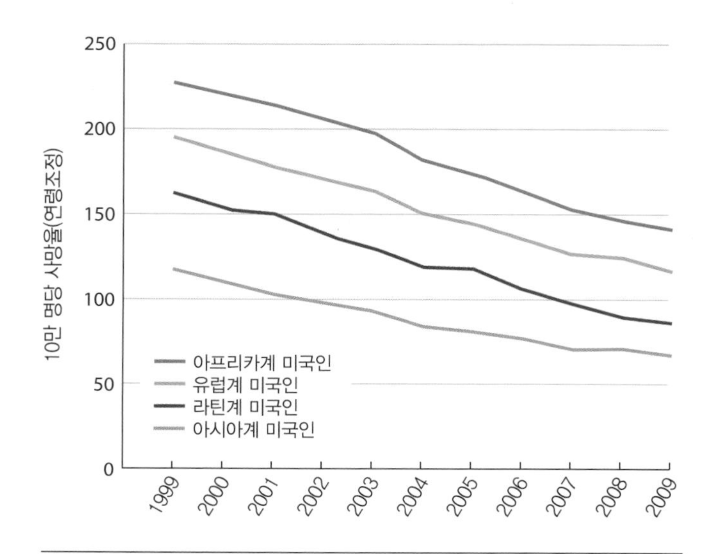

그림 13.2 심장질환으로 인한 사망률의 감소

심장질환으로 인한 사망률은 모든 인종 집단에서 감소하였다. 이러한 감소는 주로 흡연율의 감소에 기인한다.

출처 : Based on U.S. Dept. of Health and Human Services (2014)

공장소에서의 흡연 금지 또한 심장질환에서 흡연의 중요성을 입증하였다. 많은 연구들이 어떤 주나 국가가 공공장소에서 흡연을 금지하면 첫해에 심장마비 비율이 절반 이상 감소한다는 것을 보여주었다(Weintraub, 2010). 혈압을 조절하고 콜레스테롤을 감소시키는 약물도 심장질환 감소에 공헌하였으나, 무엇보다도 흡연율 감소가 핵심 요인으로 작용하였다.

암 심장질환과 마찬가지로 암도 생애 초반부보다는 성인 중기에 더 자주 발생하지만, 성인 후기에 그 어느 때보다도 많이 발생한다. 무엇이 성인 후기에 암의 발생률을 높이는가? 우리의 신체는 전 생애에 걸쳐서 죽은 세포를 대체해나가고 있다. 20대를 넘어서면 이러한 세포대체 과정이 점차 효율성과 정확성이 떨어지며, 성인 후기에는 다음과 같은 세 종류의 유전자에서 오류가 발생할 비율이 높아진다. 세포가 대체되는 동안 DNA 복제의 오류를 수선하는 **안정성 유전자**(stability genes), 종전에는 정상적으로 기능했으나 이제는 이상세포를 복제하는 **종양유전자**(oncogenes), 그리고 종양유전자의 활동을 억제하는 기능을 하는 **종양억제유전자**(tumor suppressor genes)이다(Campisi, 2005; Vogelstein & Kinzler, 2004).

일단 암이 생기면 문제가 생긴 신체 부위의 암세포들이 엄청난 속도로 증식한다. 결국 이 세포들은 종양을 형성한다. 종양은 건강한 세포들의 자원을 고갈시키고 해당 신체 부위에서 신체 전체에 이르기까지 기능을 점차 손상시킴으로써 죽음에 이르게 만든다.

암의 증상은 종류에 따라 다르지만 보편적인 증상은 체중 감소, 피로감, 쇠약함 등이다(Hooyman & Kiyak, 2011). 그러나 이러한 증상은 종종 우울, 치매, 또는 그저 나이가 들면서 나타나는 징후로 잘못 해석되며, 따라서 이러한 증상을 경험하는 사람이 암 검사를 받지 않을 수도 있다. 대부분의 선진국에서는 암을 탐지하기 위한 선별검사를 시행하고 있으며 의료당국은 성인후기의 노인들이 암과 여타 건강 문제를 진단하기 위한 검사를 매년 받도록 권장하고 있다.

암으로 인한 사망의 70%가량이 65세 이상의 노인에게 발생한다(Christ, 2009). 전반적으로 암은 여성보다는 남성에게 더 흔한데, 그 이유는 부분적으로 남성이 흡연을 할 가능성이 더 높기 때문이다(WHO, 2014). 흡연은 폐암뿐 아니라 다른 여러 유형의 암을 유발하기 때문에 암 발생률은 일본이나 러시아처럼 흡연율이 가장 높은 선진국에서 가장 높다.

흡연 외에 암을 유발하는 다른 위험 요인으로는 부실한 식사, 과도한 알코올 섭취, 지속적 광선노출 등이 있다. 그러나 흡연과 달리 환경요인들은 심장질환만큼 암과 강하게 관련되어 있지 않다. 암에 대한 취약성은 어느 정도는 유전적이며, 특히 젊은 시절에 발생할수록 유전의 영향이 더 강하다. 암은 우리가 나이가 들고 신체가 예전만큼 세포를 효율적으로 복제할 수 없게 되면서 나타나는 결과라고 볼 수도 있다.

자살 사람들은 이 절에서 기술된 질병들로 인해 사망하기도 하지만 스스로 목숨을 끊음으로써 사망하기도 한다. 자살은 개발도상국에서는 그리 흔하지 않지만 선진국에서는 주요 사망원인이다. 대부분의 선진국에서 자살은 노인에게 가장 흔한데, 특히 노화나 질병으로 인해 삶의 질이 하락하고 있는 80세가 넘은 노인에게 가장 흔히 발생한다. 그러나 일본과 한국에서는 자살이 15~39세 연령대 사람들에게 주요 사망원인이며, 더 나이 든 연령 집단보다 이 연령 집단에서 가장 많이 발생한다(Cabinet Office, 2012). 미국에서는 수십 년 동안 자살이 80세 이상 노인들에게 발생할 확률이 가장 높았지만 최근에는 45~64세 연령대 사람들에게 가장 많이 발생하고 있다(American Foundation for Suicide Prevention, 2014). 왜 이런 변화가 나타나는지는 밝혀진 바 없다.

거의 모든 국가에서 성별 차이가 뚜렷하게 나타난다. 자살시도는 여성이 남성보다 더 많이 하지만, 실제 자살은 남성이 여성보다 더 많이 하는 경향이 있다(Suicide.org, 2014). 이는 여성이 흔히 약물과다복용 같은 방법을 선택하는 반면에 남성은 총기사용과 같이 더 치명적인 방법을 선택하는 경향이 있다는 사실에서 비롯되는 것 같다.

미국 내 자살 패턴에는 뚜렷한 인종 차이가 있다. 유럽계 미국인의 자살률은 연령에 따라 증가하고 성인 중기와 후기에 가장 높다. 유럽계 미국인 남성 노인의 자살률이 가장 높다. 그러나 아프리카계 미국인 남성의 경우에는 20대에 자살률이 가장 높고, 성인 중기와 후기에는 감소한다. 이와는 대조적으로 아프리카계 미국인 여성들은 미국 사회에서 성별과 인종 집단을 통틀어 자살률이 가장 낮다. 아시아계와 라틴계 미국인들도 남녀 모두 자살률이 비교적 낮다(American Foundation for Suicide Prevention, 2014).

죽음을 넘어서? 인간의 수명을 연장하기 위한 시도

노화에서 텔로미어와 유리기의 역할을 기술하고, 노화 과정을 지연하기 위한 노력에 어떤 것들이 있는지 검토한다.

"이 세상에는 죽음과 세금 말고는 확실하다고 말할 수 있는 것이 하나도 없다." 벤저민 프랭클린이 200여 년 전에 한 말이다. 세금은 곧 사라질 리가 없지만 죽음은 어떠한가? 우리는 죽을 수밖에 없는가? 우리 모두는 노화라는 생물학적 과정을 거치며 궁극적으로 죽음에 이른다. 그러나 이러한 생물학적 과정을 이해함으로써 이 과정을 늦추거나 심지어 되돌릴 수는 없는 것인가?

최근 수십 년간 노화의 생물학적 과정에 대해 많은 것이 밝혀졌다. 노화를 초래하는 몇 가지 중요한 요인들이 확인되었다. 먼저 두 가지 요인을 살펴보고 이들을 어떻게 변화시키면 수명연장에 기여할 수 있는지 알아보기로 하자. 그다음 수명연장에 도움이 되는 다른 두 가지 전략을 살펴볼 것이다.

노화의 원천 : 세포시계와 유리기 노화에서 중요한 요인 한 가지는 신체세포들이 스스로를 복제할 수 있는 회수에 제한을 가하는 **세포시계**(cellular clock)를 가지고 있는 것처럼 보인다는 것이다. 인간은 전 생애 동안 내내 마모되고 사망하는 세포들을 대체하는 새로운 세포들을 세포복제를 통해 만들어내고 있다. 그러나 세포들은 약 50번 복제되고 나면 복제 능력을 상실한다. 이 원리는 생물학자 레너드 헤이플릭(Hayflick, 1965, 1998, 2004)이 처음 발견하였으며 **헤이플릭 한계**(Hayflick limit)로 알려져 있다.

헤이플릭 한계의 출처는 **텔로미어**(telomere)라는 염색체 끝부분의 세포 DNA 일부에 위치하는 것으로 보인다(Thomas et al., 2007). 텔로미어는 세포가 복제될 때마다 조금씩 짧아지고 결국에는 더 이상 복제를 할 수 없을 정도로 짧아진다. 텔로미어 길이의 단축은 세포복제 과정에서 흔히 일어날 수 있는 돌연변이를 방지해준다는 점에서 단기적으로는 도움이 된다(Shay & Wright, 2004). 그러나 장기적으로는 텔로미어가 너무 짧아지고 헤이플릭 한계에 도달하면 세포가 복제를 중단한다. 짧아진 텔로미어는 암과 같은 다양한 질병과 관련이 있다는 것이 밝혀졌다(Chung et al., 2007). 한 연구는 심장질환, 암, 뇌졸중, 당뇨 같은 질환을 가지고 있지 않은 건강한 백세인(100년 이상 살아온 사람)이 그런 질환을 두 가지 또는 그 이상 가지고 있는 백세인들보다 텔로미어 길이가 훨씬 더 길다는 것을 발견하였다(Effros, 2009a).

세포시계 세포가 자기복제를 할 수 있는 회수의 내재적 한계

헤이플릭 한계 세포가 자기복제를 할 수 있는 회수는 50번으로 제한되어 있음

텔로미어 염색체 끝부분에 있는 세포 DNA의 일부. 세포가 복제될 때마다 조금씩 짧아지다가 결국에는 더 이상 복제할 수 없을 정도로 짧아짐

비판적으로 사고하기

만약 200세까지 건강을 유지할 수 있다면 당신은 그때까지 살고 싶은가? 그럴 경우 170세까지 일을 해야 한다면 그래도 200세가 될 때까지 살고 싶은가?

텔로미어를 재생함으로써 헤이플릭 한계를 넘어설 수 있는 방법이 있는가? 최근의 연구는 단서를 제공해준다. **텔로머라아제**(telomerase)라는 효소는 텔로미어의 길이를 조절하는 기능을 하는 것으로 밝혀졌다. 과학자들은 실험실 연구에서 어떤 동물들의 텔로미어 기능을 향상시킴으로써 텔로미어 길이가 짧아지는 것을 방지하는 데 성공하였다(Effros, 2009b; Nandakumar & Cech, 2013). 다른 연구들은 어떤 유전자들이 텔로머라아제의 활동을 통제하는지 알아내고 이러한 유전자를 통해 텔로미어의 길이를 조절하는 데 초점을 두고 있으나, 이 연구들은 아직 초기 단계에 있다(Effros, 2009a; Sahin & DePinho, 2012). 최근의 연구들 또한 텔로미어가 짧아진 후에 재생될 수 있다는 가능성을 시사한다. 이 내용은 **연구 초점 : 텔로미어 재생하기**에 제시되어 있다.

유리기 세포가 기능하는 데 필요한 DNA와 다른 구조에 손상을 초래하는 불안정한 분자들

항산화제 많은 과일과 채소에 들어 있는 물질로, 유리기의 잉여 전자들을 흡수함으로써 이 전자들이 세포를 손상하지 못하게 방지함

성장호르몬 생애 전반에 이루어지는 신체성장에 중요한 역할을 하는 호르몬으로, 20대 중반 이후로 꾸준히 감소하여 1차적 노화를 초래함

1차적 노화를 가져오는 또 하나의 주요 요인은 세포를 손상시키는 **유리기**(free radicals)의 축적이다(Thavanati et al., 2008). 인체 세포는 산소가 있어야 생존할 수 있지만, 산소의 신진대사 과정에서 일부 전자가 짝이 없는 불안정한 분자가 만들어지는데, 이러한 분자를 유리기라 한다. 유리기는 불안정한 상태로 세포 주변을 떠다니면서 DNA와 세포의 기능에 필요한 다른 구조들에 손상을 끼친다. 유리기는 암, 심장질환, 알츠하이머병을 포함하여 성인 후기에 흔히 발생하는 많은 치명적 질병에 기여하는 것으로 생각되고 있다(Sierra, 2006).

유리기의 발생을 막을 수 있는 방법이 있는가? 유리기의 활동은 **항산화제**(antioxidants)가 존재하면 억제된다는 증거가 많이 있다. 항산화제는 유리기의 잉여전자들을 흡수함으로써 세포손상을 방지하는 역할을 한다. 베타카로틴이나 비타민 E와 C 같은 항산화제는 많은 음식, 특히 과일과 채소에 자연적으로 함유되어 있는데, 이것이 과일과 채소를 많이 섭취하는 좋은 식습관이 건강을 촉진하고 장수하게 해주는 이유이다(Troen, 2003). 동물 연구는 항산화제를 고단위로 투여하면 신체기능을 증진할 수 있으며, 벌레의 경우 심지어 수명을 50% 연장할 수 있다는 것을 보여준다(Hooyman & Kiyak, 2011). 그러나 인간 연구는 항산화제를 다량 섭취해도 이득이 없다는 것을 보여준다(Kedziora-Kornatowski et al., 2007). 사실 어떤 연구들은 비타민 E 같은 항산화 보충제가 건강에 해로울 수도 있다는 결과를 내놓았다(Miller et al., 2009). 요즘은 항산화제의 기능을 하는 효소를 생산하는 유전자를 세포에 삽입하는 것이 가능한 것인지를 연구하고 있다.

많은 과일과 채소에 자연적으로 함유되어 있는 항산화제는 유리기에 의한 세포손상을 막아준다.

노화는 되돌릴 수 있는가? 호르몬 대체 및 칼로리 제한 노화 과정을 늦추거나 되돌리기 위한 다른 두 가지 접근은 호르몬 대체와 칼로리 제한이다. 이러한 연구에서 주목을 받았던 두 가지 호르몬은 성장호르몬과 DHEA이다.

성장호르몬(growth hormone)은 생애 첫 수십 년에 이루어지는 신체성장에서 핵심적인 역할을 하지만, 20대 중반 이후에 꾸준히 감소하여 1차적 노화에 기여한다. 동물과 인간에게 성장호르몬을 보충·투여한 실험 연구들은 때로 근육량과 골밀도의 증가, 지방 감소, 활동 수준 증가 등의 극적인 결과를 내놓았다(Hooyman & Kiyak, 2011). 그러나 이러한 효과는 영구적이지 않으며, 성장호르몬을 정기적으로 복용하면 과도한 체모 성장, 간 손상, 손발과 얼굴뼈의 이상 성장과 같은 부작용이 나타나는

연구 초점 : 텔로미어 재생하기

요즘은 텔로미어의 길이가 점차 짧아지는 것이 노화의 핵심 부분이라는 점이 알려져 있다. 세포가 복제될 때마다 염색체 끝부분의 텔로미어가 짧아지는데, 텔로미어 길이가 마침내 더 이상 복제를 할 수 없을 정도로 짧아지는 지점에 다다르면 그 세포는 사망한다. 그러나 만약 텔로미어 길이를 되돌리는 것이 가능하다면 어떨 것인가? 텔로미어를 재생함으로써 복제할 수 없을 만큼 길이가 짧아지지 않도록 할 수 있다면 어떻게 될까?

새로운 연구는 이러한 의문들이 추측에 불과한 것이 아닐지도 모른다는 중요한 증거를 제공해준다. 한 연구에서는 자궁경부암이 있는 여성 31명으로부터 생물학적 표본을 추출하고, 이들을 전화로 6회기의 상담을 받는 집단과 상담 없이 통상적 치료를 받는 집단 각각에 무작위로 배정하였다(Beigler et al., 2011). 상담 6회기는 스트레스와 정서를 조절하고, 건강과 행복을 촉진하며, 대인관계 및 성과 관련된 문제를 다루는 데 초점을 두었다. 연구자들은 상담이 효과가 있는지 알아보기 위해 연구 초반과 4개월 후에 시간의 흐름에 따른 변화를 검토해보았다.

상담은 긍정적인 심리적 효과가 있는 것으로 나타났다. 상담 집단에 속한 여성들은 통제 집단 여성들에 비해 4개월 동안 삶의 질이 더 많이 향상되었다고 보고하였다. 그들은 또한 면역계 기능도 향상되었다. 이 결과는 다행스러운 것이긴 하지만 놀랍지는 않다. 다른 연구들에서 이미 여러 차례 보고되었기 때문이다.

정말 놀라운 결과는 텔로미어와 관련된 것이었다. 연구자들은 두 집단의 자료를 전반적으로 검토하는 과정에서 상담 집단 여성들이 처음에 비해 4개월이 지났을 때 텔로미어의 길이가 더 길어졌다는 예상치 못했던 결과를 발견하였다. 상담이 텔로미어를 자라게 함으로써 세포의 수명을 연장한 것처럼 보였다.

이 연구는 획기적이긴 하지만 신중하게 해석해야 한다. 여러분은 이 연구를 보통 사람들에게 일반화하기가 어려운 이유가 무엇이라고 생각하는가? 첫째, 표본이 너무 적었다. 상담 집단에 참여하고 텔로미어가 길어진 여성은 15명뿐이었다. 둘째, 이 여성들은 모두 자궁경부암을 가지고 있었다. 스트레스는 텔로미어 길이를 너무 일찍부터 축소시킬 수 있다고 알려져 있는데, 자궁경부암 진단은 명백히 스트레스를 주는 상황이다. 그 결과 짧아진 텔로미어를 길게 만드는 일은 텔로미어가 스트레스로 인해 지나치게 빨리 짧아진 사람들에게만 가능하고, 정상 노화의 일환으로 짧아진 사람들에게는 가능한 것이 아닐는지도 모른다.

그럼에도 불구하고 이 연구는 텔로미어가 다시 길어지게 만들 수 있으며 텔로미어 축소가 불가피한 것은 아니라는 중요한 원리를 확립하였다. 최근의 또 다른 연구도 스트레스로 인해 너무 일찍부터 텔로미어 길이가 짧아진 사람들에게서 운동이 텔로미어를 길어지게 만들 수 있다는 결과를 보고함으로써 이 원리를 뒷받침해주었다(Jin et al., 2011). 앞으로의 연구는 무엇이 텔로미어 길이를 짧아지게 하는지, 그리고 노화속도를 늦추고 수명을 연장하기 위해 이 과정을 어떻게 하면 되돌릴 수 있는지에 대해 더 많은 정보를 제공해줄 것이다.

복습문제

1. 여기서 기술된 연구는 텔로미어에 대해 다음을 보여주었다.
 a. 텔로미어는 경험에 관계없이 연령에 따라 길이가 짧아진다.
 b. 텔로미어는 경험이 달라지면 길이가 길어질 수 있다.
 c. 텔로미어는 약물을 복용하면 길이가 변화하는 속도가 느려질 수 있다.
 d. 텔로미어는 연령에 따라 길어지며, 악성 암이 될 수도 있다.

2. 다음 중 이 연구의 제한점은 무엇인가?
 a. 표본이 작았다.
 b. 표본에 남성이 없었다.
 c. 연구 참여자들이 엄청난 스트레스를 받고 있었다.
 d. a, b, c 모두

것으로 밝혀졌다.

DHEA 근육 성장, 골밀도 및 심혈관계 기능에 관여하는 호르몬

DHEA는 근육성장, 골밀도, 심혈관계 기능에 관여하는 호르몬이다. 부신에서 생산되어 에스트로겐과 테스토스테론이라는 성호르몬으로 전환된다. DHEA 생산은 30대 정도까지 증가하다가 80대에 이르기까지 감소하는데, 이 무렵 인체에는 30대 때 DHEA 양의 5%밖에 남아 있지 않다. 쥐에게 DHEA를 주사하면 활동 수준이 증가하고 학습속도가 빨라진다. 인간을 대상으로 한 실험연구들은 나이 든 성인에게 DHEA를 보충해주는 것이 뚜렷한 혜택을 가져온다는 것을 입증해내지 못했지만, 연구는 계속되고 있다(Nair et al., 2006; Naqvi et al., 2013).

수명을 연장하기 위한 또 다른 접근은 칼로리 제한이다. 다양한 동물 종에서 칼로리 섭취를 30~50% 줄이면 수명이 최대 50% 증가하는 것으로 나타난다(Martini et al., 2008). 예를 들어, 쥐의 칼로리 섭취를 줄이면 다른 쥐들보다 30% 더 오래 살고 근육량과 신체활동 수준이 증가한다(Hooyman & Kiyak, 2011). 붉은털원숭이의 경우 6년여 기간 동안 칼로리를 30% 제한했더니 다른 원숭이들보다 더 오래 생존했으며, 다른 원숭이들에 비해 활동 수준이 더 높고 체지방이 더 적고 DHEA 수준이 더 높았다(Messaoudi et al., 2006). 인간에게 칼로리 제한을 적용한 연구는 거의 없다. 이런 유형의 연구에 자원하는 사람들은 많지 않다. 그러나 한 연구에서 중년 성인 18명이 6년 동안 칼로리 섭취를 줄였는데 이 연구

오랜 시간 칼로리를 제한하면 수명이 연장될 수 있다. 여러분은 그렇게 해볼 생각이 있는가?

는 참여자들의 심혈관계 기능이 증진되고 혈압이 낮아지는 등 다양한 건강상 혜택이 나타났다고 보고하였다(Fontana et al., 2004). 요즘 연구들은 사람들이 영구히 굶주리지 않고서도 칼로리 제한의 효과를 누릴 수 있게 해 줄 방법을 찾고 있다(Chung et al., 2013; Ingram et al., 2007).

죽음의 신체적 측면 : 죽음의 사회문화적 맥락

우리는 이 책을 집필하는 과정에서 선진국과 개발도상국의 많은 차이를 고찰하였다. 죽음은 그 차이가 가장 크게 나타나는 영역 중 하나이다. 오늘날 개발도상국의 사람들 대부분은 인간의 역사에서 언제나 그러했듯이 가족에 둘러싸여 가정에서, 또는 사고나 전쟁으로 인해 사망한다. 반면에 요즘 선진국에서는 죽음에 고도의 과학기술이 관여하는 경우가 많다. 죽음이 죽어가는 사람의 생명을 유지하는 데 사용되는 고도의 의학기술이라는 맥락에서 이루어지는 것이다. 먼저 죽음의 사회문화적 맥락으로서 가정과 병원을 고찰하고, 이어서 점차 널리 수용되고 있는 대안으로서 호스피스 접근을 살펴보기로 한다. 다음으로는 의학적 방법을 생명을 유지하는 데 사용하는 것이 아니라 죽음을 쉽게 맞도록 하는 데 사용할 때 제기되는 어려운 문제들을 살펴본다. 끝으로 임종을 앞둔 이가 정상적 기능을 하지 못하게 되었을 때 어떤 조치를 취할 것인지를 다른 사람들에게 지시하는 서면계획서를 작성하는 경우가 증가하고 있는 현상을 살펴본다.

죽음의 장소 : 가정과 병원

가정과 병원에서 죽음을 맞을 때의 장점과 단점을 비교한다.

대부분의 인간 역사에서 사람들은 가정에서 사망하는 경우가 다반사였다. 대부분의 사람들은 전염성 질환으로 인해 죽었으며, 며칠에서 몇 주에 이르는 비교적 짧은 기간 동안 병을 앓다가 죽었다. 오늘날 개발도상국의 사람들은 대부분이 가정에서 사망하는데, 병원이나 클리닉에서 의학적 치료를 받을 수가 없기 때문이다(WHO, 2014). 설문조사 결과는 선진국에서도 80~90%의 사람들이 가정에서 사망하기를 선호한다는 것을 보여준다(NHPCO, 2008). 그러나 실제로는 20% 정도만이 가정에서 사망한다. 선진국 사람들의 60%가량이 병원에서 사망하고 나머지 20%가량은 요양원에서 사망한다(Grunier et al., 2007).

많은 사람들이 가정에서 사망하기를 선호하는 이유는 안전하고 편안한 가정이라는 맥락에서 자신이 잘 알고 사랑하는 사람들의 보살핌을 받으면서 죽음의 불확실성과 고통에 직면하기를 바라기 때문이다(Germino, 2003; NHPCO, 2008). 그러나 가정에서 죽음을 맞이하는 것은 특히 보호자들에게는 매우 힘든 일이다. 선진국 사람들의 주요 사망원인은 전염성 질환이 아니라 심장질환과 암이기 때문에, 또한 현대의학기술은 종전 같으면 사망했을 사람들을 오랫동안 살려둘 수가 있기 때문에 사람들은 수개월 심지어 수년에 걸쳐 느리고 점진적으로 죽음에 이르는 경우가 많다. 이 기간 동안 죽음을 앞둔 사람의 건강이 악화됨에 따라 가정의 보호자들은 종종 이들이 식사하고 변기를 사용하고 목욕하고 약을 복용하는 등의 일상 활동을 도와줄 필요가 있다(Singer et al., 2005).

이런 일들은 보호자에게 엄청난 신체적·정신적 부담을 주는 경우가 많으며, 망자가 가정에서 사망한 지 1년이 지난 후에도 가족 보호자들은 병원에서 사망한 보호자들보다 높은 수준의 스트레스를 받고 있다고 보고한다(Addington-Hall, 2000). 보호자가 건강관리 전문가의 지원을 받으면 부담이 감소하지만, 그런 경우에도 대부분의 가정은 임종을 앞둔 사람의 신체적·의학적 필요를 충족시켜 주기에 적합하지 못하다(Perrault et al., 2004). 대부분의 노인들은 자신이 가정에서 보호받기가 어려울 것이라고 예상하며, 가정에서 죽음을 맞기를 선호함에도 불구하고 이것이 가족 구성원들에게 부담이 될 것임을 알고 있다(Gott et al., 2004).

호스피스 생애 말기에 병원치료를 대신하여 이루어지는 대안적 치료방법으로 임종이 가까운 사람과 그 가족의 신체적·정서적·사회적·영적 욕구를 강조함

통증완화치료 환자의 고통 완화에 초점을 두고 환자가 존엄을 지닌 채 사망하도록 돕는 치료의 일종

병원은 죽음을 앞둔 사람에게 필요한 의학적 치료를 제공할 수 있지만, 죽음의 장소로서 단점도 가지고 있다(O'Connor, 2003). 죽어가는 사람과 그의 가족들은 병원의 보살핌이 비인간적이라고 불만을 토로하는 경우가 많다. 의료인은 환자의 정서적·사회적 욕구보다는 환자를 살려놓기 위한 테크놀로지와 약물요법에 초점을 두기 때문이다(Open Society Institute, 2003). 죽음을 앞둔 중환자들을 대상으로 한 대규모 미국 연구는 의사와 환자들 대부분이 환자의 죽음에 대해 논의하거나 임종케어를 어떻게 할지 계획을 세우지 않았다는 것을 발견하였다(Christopher, 2003). 병원에서 사망한다는 것은 외로움과 공포를 경험하는 것이고 통증을 치료받지 못한다는 것을 의미하는 경우가 많다(Grunier et al., 2007; Weitzen et al., 2003).

삶의 종말에 관한 선택과 결정

임종 케어 및 죽음과 관련하여 어떤 선택과 논란이 있는지 요약한다.

요즘 선진국에서는 사람들이 과거보다 훨씬 더 오래 살고 있으므로 어떤 사회든지 나이 든 사람들이 임종이 가까워오고 건강이 악화될 때 제기되는 여러 쟁점을 다룰 방안을 마련해야 한다. 호스피스 케어는 시한부 환자들이 삶의 마지막 날들을 존엄을 지키며 살 수 있게 해주는 인간적인 장소를 제공한다. 죽음이 임박하고 회복 가능성이 없을 때에는, 많은 논란이 있기는 하지만 안락사가 고려되기도 한다. 요즘 선진국 노인의 상당수는 병에 걸리기 훨씬 전에 임종케어에 관한 지시사항을 서면으로 작성해두는데, 사랑하는 사람들이 자신을 대신하여 어려운 결정을 해야 하는 상황에 맞닥뜨리지 않게 하기 위한 것이다.

임종을 앞둔 사람을 돌보기 위한 호스피스 접근 병원에서 제공하는 임종 케어에 대해 광범위하게 불만이 제기되면서 선진국에서는 **호스피스**(hospice) 접근이 점차 큰 인기를 누리고 있다. 호스피스 케어는 임종이 가까운 사람과 그 가족의 의학적 문제만이 아니라 신체적·정서적·사회적 및 영적 요구를 다루는 데 목적이 있다(NHPCO, 2008). 호스피스 접근은 의학적 개입이 중단되고 환자의 생명이 6개월 또는 그보다 더 적게 남았다고 생각될 때에만 시작된다. 의학적 노력은 **통증완화치료**(palliative care), 즉 환자의 통증을 줄여주고 환자가 존엄을 지키며 죽을 수 있도록 치료를 제공하는 데 초점을 둔다.

호스피스 케어는 시한부 환자의 의학적 문제만이 아니라 정서적·사회적·영적 문제까지 다룬다.

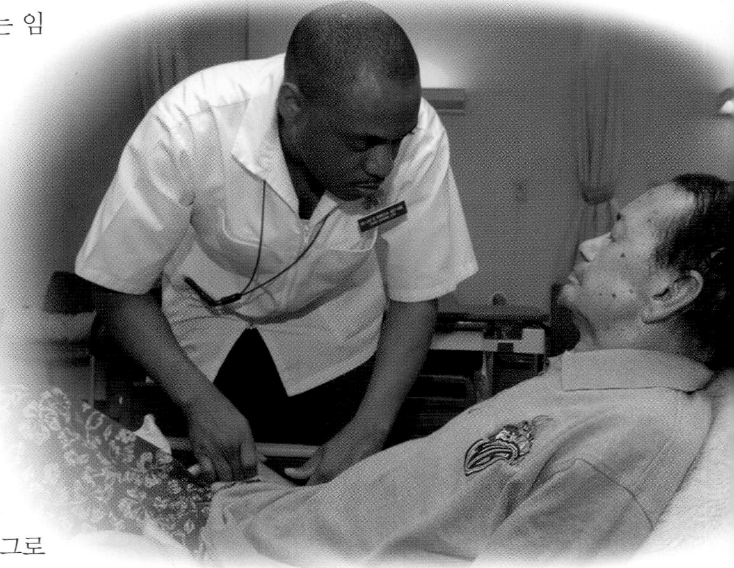

호스피스 접근은 때로 호스피스 케어를 전담하는 별도의 시설에서 실시되지만, 많은 경우 가정이나 병원 또는 요양원에서 실시된다. 호스피스 케어는 다른 어떤 장소보다도 가정에서 많이 실시되며 그로

인해 사람들은 자신이 바라는 대로 가족 구성원들에 둘러싸여 사망할 수 있다(Centers for Medicare and Medicaid Services, 2009; Muramatsu et al., 2008). 죽어가는 사람을 호스피스 지원을 받으면서 보살피는 가족 구성원들은 호스피스 지원을 받지 않는 가족 구성원들에 비해 2년 후 정신기능이 더 뛰어나다(Ragow-O'Brien et al., 2000).

호스피스 접근은 통증완화치료 외에도 다음과 같은 특징을 가지고 있다(NHPCO, 2008).

- 의료인, 상담자, 자원봉사자를 포함하는 학제간적 치료 팀
- 환자와 가족 구성원에게 심리상담과 영성상담을 제공
- 환자에게 가정 호스피스 케어를 제공하는 가족 구성원들에게 가사 지원 및 때로 몇 시간씩의 여유시간 제공
- 죽음을 앞둔 사람에게 때로 음악치료, 생일이나 휴가 같은 특별한 이벤트 축하 등 심리적 지원과 위안 제공
- 환자가 사망한 후 가족과 지인을 위한 비탄치료

호스피스 케어는 최근 들어 선진국에서 크게 확장되었다. 이는 임종을 앞둔 환자와 그 가족이 일반병원 치료보다 호스피스 케어에 훨씬 호의적인 반응을 보인다는 연구 결과에 부분적으로 기인한다(Muramatsu et al., 2008; Tang et al., 2004). 호스피스 케어가 확장된 또 다른 중요한 이유는 일반 병원 치료보다 훨씬 저렴하다는 것이다(Morrison et al., 2008). 의료비가 천정부지로 높아지고 거의 모든 선진국이 수십 년 이내에 노인인구의 급증을 목전에 두고 있으므로 호스피스 케어는 앞으로 더 확장될 가능성이 높다.

호스피스 접근이 여러 장점을 가지고 있다는 증거에도 불구하고 현재 미국에서 사망하는 사람들의 약 40%만이 호스피스 프로그램을 이용하고 있다(NHPCO, 2008). 더욱이 호스피스 케어는 생애의 최종시기에만 이용되는 경향이 있다. 이용시간의 중앙값은 20일을 넘지 않는다. 또한 미국에서 호스피스 케어를 받는 비율은 인종 간에 차이가 매우 크다. 백인은 생애 말기에 대부분이 호스피스 케어를 받지만 아프리카계 미국인은 그 비율이 10%에 불과하다(Cohen, 2008).

지금까지 호스피스 케어를 받는 비율이 높지 않았던 데에는 여러 가지 이유가 있다. 의사들은 사람을 치료하고 생명을 유지하게 만드는 훈련을 받으며, 그중 일부는 환자가 시한부 질병을 가지고 있을 때조차도 회복할 가망이 있다고 낙관적으로 보고 의학적 개입을 중단하기를 꺼리는 경향이 있다(Hooyman & Kiyak, 2006). 많은 환자와 가족들이 호스피스 케어를 받기 꺼리는 이유는 호스피스 케어를 받는 것이 치료에 대한 희망을 포기하고 죽음이 임박했음을 인정한다는 것을 의미하기 때문이다(Waldrop, 2006). 아프리카계 미국인의 가족들은 임종을 앞두고 통증완화치료를 받기보다는 공격적인 의학치료를 받기를 선호하는 경향이 강하다. 이들 가족은 공격적 치료를 더 많이 하는 것이 연장자에 대한 자신의 존경과 사랑을 보여주는 것이며 사망시점에 대한 결정을 신의 손에 맡기는 것이라고 생각하는 경향이 있기 때문이다(Dula et al., 2005). 이러한 점을 고려하여 일부 호스피스 서비스 제공자들은 화학요법이나 투석과 같은 치료를 계속하면서 여기에 호스피스 접근을 결합하는 '개방적 접근' 정책을 도입하고 있다.

안락사 호스피스 접근은 인간적이고 온화하고 존엄하게 죽음에 도달하는 방법을 제공하는 것으로 보이므로 이에 대해서는 이견이 없다. 그러나 이와 관련된 몇 가지 접근은 많은 양가감정과 윤리적 논란을 불러일으키고 있다. '좋은 죽음'이라는 뜻을 가진 **안락사**(euthanasia)는 불치병이나 심한 장애를 겪고 있는 사람의 생명을 끝내는 절차를 가리키는 용어이다. 안락사에는 두 가지 유형이 있다.

안락사 불치병이나 심한 장애를 겪고 있는 사람의 삶을 종결시키는 절차

- **소극적 안락사**는 한 사람의 생명을 연장해온 의학적 개입을 중단하는 것이다. 예를 들어 암을 치료하기 위해 화학요법을 받아온 사람에게 이 치료를 더 이상 하지 않거나, 뇌는 활동을 멈추었으나 폐는 의학적 도움을 받아서 계속 기능하는 사람에게서 호흡기를 제거하는 것을 말한다. 소극적 안락사는 사망을 초래하기는 하지만 사망의 원인으로 작용하지는 않는다.
- **적극적 안락사**는 치료를 중단하는 데 그치지 않고 죽음을 앞당기는 조치를 취하는 것을 가리킨다. 의료진이 죽어가는 사람에게 통증 없이 죽을 수 있는 의학적 수단을 제공할 때, 예를 들면 의사가 시한부 환자에게 그 환자의 요청에 따라 생명을 앗아갈 약물을 처방할 때 적극적 안락사라 할 수 있다. 이는 **조력자살**(assisted suicide)로도 알려져 있다. 또는 의료진이나 죽어가는 사람의 지인이 치명적인 주사를 놓는 것과 같이 의도적으로 생명을 끊는 조치를 취할 수도 있다.

안락사에는 이와 같이 매우 다른 두 가지 유형이 있는 것처럼 보인다. 그러나 실제로는 이 둘을 구분하기가 상당히 어려울 수 있다. 가상의 예를 들어보자. 한 92세 여성이 대장암 말기이다. 암이 많이 진전되고 난 후에 진단을 받았고 의사는 그녀에게 3개월밖에 살지 못할 거라고 말했다. 의사는 그녀의 요청에 따라 두 달 동안 화학치료와 방사선치료를 했으나 치료가 그녀에게는 너무 힘들었고 병세에도 아무런 차도를 가져오지 않았기에 그녀는 치료를 중단해달라고 요청한다. 그녀는 병원을 나와 집으로 돌아간다. 아들이 직장에서 휴가를 내고 어머니 집에 들어와서 건강 전문가와 여타 사람들의 방문지원을 받으며 어머니를 보살핀다. 이후 몇 주 동안 그녀의 상태는 악화되었고, 어느 날 이른 아침 그녀는 통증 때문에 잠에서 깨어나 울부짖으며 아들에게 통증을 없애달라고 사정하고 자신은 죽을 준비가 되었다고 말한다. 아들은 의사에게 전화를 걸고 의사는 간호사에게 모르핀 병을 보내며 다량의 모르핀을 처방한다. 간호사는 모르핀을 주사하고, 통증이 지속되면 모르핀을 다시 주사하는 방법을 아들에게 말해준다. 환자는 모르핀을 맞고 깊은 잠에 빠졌으나 그날 오후 늦게 깨어나서 정신이 혼미한 상태인데도 여전히 통증이 심하다고 하소연한다. 아들은 모르핀을 다시 주사하고 그날 저녁 그녀는 사망한다.

그렇다면 무슨 일이 발생한 것인가? 회복불능 상태에 대한 처치가 끝나고 환자가 예상된 기간 내에 사망했기 때문에 이 죽음은 소극적 안락사라고 볼 수 있는가? 아니면 의사가 목숨을 앗아갈 만큼 많은 양의 모르핀을 처방했고 모르핀 주사를 맞지 않았을 경우보다 모르핀 주사를 맞고 더 빨리 사망했기 때문에 적극적 안락사인가?

선진국 사람들을 대상으로 하는 설문조사들은 소극적 안락사와 적극적 안락사가 둘 다 광범위한 대중적 지지를 받고 있다는 것을 보여주는데, 이는 아마도 실생활에서 안락사의 유형을 구분하기가 어렵기 때문일 것이다. 5개 선진국에서 적극적 안락사에 대한 태도를 알아본 설문조사는 적극적 안락사가 5개국 모두에서 강한 지지(최소 70%)를 받는다는 것을 보여주었다(World Federation of Right to Die Societies, 2006). 그러나 '조력자살'은 조사 결과 50%에 미치지 못하는 낮은 지지를 받았다(DiCamillo & Field, 2006; Pew Research Center, 2006). 이는 **자살**이라는 단어에 대한 본능적 반응에서 비롯되었을 것이다. 설문 문항에서 의사가 시한부 환자의 요청에 따라 생을 마감하는 처방을 할 수 있도록 허용되어야 하는지를 질문하되 **조력자살**이라는 단어를 사용하지 않으면 지지율이 응답자의 3분의 2 선까지 상승하였다(Journal of Pain and Palliative Care Pharmacotherapy, 2006).

실생활에서 그러하듯이 법률 영역에서도 안락사의 여러 유형을 구분하는 것이 처음에는 명백해 보이지만 곧 그렇지 않다는 것이 판명된다. 거의 모든 국가에서 소극적 안락사는 적법하지만 적극적 안락사는 그렇지 않다(Gupta & Naskar, 2013). 미국과 캐나다의 의학협회와 같은 주요 의학 단체들은 소극적 안락사는 지지하지만 적극적 안락사에는 반대한다. 그러나 일반적으로 법원은 죽음을 앞둔 사람의 통증을 완화하기 위해 '최종 진정(terminal sedation)' 지점까지 약물을 처방함에 있어서 의사의 판단을 수용한다(Hooyman & Kiyak, 2011). 통증을 다스리기 위한 약물 제공은 법적으로 허용되고, 죽음을 초래할 의도를 지닌 약물 제공은 법적으로 허용되지 않는다. 그러나 현실에서는 통증 완화가 어디서 끝나고 죽음 재촉이 어디서 시작되는지를 알아보는 것은 거의 불가능하다. 그 결과 의사, 환자, 환자의 가족이 삶의 종말과 관련하여 내린 결정에 대해 법원이 의문을 제기하는 일은 거의 없다.

네덜란드는 적극적 안락사를 공개적으로 허용하는 유일한 선진국으로, 적극적 안락사와 관련된 절차가 수십 년간 합법적으로 이루어졌다. 법적으로 준수해야 하는 몇 가지 조건이 있다. 환자가 죽기를 원한다는 의사를 분명하게 밝혔고, 환자의 신체적·정신적 고통이 극심하고 호전될 가능성이 없으며, 환자가 다른 모든 치료 방법을 이미 시도해보았거나 거부하였고, 다른 의사가 이러한 조건이 충족되었음을 확인하였다는 것이다(Dees et al., 2010).

이 법은 실무에서 얼마나 성공적으로 적용되고 있는가? 네덜란드 의사의 절반 이상이 보통 시한부 암 환자를 대상으로 적극적 안락사를 시행한다고 보고한다(Rurup et al., 2005). 그러나 익명의 설문조사에서는 많은 의사들이 법에 지정된 조건들, 특히 다른 의사의 자문을 구하라는 조건이 무시되는 경우가 많다는 점을 시인하였다(Onwuteaka-Philipsen et al., 2005). 어떤 의사들은 또 시한부가 아니라 그저 '살기 싫어진' 노인들에게 조력자살을 제공한 적이 있다고 시인하였다(Rurup et al., 2005). 이 결과는 적극적 안락사를 허용하는 법이 병든 노인들은 조만간 죽어야 한다고 느끼게 만드는 파멸의 길로 이 사회를 이끌어가고 있다고 두려워하는 비판자들을 부채질하였다(Jost, 2005).

적극적 안락사가 합법적인 또 다른 곳은 미국 오리건주이다. 오리건주에서는 1997년부터 남은 수명이 6개월도 안 된다고 진단받은 시한부 환자들에게 적극적 안락사가 허용되었다. 합법임에도 불구하고 오리건주에서 이러한 절차가 시행되는 경우는 사망자의 0.1%에 불과할 정도로 드물다(Niemeyer, 2006). 이 법은 오리건주에서 논란이 되지 않는다. 오리건주 사람들은 이 법에 대체로 찬성하며 자신이 적극적 안락사를 활용할 생각은 없다 할지라도 그에 대한 선택권을 갖는다는 것을 환영한다(National Journal, 2011). 지금은 워싱턴과 버몬트도 오리건과 비슷한 법을 제정하였다.

사전의료의향서 말기치료에 관해 서면 및 구두로 작성한 지시사항

연명치료중지 동의서(DNR) 심장이 멈추거나 환자가 호흡을 하지 않을 때 의료진이 생명을 연장하려는 시도를 하지 말도록 규정하는 생전유언

죽음준비 : 사전의료의향서 아마도 안락사에서 가장 논란이 많은 부분은 죽어가는 사람이 정상적인 생활을 할 수가 없는 상태가 되어 어떤 의학적 처치를 받아야 할지(또는 받지 말아야 할지)를 결정할 수 없는 경우일 것이다. 그런 경우 대개는 의료진과 가족 구성원들에게 결정권이 넘어가게 되는데, 이들은 환자가 원하는 바에 대해 서로 상충되는 견해를 가질 수 있다.

이런 딜레마를 피하기 위해 많이 쓰이는 한 가지 방법은 임종이 가까웠을 때의 치료에 대해 서면 및 구두로 지시사항을 작성한 **사전의료의향서**(advance directive)를 사용하는 것이다(Mitty et al., 2008). 사전의료의향서에는 생전유언(living will)이 들어갈 수 있다. 생전유언이란 시한부 질병, 혼수상태, 또는 뇌사의 경우에 당사자가 원하거나 원하지 않는 치료들을 적시한 서류를 말한다. 생전유언에는 심장이 멈추거나 환자가 호흡을 하지 않을 때 의료진이 수명을 연장하려는 시도를 해서는 안 된다는 것을 밝히는 **연명치료 중지 동의서**(Do Not Resuscitate, DNR)를 포함할 수 있다(Scott & Caughlin, 2012). 사전의료의향서는 또한 환자가 결정을 할 수 없는 상황이 되었을 때 환자를 대신해서 치료 방법을 결정할 사람(대개는 가족 구성원)을 지정하는 건강관리위임장(health care proxy)을 명기할 수도 있다.

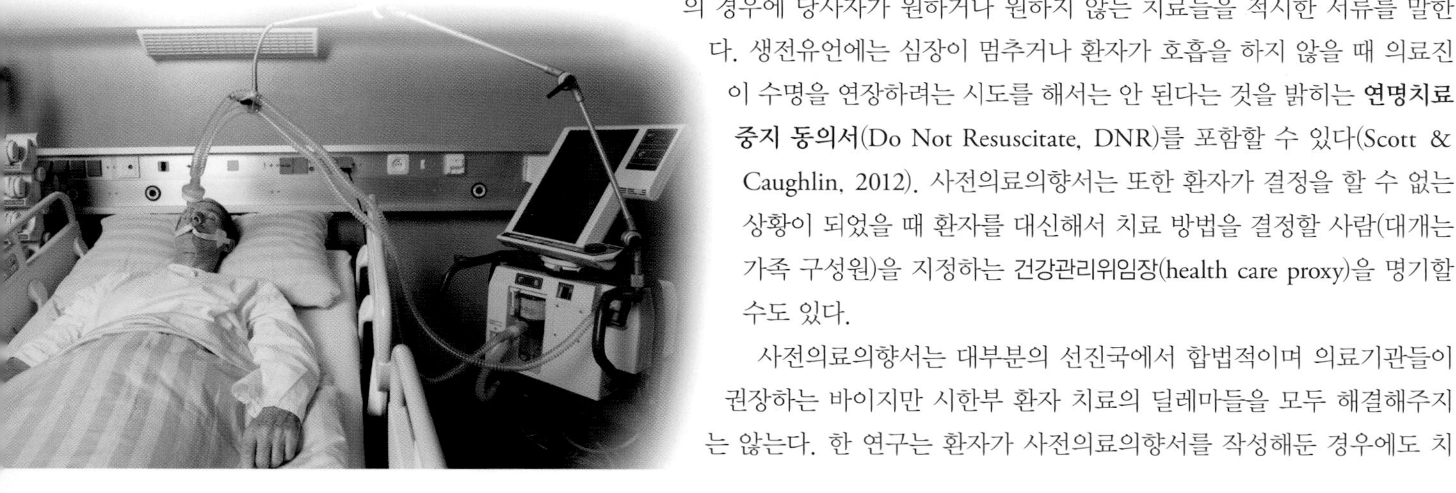

많은 나이 든 성인은 자신이 무능해질 경우에 대비해서 사전의료의향서를 작성하지만 의사들은 이것을 무시하는 경우가 많다.

사전의료의향서는 대부분의 선진국에서 합법적이며 의료기관들이 권장하는 바이지만 시한부 환자 치료의 딜레마들을 모두 해결해주지는 않는다. 한 연구는 환자가 사전의료의향서를 작성해둔 경우에도 치

료를 감독하는 의사가 그 존재를 인식하는 경우는 절반이 채 안 된다는 것을 발견하였다(Kass-Bartelmes & Hughes, 2003). 다른 연구는 의사들이 환자의 사전의료의향서를 통지받았을 때조차도 법적 취약성 때문에, 또는 환자를 죽게 내버려두지 않고 환자의 생명을 구하기 위해 자신이 할 수 있는 모든 일을 하도록 훈련받았기 때문에 사전의료의향서를 그대로 따르기를 꺼리는 경우가 종종 있다는 것을 발견하였다(Gorman et al., 2005; McArdle, 2002).

2절 죽음에 대한 정서적 반응

학습목표

13.5 비탄과 관련된 정서적 반응이 시간이 흐름에 따라 어떻게 변화하는지 기술한다.

13.6 비탄 과정의 변이를 기술하고, 이러한 변이에 영향을 미치는 요인들을 확인한다.

13.7 퀴블러 로스가 제안한 죽음과 죽어감에 대한 이론을 요약한다.

13.8 퀴블러 로스 이론의 제한점을 확인하고, 죽음과 죽어감에 대한 다른 반응들을 기술한다.

죽음에 대한 정서적 반응 : 사별과 비탄

대부분의 사람들은 인생을 살아가면서 사랑하고 아끼는 사람들의 죽음을 목도한다. 사별(bereavement)은 사랑하는 사람을 상실하는 경험을 말하며, 비탄(grief)은 사별에 흔히 뒤따르는 심리적 반응이다. 비탄은 아마도 일생을 통해 우리가 경험하는 가장 격렬하고 복잡한 심리 과정일 것이며, 그 특성을 간단하거나 쉽게 묘사할 방법은 없다. 이 점을 염두에 두고 먼저 비탄 과정의 일반적 양상을 알아보고, 다음으로 변이의 주요 원천 몇 가지를 알아보기로 한다.

비탄의 정서적 포물선

비탄과 관련된 정서적 반응이 시간이 흐름에 따라 어떻게 변화하는지 기술한다.

사별 후 처음 몇 시간, 며칠, 그리고 아마도 몇 주 동안은 비탄이 충격, 무감각, 믿기지 않음이라는 형태로 나타나는 경우가 많다. 처음에는 우리가 사랑하는 사람이 정말로 영원히 가버렸다는 것을 믿기가 어렵다. 이런 심정은 다시 한번 그 사람의 모습을 보고 음성을 듣고 싶다는 강렬한 욕망을 불러일으킨다.

최초의 충격이 가시면 그에 뒤이어 흔히 슬픔, 분노, 불안, 외로움, 죄책감, 무력감 등 강력하고 불안정하고 요동치는 감정이 몰아친다(Scannell-Desch, 2003). 이와 같은 강렬한 정서적 상태는 무기력함, 목적 없음, 혼란감 같이 우울 증상과 유사한 상태들과 번갈아가며 나타날 수 있다(Hensley, 2006). 아침에 잠자리에서 일어나고 일상적인 일을 하는 것이 너무도 엄청난 것처럼 느껴질 수 있다. 잠을 자기가 어려워지고 먹는 데 관심이 없어질 수 있다.

시간이 좀 흐른 후(아마도 몇 주 또는 몇 달 후)에는 강렬한 비탄 감정이 잦아들기 시작하며, 사별한 사람은 종전의 일상생활과 사회적 관계를 다시 시작할 수 있게 된다(Lotterman et al., 2014). 사랑하는 사람이 없는 삶을 재구성하는 작업의 일환으로 새로운 활동을 시작할 수도 있다. 새로운 관계가 형성되어 사랑하는 사람의 죽음으로 인해 사라진 지지와 우정을 제공해줄 수 있다. 사랑하는 사람을 떠나보낸 사람의 정체성도 그의 죽음을 인정하는 쪽으로 변화할 수 있다. 예를 들어 남편을 잃은 여성은 이제 자신이 아내가 아니라 과부라 생각할 것이다. 필자의 아버지는 어머니가 돌아가신 후 몇 년 동안 결혼반지를 끼고 있었다. 아버지가 마침내 결혼반지를 뺐을 때, 이는 아버지가 자신의 정체성이 바뀌었고 이제 자신이 홀아비임을 받아들였다는 것을 의미했다.

대부분의 사람들은 시간이 지나면 비탄이 가라앉지만, 죽은 이와 각별한 유대감을 가졌던 사람은 상실감과 그리움이 영영 사라지지 않을 수 있다(Worden, 2009). 사랑하는 사람을 상실하고 나서 그 상실로부터 회복되지 못할 수도 있다(Levin, 2004). 또 죽은 이가 심리적으로 존재한다는 느낌을 계속 가질 수도 있다. 제12장에서 언급했듯이, 남편이나 아내를 잃은 사람들은 사망 후 몇 년이 지나서까지 사망한 배우자와 계속해서 '대화'를 할 수도 있다(Carnelly et al., 2006; Strobe & Strobe, 1991).

비탄의 다양한 변이

비탄 과정의 변이를 기술하고, 이러한 변이에 영향을 미치는 요인들을 확인한다.

방금 기술한 일반적인 비탄 양상 내에서 상당한 정도로 변이가 나타난다. 비탄 양상의 변이는 누가 사망했는지, 그리고 그가 어떻게 사망했는지에 따라 달라진다.

누가 사망했는지에 대한 질문과 관련해서는, 그 사람에 대한 애착이 강했을수록 그의 죽음으로 인해 비통한 심정도 더 강렬할 가능성이 높다(Bonanno, 2004). 일반적으로 가장 강한 비탄을 불러일으키는 죽음은 부모, 자녀, 배우자의 죽음이다. 부모의 죽음을 겪은 자녀들은 몇 년이 지난 후에도 크게 영향을 받는 경향이 있다(Dowdney, 2000; Lotterman et al., 2014). 자녀의 비탄은 부분적으로 부모가 사망한 시점에 그가 몇 살이었는지 그리고 다른 사람들로부터 얼마나 많은 지원을 받는지에 달려 있지만, 일반적으로 부모의 죽음을 맞은 자녀들은 단기적으로나 장기적으로 정서적 문제, 특히 우울에 빠질 위험에 처한다(Shear, 2009). 이와 유사하게 자녀의 죽음을 겪은 부모들은 강렬하고 지속적인 반응을 보이는 경향이 있다(Dent & Stewart, 2004). 자녀가 죽은 지 몇 년이 지나도 높은 수준의 고통을 보고하는 경향이 있으며, 자녀의 죽음은 부모가 이혼할 위험을 크게 높이기도 한다(Kreicbergs et al., 2004).

배우자의 죽음은 남은 배우자에게 크나큰 영향을 미치지만, 이러한 효과는 복잡할 뿐 아니라 성별에 따라서도 차이가 있다. 나이 든 사람의 경우 최근에 사별을 한 사람들이 동년배인 기혼자들에 비해 우울, 불안, 약물 사용, 기억력과 집중력의 문제를 포함하여 다양한 심리적 문제를 보일 가능성이 거의 10배 더 높다(Hooyman & Kiyak, 2011). 배우자를 사별한 사람이 배우자가 사망한 후 1년 이내에 사망할 위험은 동년배 기혼자들에 비해 7배나 높다(Subramanian et al., 2008).

남성이 배우자인 여성보다 나이가 더 많은 경향이 있고 여성이 남성보다 더 오래 사는 경향이 있기 때문에 80% 이상의 아내가 남편보다 더 오래 산다(Hooyman & Kiyak, 2011; OECD, 2009). 이 패턴은 문화, 국가, 역사시기와 관계없이 일관성 있게 나타난다. 과부는 남편이 사망한 후 경제적 어려움을 겪는 경우가 많으며, 남편이 성인 후기에 사망할 경우에는 재혼하지 않는 경향이 있다(Angel et al., 2003; Schulz et al., 2006). 그러나 그들은 종종 자녀 및 친구와의 관계를 강화하고 스스로 새로운 삶을 꾸려나가면서 상당한 탄력성을 보인다(Cheng, 2006; Rossi et al., 2007). 반면에 남성은 사별 후 신체 및 정신건강에 문제가 생길 가능성이 높고 정서적 평형을 회복하는 데 시간이 더 오래 걸린다(Berg et al., 2009). 배우자를 사별한 남성은 생애 후반부에 재혼할 가능성이 여성보다 7배 더 높은데, 이는 그 연령대의 여성이 남성보다 훨씬 더 많기 때문이기도 하고 남성이 여성에 비해 삶의 여러 문제들을 배우자 없이 혼자서 헤쳐나갈 능력이 더 부족하다고 느끼기 때문이다(Ajrouch et al., 2005; Bookwala, 2012).

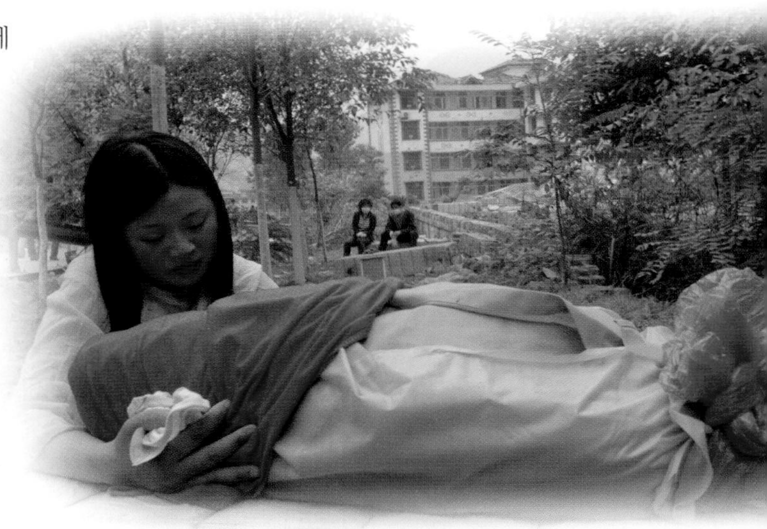

사랑하는 사람의 갑작스러운 죽음은 종종 크게 스트레스를 안겨주며, 특히 강렬한 슬픔을 불러일으킨다. 이 사진에서는 중국인 어머니가 지진으로 인해 사망한 아들의 죽음을 애도하고 있다.

비판적으로 사고하기

남성이 여성보다 사별을 견디기 더 힘들어하고 사별 후 회복되는 속도가 더 느린 이유는 무엇이라고 생각하는가? 이러한 패턴을 설명하는 데 도움을 줄 수 있는 다른 어떤 내용을 이 책에서 학습했는가?

어떻게 사망했는지, 특히 그 죽음이 얼마나 예상되었는지 또는 그렇지 않은지도 비탄 과정에 영향을 미친다. 갑작스러운 죽음은 특히 강렬한 비탄을 불러일으키는 경향이 있다. 한 연구에서 18~45세 사이의 성인들이 스트레스를 가장 크게 받았다고 평가한 경험은 사랑하는 사람의 갑작스러운 죽음이었다(Breslau et al., 1998). 갑작스러운 죽음은 남은 사람이 세상에 대해 가지고 있던 믿음, 즉 세상은 호의적이고 공정하고 예측 가능하다는 믿음을 종종 송두리째 깨버리며 그러한 심리적 효과는 몇 년씩 지속된다(Burton et al., 2006). 자살은 특히 그 충격이 엄청난데, 자살이 슬픔만이 아니라 죄책감과 수치심까지 불러일으키기 때문이다(Dunne & Dunne-Maxim, 2004).

이와는 대조적으로 오랜 질병 후에 또는 나이가 많을 때 발생하는 죽음은 예견된 것으로서 이러한 죽음을 맞는 사람들은 죽음이 불가피함을 수용하고 죽음에 정서적으로 순응하기 시작하는 예견된 비탄(anticipatory grief)을 통해 스스로 준비를 할 수 있다. 특히 사랑하는 사람의 오랜 투병 과정을 함께해온 가족 구성원들은 이제 자신의 삶으로 돌아갈 수 있게 된 것에 안도감을 느낄 수도 있다(Keene & Prokos, 2008).

비탄은 복잡하고 다양한 것이며 비탄에 '최상의 방식'이란 없다(Wortman, 2008). 비탄은 정서적으로 매우 힘든 것이기에, 이 장의 후반부에서 보게 되겠지만 전 세계의 문화들은 비탄을 구조화하고 이를 이해하고 견뎌낼 수 있게 해주는 장례의식을 발전시켰다.

죽음에 대한 정서적 반응 : 죽음에 직면하기

우리는 사랑하는 사람의 죽음에 대처해야 할 뿐만 아니라 우리 자신의 죽음에도 대처해야 한다. 사실 인간이라는 종이 지닌 가장 두드러진 특질 중 하나는 미래를 예견하는 독특한 능력 때문에 우리 자신이 언젠가는 죽을 것임을 인식한다는 것이다(Becker, 2007). 시한부 질환을 앓고 있는 사람들의 경우 이러한 인식이 특히 강렬하다.

죽음의 단계 이론

퀴블러 로스가 제안한 죽음과 죽어감에 대한 이론을 요약한다.

엘리자베스 퀴블러 로스(Kubler-Ross, 1969, 1982)는 자신이 치명적 질병을 가지고 있음을 인식하고 있는 사람들이 보이는 심리적 반응을 기술하였다. 그녀는 시한부 환자 200명을 인터뷰한 결과를 바탕으로 사람들이 죽음이 임박했을 때 다음과 같이 다섯 단계에 걸친 반응을 보인다고 제안하였다.

1. 부인 시한부 질환을 진단받은 사람들은 대부분이 처음에는 그 사실을 믿기를 거부한다. '아냐, 그럴 리가 없어, 뭔가 잘못된 거야. 아마 내 검사결과가 다른 사람 것하고 바뀐 게지.' 이렇게 생각할지도 모른다. 퀴블러 로스는 가족 구성원들과 건강 전문가들에게 환자가 부인을 하도록 권장하지 말라고 조언한다. 환자가 부인을 하게 되면 죽음에 대비할 절차를 밟아나가지 못하게 될 것이기 때문이다. 그러나 다른 치료자들은 부인을 더 긍정적인 관점에서 바라본다. 즉 부인은 환자가 시한부 진단이라는 심리적 타격에 적응하는 동안 자아를 보호하는 방법이라는 것이다(Schacter, 2009).
2. 분노 부인이 사그라진 후 다음 차례는 분노이다. '이건 공정하지 않아, 난 좋은 사람이야. 나보다 훨씬 나쁜 사람들이 잔뜩 있는데 그 사람들은 다 여전히 건강하잖아.' 환자는 이렇게 판단할 수 있다. 분노는 가족 구성원, 의료진, 신 또는 건강한 사람 모두에게로 향할 수 있다.
3. 거래 분노도 결국에는 잦아들고 시한부 환자는 이제 남은 시간을 조금 더 늘리기 위해 거래를 하고자 한다. 환자는 대개 신이나 운명 또는 어떤 모호한 영적 실체를 향해 거래를 시도한다. '살게만 해주세요. 그러면 내 삶을 다른 사람들을 치료하는 데 바칠 것을 약속합니다. 아이가 결혼하는 것을 볼 수 있게 1년만 더 살게 해주세요. 가족과 함께 휴가를 한 번 더 지낼 수 있게 해주세요.'
4. 우울 거래 후에는 종종 우울이 찾아온다. 거래하려는 시도에도 불구하고 시한부 환자의 상태는 점점 악화된다. 침습성 의료절차는 고통스러울 뿐 아니라 환자가 존엄을 지킬 수 없게 만든다. 환자는 죽음이 다가오고 있다는 것을 인식하며, 할 수 있는 일이 전혀 없다.
5. 수용 마침내 환자는 죽음을 받아들이게 된다. 죽음에 저항하기를 포기함에 따라 평화로움을 느끼거나 아무런 느낌도 갖지 않을 수 있으나, 분리감과 소수의 사람들하고만 함께하고 싶어 하는 바람이 가장 소중해진다.

퀴블러 로스의 이론은 시한부 환자들을 돌보고 치료하는 데 엄청난 영향을 미쳤다. 많은 건강관리 전문가들은 이 이론이 환자를 이해하고 돌보는 데 유용하다는 것을 발견하였다. 그러나 다음 절에서 보게 되겠지만 이 이론은 후속 연구에서 충분한 지지를 받지 못했다.

죽음을 맞는 다른 방법

퀴블러 로스 이론의 제한점을 확인하고, 죽음과 죽어감에 대한 다른 반응들을 기술한다.

퀴블러 로스가 주장한 다섯 단계를 차례대로 거치는 사람은 거의 없다. 많은 사람들이 이 단계들을 거의 또는 전혀 경험하지 않는다. 이 이론은 또 이상하게도 시한부 질환을 진단받을 때 사람들이 보이는 반응 중에서 공포를 간과하고 있는데, 연구 결과는 이런 경우에 공포가 매우 흔한 반응이라는 것을 보여준다(Krikorian et al., 2012; Langner, 2002). 이 이론은 또 문화적 맥락도 완전히 간과하고 있는데, 다른 연구들은 사람들이 문화적 신념의 틀을 통해 임박한 죽음을 해석하는 경우가 많다는 것을 보여준다

(Hooyman & Kiyak, 2011). 앞선 장들에서 언급했듯이 거의 어떤 문화든지 종교적 신앙을 가지고 있으며, 종교는 거의 항상 내세에 대한 약속을 포함하여 우리가 죽을 때 어떤 일이 벌어지는지에 대한 설명을 제공해준다.

퀴블러 로스의 이론은 타당성의 결여에도 불구하고 시한부 환자의 케어는 물론이고 죽음에 대한 미국인의 문화적 관점에도 영향을 미쳤다. 루스 코닉스버그(Konigsberg, 2011)에 따르면 이 이론은 어떻게 하면 사랑하는 사람의 죽음으로부터 회복될 것인가에서 갑작스러운 환경적 재앙, 심지어 좋아하는 농구선수의 트레이딩에 이르기까지 모든 것을 설명하는 데 적용되었으나 많은 연구 결과가 이 이론과 상충된다.

코닉스버그가 언급했듯이 시한부 질환에 대한 반응은 매우 다양하며, 보편적인 일련의 단계라는 것은 없고 건강한 반응 방식이 하나뿐인 것도 아니다. 또한 코닉스버그는 다른 문화권에 속한 사람들이 시한부 질환과 비탄에 반응하는 여러 가지 방식을 예로 제시하였다. 가령 중국 문화는 개인의 정서보다는 죽음이 다른 사람들과의 관계를 어떻게 변화시킬지에 초점을 둔다고 언급하였다.

중국 문화의 애도절차는 죽음이 다른 사람들과의 관계를 어떻게 변화시킬 것인지에 초점을 두는 경우가 많다.

3절 죽음과 내세에 대한 믿음

학습목표

13.9 죽음에 대한 아동의 이해가 아동기에서 청소년기까지 어떻게 변화하는지 기술한다.

13.10 죽음에 대한 믿음과 공포가 성인기 동안 어떻게 변화하는지 기술한다.

13.11 내세에 대한 개인의 믿음이 국가 간에, 그리고 미국 내에서 어떤 차이가 있는지 설명한다.

13.12 힌두교, 불교, 유대교, 기독교, 이슬람교의 장례의식을 비교하고 대조한다.

13.13 다양한 종교에서 망자를 추모하고 기리는 데 사용하는 의식과 전통을 기술한다.

죽음과 내세에 대한 믿음 : 전 생애에 걸친 죽음에 대한 믿음

우리가 알고 있는 한, 인간은 죽음을 예상하는 유일한 동물이다. 인간의 대뇌피질은 유난히 큰데, 이러한 대뇌피질은 장래에 일어날 사건들을 예상하기에 적합하도록 잘 만들어져 있으며 그러한 장래의 사건들 중에는 자신의 죽음도 있다는 것을 인식하게 해준다. 그러나 죽음에 대한 생각과 믿음은 발달 과정에서 어떻게 변화하는가? 죽음에 대한 인식과 불안이 연령에 따라 어떻게 변화하는지 살펴보기로 하자. 앞으로 보게 되겠지만 죽음에 대한 인식과 불안이 항상 관련되어 있는 것은 아니다.

죽음에 대한 아동과 청소년의 믿음

죽음에 대한 아동의 이해가 아동기에서 청소년기까지 어떻게 변화하는지 기술한다.

대부분의 아동은 3~4세경에 죽음을 경험한다. 그들은 가족 구성원이나 이웃이나 가족의 친구가 사망했다는 것을 알게 된다. 그들은 거의 틀림없이 가족의 애완동물, 죽은 새 또는 적어도 죽은 벌레와 같이 죽은 동물을 본 적이 있다. 그러나 죽었다는 것이 무엇을 의미하는지 제대로 이해하고 있는가?

어떤 점에서는 이해하지만, 어떤 점에서는 이해하지 못한다(Irish et al., 2014; Kenyon, 2001). 대부분의 아동은 초기 아동기에도 죽음이 영속적이라는 것을 이해한다. 그들은 죽은 벌레가 일어나서 돌아다니지 않을 것임을 알고 있다. 그러나 대부분의 아동이 중기 아동기에 이르기 전에는 죽음이 필연적이라는 것을 이해하지 못한다. 벌레나 나쁜 사람들만이 아니라 '나'를 포함하여 살아있는 모든 생물이 죽음을 맞는다.

아동의 죽음 이해가 제한되어 있는 한 가지 이유는 대부분의 문화에서는 죽음을 언급할 때 완곡한 표현을 사용하며, 죽음에 대한 공포와 사랑하는 사람을 잃는 고통을 겪지 않도록 보호하기 위해 아동에게 죽음에 대한 완벽한 진실을 알려주지 않는 풍습이 있다는 것이다(Cicirelli, 2006; Wass, 2004). 따라서 성인은 아동에게 할머니나 애완동물의 죽음을 있는 그대로 직설적으로 말하기보다는 '할머니가 돌아가셨다'거나 애완동물이 '잠들었다'고 말한다. 더욱이 이 장의 후반부에서 보게 되듯이 거의 모든 문화는 사후세계에 대한 믿음을 가지고 있다. 이러한 믿음은 거의 언제나 죽음이 영속적이거나 필연적인 것이 아닌 것처럼 보이게 만들며, 아동은 어려서부터 내세에 대한 믿음을 학습한다(Wass, 2004).

초기 아동기에도 대부분의 아동은 죽음을 경험하지만, 그들은 죽음이 어떤 것인지 정말로 이해하는 것일까?

청소년기에는 죽음에 대한 믿음이 더 추상적이고 복잡한 것이 되는데 이는 청소년들의 인지 능력 증진을 반영한다. 청소년은 죽음에 대한 생각을 기술할 때 종종 '영원한 빛'이나 '무위(無爲)' 같은 추상적 용어를 사용하지만, 아동은 이런 표현을 거의 사용하지 않는다(Brent et al., 1996; Irish et al., 2014; Wenestam & Wass, 1987). 또한 청소년은 아동에 비해 부활, 천국과 지옥, 죽음 이후에도 없어지지 않는 영혼의 존재같이 죽음에 대한 종교적 개념을 논의하는 경향이 더 강하다(Mearns, 2000; Noppe & Noppe, 1997; Yang & Chen, 2002).

청소년이 어떤 점에서는 아동보다 죽음을 더 잘 이해하지만, 그들은 정말로 자기 자신의 죽음이라는 현실을 이해하는 것인가? 이 질문은 대답하기가 더 어렵다. 제8장에서 보았듯이 청소년기는 개인적 우화, 즉 자신이 독특하고 특별하며 자신에게는 나쁜 일이 일어나지 않을 것이라는 믿음을 갖는 생애 단계이다. 시한부 질환을 진단받은 일부 청년들은 자신이 뛰어난 탄력성을 가지고 있다는 개인적 우화를 가지고 있어서 자신이 정말로 곧 죽게 된다고 믿기를 거부한다(Blumberg et al., 1984).

죽음에 대한 성인의 믿음

죽음에 대한 믿음과 공포가 성인기 동안 어떻게 변화하는지 기술한다.

여러분은 나이가 들수록 죽음에 가까워지고 따라서 죽음을 더욱 두려워하게 된다고 생각할 것이다. 그러나 연구 결과는 성인기의 패턴이 그와는 정반대라는 것을 보여준다. 죽음불안은 성인진입기에 가장 높고, 그 이후로 나이가 들면서 감소하며, 성인 후기에 가장 낮다(Russac et al., 2007). 젊은 사람들이 죽음공포가 더 크다는 것은 이들이 앞으로 성취할 계획과 목표를 가지고 있다는 데 주로 기인하는 것으로 보인다. 성인 후기, 특히 80세 이후에는 대부분의 사람들이 목숨이 다해가고 있다고 느끼며, 스스로 설정했던 목표에 도달하기 위해 더 이상 살아있을 필요를 느끼지 않는다(Cicirelli, 2006). 많은 사람들에게 성인 후기는 심리학자 로버트 버틀러가 **생애회고**(life review)라 부른 것을 수행할 시점이다(Butler, 2002). 생애회고는 지금껏 자신이 살아온 삶에 대해 생각하고 삶의 기복을 모두 수용하는 것을 의미한다. 앞 장에서 기술한 대로 에릭슨(Erikson, 1950)은 성인 후기의 주요 위기가 **자아통합 대 절망**이라고 제안하였으며, 연구는 대부분의 사람들이 자신의 삶이 좋았든 나빴든 이를 수용하고 자아통합 상태에 도달한다는 것을 보여준다. 나이 든 이들은 죽음 그 자체를 두려워하지는 않을지라도 고통, 자기통제 상실, 자신의 죽음이 사랑하는 사람들에게 미치는 영향과 같이 죽음과 관련된 두려움을 가지고 있는 경우가 많다(Kwak et al., 2008; Irish et al., 2014).

생애회고 로버트 버틀러에 따르면 사람들이 자신이 살아온 삶을 성찰하고 그 삶을 받아들이게 되는 성인 후기의 과정

가장 강한 종교적 신앙을 가지고 있는 사람들이 생애의 단계마다 죽음불안 수준이 가장 낮은데, 그 이유는 이들이 다른 사람들보다 죽음 이후에 행복한 삶이 자신을 기다리고 있다고 확신할 가능성이 더 높기 때문이다(Irish et al., 2014). 무신론자와 불가지론자들은 죽음불안이 높지 않으나, 독실하지 않은 신자나 종교활동에 일관성 없이 참여하는 사람들은 죽음불안이 높다(Cicirelli, 2006). 그것은 이들의 종교 참여 정도가 죽음에 대해 생각하게 만들기에는 충분하지만 위안을 제공하기에는 충분치 않기 때문일 것이다. 죽음불안은 또 어떤 문화에서나 여성이 남성보다 일관성 있게 더 높지만 그 이유는 분명치 않다(Russac et al., 2007; Tomer et al., 2000).

성인기에는 죽음불안의 변화와 더불어 죽음에 대한 생각이 다른 방식으로 변화한다(Cicirelli, 2006). 성인 초기에는 죽음공포가 자녀와 관련된 공포에 초점을 두는 경향이 있는데, 자녀의 죽음에 대한 공포와 부모가 죽으면 자녀가 힘든 상황에 처하게 될 거라는 공포가 둘 다 나타난다. 성인 중기에는 제11장에서 언급했듯이 사람들이 인생의 반환점을 넘어섰고 지금껏 살아온 날들보다 남은 날이 더 적다는 것을 의식하게 된다. 어떤 사람들에게는 이 사실이 죽음을 더 선명하게 인식하도록 하고, 자신의 삶을 재검토하여 남은 삶을 최대한 활용하기 위해서는 변화할 필요가 있는지 여부를 확인하게 만든다.

특히 선진국에서는 성인 후기가 죽음이 가장 빈번히 발생하는 시점이기에 이 시기에 사람들은 죽음에 더 친숙해진다. 성인 후기에는 오래 살면 살수록 부모, 친구, 형제의 죽음에 맞닥뜨리게 될 가능성이 높아진다. 이러한 경험과 자신의 죽음이 점점 더 가까워진다는 사실이 결합하여 나이 든 사람일수록 젊은 사람들보다 죽음에 대해 더 많이 생각하고 더 많이 이야기하게 된다(Hayslip & Hansson, 2003; Irish et al., 2014). 나이 든 사람들은 죽음에 대해 이야기하면서 상호위안과 때로 유머를 사용하고, 그럼으로써 죽음에 더 효과적으로 대처할 수 있게 된다. 또한 죽음에 대해 이야기함으로써 유언장을 작성하고 개인의 소유물을 분배하는 조치를 취하는 것과 같은 실제적인 관심사를 다룰 수도 있다.

죽음과 내세에 대한 믿음 : 내세에 대한 믿음과 장례의식

이 책은 인간발달 과정에서 일어나는 일을 처음부터 끝까지, 요람에서 무덤까지 설명하는 데 전념하였다. 적어도 4만 년 전 신석기시대 혁명 이래로 인간종이 지닌 놀라운 특징 가운데 한 가지는 인간은 죽음이 끝이 아니고 우리의 일부분(영혼, 정신, 육체에서 분리된 본질)이 죽음 후에도 지속된다고 믿는 유일한 존재라는 것이다. 이 장에서는 세계 여러 나라 사람들이 사후세계에 대해 어떤 믿음을 가지고 있는지 알아보기로 한다. 다음으로 주요 종교들의 장례의식과 추모관습이 내세에 대한 믿음을 어떻게 반영하며

유족들이 삶을 계속 이어가도록 어떻게 돕는지 살펴보기로 한다.

사람들은 사후세계에 대해 무엇을 믿는가

내세에 대한 개인의 믿음이 국가 간에, 그리고 미국 내에서 어떤 차이가 있는지 설명한다.

지난 수천 년 동안 사람들의 생활방식에는 엄청난 변화가 일어났다. 그러나 같은 기간 내에 사람들이 죽음을 설명하는 방식은 놀랄 만큼 지속적이고 변화가 없었다. 사후세계에 대한 이집트인과 그리스인들의 믿음은 수천 년 전에 생겨났음에도 몇몇 주요 종교에 여전히 또렷하게 남아 있다. 가장 주목할 만한 믿음은 죽음이 도덕적 사건이라는 것이다. 고대문명은 우리가 죽을 때 도덕적 행위에 대해 심판을 받을 뿐 아니라 내세의 운명은 그 심판의 결과에 좌우된다는 믿음을 가지고 있었다. 내세에 대한 주요 종교들의 믿음은 매우 다양하지만 어떤 종교든지 예외 없이 이 믿음을 가지고 있다. 오늘날 주요 종교들이 가지고 있는 많은 믿음은 3,500년에서 2,000년 전까지 거슬러 올라간다. 가장 최근에 형성된 주요 종교인 이슬람교조차도 역사가 1,500년가량 되었다. 내세에 대한 믿음은 힌두교, 불교, 유대교, 기독교, 이슬람교를 포함하여 모든 주요 종교의 일부이다.

이러한 믿음들 간에는 놀라운 유사성이 있다. 첫째, 모든 종교에서 죽음은 끝이 아니다. 어떤 종교에서는 육체가 죽음 후에 어떤 식으로든 지속되고 어떤 종교에서는 그렇지 않지만, 모든 종교에는 영혼이 계속 존재한다는 믿음이 있다. 둘째, 어떤 종교에서든지 사후세계에서 영혼의 운명은 그 사람이 살아온 도덕적 생활에 따라 결정된다. 선한 사람은 사후에 더 높은 환생지위(힌두교와 불교) 또는 천국에 가는 것(기독교와 이슬람교)으로 보상을 받는다. 악한 사람들은 낮은 환생지위(힌두교와 불교) 또는 지옥의 고통(유대교, 기독교, 이슬람교)으로 처벌을 받는다. 기독교는 이 규칙에 예외인 것처럼 보일지도 모른다. 왜냐하면 기독교는 궁극적으로 신앙이 내세에서 받는 보상에 가장 중요한 기준이라고 주장하기 때문이다. 그러나 기독교에서도 신앙과 노동은 조화를 이루게 되어 있다. 즉 신앙의 핵심은 도덕적으로 훌륭한 삶을 살아가는 것이다.

그러나 실제로 개개인은 내세에 대해 무엇을 믿는가? 주요 종교(유대교 제외) 각각은 수억 명의 신자를 가지고 있으므로 내세에 대한 믿음에는 사람마다 어느 정도 차이가 있을 것이다. 이제 전 세계 사람들이 내세에 대한 믿음을 어떻게 보고하고 있는지 자세히 살펴보기로 하자.

사후세계에 대한 전 세계 사람들의 믿음 지난 20년간 국제 사회조사 프로그램(http://www.issp.org)은 전 세계 32개국 사람들을 대상으로 내세에 대한 믿음을 포함하여 다양한 주제에 관해 여러 차례 조사를 실시하였다. **그림 13.3**에 제시되어 있듯이 이 조사에 따르면 "당신은 사후세계를 믿습니까?"라는 질문에 확실히 믿는다는 반응을 한 비율은 헝가리 12%에서 터키 90%의 범위에 있었다. "약간 믿음"과 "확실히 믿음"을 합치면 이 비율은 헝가리 37%에서 터키 95%의 범위에 있었다.

세계 여러 나라 사람들의 반응을 보면 다른 양상도 드러난다. 사후세계를 믿는다는 반응은 미국뿐만 아니라 터키와 필리핀에서 가장 높았다. 미국은 오랫동안 대부분의 다른 선진국들에 비해 종교성향이 더 강한 것으로 밝혀졌고, 일반 대중에 비해 더 종교적인 경향이 있는 라틴계(13%)가 인구의 상당 부분을 차지하는 나라이다. 그에 반해 터키와 필리핀은 설문조사에 참여한 나라들 중에 경제적으로 가장 뒤떨어진 나라였다. 사후세계를 믿지 않는다는 반응은 20세기에 공산주의 치하에 있었던 수십 년간 무신론이 공식 국가정책이었을 때 종교의식이 금지되었던 러시아와 헝가리 같은 동유럽 국가에서 가장 높았다. 사후세계를 믿지 않는다는 반응은 프랑스와 덴마크같이 부유한 북유럽 국가에서도 높았다. 이 나라들에서

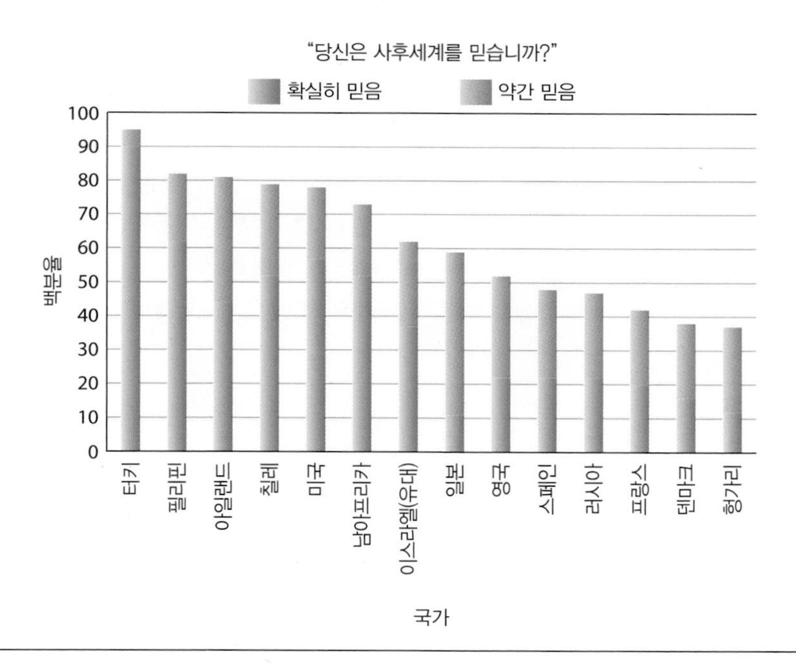

그림 13.3 **사후세계 믿음에 관한 ISSP 설문조사**

출처 : ISSP (2012)

는 지난 세기에 제도종교에 참여하는 사람들의 수가 크게 감소하였으며 오늘날에는 종교기관에 활발하게 참여하는 사람을 거의 찾아보기 어렵다(Zuckerman, 2008).

사후세계에 대한 미국인의 믿음 내세에 대한 미국인의 믿음과 관련하여 더 자세한 정보는 퓨 포럼(Pew Forum, 2008)이 종교 및 공공생활에 관해 실시한 설문조사에서 얻을 수 있다. 미국은 세계 여러 나라 출신의 이민자를 받았으므로 퓨 설문조사는 서로 다른 많은 종교를 가지고 있는 신자들의 내세신앙에 관한 정보를 제공한다.

그림 13.4가 보여주듯이 퓨 설문조사에 참여한 미국인의 4분의 3가량은 사후세계를 믿는다고 말했다. 내세에 대한 믿음은 기독교의 두 분파인 개신교(복음주의 및 주류 개신교 교회의 평균이 82%)와 천주교(77%)를 신봉하는 사람들 간에 가장 높았으나, 이슬람교(77%), 힌두교(65%), 불교(68%) 신자들도 높았다. 유대인은 내세보다는 이승의 삶에 초점을 두는 유대교의 교리에 따라 39%만이 내세에 대한 믿음을 표명하였다. 종교와 관련이 없는 사람들도 48%가 내세를 믿는다고 이야기했는데 이 결과도 언급할 만한 가치가 있다.

사후세계에 대한 문화적·종교적 신념이 사랑하는 사람의 죽음을 바라보는 방식에 어떤 영향을 미치는가?

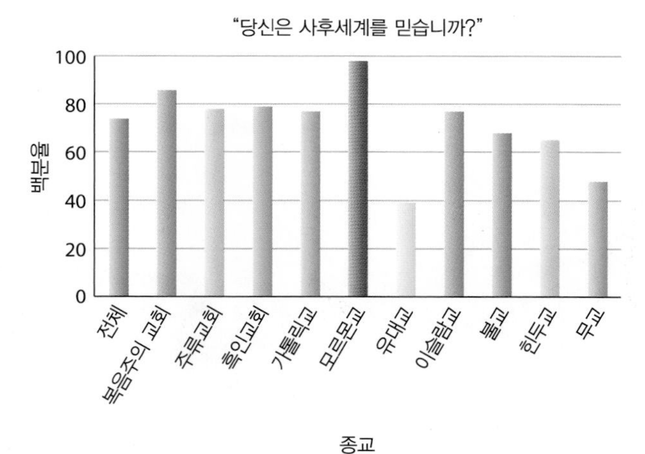

그림 13.4 **미국의 사후세계 신념**

출처 : Based on Pew Research Center (2008)

환생 사후 개인의 영혼이 다시 다른 신체적 형태로 돌아온다는 신념

화장 죽은 후 시신을 태워 재로 만드는 것

여러 종교 집단의 사람들은 천국(74%)을 믿는 만큼 지옥(59%)을 믿지는 않는 경향이 있었다. 설문조사는 또 힌두교인의 61%가 **환생**(reincarnation)을 믿고 불교신자의 62%가 **열반**(죽음과 부활의 순환에서 풀려남)을 믿는다는 것을 발견하였다.

아마도 미국에는 매우 많은 종교 집단이 함께 살아가고 있으므로 미국인들은 일반적으로 종교와 내세에 관해 서로 다른 견해들을 관대하게 받아들인다. 퓨 설문조사는 대부분의 응답자들이 "많은 종교가 영생으로 이어질 수 있다"는 데 동의한다는 것을 발견하였다. 이 관점은 신앙이 내세에서 보상을 받기 위한 요건이라고 강조하는 기독교와 이슬람교의 전통적 교리에 정면으로 배치된다.

주요 종교의 장례의식

힌두교, 불교, 유대교, 기독교, 이슬람교의 장례의식을 비교하고 대조한다.

주요 종교 각각은 사람들이 사랑하는 사람의 죽음에 적응하도록 돕는 장례의식을 가지고 있다. 여러분은 장례의식에 대한 내용을 읽을 때 각 종교에는 지역별 변이가 있고, 여기 기술된 의식들은 특정 장소에서 수행되는 방식과 정확하게 일치하지는 않을 수 있다는 점을 명심할 필요가 있다.

힌두교 힌두교에서 부활은 내세에 대한 믿음의 중요한 부분이다. 사람이 죽으면 신체는 더 이상 기능하지 않지만 영혼은 새로운 형태로 지구 상으로 돌아오는데, 생전에 축적해온 전반적인 선과 악의 도덕적 균형에 따라 다시 인간으로 돌아올 것인지 또는 동물의 형상으로 돌아올 것인지가 결정된다. 그러나 영혼이 지구 상으로 돌아오기 전에 다음 생의 신체적 운명이 결정되는 기간이 있다. 힌두교의 장례의식이 중요한 것은 이 지점인데, 유족의 헌신적인 의식 수행이 망자의 영혼이 다음 생애에서 어떤 상태일 것인지에 중요한 영향을 미치기 때문이다(Hockey & Katz, 2001). 장례의식은 매우 정교하기 때문에 여기서는 간단한 버전만을 기술하기로 한다.

대부분의 힌두교도는 집에서 사망한다. 사망이 임박하면 가족 구성원들은 밤을 새워 찬송을 부르고 기도하고 힌두교 경전을 읽는다. 거룩한 재를 이마에 바르고 우유나 성수 몇 방울을 입 안에 뿌리기도 한다.

망자가 사망하면 불을 밝히고 향을 계속해서 태운다. 엄지손가락을 묶고 엄지발가락도 묶는다. 종교적 성화들을 벽 쪽으로 돌려놓고, 유족들이 이 기간에 자기 자신을 생각하고 있으면 안 된다는 것을 나타내기 위해 거울에 덮개를 씌우기도 한다. 일가친척을 불러 다함께 망자에게 작별을 고하고 시신 곁에서 성가를 부른다.

환생은 힌두교 신앙의 핵심이다.

다음으로 시신을 **화장**(cremated)한다. 화장은 때로 개방된 장소에서 수행되기도 하지만 점차 화장터라는 지정된 장소에서 이루어지는 추세이다. 망자의 성별에 관계없이 남자들만 화장터에 간다. 집으로 돌아올 때에는 모두 목욕을 하고 죽음과 관련된 영적 불순물을 씻어낸다.

화장을 한 후 12시간 정도 지나면 일가의 남자들은 재를 수습하기 위해 돌아간다. 재는 성스러운 강, 이상적으로는 갠지스강에 꽃과 함께 뿌려진다. 그 이후

며칠 동안 가족들은 서로의 집을 방문하거나 축제나 사원에 가거나 결혼준비를 해서는 안 된다. 성화들은 계속 벽을 향한 채로 두고 종교적 성상들은 전부 하얀 천으로 덮어둔다. 사망 후 일주일 정도 지나면 가족 구성원들은 망자가 좋아하던 음식들로 식사를 하기 위해 모인다. 음식 일부를 망자의 사진 앞에 올린다.

사망 후 31일째 되는 날에 추도식을 한다. 그 후 모두가 모여 집안을 청소하면 영적으로 불결한 시기가 끝난 것으로 간주된다. 어떤 가족들은 방금 언급한 금지사항들을 1년 이상 지키기도 하지만, 일반적으로 힌두교 전통은 애도를 연장하는 것을 막고 31일이 지난 후에는 유족이 자신의 삶을 살아가기를 권장한다.

불교 힌두교와 마찬가지로 불교에도 환생에 대한 믿음이 있고 화장을 하는 관습이 있다. 더욱이 두 종교 모두 사망 직후의 기간이 특히 중요하며, 장례의식은 죽음과 환생 사이의 과도기에 영혼의 고통을 완화하고 영혼이 최대한 순조롭게 부활하도록 세심하게 치러야 한다고 믿는다. 힌두교에서처럼 불교에서도 지역과 분파에 따라 장례의식에 차이가 있다. 따라서 다음 정보는 일반적인 패턴을 기술한다(Wilson, 2009).

불교의 장례의식에서는 승려가 가장 중요한 역할을 한다. 승려들은 죽음이 임박했을 때 죽어가는 사람과 가족을 위로하기 위해 집으로 온다. 이때 승려들은 삶의 덧없음과 죽음의 필연성에 관한 시를 음송하기 시작한다. 사망 후에는 친척과 친구들이 망자의 한쪽 손에 물을 붓는 목욕의식을 수행한다. 그다음 시신을 관에 안치하고 그 곁에 망자의 사진과 함께 꽃과 양초와 향을 놓는다.

화장은 보통 3일 내에 치른다. 승려들은 매일 집에 와서 망자의 영혼을 위해 기도한다. 가족은 승려들에게 음식을 대접한다. 이웃과 가족도 매일 잔치에 참석하고 친교를 나누며 승려들이 하는 기도를 지킨다.

화장하는 날에는 승려들이 집에서 예불을 한 다음, 화장이 이루어지는 사원으로 유족들을 인도한다. 예불을 좀 더 하고 난 후 유족들이 횃불과 향과 양초를 들고 관에 다가가서 이것들을 관 밑에 던져 넣으면 화장 과정이 시작된다. 유족들은 나중에 재를 수습하여 항아리에 보관한다.

화장이 있은 날 저녁에는 마지막 잔치가 열린다. 이제는 기도 대신 음악이 울려 퍼지고, 유족들은 친교를 통해 망령들의 슬픔과 두려움을 몰아내기 위해 잔치를 연다. 어떤 불교 전통에서는 망자를 위한 기도를 7일씩 49일간 계속하기도 하고 다른 전통에서는 10일씩 100일간 계속하기도 한다. 그들은 이러한 의식이 계속되는 한 망자의 영혼에 도움이 된다고 믿는다.

유대교 유대교에서는 사망한 사람의 눈을 감기고 시신을 천으로 덮어서 바닥에 누인 다음 그 곁에 촛불을 밝힌다(Wahlhaus, 2005). 시신을 홀로 두면 안 되기 때문에 가족들이 번갈아가며 내내 그 곁에 머문다. 시신이 있는 방에서는 먹고 마시는 행위가 금지된다. 이제는 그러한 즐거움을 누릴 수 없는 망자를 조롱하는 것이라 여기기 때문이다. 같은 이유로 장례식장에는 꽃을 두지 않고 유가족에게 꽃을 보내지도 않는다. 시신은 무덤에 매장하고 화장하지 않는다. 매장을 하고 난 후 대개는 가족들끼리만 (삶을 상징하는) 달걀과 빵으로 '애도의 식사'를 한다. 이 식사 후에 조문객들이 조문을 하러 온다.

유대교는 다른 주요 종교들에 비해 사후세계를 덜 강조하지만

불교의 장례의식에서는 이 사진에 나와 있는 캄보디아 승려들처럼 승려가 중요한 역할을 한다.

유대교에서는 가족 구성원 한 사람이 사망하면 남은 가족들이 11개월 동안 매일 카디시 기도를 암송한다.

죽음 이후의 장례의식은 최고의 의례를 갖추고 있다. 가족이나 가까운 친구의 부고를 들으면 옷을 찢음으로써 슬픔을 표현하는 것이 전통이다(오늘날에는 종종 옷 대신에 검은 리본을 찢지만). 매장 후에 가족들은 **시바**(shiva)라 불리는 7일간의 복상(服喪)의식에 돌입한다. 이 기간에는 낮은 의자나 바닥에만 앉을 수 있고, 일을 하거나 목욕하거나 면도하거나 이발하거나 화장하거나 성관계를 하거나 옷을 갈아입지 않는다. 집안에 있는 거울들은 덮개를 씌워둔다. 가족과 친구들은 다 같이 모여 기도모임을 갖는다.

시바가 끝나고 나면 매장 후 30일(schloshim)간의 규제기간이 또 다시 이어진다. 유족들은 면도나 이발을 하지 않거나, 파티에 참석하지 않거나, 음악을 듣지 않는다. 사망 후 1년간 지속되는 규제기간은 부모가 사망했을 경우에만 지킨다. 부모가 사망한 자녀들은 이 기간 동안 파티, 공연이나 콘서트에 가지 말아야 한다. 또한 그들은 11개월간 매일 부모를 위해 **카디시**(Kaddish)라는 기도를 드려야 한다.

기독교 기독교는 전 세계적으로 다른 어떤 종교보다 많은 신자를 가지고 있으며, 기독교의 장례의식은 지역별로 형태가 다른 경우가 많다. 그러나 기독교에는 가톨릭과 개신교에서 치르는 두 가지 일반적인 유형의 장례의식이 있다(Hunter, 2007).

가톨릭교회에서는 어떤 사람이 병에 걸려서 죽음이 가까워지면 **병자성사**라는 전통의식을 거행한다. 이 의식의 목적은 임박한 죽음으로 인해 고통받고 있는 병자와 가족들을 위로하고, 병자가 아직 회개하지 않았을지도 모르는 죄를 용서하며, 그의 영혼이 영생으로 나아갈 준비를 하게 만드는 것이다. 병자성사는 집이나 병원, 또는 교회에서 행할 수 있다. 신부가 의식을 집전하는데, 먼저 성경구절을 읽고 죽어가는 사람의 머리에 손을 올려놓은 다음 성유를 축복하고 그 성유를 죽어가는 사람의 이마에 바른다.

병자가 사망하면 집이나 교회에서 **밤샘기도**를 한다. 가족 구성원들과 친구들이 모여 음식을 나누면서 망자를 위해 기도하고 그의 삶을 기억하며 서로에게 위안을 건넨다. 망자는 보통 개방된 관에 안치되어 있고, 흔히 초와 꽃과 십자가가 놓여 있다. 어떤 문화에서는 밤샘기도를 집에서 하는 경우 거울을 천으로 덮어두거나 벽 쪽으로 돌려놓는다. 밤샘기도는 몇 시간에서 꼬박 2일까지 지속될 수 있다.

기도가 끝난 다음 날에는 **위령미사**가 열리는데 미사가 끝난 후 관을 즉시 묘지로 옮겨 매장한다. 묘지에서 신부는 관과 묏자리에 성수를 뿌리며, 영혼이 평화로운 휴식을 취하고 신의 자비를 받기를 간구하는 특별한 기도를 드린다. 장례가 끝나면 망자의 집에 다시 모여서 먹고 마시며 망자를 추모하고 위안을 나누는 것이 관례이다.

개신교의 장례의식은 어떤 면에서는 가톨릭 의식과 유사하지만, 가톨릭 의식보다 표준화나 의례화가 덜 되어 있으며 훨씬 더 다양하다. 개신교 영결예배의 전형적인 요소는 목사가 집전하는 기도, 음악, 그리고 성경낭독이다. 개신교 예배에만 있는 독특한 요소 한 가지는 망자의 삶을 기리는 **추도연설**로서 대개의 경우 목사가 이를 행한다. 영결예배를 마친 후 시신을 매장하는 경우에는 유족들이 묘지로 가서 하관이 진행되는 동안 짧은 기도를 하고 성경봉독을 한다. 시신을 화장하는 경우에는 장례의식의 이 부분에서 화장 후 남은 재를 뿌리게 될 것이다.

이슬람교 이슬람교도는 사망이 임박하면 사랑하는 사람들이 모여 임종을 지키며 코란 경전을 낭송한다(Gatrad, 1994). 그들은 죽어가는 이가 편안함을 느끼게 하려고 노력하며 그가 추모하는 말과 기도를 낭송하도록 권장한다.

사망 후에는 곧 매장을 하는데, 이슬람에서는 사망 후 시신을 방부처리하거나 그 밖의 다른 방식으로 시신을 교란하는 것을 허용하지 않기 때문이다. 화장은 금지되어 있다. 이슬람교도들은 심판의 날에 자신들의 시신이 망자들로부터 들려 오르게 될 것이라고 믿고 있기 때문이다.

시신을 묘지로 옮기고 난 후 그곳에서 기도를 낭송한다. 그런 다음 시신을 입관하지 않고 (지방법규의 요건이 아닌 한) 수의만 입혀서 묘지에 안치하는데, 이슬람 성지인 메카를 바라보는 방향으로 묘지의 오른쪽에 안치한다. 망자에 대한 알라신의 용서를 간구하는 기도를 더 낭송한다. 이슬람에서는 호화로운 비석을 금지하기 때문에 묘지의 위치를 나타내는 간소한 표지석만 세운다.

사랑하는 사람들은 3일의 애도기간을 지키는데, 그들은 이 기간에 기도를 하고 조문객과 조문을 받으며 장식이 많은 옷과 보석은 착용하지 않는다. 남편을 잃은 여성들은 4개월과 10일간의 애도기간을 지킨다. 이 기간에는 결혼을 하거나 이사를 하거나 보석을 착용하지 않게 되어 있다.

여러 전통들은 공통점을 가지고 있다. 죽은 이의 유해는 매우 정성스럽게 다루어진다. 유족들은 일상의 활동을 변경하고 세속적 즐거움을 피함으로써 죽은 이에게 사랑과 존경을 표현하며 그에 따라 평소의 생활이 중단된다. 죽은 이를 위해 기도를 바친다. 종종 일정기간 애도를 하며, 흔히 그 마무리 시점에서 특별한 식사를 한다. 애도기간이 끝나고 난 후 저 세상으로 떠난 사랑하는 사람을 추모하고 기리는 방식에도 다양한 문화에 속한 사람들 간에 공통점이 있다. 다음 절에서는 이 부분을 살펴보기로 하겠다.

망자를 추모하고 기리기

다양한 종교에서 죽은 이를 추모하고 기리는 데 사용하는 의식과 전통을 기술한다.

사랑하는 사람이 사망할 때 우리는 비탄에 빠지고 애도하며 그를 그리워한다. 장례의식과 지정된 애도기간이 끝나면 우리는 일상생활을 다시 시작하지만, 죽은 사람을 결코 잊지 못한다. 인간의 모든 문화에는 망자를 추모하고 기리는 관습이 있다.

망자를 기리는 의식은 힌두교도의 생활에서 중요한 부분을 차지한다(Knipe, 2008). 매년 사망한 가족 구성원의 기일이 되면 망자가 좋아했던 음식들로 식사를 준비하고 그 음식을 남성, 대개의 경우 장남이 주도하는 제사의식에서 제물로 올린다. 이때를 위해서 핀다(주먹밥)라는 특별한 음식을 준비하여 조상의 영혼을 위해 가족의 집 지붕 위에 올려놓는다. 까마귀가 와서 그 주먹밥을 먹으면 제물이 받아들여졌다고 믿는데, 까마귀는 망자의 신 야마의 메신저라고 믿기 때문이다. 또한 매년 조상의 2주일(Fortnight of the Ancestors)이라는 16일의 기간에 죽은 이를 기리는 데 전념한다.

망자를 기리는 불교의식은 수천 년간 지속되어온 조상숭배 전통과 조화를 이룬다. 예를 들어 중국에서는 중국 춘절과 가을, 겨울, 봄에 열리는 계절축제를 포함하여 조상을 숭배하는 의식이 매년 몇 차례씩 열린다(Chung & Wegars, 2009). 이런 행사를 할 때 사람들은 음식과 다른 예물들을 조상에게 바치면서 과거에 받은 은혜에 감사드리고, 가족이 장차 행운과 번영을 누리고 불운과 재난을 겪지 않도록 보호해 줄 것을 호소한다. 죽은 조상을 기리는 이런 행사는 중국인의 효도중시 사상을 반영한다. 부모와 연장자는 생전에만이 아니라 사망 후에도 세세손손 따르고 기려야 한다는 것이다.

매년 산 사람이 죽은 사람을 참배하는 많은 행사가 있지만, 매년 죽은 사람의 영혼이 산 사람을 방문하는 것으로 생각되는 시기도 있다. 이 시기는 유령의 달(Ghost Month)이라 불리는데, 이 기간에는 지하세계의 문이 열리고 유령들이 이 세상을 자유롭게 돌아다니면서 음식과 즐거움을 추구한다(Zhang, 2009). 가족은 조상에게 기도하고 그들에게 바칠 음식을 정성들여 준비한다. 가족은 또 조상에게 바치는

멕시코에서는 망자의 날에 가족들이 사랑하는 사람의 무덤가로 소풍을 가곤 한다.

제물로 돈, 차, 집, TV같이 가치 있는 물건의 모양을 본떠 만든 종이를 태운다. 역사학자들은 이런 행사가 가치 있는 물건들을 망자와 함께 실제로 매장하던 종전의 관습을 반영하는 것이라고 생각한다.

유대교 전통에서는 매년 부모, 형제, 배우자, 또는 자녀가 사망한 날을 맞아 그 날을 기념하는 관습이 있는데 이를 **야르자이트**(Yahrzeit)라 한다(Marcus, 2004). 기일에는 특별한 양초를 켜고 24시간 태운다. 이날에는 장례식 때 낭송하는 카디시 기도를 세 번(전날 저녁, 당일 아침과 오후) 낭송하며, 많은 사람들이 유대교 회당에 간다. 어떤 사람들은 기일에 단식하는 관습을 지키지만, 누구든지 적어도 고기와 술은 멀리 한다. 많은 유대교 회당들은 한쪽 벽면에 사망한 신자들의 이름이 적힌 기념명패를 붙여놓고 있는데, 각자의 기일에 각 명패 위에 있는 불을 밝힌다.

기독교 전통에서는 10월 마지막 밤에 시작하여 3일간 특별히 망자를 추모하고 기리는 행사가 있다. 이 전통은 수백 년 전 아일랜드에서 시작되었는데 아일랜드에서는 이 시기가 영혼세계와 세속세계의 경계선이 가장 가늘어지고 영혼이 세상을 배회하기 가장 쉬운 시기라 생각하였다. 사람들은 마녀와 유령을 쫓아내기 위해 불을 피우고 호박으로 만든 전등을 밝혔다. 궁극적으로 이날 밤은 핼러윈으로 알려지게 되었다. 핼러윈 다음 날인 11월 1일은 성자와 순교자의 삶을 기억하고 칭송하는 **만성절**(모든 성인 대축일)이고, 그다음 날인 11월 2일은 세상을 떠난 사랑하는 사람들을 위해 기도하는 위령의 날(All Souls' Day)이다.

멕시코에서는 위령의 날에 **망자의 날**(Día de los Muertos)이라는 특별한 형태의 기독교 의식을 거행한다(Beatty, 2009). 친구와 가족들이 망자를 위해 기도하고 추모하기 위해 모이지만, 망자의 날은 먹고 마시며 노는 축제의 날이다. 가족들은 이날을 위해 집집마다 조그만 사당을 짓거나 제단을 만들기도 한다. 때로는 망자의 영혼과 함께 하기 위해 묘지로 간다. 묘지에 가면 무덤을 깨끗이 청소하고 장식하며, 망자가 가장 좋아했던 음식과 음료를 제물로 바친다. 참석자들은 망자의 삶에서 재미있었던 사건이나 이야기들을 기억해내기도 한다. 멕시코의 어떤 지방에서는 가족이 무덤 근처로 소풍을 가기도 하고, 다른 지방에서는 가족이 무덤가에서 밤을 새우기도 한다. 축제의 공통적인 상징은 두개골인데, 이는 죽음과 환생을 상징하기 위해 두개골을 사용하는 일이 흔했던 기원전 과거에서 유래한 전통이다. 오늘날에는 두개골을 설탕과 초콜릿으로 만들고 저 세상으로 가버린 사랑하는 사람의 이름을 새겨 넣는다.

이슬람교도들은 장차 맞게 될 내세를 존중하고 상기하기 위해 사랑하는 사람들의 무덤을 방문하도록 권장된다. 묘지에 가려면 먼저 집에서 기도를 올려야 한다. 묘역에 들어가기 전에는 신발을 벗어야 하고 묘지에서는 기도를 암송해야 한다. 성인(聖人)들의 기일은 신성한 날로서 이날 신자들은 의무적으로 모

문화 초점 : 여러 문화에서 망자를 추모하고 기리는 방법

죽음과 내세에 대한 믿음에 관한 문화적 신념은 인간의 문화적 창의성을 보여주는 가장 뚜렷한 실례이다. 전 세계 사람들은 우리가 죽을 때 신의 도덕적 심판을 받게 된다고 믿거나, 사후의 운명은 우리가 어떤 종교적 신앙을 가졌는지에 달려 있다고 믿거나, 또는 우리가 다른 형상으로 거듭 환생한다고 믿는다. 많은 문화에는 최근에 사망한 사랑하는 사람을 어떻게 추모할 것인지에 관해 특별히 강한 믿음이 있다.

여서 코란을 암송하고 자선사업을 하게 되어 있다.

요약하면 주요 종교들은 망자를 추모하고 기리는 방식이 서로 다르지만 어느 종교에서든지 이러한 관습은 유족들이 죽은 이와 심리적인 접촉감을 유지하게 해준다. 사랑하는 사람의 죽음은 인간이 겪는 일 중에서 가장 견디기 힘든 일이다. 세상을 떠난 사람들을 추모하는 종교의식은 우리에게 위안을 주고, 그 사람이 더 이상 우리 곁에 있지 않다 할지라도 그 사람이 여전히 존재한다는 느낌을 표현하는 방식을 제공해준다.

용어해설

가능한 자기 잠재적으로 될 수 있는 자기에 대한 개념으로 이상적 자기와 두려워하는 자기가 포함될 수 있음

가설 과학적 절차에서 연구를 위해 던진 질문에 대해 가능한 하나의 답에 대한 아이디어

가설연역적 추론 과학적 사고를 인지 과제에 적용하는 과정에 대한 피아제의 용어

가소성 발달이 환경적 조건에 의해 영향을 받을 수 있는 정도

가역성 정신적으로 활동을 역으로 돌리는 능력

가족 과정 가족 구성원 간의 관계의 질

가족주의 가족 구성원 간의 사랑, 가까움, 상호의무 이행을 강조하는 라틴계 사람들의 문화적 신념

각인 출생 후 처음으로 본 움직이는 대상에 영구적으로 애착되는 것

간접 흡연 흡연자 근처에 있는 사람들이 들이마시는 담배연기

감각운동기 피아제의 이론에서 생후 첫 2년간의 인지발달로, 감각과 움직임 활동을 협응하는 법을 배우는 시기

감수분열 원세포에 들어 있는 염색체 쌍의 분리와 복제를 통해 원세포 염색체 수의 절반을 가진 새로운 생식세포 4개가 만들어지는 과정

감싸기 천이나 담요로 영아를 꼭 감싸는 영아 보살핌 훈련

강압적 순환 자녀의 불복종 행동은 부모의 거친 반응을 유발하고, 부모의 거친 행동으로 자녀는 부모의 통제에 더 저항적이 되고, 그로 인해 부모의 반응이 더 거칠어지는 부모와 자녀 간의 관계 양상

개발도상국 선진국에 비해 수입과 교육 수준이 낮지만, 급격한 경제 성장을 하고 있는 나라

개인적 우화 개인의 독특함에 대한 신념으로 종종 모험을 해도 자신을 해치는 나쁜 결과가 발생하지 않을 것이라고 느낌

개인주의 독립성과 자기표현 등을 중시하는 문화적 가치

개입 개인의 태도와 행동을 변화시키고자 구성된 프로그램

개체발생적 한 종에서 개체발달의 특징적 양상

갱년기 중년기에 발생하는 생식기관의 변화. 여성은 배란과 월경이 중단되고 남성은 정자의 수와 질이 점진적으로 감소함

거짓 자기 실제로 생각하고 느끼는 자신이 아닌 모습을 실현하면서 타인에게 드러내는 자기

게놈 유기체의 유전 정보를 모두 담고 있는 저장소

결정성 지능 문화에 기초한 지식, 언어, 사회적 관습에 대한 이해의 축적

겸자 출산 과정에서 자궁으로부터 태아의 머리를 끄집어내기 위해 사용되는 집게

경막외 마취 출산 과정에서 산모가 깨어 있는 동안 출산의 고통을 덜기 위해 산모의 척수액에 마취약을 주사하는 것

경험표집법(ESM) 사람들에게 대략 일주일 정도 호출기를 달게 하고 하루 중 무작위로 정해진 시간에 울려 그 순간에 자신의 다양한 경험의 특징을 기록하는 연구 방법

계면활성제 호흡을 증진하고 폐의 공기 주머니가 붕괴되지 않도록 하는 폐에 있는 물질

계통발생적 한 종의 전반적 발달에 관련된 것

고정관념 특정 집단에 속한 구성원이라는 이유로 단순하게 특정 특성을 갖고 있다는 믿는 신념

고혈압 종종 1차적 노화와 2차적 노화에 의해 발생되는 높은 혈압

골다공증 중년기와 그 이후의 여성에게 흔히 나타나는데, 급격한 칼슘 감소로 인해 뼈가 가늘어지고 부러지기 쉬워지는 질환

공감 타인의 고통을 이해하고 돕는 능력

공동규제 부모가 행동의 전반적인 가이드라인을 주지만 자녀가 독립적이고 실질적으로 스스로 행동할 수 있는 부모와 자녀 간의 관계

과소통제 부적절한 정서적 자기조절의 특성

과소확장 일반적인 단어를 특정한 대상에만 적용하는 것

과잉생산(무성함) 뉴런 간의 수상돌기 연결 생산이 급격히 증가하는 것

과잉일반화 규칙에 예외적인 단어에까지 문법규칙을 적용하는 것

과잉통제 과도한 정서적 자기조절의 특성

과잉확장 한 단어를 서로 관련된 다양한 사물을 표상하는 데 사용하는 것

과체중 아동에게서 BMI 지수가 18을 넘는 경우

과학적 방법 가설 구성, 연구 방법과 설계의 선택, 자료 수집과 분석, 그리고 결론 등을 통해 연구 질문을 확인하는 일련의 단계들이 포함된 과학적 고찰 과정

관계적 공격성 사회적 배제와 악의가 담긴 소문을 통해 또래 사이에서 다른 사람의 명예를 훼손하는 공격성 유형

관대한 문화 청소년들의 성적 활동을 권장하고 기대하는 문화

관습의 복잡성 근본적인 문화적 신념을 반영하는 독특한 행동 양식

관절염 엉덩이, 무릎, 목, 손 등에 특히 영향을 주는 관절에서 발생하는 질병

구강탈수요법(ORT) 깨끗한 물에 소금과 당분을 녹여 마시게 하는 영아 설사에 대한 치료

구체적 조작기 피아제 이론에서 아동이 정신적 조작을 사용할 수 있게 되는 인지적 단계

국가 문명화의 필수적인 특성으로, 중앙집권화된 정치 시스템

군중 평판 기반 대규모 청소년 집단

권위적 부모 양육 방식 분류에서 자녀에게 요구도 많고 반응성도 높은 부모

권위주의적 부모 양육 방식 분류에서 자녀에게 요구는 많고 반응성은 낮은 부모

극도의 저체중아 출생 시 1킬로그램보다 적은 신생아

근면성 대 열등감 에릭슨의 중기 아동기 발달 단계로, 문화적 산물을 가지고 효과적으로 일하는 것을 학습하거나 성인이 지나치게 비판적이면 효과적으로 일할 수 없다는 느낌을 발달시키게 됨

근시 멀리 있는 물체를 볼 수 없는 시각 조건

근접발달 영역 아동이 도움 없이 스스로 달성할 수 있는 기술이나 과제와 성인이나 더 유능한 또래의 지도를 받으면 할 수 있는 기술이나 과제 간의 괴리

급속 안구 운동 수면(렘수면) 눈꺼풀 아래에서 눈동자가 좌우로 빠르게 움직이는 수면 시기. 렘수면에 있는 사람은 다른 신체적 변화도 경험함

기능연령 나이 든 사람들의 실질적 역량과 수행을 나타내는 연령. 생물학적 연령보다 더 높을 수도 낮을 수도 있음

기억술 시연, 조직화, 정교화와 같은 기억 증진 책략

기질 활동 수준의 질, 과민성, 달래지는 정도, 정서적 반응성, 사교성 등을 포함하는 신체적 사회적 환경에 대한 선천적 반응

기초대사율(BMR) 휴식할 때 신체가 사용하는 에너지 양

기형유발 요인 태내발달 훼손에 영향을 주는 행동, 환경 또는 신체적 조건

깊이 지각 환경에 있는 대상의 상대적 거리를 구분하는 능력

난독증 글자를 읽고 단어의 철자를 파악하는 데 어려움이 있고, 단어에 있는 철자의 순서를 잘못 파악하는 경향을 지닌 학습장애

난자 인간 여성의 경우 대략 28일마다 한 번씩 난소에서 발달하는 성숙한 난자

난포 여성의 생식주기 동안 난자와 이 난자를 둘러싸고 영양분을 제공하는 세포들

낯선 상황 애착을 측정하기 위한 아동, 엄마, 낯선이가 포함된 들어오기, 분리, 재결합이 있는 일련의 실험실 상황

낯선이 불안 일반적으로 생후 6개월에 영아에게서 나타나는 낯선 사람에 대해 두려움

내배엽 배아기 세포의 내부 층으로, 이후 소화기관과 호흡기관이 됨

내재화 문제 우울과 불안처럼 심리적 불편이 자기 내부로 향하는 문제

노년부양비(OADR) 인구에서 20~64세에 해당되는 사람에 대한 65세 이상 노인의 비율

노년학자 노화 연구자

녹내장 시신경을 손상하는 액체로 인해 주변시가 상실되는 것

뇌량 뇌의 두 반구를 이어주는 신경섬유 다발

뉴런 신경계의 세포

다수 문화 한 국가에서 규범과 기준의 대부분을 정하고 정치적·경제적·지적·미디어 권위의 대부분을 갖고 있는 문화적 집단

다운증후군 21번째 염색체 쌍에 별도 염색체가 추가됨으로써 생기는 유전장애

다원유전자성 유전 표현형의 특성이 여러 유전자들의 상호작용으로 인해 나타남

다중언어 3개나 그 이상의 언어를 사용하는 것

다중지능 이론 서로 구분되는 여덟 가지 지능이 있다는 가드너의 이론

대근육 운동발달 기는 것과 같은 전체 신체 운동과 균형과 위치잡기를 포함하는 운동 능력의 발달

대뇌피질 서로 다른 기능을 하는 네 부분으로 구성된 뇌의 바깥 부분

대립유전자 염색체 각 쌍에 있는 두 가지 형태의 유전자

대상영속성 사물에 대한 직접적 감각이나 접촉이 없는 경우에도 그 사물

이 계속 존재한다는 자각

도구적 공격성 아동이 원하는 것을 얻기 위해 공격적 행동이나 언어를 사용하는 공격성 유형

도식 정보를 처리하고 조직화하고 해석하는 인지 구조

도제제도 유럽에서 흔한 제도로, 어느 직업에서 초보자인 청소년이 노련한 전문가의 지도하에 훈습을 통해 그 직업에 필요한 기술을 배우게 되는 것

독립변인 실험에서 통제 집단과 다르게 실험 집단에 가해지는 변인

독신주의 독신이라는 것으로 차별받고 경멸받는 독신에 대한 부정적 고정관념

동거 결혼하지 않고 함께 사는 커플

동료 심사 과학 연구에서 다른 연구자들이 연구 원고를 읽고 그 원고가 출판할 만한 장점과 가치가 있는지 판단하는 시스템

동맥경화증 관상동맥에 플라크가 쌓여 동맥을 따라 혈액이 흐르는 통로가 축소되는 질환

동물행동학 동물 행동에 대한 연구

동성애공포증 동성애에 대해 공포와 혐오를 느끼는 것

동시대 집단 효과 과학적 연구에서 연령이 다른 사람들 간에 나타나는 집단적 차이를 상이한 시대나 상이한 역사적 시기에 성장한 것에 근거하여 설명하는 것

동화 새로운 정보를 기존의 도식에 맞게 바꾸는 인지 과정

두려운 자기 자신에게 가능하나 될까 봐 두려워하는 자기상

두미 방향 원리 성장은 머리에서 시작하여 신체의 나머지 부위 방향으로 이루어진다는 생물학적 발달 원리

둔위 분만 분만 시 태아의 골반부가 아래쪽에 있고 머리는 위쪽에 있는 이상 태위

등급별 운전면허(GDL) 젊은이들이 한 번 만에 획득하는 것이 아니라 안전한 운전 기록에 따라 점진적으로 운전면허를 획득하는 정부 프로그램

디지털 기기 인터넷, 비디오, TV와 직접적인 화상 대화에 더하여 휴대전화와 문자 메시지를 통해 접속하도록 허용하는 전자장치

또래 나이처럼 공동의 특성을 공유하는 사람들

ㅁ

마음 이론 자신과 타인의 사고 과정을 이해하는 능력

마주 보는 엄지손가락 손가락들로부터 떨어져 있는 엄지손가락의 위치는 인간의 유일한 것이고, 그것이 소근육 운동 움직임을 가능하게 만들어줌

망상체 주의집중과 관련된 뇌의 하부 부위

맥락 사회경제적 지위, 성, 인종, 가족, 학교, 지역사회, 미디어, 문화 등을 포함하여 인간발달의 다양한 경로에 기여하는 세팅과 환경

메타인지 자신의 사고에 대하여 사고할 수 있는 역량

모로 반사 큰 소리가 나거나 아이의 머리를 아래로 떨어뜨리면 보이는 반사로, 신생아가 등을 휘며 팔을 올려 두 손을 재빨리 안는 것 같은 반사

모집단 연구에서 표본에 의해 대표되는 사람들의 전체 범주

목 울리는 소리 생후 2개월경에 시작되는 "우-잉"과 "아-잉", 그리고 목구멍으로 꼴깍꼴깍 하는 소리

무한생성성 언어의 단어 상징을 받아들이고, 이 단어들을 무한한 새로운 방식으로 조합하는 능력

문명사회 약 500년 전에 시작된 것으로 도시, 기록, 직업의 분화, 국가가 포함된 인간의 사회적 삶의 형태

문법 한 언어의 고유한 규칙 시스템

문자메시지 화면에 메시지를 입력하고 보내는 휴대전화상에서의 의사소통 양식

문화 어느 한 집단의 관습, 신념, 예술 그리고 기술의 종합 패턴

문화 모델 공동의 문화 활동과 관련된 인지 구조

문화기술적 연구 연구 대상이 되는 사람들 사이에서 많은 시간을 보내는 연구 방법

물활론 인간의 생각과 감정을 사물에 부여하는 경향

미디어 멀티태스킹 TV를 보면서 전자게임을 하는 것처럼 하나 이상의 미디어를 동시에 사용하는 것

미량영양소 요오드, 아연, 비타민 A, B12, C, D를 포함한 적절한 신체 성장에 필요한 영양 구성 요소

민감기 발달 과정에서 특정 영역에서 학습이 발생하기에 특히 확실한 시기

민족성 문화적 기원, 문화적 전통, 인종, 종교 및 언어와 같은 요소가 포함된 집단 정체감

ㅂ

반사 특정 자극에 대해 나오는 자동 반응

반성적 판단 이론적으로 성인진입기 동안 발달되는 증거와 주장의 정확성과 논리적 응집성을 평가하는 능력

반응 범위 유전자가 설정하는 발달경로의 가능한 범위. 환경은 발달이 그 범위 내의 어느 지점에서 이루어지도록 할지를 결정함

반응성 부모가 자녀의 욕구에 민감하고, 자녀에게 사랑과 따뜻함 및 관심을 보이는 정도

반제한적 문화 결혼 전 청소년의 성을 금지하지만, 그 금지가 강력하게 시행되지 않고 쉽게 피할 수 있는 문화

반추 나쁜 감정과 경험을 지속적으로 생각하는 것

발기부전 성적 접촉을 하는 동안 계속해서 발기를 하지 못하거나 그 상태를 유지하지 못함

발달지수(DQ) 영아발달 평가에서 전반적 발달 상태를 나타낸 점수

발판화 근접발달 영역에서 학습자에게 제공되는 도움 정도로, 학습자의 기술이 발달함에 따라 점진적으로 감소

방임적 부모 양육 방식의 분류 에서 자녀에 대한 요구나 반응성이 낮은 부모

배아기 태내발달에서 3~8주간의 시기

배아원반 배아를 형성하게 될 배포의 내부 층

배앓이 3주 이상 동안 한 번에 3일에 걸쳐 하루에 3시간 이상 우는 영아의 울음 양상

배종기 수정 후 첫 2주

배포 수정 후 일주일 정도의 기간에 형성된 100개가량의 세포로 구성된 공 모양의 덩어리

백내장 눈의 수정체가 점진적으로 얇아져 시야가 흐릿해지고 불투명해지며 왜곡되는 것

베르니케 영역 언어 이해를 담당하는 뇌의 좌반구의 측두엽 부위

베일리 영아발달검사 3개월에서부터 3세 6개월까지 영아의 발달을 평가하는 데 널리 사용되는 검사

변증법적 사고 마이클 바세치가 제안한 것으로, 대부분의 문제에는 종종 명확한 해답이 없고 서로 반대되는 책략이나 관점 나름의 각각 장점이 있을 수 있음을 인식하는 성인진입기에 보이는 사고 유형의 하나

보상을 수반한 선택적 최적화(SOC) 가치 있는 활동은 선택하고 다른 것은 포기하는 식의 선택과, 선택한 활동에서의 수행 최적화, 그리고 기술을 사용하거나 새로운 책략을 계발함으로써 신체적·인지적 감퇴를 보상하는 식의 노화에 대한 반응

보존 개념 외관이 달라지더라도 물질의 양이 그대로 유지됨을 이해하는 정신적 능력

보호 요인 고위험 환경을 경험했음에도 불구하고 문제발생 가능성을 낮추는 것과 관련된 특성

부모와 함께 자는 것 영아나 때로는 더 나이 든 아동이 부모 중 한 사람이나 양부모 모두와 함께 자는 문화적 훈련

분류 한 대상이 색깔이 붉은 대상이면서 동시에 모양이 둥근 대상으로 분류될 수 있는 것처럼 어떤 대상이 하나 이상의 유목에 속할 수 있음을 이해하는 능력

분만 산도를 지나 자궁경관으로부터 태아가 밀려나오는 출산의 제2단계

불안정-저항애착 부모가 없을 때 아동은 탐색 행동을 거의 보이지 않고, 부모가 방을 떠나면 매우 불편해하고, 부모가 돌아오면 양가적 행동을 보이는 부모-아동 애착 유형

불안정-회피애착 부모와 아동 간에 거의 상호작용이 없으며, 아동은 부모의 부재에 대해 거의 반응이 없고 부모가 돌아와서 안아주려 하면 저항을 보이는 부모-아동 애착 유형

불완전 우성 표현형이 일차적으로는 우성유전자의 영향을 받지만 열성유전자의 영향도 어느 정도 받는 우성-열성 유전의 일종

불임 적어도 1년 동안의 정상적인 성관계 후에도 임신이 되지 않는 것

브라젤톤 신생아행동평가척도(NBAS) '걱정됨', '정상', '우수'로 신생아의 기능을 측정하는 27개 문항으로 구성된 척도

브로카 영역 언어 산출을 담당하는 뇌의 좌반구의 전두엽 부위

비고용 학교에 다니지 않고 직업이 없으며 직업을 찾고 있는 성인의 상태

비구조화된 사회화 구체적 목적이나 활동 없이 친구와 어울리는 것. 여기에는 재미로 자동차를 타고 이리저리 다니고, 비공식적으로 친구를 방문하고, 친구와 외출하는 것 등이 있음

비만 아동에게서 BMI 지수가 21을 넘는 경우

빈혈 피로, 짜증, 주의집중 곤란 등의 문제를 야기하는 철분 부족 현상

사랑의 삼각형 이론 열정, 친밀감, 헌신의 세 가지 기본 요소의 상이한 조합으로 이루어지는 사랑의 유형에 관한 스턴버그의 이론

사이버따돌림 전자 수단, 주로 인터넷을 통해 괴롭히는 것

사적 언어 비고츠키 이론에서 아동이 근접발달 영역에서 학습할 때 스스로에게 하는 자기안내적이고 자기지시적인 말과 자신을 안내하는 대화로, 처음에는 외부적으로 크게 말하고 그다음에는 내면적으로 함

사전동의 잠재적 참여자들에게 연구 참여의 목적과 일어날 수 있는 위험을 알려주고, 참여 여부에 대한 동의도 알려주는 사회과학 연구에 있는 표준 절차

사전의료의향서 말기치료에 관해 서면 및 구두로 작성한 지시사항

사춘기 한 개인이 생물학적으로 성숙한 성인으로 발달하고 성적 재생산을 위한 신체를 준비하도록 하는 신체와 몸의 구조 및 신체기능의 변화

사춘기 통과의례 아동기에서 벗어나 청소년기로 들어가는 표식으로, 많은 문화에서 행해지는 공식적 관습

사출 반사 영아의 울음소리에 대한 반응으로, 젖꼭지에서 젖이 방출되도록 하는 반사. 모유수유에 관한 상상만 해도 가능함

사회경제적 지위 교육 수준, 수입 수준, 직업적 지위가 포함된 개인의 사회적 계급

사회도덕적 정서 옳고 그름에 대한 문화적 기준에 근거를 둔 학습으로 유발되는 정서로 흔히 이차 정서라고 부름

사회적 기술 친절하고 도움이 되며 협동적이고 사려 깊은 행동

사회적 미소 생후 2~3개월에 나타나는 다른 사람들과의 상호작용에 대한 행복 표현

사회적 비교 지위, 능력, 성취와 관련하여 자신을 타인과의 관계에서 판단하는 방식

사회적 정보처리(SIP) 사회적 만남에서 타인의 의도와 동기, 행동에 대한 평가

사회적 지위 한 집단 안에서 타인들 관점에서 한 개인이 지니고 있는 힘, 권위, 영향력의 정도

사회적 참조 모호하고 불학실한 상황에 대해 타인의 정서적 반응을 더 능숙하게 관찰하고 그 정보를 자신의 정서 반응을 형성하는 데 사용하게 되는 과정을 지칭하는 용어

사회적 통제 사회적 의무와 관계에 의해 부여된 행동에 대한 제약

사회정서적 선택성 이론 나이 든 사람들은 사회적 접촉을 선택적으로 함으로써 자신의 정서적 안녕을 최대화한다는 카스텐슨의 이론

산과학 태내 보살핌과 출산에 초점을 맞춘 의료 분야

산소결핍증 출생 과정에서 산소부족으로 인해 몇 분 안에 심각한 신경학적 손상을 일으킴

산후 우울증 아이를 낳은 후 슬픔과 불안이 아주 심해 단순한 일상생활을 영위할 능력이 저해되는 것

삼분기 3개의 3개월 기간으로 이루어진 태내발달의 한 기간

상관 하나의 변인이 다른 변인을 예측할 수 있다는 것을 알 수 있는 두 변인 간의 통계적 관계

상부 구석기 시대 4만 년에서 1만 년 전에 해당되는 시기로, 분명한 인간 문화가 처음으로 발달된 시기

상상적 군중 타인이 개인의 외모와 행동을 정확하게 알고 있고 주목하고 있다고 믿는 신념

상위기억 기억이 작동하는 법을 아는 것

상위언어 기술 언어 이해에서 언어에 깔려 있는 구조를 인식하는 기술

상호적 또는 양방향적 효과 두 사람 간의 관계에서 각자가 상대방에게 서로 영향을 미친다는 원리

생산성 대 침체감 에릭슨 이론에서 말하는 중년기의 주요 위기. 차세대의 복지에 기여하고자 하는 동기를 갖거나(생산성) 다른 사람들의 행복에 대한 관심 없이 자기이익에만 몰두하는(침체감) 두 가지 대안이 있음

생식보조의료(ART) 인공수정, 임신촉진제, 체외수정을 포함한 불임극복 방법

생식세포 각 성에 고유한 세포(여성의 난소에 있는 난자세포와 남성의 고환에 있는 정자)로 생식과 관련이 있음

생애회고 로버트 버틀러에 따르면 사람들이 자신이 살아온 삶을 성찰하고 그 삶을 받아들이게 되는 성인 후기의 과정

생태학적 이론 브론펜브레너의 이론으로, 인간발달은 사회환경 속에서 상호 연결된 다섯 가지 시스템의 의해 형성된다고 보는 이론

서열화 가장 짧은 것에서부터 가장 긴 것, 가장 얇은 것에서부터 가장 두꺼운 것, 또는 가장 가벼운 것에서부터 가장 무거운 것과 같이 논리적 순서를 따라 사물을 배열하는 능력

선진국 세계에서 가장 경제적으로 발달된 풍족한 나라로 수입과 교육 수준의 중앙값이 가장 높은 나라

선천성-후천성 논쟁 인간발달이 주로 유전에 의한 것인지 아니면 환경에 의한 것인지에 관한 학자들 간의 논쟁

선택적 연합 사회적 관계에서 사람들이 자신과 비슷한 타인들과 어울리는 것을 더 좋아한다는 원리

선택적 주의 관련된 정보에는 주목하고 무관한 정보를 무시하는 능력

성 '남성'과 '여성'의 문화적 범주

성 가속화 가설 청소년기는 문화적으로 규정된 성역할에 동조하도록 사회적 압력의 강화되는 시기이기 때문에, 청소년들의 심리와 행동에서 성차가 두드러진다는 가설

성도식 남성과 여성의 외모와 행동에 대한 합의된 기대와 정보를 조직화하고 처리하는 성 근거 인지 구조

성매개 감염(STI) 성접촉을 통해 전염되는 병

성별 남성 또는 여성의 생물학적 상태

성숙 발달의 기저에 깔려 있는 선천적 생물학에 근거하는 프로그램

성역할 남성과 여성에 해당되는 외모와 행동에 대한 문화적 기대

성염색체 남성(XY) 또는 여성(XY) 여부를 결정하는 염색체

성인진입기 선진국에서 새롭게 등장하는 인생 시기로, 10대 후반에서 20대까지가 해당되는데, 이 시기에 일과 사랑에서 성인의 책임을 지는 방향으로 점진적으로 나아감

성장호르몬 생애 전반에 이루어지는 신체성장에 중요한 역할을 하는 호르몬으로, 20대 중반 이후로 꾸준히 감소하여 1차적 노화를 초래함

성적 지향 개인의 성적 선호에 대한 경향

성정체성 자신이 남성 또는 여성임을 자각하는 것

성항상성 남성과 여성이 생물학적이고 그래서 변할 수 없는 것으로 이해하는 것

세계관 인간이란 무엇인지, 인간관계는 어떻게 되어야 하는지, 인간의 문제를 어떻게 보아야 하는지 등을 설명하는 일련의 문화적 신념

세계화 무역, 여행, 이민, 소통에서 세계의 여러 다른 지역들 간의 연결이 증가하는 것

세속화 비종교적 신념과 가치에 근거함

세포시계 세포가 자기복제를 할 수 있는 회수의 내재적 한계

세포질 수정된 난자가 자궁에 도달해서 모체로부터 영양을 공급받기 시작할 때까지 수정 후 첫 2주 동안 영양분을 제공하는 액체

소근육 운동발달 잡기와 사물 조정과 같은 손의 섬세한 운동이 포함되는 운동 능력의 발달

소뇌 균형과 운동에 관여하는 뇌의 기저 구조

소모증 아동기의 단백질 결핍으로 무기력, 짜증, 머리카락이 가늘어지는 것, 몸이 붓는 등의 증상이 나타남

소셜 네트워킹 웹사이트 사람들로 하여금 광범위한 사회적 집단을 구성하고 전자적 접촉을 유지하도록 해주는 웹사이트

소진 자신의 직업에 대해 환멸을 느끼고 좌절하고 지쳐 있는 상태

수렵채집 사냥하고(주로 남성이 담당) 먹을 수 있는 식물을 채집(주로 여성이 담당)하는 것에 근거한 사회경제적 시스템

수리력 수의 의미를 이해하는 것

수면무호흡증 폐로 들어가는 기도가 폐쇄되어 자는 동안 10초간 또는 여러 번 호흡 중지가 발생하는 수면 관련 호흡장애로, 기도가 다시 열리고 수면자가 깨어나면서 갑작스러운 코골이가 발생함

수상돌기 신경전달물질을 받아들이는 뉴런의 부위

수초화 뉴런의 축색돌기 주변의 수초 성장 과정

습관화 반복된 제시로 한 자극에 대한 주의집중이 점진적으로 감소하는 것

시냅스 가지치기 대뇌발달 과정에서 사용되지 않는 연결은 사라지고 사용되고 있는 수상돌기 연결은 더 강해지고 더 빨라지는 것

시냅스 밀도 뇌의 뉴런 간의 시냅스 밀도로, 3세경에 최고점에 이름

시연 같은 정보를 계속 반복하는 기억술

신경관 나중에 척수와 뇌가 될 배아기 외배엽의 일부

신경성 식욕부진증 의도적으로 굶는 섭식장애

신경전달물질 뉴런이 시냅스를 통해 서로 소통하게 하는 화학물질

신뢰 대 불신 에릭슨의 심리사회적 이론에서 영아기에 해당되는 발달의 첫 번째 단계로, 핵심 위기는 사랑하고 양육해주는 양육자에게 안정된 애착을 형성하고자 하는 욕구임

신뢰도 과학적 연구에서 서로 다른 여러 시기에 걸친 측정의 일관성

신부값 신랑과 신랑의 친지들이 신부와 신부 친지들에게 결혼에 대한 대가로 주는 돈이나 재산

신부서비스 결혼 전이나 결혼 후 지정된 기간 동안 신랑이 신부 가족을 위해 의무적으로 일해야만 하는 합의 결혼

신생아 생후 4주까지의 새로 태어난 아이

신생아 황달 간의 미성숙으로 생의 초기 며칠 안에 나타나는 얼굴이 노랗게 창백해지는 것

신석기 시대 1만 년에서 5,000년 전의 인간 시대로, 동물과 식물이 처음으로 길들여진 시기

신속한 연결하기 사물의 명칭을 단 한 번 듣고 사물의 단어를 배우고 기억하는 것

실용주의 후형식적 사고는 논리적 사고를 실제 상황에 있는 실질적 제약에 적응시키는 것이라는 제안하는 인지발달 이론

실제 자기 있는 그대로의 개인의 자기 지각으로 가능한 자기와 대비되는 것

실험 연구 특정 처치를 받은 실험 집단과 처치를 받지 않은 통제 집단을 비교하는 연구 방법

심리사회적 이론 인간발달은 사회와 문화 및 환경을 통합하고자 하는 욕구에 의해 이끌려간다는 에릭슨의 이론

심리성적 이론 성적 욕구가 인간발달에 기저하는 원동력임을 제안하는 프로이트의 이론

심리적 통제 아동의 행동에 영향을 주기 위해 사랑을 철회하고 수치심을 사용하는 양육책략

심박출량 심장에서 나오는 피의 양

아동학대 신체적 학대, 정서적 학대, 성적 학대를 포함하는 아동 학대 또는 방임

아침형 일찍 자고 일찍 일어나는 것을 선호하는 것

아프가 척도 얼굴(색), 맥박(심장박동률), 찡그림(과민성 반사), 활동(근육 긴장도), 호흡의 5개 하위검사로 구성된 신생아 평가검사

안드로겐 사춘기 이후부터 남성에게서 특히 높은 수준을 나타내는 성호르몬으로, 주로 남성의 1차 성징과 2차 성징에 관여

안락사 불치병이나 심한 장애를 겪고 있는 사람의 삶을 종결시키는 절차

안전기지 주 애착 인물의 역할로, 아동으로 하여금 위협이 발생할 때 위안을 찾고 세상을 탐색하게 함

안정애착 부모-아동 애착의 가장 건강한 유형으로, 안정애착을 보이는 아동은 부모를 새로운 것을 탐색하는 안전 기지로 활용하며, 부모와 분리되면 저항하고 다시 돌아오면 행복해함

알츠하이머병 아밀로이드 플라크 누적과 신경섬유매듭의 발달로 인한 대뇌 구조의 명백한 쇠퇴에 근거한 치매 유형

암기학습 기억과 반복에 의한 학습

애착 이론 영아와 주 양육자와의 관계가 결정적으로 중요하다고 보는 볼비의 정서 및 사회성 발달 이론

양가감정 동시에 서로 모순되는 두 가지 정서를 경험하는 정서적 상태

양막 자궁에서 발달하는 아기를 둘러싸고 보호하는 액체로 가득 찬 막

양수천자 바늘을 사용해서 태아세포가 들어 있는 양수를 태반에서 추출하는 절차. 출생 전 문제를 탐지할 수 있게 해줌

양안시 두 눈에 들어오는 서로 다른 이미지를 하나의 이미지로 연결하는 능력

양육 방식 부모가 자녀와의 관계에서 보여주는 훈육과 자신의 훈육에 대한 신념

양적 자료 수적 형태로 수집된 자료

언어습득장치(LAD) 촘스키에 따르면, 아동이 자신이 듣는 언어에 있는 문법 규칙을 재빨리 지각하고 습득하게 하는 뇌의 타고난 특성

에스트라디올 소녀들의 사춘기 발달에 가장 중요한 에스트로겐

에스트로겐 사춘기 이후 여성에게 특별히 높은 수준을 보이는 성호르몬으로 여성의 1차 성징과 2차 성징에 크게 기여

엔도르핀 즐거운 기분과 웰빙을 증진시키는 뇌의 화학물질

연구 방법 과학적 연구 과정에서 가설을 고찰하는 접근

연구 설계 한 연구에서 자료를 언제 어떻게 수집하는지에 대한 계획

연령차별주의 연령에 근거한 편견과 차별

연령층 비슷한 연령의 사람들을 집단으로 묶는 사회적 조직화

연명치료중지 동의서(DNR) 심장이 멈추거나 환자가 호흡을 하지 않을 때 의료진이 생명을 연장하려는 시도를 하지 말도록 규정하는 생전유언

염색체 세포핵에 있는 소시지 모양의 구조로, 생식세포를 제외하고는 모두 쌍으로 이루어진 유전자가 들어 있음

영아기 기억상실증 만 2세 이전에 발생했던 일을 전혀 기억할 수 없는 것

영아돌연사증후군(SIDS) 분명한 질병이나 장애 없이 미지의 이유로 생애 첫해에 발생하는 죽음

영아지향 언어 많은 문화권의 성인들이 영아에게 하는 특수한 언어 형태로, 정상 언어에서보다 소리가 높고, 억양이 과장되고, 단어와 구절이 반복되는 것

영양막 배아에게 보호와 영양을 제공하는 구조를 형성하게 될 배포의 외부 층

영재 IQ 검사에서 130 이상을 받은 사람들

옥시토신 분만을 시작하게 하는 뇌하수체에서 분비되는 호르몬

옹알이 보편적으로 6개월 정도의 영아가 언어 이전에 '바바' 또는 '다다' 처럼 자음과 모음이 반복적으로 구성된 소리를 내는 것

외동아 형제가 없는 아동

외배엽 배아기의 세포 바깥 부분으로 나중에 피부, 머리카락, 손톱, 감각기관 및 신경계(뇌와 척추)가 됨

외현화 문제 공격성처럼 타인과 관련된 문제

요구 부모가 규칙과 기대를 정하고 자녀에게 그것에 따르도록 요구하는 정도

우성-열성 유전 염색체 쌍은 우성인자 하나와 열성인자 하나를 포함하고 있지만, 유성인자만이 표현형으로 나타나는 유전 양상

우세손 대근육과 소근육 운동에서 오른손이나 왼손을 선호하여 사용하는 경향

우울감 우울증과 관련된 다른 증상 없이 슬픔이 지속되는 것

위탁양육 학대받는 아동을 위해 국가에서 인정받은 성인이 아동의 양육을 떠맡는 것

유대 인간의 경우 출생 후 최초의 몇 분 또는 몇 시간이 어머니와 영아와의 관계에 결정적이라는 개념

유도된 참여 문화적으로 가치 있는 활동에 참여할 때 두 사람(종종 성인과 아동) 간의 상호작용을 가르치는 것

유동성 지능 단기기억, 시각자극들 간의 관계를 알아보는 능력, 새로운 정보를 종합하는 능력 등의 정보처리 능력과 관련된 지능 유형

유리기 세포가 기능하는 데 필요한 DNA와 다른 구조에 손상을 초래하는 불안정한 분자들

유리천장 차별로 인해 여성이 승진을 못하도록 막는 무언의 한계

유모 인간 역사에서 흔한 것으로 엄마를 대신하여 젖이 나오는 여성을 고용해 영아에게 젖을 먹이도록 하는 문화적 습관

유방암 검진용 X-선 촬영 X-선을 사용하여 여성의 유방암을 검진하는 절차

유사분열 세포의 염색체들이 자기복제를 하고 이 세포가 둘로 분리되는 복제 과정. 분리된 각 세포는 원세포와 동일한 수의 염색체를 가짐

유산소 운동 적어도 30분 동안 심장박동을 증진시키는 다양한 운동

유선 아이에게 젖을 먹이도록 젖이 나오는 선

유전성 유전자가 특정 모집단에 속하는 사람들 간의 차이를 가져오는 정도를 나타내는 통계적 추정치로, 0에서 1.00까지의 값을 가짐

유전자 유기체의 성장과 기능을 지정하는 지시를 부호화하여 담고 있는 DNA 조각

유전자 교환 감수분열이 시작될 때 염색체 쌍들 간에 일어나는 유전물질의 교환

유전자형 유기체 고유의 유전형질

유전자형이 환경에 미치는 능동적 효과 사람들이 자신의 유전자형 특성에 부합하는 환경을 추구할 때 나타남

유전자형이 환경에 미치는 수동적 효과 생물학적 가족에서 부모가 자녀에게 유전자와 환경을 둘 다 제공한다는 사실에서 비롯됨

유전자형이 환경에 미치는 촉발적 효과 개인이 물려받은 특성이 환경 내의 다른 사람들로부터 반응을 촉발할 때 나타남

유전자형이 환경에 미치는 효과 이론 유전자가 우리가 경험하는 환경의 종류에 영향을 미친다고 제안하는 이론

융모막융모 검사(CVS) 임신 5~10주에 자궁 안으로 관을 삽입하여 세포 표본을 채취하는 등의 방법으로 유전적 문제를 진단하는 기법

음원 위치화 소리가 어디서 오는지 구분할 줄 아는 지각 능력

이란성 쌍생아 여성이 1개가 아닌 2개의 난자를 배란하고 이 둘 모두가 정자에 의해 수정될 때 생겨나는 쌍둥이

이론 일련의 상호 연결된 아이디어를 독창적 방식으로 제안하고, 후속 연구에 영감을 주는 틀

이명 외적 자극이 없음에도 불구하고 귀가 불쾌하게 울리고 윙윙거리는 청각 체계의 문제

이상적 자기 개인이 되고 싶어 하는 자기

이앓이 영아의 새 이가 잇몸을 뚫고 나올 때 영아가 불편과 고통을 경험하는 기간

이유 모유수유를 끊는 것

이중문화 정체감 명백하게 서로 다른 두 측면에 대한 정체감. 예를 들어, 한 측면은 지역 문화이고 다른 측면은 전체 문화이거나, 또는 한 측면은 특정 인종 집단에 속하고 다른 측면은 다른 인종 집단에 속하는 것

이중언어 두 종류의 언어를 사용할 수 있는 능력

이차 교대 여성이 직장에서 교대를 마친 후에 수행해야만 집안일을 칭하는 용어

이차 정서 당혹감, 수치심, 죄책감 등 사회적 학습을 필요로 하는 정서. 흔히 사회도덕적 정서로 칭해짐

이혼조정 전문 중재자가 이혼하려는 부부를 만나 두 사람 모두가 받아들일 만한 합의에 이르도록 주선하는 것

인간발달 전 생애에 걸쳐 사람들이 성장하고 변화하는 방식으로, 생물학적·인지적·심리적·사회적 기능이 포함됨

인공수정 정자를 자궁에 직접 주입하는 절차

인류의 조상 현대 인류가 나오게 된 진화적 라인

인습적 추론 콜버그의 도덕성 발달 이론에서 두 번째 수준으로, 이 수준에서는 도덕적 추론이 타인의 기대에 근거를 두고 있음

인지발달적 접근 인지 능력이 나이에 따라 발달 단계상에서 어떻게 변하는지에 초점을 두는 접근으로, 피아제가 선구자적 역할을 한 이후 많은 연구자들이 이 입장을 취하고 있음

일란성 쌍생아 유전자형이 정확하게 동일한 쌍둥이

일부다처제 한 남성이 여러 명의 아내를 두는 문화적 전통

일상생활 동작(ADL) 목욕하기, 옷 입기, 식사 준비, 식사하기, 청소하기, 돈 지출하기 등 성인의 삶에 필요한 일상의 요구

일어문 전체 문장을 표현하는 데 사용되는 한 단어

일차 정서 분노, 슬픔, 공포, 혐오, 놀람, 행복 등 가장 기본적인 정서

일치율 가족 구성원 중 두 사람이 보이는 표현형의 유사성 정도를 백분율로 나타냄

임신 태내발달에서 수정 이후의 경과시간

자가치료 불편한 정서적 상태를 완화하기 위한 물질의 사용

자기개념 자신에 대한 지각과 평가

자기반영 타인과 대상에 대해 생각하는 것처럼 자신에 대해서 생각하는 능력

자기사회화 자신의 성 도식과 행동 간에 일관성을 유지하려는 과정

자기인식 거울에 비친 자신의 이미지를 보고 자신으로 인식하는 능력

자기존중감 개인이 느끼는 자신에 대한 전반적 가치감과 안녕감

자기중심성 자신의 입장과 타인의 입장을 구분하지 못하는 것

자아통합 대 절망 에릭슨의 전 생애 발달 이론에서 성인 후기의 핵심 위기가 됨. 자아통합의 경우 자신의 삶을 돌아보고 있는 그대로 수용하는 것이며, 절망은 자신의 삶의 과정에 대해 후회와 고통을 느낌

자연 분만 출산 시 의료적 기술이나 개입을 피하는 출산법

자연 실험 자연적으로 존재하지만 흥미로운 과학적 정보를 제공하는 상황

자연선택 자신의 후손을 생산하는 데 가장 생존가가 높은 환경에 가장 잘 적응하게 되는 진화 과정

자율성 독립적이고 자족하는 것, 스스로 생각할 수 있는 것

자폐 사회관계에 대한 관심 부족, 비정상적 언어발달, 반복 행동을 보이는 발달장애

재태 주 수에 비해 작은 같은 수태기간을 보내고 태어난 90%의 다른 신생아들에 비해 체중이 더 적은 신생아에게 적용되는 용어

저녁형 늦게 자고 늦게 일어나는 것을 선호하는 형

저체중아 출생 시 2.5킬로그램 보다 적은 신생아를 칭하는 말

적대적 공격성 타인에게 고통을 주거나 해를 입히려는 의도와 분노를 나타내는 공격성 유형

적합도 아동의 기질과 환경적 요구가 서로 적합하면 아동의 발달이 최고가 된다는 원리

전문 지식 특정 분야에서 광범위한 지식과 기술

전보어 관사나 접속사 같은 접속 단어 없이 2개의 단어로 연결된 구절

전위 효과 미디어 연구에서 미디어 사용이 다른 활동에 보낼 수 있는 시간을 어떻게 점유하는지에 대한 용어

전인습적 추론 콜버그의 도덕성 발달 이론의 첫 번째 수준으로, 도덕적 판단의 근거로 외적 보상과 처벌 가능성을 지각

전자 태아 감지기(EFM) 어머니의 복부를 통해 외부에서 측정하거나 또는 자궁을 통해 직접적으로 선을 넣어서 태아의 두피에 센서를 붙여 태아의 심장박동을 추적하는 것

전조작기 2~7세 아동의 인지 단계로, 언어 사용으로 아동이 세상을 상징적으로 표상할 수 있지만 여전히 정신적 조작을 사용하는 능력은 매우 제한되어 있음

전체언어 접근 단어를 최소의 요소로 분절하기보다는 전체 구절에서 그 의미를 파악하도록 초점을 두는 읽기교육 방법

전통 문화 개발도상국에서, 도시 사람에 비해 문화적 전통을 더 고수하는 농촌 문화

절차 연구가 수행되고 자료가 수집되는 방식

접합체 수정 이후 정자와 난자의 결합으로 형성된 새로운 세포

정교화 파편적 지식을 연결하여 기억하기 용이하도록 만드는 기억술

정보처리 접근 인지가 불연속적 단계로 발달한다고 보기보다는 모든 연령에 존재하는 인지 과정에 초점을 두어 인지기능을 이해하는 접근

정상분포 전집의 특성에 대한 전형적인 종 모양의 분포로 대부분의 사례가 중앙 근처에 모이고 양 극단으로 갈수록 그 비율이 낮아짐

정서적 자기조절 자신의 정서를 조절하는 능력

정서전이 영아가 다른 영아의 울음소리를 듣고 우는 것으로, 생후 며칠 후부터 시작

정신 구조 피아제의 인지발달 이론에서 특정 수준의 인지기능 수준을 규정하는 응집력 있는 양상으로, 사고를 조직화하는 인지 시스템

정신적 표상 피아제의 감각운동기의 마지막 단계로, 걸음마기 유아는 먼저 여러 가능성을 생각한 후 자신이 바라는 결과를 달성할 가능성이 가장 큰 행동을 선택

정체감 대 정체감 혼미 에릭슨 이론에서 청소년기의 심리적 위기로서 명확한 정체감을 설정하는 것 대 안정된 정체감 형성을 하지 못하는 정체감 혼미의 두 대안이 가능함

정체감 지위 모델 정체감 발달 상태를 혼미, 조기완료, 유예, 성취의 네 가지 범주로 분류하는 에릭슨의 정체감 발달 이론을 해석하는 모델

제왕절개 어머니의 배를 수술하여 자궁에서 직접 신생아를 꺼내는 것

제한적 문화 청소년들에게 결혼 전에 성적 활동을 강하게 금하는 문화

조기중재 프로그램 후에 문제가 발생할 수 있는 취약한 어린 아동을 대상으로 발달적 문제가 발생하지 않도록 예방하는 프로그램

조산사 임신한 여성의 산전 건강관리와 출산 과정을 돕는 사람

조산아 임신 후 37주 이전에 태어난 아이

조절 새로운 정보에 적응하기 위해 기존 도식을 바꾸는 인지 과정

조직화 항목들을 의미 있는 범주로 묶는 기억술

종단 연구 시간에 걸쳐 동일한 사람을 대상으로 두 번 이상 자료를 수집하는 연구 설계

종속변인 실험에서 실험 집단과 통제 집단을 비교하는, 실험 결과를 알아내기 위해 측정되는 성과

주 애착 인물 아동이 심리적 불편을 느끼거나 환경에 위협을 느낄 때 찾게 되는 사람

주도성 대 죄책감 에릭슨의 전 생애 이론에서 초기 아동기에 해당되는 심리적 위기로, 목적을 갖고 활동을 계획하는 것을 배우거나 아니면 주도성이 부족하여 지나친 죄책감을 느끼게 되는 것

주요우울장애 우울한 기분, 식욕부진, 수면장애, 피로와 같은 일련의 증상을 보이는 임상적 진단

주의력결핍 과잉행동장애(ADHD) 주의력결핍, 과잉행동, 충동성 문제가 포함되어 있는 병리적 진단

주의분할 동시에 하나 이상의 과제에 주목할 수 있는 능력

중년기 위기 중년기에 흔히 나타난다고 주장되는 상태로, 불안, 불행감, 자신의 삶에 대한 중대한 재평가를 수반하며 극적인 변화를 가져올 수 있음

중등학교 초등학교 졸업 후 청소년기에 다니는 학교

중매결혼 개인이 배우자를 선택하는 것이 아니라 가족의 위상이나 종교, 경제적 부를 근거로 가족이 배우자를 선택하는 결혼

중배엽 배아기의 3개 세포층에서 중간층으로, 이후 근육, 뼈, 생식기관과 순환기관이 됨

중심말단 방향 원리 성장이 신체의 중심에서 바깥 쪽으로 진행한다는 생물학적 발달의 원리

중심화 피아제의 용어로, 인지적 문제의 두드러진 어느 한 측면에 초점을 맞추고 다른 측면들은 배제하는 어린 아동의 사고방식

중앙값 자료의 분포에서 상위 50%와 하위 50%를 정확하게 나누는 중앙에 있는 값

지능 지식을 습득하고 추론하고 문제를 해결하는 역량

지능의 삼두 이론 지능을 구성하는 서로 다른 세 가지 요소가 있고 서로 관련되어 있다는 스턴버그의 이론

지능지수(IQ) 지능검사에 의해 측정된 정신 능력의 점수로, 같은 연령의 다른 사람들의 수행에 비교하여 상대적으로 계산

지속적 집중력 긴 시간 동안 지속해서 한 과제에 집중하는 능력

지연모방 이전에 관찰한 행위를 반복하는 능력

지적장애 IQ 검사에서 70점 이하인 사람들의 인지적 능력 수준

지참금 결혼할 때 신부 집에서 신랑과 그 가족에게 주는 돈이나 재산을 주는 결혼관습

지혜 삶의 의미와 행위에 대한 전문지식

진통 출산의 첫 단계로, 자궁경관이 확장되고 자궁근육이 태아를 질에서 자궁경관 쪽으로 밀어냄

진화심리학 인간 기능과 행동 양상이 어떻게 해서 진화적 조건에 대한 적응으로부터 나오는지를 고찰하는 심리학의 한 분야

질적 자료 수적 형태가 아닌 자료

집단괴롭힘 공격, 명예훼손, 힘의 불균형 등 또래를 학대하는 것

집단주의 복종과 집단 조화를 중시하는 문화적 가치

창의성 새롭고 문화적으로 의미있는 방식으로 아이디어나 재료를 투입하는 능력

천문 출산 과정 동안 경도를 통해 빠져나오는 것을 돕도록 두개골과 두개골의 사이로 느슨하게 되어 있는 부드러운 지점

천식 천명, 기침, 숨이 가빠지는 만성 폐질환

청소년기 사춘기가 시작되는 시기와 성인기가 시작되는 시기 사이에 있는 인생시기로, 이 시기에 속하는 젊은이들은 자신이 속한 문화에서 성인의 역할과 책임을 떠맡을 준비를 함

청소년기 자기중심성 청소년이 자신이 생각하는 것과 타인들이 생각하는 것을 잘 구분하지 못하는 신념

청소년기 한정 비행(ALD) 청소년기 이전에는 문제 행동의 증후가 없다가 청소년기에만 일시적으로 나타나는 비행

체벌 아동에 대한 신체적 처벌

체외수정(IVF) 임신촉진제를 사용하여 난소에 있는 많은 난포가 성장하도록 자극하고, 난포를 떼어내어 정자와 결합한 후 가장 전망이 있는 접합체를 자궁으로 옮기는 불임치료의 일종

체질량지수(BMI) 몸무게와 키의 비율 측정치

초경 첫 생리 기간

초유 출산 후 처음 며칠 동안 어머니 젖에서 나오는 진한 노란색의 액체. 특히 영아의 면역체계를 당화하는 단백질과 항체가 풍부함

초음파 음파를 사용하여 임신 중인 태아의 이미지를 만들어내는 기계

초저체중아 출생 시 1.5킬로그램 이하인 신생아

총출산율(TFR) 전집에서 한 여성이 낳는 아이의 수

최대산소섭취량 산소를 흡입하고 그것을 다양한 기관으로 옮기는 능력

최초 사정 사춘기 소년의 고환에서 정자의 발달이 시작되는 것

추세변동 한 전집의 시간에 걸쳐 나타나는 특성의 변화

축색돌기 전기 자극을 전달하여 신경전달물질을 방출하는 뉴런의 한 부분

치매 일상생활을 방해할 만큼 인지기능이 심각하게 손상되는 신경학적 상황

친밀감 두 사람이 나누는 개인적 지식, 사고와 감정의 정도

친밀감 대 고립 에릭슨의 전 생애 이론에서 성인 초기의 핵심적인 정서

적·심리적 주제로, 이 시기의 도전은 지속적으로 관여하는 친밀 관계에서 자신의 새롭게 형성된 정체감과 타인을 연합하는 것임

친사회적 행동 친절, 우호성, 나누기 등 타인을 향한 긍정적 행동

캥거루 케어 조산아와 저체중 신생아를 위해 엄마나 아빠가 영아를 생의 초기 매일 2~3시간 정도 피부가 닿게 가슴에 안도록 권장하는 양육

커밍아웃 동성애자가 자신의 동성애를 인정하고 자신의 친구, 가족과 타인에게 진실을 밝히는 과정

타당도 과학적 연구에서, 연구 방법이 측정하고자 하는 것을 측정하는 정도

타임아웃 짧은 기간 동안 지정된 장소에 앉아 있도록 아동에게 요구하는 훈육책략

탄력성 역경의 환경적 조건을 극복하고 그런 환경에도 불구하고 건강한 발달을 이루는 것

탈습관화 습관화 후 새로운 자극이 제시되면 다시 주의집중이 증가하는 것

태반 모체의 혈액 속에 들어 있는 박테리아와 폐기물들로부터 태아를 보호하고, 자궁내막의 혈액을 유지하며 모체에서 젖이 나오게 하는 호르몬을 생산하는 등 모체와 자궁 속 태아 사이에서 문지기 역할을 함

태아기 태내발달에서 9주부터 출생까지의 기간

태아알코올스펙트럼장애(FASD) 얼굴기형, 심장 문제, 팔다리기형과 다양한 인지적 문제 등 임신 중 어머니가 술을 많이 마심으로써 발생하는 문제

태지 출생 시 아기는 미끄럽고 끈적이는 물질로 덮여 있는데 이는 자궁에서 아기의 피부가 트지 않게 보호해줌

탯줄 태반을 모체의 자궁과 연결하는 구조

테스토스테론 소년의 사춘기 발달에 가장 중요한 안드로겐

텔로미어 염색체 끝부분에 있는 세포 DNA의 일부. 세포가 복제될 때마다 조금씩 짧아지다가 결국에는 더 이상 복제할 수 없을 정도로 짧아짐

통증완화치료 환자의 고통 완화에 초점을 두고 환자가 존엄을 지닌 채 사망하도록 돕는 치료의 일종

통합 지각 서로 다른 감각 정보의 통합과 조정

ㅍ

파닉스 접근 단어를 몇 개의 파닉스로 분절한 다음 그 파닉스를 조합하여 단어를 만드는 식으로 지도하는 읽기 교수법

패거리 서로 잘 알고, 함께 이런저런 일을 하면서 정기적으로 사회적 집단을 형성하는 소수의 친구 집단

편재화 뇌의 양쪽 반구의 기능이 특수화되어 있다는 것

평생지속형 비행(LCPD) 출생 이후 나타난 문제 유형이 성인기까지 계속 지속되는 비행

폐경 중년기 여성에게 매달 있던 배란과 월경이 중단되는 것

포유 반사 신생아의 뺨이나 입 근처를 건드리면 신생아가 고개를 그쪽으로 돌리고 입을 벌리는 반사로, 엄마의 젖을 찾는 데 도움이 됨

폭식증 폭식 후 다시 스스로 토해내는 섭식장애

폭음 남성의 경우 연속해서 다섯 잔 이상 마시고, 여성의 경우 연속해서 네 잔 이상 마시는 것

표본 과학적 연구에서 자료가 수집되는 모집단의 하위 부분

표현적 이혼 바바라 화이트헤드가 제안한 오늘날 서구에서 흔한 이혼 유형으로, 이 유형의 사람들은 결혼을 통해 사랑과 친밀감의 정서적 욕구가 충족될 것으로 기대하는데 이것이 충족되지 않으면 이혼하게 됨

표현형 유전자형에서 유래하는 유기체의 실제 특성

플린 효과 서구에서 20세기 동안 IQ의 중앙값이 급격하게 증가한 현상을 지칭하는 것으로, 이 현상을 처음 명명한 제임스 플린의 이름을 딴 것임

학습장애 읽기와 산수 같은 구체적 기술의 학습을 저해하는 인지적 장애

항산화제 많은 과일과 채소에 들어 있는 물질로, 유리기의 잉여전자들을 흡수함으로써 이 전자들이 세포를 손상하지 못하게 방지함

해마 단기기억에서 장기기억으로 정보를 전달하는 데 관련된 구조

행동유전학 유전자를 각기 다른 정도로 공유하고 있는 사람들을 비교함으로써 유전자가 행동에 어느 정도 영향을 미치는지를 밝히는 데 목표를 두고 있는 인간발달에 관한 연구 분야

허용적 부모 양육 방식의 분류에서 자녀에게 요구는 적고 반응성은 높은 부모

헤이플릭 한계 세포가 자기복제를 할 수 있는 회수는 50번으로 제한되어 있음

형식적 조작기 피아제의 이론에서 가능성과 가설에 관해 체계적으로 사고할 줄 아는 인지 단계로, 11세 정도에 시작됨

호모사피엔스 현생 인류의 종

호스피스 생애 말기에 병원치료를 대신하여 이루어지는 대안적 치료방

법으로 임종이 가까운 사람과 그 가족의 신체적·정서적·사회적·영적 욕구를 강조함

혼란애착 부모가 방을 떠날 때 화가 폭발하면서도 멍하고 무심한 표정을 짓다가 부모가 다시 돌아왔을 때에는 공포를 보이는 부모-아동 애착 유형

화용론 사람들이 대화할 때 특정 사회적 상황에서 무엇이 적절하고 무엇이 적절하지 않은지를 안내하는 언어의 사회적·문화적 맥락

화장 죽은 후 시신을 태워 재로 만드는 것

환생 사후 개인의 영혼이 다시 다른 신체적 형태로 돌아온다는 신념

활동적 삶의 주기 자신의 삶을 즐기고 불편함 없이 대부분의 일상생활을 수행하기에 충분히 신체적으로 건강한 시간

황반변성 시각 시스템의 노화로 인해 시야 중심의 투명성이 상실되는 것

회음절개 출산 과정에서 질을 더 넓히려고 절개하는 것

횡단 연구 한번에 다양한 연령의 자료를 수집하는 연구 설계

효도 전 생애 동안 자녀는 부모를 존중하고 부모에게 복종하고 숭배해야 한다는 신념으로, 아시아 문화권에서 흔함

후성설 발달 과정에서 유전자와 환경 간에 이루어지는 연속적이고 양방향적인 상호작용

후인습적 추론 콜버그의 도덕성 발달 이론의 세 번째 수준으로, 도덕적 판단의 근거가 타인이 보기에 옳으냐 그르냐가 아니라 개인이 내린 자기 나름의 독립적 판단임

후형식적 사고 일부 이론가들에 따르면 형식적 조작 이후에 오는 인지발달 단계로 실용주의와 반성적 판단이 포함되어 있음

기 타

1차 성징 난자와 정자의 생산과 생식 기관의 발달

1차적 노화 모든 살아 있는 유기체에게 발생하는 피할 수 없는 생물학적 노화

2차 성징 생식 능력과 직접 관련 없는 사춘기에 나타나는 신체적 변화

2차적 노화 영양 부족, 운동 부족, 약물 사용 등 생활양식과 오염과 같은 환경 탓으로 인해 발생하는 신체 기능의 저하

3차 교육 2차 교육을 넘어선 교육이나 훈련

AIDS(후천성면역결핍증) HIV에 의해 초래되는 성매개 질환으로, 면역계에 손상을 일으킴

B세포 박테리아와 바이러스를 파괴하는 항체를 생산하며 골수에 있는 면역세포

DHEA 근육 성장, 골밀도 및 심혈관계 기능에 관여하는 호르몬

DNA(디옥시리보핵산) 모든 생명체에서 유전 정보를 저장하고 전달하는 역할을 하는 길게 꼬인 세포물질

EEG 대뇌피질의 전기 활동을 측정하는 장치로, 대뇌피질의 전반적 활동과 대뇌피질의 특정 영역의 활동을 측정

e-헬스 건강 전문가와 환자, 특히 노인들 간의 소통을 증진하기 위해 인터넷과 전자장치를 활용하는 것

fMRI 자기 영역을 사용하는 기계 속에 사람을 눕히고 상이한 자극에 대한 뇌의 혈류와 산소 변화를 기록하여 뇌의 활동을 감지하는 방법

T세포 신체의 질병과 싸우는 흉선에 의해 발생되는 면역세포

X 염색체 관련 유전 남성의 X 염색체를 통해 전달되기 때문에 열성 특성이 표현되는 유전 양상

참고문헌

AAP Task Force on Sudden Infant Death Syndrome (2011). SIDS and other sleep-related infant deaths: Expansion of recommendations for a safe infant sleeping environment. *Pediatrics, 128*, e1341–e1367.

AARP (2002). *The Grandparent Study 2002 report*. Washington, DC: Author.

AARP (2009). *The divorce experience: A study of divorce at midlife and beyond*. Washington, DC: Author.

AARP (2006). *Boomers turning 60*. Washington, DC: AARP.

A man's world? Good news. The education gap between men and women is narrowing. (2007, November 3). *The Economist*, 75.

A special report on the human genome. (2010). *The Economist*. Retrieved from http://www.economist.com/node/16349358

Abela, A., Walker, J., Amato, P. R., & Boyd, L. M. (2014). *Children and divorce in worldwide perspective*. New York, NY: Wiley.

Abbott, A. (2003). Restless nights, listless days. *Nature*, 425, 896–898.

Abbott, R. D., White, L. R., Ross, G. W., Masaki, K. M., Cub, J. D., & Petrovich, H. (2004). Walking and dementia in physically capable elderly men. *JAMA: Journal of the American Medical Association, 292*, 1147–1153.

Abbott, S. (1992). Holding on and pushing away: Comparative perspectives on an eastern Kentucky child-rearing practice. *Ethos, 20*, 33–65.

Abrejo, F. G., Shaikh, B. T., & Rizvi, N. (2009). And they kill me, only because I am a girl... a review of sex-selective abortions in South Asia. *European Journal of Contraception and Reproductive Health Care, 14*, 10–16.

Ackerman, P. L. (2000). Domain-specific knowledge as the "dark matter" of adult intelligence: Personality and interest correlates. *Journal of Gerontology, 55B*, P69–P84.

Adams, G. R. (1999). *The objective measure of ego identity status: A manual on test theory and construction*. Guelph, Ontario, Canada: Author.

Adams, R. G., & Ueno, K. (2006). Middle-aged and older adult men's friendships. In V. H. Bedford & T. B. Formaniak (Eds.), *Men in relationships: A new look from a life course perspective* (pp. 103–124). New York, NY: Springer.

Adamson, L., & Frick, J. (2003). The still face: A history of a shared experimental paradigm. *Infancy, 4*, 451–473.

Addington-Hall, J. (2000). Do home deaths increase distress in bereavement? *Palliative Medicine, 14*, 161–162.

Adolph, K. E., & Berger, S. E. (2005). Physical and motor development. In M. H. Bornstein & M. E. Lamb (Eds.), *Developmental science: An advanced textbook* (5th ed., pp. 223–281). Mahwah, NJ: Lawrence Erlbaum.

Adolph, K. E., & Berger, S. E. (2006). Motor development. In W. Damon & R. Lerner (Series Eds.), & D. Kuhn & R. Sieglery (Vol. Eds.), *Handbook of child psychology: Vol. 2. Cognition, perception and language* (6th ed., pp. 161–213). New York, NY: Wiley.

Adolph, K. E., Karasik, L. B., & Tamis-Lemonda, C. S. (2010). Motor skill. In M. H. Bornstein (Ed.), *Handbook of cultural developmental science* (pp. 61–88). New York, NY: Psychology Press.

Agüero-Torres, H., von Strauss, E., Viitanen, M., Winblad, B., & Fratiglioni, L. (2001). Institutionalization in the elderly: The role of chronic diseases and dementia. Cross-sectional and longitudinal data from a population-based study. *Journal of Clinical Epidemiology, 54*, 795–801.

Ahluwalia, M. K., Suzuki, L. A., & Mir, M. (2009). Dating, partnerships, and arranged marriages. In N. Tewari & A. N. Alvarez, *Asian American psychology: Current perspectives* (pp. 273–294).

Ahmed, R. A. (2010). North Africa and the Middle East. In M. H. Bornstein, *Handbook of cultural developmental science* (pp. 359–381). New York, NY: Psychology Press.

Ahuja, J. (2005). *Women's entrepreneurship in the United States*. Kansas City, MO: Kauffman Center for Entrepreneurial Leadership, Clearinghouse on Entrepreneurship Education. Retrieved from www.celcee.edu

Aikat, D. (2007). Violence, extent and responses to. In J. J. Arnett (Ed.), *Encyclopedia of children, adolescents, and the media* (Vol. 2, pp. 852–854). Thousand Oaks, CA: Sage.

Ainsworth, M. D. S., & Bell, S. M. (1969). Some contemporary patterns of mother–infant interaction in the feeding situation. In A. Ambrose (Ed.), *Stimulation in early infancy* (pp. 133–170). London, UK: Academic Press.

Ainsworth, M. D. S., Behar, M. C., Waters, E., & Wall, S. (1978). *Patterns of attachment: A psychological study of the strange situation*. Oxford, UK: Erlbaum.

Ainsworth, M. S. (1977). Infant development and mother–infant interaction among Ganda and American families. In P. H. Leiderman, S. R. Tulkin, & A. Rosenfeld (Eds.), *Culture and infancy: Variations in the human experience* (pp. 119–149). New York, NY: Academic Press.

Ajani, U. A., Ford, E. S., & McGuire, L. C. (2006). Distribution of lifestyle and emerging risk factors by 10-year risk for coronary heart disease. *European Journal of Cardiovascular Prevention and Rehabilitation, 13*, 745–752.

Ajrouch, K., Blandon, A., & Antonucci, T. (2005). Social networks among men and women: The effects of age and socioeconomic status. *Journal of Gerontology: Social Sciences, 60B*, S311–S317.

Akhtar, N. (2005). Is joint attention necessary for early language learning? In B. D. Homer & C. S. Tamis-LeMonda (Eds.), *The development of social cognition and communication* (pp. 165–179). Mahwah, NJ: Lawrence Erlbaum.

Akhtar, N., & Tomasello, M. (2000). The social nature of words and word learning. In R. M. Golinkoff, K. Hirsh-Pasek, L. Bloom, L. B. Smith, A. L. Woodward, & N. Akhtar (Eds.), *Becoming a word learner: A debate on lexical acquisition* (pp. 115–135). New York, NY: Oxford University Press.

Akimoto, S. A., & Sanbonmatsu, D. M. (1999). Differences in self-effacing behavior between European and Japanese Americans: Effect on competence evaluations. *Journal of Cross-Cultural Psychology, 30*, 159–177.

Akinbami, L. J., & Schoendorf, K. C. (2002). Trends in childhood asthma: Prevalence, health care utilization, and mortality. *Pediatrics, 110*, 315–22.

Akiyama, H., & Antonucci, T. C. (1999). *Mother–daughter dynamics over the life course*. Paper presented at the meeting of the Gerentological Association of America, San Francisco.

Akshoomoff, N. A., Feroleto, C. C., Doyle, R. E., & Stiles, J. (2002). The impact of early unilateral brain injury on perceptual organization and visual memory. *Neuropsychologia, 40*, 539–561.

Alaggia, R., & Vine, C. (Eds.). (2006). *Cruel but not unusual: Violence in Canadian families*. Waterloo, Ontario, Canada: Wilfrid Laurier University Press.

Alan Guttmacher Institute (AGI) (2001). *Teenage sexual and reproductive behavior in developed countries: Can more progress be made?* New York, NY: Author. Available: www.agi-usa.org.

Alberts, A., Elkind, D., & Ginsberg, S. (2007). The personal fable and risk-taking in early adolescence. *Journal of Youth and Adolescence, 36*, 71–76.

Aldridge, M. A., Stillman, R. D., & Bower, T. G. R. (2001). Newborn categorization of vowel-like sounds. *Developmental Science, 4,* 220–232.

Aldwin, C. M., & Spiro, A. III (2006). *Health, behavior, and optimal aging: A life span developmental perspective.* San Diego, CA: Academic Press.

Alexander, B. (2001, June). Radical idea serves youth, saves money. *Youth Today,* pp. 1, 42–44.

Alexander, G. M., & Hines, M. (2002). Sex differences in response to children's toys in nonhuman primates. *Evolution and Human Behavior, 23,* 467–479.

Alink, L. R. A., Mesman, J., van Zeijl, J., Stolk, M. N., Juffer, F., Koot, H. M.,...van IJzendoorn, M. H. (2006). The early childhood aggression curve: Development of physical aggression in 10- to 50-month-old children. *Child Development, 77,* 954–966.

Almeida, D. M., Neupert, S. D., Banks, S. R., & Serido, J. (2005). Do daily stress processes account for socioeconomic health disparities? *Journal of Gerontology, 60B,* 34–39.

Alsaker, F. D., & Flammer, A. (1999). *The adolescent experience: European and American adolescents in the 1990s.* Mahwah, NJ: Erlbaum.

Alsaker, F. D., & Flammer, A. (2006). Pubertal maturation. In S. Jackson & L. Goossens (Eds.), *Handbook of adolescent development* (pp. 30–50). New York, NY: Psychology Press.

Alvarez, M. (2004). Caregiving and early infant crying in a Danish community. *Journal of Developmental and Behavioral Pediatrics, 25,* 91–98.

Alvarez-Leon, E. E., Roman-Vinas, B., & Serra-Majem, L. (2006). Dairy products and health: A review of the epidemiological evidence. *British Journal of Nutrition, 96,*(Suppl.), S94–S99.

Alwin, D. F. (1988). From obedience to autonomy: Changes in traits desired in children, 1928–1978. *Public Opinion Quarterly, 52,* 33–52.

Alzheimer's Association. (2004, May 28). Standard prescriptions for Alzheimer's. Retrieved from http://www.alz.org/AboutAD/Treatment/Standard.asp

Al-Mateen, C. S., & Afzal, A. (2004). The Muslim child, adolescent, and family. *Child and Adolescent Psychiatry Clinics of North America, 13,* 183–200.

Amato, P. (2004). To have and have not: Marriage and divorce in the United States. In M. Coleman & L. Ganong (Eds.), *Handbook of contemporary families* (pp. 265–281). Thousand Oaks, CA: Sage.

Amato, P. (2010). Research on divorce: Continuing trends and new developments. *Journal of Marriage and the Family, 72,* 650–666.

Amato, P. R. (2000). Diversity within single-parent families. In D. H. Demo, K. R. Allen, & M. A. Fine (Eds.), *Handbook of family diversity* (pp. 149–172). New York, NY: Oxford University Press.

Amato, P. R., & Anthony, C. J. (2014). Estimating the effects of parental divorce and death with fixed effects models. *Journal of Marriage and Family, 76*(2), 370–386.

Amato, P. R., & Boyd, L. M. (2013). Children and divorce in world perspective. Contemporary Issues in Family Studies: *Global Perspectives on Partnerships, Parenting and Support in a Changing World,* 227–243.

Amato, P. R., & Cheadle, J. (2005). Divorce and child well-being across three generations. *Journal of Marriage and Family, 67,* 191–206.

Amato, P. R., & Fowler, F. (2002). Parenting practices, child adjustment, and family diversity. *Journal of Marriage and the Family, 64,* 703–716.

Amato, P. R., & Rogers, S. J. (1997). A longitudinal study of marital problems and subsequent divorce. *Journal of Marriage and the Family, 59,* 612–624. American Academy of Pediatrics (2001). *Toilet training.* Available: www.aap.org/family./toil.htm/

Amato, P., & Previti, D. (2003). People's reasons for divorcing: Gender, social class, the life course, and adjustment. *Journal of Family Issues, 24,* 602–626.

American Academy of Pediatrics Committee on Public Education. (2001). Children, adolescents, and television. *Pediatrics, 107,* 423–426.

American Academy of Pediatrics Task Force on Infant Positioning and SIDS (AAPTFIPS). (2000). Changing concepts of sudden infant death syndrome. *Pediatrics, 105,* 650–656.

American Academy of Pediatrics, Subcommittee on Attention-Deficit Hyperactivity Disorder (2005). Treatment of attention-deficit hyperactivity disorder. *Pediatrics, 115,* e749–e757.

American Academy of Pediatrics. (2004). *Sports programs.* Retrieved from http://www.medem.com/medlb/article_detaillb_for_printer. cfm?article_ID=ZZZD2QD5M7C&sub_cat=405/

American Academy of Pediatrics. (2005). Breastfeeding and the use of human milk: Policy statement. *Pediatrics, 115,* 496–506.

American Academy of Pediatrics. (2011). *AAP issues new guidelines for identifying and managing newborn jaundice.* Retrieved from http://www. aap.org/family/jaundicefeature.htm

American Cancer Society (2007). *Cancer facts and figures 2007.* Atlanta, GA: Author.

American Heart Association. (2005). *Heart disease and stroke statistics 2005 update.* Dallas, TX: American Heart Association.

American Heart Association. (2006). *Heart disease and stroke statistics: 2006 update.* Dallas, TX: Author.

American Pregnancy Association. (2011). *In-vitro fertilization (IVF).* Retrieved from http://www.americanpregnancy.org/infertility/ivf.html/

American Psychiatric Association. (1994). *Diagnostic and statistical manual of mental disorders* (4th ed.). Washington, DC: Author.

American Psychiatric Association (2013). *Diagnostic and statistical manual of mental disorders* (5th ed.). Arlington, VA: American Psychiatric Association.

Ammaniti, M. A. S. S. I. M. O., Speranza, A. M., & Fedele, S. I. L. V. I. A. (2005). Attachment in infancy and in early and late childhood. *Attachment in middle childhood,* 115–136.

Amore, M., Tagariello, P., Laterza, C., & Savoia, E. M. (2007). Beyond nosography of depression in elderly. *Archives of Gerontology and Geriatrics, 44*(Suppl. 1), 13–22.

Amsterlaw, J., & Wellman, H. (2006). Theories of mind in transition: A microgenetic study of the development of false belief understanding. *Journal of Cognition and Development, 7,* 139–172.

An, J. S., & Cooney, T. M. (2006). Psychological well-being in mid to late life: The role of generativity development in parent–child relationships across the lifespan. *International Journal of Behavioral Development, 30,* 410–421.

Anand, S., & Krosnick, J. A. (2005). Demographic predictors of media use among infants, toddlers, and preschoolers. *American Behavioral Scientist, 48*(5), 539–561.

Ancoli-Israel, S., & Cooke, J. R. (2005). Prevalence and comorbidity of insomnia and effect on functioning in elderly populations. *Journal of the American Geriatrics Society, 53,* S264–271.

Anders, T. F., & Taylor, T. (1994). Babies and their sleep environment. *Children's Environments, 11,* 123–134.

Anderson, C. A. (2004). An update on the effects of playing violent video games. *Journal of Adolescence, 27,* 113–122.

Anderson, C. A., Gentile, D. A., & Buckley, K. E. (2007). *Violent video game effects on children and adolescents: Theory, research, and public policy.* New York, NY: Oxford University Press.

Anderson, C. M. (2000). The persistence of polygyny as an adaptive response to poverty and oppression in apartheid South Africa. *Cross-cultural research, 34,* 99–112.

Anderson, C., & Ford, C. M. (1987). Affect of the game player: Short-term effects of highly and mildly aggressive video games. *Personality and Social Psychology Bulletin, 12,* 390–402.

Anderson, D. R., Huston, A. C., Schmitt, K., Linebarger, D. L., & Wright, J. C. (2001). Early childhood viewing and adolescent behavior: The recontact study. *Monographs of the Society for Research in Child Development, 66*(1, Serial No. 264).

Anderson, E. (2000). Exploring register knowledge: The value of "controlled improvisation." In L. Menn & N. B. Ratner (Eds.), *Methods for studying language production* (pp. 225–248). Mahwah, NJ: Erlbaum.

Anderson, E. (2012). *The monogamy gap: Men, love, and the reality of cheating*. Oxford University Press.

Anderson, P., & Butcher, K. (2006). Childhood obesity: Trends and potential causes. *The Future of Children, 16,* 19–45.

Anderson, S. (2003). Why dowry payments declined with modernization in Europe but are rising in India. *Journal of Political Economy, 111,* 269–279.

Anderson, V., & Jacobs, R. (Eds.). (2008). *Executive functions and the frontal lobes: A lifespan perspective.* Philadelphia, PA: Taylor & Francis.

Ando, M., Asakura, T., & Simons-Morton, B. (2005). Psychosocial influences in physical, verbal and indirect bullying among Japanese early adolescents. *Journal of Early Adolescence, 25,* 268–297.

Andrews, G., Halford, G., & Bunch, K. (2003). Theory of mind and relational complexity. *Child Development, 74,* 1476–1499.

Angel, J. L., Douglas, N., & Angel, R. J. (2003). Gender, widowhood, and long-term care in the older Mexican population. *Journal of Women and Aging, 15,* 89–105.

Anglin, J. M. (1993). Vocabulary development: A morphological analysis. *Monographs of the Society for Research in Child Development, 58*(10, Serial No. 238).

Annunziato, R., & Lowe, M. (2007). Taking action to lose weight: Toward an understanding of individual differences. *Eating Behaviors, 8,* 185–194.

Appoh, L. Y. (2004). Consequences of early malnutrition for subsequent social and emotional behaviour of children in Ghana. *Journal of Psychology in Africa; South of the Sahara, the Caribbean, and Afro-Latin America, 14,* 87–94.

Appoh, L. Y., & Krekling, S. (2004). Effects of early childhood malnutrition on cognitive performance of Ghanaian children. *Journal of Psychology in Africa; South of the Sahara, the Caribbean, and Afro-Latin America, 14,* 1–7.

Apter, T. (1990). *Altered loves: Mothers and daughters during adolescence.* New York, NY: St. Martin's.

Aquilino, W. S. (2006). Family relationships and support systems in emerging adulthood. In J. J. Arnett & J. Tanner (Eds.), *Coming of age in the 21st century: The lives and contexts of emerging adults* (pp. 193–218). Washington, DC: American Psychological Association.

Arazi, B. (2009). Enhancing elderly utilization of social networks. *International Journal of Disability and Human Development, 8,* 199–206.

Arcangeli, T., Thilaganathan, B., Hooper, R., Khan, K. S., & Bhide, A. (2012). Neurodevelopmental delay in small babies at term: A systematic review. *Ultrasound in Obstetrics & Gynecology, 40,* 267–275.

Archer, S. L. (2002). Commentary on "Feminist perspectives on Erikson's theory: Their relevance for contemporary identity development research." *Identity, 2,* 267–270.

Archibald, A. B., Graber, J. A., & Brooks-Gunn, J. (2003). Pubertal processes and physiological growth in adolescence. In G. Adams & M. Berzonsky (Eds.), *Blackwell handbook of adolescence.* Malden, MA: Blackwell.

Arditi-Babchuk, H., Eidelman, A. I., & Feldman, R. (2009). Rapid eye movement (REM) in premature neonates and developmental outcome at 6 months. *Infant Behavior & Development, 32,* 27–32.

Arlin, P. K. (1989). Problem solving and problem finding in young artists and young scientists. In M. L. Commons, J. D. Sinnott, F. A. Richards, & C. Armon (Eds.), *Adult development, Vol. 1: Comparisons and applications of development models* (pp. 197–216). New York, NY: Praeger.

Arnett, J. (1994). Are college students adults? Their conceptions of the transition to adulthood. *Journal of Adult Development, 1,* 154–168.

Arnett, J. J. (1995). Broad and narrow socialization: The family in the context of a cultural theory. *Journal of Marriage and the Family, 57,* 617–628.

Arnett, J. J. (1996). *Metalheads: Heavy metal music and adolescent alienation.* Boulder, CO: Westview Press.

Arnett, J. J. (1997). Young people's conceptions of the transition to adulthood. *Youth & Society, 29,* 1–23.

Arnett, J. J. (1998). Learning to stand alone: The contemporary American transition to adulthood in cultural and historical context. *Human Development, 41,* 295–315.

Arnett, J. J. (1999). Adolescent storm and stress, reconsidered. *American Psychologist, 54,* 317–326.

Arnett, J. J. (2000). Emerging adulthood: A theory of development from the late teens through the twenties. *American Psychologist, 55,* 469–480.

Arnett, J. J. (2001). Conceptions of the transition to adulthood: Perspectives from adolescence to midlife. *Journal of Adult Development, 8,* 133–143.

Arnett, J. J. (2002). Adolescents in Western countries in the 21st century: Vast opportunities—for all? In B. B. Brown, R. W. Larson, & T. S. Saraswathi (Eds.), *The world's youth: Adolescence in eight regions of the globe* (pp. 307–343). New York, NY: Cambridge University Press.

Arnett, J. J. (2002). The psychology of globalization. *American Psychologist, 57,* 774–483.

Arnett, J. J. (2003). Conceptions of the transition to adulthood among emerging adults in American ethnic groups. *New Directions in Child and Adolescent Development, 100,* 63–75.

Arnett, J. J. (2004). *Emerging adulthood: The winding road from the late teens through the twenties.* New York: Oxford University Press.

Arnett, J. J. (2005a). The Vitality Criterion: A new standard of publication for *Journal of Adolescent Research. Journal of Adolescent Research, 20,* 3–7.

Arnett, J. J. (2005b). The developmental context of substance use in emerging adulthood. *Journal of Drug Issues, 35,* 235–253.

Arnett, J. J. (2006). G. Stanley Hall's adolescence: Brilliance and nonsense. *History of Psychology, 9,* 186–197.

Arnett, J. J. (2007). Introduction. In J. J. Arnett (Ed.), *Encyclopedia of children, adolescents, and the media, Volume 1: A-K* (pp. xxxv-xxxvi). Thousand Oaks, CA: Sage.

Arnett, J. J. (2007). The long and leisurely route: Coming of age in Europe today. *Current History, 106,* 130–136.

Arnett, J. J. (2008). The neglected 95%: Why American psychology needs to become less American. *American Psychologist, 63,* 602–614.

Arnett, J. J. (2011). Emerging adulthood(s): The cultural psychology of a new life stage. In L. A. Jensen (Ed.), *Bridging cultural and developmental psychology: New syntheses in theory, research, and policy.* New York, NY: Oxford University Press.

Arnett, J. J. (2015). *Emerging adulthood: The winding road from the late teens through the twenties* (2nd ed.). New York, NY: Oxford University Press.

Arnett, J. J. (2015). The cultural psychology of emerging adulthood. In L. A. Jensen (Ed.), *Oxford handbook of human development and culture.* New York, NY: Oxford University Press.

Arnett, J. J., & Jensen, L. A. (2002). A congregation of one: Individualized religious beliefs among emerging adults. *Journal of Adolescent Research,17,* 451–467.

Arnett, J. J., & Schwab, J. (2012). *The Clark University Poll of Emerging Adults: Thriving, struggling, and hopeful.* Worcester,

MA: Clark University. Retrieved from http://www.clarku.edu/clark-poll-emerging-adults/

Arnett, J. J., & Schwab, J. (2013). *Parents and their grown kids: Harmony, support, and (occasional) conflict.* Worcester, MA: Clark University. Retrieved from http://www.clarku.edu/clark-poll-emerging-adults/

Arnett, J. J., & Schwab, J. (2014). *Beyond emerging adulthood: The Clark University Poll of Established Adults.* Worcester, MA: Clark University. Retrieved from http://www.clarku.edu/clark-poll-emerging-adults/

Arnett, J. J., & Tanner, J. L. (2009). Toward a cultural-developmental stage theory of the life course. In K. McCartney & R. Weisberg (Eds.), *Development and experience: A festschrift in honor of Sandra Wood Scarr* (pp. 17–38). New York, NY: Taylor & Francis.

Arnett, J. J., Ramos, K. D., & Jensen, L. A. (2001). Ideologies in emerging adulthood: Balancing the ethics of autonomy and community. *Journal of Adult Development, 8,* 69–79.

Aronson, P. J., Mortimer, J. T., Zierman, C., & Hacker, M. (1996). Adolescents, work, and family: *An intergenerational developmental analyses. Understanding families, 6,* 25–62.

Årseth, A. K., Kroger, J., & Martinussen, M. (2009). Meta-analytic studies of identity status and the relational issues of attachment and intimacy. *Identity: An International Journal of Theory and Research, 9,* 1–32.

Artinian, N. T., Fletcher, G. F., Mozaffarian, D., Kris-Etherton, P., Van Horn, L., Lichtenstein, A. H.,... & Burke, L. E. (2010). Interventions to promote physical activity and dietary lifestyle changes for cardiovascular risk factor reduction in adults: A scientific statement from the American Heart Association. *Circulation,122*(4), 406–441.

Arts, J. A. R., Gijselaers, W. H., & Bohuizen, H. P. A. (2006). Understanding managerial problem-solving, knowledge use and information processing: Investigating stages from school to the workplace. *Contemporary Educational Psychology, 31,* 387–410.

Asawa, L. E., Hansen, D. J., & Flood, M. F. (2008). Early childhood intervention programs: Opportunities and challenges for preventing child maltreatment. *Education and Treatment of Children, 31,* 73–110.

Ashcraft, M. H. (2009). *Cognition.* Upper Saddle River, NJ: Prentice Hall.

Asher, S. R., & Rose, A. J. (1997). Promoting children's social–emotional adjustment with peers. In P. Salovey & D. J. Sluyter (Eds.), *Emotional development and emotional intelligence* (pp. 193–195). New York, NY: Basic Books.

Aslin, R. N., Jusczyk, P. W., & Pisoni, D. B. (1998). Speech and auditory processing during infancy: Constraints on and precursors to language. In W. Damon (Ed.), *Handbook of child psychology* (5th ed., Vol. 2). New York, NY: Wiley.

Atchley, R. C. (2009). *Spirituality and aging.* Baltimore, MD: John Hopkins University Press.

Atella, L. D., DiPietro, J., Smith, B. A., & St. James-Roberts, I. (2003). More than meets the eye: Parental and infant contributors to maternal and paternal reports of early infant difficultness. *Parenting: Science and Practice, 3,* 265–284.

Atkinson, J. (2000). *The developing visual brain.* Oxford, UK: Oxford University Press.

Atkinson, L., & Goldberg, S. (Eds.). (2004). *Attachment issues in psychopathology and intervention.* Mahwah, NJ: Erlbaum.

Atkinson, L., Chisholm, V. C., Scott, B., Goldberg, S., Vaughn, B. E., Blackwell, J., Dickens, S., & Tam, F. (1999). Maternal sensitivity, child functional level, and attachment in Down syndrome. *Monographs of the Society for Research in Child Development, 64,* 45–66.

Aunio, P., Aubrey, C., Godfrey, R., Pan, Y., & Liu, Y. (2008). Children's early numeracy in England, Finland and People's Republic of China. *International Journal of Early Years Education, 16,* 203–221.

Aunola, K., & Nurmi, J.-E. (2004). Maternal affection moderates the impact of psychological control on a child's mathematical performance. *Developmental Psychology, 40,* 965–978.

Avery, L., & Lazdane, G. (2008). What do we know about sexual and reproductive health among adolescents in Europe? *European Journal of Contraception and Reproductive Health, 13,* 58–70.

Avis, N. E., Crawford, S., & Johannes, C. B. (2002). Menopause. In G. M. Wingood & R. J. DeClemente (Eds.), *Handbook of women's sexual and reproductive health* (pp. 367–391). New York, NY: Kluwer.

Axelsson, A.-S. (2010). Perpetual and personal: Swedish youth adults and their use of mobile phones. *New Media & Society, 12,* 35–54.

Azmitia, M., Kamprath, N., & Linnet, J. (1998). Intimacy and conflict: The dynamics of boys' and girls' friendships during middle childhood and early adolescence. In L. Meyer, H. Park, M. Gront-Scheyer, I. Schwartz, & B. Harry (Eds.), *Making friends: The influences of culture and development* (pp. 171–189). Baltimore, MD: Brookes Publishing.

Axia, G., Bonichini, S., & Benini, F. (1999). Attention and reaction to distress in infancy: A longitudinal study. *Developmental Psychology, 35,* 500–504.

Bachman, J. G., O'Malley, P. M., Schulenberg, J. E., Johnston, L. D., Freedman-Doan, P., & Messersmith, E. E. (2008). *The education-drug use connection: How successes and failures in school relate to adolescent smoking, drinking, drug use, and delinquency.* New York, NY: Lawrence Erlbaum.

Bachman, J. G., Safron, D. J., Sy, S. R., & Schulenberg, J. E. (2003). Wishing to work: New perspectives on how adolescents' part-time work intensity is linked to educational engagement, substance use, and other problem behaviors. *International Journal of Behavioral Development, 27,* 301–315.

Badrinath, C. (2003). The householder, grhastha in the Mahabharata. In M. Pernau, I. Ahmad, & H. Reifeld (Eds.), *Family and gender: Changing values in Germany and India* (pp. 113–139). New Delhi, India: Sage.

Baer, J. S., Sampson, P. D., Barr, H. M., Connor, P. D., & Streissguth, A. P. (2003). A 21-year longitudinal analysis of the effects of prenatal alcohol exposure on young adult drinking. *Archives of General Psychiatry, 60,* 377–385.

Bagwell, C. L., & Schmidt, M. E. (2013). Friendships in childhood and adolescence. Guilford Press.

Baildum, E. M., Hillier, V. F., Menon, S., Bamford, F. N., Moore, W. M. O., & Ward, B. S. (2000). Attention to infants in the first year. *Child: Care, Health and Development, 26,* 199–216.

Baillargeon, R. (2008). Innate ideas revisited: For a principle of persistence in infants' physical reasoning. *Perspectives on Psychological Science, 3*(Special issue: From philosophical thinking to psychological empiricism), 2–13.

Baird, A., John, R., & Hayslip, B., Jr. (2000). Custodial grandparenting among African Americans: A focus group perspective. In B. Hayslip, Jr. & R. Goldberg-Glen (Eds.), *Grandparents raising grandchildren: Theoretical, empirical, and clinical perspectives.* New York, NY: Springer.

Bakker, A. B., & Heuven, E. (2006). Emotional dissonance, burnout, and in-role performance among nurses and police officers. *International Journal of Stress Management,* 13, 423–440.

Baker, C. (2011). *Foundations of bilingual education and bilingualism* (5th ed.). New York, NY: Multilingual Matters.

Baker, J. M. (2002). *How homophobia hurts children: Nurturing diversity at home, at school, and in the community.* New York, NY: Haworth Press.

Bakker, M. P., Ormel, J., Verhulst, F. C., & Oldehinkel, A. J. (2010). Peer stressors and gender differences in adolescents' mental health: the TRAILS study. *Journal of Adolescent Health, 46*(5), 444–450.

Baker, J. R., & Moore, S. M. (2008). Distress, coping and blogging: Comparing new MySpace users by their intention to blog. *CyberPsychology & Behavior, 11,* 81–85.

Bakermans-Kranenburg, M. J., van Uzendoorn, M. H., Bokhorst, C. L., & Schuengel, C. (2004). The importance of shared environment in infant–father attachment: A behavioral genetic study of the attachment q-sort. *Journal of Family Psychology, 18,* 545–549.

Baldry, A. C., & Farrington, D. P. (2004). Evaluation of an intervention program for the reduction of bullying and victimization in schools. *Aggressive Behavior, 30,* 1–15.

Balen, F. v., & Inhorn, M. C. (2002). Interpreting infertility: A view from the social sciences. In M. C. Inhorn & F. v. Balen, *Infertility around the globe: New thinking on childlessness, gender, and reproductive technologies* (pp. 3–32). Berkeley, CA: University of California Press.

Ball, K., & Crawford, D. (2005). Socioeconomic status and weight change in adults: A review. *Social Science & Medicine, 60,* 1987–2010.

Balodis, I. M., Wynne-Edwards, K. E., & Olmstead, M. C. (2011). The stress-response-dampening effects of placebo. *Hormones and Behavior,* 59, 465–472.

Baltes, P. B. (2003). On the incomplete architecture of human ontogeny: Selection, optimization, and compensation as foundation for developmental theory. In U. M. Staudinger & U. Lindenberger (Eds.), *Understanding human development: Dialogues with lifespan psychology* (pp. 17–44). Boston, MA: Kluwer.

Baltes, P. B., & Baltes, M. M. (1990). Psychological perspectives on successful aging: The model of selective optimization with compensation. In P. B. Baltes & M. M. Baltes (Eds.), *Successful aging: Perspectives from the behavioral sciences* (pp. 1–34). New York, NY: Cambridge University Press.

Baltes, P. B., & Smith, J. (2003). New frontiers in the future of aging: From successful aging of the young old to the dilemmas of the fourth age. *Gerontology, 49,* 123–135.

Baltes, P. B., & Staudinger, U. M. (2000). Wisdom. *American Psychologist, 55,* 122–136.

Baltes, P. B., Lindenberger, U., & Staudinger, U. M. (2006). Life span theory in developmental psychology. In W. Damon & R. M. Lerner (Eds.), *Handbook of child psychology* (Vol. 1., pp. 569–664). New York, NY: Wiley.

Baltes, P. B., Staudinger, U. M., Maercker, A., & Smith, J. (1995). People nominated as wise: A comparative study of wisdom-related knowledge. *Psychology and Aging, 10,* 155–166.

Bancroft, J. (2002). The medicalization of female sexual dysfunction: The need for caution. *Archives of Sexual Behavior, 31,* 451–455.

Bancroft, J. (2007). Sex and aging. *The New England Journal of Medicine, 357,* 820–822.

Bandura, A. (1977). *Social learning theory.* Englewood Cliffs, NJ: Prentice-Hall.

Bandura, A. (2002). Social cognitive theory in cultural context. *Applied Psychology: An International Review, 51*(Special Issue), 269–290.

Bandura, A., & Bussey, K. (2004). On broadening the cognitive, motivational, and sociostructural scope of theorizing about gender development and functioning: Comments on Martin, Buble and Szkrybalo (2002). *Psychological Bulletin, 130,* 691–701.

Bandura, A., Ross, D., & Ross, S. A. (1961). The transmission of aggression through imitation of aggressive models. *Journal of Abnormal and Social Psychology, 63,* 575–582.

Banerjee, R. (2005). Gender identity and the development of gender roles. In S. Ding & K. Littleton (Eds.), *Children's personal and social development* (pp. 142–179). Malden, MA: Blackwell.

Banks, M. S. (2005). The benefits and costs of combining information between and within the senses. In J. J. Reiser, J. J. Lockman, & C. A. Nelson (Eds.), *Action as an organizer of learning and development* (pp. 161–198). Mahwah, NJ: Erlbaum.

Barajas, R. G., Martin, A., Brooks-Gunn, J., & Hale, L. (2011). Mother-child bed-sharing in toddlerhood and cognitive and behavioral outcomes. *Pediatrics,128*(2), e339–e347.

Barber, B. K. (Ed.). (2002). *Intrusive parenting: How psychological control affects children and adolescents.* Washington, D.C: American Psychological Association.

Barber, B. K. (2013). Annual Research Review: The experience of youth with political conflict–challenging notions of resilience and encouraging research refinement. *Journal of Child Psychology and Psychiatry, 54*(4), 461–473.

Barber, B. K., Stolz, H. E., & Olsen, J. A. (2005). Parental support, psychological control, and behavioral control: Assessing relevance across time, culture, and method: IV. Assessing relevance across time: U.S. analyses and results. *Monographs of the Society for Research in Child Development, 70*(4).

Barber, C., Mueller, C. T., & Ogata, S. (2013). Volunteerism as purpose: Examining the long-term predictors of continued community engagement. *Educational Psychology, 33*(3), 314–333.

Barefoot, J. C., Mortensen, E. L., Helms, M. J., Avlund, K., & Schroll, M. (2001). A longitudinal study of gender differences in depressive symptoms from age 50 to 80. *Psychology and Aging, 16,* 342–345.

Barker, J. C., de Vries, B., & Herdt, G. (2006). Social support in the lives of lesbians and gay men at midlife and later. *Sexuality Research & Social Policy: A Journal of the NSRC, 3,* 1–23.

Barkley, R. A. (2002). Major life activity and health outcomes associated with attention-deficit/hyperactivity disorder. *Journal of Clinical Psychiatry, 63,* 10–15.

Barling, J., & Kelloway, E. K. (1999). *Young workers: Varieties of experience.* Washington, DC: American Psychological Association.

Barnett, D., Ganiban, J., & Cicchetti, D. (1999). Maltreatment, negative expressivity, and the development of type D attachments from 12 to 24 months of age. *Monographs of the Society for Research in Child Development, 64,* 97–118.

Barnett, W. S., & Hustedt, J. T. (2005). Head Start's lasting benefits. *Infants and Young Children, 18,* 16–24.

Baron, E. M., & Denmark, F. L. (2006). An exploration of female genital mutilation. In F. L. Denmark, H. H. Krauss, E. Halpern, & J. A. Sechzer (Eds.), *Violence and exploitation against women and girls* (pp. 339–355). Malden, MA: Blackwell.

Barone, J. G., Jasutkar, N., & Schneider, D. (2009). Later toilet training is associated with urge incontinence in children. *Journal of pediatric urology, 5*(6), 458–461.

Barr, H. M., & Streissguth, A. P. (2001). Identifying maternal self-reported alcohol use associated with Fetal Alcohol Spectrum Disorders. *Alcoholism: Clinical and Experimental Research, 25,* 283–287.

Barr, R. G. (2009). The phenomena of early infant crying and colic. Paper presented at the Centre for Community and Child Health, Melbourne, Australia, March 2.

Barr, R. G., & Gunnar, M. (2000). Colic: The "transient responsivity" hypothesis. In R. G. Barr, B. Hopkins, & J. A. Green (Eds.), *Crying as a sign, a symptom, and a signal* (pp. 41–66). Cambridge, UK: Cambridge University Press.

Barr, R., & Hayne, H. (2003). It's not what you know, it's who you know: Older siblings facilitate imitation during infancy. *Child Development, 70,* 1067–1081.

Barr, R., Marrott, H., & Rovee-Collier, C. (2003). The role of sensory preconditioning in memory retrieval by preverbal infants. *Learning and Behavior, 31,* 111–123.

Barreto, M., Ryan, M. K., & Schmitt, M. T. (Eds.). (2009). *The glass ceiling in the 21st century: Understanding barriers to gender equality.* Washington, DC: American Psychological Association.

Barrett, D. E., & Frank, D. A. (1987). *The effects of undernutrition on children's behavior.* New York, NY: Gordon & Breach.

Barrett, K. C., & Nelson-Goens, G. C. (1997). Emotion communication and the development of the social emotions. *New Directions for Child Development, 77,* 69–88.

Barrio, C., Morena, A., & Linaza, J. L. (2007). Spain. In J. J. Arnett, R. Ahmed, B. Nsamenang, T. S. Saraswathi, & R. Silbereisen (Eds.), *International encyclopedia of adolescence.* New York, NY: Routledge.

Barry, C.M., Madsen, S.D., & Grace, A. (2015). Friendships in emerging adulthood. In J. J. Arnett (Ed.), *Oxford Handbook of Emerging Adulthood.* New York, NY: Oxford University Press.

Barry, H. III, Bacon, M. K., & Child I. L. (1957). A cross-cultural survey of some sex differences in socialization. *Journal of Abnormal Social Psychology, 55,* 327–332.

Bartoshuk, L. M., & Beauchamp, G. K. (1994). Chemical senses. *Annual Review of Psychology, 45,* 419–449.

Basow, S. A., & Rubin, L. R. (1999). Gender influences on adolescent development. In N. G. Johnson & M. C. Roberts (Eds.), *Beyond appearance: A new look at adolescent girls* (pp. 25–52). Washington, DC: American Psychological Association.

Basseches, M. (1984). *Dialectical thinking and adult development.* Norwood, NJ: Ablex.

Basseches, M. (1989). Dialectical thinking as an organized whole: Comments on Irwin and Kramer. In M. L. Commons, J. D. Sinnott, F. A. Richards, & C. Armon (Eds.), *Adult development, Vol. 1: Comparisons and applications of developmental models* (pp. 161–178). New York, NY: Praeger.

Bassi, M., & Antonella, D. F. (2004). Adolescence and the changing context of optimal experience in time: Italy 1986–2000. *Journal of Happiness Studies, 5,* 155–179.

Bassuk, S. S., & Manson, J. E. (2005). Epidemiological evidence for the role of physical activity in reducing risk of type 2 diabetes and cardiovascular disease. *Journal of Applied Physiology, 99,* 1193–1204.

Bastian, L. A., Smith, C. M., & Nanda, K. (2003). Is this woman perimenopausal? *JAMA: Journal of the American Medical Association, 289,* 895–902.

Basu, A. K., & Chau, N. H. (2007). An exploration of the worst forms of child labor: Is redemption a viable option? In K. A. Appiah & M. Bunzl (Eds.), *Buying freedom: The ethics of economics of slave redemption* (pp. 37–76). Princeton, NJ: Princeton University Press.

Bates, B., & Turner, A. N. (2003). Imagery and symbolism in the birth practices of traditional cultures. In L. Dundes (Ed.), *The manner born: Birth rites in cross-cultural perspective* (pp. 85–97). Walnut Creek, CA: AltaMira Press.

Batzer, F. R., & Ravitsky, V. (2009). Preimplantation genetic diagnosis: Ethical considerations. In V. Ravitsky, A. Fiester, & A. L. Caplan (Eds.), *The Penn Center guide to bioethics* (pp. 339–354). New York, NY: Springer.

Bauer, P. J. (2006). Event memory. In W. Damon & R. Lerner (Eds.), *Handbook of child psychology: Vol. 2. Cognition, perception and language* (6th ed., pp. 373–425). New York, NY: Wiley.

Bauer, P. J., San Souci, P., & Pathman, T. (2010). Infant memory. *Wiley Interdisciplinary Reviews: Cognitive Science, 1,* 267–277.

Bauer, P. J., Wenner, J. A., Dropik, P. I., & Wewerka, S. S. (2000). Parameters of remembering and forgetting in the transition from infancy to early childhood. *Monographs of the Society for Research in Child Development, 65,* 1–204.

Bauer, P. J., Wiebe, S. A., Carver, L. J., Waters, J. M., & Nelson, C. A. (2003). Developments in long-term explicit memory late in the first year of life: Behavioral and electrophysiological indices. *Psychological Science, 14,* 629–635.

Bauer, P. J., Wiebe, S. A., Waters, J. M., & Banston, S. K. (2001). Reexposure breeds recall: Effects of experience on 9-month olds' ordered recall. *Journal of Experimental Child Psychology, 80,* 174–200.

Bauer, P. M., Hanson, J. L., Pierson, R. K., Davidson, R. J., & Pollak, S. D. (2009). Cerebellar volume and cognitive functioning in children who experienced early deprivation. *Biological Psychiatry, 66,* 1100–1106.

Baum, N., Rahav, G., & Sharon, D. (2005). Changes in the self-concepts of divorced women. *Journal of Divorce and Remarriage, 43,* 47–67.

Baumbusch, J. L. (2004). Unclaimed treasures: Older women's reflections on lifelong singlehood. *Journal of Women and Aging, 16,* 105–121.

Bauminger, N., Finzi-Dottan, R., Chason, S., & Har-Even, D. (2008). Intimacy in adolescent friendship: The roles of attachment, coherence, and self-disclosure. *Journal of Social and Personal Relationships, 25,* 409–428.

Baumrind, D. (1968). Authoritative vs. authoritarian parental control. *Adolescence, 3,* 255–272.

Baumrind, D. (1971). Current patterns of parental authority. *Developmental Psychology Monograph, 4* (No. 1, Pt. 2).

Baumrind, D. (1991a). Effective parenting during the early adolescent transition. In P. A. Cowan & E. M. Hetherington (Ed.), *Advances in family research* (Vol. 2, pp. 111–163). Hillsdale, NJ: Erlbaum.

Baumrind, D. (1991b). The influence of parenting style on adolescent competence and drug use. *Journal of Early Adolescence, 11,* 56–95.

Baumrind, D. (1993). The average expectable environment is not enough: A response to Scarr. *Child Development, 64,* 1299–1317.

Baydar, N., & Brooks-Gunn, J. (1998). Profiles of grandmothers who help care for their grandchildren in the United States. *Family Relations, 47,* 385–393.

Bayley, N. (2005). *Bayley Scales of Infant and Toddler Development, Third Edition* (Bayley-III). San Antonio, TX: Harcourt Assessment.

Beatty, A., & Brandes, S. (2009). Skulls to the living, bread to the dead: The Day of the Dead in Mexico and beyond. *Journal of the Royal Anthropological Institute, 15,* 209–211.

Beck, C. T. (2002). Theoretical perspectives on postpartum depression and their treatment implications. *American Journal of Maternal/Child Nursing, 27,* 282–287.

Becker, A. E. (2004). Television, disordered eating, and young women in Fiji: Negotiating body image and identity during rapid social change. *Culture, Medicine, and Psychiatry, 28,* 533–559.

Becker, A. E., Fay, K., Gilman, S. E., & Striegel-Moore, R. (2007). Facets of acculturation and their diverse relations to body shape concern in Fiji. *International Journal of Eating Disorders, 40,* 42–50.

Becker, E. (2007). *The denial of death.* Simon and Schuster.

Becker, O. A., Salzburger, V., Lois, N., & Nauck, B. (2013). What narrows the stepgap? Closeness between parents and adult (step) children in Germany. *Journal of Marriage and Family, 75*(5), 1130–1148.

Beckett, C., Maughan, B., Rutter, M., Castle, J., Colvert, E., Groothues, C.,...Sonuga-Barke, E. J. S. (2006). Do the effects of early severe deprivation on cognition persist into early adolescence? Findings from the English and Romanian adoptees study. *Child Development, 77,* 696–711.

Beck, I. L., & Beck, M. E. (2013). *Making sense of phonics: The hows and whys.* New York, NY: Guildford.

Beentjes, J. W. L., Koolstra, C. M., Marseille, N., & van der Voort, T. H. A. (2001). Children's use of different media: For how long and why? In S. M. Livingstone & M. Bovill (Eds.), *Children and their changing media environment: A European comparative study* (pp. 85–112). Hillsdale, NJ: Lawrence Erlbaum.

Beers, M. H. (2006). Dementia. In M. H. Beers & T. V. Jones (Eds.), *Merck manual of geriatrics.* Whitehouse Station, NJ: Merck & Co. Retrieved from www.merck.com/mrkshared/mmg/sec5/ch40/ch40a.jsp

Bekkouche, N. S., Holmes, S., Whitttaker, K. S., & Krantz, D. (2011). Stress and the heart: Psychosocial stress and coronary heart disease. In R. J. Contrada & A. Baum, *The handbook of stress science:*

Biology, psychology, and health (pp. 385–398). New York, NY: Springer.

Bell, M. A. (1998). Frontal lobe function during infancy: Implications for the development of cognition and attention. In J. E. Richards (Ed.), *Cognitive neuroscience of attention: A developmental perspective* (pp. 327–362). Mahwah, NJ: Erlbaum.

Bel, A., & Bel, B. (2007). Birth attendants: Between the devil and the deep blue sea. In B. Bel, J. Brouwer, B. T. Das, V. Parthasarathi, & G. Poitevin (Eds.), *Communication processes 2: The social and the symbolic* (pp. 353–385). Thousand Oaks, CA: Sage.

Bell, M. A., & Wolfe, C. D. (2007). The cognitive neuroscience of early socioemotional development. In C. A. Brownell & C. B. Kopp (Eds.), *Socioemotional development in the toddler years: Transitions and transformations* (pp. 345–369). New York, NY: Guilford Press.

Bell, S. M., & Ainsworth, M. D. S. (1972). Infant crying and maternal responsiveness. *Child Development, 43,* 1171–1190.

Bellah, R. N., Madsen, R., Sullivan, W. M., Swidler, A., & Tipton, S. M. (1985). *Habits of the heart: Individualism and commitment in American life.* New York, NY: Harper & Row.

Bellamy, C. (2005). *The state of the world's children: 2005.* New York, NY: UNICEF.

Belsky, J. (2006). Early child care and early child development: Major findings from the NICHD Study of Early Child Care. *European Journal of Developmental Psychology,* 3, 95–110.

Belleville, S., Gilbert, B., Fontaine, F., Gagnon, L., Menard, E., & Gauthier, S. (2006). Improvement of episodic memory in persons with mild cognitive impairment and healthy older adults: Evidence from a cognitive intervention program. *Dementia and Geriatric Cognitive Disorders, 22,* 486–499.

Bem, S. L. (1981). Gender schema theory: A cognitive account of sex-typing. *Psychological Review, 88,* 354–364.

Benbow, C. P., & Lubinski, D. (2009). Extending Sandra Scarr's ideas about development to the longitudinal study of intellectually precocious youth. In K. McCartney & R. A. Weinberg (Eds.), *Experience and development: A festschrift in honor of Sandra Wood Scarr* (pp. 231–252). New York, NY: Psychology Press.

Bender, H. L., Allen, J. P., McElhaney, K. B., Antonishak, J., Moore, C. M., Kelly, H. O., & Davis, S. M. (2007). Use of harsh physical discipline and developmental outcomes in adolescence. *Development and Psychopathology, 19,* 227–242.

Bennett, K. M., Smith, P. T., & Hughes, G. M. (2005). Coping, depressive feelings and gender differences in late life widowhood. *Aging and Mental Health, 9,* 348–353.

Bennik, E. C., Nederhof, E., Ormel, J., & Oldehinkel, A. J. (2013). Anhedonia and depressed mood in adolescence: Course, stability, and reciprocal relation in the TRAILS study. *European Child & Adolescent Psychiatry,* 1–8.

Benson, M., Harris, P., & Rogers, C. (1992). Identity consequences of attachment to mothers and fathers among late adolescents. *Journal of Research on Adolescents, 2,* 187–204.

Berch, D., & Mazzocco, M. (2007). Why is math so hard for some children? *The nature and origins of mathematical learning difficulties and disabilities.* Baltimore, MD: Paul H. Brookes.

Berg, A. I., Hoffman, L., Hassing, L. B., McClearn, G. E., & Johansson, B. (2009). What matters, and what matters most, for change in life satisfaction in the oldest-old? A study of over 6 years among individuals 80+, *Aging & Mental Health, 13,* 191–201.

Berger, E. (2010). *Mammograms reduce breast cancer deaths, studies show.* Retrieved from http://www.cancer.org/Cancer/news/News/mammograms-reduce-breast-cancer-deaths-studies-show

Berger, K. S. (2007). Update on bullying at school: Science forgotten? *Developmental Review, 27,* 90–126.

Berger, S. E., Adolph, K. E., & Lobo, S. A. (2005). Out of the toolbox: Toddlers differentiate wobbly and wooden handrails. *Child Development, 76,* 1294–1307.

Bergstrom, A. (2007a). Food advertising, international. In J. J. Arnett (Ed.), *Encyclopedia of children, adolescents, and the media* (pp. 347–348). Thousand Oaks, CA: Sage.

Bergstrom, A. (2007b). Cartoons, educational. In J. J. Arnett (Ed.), *Encyclopedia of children, adolescents, and the media* (pp. 137–140). Thousand Oaks, CA: Sage.

Bergström, L., Richards, L., Morse, J. M., & Roberts, J. (2010). How caregivers manage pain and distress in second-stage labor. *Journal of Midwifery & Women's Health, 55,* 38–45.

Bergström, M., Kieler, H., & Waldenström, U. (2009). Effects of natural childbirth preparation versus standard antenatal education on epidural rates, experience of childbirth and parental stress in mothers and fathers: A randomised controlled multicentre trial. *BJOG: An International Journal of Obstetrics & Gynaecology 116,* 1167–1176.

Berkman, D. S., Lescano, A. G., Gilman, R. H., Lopez, L., & Black, M. M. (2002). Effects of Stunting, diarrhoeal disease, and parasitic infection during infancy on cognition in late Childhood: A follow-up study. *The Lancet, 359,* 564–571.

Berkman, N. D., Lohr, K. N., & Bulik, C. M. (2007). Outcomes of eating disorders: A systematic review of the literature. *International Journal of Eating Disorders, 40,* 293–309.

Berko, J. (1958). The child's learning of English morphology. *Word, 14,* 150–177.

Berndt, T. J. (1996). Transitions in friendship and friends' influence. In J. A. Graber, J. Brooks-Gunn, & A. C. Petersen (Eds.), *Transitions through adolescence: Interpersonal domains and context* (pp. 57–84). Mahwah, NJ: Erlbaum.

Berndt, T. J., & Mekos, D. (1995). Adolescents' perceptions of the stressful and desirable aspects of the transition to junior high school. *Journal of Research on Adolescence, 5*(1), 123–142.

Berney, T. (2009). Ageing in Down Syndrome. In G. O'Brien, & L. Rosenbloom (Eds.), *Developmental disability and ageing* (pp. 31–38). London, UK: Mac Keith Press.

Berninger, V. W., Abbott, R. D., Jones, J., Wolf, B. J., Gould, L., Anderson-Youngstrom, M.,...Apel, K. (2006). Early development of language by hand: Composing, reading, listening, and speaking connections; three letter-writing modes; and fast mapping in spelling. *Developmental Neuropsychology, 29* (Special issue on writing), 61–92.

Berninger, V. W., Vermeulen, K., Abbott, R. D., McCutchen, D., Cotton, S., & Cude, J. (2003). Naming speed and phonological awareness as predictors of reading development. *Journal of Educational Psychology, 95,* 452–464.

Bernsten, D., & Rubin, D. C. (2002). Emotionally charged autobiography memories across the life span: The recall of happy, sad, traumatic and involuntary memories. *Psychology and Aging, 17,* 636–652.

Berry, J. W., Phinney, J. S., Sam, D. L., & Vedder, P. (Eds.). (2006). *Immigrant youth in cultural transition: Acculturation, identity, and adaptation across national contexts.* Mahwah, NJ: Lawrence Erlbaum.

Berry, R. J., Li, Z., Erickson, J. D., Li, S., Moore, C. A., Wang, H.,...Correa, A. (1999). Prevention of neural-tube defects with folic acid in China. *New England Journal of Medicine, 341,* 1485–1490.

Berthier, N. E., & Carrico, R. L. (2010). Visual information and object size in infant reaching. *Infant Behavior and Development, 33,* 555–566.

Besen, E., Matz-Costa, C., Brown, M., Smyer, M. A., & Pitt-Catsouphes, M. (2013). Job characteristics, core self-evaluations, and job satisfaction: What's age got to do with it? *The International Journal of Aging and Human Development, 76*(4), 269–295.

Best, D. L. (2001). Gender concepts: Convergence in cross-cultural research and methodologies. *Cross-cultural Research: The Journal of Comparative Social Science, 35,* 23–43.

Beswick, A. D., Rees, K., Dieppe, P., Ayis, S., Gooberman-Hill, R., Horwood, J., & Ebrahim, S. (2008). Complex interventions to improve physical function and maintain independent living in elderly people: A systematic review and meta-analysis. *The Lancet, 371,* 725–735.

Beydoun, M. A., & Wang, Y. (2010). Pathways linking socioeconomic status to obesity through depression and lifestyle factors among young U.S. adults. *Journal of Affective Disorders, 123,* 52–63.

Beyene, Y., & Martin, M. C. (2001). Menopausal experiences and bone density of Mayan women in Yucatan, Mexico. *American Journal of Human Biology, 13,* 47–71.

Beyers, W., & Seiffge-Krenke, I. (2010). Does identity precede intimacy? Testing Erikson's theory of romantic development in emerging adults of the 21st century. *Journal of Adolescent Research, 25,* 387–415.

Bhargava, A. (2008). *Food, economics, and health.* New York, NY: Oxford University Press.

Bhargava, S., & Mendiratta, A. (2006). Understanding language patterns of multilingual children (8–10 years) belonging to high socio-economic class. *Social Science International, 22,* 148–158.

Bhavnani, B. R., & Strickler, R. C. (2005). Menopausal hormone therapy. *Journal of Obstetrics and Gynaecology Canada, 27,* 137–162.

Bialystok, E. (1993). Metalinguistic awareness: The development of children's representations in language. In C. Pratt & A. Garton (Eds.), *Systems of representation in children* (pp. 211–233). London, UK: Wiley.

Bialystok, E. (1997). Effects of bilingualism and biliteracy on children's emerging concepts of print. *Developmental Psychology, 33,* 429–440.

Bialystok, E. (1999). Cognitive complexity and attentional control in the bilingual mind. *Child Development, 70,* 636–644.

Bialystok, E. (2001). *Bilingualism in development: Language, literacy, and cognition.* New York, NY: Cambridge University Press.

Bibok, M. B., Müller, U., & Carpendale, J. I. M. (2009). Childhood. In U. Müller, J. I. M. Carpendale, & L. Smith (Eds.), *The Cambridge companion to Piaget* (pp. 229–254). New York, NY: Cambridge University Press.

Biegler, K. A., Nelson, E., Osann, K., Hsieh, S., & Wenzel, L. (2011, April). *Longitudinal associations between telomere length, chronic stress, and immune system stance in cervical cancer survivors.* Poster presented at the annual meeting of the American Association for Cancer Research, Orlando, FL.

Biehl, M. C., Natsuaki, M. N., & Ge, X. (2007). The influence of pubertal timing on alcohol use and heavy drinking trajectories. *Journal of Youth and Adolescence, 36,* 153–167.

Bina, M., Graziano, F., & Bonino, S. (2006). Risky driving and lifestyles in adolescence. *Accident Analysis & Prevention, 38,* 472–481.

Birch, L. L., Fisher, J. O., & Davison, K. K. (2003). Learning to overeat: Maternal use of restrictive feeding practices promotes girls' eating in the absence of hunger. *American Journal of Clinical Nutrition, 78,* 215–220.

Birditt, K. S., & Antonucci, T. C. (2012). Till death do us part: Contexts and implications of marriage, divorce, and remarriage across adulthood. *Research in Human Development, 9*(2), 103–105.

Birdsong, D. (2006). Age and second language acquisition and processing: A selective overview. *Language Learning, 56* (Suppl. s1), 9–49.

Birren, J. E., & Svensson, C. M. (2005). Wisdom in history. In R. J. Sternberg & J. Jordan (Eds.), *A handbook of wisdom: Psychological perspectives* (pp. 3–28). New York, NY: Cambridge University Press.

Bjarnason, T., & Sigurdardottir, T. J. (2003). Psychological distress during unemployment and beyond: Social support and material deprivation among youth in six Northern European counties. *Social Science & Medicine, 56,* 973–985.

Black, R. E., Williams, S. M., Jones, I. E., & Goulding, A. (2002). Children who avoid drinking cow milk have lower dietary calcium intakes and poor bone health. *American Journal of Clinical Nutrition, 76,* 675–680.

Blair, J. M., Hanson, D. L., Jones, H., & Dwokin, M. S. (2004). Trends in pregnancy rates among women with human immunodeficiency virus. *Obstetrics and Gynecology, 103,* 663–668.

Blakemore, J. E. O. (2003). Children's beliefs about violating gender norms: Boys shouldn't look like girls, and girls shouldn't act like boys. *Sex Roles, 48,* 411–419.

Blieszner, R., & Roberto, K. A. (2007). Friendship across the life span: Reciprocity in individual and relationship development In F. R. Lang & K. L. Fingerman (Eds.), *Growing together: Personal relationships across the life span* (pp. 159–182). Cambridge, UK: Cambridge University Press.

Bloch, M., Klein, E., Koren, D., & Rotenberg, N. (2006). Risk factors for early postpartum depressive symptoms. *General Hospital Psychiatry, 28,* 3–8.

Blomberg, S., Edebalk, P. G., & Petersson, J. (2000). The withdrawal of the welfare state: Elderly care in Sweden in the 1990s. *European Journal of Social Work, 3,* 151–163.

Bloom, L. (1998). Language acquisition in its developmental context. In W. Damon (Ed.), & D. Kuhn & R. S. Siegler (Vol. Eds.), *Handbook of Child Psychology* (5th ed.): *Vol. 2. Cognition, perception and language* (pp. 309–370). New York, NY: Wiley.

Bloom, L., Lifter, K., & Broughton, J. (1985). The convergence of early cognition and language in the second year of life: Problems in conceptualization and measurement. In M. Barrett (Ed.), *Single word speech* (pp. 149–181). New York, NY: Wiley.

Bloom, P. (2000). *How children learn the meanings of words.* Cambridge, MA: MIT Press.

Bluestone, C. D., & Klein, J. O. (2007). *Otitis media in infants and children.* New York, NY: Decker.

Bluestone, C., & Tamis-LeMonda, C. S. (1999). Correlates of parenting styles in predominately working- and middle-class African American mothers. *Journal of Marriage and the Family, 61,* 881–893.

Blum, N. J., Taubman, B., & Nemeth, N. (2004). Why is toilet training occurring at older ages? A study of factors associated with later training. *Journal of Pediatrics, 145,* 107–111.

Blumberg, B. D., Lewis, M. J., & Susman, E. J. (1984). Adolescence: A time of transition. In M. G. Eisenberg, L. C. Sutkin, & M. A. Jansen (Eds.), *Chronic illness and disability through the life span: Effects on self and family* (pp. 133–149). New York, NY: Springer.

Blümel, J. E., Cano, A., Mezones-Holguín, E., Barón, G., Bencosme, A., Benítez, Z., . . . & Chedraui, P. (2012). A multinational study of sleep disorders during female mid-life. *Maturitas, 72*(4), 359–366.

Blumenthal, J. A., Emery, C. F., Madden, D. J., George, L. K., Coleman, R. E., Riddle, M. W., . . . Williams, R. S. (1989). Cardiovascular and behavioral effects of aerobic exercise training in healthy older men and women. *Journals of Gerontology A: Biological Sciences and Medical Sciences, 44,* M147–M157.

Blumenthal, J., Jeffries, N. O., Castellanos, F. X., Liu, H., Zidjdenbos, A., Paus, T., . . . Giedd, J. N. (1999). Brain development during childhood and adolescence: A longitudinal MRI study. *Nature Neuroscience, 10,* 861–863.

Blumenthal, J. A., Sherwood, A., Babyak, M. A., Watkins, L. L., Waugh, R., Georgiades, A., . . . Hinderliter, A. (2005). Effects of exercise and stress management training on markers of cardiovascular risk in patients with ischemic heart disease: A randomized controlled trial. *JAMA: Journal of the American Medical Association, 293,* 1626–1634.

Blustein, D. L. (2006). *The psychology of working: A new perspective for career development, counseling, and public policy.* Mahwah, NJ: Erlbaum.

Bochner, S., & Jones, J. (2003). Augmentative and alternative forms of communication as stepping stones to speech. *Child Language Development: Learning to Talk, Second Edition,* 143–156.

Boden, J. M., Horwood, L. J., & Fergusson, D. M. (2007). Exposure to childhood sexual and physical abuse and subsequent educational achievement outcomes. *Child Abuse and Neglect, 31,* 1101–1114.

Boer, F., Goedhardt, A. W., & Treffers, P. D. A. (2013). Siblings and their parents. In F. Boer, J. Dunn, & J. F. Dunn (Eds.), *Children's sibling relationships: Developmental and clinical issues* (pp. 41–54). New York, NY: Wiley.

Bois-Reymond, M., & Ravesloot, J. (1996). The roles of parents and peers in the sexual and relational socialization of adolescents. In K. Hurrelmann & S. Hamilton (Eds.), *Social problems and social contexts in adolescence: Perspectives across boundaries* (pp. 175–197). Hawthorne, NY: Aldine de Gruyter.

Bokhorst, C. L., Sumpter, S. R., & Westenberg, P. M. (2010). Social support from parents, friends, classmates, and teachers in children and adolescents aged 9 to 18 years: Who is perceived as most supportive. *Social Development 19*(2), 417–426. doi: 10.1111/j.1467-9507.2009.00540.x

Bolen, J., et al. (2010). Differences in the prevalence and impact of arthritis among racial/ethnic groups in the United States. *Prevention of Chronic Disease, 7,* A64.

Boll, T., Ferring, D., & Filipp, S. H. (2005). Effects of parental differential treatment on relationship quality with siblings and parents: Justice evaluations as mediators. *Social Justice Research, 18,* 155–182.

Bolen, S. D., Clark, J. M., Richards, T. M., Shore, A. D., Goodwin, S. M., & Weiner, J. P. (2010). Trends in and patterns of obesity reduction medication use in an insured cohort. *Obesity, 18,* 206–209.

Bolzani, L. H., Messinger, D. S., Yale, M., & Dondi, M. (2002). Smiling in infancy. In M. H. Abel (Ed.), *An empirical reflection on the smile* (pp. 111–136). Lewiston, NY: Edwin Mellen Press.

Bonanno, G. A. (2004). Loss, trauma, and human resilience: Have we underestimated the human capacity to thrive after extremely aversive events? *American Psychologist, 59,* 20–28.

Bonello, K., & Cross, M. C. (2010). Gay monogamy: I love you but I can't have sex with only you. *Journal of Homosexuality, 57,* 117–139.

Bong, C. L., Hilliard, J., & Seefelder, C. (2008). Severe methemoglobinemia from topical benzocaine 7.5%(baby orajel) use for teething pain in a toddler. *Clinical pediatrics.*

Bongaarts, J., & Zimmer, Z. (2002). Living arrangements of older adults in the developing world: An analysis of demographic and health survey household surveys. *Journals of Gerontology B: Psychological Sciences and Social Sciences, 57,* S145–S157.

Bonino, S., & Cattelino, E. (2012). Italy. In J. J. Arnett (Ed.), *Adolescent psychology around the world.* New York, NY: Taylor & Francis.

Bonnanno, G., Boerner, K., & Wortman, C. B. (2008). Trajectories of grieving. In M. S. Stroebe, R. O. Hansson, W. Stroebe, & H. Schut (Eds.), *Handbook of bereavement research and practice* (pp. 287–307). Washington, DC: American Psychological Association.

Bonnel, S., Mohand-Said, S., & Sahel, J.-A. (2003). The aging of the retina. *Experimental Gerontology, 38,* 825–831.

Bookwala, J. (2012). Marriage and other partnered relationships in middle and late adulthood. In R. Blieszner & V. H. Bedford (Eds.), *Handbook of Families and Aging.* New York, NY: ABC-CLIO.

Bookwala, J., & Jacobs, J. (2004). Age, marital processes, and depressed affect. *The Gerontologist, 44,* 328–338.

Booth, D. A., Higgs, S., Schneider, J., & Klinkenberg, I. (2010). Learned liking versus inborn delight: Can sweetness give sensual pleasure or is it just motivating? *Psychological Science, 21,* 1656–1663.

Booth, M. (2002). Arab adolescents facing the future: Enduring ideals and pressures for change. In B. B. Brown, R. Larson, & T. S. Saraswathi (Eds.), *The world's youth: Adolescence in eight regions of the globe* (pp. 207–242). New York, NY: Cambridge University Press.

Borduin, C. M., Schaeffer, C. M., & Ronis, S. T. (2003). Multisystemic treatment of serious antisocial behavior in adolescents. In C. A. Essau (Ed.), *Conduct and oppositional defiant disorders: Epidermiology, risk factors, and treatment* (pp. 299–318). Mahwah, NJ: Lawrence Erlbaum.

Borgaonkar, D. S. (1997). Chromosomal variation in man: A catalog of chromosomal variants and anomalies (8th ed.). New York, NY: Wiley.

Bornstein, M. H. (2006). Parenting science and practice. In W. Damon & R. Lerner (Eds.), & K. A. Renninger & L. E. Sigel (Vol. Eds.), *Handbook of child psychology: Vol. 4. Child psychology in practice* (6th ed., pp. 893–949). New York, NY: Wiley.

Bornstein, M. H., & Arterberry, M. E. (2010). The development of object categorization in young children: Hierarchical inclusiveness, age, perceptual attribute, and group versus individual analyses. *Developmental Psychology, 46,* 350–365. doi: 10.1037/a0018411

Bornstein, M. H., & Bradley, R. H. (2014). *Socioeconomic status, parenting, and child development.* New York, NY: Routledge.

Bornstein, M. H., Slater, A., Brown, E., Robers, E., & Barrett, J. (1997). Stability of mental development from infancy to later childhood: Three "waves" of research. In G. Bremner, A. Slater, & G. Butterworth (Eds.), *Infant development: Recent advances* (pp. 191–215). East Sussex, UK: Psychology Press.

Bortolus, R., Parazzini, F., Chatenoud, L., Benzi, G., Bianchi, M. M., & Marini, A. (1999). The epidemiology of multiple births. *Human Reproduction Update, 5,* 179–187.

Boschi-Pinto, C., Lanata, C. F., & Black, R. E. (2009). The global burden of childhood diarrhea. *Maternal and Child Health, 3,* 225–243.

Bosse, Y., & Hudson, T. J. (2007). Toward a comprehensive set of asthma susceptibility genes. *Annual Review of Medicine, 58,* 171–184.

Bostic, J. Q., Rubin, D. H., Prince, J., & Schlozman, S. (2005). Treatment of depression in children and adolescents. *Journal of Psychiatric Practice, 11,* 141–154.

Bosworth, H., Park, K., McQuoid, D., Hays, J., & Steffens, D. (2003). The impact of religious practice and religious coping on geriatric depression. *International Journal of Geriatric Psychiatry, 18,* 905–914.

Botcheva, L., Kalchev, P., & Ledierman, P. H. (2007). Bulgaria. In J. J. Arnett, R. Ahmed, B. Nsamenang, T. S. Saraswathi, & R. Silbereisen (Eds.), *International encyclopedia of adolescence.* New York, NY: Routledge.

Bottenberg, P., Van Melkebeke, L, Louckx, F., & Vandenplas, Y. (2008). Knowledge of Flemish paediatricians about children's oral health—Results of a survey. *Acta Paediatrica, 97,* 959–963.

Bouchard, T. J., & McGue, M. (2003). Genetic and environmental influences on human psychological differences. *Journal of Neurobiology, 54,* 4–45.

Bousquet, J., Dahl, R., & Khaltaev, N. (2007). Global alliance against chronic respiratory diseases. *Allergy, 62,* 216–223.

Bove, C., & Olson, C. (2006). Obesity in low-income rural women: Qualitative insights about physical activity and eating patterns. *Women & Health, 44,* 57–78.

Bove, R., & Valeggia, C. (2009). Polygyny and women's health in sub-Saharan Africa. *Social Science & Medicine, 68,* 21–29.

Bower, B. (1985). The left hand of math and verbal talent. *Science News, 127,* 263.

Bowers, W. A., Evans, K., LeGrange, D., & Andersen, A. E. (2003). Treatment of adolescent eating disorders. In M. A. Reinecke & F. M. Dattilio (Eds.), *Cognitive therapy with children and adolescents: A casebook for clinical practice* (2nd ed., pp. 247–280). New York, NY: Guilford Press.

Bowlby, J. (1969/1982). *Attachment and loss: Vol. 1. Attachment.* (2nd ed.). New York, NY: Basic Books.

Bowlby, J. (1980). *Attachment and loss: Vol. 3. Loss: Sadness and depression.* New York, NY: Basic Books.

Bowman, S. A. (2009). Socioeconomic characteristics, dietary and lifestyle patterns, and health and weight status of older adults in NHANES, 1999–2002: A comparison of Caucasians and African Americans. *Journal of Nutrition for the Elderly, 28,* 30–46.

Bowman, T. S., Sesso, H. D., & Gaziano, J. M. (2006). Effect of age on blood pressure parameters and risk of cardiovascular death in men. *American Journal of Hypertension, 19,* 47–52.

Boyle, P. (2001). Why are Dutch teens so sexually safe? *Youth Today, 10,* 1, 34.

Braine, L. G., Schauble, L., Kugelmass, S., & Winter, A. (1993). Representation of depth by children: Spatial strategies and lateral biases. *Developmental Psychology, 29,* 466–479.

Brake, D. (2006). Electronic games, effects. In J. J. Arnett (Ed.), *Encyclopedia of children, adolescents, and the media.* Thousand Oaks, CA: Sage.

Brambati, B., & Tului, L. (2005). Chronic villus sampling and amniocentesis. *Current Opinion in Obstetrics and Gynecology, 17,* 197–201.

Brame, B., Nagin, D. S., & Tremblay, R. E. (2001). Developmental trajectories of physical aggression from school entry to late adolescence. *Journal of Child Psychology and Psychiatry, 42,* 503–512.

Brandtstädter, J. (2006). Adaptive resources in later life: Tenacious goal pursuit and flexible goal adjustment. In M. Csikszentmihalyi & I. S. Csikszentmihalyi, (Eds.), *A life worth living: Contributions to positive psychology* (pp. 143–164). New York, NY: Oxford University Press.

Brandtstadter, J., & Baltes-Gotz, B. (1990). Personal control over development and quality of perspectives in adulthood. In P. Baltes & M. M. Baltes (Eds.), *Successful aging* (pp. 197–224). Cambridge, UK: Cambridge University Press.

Brandtstadter, J., & Greve, W. (1994). The aging self: Stabilizing and protective processes. *Developmental Review, 14,* 52–80.

Brant, A. M., Haberstick, B. C., Corley, R. P., Wadsworth, S. J., DeFries, J. C., & Hewitt, J. K. (2009). The development etiology of high IQ. *Behavior Genetics, 39,* 393–405.

Braun, E. H. P., Lee, J., & Steinert, R. F. (2008). Monovision in LASIK. *Ophthalmology, 115,* 1196–1202.

Braveman, P., Egerter, S., & Williams, D. R. (2011). The social determinants of health: Coming of age. *Annual Review of Public Health, 32,* 381–398.

Bray, G. A., & Champagne, C. M. (2004). Obesity and the metabolic syndrome. *Journal of the American Dietetic Association, 104,* 86–89.

Bray, J. H. (1999). From marriage to remarriage and beyond: Findings from the Developmental Issues in Stepfamilies Research Project. In E. M. Hetherington (Ed.), *Coping with divorce, single parenting, and remarriage: A risk and resiliency perspective* (pp. 295–319). Mahwah, NJ: Erlbaum.

Brazelton, T. B., & Sparrow, J. D. (2004). *Toilet training the Brazelton way.* Cambridge, MA: deCapo Press.

Brazelton, T. B., Koslowski, B., & Tronick, E. (1976). Neonatal behavior among urban Zambians and Americans. *Journal of the American Academy of Child Psychiatry, 15,* 97–107.

Breger, L. (2000). *Freud: Darkness in the midst of vision.* New York, NY: Wiley & Sons.

Breivik, K., & Olweus, D. (2006). Adolescents' adjustment in four post–divorce family structures: Single mother, stepfather, joint physical custody and single father families. *Journal of Divorce & Remarriage, 44,* 99–124.

Brent, D. A. (2004). Antidepressants and pediatric depression: The risk of doing nothing. *New England Journal of Medicine, 35,* 1598–1601.

Brent, S. B., Speece, M. W., Lin, C., Dong, Q., & Yang, C. (1996). The development of the concept of death among Chinese and U.S. children 3–17 years of age: From binary to "fuzzy" concepts? *Omega, 33,* 67–83.

Brescoll, V. L., Dawson, E., & Uhlmann, E. L. (2010). Hard won and easily lost: The fragile status of leaders in gender-stereotype-incongruent occupations. *Psychological Science, 21,* 1640–1642.

Breslau, N., Kessler, R. C., Chilcoat, H. D., Schultz, L. R., Davis, G. C., & Andreski, P. (1998). Trauma and posttraumatic stress disorder in the community: The 1996 Detroit Area Survey of Trauma. *Archives of General Psychiatry, 55,* 626–632.

Breslin, F. C., & Mustard, C. (2003). Factors influencing the impact of unemployment on mental health among young and older adults in a longitudinal, population-based survey. *Scandinavian Journal of Work, Environment, and Health, 29,* 5–14.

Bretherton, I., & Munholland, K. (1999). Internal working models in attachment relationships: A construct revisited. In J. Cassidy & P. R. Shaver (Eds.), *Handbook of attachment: Theory, research, and clinical applications* (pp. 89–111). New York, NY: Guilford Press.

Bridge, J. A., Yengar, S., Salary, C. B., et al. (2007). Clinical response and risk for reported suicidal ideation and suicide attempts in pediatric antidepressant treatment: A meta-analysis of randomized controlled trials. *JAMA, 63,* 332–339.

Bridges, L., & Moore, K. (2002). Religious involvement and children's well-being: What research tells us (and what it doesn't). *Child Trends Research Brief.* Washington, DC: Author. Available: www.childtrends.org

Brim, O. (1999). *The MacArthur Foundation study of midlife development.* Vero Beach, FL: MacArthur Foundation.

Brim, O. G., Ryff, C. D., & Kessler, R. (Eds.). (2004). *How healthy are we: A national study of well-being in midlife.* Chicago, IL: University of Chicago Press.

Brink, J. M., & McDowd, J. M. (1999). Aging and selective attention: An issue of complexity or multiple mechanisms? *Journal of Gerontology: Psychological Sciences, 54B,* P30–P33.

Briones, T. L. (2006). Environment, physical activity, and neurogenesis: Implications for prevention and treatment of Alzheimer's disease. *Current Alzheimer Research, 3,* 49–54.

Brody, G. (2004). Siblings' direct and indirect contributions to child development. *Current Directions in Psychological Science, 13,* 124–126.

Brody, G. H., & Flor, D. L. (1998). Maternal resources, parenting practices, and child competence in rural, single-parent African American families. *Child Development, 69,* 803–816.

Brody, G. H., Kim, S., Murry, V. M., & Brown, A. C. (2003). Longitudinal direct and indirect pathways linking older sibling competence to the development of young sibling competence. *Developmental Psychology, 39,* 618–628.

Bronfenbrenner, U. (1980). *The ecology of human development.* Cambridge, MA: Harvard University Press.

Bronfenbrenner, U. (2000). Ecological theory: In A. Kazdin (Ed.), *Encyclopedia of psychology.* Washington, DC: American Psychological Association.

Bronfenbrenner, U. (Ed.). (2005). *Making human beings human: Bioecological perspectives on human development.* Thousand Oaks, CA: Sage.

Bronfenbrenner, U., & Morris, P. A. (1998). The ecology of developmental processes. In W. Damon (Series Ed.) and R. Lerner (Vol. Ed.), *Handbook of child psychology, Vol. 1: Theoretical models of human development* (pp. 993–1028). New York, NY: Wiley.

Brooks, R., & Meltzoff, A. N. (2005). The development of gaze following and its relation to language. *Developmental Science, 8,* 535–543.

Brooks-Gunn, J. (2003). Do you believe in magic? What we can expect from early childhood intervention programs. *Social Policy Report of the Society for Research in Child Development, 17,* 3–14.

Brotanek, J. M., Gosz, J., & Weitzman, M. (2007). Iron deficiency in early childhood in the United States: Risk factors and racial/ethnic disparities. *Pediatrics, 120,* 568–575.

Brown, A. M., & Miracle, J. A. (2003). Early binocular vision in human infants: Limitations on the generality of the Superposition Hypothesis. *Vision Research, 43,* 1563–1574.

Brown, A. S., & Susser, E. S. (2002). In utero infection and adult schizophrenia. *Mental Retardation and Developmental Disabilities Research Reviews, 8,* 51–57.

Brown, B. B., & Braun, M. T. (2013). Peer relations. In *Research, Applications, and Interventions for Children and Adolescents* (pp. 149–164). Netherlands: Springer.

Brown, B. B., & Klute, C. (2003). Friendships, cliques, and crowds. In R. G. Adams & D. M. Berzonsky (Eds.), *Blackwell handbook of adolescence* (pp. 330–348). Malden, MA: Blackwell.

Brown, B. B., Herman, M., Hamm, J. V., & Heck, D. K. (2008). Ethnicity and image: Correlates of crowd affiliation among ethnic minority youth. *Child Development, 79,* 529–546.

Brown, J. D. (2006). Emerging adults in a media-saturated world. In J. J. Arnett & J. Tanner (Eds.), *Coming of age in the 21st century: The lives and contexts of emerging adults* (pp. 279–299). Washington, DC: American Psychological Association.

Brown, J. D., Steele, J., & Walsh-Childers, K. (Eds.). (2002). *Sexual teens, sexual media.* Mahwah, NJ: Erlbaum.

Brown, L. H., & Rodin, P. A. (2004). Grandparent–grandchild relationships and the life course perspective. In J. Demick & C. Andreoletti (Eds.), *Handbook of adult development* (pp. 459–474). New York, NY: Springer.

Brown, R. (1973). *A first language: The early stages.* Cambridge, MA: Harvard University Press.

Brown, S. H., & Lin, I. (2012). *The gray divorce revolution: Rising divorce rates among middle-ages and older adults, 1990–2009.* Bowling Green, OH: National Center for Family & Marriage Research.

Brownell, C. A., & Kopp, C. B. (2007). *Socioemotional development in the toddler years.* New York, NY: Guilford.

Bruce, M. L. (2002). Psychosocial risk factors for depressive disorders in late life. *Biological Psychiatry, 52,* 175–184.

Brumberg, J. J. (1997). *The body project: An intimate history of American girls.* New York, NY: Random House.

Brunello, G., & Langella, M. (2013). Bridge jobs in Europe. *IZA Journal of Labor Policy, 2:11.*

Bruner, M. W., Erickson, K., Wilson, B., & Côté, J. (2010). An appraisal of athlete development models through citation network analysis. *Psychology of Sport and Exercise, 11,* 133–139.

Brussoni, M. J., & Boon, S. D. (1998). Grandparental impact in young adults' relationships with their closest grandparents: The role of relationship strength and emotional closeness. *International Journal of Aging and Human Development, 45,* 267–286.

Bryant, B. E. (2014). Sibling relationships in middle childhood. In M. E. Lamb & B. Sutton-Smith (Eds.), *Sibling relationships: Their nature and significance across the lifespan* (pp. 87–122). London, England: Routledge.

Bryant, G. A., & Barrett, H. C. (2007). Recognizing intentions in infant–directed speech: Evidence for universals. *Psychological Science, 18,* 746–751.

Bryder, L. (2009). From breast to bottle: a history of modern infant feeding. *Endeavour 33,* 54–59.

Buboltz, W. C., Soper, B., Brown, F., & Jenkins, S. (2002). Treatment approaches for sleep difficulties in college students. *Counseling Psychology Quarterly, 15,* 229–237.

Buchanan, C. M., Eccles, J. S., & Becker, J. B. (1992). Are adolescents the victims of raging hormones? Evidence for activational effects of hormones on moods and behavior at adolescence. *Psychological Bulletin, 111,* 62–107.

Buckley, T., & Gottlieb, A. (1988). *Blood magic: The anthropology of menstruation.* Berkeley, CA: University of California Press.

Budd, K. (1999). The facts of life: Everything you wanted to know about sex (after 50). *Modern Maturity, 42,* 78.

Bugental, D. B., & Grusec, J. E. (2006). Socialization processes. In N. Eisenberg, W. Damon, & R. M. Lerner (Eds.), *Handbook of child psychology: Vol. 3. Social, emotional, and personality development* (6th ed., pp. 366–428, xxiv, 1128). Hoboken, NJ: John Wiley & Sons.

Bugental, D. B., & Happaney, K. (2004). Predicting infant maltreatment in low-income families: The interactive effects of maternal attributions and child status at birth. *Developmental Psychology, 40,* 234–243.

Bugg, J. M., DeLosh, E. L., & Clegg, B. A. (2006). Physical activity moderates time-of-day differences in older adults' working memory performance. *Experimental Aging Research, 32,* 431–446.

Buhrmester, D. (2013). The developmental courses of sibling and peer relationships. In F. Boer, J. Dunn, & J. F. Dunn (Eds.), *Children's sibling relationships: Developmental and clinical issues* (pp. 19–40). New York, NY: Wiley.

Buhs, E. S., & Ladd, G. W. (2001). Peer rejection as antecedent of young children's school adjustment: An examination of mediating processes. *Developmental Psychology, 37,* 550–560.

Bulik, C. M., Berkman, N. D., Brownley, K. A., Sedway, L. A., & Lohr, K. N. (2007). Anorexia nervosa treatment: A systematic review of randomized controlled trials. *International Journal of Eating Disorders, 40,* 310–320.

Bullough, V. L. (1981). Comments on Mosher's "Three dimensions of depth involvement in human sexual response." *Journal of Sex Research, 17,* 177–178.

Bumpass, L., & Liu, H. H. (2000, March). Trends in cohabitation and implications for children's family contexts in the United States. *Population Studies, 54,* 29–41.

Burgard, S. A., Brand, J. E., & House, J. S. (2009). Perceived job insecurity and worker health in the United States. *Social Science & Medicine, 69,* 777–785.

Burgess, K. B., & Rubin, K. H. (2000). Middle childhood: Social and emotional development. In A. Kazdin (Ed.), *Encyclopedia of psychology* (Vol. 5, pp. 234–239). Washington, DC: American Psychological Association.

Burnett, A. L. (2004). The impact of sildenafil on molecular science and sexual health. *European Urology, 46,* 9–14.

Burnham, M., Goodlin-Jones, B., & Gaylor, E. (2002). Nighttime sleep–wake patterns and self–soothing from birth to one year of age: A longitudinal intervention study. *Journal of Child Psychology & Psychiatry & Allied Disciplines, 43,* 713–725.

Burton, A., Hayley, W., & Small, B. (2006). Bereavement after caregiving or unexpected death: Effects on elderly spouses. *Aging & Mental Health, 10,* 319–326.

Bushman, B. J., & Chandler, J. J. (2007). Violence, effects of. In J. J. Arnett (Ed.), *Encyclopedia of children, adolescents, and the media* (Vol. 2, pp. 847–850). Thousand Oaks, CA: Sage.

Bushman, B. J., & Huesmann, L. R. (2001). Effects of televised violence on aggression. In D. G. Singer & J. L. Singer (Eds.), *Handbook of children and the media* (pp. 223–254). Thousand Oaks, CA: Sage.

Buss, A. H. (1995). *Personality, temperament, social behavior, and the self.* Boston, MA: Allyn & Bacon.

Buss, D. M. (2003). *The evolution of desire: Strategies of human mating* (Revised Ed.). New York, NY: Basic Books.

Buss, D. M. (2007). The evolution of human mating. *Acta Psychologica Sinica, 39 (Special issue: Evolutionary psychology),* 502–512.

Buss, D. M., Abbott, M., Angleitner, A., Asherian, A., Biaggio, A., Bianco-Villasenor, et al. (1990). International preferences in selecting mates: A study of cultures. *Journal of Cross-Cultural Psychology, 21,* 5–47.

Buss, K. A., & Goldsmith, H. H. (1998). Fear and anger regulation in infancy: Effects on the temporal dynamics of affective expression. *Child Development, 69,* 359–374.

Buss, K. A., & Plomin, R. (1984). *Temperament: Early developing personality traits.* Hillsdale, NJ: Erlbaum.

Bussey, K. (1992). Lying and truthfulness: Children's definitions, standards, and evaluative reactions. *Child Development, 63,* 129–137.

Bussey, K., & Bandura, A. (2004). Social cognitive theory of gender development and functioning. In A. H. Eagly, A. Beall, & R. Sternberg (Eds.), *The psychology of gender* (2nd ed., pp. 92–119). New York, NY: Guilford.

Butler, R. N. (2002). The life review. *Journal of Geriatric Psychiatry, 35,* 7–10.

Buunk, A. P., Park, J. H., & Dubbs, S. L. (2008). Parent–offspring conflict in mate preferences. *Review of General Psychology, 12,* 47–62.

Buunk, B. P. (2002). Age and gender differences in mate selection criteria for various involvement levels. *Personal Relationships, 9,* 271–278.

Bybee, J. A., & Wells, Y. V. (2003). The development of possible selves during adulthood. In J. Demick & C. Adnreoletti (Eds.), *Handbook of adult development* (pp. 257–270). New York, NY: Springer.

Byles, J., Young, A., Furuya, H., & Parkinson, L. (2006). A drink to healthy aging: The association between older women's use of alcohol and their health-related quality of life. *Journal of the American Geriatric Society, 54,* 1341–1347.

Byrd, C. M. (2012). The measurement of racial/ethnic identity in children a critical review. *Journal of Black Psychology, 38*(1), 3–31.

Caballero, B. (2007). The global epidemic of obesity: An overview. *Epidemiology Review, 29,* 1–5.

Cabrera, N. J., & Garcia-Coll, C. (2004). Latino fathers: Uncharted territory in need of much exploration. In M. E. Lamb (Ed.), *The role of the father in child development* (4th ed., pp. 98–120). Hoboken, NJ: Wiley.

Cabrera, S. F., Sauer, S. J., & Thomas-Hunt, M. C. (2009). The evolving manager stereotype: The effects of industry gender typing on performance expectations for leaders and their teams. *Psychology of Women Quarterly, 33,* 419–428.

Cáceres, I. A. (2008). Massachusetts deaths 2006. *Massachusetts Department of Public Health Bureau of Health Information, Statistics, Research, and Evaluation.* Retrieved from http://www.mass.gov/Eeohhs2/docs/dph/research_epi/death_report_08.pdf

Caetano, R., Ramisetty-Mikler, S., Floyd, L. R., & McGrath, C. (2006). The epidemiology of drinking among women of child-bearing age. *Alcoholism: Clinical and Experimental Research, 30,* 1023–1030.

Cain, D. S., & Combs-Orme, T. (2005). Family structure effects on parenting stress and practices in the African-American family. *Journal of Sociology and Social Welfare, XXXII,* 19–40.

Calkins, S. (2012). Caregiving as coregulation: Psychobiological processes and child functioning. In A. Booth, S. M. McHale, & N. Landale (Eds.), *Biosocial foundations of family processes* (pp. 49–59). New York, NY: Springer.

Calkins, S. D. (2002). Does aversive behavior during toddlerhood matter? The effects of difficult temperament on maternal perceptions and behavior. *Child Development, 67,* 523–540.

Call, J. (2001). Object permanence in orangutans, chimpanzees, and children. *Journal of Comparative Psychology, 115,* 159–171.

Callahan, C. M., Boustani, M. A., Unverzagt, F. W., Austrom, M. G., Damush, T. M., Perkins, et al. (2006). Effectiveness of collaborative care for older adults with Alzheimer disease in primary care: A randomized controlled trial. *JAMA: Journal of the American Medical Association, 295,* 2148–2157.

Calle, E. E., Rodriguez, C., Walker-Thurmond, K., & Thun, M. J. (2003). Overweight, obesity, and mortality from cancer in a prospectively studied cohort of U.S. adults. *New England Journal of Medicine, 348,* 1625–1638.

Calvo, E. (2006). *Does working longer make people healthier and happier?* Retrieved from http://www.bc.edu/centers/crr/issues/wob_2.pdf

Cameron, J. L. (2001). Effects of sex hormones on brain development. In C. A. Nelson & M. Luciana (Eds.), *Handbook of developmental cognitive neuroscience* (pp. 59–78).

Campbell, A., Shirley, L., & Candy, J. (2004). A longitudinal study of gender-related cognition and behavior. *Developmental Science, 7,* 1–9.

Campbell, E., Ramey, C., & Pungello, E. (2002). Early childhood education: Young adult outcomes from the Abecedarian Project. *Applied Developmental Science, 6,* 42–57.

Campbell, J. (1959). *The masks of god, I: Primitive mythology.* New York, NY: Viking.

Campione-Barr, N., & Smetana, J. G. (2010). "Who said you could wear my sweater?" Adolescent siblings' conflicts and associations with relationship quality. *Child Development, 81,* 464–471.

Campisi, J. (2005). Aging, tumor suppression and cancer: High-wire act. *Mechanics of Aging and Development, 126,* 51–58.

Campos, J. J., Langer, A., & Krowitz, A. (1970). Cardiac responses on the visual cliff in prelocomotor human infants. *Science, 170,* 196–197.

Camras, L. A., Lambrecht, L., & Michel, G. F. (1996). Infant "surprise" expressions as coordinative motor structures. *Journal of Nonverbal Behavior, 20,* 183–195.

Canda, E., Nakashama, M., & Furman, L. (2004). Ethical considerations about spirituality in social work: Insights from a national qualitative survey. *Families in Society, 85,* 27–35.

Canadian Fitness and Lifestyle Research Institute. (2002). *Physical activity monitor 2002.* Retrieved from www.cflri.ca

Caravita, S., & Cillessen, A. H. (2012). Agentic or communal? Associations between interpersonal goals, popularity, and bullying in middle childhood and early adolescence. *Social development, 21* (2), 376–395.

Carlson, S. M. (2003). Executive function in context: Development, measurement, theory and experience. *Monographs of the Society for Research in Child Development,68*(3, Serial No. 274), 138–151.

Carnelly, K. B., Wortman, C. B., Bolger, N., & Burke, C. T. (2006). The time course of grief reactions to spousal loss: Evidence from a national probability sample. *Journal of Personality and Social Psychology, 91,* 476–492.

Carr, D., & Friedman, M. A. (2005). Is obesity stigmatizing? Body weight, perceived discrimination, and psychological well-being in the United States. *Journal of Health and Social Behavior, 46,* 244–259.

Carr, J. (2002). Down syndrome. In P. Howlin & O. Udwin (Eds.), *Outcomes in neurodevelopmental and genetic disorders* (pp. 169–197). New York, NY: Cambridge University Press.

Carrere, S., Buehlman, K. T., Gottman, J. M., Coan, J. A., & Ruckstuhl, L. (2000). Predicting marital stability and divorce in newlywed couples. *Journal of Family Psychology, 14,* 42–58.

Carroll, J. L., & Wolpe, P. R. (2005). *Sexuality now: Embracing diversity:* Belmont, CA: Wadsworth.

Carroll, J. S., Padilla-Walker, L. M., Nelson, L. J., Olson, C. D., Barry, C. M., & Madsen, S. D. (2008). Generation XXX: Pornography acceptance and use among emerging adults. *Journal of Adolescent Research, 23,* 6–30.

Carstensen, L. L. (1995). Evidence for a life-span theory of socioemotional selectivity. *Current Directions in Psychological Science, 5,* 151–156.

Carstensen, L. L. (1998). A life-span approach to social motivation. In J. Heckhausen & C. Dweck (Eds.), *Motivation and self-regulation across the life span* (pp. 341–364). New York, NY: Cambridge University Press.

Carstensen, L. L., et al. (2011). Emotional experience improves with age: Evidence based on over 10 years of experience sampling. *Psychology and Aging, 26,* 21–33.

Carstensen, L. L., Fung, H. H., & Charles, S. T. (2003). Socioeconomic selectivity theory and the regulation of emotion in the second half of life. *Motivation and Emotion, 27,* 103–123.

Carstensen, L. L., Isaacowitz, D. M., & Charles, S. T. (1999). Taking time seriously: A theory of socioemotional selectivity. *American Psychologist, 54,* 165–181.

Carter, K. C., & Carter, B. R. (2005). *Childbed fever. A scientific biography of Ignaz Semmelweis*. Edison, NJ: Transaction.

Carter-Saltzman, L. (1980). Biological and sociocultural effects on handedness: Comparison between biological and adoptive families. *Science, 209,* 1263–1265.

Carver, K., Joyner, K., & Udry, J. R. (2003). National estimates of adolescent romantic relationships. In P. Florsheim (Ed.), *Adolescent romantic relations and sexual behavior: Theory, research, and practical implications* (pp. 23–56). Mahwah, NJ: Lawrence Erlbaum.

Case, R. (1999). Conceptual development in the child and the field: A personal view of the Piagetian legacy. In E. K. Skolnick, K. Nelson, S. A. Gelman, & P. H. Miller (Eds.), *Conceptual Development*. Mahwah, NJ: Erlbaum.

Case, R., & Okamato, Y. (Eds.). (1996). The role of central conceptual structures in the development of children's thought. *Monographs of the Society for Research in Child Development, 61* (1–2, Serial No. 246).

Casey Foundation (2010). *2010 Kids Count data book.* Baltimore, MD: Annie E. Casey Foundation.

Casey, B. J., Getz, S., & Galvan, A. (2008). The adolescent brain. *Developmental Review, 28,* 62–77.

Casey, B. M., McIntire, D. D., & Leveno, K. J. (2001). The continuing value of Apgar score for the assessment of the newborn infants. *New England Journal of Medicine, 344,* 467–471.

Cash, T. F. (2009). Attitudes, behaviors, and expectations of men seeking medical treatment for male pattern hair loss: Results of multinational survey. *Current Medical Research and Opinion, 25,* 1811–1820.

Cassidy, K. W., Werner, R. S., Rourke, M., Zubernis, L. S., & Balaraman, G. (2003). The relationship between psychological understanding and positive social behaviors. *Social Development, 12,* 198–221.

Cassidy, J., & Shaver, P. R. (2008). *Handbook of attachment: Theory, research, and clinical applications.* New York, NY: Guilford.

Cassidy, T. (2006). *Birth: The surprising history of how we are born.* New York, NY: Atlantic Monthly Press.

Cassidy, T. (2008). *Taking Great Pains: An Abridged History of Pain Relief in Childbirth.* Retrieved from http://wondertime.go.com/learning/article/ childbirth-pain-relief.html

Castellanos, F. X., Sharp, W. S., Gottesman, R. F., Greenstein, D. K., Giedd, J. N., & Rapoport, J. L. (2003). Anatomic brain abnormalities in monozygotic twins discordant for attention-deficit hyperactivity disorder. *American Journal of Psychiatry, 160,* 1693–1695.

Cattell, R.B. (1963). Theory of fluid and crystallized intelligence: A critical experiment. *Journal of Educational Psychology, 54,* 1–22.

Cavallini, A., Fazzi, E., & Viviani, V. (2002). Visual acuity in the first two years of life in healthy term newborns: An experience with the Teller Acuity Cards. *Functional Neurology: New Trends in Adaptive & Behavioral Disorders, 17,* 87–92.

Ceci, S. J., & Williams, W. M. (Eds.). (2007). *Why aren't more women in science? Top researchers debate the evidence.* Washington, DC: American Psychological Association.

Cejka, M. A., & Eagly, A. H. (1999). Gender-stereotypic images of occupations correspond to the sex segregation of employment. *Personality and Social Psychology Bulletin, 25,* 413–423.

Center for Disease Control (2008). Breastfeeding in the United States: Findings from the National Health and Nutrition Examination Surveys, 1999–2006. *NCHS Data Brief, No. 5.*

Centers for Disease Control (CDC). (2010). *Neonatal mortality rates, by race and Hispanic origin of mother, and state: United States, average annual 1989–1991, 2001–2003, and 2004–2006*. Retrieved from http://www.cdc.gov/nchs/data/hus/2010/019.pdf

Centers for Disease Control (CDC). (2010). *U.S. Obesity Trends: Trends by State 1985–2009.* Atlanta, GA: Author.

Centers for Disease Control (CDC). (2011). *Spina bifida fact sheet.* Retrieved from http://www.cdc.gov/ncbddd/spinabifida/documents/spina–bifida- fact-sheet1209.pdf

Centers for Disease Control (CDC) (2011). Heart disease is the number one cause of death. Retrieved from http://www.cdc.gov/features/heartmonth/

Centers for Disease Control and Prevention (2004). *Married adults are healthiest, new CDC report shows.* News release, National Center for Health Statistics. Hyattsville, MD, December 15, 2004.

Centers for Disease Control and Prevention (2007). Trends in health and aging. Retrieved from http://www.cdc.gov/nchs/agingact.htm

Centers for Disease Control and Prevention (2009). Defining overweight and obesity. Retrieved from http://www.cdc.gov/obesity/defining.html

Centers for Disease Control and Prevention (2010). *Sudden Infant Death Syndrome (SIDS) and infant vaccines.* Retrieved from http://www.cdc.gov/vaccinesafety/Concerns/sids_faq.html

Centers for Disease Control and Prevention (2013). *FastStats: Exercise or physical activity.* Atlanta, GA: Author. Retrieved from http://www.cdc.gov/nchs/fastats/exercise.htm

Centers for Disease Control and Prevention (2013). Progress in increasing breastfeeding and reducing racial/ethnic differences. *MMWR, 62(5),* 77–80.

Centers for Disease Control and Prevention (2013). *Sexually Transmitted Disease Surveillance 2012*. Atlanta, GA: U.S. Department of Health and Human Services.

Centers for Disease Control and Prevention (2014). *Adult obesity facts.* Atlanta, GA: Author. Retrieved from http://www.cdc.gov/obesity/data/adult.html#Socioeconomic

Centers for Disease Control and Prevention (2014). *Fact sheet: Adult cigarette smoking in the United States: Current estimates.* Retrieved from http://www.cdc.gov/tobacco/data_statistics/fact_sheets/adult_data/cig_smoking/

Centers for Disease Control and Prevention (2014). *Health, United States, 2013: Table 64.* Atlanta, GA: Author.

Centers for Disease Control and Prevention (2014). *Health, United States, 2013.* Atlanta, GA: Author.

Centers for Disease Control and Prevention (2014). *Breastfeeding report card.* Retrieved from http://www.cdc.gov/breastfeeding/pdf/2013breastfeedingreportcard.pdf

Centers for Disease Control and Prevention (2014). Prevalence of autism spectrum disorder among children aged 8 years. *MMWR, 63,* 1–21.

Centers for Disease Control and Prevention (2014). Tobacco-related mortality. Retrieved from http://www.cdc.gov/tobacco/data_statistics/fact_sheets/health_effects/tobacco_related_mortality/

Centers for Disease Control and Prevention (CDC). (2011). *Autism spectrum disorders (ASDs).* Retrieved from http://www.cdc.gov/ncbddd/autism/ data.html

Centers for Disease Control and Prevention (CDC) (2011). Sleep and sleep disorders. Retrieved from http://www.cdc.gov/sleep/

Centers for Disease Control and Prevention (CDC) (2002). Infant mortality and low birth weight among Black and White infants: United States, 1980–2000. *Morbidity & Mortality Weekly Report, 51,* 589–592.

Centers for Disease Control and Prevention (CDC) (2006). School health policies and programs study (SHPPS). *Journal of School Health.* 2007; 27(8).

Centers for Disease Control and Prevention (CDC) (2006). Vaccine preventable deaths and the global immunization vision and strategy, 2006–15. *Mortality and Morbidity Weekly Report, 55,* 511–515.

Centers for Medicare and Medicaid Services. (2009). Hospice payment system. Retrieved from http://www.cms.hhs.gov/mlnproducts/downloads/ hospice_pay_sys_fs.pdf

Chadha, N. K. (2004). Understanding intergenerational relationships of India. In E. Larkin, D. Friedlander, S. Newman, & R. Goff (Eds.), *Intergenerational relationships: Conversations on practice and research across cultures* (pp. 63–73). New York, NY: Haworth Press.

Chalk, L. M., Meara, N. M., Day, J. D., & Davis, K. L. (2005). Occupational possible selves: Fears and aspirations of college women. *Journal of Career Assessment, 13,* 188–203.

Chambers, M. L., Hewitt, J. K., Schmitz, S., Corley, R. P., & Fulker, D. W. (2001). Height, weight, and body mass index. In R. N. Emde & J. K. Hewitt (Eds.), *Infancy to early childhood: Genetic and environmental influences on developmental change* (pp. 292–306). New York, NY: Oxford University Press.

Champion, K. M., Vernberg, E. M., & Shipman, K. (2003). Nonbullying victims of bullies: Aggression, social skills, and friendship characteristics. *Journal of Applied Developmental Psychology, 24,* 535–551.

Chapman, L. K., & Steger, M. F. (2010). Race and religion: Differential prediction of anxiety symptoms by religious coping in African American and European American young adults. *Depression and Anxiety, 27*(3), 316–322.

Chan, C. G., & Elder, G. H., Jr. (2000). Matrilineal advantage in grandchild–grandparent relations. *Gerontologist, 40,* 179–190.

Chang, L. (2008). *Factory girls: From village to city in a changing China.* New York, NY: Spiegel & Grau.

Chao, R., & Tseng, V. (2002). Parenting of Asians. In M. H. Bornstein (Ed.), *Handbook of parenting, Vol. 4: Social conditions and applied parenting* (pp. 59–93). Mahwah, NJ: Erlbaum.

Charles, S. T., & Carstensen, L. L. (2004). A life-span view of emotional functioning in adulthood and old age. In P. Costa & I. C. Siegler (Eds.), *Advances in cell aging and gerontology series* (Vol. 15, pp. 133–162). New York, NY: Elsevier.

Charpak, N., Ruiz-Pelaez, J. G., & Figueroa, Z. (2005). Influence of feeding patterns and other factors on early somatic growth of healthy, preterm infants in home-based kangaroo mother care: A cohort study. *Journal of Pediatric Gastroenterology and Nutrition, 41,* 430–437.

Chatters, L. M., Taylor, R. J., Bullard, K. M., & Jackson, J. S. (2008). Spirituality and subjective religiosity among African Americans, Caribbean Blacks, and non-Hispanic Whites. *Journal for the Scientific Study of Religion,* 725–737.

Chaudhary, N., & Sharma, N. (2007). India. In J. J. Arnett (Ed.), *International encyclopedia of adolescence* (pp. 442–459). New York, NY: Routledge.

Chaudhary, N., & Sharma, P. (2012). India. In J. J. Arnett (Ed.), *Adolescent psychology around the world.* New York, NY: Taylor & Francis.

Chaytor, N., & Scmitter-Edgecombe, M. (2004). Working memory and aging: A cross-sectional and longitudinal analysis using a self-ordered pointing task. *Journal of the International Neuropsychological Society, 10,* 489–503.

Chen, X. (2011). Culture, peer relationships, and human development. In L. A. Jensen (Ed.), *Bridging cultural and developmental approaches to psychology* (pp. 92–111). New York, NY: Oxford University Press.

Chen, X.,, K. H., & Li, Z. (1995). Social functioning and adjustment in Chinese children: A longitudinal study. *Developmental Psychology, 31,* 531–539.

Chen, X., Cen, G., Li, D., & He, Y. (2005). Social functioning and adjustment in Chinese children: The imprint of historical time. *Child Development, 76,* 182–195.

Chen, X., Wang, L., & DeSouza, A. (2007). Temperament, socioemotional functioning, and peer relationships in Chinese and North American children. In X. Chen, D. C. French, & B. H. Schneider (Eds.), *Peer relationships in cultural context* (pp. 123–146). New York, NY: Cambridge University Press.

Cheng, C. (2006). Living alone: The choice and health of older women. *Journal of Gerontological Nursing, 32,* 24–25.

Cherlin, A. J. (2009). *The marriage-go-round: The State of marriage and the family in American today.* New York, NY: Knopf.

Chess, S., & Thomas, A. (1984). *Origins and evolution of behavior disorders.* New York, NY: Brunner/Mazel.

Chestnut, C. H., III. (2001). Osteoporosis, an underdiagnosed disease. *JAMA: Journal of the American Medical Association, 286,* 2865–2866.

Cheung, A. H., Emslie, G. J., & Mayes, T. (2005). Review of the efficacy and safety of antidepressants in youth depression. *Journal of Child Psychology & Psychiatry,* 735–754.

Chew, K.-K., Bremner, A., Stuckey, B., Earle, C., & Jamrozik, K. (2009). Is the relationship between cigarette smoking and male erectile dysfunction independent of cardiovascular disease? Findings from a population-based cross-sectional study. *Journal of Sexual Medicine, 6,* 222–231.

Chibber, R., El-saleh, E., & El harmi, J. (2011). Female circumcision: Obstetrical and psychological sequelae continues unabated in the 21st century. *Journal of Maternal-Fetal and Neonatal Medicine 24*(6), 833–836.

Children's Defense Fund (2005). *State of America's children.* Washington, DC: Author.

Chi, D. L., Momany, E. T., Neff, J., Jones, M. P., Warren, J. J., Slayton, R. L., . . . Damiano, P. C. (2011). Impact of chronic condition status and the severity on the time of first dental visit for newly Medicaid-enrolled children in Iowa. *Health Services Research, 46,* 572–595.

Chi, M. T. (1978). Knowledge structures and memory development. In R. S. Siegler (Ed.), *Children's thinking: What develops?* (pp. 73–96). Hillsdale, NJ: Erlbaum.

Chi, M. T., Glaser, R., & Farr, M. J. (Eds.) (2014). *The nature of expertise.* New York, NY: Psychology Press.

Chien, W., & Lin, F. R. (2012). Prevalence of hearing aid use among older adults in the United States. *Archives of Internal Medicine, 172*(3), 292–293.

Child Trends (2014). *Low and very low birth weight infants.* Child Trends Data Bank. Retrieved from http://www.childtrends.org/?indicators=low-and-very-low-birthweight-infants

Child Welfare Information Gateway (2013). *Foster care statistics.* Retrieved from https://www.childwelfare.gov/pubs/factsheets/foster.pdf#page=1&view=Key Findings

Chinas, L. (1992). *The Isthmus Zapotecs: A matrifocal culture of Mexico.* New York, NY: Harcourt Brace Jovanovich College Publishers.

Chisholm, L., & Hurrelmann, K. (1995). Adolescence in modern Europe: Pluralized transition patterns and their implications for personal and social risks. *Journal of Adolescence, 18,* 129–158.

Chodosh, J., Kado, D. M., Seeman, T. E., & Karlamangla, A. S. (2007). Depressive symptoms as a predictor of cognitive decline: MacArthur Studies of Successful Aging. *American Journal of Geriatric Psychiatry, 15,* 406–415.

Chopdar, A., Chakravarthy, U., & Verma, D. (2003). Age related macular degeneration. *British Journal of Medicine, 326,* 485–488.

Chou, R. J. (2011). Perceived need and actual usage of the Family Support Agreement in rural China: Results from a nationally representative survey. *The Gerontologist, 51,* 295–309. doi: 10.1093/geront/gnq062

Christ, G. (2008). *Chronic illness and aging: Cancer as a chronic life threatening condition.* Council on Social Work Education, Section 4.

Christopher, M. J. (2003). The new place of end-of-life issues on the policy agenda. *Public Policy and Aging Report, 13,* 23–26.

Chuang, M. E., Lamb, C. P., & Hwang, C. P. (2004). Internal reliability, temporal stability, and correlates of individual differences in parental involvement: A 15-year longitudinal study in Sweden. In

R. D. Day & M. E. Lamb (Eds.), *Conceptualizing and measuring father involvement* (pp. 129–148). Mahwah, NJ: Erlbaum.

Chung, K. W., et al. (2013). Recent advances in calorie restriction research on aging. *Experimental Gerontology, 48,* 1049–1053.

Chung, S. A., Wei, A. Q., Connor, D. E., Webb, G. C., Molloy, T., Pajic, M., & Diwan, A. D. (2007). Nucleus pulposus cellular longevity by telomerase gene therapy. *Spine, 15,* 1188–1196.

Chung, S. F., & Wegars, P. (Eds.). (2009). *Chinese American death rituals: Respecting the ancestors.* New York, NY: AltaMira Press.

CIA (2014). Country comparisons, people living with HIV/AIDS. Retrieved from https://www.cia.gov/library/publications/the-world-factbook/rankorder/2156rank.html#

Cicchetti, D. (2001). How a child builds a brain. In W. W. Hartup & R. A. Weinberg (Eds.), *Child psychology in retrospect and prospect* (pp. 23–71) Mahwah, NJ: Erlbaum.

Cicchetti, D., & Toth, S. L. (1998). Perspectives on research and practice in developmental psychology. In W. Damon (Series Ed.) & I. E. Sigel & K. A. Renninger (Vol. Eds.), *Handbook of child psychology* (Vol. 4) (pp. 479–583). New York, NY: Wiley.

Cicirelli, V. G. (1996). Sibling relationships in middle and old age. In G. H. Brody (Ed.), *Sibling relationships: Their causes and consequences* (pp. 47–73). Westport, CT: Ablex.

Cicirelli, V. G. (2006). Fear of death in mid-old age. *Journal of Gerontology: Psychological Sciences, 61B,* P75–P81.

Cillessen, A. H. N., & Mayeux, L. (2004). From censure to reinforcement: Developmental changes in the association between aggression and social status. *Child Development, 75,* 147–163.

Cinamon, R. H. (2006). Anticipated work–family conflict: Effects of gender, self-efficacy, and family background. *Career Development Quarterly, 54,* 202–215.

Cipriano, E. A., & Stifter, C. A. (2010). Predicting preschool effortful control from toddler temperament and parenting behaviour. *Journal of Applied Developmental Psychology, 31,* 221–230.

Clapp, J. D., Johnson, M., Voas, R. B., Lange, J. E., Shillington, A., & Russell, C. (2005). Reducing DUI among U.S. college students: Results of an environmental prevention trial. *Addiction, 100,* 327–334.

Clark, E. V. (1995). The lexicon and syntax. In J. L. Miller & P. D. Eimas (Eds.), *Speech, language, and communication* (pp. 303–337). San Diego, CA: Academic Press.

Clark, J. J. (2010). Life as a source of theory: Erik Erikson's contributions, boundaries, and marginalities. In T. W. Miller (Ed.), *Handbook of stressful transitions across the lifespan* (pp. 59–83). New York, NY: Springer.

Clark, K.B., & Clark, M.P. (1947). Racial Identification and Preference in Negro Children. *Readings in Social Psychology*, 602–611.

Clarke-Stewart, A., & Brentano, C. (2006). *Divorce: Causes and consequences.* New Haven, CT: Yale University Press.

Clarke-Stewart, K., & Allhusen, V. (2002). Nonparental caregiving. In M. Born- stein (Ed.), *Handbook of parenting: Vol. 3: Being and becoming a parent* (2nd ed., pp. 215–252). Mahwah, NJ: Lawrence Erlbaum Associates.

Clarke-Stewart, K., Fitzpatrick, M., Allhusen, V., & Goldberg, W. (2000). Measuring difficult temperament the easy way. *Developmental and Behavioral Pediatrics, 21,* 207–223.

Claxton, S.E., & van Dulmen, M.H. (2015). Casual sexual relationships and experiences. In J.J. Arnett (Ed.), *Oxford Handbook of Emerging Adulthood.* New York: Oxford University Press.

Clay, E. C. & Seehusen, D. A. (2004). A review of postpartum depression for the primary care physician. *Southern Medical Journal, 97,* 157–162.

Coghill, D., Spiel, G., Baldursson, G., Döpfner, M., Lorenzo, M. J., Ralston, S. J., & Rothenberger, A., & ADORE Study Group (2006). Which factors impact on clinician-rated impairment in children with ADHD? *European Child & Adolescent Psychiatry, 15* (Suppl. 1), I30–I37.

Cohan, C. L., & Kleinbaum, S. (2002). Toward a greater understanding of the cohabitation effect: Premarital cohabitation and marital communication. *Journal of Marriage & the Family, 64,* 180–192.

Cohen, D., Gerardin, P., Mazet, P., Purper-Ouakil, D., & Flament, M. F. (2004). Pharmacological treatment of adolescent major depression. *Journal of Child and Adolescent Psychopharmacology, 14,* 19–31.

Cohen, G. D. (2005). *The mature mind: The positive power of the aging brain.* New York, NY: Avon Books.

Cohen, L. L. (2008). Racial/ethnic disparities in hospice care: A systematic review. *Journal of Palliative Medicine, 11,* 763–768.

Cohn, J. F., & Tronick, E. Z. (1983). Three-month-old infants' reaction to stimulated maternal depression. *Child Development, 23,* 185–193.

Coie, J. (2004). The impact of negative social experiences on the development of antisocial behavior. In J. B. Kupersmidt & K. A. Dodge (Eds.), *Children's peer relations: From the development to intervention.* Washington, DC: American Psychological Association.

Colby, A., Kohlberg, L., Gibbs, J., & Lieberman, M. (1983). A longitudinal study of moral judgment. *Monographs of the Society for Research in Child Development, 48*(1–2).

Colcombe, S. J., Erickson, K. I., Scalf, P. E., Kim, J. S., Prakash, R., McAuley, E., et al. (2006). Aerobic exercise training increases brain volume in aging humans. *Journal of Gerontology, A. Biological Sciences and Medical Sciences, 61,* 1166–1170.

Cole, A., & Kerns, K. A. (2001). Perceptions of sibling qualities and activities in early adolescents. *Journal of Early Adolescence, 21,* 204–226.

Cole, M. (1996). *Cultural psychology: A once and future discipline.* Cambridge, MA: Harvard University Press.

Cole, P. M., Teti, L. O., & Zahn-Waxler, C. (2003). Mutual emotion regulation and the stability of conduct problems between preschool and early school age. *Development and Psychopathology, 15,* 1–18.

Cole, T. J., Bellizzi, M. C., Flegal, K. M., & Dietz, W. H. (2000). Establishing a standard definition for child overweight and obesity worldwide: International survey. *British Medical Journal, 320,* 1240–1243.

Coleman, M., Ganong, L., & Fine, M. (2000). Reinvestigating remarriage: Another decade of progress. *Journal of Marriage and the Family, 62,* 1288–1307.

Coleman, M., Ganong, L. H., & Rothrauff, T. C. (2006). Racial and ethnic similarities and differences in beliefs about intergenerational assistance to older adults after divorce and remarriage. *Family Relations, 55,* 576–587.

Coleman, M. P., Quaresma, M., Berrino, F., Lutz, J. M., De Angelis, R., Capocaccia, R., ... CONCORD Working Group (2008). Cancer survival in five countries: A worldwide population–based study (CONCORD). *Lancet Oncology, 9,* 730–756.

Colen, C.G., & Ramey, D.M. (2014). Is breast truly best? Estimating the effects of breastfeeding on long-term child health and well-being in the United States using sibling comparisons. *Social Science Medicine, 109,* 55–65.

Collaku, A., Rankinen, T., Rice, T., Leon, A. S., Rao, D. C., Skinner, J. S., Wilmore, J. H., & Bouchard, C. (2004). A genome-wide linkage scan for dietary energy and nutrient intakes. *American Journal of Clinical Nutrition, 79,* 881–886.

Collier-Baker, E., & Suddendorf, T. (2006). Do chimpanzees and 2-year-old children understand double invisible displacement? *Journal of Comparative Psychology, 120,* 89–97.

Collins, G. (2010). *When everything changed: The amazing journey of American women from 1960 to the present.* New York, NY: Back Bay Books.

Collins, W. A., & Laursen, B. (2004). Parent–adolescent relationships and influences. In R. M. Lerner & L. Steinberg (Eds.), *Handbook of adolescent psychology* (2nd ed., pp. 331–361).

Collins, W. A., Maccoby, E. E., Steinberg, L., Hetherington, E. M., & Bornstein, M. H. (2000). Contemporary research on parenting: The case for nature and nurture. *American Psychologist, 55,* 218–232.

Collins, W. A., Madsen, S. D., & Susman-Stillman, A. (2002). Parenting during middle childhood. In M. H. Bornstein (Ed.), *Handbook of parenting: Vol. 1* (2nd ed., pp. 73–101). Mahwah, NJ: Erlbaum.

Colombo, J., & Mitchell, D. W. (2009). Infant visual habituation. *Neurobiology of Learning and Memory, 92,* 225–234.

Combs-Ronto, L. A., Olson, S. L., Lunkenheimer, E. S., & Sameroff, A. J. (2009). Interactions between maternal parenting and children's early disruptive behaviour: Bidirectional associations across the transition from preschool to school entry. *Journal of Abnormal Child Psychology, 37,* 1151–1163.

Compas, B. E., Ey, S., & Grant, K. E. (1993). Taxonomy, assessment, and diagnosis of depression during adolescence. *Psychological Bulletin, 114,* 323–344.

Condon, R. G. (1987). *Inuit youth: Growth and change in the Canadian Arctic.* New Brunswick, NJ: Rutgers University Press.

Conference Board of Canada. (2011). *Society: Elderly poverty.* Retrieved from http://www.conferenceboard.ca/hcp/details/society/elderly-poverty.aspx/

Connolly, J., & McIsaac, C. (2011). Romantic relationships in adolescence. In M. K. Underwood & J. H. Rosen (Eds.), *Social development: Relationships in infancy, childhood, and adolescence,* 180–206. New York, NY: Guilford.

Connolly, K. J., & Dalgleish, M. (1989). The emergence of a tool-using skill in infancy. *Developmental Psychology, 25,* 894–912.

Connolly, M., & Sullivan, D. (2004). *The essential c-section guide: Pain control, healing at home, getting your body back, and everything else you need to know about a cesarean birth.* New York, NY: Broadway Books.

Connor, R. (1992). *Cracking the over-50 job market.* New York, NY: Penguin Books.

Conway, C. C., Rancourt, D., Adelman, C. B., Burk, W. J., & Prinstein, M. J. (2011). Depression socialization within friendship groups at the transition to adolescence: the roles of gender and group centrality as moderators of peer influence. *Journal of abnormal psychology, 120*(4), 857.

Coovadia, H. M., & Wittenberg, D. F. (Eds.) (2004). *Pediatrics and child health: A manual for health professionals in developing countries.* (5th ed.). New York, NY: Oxford University Press.

Coplan, R. J., Prakash, K., O'Neil, K., & Arner, M. (2004). Do you "want" to play? Distinguishing between conflicted shyness and social disinterest in early childhood. *Developmental Psychology, 40,* 244–258.

Corbin, C. B., Welk, G. J., Corbin, W. R., & Welk, K. A. (2005). *Concepts of physical fitness* (12th ed.). New York, NY: McGraw-Hill.

Corbin, W. R., & Fromme, K. (2002). Alcohol use and serial monogamy as risks for sexually transmitted diseases in young adults. *Health Psychology, 21,* 229–236.

Core Institute (2013). Executive summary, Core Alcohol and Drug Survey-Long Form. Retrieved from http://core.siu.edu/_common/documents/report0911.pdf

Cornelius, M. D., Day, N. L., De Genna, N. M., Goldschmidt, L., Leech, S. L., & Willford, J. A. (2011). Effects of prenatal cigarette smoke exposure on neurobehavioral outcomes in 10-year-old children of adolescent mothers. *Neurotoxicology and Teratology, 33,* 137–144.

Corporation for National and Community Service, Office of Research and Policy Development. (2007). *The health benefits of volunteering: A review of recent research.* Washington, DC: Author.

Cosminsky, S. (2003). Cross-cultural perspectives on midwifery. In L. Dundes (Ed.), *The manner born: Birth rites in cross-cultural perspective* (pp. 69–84). Walnut Creek, CA: AltaMira Press.

Costa, P. T. J., & McCrae, R. R. (1978). Objective personality assessment. In M. Storandt, I. C. Spiegler, & M. F. Elias (Eds.), *The clinical psychology of aging* (pp. 119–143). New York, NY: Plenum.

Costello, D. M., Swendsen, J., Rose, J. S., & Dierker, L. C. (2008). Risk and protective factors associated with trajectories of depressed mood from adolescence to early adulthood. *Journal of Consulting and Clinical Psychology, 76,* 173–183.

Coté, J. (1994). *Adolescent storm and stress: An evaluation of the Mead-Freeman controversy.* Hillsdale, NJ: Erlbaum.

Côté, J. (2000). *Arrested adulthood: The changing nature of maturity and identity in the late modern world.* New York, NY: New York University Press.

Côté, J. (2005). Editor's introduction. *Identity, 5,* 95–96.

Côté, J. (2006). Emerging adulthood as an institutionalized moratorium: Risks and benefits to identity formation. In J. J. Arnett & J. L. Tanner (Eds.), *Emerging adults in America: Coming of age in the 21st century* (pp. 85–116). Washington, DC: American Psychological Association Press.

Cotter, D., Hermsen, J. M., & Vanneman, R. (2011). The End of the Gender Revolution? Gender Role Attitudes from 1977 to 20081. *American Journal of Sociology, 117*(1), 259–289.

Coughlin, C. R. (2009). Prenatal choices: Genetic counseling for variable genetic diseases. In V. Ravitsky, A. Fiester, A. L. Caplan (Eds.), *The Penn Center guide to bioethics* (pp. 415–424). New York, NY: Springer.

Coulmas, F. (2007). *Population decline and ageing in Japan-the social consequences.* Routledge.

Courage, M. L., Howe, M. L., & Squires, S. E. (2004). Individual differences in 3.5 month olds' visual attention: What do they predict at 1 year? *Infant Behavior and Development, 127,* 19–30.

Courage, M., & Cowan, N. (Eds.). (2009). *The development of memory in infancy and childhood* (2nd ed.). New York, NY: Psychology Press.

Courage, M. L., & Setliff, A. E. (2009). Debating the impact of television and video material on very young children: Attention, learning, and the developing brain. *Child Development Perspectives, 3*(1), 72–78.

Cowan, C. P., & Cowan, P. A. (2000). Working with couples during stressful transitions. In S. Dreman (Ed.), *The family on the threshold of the 21st century* (pp. 17–47). Mahwah, NJ: Erlbaum.

Cowan, P. A., & Cowan, C. P. (2011). After the baby: Keeping the couple relationship alive. *NCFR Newsletter,* 49, 1–2, 5.

Coyne, S. (2007). Violence, longitudinal studies of. In J. J. Arnett (Ed.), *Encyclopedia of children, adolescents, and the media* (Vol. 2, pp. 859–860). Thousand Oaks, CA: Sage.

Craig, J. M., & Piquero, A. R. (2014). Crime and punishment in emerging adulthood. In J. J. Arnett (Ed.), *Oxford handbook of emerging adulthood.* New York, NY: Oxford University Press.

Crain, W. (2000). *Theories of development: Concepts and applications.* Upper Saddle River, NJ: Prentice Hall.

Cramer, R. E., Schaefer, J. T., & Reid, S. (2003). More evidence for male–female convergence. In N. J. Pallone (Ed.), *Love, romance, sexual interaction: Research perspectives from current psychology* (pp. 61–73). New Brunswick, NJ: Transaction.

Cratty, B. J. (1986). *Perceptual and motor development in infants and children* (3rd ed.). Englewood Cliffs, NJ: Prentice-Hall.

Cravey, T., & Mitra, A. (2011). Demographics of the sandwich generation by race and ethnicity in the United States. *The Journal of Socio-Economics, 40*(3), 306–311.

Crawford, C., & Krebs, D. (2008). *Foundations of evolutionary psychology.* New York, NY: Lawrence Erlbaum.

Crawford, M., & Popp, D. (2003). Sexual double standards: A review and methodological critique of two decades of research. *Journal of Sex Research, 40,* 13–26.

Crawford, S., & Channon, S. (2002). Dissociation between performance on abstract tests of executive function and problem solving in real-life type situations in normal aging. *Aging and Mental Health, 6,* 12–21.

Crews, J. E., & Campbell, V. A. (2004). Vision impairment and hearing loss among community-dwelling older Americans: Implications for health and functioning. *American Journal of Public Health, 94,* 823–829.

Crick, N. R., Ostrov, J. M., Burr, J. E., Cullerton-Sen, C., Jansen-Yeh, E., & Ralston, P. (2006). A longitudinal study of relational and physical aggression in preschool. *Journal of Applied Developmental Psychology, 27,* 254–268.

Critser, G. (2003). *Fat land.* Boston, MA: Houghton Mifflin.

Crncec, R., Matthey, S., & Nemeth, D. (2010). Infant sleep problems and emotional health: A review of two behavioural approaches. *Journal of Reproductive and Infant Psychology, 28,* 44–54.

Cross, S. E., & Gore, J. S. (2003). Cultural models of the self. In E. S. Cross, S. J. Gore, & R. M. Leary (Eds.), *Handbook of self and identity* (pp. 536–564). New York, NY: Guilford Press.

Crouter, A. C., Manke, B. A., & McHale, S. M. (1995). The family context of gender intensification in early adolescence. *Child Development, 66,* 317–329.

Crow, J. F. (2003). There's something curious about parental–age effects. *Science, 301,* 606–607.

Crowley, B., Hayslip, B., & Hobdy, J. (2003). Psychological hardiness and adjustment to life events in adulthood. *Journal of Adult Development, 10,* 237–248.

Crowley, K. (2011). Sleep and sleep disorders in older adults. *Neuropsychology Review, 21,* 41–53.

Crowther, M., & Rodriguez, R. (2003). A stress and coping model of custodial grandparenting among African Americans. In B. Hayslip & I. Patrick (Eds.), *Working with custodial grandparents* (pp. 145–162). New York, NY: Springer.

Cruikshank, M. (2013). *Learning to be old: Gender, culture, and aging.* London, England: Rowman & Littlefield.

Crum, W. (2010). Foster parent parenting characteristics that lead to increased placement stability or disruption. *Children and Youth Services Review, 32,* 185–190.

Crumbley, D. H. (2006). "Power in the blood": Menstrual taboos and women's power in an African Instituted Church. In R. M. Griffith & B. D. Savage, *Women and religion in the African diaspora: Knowledge, power, and performance* (pp. 81–97). Baltimore, MD: Johns Hopkins University Press.

Csibra, G., Davis, G., Spratling, M. W., & Johnson, M. H. (2000). Gamma oscillations and object processing in the infant brain. *Science, 290,* 1582–1585.

Csikszentmihalyi, M., & Larson, R. W. (1984). *Being adolescent: Conflict and growth in the teenage years.* New York, NY: Basic Books.

Csikszentmihalyi, M., & Nakamura, J. (2005). The role of emotions in the development of wisdom. In R. J. Sternberg & J. Jordan (Eds.), *A handbook of wisdom: Psychological perspectives* (pp. 220–242). New York, NY: Cambridge University Press.

Cuddy, A. J. C., & Fiske, S. T. (2004). Doddering but dear: Process, content, and function in stereotyping of older persons. In T. Nelson (Ed.), *Ageism: Stereotyping and prejudice against older persons.* Cambridge, MA: MIT Press.

Cuevas, K., & Bell, M. A. (2014). Infant attention and early childhood executive function. *Child Development, 85,* 397–404. doi: 10.1111/cdev.12126

Cummings, E. M., George, M. R., & Kouros, C. D. (2010). Emotional development. In I. B. Weiner & W. B. Craighead (Eds.), *Corsini encyclopedia of psychology* (pp. 1–2). New York, NY: Wiley.

Cummings, K. M. (2002). Marketing to America's youth: Evidence from corporate documents. *Tobacco Control, 11* (Suppl. 1), i5–i17.

Cunningham, M., & Thorton, A. (2007). Direct and indirect influences of parents' marital instability on children's attitudes toward cohabitation in young adulthood. *Journal of Divorce & Remarriage, 46,* 125–143.

Curnow, T. (2008). Introduction: Sophia's world: Episodes from the history of wisdom. In M. Ferrari & G. Potworowski (Eds.), *Teaching for wisdom: Cross–cultural perspectives on fostering wisdom* (pp. 1–19). New York, NY: Springer.

Curran, K., DuCette, J., Eisenstein, J., & Hyman, I. A. (2001, August). *Statistical analysis of the cross-cultural data: The third year.* Paper presented at the meeting of the American Psychological Association, San Francisco, CA.

Czaja, S. J. (2006). Employment and the baby boomers: What can we expect in the future? In S. K. Whitbourne & S. L. Willis (Eds.), *The baby boomers grow up: Contemporary perspectives on midlife* (pp. 283–298).

D'Andrade, R. (1987). A folk model of the mind. In D. Holland & N. Quinn (Eds.), *Cultural models in language and thought* (pp. 112–148). New York, NY: Cambridge University Press.

da Motta, C. C. L., Naziri, D., & Rinne, C. (2006). The Influence of emotional support during childbirth: A clinical study. *Journal of Prenatal & Perinatal Psychology & Health, 20,* 325–341.

Daddis, C., & Smetana, J. (2005). Middle-class African American families' expectations for adolescents' behavioural autonomy. *International Journal of Behavioral Development, 29,* 371–381.

Dale, P. S., & Goodman, J. C. (2005). Commonality and individual differences in vocabulary growth. In M. Tomasello & D. I. Slobin (Eds.), *Beyond nature–nurture: Essays in honor of Elizabeth Bates* (pp. 41–78). Mahwah, NJ: Erlbaum.

Damon, W. (1983). *Social and personality development.* New York, NY: Norton.

Daniels, P., Godfrey, F. N., & Mayberry, R. (2006). Barriers to prenatal care among Black women of low socioeconomic status. *American Journal of Health Behavior, 30,* 188–198.

Darwin, C. (1859). *On the origin of species.* London, UK: John Murray.

Darwin, C. (1872). *The expression of the emotions in man and animals.* New York, NY: D. Appleton.

Dasen, P., Inhelder, B., Lavalle, M., & Retschitzki, J. (1978). *Naissance de l'intelligence chez l'enfant Baoule de Cote d'Ivorie.* Berne: Hans Huber.

Dasilva, K. A., Aubert, I., & McLaurin, J. (2006). Vaccine development for Alzheimer's disease. *Current Pharmaceutical Design, 12,* 4283–4293.

Daum, M. M., Prinz, W., & Aschersleben, G. (2011). Perception and production of object-related grasping in 6-month-olds. *Journal of experimental child psychology, 108*(4), 810–818.

Davenport, G. (2004). Rheumatology and musculoskeletal medicine. *British Journal of General Practice, 54,* 457–464.

David, B., Grace, D., & Ryan, M. K. (2004). The gender wars: A self-categorization perspective on the development of gender identity. In M. Bennett & S. Fabio (Eds.), *The development of the social self* (pp. 135–157). East Sussex, England: Psychology Press.

Davies, P. T., Harold, G. T., Goeke-Morey, M. C., & Cummings, E. M. (2002). Child emotional security and interparental conflict. *Monography of the Society for Research in Child Development, 67*(3, Serial No. 270).

Davies, R. (2004). New understandings of parental grief. *Journal of Advanced Nursing, 46,* 506–513.

Daviglus, M. L., Stamler, J., Pirzada, A., Yan, L. L., Garside, D. B., & Liu, K. (2004). Favorable cardiovascular risk profile in young women and long-term risk of cardiovascular and all-cause mortality. *JAMA: Journal of the American Medical Association, 292,* 1588–1592.

Davis, D. W. (2003). Cognitive outcomes in school-age children born prematurely. *Neonatal Network, 22,* 27–38.

Davis, H. P., Trussell, L. H., & Klebe, K. J. (2001). A ten-year longitudinal examination of repetition priming, incidental recall, free recall, and recognition in young and elderly. *Brain and Cognition, 46,* 99–104.

Davis, K. (2010). Coming of age online: The developmental underpinnings of girls' blogs. *Journal of Adolescent Research, 25,* 145–171.

Davis, K. F., Parker, K. P., & Montgomery, G. L. (2004). Sleep in infants and young children. Part I: Normal sleep. *Journal of Pediatric Health Care, 18,* 65–71.

Davis, S. S., & Davis, D. A. (2007). Morocco. In J. J. Arnett, R. Ahmed, B. Nsamenang, T. S. Saraswathi, & R. Silbereisen (Eds.), *International encyclopedia of adolescence* (pp. 645–655). New York, NY: Routledge.

Davis, S., & Davis, D. (2012). Morocco. In J. J. Arnett (Ed.), *Adolescent Psychology Around the World.* New York, NY: Taylor & Francis.

Dawson, G., Meltzoff, A. N., Osterling, J., Rinaldi, J., & Brown, E. (1998). Children with autism fail to orient to naturally occurring social stimuli. *Journal of Autism & Developmental Disorders, 28,* 479–485.

Day, R. D., & Lamb, M. E. (Eds.). (2004). *Conceptualizing and measuring father involvement.* Mahwah, NJ: Erlbaum.

de Haan, M., & Johnson, M. H. (2003). Mechanisms and theories of brain development. In M. de Haan & M. H. Johnson (Eds.), *The cognitive neuroscience of development* (pp. 1–18). Hove, UK: Psychology Press.

De Leon, M. J., Desanti, S., Zinkowski, R., Mehta, P. D., Pratico, D., & Segal, S. (2004). MRI and CSF studies in the early diagnosis of Alzheimer's disease. *Journal of Internal Medicine, 256,* 205–223.

De Marco, A. C., & Berzin, S. C. (2008). The influence of family economic status on home-leaving patterns during emerging adulthood. *Families in Society, 89,* 208–218.

De Meersman, R., & Stein, P. (February). Vagal modulation and aging. *Biological Psychology, 74,* 165–173.

de Munck, V. C., & Korotayev, A. V. (2007). Wife–husband intimacy and female status in cross-cultural perspective. *Cross-Cultural Research: The Journal of Comparative Social Science, 41,* 307–335.

de Villarreal, L. E. M., Arredondo, P., Hernández, R., & Villarreal, J. Z. (2006). Weekly administration of folic acid and epidemiology of neural tube defects. *Maternal and Child Health Journal, 10,* 397–401.

de Villiers, P. A., & de Villiers, J. G. (1978). *Language acquisition.* Cambridge, MA: Harvard University Press.

de Vonderweid, U., & Leonessa, M. (2009). Family centered neonatal care. *Early Human Development, 85,* S37–S38.

de Waal, F. (2005). *Our inner ape.* New York, NY: Penguin Group.

De Weerd, A. W., & van den Bossche, A. S. (2003). The development of sleep during the first months of life. *Sleep Medicine Reviews, 7,* 179–191.

Deakin, M. B. (2004, May 9). The (new) parent trap. *Boston Globe Magazine,* pp.18–21, 28–33.

Deary, I. J., & Der, G. (2005). Reaction time, age, and cognitive ability: Longitudinal findings from age 16 to 63 years in representative population samples. *Aging, Neuropsychology, and Cognition, 12,* 187–215.

DeCasper, A. J., & Spence, M. J. (1986). Prenatal maternal speech influences newborns' perception of speech sounds. *Infant Behavior and Development, 9,* 133–150.

Dees, M., Dekkers, W., van Weel, C., & Vernooij–Dassen, M. (2010). Review unbearable suffering of patients with a request for euthanasia or physician–assisted suicide: An integrative review. *Psycho-Oncology, 19,* 339–352.

Degnen, C. (2007). Minding the gap: The construction of old age and oldness amongst peers. *Journal of Aging Studies, 21,* 69–80.

DeHart, T., Pelham, B., & Tennen, H. (2006). What lies beneath: Parenting style and implicit self–esteem. *Journal of Experimental Social Psychology, 42,* 1–17.

Deihl, L. M., Vicary, J. R., & Deike, R. C. (1997). Longitudinal trajectories of self-esteem from early to middle adolescence and related psychosocial variables among rural adolescents. *Journal of Research on Adolescence, 7,* 393–411.

DeJong, A., & Franklin, B. A. (2004). Prescribing exercise for the elderly: Current research and recommendations. *Current Sports Medicine Reports, 3,* 337–343.

DeKosky, S. T., & Marck, K. (2003). Looking backward to move forward: Early detection of neurodegenerative disorders. *Science, 302,* 830–834.

Delaney, C. (2000). Making babies in a Turkish village. In J. DeLoache & A. Gottleib (Eds.), *A world of babies: Imagined childcare guides for seven societies* (pp. 117–144). New York, NY: Cambridge University Press.

Delano-Wood, L., & Abeles, N. (2005). Late-life depression: Detection, risk reduction, and somatic intervention. *Clinical Psychology: Science and Practice, 12,* 207–217.

DeLoache, J. S., Chiong, C., Sherman, K., Islam, N., Vanderborght, M., Troseth, G. L.,... O'Doherty, K. (2010). Do babies learn from baby media? *Psychological Science, 21,* 1570–1574.

DeLoache, J., & Gottlieb, A. (2000). *A world of babies: Imagined childcare guides for seven societies.* New York, NY: Cambridge University Press.

DeMarie, D., Abshier, D. W., & Ferron, J. (2001, April). *Longitudinal study of predictors of memory improvement over the elementary school years: Capacity, strategies, and metamemory revisited.* Paper presented at the meeting of the Society for Research in Child Development, Minneapolis, MN.

DeMeo, J. (2006). *Saharasia: The 4000 bce origins of child abuse, sex-repression, warfare and social violence, in the deserts of the old world* (Revised 2nd ed.). El Cerrito, CA: Natural Energy Works.

Demetriou, A., & Raftopoulos, A. (Eds.). (2004). *Cognitive developmental change: Theories, models and measurement.* New York, NY: Cambridge University Press.

Dennerstein, L., Dudley, E., & Guthrie, J. (2002). Empty nest or revolving door? A prospective study of women's quality of life in midlife during the phase of children leaving and re-entering the home. *Psychological Medicine, 32,* 545–550.

Dennett, D. C. (1996). *Darwin's dangerous idea: Evolution and the meanings of life.* New York, NY: Simon & Schuster.

Dennis, C. L. (2004). Can we identify mothers at risk for postpartum depression in the immediate postpartum period using the Edinburgh Postnatal Depression Scale? *Journal of Affective Disorders, 78,* 163–169.

Dennis, W. (1966). Age and creative productivity. *Journal of Gerontology, 21,* 1–8.

Dent, A., & Stewart, A. (2004). *Sudden death in childhood: Support for the bereaved family.* London, UK: Butterworth-Heinemann.

DeParle, J. (2010, June 27). A world on the move. *The New York Times,* pp. WK1, 4.

DePaulo, B. (2006). *Singled out: How singles are stereotyped, stigmatized, and ignored, and still live happily ever after.* New York, NY: St. Martin's.

DePaulo, B. M. (2012). *Single people.* New York, NY: Oxford University Press.

Dermody, J., Hanmer-Lloyd, S., & Scullion, R. (2010). Young people and voting behaviour: Alienated youth and (or) an interested and critical citizenry? *European Journal of Marketing, 44,* 421–435.

Derom, C., Thiery, E., Vlientinck, R., Loos, R., & Derom, R. (1996). Handedness in twins according to zygosity and chorion type: A preliminary report. *Behavior Genetics, 26,* 407–408.

DeRosier, M. E., & Thomas, J. M. (2003). Strengthening sociometric prediction: Scientific advances in the assessment of children's peer relations. *Child Development, 75,* 1379–1392.

Descarries, L., Mechawar, N., Anavour, N., & Watkins, K. C. (2004). Structural determinants of the roles of acetylcholine in the cerebral cortex. *Progress in Brain Research, 145,* 45–58.

DeSena, A. D., Murphy, R. A., Douglas-Palumberi, H., Blau, G., Kelly, B., Horwitz, S. M., & Kaufman, J. (2005). SAFE homes: Is it worth the cost? An evaluation of a group home permanency planning program for children who first enter out-of-home care. *Child Abuse and Neglect, 29,* 627–643.

Desmairis, S., & Curtis, J. (1999). Gender differences in employment and income experiences among young people. In J. Barling & E. K. Kelloway (Eds.), *Youth workers: Varieties of experience* (pp. 59–88). Washington, DC: American Psychological Association.

de Souza, R. J., Bray, G. A., Carey, V. J., Hall, K. D., LeBoff, M. S., Loria, C. M., . . . & Smith, S. R. (2012). Effects of 4 weight-loss diets differing in fat, protein, and carbohydrate on fat mass, lean mass, visceral adipose tissue, and hepatic fat: Results from the POUNDS LOST trial. *The American Journal of Clinical Nutrition, 95*(3), 614–625.

Dew, J., & Wilcox, W. B. (2011). If Momma ain't happy: Explaining declines in marital satisfaction among new mothers. *Journal of Marriage & the Family, 73,* 1–12.

Dewar, G. (2010). What the scientific evidence reveals about the timing of toilet training. Retrieved from http://www.parentingscience.com/science- of-toilet-training.html

Dey, A. N., & Bloom, B. (2005). Summary health statistics for U.S. children: National Health Interview Survey, 2003. *Vital Health Statistics, 21,* 217–227.

Dey, E. L., & Hurtado, S. (1999). Students, colleges, and society: Considering the interconnections. In P. G. Altbach, R. O. Berndahl, & P. J. Gumport (Eds.), *American higher education in the twenty-first century: Social, political, and economic challenges* (pp. 298–322). Baltimore, MD: Johns Hopkins University Press.

Diamond, A. (2004). Normal development of prefrontal cortex from birth to young adulthood: Cognitive functions, anatomy, and biochemistry. In D. T. Stuff & R. T. Knight (Eds.), *Principles of frontal lobe function* (pp. 466–503). New York, NY: Oxford University Press.

Diamond, A. D. (1985). Development of the ability to use recall to guide action, as indicated by infants' performance on AB. *Child Development, 56,* 868–883.

Diamond, J. (1992). *The third chimpanzee: The evolution and future of the human animal.* New York, NY: Harper Perennial.

Diamond-Smith, N., Luke, N., & McGarvey, S. (2008). "Too many girls, too much dowry": Son preference and daughter aversion in rural Tamil Nadu, India. *Culture, Health & Sexuality, 10,* 697–708.

DiCamillo, M., & Field, M. (2006). *Continued support for doctor-assisted suicide. Most would want their physician to assist them if they were incurably ill and wanted to die.* San Francisco, CA: Field Research Corporation.

Dick, F., Dronkers, N. F., Pizzamiglio, L., Saygin, A. P., Small, S. L., & Wilson, S. (2004). Language and the brain. In M. Tomasello & D. I. Slobin (Eds.), *Beyond nature–nurture: Essays in honor of Elizabeth Bates* (pp. 237–260). Mahwah, NH: Erlbaum.

Diener, M. (2000). Gifts from gods: A Balinese guide to early child rearing. In J. DeLoache & A. Gottlieb (Eds.), *A world of babies: Imagined childcare guides for seven societies* (pp. 91–116). New York, NY: Cambridge University Press.

Dieter, J. N., Field, T., Hernandez-Reif, M., Emory, E. K., & Redzepi, M. (2003). Stable preterm infants gain more weight and sleep less after five days of massage therapy. *Journal of Pediatric Psychology, 28*(6), 403–411.

Dietz, W. H. (2004). Overweight in childhood and adolescence. *New England Journal of Medicine, 350,* 855–857.

DiFrancesco, V., Fantin, F., Omizzolo, F., Residon, L., Bissoli, L., Bosello, L., & Zamboni, M. (2007). The anorexia of aging. *Digestive Diseases, 25,* 129–137.

Dijkstra, J. K., Lidenberg, S., & Veenstra, R. (2008). Beyond the class norm: Bullying behavior of popular adolescents and its relation to peer acceptance and rejection. *Journal of Abnormal Child Psychology, 36,* 1289–1299.

Dillon, M., & Wink, P. (2004). American religion, generativity, and the therapeutic culture. In E. de St. Aubin, D. P. McAdams, & T. C. Kim (Eds.), *The generative society: Caring for future generations* (pp. 153–174). Washington, DC: American Psychological Association.

Dilworth-Anderson, Boswell, G., & Cohen, M. D. (2007). Spiritual and religious coping values and beliefs among African American caregivers: A qualitative study. *Journal of Applied Gerontology, 26,* 355–369.

DiMaria-Ghalili, R. A. (2008). Nutrition. In E. Capezuti, D. Zwicker, M. Mezey, T. T. Fulmer, D. Gray-Miceli, & M. Kluger (Eds.), *Evidence-based geriatric nursing protocols for best practice* (3rd ed., pp. 353–367). New York, NY: Springer.

DiPietro, J., Hilton, S., Hawkins, M., Costigan, K., & Pressman, E. (2002). Maternal stress and affect influence fetal neurobehavioral development. *Developmental Psychology, 38,* 659–668.

Dishion, T. J., & Dodge, K. A. (2005). Peer contagion in interventions for children and adolescents: Moving towards an understanding of the ecology and dynamics of change. *Journal of Abnormal Child Psychology, 33,* 395–400.

Dishion, T. J., McCord, J., & Poulin, F. (1999). When interventions harm: Groups and problem behavior. *American Psychologist, 54,* 755–764.

Dixon, R. A. (2003). Themes in the aging of intelligence: Robust decline with intriguing possibilities. In R. J. Sternberg, J. Lautrey, & T. I. Lubart (Eds.), *Models of intelligence: International perspectives* (pp. 151–167). Washington, DC: American Psychological Association.

Dixon Jr, W. E., Salley, B. J., & Clements, A. D. (2006). Temperament, distraction, and learning in toddlerhood. *Infant Behavior and Development, 29*(3), 342–357.

Dodge, K. A. (2007). The nature–nurture debate and public policy. In G. W. Ladd (Ed.), *Appraising the human developmental sciences: Essays in honor of Merrill-Palmer Quarterly* (pp. 262–271). Detroit, MI: Wayne State University Press.

Dodge, K. A. (2008). Framing public policy and prevention of chronic violence in American youths. *American Psychologist, 63,* 573–590.

Dodge, K. A., Coie, J.D., & Lynam, D. (2006). Aggression and antisocial behavior in youth. In W. Damon & R. Lerner (Eds.), & N. Eisenberg (Vol. Ed.), *Handbook of child psychology: Vol. 3. Social, emotional and personality development* (6th ed., pp. 719–788). New York, NY: Wiley.

Dodson, C. S., Bawa, S., & Slotnick, S. D. (2007). Aging, source memory, and misrecollections. *Journal of Experimental Psychology: Learning, Memory, and Cognition, 33,* 169–181.

Doheny, K. (2009). Obese women more likely to have babies with birth defects, study shows. *WebMD Health News.* Retrieved from http://www.webmd. com/baby/news/20090210/obesity-carries-pregnancy-risks

Doherty, I., & Landells, J. (2006). Literacy and numeracy. In J. Clegg & J. Ginsborg (Eds.), *Language and social disadvantage: Theory into practice* (pp. 44–58). Hoboken, NJ: John Wiley & Sons.

Dolan, A. L., Koshy, E., Waker, M., & Goble, C. M. (2004). Access to bone densitometry increase general practitioners' prescribing for osteoporosis in steroid treated patients. *Annals of Rheumatoid Diseases, 63,* 183–186.

Dolphin, T., & Lanning, T. (Eds.) (2011). *Rethinking apprenticeships.* London, England: Institute for Public Policy Research.

Domsch, H., Lohaus, A., & Thomas, H. (2010). Infant attention, heart rate, and looking time during habituation/dishabituation. *Infant Behavior & Development, 33,* 321–329.

Donat, D. (2006). Reading their way: A balanced approach that increases achievement. *Reading & Writing Quarterly: Overcoming Learning Difficulties, 22,* 305–323.

Donatelle, R. (2004). *Health: The basics* (6th ed.). San Francisco, CA: Benjamin Cummings.

Donini, L. M., Savina, C., & Cannella, C. (2003). Eating habits and appetite control in the elderly: The anorexia of aging. *International Psychogeriatrics,* 15, 73–87.

Donohue, R. (2007). Examining career persistence and career change intent using the career attitudes and strategies inventory. *Journal of Vocational Behavior, 70,* 259–276.

Donorfio, L. K. M., D'Ambrosio, L. A., Coughlin, J. F., & Mohyde, M. (2008). Health, safety, self-regulation, and the older driver: It's not just a matter of age. *Journal of Safety Research, 39,* 555–561.

Donovan, J., & Zucker, C. (2010, October). Autism's first child. *The Atlantic,* pp. 78–90.

Dooley, D., Prause, J., & Ham-Rowbottom, K. A. (2000). Underemployment and depression: Longitudinal relationships. *Journal of Health and Social Behavior, 41,* 421–436.

Dorjee, T., Baig, N., & Ting-Toomey, S. (2013). A social ecological perspective on understanding "honor killing": An intercultural moral dilemma. *Journal of Intercultural Communication Research, 42*(1), 1–21.

Douglass, C. B. (2005). *Barren states: The population "implosion" in Europe.* New York, NY: Berg.

Douglass, C. B. (2007). From duty to desire: Emerging adulthood in Europe and its consequences. *Child Development Perspectives, 1,* 101–108.

Dowdney, L. (2000). Annotation: Childhood bereavement following parental death. *Journal of Child Psychology and Psychiatry and Allied Disciplines, 41,* 819–830.

Doyle, L. W., Faber, B., Callanan, C., Ford, G. W., & Davis, N. M. (2004). Extremely low birth weight and body size in early adulthood. *Archives of Disorders in Childhood, 89,* 347–350.

Doyle, L. W., Faber, B., Callanan, C., Ford, G. W., & Davis, N. M. (2004). Extremely low birth weight and body size in early adulthood. *Archives of Disorders in Childhood, 89,* 347–350.

Driessen, R., Leyendecker, B., Schölmerich, A., & Harwood, R. (2010). Everyday experiences of 18- to 36-month-old children from migrant families: The influence of host culture and migration experience. *Early Child Development and Care, 180,* 1143–1163.

Driver, J., Tabares, A., & Shapiro, A. (2003). Interactional patterns in marital success and failure: Gottman laboratory studies. In F. Walsh (Ed.), *Normal family processes: Growing diversity and complexity* (3rd ed.). New York, NY: Guilford.

Dubas, J. S., & Petersen, A. (1991). A longitudinal investigation of adolescents' changing perceptions of pubertal timing. *Developmental Psychology, 27,* 580–586.

DuBois, D., Felner, R., Brand, S., Phillip, R., & Lease, A. (1996). Early adolescent self-esteem: A developmental–ecological framework and assessment strategy. *Journal of Research on Adolescence, 6,* 543–579.

Due, P., Holstein, B. E., Lunch, J., Diderichsen, F., Gabhain, S. N., Scheidt, P., & Currie, C. (2005). The health behavior in school-aged children bullying working group. *European Journal of Public Health, 15,* 128–132.

Dufur, M. J., Howell, N. C., Downey, D. B., Ainsworth, J. W., & Lapray, A. J. (2010). Sex differences in parenting behaviors in single–mother and single–father households. *Journal of Marriage and Family, 72,* 1092–1106.

Dugdale, D. C. (2010). Aging changes in the senses. *Medline Plus.*

Duggan, M., & Brenner, J. (2013). *The demographics of social media users.* Washington, DC: Pew Research Center.

Dula, A., & Williams, S. (2005). When race matters. *Clinical Geriatric Medicine, 21,* 239–253.

Dunlosky, J., Kubat-Silman, A. K., & Hertzog, C. (2003). Training monitoring skills improves older adults' self-paced associative learning. *Psychology and Aging, 18,* 340–345.

Dunn, D. M., Culhane, S. E., & Taussig, H. N. (2010). Children's appraisals of their experiences in out-of-home care. *Children and Youth Services Reviews, 32,* 1324–1330.

Dunn, J. (1988). *The beginnings of social understanding.* Cambridge, MA: Harvard University Press.

Dunn, J. (2002). The adjustment of children in stepfamilies: Lessons from community studies. *Child and Adolescent Mental Health, 7,* 154–161.

Dunn, J. (2004). Sibling relationships. In P. K. Smith & C. H. Hart (Eds.), *Handbook of childhood social development* (pp. 223–237). Malden, MA: Blackwell.

Dunn, J., & Kendrick, C. (1982). *Siblings: Love, envy, and understanding.* London, UK: Grant McIntyre.

Dunn, J., & Munn, P. (1985). Becoming a family member: Family conflict and the development of social understanding in the second year. *Child Development, 56,* 480–492.

Dunn, J., Cheng, H., O'Connor, T. G., & Bridges, L. (2004). Children's perspectives on their relationships with their nonresident fathers: Influences, outcomes and implications. *Journal of Child Psychology and Psychiatry, 45,* 553–566.

Dunne, E. J., & Dunne-Maxim, K. (2004). Working with families in the aftermath of suicide. In F. Walsh & M. McGoldrick (Eds.), *Living beyond loss: Death in the family* (2nd ed., pp. 272–284). New York, NY: Norton.

Durston, S., Pol, H. E. H., Schnack, H. G., Buitelaar, J. K., Steenhuis, M. P.,& Minderaa, R. B. (2004). Magnetic resonance imaging of boys with attention-deficit/hyperactivity disorder and their unaffected siblings. *Journal of the American Academy of Child and Adolescent Psychiatry, 43,* 332–340.

Dustmann, C., & Schoenberg, U. (2008). Why does the German apprenticeship system work? In K. U. Mayer & H. Solga (Eds.), *Skill information: Interdisciplinary and cross-national perspective* (p. 85–108). New York, NY: Cambridge University Press.

Dworkin, J. B., & Larson, R. (2001). Age trends in the experience of family discord in single-mother families across adolescence. *Journal of Adolescence, 24,* 529–534.

Dyer, S., & Moneta, G. (2006). Frequency of parallel, associative and cooperative play in British children of different socioeconomic status. *Social Behavior and Personality, 34,* 587–592.

Eagly, A. H., & Wood, W. (2003). The origins of sex differences in human behavior: Evolved dispositions versus social roles. In C. B. Travis, *Evolution, gender and rape* (pp. 265–304). Cambridge, MA: MIT Press.

Easterlin, R. A. (2006). Life cycle happiness and its sources: Intersections of psychology, economics, and demography. *Journal of Economic Psychology, 27,* 463–482.

Eberhart-Phillips, J. E., Frederick, P. D., & Baron, R. C. (1993). Measles in pregnancy: A descriptive study of 58 cases. *Obstetrics and Gynecology, 82,* 797–801.

Eckenrode, J., Zielinski, D., Smith, E., Marcynyszyn, L. A., Henderson, C. R., Jr., & Kitzman, H. (2001). Child maltreatment and the early onset of problem behaviors: Can a program of nurse home visitation break the link? *Development and Psychopathology, 13,* 873–890.

Eder, D. (1995). *School talk: Gender and adolescent culture.* New Brunswick, NJ: Rutgers University Press.

Edmonds, L. (2011). Telegraphic speech. In J. Kreutzer, J. DeLuca, & B. Kaplan (Eds.), *Encyclopedia of clinical neuropsychology*. New York, NY: Springer.

Edwards, C. P. (2000). Children's play in cross-cultural perspective: A new look at the Six Cultures study. *Cross-Cultural Research: The Journal of Comparative Social Science, 34,* 318–338.

Edwards, C. P. (2005). Children's play in cross-cultural perspective: A new look at the "six cultures" study. In F. F. McMahon, D. E. Lytle, & B. Sutton-Smith (Eds.), *Play: An interdisciplinary synthesis* (pp. 81–96). Lanham, MD: University Press of America.

Edwards, C. P., Ren, L., & Brown, J. (2015). Early contexts of learning: Family and community socialization during infancy and toddlerhood. In L. A. Jensen (Ed.), *Oxford handbook of human development and culture.* New York, NY: Oxford University Press.

Edwards, J. D., Lunsman, M., Perkins, M., Rebok, G. W., & Roth, D. L. (2009). Driving cessation and health trajectories in older adults. *Journals of Gerontology: Series A: Biological Sciences and Medical Sciences, 64A,* 1290–1295.

Effros, R. B. (2009a). The immunological theory of aging revisited. In V. L. Bengtson, D. Gans, N. M. Putney, & M. Silverstein (Eds.), *Handbook of theories and aging* (2nd ed., pp. 163–178). New York, NY: Springer.

Effros, R. B. (2009b). Kleemeier award lecture 2008: The canary in the coal mine: Telomeres and human healthspan. Journal of Gerontology: Biological Sciences, 64A, 511–515.

Egeland, B., & Carlson, B. (2004). Attachment and psychopathology. In L. Atkinson & S. Goldberg (Eds.), *Attachment issues in psychopathology and intervention* (pp. 27–48). Mahwah, NJ: Erlbaum.

Ehrenberg, H. M., Dierker, L., Milluzzi, C., & Mercer, B. M. (2003). Low maternal weight, failure to thrive in pregnancy, and adverse pregnancy outcomes. *American Journal of Obstetrics and Gynecology, 189,* 1726–1730.

Ehrenreich, B. (2010). *Witches, midwives, and nurses: A history of women healers*. New York, NY: Feminist Press.

Eiden, R. D., & Reifman, A. (1996). Effects of Brazelton demonstrations on later parenting: A meta-analysis. *Journal of Pediatric Psychology, 21,* 857–868.

Einon, D., & Potegal, M. (1994). Temper tantrums. In M. Potegal & J. F. Knutson (Eds.), *The dynamics of aggression: Biological and social processes in dyads and groups* (pp. 157–194). Hillsdale, NJ: Erlbaum.

Eisenberg, N., & Fabes, R. A. (2006). Emotion regulation and children's socioemotional competence. In L. Balter & C. S. Tamis-LeMonda (Eds.), *Child psychology: A handbook of contemporary issues* (2nd ed., pp. 357–381). New York, NY: Psychology Press.

Eisenberg, N. & Valiente, C. (2004). Empathy-related responding: Moral, social and socialization correlates. In A. G. Miller (Ed.), *Social psychology of good and evil.* New York, NY: Guilford Press.

Eisenberg, N., Hofer, C., & Vaughan, J. (2007). Effortful control and its socioemotional consequences. In J. J. Gross (Ed.), *Handbook of emotional regulation* (pp. 287–306). New York, NY: Guilford.

Eisenberg, N., Zhou, Q, Liew, J., Champion, C., & Pidada, S. U. (2006). Emotion, emotion-regulated regulation, and social functioning. In X. Chen, D. C. French, & B. H. Schneider (Eds.), *Peer relationships in cultural context* (pp. 170–199). New York, NY: Cambridge University Press.

Ekman, P. (2003). *Emotions revealed.* New York, NY: Times Books.

Elderhostel (2005). *Adventures in lifelong learning*. Retrieved from http://www.elderhostel.org

Eldin, A. S. (2009). Female mutilation. In P. S. Chandra, H. Herrman, J. Fisher, M. Kastrup, U. Niaz, M. B. Rondón, & A. Okasha (Eds.), *Contemporary topics in women's mental health: Global perspectives in a changing society* (pp. 485–498). Hoboken, NJ: Wiley & Sons.

Elkind, D. (1967). Egocentrism in adolescence. *Child Development, 38,* 1025–1034.

Elkind, D. (1978). Understanding the young adolescent. *Adolescence, 13,* 127–134.

Elkind, D. (1985). Egocentrism redux. *Developmental Review, 5,* 218–226.

Elliott, G. C., Cunningham, S. M., Linder, M., Colangelo, M., & Gross, M. (2005). Child physical abuse and self-perceived social isolation among adolescents. *Journal of Interpersonal Violence, 20,* 1663–1684.

Ellis, J. A., & Sinclair, R. D. (2008). Male pattern baldness: Current treatments, future prospects. *Drug Discovery Today, 13,* 791–797.

Ellison, N. C., Steinfield, C., & Lampe, C. (2007). The benefits of Facebook "friends": Social capital and college students' use of online social network sites. *Journal of Computer-Mediated Communication, 12,* 1143–1168.

Ember, C. R. (2011). What we know and what we don't know about variation in social organization: Melvin Ember's approach to the study of kinship. *Cross–Cultural Research, 45,* 16–36.

Ember, C. R., Ember, M., & Peregrine, P. N. (2011). *Anthropology* (13th edition). New York, NY: Pearson.

Ember, M., Ember, C. R., & Low, B. S. (2007). Comparing explanations of polygyny. *Cross–Cultural Research, 41,* 428–440.

Emery, R. E., Sbarra, D., & Grover, T. (2005). Divorce mediation: Research and reflections. *Family Court Review, 43,* 22–37.

Engelmann, J. B., Moore, S., Capra, C. M., & Berns, G. S. (2012). Differential neurobiological effects of expert advice on risky choice in adolescents and adults. *Social cognitive and affective neuroscience, 7*(5), 557–567.

Englander, F., Terregrossa, R. A., & Wang, Z. (2010). Internet use among college students: Tool or toy? *Educational Review, 62,* 85–96.

Engle, P. I., & Breaux, C. (1998). Fathers' involvement with children: Perspectives from developing countries. *Social Policy Report, XII(1),* 1–21.

Engler, A. J., Ludington-Hoe, S. M., Cusson, R. M., Adams, R., Bahnsen, M., Brumbaugh, E., . . . Williams, D. (2002). Kangaroo care: National survey of practice, knowledge, barriers, and perceptions. *American Journal of Maternal/Child Nursing, 27,* 146–153.

Eppig, C., Fincher, C. L., & Thornhill, R. (2010). Parasite prevalence and the worldwide distribution of cognitive ability. *Proceedings of the Royal Society B, 277,* 3801–3808.

Erickson, K. I., Miller, D. L., Weinstein, A. M., Akl, S. L., & Banducci, S. (2012). Physical activity and brain plasticity in late adulthood: a conceptual and comprehensive review. *Ageing Research, 3*(1), e6.

Ericsson, K. A. (1990). Peak performance and age: An examination of peak performance in sports. In P. Baltes & M. M. Baltes (Eds.), *Successful aging* (pp. 164–196). Cambridge, MA: Cambridge University Press.

Erikson, E. H. (1950). *Childhood and society.* New York, NY: Norton.

Erikson, E. H. (1968). *Identity: Youth and crisis.* New York, NY: Norton.

Eriksson, C., Hamberg, K., & Salander, P. (2007). Men's experiences of intense fear related to childbirth investigated in a Swedish qualitative study. *Journal of Men's Health & Gender, 4,* 409–418.

Erickson, K. I., & Korol, D. L. (2009). The effects of hormone replacement therapy on the brains of postmenopausal women: A review of human neuro-imaging studies. In W. J. Chodzko-Zajko, A. F. Kramer, & L. Poon (Eds.), *Enhancing cognitive functioning and brain plasticity (aging, exercise, and cognition)* (pp. 133–158). Champaign, IL: Human Kinetics.

Erlandsson, K., & Lindgren, H. (2009). From belonging to belonging through a blessed moment of love for a child—The birth of a child from the fathers' perspective. *Journal of Men's Health,* 338–344.

Esen, U. (2004). African women, bride price, and AIDS. *The Lancet, 363,* 1734–1734.

Eslea, M., Menesini, E., Morita, Y., O'Moore, M., Mora-Nerchan, J. A., Pereira, B., & Smith, P. K. (2004). Friendship and loneliness among bullies and victims: Data from seven countries. *Aggressive Behavior, 30,* 71–83.

Eslinger, P. J., & Biddle, K. R. (2008). Prefrontal cortex and the maturation of executive functions, cognitive expertise, and social adaptation. In V. Anderson, R. Jacobs, & P. J. Anderson (Eds.), *Executive functions and the frontal lobes: A lifespan perspective* (pp. 299–316). Philadelphia, PA: Taylor & Francis.

Espelage, D. L., & Swearer, S. M. (2004). *Bullying in American schools.* Mahwah, NJ: Lawrence Erlbaum.

Esser, F., & de Vreese, C. H. (2007). Comparing young voters' political engagement in the United States and Europe. *American Behavioral Scientist, 50,* 1195–1213.

Espy, K. A., Fang, H., Johnson, C., Stopp, C., Wiebe, S. A., & Respass, J. (2011). Prenatal tobacco exposure: Developmental outcomes in the neonatal period. *Developmental Psychology, 47,* 153–169.

Eveleth, P. B., & Tanner, J. M. (1990). *Worldwide variation in human growth.* Cambridge, MA: Cambridge University Press.

Everett, G. E., Olmi, D. J., Edwards, R. P., Tingstrom, D. H., Sterling-Turner, H. E. & Christ, T. J. (2007). An empirical investigation of time-out with and without escape extinction to treat escape-maintained noncompliance. *Behavior Modification, 31,* 412–434.

Fabes, R. A., Martin, C. L., & Hanish, L. D. (2003). Young children's play qualities in same-, other-, and mixed-sex peer groups. *Child Development, 74,* 921–932.

Fabiano, G. A., Pelham, Jr., W. E., Manos, M. J., Gnagy, E. M., Chronis, A. M., Onvango, A. N.,…Swain, S. (2004). An evaluation of three time-out procedures for children with attention deficit/hyperactivity disorder. *Behavior Therapy, 35,* 449–469.

Facio, A., & Micocci, F. (2003). Emerging adulthood in Argentina. In J. J. Arnett & N. Galabmos (Eds.), *New Directions in Child and Adolescent Development, 100,* 21–31.

Fackler, M. (2007, June 22). As Japan ages, universities struggle to fill classrooms. *The New York Times,* p. A3.

Fagan, J. F., Holland, C. R., & Wheeler, K. (2007). The prediction, from infancy, of adult IQ and achievement. *Intelligence, 35,* 225–231.

Fajardo, M., & Di Cesare, P. E. (2005). Disease-modifying therapies for osteoarthritis. *Drugs and Aging, 22,* 141–161.

Falk, C. F., Heine, S. J., Yuki, M., & Takemura, K. (2009). Why do Westerners self-enhance more than East Asians? European Journal of Personality, 23 (Special issue: Personality and culture), 183–203.

Farrell, M. P., & Rosenberg, S. D. (1981). *Men at midlife.* Boston, MA: Auburn House.

Farver, J. A., Bhadha, B. R., & Narang, S. K. (2002). Acculturation and psychological functioning in Asian Indian adolescents. *Social Development, 11,* 11–29.

Faulkner, G., & Biddle, S. (2002). Mental health nursing and the promotion of physical activity. *Journal of Psychiatric and Mental Health Nursing, 9,* 659–665.

Fearon, P., O'Connell, P., Frangou, S., Aquino, P., Nosarti, C., Allin, M.,…Murray, R. (2004). Brain volumes in adult survivors of very low birth weight: A sibling–controlled study. Q *Pediatrics, 114,* 367–371.

Federico, M. J., & Liu, A. H. (2003). Overcoming childhood asthma disparities of the inner-city poor. *Pediatric Clinics of North America, 50,* 655–675.

Feeney, J. A., Hohaus, L., Noller, P., & Alexander, R. P. (2001). *Becoming parents: Exploring the bonds between mothers, fathers, and their infants.* New York, NY: Cambridge University Press.

Feigenbaum, P. (2002). Private speech: Cornerstone of Vygotsky's theory of the development of higher psychological processes. Voices within Vygotsky's non-classical psychology: Past, present, future, 161–174.

Feinberg, M. E., Kan, M. L., Goslin, M. C. (2009). Enhancing coparenting, parenting, and child self-regulation: Effects of family foundations 1 year after birth. *Prevention Science, 10,* 276–285.

Feinsilver, S. H. (2003). Sleep in the elderly: What is normal? *Clinical Geriatric Medicine, 19,* 177–188.

Fekkes, M., Pijpers, F. I., & Verloove-Vanhorick, S. P. (2004). Bullying behavior and associations with psychosomatic complaints and depression in victims. *Journal of Pediatrics, 144,* 17–22.

Feldhusen, J. F. (2005). Giftedness, talent, expertise, and creative achievement. In R. J. Sternberg & J. E. Davidson (Eds.), *Conceptions of giftedness* (2nd ed., pp. 64–79). New York, NY: Cambridge University Press.

Feldkamper, M., & Schaeffel, F. (2003). Interactions of genes and environment in myopia. *Developmental Opthalmology, 37,* 34–49.

Feldman, R., & Eidelman, A. I. (2003). Skin-to-skin contact (kangaroo care) accelerates autonomic and neurobehavioral maturation in preterm infants. *Developmental Medicine and Child Neurology, 45,* 274–281.

Feldman, R., Weller, A., Sirota, L., & Eidelman, A. I. (2003). Testing a family intervention hypothesis: The contribution of mother–infant skin-to-skin (kangaroo care) to family interaction, proximity, and touch. *Journal of Family Psychology, 17,* 94–107.

Feldman-Salverlsberg, P. (2002). Is infertility an unrecognized public health and population problem? The view from the Cameroon grassfields. In M. C. Inhorn & F. van Balen (Eds.), *Infertility around the globe: New thinking on childlessness, gender, and reproductive technologies* (pp. 215–231). Berkeley: University of California Press.

Female genital mutilation: Is it crime or culture? (1999, February 11). *The Economist.* Retrieved from http://www.economist.com/node/185966

Ferber, S. G., & Makhoul, I. R. (2004). The effect of skin-to-skin contact (kangaroo care) shortly after birth on the neurobehavioral responses of the term newborn: A randomized, controlled trial. *Pediatrics, 113,* 858–865.

Ferber, S. G., Kuint, J., Weller, A., Feldman, S. D., Arbel, E., & Kohelet, D. (2002). Massage therapy by mothers and trained professionals enhances weight gain in preterm infants. *Early Human Development, 67,* 37–45.

Ferguson, C. J. (2013). Spanking, corporal punishment and negative long-term outcomes: *A meta-analytic review of longitudinal studies. Clinical Psychology Review, 33*(1), 196–208.

Ferguson, G. M., Hafen, C. A., & Laursen, B. (2010). Adolescent psychological and academic adjustment as a function of discrepancies between actual and ideal self-perceptions. *Journal of Youth and Adolescence, 39,* 1485–1497.

Ferguson, S. A., Teoh, E. R., & McCartt, A. T. (2007). Progress in teenage crash risk during the last decade. *Journal of Safety Research, 38,* 137–145.

Fergusson, D. M., Boden, J. M., & Horwood, L. J. (2008). Exposure to childhood sexual and physical abuse and adjustment in early adulthood. *Child Abuse and Neglect, 32,* 607–619.

Fernald, A., & O'Neill, D. K. (1993). Peekaboo across cultures: How mothers and infants play with voices, faces, and expectations. In K. MacDonald (Ed.), *Parent–child play* (pp. 259–285). Albany: State University of New York Press.

Fernald, A., Perfors, A., & Marchman, V. A. (2006). Picking up speed in understanding: Speech processing efficiency and vocabulary growth across the 2nd year. *Developmental Psychology, 42,* 98–116.

Ferrara, N. (2004). The aging heart and exercise training. *Archives of Gerontology and Geriatrics, 35*(Suppl.), 145–156.

Fetterman, M. (2008). *Becoming "parent of your parent" an emotionally wrenching process.* USA Today.

Field, M. J., & Behrman, R. E. (Eds.) (2002). *When children die.* Washington, DC: National Academies Press.

Field, T. (2010). Pregnancy and labor massage. *Expert Reviews in Obstetrics & Gynecology, 5,* 177–181.

Field, T. M. (1998). Massage therapy effects. *American Psychologist, 53,* 1270–1281.

Field, T. M. (2001). Massage therapy facilitates weight gain in preterm infants. *Current Directions in Psychological Science, 10,* 51–55.

Field, T. M. (2004). Massage therapy effects on depressed pregnant women. *Journal of Psychosomatic Obstetrics and Gynaecology, 25,*115–122.

Field, T., Diego, M., & Hernandez-Reif, M. (2010). Preterm infant massage therapy: A review. *Infant Behavior and Development, 33,* 115–124.

Field, T., Hernandez-Reif, M., & Diego, M. (2006). Newborns of depressed mothers who received moderate versus light pressure massage during therapy. *Infant Behavior and Development, 29,* 54–58.

Figley, C. R. (1973). Child density and the marital relationship. *Journal of Marriage and the Family, 35,* 272–282.

Fildes, V. (1995). The culture and biology of breastfeeding: An historical review of Western Europe. In P. Stuart-Macadam & K. A. Dettwyler (Eds.), *Breastfeeding: Biocultural perspectives* (pp. 101–131). Hawthorne, NY: Aldein de Gruyter.

Filipek, P. A., Accardo, P. J., Ashwal, S., Baranek, G. T., Cook, E. H., Dawson, G.,... Volkmar, F. R. (2000). Practice parameter: Screening and diagnosis of autism: Report of the Quality Standards Subcommittee of the American Academy of Neurology and the Child Neurology Society. *Neurology, 55,* 468–479.

Fingerman, K. L. (1998). The good, the bad, and the worrisome: Emotional complexities in grandparents' experiences with individual grandchildren. *Family Relations, 47,* 403–414.

Fingerman, K. L. (2004). The role of offspring and in-laws in grandparents' ties to their grandchildren. *Journal of Family Issues, 25,* 1026–1049.

Fingerman, K. L., & Birditt, K. S. (2003). Do we get better at picking our battles? Age group differences in descriptions of behavioral reactions to interpersonal tensions. *Journal of Gerontology, 60B,* P121–P128.

Fingerman, K.L., & Yahirun, J.J. (2015). Family relationships. In J.J. Arnett (Ed.), *Oxford Handbook of Emerging Adulthood*. New York: Oxford University Press.

Finkel, M. (2007). Bedlam in the blood: Malaria. *National Geographic,* July, 32–67.

Finkel, M. (2007). Stopping a global killer. *National Geographic Magazine.* Retrieved from http://ngm.nationalgeographic.com/2007/07/malaria/finkel-text

Finley, G. E., & Schwartz, S. J. (2010). The divided world of the child: Divorce and long-term psychosocial adjustment. *Family Court Review, 48,* 516–527.

Finn, C. A. (2001). Reproductive ageing and the menopause. *International Journal of Developmental Biology, 45,* 613–617.

Fisch, H., Hyun, G., Golden, R., Hensle, T. W., Olsson, C. A., & Liberson, G. L. (2003). The influence of paternal age on Down syndrome. *Journal of Urology, 169,* 2275–2278.

Fischer, K. W., & Bidell, T. R. (1998). Dynamic development of psychological structures in action and thought. In W. Damon (Ed.), & R. M. Lerner (Vol. Ed.), *Handbook of child psychology: Vol. 1. Theoretical models of human development* (5th ed., pp. 467–561). New York, NY: Wiley.

Fisher, C. B. (2003). A goodness–of–fit ethic for child assent to nonbeneficial research. *The American Journal of Bioethics, 3,* 27–28.

Fisher, T. E., & Chervenak, J. L. (2012). Lifestyle alterations for the amelioration of hot flashes. *Maturitas, 71*(3), 217–220.

Fitneva, S. A. (2015). The emergence and development of language across cultures. In L. A. Jensen (Ed.), *Oxford handbook of human development and culture.* New York, NY: Oxford University Press.

Fitneva, S., & Matsui, T. (2015). The emergence and development of language across cultures. In L. A. Jensen (Ed.), *Oxford handbook of human development and culture: An interdisciplinary perspective.* New York, NY: Oxford University Press.

Fitzpatrick, J., Reifman, A., & Sharp, E. A. (2009). Midlife singles' willingness to date partners with heterogeneous characteristics. *Family Relations, 58,* 121–133.

Fitzpatrick, L. A. (2003). Phytoestrogens: Mechanism of action and effect on bone mineral density. *Endocrinology and Metabolism Clinics of North America, 32,* 233–252.

Flammer, A., & Alsaker, F. D. (2006). Adolescents in school. In S. Jackson & L. Goossens (Eds.), *Handbook of adolescent development: European perspectives* (pp. 223–245). Hove, UK: Psychology Press.

Flammer, A., Alsaker, F. D., & Noack, P. (1999). Time use by adolescents in international perspective: The case of leisure activities. In F. D. Alsaker & A. Flammer (Eds.), *The adolescent experience: European and American adolescents in the 1990s* (pp. 33–60). Mahwah, NJ: Erlbaum.

Flanagan, C., & Botcheva, L. (1999). Adolescents' preference for their homeland and other countries. In F. D. Alsaker & A. Flammer (Eds.), *The adolescent experience: European and American adolescents in the 1990s* (pp. 131–144). Mahwah, NJ: Erlbaum.

Flanagan, K. M., Clements, M. L., Whitton, S. W., Portney, M. J., Randall, D. W., & Markman, H. J. (2001). Retrospect and prospect in the psychological study of marital and couple relationships. In J. P. McHale & W. S. Grolnick, (Eds.), *Retrospect and prospect in the psychological study of families* (99–132). Mahwah, NJ: Erlbaum.

Flannery, K. A., & Liederman, J. (1995). Is there really a syndrome involving the co-occurrence of neurodevelopmental disorder, talent, non–right handedness and immune disorder among children? *Cortex, 31,* 503–515.

Flavell, J. H., Beach, D. R., & Chinsky, J. M. (1966). Spontaneous verbal rehearsal in a memory task as a function of age. *Child Development, 37,* 283–299.

Flavell, J. H., Friedrichs, A., & Hoyt, J. (1970). Developmental changes in memorization process. *Cognitive Psychology, 1,* 324–340.

Flavell, J. H., Miller, P. H., & Miller, S. A. (2002). *Cognitive development* (4th ed.). Upper Saddle River, NJ: Prentice Hall.

Fleming, T. P. (2006). The periconceptional and embryonic period. In P. Gluckman, & M. Hanson (Eds.), *Developmental origins of health and disease* (pp. 51–61). New York, NY: Cambridge University Press.

Flores, Y. G., Hinton, L., Barker, J. C., Franz, C. E., & Velasquez, A. (2009). Beyond familism: A case study of the ethics of care of a Latina caregiver of an elderly parent with dementia. *Health Care for Women International, 30,* 1055–1072.

Floud, R., Fogel, R. W., Harris, B., & Hong, S. C. (2011). *The changing body: Health, nutrition, and human development in the Western world since 1700.* New York, NY: Cambridge University Press.

Flowers, P., & Buston, K. (2001). "I was terrified of being different": Exploring gay men's accounts of growing up in a heterosexist society. *Journal of Adolescence, 24,* 51–66.

Floyd, F., & Bakeman, R. (2006). Coming-out across the life course: Implications of age and historical context. *Archives of Sexual Behavior, 35,* 287–297.

Flynn, J. R. (1999). The discovery of IQ gains over time. *American Psychologist, 54,* 5–20.

Flynn, J. R. (2003). Movies about intelligence: The limitations of g. *Current Directions in Psychological Science, 12,* 95–99.

Foehr, U. (2007). Computer use, age differences in. In J. J. Arnett (Ed.), *Encyclopedia of children, adolescents, and the media, Vol. 1* (pp. 202–204). Thousand Oaks, CA: Sage.

Fogel, A., Hsu, H., Nelson-Goens, G. C., Shapiro, A. F., & Secrist, C. (2006). Effects of normal and perturbed social play on the duration and amplitude of different types of infant smiles. *Developmental Psychology, 42,* 459–473.

Foley, D. J., Vitiello, M. V., Bliwise, D. L., Ancoli-Israel, S., Monjan, A. A., & Walsh, J. K. (2007). Frequent napping is associated with excessive daytime sleepiness, depression, pain, and nocturia in older adults: Findings from the National Sleep Foundation "2003 Sleep in America" Poll. *American Journal of Geriatric Psychology, 15,* 344–350.

Foley, D., Ancoli-Israel, S., Britz, P., & Walsh, J. (2004). Sleep disturbances and chronic disease in older adults: Results of the 2003 National Sleep Foundation Sleep in America survey. *Journal of Psychosomatic Research, 56,* 497–502.

Fomon, S. J., & Nelson, S. E. (2002). Body composition of the male and female reference infants. *Annual Review of Nutrition, 22,* 1–17.

Fonda, S. J., Wallace, R. B., & Herzog, A R. (2001). Changes in driving patterns and worsening depressive symptoms among older adults. *Journals of Gerontology: Series B: Psychological Sciences and Social Sciences, 56B,* S343–S351.

Fong, V. L. (2002). China's one-child policy and the empowerment of urban daughters. *American Anthropologist, 104,* 1098–1109.

Fontaine, R., Gramain, A., & Wittwer, J. (2009). Providing care for an elderly parent: Interactions among siblings. *Health Economics, 18,* 1011–1029.

Fontana, L., Meyer, T. E., Klein, S., & Holloszy, J. O. (2004). Long-term calorie restriction is highly effective in reducing the risk of atherosclerosis in humans. *Proceedings of the National Academy of Sciences of the United States of America, 101,* 6659–6663.

Fontanel, B., & d'Harcourt, C. (1997). *Babies: History, art and folklore.* New York, NY: Harry N. Abrams.

Ford, C. S. (1945). *A comparative study of human reproduction.* New Haven, CT: Yale University Press.

Ford, C., & Beach, F. (1951). *Patterns of sexual behavior.* New York, NY: Harper & Row.

Foss, R. D. (2007). Improving graduated driver licensing systems: A conceptual approach and its implications. *Journal of Safety Research, 38,* 185–192.

Foureur, M., Ryan, C. L., Nicholl, M., & Homer, C. (2010). Inconsistent evidence: Analysis of six national guidelines for vaginal birth after cesarean section. *Birth: Issues in Perinatal Care, 37,* 3–10.

Fox, M. K., Pac, S., Devaney, B., & Jankowski, L. (2004). Feeding infants and toddlers study: What foods are infants and toddlers eating? *American Dietetic Association Journal, 104* (Suppl.), S22–S30.

Fraley, R. C., Roisman, G. I., Booth-LaForce, C., Owen, M. T., & Holland, A. S. (2013). Interpersonal and genetic origins of adult attachment styles: A longitudinal study from infancy to early adulthood. *Journal of Personality and Social Psychology, 104,* 817-838. doi: 10.1037/a0031435

Frankenburg, W. K., Dodds, J., Archer, P., Shapiro, H., & Bresnick, B. (1992). The Denver II: A major revision and restandardization of the Denver Developmental Screening Test. *Pediatrics, 89,* 91–97.

Frankman, E. A., Wang, L., Bunker, C. H., & Lowder, J. L. (2009). Episiotomy in the United States: Has anything changed? *American Journal of Obstetrics and Gynecology, 537,* e1-e7.

Fransen, M., Meertens, R., & Schrander-Stumpel, C. (2006). Communication and risk presentation in genetic counseling: Development of a checklist. *Patient Education and Counseling, 61,* 126–133.

Frawley, T. J. (2008). Gender schema and prejudicial recall: How children misremember, fabricate, and distort gendered picture book information. *Journal of Research in Childhood Education, 22,* 291–303.

Frayling, T. M., Timpson, N. J., Weedon, M. N., Zeggini, E., Freathy, R. M., Lindgren, C. M.,... McCarthy, M. I. (2007). A common variant in the *FTO* gene is associated with body mass index and predisposes children and adult obesity. *Science, 316,* 889–894.

Frazier, L. D. (2002). Perceptions of control over health: Implications for sense of self in healthy and ill older adults. In S. P. Shohov (Ed.), *Advances in psychology research* (Vol. 10, pp. 145–163). Huntington, NY: Nova Scotia.

Freedman, D. S., Khan, L. K., Serdula, M. K., Ogden, C. L., & Dietz, W. H. (2006). Racial and ethnic differences in secular trends for childhood BMI, weight, and height. *Obesity,* 301–308.

French, D. (2015). Cultural templates of adolescent friendships. In L. A. Jensen (Ed.), *Oxford handbook of human development and culture: An interdisciplinary perspective.* New York, NY: Oxford University Press.

French, D. C., Eisenberg, N., Vaughan, J., Purwono, U., & Suryanti, T. A. (2008). Religious involvement and the social competence and adjustment of Indonesian Muslim adolescents. *Developmental Psychology, 44,* 597–611.

French, D. C., Rianasari, J. M., Piadada, S., Nelwan, P., & Buhrmester, D. (2001). Social support of Indonesian and U.S. children and adolescents by family members and friends. *Merrill-Palmer Quarterly, 47,* 377–394.

Frenkel, D., Dori, M., & Solomon, B. (2004). Generation of anti-beta-amyloid antibodies via phage display technology. *Vaccine, 22,* 2505–2508.

Freud, S. (1940/64). *An outline of psychoanalysis: Standard edition of the works of Sigmund Freud.* London, UK: Hogarth Press.

Freund, A. M., & Baltes, P. B. (2002). Life-management strategies of selection, optimization, and compensation: Measurement by self-report and construct validity. *Journal of Personality and Social Psychology, 82,* 642–662.

Freund, B., Colgrove, L. A., Burke, B. L., & McLeod, R. (2005). Self-rated performance among elderly drivers referred for driving evaluation. *Accident Analysis and Prevention, 37,* 613–618.

Frick, P. J., & Kimonis, E. R. (2005). Externalizing disorders of childhood and adolescence. In E. J. Maddux & A. B. Winstead (Eds.), *Psychopathology: Foundations for a contemporary understanding* (pp. 325–351). Mahwah, NJ: Lawrence.

Friedlmeier, W., Corapci, F., & Benga, O. (2015). Early emotional development in cultural perspective. In L. A. Jensen (Ed.), *Oxford handbook of human development and culture: An interdisciplinary perspective.* New York, NY: Oxford University Press.

Friedman, H. S., & Martin, L. R. (2011). *The longevity project.* New York, NY: Penguin.

Frisén A., & Wängqvist, M. (2011). Emerging adults in Sweden: Identity formation in the light of love, work, and family. *Journal of Adolescent Research, 26,* 200–221.

Fritz, G., & Rockney, R. (2004). Summary of the practice parameter for the assessment and treatment of children and adolescents with enuresis. *Work Group on Quality Issues: Journal of the American Academy of Child & Adolescent Psychiatry, 43,* 123–125.

Fryar, C. D., Carroll, M. D., & Ogden, C. L. (2012). Prevalence of obesity among children and adolescents: United States, Trends 1963-1965 Through 2009-2010. Prevention. Retrieved from http://www.cdc.gov/nchs/data/hestat/obesity_child_09_10/obesity_child_09_10.pdf

Frydenberg, E., & Lodge, J. (2007). Australia. In J.J. Arnett (Ed.), *International encyclopedia of adolescence.* New York, NY: Routledge.

Fry, C. L. (1985). Culture, behavior, and aging in the comparative perspective. In J. E. Birren & K. W. Schaie (Eds.), *Handbook of the psychology of aging* (2nd ed., pp. 216–244). New York, NY: Van Nostrand Reinhold.

Fujikado, T., Kuroa, T., Maeda, N., Ninomiya, S., Goto, H., Tano, Y.,... Mihashi, T. (2004). Light scattering and optical aberrations as objective parameters to predict visual deterioration in eyes with cataracts. *Journal of Cataract and Refractive Surgery, 30,* 1198–1208.

Fuligni, A. J. (2011). Social identity, motivation, and well being among adolescents from Asian and Latin American backgrounds. In G. Carlo, L. J. Crockett, & M. A. Carranza (Eds.), *Health disparities in youth and families: Research and applications* (pp. 97–120). New York, NY: Springer.

Fuligni, A. J., Witkow, M. (2004). The postsecondary educational progress of youth from immigrant families. *Journal of Research on Adolescence, 14,* 159–183.

Fuligni, A., Tseng, V., & Lam, M. (1999). Attitudes toward family obligation among American adolescents with Asian, Latin American, and European backgrounds. *Child Development, 70,* 1030–1044.

Fuller, A., Beck, V., & Unwin, L. (2005). The gendered nature of apprenticeship: Employers' and young peoples' perspectives. *Education & Training, 47,* 298–311.

Fultz, N. H., Jenkins, K. R., Ostbye, T., Taylor, D. H. J., Kabeto, M. U., & Langa, K. M. (2005). The impact of own and spouse's urinary incontinence on depressive symptoms. *Social Science and Medicine, 60,* 2537–2548.

Fung, H. H., & Cartensen, L. L. (2004). Motivational changes in response to blocked goals and foreshortened time: Testing alternatives to socioemotional selectivity theory. *Psychology and Aging, 19,* 68–78.

Funk, J. B. (2003). Violent video games: Who's at risk? In D. Ravitch & J. P. Viteritti (Eds.), *Kid stuff: Marketing sex and violence to America's children* (pp. 168–192). Baltimore, MD: Johns Hopkins University Press.

Funk, J. B. (2005). Children's exposure to violent video games and desensitization to violence. *Child & Adolescent Psychiatric Clinics of North America, 14,* 387–404.

Funk, J. B., Flores, B., Buchman, D. D., & Germann, J. N. (1999). Rating electronic video games: Violence is in the eye of the beholder. *Youth & Society, 30,* 283–312.

Funk, J. B., Hagan, J., Schimming, J., Bullock, W. A., Buchman, D. D., & Myers, M. (2002). Aggression an psychopathology in adolescents with a preference for violent electronic games. *Aggressive Behavior, 28,* 134–144.

Furman, W., & Hand, L. S. (2006). The slippery nature of romantic relationships: Issues in definition and differentiation. In A. C. Crouter & A. Booth (Eds.), *Romance and sex in adolescence and emerging adulthood: Risks and opportunities* (pp. 171–178). The Penn State University family issues symposia series. Mahwah, NJ: Lawrence Erlbaum.

Furman, W., & Simon, V. A. (2008). Homophily in adolescent romantic relationships. In M. J. Prinstein & K. A. Dodge (Eds.), *Understanding peer influence in children and adolescents* (pp. 203–224). New York, NY: Guilford.

Futagi, Y., Toribe, Y., & Suzuki, Y. (2009). Neurological assessment of early infants. *Current Pediatric Reviews, 5,* 65–70.

Fyfe, K. (2006). Wolves in sheep's clothing: A content analysis of children's television. Retrieved from http://wwww.parentstelevision.org/

Galambos, N. L. (2004). Gender and gender role development in adolescence. In R. Lerner & L. Steinberg (Eds.), *Handbook of adolescent psychology.* New York, NY: Wiley.

Galambos, N. L., Barker, E. T., & Krahn, H. J. (2006). Depression, anger, and self-esteem in emerging adulthood: Seven-year trajectories. *Developmental Psychology, 42,* 350–365.

Galambos, N., Almeida, D., & Petersen, A. (1990). Masculinity, femininity, and sex role attitudes in early adolescence: Exploring gender intensification. *Child Development, 61,* 1905–1914.

Galatzer-Levy, I. R., & Bonanno, G. A. (2012). Beyond normality in the study of bereavement: Heterogeneity in depression outcomes following loss in older adults. *Social Science & Medicine, 74*(12), 1987–1994.

Gale, C. R., Godfrey, K. M., Law, C. M., Martyn, C. N., & O'Callaghan, F. J. (2004). Critical periods of brain growth and cognitive function in children. *Brain: A Journal of Neurology, 127,* 321–329.

Gall, S. (Ed.). (1996). *Multiple pregnancy and delivery.* St. Louis, MO: Mosby.

Gallagher, D. (2004). Overweight and obesity BMI cut-offs and their relation to metabolic disorders in Koreans/Asians. *Obesity Research, 12,* 440–441.

Galler, J. R., Bryce, C. P., Waber, D., Hock, R. S., Exner, N., Eaglesfield, D.,... Harrison, R. (2010). Early childhood malnutrition predicts depressive symptoms at ages 11–17. *Journal of Child Psychology and Psychiatry, 51,* 789–798.

Galler, J. R., Waber, D., Harrison, R., & Ramsey, F. (2005). Behavioral effects of childhood malnutrition. *The American Journal of Psychiatry, 162,* 1760–1761.

Gallup Poll. (2002). Poll topics and trends: Religion. Retrieved from http://www.gallup.com/poll/topics/religion2.asp/

Gallup Poll. (2006). *Religion most important to Blacks, women, and older Americans.* Retrieved from http://www.gallup.com/poll/topics/

Galston, W. A., & Lopez, M. H. (2006). Civic Engagement in the United States. In S. P. Simson & L. Wilson (Eds.), *Civic engagement and the baby boomer generation: Research, policy, and practice perspectives* (pp. 3–19). New York, NY: Haworth Press.

Galvan, V., Gorostiza, O. F., Banwait, S., Ataie, M., Logvinova, A. V., Sitaraman, S., et al. (2006). Reversal of Alzheimer's-like pathology and behavior in human APP transgenic mice by mutation of *Asp664. Proceedings of the National Academies of Sciences of the United States of America, 103,* 7130–7135.

Ganger, J., & Brent, M. R. (2004). Reexamining the vocabulary spurt. *Developmental Psychology, 40,* 621–632.

Ganong, L., & Coleman, M. (2006). Patterns of exchange and intergenerational responsibilities after divorce and remarriage. *Journal of Aging Studies, 20,* 265–278.

Gans, J. (1990). *America's adolescents: How healthy are they?* Chicago, IL: American Medical Association.

Gardiner, H. W. (2001). Child and adolescent development: Cross-cultural perspectives. In L. L. Adler & U. P. Gielen (Eds.), *Cross-cultural topics in psychology* (pp. 63–79). Westport, CT: Praeger.

Gardner, H. (1983). *Frames of mind.* New York, NY: Basic Books.

Gardner, H. (1993). *Multiple intelligences: The theory in practice.* New York, NY: Basic Books.

Gardner, H. (1999). Who owns intelligence? *Atlantic Monthly, 283,* 67–76.

Gardner, H. (2004). *Frames of mind: The theory of multiple intelligences.* New York, NY: Basic Books.

Gardner, H. (2011). Multiple intelligences: The first thirty years. *Harvard Graduate School of Education.*

Gardner, T. W., Dishion, T. J., & Connell, A. M. (2008). Adolescent self-regulation as resilience: Resistance to antisocial behavior within the deviant peer context. *Journal of Abnormal Child Psychology, 36,* 273–284.

Garnets, L., & Kimmel, D. C. (Eds.). (2013). *Psychological perspectives on lesbian, gay, and bisexual experiences.* New York, NY: Columbia University Press.

Garrison, M. M., & Christakis, D. A. (2005). *A teacher in the living room? Educational media for babies, toddlers and preschoolers.* Menlo Park, CA: The Henry J. Kaiser Family Foundation.

Gartstein, M. A., Gonzalez, C., Carranza, J. A., Ahadi, S. A., Ye, R., Rothbart, M. K., & Yang, S. W. (2006). Studying cross-cultural differences in the development of infant temperament: People's Republic of China, the United States of America, and Spain. *Child Psychiatry and Human Development, 37,* 145–161.

Gaskins, S. (2000). Children's daily activities in a Mayan village: A culturally grounded description. *Cross-Cultural Research, 34,* 375–389.

Gaskins, S. (2015). Childhood practices across cultures: Play and household work. In L. A. Jensen (Ed.), *Oxford handbook of human development and culture: An interdisciplinary perspective.* New York, NY: Oxford University Press.

Gatrad, A. R. (1994). Muslim customs surrounding death, bereavement, postmortem examinations, and organ transplants. *BMJ, 309,* 521.

Gaugler, J. E., Zarit, S. H., & Perlin, L. (2003). The onset of dementia caregiving and its longitudinal implications. *Psychology and Aging, 18,* 171–180.

Gauvain, M., & Nicolaides, C. (2015). Cognition in childhood across cultures. In L. A. Jensen (Ed.), *Oxford handbook of human development and culture: An interdisciplinary perspective.* New York, NY: Oxford University Press.

Gavin, A. R., Hill, K. G., Hawkins, J. D., & Maas, C. (2011). The role of maternal early-life and later-life risk factors on offspring low birth weight: Findings from a three-generational study. *Journal of Adolescent Health, 49,* 166–171.

Gavin, L., & Furman, W. (1989). Age differences in adolescents' perceptions of their peer groups. *Developmental Psychology, 25,* 827–834.

Gawande, A. (2007, April 30). The way we age now. *The New Yorker,* 49–59.

Gazzaniga, M. (2008). *Human: The science behind what makes us unique.* New York, NY: Ecco.

Ge, X., Natsuaki, M. N., Neiderhiser, J. M., & Reiss, D. (2007). Genetic and environmental influences on pubertal timing: Results from two national sibling studies. *Journal of Research on Adolescence, 17,* 767–788.

Geangu, E., Benga, O., Stahl, D., & Striano, T. (2010). Contagious crying beyond the first days of life. *Infant Behavior & Development, 33,* 279–288.

Geary, D. C. (2010). *Male, female: The evolution of human sex differences* (2nd ed.). Washington, DC: American Psychological Association.

Geeraert, L., Van den Noortgate, W., Grietens, H., & Onghena, P. (2004). The effects of early prevention programs for families with young children at risk for physical child abuse and neglect: A meta-analysis. *Child Maltreatment, 9,* 277–291.

Geldhof, G. J., Little, T. D., & Columbo, J. (2010). Self-regulation across the lifespan. *Handbook of Lifespan Development.* New York, NY: Wiley.

Gelman, R. (1969). Conservation acquisition: A problem of learning to attend to relevant attributes. *Journal of Experimental Child Psychology,7,* 67–87.

Gelman, S. A., Taylor, M. G., & Nguyen, S. P. (2004). Mother–child conversations about gender. *Monographs of the Society for Research in Child Development, 69*(Serial No. 275), pp. 1–127.

Genesoni, L., & Tallandini, M. A. (2009). Men's psychological transition to fatherhood: An analysis of the literature, 1989–2008. *Birth: Issues in Perinatal Care, 36,* 305–318.

Gentile, D. (2011). The multiple dimensions of violent video game effects. *Child Development Perspectives 5,* 75–81. doi: 10.1111/j.1750-8606.2011.00159.x

George, C., & Solomon, J. (1999). Attachment and caregiving: The caregiving behavioural system. In J. Cassidy & P. R. Shaver (Eds.), *Handbook of attachment: Theory, research, and clinical applications* (pp. 649–670). New York, NY: Guilford Press.

Gergen, K. (2011). The acculturated brain. *Theory and Psychology, 20,* 1–20.

Germino, B. B. (2003). Dying at home. In I. Corless, B. B. Germino, & M. A. Pittman (Eds.), *Dying, death, and bereavement: A challenge for the living* (pp. 105–116). New York, NY: Springer.

Gershoff, E. T. (2002). Corporal punishment by parents and associated child behaviors and experiences: A meta-analytic and theoretical review. *Psychological Bulletin, 128,* 539–579.

Gershuny, J., Bittman, M., & Brice, J. (2005). Exit, voice, and suffering: Do couples adapt to changing employment patterns? *Journal of Marriage and Family. 67,* 656–665.

Gesell, A. (1946). The ontogenesis of infant behaviour. In L. Carmichael (Ed.), *Manual of child psychology* (pp. 295–331). Hoboken, NJ: Wiley.

Gesell, A. L. (1934). *Infancy and human growth.* New York, NY: Macmillan.

Gewirtz, J. (1977). Maternal responding and the conditioning of infant crying: Directions of influence within the attachment–acquisition process. In B. C. Etzel, J. M. LeBlanc, & D. M. Baer (Eds.), *New developments in behavioral research* (pp. 31–57). Hillsdale, NJ: Lawrence Erlbaum.

Giacomoni, P. U., & Rein, G. (2004). A mechanistic model for the aging of human skin. *Micron, 35,* 179–184.

Giang, M. T., & Wittig, M. A. (2006). Implications of adolescents' acculturation strategies for personal and collective self-esteem. *Cultural Diversity and Ethnic Minority Psychology, 12,* 725–739.

Gibbons, J. L., & Stiles, D. A. (2004). *The thoughts of youth: An international perspective on adolescents' ideal persons.* Greenwich, CT: IAP Information Age.

Gibbs, J. C. (2003). *Moral development and reality: Beyond the theories of Kohlberg and Hoffman.* Thousand Oaks, CA: Sage.

Gibbs, J. C., Basinger, K. S., Grime, R. L., & Snarey, J. R. (2007). Moral judgment development across cultures: Revisiting Kohlberg's universality claims. *Developmental Review, 27,* 443–500.

Gibson, E. J., & Walk, R. D. (1960). The "visual cliff." *Scientific American, 202,* 64–71.

Gibson, J. H., Harries, M., Mitchell, A., Godfrey, R., Lunt, M., & Reeve, J. (2000). Determinants of bone density and prevalence of osteopenia among female runners in their second to seventh decades of age. *Bone, 26,* 591–598.

Giddens, A. (2000). *Runaway world: How globalization is reshaping our lives.* New York, NY: Routledge.

Giedd, J. N. (2008). The teen brain: Insights from neuroimaging. *Journal of Adolescent Health, 42,* 335–343.

Giedd, J. N., Raznahan, A., Mills, K. L., & Lenroot, R. K. (2012). Review: magnetic resonance imaging of male/female differences in human adolescent brain anatomy. *Biol Sex Differ, 3*(1), 19.

Giedd, J. N., Stockman, M., Weddle, C., Liverpool, M., Alexander-Bloch, A., et al. (2010). Anatomic magnetic resonance imaging of the developing child and adolescent brain: The effects of genetic variation. *Neuropsychology Review, 20,* 349–361.

Giles-Sims, J., & Lockhart, C. (2005). Culturally shaped patterns of disciplining children. *Journal of Family Issues, 26,* 196–218.

Gilmore, D. (1990). *Manhood in the making: Cultural concepts of masculinity.* New Haven, CT: Yale University Press.

Gini, G., Albierto, P., Benelli, B., & Altoe, G. (2008). Determinants of adolescents' active defending and passive bystanding behavior in bullying. *Journal of Adolescence, 31,* 93–105.

Ginsburg, H. P., & Opper, S. (1979). *Piaget's theory of intellectual development.* Englewood Cliffs, NJ: Prentice Hall.

Giscombé, C. L., & Lobel, M. (2005). Explaining disproportionately high rates of adverse birth outcomes among African Americans: The impact of stress, racism, and related factors in pregnancy. *Psychological Bulletin, 131,* 662–683.

Gladwell, M. (1998, February 2). The Pima paradox. *The New Yorker,* pp. 44–57.

Glassman, T. J., Dodd, V., Miller, E. M., & Braun, R. E. (2010). Preventing high-risk drinking among college students: A social marketing case study. *Social Marketing Quarterly, 16,* 92–110.

Glauber, J. H., Farber, H. J., & Homer, C. J. (2001). Asthma clinical pathways: Toward what end? *Pediatrics, 107,* 590–592.

Godfrey, J. R., & Meyers, D. (2009). Toward optimal health: Maternal benefits on breastfeeding. *Journal of Women's Health, 18,* 1307–1310.

Goldbaum, S., Craig, W. M., Pepler, D., & Connolly, J. (2003). Developmental trajectories of victimization: Identifying risk and protective factors. *Journal of Applied School Psychology, 19,* 139–156.

Goldberg, A. E. (2010). *Lesbian and gay parents and their children.* Washington, DC: American Psychological Association.

Goldberg, M. C., Maurer, D., & Lewis, T. L. (2001). Developmental changes in attention: The effects of endogenous cueing and of distracters. *Developmental Science, 4,* 209–219.

Goldberg, P. H. (1968). Are women prejudiced against women? *Transaction, 5,* 28–30.

Goldfield, B. A., & Reznick, J. S. (1990). Early lexical acquisition: Rate, content and the vocabulary spurt. *Journal of Child Language, 17,* 171–183.

Goldin-Meadow, S. (2009). Using the hands to study how children learn language. In J. Colombo, L. Freund, & P. McCardle (Eds.), *Infant pathways to language: Methods, models, and research disorders* (pp. 195–210). New York, NY: Psychology Press.

Goldman, B. D., & Buysse, V. (2007). Friendships in very young children. In *Contemporary perspectives on socialization and social development in early childhood education,* 165–192. New York: IAP.

Goldscheider, F., & Goldscheider, C. (1999). *The changing transition to adulthood: Leaving and returning home.* Thousand Oaks, CA: Sage.

Goldsmith, H. H. (2009). Genetics of emotional development. In R. J. Davidson, K. R. Scherer, & H. H. Goldsmith (Eds.), *Handbook of affective sciences* (pp. 300–319). New York, NY: Oxford University Press.

Goldstein, T. R., & Winner, E. (2012). Enhancing empathy and theory of mind. *Journal of Cognition and Development, 13*(1), 19–37.

Goleman, D. (1997). *Emotional intelligence.* New York, NY: Bantam.

Gosden, R. G. (2007). Menopause. In J. E. Birren, *Encyclopedia of gerontology: Age, aging, and the aged* (2nd ed., pp. 151–158). San Diego, CA: Academic Press.

Goode, E. (1999, May 20). Study finds TV trims Fiji girls' body image and eating habits. *The New York Times,* p. A1.

Goodwin, C. J. (2009). *Research in psychology: Methods and design.* New York, NY: Wiley.

Gooren, L. J. (2003). Androgen deficiency in the aging male: Benefits and risks of androgen supplementation. *Journal of Steroid Biochemistry and Molecular Biology, 85,* 349–355.

Goossens, L., & Luyckx, K. (2007). Belgium. In J. J. Arnett, U. Gielen, R. Ahmed, B. Nsamenang, T. S. Saraswathi, & R. Silbereisen (Eds.), *International encyclopedia of adolescence* (pp. 64–76). New York, NY: Routledge.

Gopnik, A., & Astington, J. W. (1998). Children's understanding of representational change and its relation to the understanding of false belief and the appearance–reality distinction. *Child Development, 59,* 26–37.

Gopnik, A., Meltzoff, A. N., & Kuhl, P. K. (1999). *The scientist in the crib: Minds, brains, and how children learn.* New York, NY: William Morrow.

Gordon-Larsen, P., Nelson, M. C., & Popkin, B. M. (2004). Longitudinal physical activity and sedentary behavior trends: Adolescence to adulthood. *American Journal of Preventative Medicine, 27,* 277–283.

Gorman, T. E., Ahern, S. P., Wiseman, J., & Skrobik, Y. (2005). Residents' end-of-life decision making with adult hospitalized patients: A review of the literature. *Academic Medicine, 80,* 622–633.

Gott, M., & Hinchliff, S. (2003). How important is sex in later life? The views of older people. *Social Science and Medicine, 56,* 1617–1628.

Gott, M., Seymour, J., Bellamy, G., Clark, D., & Ahmedzai, S. (2004). Older people's views about home as a place of care at the end of life. *Palliative Medicine, 18,* 460–467.

Gottesman, I. I. (1994). *Schizophrenia genetics: The origins of madness.* New York, NY: Freeman.

Gottesman, I. I. (2004). Postscript: Eyewitness to maturation. In L. E. DiLalla (Ed.), *Behavior genetics principles.* Washington, DC: American Psychological Association.

Gottfredson, G. D., Jones, E. M., & Holland, J. L. (1993). Personality and vocational interests: The relation of Holland's six interest dimensions to five robust dimensions of personality. *Journal of Counseling Psychology, 40,* 518–524.

Gottfredson, M., & Hirschi, T. (1990). *A general theory of crime.* Stanford, CA: Stanford University Press.

Gottlieb, A. (2000). Luring your child into this life: A Beng path for infant care. In J. DeLoache & A. Gottlieb (Eds.), *A world of babies: Imagined childcare guides for seven societies* (pp. 55–89). New York, NY: Cambridge University Press.

Gottlieb, G. (2004). Normally occurring environmental and behavioral influences on gene activity. In C. G. Coll, E. L. Bearer, & R. M. Lerner (Eds.), *Nature and nature: The complex interplay of genetic and environmental influences on human behavior and development* (pp. 85–106). Mahwah, NJ: Erlbaum.

Gottlieb, G., & Lickliter, R. (2007) Probabilistic epigenesis. *Developmental Science, 10,* 1–11.

Gottman, J. M., & Levenson, R. W. (2000). The timing of divorce: Predicting when a couple will divorce over a 14-year period. *Journal of Marriage and the Family, 62,* 737–745.

Gottman, J. M., & Silver, N. (1999). *The seven principles for making marriages work.* New York, NY: Crown.

Gould, S. J. (1981). *The mismeasure of man.* New York, NY: Norton.

Grabe, S., Hyde, J. S., & Lindberg, S. M. (2007). Body objectification and depression in adolescents: The role of gender, shame, and rumination. *Psychology of Women Quarterly, 31,* 164–175.

Graber, J. A., Lewinsohn, P. M., Seeley, J. R., & Brooks-Gunn, J. (1997). Is psychopathology associated with the timing of pubertal development? *Journal of the American Academy of Child and Adolescent Psychiatry, 36,* 1768–1776.

Graber, J. A., Seeley, J. R., Brooks-Gunn, J., & Lewinsohn, P. M. (2004). Is pubertal timing associated with psychopathology in young adulthood? *Journal of the American Academy of Child & Adolescent Psychiatry, 43,* 718–726.

Grady, D. (2006). Management of menopausal symptoms. *New England Journal of Medicine, 355,* 2338–2347.

Graham, M. J., Larsen, U., & Xu, X. (1999). Secular trend in age of menarche in China: A case study of two rural counties in Anhui province. *Journal of Biosocial Science, 31,* 257–267.

Gralinski, J. H., & Kopp, C. B. (1993). Everyday rules for behavior: Mothers' requests to young children. *Developmental Psychology, 29,* 573–584.

Granic, I., Dishion, T. J., & Hollerstein, T. (2003). The family ecology of adolescence: A dynamic systems perspective on normative development. In G. R. Adams & M. D. Berzonsky (Eds.), *Blackwell handbook of adolescence* (pp. 60–91). Malden, MA: Blackwell.

Gratton, M. A., & Vasquez, A. E. (2003). Age-related hearing loss: Current research. *Current Opinion in Otolaryngology—Head and Neck Surgery, 11,* 367–371.

Gray, C., Ferguson, J., Behan, S., Dunbar, C., Dunn, J., & Mitchell, D. (2007). Developing young readers through the linguistic phonics approach. *International Journal of Early Years Education, 15,* 15–33.

Gray, E., Khoo, S. E., & Reimondos, A. (2012). Participation in different types of volunteering at young, middle and older adulthood. *Journal of Population Research, 29*(4), 373–398.

Gray, W. N., Simon, S. L., Janicke, D. M., & Dumont-Driscoll, M. (2011). Moderators of weight-based stigmatization among youth who are overweight and non-overweight: The role of gender, race, and body dissatisfaction. *Journal of Developmental & Behavioral Pediatrics, 32*(2), 110–116.

Graziano, A. M., & Hamblen, J. L. (1996). Subabusive violence in child rearing in middle-class American families. *Pediatrics, 98,* 845–848.

Green, E. G. T., Deschamps, J.-C., & Paez, D. (2005). Variation of individualism and collectivism within and between 20 countries:

A typological analysis. *Journal of Cross-Cultural Psychology, 36,* 321–339.

Greenberger, E., & Steinberg, L. (1986). *When teenagers work: The psychological social costs of adolescent employment.* New York, NY: Basic Books.

Greenfield, E., & Marks, N. (2007). Continuous participation in voluntary groups as a protective factor for the psychological well-being of adults who develop functional limitations: Evidence from the National Survey of Families and Households. *Journal of Gerontology: Social Sciences, 62B,* S60–S68.

Greenfield, P. M. (2005). Paradigms of cultural thought. In K. J. Holyoak, & R. G. Morrison (Eds.), *The Cambridge Handbook of Thinking and Reasoning* (pp. 663–682). New York, NY: Cambridge University Press.

Greenwood, V. (2011). Why are asthma rates soaring? *Scientific American,* March 22. Retrieved from http://www.scientificamerican.com/article/why-are-asthma-rates-soaring/

Gregg, E. W., Cheng, Y. J., Narayan, K. M. V., Thompson, T. J., & Williamson, D. F. (2007). The relative contributions of different levels of overweight and obesity to the increased prevalence of diabetes in the United States: 1976–2004. *Preventative Medicine: An International Journal Devoted to Practice and Theory, 45,* 348–352.

Greve, T. (2003). Norway: The breastfeeding top of the world. *Midwifery Today International, 67,* 57–59.

Griffith, G. (2007). *Older drivers: A review of licensing requirements and research findings.* Retrieved from http://www.parliament.nsw.gov.au/prod/parlment/publications.nsf/0/EFE9D4AB5C456905CA257376000D7777/$File/Older%20drivers%20final%20&%20INDEX.pdf

Grigorenko, E. (2003). Intraindividual fluctuations in intellectual functioning: Selected links between nutrition and the mind. In R. Sternberg & J. Lautrey (Eds.), *Models of intelligence: International perspectives.* Washington, DC: American Psychological Association.

Grigorenko, E. L., Lipka, J., Meier, E., Mohatt, G., Sternberg, R. J., & Yanez, E. (2004). Academic and practical intelligence: A case study of the Yup'ik in Alaska. *Learning and Individual Differences, 14,* 183–207.

Grigorenko, E. L., & O'Keefe, P. A. (2004). What do children do when they cannot go to school? In R. J. Sternberg & E. L. Grigorenko (Eds.), *Culture and competence: Contexts of life success* (pp. 23–53). Washington, DC: American Psychological Association.

Grilo, C. M., & Mitchell, J. E. (Eds.). (2010). *The treatment of eating disorders: A clinical handbook.* New York, NY: Guilford.

Grimshaw, G. S., & Wilson, M. S. (2013). A sinister plot? Facts, beliefs, and stereotypes about the left-handed personality. *Laterality: Asymmetries of Body, Brain and Cognition, 18,* 135–151.

Grimsley, K. D. (2000, April 3). Family a priority for young workers: Survey finds change in men's thinking. *The Washington Post,* pp. E1–2.

Gripsrud, J. (2007). Television and the European public sphere. *European Journal of Communication, 22,* 479–492.

Grolnick, W. S., McMenamy, J. M., & Kurowski, C. O. (2006). Emotional self-regulation in infancy and toddlerhood. In L. Balter & C. S. Tamis-Lamonda (Eds.), *Child psychology: A book of contemporary issues* (pp. 3–25). New York, NY: Psychology Press.

Gross, D. (2008). *Infancy (3rd ed.)* Upper Saddle River, NJ: Prentice Hall.

Grossman, K. E., Grossman, K., and Waters, E. (Eds.). (2005). *Attachment from infancy to adulthood: The major longitudinal studies.* New York, NY: Guilford.

Grotevant, H. D., & Adams, G. R. (1984). Development of an objective measure to assess ego identity in adolescence: Validation and replication. *Journal of Youth and Adolescence, 13,* 419–438.

Grunbaum, A. (2006). Is Sigmund Freud's psychoanalytic edifice relevant to the 21st century? *Psychoanalytic Psychology, 23,* 257–284.

Grundy, E., & Henretta, J. (2006). Between elderly parents and adult children: A new look at the intergenerational care provided by the "sandwich generation." *Ageing & Society, 26,* 707–722.

Grünebaum, A., et al. (2013). Apgar score of 0 at 5 minutes and neonatal seizures or serious neurologic dysfunction in relation to birth setting. *American Journal of Obstetrics and Gynecology, 323,* e1-e6.

Grünebaum, A., et al. (2014). Early and total neonatal mortality in relation to birth setting in the United States, 2006-09. *American Journal of Obstetrics and Gynecology, 324.* doi: 10.1016/j.ajog.2014.03.047

Grunier, A., Vincent, M., Weitzen, S., Truchil, R., Teno, J., & Roy, J. (2007). Where people die: A multilevel approach to understanding influence on site of death in America. *Medical Care Research & Review, 64,* 351–378.

Gu, D., Reynolds, K., Wu, N., Chen, J., Duan, X., Reynolds, R. F., et al. (InterASIA Collaborative Group) (2005). Prevalence of the metabolic syndrome and overweight among adults in China. *Lancet, 365,* 1398–1405.

Guasti, M. T. (2000). An excursion into interrogatives in early English and Italian. In M. A. Friedemann & L. Rizzi (Eds.), *The acquisition of syntax* (pp. 105–128). Harlow, England: Longman.

Guay, F., Chanal, J., Ratelle, C. F., Marsh, H. W., Larose, S., & Boivin, M. (2010). Intrinsic, identified, and controlled types of motivation for school subjects in young elementary school children. *British Journal of Educational Psychology, 80,* 711–735.

Gubler, M., Arnold, J., & Coombs, C. (2014). Reassessing the protean career concept: Empirical findings, conceptual components, and measurement. *Journal of Organizational Behavior, 35,* S23-S40.

Guernsey, L. (2007). *Into the minds of babes: How screen time affects children from birth to age 5.* New York, NY: Perseus.

Guerreiro, M. J. S., Murphy, D. R., & Van Gerven, P. W. M. (2010). The role of sensory modality in age-related distraction: A critical review and a renewed view. *Psychological Bulletin, 136,* 975–1022.

Guest, A. M. (2007). Cultures of childhood and psychosocial characteristics: Self-esteem and social comparison in two distinct communities. *Ethos, 35,* 1–32.

Guillaume, M., & Lissau, I. (2002). Epidemiology. In W. Burniat, T. Cole, I. Lissau, & E. M. E. Poskitt (Eds.), *Child and adolescent obesity: Causes and consequences, prevention and management* (pp. 28–49). Cambridge, MA: Cambridge University Press.

Guise, J. M. F., & Gill, J. S. (2007). "Binge drinking? It's good, it's harmless fun": A discourse analysis of female undergraduate drinking in Scotland. *Health Education Research, 22,* 895–906.

Gump, B., & Matthews, K. (2000, March). *Annual vacations, health, and death.* Paper presented at the meeting of American Psychosomatic Society, Savannah, GA.

Gunnoe, M. L., & Mariner, C. L. (1997). Toward a developmental–contextual model of the effects of parental spanking on children's aggression. *Archives of Pediatrics and Adolescent Medicine, 151,* 768–775.

Gupta, S., & Naskar, A. (2013). Euthanasia: An Indian and international perspective. *ZENITH International Journal of Multidisciplinary Research, 3*(7), 15–24.

Gureje, O., Ogunniyi, A., Baiyewu, O., Price, B., Unverzagt, F. W., & Evans, R. M. (2006). *APOE epsilon4* is not associated with Alzheimer's disease in elderly Nigerians. *Annals of Neurology, 59,* 182–185.

Gutmann, D. L., & Huych, M. H. (1994). Development and psychology in post-parental men: A community study. In E. Thompson, Jr. (Ed.), *Older men's lives* (pp. 65–84). Thousand Oaks, CA: Sage.

Guyer, B. (2000). *ADHD.* Boston, MA: Allyn & Bacon.

Haan, M. d., & Matheson, A. (2009). The development and neural bases of processing emotion in faces and voices. In M. d. H. & M. R. Gunnar, *Handbook of developmental social neuroscience* (pp. 107–121). New York, NY: Guilford.

Haberkern, K., & Szydlik, M. (2010). State care provision, societal opinion and children's care of older parents in 11 European countries. *Ageing & Society, 30,* 299–323.

Hack, M., Taylor, G., Drotar, D., Schluchter, M., Cartar, L., Wilson-Costello, D., . . . Morrow, M. (2005). Poor predictive validity of the Bayley Scales of Infant Development for cognitive function of extremely low birth weight children at school age. *Pediatrics, 116,* 333–341.

Hacker, J. (2002). *The divided welfare state: The battle over public and private social benefits in the United States.* New York, NY: Cambridge University Press.

Hadjikhani, N., Chabris, C. F., Joseph, R. M., Clark, J., McGrath, L., Aharon, L., . . . Harris, G. J. (2004). Early visual cortex organization in autism: An fMRI study. *Neuroreport: For Rapid Communication of Neuroscience Research, 15,* 267–270.

Haffner, W. H. J. (2007). Development before birth. In M. L. Batshaw, L. Pellegrino, & N. J. Roizen (Eds.), *Children with disabilities* (pp. 23–33). Baltimore, MD: Paul H Brookes.

Hagen, J., & Hale, G. (1973). The development of attention in children. In A. Pick (Ed.), *Minnesota symposium on child psychology* (Vol. 7, pp. 117–140). Minneapolis, MN: University of Minnesota Press.

Häggström-Nordin, E., Hanson, U., & Tyden, T. (2006). Associations between pornography consumption and sexual practices among adolescents in Sweden. *International Journal of STD & AIDS, 16,* 102–107.

Hahn, B., Ross, T. J., Wolkenberg, F. A., Shakleya, D. M., Huestis, M. A., & Stein, E. A. (2009). Performance effects of nicotine during selective attention, divided attention, and simple stimulus detection: An fMRI study. *Cerebral Cortex, 19,* 1990–2000.

Hahn, E. A., & Lachman, M. E. (2014). Everyday experiences of memory problems and control: the adaptive role of selective optimization with compensation in the context of memory decline. *Aging, Neuropsychology, and Cognition,* 1–17.

Haidt, J., Koller, S. H., & Dias, M. G. (1993). Affect, culture, and morality, or is it wrong to eat your dog? *Journal of Personality and Social Psychology, 65,* 613–628.

Haines, C. J., Xing, S-M., Park, K-H., Holinka, C. F., & Ausmanas, M. K. (2005). Prevalence of menopausal symptoms in different ethnic groups of Asian women and responsiveness to therapy with three doses of conjugated estrogens/medroxyprogesterone acetate: The Pan-Asia menopause (PAM) study. *Maturitas, 52,* 264–276.

Hakuta, K. (1999). The debate on bilingual education. *Developmental and Behavioral Pediatrics, 20,* 36–37.

Hale, C. M., & Tager-Flusberg, H. (2005). Social communication with children with autism: The relationship between theory of mind and discourse development. *Autism, 9,* 157–178.

Halford, G. S. (2005). Development of thinking. In K. J. Holyoak & Robert G. Morrison (Eds.), *The Cambridge handbook of thinking and reasoning* (pp. 529–558). New York, NY: Cambridge University Press.

Halgunseth, L. C., Ispa, J. M., & Rudy, D. (2006). Parental control in Latino families: An integrated review of the literature. *Child Development, 77,* 1282–1297.

Hall, D. T., & Mirvis, P. H. (1996). The new protean career: Psychological success and the path with a heart. In D. T. Hall (Ed.), *The career is dead—Long live the career: A relational approach to the career* (pp. 15–45). San Francisco, CA: Jossey-Bass.

Hall, K., Murrell, J., Ogunniyi, A., Deeg, M., Baiyewu, O., & Gao, S. (2006). Cholesterol, *APOE* genotype, and Alzheimer disease: An epidemiologic study of Nigerian Yoruba. *Neurology, 66,* 223–227.

Hall, R. L. (2007). On the move: Exercise, leisure activities, and midlife women. In V. Muhlbauer & J. C. Chrisler (Eds.), *Women over 50: Psychological perspectives* (pp. 79–94). New York, NY: Springer.

Halpern, D. F. (2000). Sex differences in cognitive abilities (3rd ed.)., Mahwah, NJ: Lawrence Erlbaum.

Halman, L., & Draulans, V. (2006). How secular is Europe? *British Journal of Sociology, 57,* 264–288.

Halpern, S. (1998). *The forgotten half revisited: American youth and young families,* 1988–2008. Washington, DC: American Youth Policy Forum.

Hämäläinen, J., Poikolainen, K., Isometsa, E., Kaprio, J., Heikkinen, M., Lindermman, S., & Aro, H. (2005). Major depressive episode related to long unemployment and frequent alcohol intoxication. *Nordic Journal of Psychiatry, 59,* 486–491.

Hamilton, S. F., & Hamilton, M. A. (2000). Research, intervention, and social change: Improving adolescents' career opportunities. In L. J. Crockett & R. K. Silbereisen (Eds.), *Negotiating adolescence in times of social change* (pp. 267–283). New York, NY: Cambridge University Press.

Hamilton, S., & Hamilton, M. A. (2006). School, work, and emerging adulthood. In J. J. Arnett & J. L. Tanner (Eds.), *Coming of age in the 21st century: The lives and contexts of emerging adults* (pp. 257–277). Washington, DC: American Psychological Association.

Hammack, P., & Cohler, B. (2009). *The story of sexual identity: Narrative perspectives on the gay and lesbian life course.* New York, NY: Oxford University Press.

Hammer, J. C., Fisher, J. D., Fitzgerald, P., & Fisher, W. A. (1996). When two heads aren't better than one: AIDS risk behavior in college-age couples. *Journal of Applied Social Psychology, 26,* 375–397.

Han, C. (2011). Embitterment in Asia: Losing face, inequality, and alienation under historical and modern perspectives. In M. Linden & A. Maercker (Eds.), *Embitterment: Societal, psychological, and clinical perspectives* (pp. 168–176). New York, NY: Springer.

Haninger, K., & Thompson, K. M. (2004). Content and ratings of teen rated video games. *JAMA: Journal of the American Medical Association, 291,* 856–865.

Hank, K. (2011). Societal determinants of productive aging: A multilevel analysis across 11 European countries. *European sociological review, 27*(4), 526–541.

Hannon, T. S., Rao, G., & Arslanian, S. A. (2005). Childhood obesity and Type 2 diabetes mellitus. *Pediatrics, 116,* 473–480.

Hanson, R., & Hayslip, B. (2000). Widowhood in later life. In J. Harvey & E. Miller (Eds.), *Loss and trauma: General and close relationship perspectives.* New York, NY: Brunner-Routledge.

Harden, K. P., & Mendle, J. (2012). Gene-environment interplay in the association between pubertal timing and delinquency in adolescent girls. *Journal of Abnormal Psychology, 121*(1), 73.

Hardman, C. E. (2000). *Other worlds: Notions of self and emotion among the Lohorung Rai.* New York, NY: Berg.

Hardy, M. (2006). Older workers. In R. Binstock & L. George (Eds.), *Handbook of aging and the social sciences* (6th ed., pp. 201–218). New York, NY: Academic Press.

Harkness, S., Mavridis, C. J., Liu, J. J., & Super, C. (2015). Parental ethnotheories and the development of family relationships in early and middle childhood. In L. A. Jensen (Ed.), *Oxford handbook of human development and culture: An interdisciplinary perspective.* New York, NY: Oxford University Press.

Harkness, S., Super, C. M., & van Tijen, N. (2000). Individualism and the "Western mind" reconsidered: American and Dutch parents' ethnotheories of the child. In S. Harkness & C. Raeff (Eds.), *Variability in the social construction of the child* (pp. 23–39). San Francisco, CA: Jossey-Bass.

Harlow, H. F. (1958). The nature of love. *American Psychologist, 13,* 673–685.

Harman, D. (2006). Alzheimer's disease pathogenesis: Role of aging. *Annals of the New York Academy of Sciences, 1067,* 454–460.

Harnad, S. (2012). *Lateralization in the nervous system.* New York, NY: Academic Press.

Harris, G. (2002). *Grandparenting: How to meet its responsibilities.* Los Angeles: The Americas Group.

Hart, B., & Risley, T. R. (1999). *The social world of children learning to talk.* Baltimore, MD: Paul H. Brookes.

Hart, C. H., Burts, D. C., Durland, M. A., Charlesworth, R., DeWolf, M., & Fleege, P. O. (1998). Stress behaviors and activity type participation of preschoolers in more and less developmentally appropriate classrooms: SES and sex differences. *Journal of Research in Childhood Education, 12,* 176–196.

Hart, C. H., Newell, L. D., & Olsen, S. F. (2003). Parenting skills and social-communicative competence in childhood. In J. O. Greene & B. R. Burleson (Eds.), *Handbook of communication and social interaction skills* (pp. 753–797). Mahwah, NJ: Erlbaum.

Hart, D., & Atkins, R. (2004). Religious participation and the development of moral identity in adolescence. In T. A. Thorkildsen & H. J. Walberg (Eds.), *Nurturing morality* (pp. 157–172). New York, NY: Kluwer.

Hart, D., Southerland, N., & Atkins, R. (2003). Community service and adult development. In J. Demick & C. Andreoletti (Eds.), *Handbook of adult development* (pp. 585–597). New York, NY: Kluwer.

Hart, H. M., McAdams, D. P., Hirsch, B. J., & Bauer, J. J. (2001). Generativity and social involvement among African Americans and White adults. *Journal of Research in Personality, 35,* 208–230.

Harter, S. (1990a). Processes underlying adolescent self-concept formation. In R. Montemayor, G. R. Adams, & T. P. Gullotta (Eds.), *From childhood to adolescence: A transitional period?* Newbury Park, CA: Sage.

Harter, S. (1990b). Self and identity development. In S. S. Feldman & G. R. Elliott (Eds.), *At the threshold: The developing adolescent* (pp. 352–387). Cambridge, MA: Harvard University Press.

Harter, S. (1999). *The construction of the self: A developmental perspective.* New York, NY: Guilford.

Harter, S. (2003). The development of self-representations during childhood and adolescence. In M. R. Leary & J. P. Tangney (Eds.), *Handbook of self and identity* (pp. 610–642). New York, NY: Guilford.

Harter, S. (2006a). The development of self-esteem. In M. H. Kernis (Ed.), *Self-esteem issues and answers: A sourcebook of current perspectives* (pp. 144–150). New York, NY: Psychology Press.

Harter, S. (2006b). The self. In W. Damon & R. Lerner (Eds.), & N. Eisenberg (Vol. Ed.), *Handbook of child psychology: Vol. 3. Social, emotional and personality development* (6th ed., pp. 505–570). New York, NY: Wiley.

Harter, S. (2012). The construction of the self: *Developmental and sociocultural foundations.* New York: Guilford.

Harter, S., Waters, P. L., & Whitesell, N. R. (1997). Lack of voice as a manifestation of false-self behavior among adolescents: The school setting as a stage upon which the drama of authenticity is enacted. *Educational Psychologist, 32,* 153–173.

Hartos, J. L., Simons-Morton, B. G., Beck, K. H., & Leaf, W. A. (2005). Parent-imposed limits on high-risk adolescent driving: Are they stricter with graduated driver licensing? *Accident Analysis & Prevention, 37,* 557–562.

Hartup, W. W. (1996). The company they keep: Friendships and their developmental significance. *Child Development, 67,* 1–13.

Hartup, W. W., & Abecassis, M. (2004). Friends and enemies. In P. K. Smith & C. H. Hart (Eds.), *Blackwell handbook of childhood social development* (pp. 285–306). Malden, MA: Blackwell.

Harvard School of Public Health/MetLife Foundation. (2004). *Reinventing aging: Baby boomers and civic engagement.* Cambridge, MA: Harvard School of Public Health, Center for Health Communication.

Harvard Mental Health Letter (HMHL) (2005). The treatment of attention deficit disorder: New evidence. *Harvard Mental Health Letter, 21,* 6.

Harvey, J. H., & Fine, M. A. (2004). *Children of divorce: Stories of loss and growth.* Mahwah, NJ: Lawrence Erlbaum Associates.

Harvey, J., & Weber, A. (2002). *Odyssey of the heart: Close relationships in the 21st century* (2nd ed.). Mahwah, NJ: Lawrence Erlbaum.

Harwood, J. (2001). Comparing grandchildren's and grandparents' stake in their relationship. *International Journal of Aging and Human Development, 53,* 195–210.

Harwood, R., Leyendecker, B., Carlson, V., Asencio, M., & Miller, A. (2002). Parenting among Latino families in the U.S. In M. H. Bornstein (Ed.), *Handbook of parenting, Vol. 4. Social conditions and applied parenting* (2nd ed., pp. 21–46). Mahwah, NJ: Erlbaum.

Hasebrink, U. (2007a). Computer use, international. In J. J. Arnett (Ed.), *Encyclopedia of children, adolescents, and the media* (pp. 207–210). Thousand Oaks, CA: Sage.

Hasebrink, U. (2007b). Television, international viewing patterns and. In J. J. Arnett (Ed.), *Encyclopedia of children, adolescents, and the media* (pp. 808–810). Thousand Oaks, CA: Sage.

Hasher, L. (2003, February 28). Commentary in "The wisdom of the wizened." *Science, 299,* 1300–1302.

Hasher, L., Goldstein, F., & May, C. (2005). It's about time: Circadian rhythms, memory, and aging. In C. Izawa & N. Ohta (Eds.), *Human learning and memory: Advances in theory and application* (Vol. 18, pp. 179–186). Mahwah, NJ: Lawrence Erlbaum Associates.

Hasher, L., Zachs, R. T., & May, C. P. (1999). Inhibitory control, circadian arousal, and age. In D. Gopher & A. Koriat (Eds.), *Attention and performance* (Vol. 17, pp. 653–675).

Hassett, J. M., Siebert, E. R., & Wallen, K. (2008). Sex differences in rhesus monkey toy preference parallel those of children. *Hormones and Behavior, 54,* 359–364.

Hassold, T. J., & Patterson, D. (Eds.) (1999). *Down syndrome: A promising future, together.* New York, NY: Wiley-Liss.

Hastings, P. D., McShane, K. E., Parker, R., & Ladha, F. (2007). Ready to make nice: Parental socialization of young sons' and daughters' prosocial behaviors with peers. *The Journal of Genetic Psychology: Research and Theory on Human Development, 168,* 177–200.

Hatch, L. R., & Bulcroft, K. (2004). Does long-term marriage bring less frequent disagreements? *Journal of Family Issues, 25,* 465–495.

Hatfield, E., & Rapson, R. L. (2005). *Love and sex: Cross-cultural perspectives* (2nd edition). Boston, MA: Allyn & Bacon.

Hatfield, E., & Rapson, R. L. (1996). *Love and sex: Cross-cultural perspectives.* Boston, MA: Allyn & Bacon.

Haub, C. (2013). *Rising trend of births outside marriage.* Washington, DC: Population Reference Bureau. Retrieved from http://www.prb.org/Publications/Articles/2013/nonmarital-births.aspx

Haugaard, J. L., & Hazan, C. (2004). Recognizing and treating uncommon behavioral and emotional disorders in children and adolescents who have been severely maltreated: Reactive attachment disorder. *Child Maltreatment, 9,* 154–160.

Hautala, L. A., Junnila, J., Helenius, H., Vaananen, A.-M., Liuksila, P.-R., Raiha, H., et al. (2008). Towards understanding gender differences in disordered eating among adolescents. *Journal of Clinical Nursing, 17,* 1803–1813.

Hawkins, A. J., Lovejoy, K. R., Holmes, E. K., Blanchard, V. L., & Fawcett, E. (2008). Increasing fathers' involvement in child care with a couple–focused intervention during the transition to parenthood. *Family Relations, 57,* 49–59.

Hawkins, D. L., Pepler, D. J., & Craig, W. M. (2001). Naturalistic observations of peer intervention in bullying. *Social Development,* 10, 512–527.

Hay, D., Payne, A., & Chadwick, A. (2004). Peer relations in childhood. *Journal of Child Psychology & Psychiatry & Allied Disciplines, 45,* 84–108.

Hayashi, A., Karasawa, M., & Tobin, J. (2009). The Japanese preschool's pedagogy of feeling: Cultural strategies for supporting young children's emotional development. *Ethos, 37,* 32–49.

Hayflick, L. (1965). The limited in vitro lifetime of human diploid cell strains. *Experimental Cell Research, 37,* 614–636.

Hayflick, L. (1998). How and why we age. *Experimental Gerontology, 33,* 639–653.

Hayflick, L. (2004). Anti-aging is an oxymoron. *Journal of Gerontology: Biological Sciences, 59A,* B573–B578.

Haynie, D. L., & Osgood, D. W. (2005). Reconsidering peers and delinquency: How do peers matter? *Social Forces, 84,* 1109–1130.

Hayslip, B., & Hansson, R. (2003). Death awareness and adjustment across the life span. In C. D. Bryant (Ed.), *Handbook of death and dying* (pp. 437–447). Thousand Oaks, CA: Sage.

Haywood, K. M., & Getchell, N. (2001). *Life span motor development* (3rd ed.). Champaign, IL: Human Kinetics.

Hebblethwaite, S., & Norris, J. (2011). Expressions of generativity through family leisure: Experiences of grandparents and adult grandchildren. *Family Relations: An Interdisciplinary Journal of Applied Family Studies, 60,* 121–133.

Heckhausen, J., & Tomasik, M. J. (2002). Get an apprenticeship before school is out: How German adolescents adjust vocational aspirations when getting close to a developmental deadline. *Journal of Vocational Behavior, 60,* 199–219.

Hedberg, K., Hopkins, D., & Kohn, M. (2003). Five years of legal physician-assisted suicide in Oregon. *New England Journal of Medicine, 348,* 961–964.

Hedge, J. W., Borman, W. C., & Lammlein, S. E. (2006). *The aging workforce: Realities, myths, and implications for organizations.* Washington, DC: American Psychological Association.

Hedlund, J., & Compton, R. (2005). Graduated driver licensing research in 2004 and 2005. *Journal of Safety Research, 36,* 109–119.

Hedner, J., Grote, L., & Zou, D. (2008). Pharmacological treatment of sleep apnea: Current situation and future. *Sleep Medicine Reviews, 12,* 33–47.

Hein, K. (1988). *Issues in adolescent health: An overview.* Washington, DC: Carnegie Council on Adolescent Development.

Heine, S. H., Lehman, D. R., Markus, H. R., & Kitayama, S. (1999). Is there a universal need for positive self-regard? *Psychological Review, 106,* 766–794.

Helgeson, V. (2002). *The psychology of gender.* Upper Saddle River, NJ: Prentice Hall.

Helson, R., Jones, C. J., & Kwan, V. S. Y. (2002). Personality change over 40 years of adulthood: Hierarchical linear modeling analyses of two longitudinal samples. *Journal of Personality and Social Psychology, 83,* 752–766.

Helwig, C. C. (2008). The moral judgment of the child reevaluated: Heteronomy, early morality, and reasoning about social justice and inequalities. In C. Wainryb, J. G. Smetana, & E. Turiel (Eds.), *Social development, social inequalities, and social justice* (pp. 27–51). New York, NY: Taylor & Francis Group.

Helzner, E. P., Cauley, J. A., Pratt, S. R., Wisniewski, S. R., Zmuda, J. M., Talbott,... Newman, A. B. (2005). Race and sex differences in age-related hearing loss: The Health, Aging, and Body Composition Study. *Journal of the American Geriatrics Society, 53,* 2119–2127.

Hellquist, B. N., Duffy, S. W., Abdsaleh, S., Björneld, L., Bordás, P., Tabár, L.,... Jonsson, H. (2011). Effectiveness of population-based service screening with mammography for women ages 40 to 49 years. *Cancer, 117,* 714–722.

Hendricks, J., & Cutler, S. J. (2004). Volunteerism and socioemotional selectivity in later life. *Journal of Gerontology, 59B,* S251–S257.

Henggeler, S. W. (2011). Efficacy studies to large-scale transport: The development and validation of multisystemic therapy programs. *Annual Review of Clinical Psychology 7,* 351–381.

Henggeler, S. W., Sheidow, A. J., & Lee, T. (2007). Multisystemic treatment of serious clinical problems in youths and their families. In D. W. Springer & A. R. Roberts (Eds.), *Handbook of forensic mental health with victims and offenders: Assessment, treatments, and research* (pp. 315–345). New York, NY: Springer.

Henrichs, J., Schenk, J. J., Barendregt, C. S., Schmidt, H. G., Steegers, E. A. P., Hofman, A.,... Tiemeier, H. (2010). Fetal growth from mid- to late pregnancy is associated with infant development: The Generation R study. *Developmental Medicine & Child Neurology, 52,* 644–651.

Henry, J., Helm, H. W., Jr., & Cruz, N. (2013). Mate selection: Gender and generational differences. *North American Journal of Psychology, 15* (1).

Henry, R., Miller, R., & Giarrusso, R. (2005). Difficulties, disagreements, and disappointments in late-life marriages. *International Journal of Aging & Human Development, 61,* 243–264.

Hensler, B. A., Schatschneider, C., Taylor, J., & Wagner, R. K. (2010). Behavioral genetic approach to the study of dyslexia. *Journal of Developmental and Behavioral Pediatrics, 31*(Special Issue: The genetics and genomics of childhood neurodevelopmental disorders: An update), 525–532.

Hensley, P. (2006). Treatment of bereavement-related depression and traumatic grief. *Journal of Affective Disorders, 92,* 117–124.

Hepper, P. G., Wells, D. L., & Lynch, C. (2005). Prenatal thumb sucking is related to postnatal handedness. *Neuropsychologia, 43,* 313–315.

Herdt, G. (1987). *The Sambia: Ritual and gender in New Guinea.* New York, NY: Holt, Rinehart & Winston.

Herman-Giddens, M., Slora, E., Wasserman, R., Bourdony, C., Bhapkar, M., Koch, G., & Hasemeier, C. (1997). Secondary sexual characteristics and menses in young girls seen in office practice: A study from the Pediatric Research in Office Settings Network. *Pediatrics, 88,* 505–512.

Herman-Giddens, M., Wang, L., & Koch, G. (2001). Secondary sexual characteristics in boys. *Archives of Pediatrics and Adolescent Medicine, 155,* 1022–1028.

Hermans, H. (2015). Human development in today's globalizing world: Implications for self and identity. In L. A. Jensen (Ed.), *Oxford handbook of human development and culture.* New York, NY: Oxford University Press.

Herpetz-Dahlmann, B., Wille, N., Holling, J., Vloet, T. D., Ravens-Sieberer, U. [BELLA study group (Germany)]. (2008). Disordered eating behavior and attitudes, associated psychopathology and health-related quality of life: Results of the BELLA study. *European Child & Adolescent Psychiatry, 17*(Suppl. 1), 82–91.

Herrenkohl, T. I., Mason, W. A., Kosterman, R., Lengua, L. J., Hawkins, J. D., & Abbott, R. D. (2004). Pathways from physical childhood abuse to partner violence in young adulthood. *Violence and Victims, 19,* 123–136.

Herrera, E., Reissland, N., & Shepherd, J. (2004). Maternal touch and maternal child-directed speech: Effects of depressed mood in the postnatal period. *Journal of Affective Disorders, 81,* 29–39.

Heslop, A., & Gorman, M. (2002). *Chronic poverty and older people in the developing world.* Manchester, UK: Chronic Poverty Research Centre.

Hetherington, E. M., & Kelly, J. (2002) *For better or worse: Divorce reconsidered.* New York, NY: Norton.

Hetherington, E. M., & Stanley-Hagan, M. (2002). Parenting in divorced and remarried families. In M. H. Bornstein (Ed.), *Handbook of parenting* (pp. 287–299). Mahwah, NJ: Erlbaum.

Hetherington, E. M., Henderson, S., & Reiss, D. (1999). Adolescent siblings in stepfamilies: Family functioning and adolescent adjustment. *Monographs of the Society for Research in Child Development, 64*(4).

Heuveline, P. (2002). An international comparison of adolescent and young adult morality. *Annals of the American Academy of Political Social Science, 580,* 172–200.

Hewison, M. (2012). An update on vitamin D and human immunity. *Clinical endocrinology, 76*(3), 315–325.

Hewlett, B. S. (2004). Fathers in forager, farmer and pastoral cultures. In M. E. Lamb (Ed.), *The role of the father in child development* (94th ed., pp. 182–195). New York, NY: Wiley.

Hewlett, B. S., & Roulette, J. W. (2014). Cosleeping beyond infancy: Culture, ecology, and evolutionary biology of bed-sharing among Aka foragers and Ngandu farmers in central Africa. In D. Narvaez et al., (Eds.), *Ancestral landscapes in human evolution: Culture, childrearing, and social well-being*. New York, NY: Oxford University Press.

Hewlett, S. (2003). *Creating a life: What every women needs to know about having a baby and a career.* New York, NY: Miramax.

Heyman, G. D., & Legare, C. H. (2004). Children's beliefs about gender differences in the academic and social domains. *Sex Roles, 50,* 227–239.

Hietanen, A., Era, P., Sorri, M., & Heikkinen, E. (2004). Changes in hearing in 80-year-old people: A 10-year follow-up study. *International Journal of Audiology, 43,* 126–135.

Hildreth, K., Sweeney, B., & Rovee-Collier, C. (2003). Differential memory-preserving effects of reminders at 6 months. *Journal of Experimental Child Psychology, 84,* 41–62.

Hildyard, K. L., & Wolfe, D. A. (2002). Child neglect: Developmental issues and outcomes. *Child Abuse and Neglect, 26,* 679–695.

Hill, J., Inder, T., Neil, J., Dierker, D., Harwell, J., & Van Essen, D. (2010). Similar patterns of cortical expansion during human development and evolution. *Proceedings of the National Academy of Sciences, 107,* 13135–13140.

Hill, J., & Lynch, M. (1983). The intensification of gender-related role expectations during early adolescence. In J. Brooks-Gunn & A. Petersen (Eds.), *Girls at puberty: Biological and psychosocial perspectives* (pp. 201–228). New York, NY: Plenum.

Hill, T. D. (2008). Religious involvement and healthy cognitive aging: Patterns, explanations, and future directions. *Journal of Gerontology: Psychological Sciences, 63A,* P478–479.

Hillman, J. L. (2000). *Clinical perspectives on elderly sexuality.* New York, NY: Kluwer Academic.

Hilton, J. M., & Anderson, T. L. (2009). Characteristics of women with children who divorce in midlife compared to those who remain married. *Journal of Divorce & Remarriage, 50,* 309–329.

Hinduja, S., & Patchin, J. W. (2008). Personal information of adolescents on the Internet: A quantitative content analysis of MySpace. *Journal of Adolescence, 31,* 125–146.

Hines, M., Brook, C., & Conway, G. S. (2004). Androgen and psychosexual development: Core gender identity, sexual orientation, and recalled childhood gender role behavior in women and men with congenital adrenal hyperplasia (CAH). *Journal of sex research, 41*(1), 75–81.

Hinojosa, T., Sheu, C.-F., & Michael, G. F. (2003). Infant hand-use preference for grasping objects contributes to the development of a hand-use preference for manipulating objects. *Developmental Psychobiology, 43,* 328–334.

Hirschi, T. (2002). *Causes of delinquency.* Piscataway, NJ: Transaction.

Hiscock, H., & Jordan, B. (2004). Problem crying in infancy. *Medical Journal of Australia, 181,* 507–512.

Hjelmsedt, A., Andersson, L., Skoog-Svanberg, A., Bergh, T., Boivin, J., & Collins, A. (1999). Gender differences in psychological reactions to infertility among couples seeking IVF- and ICSI-treatment. *Acta Obstet Gynecol Scand, 78,* 42–48.

Ho, B., Friedland, J., Rappolt, S., & Noh, S. (2003). Caregiving for relatives with Alzheimer's disease: Feelings of Chinese-Canadian women. *Journal of Aging Studies, 17,* 301–321.

Ho, D. Y. F. (1987). Fatherhood in Chinese culture. In M. E. Lamb (Ed.), *The father's role: Cross-cultural perspectives* (pp. 227–245). Hillsdale, NJ: Erlbaum.

Hochschild, A. R. (1990). *The second shift.* New York, NY: William Morrow.

Hochschild, A. R. (1998). *The time bind: When work becomes home and home becomes work.* New York, NY: Henry Holt.

Hochwarter, W. A., Ferris, G. R., Perrewe, P. L., Witt, L. A., & Kiewitz, C. (2001). A note on the nonlinearity of age–job satisfaction relationship. *Journal of Applied Social Psychology, 31,* 1223–1237.

Hockey, J. L., & Katz, J. (2001). *Grief, mourning and death rituals.* London, UK: McGraw Hill.

Hodapp, R. M., Burke, M. M., & Urdano, R. C. (2012). What's age got to do with it? Implications of maternal age on families of offspring with Down syndrome. In R. M. Hodapp (Ed.), *International review of research in developmental disabilities* (pp. 111–143). New York, NY: Academic Press.

Hodnett, E. D., Gates, S., Hofneyr, G. J., & Sakala, C. (2007). Continuous support for women during childbirth. *Cochrane Database of Systematic Reviews, 3.*

Hofer, K., & Moore, A. S. (2010). *The iconnected parent: Staying close to your kids in college (and beyond) while letting them grow up.* New York, NY: Free Press.

Hoff, E. (2004). The specificity of environmental influence: Socioeconomic status affects early vocabulary development via maternal speech. *Child Development, 74,* 1368–1378.

Hoff, E. (2009). *Language development.* Belmont, CA: Wadsworth.

Hoffman, M. (2007). The origins of empathic morality in toddlerhood. In C. A. Brownell & C. B. Kopp (Eds.), *Socioemotional development in the toddler years* (pp. 132–145). New York, NY: Guilford.

Hoffman, M. L. (2000). *Empathy and moral development.* New York, NY: Cambridge University Press.

Hofman, P. L., Regan, F., Jackson, W. E., Jefferies, C., Knight, D. B., Robinson, E. M., & Cutfield, W. S. (2004). Premature birth and later insulin resistance. *New England Journal of Medicine, 351,* 2179–2186.

Hofmeyr, G. J. (2002). Interventions to help external cephalic version for breech presentation at term. *Cochrane Database of Systematic Reviews, 2,* CD000184.

Hogan, M. C., Foreman, K. J., Naghavi, M., Ahn, S. Y., Wang, M., Makela, S. M.,... Murray, C. J. L. (2010). Maternal mortality for 181 countries, 1980–2008: A systematic analysis of progress toward Millennium Development Goal 5. *The Lancet, 375,* 1–15.

Hogan, M. J. (2003). Divided attention in older but not younger adults is impaired by anxiety. *Experimental Aging Research, 29,* 111–136.

Hogben M., & Williams S. P. (2001). Exploring the context of women's relationship perceptions, sexual behavior, and contraceptive strategies. *Journal of Psychology and Human Sexuality, 13,* 1–20.

Hoge, D. R., Johnson, B., & Luidens, D. A. (1993). Determinants of church involvement of young adults who grew up in the Presbyterian churches. *Journal for the Scientific Study of Religion, 32,* 242–255.

Hoh, J., & Ott, J. (2003). Mathematical multi-locus approaches to localizing complex human trait genes. *Nature Reviews Genetics, 4,* 701–709.

Hokoda, A., Lu, H.-H., A., & Angeles, M. (2006). School bullying in Taiwanese adolescents. *Journal of Emotional Abuse, 64,* 69–90.

Holden, K. C. (2008). The boomers and their economic prospects. In R. B. Hudson (Ed.), *Boomer bust? Economic and political issues of the graying society* (Vol. 1., pp. 63–76). Westport, CT: Praeger.

Holland, J. (1985). *Making vocational choice: A theory of careers* (2nd ed.). Englewood Cliffs, NJ: Prentice Hall.

Holland, J. L. (1987). Current status of Holland's theory of careers: Another perspective. *Career Development Quarterly, 36,* 24–30.

Holland, J. L. (1996). Exploring careers with a typology: What we have learned and some new directions. *American Psychologist, 51,* 397–406.

Holodynski, M. (2009). Milestones and mechanisms of emotional development. *In Emotions as bio-cultural processes* (pp. 139–163). Springer US.

Holsti, L., & Grunau, R. E. (2010). Considerations for using sucrose to reduce procedural pain in preterm infants. *Pediatrics, 125,* 1042–1049.

Holtzen, D. W. (2000). Handedness and professional tennis. *International Journal of Neuroscience, 105,* 101–119.

Honein, M. A., Paulozzi, L. J., Mathews, T. J., Erickson, J. D., & Wong, L. C. (2001). Impact of folic acid fortification of the U.S. food supply on the occurrence of neural tube defects. *The Journal of American Medical Association, 285,* 2981–2986.

Hong, Z.-R., Veach, P. M., & Lawrenz, F. (2003). An investigation of the gender stereotyped thinking of Taiwanese secondary school boys and girls. *Sex Roles, 48,* 495–504.

Hood, B., Cole-Davies, V., & Dias, M. (2003). Looking and search measures of object knowledge in preschool children. *Developmental Psychology, 39,* 61–70.

Hooghe, M., & Wilkenfeld, B. (2008). The stability of political attitudes and behaviors across adolescence and early adulthood: A comparison of survey data on adolescents and young adults in eight countries. *Journal of Youth and Adolescence, 37,* 155–167.

Hook, J. L. (2010). Gender inequality in the welfare state: Sex segregation in housework, 1965–2003. *American Journal of Sociology, 115,* 1480–1523.

Hooyman, N. R., & Kiyak, H. A. (2008). *Social gerontology: A multidisciplinary perspective* (8th ed.). Boston, MA: Pearson.

Hooyman, N. R., & Kiyak, H. A. (2011). *Social gerontology: A multidisciplinary perspective* (9th ed.). Boston, MA: Pearson.

Horowitz, A. D., & Bromnick, R. D. (2007). "Contestable adulthood": Variability and disparity in markers for negotiating the transition to adulthood. *Youth & Society, 39,* 209–231.

Hopkins, B., & Westra, T. (1990). Motor development, maternal expectations and the role of handling. *Infant Behavior and Development, 13,* 117–122.

Hopkins-Golightly, T., Raz, S., & Sander, C. (2003). Influence of slight to moderate risk for birth hypoxia on acquisition of cognitive and language function in the preterm infant: A cross-sectional comparison with preterm-birth controls. *Neuropsychology, 17,* 3–13.

Horn, I. B., Brenner, R., Rao, M., & Cheng, T. L. (2006). Beliefs about the appropriate age for initiating toilet training: are there racial and socioeconomic differences?. *The Journal of pediatrics, 149*(2), 165–168.

Horn, K., Dino, G., Kalsekar, I., & Mody, R. (2005). The impact of *Not on Tobacco* on teen smoking cessation: End-program evaluation results, 1998–2003. *Journal of Adolescent Research, 20,* 640–661.

Horn, S. (2003). Adolescents' reasoning about exclusion from social groups. *Developmental Psychology, 39,* 71–84.

Hornblower, M. (1997, June 9). Great Xpectations. *Time,* 58–68.

Horne, J. (2014). Sleep hygiene: Exercise and other "do's and don'ts." *Sleep Medicine.*

Horton, D. M. (2001). The disappearing bell curve. *Journal of Secondary Gifted Education, 12,* 185–188.

Houglum, P. A. (2010). *Therapeutic exercise for musculoskeletal injuries.* Champaign, IL: Human Kinetics.

House, J. S., Lantz, P. M., & Herd, P. (2005). Continuity and change in the social stratification of aging and health over the life course: Evidence from a nationally representative longitudinal study from 1986 to 2001/2002 (Americans' Changing Lives Study). *Journal of Gerontology, 60B*(Special Issue II), 15–26.

Howard, A. (1998). Youth in Rotuma, then and now. In G. Herdt & S. C. Leavitt (Eds.), *Adolescence in Pacific island societies* (pp. 148–172). Pittsburgh, PA: University of Pittsburgh Press.

Howard, K. S., Carothers, S. S., Smith, L. E., & Akai, C. E. (2007). Overcoming the odds: Protective factors in the lives of children. In J. G. Borkowski, J. R. Farris, T. L. Whitman, S. S. Carothers, K. Weed, & D. A. Keogh (Eds.), *Risk and resilience: Adolescent mothers and their children grow up* (pp. 205–232). Mahwah, NJ: Lawrence Erlbaum.

Howard, R. W. (2001). Searching the real world for signs of rising population intelligence. *Personality & Individual Differences, 30,* 1039–1058.

Howe, M. L., Courage, M. L., Rooksby, M. (2009). The genesis and development of autobiographical memory. In M. L. Courage & N. Cowan (Eds.), *The development of memory in infancy and childhood* (2nd ed., pp. 177–196). New York, NY: Psychology Press.

Howe, N., & Recchia, H. (2009). Individual differences in sibling teaching in early and middle childhood. *Early Education and Development, 20,* 174–197.

Howe, N., Aquan-Assee, J., & Bukowski, W. M. (2001). Predicting sibling relations over time: Synchrony between maternal management styles and sibling relationship quality. *Merrill-Palmer Quarterly, 47,* 121–141.

Howes, C. (1985). Sharing fantasy: Social pretend play in toddlers. *Child Development, 56,* 1253–1258.

Howes, C. (1996). The earliest friendships. In W. M. Bukowski, A. F. Newcomb, & W. W. Hartup (Eds.), *The company they keep: Friendship in childhood and adolescence* (pp. 66–86). Boston, MA: Cambridge University Press.

Howley, E. T. (2001). Type of activity: Resistance, aerobic and leisure versus occupational physical activity. *Medical Science and Sports Exercise, 33*(Suppl.), S364–369.

Hoyer, W. J., & Roodin, P. A. (2003). *Adult development and aging* (5th ed.). New York, NY: McGraw Hill.

Hoza, B., Kaiser, N., & Hurt, E. S. (2008). Evidence-based treatments for attention-deficit/hyperactivity disorder (ADHD). In G. Ric, T. D. Elkin, & M. C. Robers (Eds.), *Handbook of evidence-based therapies for children and adolescents: Bridging science and practice. Issues in clinical child psychology* (pp. 197–219). New York, NY: Springer.

Hsu, F. L. K. (1985). The self in cross-cultural perspective. In A. J. Marsella, G. DeVos, & F. L. K. Hsu (Eds.), *Culture and self: Asian and Western perspectives* (pp. 24–55). London, UK: Tavistock.

Huang, C. (2010). Mean-level change in self-esteem from childhood through adulthood: Meta-analysis of longitudinal studies. *Review of General Psychology, 14,* 251–260. doi: 10.1037/a0020543

Hu, W., Shi, Q. Z., Han, Q., Wang, X., & Adey, P. (2010). Creative scientific problem finding and its developmental trend. *Creativity Research Journal, 22*(1), 46–52.

Huang, K.-Y., Caughy, M. O., Lee, L.-C., Miller, T., & Genevro, J. (2009). Stability of maternal discipline practices and the quality of mother–child interaction during toddlerhood. *Journal of Applied Developmental Psychology, 30,* 431–441.

Huang, R. L., Lu, Z., Liu, J. J., You, Y. M., Pan, Z. Q., Wei, Z., . . . Wang, Z. Z. (2009). Features and predictors of problematic Internet use in Chinese college students. *Behaviour & Information Technology, 28,* 485–490.

Huesmann, L. R., Eron, L. D., Lefkowitz, M. M., & Walder, L. O. (1984). Stability of aggression over time and generations. *Developmental Psychology, 20,* 1120–1134.

Huesmann, L. R., Moise-Titus, J., Podolski, C., & Eron, L. D. (2003). Longitudinal relations between children's exposure to TV violence and their aggressiveness in young adulthood, 1977–1992. *Developmental Psychology, 39,* 201–221.

Huffman, L. R., & Speer, P. W. (2000). Academic performance among at-risk children: The role of developmentally appropriate practices. *Early Childhood Research Quarterly, 15,* 167–184.

Hughes, C., & Dunn, J. (2007). Children's relationships with other children. In C. A. Brownell & C. B. Kopp (Eds.), *Socioemotional development in the toddler years* (pp. 177–200). New York, NY: Guilford.

Hulei, E., Zevenbergen, A., & Jacobs, S. (2006). Discipline behaviors of Chinese American and European American mothers. *Journal of Psychology: Interdisciplinary and Appeal, 140,* 459–475.

Hundley, H. L., & Shyles, L. (2010). U.S. teenagers' perceptions and awareness of digital technology: A focus group approach. *New Media & Society, 12,* 417–433.

Hunnius, S., de Wit, T. C. J., Vrins, S., & von Hofsten, C. (2011). Facing threat: Infants' and adults' visual scanning of faces with neutral, happy, sad, angry, and fearful emotional expressions. *Cognition and Emotion, 25,* 193–205.

Hunt, E. (1989). Cognitive science: Definition, status, and questions. *Annual Review of Psychology, 40,* 603–629.

Hunter, J. (2007). Bereavement: An incomplete rite of passage. *OMEGA—Journal of Death and Dying, 56,* 153–173.

Hunziker, U. A., & Barr, R. G. (1986). Increased carrying reduces infant crying: A randomized controlled trial. *Pediatrics, 77,* 641–648.

Hurme, H., Westerback, S., & Quadrello, T. (2010). Traditional and new forms of contact between grandparents and grandchildren. *Journal of Intergenerational Relationships, 8*(Special issue: Grandparenting in Europe), 264–280.

Hurrelmann, K. (1996). The social world of adolescents: A sociological perspective. In K. Hurrelmann & S. Hamilton (Eds.), *Social problems and social contexts in adolescence: Perspectives across boundaries* (pp. 39–62). Hawthorne, NY: Aldine de Gruyter.

Hursti, U. K. (1999). Factors influencing children's food choice. *Annals of Medicine, 31,* 26–32.

Huttenlocher, P. R. (2002). *Neural plasticity: The effects of environment on the development of the cerebral cortex.* Cambridge, MA: Harvard University Press.

Huyck, M. H. (1998). Gender roles and gender identity in midlife. In S. L. Willis & J. D. Reid (Eds.), *Life in the middle* (pp. 209–232). San Diego, CA: Academic Press.

Hybels, C. F., & Blazer, D. G. (2004). Epidemiology of the late-life mental disorders. *Clinical Geriatric Medicine, 19,* 663–696.

Hyde, J. S., & DeLamater, J. D. (2004). *Understanding human sexuality* (9th ed.). Boston, MA: McGraw Hill.

Hyde, J. S., & DeLamater, J. D. (2005). *Understanding human sexuality* (8th ed., Rev.).

Hyder, A. A., & Lunnen, J. (2009). Reduction of childhood mortality through millennium, development goal 4. *BMJ, 342.*

Hyder, A. A., & Lunnen, J. (2011). Reduction of childhood mortality through millennium development goal 4. *BMJ,* 342:d357.

Hymel, S., McDougall, P., & Renshaw, P. (2004). Peer acceptance/rejection. In P. K. Smith & C. H. Hart (Eds.), *Blackwell handbook of childhood social development* (pp. 265–284). Malden, MA: Blackwell.

Hymowitz, K., Carroll, J. S., Wilcox, W. B., & Kaye, K. (2013). *Knot yet: The benefits and costs of delayed marriage in America.* Charlottesville, VA: National Marriage Project.

Iacovou, M. (2002). Regional differences in the transition to adulthood. *Annals of the American Academy of Political Science Studies, 580,* 40–69.

Iacovou, M. (2011). *Leaving home: Independence, togetherness, and income in Europe.* New York, NY: United Nations Population Division. Retrieved from http://www.un.org/en/development/desa/population/publications/pdf/expert/2011-10_Iacovou_Expert-paper.pdf

Iannelli, V. I. (2007). *Tummy time: Infants.* About.com Guide. Retrieved from http://pediatrics.about.com/od/infants/a/0607_tummy_time.htm

Ice, G. H., Zidron, A., & Juma, E. (2008). Health and health perceptions among Kenyan grandparents. *Journal of Cross-Cultural Gerontology, 23*(Special issue: Aging and social change in Africa), 111–129.

Idler, E. L. (2006). Religion and aging. In R. Binstock & L. K. George (Eds.), *Handbook of aging and the social sciences* (6th ed., pp. 277–300). New York, NY: Academic Press.

Iglowstein, I., Jenni, O. G., Molinari, L., & Largo, R. H. (2003). Sleep duration from infancy to adolescence: Reference values and generational trends. *Pediatrics, 111,* 302–307.

Iles, J., Slade, P., & Spiby, H. (2011). Posttraumatic stress symptoms and postpartum depression in couples after childbirth: The role of partner support and attachment. *Journal of Anxiety Disorders, 25,* 520–530.

Ilich, J. Z., & Brownbill, R. A. (2010). Nutrition through the life span: Needs and health concerns in critical periods. In T. W. Miller (Ed.), *Handbook of stressful transitions across the lifespan* (pp. 625–641). New York, NY: Springer.

ILO (2002). *A future without child labour.* New York, NY: Author.

ILO (2004). *Investing in every child: An economic study of the costs and benefits of eliminating child labour.* New York, NY: Author.

Ilola, L. M. (1990). *Culture and health.* In R. W. Brislin (Ed.), *Applied cross-cultural psychology* (pp. 278–301). Newbury Park, CA: Sage.

Ingram, D. K., Young, J., & Mattison, J. A. (2007). Calorie restriction in nonhuman primates: Assessing effects on brain and behavioral aging. *Neuroscience, 14,* 1359–1364.

Inhelder, B., & Piaget, J. (1958). *The growth of logical thinking from childhood to adolescence.* New York, NY: Basic Books.

Inhorn, M. C., & van Balen, F. (2002). *Infertility around the globe: New thinking on childlessness, gender, and reproductive technologies.* Berkeley: University of California Press.

Insel, T. (2010). Rethinking schizophrenia. *Nature, 468,* 187–193.

Institute of Medicine of the National Academies (2005). *Preventing childhood obesity: Health in the balance.* Washington, DC.

International Genome Sequencing Consortium. (2004). Finishing euchromatic sequence of the human genome. *Nature, 431,* 931–945.

International Labour Organization (ILO) (2002). *A future without child labour.* New York, NY: Author.

International Labour Organization (ILO) (2004). *Investing in every child. An economic study of the costs and benefits of eliminating child labour.* New York, NY: Author.

International Labor Organization (ILO) (2006). *The end of child labour: Within reach.* Geneva, Switzerland: International Labour Office.

International Labor Organization (ILO) (2011). *Global employment trends 2011.* Geneva, Switzerland: Author.

International Labour Organization (ILO) (2013). *Marking progress against child labour: Global estimates and trends 2000-2012.* Geneva, Switzerland: Author.

International Obesity Taskforce (2008). *Global prevalence of adult obesity.* Retrieved from http://www.iotf.org/database/documents/GlobalPreva- lenceofAdultObesity16December08.pdf

International Labor Organization (ILO) (2008, June 12). *World day against child labour 2008—Education: The right response to child labour.* Retrieved from http://www.ilo.org/ipec/Campaignandadvocacy/WDACL/2008/lang–en/index.htm

International Osteoporosis Foundation (IOF) (2011). *Facts and statistics about osteoporosis and its impact.* Retrieved from http://www.iof-bonehealth.org/facts-and-statistics.html#factsheet-category-14

International Social Survey Programme (ISSP) (2012). *Religion III, variable report.* Unter Sachsenhausen, Germany: Leibniz. Institute for Social Sciences.

Ip, S., Chung, M., Raman, G., Chew, P., Magula, N., DeVine, D., ... Lau, J. (2007). *Breastfeeding and maternal and infant health outcomes in developed countries. Evidence Report/Technology Assessment No. 153.* Rockville, MD. Agency for Healthcare Research and Quality.

Ireland, J. L., & Archer, N. (2004). Association between measures of aggression and bullying among juvenile young offenders. *Aggressive Behavior, 30,* 29–42.

Irish, D. P., Lundquist, K. F., & Nelsen, V. J. (Eds.). (2014). *Ethnic variations in dying, death and grief: Diversity in universality*. New York: Taylor & Francis.

Ishihara, N. (2014). Is it rude language? Children learning pragmatics through visual narrative. *TESL Canada Journal, 30*(7), 135.

Issa, J. P. (2003). Age-related epigenetic changes and the immune system. *Clinical Immunology, 109,* 103–108.

Ispa, J. M., & Halgunseth, L. C. (2004). Talking about corporal punishment: Nine low-income African American mothers' perspectives. *Early Childhood Research Quarterly, 19,* 463–484.

Israel, E. (2005). Introduction: The rise of the age of individualism—variability in the pathobiology, response to treatment, and treatment outcomes in asthma. *Journal of Allergy and Clinical Immunology, 115,* S525.

Iverson, R., Kuhl, P. K., Akahane-Yamada, R., Diesch, E., Tohkura, Y., & Kettermann, A. (2003). A perceptual interference account of acquisition difficulties for non-native phonemes. *Cognition, 87,* B47–B57.

Izard, C. E., & Ackerman, B. P. (2000). Motivational, organizational, and regulatory functions of discrete emotions. In M. Lewis & J. M. Haviland-Jones (Eds.), *Handbook of emotions,* (2nd ed., pp. 253–264). New York, NY: Guilford.

Jaakkola, J. J., & Gissler, M. (2004). Maternal smoking in pregnancy, fetal development, and childhood asthma. *American Journal of Public Health, 94,* 136–140.

Jackson, K. M., & Aiken, L. S. (2006). Evaluation of a multicomponent appearance-based sun-protective intervention for young women: Uncovering the mechanisms of program efficacy. *Health Psychology, 25,* 34–46.

Jackson, L. M., Pratt, M. W., Hunsberger, B., & Pancer, S. M. (2005). Optimism as a mediator of the relation between perceived parental authoritativeness and adjustment among adolescents: Finding the sunny side of the street. *Social Development, 14,* 273–304.

Jacob, T., & Johnson, S. L. (2001). Sequential interactions in the parent–child communications of depressed fathers and depressed mothers. *Journal of Family Psychology, 15,* 38–52.

Jacobson, J. (1998). *Islam in transition: Religion and identity among British Pakistani youth.* London, UK: Taylor & Francis.

Jacoby, L. L., & Rhodes, M. G. (2006). False remembering in the aged. *Current Directions in Psychological Science, 15,* 49–53.

Jaeger, S. (1985). The origin of the diary method in developmental psychology. In G. Eckardt, W. G. Bringmann, & L. Sprung (Eds.), *Contributions to a history of developmental psychology* (pp. 63–74). New York, NY: Mouton.

Jaffee, S. R., Caspi, A., Moffitt, T. E., Polo-Tomas, M., Price, T. S., & Taylor, A. (2004). The limits of child effects: Evidence for genetically mediated child effects on corporal punishment but not on physical maltreatment. *Developmental Psychology, 40,* 1047–1058.

Jagust, W., Gitcho, A., Sun, F., Kuczynski, B., Mungas, D., & Haan, M. (2006). Brain imaging evidence of preclinical Alzheimer's disease in normal aging. *Annals of Neurology, 59,* 673–681.

Jahromi, L. B., Putnam, S. P., & Stifter, C. A. (2004). Maternal regulation of infant reactivity from 2 to 6 months. *Developmental Psychology, 40,* 477–487.

Jain, A. (2002). Influences of vitamins and trace-elements on the incidence of respiratory infection in the elderly. *Nutrition Research, 22,* 85–87.

Jalonick, M. C. (2010, December 13). Obama signs historic school lunch nutrition bill. Retrieved from http://www.salon.com/food/feature/2010/12/13/us_obama_child_nutrition

James, C., Hadley, D. W., Holtzman, N. A., & Winkelstein, J. A. (2006). How does the mode of inheritance of a genetic condition influence families? A study of guilt, blame, stigma, and understanding of inheritance and reproductive risks in families with X-linked and autosomal recessive diseases. *Genetics in Medicine, 8,* 234–242.

James, D. K. (2010). Fetal learning: A critical review. *Infant and Child Development, 19,* 45–54.

James, J. B., Lewkowicz, C., Libhaber, J., & Lachman, M. (1995). Rethinking the gender identity crossover hypothesis: A test of a new model. *Sex Roles, 32,* 185–207.

Jankowiak, W., Sudakov, M., & Wilreker, B. C. (2005). Co-wife conflict and cooperation. *Ethnology, 44,* 81–98.

Jankowiak, W. R., & Fischer, E. F. (1992). A cross-cultural perspective on romantic love. *Ethology, 31,* 149–155.

Janssen, I., Katzmarzyk, P. T., Ross, R., Leon, A. S., Skinner, J. S., Rao, D. C., Wilmore, J. H., . . . Bouchard, C. (2004). Fitness alters the associations of BMI and waist circumference with total and abdominal fat. *Obesity Research, 12,* 525–537.

Janssen, M., et al. (2014). A short physical activity break from cognitive tasks increases selective attention in primary school children aged 10-11. *Mental Health and Physical Activity, 7,* 129–134.

Jarvis, J. F., & van Heerden, H. G. (1967). The acuity of hearing in the Kalahari Bushman: A pilot study. *Journal of Laryngology and Otology, 81,* 63–68.

Jayakody, R., & Kalil, A. (2002). Social fathering in low-income, African-American families with preschool children. *Journal of Marriage and Family, 64,* 504–516.

Jayakody, R. (2008). The aging experience, social change, and television. In K. W. Schaie & R. P. Abeles (Eds.), *Social structures and aging individuals: Continuing challenges* (pp. 285–301). New York, NY: Springer.

Jeffrey, J. (2004, November). Parents often blind to their kids' weight. *British Medical Journal Online.* Retrieved from content.health.msn.com/content/article/97/104292.htm

Jemal, A., Siegel, R., Ward, E., Murray, T., Xu, J., Smigal, C., & Thun, M. J. (2006). Cancer statistics, 2006. *CA: A Cancer Journal for Clinicians, 56,* 106–130.

Jenkins, J. M., Rabash, J., & O'Connor, T. G. (2003). The role of the shared family context in differential parenting. *Developmental Psychology, 39,* 99–113.

Jennings, N. (2007). Advertising, viewer age and. In J. J. Arnett (Ed.), *Encyclopedia of children, adolescents, and the media* (pp. 55–57). Thousand Oaks, CA: Sage.

Jennings, W. G., & Reingle, J. M. (2012). On the number and shape of developmental/life-course violence, aggression, and delinquency trajectories: A state-of-the-art review. *Journal of Criminal Justice, 40,* 472–489.

Jensen, L. A. (1995). Habits of the heart revisited: Autonomy, community, and divinity in adults' moral language. *Qualitative Sociology, 18,* 71–86.

Jensen, L. A. (1997a). Culture wars: American moral divisions across the adult life span. *Journal of Adult Development, 4,* 107–121.

Jensen, L. A. (1997b). Different worldviews, different morals: America's culture war divide. *Human Development, 40,* 325–344.

Jensen, L. A. (2008). Coming of age in a multicultural world: Globalization and adolescent cultural identity formation. In D. L. Browning (Ed.), *Adolescent identities: A collection of readings* (pp. 3–17). Relational perspectives book series. New York, NY: Analytic Press.

Jensen, L. A. (Ed.). (2011). *Bridging cultural and developmental psychology.* New York, NY: Oxford University Press.

Jensen, L. A. (2015). Cultural-developmental scholarship for a global world: An introduction. In L. A. Jensen (Ed.), *Oxford handbook of human development and culture.* New York, NY: Oxford University Press.

Jensen, L. A. (2015). *Moral development in a global world: Research from a cultural-developmental perspective.* New York, NY: Cambridge University Press.

Jensen, L. A. (2015). Moral reasoning: Developmental emergence and life course pathways among cultures. In L. A. Jensen (Ed.), *Oxford handbook of human development and culture: An interdisciplinary perspective.* New York, NY: Oxford University Press.

Jensen, L. A., Arnett, J. J., & McKenzie, J. (2012). Globalization and cultural identity development in adolescence and emerging adulthood. In S. J. Schwartz, K. Luyckx, & V. L. Vignoles (Eds.), *Handbook of identity theory and research* (pp. 285–301). New York, NY: Springer Publishing Company.

Jequier, A. (2011). *Male infertility: A clinical guide.* New York, NY: Cambridge University Press.

Jessor, R., Colby, A., & Shweder, R. A. (1996). *Ethnography and human development: Context and meaning in social inquiry.* Chicago, IL: University of Chicago Press.

Jeynes, W. (2007). The impact of parental remarriage on children: A metaanalysis. *Marriage & Family Review, 40,* 75–102.

Jiao, S., Ji, G., & Jing, Q. (1996). Cognitive development of Chinese urban only children and children with siblings. *Child Development, 67,* 387–395.

Ji-liang, S., Li-qing, Z., & Yan, T. (2003). The impact of intergenerational social support and filial expectation on the loneliness of elder parents. *Chinese Journal of Clinical Psychology, 11,* 167–169.

Jochman, K. A., & Fromme, K. (2010). Maturing out of substance use: The other side of etiology. In L. Scheier (Ed.), *Handbook of drug use etiology: Theory, methods, and empirical findings* (pp. 565–578). Washington, DC: American Psychological Association.

Johnson, D. J., Jaeger, E., Randolph, S. M., Cauce, A. M., Ward, J. & National Institute of Child Health and Human Development: Early Child Care Research Network. (2003). Studying the effects of early child care experiences on the development of children of color in the United States: Toward a more inclusive research agenda. *Child Development, 74,* 1227–1244.

Johnson, D. M. (2005). Mind, brain, and the upper Paleolithic. In C. E. Erneling & D. M. Johnson (Eds.), *The mind as a scientific object: Between brain and culture* (pp. 499–510). New York, NY: Oxford University Press.

Johnson, E. J., & Schaefer, E. J. (2006). Potential role of dietary n-3 fatty acids in the prevention of dementia and macular degeneration. *American Journal of Clinical Nutrition, 83,* 1494S–1498.

Johnson, J. G., Cohen, P., Kasen, S., & Brook, J. S. (2002). Eating disorders during adolescence and the risk for physical and mental disorders during early adulthood. *Archives of General Psychiatry, 59,* 545–552.

Johnson, J. S., & Newport, E. L. (1991). Critical period effects on universal properties of language: The status of subjacency in the acquisition of a second language. *Cognition, 39,* 215–258.

Johnson, M. C. (2000). The view from the Wuro: A guide to child rearing for Fulani parents. In J. DeLoache & A. Gottlieb (Eds.), *A world of babies: Imagined childcare guides for seven societies* (pp. 171–198). New York, NY: Cambridge University Press.

Johnson, M. D. (2008). *Human biology: Concepts and current issues.* Upper Saddle River, NJ: Prentice Hall.

Johnson, M. H. (2001). Functional brain development in humans. *Nature Reviews Neuroscience, 2,* 475–483.

Johnson, R. W., & Schaner, S. G. (2005). *Value of unpaid activities by older Americans tops $160 billion per year.* Retrieved from http://www.urban.org/UploadedPDF/311227_older_americans.pdf

Johnson, S. K., Murphy, S. R., Zewdie, S., & Reichard, R. J. (2008). The strong, sensitive type: Effects of gender stereotypes and leadership prototypes on the evaluation of male and female leaders. *Organizational Behavior and Human Decision Processes, 106,* 39–60.

Johnson, W., te Nijenhuis, J., & Bouchard, T. J., Jr. (2008). Still just 1 g: Consistent results from five tests batteries. *Intelligence, 36,* 81–95.

Johnston, L. D., O'Malley, P. M., Bachman, J. G., Schulenberg, J. E. & Miech, R. A. (2014). Monitoring the Future national survey results on drug use, 1975–2013: Volume 2, College students and adults ages 19–55. Ann Arbor, MI: Institute for Social Research, The University of Michigan.

Johnston, L. D., O'Malley, P. M., Miech, R. A., Bachman, J. G., & Schulenberg, J. E. (2014). *Monitoring the future national results on drug use: 1975-2013: Overview, key findings on adolescent drug use.* Ann Arbor, MI: Institute for Social Research, The University of Michigan.

Jones, E., & Kay, M. A. (2003). The cultural anthropology of the placenta. In L. Dundes (Ed.), *The manner born: Birth rites in cross-cultural perspective* (pp. 101–116). Walnut Creek, CA: AltaMira Press.

Jones, F. (2003). *Religious commitment in Canada, 1997 to 2000. Religious Commitment Monograph No. 3.* Ottawa, Ontario, Canada: Christian Commitment Research Institute.

Jones, G. W. (2010). Changing marriage patterns in Asia. Asia Research Institute. Retrieved from http://www.ari.nus.edu.sg/docs/wps/wps10_131.pdf

Jones, G. W., & Ramdas, K. (2004). *(Un)tying the knot: Ideal and reality in Asian marriage.* Singapore: Asia Research Institute.

Jones, R. E. (2006). *Human reproductive biology.* New York, NY: Academic Press.

Jones, R. K., Darroch, J. E., & Henshaw, S. K. (2002). Contraceptive use among U.S. women having abortions in 2000–2001. *Perspectives on Sexual and Reproductive Health, 34,* 294–303.

Jordan, B. (1993). *Birth in four cultures: A cross-cultural investigation of childbirth in Yucatan, Holland, Sweden, and the United States.* Long Grove, Illinois: Waveland.

Jordan, B. (1994). *Birth in four cultures.* Long Grove, IL: Westland.

Jose, O., & Alfons, V. (2007). Do demographics affect marital satisfaction? *Journal of Sex and Marital Therapy, 33,* 73–85.

Jose, P. E., & Brown, I. (2008). When does the gender difference in rumination begin? Gender and age differences in the use of rumination by adolescents. *Journal of Youth and Adolescence, 37*(2), 180–192.

Josselyn, S. A., & Frankland, P. W. (2012). Infantile amnesia: a neurogenic hypothesis. *Learning & Memory, 19*(9), 423–433.

Jost, K. (2005). Right to die. *The CQ Researcher,* 423–438.

Journal of Pain and Palliative Care Pharmacotherapy. (2006). News and innovations: Physicians and general public support for physician-assisted suicide. *Journal of Pain and Palliative Care, 20,* 100.

Joyce, D. (2010). *Essentials of temperament assessment.* Hoboken, NJ: John Wiley and Sons.

Jung, C. G. (1930). The stages of life. In C. G. Jung (author), W. S. Dell & C. F. Baynes (Trans.), *Modern man in search of a soul* (pp. 95–114). New York, NY: Harvest Books.

Kabir, M. (2008). Determinants of life expectancy in developing countries. *Journal of Developing Areas, 41,* 185–204.

Kagan, J. (1994). *Galen's prophecy: Temperament in human nature.* New York, NY: Basic Books.

Kagan, J. (1998). Biology and the child. In N. Eisenberg (Ed.), *Handbook of child psychology: Vol. 3. Social, emotional, and personality development* (5th ed., pp. 177–236). New York, NY: Wiley.

Kagan, J. (2000). Temperament. In A. Kazdin (Ed.), *Encyclopedia of psychology* (Vol. 8, pp. 34–37). Washington, DC: American Psychological Association.

Kagan, J. (2003). Behavioral inhibition as a temperamental category. In R. J. Davidson, K. R. Scherer, & H. H. Goldsmith (Eds.), *Handbook of affective science* (pp. 320–331). New York, NY: Oxford University Press.

Kagan, J., & Fox, N. A. (2006). Biology, culture, and temperamental biases. In W. Damon & R. Lerner (Eds.), & N. Eisenberg (Vol. Ed.), *Handbook of child psychology: Vol. 3. Social, emotional, and personality development* (6th ed., pp. 167–225). New York, NY: Wiley.

Kagan, J., & Herschkowitz, E. C. (2005). *Young mind in a growing brain.* Mahwah, NJ: Erlbaum.

Kağitçibaşi, C., & Yalin, C. (2015). Family in adolescence: Relatedness and cutonomy across cultures. In L. A. Jensen (Ed.), *Oxford handbook of human development and culture: An interdisciplinary perspective.* New York, NY: Oxford University Press.

Kahana-Kalman, R., & Walker-Andrews, A. S. (2001). The role of person familiarity in young infants' perception of emotional expressions. *Child Development, 72,* 352–369.

Kahn, J. A. (2007). Maximizing the potential public health impact of HPV vaccines: A focus on parents. *Journal of Adolescent Health, 20,* 101–103.

Kahn, J. R., McGill, B. S., & Bianchi, S. M. (2011). Help to family and friends: Are there gender differences at older ages? *Journal of Marriage and Family, 73,* 77–92.

Kail, R. V. (2003). Information processing and memory. In M. H. Bornstein, L. Davidson, C. L. M. Keyes, K. A. Moore, and the Center for Child Well-Being (Eds.), *Well-being: Positive development across the life course* (pp. 269–280). Mahwah, NJ: Erlbaum.

Kail, R., & Park, Y. (1992). Global developmental change in processing time. *Merrill-Palmer Quarterly, 38,* 525–541.

Kainz, G., Eliasson, M., & von Post, I. (2010). The child's father, an important person for the mother's well–being during the childbirth: A hermeneutic study. *Health Care for Women International, 31,* 621–635.

Kaiser Family Foundation (2013). *Distribution of U.S. population by race and ethnicity, 2010 and 2050.* Retrieved from http://kaiserfamilyfoundation.files.wordpress.com/2013/03/distribution-of-u-s-population-by-raceethnicity-2010-and-2050-disparities.png

Kaiser Family Foundation (2014). The global HIV/AIDS epidemic. Retrieved from http://kff.org/global-health-policy/fact-sheet/the-global-hivaids-epidemic/#endnote_link_UNAIDSSlides

Kakar, S. (1998). The search for the middle age in India. In R. A. Shweder (Ed.), *Welcome to middle age! (and other cultural fictions)* (pp. 75–98). Chicago, IL: University of Chicago Press.

Kakar, S., & Kakar, K. (2007). *The Indians: Portrait of a people.* New York, NY: Penguin.

Kalager, M., Zelen, M., Langmark, F., & Adami, H-O. (2010). Effect of screening mammography on breast–cancer mortality in Norway. *New England Journal of Medicine, 363,* 1203–1210.

Kalaria, R. N., Maestre, G. E., Arizaga, R., Friedland, R. P., Galasko, D., Hall, K., & World Federation of Neurology Dementia Research group (2008). Alzheimer's disease and vascular dementia in developing countries: prevalence, management, and risk factors. *Lancet Neurology, 7,* 812–826.

Kalb, C., & McCormick, J. (1998, September 21). Bellying up to the bar. *Newsweek,* 89.

Kamel, N. S., & Gammack, J. K. (2006). Insomnia in the elderly: Cause, approach, and treatment. *American Journal of Medicine, 119,* 463–469.

Kamibeppu, K., & Sugiura, H. (2005). Impact of the mobile phone on junior high-school students' friendships in the Tokyo metropolitan area. *Cyber Psychology & Behavior, 8,* 121–130.

Kane, P., & Garber, J. (2004). The relations among depression in fathers, children's psychopathology, and father–child conflict: A meta-analysis. *Child Psychology Review, 24,* 339–360.

Kanetsuna, T., Smith, P., & Morita, Y. (2006). Coping with bullying at school: Children's recommended strategies and attitudes to school-based intervention in England and Japan. *Aggressive Behavior, 32,* 570–580.

Kapadia, S., & Bhangaokar, R. (2015). An Indian moral worldview: Developmental patterns in adolescents and adults. In L. A. Jensen (Ed.), *Moral development in a global world: Research from a cultural-developmental perspective.* New York, NY: Cambridge University Press.

Kapadia, S., & Gala, J. (2015). Gender across cultures: Sex and socialization in childhood. In L. A. Jensen (Ed.), *Oxford handbook of human development and culture: An interdisciplinary perspective.* New York, NY: Oxford University Press.

Kaplan, B. J., Crawford, S. G., Field, C. J., Simpson, J., & Steven, A. (2007). Vitamins, minerals, and mood. *Psychological Bulletin, 133,* 747–760.

Kaplan, H., & Dove, H. (1987). Infant development among the Ache of Eastern Paraguay. *Developmental Psychology, 23,* 190–198.

Kaplan, S., Heiligenstein, J., West, S., Busner, J., Hardor, D., Dittmann, R., . . . Wernicke, J. E. (2004). Efficacy and safety of atomoxetine in childhood attention deficit/hyperactivity disorder with comorbidity oppositional defiant disorder. *Journal of Attention Disorders, 8,* 45–52.

Karlsson, J. L. (2006). Specific genes for intelligence. In L. V. Wesley (Ed.), *Intelligence: New research* (pp. 23–46). Hauppauge, NY: Nova Science.

Karlsson, M. (2004). Has exercise an antifracture efficacy in women? *Scandinavian Journal of Medical Science and Sports, 14,* 2–15.

Karney, B. R., & Bradbury, T. N. (2005). Contextual influences on marriage. *Current Directions in Psychological Science, 14,* 171–174.

Kass-Bartelemes, B. L., Hughes, R., & Rutherford, M. K. (2003). *Advance care planning: Preferences for care at the end of life.* Rockville, MD: Agency for Healthcare Research and Quality.

Kastenbaum, R. (2007). *Death, society, and human experience* (9th ed.). Boston, MA: Allyn & Bacon.

Katchadourian, H., & Boli, J. (1985). *Careerism and intellectualism among college students.* San Francisco, CA: Jossey-Bass.

Kates, J. L. (2008). *Digital hearing aids.* Cambridge, UK: Cambridge University Press.

Kato, N., Toda, I., Hori-Komai, Y., Sakai, C., & Tsubota, K. (2008). Five–year outcome of LASIK for myopia. *Ophthalmology, 115,* 839–844.

Katz, L. F., & Windecker-Nelson, B. (2004). Parental meta-emotion philosophy in families with conduct-problem children: Links with peer relations. *Journal of Abnormal Child Psychology, 32,* 385–398.

Kaufman, A. S. (2001). WAIS-III IQs, Horn's theory, and generational changes from young adulthood to old age. *Intelligence, 29,* 131–167.

Kavšek, M. (2003). Development of depth and object perception in infancy. In G. Schwarzer & H. Leder (Eds.), *The development of face processing* (pp. 35–52). Ashland, OH: Hogrefe & Huber.

Kavšek, M. (2004). Predicting later IQ from infant visual habituation and dishabituation: A meta-analysis. *Journal of Applied Developmental Psychology, 25,* 369–393.

Kavšek, M., & Bornstein, M. H. (2010). Visual habituation and dishabituation in preterm infants: A review and meta-analysis. *Research in Developmental Disabilities, 31,* 951–975.

Kazdin, A. E., & Benjet, C. (2003). Spanking children: Evidence and issues. *Current Directions in Psychological Science, 12,* 99–103.

Keating, D. (1990). Adolescent thinking. In S. Feldman & G. Elliott (Eds.), *At the threshold: The developing adolescent* (pp. 54–89). Cambridge, MA: Harvard University Press.

Keating, D. (2004). Cognitive and brain development. In L. Steinberg & R. M. Lerner (Eds.), *Handbook of adolescent psychology* (2nd ed., pp. 45–84). New York, NY: Wiley.

Kedziora-Kornatowski, K., Szewczyk-Golec, K., Czuczejko, J., van Marke de Lumen, K., Pawluk, H., Motyl, J., . . . Kedziora, J. (2007). Effect of melatonin on the oxidative stress in erythrocytes of healthy young and elderly subjects. *Journal of Pineal Research, 42,* 153–158.

Keegan, R. T., & Gruber, H. E. (1985). Charles Darwin's unpublished "Diary of an infant": An early phase in his psychological work. In G. Eckardt, W. G. Bringmann, & L. Sprung (Eds.), *Contributions to a history of developmental psychology* (pp. 127–145). New York, NY: Mouton.

Keen, R. (2005). Using perceptual representations to guide reaching and looking. In J. J. Reiser, J. J. Lockman, & C. A. Nelson (Eds.), *Action as an organizer of learning and development: Minnesota Symposia on Child Psychology* (Vol. 33, pp. 301–322). Mahwah, NJ: Erlbaum.

Keene, J. R., & Prokos, A. H. (2008). Widowhood and the end of spousal caregiving: Relief or wear and tear? *Aging & Society, 28,* 551–570.

Keller, M. A., & Goldberg, W. A. (2004). Co–sleeping: Help or hindrance for young children's independence? *Infant and Child Development, 13,* 369–388.

Kellman, P. J., & Arterberry, M. E. (2006). Infant visual perception. In W. Damon & R. Lerner (Eds.), & D. Kuhn & R. Siegler (Vol. Eds.), *Handbook of child psychology: Vol. 2. Cognition, perception, and language* (6th ed., pp. 109–160). New York, NY: Wiley.

Kellogg, A. (2001, January). Looking inward, freshmen care less about politics and more about money. *Chronicle of Higher Education,* A47–A49.

Kelly, B., Halford, J. C. G., Boyland, E. J., Chapman, K., Bautista-Castaño, I., Berg, C., et al. (2010). Television food advertising to children: A global perspective. *American Journal of Public Health, 100,* 1730–1736.

Kelly, J. B. (2003). Changing perspectives on children's adjustment following divorce: A view from the United States. *Childhood: A Global Journal of Child Research, 10,* 237–254.

Kelly, J. B., & Emery, R. E. (2003). Children's adjustment following divorce: Risk and resilience perspectives. *Family Relations, 52,* 352–362.

Kelly, Y., Nazroo, J., Sacker, A., & Schoon, I. (2006). Ethnic differences in achievement of developmental milestones by 9 months of age: The Millennium Cohort Study. *Developmental Medicine & Child Neurology, 48,* 825–830.

Kelch-Oliver, K. (2011). The experiences of African American grandmothers in grandparent–headed families. *The Family Journal, 19,* 73–82.

Kember, D., & Watkins, D. (2010). Approaches to learning and teaching by the Chinese. In M. Harris (Ed.), *The Oxford handbook of Chinese psychology* (pp. 169–185). New York, NY: Oxford University Press.

Kemp, E. A., & Kemp, J. E. (2002). *Older couples: New romances.* Berkeley, CA: Celestial Arts.

Kenneally, C. (2007). *The first words: The search for the origins of language.* New York, NY: Viking.

Kent, M. M., & Haub, C. (2005). Global demographic divide. *Population Bulletin, 60,* 1–24.

Kenyon, B. L. (2001). Current research in children's conceptions of death: A critical review. *Omega, 43,* 63–91.

Kerber, L. K. (1997). *Toward an intellectual history of women.* Chapel Hill: University of North Carolina Press.

Kerestes, M., Youniss, J., & Metz, E. (2004). Longitudinal patterns of religious perspective and civic integration. *Applied Developmental Science, 8,* 39–46.

Kesson, A. M. (2007). Respiratory virus infections. *Paediatric Respiratory Reviews, 8,* 240–248.

Keyes, C. L. M., & Ryff, C. D. (1998). Generativity and adult lives: Social structural contours and quality of life consequences. In D. P. McAdams & E. de St. Aubin (Eds.), *Generativity and adult development: How and why we care for the next generation* (pp. 227–263). Washington, DC: American Psychological Association.

Keyes, C. L. M., Shmotkin, D., & Ryff, C. D. (2002). Optimizing well-being: The empirical encounter of two traditions. *Journal of Personality and Social Psychology, 82,* 1007–1022.

Kiang, L., Moreno, A. J., & Robinson, J. L. (2004). Maternal preconceptions about parenting predict child temperament, maternal sensitivity, and children's empathy. *Developmental Psychology, 40,* 1081–1092.

Kiernan, K. (2002). Cohabitation in Western Europe: Trends, issues, and implications. In A. Booth & A. C. Crouter (Eds.), *Just living together: Implications of cohabitation on families, children, and social policy* (pp. 3–31). Mahwah, NJ: Lawrence Erlbaum.

Kiernan, K. (2004). Cohabitation and divorce across nations and generations. In P. L. Chase-Lansdale, K. Kiernan, & R. J. Friedman (Eds.), *Human development across lives and generations: The potential for change* (pp. 139–170). New York, NY: Cambridge University Press.

Killen, M., & Wainryb, C. (2000). Independence and interdependence in diverse cultural contexts. In S. Harkness, C. Raeff, & C. M. Super (Eds.), *Variability in the social construction of the child* (pp. 5–21). San Francisco, CA: Jossey-Bass.

Killian, T., Turner, J., & Cain, R. (2005). Depressive symptoms of caregiving women in midlife: The role of physical health. *Journal of Women and Aging, 17,* 115–127.

Kim, J. E., & Moen, P. (2002). Is retirement good or bad for subjective well-being? *Current Directions in Psychological Science, 10,* 83–86.

Kim, J.-S., & Lee, E.-H. (2003). Cultural and noncultural predictors of health outcomes in Korean daughter and daughter-in-law caregivers. *Public Health Nursing, 20,* 111–119.

Kim, K., & Antonopolous, R. (2011). *Unpaid and paid care: The effects of child care and elder care on the standard of living.* New York, NY: Levy Economics Institute.

Kim, M., McGregor, K. K., & Thompson, C. K. (2000). Early lexical development in English- and Korean-speaking children: Language-general and language-specific patterns. *Journal of Child Language, 27,* 225–254.

Kim, S., & Park, H. (2006). Five years after the launch of Viagra in Korea: Changes in perceptions of erectile dysfunction treatment by physicians, patients, and the patients' spouses. *Journal of Sexual Medicine, 3,* 132–137.

Kim, Y., Hsu, S. H., & de Zúñiga, H. G. (2013). Influence of social media use on discussion network heterogeneity and civic engagement: The moderating role of personality traits. *Journal of Communication, 63*(3), 498–516.

Kimmel, D. C., & Sang, B. E. (2003). Lesbians and gay men in midlife. In L. D. Garnets & D. C. Kimmel (Eds.), *Psychological perspectives on lesbian, gay, and bisexual experiences* (2nd ed., pp. 602–628). New York, NY: Columbia University Press.

King, B. M. (2005). *Human sexuality today* (5th ed.). Upper Saddle River, NJ: Prentice Hall.

King, P. E., Furrow, J. L., & Roth, N. (2002). The influence of families and peers on adolescent religiousness. *Journal of Psychology and Christianity, 21,* 109–120.

King, P. M., & Kitchener, K. S. (2002). The reflective judgment model: Twenty years of research on epistemic cognition. In B. K. Hofner & P. R. Pintrich (Eds.), *Personal epistemology: The psychology of beliefs about knowledge and knowing* (pp. 37–61). Mahwah, NJ: Erlbaum.

King, P. M., & Kitchener, K. S. (2004). Reflective judgment: Theory and research on the development of epistemic judgment through adulthood. *Educational Psychologist, 39,* 5–18.

King, P. M., & Kitchener, K. S. (2015). Cognitive development in the emerging adult: The emergence of complex cognitive skills. In J. J. Arnett (Ed.), *Oxford handbook of emerging adulthood.* New York, NY: Oxford University Press.

King, V., & Scott, M. E. (2005). A comparison of cohabiting relationships among older and younger adults. *Journal of Marriage and the Family, 67,* 271–285.

Kingsberg, S. A. (2002). The impact of aging on sexual function in women and their partners. *Archives of Sexual Behavior, 31,* 431–437.

Kinnally, W. (2007). Music listening, age effects on. In J. J. Arnett (Ed.), *Encyclopedia of children, adolescents, and the media* (pp. 585–586). Thousand Oaks, CA: Sage.

Kinney, H. C., & Thach, B. T. (2009). Medical progress: The sudden infant death syndrome. *The New England Journal of Medicine, 361,* 795–805.

Kins, E., Beyers, W., Soenens, B., & Vansteenkiste, M. (2009). Patterns of home leaving and subjective well-being in emerging adulthood: The role of motivational processes and parental autonomy support. *Developmental Psychology, 45,* 1416–1429.

Kirchner, G. (2000). *Children's games from around the world.* Boston, MA: Allyn & Bacon.

Kirkorian, H. L., Wartella, E. A., & Anderson, D. R. (2008). Media and young children's learning. *The Future of Children, 18*(1), 39–61.

Kisilevsky, B. S., Hains, S. M., Lee, K., Xic, X., Huang, H., Ye, H. H., Zhang, K. & Wang, Z. (2003). Effects of experience on fetal voice recognition. *Psychological Science, 14,* 220–224.

Kitchener, K. S., King, P. M., & DeLuca, S. (2006). Development of reflective judgment in adulthood. In C. Hoare (Ed), *Handbook of adult development and learning* (pp. 73–98). New York, NY: Oxford University Press.

Kitchener, K. S., Lynch, C. L., Fischer, K. W., & Wood, P. K. (1993). Developmental range of reflective judgment: The effect of contextual support and practice on developmental stage. *Developmental Psychology, 29,* 893–906.

Kite, M. E., Deaux, K., & Hines, E. (2008). Gender stereotypes. In F. L. Denmark & M. A. Paludi (Eds.), *Psychology of women: A handbook of issues and theories* (2nd ed., pp. 205–236). Westport, CT: Praeger.

Kitsao-Wekulo, P., Holding, P., Taylor, G. H., Abubakar, A., Kvalsvig, J., & Connolly, K. (2013). Nutrition as an important mediator of the impact of background variables on outcomes in middle childhood. *Frontiers in Human Neuroscience, 7,* 713.

Kitzmann, K. M., Cohen, R., & Lockwood, R. L. (2002). Are only children missing out? Comparison of the peer-related social competence of only children and siblings. *Journal of Social and Personal Relationships, 19,* 299–316.

Klahr, D., & MacWhinney, B. (1998). Information processing. In D. Kuhn & R. S. Siegler (Eds.), *Handbook of child psychology: Vol. 2. Cognition, perception, and language* (5th ed., pp. 631–678). New York, NY: Wiley.

Klass, C. S. (2008). *The home visitor's guidebook: Promoting optimal parent and child development* (3rd ed.). Baltimore, MD: Paul H. Brookes.

Klaus, M. H., & Kennell, J. H. (1976). *Maternal–infant bonding: The impact of early separation or loss on family development.* St. Louis, MO: Mosby.

Kleiber, D., & Nimrod, G. (2008). Expressions of generativity and civic engagement in a "learning in retirement" group. *Journal of Adult Development, 15,* 76–86.

Klein, B. E., Klein, R., Lee, K. E., & Meuer, S. M. (2003). Socioeconomic and lifestyle factors and the 10-year incidence of age-related cataracts. *American Journal of Ophthalmology, 136,* 506–512.

Klerman, E. B., Duffy, J. F., Dijk, D. J., & Czeisler, C. A. (2001). Circadian phase resetting in older people by ocular bright light exposure. *Journal of Investigative Medicine, 49,* 30–40.

Klomek, A. B., Marrocco, F., Kleinman, M., Schonfeld, I. S., & Gould, M. S. (2007). Bullying, depression, and suicidality in adolescents. *Journal of the American Academy of Child & Adolescent Psychiatry, 46,* 40–49.

Klomsten, A. T., Skaalvik, E. M., & Espnes, G. A. (2004). Physical self-concept and sports: Do gender differences exist? *Sex Roles, 50,* 119–127.

Knecht, S., Drager, B., Deppe, M., Bobe, L., Lohmann, H., Floel, A., . . . Henningsen, H. (2000). Handedness and hemispheric language dominance in healthy humans. *Brain, 135,* 2512–2518.

Knect, S., Jansen, A., Frank, A., van Randenborgh, J., Sommer, J., Kanowski, M., & Heinze, H. J. (2003). How atypical is atypical language dominance? *Neuroimage, 18,* 917–927.

Knickmeyer, C.R., & Baron-Cohen, S. (2006). Fetal testosterone and sex differences. *Early human development, 82*(12), 755–760.

Knight, C. (2013). *Blood relations: Menstruation and the origins of culture.* New Haven, CT: Yale University Press.

Knipe, D. M. (2008). Make that sesame on rice, please! Appetites of the dead in Hinduism. *Indian Folklore Research Journal, 5,* 27–45.

Knox, D., Sturdivant, L., & Zusman, M. E. (2001). College student attitudes toward sexual intimacy. *College Student Journal, 35,* 241–243.

Kochanek, K. D., Murphy, S. I., Anderson, R. B., & Scott, C. (2004). Deaths: Final data for 2002. *National Vital Statistics Report, 53,* 1–116.

Kochanska, G. (2002). Mutually responsive orientation between mothers and their young children: A context for the early development of conscience. *Current Directions in Psychological Science, 11,* 191–195.

Kochenderfer-Ladd, B. (2003). Identification of aggressive and asocial victims and the stability of their peer victimization. *Merrill-Palmer Quarterly, 49,* 401–425.

Koenig, H. G. (2007). *Spirituality in patient care* (2nd ed.). Philadelphia, PA: Templeton Foundation Press.

Kohlberg, L. (1958). *The development of modes of moral thinking and choice in the years 10 to 16.* Unpublished doctoral dissertation. University of Chicago.

Kohlberg, L. (1986). A current statement on some theoretical issues. In S. Modgit & C. Modgl (Eds.), *Lawrence Kohlberg.* Philadelphia, PA: Falmer.

Konigsberg, R. D. (2011). *The truth about grief: The myth of its five stages and the new science of loss.* New York, NY: Simon & Schuster.

Koopmans, S., & Kooijman, A. (2006). Prebyopia correction and accommodative intraocular lenses. *Gerentechnology, 5,* 222–230.

Kopp, C. B. (1989). Regulation of distress and negative emotions: A developmental view. *Developmental Psychology, 25,* 343–354.

Kopp, C. B. (2003). *Baby steps: A guide to your child's social, physical, mental, and emotional development in the first two years.* New York, NY: Owl.

Korkman, M., Kettunen, S., & Autti-Rämö, I. (2003). Neurocognitive impairment in early adolescence following prenatal alcohol exposure of varying duration. *Child Neuropsy chology, 9*(2), 117–128.

Kornhaber, M. L. (2004). Using multiple intelligences to overcome cultural barriers to identifications for gifted education. In D. Boothe & J. C. Stanley. (Eds.), *In the eyes of the beholder: Critical issues for diversity in gifted education* (pp. 215–225). Waco, TX: Prufrock Press.

Kosmala, K., & Kloszweska, I. (2004). The burden of providing care for Alzheimer's disease patients in Poland. *International Journal of Geriatric Psychiatry, 19,* 191–193.

Kostandy, R. R., Ludington-Hoe, S. M., Cong, X., Abouelfettoh, A., Bronson, C., Stankus, A., & Jarrell, J. R. (2008). Kangaroo care (skin contact) reduces crying response to pain in preterm neonates: Pilot results. *Pain Management Nursing, 9,* 55–65.

Kotchick, B. A., Dorsey, S., & Heller, L. (2005). Predictors of parenting among African American single mothers: Personal and contextual factors. *Journal of Marriage and Family, 67,* 448–460.

Kotkin, J. (2010). *The next hundred million: America in 2050.* New York, NY: Penguin.

Kotler, J. (2007). Television, prosocial content and. In J. J. Arnett (Ed.), *Encyclopedia of children, adolescents, and the media, Vol. 2* (pp. 817–819). Thousand Oaks, CA: Sage.

Kostovic, I., & Vasung, L. (2009). Insights from in vitro magnetic resonance imaging of cerebral development. *Seminars in Perinatology, 33,* 220–233.

Kouvonen, A., & Kivivuori, J. (2001). Part-time jobs, delinquency and victimization among Finnish adolescents. *Journal of Scandinavian Studies in Criminology and Crime Prevention, 2*(2), 191–212.

Kowalski, R. M., Limber, S., Limber, S. P., & Agatston, P. W. (2012). *Cyberbullying: Bullying in the digital age.* New York, NY: John Wiley & Sons.

Kowalski, R. M., & Limber, S. P. (2007). Electronic bullying among middle school students. *Journal of Adolescent Health, 41,* S22–S30.

Kramer, D. A. (2003). The ontogeny of wisdom in its variations. In J. Demick & C. Andreoletti (Eds.), *Handbook of adult development* (pp. 131–151). New York, NY: Springer.

Kramer, L., & Kowal, A. K. (2005). Sibling relationship quality from birth to adolescence: The enduring contributions of friends. *Journal of Family Psychology, 19*(Special issue: Sibling Relationship Contributions to Individual and Family Well-Being), 503–511.

Kramer, L., Perozynski, L., & Chung, T. (1999). Parental responses to sibling conflict: The effects of development and parent gender. *Child Development, 70,* 1401–1414.

Kramer, M. S., Aboud, F., Mironova, E., Vanilovich, I., Platt, R. W., Matush, L., . . . Promotion of Breastfeeding Intervention Trial (PROBIT) Study Group (2008). Breastfeeding and child cognitive development: New evidence from a large randomized trial. *Archives of General Psychiatry, 65,* 578–584.

Kramer, M. S., Lidia, M., Vanilovich, I., Platt, R. W., & Bogdanovich, N. (2009). A randomized breast-feeding promotion intervention did not reduce child obesity in Belarus. *Journal of Nutrition, 139,* 417S–421S.

Kramer, S. E., Kapteyn, T. S., Kuik, D. J., & Deeng, D. J. (2002). The association of hearing impairment and chronic diseases with psychosocial health status in older age. *Journal of Aging and Health, 14,* 122–137.

Kraus, E. L. (2005). "Toys and perfumes": Imploding Italy's population paradox and motherly myths. In C. B. Douglass (Ed.), *Barren states: The population "implosion" in Europe* (pp. 159–182). New York, NY: Berg.

Kreicbergs, U., Valdimarsdottir, U., Onelov, E., Henter, J.-I., & Steineck, G. (2004). Anxiety and depression in parents 4–9 years after the loss of a child owing to a malignancy: A population-based follow-up. *Psychological Medicine, 34,* 1431–1441.

Kreider, R. M. (2005). *Number, timing, and duration of marriages: 2001.* Washington, DC: U.S. Bureau of the Census.

Kreutzer, M., Leonard, C., & Flavell, J. H. (1975). An interview study of children's knowledge about memory. *Monographs of the Society for Research in Child Development, 40*(1, Serial No. 159).

Krikorian, A., Limonero, J. T., & Maté, J. (2012). Suffering and distress at the end-of-life. *Psycho-Oncology, 21*(8), 799–808.

Kroger, J. (2002). Commentary on "Feminist perspectives on Erikson's theory: Their relevance for contemporary identity development research." *Identity, 2,* 257–266.

Kroger, J. (2003). Identity development during adolescence. In G. Adams & M. Berzonsky (Eds.), *Blackwell handbook of adolescence* (pp. 205–225). Malden, MA: Blackwell.

Kroger, J. (2007). *Identity development: Adolescence through adulthood* (2nd ed.). Thousand Oaks, CA: Sage.

Kroger, J., Martinussen, M., & Marcia, J. E. (2010). Identity status change during adolescence and young adulthood: A meta-analysis. *Journal of Adolescence, 33,* 683–698.

Kubey, R. (1994). Media implications for the quality of family life. In D. Zillmann, J. Bryant, & A. C. Huston (Eds.), *Media, children, and the family: Social scientific, psychodynamic, and clinical perspectives* (pp. 61–69). Hillsdale, NJ: Lawrence Erlbaum.

Kubisch, S. (2007). Electronic games, age and. In J. J. Arnett (Ed.), *Encyclopedia of children, adolescents, and the media* (pp. 264–265). Thousand Oaks, CA: Sage.

Kübler-Ross, E. (1969). *On death and dying.* New York, NY: Macmillan.

Kübler-Ross, E. (1982). *Working it through.* New York, NY: Macmillan.

Kubzansky, L. D., Koenen, K. C., Jones, C., & Eaton, W. W. (2009). A prospective study of posttraumatic stress disorder symptoms and coronary heart disease in women. *Health Psychology, 28,* 125–130.

Kuhl, P. K. (2004). Early language acquisition: Cracking the speech code. *Nature Reviews Neuroscience, 5,* 831–843.

Kuhn, D. (2008). Formal operations from a twenty-first century perspective. *Human Development, 51*(Special issue: Celebrating a Legacy of Theory with New Directions for Research on Human Development), 48–55.

Kuhn, G. (Ed.). *Sober living for the revolution: Hardcore punk, straight-edge, and radical politics.* Oakland, CA: PM Press.

Kühnel, J., & Sonnentag, S. (2011). How long do you benefit from vacation? A closer look at the fade-out of vacation effects. *Journal of Organizational Behavior, 32,* 125–143.

Künemund, H., Motel-Klingebiel, A., & Kohli, M. (2005). Do private intergenerational transfers increase social inequality in middle adulthood? Evidence from the German Aging Survey. *Journal of Gerontology: Social Sciences, 60B,* S30–S36.

Kuntsche, E., Rehm, J., & Gmel, G. (2004). Characteristics of binge drinkers in Europe. *Social Science & Medicine, 59,* 113–127.

Kunzmann, U., & Baltes, P. B. (2005). The psychology of wisdom: Theoretical and empirical challenges. In R. J. Sternberg & J. Jordan (Eds.), Handbook of wisdom: *Psychological perspectives* (pp. 110–135). New York, NY: Cambridge University Press.

Kurdek, L. A. (1999). The nature and predictors of the trajectory of change in marital quality for husbands and wives over the first 10 years of marriage. *Developmental Psychology, 35,* 1283–1296.

Kurdek, L. A. (2006). Differences between partners from heterosexual, gay, and lesbian cohabiting couples. *Journal of Marriage and Family, 68,* 509–528.

Kuttler, A. F., La Greca, A. M., & Prinstein, M. J. (1999). Friendship qualities and social-emotional functioning of adolescents with close, cross-sex friendships. *Journal of Research on Adolescence, 9,* 339–366.

Kvavilashvili, L., & Ford, R. M. (2014). Metamemory prediction accuracy for simple prospective and retrospective memory tasks in 5-year-old children. *Journal of Experimental Psychology.*

Kwak, J., Haley, W. E., & Chiraboga, D. A. (2008). Racial differences in hospice use and in-hospital death among Medicare and Medicaid dual-eligible nursing home residents. *The Gerontologist, 48,* 32–41.

Labouvie-Vief, G. (1982). Dynamic development and mature autonomy: A theoretical prologue. *Human Development, 25,* 161–191.

Labouvie-Vief, G. (1990). Modes of knowledge and the organization of development. In M. L. Commons, J. D. Sinnott, F. A. Richards, & C. Armon (Eds.), *Models and methods in the study of adolescent and adult thought* (pp. 43–62). New York, NY: Praeger.

Labouvie-Vief, G. (1998). Cognitive-emotional integration in adulthood. In K. W. Schaie & M. P. Lawton (Eds.), *Annual review of gerontology and geriatrics, Vol. 17: Focus on emotion and adult development* (pp. 206–237). New York, NY: Springer.

Labouvie-Vief, G. (2003). Dynamic integration: Affect, cognition, and the self in adulthood. *Current Directions in Psychological Science, 12,* 201–206.

Labouvie-Vief, G. (2006). Emerging structures of adult thought. In J. J. Arnett & J. Tanner (Eds.), *Emerging adults in America: Coming of age in the 21st century* (pp. 59–84). Washington, DC: American Psychological Association.

Labouvie-Vief, G., & Diehl, M. (2002). Cognitive complexity and cognitive-affective integration: Related or separate domains of adult development? *Psychology and Aging, 15,* 490–594.

Lachman, M. E. (2004). Development in midlife. *Annual Review of Psychology, 55,* 305–331.

Lachman, M. E., & Firth, K. (2004). The adaptive value of feeling in control during midlife. In G. Brim, C. D. Ryff, & R. Kessler (Eds.), *How healthy we are: A national study of well-being in midlife.* Chicago, IL: University of Chicago Press.

Lachman, M. E., & Kranz, E. M. (2010). Midlife crisis. *Corsini Encyclopedia of Psychology.* New York, NY: Wiley.

Lachman, M. E., Neupert, S. D., Bertrand, R., & Jette, A. M. (2006). The effects of strength training on memory in older adults. *Journal of Aging and Physical Activity, 14,* 59–73.

LaCroix, A. Z., Chlebowski, R. T., Manson, J. E., & Aragaki, A. K. (2011). Health outcomes after stopping conjugated equine estrogens among postmenopausal women with prior hysterectomy: A randomized controlled trial. *JAMA: Journal of the American Medical Association, 305,* 1305–1314.

Ladd, G. W., Buhs, E., & Troop, W. (2004). School adjustment and social skills training. In P. K. Smith & C. H. Hart (Eds.), *Blackwell handbook of childhood social development* (pp. 394–416). Malden, MA: Blackwell.

Laflamme, D., Pomerleau, A., & Malcuit, G. (2002). A comparison of fathers' and mothers' involvement in childcare and stimulation behaviors during free-play with their infants at 9 and 15 months. *Sex Roles, 47,* 507–518.

LaFromboise, T. D., Hoyt, D. R., Oliver, L., & Whitbeck, L. B. (2006). Family, community, and school influences on resilience among American Indian adolescents in the upper Midwest. *Journal of Community Psychology, 34,* 193–209.

Lahiri, D. K., Maloney, B., Basha, M. R., Ge, Y. W., & Zawia, N. H. (2007). How and when environmental agents and dietary factors affect the course of Alzheimer's disease: The "LEARn" model (latent early-life associated regulation) may explain the triggering of AD. *Current Alzheimer Research, 4,* 219–228.

Laible, D. (2004). Mother–child discourse in two contexts: Links with child temperament, attachment security and socioemotional competence. *Developmental Psychology, 40,* 979–992.

Lakatta, E. G. (1990). Heart and circulation. In E. L. Schneider & J. W. Rowe (Eds.), *Handbook of the biology of aging* (3rd ed., pp. 181–217). San Diego, CA: Academic Press.

Lamb, M. E. (1994). Infant care practices and the application of knowledge. In C. B. Fisher & R. M. Lerner (Eds.), *Applied developmental psychology* (pp. 23–45). New York, NY: McGraw-Hill.

Lamb, M. E. (2000). The history of research on father involvement: An overview. In H. E. Peters, G. W. Peterson, S. K. Steinmetz, & R. D. Day (Eds.), *Fatherhood: Research, interventions, and policies* (pp. 23–42). New York, NY: Haworth Press.

Lamb, M. E. (2010). *The role of the father in child development.* New York, NY: Wiley.

Lamb, M. E., Chuang, S. S., & Hwang, C. P. (2004). Internal reliability, temporal stability, and correlates of individual differences in parental involvement: A 15-year longitudinal study in Sweden. In R. D. Day & M. E. Lamb (Eds.), *Conceptualizing and measuring father involvement* (pp. 111–128). Mahwah, NJ: Erlbaum.

Lamb, M. E., & Lewis, C. (2005). The role of parent–child relationships in child development. In M. H. Bornstein & M. E. Lamb (Eds.), *Developmental psychology* (5th ed., pp. 429–468). Mahwah, NJ: Erlbaum.

Lamb, M. E., & Lewis, C. (2010). The role and significance of father-child relationships in two-parent families. In M. E. Lamb (Ed.), *The role of the father in child development* (pp. 94–153). New York, NY: Wiley.

Lamberti, L. M., Walker, C. L. F., Noiman, A., Victora, C., & Black, R. E. (2011). Breastfeeding and the risk for diarrhea morbidity and mortality. *BMC public health, 11*(Suppl 3), S15.

Lamm, B., & Keller, H. (2007). Understanding cultural models of parenting: The role of intracultural variation and response style. *Journal of Cross-Cultural Psychology, 38,* 50–57.

Lamont, J. A. (1997). Sexuality. In D. E. Stewart & G. E. Robinson (Eds.), *A clinician's guide to menopause. Clinical practice* (pp. 63–75). Washington, DC: Health Press International.

Lampl, M., Johnson, M. L., & Frongillo, E. A., Jr. (2001). Mixed distribution analysis identifies saltation and stasis growth. *Annals of Human Biology, 28,* 403–411.

Lander, E. S., Linton, L. M., & Birren, B. (2001). Initial sequencing and analysis of the human genome. *Nature, 409,* 860–921.

Landgren, B. M., Collins, A., Csemiczky, G., Burger, H. G., Baksheev, L., & Robertson, D. M. (2004). Menopause transition. *Journal of Clinical and Endocrinological Metabolism, 89,* 2763–2769.

Lane, B. (2009). *Epidural rates in the U.S. and around the world: How many mothers choose to use an epidural to provide pain relief?* Retrieved from http://www.suite101.com/content/epidural-for-labor-a168170

Lang, F. R., Staudinger, U. M., & Cerstensen, L. L. (1998). Perspectives on socioemotional selectivity in late life: How personality and social context do (and do not) make a difference. *Journal of Gerontology, 53B,* P21–P30.

Langer, G. (2004). *ABC new prime time live poll: The American sex survey.* Retrieved from abcnews.go.com/Primetime/News/story?id=174461&page=1

Langner, T. S. (2002). *Choices for living: Coping with fear of dying.* New York, NY: Kluwer Academic.

Langer, E., & Rodin, J. (1976). The effects of choice and enhanced personal responsibility for the aged: A field experiment in an institutional setting. *Journal of Personality and Social Psychology, 34,* 191–198.

Lansford, J. E., Antonucci, T. C., Akiyama, H., & Takahashi, K. (2005). A quantitative and qualitative approach to social relationships and well-being in the United States and Japan. *Journal of Comparative Family Studies, 36,* 1–22.

Lansford, J. E., Deater-Deckard, K., Dodge, K. A., Bates, J. E., & Pettit, G. S. (2004). Ethnic differences in the link between physical discipline and later adolescent externalizing behaviors. *Journal of Child Psychology and Psychiatry, 45,* 801–812.

Lansford, J. E., Malone, P. S., Dodge, K. A., Crozier, J. C., Pettit, G. S., & Bates, J. E. (2006). A 12-year prospective study of patterns of social information processing problems and externalizing behaviors. *Journal of Abnormal Child Psychology, 34,* 715–724.

Lapsley, D., & Woodbury, R. D. (2015). Social cognitive development in emerging adulthood. In J. J. Arnett (Ed.), *Oxford handbook of emerging adulthood.* New York, NY: Oxford University Press.

Larson, E. B., Shadlen, M. F., Wang, L., McCormick, W. C., Bowen, J. D., Teri, L., & Kukull, W. A. (2004). Survival after initial diagnosis of Alzheimer disease. *Annals of Internal Medicine, 140,* 501–509.

Larson, R., & Csikszentmihalyi, M. (2014). The Experience Sampling Method. In M. Csikszentmihalyi, *Flow and Positive Psychology* (pp. 21–34). New York, NY: Springer.

Larson, R. W., Csikszentmihalyi, M., & Graef, R. (1980). Mood variability and the psycho-social adjustment of adolescents. *Journal of Youth & Adolescence, 9,* 469–490.

Larson, R. W., Moneta, G., Richards, M. H., & Wilson, S. (2002). Continuity, stability, and change in daily emotional experience across adolescence. *Child Development, 73,* 1151–1165.

Larson, R. W., Wilson, S., & Rickman, A. (2010). Globalization, societal change, and adolescence across the world. In R. Lerner & L. Steinberg (Eds.), *Handbook of adolescent psychology* (3rd ed., pp. 590–622). Hoboken, NJ: John Wiley & Sons.

Larson, R., & Richards, M. H. (1994). *Divergent realities: The emotional lives of mothers, fathers, and adolescents.* New York, NY: Basic Books.

Larson, R., Verman, S., & Dwokin, J. (2000, March). Adolescence without family disengagement: The daily family lives of Indian middle-class teenagers. Paper presented at the biennial meeting of the Society for Research on Adolescence, Chicago, IL.

Latzer, Y., Merrick, J., & Stein, D. (2011). *Understanding Eating Disorders: Integrating Culture, Psychology and Biology.* Nova Science.

Lauer, J. C., & Lauer, R. H. (1999). *How to survive and thrive in an empty nest.* Oakland, CA: New Harbinger.

Lauersen, N. H., & Bouchez, C. (2000). *Getting pregnant: What you need to know right now.* New York, NY: Fireside.

Laumann, E. O., Gagnon, J. H., Michael, R. T., & Michaels, S. (1994). *The social organization of sexuality.* Chicago, IL: University of Chicago Press.

Laursen, B., Coy, K. C., & Collins, W. A. (1998). Reconsidering changes in parent–child conflict across adolescence: A meta-analysis. *Child Development, 69,* 817–832.

Lavers-Preston, C., & Sonuga-Barke, E. (2003). An intergenerational perspective on parent–child relationships: The reciprocal effects of trigenerational grandparent–parent–child relationships. In R. Gupta & D. Parry-Gupta (Eds.), *Children and parents: Clinical issues for psychologists and psychiatrists.* London, UK: Whurr Publishers.

Lavner, J. A., & Bradbury, T. N. (2010). Patterns of change in marital satisfaction over the newlywed years. *Journal of Marriage and the Family, 72,* 1171–1187.

Lavzer, J. L., & Goodson, B. D. (2006). The "quality" of early care and education settings: Definitional and measurement issues. *Evaluation Review, 30,* 556–576.

Lawson, A. E., & Wollman, W. T. (2003). Encouraging the transition from concrete to formal operations: An experiment. *Journal of Research in Science Teaching, 40*(Suppl.), S33–S50.

Layton, E., Dollahite, D. C., & Hardy, S. A. (2011). Anchors of religious commitment in adolescents. *Journal of Adolescent Research, 26,* 381–413.

Le, H. N. (2000). Never leave your little one alone: Raising an Ifaluk child. In J. DeLoache & A. Gottlieb (Eds.), *A world of babies: Imagined childcare guides for seven societies* (pp. 199–222). New York, NY: Cambridge University Press.

Leakey, R. (1994). *The origins of humankind.* New York, NY: Basic Books.

Leaper, C., & Smith, T. E. (2004). A meta-analytic review of gender variations in children's language use: Talkativeness, affiliative speech, and assertive speech. *Developmental Psychology, 40,* 993–1027.

Leapfrog Group (2014). *Fact sheet: Maternity care.* New York, NY: Author.

Leathers, H. D., & Foster, P. (2004). *The world food problem: Tackling causes of undernutrition in the third world.* Boulder, CO: Lynne Rienner Publishers.

Leavitt, S. C. (1998). The Bikhet mystique: Masculine identity and patterns of rebellion among Bumbita adolescent males. In G. Herdt & S. C. Leavitt (Eds.), *Adolescence in Pacific island societies* (pp. 173–194). Pittsburgh, PA: University of Pittsburgh Press.

Lee, H. M., Bhat, A., Scholz, J. P., & Galloway, J. C. (2008). Toy-oriented changes during early arm movements: IV: Shoulder-elbow coordination. *Infant Behavior and Development, 31,* 447–469.

Lee, J., Lee, S., Jang, S., & Ryu, O. H. (2013). Age-related changes in the prevalence of osteoporosis according to gender and skeletal site: The Korea National Health and Nutrition Examination Survey 2008-2010. *Endocrinology and Metabolism, 28*(3), 180–191.

Lee, J. C., & Staff, J. (2007). When work matters: The varying impact of work intensity on high school dropouts. *Sociology of Education, 80,* 158–178.

Lee, M. M. C., Chang, K. S. F., & Chan, M. M. C. (1963). Sexual maturation of Chinese girls in Hong Kong. *Pediatrics, 32,* 389–398.

Lee, S. A. S., Davis, B., & MacNeilage, P. (2010). Universal production patterns and ambient language influences in babbling: A cross-linguistic study of Korean- and English-learning infants. *Journal of Child Language, 37,* 293–318.

Lee, V. E., & Burkam, D. T. (2002). *Inequality at the starting gate.* Washington, DC: Economic Policy Institute.

Lefkowitz, E. S., & Gillen, M. M. (2006). "Sex is just a normal part of life": Sexuality in emerging adulthood. In J. J. Arnett & J. L. Tanner (Eds.), *Emerging adults in America: Coming of age in the 21st century* (pp. 235–255). Washington, DC: American Psychological Association.

Lefkowitz, E. S., Gillen, M. M., Shearer, C. L., & Boone, T. L. (2004). Religiosity, sexual behaviors, and sexual attitudes during emerging adulthood. *Journal of Sex Research, 41,* 150–159.

Lehr, U., Seiler, E., & Thomae, H. (2000). Aging in a cross-cultural perspective. In A. L. Comunian & U. P. Gielen (Eds.), *International perspectives on human development* (pp. 571–589). Lengerich, Germany: Pabst Science.

Lehtinen, M., Paavonen, J., & Apter, D. (2006). Preventing common sexually transmitted infections in adolescents: Time for rethinking. *The European Journal of Contraception and Reproductive Health Care, 11,* 247–249.

Lemish, D. (2007). *Children and television: A global perspective.* Oxford, UK: Blackwell.

Lempers, J. D., & Clark-Lempers, D. S. (1993). A functional comparison of same-sex and opposite-sex friendship during adolescence. *Journal of Adolescent Research, 8,* 89–108.

Lenhart, A., Purcell, K., Smith, A., & Zickuhr, K. (2010). *Social media and mobile Internet use among teens and young adults.* Washington, DC: Pew Research Center.

Leon, K. (2003). Risk and protective factors in young children's adjustment to parental divorce: A review of the research. *Family Relations, 52,* 258–270.

Leonard, B. (2004). Women's conditions occurring in men: Breast cancer, osteoporosis, male menopause, and eating disorders. *Nursing Clinics of North America, 39,* 379–393.

Leonard, L. (2002). Problematizing fertility: "Scientific" accounts and Chadian women's narratives. In M. C. Inhorn & F. van Balen (Eds.), *Infertility around the globe: New thinking on childlessness, gender, and reproductive technologies* (pp. 193–213). Berkeley, CA: University of California Press.

Lerner, R. M. (2006). Developmental science, developmental systems, and contemporary theories of human development. In W. Damon & R. M. Lerner (Eds.), *Handbook of child psychology, Vol. 1: Theoretical models of human development* (5th ed., pp. 1–17). New York, NY: Wiley.

Lerner, R. M., Theokas, C., & Jelicic, H. (2005). Youth as active agents in their own positive development: A developmental systems perspective. In W. Greve, L. Rothermund, & D. Wentura, *The adaptive self: Personal continuity and intentional self-development* (pp. 31–47). Göttingen, Germany: Hogrefe & Huber.

Lessinger, J. (2002). Asian Indian marriages: Arranged, semi-arranged, or based on love? In N. V. Benokraitis (Ed.), *Contemporary ethnic families in the United States: Characteristics, variations, and dynamics* (pp. 101–104). Englewood Cliffs, NJ: Prentice.

Lesner, S. (2003). Candidacy and management of assistive listening devices: Special needs of the elderly. *International Journal of Audiology, 42,* 2S68–2S76.

Lessow-Hurley, J. (2005). *The foundations of dual language instruction* (4th ed.). Boston, MA: Allyn & Bacon.

Lestaeghe, R., & Moors, G. (2000). Recent trends in fertility and household formation in the industrialized world. *Review of Population and Social Policy, 9,* 121–170.

Levenson, R. W., Carstensen, L. L., & Gottman, J. M. (1993). Long-term marriage: Age, gender, and satisfaction. *Psychology and Aging, 8,* 301–313.

Levin, B. G. (2004). Coping with traumatic loss. *International Journal of Emergency Mental Health, 6,* 25–31.

Levinson, D. (1997). *The seasons of a woman's life.* New York, NY: Ballantine.

LeVine, D. N. (1966). The concept of masculinity in Ethiopian culture. *International Journal of Social Psychiatry, 12,* 17–23.

LeVine, R. A. (1977). Child rearing as cultural adaptation. In P. H. Leiderman, S. R. Tulkin, & A. Rosenfeld (Eds.), *Culture and infancy: Variations in the human experience* (pp. 15–27). New York, NY: Academic Press.

LeVine, R. A. (1994). *Child care and culture.* Cambridge, UK: Cambridge University Press.

LeVine, R. A., & LeVine, S. (1998). Fertility and maturity in Africa: Gusii parents in middle adulthood. In R.A. Shweder (Ed.), *Welcome to middle age* (pp. 189–205). Chicago: University of Chicago Press.

LeVine, R. A., & New, R. S. (Eds.). (2008). *Anthropology and child development: A cross-cultural reader.* Malden, MA: Blackwell.

LeVine, R. A., Dixon, S., LeVine, S. E., Richman, A., Keefer, C., Liederman, P. H., & Brazelton, T. B. (2008). The comparative study of parenting. In R. A. LeVine & R. S. New, *Anthropology and child development: A cross–cultural reader* (pp. 55–65). Malden, MA: Blackwell Publishing.

LeVine, R. A., Dixon, S., LeVine, S., Richman, A., Leiderman, P. H., Keefer, C. H., & Brazelton, T. B. (1994). *Childcare and culture: Lessons from Africa.* New York, NY: Cambridge University Press.

LeVine, R. A., New, R. S. (Eds.) (2008). *Anthropology and child development: A cross-cultural reader.* Malden, MA: Blackwell Publishing.

Levinson, D. J. (1978). *The seasons of a man's life.* New York, NY: Knopf.

Levitin, D. (2007). *This is your brain on music.* New York, NY: Plume.

Levy, B. R., Jennings, P., & Langer, E. J. (2001). Improving attention in old age. *Journal of Adult Development, 8,* 189–192.

Levy, F., & Murnane, R. (2012). *The new division of labor: How computers are creating the next job market.* Princeton, NJ: Princeton University Press.

Lewin, T. (2008, December 3). Higher education may soon be unaffordable for most Americans, report says. *The New York Times,* p. A17.

Lewis, M. (2000). The emergence of human emotions. In M. Lewis & J. M. Haviland-Jones (Eds.), *Handbook of emotions* (2nd ed., pp. 265–280). New York, NY: Guilford Press.

Lewis, M. (2002). Early emotional development. In A. Slater & M. Lewis (Eds.), *Introduction to infant development* (pp. 216–232). New York, NY: Oxford University Press.

Lewis, M. (2008). The emergence of human emotions. In L. F. Barrett, J. M. Haviland-Jones, & M. Lewis (Eds.), *Handbook of emotions* (3rd ed., pp. 304–319). New York, NY: Guilford Press.

Lewis, M. (2010). The development of anger. In M. Potegal, G. Stemmler, & C. Spielberger (Eds.), *International handbook of anger: Constituent and concomitant biological, psychological, and social processes* (pp. 177–191). New York, NY: Springer.

Lewis, M., & Brooks-Gunn, J. (1979). *Social cognition and the acquisition of self.* New York, NY: Plenum.

Lewis, M., & Ramsay, D. S. (1999). Effect of maternal soothing and infant stress response. *Child Development, 70,* 11–20.

Lewis, M., & Ramsay, D. S. (2004). Development of self-recognition, personal pronoun use, and pretend play during the 2nd year. *Child Development, 75,* 1821–1831.

Lewis, M., Feiring, C., & Rosenthal, S. (2000). Attachment over time. *Child Development, 71,* 707–720.

Lewis, R. (2005). *Human genetics* (6th ed.). New York, NY: McGraw-Hill.

Lewis, S. N., West, A. F., Stein, A., Malmberg, L.-E., Bethell, K., Barnes, J., & Leach, P. (2009). A comparison of father–infant interaction between primary and non-primary care giving fathers. *Child Care, Health, and Development, 35,* 199–207.

Lewkowitz, D. J., & Lickliter, R. (2013). *The development of intersensory perception.* New York, NY: Psychology Press.

Li, F., Godinet, M. T., & Arnsberger, P. (2010). Protective factors among families with children at risk of maltreatment: Follow up to early school years. *Children and Youth Services Review, 33,* 139–148.

Li, J., Fraser, M. W., & Wike, T. L. (2013). Promoting social competence and preventing childhood aggression: A framework for applying social information processing theory in intervention research. *Aggression and Violent Behavior, 18*(3), 357–364.

Liang, J., Krause, N. M., & Bennett, J. M. (2001). Social exchange and well-being: Is giving better than receiving? *Psychology and Aging, 16,* 511–523.

Liben, L. S., & Bigler, R. S. (2002). The developmental course of gender differentiation: Conceptualizing, measuring, and evaluating constructs and pathways. *Monographs of the Society for Research in Child Development, 6*(4, Series. No. 271).

Liben, L. S., Bigler, R. S., & Hilliard, L. J. (2013). Gender Development. Societal Contexts of Child Development: *Pathways of Influence and Implications for Practice and Policy,* 3.

Liben, L. S., & Signorella, M. L. (1993). Gender-schematic processing in children: The role of initial interpretation of stimuli. *Developmental Psychology, 29,* 141–149.

Liben, L. S., Bigler, R. S., & Krogh, H. R. (2001). Pink and blue collar jobs: Children's adjustments of job status and job aspirations in relation to sex of worker. *Journal of Experimental Child Psychology, 79,* 346–363.

Lichter, D. T., Turner, R. N., & Sassler, S. (2010). National estimates of the rise of serial cohabitation. *Social Science Research, 39,* 754–765.

Lieber, E., Nihira, K., & Mink, I. T. (2004). Filial piety, modernization, and the challenges of raising children for Chinese immigrants: Quantitative and qualitative evidence. *Ethos, 32,* 324–347.

Lillard, A. S. (2007). Pretend play in toddlers. In C. A. Brownell & C. B. Kopp (Eds.), *Socioemotional development in the toddler years* (pp. 149–176). New York, NY: Guilford.

Lillard, A. S. (2008). *Montessori: The science behind the genius.* New York, NY: Oxford University Press.

Lillard, A. S. & Else-Quest, N. (2006). Evaluating Montessori education. *Science, 313,* 1893–1894.

Lim, L. S., Mitchell, P., Seddon, J. M., Holz, F. G., & Wong, T. Y. (2012). Age-related macular degeneration. *The Lancet, 379*(9827), 1728–1738.

Lin, C. A. (2001). Cultural values reflected in Chinese and American television advertising. *Journal of Advertising, 30,* 83–94.

Lindau, S. T., Schumm, P., Laumann, E., Levinson, W., Muircheartaigh, C., & Waite, L. (2007). A study of sexuality and health among older adults in the United States. *The New England Journal of Medicine, 357,* 762–774.

Lindsay, L. A., & Miescher, S. F. (Eds.). (2003). *Men and masculinities in modern Africa.* Portsmouth, NH: Heinemann.

Lindsey, E., & Colwell, M. (2003). Preschooler's emotional competence: Links to pretend and physical play. *Child Study Journal, 33,* 39–52.

Lindstrom, H. A., Fritsch, T., Petot, G., Smyth, K. A., Chen, C. H., Debanne, S. M., . . . Friedland, R. P. (2005). The relationships between television viewing in midlife and the development of

Alzheimer's disease in a case-control study. *Brain and Cognition, 58,* 157–165.

Linebarger, D. L., & Walker, D. (2005). Infants' and toddlers' television viewing and language outcomes. *American Behavioral Scientist, 48*(5), 624–645.

Linver, M. R., Brooks-Gunn, J., & Kohen, D. E. (2002). Family processes as pathways from income to young children's development. *Developmental Psychology, 38,* 719–734.

Lipman, E. L., Boyle, M. H., Dooley, M. D., & Offord, D. R. (2002). Child well-being in single-mother families. *Journal of the American Academy of Child and Adolescent Psychiatry, 41,* 75–82.

Lips, H., & Lawson, K. (2009). Work values, gender, and expectations about work commitment and pay: Laying the groundwork for the "motherhood penalty"? *Sex Roles, 61,* 667–676.

Lipsitt, L. P. (2003). Crib death: A biobehavioral phenomenon? *Psychological Science, 12,* 164–170.

Liston, C., & Kagan, J. (2002). Brain development: Memory enhancement in early childhood. *Nature, 419*(6910), 896–896.

Litovsky, R. Y., & Ashmead, D. H. (1997). Development of binatural and spatial hearing in infants and children. In R. H. Gilkey & T. R. Anderson (Eds.), *Binaural and spatial hearing in real and virtual environments* (pp. 571–592). Mahwah, NJ: Erlbaum.

Liu, J., Raine, A., Venables, P. H., Dalais, C., & Mednick, S. A. (2003). Malnutrition at age 3 years and lower cognitive ability at age 11 years. *Archives of Paediatric and Adolescent Medicine, 157,* 593–600.

Lloyd, C. B., Grant, M., & Ritchie, A. (2008). Gender differences in time use among adolescents in developing countries: Implications of rising school enrollment rates. *Journal of Research on Adolescence, 18,* 99–120.

Lloyd, C. (Ed.). (2005). *Growing up global: The changing transitions to adulthood in developing countries.* Washington, DC: National Research Council and Institute of Medicine.

Lobel, T. E., Nov-Krispin, N., Schiller, D., Lobel, O., & Feldman, A. (2004). Perceptions of social status, sexual orientation, and value dissimilarity. Gender discriminatory behavior during adolescence and young adulthood: A developmental analysis. *Journal of Youth & Adolescence, 33,* 535–546.

Lock, M. (1998). Deconstructing the change: Female maturation in Japan and North America. In R. A. Shweder (Ed.), *Welcome to middle age! (and Other Cultural Fictions)* (pp. 45–74). Chicago, IL: University of Chicago Press.

Loeb, S., Fuller, B., Kagan, S. L., & Carrol, B. (2004). Child care in poor communities: Early learning effects on type, quality, and stability. *Child Development, 75,* 47–65.

Loeber, R., & Burke, J. D. (2011). Developmental pathways in juvenile externalizing and internalizing problems. *Journal of Research on Adolescence, 21,* 34–46.

Loeber, R., Lacourse, E., & Homish, D. L. (2005). Homicide, violence, and developmental trajectories. In R. E. Tremblay, W. W. Hartup, & J. Archer (Eds.), *Developmental origins of aggression* (pp. 202–222). New York, NY: Guilford Press.

Loehlin, J. C., Horn, J. M., & Willerman, L. (1997). Heredity, environment, and IQ in the Texas Adoption Project. In R. J. Sternberg & E. L. Grigrenko (Eds.), *Intelligence, heredity, and environment* (pp. 105–125). New York, NY: Cambridge University Press.

Loftus, E. F. (2003, November). Make-believe memories. *American Psychologist,* 867–873.

Logsdon, R. G. (2000). *Enhancing quality of life in long term care: A comprehensive guide.* New York, NY: Hatherleigh Press.

Lohaus, A., Keller, H., Ball, J., Voelker, S., & Elben, C. (2004). Maternal sensitivity in interactions with three- and 12-month-old infants: Stability, structural composition, and developmental consequences. *Infant and Child Development, 13,* 235–252.

Longest, K. C., & Shanahan, M. J. (2007). Adolescent work intensity and substance use: The meditational and moderational roles of parenting. *Journal of Marriage & Family, 69,* 703–720.

Lord, C., & Bishop, S. L. (2010). Autism spectrum disorders. *Social Policy Report, 24*(2), 3–16.

Lorenz, J. M., Wooliever, D. E., Jetton, J. R., & Paneth, N. (1998). A quantitative review of mortality and developmental disability in extremely premature newborns. *Archives of Pediatric Medicine, 152,* 425–435.

Lorenz, K. (1957). Companionship in bird life. In C. Scholler (Ed.), *Instinctive behavior: The development of a modern concept* (pp. 83–128). New York, NY: International Universities Press.

Lorenz, K. Z. (1965). *Evolution and the modification of behavior.* Chicago, IL: University of Chicago Press.

Lotterman, J. H., Bonanno, G. A., & Galatzer-Levy, I. (2014). The heterogeneity of long-term grief reactions. *Journal of Affective Disorders.*

Lourenco, O. (2003). Making sense of Turiel's dispute with Kohlberg: The case of the child's moral competence. *New Ideas in Psychology, 21,* 43–68.

Lovas, G. S. (2011). Gender and patterns of language development in mother-toddler and father-toddler dyads. *First language, 31*(1), 83–108.

Lovasi, G. S., Lemaitre, R. N., Siscovick, D. S., Dublin, S., Bis, J. C., Lumley, T., . . . Psaty, B. M. (2007). Amount of leisure-time physical activity and risk of nonfatal myocardial infarction. *Annuals of Epidemiology, 17,* 410–416.

Love, J. M., Chazan-Cohen, R., Raikes, H., & Brooks-Gunn, J. (2013). What makes a difference: Early Head Start evaluation findings in a developmental context. *Monographs of the Society for Research in Child Development, 78*(1), vii–viii.

Lu, L. (2006). The transition to parenthood: Stress, resources, and gender differences in a Chinese society. *Journal of Community Psychology, 34,* 471–488.

Lubart, T. I. (2003). In search of creative intelligence. In R. J. Sternberg, J. Lautrey, & T. I. Lubart (Eds.), *Models of intelligence: International perspectives* (pp. 279–292). Washington, DC: American Psychological Association.

Lucas, R. E., Clark, A. E., Georgellis, Y., & Diener, E. (2003). Reexamining adaptation and the set point model of happiness: Reactions to changes in marital status. *Journal of Personality and Social Psychology, 84,* 527–539.

Luckie, M. (2010). School year around the world. Retrieved from http://californiawatch.org/k-12/how-long-school-year-compare-california-world

Ludington-Hoe, S. M. (2013). Kangaroo care as neonatal therapy. *Newborn and Infant Nursing Reviews, 13,* 73. doi: 10.1053/j.nainr.2013.03.004

Lund, D. A., & Caserta, M. S. (2004). Facing life alone: Loss of a significant other in later life. In D. Doda (Ed.), *Living with grief: Loss in later life* (pp. 207–223). Washington, DC: Hospice Foundation of America.

Lung, F.-W., Chiang, T.-L., Lin, S.-J., Feng, J.-Y., Chen, P.-F., Shu, B.-C. (2011). Gender differences of children's developmental trajectory from 6 to 60 months in the Taiwan Birth Cohort Pilot Study. *Research in Developmental Disabilities, 32,* 100–106.

Lupsakko, T., Mantyjarvi, M., Kautiainen, H., & Sulkava, R. (2002). Combined hearing and visual impairment and depression in a population aged 75 years and older. *International Journal of Geriatric Psychiatry, 17,* 808–813.

Lyckyx, K. (2006). *Identity formation in emerging adulthood: Developmental trajectories, antecedents, and consequences.* Dissertation, Catholic University, Leuven, Belgium.

Lynch, A., Lee, H. M., Bhat, A., & Galloway, J. C. (2008). No stable arm preference during the pre-reaching period: A comparison of right and left hand kinematics with and without a toy present. *Developmental Psychobiology, 50,* 390–398.

Lynch, M. E. (1991). Gender intensification. In R. M. Lerner, A. C. Petersen, & J. Brooks-Gunn (Eds.), *Encyclopedia of adolescence* (Vol. 1). New York, NY: Garland.

Lynn, R., & Mikk, J. (2007). National differences in intelligence and educational attainment. *Intelligence, 35,* 115–121.

Lynne, S. D., Graber, J. A., Nichols, T. R., Brooks-Gunn, J., & Botvin, G. J. (2007). Links between pubertal timing, peer influences, and externalizing behaviors among urban students followed through middle school. *Journal of Adolescent Health, 40,* e7–e13.

Lyon, E. (2007). *The big book of birth.* New York, NY: Plume.

Lyon, T. D., & Flavell, J. H. (1993). Young children's understanding of forgetting over time. *Child Development, 64,* 789–800.

Lyons-Ruth, K. (1996). Attachment relationships among children with aggressive behavior problems: The role of disorganized early attachment patterns. *Journal of Consulting and Clinical Psychology, 64,* 64–73.

Lyons-Ruth, K., Bronfman, E., Parsons, E. (1999). Maternal frightened, frightening, or atypical behavior and disorganized infant attachment patterns. *Monographs of the Society for Research in Child Development, 64*(3, Serial No. 258), 67–96.

Lyons-Ruth, K., Easterbrooks, A., & Cibelli, C. (1997). Infant attachment strategies, infant mental lag, and maternal depressive symptoms: Predictors of internalizing and externalizing problems at age 7. *Developmental Psychology, 33,* 681–692.

Lytle, L. J., Bakken, L, & Romig, C. (1997). Adolescent female identity development. *Sex Roles, 37,* 175–185.

Ma, J., Betts, N. M., Horacek, T., Georgiou, C., White, A., & Nitzke, S. (2002). The importance of decisional balance and self-efficacy in relation to stages of change for fruit and vegetable intakes by young adults. *American Journal of Health Promotion, 16,* 157–166.

MacBeth, T. M. (2007). Violence, natural experiments and. In J. J. Arnett (Ed.), *Encyclopedia of children, adolescents, and the media* (Vol. 2, pp. 864–867). Thousand Oaks, CA: Sage.

Maccoby, E. E. (1984). Socialization and developmental change. *Child Development, 55,* 317–328.

Maccoby, E. E. (2002). Gender and group process: A developmental perspective. *Current Directions in Psychological Science, 11,* 54–57.

Maccoby, E. E., & Lewis, C. C. (2003). Less day care or different day care? *Child Development, 76,* 1069–1075.

Maccoby, E., & Martin, J. (1983). Socialization in the context of the family: Parent–child interaction. In P. H. Mussen (Ed.) & E. M. Hetherington (Vol. Ed.), *Handbook of child psychology. Vol. 4: Socialization, personality, and social development* (4th ed., pp. 1–101). New York, NY: Wiley.

MacDorman, M. F., Menacker, F., & Declercq, E. (2010). Trends and characteristics of home and other out-of-hospital births in the United States, 1990–2006. *National Vital Statistics Reports, 58,* 1–14, 16.

Macek, P. (2007). Czech Republic. In J. J. Arnett (Ed.), *International encyclopedia of adolescence* (pp. 206–219). New York, NY: Routledge.

Macek, P., Bejcek, J., & Vanickova, J. (2007). Contemporary Czech emerging adults: Generation growing up in the period of social changes. *Journal of Adolescent Research, 22,* 444–475.

MacFarquhar, R., & Schoenhals, J. (2006). *Mao's last revolution.* Cambridge, MA: Harvard University Press.

Macfie, J., Cicchetti, D., & Toth, S. L. (2001). The development of dissociation in maltreated preschool-aged children, *Development and Psychopathology, 13,* 233–254.

Machado, A., & Silva, F. J. (2007). Toward a richer view of the scientific method: The role of conceptual analysis. *American Psychologist, 62,* 671–681.

MacKenzie, P. J. (2009). Mother tongue first multilingual education among the tribal communities in India. *International Journal of Bilingual Education and Bilingualism, 12,* 369–385.

Maddell, D., & Muncer, S. (2004). Back from the beach but hanging on the telephone? English adolescents' attitudes and experiences of mobile phones and the Internet. *CyberPsychology & Behavior, 73,* 359–367.

Madden, D. J. (2001). Speed and timing of behavioral processes. In J. E. Birren & K. W. Schaie (Eds.), *Handbook of the psychology of aging* (5th ed., pp. 288–312). San Diego, CA: Academic Press.

Madhavan, S. (2002). Best of friends and worst of enemies: Competition and collaboration in polygyny. *Ethnology, 41,* 69–84.

Madlon-Kay, D. J. (2002). Maternal assessment of neonatal jaundice after hospital discharge. *The Journal of Family Practice, 51,* 445–448.

Maehara, T., & Takemura, A. (2007). The norms of filial piety and grandmother roles as perceived by grandmothers and their grandchildren in Japan and South Korea. *International Journal of Behavioral Development, 31,* 585–593.

Magnuson, M. J., & Dundes, L. (2008). Gender differences in "social portraits" reflected in MySpace profiles. *CyberPsychology & Behavior, 11,* 239–241.

Mahanran, L. G., Bauman, P. A., Kalman, D., Skolnik, H., & Pele, S. M. (1999). Master athletes: Factors affecting performance. *Sports Medicine, 28,* 273–285.

Maheshwari, A., Hamilton, M., & Bhattacharya, S. (2008). Effect of female age on the diagnostic categories of infertility. *Human Reproduction, 23,* 538–542.

Mahfuz, K. (2008). Determinants of life expectancy in developing countries. *Journal of Developing Areas, 41,* 185–204.

Mahn, H. (2003). Periods in child development: Vygotsky's perspective. In A. Kozulin, & B. Gindis (Eds.), *Vygotsky's educational theory in cultural context* (pp. 119–137). New York, NY: Cambridge University Press.

Maimon, D., & Browning, C. R. (2010). Unstructured socializing, collective efficacy, and violent behavior among urban youth. *Criminology: An Interdisciplinary Journal, 48,* 443–474.

Mair, F. S., May, C., et al. (2012). Factors that promote or inhibit the implementation of e-health systems: An explanatory systematic review. *Bulletin of the World Health Organization, 90,* 357–364.

Malaguarnera, L., Ferlito, L., Imbesi, R. M., Gulizia, G. S., Di Mauro, S., Maugeri, D.,...Messina, A. (2001). Immunosenescence: A review. *Archives of Gerontology and Geriatrics, 32,* 1–14.

Malebo, A., van Eeden, C., & Wissing, M. P. (2007). Sport participation, psychological well-being, and psychosocial development in a group of young black adults. *South African Journal of Psychology, 37,* 188–206.

Males, M. (2009). Does the adolescent brain make risk-taking inevitable? A skeptical appraisal. *Journal of Adolescent Research, 24,* 3–20.

Males, M. (2010). Is jumping off the roof always a bad idea? A rejoinder on risk taking and the adolescent brain. *Journal of Adolescent Research, 25,* 48–63.

Malina, R. M., Bouchard, C., & Bar-Or, O. (2004). *Growth, maturation and physical activity* (2nd ed.). Champaign, IL: Human Kinetics.

Malott, C. S. (2011). What is postformal psychology? Toward a theory of critical complexity. In C. S. Malott (Ed.), *Critical pedagogy and cognition* (pp. 97–111). Netherlands: Springer.

Mandel, D. R., Lusczyk, P. W., & Pisoni, D. B. (1995). Infants' recognition of the sound patterns of their own names. *Psychological Science, 6,* 314–317.

Manev, R., & Manev, H. (2005). The meaning of mammalian adult neurogenesis and the function of newly added neurons: The "small world" network. *Medical Hypotheses, 64,* 114–117.

Mange, E. J., & Mange, A. P. (1998). *Basic human genetics* (2nd ed.). Sunderland, MA: Sinauer Associates.

Manheimer, R. J. (2008). Gearing up for the big show: Lifelong learning programs are coming of age. In R. B. Hudson (Ed.), *Boomer bust? Economic and political issues of the graying society* (Vol. 2, pp. 99–112). Westport, CT: Praeger.

Mani, T. M., Bedwell, J. S., & Miller, L. S. (2005). Age-related decrements in performance on a brief continuous performance task. *Archives of Clinical Neuropsychology, 20,* 575–586.

Manning, M. L. (1998). Play development from ages eight to twelve. In D. P. Fromberg & D. Bergen, *Play from birth to twelve and beyond* (pp. 154–161). London, UK: Garland Publishing.

Manning, W.D. (2013). *Trends in cohabitation: Over twenty years of change, 1987–2010.* (FP-13-12). National Center for Family & Marriage Research. Retrieved from http://ncfmr.bgsu.edu/pdf/family_profiles/file130944.pdf

Manzoli, L., Villari, P. M., Pirone, G., & Boccia, A. (2007). Marital status and mortality in the elderly: A systematic review and meta-analysis. *Social Science & Medicine, 64,* 77–94.

Maratsos, M. (1998). The acquisition of grammar. In W. Damon (Ed.), & D. Kuhn & R. S. Siegler (Vol. Eds.), *Handbook of child psychology* (5th ed.)*: Vol. 2.Cognition, perception and language* (pp. 421–466). New York, NY: Wiley.

Marcell, J. J. (2003). Sarcopenia: Causes, consequences, and preventions. *Journals of Gerontology A: Biological and Medical Sciences, 58,* M911–M916.

Marcia, J. (1966). Development and validation of ego identity status. *Journal of Personality and Social Psychology, 3,* 551–558.

Marcia, J. E., & Carpendale, J. I. (2004). Identity: Does thinking make it so? *Changing conceptions of psychological life,* 113–126.

Marcia, J. (1980). Identity in adolescence. In J. Adelson (Ed.), *Handbook of adolescent Psychology* (pp. 159–187). New York, NY: Wiley.

Marcia, J. (1989). Identity and intervention. *Journal of Adolescence, 12,* 401–410.

Marcia, J. E. (1999). Representational thought in ego identity, psychotherapy, and psychosocial developmental theory. In I. E. Siegel (Ed.), *Development of mental representation: Theories and applications* (pp. 391–414). Mahwah, NJ: Erlbaum.

Marcia, J. E. (2010). Life transitions and stress in the context of psychosocial development. In T. W. Miller (Ed.), *Handbook of stressful transitions across the lifespan* (pp. 19–34). New York, NY: Springer.

Marcon, R. A. (1999). Positive relationships between parent–school involvement and public school inner-city preschoolers' development and academic performance. *School Psychology Review, 28,* 395–412.

Marcotte, D., Fortin, L., Potvin, P., & Papillon, M. (2002). Gender differences in depressive symptoms during adolescence: Role of gender-typed characteristics, self-esteem, body image, stressful life events, and pubertal status. *Journal of Emotional and Behavioral Disorders, 10,* 29–42.

Marcovitch, S., Zelazo, P., & Schmuckler, M. (2003). The effect of the number of A trials on performance on the A-not-B task. *Infancy, 3,* 519–529.

Marcus, B. H., Williams, D. M., Dubbert, P. M., Sallis, J. F., King, A. C., Yancey, A. K., et al. (2006). Physical activity intervention studies: What we know and what we need to know: A scientific statement from the American Heart Association Council on nutrition, physical activity, and metabolism (Subcommittee on Physical Activity); Council on Cardiovascular Disease in the Young; and the Interdisciplinary Working Group on Quality of Care and Outcomes Research. *Circulation, 114,* 2739–2752.

Marcus, I. G. (2004). *The Jewish life cycle: Rites of passage from biblical to modern times.* Seattle, WA: University of Washington Press.

Marhsall, M. (1979). *Weekend warriors.* Palo Alto, CA: Mayfield.

MarketingCharts Staff (2014). *Are young people watching less TV?* Retrieved from http://www.marketingcharts.com/television/are-young-people-watching-less-tv-24817/

Markey, P. M., & Markey, C. N. (2007). Romantic ideals, romantic obtainment, and relationship experiences: The complementarity of interpersonal traits among romantic partners. *Journal of Social and Personal Relationships, 24,* 517–533.

Markman, E. M., & Jaswal, V. K. (2004). Acquiring and using a grammatical form class: Lessons from the proper-count distinction. *Weaving a lexicon,* 371–409.

Marks, N. (1995). Midlife marital status differences in social support relationships with adult children and psychological well-being. *Journal of Family Issues, 16,* 5–28.

Marks, N. F. (1996). Caregiving across the lifespan: National prevalence and predictors. *Family Relations, 45,* 27–36.

Marks, N. F., & Lambert, J. D. (1998). Marital status continuity and change among young and midlife adults. *Journal of Family Issues, 19,* 652–686.

Marks, N. F., Bumpass, L. L., & Jun, H. (2004). Family roles and well-being during the middle life course. In O. G. Brim, C. D. Ryff, & R. C. Kessler (Eds.), *How healthy are we? A national study of well-being at midlife* (pp. 514–549).

Markstrom, C. A., & Kalmanir, H. M. (2001). Linkages between the psychosocial stages of identity and intimacy and the ego strengths of fidelity and love. *Identity, 1,* 179–196.

Markus, H. R., & Kitayama, S. (2003). Culture, self, and the reality of the social. *Psychological Inquiry, 14,* 277–283.

Markus, H., & Kitayama, S. (1991). Culture and the self: Implications for cognition, emotion, and motivation. *Psychological Review, 98,* 224–253.

Markus, H. R., & Kitayama, S. (2010). Cultures and Selves A Cycle of Mutual Constitution. *Perspectives on Psychological Science,* 5(4), 420–430.

Markus, H., & Nurius, R. (1986). Possible selves. *American Psychologist, 41,* 954–969.

Marlier, L, Schaal, B., & Soussignan, R. (1998). Neonatal responsiveness to the odor of amniotic and lacteal fluids: A test of perinatal chemosensory continuity. *Child Development, 69,* 611–623.

Marlow, N., Wolke, D., Bracewell, M. A., & Samara, M. (2005). Neurologic and developmental disability at six years of age after extremely preterm births. *New England Journal of Medicine, 352,* 9–19.

Marsh, H. W., & Ayotte, V. (2003). Do multiple dimensions of self-concept become more differentiated with age? The differential distinctiveness hypothesis. *Journal of Educational Psychology, 95,* 687–706.

Marsh, H., & Kleitman, S. (2005). Consequences of employment during high school: Character building, subversion of academic goals, or a threshold? *American Educational Research Journal, 42,* 331–369.

Marsh, M., & Ronner, W. (1996). *The empty cradle: Infertility in America from colonial times to the present.* Baltimore, MD: Johns Hopkins University Press.

Marshall, W. (1978). *Puberty.* In F. Falkner & J. Tanner (Eds.), *Human growth* (Vol. 2). New York, NY: Plenum.

Marsiske, M., Klumb, P. L., & Baltes, M. M. (1997). Everyday activity patterns and sensory functioning in old age. *Psychology and Aging, 12,* 444–457.

Marti, E., & Rodriguez, C. (Eds.) (2012). *After Piaget.* New York, NY: Transaction Publishers.

Martin, A., Brooks-Gunn, J., Klebanov, P., Buka, S., & McCormick, M. (2008). Long-term maternal effects of early childhood intervention: Findings from the Infant Health and Development Program (IHDP). *Journal of Applied Developmental Psychology*, 29, 101–117.

Martin, C. K., & Fabes, R. A. (2001). The stability and consequences of young children's same-sex peer interactions. *Developmental Psychology, 37,* 431–446.

Martin, C. L., & Rubie, D. (2004). Children's search for gender cues: Cognitive perspectives on gender development. *Current Directions in Psychological Science, 13,* 67–70.

Martin, J., & Sokol, B. (2011). Generalized others and imaginary audiences: A neo-Meadian approach to adolescent egocentrism. *New Ideas in Psychology, 29*(3), 364–375.

Martin, J. A., Hamilton, B. E., Sutton, P. D., Ventura, S. J., Menacker, F., & Munson, M. L (2005). Births: Final data for 2003. *National Vital Statistics Reports, 54,* 1–116.

Martin, J. A., Park, M. M., & Sutton, P. D. (2002). Births: Preliminary data for 2001. *National Vital Statistics Reports, 50*(10). Hyattsville, MD: National Center for Health Statistics.

Martin, J. L, & Ross, H. S. (2005). Sibling aggression: Sex differences and parents' reactions. *International Journal of Behavioral Development, 29,* 129–138.

Martin, P., & Midgley, E. (2010). *Immigration in America, 2010.* Washington, DC: Population Reference Bureau.

Martini, C., Pallottini, V., DeMarinis, E., Marino, M., Cavallini, G., Donati, A.,... Trentalance, A. (2008). Omega-3 as well as caloric restriction prevent the age-related modifications of cholesterol metabolism. *Mechanisms of Ageing and Development, 129,* 722–727.

Martini, M. (1996). "What's new?" at the dinner table: Family dynamics during mealtimes in two cultural groups in Hawaii. *Early Development and Parenting, 5,* 23–24.

Martins, C., & Gaffan, E. A. (2000). Effects of maternal depression on patterns of infant–mother attachment: A meta-analytic investigation. *Journal of Child Psychology and Psychiatry, 41,* 737–746.

Martinson, M., & Minkler, M. (2006). Civic engagement and older adults: A critical perspective. *The Gerontologist, 46,* 318–324.

Martlew, M., & Connolly, K. J. (1996). Human figure drawings by schooled and unschooled children in Papua New Guinea. *Child Development, 67,* 2743–2762.

Marván, M. L., & Trujillo, P. (2010). Menstrual socialization, beliefs, and attitudes concerning menstruation in rural and urban Mexican women. *Health Care for Women International, 31,* 53–67.

Mascarenhas, M. N., Flaxman, S. R., Boerma, T., Vanderpoels, S., & Stevens, G. A. (2012). National, regional, and global trends in infertility prevalence since 1990: A systematic analysis of 277 health surveys. *PLOS Medicine, 9,* 1–12.

Mascolo, M. F., & Fischer, K. W. (2007). The codevelopment of self and sociomoral emotions during the toddler years. In C. A. Brownell & C. B. Kopp (Eds.), *Socioemotional development in the toddler years* (pp. 66–99). New York, NY: Guilford.

Maslach, C., Schaufeli, W. B., & Leiter, M. P. (2001). Job burnout. *Annual Review of Psychology, 52,* 397–422.

Masten, A. S. (2007). Competence, resilience, and development in adolescence: Clues for prevention science. In D. Romer & E. F. Walker (Eds.), *Adolescent psychopathology and the developing brain: Integrating brain and prevention science* (pp. 31–52). New York, NY: Oxford University Press.

Masten, A. S. (2014). Global perspectives on resilience in children and youth. *Child Development, 85*(1), 6–20.

Masten, A. S., Obradovic, J., & Burt, K. B. (2006). Resilience in embracing emerging adulthood: Developmental perspectives on continuity and transformation. In J. J. Arnett & J. L. Tanner (Eds.), *Emerging adults in America: Coming of age in the 21st century* (pp. 173–190). Washington, DC: American Psychological Association.

Mastin, D. F., Peszka, J., & Lilly, D. R. (2009). Online academic integrity. *Teaching of Psychology, 36,* 174–178.

Masunaga, H., & Horn, J. (2000). Characterizing mature human intelligence: Expertise development. *Learning & Individual Differences, 12,* 5–33.

Masunaga, H., & Horn, J. (2001). Expertise and age-related changes in components of intelligence. *Psychology and Aging, 16,* 293–311.

Matlin, M. W. (2004). *The psychology of women* (5th ed.). Belmont, CA: Wadsworth.

Matsumoto, D., & Yoo, S. H. (2006). Toward a new generation of cross-cultural research. *Perspectives on Psychological Science, 1,* 234–250.

Matthews, F., & Brayne, C. (2005). The incidence of dementia in England and Wales: Findings from the five identical sites of the MRC and CFA Study. *PLoS Medicine, 2,* e193.mmg/sec5/ch40/ch40a.jsp

Mattis, J., & Jagers, M. (2001). A relational framework for the study of religiosity and spirituality in the lives of African Americans. *Journal of Community Psychology, 29,* 519–539.

Mattson, S. N., Roesch, S. C., Fagerlund, Å., Autti-Rämö, I., Jones, K. L., May, P. A., Adnams, C. M., Konovalova, V., Riley, E. P., & CIFASD. (2010). Toward a neurobehavioral profile of fetal alcohol spectrum disorders. *Alcoholism: Clinical and Experimental Research, 34,* 1640–1650.

Matusov, E., & Hayes, R. (2000). Sociocultural critique of Piaget and Vygotsky. *New Ideas in Psychology, 18,* 215–239.

Maynard, A. E. (2008). What we thought we knew and how we came to know it: Four decades of cross-cultural research from a Piagetian point of view. *Human Development, 51* (Special issue: Celebrating a legacy of theory with new directions for research on human development), 56–65.

Maynard, A. E., & Greenfield, P. M. (2003). Implicit cognitive development in cultural tools and children: Lessons from Maya Mexico. *Cognitive Development, 18*(Special Issue: The sociocultural construction of implicit knowledge), 485–510.

Maynard, A. E., & Martini, M. I. (Eds.). (2005). *Learning in cultural context: Family, peers, and school.* New York, NY: Kluwer.

Mayo Clinic Staff (2011). *Stages of Labor: Baby, it's time!* Retrieved from http://www.mayoclinic.com/health/stages-of-labor/PR00106/NSECTIONGROUP=2

Mayseless, O., & Scharf, M. (2003). What does it mean to be an adult? The Israeli experience. In J. J. Arnett & N. Galambos (Eds.), *New directions in child and adolescent development* (Vol. 100, pp. 5–20). San Francisco, CA: Jossey-Bass.

Mazuka, R., Kondo, T., & Hayashi, A. (2008). Japanese mothers' use of specialized vocabulary in infant-directed speech: Infant–directed vocabulary in Japanese. In N. Masataka (Ed.), *The origins of language: Unraveling evolutionary forces* (pp. 39–58). New York, NY: Springer.

Mazur, E., & Kozarian, L. (2010). Self-presentation and interaction in blogs of adolescents and young emerging adults. *Journal of Adolescent Research, 25,* 124–144.

McAdams, D. P. (2013). The positive psychology of adult generativity: Caring for the next generation and constructing a redemptive life. In *Positive Psychology* (pp. 191–205). New York, NY: Springer.

McAdams, D. P., & Logan, R. L. (2004). What is generativity? In D. P. McAdams & E. de St. Aubin (Eds.), *The generative society: Caring for future generations* (pp. 15–31). Washington, DC: American Psychological Association.

McAlister, A., & Peterson, C. (2007). A longitudinal study of child siblings and theory of mind development. *Cognitive Development, 22,* 258–270.

McArdle, E. F. (2002). New York's Do-Not-Resuscitate law: Groundbreaking protection of patient autonomy or a physician's right to make medical futility determinations? *DePaul Journal of Health Care Law, 8,* 55–82.

McArdle, J. J., & Hamagami, F. (2006). Longitudinal tests of dynamic hypotheses on intellectual abilities measured over sixty years. In C. S. Bergeman & S. M. Boker (Eds.), *Methodological issues in aging research* (pp. 43–98). Mahwah, NJ: Lawrence Erlbaum.

McArdle, J. J., Ferrer-Caja, E., Hamagami, F., & Woodcock, R. W. (2002). Comparative longitudinal structural analyses of the growth and decline of multiple intellectual abilities over the life span. *Developmental Psychology, 38,* 115–142.

McCarthy, B., & McCarthy, E. J. (2004). *Getting it right the first time: Creating a healthy marriage.* New York, NY: Brunner-Routledge.

McCarthy, G., & Maughan, B. (2010). Negative childhood experiences and adult love relationships: The role of internal working models of attachment. *Attachment & human development, 12*(5), 445–461.

McCartney, K., & Berry, D. (2009). Whether the environment matters more for children in poverty. In K. McCartney and R. A. Weinberg (Eds.), *Experience and development: A festschrift in honor of Sandra Wood Scarr* (pp. 99–124). New York, NY: Psychology Press.

McCarty, M. E., Clifton, R. K., & Collard, R. R. (2001). The beginnings of tool use by infants and toddlers. *Infancy, 2*(2), 233–256.

McClure, V. S. (2000). *Infant massage—Revised Edition: A handbook for loving parents.* New York, NY: Bantam.

McCullough, J. L., & Kelly, K. M. (2006). Prevention and treatment of skin aging. *Annals of the New York Academy of Sciences, 1067,* 323–331.

McDade, T. W., & Worthman, C. M. (2004). Socialization ambiguity in Samoan adolescents: A model for human development and stress in the context for culture change. *Journal of Research on Adolescence, 14,* 49–72.

McDonough, P. M., & Calderone, S. (2006). The meaning of money: Perceptual differences between college counselors and low-income families about college costs and financial aid. *American Behavioral Scientist, 49,* 1703–1718.

McDowell, M. A., Brody, D. J., & Hughes, J. P. (2007). Has age at menarche changed? Results from the National Health and Nutrition Examination Survey (NHANES) 1999–2004. *Journal of Adolescent Health, 40,* 227–231.

McFalls, J. A. (2007). Population: A lively introduction. *Population Bulletin, 62,* 1–31.

McGue, M., & Christensen, K. (2002). The heritability of level and rate-of-change in cognitive functioning in Danish twins aged 70 years and older. *Experimental Aging Research, 28,* 435–451.

McGuire, S., Manke, B., Eftekhari, A., & Dunn, J. (2000). Children's perceptions of sibling conflict during middle childhood: Issues and sibling (Dis)similarity. *Social Development, 9,* 173–190.

McHale, J. P., & Rotman, T. (2007). Is seeing believing? Expectant parents' outlooks on coparenting and later coparenting solidarity. *Infant Behavior & Development, 30,* 63–81.

McHale, S. M., Crouter, A. C., Tucker, C. J. (2001). Free-time activities in middle childhood: Links with adjustment in early adolescence. *Child Development, 72,* 1764–1778.

McHale, S., Dariotis, J., & Kauh, T. (2003). Social development and social relationships in middle childhood. In R. Lerner & M. Easterbrooks (Eds.), *Handbook of psychology: Developmental psychology* (Vol. 6., pp. 241–265). New York, NY: John Wiley & Sons.

McKenna, J. J., & McDade, T. (2005). Why babies should never sleep alone: A review of the co-sleeping controversy in relation to SIDS, bedsharing, and breastfeeding. *Paediatric Respiratory Reviews, 6,* 134–152.

McKinsey Global Institute (2010). *Lions on the move: The progress and potential of Africa's economies.* Washington, DC: Author.

McKnight Investigators (2003). Risk factors for the onset of eating disorders in adolescent girls: Results on the McKnight longitudinal risk factor study. *American Journal of Psychiatry, 160,* 248–254.

McKnight, A. J., & Peck, R. C. (2002). Graduated licensing: What works? *Injury Prevention, 8*(Suppl. 2), ii32–ii38.

McLean, K. C., & Breen, A. V. (2015). Selves in a world of stories during emerging adulthood. In J. J. Arnett (Ed.), *Oxford handbook of emerging adulthood.* New York, NY: Oxford University Press.

McLoyd, V. C., & Smith, J. (2002). Physical discipline and behavior problems in African-American, European-American, and Hispanic children: Emotional support as a moderator. *Journal of Marriage and the Family, 64,* 40–53.

McLuhan, M. (1960). *The Gutenberg galaxy.* Toronto, Canada: University of Toronto Press.

McNamara, F., & Sullivan, C. E. (2000). Obstructive sleep apnea in infants. *Journal of Pediatrics, 136,* 318–323.

Mead, G. H. (1934). *Mind, self, and society.* Chicago, IL: University of Chicago Press.

Mead, M. (1928/1978). *Culture and commitment.* Garden City, NY: Anchor.

Mead, M. (1930/2001). *Growing up in New Guinea.* New York, NY: Anchor.

Mearns, S. (2000). The impact of loss on adolescents: Developing appropriate support. *International Journal of Palliative Nursing, 6,* 12–17.

Mechling, J. (2008). Toilet training. In *Encyclopedia of children and childhood in history and society.* Retrieved from http://www.faqs.org/childhood/Th-W/Toilet-Training.html

Medina, J., Ojeda-Aciego, M., & Ruiz-Calviño, J. (2009). Formal concept analysis via multi-adjoint concept lattices. *Fuzzy Sets and Systems, 160*(2), 130–144.

Medline (2008). Kwashiorkor. *Medline Plus medical encyclopedia.* Available: http://www.nlm.nih.gov/MEDLINEPLUS/ency/article/001604.htm

Mednick, S. A. (1963). Research creativity in psychology graduate students. *Journal of Consulting Psychology, 27,* 265–266.

Meeus, W. (2007). Netherlands. In J. J. Arnett, R. Ahmed, B. Nsamenang, T. S. Saraswathi, & R. Silbereisen (Eds.), *International encyclopedia of adolescence* (pp. 666–680). New York, NY: Routledge.

Meeus, W., Iedema, J., Helsen, M., & Vollebergh, W. (1999). Patterns of adolescent identity development: Review of literature and longitudinal analysis. *Developmental Review, 19,* 419–461.

Meijer, A. M., & van den Wittenboer, G. L. H. (2007). Contribution of infants' sleep and crying to marital relationship of first-time parent couples in the first year after childbirth. *Journal of Family Psychology, 21,* 49–57.

Meikle, M. B., Henry, J. A., Griest, S. E., Stewart, B. J., Abrams, H. B., McArdle, R.,... & Vernon, J. A. (2012). The tinnitus functional index: development of a new clinical measure for chronic, intrusive tinnitus. *Ear and hearing, 33*(2), 153–176.

Meister, H., & von Wedel, H. (2003). Demands on hearing aid features—special signal processing for elderly users? *International Journal of Audiology, 42,* 2S58–2S62.

Melby, M. K. (2005). Factor analysis of climacteric symptoms in Japan. *Maturitas, 52,* 205–222.

Melby, M. K., Lock, M., & Kaufert, P. (2005). Culture and symptom reporting at menopause. *Human Reproduction Update, 11,* 495–512.

Melton, L. J., Johnell, O., Lau, E., Mautalen, C. A., & Seeman, E. (2004). Osteoporosis and the global competition for health care resources. *Journal of Bone and Mineral Resources, 19,* 1055–1058.

Meltzoff, A. N., & Moore, M. K. (1994). Imitation, memory, and the representation of persons. *Infant Behavior and Development, 17,* 83–99.

Mendelsohn, J. B., Li, Q-Z., Ji, B-T., Shu, X-O., Yang, G., Li, H. L.,... Chow, W. H. (2009). Personal use of hair dye and cancer risk in a prospective cohort of Chinese women. *Cancer Science, 100,* 1088–1091.

Mendle, J., & Ferrero, J. (2012). Detrimental psychological outcomes associated with pubertal timing in adolescent boys. *Developmental Review, 32*(1), 49–66.

Menella, J. (2000, June). The psychology of eating. Paper presented at the annual meeting of the American Psychological Society, Miami, FL.

Menon, U. (2002). Middle adulthood in cultural perspective: The imagined and the experienced in three cultures. In M. E. Lachman (Ed.), *Handbook of midlife development* (pp. 40–74). New York, NY: Wiley.

Menon, U. (2013). The Hindu concept of self-refinement: Implicit yet meaningful. *Psychology & Developing Societies, 25*(1), 195–222.

Menyuk, P., Liebergott, J., & Schultz, M. (1995). *Early language development in full-term and premature infants.* Hillsdale, NJ: Erlbaum.

Merewood, A., Mehta, S. D., Chamberlain, L. B., Phillipp, B. L., & Bauchner, H. (2005). Breastfeeding rates in U.S. baby-friendly hospitals: Results of a national survey. *Pediatrics, 116,* 628–634.

Mergenhagen, P. (1996). Her own boss. *American Demographics, 18,* 36–41.

Merten, M. J., Wickrama, K. A. S., & Williams, A. L. (2008). Adolescent obesity and young adult psychosocial outcomes: Gender and racial differences. *Journal of Youth and Adolescence, 37,* 1111–1122.

Merten, S., Dratva, J., & Achermann-Liebrich, U. (2005). Do baby-friendly hospitals influence breastfeeding duration on a national level? *Pediatrics, 116,* c702–c708.

Merz, E., & Abramowicz, J. (2012). 3D/4D ultrasound in prenatal diagnosis: Is it time for routine use? *Clinical Obstetrics & Gynecology, 55,* 336–351.

Meskel, L. (2001). The Egyptian ways of death. *Archeological Papers of the American Anthropological Association, 10,* 27–40.

Mesman, J., van IJzendoorn, M. H., Bakermans-Kranenburg, M. J. (2009). The many faces of the Still-Face Paradigm: A review and meta-analysis. *Developmental Review, 29,* 120–162.

Messaoudi, I., Warner, J., Fischer, M., Park, B., Hill, B., Mattison, J.,... Nikolich-Zugich, J. (2006). Delay of T cell senescence by caloric restriction in aged long-lived nonhuman primates. *Proceedings of the National Academy of Sciences, 103,* 19448–19453.

Messersmith, E. E., Garrett, J. L., Davis-Kean, P. E., Malanchuk, O., & Eccles, J. S. (2008). Career development from adolescence through emerging adulthood: Insights from information technology occupations. *Journal of Adolescent Research, 23,* 206–227.

Messinger, D. S., & Lester, B. M. (2008). Prenatal substance exposure and human development. In A. Fogel, B. J. King, & S. G. Shanker (Eds.), *Human development in the 21st century: Visionary policy ideas from systems scientists* (pp. 225–232). Bethesda, MD: Council on Human Development.

Meyers, C., Adam, R., Dungan, J., & Prenger, V. (1997). Aneuploidy in twin gestations: When is maternal age advanced? *Obstetrics and Gynecology, 89,* 248–251.

Michael, R. T., Gagnon, J. H., Laumann, E. O., & Kolata, G. (1995). *Sex in America: A definitive study.* New York, NY: Warner Books.

Milan, S., Snow, S., & Belay, S. (2007). The context of preschool children's sleep: Racial/ethnic differences in sleep locations, routines, and concerns. *Journal of Family Psychology, 21*(Special issue: *Carpe noctem*: Sleep and family processes), 20–28.

Miller, D. W., Leyell, T. S., & Mazachek, J. (2004). Stereotypes of the elderly in U.S. television commercials from the 1950s to the 1990s. *International Journal of Aging and Human Development, 58,* 315–340.

Miller, J. B. (1991). The development of women's sense of self. In J. V. Jordan, A. G. Kaplan, J. B. Miller, I. P. Stiver, & J. L. Surrey (Eds.), *Women and growth in connection: Writings from the stone center* (pp. 11–26). New York, NY: Guilford.

Miller, J. G. (2004). The cultural deep structure of psychological theories of social development. In R. J. Sternberg & E. L. Grigorenko (Eds.), *Culture and competence: Contexts of life success* (pp. 111–138). Washington, DC: American Psychological Association.

Miller, P. E., Vasey, J. J., Short, P. F., & Hartman, T. J. (2009, January). Dietary supplement use in adult cancer survivors. In *Oncology nursing forum* (Vol. 36, No. 1, pp. 61–68). Oncology Nursing Society.

Miller, P. J. (2014). Placing discursive practices front and center: A sociocultural approach to the study of early socialization. In C. Wainryb & H. E. Recchia (Eds.), *Talking about right and wrong: Parent-child conversations as contexts for moral development* (pp. 416–447). New York, NY: Cambridge University Press.

Miller, P. J., Wiley, A. R., Fung, H., & Liang, C.-H. (1997). Personal storytelling as a medium of socialization in Chinese and American families. *Child Development, 68,* 557–568.

Miller, T. R., Finkelstein, A. E., Zaloshnja, E., & Hendrie, D. (2012). The cost of child and adolescent injuries and savings from prevention. In K. Liller (Ed.), *Injury prevention for children and adolescents* (pp. 21–81). Washington, DC: American Public Health Association.

Miller-Day, M. A. (2004). *Communication among grandmothers, mothers, and adult daughters.* Mahwah, NJ: Erlbaum.

Miller-Johnson, S., Costanzo, P. R., Cole, J. D., Rose, M. R., & Browne, D. C. (2003). Peer social structure and risk-taking behaviour among African American early adolescents. *Journal of Youth & Adolescence, 32,* 375–384.

Millman, R. P. (2005). Excessive sleepiness in adolescents and young adults: Causes, consequences, and treatment strategies. *Pediatrics, 115,* 1774–1786.

Mills, N., Daker-White, G., Graham, A., Campbell, R., & The Chlamydia Screening Studies (ClaSS) Group. (2006). Population screening for *Chlamydia trachomatis* infection in the UK: A qualitative study of the experiences of those screened. *Family Practice, 23,* 550–557.

Minami, M., & McCabe, A. (1995). Rice balls and bear hunts: Japanese and North American family narrative patterns. *Journal of Child Language, 22,* 423–445.

Mindell, J. A., Sadeh, A., Kohyama, J., & How, T. H. (2010). Parental behaviors and sleep outcomes in infants and toddlers: A cross-cultural comparison. *Sleep Medicine, 11,* 393–399.

Mintz, T. H. (2005). Linguistic and conceptual influences on adjective acquisition in 24- and 36-month-olds. *Developmental Psychology, 41,* 17–29.

Mireault, G. C., et al. (2014). Social looking, social referencing, and humor perception in 6- and 12-month-old infants. *Infant Behavior and Development, 37,* 536–545.

Mishna, F., Newman, P. A., Daley, A., & Solomon, S. (2009). Bullying of lesbian and gay youth: A qualitative investigation. *British Journal of Social Work, 39,* 1598–1614.

Mistry, J., & Saraswathi, T. (2003). The cultural context of child development. In R. Lerner & M. Easterbrooks (Eds.), *Handbook of psychology: Developmental psychology* (Vol. 6, pp. 267–291). New York, NY: John Wiley & Sons.

Mitchell, A., & Boss, B. J. (2002). Adverse effects of pain on the nervous systems of newborns and young children: A review of the literature. *Journal of Neuroscience and Nursing, 34,* 228–235.

Mitchell, B. A. (2006). *The boomerang age: Transitions to adulthood in families.* New Brunswick, NJ: Aldine Transaction.

Mitty, E. L., & Ramsey, G. (2008). Advance directives. In E. Capezuti, D. Zwicker, & T. Fulmer (Eds.), *Evidence-based geriatric nursing protocols for best practice* (3rd ed., pp. 539–563). New York, NY: Springer.

Modell, J. (1989). *Into one's own: From youth to adulthood in the United States, 1920–1975.* Berkeley: University of California Press.

Moffitt, T. E. (2003). Life-course-persistent and adolescence-limited antisocial behavior: A 10-year research review and a research agenda. In B. B. Lahey & T. E. Moffitt (Eds.), *Causes of conduct disorder and juvenile delinquency* (pp. 49–75). New York, NY: Guilford.

Moffitt, T. E. (2007). A review of research on the taxonomy of life-course persistent versus adolescence-limited antisocial behavior. In D. J. Flannery, A. T. Vazsonyi, & I. D. Waldman (Eds.), *The Cambridge handbook of violent behavior and aggression* (pp. 49–74). New York, NY: Cambridge University Press.

Moffitt, T. E., (2006). Life-course–persistent versus adolescence–limited antisocial behavior. In D. J. Cohen & D. Cicchetti (Eds.), *Developmental psychopathology, Vol. 3: Risk, order, and adaption* (2nd ed., pp. 570–598). Hoboken, NJ: Wiley.

Money, J. (1980). *Love and love sickness: The science of sex, gender difference, and pair-bonding.* Baltimore, MD: Johns Hopkins University Press.

Monitoring the Future. (2003). *ISR study finds drinking and drug use decline after college.* Ann Arbor, MI: Author. Available: www.umich.edu/newsinfo/releases/2002/Jan02/r013002a.html

Monserud, M. A. (2010). Continuity and change in grandchildren's closeness to grandparents: Consequences of changing intergenerational ties. *Marriage & Family Review, 46,* 366–388.

Montessori, M. (1964). *The Montessori method.* New York, NY: Schocken.

Montgomery, M. J. (2005). Psychosocial intimacy and identity: From early adolescence to emerging adulthood. *Journal of Adolescent Research, 20,* 346–374.

Montorsi, F. (2005). Assessment, diagnosis, and investigation of erectile dysfunction. *Clinical Cornerstone, 7,* 29–35.

Moody, H. R. (2004–2005). Silver industries and the new aging enterprise. *Generations, 28,* 75–78.

Moolgavkar, S. H., Holford, T. R., Levy, D. T., Kong, C. Y., Foy, M., Clarke, L.,... & Feuer, E. J. (2012). Impact of reduced tobacco smoking on lung cancer mortality in the United States during 1975–2000. *Journal of the National Cancer Institute, 104*(7), 541–548.

Moon, R. Y., Kington, M., Oden, R., Iglesias, J., & Hauck, F. R. (2007). Physician recommendations regarding SIDS risk reduction: A national survey of pediatricians and family physicians. *Clinical Pediatrics, 46,* 791–800.

Moore, D. (2001). *The dependent gene.* New York, NY: W. H. Freeman.

Moore, G. A., Cohn, J. F., & Campbell, S. B. (1997). Mothers' affective behavior with infant siblings: Stability and change. *Developmental Psychology, 33,* 856–860.

Moore, J. L. (2010). The neuropsychological functioning of prisoners of war following repatriation. In C. H. Kennedy & J. L. Moore (Eds.), *Military neuropsychology* (pp. 267–295). New York, NY: Springer.

Moore, K. A., Chalk, R., Scarpa, J., & Vandivere, S. (2002, August). Family strengths: Often overlooked, but real. *Child Trends Research Brief,* 1–8.

Moore, K. L., & Persaud, T. V. N. (2003). *Before we are born* (6th ed.). Philadelphia, PA: Saunders.

Moore, S., & Rosenthal, D. (2006). *Sexuality in adolescence: Current trends.* New York, NY: Routledge.

Moorman, S. M., Booth, A., & Fingerman, K. L. (2006). Women's romantic relationships after widowhood. *Journal of Family Issues, 27,* 1281–1304.

Morales, A. (2003). Erectile dysfunction: An overview. *Clinical Geriatric Medicine, 19,* 529–538.

Morawska, A., & Sanders, M. (2011). Parental use of time out revisited: A useful or harmful parenting strategy? *Journal of Child and Family Studies, 20,* 1–8.

Morelli, G. (2015). The evolution of attachment theory and cultures of human attachment in infancy and early childhood. In L. A. Jensen (Ed.), *Oxford handbook of human development and culture.* New York, NY: Oxford University Press.

Morelli, G., Rogoff, B., Oppenheim, D., & Goldsmith, D. (1992). Cultural variation in infants' sleeping arrangements: Question of independence. *Developmental Psychology, 39,* 604–613.

Morelli, G., & Rothbaum, F. (2007). Situating the child in context: Attachment relationships and self-regulation in different cultures. In S. Kitayama & D. Cohen (Eds.), *Handbook of cultural psychology* (pp. 500–527). New York, NY: Guilford Press.

Moreno Mínguez, A., López Peláez, A., & Sánchez-Cabezudo, S. S. (2012). *The transition to adulthood in Spain: Economic crisis and late emancipation.* Barcelona, Spain: La Caixa Foundation.

Moretti, M. M., & Wiebe, V. J. (1999). Self-discrepancy in adolescence: Own and parental standpoints on the self. *Merrill-Palmer Quarterly, 45,* 624–649.

Morfei, M. Z., Hooker, K., Carpenter, J., Blakeley, E., & Mix, C. (2004). Agentic and communal generative behavior in four areas of adult life: Implications for psychological well-being. *Journal of Adult Development, 11,* 55–58.

Morgan, M. A., Cragan, J. D., Goldenberg, R. L., Rasmussen, S. A., & Schulkin, J. (2010). Management of prescription and nonprescription drug use during pregnancy. *Journal of Maternal–Fetal and Neonatal Medicine, 23,* 813–819.

Morra, S., Gobbo, C., Marini, Z., & Sheese, R. (2008). *Cognitive development: Neo–Piagetian perspectives.* New York, NY: Taylor & Francis.

Morrison, R. S., Penrod, J. D., Cassel, J. B., Caust-Ellenbogen, M., Litke, A., Spragens, L.,... Meier, D. E. (2008). Cost savings associated with U.S. hospital palliative care consultation programs. *Archives of Internal Medicine, 168,* 1784–1790.

Morrongiello, B. A., Fenwick, K. D., Hillier, L., & Chance, G. (1994). Sound localization in newborn human infants. *Developmental Psychobiology, 27,* 519–538.

Morrow-Howell, N., Hong, S. I., & Tang, F. (2009). Who benefits from volunteering? Variations in perceived benefits. *The Gerontologist, 49,* 91–102.

Mortimer, J. (2013). Work and its positive and negative effects on youth's psychosocial development. *Health and Safety of Young Workers,* 66–79.

Mortimer, J. T. (2004). *Working and growing up in America.* Cambridge, MA: Harvard University Press.

Mortimer, J. T., Vuolo, M., Staff, J., Wakefield, S., & Xie, W. (2008). Tracing the timing of "career" acquisition in a contemporary youth cohort. *Work and Occupations, 35,* 44–84.

Mortimer, J. T., Zimmer-Gembeck, M. J., Holmes, M., & Shanahan, M. J. (2002). The process of occupational decision making: Patterns during the transition to adulthood. *Journal of Vocational Behavior, 61,* 439–465.

Mosby, L., Rawls, A. W., Meehan, A. J., Mays, E., & Pettinari, C. J. (1999). Troubles in interracial talk about discipline: An examination of African American child rearing narratives. *Journal of Comparative Family Studies, 30,* 489–521.

Mossakowski, K. N. (2009). The influence of past unemployment duration on symptoms of depression among young women and men in the United States. *American Journal of Public Health, 99* (10), 1826–1832.

Motola, M., Sinisalo, P., & Guichard, J. (1998). Social habitus and future plans. In J. Nurmi (Ed.), *Adolescents, cultures, and conflicts* (pp. 43–73). New York, NY: Garland.

Mroczek, D. K. (2001). Age and emotion in adulthood. *Current Directions in Psychological Science, 10,* 87–90.

Mroczek, D. K., & Kolarz, C. M. (1998). The effect of age on positive and negative affect: A developmental perspective on happiness. *Journal of Personality and Social Psychology, 75,* 1333–1349.

Mueller, M., Wilhelm, B., & Elder, G. (2002). Variations in grandparenting. *Research on Aging, 24,* 360–388.

Mugford, M. (2006). Cost effectiveness of prevention and treatment of neonatal respiratory distress (RDS) with exogenous surfactant: What has changed in the last three decades? *Early Human Development, 82,* 105–115.

Muhlbauer, V., & Chrisler, J. C. (2007). *Women over 50: Psychological perspectives.* New York, NY: Springer.

Muller, F., Rebiff, M., Taillandier, A., Qury, J. F., & Mornet, E. (2000). Parental origin of the extra chromosome in prenatally diagnosed fetal trisomy. *Human Genetics, 106,* 340–344.

Munro, G., & Adams, G. R. (1977). Ego-identity formation in college students and working youth. *Developmental Psychology,* 13, 523–524.

Muramatsu, N., Hoyem, R. L., Yin, H., & Campbell, R. T. (2008). Place of death among older Americans: Does state spending on home and community-based services promote home death? *Medical Care, 46,* 829–838.

Muret-Wagstaff, S., & Moore, S. G. (1989). The Hmong in America: Infant behavior and rearing practices. In J. K. Nugent, B. M. Lester, & T. B. Brazelton (Eds.), *Biology, culture, and development* (Vol. 1, pp. 319–339). Norwood, NJ: Ablex.

Murkoff, H. (2011). *What to expect the second year.* New York, NY: Workman.

Murkoff, H. E., Eisenberg, A., Mazel, S., & Hathaway, S. E. (2003). *What to expect the first year* (2nd ed.). New York, NY: Workman.

Murkoff, H., & Mazel, S. (2008). *What to expect when you're expecting.* New York, NY: Workman.

Murkoff, H., Eisenberg, A., & Hathaway, S. (2009). *What to expect the first year.* New York, NY: Workman.

Murnane, R. J., & Levy, F. (1997). *Teaching the new basic skills: Principles for educating children to thrive in a changing economy.* New York, NY: Free Press.

Murphy, C., Schubert, C. R., Cruickshanks, K. J., Klein, B. E., Klein, R., & Nondahl, D. M. (2002). Prevalence of olfactory impairment in older adults. *JAMA: Journal of the American Medical Association, 288,* 2307–2312.

Murphy, D. R., Daneman, M., & Schneider, B.A. (2006). Why do older adults have difficulty following conversations? *Psychology and Aging, 21,* 49–61.

Murray-Close, D., Ostrov, J., & Crick, N. (2007). A short-term longitudinal study of growth and relational aggression during middle childhood: Associations with gender, friendship, intimacy, and internalizing problems. *Development and Psychopathology, 19,* 187–203.

Murre, J. M., Janssen, S. M., Rouw, R., & Meeter, M. (2013). The rise and fall of immediate and delayed memory for verbal and visuospatial information from late childhood to late adulthood. *Acta psychologica, 142*(1), 96–107.

Murry, V. M., Hurt, T. R., Kogan, S. M., & Luo, Z. (2006). Contextual processes of romantic relationships: Plausible explanations for gender and race effects. In A. C. Crouter & A. Booth (Eds.), *Romance and sex in adolescence and emerging adulthood: Risks and opportunities* (pp. 151–160). Mahwah, NJ: Lawrence Erlbaum.

Mustillo, S., Worthman, C., Erkanli, A., Keeler, G., Angold, A., Costello, E. J. (2003). Obesity and psychiatric disorder: Developmental trajectories. *Pediatrics, 111,* 851–859.

Mutti, D. O., Mitchell, G. L., Moeschberger, M. L., Jones, L. A., & Zadnik, K. (2002). Parental myopia, near work, school achievement, and children's refractive error. *Investigative Ophthalmology and Visual Science, 43,* 3633–3640.

Nair, K. S., Rizza, R. A., O'Brien, P., Dhatariay, K. K., Short, K. R., Nehra, A.,... Jensen, M. D. (2006). DHEA in elderly women and DHEA or testosterone in elderly men. *New England Journal of Medicine, 355,* 1647–1659.

Naito, T., & Gielen, U. P. (2003). The changing Japanese family: A psychological portrait. In J. L. Roopnarine & U. P. Gielen (Eds.), *Families in global perspective* (pp. 63–84). Boston, MA: Allyn & Bacon.

Nakano, H., & Blumstein, S. E. (2004). Deficits in thematic processes in Broca's and Wernicke's aphasia. *Brain and Language, 88,* 96–107.

Nandakumar, J., & Cech, T. R. (2013). Finding the end: Recruitment of telomerase to telomeres. *Nature Reviews: Molecular Cell Biology, 14,* 69–82. doi:10.1038/nrm3505

Napier, K., & Meister, K. (2000). *Growing healthy kids: A parents' guide to infant and child nutrition.* New York, NY: American Council on Science and Heath.

Naqvi, R., et al. (2013). Preventing cognitive decline in healthy older adults. *CMAJ.* doi:10.1503/cmaj.121448

Narayanan, U., & Warren, S. T. (2006). Neurobiology of related disorders: Fragile X syndrome. In S. O. Moldin & J. L. R. Rubenstein, *Understanding autism: From basic neuroscience to treatment* (pp. 113–131). Washington, DC: Taylor Francis.

National Center for Education in Maternal and Child Health. (2002). *Bright futures in practice: Nutrition pocket guide.* Washington, DC: Georgetown University.

National Center for Education Statistics (2009). *The condition of education, 2009.* Washington, DC: U. S. Department of Education. Available: www.nces.gov

National Center for Health Statistics (2000). *Health United States, 1999.* Atlanta, GA: Prevention.

National Center for Health Statistics (2004). *Health United States, 2003.* Atlanta, GA: Prevention.

National Center for Health Statistics (2005). *Health, United States, 2005. With chartbook on trends in the health of Americans.* Hyattsville, MD: Author.

National Center for Health Statistics (2009). *Health, United States, 2009.* Hyattsville, MD: Prevention.

National Council of Youth Sports. (2002). *Report on trends and participation in youth sports.* Stuart, FL: Author.

National Highway Traffic Safety Administration (2011). *Traffic safety facts.* Washington, DC: U.S. Department of Transportation.

National Hospice and Palliative Care Organization and Research Department. (2008). *Hospice facts and figures.* Retrieved from http://www.nhpco.org/files/public/Statistics_Research/NHPCO_facts-and-figures_2008.pdf

National Institute of Child Health and Development (NICHD) (2004). Follow-up care of high-risk infants. *Pediatrics, 114,* 1377–1397.

National Institute of Drug Abuse (2001). *Marijuana.* Washington, DC: National Institutes of Health.

National Institute on Aging (NIA). (2008). *Age page: Menopause.* Washington, DC: NIA. Retrieved from http://www.nia.nih.gov/HealthInformation/Publication/menopause.htm

National Institute on Aging. (2005). *Progress report of Alzheimer's disease 2004–2005: New discoveries, new insights.* Bethesda, MD: Author.

National Journal (2011). *Living Well at the End of Life Poll: Topline results.* Retrieved from http://syndication.nationaljournal.com/communications/NationalJournalRegenceSeattleToplines.pdf

National Resource Center on ADHD (2014). *Statistical prevalence of ADHD.* Retrieved from http://www.help4adhd.org/about/statistics

National Sudden and Unexpected Infant/Child Death & Pregnancy Loss Resource Center (2010). *Statistics overview.* Retrieved from http://sidcenter.org/Statistics.html

National Survey of Sexual Health and Behavior (NSSHB) (2010). Findings from the National Survey of Sexual Health and Behavior, Centre for Sexual Health Promotion, Indiana University. *Journal of Sexual Medicine,* Vol. 7, Supplement 5.

National Women's Health Information Center. (2011). *Infertility.* Retrieved from http://www.womenshealth.gov/faq/infertility.cfm#f

Natsopoulos, D., Kiosseoglou, G., Xeroxmeritou, A., & Alevriadou, A. (1998). Do the hands talk on the mind's behalf? Differences in language between left- and right-handed children. *Brain and Language, 64,* 182–214.

Natsuaki, M. N., Ge, X., Reiss, D., & Neiderhiser, J. M. (2009). Aggressive behavior between siblings and the development of externalizing problems: Evidence from a genetically sensitive study. *Developmental Psychology, 45,* 1009–1018.

Naveh-Deutsch, N., Ish-Shalom, S., Rozen, G. S., & Bitterman, N. (2007). Interactive computer nutrition for elderly. *Gerontechnology, 6,* 236–240.

Neberich, W., Penke, L., Lenhart, J., & Asendorph, J. B. (2010). Family of origin, age at menarche, and reproductive strategies: A test of four evolutionary–developmental models. *European Journal of Developmental Psychology, 7,* 153–177.

Nelson, C. A. (1997). The neurobiological basis of early memory development. In N. Cowan (Ed.), *The development of memory in childhood* (pp. 41–82). Hove, UK: Psychology Press.

Nelson, D. A., Robinson, C. C., & Hart, C. H. (2005). Relational and physical aggression of preschool-age children: Peer status linkages across informants. *Early Education and Development, 16,* 115–139.

Nelson, L. J. (2003). Rites of passage in emerging adulthood: Perspectives of young Mormons. *New Directions in Child and Adolescent Development,100,* 33–50.

Nelson, L. J., & Chen, X. (2007). Emerging adulthood in China: The role of social and cultural factors. *Child Development Perspectives, 1,* 86–91.

Nelson, L. J., & Luster, S. S. (2015). "Adulthood" by whose definition? The complexity of emerging adults' conceptions of adulthood. In J. J. Arnett (Ed.), *Oxford handbook of emerging adulthood.* New York, NY: Oxford University Press.

Nelson, L. J., Badger, S., & Wu, B. (2004). The influence of culture in emerging adulthood: Perspectives of Chinese college students. *International Journal of Behavioral Development, 28,* 26–36.

Nelson, T. (2004). *Ageism: Stereotyping and prejudice against older persons.* Cambridge, MA: MIT Press.

Nelson-Becker, H., Nakashima, M., & Canda, E. (2006). Spirituality in professional helping interventions. In B. Berkman (Ed.), *Handbook of social work in health and aging* (pp. 797–808). New York, NY: Oxford Press.

Nesbitt, R. E. (2009). *Intelligence and how to get it: Why schools and cultures matter.* New York, NY: Norton.

Neto, F. (2002). Acculturation strategies among adolescents from immigrant families in Portugal. *International Journal of Intercultural Relations, 26,* 17–38.

Netting, N. (2010). Marital ideoscapes in 21st-century India: Creative combinations of love and responsibility. *Journal of Family Issues, 31,* 707–726.

Neugarten, B. L. (1972). Personality and the aging process. *The Gerontologist, 12,* 9–15.

Neugarten, B. L. (1977). Personality and aging. In J. E. Birren & K. W. Schaie (Eds.), *Handbook for the psychology of aging* (pp. 626–649). New York, NY: Van Nostrand Reinhold.

Neugarten, B., & Neugarten, D. (1987, May). The changing meanings of age. *Psychology Today, 21(5),* 29–33.

Newcombe, N. S., Lloyd, M. E., & Ratliff, K. R. (2007). Development of episodic and autobiographical memory: A cognitive neuroscience perspective. In R. V. Kail (Ed.), *Advances in child development and behavior* (Vol. 35, pp. 37–85). San Diego, CA: Elsevier Academic Press.

Newcombe, N., & Huttenlocher, J. (2006). Development of spatial cognition. In W. Damon & R. Lerner (Eds.), & D. Kuhn & R. Siegler (Vol. Eds.), *Handbook of child psychology: Vol. 2. Cognition, perception and language* (6th ed., pp. 734–776). New York, NY: Wiley.

Newton, N., & Newton, M. (2003). Childbirth in cross–cultural perspective. In L. Dundes (Ed.), *The manner born: Birth rites in cross–cultural perspective* (pp. 9–32). Walnut Creek, CA: AltaMira.

Ng, M., et al. (2014). Global, regional, and national prevalence of overweight and obesity in children and adults during 1980-2013: A systematic analysis of the Global Burden of Disease Study 2013. *The Lancet 309.* doi: 10.1016/S0140-6736(14)60460-8

Ng, S. (2002). Will families support their elders? Answers from across cultures. In T. Nelson (Ed.), *Ageism: Stereotyping and prejudice against older persons* (pp. 295–309). Cambridge, MA: MIT Press.

Ngongo, P. B., Priddy, F., Park, H., Becker, J., Bender, B., Fast, P.,... & Mebrahtu, T. (2012). Developing standards of care for HIV prevention research in developing countries—A case study of 10 research centers in Eastern and Southern Africa. *AIDS Care, 24*(10), 1277–1289.

NICHD (National Institute of Child Health and Human Development) Early Child Care Research Network. (1997). The effects of infant child care on infant–mother attachment security: Results of the NICHD Study of Early Child Care. *Child Development, 68,* 860–879.

NICHD Early Child Care Research Network. (2000). Factors associated with fathers' caregiving activities and sensitivity with young children. *Developmental Psychology, 14,* 200–219.

NICHD Early Child Care Research Network (2004). Trajectories of physical aggression from toddlerhood to middle childhood. *Monographs of the Society for Research in Child Development, 69* (Serial No. 278), vii–129.

NICHD Early Child Care Research Network (2006). Infant-mother attachment classification: Risk and protection in relation to changing maternal caregiving quality. *Developmental Psychology, 42,* 38–58.

NICHD Early Child Care Research Network (2006). *Child care and child development: Results from the NICHD study of early child care and youth development.* New York, NY: Guilford.

Nicholson, J. M., Sanders, M. R., Halford, W. K., Phillips, M., & Whitton, S. W. (2008). The prevention and treatment of children's adjustment problems in stepfamilies. In J. Pryor (Ed.), *The international handbook of stepfamilies: Policy and practice in legal, research, and clinical environments* (pp. 485–521). Hoboken, NJ: John Wiley & Sons.

Nichter, M. (2001). *Fat talk: What girls and their parents say about dieting.* Cambridge, MA: Harvard University Press.

Nickerson, A. B., & Nagle, R. J. (2005). Parent and peer attachment in late childhood and early adolescence. *Journal of Early Adolescence, 25,* 223–249.

Nielsen, S. J., Siega-Riz, A. M., & Popkin, B. M. (2002). Trends in energy intake between 1977 and 1986: Similar shifts seen across age groups. *Obesity Research, 10,* 370–378.

Niemeyer, D. (2006). *Eighth annual report on Oregon's Death with Dignity Act.* Portland, OR: Oregon Department of Human Services.

Nihart, M. A. (1993). Growth and development of the brain. *Journal of Child and Adolescent Psychiatric and Mental Health Nursing, 6,* 39–40.

Nkondjock, A., & Ghadirian, P. (2004). Epidemiology of breast cancer among BRCA mutation carriers: An overview. *Cancer Letters, 205,* 1–8.

Noam, E., Groebel, J., & Gerbarg, D. (2004). *Internet television.* Mahwah, NJ: Lawrence Erlbaum.

Noia, G., Cesari, E., Ligato, M. S., Visconti, D., Tintoni, M., Mappa, I.,... Caruso, A. (2008). Pain in the fetus. *Neonatal Pain, 2,* 45–55.

Nolan, K., Schell, L. M., Stark, A. D., & Gomez, M. I. (2002). Longitudinal study of energy and nutrient intakes for infants from low-income, urban families. *Public Health Nutrition, 5,* 405–412.

Noller, P. (2005). Sibling relationships in adolescence: Learning and growing together. *Personal Relationships, 12,* 1–22.

Nolen-Hoeksema, S., Wisco, B. E., & Lyubomirsky, S. (2008). Rethinking rumination. *Perspectives on psychological science, 3*(5), 400–424.

Noppe, I. C., & Noppe, L. D. (1997). Evolving meanings of death during early, middle, and later adolescence. *Death Studies, 21,* 253–275.

Norona, J. C., Preddy, T. M., & Welsh, D. P. (2015). How gender shapes emerging adulthood. In J. J. Arnett (Ed.), *Oxford handbook of emerging adulthood.* New York, NY: Oxford University Press.

Notelovitz, M. (2002). Overview of bone mineral density in postmenopausal women. *Journal of Reproductive Medicine, 47*(Suppl.), 71–81.

Novik, T. S., Hervas, A., Ralston, S. J., Dalsgaard, S., Rodrigues Pereira, R., Lorenzo, M. J., & ADORE Study Group. (2006). Influence of gender on attention deficit/hyperactivity disorder in Europe—ADORE. *European Child & Adolescent Psychiatry, 15*(Suppl. 1), 5–24.

Nsamengnang, B. A. (1992). Perceptions of parenting among the Nso of Cameroon. *Father–child relations: Cultural and biosocial contexts* (pp. 321–344). New York, NY: De Gruyter.

Nugent, K. J., Petrauskas, B. J., & Brazelton, T. B. (Eds.). (2009). *The newborn as a person: Enabling healthy infant development worldwide.* Hoboken, NJ: John Wiley & Sons.

Nugent, K., & Brazelton, T. B. (2000). Preventive infant mental health: Uses of the Brazelton scale. In J. D. Osofsky & H. E. Fitzgerald (Eds.), *WAIMH Handbook of infant mental health* (Vol. 2). New York, NY: Wiley.

Nuland, S. B. (2003). *The doctor's plague: Germs, childbed fever, and the strange story of Ignac Semmelweis.* New York, NY: Norton.

Núñez, J., & Flanagan, C. (2015). Political beliefs and civic engagement in emerging adulthood. In J. J. Arnett (Ed.), *Oxford handbook of emerging adulthood.* New York, NY: Oxford University Press.

Nwokah, E. E., Hsu, H., Davies, P., & Fogel, A. (1999). The integration of laughter and speech in vocal communication: A dynamic systems perspective. *Journal of Speech and Hearing Research, 42,* 880–894.

Nylen, K., Moran, T., Franklin, C., & O'Hara, M. (2006). Maternal depression: A review of relevant treatment approaches for mothers and infants. *Infant Mental Health Journal, 27,* 327–343.

O'Brien, M., & Moss, P. (2010). Fathers, work, and family policies in Europe. In M. E. Lamb (Ed.), *The role of the father in child development* (5th ed., pp. 551–577). Hoboken, NJ: John Wiley & Sons.

O'Connor, P. (2003). Dying in the hospital. In I. Corless, B. B. Germino, & M. A. Pitman (Eds.), *Dying, death, and bereavement: A challenge for the living* (2nd ed., pp. 87–103). New York, NY: Springer.

O'Connor, T. G., & Croft, C. M. (2001). A twin study of attachment in preschool children. *Child Development, 72,* 1501–1511.

O'Connor, T. G., Rutter, M., Beckett, C., Keaveney, L., Dreppner, J. M., & the English and Romanian Adoptees Study Team. (2000). The effects of global severe privation on cognitive competence: Extension and longitudinal follow-up. *Child Development, 71,* 376–390.

O'Hanlon, L., Kemper, S., Wilcox, K. A. (2005). Aging, encoding, and word retrieval: Distinguishing phonological and memory processes. *Experimental Aging Research, 31,* 149–171.

O'Malley, P., & Bachman, J. (1983). Self-esteem: Change and stability between ages 13 and 23. *Developmental Psychology, 19,* 257–268.

Oates, M. R., Cox, J. L., Neema, S., Asten, P., Glangeaud-Freudenthal, N., Figueiredo, B.,... TCS–PND Group. (2004). Postnatal depression across countries and cultures: A qualitative study. *British Journal of Psychiatry, 184,* s10–s16.

Oberlander, S. E., Black, M. M., & Starr, R. H., Jr. (2007). African American adolescent mothers and grandmothers: A multigenerational approach to parenting. *American Journal of Community Psychology, 39,* 37–46.

Obermeyer, C. M. (2000). Menopause across cultures: A review of the evidence. *Menopause, 7,* 184–192.

Odeku, K., Rembe, S., & Anwo, J. (2009). Female genital mutilation: A human rights perspective. *Journal of Psychology in Africa, 19*(Special issue: Violence against children in Africa), 55–62.

OECD (2009). *Health at a glance 2009: OECD indicators.* Author.

OECD (2010). Incidence of employment by usual weekly hours worked. *StatExtracts.* Retrieved from http://stats.oecd.org/Index.aspx?DataSetCode%20%09=USLHRS_I

OECD (2013). *Education at a glance: Indicators and annexes.* Retrieved from http://www.oecd.org/edu/educationataglance2013-indicatorsandannexes.htm#ChapterC

OECD (2014). *Health at a glance 2014: OECD indicators.* Paris, France: Author.

OECD (2014). Infant mortality. Family database, Social Policy Division. Retrieved from www.oecd.org/social/family/database

OECD (2014). Life expectancy at age 65, males/females. Retrieved from http://www.oecd-ilibrary.org/social-issues-migration-health/life-expectancy-at-age-65-males_lifeexp65men-table-en, http://www.oecd-ilibrary.org/social-issues-migration-health/life-expectancy-at-age-65-females_lifeexp65women-table-en

OECD (2014). *OECD Statextracts: Labor Force Statistics by sex and age.* Retrieved from http://stats.oecd.org/Index.aspx?DatasetCode=LFS_SEXAGE_I_R

Office of Applied Studies. (2006). Suicidal thoughts, suicide attempts, major depressive episodes, and substance use among adults. Substance Abuse and Mental Health Services Administration. Results from the 2005 National Survey on Drug Use and Health: National findings. Rockville, MD. Retrieved from http://oas.samhsa.gov/2k6/suicide/suicide.pdf

Ogbu, J. U. (2002). Cultural amplifiers of intelligence: IQ and minority status in cross-cultural perspective. In J. M. Fish (Ed.), *Race and intelligence: Separating science from myth* (pp. 241–278). Mahwah, NJ: Erlbaum.

Ogden, C. L., Carroll, M. D., Kit, B. K., & Flegal, K. M. (2014). Prevalence of childhood and adult obesity. *JAMA 311,* 806–814.

Ogden, C. L., Carroll, M. D., Kit, B. K., & Flegal, K. M. (2013). Prevalence of obesity among adults. *NCHS Data Brief, Number 131.* Atlanta, GA: Prevention. Retrieved from http://www.cdc.gov/nchs/data/databriefs/db131.pdf

Ogden, C. L., Kuczmarski, R. J., Flegal, K. M., Mei, Z., Guo, S., Wei, R.,... Johnson, C. L. (2002). Prevention 2000 growth charts for the United States: Improvements to the 1977 National Center for Health Statistics version. *Pediatrics, 109,* 45–60.

Ogden, C. L., Lamb, M. M., Carroll, M. D., & Flegal, K. M. (2010). Obesity and socioeconomic status in adults: United States, 2005-2008. *NCHS Data Brief, Number 50.* Atlanta, GA: Prevention. Retrieved from http://www.cdc.gov/nchs/data/databriefs/db50.pdf

Ogden, T., & Amlund-Hagen, K. (2006). Multisystemic treatment of serious behavior problems in youth: Sustainability of therapy effectiveness two years after intake. *Child and Adolescent Mental Health, 11,* 142–149.

Ogletree, S. M., Martinez, C. N., Turner, T. R., & Mason, M. (2004). Pokémon: Exploring the role of gender. *Sex Roles, 50*(11–12), 851–859.

Ohgi, S., Arisawa, K., Takahashi, T., Kusomoto, T., Goto, Y. & Saito, A .T. (2003). Neonatal behavioral assessment scale as a predictor of later developmental disabilities of low birth-weight and/or premature infants. *Brain Development, 25,* 313–321.

Oken, E., & Lightdale, J. R. (2000). Updates in pediatric nutrition. *Current Opinion in Pediatrics, 12,* 282–290.

Okie, S. (2002, April 10). Study cites alcohol link in campus deaths. *The Washington Post,* p. A2.

Olds, D. L. (2010). The nurse–family partnership: From trials to practice. In A. J. Reynolds, A. J. Rolnick, M. M. Englund, & J. A. Temple (Eds.), *Childhood programs and practices in the first decade of life: A human capital integration* (pp. 49–75). New York, NY: Cambridge University Press.

Ollendick, T. H., Shortt, A. L., & Sander, J. B. (2008). Internalizing disorders in children and adolescents. In J. E. Maddux & B. A. Winstead (Eds.), *Psychopathology: Foundations for a contemporary understanding* (2nd ed., pp. 375–399). New York, NY: Routledge.

Oller, D. K., Eilers, R. E., Urbano, R., & Cobo-Lewis, A. B. (1997). Development of precursors to speech in infants exposed to two languages. *Journal of Child Language, 24,* 407–425.

Olson, C. K., Kutner, L. A., & Warner, D. E. (2008). The role of violent video game content in adolescent development: Boys' perspectives. *Journal of Adolescent Research, 23,* 55–75.

Olson, C. K., Kutner, L. A., Warner, D. E., Almerigi, J., Baer, L., Nicholi, A. M., & Beresin, E. V. (2007). Factors correlated with violent video game use by adolescent boys and girls. *Journal of Adolescent Health, 41,* 77–83.

Olweus, D. (2000). Bullying. In A. E. Kazdin (Ed.), *Encyclopedia of psychology* (Vol. 1, pp. 487–489). Washington, DC: American Psychological Association.

Onwuteaka-Philipsen, B. D., van der Heide, A., Muller, M. T., Rurup, M., Rietjens, J. A. C., & Georges, J.-J. (2005). Dutch experience of monitoring euthanasia. *British Medical Journal, 331,* 691–693.

Open Society Institute. (2003). *Project on death in America.* New York, NY: Author.

Oren, D. L. (1981). Cognitive advantages of bilingual children related to labeling ability. *The Journal of Educational Research,* 163–169.

Ortmann, O., Doren, M., & Windler, E. (2011). Hormone therapy in perimenopause and postmenopause (HT). *Archives of Gynecology and Obstetrics, 284,* 343–355.

Osgood, D. W. (2009). Illegal behavior: A presentation to the Committee on the Science of Adolescence of the National Academies. Washington, DC.

Osgood, D. W., Anderson, A. L., & Shaffer, J. N. (2005). Unstructured leisure in the afterschool hours. In L. J. Mahoney, R. W. Larson, & J. S. Eccles (Eds.), *Organized activities as contexts of development: Extracurricular activities, after-school and community programs* (pp. 45–64). Mahwah, NJ: Lawrence Erlbaum.

Osgood, D. W., Wilson, J. K., Bachman, J. G., O'Malley, P. M., & Johnston, L. D. (1996). Routine activities and individual deviant behavior. *American Sociological Review, 61,* 635–655.

Oslin, D. W., Datto, C. J., Kallan, M. J., Katz, I. R., Edell, W. S., & TenHave, T. (2002). Association between medical comorbidity and treatment outcomes in late-life depression. *Journal of the American Geriatrics Society, 50,* 823–828.

Oster, H., Hegley, D., & Nagel, L. (1992). Adult judgments and fine-grained analysis of infant facial expressions: Testing the validity of a priori coding formulas. *Developmental Psychology, 28,* 1115–1131.

Out, D., Pieper, S., Bakermans-Kranenburg, M. J., Zeskind, P. S., & van IJzendoorn, M. H. (2010). Intended sensitive and harsh caregiving responses to infant crying: The role of cry pitch and perceived urgency in an adult twin sample. *Child Abuse & Neglect, 34,* 863–873.

Overpeck, M. D., Brenner, R. A., Trumble, A. C., Smith, G. S., MacDorman, M. F., & Berendes, H. W. (1999). Infant injury deaths with unknown intent: What else do we know? *Injury Prevention, 5,* 272–275.

Owen, C. G., Whincup, P. H., Odoki, K., Gilg, J. A. & Cook, D. G. (2002). Infant feeding and blood cholesterol: A study in adolescents and a systematic review. *Pediatrics, 110,* 597–608.

Owens, J. A. (2004). Sleep in children: Cross-cultural perspectives. *Sleep and Biological Rhythms, 2*(3), 165–173.

Oyserman, D., & Fryberg, S. (2006). The possible selves of diverse adolescents: Content and function across gender, race and national origin. In C. Dunkel & J. Kerpelman (Eds.), *Possible selves: Theory, research and applications* (pp. 17–39). Hauppauge, NY: Nova Science.

Pacella, R., McLellan, M., Grice, K., Del Bono, E. A., Wiggs, J. L., & Gwiazda, J. E. (1999). Role of genetic factors in the etiology of juvenile-onset myopia based on the longitudinal study of refractive error. *Optometry and Vision Science, 76,* 381–386.

Padilla, C., Pérez, L., & Andrés, P. (2014). Chronic exercise keeps working memory and inhibitory capacities fit. *Frontiers in behavioral neuroscience, 8.*

Padilla-Walker, L. M., Nelson, L. J., Carroll, J. S., & Jensen, A. C. (2010). More than a just a game: Video game and Internet use during emerging adulthood. *Journal of Youth and Adolescence, 39,* 103–113.

Padrón, E., Carlson, E. A., & Sroufe, L. A. (2014). Frightened versus not frightened disorganized infant attachment: Newborn characteristics and maternal caregiving. *American Journal of Orthopsychiatry, 84,* 201–208.

Pahl, K. (2005). Longitudinal trajectories of ethnic identity among urban low-income ethnic and racial minority adolescents. *Dissertation Abstracts International, 65,* Retrieved from EBSCO*host*.

Pahl, K., & Way, N. (2006). Longitudinal trajectories of ethnic identity among urban Black and Latino adolescents. *Child Development, 77,* 1403–1415.

Pahl, K., Greene, M., & Way, N. (2000, April). *Self-esteem trajectories among urban, low-income, ethnic minority high school students.* Poster presented at the biennial meeting of the Society for Research on Adolescence, Chicago, IL.

Palmore, E. (2001). The ageism survey: First findings. *Gerontologist, 41,* 572–575.

Paludi, M. A., & Strayer, L. A. (1985). What's in an author's name? Differential evaluations of performance as a function of author's name. *Sex Roles, 12,* 353–362.

Pan, B. A., & Snow, C. E. (1999). The development of conversation and discourse skills. In M. Barrett (Ed.), *The development of language* (pp. 229–249). Hove, UK: Psychology Press.

Pan, S. Y., Desmueles, M., Morrison, H., Semenciw, R., Ugnat, A.-M., Thompson, W., & Mao, Y. (2007). Adolescent injury deaths and hospitalization in Canada: Magnitude and temporal trends (1979–2003). *Journal of Adolescent Health, 41,* 84–92.

Pankow, L. J. (2008). Genetic theory. In B. A. Thyer, K. M. Sowers, & C. N. Dulmus (Eds.), *Comprehensive handbook of social work and social welfare: Vol. 2. Human behavior in the social environment* (pp. 327–353). Hoboken, NJ: John Wiley & Sons.

Panza, F., Solfrizzi, V., Colacicco, A. M., D'Introno, A., Capruso, C., & Torres, F. (2004). Mediterranean diet and cognitive decline. *Public Health Nutrition, 7,* 959–963.

Papadakis, A. A., Prince, R. P., Jones, N. P., & Strauman, T. J. (2006). Self-regulation, rumination, and vulnerability to depression in adolescent girls. *Development and Psychopathology, 18,* 815–829.

Paquette, D. (2004). Theorizing the father–child relationship: Mechanisms and developmental outcomes. *Human Development, 47,* 193–219.

Parameswaran, G. (2003). Age, gender, and training in children's performance of Piaget's horizontality task. *Educational Studies, 29,* 307–319.

Park, S. H., Shim, Y. K., Kim, H. S., & Eun, B. L. (1999). Age and seasonal distribution of menarche in Korean girls. *Journal of Adolescent Health, 25,* 97.

Parke, R. D. (2004). Development in the family. *Annual Review of Psychology, 55,* 363–399.

Parke, R. D., & Buriel, R. (2006). Socialization in the family: Ethnic and ecological perspectives. In W. Damon & R. Lerner (Eds.), & N. Eisenberg (Vol. Ed.), *Handbook of child psychology: Vol. 3. Social, emotional and personality development* (6th ed., pp. 429–504). New York, NY: Wiley.

Parker, E. D., Schmitz, K. H., Jacobs, D. R., Jr., Dengel, D. R., & Schreiner, P. J. (2007). Physical activity in young adults and incident hypertension over 15 years of follow-up: The CARDIA study. *American Journal of Public Health, 97,* 703–709.

Parker, E. M., & Short, S. E. (2009). Grandmother coresidence, maternal orphans, and school enrollment in Sub-Saharan Africa. *Journal of Family Issues, 30,* 813–836.

Parker, E. S., Landau, S. M., Whipple, S. C., & Schwartz, B. L. (2004). Aging, recall, and recognition: A study on the sensitivity of the University of Southern California Repeatable Episodic Memory Test (USC-REMT). *Journal of Clinical and Experimental Neuropsychology, 26,* 428–440.

Parsons, T. J., Power, C., & Manor, O. (2005). Physical activity, television viewing and body mass index: A cross sectional analysis from childhood to adulthood in the 1958 British cohort. *International Journal of Obesity, 29,* 1212–1221.

Parten, M. (1932). Social play among preschool children. *Journal of Abnormal Social Psychology, 27,* 243–269.

Pascalis, O., & Kelly, D. J. (2009). The origins of face processing in humans: Phylogeny and ontogeny. *Perspectives on Psychological Science, 4,* 200–209.

Pascarella, E. T. (2005). Cognitive impacts of the first year of college. In R. S. Feldman (Ed.), *Improving the first year of college: Research and practice* (pp. 111–140). Mahwah, NJ: Lawrence Erlbaum.

Pascarella, E. T. (2006). How college affects students: Ten directions for future research. *Journal of College Student Development, 47,* 508–520.

Pascarella, E., & Terenzini, P. (1991). *How college affects students: Findings and insights from twenty years of research.* San Francisco, CA: Jossey-Bass.

Pascoe, C. J. (2007). *Dude, you're a fag: Masculinity and sexuality in high school.* Berkeley, CA: University of California Press.

Pashigian, M. J. (2002). Conceiving the happy family: Infertility and marital politics in northern Vietnam. In M.C. Inhorn & F. van Balen (Eds.), *Infertility around the globe: New thinking on childlessness, gender, and reproductive technologies* (pp. 134–150). Berkeley, CA: University of California Press.

Patel, Z. P., & Niederberger, C. S. (2011). Male Factor Assessment in Infertility. *Medical Clinics of North America, 95,* 223–234.

Patrick, M. E., Schulenberg, J. E., O'malley, P. M., Johnston, L. D., & Bachman, J. G. (2011). Adolescents' reported reasons for alcohol and marijuana use as predictors of substance use and problems in adulthood. *Journal of studies on alcohol and drugs, 72*(1), 106.

Patterson, G. R. (2002). The early development of coercive family process. In J. B Reid, G. R. Patterson, & J. Snyder (Eds.), *Antisocial behavior in children and adolescents: A developmental analysis and model for intervention* (pp. 25–44). Washington, DC: American Psychological Association.

Patterson, M. L., & Werker, J. F. (2002). Infants' ability to match dynamic phonetic and gender information in the face and voice. *Journal of Experimental Child Psychology, 81,* 93–115.

Patton, G. C., Coffey, C., et al. (2009). Global patterns of mortality in young people: A systematic analysis of population health data. *Lancet, 374,* 881–892.

Paul, E. L., McManus, B., & Hayes, A. (2000). "Hookups": Characteristics and correlates of college students' spontaneous and anonymous sexual experiences. *The Journal of Sex Research, 37,* 76–88.

Paus, T., Zijdenbos, A., Worsley, K., Collins, D. L., Blumental, J., Gledd, J. N.,... Evans, A. C. (1999). Structural maturation of neural pathways in children and adolescents: In vivo study. *Science, 19,* 1908–1911.

Pearlman, D., Zierler, S., Meersman, S., Kim, H., Viner-Brown, S., & Caron, C. (2006). Race disparities in childhood asthma: Does where you live matter? *Journal of the National Medical Association, 98,* 239–247.

Peirano, P., Algarin, C., & Uauy, R. (2003). Sleep–wake states and their regulatory mechanism throughout early human development. *Journal of Pediatrics, 143*(Suppl.), S70–S79.

Peitilainen, K. H., Kaprio, J., Borg, P., Plasqui, G., Yki-Järvinen, H., Kujala, U. M.,... Rissanen, A. (2008). Physical inactivity and obesity: A vicious circle. *Obesity, 16,* 409–414.

Pelaez, M., Field, T., Pickens, J. N., & Hart, S. (2008). Disengaged and authoritarian parenting behavior of depressed mothers with their toddlers. *Infant Behavior and Development, 31,* 145–148.

Peng, K., & Nisbett, R. E. (1999). Culture, dialectics, and reasoning about contradiction. *American Psychologist, 54,* 741–754.

Pennington, B. F., Moon, J., Edgin, J., Stedron, J., & Nadel, L. (2003). The neuropsychology of Down syndrome: Evidence for hippocampal dysfunction. *Child Development, 74,* 75–93.

Peplau, L. A., & Beals, K. P. (2002). Lesbians, gay men, and bisexuals in relationships. In J. Worell (Ed.), *Encyclopedia of women and gender* (pp. 657–666). San Diego, CA: Academic Press.

Peplau, L. A., & Beals, K. P. (2004). The family lives of lesbians and gay men. In A.L. Vangelisti (Ed.), *Handbook of family communication* (pp. 233–248). Mahwah, NJ: Erlbaum.

Pepler, D. J., Craig, W. M., Connolly, J. A., Yuile, A., McMaster, L., & Jiang, D. (2006). A developmental perspective on bullying. *Aggressive Behavior, 32,* 376–384.

Pepler, D. J., Jiang, D., Craig, W. M., & Connolly, J. A. (2008). Developmental trajectories of bullying and associated factors. *Child Development, 79,* 325–338.

Pepler, D., Craig, W., Yuile, A., & Connolly, J. (2004). Girls who bully: A developmental and relational perspective. In M. Putallaz & K. L. Bierman (Eds.), *Aggression, antisocial behavior, and violence among girls: A developmental perspective* (pp. 90–109). New York, NY: Guilford.

Perilloux, C., Fleischman, D. S., & Buss, D. M. (2011). Meet the parents: Parent-offspring convergence and divergence in mate preferences. *Personality and Individual Differences, 50,* 253–258.

Perlmutter, M., Kaplan, M., & Nyquist, L. (1990). Development of adaptive competence in adulthood. *Human Development, 33,* 185–197.

Perrault, A., Fothergill-Bourbonnais, F., & Fiset, V. (2004). The experience of family members caring for a dying loved one. *International Journal of Palliative Nursing, 10,* 133–143.

Perry, W. G. (1970/1999). *Forms of ethical and intellectual development in the college years: A scheme.* San Francisco, CA: Jossey-Bass.

Peterson, B. (2006). Generativity and successful parenting: An analysis of young adult outcomes. *Journal of Personality, 74,* 847–869.

Peterson, C., & Whalen, N. (2001). Five years later: Children's memory for medical emergencies. *Applied Cognitive Psychology, 15*(Special issue: Trauma, stress, and autobiographical memory), S7–S24.

Peterson, D. M., Marcia, J. E., & Carpendale, J. I. M. (2004). Identity: Does thinking make it so? In C. Lightfood & M. Chandler (Eds.), *Changing conceptions of psychological life* (pp. 113–126). Mahwah, NJ: Erlbaum.

Pew Commission on Children in Foster Care (2004). *Safety, permanence and well-being for children in foster care.* Retrieved from: http://pewfostercare.org/research/docs/FinalReport.pdf

Pew Forum on Religion & Public Life (2008). *U.S. religious landscape survey.* Washington, DC: Author.

Pew Research Center. (2006). *Strong public support for right to die.* Retrieved from http://people-press.org/reports

Pew Research Center (2007). *As marriage and parenthood drift apart, public is concerned about the social impact.* Retrieved from http://pewsocialtrends.org/2007/07/01/as-marriage-and-parenthood-drift-apart-public- is-concerned-about-social-impact/

Pew Research Center (2010). *Millennials: A report on Generation Next.* Washington, DC: Author.

Pew Research Center (2010). *Religion Among the Millennials.* Washington, DC: Author.

Pew Research Center (2013). *Gay marriage: Key data points from Pew research.* Retrieved from http://www.pewresearch.org/key-data-points/gay-marriage-key-data-points-from-pew-research/

Pew Social Trends Staff. (2010). *The return of the multi-generational family household.* Retrieved from http://pewsocialtrends.org/2010/03/18/the-return-of-the-multi-generational-family-household/

Pfirrmann, C. W., Metzdorf, A., Elfering, A., Hodler, J., & Boos, N. (2006). Effect of aging and degeneration on disc volume and shape: A quantitative study in asymptomatic volunteers. *Journal of Orthopedics Research, 24,* 1086–1094.

Phelan, T. W. (2010). *1-2-3 magic: Effective discipline for children 2-12.* New York, NY: Child Management.

Phinney, J. S. (1990). Ethnic identity in adolescents and adults: A review of research. *Psychological Bulletin, 108,* 499–514.

Phinney, J. S. (2000, March). *Identity formation among U.S. ethnic adolescents from collectivist cultures.* Paper presented at the biennial meeting of the Society of Research on Adolescence, Chicago, IL.

Phinney, J. S. (2006). Ethnic identity in emerging adulthood. In J. J. Arnett & J. L. Tanner (Eds.), *Emerging adults in America: Coming of age in the 21st century* (pp. 117–134). Washington, DC: American Psychological Association.

Phinney, J. S., & Baldelomar, O. A. (2011). Identity development in multiple cultural contexts. In L. A. Jensen (Ed.), *Bridging cultural and developmental psychology: New syntheses in theory, research and policy* (pp. 161–186). New York, NY: Oxford University Press.

Phinney, J. S., & Devich-Navarro, M. (1997). Variation in bicultural identification among African American and Mexican American adolescents. *Journal of Research on Adolescence, 7,* 3–32.

Phinney, J. S., & Ong, A. D. (2002). Adolescent–parent disagreement and life satisfaction in families from Vietnamese and European American backgrounds. *International Journal of Behavioral Development, 26,* 556–561.

Phinney, J. S., & Rosenthal, D. A. (1992). Ethnic identity in adolescence: Process, context, and outcome. In G. R. Adams, T. P. Gullotta, & R. Montemayor (Eds.), *Adolescent identity formation* (pp. 145–172). Newbury Park, CA: Sage.

Phinney, J. S., DuPont, S., Espinosa, A., Revill, J., & Sanders, K. (1994). Ethnic identity and American identification among ethnic minority adolescents. In A. M. Bouvy, F. J. R. van de Vijver, P. Boski, & P. Schmitz (Eds.), *Journeys into cross-cultural psychology* (pp. 167–183). Amsterdam: Swets & Zeitlinger.

Phinney, J. S., Kim-Jo, T., Osorio, S., & Vilhjalmsdottir, P. (2005). Autonomy and relatedness in adolescent-parent disagreements: Ethnic and developmental factors. *Journal of Adolescent Research, 20,* 8–39.

Piaget, J. (1936/1952). *The origins of intelligence in children.* New York, NY: Norton.

Piaget, J. (1954). *The construction of reality in the child.* New York, NY: Basic Books.

Piaget, J. (1965). *The moral judgment of the child.* New York, NY: Free Press. (Original work published 1932).

Piaget, J. (1967). *Six psychological studies.* New York, NY: Random House.

Piaget, J. (1972). Intellectual evolution from adolescence to adulthood. *Human Development, 15,* 1–12.

Piaget, J. (2002). The epigenetic system and the development of cognitive functions. In R. O. Gilmore, Mark H. Johnson, & Yuko Munakata (Eds.), *Brain development and cognition: A reader* (2nd ed., pp. 29–35). Malden: Blackwell.

Piaget, J., & Inhelder, B. (1969). *The child's conception of space* (F. J. Langdon & J. L. Lunger, Trans.). New York, NY: W. W. Norton.

Pickett, K. E., Luo, Y., & Lauderdale, D. S. (2005). Widening social inequalities in risk for sudden infant death syndrome. *American Journal of Public Health, 95*(11), 1976.

Piek, J. P., Dawson, L., Smith, L., & Gasson, N. (2008). The role of early fine and gross motor development on later motor and cognitive ability. *Human Movement Science, 27,* 668–681.

Pierroutsakos, S. L. (2000). Infants of the dreaming. In J. DeLoache & A. Gottlieb (Eds.), *A world of babies: Imagined childcare guides for seven societies* (pp. 145–170). New York, NY: Cambridge University Press.

Pierroutsakos, S. L., & Troseth, G. L. (2003). Video verite: Infants' manual investigation of objects on video. *Infant Behavior & Development, 26,* 183–199.

Pike, A., Coldwell, J., & Dunn, J. F. (2005). Sibling relationships in early/middle childhood: Links with individual adjustment. *Journal of Family Psychology, 19,* 523–532.

Piktialis, D. S. (2008). Redesigning work for an aging labor force: Employer and employee perspectives. In R. B. Hudson (Ed.), *Boomer bust? Economic and political issues of the graying society* (Vol. 2, pp. 17–32). Westport, CT: Praeger.

Pilcher, J. J., & Walters, A. S. (1997). How sleep deprivation affects psychological variables related to college students' cognitive performance. *Journal of American College Health, 46,* 121–126.

Pinilla, F. G. (2006). The impact of diet and exercise on brain plasticity and disease. *Nutrition and Health, 18,* 277–284.

Pinker, S. (1994). *The language instinct.* New York, NY: Williams Morrow.

Pinker, S. (2004). *The blank slate: The modern denial of human nature.* New York, NY: Penguin.

Piolino, P., Desgranges, B., Clarys, D., Guillery-Girard, B., Taconnat, L., Isingrini, M., & Eustache, F. (2006). Autobiographical memory, autoneotic consciousness, and self-perspective in aging. *Psychology and Aging, 21,* 510–525.

Pipp, S., Fischer, K. W., & Jennings, S. (1987). Acquisition of self- and mother knowledge in infancy. *Developmental Psychology, 23,* 86–96.

Pirttilae-Backman, A. M., & Kajanne, A. (2001). The development of implicit epistemologies during early adulthood. *Journal of Adult Development, 8,* 81–97.

Pisetsky, E. M., Chao, Y. M., Dierker, L. C., May, A. M., & Striegel-Moore, R. H. (2008). Disordered eating and substance use in high school students: Results from the Youth Risk Behavior Surveillance System. *International Journal of Eating Disorders, 41,* 464–470.

Pizzamiglio, A. P., Saygin, S. L., Small, S., & Wilson, S. (2005). Language and the brain. In M. Tomasello & D. A. Slobin (Eds.), *Beyond nature-nurture* (pp. 237–260). Mahwah, NJ: Erlbaum.

Plagnol, A. C., & Easterlin, R. A. (2008). Aspirations, attainments, and satisfaction: Life cycle differences between American women and men. *Journal of Happiness Studies, 9,* 601–619.

Plant, M., Miller, P., Plant, M., Gmel, G., Kuntsche, S., Bergmark, K., . . . Vidal, A. (2010). The social consequences of binge drinking among 24- to 32-year-olds in six European countries. *Substance Use & Misuse, 45,* 528–542.

Plant, R. W., & Siegel, L. (2008). Children in foster care: Prevention and treatment of mental health problems. In T. P. Gullotta & G. M. Blau (Eds.), *Family influences on childhood behavior and development: Evidence-based prevention and treatment approaches* (pp. 209–230).

Plantin, L. (2007). Different classes, different fathers?: On fatherhood, economic conditions and class in Sweden. *Community, Work & Family, 10,* 93–110.

Pleck, J. H. (2010). Paternal involvement: Revised conceptualization and theoretical linkages to child outcomes. In M. E. Lamb (Ed.), *The role of the father in child development* (pp. 58–93). New York, NY: Wiley.

Pleck, J. H., & Masciadrelli, B. P. (2004). Paternal involvement by U.S. residential fathers: Levels, sources and consequences. In M. E. Lamb (Ed.), *The role of the father in child development* (4th ed., pp. 272–306). New York, NY: Wiley.

Pleis, J. R., & Lethbridge-Cejku, M. (2006). Summary health statistics for U.S. adults: National Health Interview Survey, 2005, *10*(232).

Ploeg, J., Campbell, L., Denton, M., Joshi, A., & Davies, S. (2004). Helping to build and rebuild secure lives and futures: Financial transfers from parents to adult children and grandchildren. *Canadian Journal on Aging, 23,* S131–S143.

Plomin, R. (2009). The nature of nurture. In K. McCartney and R. A. Weinberg (Eds.), *Experience and development: A festschrift in honor of Sandra Wood Scarr* (pp. 61–80). New York, NY: Psychology Press.

Plonczynski, D. J., & Plonczynski, K. J. (2007). Hormone therapy in perimenopausal and postmenopausal women: Examining the evidence on cardiovascular disease risks. *Journal of Gerentological Nursing, 33,* 48–55.

Plotkin, S. A., Katz, M., & Cordero, J. F. (1999). The eradication of rubella. *JAMA: Journal of the American Medical Association, 306,* 343–450.

Podewils, L. J., Fuallar, E., Kuller, L. H., Fried, L. P., Lopez, O. L., Carlson, M., & Lyketsos, C. G. (2005). Physical activity, *APOE* genotype, and dementia risk: Findings from the Cardiovascular Health Cognition Study. *American Journal of Epidemiology, 161,* 639–651.

Pollitt, E., Golub, M., Gorman, K., Gratham-McGregor, S., Levitsky, D., Schurch, B., . . . Wachs, T. (1996). A reconceptualization of the effects of undernutrition on children's biological, psychosocial, and behavioral development. *Social Policy Report, 10,* 1–28.

Pons, F., Lawson, J., Harris, P. L., & de Rosnay, M. (2003). Individual differences in children's emotion understanding: Effects of age and language. *Scandinavian Journal of Psychology, 44,* 347–353.

Pool, M. M., Koolstra, C. M., & van der Voort, T. H. A. (2003). The impact of background radio and television on high school students' homework performance. *Journal of Communication, 53,* 74–87.

Popenoe, D., & Whitehead, B. D. (2001). *The state of our unions, 2001: The social health of marriage in America.* Report of the National Marriage Project, Rutgers, New Brunswick, NJ. Available: http://marriage.rutgers.edu

Popkin, B. M. (2010). Recent dynamics suggest selected countries catching up to US obesity. *The American journal of clinical nutrition, 91*(1), 284S–288S.

Popp, D., Lauren, B., Kerr, M., Stattin, H., & Burk, W. K. (2008). Modeling homophily over time with an actor–partner independence model. *Developmental Psychology, 44,* 1028–1039.

Popp, M. S. (2005). *Teaching language and literacy in elementary classrooms.* Mahwah, NJ: Erlbaum.

Population Reference Bureau (PRB) (2000). *The world's youth 2000.* Washington, DC: Author.

Population Reference Bureau (PRB) (2009). *2009 World Population Data Sheet.* Washington, DC: Author.

Population Reference Bureau (PRB) (2010). *World population data sheet.* Washington, DC.

Population Reference Bureau (2014). *World population data sheet, 2014.* Washington, DC: Author.

Porath, M., Korp, L., Wendrich, D., Dlugay, V., Roth, B., & Kribs, A. (2011). Surfactant in spontaneous breathing with nCPAP: Neurodevelopmental outcome at early school age of infants = 27 weeks. *Acta Paediatrica, 100,* 352–359.

Porfelli, E. J., Hartung, P. J., & Vondracek, F. W. (2008). Children's vocational development: A research rationale. *Career Development Quarterly, 57,* 25–37.

Porges, S. W., & Lispitt, L. P. (1993). Neonatal responsivity to gustatory stimulation: The gustatory–vagal hypothesis. *Infant Behavior & Development, 16,* 487–494.

Porter, R. H., & Rieser, J. J. (2005). Retention of olfactory memories by newborn infants. In R. T. Mason, P. M. LeMaster, & D. Müller-Schwarze (Eds.), *Chemical Signals in Vertebrates* (pp. 300–307). New York, NY: Springer.

Portes, P. R., Dunham, R., & Castillo, K. D. (2000). Identity formation and status across cultures: Exploring the cultural validity of Eriksonian theory. In A. Comunian & U. P. Gielen (Eds.), *International perspectives on human development* (pp. 449–459). Lengerich, Germany: Pabst Science.

Posada, G., Gao, Y., Wu, F., Posada, R., Tascon, M., Schoelmerich, A., . . . Synnevaag, B. (1995). The secure-base phenomenon across cultures: Children's behavior, mothers' preferences, and experts' concepts. *Monographs of the Society for Research in Child Development, 60,* 27–48.

Posner, M. I., & Rothbart, M. K. (2007). Numeracy. In M. I. Posner & M. K. Rothbart, *Educating the human brain* (pp. 173–187). Washington, DC: American Psychological Association.

Posner, R. B. (2006). Early menarche: A review of research on trends in timing, racial differences, etiology and psychosocial consequences. *Sex Roles, 54,* 315–322.

Potegal, M., & Davison, R. J. (2003). Temper tantrums in young children, 1: Behavioral composition. *Journal of Developmental & Behavioral Pediatrics, 24,* 140–147.

Powls, A., Botting, N., Cooke, R. W. I., & Marlow, N. (1996). Handedness in very-low birth-weight (VLBW) children at 12 years of age: Relation to perinatal and outcome variables. *Developmental Medicine and Child Neurology, 38,* 594–602.

Prakasa, V. V., & Rao, V. N. (1979). Arranged marriages: An assessment of the attitudes of college students in India. In G. Kurian (Ed.), *Cross-cultural perspectives on mate selection and marriage* (pp. 11–31). Westport, CT: Greenwood Press.

Prasad, V., Brogan, E., Mulvaney, C., Grainge, M., Stanton, W., & Sayal, K. (2013). How effective are drug treatments for children with ADHD at improving on-task behaviour and academic achievement in the school classroom? A systematic review and meta-analysis. *European child & adolescent psychiatry, 22*(4), 203–216.

Pratt, M. W., Danso, H. A., Arnold, M. L., Norris, J. E., & Filyer, R. (2001). Adult generativity and the socialization of adolescents: Relations to mothers' and fathers' parenting beliefs, styles, and practices. *Journal of Personality, 69,* 89–120.

Prentice, A., Schoenmakers, I., Laskey, M. A., de Bono, S., Ginty, F., & Goldberg, G. R. (2006). Nutrition and bone growth and development. *Proceedings of the Nutritional Society, 65,* 348–360.

Pressley, M., Wharton-McDonald, R., Raphael, L. M., Bogner, K., & Roehrig, A. (2002). Exemplary first-grade teaching. In B. M. Taylor & P. D. Pearson (Eds.), *Teaching reading: Effective schools, accomplished teachers* (pp. 73–88). Mahwah, NJ: Erlbaum.

Pretorius, E., Naude, H., & Van Vuuren, C. J. (2002). Can cultural behavior have a negative impact on the development of visual integration pathways? *Early Child Development and Care, 123,* 173–181.

Preuss, U., Ralston, S. J., Baldursson, G., Falissard, B., Lorenzo, M. J., Rodrigues Pereira, R., . . . ADORE Study Group. (2006). Study design, baseline patient characteristics and intervention in a cross-cultural framework: Results from the ADORE study. *European Child & Adolescent Psychiatry, 15*(Suppl. 1), 4–19.

Preusser, D. F., & Tison, J. (2007). GDL then and now. *Journal of Safety Research, 38,* 159–163.

Price Waterhouse Coopers (2011). The accelerating shift of global economic power: Challenges and opportunities. Retrieved from http://www.pwc.com/en_GX/gx/world-2050/pdf/world-in-2050-jan-2011.pdf

Priess, H. A., & Lindberg, S. A. (2014). Gender intensification. In R. Levesque (Ed.), *Encyclopedia of Adolescence* (pp. 1135–1142). New York, NY: Springer.

Prisuta, R. (2004). Enhancing volunteerism among aging boomers. Harvard School of Public Health and MetLife. *Reinventing aging: Baby boomers and civic engagement*. Boston, MA: Harvard School of Public Health, Center for Health Communication.

Proctor, M. H., Moore, L. L., Gao, D., Cupples, L. A., Bradlee, M. L., Hood, M. Y., & Ellison, R. C. (2003). Television viewing and change in body fat from preschool to early adolescence: The Framingham Children's Study. *International Journal of Obesity, 27,* 827–833.

Provins, K. A. (1997). Handedness and speech: A critical reappraisal of the role of genetic and environmental factors in the cerebral lateralization of function. *Psychological Review, 104,* 554–571.

Pruthi, S. (2011). *Mammogram guidelines: What are they?* Retrieved from http://www.mayoclinic.com/health/mammogram-guidelines/AN02052

Puhl, R. M., Heuer, C. A., & Brownell, K. D. (2010). Stigma and social consequences of obesity. In P.G. Kopelman, I.D. Caterson, & W.H. Dietz (Eds.), *Clinical obesity in adults and children* (pp. 25–40). New York: Wiley.

Purdie, N., Carroll, A., & Roche, L. (2004). Parenting and adolescent self-regulation. *Journal of Adolescence, 27,* 663–676.

Putnam, R. (2000). *Bowling alone: The collapse and revival of American community.* New York, NY: Simon & Schuster.

Putnam, R. (2002). Bowling together. *The American Prospect, 13,* 20–22.

Putnam, R. (2004). *Democracies in flux.* New York, NY: Oxford University Press.

Qin, D. B. (2009). Being "good" or being "popular": Gender and ethnic identity negotiations of Chinese immigrant adolescents. *Journal of Adolescent Research, 24,* 37–66.

Qiu, C., Backman, L., Winblad, B., Aguero-Torres, H., & Fratiglioni, L. (2001). The influence of education on clinically diagnosed dementia incidence and mortality data from the Kungsholmen Project. *Archives of Neurology, 58,* 2034–2039.

Quillian, L. (2003). The decline of male employment in low income Black neighborhoods, 1950–1990. *Social Science Research, 32,* 220–250.

Quinn, C. T., Rogers, Z. R., & Buchanan, G. R. (2004). Survival of children with sickle cell disease. *Blood, 103,* 4023–4027.

Quinn, P. C., Eimas, P. D., & Rosenkranz, S. L. (1993). Evidence for representations of perceptually similar natural categories by 3-month-old and 4-month-old infants. *Perception, 22,* 463–475.

Quinnell, T. G., & Smith, I. E. (2004). Obstructive sleep apnea in the elderly: Recognition and management considerations. *Drugs and Aging, 21,* 307–322.

Raacke, J., & Bonds-Raacke, J. (2008). MySpace and Facebook: Applying the uses and gratifications theory to exploring friend-networking sites. *CyberPsychology & Behavior, 11,* 169–174.

Raag, T. (2003). Racism, gender identities and young children: Social relations in a multi-ethnic, inner-city primary school. *Archives of Sexual Behavior, 32,* 392–393.

Radmacher, K., & Azmitia, M. (2006). Are there gendered pathways to intimacy in early adolescents' and emerging adults' friendships? *Journal of Adolescent Research, 21,* 415–448.

Radvansky, G. A., Zacks, R. T., & Hasher, L. (2005). Age and inhibition: The retrieval situation models. *Journal of Gerontology, 60B,* P276–P278.

Rafaelli, M., & Iturbide, M. (2015). Adolescence risks and resiliences across cultures. In L. A. Jensen (Ed.), *Oxford handbook of human development and culture: An interdisciplinary perspective.* New York, NY: Oxford University Press.

Rafii, M. S., & Aisen, P. S. (2009). Recent developments in Alzheimer's disease therapeutics. *BMC Medicine, 7,* 1741–1751.

Ragow-O'Brien, D., Hayslip, B., Jr., & Guarnaccia, C. A. (2000). The impact of hospice on attitudes toward funerals and subsequent bereavement adjustment. *Omega, 41,* 291–305.

Raikes, H. H., Chazan-Cohen, R., Love, J. M., & Brooks-Gunn, J. (2010). Early Head Start impacts at age 3 and a description of the age 5 follow-up study. In A. J. Reynolds, A. J. Rolnick, & M. M. Englund (Eds.), *Childhood programs and practices in the first decade of life: A human capital integration* (pp. 99–118). New York, NY: Cambridge University Press.

Rajaratnam, J. K., Marcus, J. R., Flaxman, A. D., Wang, H., Levin-Rector, A., Dwyer, L.,... Murray, C. J. L. (2003). Neonatal, post-neonatal, childhood, and under–5 mortality for 187 countries, 1970–2010: A systematic analysis of progress towards Millennium Development Goal 4. *Pediatrics, 111,* e61–e66.

Ralph, K., Harrington, K., & Pandha, H. (2004). Recent developments and current status of gene therapy using viral vectors in the United Kingdom. *British Medical Journal, 329,* 839–842.

Ralston, L. S., Bell, S. L., Mote, J. K., Rainey, T. B., Brayman, S., & Shotwell, M. (2001). Giving up the car keys: Perceptions of well elders and families. *Physical & Occupational Therapy in Geriatrics, 19,* 59–70.

Ramchandani, P., Stein, A., Evans, J., O'Connor, T. G., & the ALSPAC Study Team. (2005). Paternal depression in the postnatal period and child development: A prospective population study. *Lancet, 365,* 2201–2205.

Ramos, D. (2010). *Japanese elderly look for meaning.* Retrieved from: http://www.projo.com/opinion/contributors/content/CT_ramos22_04-22-10_NGI4PV9_v9.4056148.html

Ramos, M. C., Guerin, D. W., Gottfried, A. W., Bathurst, K., & Oliver, P. H. (2005). Family conflict and children's behavior problems: The moderating role of child temperament. *Structural Equation Modeling, 12,* 278–298.

Randell, A. C., & Peterson, C. C. (2009). Affective qualities of sibling disputes, mothers' conflict attitudes, and children's theory of mind development. *Social Development, 18,* 857–874.

Rao, R., & Georgieff, M. K. (2001). Neonatal iron nutrition. *Seminars in Neonatology, 6,* 425–435.

Rapp, M., Krampe, R., & Balles, P. (2006). Adaptive task prioritization in aging: Selective resource allocation to postural control is preserved in Alzheimer disease. *American Journal of Geriatric Psychiatry, 14,* 52–61.

Rasmussen, E. R., Neuman, R. J., Heath, A. C., Levy, F., Hay, D. A., & Todd, R. D. (2004). Familial clustering of latent class and DSM-IV defined attention-deficit hyperactivity disorder (ADHD) subtypes. *Journal of Child Psychology and Psychiatry, 45,* 589–598.

Rastogi, M., & Therly, P. (2006). Dowry and its link to violence against women in India: Feminist psychological perspectives. *Trauma, Violence, & Abuse, 7,* 66–77.

Ratanachu-Ek, S. (2003). Effects of multivitamin and folic acid supplementation in malnourished children. *Journal of the Medical Association of Thailand, 4,* 86–91.

Rattner, A., & Nathans, J. (2006). Macular degeneration: Recent advances and therapeutic opportunities. *Nature Reviews Neuroscience, 7,* 860–872.

Raudsepp, L., & Liblik, R. (2002). Relationship of perceived and actual motor competence in children. *Perception and Motor Skills, 94,* 1059–1070.

Rauscher, F. H. (2003). Can music instruction affect children's cognitive development? *ERIC Digest, EDO-PS-03-12.*

Rauscher, F. H., Shaw, G. L., & Ky, K. N. (1993). Listening to Mozart enhances spatial-temporal reasoning: Towards a neurophysiological basis. *Neuroscience Letters, 185,* 44–47.

Ravn, M. N. (2005). A matter of free choice? Some structural and cultural influences on the decision to have or not to have children in Norway. In C. B. Douglas (Ed.), *Barren states: The population "implosion" in Europe* (pp. 29–47). New York, NY: Berg.

Rawson, N. E. (2006). Olfactory loss in aging. *Science Aging Knowledge Environment, 5,* 6–10.

Raymo, J. M., Liang, J., Sugisawa, H., Kobayashi, E., & Sugihara, Y. (2004). Work at older ages in Japan: Variation by gender and employment status. *Journals of Gerontology B: Psychological Sciences and Social Sciences, 59,* S154–S163.

Rayner, K., Foorman, B. R., Perfetti, C. A., Pesetsky, D., & Seidenberg, M. S. (2002). How should reading be taught? *Scientific American, 286,* 84–91.

Reynolds, K., Lewis, L. B., Nolen, J. D. L., Kinney, G. L., Sathya, B., & He, J. (2003). Alcohol consumption and risk of stroke: A meta-analysis. *Journal of the American Medical Association, 289,* 579–588.

Raz, N. (2005). The aging brain observed in vivo: Differential changes and their modifiers. In R. Cabeza, L. Nyberg, & D. Park (Eds.), *Cognitive neuroscience of aging: Linking cognitive and cerebral aging* (pp. 19–57). New York, NY: Oxford University Press.

Raz, N., Rodrigue, K., Kennedy, K., & Acker, J. (2007, March). Vascular health and longitudinal changes in brain and cognition in middle-aged and older adults. *Neuropsychology, 21,* 149–157.

Reday-Mulvey, G. (2000). Gradual retirement in Europe. *Journal of Aging and Social Policy, 11,* 49–60.

Redcay, E., Haist, F., & Courchesne, E. (2008). Functional neuroimaging of speech perception during a pivotal period in language acquisition. *Developmental science, 11*(2), 237–252.

Reddy, U. M., & Mennuti, M. T. (2006). Incorporating first-trimester Down syndrome studies into prenatal screening. *Obstetrics and Gynecology, 107,* 167–173.

Redshaw, M. E. (1997). Mothers of babies requiring special care: Attitudes and experiences. *Journal of Reproductive & Infant Psychology, 15,* 109–120.

Reese, D. (2000). A parenting manual, with words of advice for Puritan mothers. In J. DeLoache & A. Gottlieb (Eds.), *A world of babies: Imagined childcare guides for seven societies* (pp. 29–54). New York, NY: Cambridge University Press.

Reeves, G., & Schweitzer, J. (2004). Pharmacological management of attention deficit hyperactivity disorder. *Expert Opinions in Pharmacotherapy, 5,* 1313–1320.

Regan, P. C., Durvasula, R., Howell, L., Ureno, O., & Rea, M. (2004). Gender, ethnicity, and the developmental timing of the first sexual and romantic experiences. *Social Behavior & Personality, 32,* 667–676.

Regestein, Q., Natarajan, V., Pavlova, M., Kawasaki, S., Gleason, R., & Koff, E. (2010). Sleep debt and depression in female college students. *Psychiatry research, 176*(1), 34–39.

Reginster, J. Y., & Burlet, N. (2006). Osteoporosis: A still increasing prevalence. *Bone, 38,* 4–9.

Regnerus, M., & Uecker, J. (2011). *Premarital sex in America: How young Americans meet, mate, and think about marrying.* New York, NY: Oxford University Press.

Reid, C. (2004). Kangaroo care. *Neonatal Network, 23,* 53.

Reifman, A., Arnett, J. J., & Colwell, M. J. (2006). Emerging adulthood: Theory, assessment, and application. *Journal of Youth Development, 1,* 1–12.

Reimuller, A., Shadur, J., & Hussong, A. M. (2011). Parental social support as a moderator of self-medication in adolescents. *Addictive Behaviors, 36,* 203–208.

Reisenwitz, T., Iyer, R., Kuhlmeier, D. B., & Eastman, J. K. (2007). The elderly's Internet usage: An updated look. *Journal of Consumer Marketing, 24,* 406–418.

Reiss, D., Neiderhiser, J., Hetherington, E. M., & Plomin, R. (2000). The relationship code: Deciphering genetic and social influences on adolescent development. Cambridge, MA: Harvard University Press.

Resnick, G. (2010). Project Head Start: Quality and links to child outcomes. In A. J. Reynolds, A. J. Rolnick, M. M. Englund, & J. A. Temple (Eds.), *Childhood programs and practices in the first decade of life: A human capital integration* (pp. 121–156). New York, NY: Cambridge University Press.

Resnikoff, S., Pascolini, D., Etya'ale, D., Kocur, I., Pararajasegaram, R., Pokharel, G. P., Mariotti, S. P. (2004). Global data on visual impairment in the year 2004. *Bulletin of the World Health Organization, 82,* 844–851.

Rey-López, J. P., and the HELENA Study Group (2010). Sedentary patterns and media availability in European adolescents: The HELENA study. *Preventive Medicine 51,* 50–55.

Reznick, J. S., Corley, R., & Robinson, J. (1997). A longitudinal study of intelligence in the second year. *Monographs of the Society for Research in Child Development, 62,* 1–154.

Rhodes, J. R., & DuBois, D. L. (2008). Mentoring relationships and programs for youth. *Current Directions in Psychological Science, 17,* 254–258.

Ricciuti, H. N. (2004). Single parenthood, achievement, and problem behavior in White, Black, and Hispanic children. *Journal of Educational Research, 97,* 196–206.

Richards, M. H., Crowe, P. A., Larson, R., & Swarr, A. (2002). Developmental patterns and gender differences in the experience of peer companionship in adolescence. *Child Development, 69,* 154–163.

Richman, A. L., Miller, P. M., & LeVine, R. A. (2010). Cultural and educational variations in maternal responsiveness. In R. A. LeVine (Ed.), *Psychological anthropology: A reader on self in culture* (pp. 181–192). Malden, MA: Wiley-Blackwell.

Rideout, V. (2013). *Zero to eight: Children's use of media in America, 2013.* Washington, DC: Common Sense Media.

Rideout, V. J., & Hamel, E. (2006). *The media family: Electronic media in the lives of infants, toddlers, preschoolers, and their parents.* Menlo Park, CA: The Henry J. Kaiser Family Foundation.

Rideout, V. J., Vandewater, E. A., & Wartella, E. A. (2003). *Zero to six: Electronic media in the lives of infants, toddlers and preschoolers.* Menlo Park, CA: The Henry J. Kaiser Family Foundation.

Ridley, M. (2010). *The rational optimist: How prosperity evolves.* New York, NY: Harper.

Riedel, B. W., Robinson, L. A., Klesges, R. C., & McLain-Allen, B. (2003). Ethnic differences in smoking withdrawal effects among adolescents. *Addictive Behaviors, 28,* 129–140.

Riedel, B., & Lichstein, K. (2000). Insomnia in older adults. In S. K. Whitbourne (Ed.), *Psychopathology in later life* (pp. 299–322). New York, NY: Wiley.

Rifkin, J. (2004). *The European dream.* New York, NY: Tarcher.

Rigby, K. (2004). Bullying in childhood. In P. K. Smith & C. H. Hart (Eds.), *Blackwell handbook of childhood social development.* Malden, MA: Blackwell.

Righetti, P. L., Dell'Avanzo, M., Grigio, M., & Nicolini, U. (2005). Maternal/paternal antenatal attachment and fourth–dimensional ultrasound technique: A preliminary report. *British Journal of Psychology, 96,* 129–137.

Righetti-Veltema, M., Conne-Perreard, E., Bousquest, A., & Manzano, J. (2002). Postpartum depression and mother–infant relationship at 3 months old. *Journal of Affective Disorders, 70,* 291–306.

Riley, A. W., Lyman, L. M., Spiel, G., Döpfner, M., Lorenzo, M. J., Ralston, S. J., & ADORE Study Group. (2006). The Family Strain Index (FSI). Reliability, validity, and factor structure of a brief questionnaire for families of children with ADHD. *European Child & Adolescent Psychiatry, 15*(Suppl. 1), 72–78.

Riley Bove, C. V. (2009). Polygyny and women's health in sub-Saharan Africa. *Social Science & Medicine, 68,* 21–29.

Riley, L. D., & Bowen, C. P. (2005). The sandwich generation: Challenges and coping strategies of multigenerational families. *Counseling and Therapy for Couples and Families, 13,* 52–58.

Rix, S. E. (2008). Will the boomers revolutionize work and retirement? In R. Hudson (Ed.), *Boomer bust? Economic and political issues of the graying society* (Vol. 1, pp. 77–94). Westport, CT: Praeger.

Roberto, C. A., Steinglass, J., Mayer, L. E. S., Attia, E., & Walsh, B. T. (2008). The clinical significance of amenorrhea as a diagnostic criterion for anorexia nervosa. *International Journal of Eating Disorders, 41,* 559–563.

Roberto, K. A., & Skoglund, R. R. (1996). Interactions with grandparents and great-grandparents: A comparison of activities, influences, and relationships. *International Journal of Aging and Human Development, 43,* 107–117.

Roberts, B. L., Dunkle, R., & Haug, M. (1994). Physical, psychological, and social resources as moderators of stress to mental health of the very old. *Journal of Gerontology, 49,* S35–S43.

Roberts, B. W., Caspi, A., & Moffitt, T. E. (2001). The kids are alright: Growth and stability in personality development from adolescence to adulthood. *Journal of Personality and Social Psychology, 81,* 670–683.

Roberts, D. F., Foehr, U. G., & Rideout, V. (2005). *Generation M: Media in the lives of 8–18 year-olds.* Washington, DC: The Henry J. Kaiser Family Foundation.

Roberts, R. G., Deutchman, M., King, V. J., Fryer, G. E., & Miyoshi, T. J. (2007). Changing policies on vaginal birth after cesarean: Impact on access. *Birth: Issues in Perinatal Care, 34,* 316–322.

Robertson, J. (2008). Stepfathers in families. In J. Pryor (Ed.), *The international handbook of stepfamilies: Policy and practice in legal, research, and clinical environments* (pp. 125–150). Hoboken, NJ: John Wiley & Sons.

Robins, R. W., Gosling, S. D. & Craik, K. H. (1999). An empirical analysis of trends in psychology. *American Psychologist, 54,* 117–128.

Robins, R. W., & Trzesniewski, K. H. (2005). Self-esteem development across the lifespan. *Current Directions in Psychological Science, 14,* 158–162.

Robins, R. W., Trzesniewski, K. H., Tracey, J. L., Potter, J., & Gosling, S. D. (2002). Age differences in self-esteem from age 9 to 90. *Psychology and Aging, 17,* 423–434.

Robinson, C. C., Anderson, G. T., Porter, C. L., Hart, C. H., & Wouden-Miller, M. (2003). Sequential transition patterns of preschoolers' social interactions during child-initiated play: Is parallel-aware play a bi-directional bridge to other play states? *Early Childhood Research Quarterly, 18,* 3–21.

Robinson, G. (2020. Cross-cultural perspectives on menopause. In A. Hunter & C. Forden (Eds.), *Readings in the psychology of gender: Exploring our differences and commonalities.* Needham Heights, MA: Allyn & Bacon.

Robinson, J. D., Skill, T., & Turner, J. W. (2004). Media usage patterns and portrayals of seniors. In J. F. Nussbaum & J. Coupland (Eds.), *Handbook of communication and aging research* (2nd ed., 423–446). Mahwah, NJ: Lawrence Erlbaum.

Robinson, J. L., Klute, M. M., Faldowski, R., Pan, B., Staerkel, F., Summers, J. A., & Wall, S. (2009). Mixed approach programs in the Early Head Start Research and Evaluation Project: An in-depth view. *Early Education and Development, 20,* 893–919.

Robinson, J. P., Godbey, G., & Putnam, R. D. (1999). *Time for life: The surprising ways Americans use their time.* State College, PA: Pennsylvania State University Press.

Rochat, P., & Hespos, S. J. (1997). Differential rooting responses by neonates: Evidence for an early sense of self. *Early Development and Parenting, 6,* 105–112.

Rode, J. C., Arthaud-Day, M. L., Mooney, C. H., Near, J. P., & Baldwin, T. T. (2008). Ability and personality predictors of salary, perceived job success, and perceived career success in the initial career stage. *International Journal of Selection and Assessment, 16,* 292–299.

Rodgers, J. L., & Wanstrom, L. (2007). Identification of a Flynn Effect in the NLSY: Moving from the center to the boundaries. *Intelligence, 35,* 187–196.

Rodier, P. M. (2009). *Science under attack: Vaccines and autism.* Berkeley, CA: University of California Press.

Roeder, M. B., Mahone, E. M., Larson, J. G., Mostofsky, S., Cutting, L. E., Goldberg, M. C., & Denckla, M. B. (2008). Left–right differences on timed motor examination in children. *Child Neuropsychology, 14,* 249–262.

Roenneberg, T., Kuehnle, T., Juda, M., Kantermann, T., Allebrandt, K., Gordijn, M., & Merrow, M. (2007). Epidemiology of the human circadian clock. *Sleep Medicine Reviews, 11,* 429–438.

Roeseler, A., & Burns, D. (2010). The quarter that changed the world. *Tob Control, 19* (Suppl. 1), i3–i15.

Roff, L. L., Klemmack, D. L., Simon, C., Cho, G. W., Parker, M. W., Koenig, H. G., . . . Allman, R. M. (2006). Functional limitations and religious service attendance among African American and White older adults. *Health and Social Work, 31,* 246–255.

Rogoff, B. (1990). Apprenticeship in thinking: *Cognitive development in social context.* New York, NY: Oxford University Press.

Rogoff, B. (1995). Observing sociocultural activities on three planes: Participatory appropriation, guided participation, and apprenticeship. In J. V. Wertsch, P. del Rio, & A. Alvarez (Eds.), *Sociocultural studies of the mind* (pp. 273–294). New York, NY: Cambridge University Press.

Rogoff, B. (1998). Cognition as a collaborative process. In D. Kuhn & R. S. Siegler (Eds.), *Handbook of child psychology: Vol. 2. Cognition, perception, and language* (5th ed., pp. 679–744). New York, NY: Wiley.

Rogoff, B. (2003). *The cultural nature of human development.* New York, NY: Oxford University Press.

Rogoff, B., Correa-Chávez, M., & Cotuc, M. N. (2005). A cultural/historical view of schooling in human development. In D. B. Pillemer & S. H. White (Eds.), *Developmental psychology and social change: Research, history and policy* (pp. 225–263). New York, NY: Cambridge University Press.

Rogoff, B., Paradise, R., Arauz, R. M., Correa-Chavez, M., & Angelillo, C. (2003). Firsthand learning through intent participation. *Annual Review of Psychology, 54,* 175–203.

Rohlen, T. P. (1983). *Japan's high schools.* Berkeley, CA: University of California Press.

Roizen, N. J., & Patterson, D. (2003). Down's syndrome. *Lancet, 361,* 1281–1289.

Rokach, R., Cohen, O., & Dreman, S. (2004). Who pulls the trigger? Who initiates divorce among 45-year-olds. *Journal of Divorce and Remarriage, 42,* 61–83.

Rolls, E. T. (2000). Memory systems in the brain. *Annual review of psychology, 51*(1), 599–630.

Roméo, F., Gramain, A., & Wittwer, J. (2009). Providing care for an elderly parent: Interactions among siblings? *Health Economics, 18,* 1011–1029.

Ron, P. (2006). Care giving offspring to aging parents: How it affects their marital relations, parenting, and mental health. *Illness, Crisis, & Loss, 14,* 1–21.

Rommes, E., Overbeek, G., Scholte, R., Engels, R., & de Kamp, R. (2007). "I'm not interested in computers.": Gender-biased occupational choices of adolescents. *Information, Communication & Society, 10,* 299–319.

Rooney, M. (2003, March 19). Fewer college students graduate in 4 years, survey finds. *Chronicle of Higher Education: Today's news* (pp. 1–2). Retrieved from http://chronicle.com/daily/2003/03/2003031901n.htm

Roopnarine, J. L., Hossain, Z., Gill, P., & Brophy, H. (1994). Play in the East Indian context. In J. L. Roopnarine, J. E. Johnson, & F. H. Hooper (Eds.), *Children's play in diverse cultures* (pp. 9–30). Albany, NY: State University of New York Press.

Rosamond, W., Flegal, K., Friday, F., Furie, K., Go, A., Greenlund, K., . . . Hong, Y. (2007). Heart disease, and stroke statistics–2007 update: A report from the American Heart Association Statistics Committee and Stroke Statistics Subcommittee. *Circulation, 115,* E69–E171.

Roscoe, B., Dian, M. S., & Brooks, R. H. (1987). Early, middle, and late adolescents' views on dating and factors influencing partner selection. *Adolescence, 22,* 59–68.

Rose, A. J., & Asher, S. R. (1999). Children's goals and strategies in response to conflicts within a friendship. *Developmental Psychology, 35,* 69–79.

Rose, P. (2004). The forest dweller and the beggar. *American Scholar, 73,* 5–11.

Rose, S. A., Feldman, J. F., Jankowski, J. J., & Van Rossem, R. (2005). Pathways from prematurity and infant abilities to later cognition. *Child Development, 76,* 1172–1184.

Rose, S. M. (2007). Enjoying the returns: Women's friendships after 50. In J. C. Chrisler & V. Muhlbauer (Eds.), *Women over 50: Psychological perspectives* (pp. 112–130). New York, NY: Springer.

Rosenberg, M. (1979). *Conceiving the self.* New York, NY: Basic Books.

Rosenberger, N. (2007). Rethinking emerging adulthood in Japan: Perspectives from long–term single women. *Child Development Perspectives, 1,* 92–95.

Rosenbloom, S. R., & Way, N. (2004). Experiences of discrimination among African American, Asian American, and Latino adolescents in an urban high school. *Youth & Society, 35,* 420–451.

Rosenthal, C. J., & Gladstone, J. (2000). *Grandparenthood in Canada.* Ottawa, Ontario, Canada: Vanier Institute of the Family.

Rosenthal, E. R. (2014). *Women, aging, and ageism.* London, England: Routledge.

Rosnow, R. L., & Rosenthal, R. L. (2005). *Beginning behavioral research* (5th ed.). Upper Saddle River, NJ: Prentice Hall.

Ross, H. S., & Lollis, S. P. (1989). A social relations analysis of toddler peer relationships. *Child Development, 60,* 1082–1091.

Rossi, A. S. (2005). The menopausal transition and aging processes. In O. G. Brim, C. D. Ryff, & R. C. Kessler (Eds.), *How healthy are we? A national study of well-being at midlife* (pp. 153–201). Chicago, IL: University of Chicago Press.

Rossi, G. (1997). The nestling. Why young adults stay at home longer: The Italian case. *Journal of Family Issues, 18,* 627–644.

Rossi, N. E., Bisconti, T. L., & Bergeman, C. S. (2007). The role of dispositional resilience in regaining life satisfaction after the loss of a spouse. *Death Studies, 31,* 863–883.

Rossouw, J. E., Prentice, R. L., Manson, J. E., Wu, L., Barad, D., Barnabei, V. M., . . . Stefanick, M. L. (2007). Postmenopausal hormone therapy and risk of cardiovascular disease by age and years since menopause. *JAMA: Journal of the American Medical Association, 297,* 1465–1477.

Rothbart, M. K. (2004). Emotion-related regulation: Sharpening the definition. *Child Development, 75,* 334–339.

Rothbart, M. K., & Bates, J. E. (2006). Temperament. In W. Damon & R. Lerner (Series Eds.), & N. Eisenberg (Vol. Ed.), *Handbook of child psychology: Vol. 3. Social, emotional, and personality development* (6th ed., pp. 99–166). New York, NY: Wiley.

Rothbart, M. K., Ahadi, S. A., & Evans, D. E. (2000). Temperament and personality: Origins and outcome. *Journal of Personality and Social Psychology, 78,* 122–135.

Rothbaum, F., Kakinuma, M., Nagaoka, R., & Azuma, H. (2007). Attachment and *amae*: Parent–child closeness in the United States & Japan. *Journal of Cross-Cultural Psychology, 38,* 465–486.

Rothbaum, F., & Morelli, G. (2005). Attachment and culture: Bridging relativism and universalism. In W. Friedlmeier, P. Chakkarath, & B. Schwarz (Eds.), Culture and human development: *The importance of cross-cultural research to the social sciences* (pp. 99–124). Lisse, The Netherlands: Swets & Zeitlinger.

Rothbaum, F., Weisz, J., Pott, M., Miyake, K., & Morelli, G. (2000). Attachment and culture: Security in the United States and Japan. *American Psychologist, 55,* 1093–1104.

Rothbaum, F., Weisz, J., Pott, M., Miyake, K., & Morelli, G. (2001). Deeper into attachment and culture. *American Psychologist, 56,* 827–829.

Rothenberger, A., Coghill, D., Dopfner, M., Falissard, B., & Stenhausen, H. C. (2006). Naturalistic observational studies in the framework of ADHD health care. *European Child and Adolescent Psychiatry, 15*(Suppl. 1), 1–3.

Rotheram-Borus, M. J. (1990). Adolescents' reference group choices, self-esteem, and adjustment. *Journal of Personality and Social Psychology, 59,* 1075–1081.

Roux, F. J., & Kryger, M. H. (2010). Medication effects on sleep. *Clinics in chest medicine, 31*(2), 397–405.

Rovee-Collier, C. K. (1999). The development of infant memory. *Current Directions in Psychological Science, 8,* 80–85.

Rowley, S. J., Kurtz-Costes, B., Mistry, R., & Feagans, L. (2007). Social status as a predictor of race and gender stereotypes in late childhood and early adolescence. *Social Development, 16,* 150–168.

Rox, F. J., & Kryger, M. H. (2010). Therapeutics for sleep–disordered breathing. *Sleep Medicine Clinics, 5,* 647–657.

Roy, A., & Wisnivesky, J. P. (2010). Comprehensive use of environmental control practices among adults with asthma. *Allergy and Asthma Proceedings, 31,* 72–77.

Rozario, P. A. (2006–2007). Volunteering among current cohorts of older adults and baby boomers. *Generations, 30,* 31–36.

Rozin, P. (2006). Domain denigration and process preference in academic psychology. *Perspectives on Psychological Science, 1,* 365–376.

Rubin, D. C. (2000). The distribution of early childhood memories. *Memory, 8*(4), 265–269.

Rubin, D. C., Rahhal, T. A., & Poon, L. W. (1998). Things learned in early adulthood are remembered best. *Memory and Cognition, 26,* 3–19.

Rubin, K. H., & Chung, O. B. (Eds.). (2006). *Parenting beliefs, behaviors, and parent–child relations: A cross-cultural perspective.* New York, NY: Psychology Press.

Rubin, K. H., Coplan, R. J., Fox, N. A., & Calkins, S. D. (1995). Emotionality, emotion regulation, and preschoolers' social adaptation. *Development and Psychopathology, 7,* 49–62.

Rubin, K. H., & Coplan, R. J. (Eds.). (2010). *The development of shyness and social withdrawal.* New York, NY: Guilford Press.

Rubin, K. H., Bukowski, W., & Parker, J. G. (2006). Peer interactions, relationships and groups. In W. Damon & R. Lerner (Eds.), & N. Eisenberg (Vol. Ed.), *Handbook of child psychology: Vol. 3. Social, emotional and personality development* (6th ed., pp. 571–645). New York, NY: Wiley.

Rubin, K. H., Burgess, K. B., & Hastings, P. D. (2002). Stability and social-behavioral consequences of toddlers' inhibited temperament and parenting behaviors. *Child Development, 73,* 483–495.

Rubin, K. H., Coplan, J., Chen, X., Buskirk, A. A., & Wojslawowicz, J. C. (2005). Peer relationships in childhood. In M. H. Bornstein & M. E. Lamb (Eds.), *Developmental science: An advanced textbook* (pp. 469–512). Mahwah, NJ: Erlbaum.

Rubin, K. H., & Pepler, D. J. (Eds.). (2013). The development and treatment of childhood aggression. Psychology Press.

Rubin, K., Fredstrom, B., & Bowker, J. (2008). Future directions in friendship in childhood and early adolescence. *Social Development, 17,* 1085–1096.

Ruble, D. N., Martin, C. L., & Berenbaum, S. (2006). Gender development. In W. Damon & R. M. Lerner (Series Eds.), & N. Eisenberg (Vol. Ed.), *Handbook of child psychology: Vol. 3. Social, emotional and personality development* (6th ed., pp. 858–932). Hoboken, NJ: Wiley.

Rucker, J. H., & McGuffin, P. (2010). Polygenic heterogeneity: A complex model of genetic inheritance in psychiatric disorders. *Biological Psychiatry, 68,* 312–313.

Rückinger, S., Beyerlein, A., Jacobsen, G., von Kries, R., & Vik, T. (2010). Growth in utero and body mass index at age 5 years in children of smoking and non-smoking mothers. *Early Human Development, 86,* 773–777.

Rückinger, S., et al. (2010). Prenatal and postnatal tobacco exposure and behavioral problems in 10-year-old children: Results from the GINI-plus Prospective Birth Cohort Study. *Environmental Health Perspectives, 118,* 150–154.

Rudy, D., & Grusec, J. (2006). Authoritarian parenting in individualist and collectivist groups: Associations with maternal emotion and cognition and children's self esteem. *Journal of Family Psychology, 43,* 302–319.

Ruggeri, K., & Bird, C. E. (2014). *Single parents and employment in Europe.* Cambridge, England: Rand Europe.

Ruiz, S. A., & Silverstein, M. (2007). Relationships with grandparents and the emotional well-being of late adolescent and young adult grandchildren. *Journal of Social Issues, 63,* 793–808.

Runco, M. A. (2014). *Creativity: Theories and themes: Research, development, and practice.* London, England: Elsevier.

Rupp, D., Vodanovich, S., & Crede, M. (2006, June). Age bias in the workplace: The impact of ageism and causal attributions. *Journal of Applied Social Psychology, 36,* 1337–1364.

Ruppar, T. M. (2010). Randomized pilot study of a behavioral feedback intervention to improve medication adherence in older adults with hypertension. *Journal of Cardiovascular Nursing, 25,* 470–479.

Rurup, M. L., Muller, M. T., Onwuteaka-Philipsen, B. D., van der Heide, A., van der Wal, G., & van der Maas, P. J. (2005). Requests for euthanasia or physician-assisted suicide from older persons who do not have a severe disease: An interview study. *Psychological Medicine, 35,* 665–671.

Rusconi, A. (2004). Different pathways out of the parental home: A comparison of West Germany and Italy. *Journal of Comparative Family Studies, 35,* 627–649.

Rush, B. K., Barch, D. M., & Braver, T. S. (2006). Accounting for cognitive aging: Context processing, inhibition or processing speed? *Aging, Neuropsychology, and Cognition, 13,* 588–610.

Russac, R. J., Gatliff, C., Reece, M., & Spottswood, D. (2007). Death anxiety across the adult years: An examination of age and gender effects. *Death Studies, 31,* 549–561.

Russell, A., Hart, C. H., Robinson, C. C., & Olsen, S. F. (2003). Children's sociable and aggressive behavior with peers: A comparison of the U.S. and Australian, and contributions of temperament and parenting styles. *International Journal of Behavioral Development, 27,* 74–86.

Russell, J. (May 8, 2011). Equal time. *The Boston Globe, Sunday Magazine*, pp. 14–19.

Rutter, M. (1996). Maternal deprivation. In M. H. Bornstein (Ed.), *Handbook of parenting: Vol. 4. Applied and practical parenting* (pp. 3–31). Mahwah, NJ: Erlbaum.

Rutter, M., O'Connor, T. G., and the English and Romanian Adoptees Study Team. (2004). Are there biological programming effects for psychological development? Findings from a study of Romanian adoptees. *Developmental Psychology, 40,* 81–94.

Ryan, A. S., Zhou, W., & Arensberg, M. B. (2006). The effects of employment status on breastfeeding in the United States. *Women's Health Issues, 16,* 243–251.

Ryan, C., Huebner, D., Diaz, R. M., & Sanchez, J. (2009). Family rejection as a predictor of negative health outcomes in white and Latino lesbian, gay and bisexual young adults. *Pediatrics, 123,* 346–352.

Ryan, E. B., Jin, Y., Anas, A. P., & Luh, J. J. (2004). Communication beliefs about young and old age in Asia and Canada. *Journal of Cross-Cultural Gerontology, 19,* 343–360.

Rychlak, J. F. (2003). The self takes over. In J. F. Rychlak, *The human image in postmodern America* (pp. 69–82). Washington, DC: American Psychological Association.

Ryff, C., et al. (2015). Adult development in Japan and the United States: Comparing theories and findings about growth, maturity, and well-being. In L. A. Jensen (Ed.), *Oxford handbook of human development and culture: An interdisciplinary perspective.* New York, NY: Oxford University Press.

Ryff, C. D. (1991). Possible selves in adulthood and old age: A tale of shifting horizons. *Psychology and Aging, 6,* 286–295.

Ryff, C. D. (1995). Psychological well-being in adult life. *Current Directions in Psychological Science, 4,* 99–104.

Ryff, C. D., Singer, B. H., & Seltzer, M. M. (2002). Pathways through challenge: Implications for well-being and health. In L. Pulkkinen & A. Caspi (Eds.), *Paths to successful development* (pp. 302–328). Cambridge, UK: Cambridge University Press.

Saarni, C. (1999). *The development of emotional competence.* New York, NY: Guilford.

Sachs, B. P., Kobelin, C., Castro, M. A., & Frigoletto, F. (1999). The risks of lowering the cesarean–delivery rate. *New England Journal of Medicine, 340,* 54–57.

Sadker, M., & Sadker, D. (1994). *Failing at fairness: How America's schools cheat girls.* New York, NY: Scribner.

Safar, M. E., & Smulyan, H. (2004). Hypertension in women. *American Journal of Hypertension, 17,* 82–87.

Safe Kids Worldwide. (2002). Childhood injury worldwide: Meeting the challenge. Retrieved from http://www.safekidsworldwide.org

Safe Kids Worldwide. (2009). *News and facts.* Retrieved from www.safekids.org

Safe Kids Worldwide (2013). *Unintentional childhood injury-related deaths.* Retrieved from http://www.safekidsgainesvillehall.org/unintentional-childhood-injury-related-deaths

Saffran, J. R., Werker, J. F., & Werner, L. A. (2006). The infant's auditory world: Hearing, speech and the beginnings of language. In W. Damon & R. Lerner (Eds.), & D. Kuhn & R. Siegler (Vol. Eds.), *Handbook of child psychology: Vol. 2. Cognition, perception, and language* (6th ed., pp. 58–108). New York, NY: Wiley.

Sagan, C., & Druyan, A. (1992). *Shadows of forgotten ancestors.* New York, NY: Ballantine.

Saginak, K. A., & Saginak, M. A. (2005). Balancing work and family: Equity, gender, and marital satisfaction. *Counseling and Therapy for Couples and Families, 13,* 162–166.

Saha, C., Riner, M. E., & Liu, G. (2005). Individual and neighborhood-level factors in predicting asthma. *Archives of Pediatrics and Adolescent Medicine, 159,* 759–763.

Sahin, E., & DePinho, R. A. (2012). Axis of ageing: Telomeres, p53, and mitochondria. *Nature Reviews: Molecular Cell Biology, 13,* 397-404. doi:10.1038/nrm3352

Saigal, S., den Ouden, L., Wolke, D., Hoult, L., Paneth, N., Streiner, D. L., Whitaker, A., & Pinto-Martin, J. (2003). School–age outcomes in children who were extremely low birth weight from four international population–based cohorts. *Pediatrics, 112,* 943–950.

Salbe, A. D., Weyer, C., Lindsay, R. S., Ravussin, E., & Tataranni, P. A. (2002). Assessing risk factors for obesity between childhood and adolescence: I. Birth weight, childhood adiposity, parental obesity, insulin, and leptin. *Pediatrics, 110,* 299–306.

Saldana, L., & Henggeler, S. W. (2006). Multisystemic therapy in the treatment of adolescent conduct disorder. In W. M. Nelson, III, A. J. Finch, Jr., & K. L. Hart (Eds.), *Conduct disorders: A practitioner's guide to comparative treatments* (pp. 217–258). New York, NY: Springer.

Salkind, N. (2011). *Exploring research.* Upper Saddle River, NJ: Pearson.

Salkind, N. J. (2009). *Exploring research.* Upper Saddle River, NJ: Prentice Hall.

Sallis, J. F., Bowles, H. R., Bauman, A., Ainsworth, B. E., Bull, F. C., Craig, C. L.,... De Bourdeaudhuij, I. (2009). Neighborhood environments and physical activity among adults in 11 countries. *American Journal of Preventive Medicine, 36,* 484–490.

Salmela-Aro, K., Nurmi, J.-E., Saisto, T., & Halmesmaki, E. (2001). Goal reconstruction and depressive symptoms during the transition to motherhood: Evidence from two cross-lagged longitudinal studies. *Journal of Personality and Social Psychology, 81,* 1144–1159.

Salmivalli, C., & Voeten, M. (2004). Connections between attitudes, group norms, and behaviour in bullying situations. *International Journal of Behavioral Development, 28,* 246–258.

Salomone, S., Caraci, F., Leggio, G. M., Fedotova, J., & Drago, F. (2011). New pharmacological strategies for treatment of Alzheimer's disease: Focus on disease-modifying drugs. *British Journal of Clinical Pharmacology, 73,* 504–517.

Salthouse, T. A. (2000). Aging and measures of processing speed. *Biological Psychology, 54,* 35–54.

Salthouse, T. A., Atkinson, T. M., & Berish, D. E. (2003). Executive functioning as a potential mediator of age-related cognitive decline in normal adults. *Journal of Experimental Psychology, General, 132,* 566–594.

Salzman, C. (2008). Pharmacologic treatment of disturbed sleep in the elderly. *Harvard Review of Psychiatry, 16,* 271–278.

Sameroff, A. J., & Haith, M. M. (1996). *The five to seven year shift: The age of reason and responsibility.* Chicago, IL: University of Chicago Press.

Samuels, H. R. (1980). The effect of an older sibling on infant locomotor exploration of a new environment, *Child Development, 51,* 607–609.

Sandberg, D. E., Ehrhardt, A. A., Ince, S. E., & Meyer-Bahlburg, H. (1991). Gender differences in children's and adolescents' career aspirations: A follow-up study. *Journal of Adolescent Research, 6,* 371–386.

Sandberg, J. F., & Hofferth, S. L. (2001). Changes in children's time with parents: United States, 1981–1997. *Demography, 38,* 423–436.

Sandhya, S. (2009). The social context of marital happiness in urban Indian couples: Interplay of intimacy and conflict. *Journal of Marital and Family Therapy, 35,* 74–96.

Sandstrom, M. J., & Zakriski, A. L. (2004). Understanding the experience of peer rejection. In J. B. Kupersmidt & K. A. Dodge (Eds.), *Children's peer relations: From development to intervention.* Washington, DC: American Psychological Association.

Sang, B., Miao, X., & Deng, C. (2002). The development of gifted and nongifted young children in metamemory knowledge. *Psychological Science (China), 25,* 406–424.

Sangree, W. H. (1989). Age and power: Life-course trajectories and age structuring of power relation in East and West Africa. In D. J. Kertzer & K. W. Schaie (Eds.), *Age structuring in comparative perspective* (pp. 23–46). Hillsdale, NJ: Erlbaum.

Sansavani, A., Bertoncini, J., & Giovanelli, G. (1997). Newborns discriminate the rhythm of multisyllabic stressed words. *Developmental Psychology, 33,* 3–11.

Santoro, N., Brockwell, S., Johnston, J., Crawford, S. L., Gold, E. B., Harlow, S. D., ... & Sutton-Tyrrell, K. (2007). Helping midlife women predict the onset of the final menses: SWAN, the Study of Women's Health Across the Nation. *Menopause, 14*(3), 415–424.

Saraswathi, T. S. (1999). Adult–child continuity in India: Is adolescence a myth or an emerging reality? In T. S. Saraswathi (Ed.), *Culture, socialization, and human development: Theory, research, and applications in India* (pp. 213–232). Thousand Oaks, CA: Sage.

Sarrell, E. M., Horev, Z., Cohen, Z., & Cohen, H. A. (2005). Parents' and medical personnel's beliefs about infant teething. *Patient Education and Counseling, 57,* 122–125.

Sassler, S., Ciambrone, D., & Benway, G. (2008). Are they really mama's boys/ daddy's girls? The negotiation of adulthood upon returning to the parental home. *Sociological Forum, 23,* 670–698.

Saudino, K. J. (2003). Parent ratings of infant temperament: Lessons from twin studies. *Infant Behavior and Development, 26,* 100–107.

Savin-Williams, R. (2001). *Mom, Dad, I'm gay.* Washington, DC: American Psychological Association.

Savin-Williams, R. C., & Joyner, K. (2014). The dubious assessment of gay, lesbian, and bisexual adolescents of Add Health. *Archives of Sexual Behavior 43*(3), 413–422.

Saw, S. M., Carkeet, A., Chia, K. S., Stone, R. A., & Tan, D. T. (2002). Component dependent risk factors for ocular parameters in Singapore Chinese children. *Ophthalmology, 109,* 2065–2071.

Sawnani, H., Jackson, T., Murphy, T., Beckerman, R., & Simakajornboon, N. (2004). The effect of maternal smoking on respiratory and arousal patterns in preterm infants during sleep. *American Journal of Respiratory and Critical Care Medicine, 169,* 733–738.

Sax, L., & Kautz, K. J. (2003). Who first suggests the diagnosis of attention deficit/hyperactivity disorder? *Annals of Family Medicine, 1,* 171–174.

Saxe, G. B. (1994). Studying cognitive development in sociocultural contexts: The development of practice-based approaches. *Mind, Culture, and Activity, 1,* 135–157.

Saxe, G. B. (2002). Candy selling and math learning. In C. Desforges & R. Fox (Eds.), *Teaching and learning: The essential readings* (pp. 86–106). Malden, MA: Blackwell.

Sbarra, D. A., & Emery, R. E. (2008). Deeper into divorce: Using actor–partner analyses to explore systemic differences in coparenting conflict following custody dispute resolution. *Journal of Family Psychology, 22,* 144–152.

Scannell-Desch, E. (2003). Women's adjustment to widowhood: Theory, research, and methods. *Journal of Psychosocial Nursing and Mental Health Services, 41,* 28–36.

Scantlin, R. (2007). Educational television, effects of. In J. J. Arnett (Ed.), *Encyclopedia of children, adolescents, and the media* (pp. 255–258). Thousand Oaks, CA: Sage.

Scarmeas, N., Stern, Y., Mayeux, R., & Luchsinger, J. A. (2006). Mediterranean diet, Alzheimer disease, and vascular mediation. *Archives of Neurology, 63,* 1709–1717.

Scarr, S. (1993). Biological and cultural diversity: The legacy of Darwin for development. *Child Development, 54,* 424–435.

Scarr, S., & McCartney, K. (1983). How people make their own environments: A theory of genotype environment effects. *Child Development, 54,* 424–435.

Schaal, B., Marlier, L., & Soussignan, R. (2000). Human fetuses learn odours from their pregnant mother's diet. *Chemical Senses, 25,* 729–737.

Schachter, E. P. (2005). Erikson meets the postmodern: Can classic identity theory rise to the challenge? *Identity, 5,* 137–160.

Schachter, S. C., & Ransil, B. J. (1996). Handedness distributions in nine professional groups. *Perceptual and Motor Skills, 82,* 51–63.

Schachter, S. R. (2009). Cancer patients facing death: Is the patient who focuses on living in denial of his/her death? In M. K. Bartalos (Ed.), *Speaking of death: America's new sense of mortality* (pp. 42–77). Westport, CT: Praeger.

Schaeffer, C., Petras, H., & Ialongo, B. (2003). Modeling growth in boys' aggressive behavior across elementary school: Links to later criminal involvement, conduct disorder, and antisocial personality disorder. *Developmental Psychology, 39,* 1020–1035.

Schaie, K. W. (1994). The course of adult intellectual development. *American Psychologist, 49,* 304–313.

Schaie, K. W. (1996). *Intellectual development in adulthood: The Seattle Longitudinal Study.* New York, NY: Cambridge University Press.

Schaie, K. W. (1998). The Seattle Longitudinal Studies of Adult Intelligence. In M. P. Lawton & T. A. Salthouse (Eds.), *Essential papers on the psychology of aging* (pp. 263–271). New York, NY: New York University Press.

Schaie, K. W. (2005). *Developmental influences on adult intelligence: The Seattle Longitudinal Study.* New York, NY: Oxford University Press.

Schaie, K. W. (2012). *Developmental influences on adult intelligence: The Seattle Longitudinal Study.* New York, NY: Oxford University Press.

Scharf, M., Shulman, S., & Avigad-Spitz, L. (2005). Sibling relationships in emerging adulthood and in adolescence. *Journal of Adolescent Research, 20,* 64–90.

Scheff, S. W., & Price, D. A. (2006). Alzheimer's disease-related alterations in synaptic density: Neocortex and hippocampus. *Journal of Alzheimer's Disease, 9,* 101–115.

Scheibe, C. (2007). Advertising on children's programs. In J. J. Arnett (Ed.), *Encyclopedia of children, adolescents, and the media* (pp. 59–60). Thousand Oaks, CA: Sage.

Scheiber, R. A., & Sacks, J. J. (2001). Measuring community bicycle helmet use among children. *Public Health Reports, 116,* 113–121.

Scheidel, D. G., & Marcia, J. E. (1985). Ego identity, intimacy, sex role orientation, and gender. *Developmental Psychology, 21,* 149–160.

Scheiwe, K., & Willekins, H. (2009). *Childcare and preschool development in Europe.* New York, NY: Palgrave MacMillan.

Scher, A., Epstein, R., & Tirosh, E. (2004). Stability and changes in sleep regulation: A longitudinal study from 3 months to 3 years. *International Journal of Behavioral Development, 28,* 268–274.

Scherman, A. Z. (2013). Cultural life script theory and the reminiscence bump: A reanalysis of seven studies across cultures. *Nordic Psychology, 65,* 103–119.

Scherzer, A. L. (2009). Experience in Cambodia with the use of a culturally relevant developmental milestone chart for children in low- and middle-income countries. *Journal of Policy and Practice in Intellectual Disabilities, 6,* 287–292.

Schieffelin, B. B. (1986). The acquisition of Kaluli. In D. Slobin (Ed.), *The cross-linguistic study of language acquisition* (pp. 525–593). Hillsdale, NJ: Erlbaum.

Schieffelin, B. B. (1990). *The give and take of everyday life: Language socialization of Kaluli children.* New York, NY: Cambridge University Press.

Schlegel, A. (2010). Adolescent ties to adult communities: The intersection of culture and development. In L. Jensen (Ed.), *Bridging cultural and developmental approaches to psychology* (pp. 138–159). New York, NY: Oxford University Press.

Schlegel, A., & Barry, H. (1991). *Adolescence: An anthropological inquiry.* New York, NY: Free Press.

Schlegel, A., & Barry III, H. (2015). The nature and meaning of adolescent transition rituals. In L. A. Jensen (Ed.), *Oxford handbook of human development and culture: An interdisciplinary perspective.* New York, NY: Oxford University Press.

Schmidt, L., Holstein, B., Christensen, U., & Boivin, J. (2005). Does infertility cause marital benefit? An epidemiological study of 2250 men and women in fertility treatment. *Patient Education and Counseling, 59,* 244–251.

Schmitow, C., & Stenberg, G. (2013). Social referencing in 10-month-old infants. *European Journal of Developmental Psychology, 10,* 533–545. doi: 10.1080/17405629.2013.763473

Schmitt, M., Kliegel, M., & Shapiro, A. (2007). Marital interaction in middle and old age: A predictor of marital satisfaction? *The International Journal of Aging & Human Development, 65,* 283–300.

Schneider, B. (2006). In the moment: The benefits of the Experience Sampling Method. In M. Pitt-Catsouphes, E. E. Kossek, & S. Sweet (Eds.), *The work and family handbook: Multi-disciplinary perspectives, methods, and approaches* (pp. 469–488). Mahwah, NJ: Erlbaum.

Schneider, B. (2009). Challenges of transitioning into adulthood. In I. Schoon & R. K. Silbereisen (Eds.), *Transitions from school to work: Globalization, individualization, and patterns of diversity* (pp. 265–290). New York, NY: Cambridge University Press.

Schneider, B., & Stevenson, D. (1999). *The ambitious generation: America's teenagers, motivated but directionless.* New Haven, CT: Yale University Press.

Schneider, W. (2002). Memory development in childhood. In U. Goswami (Ed.), *Blackwell handbook of childhood cognitive development* (pp. 236–256). Malden, MA: Blackwell.

Schneider, W. (2010). Metacognition and memory development in childhood and adolescence. In H. S. Waters & W. Schneider (Eds.), *Metacognition, strategy use, and instruction* (pp. 54–81). New York, NY: Guilford.

Schneider, W., & Bjorklund, D. F. (1992). Expertise, aptitude, and strategic remembering. *Child Development, 63,* 461–473.

Schneider, W., & Pressley, M. (1997). *Memory development between two and twenty* (2nd ed.). Mahwah, NJ: Erlbaum.

Schnohr, P., Scharling, H., & Jensen, J. S. (2003). Changes in leisure-time physical activity and risk of death: An observational study of 7,000 men and women. *American Journal of Epidemiology, 158,* 639–644.

Schoeni, R., & Ross, K. (2005). Material assistance received from families during the transition to adulthood. In R. A. Settersten, Jr., F. F. Furstenberg, Jr., & R. G. Rumbaut (Eds.), *On the frontier of adulthood: Theory, research and public policy* (pp. 396–416). Chicago, IL: University of Chicago Press.

Schoenwald, S. K., Heiblum, N., Saldana, L., & Henggeler, S. W. (2008). The international implementation of multisystemic therapy. *Evaluation & the Health Professions, 31,* 211–225.

Schoolcraft, W. (2010). *If at first you don't conceive: A complete guide to infertility from one of the nation's leading clinics.* New York, NY: Rodale Books.

Schott, B. (2009, October 19). On the division of our three score and ten. *The New York Times* blog post. Retrieved from http://www.nytimes.com/interactive/2009/09/08/opinion/20091019opart.html

Schott, J. M., & Rossor, M. N. (2003). The grasp and other primitive reflexes. *Journal of Neurological and Neurosurgical Psychiatry, 74,* 558–560.

Schroeder, D. H., & Salthouse, T. A. (2004). Age-related effects on cognition between 20 and 50 years of age. *Personality and Individual Differences, 36,* 393–404.

Schroots, J. J. F., van Dijkum, C., & Assink, M. H. J. (2004). Autobiographical memory from a life span perspective. *International Journal of Aging and Human Development, 58,* 69–85.

Schulenberg, J. (2000, April). *College students get drunk, so what? National panel data on binge drinking trajectories before, during and after college.* Paper presented at the biennial meeting of the Society for Research on Adolescence, Chicago, IL.

Schulenberg, J. E., & Zarrett, N. R. (2006). Mental health during emerging adulthood: Continuity and discontinuity in courses, causes, and functions. In J. J. Arnett & J. L. Tanner (Eds.), *Emerging adults in America: Coming of age in the 21st century* (pp. 135–172). Washington, DC: American Psychological Association.

Schulenberg, J., & Maggs, J. L. (2000). *A developmental perspective on alcohol use and heavy drinking behavior during adolescence and the transition to adulthood.* Washington, DC: National Institute on Alcohol Abuse and Alcoholism.

Schulz, R., Boerner, K., Shear, K., Zhang, S., & Gitlin, L. N. (2006). Predictors of complicated grief among dementia caregivers: A prospective study of bereavement. *American Journal of Geriatric Psychiatry, 14,* 650.

Schulz, R., & Curnow, C. (1988). Peak performance and age among superathletes: track and field, swimming, baseball, tennis, and golf. *Journal of Gerontology, 43*(5), P113-P120.

Schulze, P. A., & Carlisle, S. A. (2010). What research does and doesn't say about breastfeeding: A critical review. *Early Child Development and Care, 180,* 703–718.

Schum, T. R., McAuliffe, T. L., Simms, M. D., Walter, J. A., Lewis, M., & Pupp, R. (2001). Factors associated with toilet training in the 1990s. *Ambulatory Pediatrics, 1,* 79–86.

Schwalb, D. W., Nakawaza, J., Yamamoto, T., & Hyun, J.-H. (2004). Fathering in Japanese, Chinese, and Korean cultures: A review of the research literature. In M. E. Lamb (Ed.), *The role of the father in child development* (4th ed., pp. 146–181). Hoboken, NJ: Wiley.

Schwalb, D. W., & Schwalb, B. J. (2015). Fathering diversity within societies. In L. A. Jensen (Ed.), *Oxford handbook of human development and culture.* New York, NY: Oxford University Press.

Schwartz, D., Proctor, L. J., & Chien, D. H. (2001). The aggressive victim of bullying: Emotional and behavioral dysregulation as a pathway to victimization by peers. In J. Juonen & S. Graham (Eds.), *Peer harassment in school: The plight of the vulnerable and victimized* (pp. 147–174). New York, NY: Guilford.

Schwartz, M., Share, D. L., Leikin, M., & Kozminsky, E. (2008). On the benefits of bi-literacy: Just a head start in reading or specific orthographic insights? *Reading and Writing, 21,* 905–927.

Schwartz, S. J. (2005). A new identity for identity research: Recommendations for expanding and refocusing the identity literature. *Journal of Adolescent Research, 20,* 293–308.

Schwartz, S. J. (2015). Identity development in emerging adulthood. In J. J. Arnett (Ed.), *Oxford handbook of emerging adulthood.* New York, NY: Oxford University Press.

Schwartz, S. J., & Pantin, H. (2006). Identity development in adolescence and emerging adulthood: The interface of self, context, and culture. In A. P. Prescott (Ed.), *The concept of self in psychology* (pp. 45–85). Hauppauge, NY: Nova Science Publishers.

Schwartz, S. J., Zamboanga, B. L., Weisskirch, R. S., & Wang, S. C. (2010). The relationships of personal and cultural identity to adaptive and maladaptive psychosocial functioning in emerging adults. *The Journal of Social Psychology, 150,* 1–31.

Schweinle, A. & Wilcox, T. (2004). Intermodal perception and physical reasoning in young infants. *Infant Behavior & Development, 27,* 246–265.

Schwenkhagen, A. (2007). Hormonal changes in menopause and implications on sexual health. *The Journal of Sexual Medicine,* 4(Suppl.), 220–226.

Schweinhart, L. J., Montie, J., Xiang, Z., Barnett, W. S., & Belfield, C. R. (2004). *Lifetime effects: The High/Scope Perry Preschool Study through age 40.* Boston, MA: Strategies for Children. Retrieved from www.highscope.org/Research/PerryProject/perrymain.htm

Schwimmer, J. B., Burwinkle, T. M., & Varni, J. W. (2003). Health-related quality of life of severely obese children and adolescents. *JAMA: Journal of the American Medical Association, 289,* 1813–1819.

Scott, A. M., & Caughlin, J. P. (2012). Managing multiple goals in family discourse about end-of-life health decisions. *Research on Aging, 34*(6), 670–691.

Scott, E., & Panksepp, J. (2003). Rough-and-tumble play in human children. *Aggressive Behavior, 29,* 539–551.

Seach, K. A., Dharmage, S. C., Lowe, A. J., & Dixon, J. B. (2010). Delayed introduction of solid feeding reduces child overweight and obesity at 10 years. *International Journal of Obesity, 34,* 1475–1479.

Sears, H. (2007). Canada. In J. J. Arnett (Ed.), *International encyclopedia of adolescence.* New York, NY: Routledge.

Sears, H. (2012). Canada. In J. J. Arnett (Ed.), *Adolescent psychology around the world.* New York, NY: Taylor & Francis.

Segal, A. F. (2004). *Life after death: A history of the afterlife in Western religion.* New York, NY: Doubleday.

Segall, M. H., Dasen, P. R., Berry, J. W., & Poortinga, Y. H. (1999). *Human behavior in global perspective: An introduction to cross-cultural psychology.* Boston, MA: Allyn & Bacon.

Seguin, R., & Nelson, M. E. (2003). The benefits of strength training for older adults. *American Journal of Preventive Medicine, 25* (Suppl. 2), 141–149.

Seiberling, K. A., & Conley, D. B. (2004). Aging and olfactory and taste function. *Otolaryngologic Clinics of North America, 37,* 1209–1228.

Selander, J. (2011). *Cultural beliefs honor placenta.* Retrieved from http://placentabenefits.info/culture.asp

Sellen, D. W. (2001). Comparison of infant feeding patterns reported for nonindustrial populations with current recommendations. *Journal of Nutrition, 131,* 2707–2715.

Selwyn, N. (2008). An investigation of differences in undergraduates' academic use of the Internet. *Active Learning in Higher Education, 9,* 11–22.

Sembuya, R. (2010). Mother or nothing: The agony of infertility. *Bulletin of the World Health Organization, 88,* 881–882.

Sen, K., & Samad, A. Y. (Eds.). (2007). *Islam in the European Union: Transnationalism, youth, and the war on terror.* New York, NY: Oxford University Press.

Sepa, A., Frodi, A., & Ludvigsson, J. (2004). Psychosocial correlates of parenting stress, lack of support and lack of confidence/security. *Scandinavian Journal of Psychology, 45,* 169–179.

Sereny, M. (2011). Living arrangements of older adults in China: The interplay among preferences, realities, and health. *Research on Aging, 33,* 172–204.

Serpell, R. (1996). Cultural models of childhood in indigenous socialization and formal schooling in Zambia. In C. P. Hwang, M. E. Lamb, & I. E. Sigel (Eds.), *Images of childhood* (pp. 129–142). Hillsdale, NJ: Lawrence Erlbaum.

Shalatin, S., & Phillip, M. (2003). The role of obesity and leptin in the pubertal process and pubertal growth: A review. *International Journal of Obesity and Related Metabolic Disorders, 27,* 869–874.

Shanahan, L., McHale, S. M., Osgood, D. W., & Crouter, A. C. (2007). Conflict frequency with mothers and fathers from middle childhood to late adolescence: Within- and between-families comparisons. *Developmental Psychology, 43,* 539–550.

Shapira, N., Barak, A., & Gal, I. (2007). Promoting older adults' well–being through Internet training and use. *Aging & Mental Health, 11,* 477–484.

Shapiro, A. (2004). Revisiting the generation gap: Exploring the relationships of parent/adult-child dyads. *International Journal of Aging and Human Development, 58,* 127–146.

Shapiro, A. E., Gottman, J. M., & Carrere, S. (2000). The baby and the marriage: Identifying factors that buffer against the decline of marital satisfaction after the first baby arrives. *Journal of Family Psychology, 14,* 59–70.

Shapiro, L. J., & Azuma, H. (2004). Intellectual, attitudinal, and interpersonal aspects of competence in the United States and Japan. In R. J. Sternberg & E. L. Grigorenko (Eds.), *Culture and competence: Contexts of life success* (pp. 187–206). Washington, DC: American Psychological Association.

Shapka, J. D., & Keating, D. P. (2005). Structure and change in self-concept during adolescence. *Canadian Journal of Behavioural Science, 37,* 83–96.

Sharp, E. A., & Ganong, L. H. (2000). Awareness about expectations: Are unrealistic beliefs changed by integrative teaching? *Family Relations, 49,* 71–76.

Shaughnessy, J., Zechmeister, E., & Zechmeister, J. (2011). *Research methods in psychology* (11th ed.). New York, NY: McGraw-Hill.

Shaw, P., Greenstein, D., Lerch, J., Clasen, L., Lenroot, R., Gogtay, N., & Evans, A. (2006). Intellectual ability and cortical development in children and adolescents. *Nature, 440,* 676–679.

Shay, J. W., & Wright, W. E. (2004). Telomeres are double-strand DNA breaks hidden from DNA damage responses. *Molecular Cell, 14,* 420–421.

Shaywitz, B. A., Shaywitz, S. E., Blachman, B. A., Pugh, K. R., Fulbright, R. K., Skudlarski, P.,...Gore, J. C. (2004). Development of left occipitotemporal systems for skilled reading in children after a phonologically-based intervention. *Biological Psychiatry, 55,* 926–933.

Shear, M. K. (2009). Grief and depression: Treatment decisions for bereaved children and adults. *American Journal of Psychiatry, 166,* 746–748.

Shen, V. (2008). Wisdom and learning to be wise in Chinese Mahayana Buddhism. In M. Ferrari & G. Potworowski (Eds.), *Teaching for wisdom: Cross–cultural perspectives on fostering wisdom* (pp. 113–133). New York, NY: Springer.

Sherrell, K., Buckwalter, K. C., & Morhardt, D. (2001). Negotiating family relationships: Dementia care as a midlife developmental task. Families in Society: *The Journal of Contemporary Social Services, 82*(4), 383–392.

Shields, L., Mamun, A. A., O'Callaghan, M., Williams, G. M., & Najman, J. M. (2010). Breastfeeding and obesity at 21 years: A cohort study. *Journal of Clinical Nursing, 19,* 1612–1617.

Shih, R. A., Miles, J. N., Tucker, J. S., Zhou, A. J., & D'Amico, E. J. (2010). Racial/ethnic differences in adolescent substance use: Mediation by individual, family, and school factors. *Journal of Studies on Alcohol and Drugs, 71*(5), 640.

Shipman, K. L., Zeman, J., Nesin, A. E., & Fitzgerald, M. (2003). Children's strategies for displaying anger and sadness: What works with whom? *Merrill-Palmer Quarterly, 49,* 100–122.

Shiraev, T., & Barclay, G. (2012). Evidence based exercise: Clinical benefits of high intensity interval training. *Australian Family Physician, 41*(12), 960.

Shiri, R., Koskimaki, J., Hakam, M., Hakkinen, J., Tammela, T. L., Huhtala, H., & Auvinen, A. (2003). Effect of chronic diseases on incidence of erectile dysfunction. *Urology, 62,* 1097–1102.

Shirtcliff, E. A., Dahl, R E., & Pollak, S. D. (2009). Pubertal development: Correspondence between hormonal and physical development. *Child Development, 80,* 327–337.

Shock, N. W. (1977). Biological theories of aging. In J. E. Birren & K. W. Schaie (Eds.), *Handbook of the psychology of aging* (pp. 103–115). New York, NY: Van Nostrand Reinhold.

Shonkoff, J. P., & Phillips, D. A. (Eds.). (2000). *From neurons to neighborhoods: The science of early childhood development.* Washington, DC: National Academy Press.

Shope, J. T. (2002). Discussion paper. *Injury Prevention, 8*(Suppl. 2), ii14–ii16.

Shope, J. T. (2007). Graduated driver licensing: Review of evaluation results since 2002. *Journal of Safety Research, 38,* 165–175.

Shope, J. T., & Bingham, C. R. (2008). Teen driving: Motor-vehicle crashes and factors that contribute. *American Journal of Preventative Medicine, 35*(3, Suppl. 1), S261–S271.

Shorten, A. (2010). Bridging the gap between mothers and medicine: "New insights" from the NIH Consensus Conference on VBAC. *Birth: Issues in Perinatal Care, Vol. 3,* 181–183.

Shreeve, J. (2010, July). The evolutionary road. *National Geographic,* 34–50.

Shuey, K., & Hardy, M. A. (2003). Assistance to aging parents and parents-in-law: Does lineage affect family allocation decisions? *Journal of Marriage and Family, 65,* 418–431.

Shulman, S., & Connolly, J. (2015). Romantic relationships in emerging adulthood. In J. J. Arnett (Ed.), *Oxford handbook of emerging adulthood.* New York, NY: Oxford University Press.

Shulman, S., Laursen, B., Kalman, Z., & Karpovsky, S. (1997). Adolescent intimacy revisited. *Journal of Youth & Adolescence, 26,* 597–617.

Shumaker, D. M., Miller, C., Ortiz, C., & Deutsch, R. (2011). The forgotten bonds: The assessment and contemplation of sibling attachment in divorce and parental separation. *Family Court Review, 49*(1), 46–58.

Shweder, R. A. (1998). Introduction: Welcome to middle age! In R. A. Shweder (Ed.), *Welcome to middle age! (and other cultural fictions)* (pp. ix–xvii). Chicago, IL: University of Chicago Press.

Shweder, R. A. (2003). *Why do men barbecue? Recipes for cultural psychology.* Cambridge, MA: Harvard University Press.

Shweder, R. A. (Ed.) (2009). *The child: An encyclopedic companion.* Chicago, IL: The University of Chicago Press.

Shweder, R. A., Goodnow, J. J., Hatano, G., LeVine, R. A., Markus, H. R., & Miller, P. J. (2006). The cultural psychology of development: One mind, many mentalities. In W. Damon & R. Lerner (Eds.), & R. M. Lerner (Vol. Eds.), *Handbook of child psychology: Vol. 1. Theoretical models of human development* (6th ed., pp. 716–792). New York, NY: Wiley.

Shweder, R. A., Goodnow, J., Hatano, G., Levine, R. A., Markus, H., & Miller, P. (2011). The cultural psychology of development: One mind, many mentalities. In W. Damon (Ed.), *Handbook of child development* (6th ed.). New York, NY: Wiley.

Shweder, R. A., Jensen, L., & Goldstein, W. A. (1995). Who sleeps by whom revisited: A method for extracting the moral goods implicit in practice. In J. J. Goodnow, P. J. Miller, & F. Kessel (Eds.), *Cultural practices as contexts for development* (Vol. 67, pp. 21–39). San Francisco, CA: Jossey-Bass Publishers.

Shweder, R. A., Mahapatra, M., & Miller, J. G. (1990). Culture and moral development. In J. W. Stigler, R. A. Shweder, & G. Herdt (Eds.), *Cultural psychology* (pp. 130–204). New York, NY: Cambridge University Press.

Shweder, R. A., Much, N. C., Mahapatra, M., & Park, L. (1997). The "big three" of morality (autonomy, community, divinity) and the "big three" explanations of suffering. In A. Brandt & D. Rozin (Eds.), *Morality and health* (pp. 119–169). New York, NY: Routledge.

Sidorowicz, L. S., & Lunney, G. S. (1980). Baby X revisited. *Sex Roles, 6,* 67–73.

Siegler, I. C., Bosworth, H. B., & Poon, L. W. (2003). Disease, health, and aging. In R. M. Lerner, M. A. Easterbrooks, J. Mistry, & I. B. Weiner (Eds.), *Handbook of psychology: Health psychology* (Vol. 9, pp. 487–510). Hoboken, NJ: Wiley.

Sierra, F. (2006). Is (your cellular response to) stress killing you? *Journals of Gerontology: Series A: Biological Sciences and Medical Sciences, 61,* 557–561.

Sigman, M. (1999). Developmental deficits in children with Down syndrome. In H. Tager-Flusberg (Ed.), *Neurodevelopmental disorders: Developmental cognitive neuroscience* (pp. 179–195). Cambridge, MA: MIT Press.

Sigman, M., Cohen, S., & Beckwith, L. (2000). Why does infant attention predict adolescent intelligence? In D. Muir & A. Slater (Eds.), *Infant development: The essential readings* (pp. 239–253). Malden, MA: Blackwell.

Signorielli, N. (2004). Aging on television: Messages relating to gender, race and occupation in prime time. *Journal of Broadcasting & Electronic Media, 48,* 279–301.

Silk, J. S., Morris, A. S., Kanaya, T., & Steinberg, L. (2003). Psychological control and autonomy granting: Opposite ends of a continuum or distinct constructs? *Journal of Research on Adolescence, 13,* 113–128.

Silva, C., & Martins, M. (2003). Relations between children's invented spelling and the development of phonological awareness. *Educational Psychology, 23,* 3–16.

Silverstein, M., & Marenco, A. (2001). How Americans enact the grandparent role across the family life course. *Journal of Family Issues, 22,* 493–522.

Silverstein, M., Conroy, S., Wang, H., Giarrusso, R., & Bengtson, V. I. (2002). Reciprocity in parent–child relations over the adult life course. *Journal of Marriage and the Family, 60,* 912–923.

Silverstein, M., Gans, D., & Yang, F. M. (2006). Intergenerational support to aging parents: The role of norms and needs. *Journal of Family Issues, 27,* 1068–1084.

Simcock, P. (2012). Seeing ourselves as the adman sees us? The representation and portrayal of older people in advertising. In A. Hetsroni (Ed.), *Advertising and reality: A global study of representation and content* (pp. 129–142). New York, NY: Bloomsbury.

Simkin, P. (2007). *The birth partner, Third edition: A complete guide to childbirth for dads, doulas, and all other labor companions.* Boston, MA: Harvard Common Press.

Simmons, C. A. (2014). Playing with popular culture–an ethnography of children's sociodramatic play in the classroom. *Ethnography and Education,* 1–14.

Simons, L. G., Simons, R. L., & Su, X. (2013). Consequences of corporal punishment among African Americans: The importance of context and outcome. *Journal of youth and adolescence, 42*(8), 1273–1285.

Simons, S. H. P., van Dijk, M., Anand, K. S., Roofhooft, D., van Lingen, R., & Tibboel, D. (2003). Do we still hurt newborn babies: A prospective study of procedural pain and analgesia in neonates. *Archives of Pediatrics & Adolescent Medicine, 157,* 1058–1064.

Simons-Morton, B. (2007). Parent involvement in novice teen driving: Rationale, evidence of effects, and potential for enhancing graduated driver licensing effectiveness. *Journal of Safety Research, 38,* 192–202.

Simons-Morton, B. G., Hartos, J. L., & Leaf, W. A. (2002). Promoting parental management of teen driving. *Injury Prevention, 8*(Suppl. 2), ii24–ii31.

Simons-Morton, B. G., Hartos, J. L., Leaf, W. A., & Preusser, D. F. (2006). Increasing parent limits on novice young drivers: Cognitive mediation of the effect of persuasive messages. *Journal of Adolescent Research, 21,* 83–105.

Simons-Morton, B. G., Ouimet, M. C., & Catalano, R. F. (2008). Parenting and the young driver problem. *American Journal of Preventative Medicine, 35*(3, Suppl. 1), S294–S303.

Simonton, D. K. (1996). Creativity. In J. E. Birren (Ed.), *Encyclopedia of gerontology* (pp. 341–351). San Diego, CA: Academic Press.

Simonton, D. K. (2000). Creativity: Cognitive, personal, developmental, and social aspects. *American Psychologist, 55,* 151–158.

Simonton, D. K. (2010). Creativity in highly eminent individuals. In J. C. Kaufman & R. J. Sternberg (Eds.), *The Cambridge handbook of creativity* (pp. 174–188). New York, NY: Cambridge University Press.

Singer, J. L., & Singer, D. G. (1998). *Barney & Friends* as entertainment and education: Evaluating the quality and effectiveness of a television series for preschool children. In J. K. Asamen & G. L. Berry (Eds.), *Research paradigms, television and social behavior* (pp. 305–367). Thousand Oaks, CA: Sage.

Singer, Y., Bachner, Y. G., Shvartzman, P., & Carmel, S. (2005). Home death—the caregivers' experiences. *Journal of Pain and Symptom Management, 30,* 70–74.

Singerman, J., & Lee, L. (2008). Consistency of the Babinski reflex and its variants. *European Journal of Neurology, 15,* 960–964.

Singh, L., Nestor, S., Parikh, C., & Yull, A. (2009). Influences of infant-directed speech on early word recognition. *Infancy, 14,* 654–666.

Singh, M. A. F. (2004). Exercise and aging. *Clinical Geriatric Medicine, 20,* 201–221.

Singh, S., Darroch, J. E., & Frost, J. J. (2001). Socioeconomic disadvantage and adolescent women's sexual and reproductive behavior: The case of five developed countries. *Perspectives on Sexual and Reproductive Health, 33,* 251–258 & 289.

Sinha, S. P., & Goel, Y. (2012). Impulsivity and selective attention among adolescents. *Journal of Psychosocial Research, 7*(1).

Sinnott, J. D. (2014). *Adult development: Cognitive aspects of thriving close relationships.* New York, NY: Oxford University Press.

Sippola, L. K., Buchanan, C. M., & Kehoe, S. (2007). Correlates of false self in adolescent romantic relationships. *Journal of Clinical Child and Adolescent Psychology, 36,* 515–521.

Sirsch, U., Dreher, E., Mayr, E., & Willinger, U. (2009). What does it take to be an adult in Austria? Views on adulthood in Austrian adolescents, emerging adults, and adults. *Journal of Adolescent Research, 24,* 275–292.

Sirsch, U., Dreher, E., Mayr, E., & Willinger, U. (2009). What does it take to be an adult in Austria?: Views of adulthood in Austrian adolescents, emerging adults, and adults. *Journal of Adolescent Research, 24,* 275–292.

Slater, A., Field, T., & Hernandez-Reif, M. (2002). The development of the senses. In A. Slater & M. Lewis (Eds.), *Introduction to infant development.* New York, NY: Oxford University Press.

Slater, M. D., Henry, K. L., Swaim, R. C., & Anderson, L. L. (2003). Violent media content and aggressiveness in adolescents: A downward spiral model. *Communication Research, 30,* 713–736.

Slobin, D. (1972, July). Children and language: They learn the same way around the world. *Psychology Today,* 71–76.

Slobin, D. I. (2014). The universal, the typological, and the particular in acquisition. In D. I. Slobin (Ed.), *The cross-linguistic study of language acquisition* (Vol. 5, pp. 1–40). New York, NY: Psychology Press.

Slonje, R., & Smith, P. K. (2008). Cyberbullying: Another main type of bullying? *Scandinavian Journal of Psychology, 49,* 147–154.

Small, M. (2001). *Kids: How biology and culture shape the way we raise young children.* New York, NY: Anchor.

Small, M. F. (1998). *Our babies, ourselves: How biology and culture shape the way we parent.* New York, NY: Anchor.

Small, M. F. (2005). The natural history of children. In Sharna Olfman (Ed.), *Childhood lost: How American culture is failing our kids* (pp. 3–17). Westport, CT: Praeger.

Small, N. (2001). Theories of grief: A critical review. In J. Hockney, J. Katz, & N. Small (Eds.), *Grief, mourning, and death ritual* (pp. 19–48). Buckingham, England: Open University Press.

Smetana, J. G. (2005). Adolescent–parent conflict: Resistance and subversion as developmental processes. In L. Nucci (Ed.), *Conflict, contradiction, and contrarian elements in moral development and education* (pp. 69–91). Mahwah, NJ: Erlbaum.

Smink, F. R. E., van Hoeken, D., & Hoek, H. W. (2012). Epidemiology of eating disorders: Incidence, prevalence, and mortality rates. *Current Psychiatry Report, 14,* 404–414.

Smith, C. D., Walton, A., Loveland, A. D., Umberger, G. H., Kryscio, R. J., & Gash, D. M. (2005). Memories that last in old age: Motor skill learning and memory preservation. *Neurobiology of Aging, 26,* 883–890.

Smith, C., & Denton, M. L. (2005). *Soul searching: The religious and spiritual lives of American teenagers.* New York, NY: Oxford University Press.

Smith, C., & Snell, P. (2010). *Souls in transition: The religious lives of emerging adults in America.* New York, NY: Oxford University Press.

Smith, D. B., & Moen, P. (2004). Retirement satisfaction for retirees and their spouses: Do gender and the retirement decision-making process matter? *Journal of Family Issues, 25,* 262–285.

Smith, J., & Baltes, P. B. (1990). Wisdom-related knowledge: Age-cohort differences in responses to life-planning problems. *Developmental Psychology, 26,* 494–505.

Smith, J., & Freund, A. M. (2002). The dynamics of possible selves in old age. *Journal of Gerontology, 57B,* P492–P500.

Smith, K., Downs, B., & O'Connell, M. (2001). Maternity leave and employment patterns: 1961–1995. *Current Population Reports P70(79)* (pp. 1–21). Washington, DC: U.S. Bureau of the Census.

Smith, P. K., & Drew, L. M. (2002). Grandparenthood. In M. H. Bornstein (Ed.), *Handbook of parenting, Vol. 3* (2nd ed., pp. 141–172). Mahwah, NJ: Erlbaum.

Smith, T. B., McCullough, M. E., & Poll, J. (2003). Religiousness and depression: Evidence for a main effect and the moderating influence of stressful life events. *Psychological Bulletin, 129,* 614–636.

Smith, W. B. (2011). *Youth leaving foster care: A developmental, relationship-based approach to practice.* New York, NY: Oxford University Press.

Snarey, J. R. (1985). Cross-cultural universality of social moral development: A review of Kohlbergian research. *Psychological Bulletin, 97,* 202–232.

Sneed, J. R., Kasen, S., & Cohen, P. (2007). Early-life risk factors for late-onset depression. *International Journal of Geriatric Psychiatry, 22,* 663–667.

Sneeding, T. M., & Phillips, K. R. (2002). Cross-national differences in employment and economic sufficiency. *Annals of the American Academy of Political Social Science, 580,* 103–133.

Snowling, M. J. (2004). Reading development and dyslexia. In U. Goswami (Ed.), *Blackwell handbook of childhood cognitive development.* Malden, MA: Blackwell.

Snyder, J., Cramer, A., & Afrank, J. (2005). The contributions of ineffective discipline and parental hostile attributions of child misbehavior to the development of conduct problems at home and school. *Developmental Psychology, 41,* 30–41.

Social Security Administration (2014). Research summary: Marriage trends and women's benefits, differences by race-ethnicity. Retrieved from http://www.ssa.gov/retirementpolicy/research/marriage-trends-race-ethnicity.html

Society for Assisted Reproductive Technology (SART) (2014). *Clinic summary report.* Retrieved from https://www.sartcorsonline.com/rptCSR_PublicMultYear.aspx?ClinicPKID=0

Soderstrom, M. (2007). Beyond babytalk: Re-evaluating the nature and content of speech input to preverbal infants. *Developmental Review, 27,* 501–532.

Soken, N. H., & Pick, A. D. (1992). Intermodal perception of happy and angry expressive behaviors by seven-month-old infants. *Child Development, 63,* 787–795.

Sokol, R. J., Delaney-Black, V., & Nordstrom, B. (2003). Fetal alcohol spectrum disorder. *JAMA: Journal of the American Medical Association, 290,* 2996–2999.

Sørensen, K., Mouritsen, A., Aksglaede, L., Hagen, C. P., & Morgensen, S. S. (2012). Recent secular trends in pubertal timing: Implications for evaluation and diagnosis of precocious puberty. *Hormone research in pediatrics 77*(3), 137–145.

Sowell, E. R., Thompson, P. M., Holmes, C. J., Jernigan, T. I., & Toga, A. W. (1999). In vivo evidence for post-adolescence brain maturation in frontal and striatal regions. *Nature Neuroscience, 2,* 859–861.

Sowell, E., Trauner, D., Ganst, A., & Jernigan, T. (2002). Development of cortical and subcortical brain structures in childhood and adolescence: A structural MRI study. *Developmental Medicine and Child Neurology, 44,* 4–16.

Spafford, C. S., & Grosser, G. S. (2005). *Dyslexia and reading difficulties* (2nd ed.). Boston, MA: Allyn & Bacon.

Spelke, E. S. (1979). Perceiving bimodally specified events in infancy. *Developmental Psychology, 5,* 626–636.

Spence, M. J., & DeCasper, A. J. (1987). Prenatal experience with low-frequency maternal voice sounds influences neonatal perception of maternal voice samples. *Infant Behavior and Development, 10,* 133–142.

Spencer, J. P., Verejiken, B., Diedrich, F. J., & Thelen, E. (2000). Posture and the emergence of manual skills. *Developmental Science, 3,* 216–233.

Spera, C. (2005). A review of the relationship among parenting practices, parenting styles, and adolescent school achievement. *Educational Psychology Review, 17,* 125–146.

Sperber, M. (2000). Beer and circus: How big-time college sports is crippling undergraduate education. New York, NY: Henry Holt.

Spitz, R. (1945). Hospitalism: An inquiry into the genesis of psychiatric conditions in early childhood. In A. Freud, H. Hartmann, & E. Kris (Eds.), *The psychoanalytic study of the child* (pp. 53–74). New York, NY: International Universities Press.

Spitze, G., & Gallant, M. P. (2004). "The bitter with the sweet": Older adults' strategies for handling ambivalence in relations with their adult children. *Research on Aging, 26,* 387–412.

Spock, B. (1966). *Baby and child care.* New York, NY: Pocket Books.

Spock, B., & Needlman, R. (2004). *Dr. Spock's baby and child care* (8th ed.). New York, NY: Pocket.

Sprecher, S., & Regan, P. C. (1996). College virgins: How men and women perceive their sexual status. *Journal of Sex Research, 33,* 3–15.

Stafford, L. (2004). Communication competencies and sociocultural priorities of middle childhood. *Handbook of family communication,* 311–332.

Stanley, S. M., Rhoades, G. K., & Markman, H. J. (2006). Sliding versus deciding: Inertia and the premarital cohabitation effect. *Family Relations, 55,* 499–509.

Stanley, S. M., Whitton, S. W., & Markman, H. J. (2004). May I do: Interpersonal commitment levels and premarital or non-marital cohabitation. *Journal of Family Issues, 25,* 496–519.

Starc, V., Leban, M., Šinigoj, P., Vrhovec, M., Potočnik, N., Fernlund, E., ... & Center, P. C. (2012). Can functional cardiac age be predicted from the ECG in a normal healthy population. *Computing in Cardiology, 39,* 101–104.

Statistic Brain (2014). Youth sports statistics. Retrieved from http://www.statisticbrain.com/youth-sports-statistics/

Staudinger, U. M. (2013). The need to distinguish personal from general wisdom: A short history and empirical evidence. In *The scientific study of personal wisdom* (pp. 3–19). Springer Netherlands.

Sternberg, R. J. (2007). *Wisdom, intelligence, and creativity synthesized.* New York, NY: Cambridge University Press.

Sroufe, L. A., Carlson, E., & Schulman, S. (1993). Individuals in relationships: Development from infancy through adolescence. In D. C. Funder, R. D. Parke, C. Tomlinson-Keasey, & K. Widaman (Eds.), *Studying lives through time: Personality and development* (pp. 51–60). Norwood, NJ: Ablex.

Srouge, L. A., Egeland, B., Carlson, E. A., & Collins, W. A. (2005). *The development of the person: The Minnesota study of risk and adaptation from birth to adulthood.* New York, NY: Guilford.

Sternberg, R. J. (2010). Assessment of gifted students for identification purposes: New techniques for a new millennium. *Learning and Individual Differences, 20,* 327–336.

Sternberg, R. S. (2013). Searching for love. *The Psychologist, 26,* 98–101.

Sternberg, R. S., & Weis, K. (Eds.) (2006). *The new psychology of love.* New Haven, CT: Yale University Press.

St. James-Roberts, I., & Plewis, I. (1996). Individual differences, daily fluctuations, and developmental changes in amounts of infant waking, fussing, crying, feeding, and sleeping. *Child Development, 67,* 2527–2540.

St. James-Roberts, I., Bargn, J. G., Peter, B., Adams, D., & Hunt, S. (2003). Individual differences in responsivity to a neurobehavioural examination predict crying patterns of 1-week-old infants at home. *Developmental Medicine & Child Neurology, 45,* 400–407.

St. Louis, G. R., & Liem, J. H. (2005). Ego identity, ethnic identity, and psychosocial well-being of ethnic minority and majority college students. *Identity, 5,* 227–246.

Staff, J., Mortimer, J. T., & Uggen, C. (2004). Work and leisure in adolescence. In R. M. Lerner & L. Steinberg (Eds.), *Handbook of adolescent psychology* (2nd ed., pp. 429–450). Hoboken, NJ: John Wiley & Sons.

Stanley, R. O., & Burrows, G. D. (2008). Psychogenic heart disease–Stress and the heart: A historical perspective. *Journal of the International Society for the Investigation of Stress, 24* (Special issue: Stress and the heart), 181–187.

Staudinger, L. (1996). Wisdom and the social-interactive foundation of the mind. In P. B. Baltes & U. M. Staudinger (Eds.), *Interactive minds: Lifespan perspectives on the social foundations of cognition* (pp. 276–315). New York, NY: Cambridge University Press.

Staudinger, U. M. (2008). A psychology of wisdom: History and recent developments. *Research in Human Development, 5* (Special issue: Lifespan psychology: The legacy of Paul Baltes), 107–120.

Staudinger, U. M., & Baltes, P. B. (1996). Interactive minds: A facilitative setting for wisdom-related performance? *Journal of Personality and Social Psychology, 71,* 746–762.

Staudinger, U. M., Dorner, J., & Mickler, C. (2005). In R. J. Sternberg & J. Jordan (Eds.), *A handbook of wisdom: Psychological perspectives* (pp. 191–219). New York, NY: Cambridge University Press.

Steele, J. (2006). Media practice model. In J. J. Arnett (Ed.), *Encyclopedia of children, adolescents, and the media.* Thousand Oaks, CA: Sage.

Steele, R. G., Nesbitt-Daly, J. S., Daniel, R. C., & Forehand, R. (2005). Factor structure of the Parenting Scale in a low-income African American sample. *Journal of Child and Family Studies, 14,* 535–549.

Steinberg, L. (2000, April). *We know some things: Parent–adolescent relations in retrospect and prospect.* [Presidential Address]. Presented at the biennial meeting of the Society for Research on Adolescence, Chicago, IL.

Steinberg, L., & Levine, A. (1997). *You and your adolescent: A parents' guide for ages 10 to 20* (rev. ed.). New York, NY: HarperCollins.

Steinhausen, H.-C., Boyadjieva, S., Griogoroiu-Serbanescue, M., & Neumarker, K.-J. (2003). The outcome of adolescent eating disorders: Findings from an international collaborative study. *European Child & Adolescent Psychiatry, 12,* i91–i98.

Stenberg, C. R., Campos, J. J., & Emde, R. N. (1983). The facial expression of anger in seven-month-old infants. *Child Development,* 178–184.

Stephens, J. M., Young, M. F., & Calabrese, T. (2007). Does moral judgment go offline when students are online? A comparative analysis of undergraduates' belief of behaviors relates to conventional and digital cheating. *Ethics & Behavior, 17* (Special issue: Academic dishonesty), 233–254.

Stephens, M. A. P., & Franks, M. M. (1999). Parent care in the context of women's multiple roles. *Current Directions in Psychological Science, 8,* 149–152.

Steptoe, A., & Wardle, J. (2001). Health behavior, risk awareness, and emotional well-being in students from Eastern and Western Europe. *Social Science and Medicine, 53,* 1621–1630.

Stern, C., & Konno, R. (2009). Physical leisure activities and their role in preventing dementia: A systematic review. *International Journal of Evidence–Based Healthcare, 7,* 270–282.

Stern, S. (2002). Sexual selves on the World Wide Web: Adolescent girls' home pages as sites for sexual self-expression. In J. D. Brown, J. R. Steele, & K. Walsh-Childers (Eds.), *Sexual teens, sexual media: Investigating media's influence on adolescent sexuality* (pp. 265–285). Mahwah, NJ: Erlbaum.

Sternberg, R. (1983). Components of human intelligence. *Cognition, 15,* 1–48.

Sternberg, R. (1988). *The triarchic mind: A new theory of human intelligence.* New York, NY: Viking Penguin.

Sternberg, R. J. (1986). Triangular theory of love. *Psychological Review, 93,* 119–135.

Sternberg, R. J. (1987). Liking versus loving: A comparative evaluation of theories. *Psychological Bulletin, 102,* 331–345.

Sternberg, R. J. (1988). Triangulating love. In R. J. Sternberg & M. L. Barnes (Eds.), *The psychology of love* (pp. 119–138). New Haven, CT: Yale University Press.

Sternberg, R. J. (2002). Intelligence is not just inside the head: The theory of successful intelligence. In J. Aronson (Ed.), *Improving academic achievement* (pp. 227–244). San Diego, CA: Academic Press.

Sternberg, R. J. (2003). Our research program validating the triarchic theory of successful intelligence: Reply to Gottfredson. *Intelligence, 31,* 399–413.

Sternberg, R. J. (2004). Cultural and intelligence. *American Psychologist, 59,* 325–338.

Sternberg, R. J. (2005). The triarchic theory of successful intelligence. In D. P. Flanagan & P. L. Harrison (Eds.), *Contemporary Intellectual Assessment: Theories, Tests and Issues* (pp. 103–119). New York, NY: Guilford Press.

Sternberg, R. J. (2007). Intelligence and culture. In S. Kitayama & D. Cohen (Eds.), *Handbook of cultural psychology* (pp. 547–568). New York, NY: Guilford.

Sternberg, R. J., & Grigorenko, E. L. (Eds.). (2004). *Culture and competence.* Washington, DC: American Psychological Association.

Sternberg, R. J., Kaufman, J. C., & Pretz, J. E. (2002). *The creativity conundrum: A propulsion model of creative contributions.* Philadelphia, PA: Psychology Press.

Sternberg, R. J., & Weis, K. (Eds.). (2006). *The new psychology of love.* Yale University Press.

Sterns, H. L., & Huyck, M. H. (2001). The role of work in midlife. In M. E. Lachman (Ed.), *Handbook of midlife development* (pp. 447–486). New York, NY: Wiley.

Steur, F. B., Applefield, J. M., & Smith, R. (1971). Televised aggression and interpersonal aggression of preschool children. *Journal of Experimental Child Psychology, 11,* 442–447.

Stevenson, H. W., Lee, S., & Mu, X. (2000). Successful achievement in mathematics: China and the United States. In C. F. M. van Lieshout & P. G. Heymans (Eds.), *Developing talent across the lifespan* (pp. 167–183). Philadelphia, PA: Psychology Press.

Stevenson, M., & Henderson, T., & Baugh, E. (2007). Vital defenses: Social support appraisals of Black grandmothers parenting grandchildren. *Journal of Family Issues, 28,* 182–211.

Stevens-Watkins, D., & Rostosky, S. (2010). Binge drinking in African American males from adolescence to young adulthood: The protective influence of religiosity, family connectedness, and close friends' substance use. *Substance Use & Misuse, 45,* 1435–1451.

Stewart, A. J., Ostrove, J. M., & Helson, R. (2001). Middle aging in women: Patterns of personality change from the 30s to the 50s. *Journal of Adult Development, 8,* 23–37.

Stewart, A. L., Verboncoeur, C. J., McLellan, B. Y., Gillis, D. E., Rush, S., & Mills, K. M. (2001). Physical activity promotion program for older adults. *Journal of Gerontology, 56A,* M465–M470.

Stifter, E., Sacu, S., Weghaupt, H., Konig, F., Richter-Muksch, S., Thaler, A., . . . Radner, W. (2004). Reading performance depending on the type of cataract and its predictability on the visual outcome. *Journal of Cataract and Refractive Surgery, 30,* 1259–1267.

Stimpson, J. P., Kuo, Y. F., Ray, L. A., Raji, M. A., & Peek, M. K. (2007). Risk of morality related to widowhood in older Mexican Americans. *Annals of Epidemiology, 17,* 313–319.

Stine-Morrow, E. A. L., & Basak, C. (2011). Cognitive interventions. In W. Schaie & S. Willis (Eds.), *Handbook of Aging* (pp. 153–170). New York, NY: Academic Press.

Stipek, D. J., Gralinski, J. H., Kopp, C. B. (1990). Self-concept development in toddler years. *Developmental Psychology, 26,* 972–977.

Stolar, A., & Goldfarb, J. (2006). HIV/AIDS among neonates and infants. In F. Fernandez, & P. Ruiz (Eds.), *Psychiatric aspects of HIV/AIDS* (pp. 250–258). Philadelphia, PA: Lippincott Williams & Wilkins.

Stoll, B., Hansen, N. I., Adams-Chapman, I., Fanaroff, A. A., Hintz, S. R., Vohr, B., . . . Human Development Neonatal Research Network (2004). Neurodevelopmental and growth impairment among extremely low-birth-weight infants with neonatal infection. *JAMA: Journal of the American Medical Association, 292,* 2357–2365.

Stones, M. J., & Kozma, A. (1996). Activity, exercise, and behavior. In J. E. Birren & K. W. Schaie (Eds.), *Handbook of psychology and aging* (4th ed., pp. 338–352). San Diego, CA: Academic Press.

Stotland, N. E., Gilbert, P., Bogetz, A., Harper, C. C., Abrams, B., & Gerbert, B. (2010). Excessive weight gain in pregnancy: How do prenatal care providers approach counseling? *Journal of Women's Health, 19,* 807–814.

Strandh, M., & Nordenmark, M. (2006). The interference of paid work with household demands in different social policy contests: Perceived work-household conflict in Sweden, the UK, the Netherlands, Hungary & the Czech Republic. *British Journal of Sociology, 57,* 597–617.

Strang-Karlsson, S., Räikkönen, K., Pesonen, A.-K., Kajantie, E., Paavonen, J., Lahti, J., . . . Andersson, S. (2008). Very low birth weight and behavioral symptoms of Attention Deficit Hyperactivity Disorder in young adulthood: The Helsinki Study of very-low-birth-weight adults. *American Journal of Psychiatry, 165,* 1345–1353.

Strauch, B. (2005). *The primal teen: What the new discoveries about the teenage brain tell us about our kids.* New York, NY: Anchor.

Straus, M. A., & Donnelly, D. A. (1994). *Beating the devil out of them: Corporal punishment in American families.* New York, NY: Lexington Books.

Strauss, R. S., & Pollack, H. A. (2003). Social marginalization of overweight children. *Archives of Pediatric and Adolescent Medicine, 157,* 746–752.

Strenk, S. A., Strenk, L. M., & Koretz, J. F. (2005). The mechanism of presbyopia. *Progress in Retinal and Eye Research, 24,* 379–393.

Strenze, T. (2007). Intelligence and socioeconomic success: A meta–analytic review of longitudinal research. *Intelligence, 35,* 401–426.

Striegel-Moore, R. H., & Franko, D. L. (2006). Adolescent eating disorders. In C. A. Essau (Ed.), *Child and adolescent psychopathology: Theoretical and clinical implications* (pp. 160–183). New York, NY: Routledge.

Striegel-Moore, R. H., Seeley, J. R., & Lewinsohn, P. M. (2003). Psychosocial adjustment in young adulthood of women who experienced an eating disorder in adolescence. *Journal of the American Academy of Child & Adolescent Psychiatry, 42,* 587–593.

Stroebe, M., & Stroebe, W. (1991). Does "grief work" work? *Journal of Consulting and Clinical Psychology, 59,* 57–65.

Stromquist, N. P. (2007). Gender equity education globally. In S. S. Klein, B. Richardson, D. A. Grayson, L. H. Fox, C. Kramarae, D. S. Pollard, & C. A. Dwyer (Eds.), *Handbook for achieving gender equity through education* (2nd ed., pp. 33–42). Mahwah, NJ: Lawrence Erlbaum.

Stuart, M., & Weinrich, M. (2001). Home- and community-based long-term care: Lessons from Denmark. *Gerontologist, 41,* 474–480.

Stuifbergen, M. C., Dykstra, P. A., Lanting, K. N., & van Delden, J. J. M. (2010). Autonomy in an ascribed relationship: The case of adult children and elderly parents. *Journal of Aging Studies, 24,* 257–265.

Stutzer, A., & Frey, B. (2006). Does marriage make people happy, or do happy people get married? *The Journal of Socio-Economics, 35,* 326–347.

Suarez-Orozco, C. (2015). Migration within and between countries: Implications for families and acculturation. In L. A. Jensen (Ed.), *Oxford handbook of human development and culture.* New York, NY: Oxford University Press.

Suarez-Orozco, C., & Suarez-Orozco, M. (1996). *Transformations: Migration, family life and achievement motivation among Latino adolescents.* Palo Alto, CA: Stanford University Press.

Subrahmanyam, K., Reich, S. M., Waechter, N., & Espinoza, G. (2008). Online and offline social networks: Use of social networking sites by emerging adults. *Journal of Applied Developmental Psychology, 29,* 420–433.

Subramanian, S. V., Elwert, F., & Christakis, N. (2008). Widowhood and mortality among the elderly: The modifying role of neighborhood concentration of widowed individuals. *Social Science & Medicine, 66,* 873–884.

Sullivan, C., & Cottone, R. R. (2010). Emergent characteristics of effective cross-cultural research: A review of the literature. *Journal of Counseling and Development, 88,* 357–362.

Sullivan, J. L. (2003). Prevention to mother-to-child transmission of HIV—what next? *Journal of Acquired Immune Deficiency Syndrome* (Suppl. 1), *34,* S67–S72.

Sun, J., Dunne, M. P., Hou, X. Y., & Xu, A. Q. (2013). Educational stress among Chinese adolescents: Individual, family, school and peer influences. *Educational Review, 65*(3), 284–302.

Sun, R. (2002). Old age support in contemporary urban China from both parents' and children's perspectives. *Research on Aging, 24,* 337–359.

Suomi, R., & Collier, D. (2003). Effects of arthritis exercise programs on functional fitness and perceived activities of daily living measures in older adults with arthritis. *Archives of Physical Medicine and Rehabilitation, 84,* 1589–1594.

Super, C. M., & Harkness, S. (1986). The developmental niche: A conceptualization at the interface of child and culture. *International Journal of Behavior Development, 9,* 545–569.

Super, C. M., & Harkness, S. (1993). The developmental niche: A conceptualization at the interface of child and culture. In R. A. Pierce & M. A. Black (Eds.), *Life-span development: A diversity reader* (pp. 61–77). Dubuque, IA: Kendall/Hunt.

Super, C. M., & Harkness, S. (2009). The developmental niche of the newborn in rural Kenya. In K. J. Nugent, B. J. Petrauskas, & T. B. Brazelton (Eds.), *The newborn as a person: Enabling healthy infant development worldwide* (pp. 85–97). Hoboken, NJ: John Wiley & Sons.

Super, C. M., Harkness, S., van Tijen, N., van der Vlugt, E., Fintelman, M., & Dijkstra, J. (1996). The three R's of Dutch childrearing and the socialization of infant arousal. In S. Harkness & C. M. Super (Eds.), *Parents' cultural belief systems: Their origins, expressions and consequences* (pp. 447–466). New York, NY: Guilford Press.

Super, D. (1992). Toward a comprehensive study of career development. In D. H. Montross & C. J. Shinkman (Eds.), *Career development: Theory and practice* (pp. 35–64). Springfield, IL: Charles C. Thomas.

Super, D. E. (1967). *The psychology of careers.* New York, NY: Harper & Row.

Super, D. E. (1976). *Career education and the meanings of work.* Washington, DC: U.S. Office of Education.

Super, D. E. (1980). A life-span life-space approach to career development. *Journal of Vocational Behavior, 16,* 282–298.

Surrey, J. L. (1991). The self-in-relation: A theory of women's development. In J. V. Jordan, A. G. Kaplan, J. B. Miller, L. R. Stiver, & J. L. Surrey (Eds.), *Women and growth in connection* (pp. 51–66). New York, NY: Guilford.

Susman, E. J., & Rogol, A. (2004). Puberty and psychological development. In R. M. Lerner & L. Steinberg (Eds.), *Handbook of adolescent psychology* (2nd ed., pp. 15–44). Hoboken, NJ: Wiley & Sons.

Sussman, S., Pokhrel, P., Ashmore, R. D., & Brown, B. B. (2007). Adolescent peer group identification and characteristics: A review of the literature. *Addictive Behaviors, 32,* 1602–1627.

Suzman, R. M., Harris, T., Hadley, E. C., Kovar, M. G., & Weindruch, R. (1992). The robust oldest old: Optimistic perspectives for increasing healthy life expectancy. In R. M. Suzman, D. P. Willis, & K. G. Manton (Eds.), *The oldest old* (pp. 341–358). New York, NY: Oxford University Press.

Svetlova, M., Nichols, S. R., & Brownell, C. A. (2010). Toddlers' prosocial behavior: From instrumental to empathic to altruistic helping. *Child development, 81*(6), 1814–1827.

Swanson, H., Saez, L., & Gerber, M. (2004). Literacy and cognitive functioning in bilingual and nonbilingual children at or not at risk for reading disabilities. *Journal of Educational Psychology, 96,* 3–18.

Swanson, S. A., Crow, S. J., Le Grange, D., Swendsen, J., & Merikangas, K. R. (2011). Prevalence and correlates of eating disorders in adolescents: Results from the National Comorbidity Survey Replication—Adolescent Supplement. *Archives of General Psychiatry 68*(7), 714–723. doi:10.1001/archgenpsychiatry.2011.22.

Swartz, T. T. (2009). Intergenerational family relations in adulthood: Patterns, variations, and implications in the contemporary United States. *Annual Review of Sociology, 35,* 191–212.

Swartz, T. T., & O'Brien, K. B. (2009). Intergenerational support during the transition to adulthood. In A. Furlong (Ed.), *Handbook of youth and young adulthood: New perspectives and agendas* (pp. 217–225). London, UK: Routledge.

Swenson, C. C., Henggeler, S. W., Taylor, I. S., & Addison, O. W. (2005). *Multisystemic therapy and neighborhood partnerships: Reducing adolescent violence and substance abuse.* New York, NY: Guilford.

Swinbourne, J. M., & Touyz, S. W. (2007). The comorbidity of eating disorders and anxiety disorders: A review. *European Eating Disorders Review, 15,* 253–274.

Swingley, D. (2010). Fast mapping and slow mapping in children's word learning. *Language Learning and Development, 6,* 179–183.

Syed, M., & Azmitia, M. (2010). Narrative and ethnic identity exploration: A longitudinal account of emerging adults' ethnicity-related experiences. *Developmental Psychology, 46,* 208–219.

Syed, M., & Mitchell, L. J. (2015). How race and ethnicity shape emerging adulthood. In J. J. Arnett (Ed.), *Oxford handbook of emerging adulthood.* New York, NY: Oxford University Press.

Syltevik, L. J. (2010). Sense and sensibility: Cohabitation in "cohabitation land." *The Sociological Review, 58,* 444–462.

Symons, D. K. (2001). A dyad-oriented approach to distress and mother–child relationship outcomes in the first 24 months. *Parenting: Science and Practice, 1,* 101–122.

Szinovac, M. E., & Davey, A. (2004). Honeymoons and joint lunches: Effects of retirement and spouse's employment on depressive symptoms. *Journal of Gerontology: Social Sciences, 59B,* P233–P245.

Taber-Thomas, B., & Perez-Edgar, K. (2015). Emerging adulthood brain development. In J. J. Arnett (Ed.), *Oxford handbook of emerging adulthood.* New York, NY: Oxford University Press.

Taga, K. A., Markey, C. N., & Friedman, H. S. (2006). A longitudinal investigation of associations between boys' pubertal timing and adult behavioral health and well-being. *Journal of Youth and Adolescence, 35,* 401–411.

Takahashi, K., & Takeuchi, K. (2007). Japan. In J. J. Arnett (Ed.), *International encyclopedia of adolescence* (525-539.New York, NY: Routledge.

Takahashi, M. (2000). Toward a culturally inclusive understanding of wisdom: Historical roots in the East and West. *International Journal of Aging and Human Development, 51,* 217–230.

Takahashi, M., & Overton, W. F. (2005). Cultural foundations of wisdom: An integrated developmental approach. In R. J. Sternberg & J. Jordan (Eds.), *A handbook of wisdom: Psychological perspectives* (pp. 32–60). New York, NY: Cambridge University Press.

Takamura, J., & Williams, B. (2002). *Informal caregiving: Compassion in action.* Arlington, TX: Arc of the United States.

Taku, K., Melby, M. K., Kronenberg, F., Kurzer, M. S., & Messina, M. (2012). Extracted or synthesized soybean isoflavones reduce menopausal hot flash frequency and severity: Systematic review and meta-analysis of randomized controlled trials. *Menopause, 19*(7), 776–790.

Talbani, A., & Hasanali, P. (2000). Adolescent females between tradition and modernity: Gender role socialization in south Asian immigrant families. *Journal of Adolescence, 23,* 615–627.

Tamaru, S., Kikuchi, A., Takagi, K., Wakamatsu, M., Ono, K., Horikoshi, T., Kihara, H., & Nakamura, T. (2011). Neurodevelopmental outcomes of very low birth weight and extremely low birth weight infants at 18 months of corrected age associated with prenatal risk factors. *Early Human Development, 87,* 55–59.

Tamay, Z., Akcay, A., Ones, U., Guler, N., Kilie, G., & Zencir, M. (2007). Prevalence and risk factors for allergic rhinitis in primary school children. *International Journal of Pediatric Otorhinolaryngology, 71,* 463–471.

Tamis-LeMonda, C. S., Bornstein, M. H., & Baumwell, L. (2001). Maternal responsiveness and children's achievement of language milestones. *Child Development, 72,* 749–767.

Tamis-LeMonda, C. S., Way, N., Hughes, D., Yoshikawa, H., Kalman, R. K., & Niwa, E. Y. (2008). Parents' goals for children: The dynamic coexistence of individualism and collectivism in cultures and individuals. *Social Development, 17,* 183–209.

Tanaka, H., & Seals, D. R. (2003). Dynamic exercise performance in master athletes: Insight into the effects of primary human aging on physiological functional capacity. *Journal of Applied Physiology, 95,* 2152–2162.

Tang, W. R., Aaronson, L. S., & Forbes, S. A. (2004). Quality of life in hospice patients with terminal illnesses. *Western Journal of Nursing Research, 26,* 113–128.

Tangri, S., Thomas, V., & Mednick, M. (2003). Predictors of satisfaction among college-educated African American women in midlife. *Journal of Adult Development, 10,* 113–125.

Tanner, J. L. (2006). Recentering during emerging adulthood: A critical turning point in life span human development. In J. J. Arnett & J. L. Tanner (Eds.), *Emerging adults in America: Coming of age in the*

21st century (pp. 21–55). Washington, DC: American Psychological Association.

Tanner, J. L. (2015). Mental health in emerging adulthood. In J. J. Arnett (Ed.), *Oxford handbook of emerging adulthood*. New York, NY: Oxford University Press.

Tanon, F. (1994). *A cultural view on planning: The case of weaving in Ivory Coast*. Tilburg, Netherlands: Tilburg University Press.

Tardif, T., Wellman, H. M., & Cheung, K. M. (2004). False belief understanding in Cantonese-speaking children. *Journal of Child Language, 31,* 779–800.

Tardon, A., Lee, W. J., Delgado-Rodriguez, M., Dosemeci, M., Albanese, D., Hoover, R., & Blair, A. (2005). Leisure-time physical activity and lung cancer: A meta-analysis. *Cancer Causes and Control, 16,* 389–397.

Taris, T., van Horn, J., & Schaufeli, W. (2004). Inequity, burnout and psychological withdrawal among teachers: A dynamic exchange model. *Anxiety, Stress & Coping: An International Journal, 17,* 103–122.

Tasker, F. (2005). Lesbian mothers, gay fathers, and their children: A review. *Developmental and Behavioral Pediatrics, 26,* 224–240.

Taylor, A. (2005). It's for the rest of your life: The pragmatics of youth career decision making. *Youth & Society, 36,* 471–503.

Taylor, B. D., & Tipodes, S. (2001). The effects of driving cessation on the elderly with dementia and their caregivers. *Accident Analysis and Prevention, 33,* 519–528.

Taylor, H. G., Klein, N., & Hack, M. (2000). School-age consequences of >750 g birth weight: A review and update. *Developmental Neuropsychology, 17,* 289–321.

Taylor, H. G., Klein, N., Minich, N. M., & Hack, M. (2000). Middle-school-age outcomes with very low birth weight. *Child Development, 71,* 1495–1511.

Taylor, M. J. (2006). Neural Bases of Cognitive Development. In E. Bialystok & F. I. M. Craik (Eds.), *Lifespan cognition: Mechanisms of change* (pp. 15–26.) New York, NY: Oxford University Press.

Taylor, P., & Keeter, S. (2010). *Millennials: Confident. Connected. Open to Change.* Retrieved from http://www.pewsocialtrends.org/files/2010/10/millennials-confident-connected-open-to-change.pdf

Taylor, R., Chatters, L., & Levin, J. (2004). *Religion in the lives of African Americans.* Thousand Oaks, CA: Sage.

Tedeschi, A., & Airaghi, L. (2006). Is affluence a risk factor for bronchial asthma and type 1 diabetes? *Pediatric Allergy and Immunology, 17,* 533–537.

Tee, K., Brush, A. J., Bernheim, I., & Kori, M. (2009). Exploring communication and sharing between extended families. *International Journal of Human–Computer Studies, 67,* 128–138.

Teitler, J. O. (2002). Trends in youth sexual initiation and fertility in developed counties: 1960–1995. *Annals of the American Academy of Political Science Studies, 580,* 134–152.

Telama, R., Yang, X., Viikari, J., Välimäki, I., Wanne, O., & Raitakari, O. (2005). Physical activity from childhood to adulthood: A 21-year tracking study. *American Journal of Preventative Medicine, 28,* 267–273.

Terman, L. M., & Oden, M. H. (1959). *The gifted group at mid-life: Thirty-five years follow-up of the superior child.* Stanford, CA: Stanford University Press.

Terry, W. S. (2003). *Learning and memory* (2nd ed.). Boston, MA: Allyn & Bacon.

Teti, D. M., Sakin, K., Kucera, E., Corns, K. M., & Eiden, R.D. (1996). And baby makes four: Predictors of attachment security among preschool-aged first-borns during the transition to sibling-hood. *Child Development, 68,* 579–596.

Thach, B. T. (2009). Does swaddling decrease or increase the risk for Sudden Infant Death syndrome? *Journal of Pediatrics, 155,* 461–462.

Thacher, P. V. (2008). University students and the "all nighter": Correlates and patterns of students' engagement in a single night of total sleep deprivation. *Behavioral Sleep Medicine, 6,* 16–31.

Thacher, T. D., & Clarke, B. L. (2011, January). Vitamin D insufficiency. In Mayo Clinic Proceedings (Vol. 86, No. 1, pp. 50–60). Elsevier.

Thacker, S. B., & Stroup, D. E. (2003). Revisiting the use of the electronic fetal monitor. *Lancet, 361,* 445–446.

Thapar, A., Collishaw, S., Pine, D. S., & Thapar, A. K. (2012). Depression in adolescence. *The Lancet, 379*(9820), 1056–1067.

Tharpe, A. M., & Ashmead, D. H. (2001). A longitudinal investigation of infant auditory sensitivity. *AJA: American Journal of Audiology, 10,* 104–112.

Thavanati, P. K. R., Kanala, K. R., deDios, A. E., & Garza, J. M. C. (2008). Age-related correlation between antioxidant enzymes and DNA damage with smoking and body mass index. *Journal of Gerontology: Biological Sciences, 63A,* 360–364.

Thelen, E. (2001). Dynamic mechanisms of change in early perceptual-motor development. In J. L. McClelland & R. S. Siegler (Eds.), *Mechanisms of cognitive development: Behavioral and neural perspectives* (pp. 161–184). Mahwah, NJ: Erlbaum.

Thiessen, E. D., Hill, E. A., & Saffran, J. R. (2005). Infant-directed speech facilitates word segmentation. *Infancy, 7,* 53–71.

Thomas, A. K., & Bulevich, J. B. (2006). Effective cue utilization reduces memory errors in older adults. *Psychology and Aging, 21,* 379–389.

Thomas, A., & Chess, S. (1977). *Temperament and development.* New York, NY: Brunner/Mazel.

Thomas, A., Chess, S., & Birch, H. G. (1968). *Temperament and behavior disorders in children.* New York, NY: New York University Press.

Thomas, P., & Fenech, M. (2007). A review of genome maturation and Alzheimer's disease. *Mutagenesis, 22,* 15–33.

Thomas, P., Lalloue, F., Preux, P., Hazif-Thomas, C., Pariel, S., Inscale, R., et al. (2006, January). Dementia patients caregivers quality of life: The PIXEL study. *International Journal of Geriatric Psychiatry, 21,* 50–56.

Thompson, C. J. (2005). Consumer risk perceptions in a community of reflexive doubt. *The Journal of Consumer Research, 32,* 235–248.

Thompson, P. M., Giedd, J. N., Woods, R. P., MacDonald, D., Evans, A. C. & Toga, A. W. (2000). Growth patterns in the developing brain detected by using continuum mechanical tensor maps. *Nature, 404,* 190–193.

Thompson, R. A. (1998). Early sociopersonality development. In W. Damon (Editor-in-Chief), & N. Eisenberg (Vol. Ed.), *Handbook of child psychology: Vol. 3. Social, emotional and personality development* (5th ed., pp. 25–104). New York, NY: Wiley.

Thompson, R. A. (2006). The development of the person: Social understanding, relationships, conscience, self. In W. Damon & R. Lerner (Eds.), & N. Eisenberg (Vol. Ed.), *Handbook of child psychology: Vol. 3. Social, emotional and personality development* (6th ed., pp. 24–98). New York, NY: Wiley.

Thompson, R. A., & Goodvin, R. (2007). Taming the tempest in the teapot: Emotional regulation in toddlers. In C. A. Brownell & C. B. Kopp (Eds.), *Socioemotional development in the toddler years* (pp. 320–341). New York, NY: Guilford.

Thompson, R. A., & Nelson, C. A. (2001). Developmental science and the media. *American Psychologist, 56,* 5–15.

Thompson, R. A., & Raikes, H. A. (2003). Toward the next quarter-century: Conceptual and methodological challenges for attachment theory. *Development and Psychopathology, 15,* 691–718.

Thoms, K. M., Kuschal, C., & Emmert, S. (2007). Lessons learned from DNA repair defective syndromes. *Experimental Dermatology, 16,* 532–544.

Thorne, A. (1995). Developmental truths in memories of childhood and adolescence. *Journal of Personality, 63*(2), 139–163.

Thornton, A. (2009). Historical and cross-cultural perspectives on marriage. In H. E. Peters & C. M. Kamp Dush, *Marriage and family: Complexities and perspectives* (pp. 3–32). New York, NY: Columbia University Press.

Tierra, L., & Tierra, M. (1998). *Chinese traditional herbal medicine*. Twin Lakes, WI: Lotus Light.

Tiggemann, M., & Anesbury, T. (2000). Negative stereotyping of obesity in children: The role of controllability beliefs. *Journal of Applied Social Psychology, 30,* 1977–1993.

Tinetti, M. E., Baker, D., Gallo, W. T., Nanda, A., Charpentier, P., & O'Leary, J. (2002). Evaluation of restorative care vs. usual care for older adults receiving an acute episode of home care. *JAMA: Journal of the American Medical Association, 287,* 2098–2105.

Tobach, E. (2004). Development of sex and gender: Biochemistry, physiology, and experience. In A. M. Paludi (Ed.), *Praeger guide to the psychology of gender* (pp. 240–270). Westport, CT: Praeger.

Tobin, D. D., Menon, M., Menon, M., Spatta, B. C., Hodges, E. V. E., & Perry, D. G. (2010). The intrapsychics of gender: A model of self-socialization. *Psychological Review, 117,* 601–622.

Tobin, D. J. (2010). *Gerontobiology of the hair follicle.* New York, NY: Springer.

Tobin, J., Hsueh, Y., & Karasawa, M. (2009). *Preschool in three cultures revisited: China, Japan, and the United States.* Chicago, IL: University of Chicago Press.

Tomasello, M., & Rakoczy, H. (2003). What makes human cognition unique? From individual to shared to collective intentionality. *Mind and Language, 18,* 121–147.

Tomassini, C., Kalogirou, S., Grundy, E., Fokkema, T., Martikainen, P., van Groenou, M. B., & Karisto, A. (2004). Contacts between elderly parents and their children in four European countries: Current patterns and future prospects. *European Journal of Ageing, 1,* 54–63.

Toro-Morn, M., & Sprecher, S. (2003). A cross-cultural comparison of mate preferences among university students: The United States vs. the People's Republic of China (PRC). *Journal of Comparative Family Studies, 34,* 151–170.

Tough, S., Clarke, M., & Cook, J. (2007). Fetal alcohol spectrum disorder prevention approaches among Canadian physicians by proportion of native/aboriginal patients: Practices during the preconception and prenatal periods. *Maternal and Child Health Journal, 11,* 385–393.

Tracey, T. J. G., Robbins, S. B., & Hofsess, C. D. (2005). Stability and change in interests: A longitudinal study of adolescents from grades 8 through 12. *Journal of Vocational Behavior, 66,* 1–25.

Trainor, L. J., Austin, C. M., & Desjardins, R. N. (2000). Is infant-directed speech prosody a result of the vocal expression of emotion? *Psychological Science, 11,* 188–195.

Trajanovska, M., Manias, E., Cranswick, N., & Johnston, L. (2010). Parental management of childhood complaints: Over-the-counter medicine use and advice-seeking behaviours. *Journal of Clinical Nursing, 19,* 2065–2075.

Travis, L. L., & Sigman, M. D. (2000). A developmental approach to autism. In A. J. Sameroff, M. Lewis, & S. M. Miller (Eds.), *Handbook of developmental psychopathology* (2nd ed., pp. 641–655). New York, NY: Plenum.

Treatment for Adolescents with Depression Study (TADS) team, U.S. (2004). Fluoxetine, cognitive-behavioral therapy, and their combination for adolescents with depression: Treatment for Adolescents with Depression Study (TADS) randomized controlled trial. *JAMA: Journal of the American Medical Association, 29,* 807–820.

Treatment for Adolescents with Depression Study Team (2007). Long-term effectiveness and safety outcomes. *Archives of General Psychiatry, 64,* 1132–1143.

Trehub, S. E. (2001). Musical predispositions in infancy. *Annals of the New York Academy of Sciences, 930,* 1–16.

Trehub, S. E., Thorpe, L. A., & Morrongiello, B. A. (1985). Infants' perception of melodies: Changes in a single tone. *Infant Behavior and Development, 8,* 213–223.

Tremblay, R. E. (2000). The development of aggressive behaviour during childhood: What have we learned in the past century? *International Journal of Behavioral Development, 24,* 129–141.

Tremblay, R. E. (2002). Prevention of injury by early socialization of aggressive behavior. *Injury Prevention, 8*(Suppl. IV), 17–21.

Tremblay, R. E., & Nagin, D. S. (2005). Developmental origins of physical aggression in humans. In R. E. Tremblay, W. W. Hartup, & J. Archer (Eds.), *Developmental origins of aggression* (pp. 83–106). New York, NY: Guilford Press.

Tremblay, T., Monetta, L., & Joanette, Y. (2004). Phonological processing of words in right- and left-handers. *Brain and Cognition, 55,* 427–432.

Triandis, H. C. (1995). *Individualism and collectivism.* Boulder, CO: Westview Press.

Troen, B. R. (2003). The biology of aging. *Mt. Sinai Journal of Medicine, 70,* 3–22.

Tronick, E. (2007). *The neurobehavioral and social-emotional development of infants and children.* New York, NY: W. W. Norton.

Trost, K. (2012). Norway. In J. J. Arnett (Ed.), *Adolescent psychology around the world.* New York, NY: Taylor & Francis.

Truglio, R. T. (2007). Sesame Workshop. In J. J. Arnett (Ed.), *Encyclopedia of children, adolescents, and the media* (pp. 749–750). Thousand Oaks, CA: Sage.

Tse, M. M. Y., Choi, K. C. Y., & Leung, R. S. W. (2008). E–health for older people: The use of technology in health promotion. *CyberPsychology & Behavior, 11,* 475–479.

Tseng, V. (2004). Family interdependence and academic adjustments in college: Youth from immigrant and U.S.-born families. *Child Development, 75,* 966–983.

Tsugane, S. (2005). Salt, salted food intake, and risk of gastric cancer: Epidemiologic evidence. *Cancer Science, 96,* 1–6.

Tudge, J. R. H., & Scrimsher, S. (2002). Lev S. Vygotsky on education. In B. J. Zimmerman & D. H. Schunk (Eds.), *Educational psychology.* Mahwah, NJ: Erlbaum.

Tudge, J. R. H., Doucet, F., Odero, D., Sperb, T. M., Piccinini, C. A., & Lopes, R. S. (2006). A window into different cultural worlds: Young children's everyday activities in the United States, Brazil, and Kenya. *Child Development, 77,* 1446–1469.

Tun, P. A., & Lachman, M. E. (2008). Age differences in reaction time and attention in a national telephone sample of adults: Education, sex, and task complexity matter. *Developmental Psychology, 44,* 1421–1429.

Turkheimer, E., Harden, K. P., D'Onofrio, B., & Gottesman, I. I. (2009). The Scarr-Rowe interaction between measured socioeconomic status and the heritability of cognitive ability. In K. McCartney & R. A. Weinberg (Eds.), *Experience and development: A festschrift in honor of Sandra Wood Scarr* (pp. 81–98). New York, NY: Psychology Press.

Twenge, J. M., & Crocker, J. (2002). Race and self-esteem: Meta-analyses comparing Whites, Blacks, Hispanics, Asians, and America Indians and comment on Gray-Little and Hafdahl (2000). *Psychological Bulletin, 128,* 371–408.

Twenge, J. M. (2006). *Generation me: Why today's young Americans are more confident, assertive, entitled—and more miserable than ever before.* New York, NY: Free Press.

Twisk, D. A. M., & Stacey, C. (2007). Trends in young driver risk and countermeasures in European countries. *Journal of Safety Research, 38,* 245–257.

Tyano, S., Keren, M., Herrman, H., & Cox, J. (2010). *The competent fetus.* New York, NY: Wiley.

U.S. Bureau of the Census (2006). *Statistical abstracts of the United States.* Washington, DC: U.S. Government Printing Office.

U.S. Bureau of the Census (2009). *Statistical abstracts of the United States.* Washington, DC: U.S. Government Printing Office.

U.S. Bureau of the Census (2010). *Statistical abstracts of the United States.* Washington, DC: U.S. Government Printing Office.

U.S. Bureau of the Census (2010). *Statistical abstract of the United States.* Washington, DC: Author.

U.S. Bureau of the Census (2011). *Current population survey and annual social and economic supplements.* Washington, DC: U.S. Bureau of the Census.

U.S. Bureau of the Census (2011). *Statistical abstract of the United States.* Washington, DC: Author.

U.S. Department of Health and Human Services (2004). *Trends in the well-being of America's children and youth, 2003* (No. 017–022–01571–4). Washington, DC: U.S. Government Printing Office.

U. S. Department of Health and Human Services. (2005). *Profile of older Americans 2004.* Retrieved from www.aoa.dhhs.gov/aoa/stats/profile/2004/default

U.S. Department of Health and Human Services (2005). *CDC acute injury care research agenda: Guiding research for the future.* Atlanta, GA: National Center for Injury Prevention and Control.

U.S. Department of Health and Human Services (2005). *Health, United States, with chartbook on trends in the health of Americans.* Hyattsville, MD: National Center for Health Statistics.

U.S. Department of Health and Human Services (2014). *Healthy people 2020: Heart disease and stroke.* Retrieved from http://www.healthypeople.gov/2020/topicsobjectives2020/nationalsnapshot.aspx?topicId=21

U. S. Department of Labor (1932). *Infant care.* Children's Bureau, Publication 8.

U.S. Department of Labor (2012). Number of jobs held, labor market activity, and earnings growth among the youngest Baby Boomers: Results from a longitudinal survey summary. Economic News Release, Table 1. Retrieved from http://www.bls.gov/news.release/nlsoy.nro.htm

U.S. Department of Transportation (1995). *The economic costs of motor vehicle crashes, Technical report 1994.* Washington, DC: National Highway Traffic Safety Administration.

Umaña-Taylor, A. J. (2005). Self-esteem and ethnic identity among Latino adolescents. *Directions in Rehabilitation Counseling, 16,* 9–18.

Umberson, D., Williams, K., Powers, D., Chen, M., & Campbell, A. (2005). As good as it gets? A life course perspective on marital quality. *Social Forces, 81,* 493–511.

Umrigar, A., Banijee, M., & Tsien, F. (2014). Down syndrome (Trisomy 21). LSUHSC School of Medicine. Retrieved from http://www.medschool.lsuhsc.edu/genetics/down_syndrome.aspx

UNAIDS (2010). UNAIDS report on the global AIDS epidemic. Available: http://www.unaids.org/globalreport/documents/20101123_GlobalReport_full_en.pdf

UNdata (2014). Elderly-dependency ratio: Japan. Retrieved from https://data.un.org/Data.aspx?d=PopDiv&f=variableID%3A44

Under threat of change, slowly but surely, universities in France—and all across Europe—are reforming. (2008, June 7). *The Economist,* 62.

Underwood, M. (2003). *Social-aggression among girls.* New York, NY: Guilford Press.

UNESCO (2006). EFA global monitoring report: Strong foundations: Early childhood care and education. Paris, France: Author.

UNESCO (2014). Education: Total net enrollment, lower secondary school. Retrieved from http://data.uis.unesco.org/?ReportId=167.#

UNICEF (2004). *Low birth weight: Country, regional, and global estimates.* New York, NY: Author.

UNICEF (2004). *The state of the world's children 2002.* Geneva, Switzerland: Author.

UNICEF (2008). *State of the world's children.* New York, NY: Author.

UNICEF (2009). *State of the world's children, 2009.* New York, NY: Author.

UNICEF (2011). *Breastfeeding Initiatives Exchange.* Retrieved from http://www.unicef.org/programme/breastfeeding/

UNICEF (2013). *Progress toward global immunization goals, 2012: Summary presentation of key indicators.* Retrieved from http://www.who.int/immunization/monitoring_surveillance/SlidesGlobalImmunization.pdf?ua=1

UNICEF (2014). Four out of five unattended births worldwide take place in sub-Saharan Africa and South Asia. Retrieved from http://data.unicef.org/maternal-health/delivery-care

UNICEF (2014). *The state of the world's children in numbers.* New York, NY: Author.

United Nations Development Programme (2006). *Human development report.* New York, NY: Author.

United Nations Development Programme (2008). *Human development report.* New York, NY: Author.

United Nations Development Programme (2010). *Human development report.* New York, NY: Author.

United Nations Development Programme (2011). *Human development report.* New York, NY: Author.

United Nations Development Programme (UNDP) (2014). *Human development report.* New York, NY: Author.

United Nations Population Division. (2002). *World population ageing: 1950–2050.* New York, NY: United Nations.

Unsworth, G., Devilly, G. J., & Ward, T. (2007). The effect of playing violent video games on adolescents: Should parents be quaking in their boots? *Psychology, Crime, & Law, 13,* 383–394.

Updegraff, K. A., McHale, S. M., & Crouter, A. (2002). Adolescents' sibling relationship and friendship experiences: Developmental patterns and relationship linkages. *Social Development, 11,* 182–204.

Updegraff, K. A., Thayer, S. M., Whiteman, S. D., Denning, D. J., & McHale, S. M. (2005). Relational aggression in adolescents' sibling relationships: Links to sibling and parent–adolescent relationship quality. *Family Relations, 54,* 373–385.

Utter, J., Neumark-Sztainer, D., Wall, M., & Story, M. (2003). Reading magazine articles about dieting and associated weight control behaviors among adolescents. *Journal of Adolescent Health, 32,* 78–82.

Utz, R. L., Carr, D., Nesse, R., & Wortman, C. B. (2002). The effect of widowhood on older adults' social participation: An evaluation of activity, disengagement, and continuity theories. *Gerontologist, 42,* 522–533.

Vaillancourt, T., & Hymel, S. (2006). Aggression and social status: The moderating roles of sex and peer-values characteristics. *Aggressive Behavior, 32,* 396–408.

Vaillancourt, T., Brendgen, M., Boivin, M., & Tremblay, R. E. (2003). A longitudinal confirmatory factor analysis of indirect and physical aggression: Evidence of two factors over time? *Child Development, 74,* 1628–1638.

Vaillant, C. O. & Vaillant, G. E., Is the U-curve of marital satisfaction an illusion? A 40-year study of marriage. *Journal of Marriage and the Family, 55,* 230–239.

Vaillant, G. E. (2002). *Aging well.* Boston, MA: Little, Brown.

Vainio, A. (2015). Finnish moral landscapes: A comparison of nonreligious, liberal religious, and conservative religious adolescents. In L. A. Jensen (Ed.), *Moral development in a global world: Research from a cultural-developmental perspective.* New York, NY: Cambridge University Press.

Valencia-Martín, J. L., Galan, I., & Rodríguez-Artalejo, F. (2007). Binge drinking in Madrid, Spain. *Alcoholism: Clinical and Experimental Research, 31,* 1723–1730.

Valentine, D., Williams, M., & Young, R. K. (2013). *Age-related factors in driving safety*. Austin, TX: Center for Transportation Research.

Valkenburg, P. M., & Buijzen, M. (2007). Advertising, purchase requests and. In J. J. Arnett (Ed.), *Encyclopedia of children, adolescents, and the media* (pp. 47–48). Thousand Oaks, CA: Sage.

Valkenberg, P. M., & Peter, J. (2011). Online communication among adolescents: An integrated model of its attractions, opportunities, and risks. *Journal of Adolescent Health 48*(2), 121–127.

Vallejo, M. C., Ramesh, V., Phelps, A. L., & Sah, N. (2007). Epidural labor analgesia: Continuous infusion versus patient–controlled epidural analgesia with background infusion versus without a background infusion. *The Journal of Pain, 8*, 970–975.

Vanasse, A., Demers, M., Hemiari, A., & Courteau, J. (2006). Obesity in Canada: Where and how many? *International Journal of Obesity, 30*, 677–683.

van Beinum, F. J. (2008). Frames and babbling in hearing and deaf infants. In B. L. Davis & K. Zajdó (Eds.), *The syllable in speech production* (pp. 225–241). New York, NY: Lawrence Erlbaum.

Van de Poel, E. V., Hosseinpoor, A. R., Speybroek, N., Van Ourti, T., & Vega, J. (2008). Socioeconomic inequality in malnutrition in developing countries. *Bulletin of the World Health Organization, 86*, 282–291.

Van den Hoonaard, D. K. (1994). Paradise lost: Widowhood in a Florida retirement community. *Journal of Aging Studies, 8*, 121–132.

van der Lippe, T., Jager, A., & Kops, Y. (2006). Combination pressure: The paid work-family balance of men and women in European countries. *Acta Sociologica, 49*, 303–319.

Van Evra, J. (2007). School-age children, impact of media on. In J. J. Arnett (Ed.), *Encyclopedia of children, adolescents, and the media* (pp. 739–742). Thousand Oaks, CA: Sage.

Van Gaalen, R. I., & Dykstra, P. A. (2006). Solidarity and conflict between adult children and parents: A latent class analysis. *Journal of Marriage and the Family, 68*, 947–960.

Van Hecke, A. V., Mundy, P. C., Acra, C. F., Block, J. J., Delgado, C. E. F., Parlade, M. V., . . . Pomares, Y. B. (2007). Infant joint attention, temperament, and social competence in preschool children. *Child Development, 78*, 53–69.

Van Hoof, A. (1999). The identity status approach: In need of fundamental revision and qualitative change. *Developmental Review, 19*, 622–647.

Van Horn, K. R., & Cunegatto, M. J. (2000). Interpersonal relationships in Brazilian adolescents. *International Journal of Behavioral Development, 24*, 199–203.

van IJzendoorn, M. H., & Hubbard, F. O. A. (2000). Are infant crying and maternal responsiveness during the first year related to infant–mother attachment at 15 months? *Attachment and Human Development, 2*, 371–391.

van IJzendoorn, M. H., & Kroonenberg, P. M. (1988). Cross-cultural patterns of attachment: A meta-analysis of the Strange Situation. *Child Development, 59*, 147–156.

Van Ijzendoorn, M. H., & Sagi-Schwartz, A. (2008). Cross-cultural patterns of attachment: Universal and contextual dimensions. In J. Cassidy, Jude & P. Shaver (Eds.), *Handbook of attachment: Theory, research, and clinical applications (2nd ed.)* (pp. 880–905). New York: Guilford Press.

van IJzendoorn, M. H., Schuengel, C., & Bakermans-Kranenburg, M. J. (1999). Disorganized attachment in early childhood: Meta-analysis of precursors, concomitants and sequelae. *Development and Pscyhopathology, 11*, 225–249.

van IJzendoorn, M. H., Vereijken, C. M. J. L., Bakermans-Kraneburg, M. J., & Riksen-Walraven, J. M. (2004). Assessing attachment security with the Attachment Q Sort: Meta-analytic evidence for the validity of the Observer AQS. *Child Development, 75*, 1188–1213.

van Sleuwen, B. E., Engelberts, A. C., Boere-Boonekamp, M. M., Kuis, W., Schulpen, T. W. J., & L'Hoir, M. P. (2007). Swaddling: A systematic review. *Pediatrics, 120*, e1097–e1106.

Van Someren, E. J., Lijzenga, C., Mirmiran, M., & Swaab, D. F. (1997). Long-term fitness training improves the circadian rest–activity rhythm in healthy elderly males. *Journal of Biological Rhythms, 12*, 146–156.

Van Volkom, M. (2006). Sibling relationships in middle and older adulthood: A review of the literature. *Marriage & Family Review, 40*, 151–170.

Vandell, D. L. (2004). Early child-care: The known and the unknown. *Merrill-Palmer Quarterly, 50* (Special Issue: The maturing of human developmental sciences: Appraising past, present and prospective agendas), 387–414.

Vandell, D. L., Burchinal, M. R., Belsky, J., Owen, M. T., Friedman, S. L., Clarke-Stewart, A., . . . Weinraub, M. (2005). Early child care and children's development in the primary grades: Follow-up results from the NICHD Study of Early Child Care. Paper presented at the biennial meeting of the Society for Research in Child Development, Atlanta, GA.

Vandereycken, W., & Van Deth, R. (1994). *From fasting saints to anorexic girls: The history of self-starvation*. New York, NY: New York University Press.

Vanier Institute of the Family. (2004). *Profiling Canada's families III*. Retrieved from www.vifamily.ca/profiling/3d.htm

VanLaningham, J., Johnson, D., & Amato, P. (2001). Marital happiness, marital duration, and the U-shaped curve: Evidence from the five-wave panel study. *Social Forces, 78*, 1313–1341.

Varendi, H., Christensson, K., Porter, R. H., & Wineberg, J. (1998). Soothing effect of amniotic fluid smell in newborn infants. *Early Human Development, 51*, 47–55.

Vaughan, K. (2005). The pathways framework meets consumer culture: Young people, careers, and commitment. *Journal of Youth Studies, 8*, 173–186.

Vazsonyi, A. T., & Snider, J. B. (2008). Mentoring, competencies, and adjustment in adolescents: American part-time employment and European apprenticeships. *International Journal of Behavioral Development, 32*, 46–55.

Verhaeghen, P., Steitz, D. W., Sliwinski, M. J., & Cerella, J. (2003). Aging and dual-task performance: A meta-analysis. *Psychology and Aging, 18*, 443–460.

Verkuyten, M. (2002). Multiculturalism among minority and majority adolescents in the Netherlands. *International Journal of Intercultural Relations, 26*, 91–108.

Verma, R. P., Shibli, S., Fang, H., & Komaroff, E. (2009). Clinical determinants and the utility of early postnatal maximum weight loss in fluid management of extremely low birth weight infants. *Early Human Development, 85*, 59–64.

Verma, S., & Larson, R. (1999). Are adolescents more emotional? A study of daily emotions of middle class Indian adolescents. *Psychology and Developing Societies, 11*, 179–194.

Verma, S., & Saraswathi, T. S. (2002). Adolescents in India: Street urchins or Silicon Valley millionaires? In B. B. Brown, R. Larson, & T. S. Saraswathi (Eds.), *The world's youth: Adolescence in eight regions of the globe* (pp. 105–140). New York, NY: Cambridge University Press.

Vidyasagar, T. R. (2004). Neural underpinnings of dyslexia as a disorder of visuospatial attention. *Clinical and Experimental Optometry, 87*, 4–10.

Vig, S., Chinitz, S., & Shulman, L. (2005). Young children in foster care: Multiple vulnerabilities and complex service needs. *Infants and Young Children, 18*, 147–160.

Vilette, B. (2002). Do young children grasp the inverse relationship between addition and subtraction? Evidence against early arithmetic. *Cognitive Development, 17*, 1365–1383.

Vilhjalmsson, R., & Kristjansdottir, G. (2003). Gender differences in physical activity in older children and adolescents: The central role of organized sport. *Social Science Medicine, 56,* 363–374.

Villar, F., Celdrán, M., & Triadó, C. (2012). Grandmothers offering regular auxiliary care for their grandchildren: An expression of generativity in later life? *Journal of Women & Aging, 24*(4), 292–312.

Vinanen, A., Munhbayarlah, S., Zevgee, T., Narantsetseg, L., Naidansuren, T. S., Koskenvuo, M., . . . Terho, E. O. (2007). The protective effect of rural living against atopy in Mongolia. *Allergy, 62,* 272–280.

Vincent, J. A., Phillipson, C. R., & Downs, M. (2006). *The futures of old age.* Thousand Oaks, CA: Sage.

Vincent, L. (2008). "Boys will be boys": Traditional Xhosa male circumcision, HIV and sexual socialization in contemporary South Africa. *Culture, Health, and Sexuality, 10,* 431–446.

Vinden, P. G. (1996). Junin Quechua children's understanding of mind. *Child Development, 67,* 1707–1716.

Visher, E. B., Visher, J. S., & Pasley, K. (2003). Remarriage families and step-parenting. In F. Walsh (Ed.), *Normal family processes* (pp. 153–175). New York, NY: Guilford.

Vissamsetti, B., & Pearce, I. (2011). Erectile dysfunction. *Midlife & Beyond,* 467–471.

Viswanathan, H., & Lambert, B. L. (2005). An inquiry into medication meanings, illness, medication use, and the transformative potential of chronic illness among African Americans with hypertension. *Research in Social & Administrative Pharmacy, 1,* 21–39.

Vlaardingerbroek, J., van Goudoever, J. B., & van den Akker, C. H. P. (2009). Initial nutritional management of the preterm infant. *Early Human Development, 85,* 691–695.

Voeller, K. K. (2004). Attention-deficit hyperactivity disorder. *Journal of Child Neurology, 19,* 798–814.

Vogels, N., Diepvens, K., & Westerterp-Plantenga, M. S. (2005). Predictors of long-term weight maintenance. *Obesity Research, 13,* 2162–2168.

Vogelstein, B., & Kinzler, K. (2004). Cancer genes and the pathways they control. *Nature Medicine, 10,* 789–799.

Voicu, M., Voicu, B., & Strapcova, K. (2009). Housework and gender inequality in European countries. *European Sociological Review, 25,* 365–377.

Volk, A., Craif, W., Bryce, W., & King, M. (2006). Adolescent risk correlates of bullying and different types of victimization. *International Journal of Adolescent Medicine and Health, 18,* 575–586.

Volling, B. L. (2003). Sibling relationships. In M. H. Bornstein, L. Davidson, C. L. M. Keyes, & K. A. Moore (Eds.), *Well-being: Positive development across the life course* (pp. 205–220). Mahwah, NJ: Erlbaum.

Vondra, J. L., & Barnett, D. (Eds.). (1999). Atypical attachment in infancy and early childhood among children at developmental risk. *Monographs of the Society for Research in Child Development, 64*(3, Serial No. 258).

Vondracek, F. W., & Porfelli, E. J. (2003). The world of work and careers. In G. R. Adams & M. D. Berzonsky (Eds.), *Blackwell handbook of adolescence: Blackwell handbooks of developmental psychology* (pp. 109–128). Malden, MA: Blackwell.

Vouloumanos, A., & Werker, J. F. (2004). Tuned to the signal: The privileged status of speech for young infants. *Developmental Science, 7,* 270–276.

Vouloumanos, A., Hauser, M. D., Werker, J. F., & Martin, A. (2010). The tuning of human neonates' preference for speech. *Child Development, 81,* 517–527.

Waard, D., Dijksterhuis, C., & Brookhuis, K. A. (2009). Merging into heavy motorway traffic by young and elderly drivers. *Accident Analysis and Prevention, 41,* 588–497.

Wadsworth, L. A., & Johnson, C. P. (2008). Mass media and healthy aging. *Journal of Nutrition for the Elderly, 27,* 319–331.

Wagner, C. L., & Greer, F. R. (2008). Prevention of rickets and vitamin D deficiency in infants, children, and adolescents. *Pediatrics, 122*(5), 1142–1152.

Wahlbeck, K., Forsén, T., Osmond, C., Barker, D. J. P., & Eriksson, J. G. (2001). Association of schizophrenia with low maternal body mass index, small size at birth, and thinness during childhood. *Archives of General Psychiatry, 58,* 48–52.

Wahlhaus, E. (2005). The psychological benefits of the traditional Jewish mourning rituals: Have the changes instituted by the Progressive movement enhanced or diminished them? *European Judaism, 38,* 95–109.

Waite, L. J., & Gallagher, M. (2000). *The case for marriage: Why married people are happier, healthier, and better off financially.* New York, NY: Doubleday.

Walcott, D. D., Pratt, H. D., & Patel, D. R. (2003). Adolescents and eating disorders: Gender, racial, ethnic, sociocultural and socioeconomic issues. *Journal of Adolescent Research, 18,* 223–243.

Waldrop, D. P. (2006). At the eleventh hour: Psychosocial dynamics in short hospice stays. *The Gerontologist, 46,* 106–114.

Walker, J., Anstey, K., & Lord, S. (2006). Psychological distress and visual functioning in relation to vision-related disability in older individuals with cataracts. *British Journal of Health Psychology, 11,* 303–317.

Wallace, J. M., & Williams, D. R. (1997). Religion and adolescent health-compromising behavior. In J. Schulenberg, J. L. Maggs, & K. Hurrelmann (Eds.), *Health risks and developmental transitions during adolescence* (pp. 444–468). New York, NY: Cambridge University Press.

Wallace, J. M., Yamaguchi, R., Bachman, J. G., O'Malley, P. M., Schulenberg, J. E., & Johnston, L. D. (2007). Religiosity and adolescent substance use: The role of individual and contextual influences. *Social Problems, 54,* 308–327.

Wallerstein, J. S., & Blakeslee, S. (1995). *The good marriage.* Boston, MA: Houghton Mifflin.

Wallerstein, J. S., & Johnson-Reitz, K. (2004). Communication in divorced and single parent families. In A. L. Vangelisti (Ed.), *Handbook of family communication* (pp. 197–214). Mahwah, NJ: Erlbaum.

Walsh, K. E., & Berman, J. R. (2004). Sexual dysfunction in the older woman: An overview of the current understanding and management. *Therapy in Practice, 21,* 655–675.

Walshaw, C.A. (2010). Are we getting the best from breastfeeding? *Acta Paediatria, 99,* 1292–1297.

Wan, H., Sengupta, M., Velkoff, V., & DeBarros, K. (2005). U.S. Census Bureau, *Current Population Reports, P23-209, 65+ in the United States: 2005.* Washington, DC: U.S. Government Printing Office.

Wang, M., Gamo, N. J., Yang, Y., Jin, L. E., Wang, X. J., Laubach, M., . . . & Arnsten, A. F. (2011). Neuronal basis of age-related working memory decline. *Nature, 476*(7359), 210-213.

Wang, S., & Tamis-LeMonda, C. (2003). Do childrearing values in Taiwan and the United States reflect cultural values of collectivism and individualism? *Journal of Cross-Cultural Psychology, 34,* 629–642.

Wang, S., Baillargeon, R., & Paterson, S. (2005). Detecting continuity violations in infancy: A new account and new evidence from covering and tube events. *Cognition, 95,* 129–173.

Wang, Y., & Fong, V. L. (2009). Little emperors and the 4:2:1 generation: China's singletons. *Journal of the American Academy of Child & Adolescent Psychiatry, 48,* 1137–1139.

Wang, Y., & Lobstein, T. (2006). Worldwide trends in childhood overweight and obesity. *International Journal of Pediatric Obesity, 1,* 11–25.

Wang, Y., Wang, X., Kong, Y., Zhang, J. H., & Zeng, Q. (2010). The Great Chinese Famine leads to shorter and overweight females in Chongqing Chinese population after 50 years. *Obesity, 18,* 588–592.

Wannamethee, S. G., Shaper, A. G., Walker, M., & Ebrahim, S. (1998). Lifestyle and 15-year survival free of heart attack, stroke, and diabetes in middle-aged British men. *Archives of Internal Medicine, 158,* 2433–2440.

Ward, R. A. (2008). Multiple parent–adult child relations and well-being in middle and later life. *The Journals of Gerontology, 63,* S239–S47.

Warnock, F. F., Castral, T. C., Brant, R., Sekilian, M., Leite, A. M., De La Presa Owens, S., & Schochi, C. G. S. (2010). Brief report: Maternal Kangaroo Care for neonatal pain relief: A systematic narrative review. *Journal of Pediatric Psychology, 35,* 975–984.

Warnock, F., & Sandrin, D. (2004). Comprehensive description of newborn distress behavior in response to acute pain (newborn male circumcision). *Pain, 107,* 242–255.

Warr, P. B. (1992). Age and occupational well-being. *Psychology and Aging, 7,* 37–45.

Warr, P. B. (1994). Age and employment. In M. D. Dunnette, L. Hough, & H. Triandis (Eds.), *Handbook of industrial and organizational psychology* (pp. 485–550). Palo Alto, CA: Consulting Psychologists Press.

Warr, P., Butcher, V., Robertson, I., & Callinan, M. (2004). Older people's well-being as a function of employment, retirement, environmental characteristics, and role preference. *British Journal of Psychology, 95,* 297–324.

Warren-Findlow, J. (2006). Weathering: Stress and heart disease in African American women living in Chicago. *Qualitative Health Research, 16,* 221–237.

Warren, R. (2007). Electronic media, children's use of. In J. J. Arnett (Ed.), *Encyclopedia of children, adolescents, and the media* (Vol. 1, pp. 286–288). Thousand Oaks, CA: Sage.

Warren, S. L., & Simmens, S. J. (2005). Predicting toddler anxiety/depressive symptoms: Effects of caregiver sensitivity of temperamentally vulnerable children. *Infant of Medical Health Journal, 26,* 40–55.

Wass, H. (2004). A perspective on the current state of death education. *Death Studies, 28,* 289–308.

Waterman, A. S. (1992). Identity as an aspect of optimal functioning. In G. R. Adams, T. P. Gullotta, & R. Montemayor (Eds.), *Adolescent identity formation* (Vol. 4, pp. 50–72). Newbury Park, CA: Sage.

Waterman, A. S. (1999). Issues of identity formation revisited: United States and the Netherlands. *Developmental Review, 19,* 462–479.

Waterman, A. S. (2007). Doing well: The relationship of identity status to three conceptions of well-being. *Identity, 7,* 289–307.

Waters, E., Weinfield, N. S., & Hamilton, C. E. (2000). The stability of attachment security from infancy to adolescence and early adulthood: General discussion. *Child Development, 71,* 703–706.

Watkin, P. M. (2011). The value of the neonatal hearing screen. *Paediatrics and Child Health, 21,* 37–41.

Watson, P. (2014). *The age of atheists: How we have sought to live since the death of God.* New York, NY: Simon and Schuster.

Wattmo, C., Londos, E., & Minthon, L. (2014). Risk factors that affect life expectancy in Alzheimer's disease: A 15-year follow-up. *Dementia and Geriatric Cognitive Disorders, 38,* 286–299.

Waxman, S. R. (2003). Links between object categorization and naming: Origins and emergence in human infants. In D. H. Rakison & L. M. Oakes (Eds.), *Early category and concept development: Making sense of the blooming, buzzing confusion* (pp. 193–209). New York, NY: Oxford University Press.

Waxman, S. R., & Lidz, J. L. (2006). Early word learning. In W. Damon & R. Lerner (Eds.), & D. Kuhn & R. Siegler (Vol. Eds.), *Handbook of child psychology: Vol. 2. Cognition, perception and language* (6th ed., pp. 299–335). New York, NY: Wiley.

Way, N. (2004). Intimacy, desire, and distrust in the friendships of adolescent boys. In N. Way & J. Y. Chu (Eds.), *Adolescent boys: Exploring diverse cultures of boyhood* (pp. 167–196). New York, NY: New York University Press.

Way, N., Reddy, R., & Rhodes, J. (2007). Students' perceptions of school climate during the middle school years: Associations with trajectories of psychological and behavioral adjustment. *American Journal of Community Psychology, 40,* 194–213.

Weaver, R. F. (2005). *Molecular Biology* (3rd ed.). New York, NY: McGraw-Hill.

Weaver, S. E., & Coleman, M. (2010). Caught in the middle mothers in step-families. *Journal of Social and Personal Relationships, 27,* 305–326.

Weber, D. (2006). Media use by infants and toddlers: *A potential for play*. Oxford University Press, New York.

Weber, M. T., Maki, P. M., & McDermott, M. P. (2014). Cognition and mood in perimenopause: A systematic review and meta-analysis. *Journal of Steroid Biochemistry and Molecular Biology, 142,* 90–98.

WebMD (2011). *Vaginal birth after cesarean (VBAC)—Risks of VBAC and cesarean deliveries.* Retrieved from http://www.webmd.com/baby/tc/vaginal-birth-after-cesarean-vbac-risks-of-vbac-and-cesarean-deliveries

Wechsler, H., & Nelson, T. F. (2001). Binge drinking and the American college student: What's the five drinks? *Psychology of Addictive Behaviors, 15,* 287–291.

Weekley, A. (2007). *Placentophagia: Benefits of eating the placenta.* Retrieved from http://www.associatedcontent.com/article/289824/placentophagia_benefits_of_eating_the.html?cat=51

Weichold, K., Silbereisen, R. K., & Schmitt-Rodermund, E. (2003). Short-term and long-term consequences of early vs. late physical maturation in adolescents. In C. Haywood (Ed.), *Puberty and psychopathology* (pp. 241–276). Cambridge, MA: Cambridge University Press.

Weinberg, R. A. (2004). The infant and the family in the twenty-first century. *Journal of the American Academy of Child & Adolescent Psychiatry, 43,* 115–116.

Weiner, I. B. (1992). *Psychological disturbance in adolescence* (2nd ed.). New York, NY: Wiley.

Weinfeld, N. S., Whaley, G. J. L., & Egeland, B. (2004). Continuity, discontinuity, and coherence in attachment from infancy to late adolescence: Sequelae of organization and disorganization. *Attachment and Human Development, 6,* 73–97.

Weinfield, N. S., Sroufe, L. A., & Egeland, B. (2000). Attachment from infancy to early adulthood in a high-risk sample: Continuity, discontinuity, and their correlates. *Child Development, 71,* 695–702.

Weintraub, W. S. (2010). Do more cardiac rehabilitation visits reduce events compared with fewer visits? *Circulation, 121*(1), 8–9.

Weir, K. F., & Jose, P. E. (2010). The perception of false self scale for adolescents: Reliability, validity, and longitudinal relationships with depressive and anxious symptoms. *British Journal of Developmental Psychology, 28,* 393–411.

Weisgram, E. S., Bigler, R. S., & Liben, L. S. (2010). Gender, values, and occupational interests among children, adolescents, and adults. *Child Development, 81*(3), 778–796.

Weisleder, A., & Fernald, A. (2013). Talking to children matters early language experience strengthens processing and builds vocabulary. *Psychological science, 24*(11), 2143–2152.

Weisner, T. S. (1996). The 5 to 7 transition as an ecocultural project. In A. J. Sameroff & M. M. Haith, *The five to seven year shift: The age of reason and responsibility* (pp. 295–326). Chicago, IL: University of Chicago Press.

Weiss, M. R. (Ed.). (2004). *Developmental sport and exercise psychology: A lifespan perspective.* Morgantown, WV: Fitness Information Technology.

Weissman, M. M., Warner, V., Wickramaratne, P. J., & Kandel, D. B. (1999). Maternal smoking during pregnancy and psychopathology in offspring followed to adulthood. *Journal of the American Academy of Child & Adolescent Psychiatry, 38,* 892–899.

Weitzen, S., Teno, J., Fennell, M., & Mor, V. (2003). Factors associated with site of death: A national study of where people die. *Medical Care, 41,* 323–335.

Welti, C. (2002). Adolescents in Latin America: Facing the future with skepticism. In B. Brown, R. Larson, & T. S. Saraswathi (Eds.), *The world's youth: Adolescence in eight regions of the globe* (pp. 276–306). New York, NY: Cambridge University Press.

Wendland-Carro, J., Piccinini, C. A., & Millar, W. S. (1999). The role of an early intervention on enhancing the quality of mother–infant interaction. *Child Development, 70,* 713–731.

Wenestam, C. G., & Wass, H. (1987). Swedish and U.S. children's thinking about death: A qualitative study and cross-cultural comparison. *Death Studies, 11,* 99–121.

Wentzel, K. R. (2003). Sociometric status and adjustment in middle school: A longitudinal study. *The Journal of Early Adolescence, 23,* 5–38.

Werker, J. F., & Fennell, C. T. (2009). Infant speech perception and later language acquisition: Methodological underpinnings. In J. Colombo, P. McCardle, & L. Freund (Eds.), *Infant pathways to language: Methods, models, and research disorders* (pp. 85–98). New York, NY: Psychology Press.

Werner, E. E., & Smith, R. S. (1982). *Vulnerable but invincible: A study of resilient children.* New York, NY: McGraw-Hill.

Werner, E. E., & Smith, R. S. (1992). *Overcoming the odds: High-risk children from birth to adulthood.* Ithaca, NY: Cornell University Press.

Werner, E. E., & Smith, R. S. (2001). *Journeys from childhood to midlife: Risk, resilience, and recovery.* Ithaca, NY: Cornell University Press.

Werner, E., Dawson, G., Osterling, J., & Dinno, N. (2000). Recognition of autism spectrum disorder before one year of age. A retrospective study based on home videotapes. *Journal of Autism & Developmental Disorders, 30,* 157–162.

Werner, L. A., & Marean, G. C. (1996). *Human auditory development.* Boulder, CO: Westview Press.

Werner, L. A., & Marean, G. C. (1996). *Human auditory development.* Madison, WI: Brown & Benchmark.

Westfall, R. E., & Benoit, C. (2004). The rhetoric of "natural" in natural childbirth: Childbearing women's perspectives on prolonged pregnancy and induction of labour. *Social Science & Medicine, 59,* 1397–1408.

Westling, E., Andrews, J. A., Hampson, S. E., & Peterson, M. (2008). Pubertal timing and substance use: The effects of gender, parental monitoring and deviant peers. *Journal of Adolescent Health, 42,* 555–563.

Westman, M., & Etzion, D. (2001). The impact of vacation and job stress on burnout and absenteeism. *Psychology & Health, 16* (Special issue: Burnout and health), 595–606.

Westoff, C. F. (2003). *Trends in marriage and early childbearing in developing countries.* DHS Comparative Reports No. 5. Calverton, MD: ORC Macro.

Wethington, E., Kessler, R., & Pixley, J. (2004). Turning points in adulthood. In G. Brim, C. D. Ryff, & R. Kessler (Eds.), *How healthy are we?: A national study of well-being at midlife.* Chicago, IL: University of Chicago Press.

Whalen, C. K. (2000). Attention deficit hyperactivity disorder. In A. Kazdin (Ed.), *Encyclopedia of psychology.* Washington, DC: American Psychological Association.

Whaley, D. E. (2007). A life span developmental approach to studying sport and exercise behavior. In G. Tenenbaum & R. C. Eklund (Eds.), *Handbook of sport psychology* (3rd ed., pp. 645–661).

Whitaker, R. C., Wright, J. A., Pepe, M. S., Seidel, K. D., & Dietz, W. H. (1997). Predicting obesity in young adulthood from childhood and parental obesity. *The New England Journal of Medicine, 337,* 869–873.

Whitbourne, S. K. (1986). *The me I know: A study of adult identity.* New York, NY: Springer-Verlag.

Whitbourne, S. K. (2008). *The search for fulfillment: Life paths in adulthood.* New York, NY: Ballantine Books.

Whitbourne, S. K. (2009, November). Fulfillment at any age. *Psychology Today* blog post. Retrieved from http://www.psychologytoday.com/blog/fulfillment-anyage/200911/rewriting-shakespeares-view-later-life-no-longer-sans-everything

Whitbourne, S. K., & Sneed, J. R. (2004). The paradox of well-being, identity processes, and stereotype threat: Ageism and its potential relationships to the self in later life. In T. Nelson (Ed.), *Ageism: Stereotyping and prejudice against older persons* (pp. 247–276). Cambridge, MA: MIT Press.

Whitbourne, S. K., & Whitbourne, S. B. (2010). *Adult development and aging: Biopsychosocial perspectives.* New York: John Wiley & Sons.

White, L. (2001). Sibling relationships over the life course: A panel analysis. *Journal of Marriage and Family, 63,* 555–568.

White, M. J., & White, G. B. (2006). Implicit and explicit occupational gender stereotypes. *Sex Roles, 55,* 259–266.

White, N. R. (2002). "Not under my roof!" Young people's experience of home. *Youth and Society, 34,* 214–231.

Whitehead, B. (2001). How we mate. In M. Magnet (Ed.), *Modern sex: Liberation and its discontents* (pp. 5–26). Chicago, IL: Ivan R Dee.

Whitehead, D., Keast, J., Montgomery, V., & Hayman, S. (2004). A preventive health education program for osteoporosis. *Journal of Advanced Nursing, 47,* 15–24.

Whiting, B. B., & Edwards, C. P. (1988). *Children of different worlds: The formation of social behavior.* Cambridge, MA: Harvard University Press. Whitman, J. S. (2010). Lesbians and gay men at midlife. In M. H. Guindon (Ed.), *Self-esteem across the lifespan: Issues and interventions* (pp. 235–248). New York, NY: Routledge.

Whitty, M. (2002). Possible selves: An exploration of utility of a narrative approach. *Identity, 2,* 211–228.

Wichstrom, L. (1999). The emergence of gender difference in depressed mood during adolescence: The role of intensified gender socialization. *Developmental Psychology, 35,* 232–245.

Wiesner-Hanks, M. E. (2011). *Gender in history: Global perspectives.* New York, NY: Wiley.

Wigfield, A., Eccles, J. S., Yoon, K. S., Harold, R. D., Arbreton, A. J., Freedman-Doan, C., & Blumenfeld, P. C. (1997). Changes in children's competence beliefs and subjective task values across the elementary school years: A three-year study. *Journal of Educational Psychology, 89,* 451–469.

Wiggins, M., & Uwaydat, S. (2006). Age-related macular degeneration: Options for earlier detection and improved treatment. *The Journal of Family Practice, 55,* 22–27.

Wiggs, C. L., Weisgberg, J., & Martin, A. (2006). Repetition priming across the adult lifespan—The long and short of it. *Aging, Neuropsychology, and Cognition, 13,* 308–325.

Wilcox, A. J., Weinberg, C. R., & Baird, D. D. (1995). Timing of sexual intercourse in relation to ovulation: Effects on the probability of contraception, survival of the pregnancy, and sex of the baby. *New England Journal of Medicine, 333,* 1517–1519.

Wilcox, S., Evenson, K. R., Aragaki, A., Wassertheil Smoller, S., Mouton, C. P., & Loevinger, B. L. (2003). The effects of widowhood on physical and mental health, health behaviors, and health outcomes: The Women's Health Initiative. *Health Psychology, 22,* 513–522.

Wilcox, W. B. (2008). Focused on their families: Religion, parenting, and child well-being. In K. K. Kline (Ed.), *Authoritative communities:*

The scientific case for nurturing the whole child (pp. 227–244). The Search Institute series on developmentally attentive community and society. New York, NY: Springer.

Wilcox, W. B., & Marquart, E. (2010). *The state of our unions: Marriage in America, 2010.* Charlottesville, VA: National Marriage Project.

Wild, K., & Cotrell, V. (2003). Identifying driving impairment in Alzheimer disease: A comparison of self and observer reports versus driving evaluation. *Alzheimer Disease and Associated Disorders, 17,* 27–34.

Wiley, T. L., Nondahl, D. M., Cruickshanks, K. J., & Tweed, T. S. (2005). Five-year changes in middle ear function for older adults. *Journal of the American Academy of Audiology, 16,* 129–139.

Willford, Jennifer A., et al. (2004). Verbal and visuospatial learning and memory function in children with moderate prenatal alcohol exposure. Alcoholism: *Clinical and Experimental Research, 28*(3), 497–507.

Williams, A. F., & Ferguson, S. A. (2002). Rationale for graduated licensing and the risks it should address. *Injury Prevention, 8* (Suppl. II), ii9–ii16.

Williams, A. F., Tefft, B. C., & Grabowski, J. G. (2012). Graduated driver licensing research, 2010-present. *Journal of Safety Research, 43*(3), 195–203.

Williams, A. L., Khattak, A. Z., Garza, C. N., & Lasky, R. E. (2009). The behavioral pain response to heelstick in preterm neonates studied longitudinally: Description, development, determinants, and components. *Early Human Development, 85,* 369–374.

Williams, D. R. (2005). The health of U.S. racial and ethnic populations. *Journals of Gerontology, 60B*(Special Issue II), 53–62.

Williams, J. M., & Dunlop, L. C. (1999). Pubertal timing and self-reported delinquency among male adolescents. *Journal of Adolescence, 22,* 157–171.

Williams, K., & Dunne-Bryant, A. (2006). Divorce and adult psychological well-being: Clarifying the role of gender and child age. *Journal of Marriage and Family, 68,* 1178–1196.

Williams, L. R., Degnan, K. A., Perez-Edgar, K. E., Henderson, H. A., Rubin, K. H., Pine, D. S., et al. (2009). Impact of behavioral inhibition and parenting style on internalizing and externalizing problems from early childhood through adolescence. *Journal of Abnormal Child Psychology, 37,* 1063–1075.

Williams, M. H. (2005). *Nutrition for health, fitness, and sport* (7th ed.). New York, NY: McGraw-Hill.

Willinger, M., Ko, C.-W., Hoffman, J. J., Kessler, R. C., & Corwin, M. J. (2003). Trends in infant bed sharing in the United States. *Archives of Pediatrics and Adolescent Medicine, 157,* 43–49.

Willis, S. L., & Schaie, K. W. (1999). Intellectual functioning in midlife. In S. L. Willis & J. D. Reid (Eds.), *Life in the middle* (pp. 105–146). San Diego, CA: Academic Press.

Willis, S., Tennstedt, S., Marsiske, M., Ball, K., Elias, J., Koepke, K.,... Wright, E. (2006). Long-term effects of cognitive training on everyday functional outcomes in older adults. *JAMA: Journal of the American Medical Association, 296,* 2805–2814.

Wilson, D. K., Kirtland, K. A., Ainsworth, B. E., & Addy, C. L. (2004). Socioeconomic status and perceptions of access and safety for physical activity. *Annals of Behavioral Medicine, 28,* 20–28.

Wilson, E. O. (2012). *The social conquest of earth.* New York, NY: W.W. Norton.

Wilson, J. (2009). *Mourning the unborn dead: A Buddhist ritual comes to America.* New York, NY: Oxford University Press.

Wilson, J. Q., & Herrnstein, R. J. (1985). *Crime and human nature.* New York, NY: Simon and Schuster.

Wilson, L. B., & Harlow-Rosentraub, K. (2008). Providing new opportunities for volunteerism and civic engagement for boomers: Chaos theory redefined. In R. B. Hudson (Ed.), *Boomer bust? Economic and political issues of the graying society* (Vol. 2, pp. 79–98). Westport, CT: Praeger.

Wilson, R. S., Mendes De Leon, C. F., Barnes, L. L, Schneider, J. A., Bienias, J. L., Evans, D. A., & Bennett, D. A. (2002). Participation in cognitively stimulating activities and risk of incident Alzheimer disease. *JAMA: Journal of the American Medical Association, 287,* 742–748.

Wilson, W. J. (1996). *When work disappears: The world of the new urban poor.* New York, NY: Knopf.

Wilson, W. J. (2006). *Social theory and the concept "underclass."* In D. B. Grusky & R. Kanbur (Eds.), *Poverty and inequality: Studies in social inequality* (pp. 103–116). Stanford, CA: Stanford University Press.

Wingfield, A., Tun, P. A., & McCoy, S. L. (2005). Hearing loss in older adulthood: What it is and how it interacts with cognitive performance. *Current Directions in Psychological Science, 14,* 144–147.

Wink, P., & Dillon, M. (2003). Religiousness, spirituality, and psychosocial functioning in late adulthood: Findings from a longitudinal study. *Psychology and Aging, 18,* 916–924.

Winsler, A., Fernyhough, C., & Montero, I. (Eds.). (2009). Private speech, executive functioning, and the development of verbal self-regulation. Cambridge: Cambridge University Press.

Winn, R., & Newton, N. (1982). Sexual activity in aging: A study of 106 cultures. *Archives of Sexual Behavior, 11,* 283–298.

Winterich, J. (2003). Sex, menopause, and culture: Sexual orientation and the meaning of menopause for women's sex lives. *Gender & Society, 17,* 627–642.

Wiscott, R., & Kopera-Frye, K. (2000). Sharing of culture: Adult grandchildren's perceptions of intergenerational relations. *International Journal of Aging and Human Development, 5,* 199–215.

Witherington, D. C., Campos, J. J., Anderson, D. I., Lejeune, L., & Seah, E. (2005). Avoidance of heights on the Visual Cliff in newly walking infants. *Infancy, 7,* 285–298.

Wolak, J., Mitchell, K. J., & Finkelhor, D. (2007). Does online harassment constitute bullying? An exploration of online harassment by known peers and online-only contacts. *Journal of Adolescent Health, 41*(Suppl. 6), S51–S58.

Wolbers, M. H. J. (2007). Patterns of labor market entry: A comparative perspective on school-to-work transitions in 11 European countries. *Acta Sociologica, 50,* 189–210.

Wolf, J. B. (2007). Is breast really best? Risk and total motherhood in the national breastfeeding awareness campaign. *Journal of Health Politics, Policy and Law, 32,* 595–63.

Wong, C. A. (1997, April). *What does it mean to be African-American or European-American growing up in a multi-ethnic community?* Paper presented at the biennial meeting of the Society for Research in Child Development, Washington, DC.

Wong, S., Chan, K., Wong, V., & Wong, W. (2002). Use of chopsticks in Chinese children. *Child: Care, Health, & Development, 28,* 157–161.

Wood, A. G., Harvey, A. S., Wellard, R. M., Abbott, D. F., Anderson, V., Kean, M.,... Jackson, G. D. (2004). Language cortex activation in normal children. *Neurology, 63,* 1035–1044.

Wood, E., Desmarais, S., & Gugula, S. (2002). The impact of parenting experience on gender stereotyped toy play of children. *Sex Roles, 47,* 39–49.

Wood, R. M., & Gustafson, G. E. (2001). Infant crying and adults' anticipated caregiving responses: Acoustic and contextual influences. *Child Development, 72,* 1287–1300.

Woodhall, S. C., Lehtinen, M., Verho, T., Huhtala, H., Hokkanen, M., & Kosunen, E. (2007). Anticipated acceptance of HPV vaccination at the baseline of implementation: A survey of parental and adolescent knowledge and attitudes in Finland. *Journal of Adolescent Health, 40,* 466–469.

Woodward, A. L., & Markman, E. M. (1998). Early word learning. In W. Damon (Ed.), & D. Kuhn & R. S. Siegler (Vol. Eds.), *Handbook of child psychology: Vol. 2. Cognition, perception and language* (5th ed., pp. 371–420). New York, NY: Wiley.

Woodward, E. H., & Gridina, N. (2000). *Media in the home, 2000: The fifth annual survey of parents and children.* Philadelphia, PA: The Annenberg Public Policy Center of the University of Pennsylvania. Available: http://www.appcpenn.org/mediainhome/survey/survey7.pdf

Woodward, L., & Fergusson, D. (1999). Early conduct problems and later risk of teenage pregnancy in girls. *Development and Psychopathology, 11,* 127–142.

Woodward, L., Fergusson, D. M., & Belsky, J. (2000). Timing of parental separation and attachment to parents in adolescence: Results of a prospective study from birth to age 16. *Journal of Marriage & the Family, 62,* 162–174.

Woody, D., III, & Woody, D. J. (2007). The significance of social support on parenting among a group of single, low-income, African American mothers. *Journal of Human Behavior in the Social Environment, 15,* 183–198.

Worden, W. J. (2009). *Grief counseling and grief therapy: A handbook for the mental health practitioner* (4th ed.). New York, NY: Springer.

World Bank (2011). India's undernourished children: A call for action. Retrieved from http://web.worldbank.org/WBSITE/EXTERNAL/COUNTRIES/SOUTHASIAEXT/0,,contentMDK:20916955~pagePK:146736~piPK:146830~theSitePK:223547,00.html

World Education Services. (2005). World education database. Retrieved from www.wes.org

World Federation of Right to Die Societies. (2006). Public opinion. Retrieved from www.worldrtd.net

World Health Organization (WHO) (1999). *Death rates from coronary heart disease.* Geneva, Switzerland: Author.

World Health Organization (WHO) (2000). *Healthy life expectancy rankings.* Geneva, Switzerland: Author.

World Health Organization (WHO) (2000). WHO Global Data Bank on Breastfeeding. Available: http://www.who.int/nut/db_bfd.htm.

World Health Organization (WHO) (2001). *The World Health Report 2001. Mental health: New understanding, new hope.* Retrieved from http://www.who.int/whr2001/2001/main/en/index.htm

World Health Organization (WHO) (2002). Micronutrient deficiencies. Retrieved from http://www.who.int/nut/#mic

World Health Organization (WHO) (2004). *Infecundity, infertility, and childlessness in developing countries. Demographic and Health Surveys (DHS) Comparative reports No. 9.* Geneva, Switzerland: Author.

World Health Organization (WHO) (2008). *Inequalities in young people's health: Health behavior in school-aged children.* Retrieved from http://www.hbsc.org/

World Health Organization (WHO) (2008). Significant caries index: Data for some selected countries. Retrieved from www.whocollab.od.mah.se/sicdata.html

World Health Organization (WHO) (2008). *World report on child injury prevention.* Retrieved from http://whqlibdoc.who.int/publications/2008/9789241563574_eng.pdf?ua=1

World Health Organization (WHO) (2008). *Worldwide prevalence of anaemia.* Geneva, Switzerland: Author.

World Health Organization (WHO) (2009). *Department of making pregnancy safer: Annual report.* Geneva, Switzerland: Author.

World Health Organization (WHO) (2010). Method of delivery and pregnancy outcomes in Asia: The WHO global survey on maternal and perinatal health, 2007–2008. *The Lancet, 375,* 490–499.

World Health Organization (WHO) (2009). *Monitoring emergency obstetric care: A handbook.* Geneva, Switzerland: Author.

World Health Organization (WHO) (2010). *Towards universal access: Scaling up priority HIV/AIDS interventions in the health sector.* Geneva, Switzerland: Author.

World Health Organization (WHO) (2010). *World Health Statistics 2010.* Geneva, Switzerland: Author.

World Health Organization (WHO) (2010). WHO vaccine-preventable diseases: Monitoring system—2010 global summary. Geneva, Switzerland: Author.

World Health Organization (WHO) (2011). Cigarette consumption. Retrieved February 21, 2011, from http://www.who.int/tobacco/en/atlas8.pdf

World Health Organization (WHO) (2011). *Vacuum extraction versus forceps for assisted vaginal delivery.* Retrieved from http://apps.who.int/rhl/pregnancy_childbirth/childbirth/2nd_stage/facom/en/

World Health Organization (WHO) (2012). *Social determinants of health and well-being among young people: Health behavior in school-aged children.* Retrieved from http://www.euro.who.int/__data/assets/pdf_file/0003/163857/Social-determinants-of-health-and-well-being-among-young-people.pdf?ua=1

World Health Organization (WHO) (2013). *World malaria report.* Geneva, Switzerland: Author.

World Health Organization (WHO) (2014). *Fact sheet: Top 10 causes of death.* Geneva, Switzerland: Author. Retrieved from http://www.who.int/mediacentre/factsheets/fs310/en/

World Health Organization (WHO) (2014). *World health statistics.* Geneva, Switzerland: Author.

World Health Organization, Multicentre Growth Reference Study Group (2006). *WHO child growth standards: Length/height-for-age, weight-for-age, weight-for-length, weight-for-height and body mass index-for-age.* Geneva, Switzerland: World Health Organization. Retrieved from http://www.who.int/childgrowth/standards/en/

World Internet Project (2008). Center for the digital future at USC Annenberg with 13 partner countries release the first World Internet Project report. Retrieved from http://www.worldinternetproject.net

Worthman, C. M. (1987). Interactions of physical maturation and cultural practice in ontogeny: Kikuyu adolescents. *Cultural Anthropology, 2,* 29–38.

Wrangham, R. (2009). *Catching fire: How cooking made us human.* New York, NY: Basic Books.

Wright, A. A., & Katz, I. T. (2007). Letting go of the rope: Aggressive treatment, hospice care, and open access. *New England Journal of Medicine, 357,* 324–327.

Wright, V. C., Schieve, L. A., Reynolds, M. A., Jeng, G., & Kissin, D. (2004). Assisted reproductive technology surveillance—United States 2001. *Morbidity and Mortality Weekly Report, 53,* 1–20.

Wrosch, C., Heckhausen, J., & Lachman, M. E. (2000). Primary and secondary control strategies for managing health and financial stress across adulthood. *Psychology and Aging, 15,* 387–399.

Wrotniak, B. H., Epstein, L. H., Raluch, R. A., & Roemmich, J. N. (2004). Parent weight change as a predictor of child weight change in family-based behavioral obesity treatment. *Archives of Pediatric and Adolescent Medicine, 158,* 342–347.

Wu, L., Schlenger, W., & Galvin, D. (2003). The relationship between employment and substance abuse among students aged 12 to 17. *Journal of Adolescent Health, 32,* 5–15.

Wu, Z. (1999). Premarital cohabitation and the timing of first marriage. *Canadian Review of Sociology and Anthropology, 36,* 109–127.

Xue, Y., & Meisels, S. J. (2004). Early literacy instruction and learning in kindergarten: Evidence from the early childhood longitudinal study—kindergarten classes of 1998–1999. *American Educational Research Journal, 41,* 191–229.

Yaffe, K., Fox, P., Newcomer, R., Sands, L., Lindquist, K., Dane, K., & Covinsky, K. E. (2002). Patient and caregiver characteristics and nursing home placement in patients with dementia. *JAMA: Journal of the American Medical Association, 287,* 2090–2097.

Yang, B., Ollendick, T. H., Dong, Q., Xia, Y., & Lin, L. (1995). Only children and children with siblings in the People's Republic of China: Levels of fear, anxiety, and depression. *Child Development, 66,* 1301–1311.

Yang, S. C., & Chen, S.-F. (2002). A phenomenographic approach to the meaning of death: A Chinese perspective. *Death Studies, 26,* 143–175.

Yang, Y. (2006). How does functional disability affect depressive symptoms in late life? The role of perceived social support and psychological resources. *Journal of Health and Social Behavior, 47,* 355–372.

Yasui, M., Dorham, C. L., & Dishion, T. J. (2004). Ethnic identity and psychological adjustment: A validity analysis for European American and African American adolescents. *Journal of Adolescent Research, 19,* 807–825.

Yasuko, S., & Megumi, F. (2010). *Living to a grand old age in Japan.* Retrieved from http://generalhealthtopics.com/living-grand-old-age-japan-352.html

Ye, L., Pien, G. W., & Weaver, T. E. (2009). Gender differences in the clinical manifestation of obstructive sleep apnea. *Sleep Medicine, 10,* 1075–1084.

Yeh, H.-C., Lorenz, F. O., Wickrama, K. A. S., Cogner, R. D., & Elder, G. H., Jr. (2006). Relationships among sexual satisfaction, marital quality, and marital instability at midlife. *Journal of Family Psychology, 20,* 339–343.

Yeung, D. Y. L., & Tang, C. S.-K., & Lee, A. (2005). Psychosocial and cultural factors influencing expectations of menarche: A study on Chinese premenarcheal teenage girls. *Journal of Adolescent Research, 20,* 118–135.

Yoos, H. L., Kitzman, H., Halterman, J. S., Henderson, C., Sidora-Arcoleo, K., & McMullen, A. (2006). Treatment regimens and health care utilization in children with persistent asthma symptoms. *Journal of Asthma, 43,* 385–391.

Youn, G., Knight, B. G., Jeon, H., & Benton, D. (1999). Differences in familism values among Korean, Korean American, and White American dementia caregivers. *Psychology and Aging, 14,* 355–364.

Young, K. S. (2008). Internet sex addiction risk factors, stages of development, and treatment. *American Behavioral Scientist, 52,* 21–37.

Young-Hyman, D., Schlundt, D. G., Herman-Wenderoth, L., & Bozylinski, K. (2003). Obesity, appearance, and psychosocial adaptation in young African American children. *Journal of Pediatric Psychology, 28,* 463–472.

Youniss, J., & Smollar, J. (1985). *Adolescent relations with mothers, fathers, and friends.* Chicago, IL: University of Chicago Press.

Youniss, J., McLellan, J. A., & Yates, M. (1999). Religion, community service, and identity in American youth. *Journal of Adolescence, 22,* 243–253.

Zach, T., Pramanik, A., & Ford, S. P. (2001). Multiple births. *eMedicine.* Retrieved from www.mypage.direct.ca/csamson/multiples/2twinningrates.html

Zachrisson, H. D., Dearing, E., Lekhal, R., & Toppelberg, C. O. (2013). Little evidence that time in child care causes externalizing problems during early childhood in Norway. *Child Development, 84,* 1152–1170.

Zaidi, A., Mattia, M., Fuchs, M., Lipszyc, B., Lelkes, M. R., Marin, B., & de Vos, K. (2006). *Poverty of elderly people in EU25.* Report submitted to the European Commission. Vienna, Austria: European Centre for Social Welfare Policy and Research.

Zald, D. H. (2003). The human amygdala and the emotional evaluation of sensory stimuli. *Brain Research Review, 41,* 88–123.

Zapf, D., Seifert, C., Schmutte, B., Mertini, H., & Hotz, M. (2001). Emotion work and job stressors and their effects on burnout. *Psychology and Health, 16,* 527–545.

Zarit, S. H., & Eggebeen, D. J. (2002). Parent–child relationships in adulthood and later years. In M. H. Bornstein (Ed.), *Handbook of parenting, Vol. 1* (2nd ed., pp. 135–161). Mahwah, NJ: Erlbaum.

Zehle, K., Wen, L. M., Orr, N., & Rissel, C. (2007). "It's not an issue at the moment": A qualitative study of mothers about childhood obesity. *MCN: The American Journal of Maternal/Child Nursing, 32,* 36–41.

Zeijl, E., te Poel, Y., de Bois-Reymond, M., Ravesloot, J., & Meulmann, J. J. (2000). The role of parents and peers in the leisure activities of young adolescents. *Journal of Leisure Research, 32,* 281–302.

Zeserson, J. M. (2001). Chi no michi as metaphor: Conversations with Japanese women about menopause. *Anthropology & Medicine, 8,* 177–199.

Zeskind, P. S., & Lester, B. M. (2001). Analysis of infant crying. In L. T. Singer & P. S. Zeskind (Eds.), *Biobehavioral assessment of the infant* (pp. 149–166). New York, NY: Guilford.

Zeskind, P. S., Klein, L., & Marshall, T. R. (1992). Adults' perceptions of experimental modifications of durations and expiratory sounds in infant crying. *Developmental Psychology, 28,* 1153–1162.

Zhan, H. J., Feng, X., & Luo, B. (2008). Placing elderly parents in institutions in urban China: A reinterpretation of filial piety. *Research on Aging, 30,* 543–571.

Zhang, Q. F. (2004). Economic transition and new patterns of parent–child coresidence in urban China. *Journal of Marriage and Family, 66,* 1231–1245.

Zhang, W. (2009). How do we think about death?—A cultural glance of superstitious ideas from Chinese and Western ghost festivals. *International Education Studies, 2,* 68–71.

Zhang, W., & Fuligni, A. J. (2006). Authority, autonomy, and family relationships among adolescents in urban and rural China. *Journal of Research on Adolescence, 16,* 527–537.

Zhang, W., & Wang, Y. (2010). Meal and residence rotation of elderly parents in contemporary rural Northern China. *Journal of Cross–Cultural Gerontology, 25,* 217–237.

Zhang, Y., & Scarpace, P. J. (2006). The role of leptin in leptin resistance and obesity. *Physiology & Behavior, 88,* 249–256.

Zhao, S., Grasmuck, S., & Martin, J. (2008). Identity construction on Facebook: Digital empowerment in anchored relationships. *Computers in Human Behavior, 24,* 1816–1836.

Zhong, J., & Arnett, J. J. (2014). Conceptions of adulthood among migrant women workers in China. *International Journal of Behavioral Development, 38,* 255–265.

Zielinski, D. S. (2009). Child maltreatment and adult socioeconomic well-being. *Child Abuse and Neglect, 33,* 666–678.

Zigler, E., & Styfco, S. J. (Eds.). (2004). *The Head Start debates.* Baltimore, MD: Brookes.

Zimmerman, M. A., Copeland, L. A., Shope, J. T., & Dielman, T. E. (1997). A longitudinal study of self-esteem: Implications for adolescent development. *Journal of Youth and Adolescence, 26,* 117–141.

Zimmermann, M. B., Pieter, L. J., & Chandrakant, S. P. (2008). Iodine-deficiency disorders. *The Lancet, 372,* 1251–1262.

Zuckerman, P. (2008). *Society without God: What the least religious nations can tell us about contentment.* New York: New York University Press.

Zumwalt, M. (2008). Effects of the menstrual cycle on the acquisition of peak bone mass. In J. J. Robert-McComb, R. Norman, & M. Zumwalt (Eds.), *The active female: Health issues throughout the lifespan* (pp. 141–151). Totowa, NJ: Humana Press.

Zuzanek, J. (2000). *The effects of time use and time pressure on child–parent relationships.* Waterloo, Ontario, Canada: Otium.

Text and Art

제 1 장

Figure 1.1, p. 4: Source: Data from Ember, M. Ember, C.R. & Low, B.S. (2007). Comparing explanations of polygyny. Cross-Cultural Research, 41, 428–440; **Figure 1.4, p. 12**: Source: © Pearson Education, Inc. **Research Focus, p. 32**: Darwin, Charles. 1859. The Origin of the Species. London: John Murray. 7

제 2 장

Figure 2.8, p. 56: Source: Moore, 1974; **Figure 2.9, p. 61**: Source: Reproductive Medicine Associates of New Jersey, 2002; **Figure 2.10, p. 63**: babycenter.com (2014). http://www.babycenter.com/0_chart-the-effect-of-age-on-fertility_6155.bc; **Extract, p. 63, "The womb must be..."**: Source: Marsh, M., & Ronner, W. (1996). The empty cradle: Infertility in America from colonial times to the present. Baltimore, MD: Johns Hopkins University Press, p. 15

제 3 장

Extract, p. 71, "Attempting a vaginal birth...": Source: WedMD(2011). Vaginal birth after cesarean (VBAC)-Risks of VBAC and cesarean deliveries. Retrieved from http://www.webmd.com/baby/tc/vaginal-birth-after-cesaran-vbac-risks-of-vbac-and-cesarean-deliveries.p.2; **Extract, p. 72, "No one does more harm..."**: Source: Cassidy, T. (2006). Birth: The surprising history of how we are born. New York, NY: Atlantic Monthly Press; **Extract, p. 78, "Rock in a rocking chair..."**: Source: Mayo Clinic Staff(2011). Stages of Labor: Baby, it's time! Retrieved from; **Table 3.1, p. 82**: Source: Based on Apgar (1953); **Extract, p. 95, "should not infer..."**: Source: IP, S., Chung, M., Rmana, G., Chew, P., Maguka, N., DeVine, D.....Lau, J.(2007). Breastfeeding and maternal and infant health outcomes in developed countries. Evidence report/Technology Assessment No. 153. Rockville, MD. Agency for Healthcare Reseach and Quality; **Extract, p. 96, "Fussing: This is a kind of warm-up cry..."**: Source: Wood, R.M., & Gustafson, G.E. (2001). Infant crying and adults' anticipated caregiving responses: Acoustic and contextual influences. Child Development, 72, 1287–1300; **Figure 3.2, p. 97**: Source: Barr, R.G. (2009) The phenomena of early infant crying and colic, Paper presented at the Centre for Community and Child Health, Melbourne Australia, March 2; **Table 3.3, p. 97**: Source: Barr, R.G. (2009) The phenomena of early infant crying and colic, Paper presented at the Centre for Community and Child Health, Melbourne Australia, March 2. [see http://www.purplecrying.info/ sections/index.php?sct=1&]; **Extract, p. 98 "Lifting baby up..."**: Source: Data from Eisenberg et al., 2011; **Extract, p. 99 "rule of threes"**: Source: Barr, R.G. (2009) The phenomena of early infant crying and colic, Paper presented at the Centre for Community and Child Health, Melbourne Australia, March 2

제 4 장

Figure 4.4, p. 108: Source: Based on Beckett, C., Maughan, B., Rutter, M., Castle, J., Colvert, E., Groothus, C, Sonuga-Barke, W.J.S.

(2006) "Do the effects of early severe deprivation on cognition persist into early adolescence? Findings from the English and Romanian adoptees study", Child Development, 77, 696-711; **Extract, p. 110 "a form of child neglect..."**: Source: DeLoache, J.S., & Gottlied, A. (2000). A world of babies: Imagined childcare guides for seven societies. New York, NY: Cambridge University Press; **Extract, p. 121 "two sides of the same cognitive coin"**: Source: Flavell. J. H., Miller, P.H., & Miller, S. A.(2002). Congnitive development(4th ed.). Upper Saddle, NY: Prentice Hall. P. 5; **Table 4.3, p. 134**: Source: Based on Buss, K.A., & Plomin, R. (1984). Temperament: Early developing personality traits. Hillsdale, NJ: Erlbaum; Rithbart, M.K., Ahadi, S.A., & Evans, D. E. (2000), Temperament and personality: Origins and outcome. Journals of personality and Social Psychology, 78, 122-135; Thomas, A., Chess, S.(1977). Temperment and development. New York, NY: Brunner/ Mazel.

제5장

Figure 5.1, p. 146: Source: Based on National Center for Health Statistics; **Figure 5.2, p. 148**: Source: Data from THE POSTNATAL DEVELOPMENT OF THE HUMAN CEREBRAL CORTEX, VOLUMES I-VII, by J. LeRoy Conel, Cambridge, Mass: Harvard University Press; **Table 5.1, p. 149**: Source: Based on Adolph, K.E., & Berger, S. E.(2006). Motor development. In W. Damon & R. Lerner (Series Eds.), & D. Kuhn & R. Sieglery (Vol. Eds.), Handbook of child psychology: Vol 2. Cognition Perception and language (6th ed., pp. 161-213) New York, NY: Wiley; Bayley, N. (2005) Baylay scales of infant and toddler development, Third edition (Bayley-III. San Antonio, TX: Harcourt Assessment; Coovadia, H.M., & Writtenberg, D. F.(Eds.) (2004) Pediatrics and child health: A manual for health professionals in developing countries. (5th ed) New York: NY: Oxford University Press; Frankenburg, W. K., Dodds, J., Ancher, P., Sharpiro, H., & Bresnick, B. (1992). The Denver II: A majore revision and restandardization of the Denver Development Screening Test. Pediatrics, 89, 91-97; Murkoff et al. (2006); **Table 5.2, p. 151**: Source: Based on Adolph, K.E., & Berger, S. E.(2006). Motor development. In W. Damon & R. Lerner (Series Eds.), & D. Kuhn & R. Sieglery (Vol. Eds.), Handbook of child psychology: Vol 2. Cognition Perception and language (6th ed., pp. 161-213) New York, NY: Wiley; Bayley, N. (2005) Baylay scales of infant and toddler development, Third edition (Bayley-III. San Antonio, TX: Harcourt Assessment; Coovadia, H.M., & Writtenberg, D. F.(Eds.)(2004) Pediatrics and child health: A manual for health professionals in developing countries. (5th ed) New York: NY: Oxford University Press; Frankenburg, W. K., Dodds, J., Ancher, P., Sharpiro, H., & Bresnick, B. (1992). The Denver II: A majore revision and restandardization of the Denver Development Screening Test. Pediatrics, 89, 91-97; Murkoff et al. (2006); **Extract, p. 157 "the direction offered..."**: Source: Rogoff, B. (1995). Observing sociocultural activities on three planes: Perticipatory appropriation, guided participation, and apprenticeship. In J. V. Wertsch, P. del Rio, & A. Alvarez(Eds.) Sociocultural studies of the mind (pp. 273-294). New York: NY: Cambridge University Press. p. 142; **Extract, p. 157-158 "Only language could have broken..."**: Source: Leakey, R. (1994). The origins of human kind. New York, NY: Basic Books. p. 119; **Extract, p. 166 "Tantrums are a fact of toddler life..."**: Source: Murkoff, H. E., Eisenberg, A., Mazel, S., & Hathway, S.E. (2003). What to expect the first year(2nd ed). New York, NY: Workman; **Figure 5.4, p. 177**: Source: van IJzendoorn, M. H., & Kroonenberg, P. M. (1988). Cross-cultural patterns of attachment: A meta-analysis of the Strange Situation. Child Development, 59, 147-156; **Extract, p. 177 "a remarkable increase..."**: Source: Aisworth, M. S. (1977). Infant development and mother-infant interaction among Ganda and American families. In P.H. Leiderman, R. Tulkin, & A. Rosenfeld(Eds.), Culture and infancy: Variations in the human experience (pp. 119-149). New York, NY: Academic Press. 143; **Extract, p. 181 "no apparent affection..."**: Source: Donovan, J., & Zucker, C. (2010, October). Austim's first child. The Atlantic, pp. 78-90. p. 85

제6장

Figure 6.4, p. 200: Chart: Major Findings of the High Scope Preschool Study. High Scope participants showed better academic performance, IQ scores, and earning potential and were less likely to be arrested later in life than other children; Author: L.J. Schweinhart, Author: J. Montie, Author: Z. Xiang, Author: W.S. Barnett, Author: C. R. Belfield, Author: M. Nores, in source: Schweinhart, L.J., Montie, J., Xiang, Z., Barnett, W.S., Belfield, C.R., & Nores, M., (2004) Lifetime Effects: The High/Scope Perry Preschool Study Through Age 40. Ypsilanti; MI: HighScope Press. Retreived from www.highscope.org/ Research/PerryProject/perrymain.htm; **Figure 6.5, p. 202**: Source: Adapted from Berko, J. (1958) "The child's learning of English morphology," Word, 14 pp. 150-177; **Extract, p. 208 "cultural myths become..."**: Source: Bem, S. L. (1981). Gender schema theory: A cog-nitive account of sex-typing. Psychological Review, 88, 354-364. p. 355

제7장

Figure 7.2, p. 231: Source: Ogden, C.L., Carroll, M.D., Kit, B.K., & Flegal, K.M. (2014). Prevalence of childhood and adult obesity. JAMA, 311, 806-814; **Figure 7.3, p. 231**: Source: Data taken from Table 1 of http://www.cdc.gov/nchs/data/hestat/obesity_child_09_ 10/obesity_child_09_10.pdf; **Extract, p. 235 "Piaget: Are there more girls or more children?..."**: Source: Piaget, J.(1965) The moral judgement of the child. New York, NY: Free Press (Original work published 1932) p. 167; **Extract, p. 235 "Piaget: Which would make a bigger bunch..."**: Source: Adapted from Ginsburg, H.P. & Opper, S (1979) Piaget's Theory of Intellectual Development. Eaglewood cliffs, NJ: Prentice Hall. P. 123; **Figure 7.5, p. 241**: Source: Data from Brant, A.M., Haberstick, B.C., Corley, R.P., Wadsworth, S.J., DeFries, J.C. & Hewitt, J.K. (2009) "The development etiology of high IQ" Behavior Genetics 39, pp. 393-405; **Figure 7.6, p. 242**: Source: Flynn, J.R. (1999) "The discovery of IQ gains over time" American Psychologist 54 (1999) pp. 5-20; **Figure 7.7, p. 243**: Eppig, C., Fincher, C.L., and Thornhill, R.(2010). Parasite prevalence and the worldwide distribution of cognitive ability. Proceedings of the Royal Society B, 277, 3801-3808; **Figure 7.8, p. 248**: Source: Based on UNICEF (2014). State of the world's chil-dren. New York: Author; **Table 7.3, p. 249**: Source: Based on Rogoff, B., Correa-Chavez, M. & Cotus, M.N. (2005) "A cultural/historical view of schooling in human development" in Developmental Psychology and Social Change: Research, History and Policy (pp 225-263) Cambridge University Press; **Extract, p. 253 "quite enjoyable lives..."**: Source: Larson, R., & Richards, M. H. (1994, p. 85). Divergent realities: The emotional lives of mothers, fathers, and adolescents. New York, NY: Basic Books. **Figure 7.9, p. 268**: Data Source: Rideout (2013).

제8장

Figure 8.1, p. 275: Source: Nottelman, Sussman et al. (1987 "Gonadal and Adrenal Hormone Correlates of Adjustment in Early Adolescence" in Lerner & Fochs (eds) Biological Psychosicial Interactions in Early Adolescence; **Figure 8.2, p. 276**: Source: Based on Goldstein (1976); Chumlea et al. (2003); **Figure 8.3, p. 278**: Source: Eveleth, P. B., & Tanner, J. M. (1990). Worldwide variation in human growth. Cambridge, MA: Cambridge University Press; **Figure 8.4, p. 284**: Source: World Health Organization (WHO) (2008) "Inequalities in young people's health: Health behavior in school-aged children; **Figure 8.6, p. 292**: Source: Based on NCES (2014); **Figure 8.7, p. 293**: Source: Based on NCES, 2014; **Figure 8.8, p. 297**: Source: Larson, R.W., Moneta, G., Richards, M.H. & Wilson, S. (2002) "Continuity, stability and change in daily emotional experiences across adolescence" Child Development 73, pp. 1151-1165; **Figure 8.9, p. 302**: Source: Based on Based on Jensen, L.A. (2008) "Coming of age in a multicultural world: Globalization and adolescent cultural identity formation" in D.L. Browning (ed) Adolescent Identities: A Collection of Readings (pp. 3-17). Relational perspective book series. New York, NY: Analytic Press; **Table 8.1, p. 304**: Source: Based on Smith, C. & Denton, M.L. (2005) Soul Searching: The Religious and Spiritual Lives of American Teenagers (Oxford University Press); **Figure 8.10, p. 305**: Source: Granic, I., Dishion, T. J., & Hollerstein, T. (2003). The family ecology of adoloscence: A dynamic systems perspective on normative development. In R. Adams & M. D. Berzonsky (Eds.), Blackwell handbook of adolescence (pp. 60-91). Malden, MA: Blackwell; **Figure 8.11, p. 312**: Source: Based on: WHO (2010); **Figure 8.12, p. 314**: Brown, J.D., Steele, J. & Walsh-Childrers, K. (eds). (2002) Sexual Teens, Sexual Media, Mahwah, NJ: Erlbaum p. 9; **Figure 8.13, p. 315**: Source: Gottfredson .M., & Hirschi, T (1990) A general theory of crime. Standford, CA: Standford University Press p. 125; Osgood, D. W (2009) Illegal behaviour: A presentation to the committee on the science of the adoloscence of the National Academics. Washington, DC; **Figure 8.14, p. 317**: Source: Data from Alexander, B. (2001, June), Radical idea serves youth, saves money. Youth today, pp. 1, 42-44 p. 42.

제9장

Figure 9.1, p. 322: Source: Based on U.S. Bureau of the Census (2004, 2010); **Figure 9.3, p. 324**: Source: U.S. Bureau of the Census (2011); **Figure 9.4, p. 325**: Source: Based on Arnett (2015); **Extract, p. 325 "I am confident..."**: Source: Arnett, J.J., & Schwab, J. (2012). The Clark University Poll of Emerging Adults: Thriving, struggling, and hopeful. Worcester, MA: Clark University. Retrieved from http://www.clarku.edu/clark-poll-emerging-adults/"; **Extract, p. 329 "waking at the same time..."**: Source: Brown, A. S., & Susser, E. S. (2002). In utero infection and adult schizophrenia. Mental Retardation and Developmental Disabilities Research Reviews, 8, 51-57; **Figure 9.5, p. 330**: Source: Based on NHTSA (2014) 418 09 "Source: Arnett, J. J. (1996). Metalheads: Heavy metal music and adolescent alienation. Boulder, CO: Westview Press. P.79; **Figure 9.6, p. 332**: Source: Johnson, S. K., Murphy, S. R., Zewdie, S., & Reichard, R. J. (2008). The strong, sensitive type: Effects of gender stereotypes and leadership prototypes on the evaluation of male and female leaders. Organizational Behavior and Human Decision Processes, 106, 39-60; **Extract, p. 337 "four years of..."**: Source: Rohlen, T. P. (1983). Japan's high schools.

Berkeley: University of California Press; **Figure 9.7, p. 338**: Source: Based on Arnett, J.J., & Schwab, J. (2012). The Clark University Poll of Emerging Adults: Thriving, struggling, and hopeful. Worcester, MA: Clark University. Retrieved from http://www.clarku.edu/clark-poll-emerging-adults/; **Extract, p. 341 "in a free fall..."**: Source: Halpern, S. (1998). The forgotten half revisited: American youth and young families, 1988-2008. Washington, DC: American Youth Policy Forum. p. xii; **Figure 9.8, p. 339**: Source: Based on Pew Research Center (2014); **Figure 9.9, p. 342**: Source: Based on Bureau of Labor Statistics, http://www.bls.gov/news.release/youth.t02.htm; **Figure 9.10, p. 344**: Source: Monitoring the Future. (2003). ISR study finds drinking and drug use decline after college. Ann Arbor, MI: Author. Available: www.umich.edu/newsinfo/releases/2002/Jan02/r013002a.html; **Extract, p. 346 "during which the young adult..."**: Source: Erikson, E. H. (1968). Identity: Youth and crisis. New York, NY: Norton. P.156; **Table 9.2, p. 348**: Source: Based on Phinney, J. S., & Devich-Navarro, M. (1997). Variation in bicultural identification among African American and Mexican American adolescents. Journal of Research on Adolescence, 7, 3-32; **Figure 9.11, p. 355**: Source: David A. Cotter, et al., "The End of the Gender Revolution? Gender Role Attitudes from 1977 to 2006," General Social Survey (GSS), 1977-2006, November 2008; **Extract, p. 354 "I don't have to talk to them..."**: Source Source: Arnett, J. J. (2004). Emerging adulthood: The winding road from the late teens through the twenties. New York: Oxford University Press. P.49; **Extract, p. 354 "I loved living at home..."**: Source: Arnett, J. J. (2004). Emerging adulthood: The winding road from the late teens through the twenties. New York: Oxford University Press. P.54, 53; **Figure 9.12, p. 355**: Source: Data from Iacovou, M. (2011). Leaving home: Independence, togetherness, and income in Europe. New York: United Nations Population Division. Re-trieved from http://www.un.org/en/development/desa/population/publications/pdf/expert/2011-10_Iacovou_Expert-paper.pdf; **Extract, p. 358 "Living together with someone before marriage..."**: Source: Popenoe, D., & Whitehead, B. D. (2001). The state of our unions, 2001: The social health of marriage in America. Report of the National Marriage Project, Rutgers, New Brunswick, NJ. Available: http://marriage.rutgers.edu; **Figure 9.13, p. 362**: Source: Based on Duggan, M., & Brenner, J. (2013). The demographics of social media users. Washington, DC: Pew Research Center; **Extract, p. 363 "I rely a lot on the support..."**: Source: Arnett, J.J., & Schwab, J. (2012). The Clark University Poll of Emerging Adults: Thriving, struggling, and hopeful. Worcester, MA: Clark University. Retrieved from http://www.clarku.edu/clark-poll-emerging-adults/

제 10 장

Extract, p. 366 "Sometimes I feel like I've reached...": Source: Arnett, J. J. (2004). Emerging adulthood: The winding road from the late teens through the twenties. New York: Oxford University Press; **Extract, p. 367 "after marriage..."**: Source: Davis, S. S., & Davis, D. A. (2007). Morocco. In J. J. Arnett, R. Ahmed, B. Nsamenang, T. S. Saraswathi, & R. Silbereisen (Eds.), International encyclopedia of adolescence (pp. 645-655). New York, NY: Routledge. p. 59; **Figure 10.2, p. 371**: Source: Data fom Ogden, C.L., Carroll, M.D., Kit, B.D., & Flegal, K.M. (2013). Prevalence of obesity among adults. NCHS Data Brief, Number 131. Atlanta, GA: Centers for Disease Control and Prevention. Retrieved from http://www.cdc.gov/nchs/data/ databriefs/db131.pdf; **Figure 10.3, p. 381**: Source: Sternberg, R. (1988). The triarchic mind: A new theory of human intelligence. New York, NY: Viking Penguin. P.122; **Figure 10.4, p. 481**: Source: Based on Sternberg, R. J. (1986). Triangular theory of love. Psychological Review, 93, 119-135; **Table 10.1, p. 383**: Source: Based on Hatfield, E., & Rapson, R. L. (2005). Love and sex: Cross-cultural perspectives (2nd edition). Boston, MA: Allyn & Bacon; **Figure 10.5, p. 388**: Source: Based on Bramlett & Mosher (2001); **Extract, p. 389 "People who do not have..."**: Source: DePaulo, B. (2006). Singled out: How singles are stereotyped, stigmatized, and ignored, and still live happily ever after. New York, NY: St. Martin's. p.2; **Table 10.2, p. 394**: Source: Based on Cowan, C. P., & Cowan, P. A. (2000). Working with couples during stressful transitions. In S. Dreman (Ed.), The family on the threshold of the 21st century (pp. 17-47). Mahwah, NJ: Erlbaum; **Extract, p. 401 "most weeknights..."**: Source: Putnam, R. (2000). Bowling alone: The collapse and revival of American community. New York, NY: Simon & Schuster; **Extract, p. 402 "Much of television's attraction..."**: Source: Robinson, J. P., Godbey, G., & Putnam, R. D. (1999). Time for life: The surprising ways Americans use their time. State College, PA: Pennsylvania State University Press. p. 149

제 11 장

Figure 11.1, p. 412: Source: Based on Coleman, M. P., Quaresma, M., Berrino, F., Lutz, J. M., De Angelis, R., Ca-pocaccia, R.,...CONCORD Working Group (2008). Cancer survival in five countries: A worldwide population-based study (CONCORD). Lancet Oncology, 9, 730-756; **Figure 11.2, p. 415**: Source: Willis, S. L., & Schaie, K. W. (1999). Intellectual functioning in midlife. In S. L. Willis & J. D. Reid (Eds.), Life in the middle (pp. 105-146). San Diego, CA: Academic Press; **Unnumbered figure 11.1, p.**

416: Source: Schaie, K. W. (1998). The Seattle Longitudinal Studies of Adult Intelligence. In M. P. Lawton & T. A. Salthouse (Eds.), Essential papers on the psychology of aging (pp. 263-271). New York: New York University Press; **Extract, p. 423 "Excitement, turmoil, confusion..."**: Source: Stewart, A. J., Ostrove, J. M., & Helson, R. (2001). Middle aging in women: Patterns of personality change from the 30s to the 50s. Journal of Adult Development, 8, 23-37; **Extract, p. 424 "flexible goal adjustment..."**: Source: Brandtstädter, J. (2006). Adaptive resources in later life: Tenacious goal pursuit and flexible goal adjustment. In M. Csikszentmihalyi & I. S. Csik-szentmihalyi, (Eds.), A life worth living: Contributions to positive psychology (pp. 143-164). New York, NY: Oxford University Press; **Extract, p. 424 "Because age brings experience..."**: Source: Lock, M. (1998). Deconstructing the change: Female maturation in Japan and North America. In R.A. Shweder (Ed.), Welcome to middle age! (and Other Cultural Fictions) (pp. 45-74). Chicago, IL: University of Chicago Press. p. 59; **Extract, p. 435 "Passing on family history..."**: Source: AARP (2002). The Grandparent Study 2002 report. Washington, DC: Author; Hebblethwaite, S., & Norris, J. (2011). Expressions of generativity through family leisure: Experiences of grandparents and adult grandchildren. Family Relations: An Interdisciplinary Journal of Applied Family Studies, 60, 121-133; Mueller, M., Wilhelm, B., & Elder, G. (2002). Variations in grandparenting. Research on Aging, 24, 360-388."; **Figure 11.3, p. 436**: Source: Vaillant, C.O. & Vaillant, G.E., Is the U-curve of marital satisfaction an illusion? A 40-year study of marriage. Journal of Marriage and the Family, 55, 230-239; **Figure 11.4, p. 441**: Source: Based on International Labor Organization (ILO) (2011). Global employment trends 2011. Geneva, Switzerland: Author.

제 12 장

Extract, p. 444 "Last scene of all...": Source: William Shakespeare, As You Like It, Act II, Scene VII [All the world's a stage]; **Figure 12.1, p. 447**: Source: Population Division, DESA, United Nations; **Figure 12.2, p. 450**: Source: Based on OECD (2009). Health at a glance 2009: OECD indicators. Author; **Extract, p. 465 "expertise in the conduct..."**: Source: Baltes, P. B., & Staudinger, U. M. (2000, p. 124). Wisdom. American Psychologist, 55, 122-136; **Figure 12.4, p. 470**: Source: Carstensen, L.L., Isaacowitz, D.M., & Charles, S.T. (1999). Taking time seriously: A theory of socioemotional selectivity. American Psychologist, 54, 165-181; **Figure 12.5, p. 476**: Source: Based on AARP (2009). The divorce experience: A study of divorce at midlife and be-yond. Washington, DC: Author; **Figure 12.6, p. 481**: Source: Based on Smith & Snell (2009).

제 13 장

Figure 13.1, p. 488: Source: Massachusetts Department of Public Health; **Figure 13.2, p. 490**: Source: http://www.healthypeople.gov/2020/topicsobjectives2020/nationalsnapshot.aspx?topicId=21; **Extract, p. 491 "In this world nothing can be said..."**: Source: Benjamin Franklin, Quoted in Letter to Jean-Baptiste Leroy (13 November 1789); reported in Bartlett's Familiar Quotations, 10th ed. (1919); **Extract, p. 496 "Interdisciplinary care team..."**: Source: National Hospice and Palliative Care Organization and Research Department. (2008). Hospice facts and figures. Retrieved from http://www.nhpco.org/ files/public/Statistics_Research/NHPCO_facts-and-figures_2008. pdf; **Extract, p. 497 "terminal sedation..."**: Source: Hooyman, N. R., & Kiyak, H. A. (2011). Social gerontology: A multidisciplinary perspective (9th ed.). Boston, MA: Pearson; **Extract, p. 498 "weary of life"**: Source: Rurup, M. L., Muller, M. T., Onwuteaka-Philipsen, B. D., van der Heide, A., van der Wal, G., & van der Maas, P. J. (2005). Requests for euthanasia or physician-assisted suicide from older persons who do not have a severe disease: An interview study. Psychological Medicine, 35, 665-671; **Figure 13.3, p. 507**: Source: Based on ISSP (International Social Survey Programme) survey (1998); **Figure 13.4, p. 507**: Source: Based on U.S. Religious Landscape Survey, Pew Center's Forum on Religion & Public Life, © 2008, Pew Research Center. http://religions. pewforum.org/

Photographs

제 1 장

p. 5: Pavel Gospodinov/Alamy; **p. 6**: Aldo Pavan/ Horizons WWP/ Alamy; **p. 9**: Robin Laurance/Alamy; **p. 11**: Publiphoto/Science Source; **p. 12**: Daniel Maurer/AP Images; **p. 12**: Herbert Kraft/akg-images/Newscom; **p. 17**: Pierre Roussel/Ethno Images, Inc./Alamy; **p. 19**: PHOTOEDIT/PhotoEdit; **p. 22**: Vladimir Melnik/Shutterstock; **p. 23**: David R. Frazier Photolibrary, Inc./Alamy; **p. 27**: Véronique Burger/Science Source; **p. 29**: Richard T. Nowitz/ Science Source; **p. 30**: Bettmann/CORBIS; **p. 31**: Jeff Greenberg 5 of 6/Alamy; **p. 35**: CK Archive; **p. 35**: CK Archive; **p. 35**: CK Archive; **p. 35**: CK Archive; **p. 12**: Igor Strukov/Fotolia; **p. 12**: Nikreates/Alamy; **p. 12**: 300dpi/Shutterstock; **p. 12**: Gianni Dagli Orti/The Art Archive at Art Resource, NY; **p. 20**: Chubykin Arkady/Shutterstock; **p. 20**: Felix Mizioznikov/Shutterstock; **p. 20**: Monkey Business Images/ Shutterstock; **p. 20**: mamahoohooba/Shutterstock; **p. 20**: Monkey Business Images/Shutterstock; **p. 20**: Stephen Coburn/Shutterstock; **p. 20**: Noam/Fotolia; **p. 20**: szefei/Shutterstock

제 2 장

p. 38: SPL/Science Source; p. 42: Thinkstock Images/Stockbyte/Getty Images; p. 44: dbtravel/dbimages/Alamy; p. 45: SerrNovik/Fotolia; p. 49: Sashkin/Fotolia; p. 50: BSIP/Newscom; p. 50: kage-mikrofotografie/doc-stock/Alamy; p. 50: Dr. M.A. Ansary/Science Source; p. 50: Steve Allen/Alamy; p. 50: Neil Bromhall/Science Source; p. 50: Science Source; p. 51: R. Rawlins PhD/Custom Medical Stock Photo/Newscom; p. 55: Anna Omelchenko/Shutterstock; p. 57: Sue Cunningham Photographic/Alamy; p. 58: Gideon Mendel/Corbis News/Corbis for UNICEF; p. 60: Alex Segre/Alamy; p. 61: Keith Brofsky/Photodisc/Getty Images; p. 64: Машков Юрий/ITAR-TASS/Newscom

제 3 장

p. 68: Tyler Olson/Shutterstock; p. 72: Emilio Ereza/ Alamy; p. 72: Bush/Stringer/Hulton Archive/Getty Images; p. 73: Angela Hampton Picture Library/Alamy; p. 76: Borderlands/Alamy; p. 80: Buddy Mays/Alamy; p. 84: Jake Lyell/Alamy; p. 85: Hypermania/Alamy; p. 86: Rohit Seth/Shutterstock; p. 87: Picture Partners/Alamy; p. 89: Kathleen Nelson/Alamy; p. 92: Henri Roger/Roger-Viollet/The Image Works; p. 93: Lindsay Hebberd/Corbis; p. 98: BananaStock/Getty Images; p. 98: Gale Zucker/Aurora Photos/Alamy; p. 99: Nina Leen/Time Life Pictures/Getty Images; p. 100: Voisin/Phanie/Science Source

제 4 장

p. 104: Red Images, LLC/Alamy; p. 105: Gelpi/Shutterstock; p. 107: Mike Abrahams/Alamy; p. 111: Stanislav Fridkin/Shutterstock; p. 112: Paul Almasy/CORBIS; p. 113: Joerg Boethling/Alamy; p. 115: infocusphotos.com/Alamy; p. 116: dbimages/Alamy; p. 118: Dave Spataro/LuckyPix/Corbis; p. 119: Mark Richard/PhotoEdit; p. 127: I love images/Alamy; p. 129: BE&W/SuperStock; p. 132: Purestock/Alamy; p. 135: Profimedia International s.r.o./Alamy; p. 137: Jack Qi/Shutterstock; p. 137: Leon Neal/Alamy; p. 137: Vivid Pixels/Shutterstock; p. 137: image100/Alamy; p. 137: Ami Parikh/Shutterstock; p. 141: Michele Burgess/Alamy; p. 142: Karen Struthers/Shutterstock

제 5 장

p. 146: Jeffrey Arnett; p. 146: Jeffrey Arnett; p. 147: Walter Astrada/AFP/Getty Images; p. 148: NewStock/Alamy; p. 149: Aleph Studio/Shutterstock; p. 149: Imagestopshop/Alamy; p. 150: PHUCHONG CHOKSAMAI/123RF; p. 151: Don Mason/Photolibrary/Getty Images; p. 152: Bartosz Hadyniak/Getty Images; p. 155: Jenny Matthews/Alamy; p. 157: Robin Laurance/Alamy; p. 158: Susan Kuklin/Science Source; p. 161: Agencja FREE/Alamy; p. 163: Danita Delimont/Gallo Images/Getty Images; p. 166: Leila Cutler/Alamy; p. 168: Greg Dale/National Geographic/Getty Images; p. 171: Science Source; p. 174: Lisette Le Bon/SuperStock; p. 176: Mike Gullett/AP Images; p. 176: Corey Hochachka/Design Pics/Getty Images; p. 177: momijinoha/Fotolia; p. 178: PashOK/Shutterstock; p. 179: Loisjoy Thurstun/Bubbles Photolibrary/Alamy; p. 180: Joy Brown/Shutterstock; p. 181: Peter Titmuss/Alamy; p. 182: JASON LEE/Reuters/Landov; p. 183: Jonathan Nourok/PhotoEdit

제 6 장

p. 186: FLPA/Alamy; p. 188: Janine Wiedel Photolibrary/ Alamy; p. 190: Richard Lord/PhotoEdit; p. 191: Cultura Limited/ SuperStock; p. 192: siamionau pavel/Shutterstock; p. 194: Blue Jean Images/Alamy; p. 196: Sean Prior/Shutterstock; p. 199: MJ Photography/Alamy; p. 202: Jaimie Duplass/Shutterstock; p. 204: Catchlight Visual Services/Alamy; p. 205 Charlotte Thege/Alamy; p. 207: Comstock Images/Getty Images; p. 208: Eye Ubiquitous/ Alamy; p. 211: VStock/Alamy; p. 212: Blue Jean Images/Alamy; p. 213: Eric Berndt/Photo Network/Alamy; p. 217: Phil Borges/Danita Delimont/Alamy; p. 218: View Stock/Alamy; p. 219: Dinodia Photos/ Alamy; p. 221: Leila Cutler/Alamy; p. 224 max blain/shutterstock

제 7 장

p. 228: Design Pics/SuperStock; p. 229: Aflo Foto Agency/ Alamy; p. 229: Jeff Arnett; p. 229: Jeff Arnett; p. 229: Jeff Arnett; p. 232: DESRUS BENEDICTE/SIPA/Newscom; p. 233: Leslie Garland Picture Library/Alamy; p. 237: Bubbles Photolibrary/Alamy; p. 239: Jupiterimages/Getty Images; p. 242: f4foto/Alamy; p. 244: Dennis MacDonald/Alamy; p. 247: David Gee/Alamy Limited; p. 249: KPG Payless2/Shutterstock; p. 251: Spencer Grant/PhotoEdit; p. 253: Goodshoot/Getty Images; p. 254: Thinkstock Images/Stockbyte/Getty Images; p. 256: AfriPics.com/Alamy; p. 257: Hélène Vallée/Getty Images; p. 258: Jeff Arnett; p. 259: David McNew/Staff /Getty Images; p. 260: SW Productions/Design Pics Inc./Alamy; p. 262: Jupiterimages/Getty Images; p. 265: Corbis/SuperStock; p. 267: Dan White/Alamy

제 8 장

p. 274: CK Archive; p. 274: CK Archive; p. 277: dbimages/ Alamy; p. 279: Pojoslaw/Shutterstock; p. 280: Anna Henly/Photoshot; p. 282: Richard T. Nowitz/Science Source; p. 283: Imagebroker/ Alamy; p. 286: Mimi Forsyth/AGE Fotostock; p. 287: WpN/Photoshot; p. 289: Stock Connection Distribution/Alamy; p. 292: Lito C. Uyan/ CORBIS/Glow Images; p. 294: Oberhaeuser/Caro/ullstein bild/The Image Works; p. 298: Jenner/Fotolia; p. 300: Aristdis VafeiIadakis/ Alamy; p. 303: Design Pics Inc./Alamy; p. 305: John Birdsall/Alamy; p. 308: Phil Boorman/Getty Images; p. 309: Eric Nathan/Alamy; p. 311: Cathy Yeulet/123RF; p. 312: David J. Green-Lifestyle/Alamy; p. 318: Jim West/Alamy

제 9 장

p. 323: Syda Productions/Fotolia; p. 324: Fancy Collection/ SuperStock; p. 326: Image Werks Co.,Ltd./Alamy; p. 327: Ezra Shaw/ Getty Images; p. 328: Blend Images/Alamy; p. 333: Image Source Ltd/Age Fotostock; p. 337: BRIAN HARRIS/Alamy; p. 341: Jim West/Alamy; p. 342: Tom Carter/PhotoEdit; p. 346: Eddie Gerald/ Alamy; p. 349: SOMOS/SuperStock; p. 351: Jupiterimages/Stockbyte/ Getty Images; p. 353: James May/Alamy; p. 358: bikeriderlondon/ Shutterstock; p. 363: Tetra Images/Alamy

제 10 장

p. 366: Paul Bradbury/Alamy; p. 367: raffaele meucc/Alamy; p. 368: UpperCut Images/Alamy; p. 372: Jeff Greenberg 2 of 6/Alamy; p. 376: LOETSCHER CHLAUS/Alamy; p. 378: Inmagine/ Alamy; p. 380: alekso94/Shutterstock; p. 384: Gianni Muratore/ Alamy; p. 386: ©arek_malang/Shutterstock.com; p. 389: LWA/Stephen Welstead/ Blend Images/Alamy; p. 390: Zach Goldberg/Queerstock, Inc./Alamy; p. 393: ZINQ Stock/Fotolia; p. 395: Image Source/Alamy; p. 399: Roman Milert/Alamy; p. 401: Jim West/Alamy; p. 401: age fotostock Spain, S.L./Alamy

제 11 장

p. 406: Michael Blann/Getty Images; p. 409: ©wavebreakmedia/ Shutterstock.com; p. 410: savytska/Fotolia; p. 412: ImageState/ Alamy; p. 417: ©Monkey Business Images/Shutterstock.com; p. 419: ©auremar/shutterstock.com; p. 422: Thilo Mueller/A.B./ zefa/Corbis/Glow Images; p. 424: WONG SZE FEI/Fotolia; p. 426: ImagesBazaar/Alamy; p. 429: Peter Cavanagh/Alamy; p. 432: dbimages/Alamy; p. 434: Ariel Skelley/Blend Images/Alamy; p. 436: ©Darren Baker/ Shutterstock.com; p. 441: Blend Images/Alamy

제 12 장

p. 444: Image Courtesy of The Advertising Archives; p. 446: G P Bowater/Alamy; p. 446: Hemis/Alamy; p. 446: David R. Frazier Photolibrary, Inc./Alamy; p. 451: Felicia Martinez/PhotoEdit; p. 452: Wissmann Design/Fotolia; p. 454: ©Andy Dean Photography/ Shutterstock.com; p. 456: Jupiterimages/Getty Images; p. 460: Mendil/ Science Source; p. 462: apops/Fotolia; p. 463: Jupiterimages/ Getty Images; p. 466: Tusia/Shutterstock; p. 469: Tom Salyer/ Alamy; p. 472: ACP prod/Fotolia; p. 473: Tetra Images/Alamy; p. 475: StockLite/ Shutterstock; p. 478: Yellow Dog Productions/Getty Images; p. 479: keith morris/Alamy; p. 480: Christian Goupi/AGE footstock; p. 484: Valerie Garner/Fotolia

제 13 장

p. 488: Enigma/Alamy; p. 492: Ammentorp/Fotolia; p. 494: olly/ Fotolia; p. 495: Robin Nelson/PhotoEdit; p. 498: Zefa RF/ Alamy; p. 501: Imaginechina/AP Images; p. 503: NIR ELIAS/ Reuters/Corbis; p. 504: imagebroker/Alamy; p. 508: Louise Batalla Duran/Alamy Limited; p. 509: Kruppa /Caro/Alamy; p. 510: Bill Aron/PhotoEdit; p. 512: PEROUSSE Bruno/Hemis/Alamy

찾아보기

ㄱ

ㄴ

ㅇ

ㅋ

ㅌ

ㅍ

ㅎ

기타

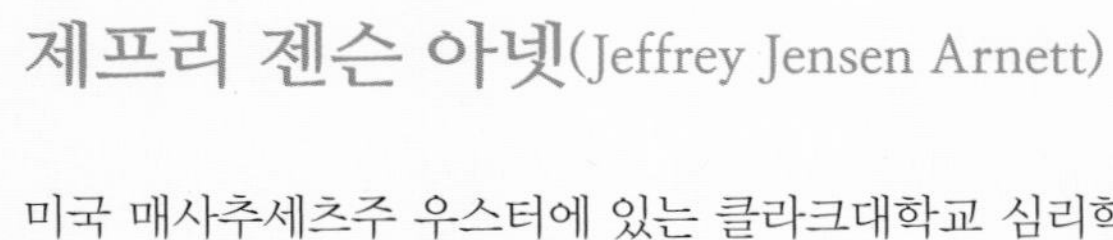

제프리 젠슨 아넷(Jeffrey Jensen Arnett)

미국 매사추세츠주 우스터에 있는 클라크대학교 심리학과의 연구 교수이다. 그는 1986년에 버지니아대학교에서 발달심리학 박사 학위를 받았고, 시카고대학교에서 3년간 박사후 연구원으로 재직하였다. 1992년부터 1998년까지 미주리대학교에서 인간발달 및 가족학과의 부교수로 재직하며, 매 학기 300명의 수강생이 듣는 전 생애 발달 수업을 강의했다. 2005년 가을에는 덴마크 코펜하겐대학교에서 풀브라이트 스칼러(Fulbright Scholar)로 지내기도 했다. 지난 20년간 그의 주된 학문적 관심사는 '성인진입기'였다. 그는 이 용어를 만들었고, 미국 사회에서 다양한 민족 집단의 성인진입기에 속한 성인들을 대상으로 다양한 주제에 대한 연구를 수행하였다. 성인진입기연구회의 창립이사 겸 전무이사를 맡고 있다(SSEA; www.ssea.org). 2005년부터 2014년까지 *Journal of Adolescent Research*의 편집장을 역임했으며, 현재 청소년 연구와 기타 5개의 다른 학술지의 편집이사로 활동 중이다. 그는 성인진입기에 대한 많은 이론적 논문과 연구 논문을 여러 학술지에 실었으며, *Adolescence and Emerging Adulthood: A Cultural Approach*(2015, 제6판)와 *Emerging Adulthood: The Winding Road from the Late Teens Through the Twenties*(2015, 제2판)를 출판하였다. 현재 아내 르네와 쌍둥이 자녀 마일즈, 패리스와 함께 매사추세츠주 우스터에 살고 있다. 아넷 박사와 그의 연구에 대한 자세한 내용은 www.jeffreyarnett.com를 참조하길 바란다.

정영숙

서울대학교 심리학과 박사
부산대학교 심리학과 교수

박영신

미국 퍼듀대학교 심리학과 박사
경북대학교 심리학과 교수

정명숙

호주 모나쉬대학교 심리학과 박사
꽃동네대학교 상담심리학과 교수

안정신

미국 미주리대학교(컬럼비아) 인간발달 및 가족학과 박사
부산대학교 아동가족학과 교수

노수림

미국 일리노이주립대학교(어바나-샴페인) 교육심리학 박사
미국 브랜다이스대학교 정서연구소 박사후 연구원
충남대학교 심리학과 교수